"十二五"国家重点图书出版规划项目
国家古籍整理出版专项经费资助项目

清代宗族史料选辑 上

主　编　冯尔康

副主编　阎爱民
　　　　惠清楼
　　　　冯尔健

天津古籍出版社
天津出版传媒集团

图书在版编目（CIP）数据

清代宗族史料选辑 / 冯尔康主编. — 天津：天津古籍出版社，2014.3（2014.6.重印）
ISBN 978-7-5528-0238-2

Ⅰ.①清… Ⅱ.①冯… Ⅲ.①宗族－研究－中国－清代 Ⅳ.①K820.9

中国版本图书馆CIP数据核字（2014）第035393号

责任编辑：赵　娜
　　　　　刘艳艳
　　　　　王海燕
封面设计：刘苾舒

清代宗族史料选辑

冯尔康/主编

出版人/张玮

＊

天津古籍出版社出版
（天津市西康路35号　邮编300051）
http://www.tjabc.net
上海世纪嘉晋数字信息技术有限公司印刷
全国新华书店发行

开本 787×1092 毫米 1/16　印张 144.25　字数 2640 千字
2014 年 3 月第 1 版　2014 年 6 月第 2 次印刷
ISBN 978-7-5528-0238-2
定价：1500.00元（全三册）

南开大学社会史研究中心资料丛刊

教育部人文社会科学重点研究基地基金资助

资料提供人名单

冯尔康　常建华　阎爱民

惠清楼　冯尔健　胡中生

郭玉峰　罗艳春　于秀萍

王霞蔚　刘祥花

中国宗族的历史特点及其史料(代序)

冯尔康

笔者原是要介绍《清代宗族史料选辑》，继而想到既然述说宗族史料，必然关乎到宗族的历史，不如索性涉猎中国宗族的历史特点及其在历史上的地位，于是就形成现在的题目。

一　宗族在中国历史上的地位

关于宗族的属性及其在中国历史上的作用，近现代的学术研究者倾心关注，政治家亦有论述，笔者也多年从事这方面的研讨，这里不拟像写作规范性论文那样，而是综合前贤时彦和个人的研究，概要地表述个人的见解。拟从五个方面来认识中国古代的宗族，这五个方面大约也是中国宗族的特点。

一、从贵族组织到平民组织，宗族在很长时间内具有等级性

宗族作为社会组织，商周时代，宗族制与分封制相结合，宗族是各级贵族的团体，由王族、卿大夫士族组成，平民应当也有宗族，但微乎其微，其时是贵族宗族时代，也是典型的宗族制时代。秦汉是典型宗族向中世宗族转型期，到魏晋南北朝隋唐时期，皇族之外，最主要的是士族，它是官员的主要构成成分，在很大程度上掌控朝政，引领文化生活、消费生活潮流，其时寒门宗族较古典时期也有一定程度的壮大。随着地主制经济的发达和科举制的实行，宗族制再次转型，宋代以降，官员宗族、缙绅宗族、平民宗族依次演进，到了明清时期，绅衿、平民宗族成为宗族的主体。这种演变过程令人产生三点认识：

其一，宗族具有等级身份性质。宗族具有身份性，由皇族（王族）、各级贵族、官僚、缙绅、平民等不同社会身份所构成。这种身份性在先秦时代最明显，宋代以后身份性大为减弱，但是在祭祖仪式的规格上，贵族、不同品级官员、生员、平民有法制性的差异，实际上还是等级区别。

其二，缙绅、平民宗族逐渐成为宗族主体。在中国古代，皇族（王族）始终存在，政治地位未变，但平民宗族发展壮大，世族、士族消失了，无世袭特权的官僚无暇长期经营宗

族,退职的缙绅和有功名的读书人(绅衿)需要、有力、有暇组织宗族及开展活动,于是在各个等级的宗族中,绅衿、平民宗族成为宗族的主体、宗族的最活跃成分。

其三,宗族经历了大众化过程,拥有最广大的成员。当宗族是贵族、士族组织时成员相对较少,宋代以后,先秦的大宗法彻底地为小宗法所取代,小宗可以立嗣,逐步取得祭祀始祖权,于是宗族民间化和大众化同步进行和实现,在绅衿、平民宗族迅速发展的同时,宗族扩大了其成员的组成范围,不限于五服宗亲,只要是一个始祖、始迁祖的后裔,均是宗族的当然成员,这样一来,平民百姓可以参加宗族活动,成为宗族的一分子,成为有组织的人,与同宗血亲有了宗族的社会组织关系。宗族日益民间化、大众化,将广大民众组织在它的团体之内,成为民间最具广泛性的团体。

要之,传统社会晚期的宗族,是绅衿、平民的组织,是广大民众的组织。

二、始终是合法组织,极短时间内有波折

作为社会组成部分,宗族生来就是合法的组织。她是宗法制度的产物,初期是贵族组织,中世演变过程中的士族,以及其后的官僚宗族、绅衿宗族,都是特权者的团体,当然是合法群体。至于平民宗族,由政府允许的祭祖权、实际认可的祭祀始祖权,可知它是政府承认的合法民间组织。

再从政府的政策来看,宗族不只是合法的,它在宗法观念主导下的活动更受到鼓励,历代政府实行"以孝治天下"的政策,诸如举孝廉、旌表义门和孝子顺孙,这是在承认宗族合法性的前提下实行的政策。政策的施行在客观上增强了宗族的凝聚力。政府在法律方面的"准五服以制罪"的原则,实行连坐法、宗亲法,也以现实中存在着宗族为前提,而这种"准五服以制罪"的法律,正是宋儒要求扩大民间祭祖权的一种根据。

宗族不仅是合法组织,在中国历史上也几乎是唯一的历时最久的合法组织,因为其他可数的合法团体,如佛教、道教比之晚出千年以上,行会、会馆历史之短,更无法与之相比。

宗族在其历史发展长河中,也遇到过被视为不合法组织的麻烦,在20世纪后半叶的三四十年间,宗族被视为非法组织,宗族公产被没收,管理人被作为地主分子或坏分子处理。这是全部宗族历史的一个插曲。

总起来说,宗族自其产生之日起,就是合法的社会组织。

三、教忠教孝的伦理观念,附属于主流意识

宋代以降的宗族往往宣称其宗旨,是"尊祖敬宗收族",或曰"尊祖敬宗睦族"。尊祖,强调"一本观",以祖宗为团聚宗族的旗帜。尊祖,讲求孝道,孝顺父母、祖父母,同时睦族,若对族人如同路人,不予关爱,一本之祖会伤心难过,即为不孝,所以宗族观念的核心是孝亲睦族。孝道，最简单的内涵是孝养长上，做到生养死葬，这是最基本的要求，也可以说是低层次的要求，它的高层次境界是光宗耀祖，是子孙能够出人头地，有钱、在地方上有名声还不够，为官做宦，得到皇上赐予的荣誉——封典，才是真正的光宗耀祖、光大门庭。出仕，服务于皇家，得到表彰，是忠臣，做到移孝于忠。孝的内涵本来就有忠的要求，所以忠与孝是一致的。于是从家族讲，要移孝作忠，从国家讲，是求忠臣于孝子之门，并要臣下移忠作孝。因此宗族讲孝道，包含了忠与孝的双重内容。总之，宗族以孝道为伦常，包含了孝亲、忠君、睦族的丰富内容。宗族为使族人能够实现孝道，制订祖训、宗规、族约，讲的就是忠孝睦族，以及夫妻、友朋、御下的做人道理，宗族还通过祭祖或朔望的聚会，宣讲帝王圣谕、法律和圣贤遗训、祖训，灌输孝道的纲常伦理。

忠孝伦理，是皇家道德观念，宗族接受并照搬过来。但是在实践上，如同"孝"的多层次一样，宗族及其族人是难以全面做到的。忠、孝有一致性，也有矛盾性，有忠孝不能双全的对立，是尽孝还是尽忠，是先尽孝后尽忠，还是先尽忠后尽孝，从观念到实践，人们有不同的见解和做法。在历史长河中，长时间内是先家后国，宋代以后，先国后家的观念开始占据上风，不过这只是观念层面上的东西，而很难是实践方面的。人们首先顾及的是家庭的利益、宗族的利益，而不是国家的利益，正因此，孙中山提出改造宗族、建设国族的主张。

产生于血缘群体的宗族，尊祖敬宗睦族，是小团体意识，虽然有讲求尽忠为国的因素，但是是难以实践的。

四、宗族的自治性与某种社会中介作用

历朝皇帝宣称爱民如子，实际上多数并不真正关心民间痛痒，如顾炎武在《华阴王氏宗祠记》所云："自三代以下，人主之于民，赋敛之而已尔。凡所以为厚生正德之事，一切置之不理，而听民之所自为。于是乎教化之权，常不在上而在下。"国家不做"厚生正德"的事情，对百姓如何谋生，如何改善生活不闻不问，只知道向百姓征收赋役，百姓的事情只好自行调理。人主还要说对百姓进行教化，百姓怎么能够听从官员的说教？而宗族成员在一起，可以相亲相爱，互助谋生。因此宗祠可以教育其子姓，所以说"教化之权常不在上而在下"。教化是一种权力，是宗族的**自我管理权**，其内容包括内部管理、参与"社区"事务及奉命参与国家事务三大方面：一，**宗族管理**内部事务，主要内容是：登记族人户口，将族人按房系编制起来，以此成为内部管理的基础，以便开展活动，如作为祭祀祖先、编修族谱、发放救济的依据；组织祭祖活动，作为凝聚族人的手段；制定族人行为规范和施行家法；管理宗族公产和发放救济；组织族谱编修，最能反映她的凝聚力和组织管理能力；调解族人间纠纷；管理宗族聚居村落的公共事务，进行村落建设，如修建族人公共活动场所祠堂、寺庙、文昌阁,生产、生活性的公用道路、水源与水利设施,社会治安防卫事务。二,宗族对外部事务的管理与协调是:各宗族共同管理社区寺庙道观;联保维护社区治安;调解宗族间冲突;组织民俗节日活动。三,政府允许宗族参与的官府事务:司法上的送审权、审判过程的参与权及执行过程的协助权;职官制度中一些内容的实行,需要宗族协助,如官员丁忧、起复、更名复姓、荫袭、封赠,都需要有族人甘结,或族谱验证;比较细小的民事纠纷责令宗族处理,如立嗣案件,县官常常交由宗族解决;允许宗族某种程度干预族人财产权,如寡妇出卖、转让故夫遗产,必须通过宗族,得到族人认可才能实现;保护宗族公产,如果族人伙同他人盗卖、盗买祀田、义田,处以加重刑罚,或流放,或枷号示众。

历朝政府没有自治的观念,也就不可能明确宣布给予宗族自治权。不过宗族在内部的自理权和"社区"事务的参与权上,就同后世所说的"自治"发生了联系。特别是在政府多项政策及其实施过程中,宗族参与执行,令她走出内部关系范畴,在官民之间进行活动,使得宗族有了政府认可的某种自治权。"自治",是近代外来词汇,具体到自治团体而言,是指民间自行组建的团体,民主管理其内部事务,是得到政府承认的合法组织,甚至可以像商务印书馆1933年版《辞源》"自治"条所说,是"受国家之委任,自己处理本团体内之事务"。这样的团体可视为政府和社会的中介物。传统社会宗族的自我管理,在政府允许的有限范围内进行,受着政府的严格控制。而且在其内部实行宗法性族长制,民主成分远不充分。总体讲自治程度较低,与近代自治概念差距甚大。然而也不应当忽视宗族具有的自治成分,故而用"自治性"概念来表述这种状态。

五、宗族社会属性分析及其历史地位

给事物定性,以明了其特点,是必要的,然而属性确定,往往让人产生绝对化的认识,常常只看到事物的主要方面,而忽视其他方面,并不能够真正全面把握事物,笔者在这里尽量避免出现这种差错。

1. 专制主义之基础与族权是封建"四权"之一说辨析

在中国古代,宗族是专制主义的统治基础。关于各个时期宗族的政治作用,宗族产生以来的几千年间,可以区分为四个阶段。宗族出现初期的殷周时期的贵族制,就成为政权的支柱,其时君统、宗统合一,周天子既是国家元首,又是宗族首领。经历秦汉的转型,魏晋至隋唐世族、士族制的第二个时期,君统、宗统虽然分离,国君依靠士族进行政治治理。宋元明清第三个时期的祠堂族长制和族老制,在皇权允许下,从事民间"自治",成为皇权的附庸。20世纪以来,宗族走到她的第四个时期,逐渐克服其宗法性,向近代民主团体方向演变,以至变异性地产生同姓俱乐部式的宗亲会。在前三个阶段,宗族依附于政权,是政权基础,所以五四时期吴虞在《家族制度为专制主义之根据论》一文中认为,宗族是中国专制主义的根据。古代宗族依附于政权,它的族长管理制(习俗),被后世定性为封建族权,成为封建"四权"之一。

但是应当注意到族权有多重性,它固然有宗法性,但同时也有民众性和自治性、中介性。族权多重性,对政权而言,宋代以降的宗族民间自我管理,以求生存,它代表成员利益,在有条件情况下要反映成员意愿。如同顾炎武所说,官府对百姓不能教养,而宗族"自教养",所以宗族具有依附于政权及为成员谋利益的双重性,它不可能完全与政权一致,它与政府有不协调的一面,这一点不宜忽视,若一味强调它的附属性,就容易抹杀它的自治性和中介性。族权多重性,对宗族内部而言,族长有其宗法性统治的一面,但作为社会组织的管理者,其协调、维护全体利益的作用,亦不可忽视。特别是到了传统社会后期,宗族实行小宗法制,族长多系族人遴选产生,若他犯有重大过失,族人可以黜退他,重新遴选族长,因此在宗族管理中有着某种民主因素。在这里笔者需要饶舌的是:民间组织的宗族,反映民众诉求,关注民众生活,她的宗法性说教是一回事,生活实践本身是另一回事,应当看到这种不同。

2. 宗族活动对中国历史的影响和宗族作为研究中国历史的一种视角

宗族制度多方面影响古代中国社会、政治、经济、文化面貌,影响民间社会生活,并使之打上它的烙印。最主要的是,历朝政府实行"以孝治天下"政策,在官制、教育、法律、伦理多种领域中落实,令宗族发挥其作用,借此达到稳定政权的目的。宗族史,在一定意义上说,是中国历史的缩影:

其一,国家的君主制和宗族的族长制性质是相同的,可以说,从上到下,家长制一以贯之。

其二,在很长时期内,国家、宗族的宗法等级性是一致的,社会等级构成是皇帝-贵族-官僚-士人(有功名的读书人)-平民-贱民;宗族的结构式是皇族-贵族宗族-缙绅宗族-平民宗族。

其三,宗族社会性与社会性质同步演进:古代君主制社会演变为近现代转型期社会;宗族则由祠堂族长制宗族演变为近代族会暨议长制,进而演化为宗亲会会员大会暨理监事会制。

宗族的宗法观念,深深影响着后世社会,甚至在一定程度上支配人们的行为,诸如小团体观念和家长意识、宗派意识流行,讲究血缘、亲情关系,重情轻法,令人难以产生个人主体意识,而有依赖思想。这些都不利于社会的前进,需要彻底清除。

基于这种认知,笔者以为研究中国历史,可以从研讨宗族史入手。当然,这只是一种方法，一个角度，不会也不可能排斥其他研究法。

3. 发扬宗族自治性精神

自古以来的宗族，虽然没有成为真正近代概念的自治团体，但其自治性，已经为民国时期学者所认识。陈独秀在1919年发表的《实行民治的基础》一文中写道："乡村有宗祠，有神社，有团练；都会有会馆，有各种善堂……像这些各种联合，虽然和我们理想的民治隔得还远，却不能说中国人的民治制度，没有历史上的基础。"梁启超在《中国文化史》讲到地方自治的社会基础，以他的家乡广东新会民间自治的传统为例："上祠堂"的"耆老会"是乡治组织，除了交纳钱粮是地方政府的事，其他的乡间事务都由他们办理，"此盖宗法社会兑余之遗影，以极自然的互助精神，作简单合理之组织。其于中国全社会之生存及发展，盖有极重大之关系"。他们肯定以至认同这些基层社会的组织具有民治精神，发掘宗族的自治性及其合理性，并宣示于世人。宗族的自治性含有的某种民治、民主因素，是实行民主制的一种社会背景，或许可以说是今日村民自治的前奏。宗族所表现出的民间自治精神，后人认识不足，宜予以发掘、发扬。后世实行民主政体，它就是一种观念的、实践的依据。专制主义因素、民主因素共存于宗族之中，哪种因素占主导地位，取决于后世根据世情需要所做出的选择。

二 编选原则与方法

一部历史资料汇编的成功与否，除编选者的史识之外，笔者认为主要取决于三个方面，即材料是否丰盈；编辑体例、凡例是否得当；史料的标点，以及考订是否准确。是以笔者在本选辑启动之初，即认真思考怎样进行才可能会做得好一点。在这里想说明编选的必要性和我们的目标、资料来源、编辑方法及大纲、凡例，及参与者的情况。以方便读者明了选辑是怎样形成的，有着怎样的学术价值。

宗族既然有上述的重要历史地位，加强对它的研讨乃必然之事。要研究，当然得有史料。宗族史的史料很丰富，蕴藏在各种类型的古典文献中，如官修正史、实录、政书、文集、方志、笔记、类书、档案文书等等，而以族谱为主要史源。蕴藏宗族史史料的文献种类虽多，但在族谱之外，资料分散，搜寻不易，即使是族谱，由于它的数量惊人——以万计数，阅读起来难于穷尽，更何况它的收藏分散，更增加了阅读的困难。有鉴于此，笔者在二十多年前的1984年，为《古籍整理出版情况简报》（第124期）撰文《关于编辑出版族谱丛书的建议》，倡议编辑出版族谱丛书和"家谱专题资料汇集"，如族规家训资料汇编,人口资料汇编,祠田、义庄资料汇编,人物传记资料汇编等。同时预计到"这些工作不是一天能够做得出来的,可以有计划地分期分批来完成"。如今笔者主编这个资料集,无疑是希望实现夙愿。但是愿望也是发展的,原先只考虑汇辑族谱资料,现在则增加**选辑**正史、实录、政书、文集、方志、笔记、类书、档案文书中的相关宗族史材料。归结**笔者选辑**宗族史资料的目标,就是汇编各种古典文献的宗族史素材,为研究者提供阅览的方便。笔者在这里,也仅仅是部分实现夙愿,因为所汇辑的资料是关于清代宗族史的,远非各个时代的。笔者力量极其有限,而学问是天下公器,相信会有其他同好进行。事实上,费成康已选辑出版《中国的家族法规》,造福于读者。

《选辑》资料主要取材于清代形成的各种类型的纪录清代宗族史的文献,也选录民国时期图籍的有关清代内容,包括实录、政书、史书、文集、方志、笔记、档案和族谱等各种类型,以及图像史料。诸如《清实录》、清代多次编纂的《会典》和《会典事例》、历次修订的《大清律例》、"清三通"、民国年间编纂的《清史稿》;利用的族谱图籍有二百余种,大部分编纂于清代(最早修于康熙年间,最晚有修于宣统朝者),少数修于民国时期的族谱,仅择取其中形成于清代的部分内容,而对于其中有益于理解清代宗族史的资料,或作为"附录"汇入本书,或在图像资料部分以"附"的形式出现。对产生于明代的宗族活动内容,本选辑也仅择录清代仍在遵行的部分,以资参照。对于族谱的取材,我们尤为上心,到国内外各大图书馆搜索觅取。

本选辑以从**族谱摘**取的资料为大宗,盖因此种资料详实具体,颇能反映民间宗族的活动状况。鉴于**族谱数量**虽多,而各地制作状况差异很大——南方多、北方少,为了能够全面反映清代各个地区、不同时期的宗族史,特别加强了对北方、中原、西北地区族谱资料的搜集,因而能够涵盖河北、山东、山西、河南、陕西、甘肃、江苏、安徽、浙江、湖北、湖南、江西、福建、广东、广西、云南、贵州、辽宁十八个省份,并以江苏、安徽、江西、湖南、浙江、河北、山东、山西资料为多。

如何择取素材,选取后怎样进行编辑?笔者首先是制作查索资料大纲和规制编辑凡例。笔者在启动工作之初的2004年拟订了较为详细的大纲和简单的编选凡例——《选辑资料大纲和实施细则》(12月28日),作为工作准则;同时邀请同仁参与选材,并在工作中对大纲和凡例作出若干细节的补充,于2006年形成《资料长编选辑说明》(即《凡例》)(2006年1月13日)暨《清代宗族史资料汇编大纲》(3月1日)。资料搜集工作至2007年基本完成,在以后的整理编辑中,发现一些内容的不足,乃陆续选材补充,到2010年编选工作基本结束,2011年继续加工,进一步规划细则,力求体例的统一、句读的准确。

经过调整、补充的大纲，区分为文字资料编和图像资料编两大类，文字资料类又分为清廷法令政策和士庶宗族两大部分。全书采取五级标目，为编、篇、一、（一）、1。这里为明了起见，录出文献资料类的编、篇两级的目录：

第一编，法令政策与伦理：第一篇，《圣谕广训》的倡导宗法性家族观念；第二篇，律例体现的宗法家族制度与观念；第三篇，职官、选举制度体现的宗法宗族制和观念；第四篇，礼制与旌表节孝政策；第五篇，族正的设立与存废。

第二编，士庶宗族基本状况：第六篇，宗族的形成与祠堂；第七篇，祖坟；第八篇，族产；第九篇，族学。

第三编，宗族观念与行为：第十篇，宗法变革论与宗族建设；第十一篇，宗族与族人丧礼祭礼；第十二篇，族谱；第十三篇，族人规范。

第四编，宗族与社会、国家的关系：第十四篇，宗族与社会；第十五篇，宗族与国家。

第五编，图录：第一篇，祠堂；第二篇，祖宗影像；第三篇，神主；第四篇，神器及祭礼仪式；第五篇，坟茔；第六篇，族学与书院；第七篇，族谱；第八篇，世系表图（附五服图）；第九篇，各种文物；第十篇，其他相关文献图像。

有了框架，就可以将各种内容的资料按大纲及其五级目录编排一一纳入结构之中，这是凡例基本原则，那些具体方法才是大量而细致的，以选材方面讲就有：注意资料的完整性，即每一项资料完整表明某种事情，全部辑入某一文献，如录入某些谱序、族规、祖训、《圣谕广训》、丧礼五服制等；突出主题，对一些资料原文作出适当删节；有些资料涉及多方面的内容，在大纲不同的子目中重复出现，此系各个主题之所需，非为滥增篇幅。对资料原文存在的问题，作出技术处理，如若原文有缺字或无法辨识者，以"□"代替。文献原文及原文之标注、注释文字系小号字者，亦仍其状。

为将一条条资料汇入纲目中，笔者进行了多项具体工作：

一、选辑者在篇目之下，对将要呈现的资料作出概括性的说明，类似于编者按语，意在表明选辑者关注的内容，也是对各条资料起连缀的作用。

二、尽可能为每条资料拟写简明标题，并以楷体字显示，但若内容相近的资料，又是连续排列的，则不必另拟标题；若系选自族谱，尽可能标出时间和地区。

三、每条资料之后，写明资料来源的书名、版本。

四、同类资料，以形成的年代先后为序辑录。

五、选自族谱的资料，在大纲框架之内再行细分，方法是按清代行政区划（参照《清史稿·地理志》）分地区排列著录，然后按时间录入材料。

六、第二编"士庶宗族基本状况"，一般按省份、地区和姓氏编辑，如"直隶 沧县于氏"、"山东 东莱赵氏"等，从清人文集、方志、实录、文编、笔记等所选资料,则前置,不分地区、姓氏。

七、重复内容的辑入,有两种情形,一是在不同的编篇,以利于读者查找方便;二是为读者理解利用便利,如作为宗族活动准则的服制规范反复著录,是从以下多种角度考虑的:官方文献的法规与民间文书的回应;各地宗族的认识及记录方式;不同时期的记载。此外,为让读者使用方便,对资料原文进行标点断句。至于图像资料的辑入方法,类同于文献资料部分,唯因图片数量有限,内容又集中在几个方面,故而仅仅采取篇、子目二级分类。鉴于图像资料的重要性,又由于仅分二级目,故全部列入总目目录之内,因此造成文字资料与图像资料目录的繁简不平衡,这实在是一种缺陷,然为凸显图像资料,是明知故犯了。

本书的编选者,系对清代宗族史研究有素的专家和有志于宗族史研究的博士、硕士研究生,其中有《宗族志》、《明代宗族研究》和《朝鲜族谱研究》的作者常建华教授,《汉晋家族研究》、《中国宗族》作者阎爱民教授,文史造诣深厚的《沧波掠迹五十秋》作者冯尔健研究员,惠清楼副研究馆员,胡中生、于秀萍副教授,从事宗族史硕博士学位论文写作的郭玉峰、罗艳春、王霞蔚(如今均已获取博士学位,分别为副教授、讲师),刘祥花女士,以及我本人。郭玉峰、罗艳春、王霞蔚、于秀萍分别赴湖南、江西、山西、河北进行田野调查,十分辛苦。各位同仁提供的专题素材,由阎爱民依据大纲汇总,然后又由阎爱民、惠清楼、冯尔健及笔者分头复阅,最后由笔者定稿。在全部编辑出版工作中,阎爱民、惠清楼和冯尔健协助我作了大量编辑工作。在此我向各位同仁表示诚挚谢意。

三 资料的学术价值

宗族史史料是历史学,同时也是多种学科的研究素材。它的学术价值,笔者将先作一般性的概述,然后对本《选辑》的史料价值进行简括的说明。

族谱和其他文种的宗族史史料,对历史学的意义很容易被理解到,但它其实同样为社会学、民族学、文化人类学、人口学、优生学、教育学、经济学、文献学、自然科学等学科提供学术资料,意义不凡。如社会学追踪历史,建立历史社会学,田野调查获得的材料不够用,还需要借助历史文献。人口学的人口史研究,对正史、政书所记录的人口数字难于确认,于是利用族谱的人口登记资料,人口学所研讨的人口统计及增长率、人口寿命、年龄结构、就业与职业、教育与文化、移民,在谱牒文献中能够找到丰富素材。

对历史学而言,家谱文献就是如同梁启超在《中国近三百年学术史》中所说的史界"瑰宝"。古人常说"家之乘,犹国之史",宗谱最直接反映的是该宗族及其成员的历史,即宗族史和家庭史,对宗族祠堂组织、职能和规则,祭祖扫墓活动,宗族与政府关系,祠堂财产和经营,宗族文化教育,人们的宗法意识,宗规祖训制约下族人的生活等等,谱牒提供了研究的基本资料。正史、方志、文集着墨的历史人物,多是社会上层人士或地方精英,而下层社会的人物被严重地忽视掉了,幸赖有族谱著录每一个人的简单生平,平民百姓从而有了历史记载,令后人多少可以窥见他们的日常生活、生产劳动、哀愁喜乐、消费习俗,而这是历史研究所不能忽略的。中国民族分布的重大特点,是少数民族多生活在边疆,所以民族史和边疆史联系在一起,清代学者研究西北史地,就是把西北少数民族与西北边疆问题融于一体来考察,谱牒资料价值亦在这两门学问中显现出来。清末民初,名盛一时的广西岑春煊家族的《西林岑氏族谱》,反映出岑氏是宋元以来的"西南著名土司"这一史实。谱牒是地方史最大量、最直接的素材。宗族与地望紧密结合,古人讲到某个宗族,一定要说明它是哪一个地方的,讲到哪一个人,也要指出他的乡贯,记载宗族史的谱牒,也必然反映宗族与地域的关系。古来编写地方史志,就利用该地谱牒史料。清代史家章学诚在《修志十议》讲到编写方志的十项理论的第二条时,认为要把史实理清,在广泛搜集资料时,对家谱应予重视。这表明史家对方志与谱牒关系的认识在向理论上提升。族谱为史学研究提供多方面的史料,下面将有进一步说明。

《选辑》对于清代宗族史和清代历史研究的史料价值,可以从五个方面来理解:

一、汇集了清代宗族史基本史料,全面、详细而具体

说全面,是从资料来源和内容两个角度讲的。**就资料**选材讲,它涵盖民间族谱文献,更有官方文书的有关史料。《选辑》不只是含有**族谱资料**,也特别关照官方文献,如在第一编所辑录的清朝政府关于宗族制度的观念,法律、职官、丧礼、祭礼、家庙制度中的宗族内容,清朝所特有的族正制及其实行,官方文献的这些内容,常常为学者忽视。留心于此,实为《选辑》的一大特点。就内容方面讲,既有官方的制度政策,又有民间宗族活动的方方面面,即宗族基本状况、宗族观念与行为、宗族与外部联系,具体关涉到宗族组织与祠堂族长、祖坟、族产和族学,宗法变革论与宗族建设,宗族与丧礼、祭礼,族谱理念与修纂,族人规范,宗族与社会联系,宗族与国家关系等方面。

说它详细,反映宗族制度、宗族习俗和宗族活动的资料非常翔实,有不同地区的,不同时代的,宗族组织形式不同类型(祠堂族长制、族老制、族会制、联宗制)的,宗族变化、发展的。在一条条资料中,有概述宗族一般情形的,而绝大多数是具体细致的描述。如宗族清明扫墓的仪式和行为,资料显示宗族办事人如何订日期,发通知,族人交分资,何时

何地集合出发赴墓地,先期的培修坟头,摆设供品,墓前列队,宣读祭文,奠酒行礼,祭祀后立即进行族人团拜,又有一番尊卑长幼相见礼,最后的节目是族人"享胙"——会餐,同样是按礼数进行,如此等等。规范得何其详尽,可以令人得知清代宗族墓祭的规制和族人的祭祀生活详情,以及族人日常相见礼仪的训练、演习。

二、官方文献与民间文献的结合,官方与民间对宗族建设的一致性

清朝政府倡导民间开展宗族活动,实现"以孝治天下"的方针,令民间移孝作忠;民间受到鼓舞,与之呼应、配合,从事宗族建设和宗族活动。康熙帝向民间发出生活准则的"上谕十六条",它的第二条是"笃宗族以昭雍睦",雍正帝在《圣谕广训》就此作出解说:"立家庙以荐蒸尝,设家塾以课子弟,置义田以赡贫乏,修族谱以联疏远。"提出宗族建设的四项建议。康熙帝、雍正帝向民众灌输的宗法宗族思想,也是民间宗族所追求和实践的目标。一些宗族宣讲和翻印"上谕十六条"和《圣谕广训》。湖南平江叶氏宗族《家训》(民国《平江叶氏族谱》卷一):"伏读《圣谕广训》十有六条,纲举目张,言言切至,何一非生民日用之资。今欲一道同风,宜于岁时会合,集族中父老子弟当堂听讲,而又恭录其尤关于宗族最为切近而易行者。每门刊布几条,使之家喻户晓,相与父诫其子,兄勉其弟。"就是既宣讲《圣谕广训》,又录出关于宗族的内容,各房刊刻,做到家喻户晓。据检索,至少有24种族谱刻印了《圣谕广训》。江苏华亭张照家族设立义庄,张照在奏折中声称:早年臣祖张淇,曾以己田一千亩作为义田,赡给族人,然恐义田不能经久保存,庆幸的是如今皇上颁布《圣谕广训》,号召"置义田以赡贫乏",是以臣祖张淇"此举仰符圣主化民成俗之至意",因而冒昧陈请:"将臣家义田官为查核,立册存案,载入县志,不得擅卖擅买,违者虽系臣之子孙,亦以盗卖官田论。"(《华亭张氏义庄条例》抄本,藏南开大学图书馆)张氏宗族建设义庄,在政府立案,受到保护,是臣子与君父密切配合的典型事例。

三、关照到不同地区的宗族活动情形

清代宗族史的研究状况是:重视南方,对北方留意较少。这当然有其客观原因,即南方宗族活动较多,形式多种多样,相关文字记录保存的也较多,而北方宗族活动相对较单调,遗留的文献也少,致使北方宗族史面貌不清,甚而人们怀疑北方有无宗族存在。笔者从事本选辑工作之先,根据文献资料和田野调查所获得的素材,认为北方不是没有宗族及其活动,只是她的组织形式是清明会,不同于南方的祠堂,她的共有财产极少,很难开展丰富多样的活动,不如南方宗族活跃。既然有宗族活动,就不能因不活跃而漠视她的存在。为了加强对北方宗族史的研究,笔者特别对她投注热情,加意对北方、西北、中原宗族资料的搜求,以示弥补。故而笔者在美国犹他州盐湖城参加学术会议,会后即到当地家谱学会图书馆阅览甘肃、陕西的族谱,刻录光碟保存。也特意安排参编的学者,分

别搜集河北、山西、山东**的族谱**资料。我们将搜集的北方、西北地区族谱资料,汇入《选辑》。它们的辑入,不是**简单增加**文字数量,而是其内容令我们对北方宗族有了较完整的认知:她有组织,有活动,也有一些文献记录,可供学人采摘研讨。笔者撰文《清代宗族族长述论》(《江海学刊》2008 年第 5 期),论证族长的遴选方法、族长的实际人选,典型材料出自光绪年间编纂的甘肃《金城颜氏家谱》;2009 年发表的《清代宗族祖坟述略》(《安徽史学》),相当部分的资料择自山西、河北的族谱。同年,参加一个学术研讨会,宣读的《漫谈清代北方宗族的祖坟建设与祭祀活动》,专论北方宗族的活动,引用的文献是:民国孟村《张氏家谱》的《先茔志》;沧州《戴氏族谱》中的《城东茔祭田家规十二条》,该谱书翻印的朝廷《丧服总图》和《本宗九族五服之图》;宣统间成书的山东《黄县太原王氏族谱》中的《建修茔墙序》、《祖茔建碑记》;山东东阿阎氏使用清朝人已不常用的碑谱记录宗族史,文中附入她的碑谱谱系图片;山西洪洞王氏嘉庆间编纂的《洪洞薄村十甲王氏族谱》墓祭祭礼仪规。论文报告引起青年学人的注意和刊物编辑约稿,笔者因所利用的素材与前述《清代宗族祖坟述略》有不少雷同,谢绝披露。上述写作的实践,令笔者相信北方有宗族史素材,可供描绘北方宗族历史,进而认为有必要改变对北方宗族史的传统看法,给予其应有的历史地位。

四、提供宗族原始性资料

《选辑》不惜文字和篇幅,过录大量的谱序、宗规、祖训、族学规则、宗族丧礼与祭礼规范,借以反映宗族活动的各个方面的实况。如此长篇宗族文献移录,意在保存宗族组织活动的原始性文献,避免选录片段资料的零散性,以及可能产生的片面性。过录、提供宗族史原始性资料,也成为《选辑》的一大特点。著录的文献原件,兹介绍数种,以见一斑:

关于祠堂的兴建、规则,读者可以在《选辑》中见到:光绪间**编纂的甘**肃《金城颜氏家谱》所载的康熙《颜氏建修牌坊墙垣记》、乾隆《迁修祠堂记》、乾隆**《重修**祠堂记》、乾隆二十二年《重修廊房记》、道光二十七年《创修复圣殿碑记》、光绪十一年《重修祠堂记》等篇;安徽歙县汪氏在康熙中制订《歙县汪氏崇本祠条规》(康熙三十年刻本),是该族关于祠堂的专门条例;光绪中纂修的安徽绩溪《华阳邵氏宗谱》,卷首载入的《新增祠规》。

清朝人修谱,其体例、书例,产生两个范本:一个是北方的直隶河间纪氏宗族纪昀(纪晓岚)的《景城纪氏家谱序例》,收入《纪文达公遗集》卷八,另见《续修四库全书·集部·别集类》(第 1435 册)、贺长龄和魏源辑《皇朝经世文编》卷五十八、嘉庆七年刊本《景城纪氏家谱》;另一个是南方的广东南海朱氏宗族朱次琦的《南海九江朱氏家谱序例》,载于《朱九江先生集》、沈云龙主编《近代中国史料丛刊》第十三辑。这两篇序例篇幅大,

《选辑》全文辑入。

作为宗族公共财产和事业的义庄的史料,民国间修纂的《吴县志》给予热情的关注,一一记叙该地各姓义庄的始末,但系概述性质。《选辑》则将华亭张氏义庄的《张氏捐义田义庄折奏》及附《义庄条例》全部录入。如前所述,它是南开大学图书馆藏抄本,《选辑》将使其得以广泛流传。

宗族办学——族学,乃宗族的一种实体,虽然有条件建立学塾的不多,但能办的则努力实现培养"吾家千里驹"的目标。《选辑》移录的《任氏家塾规则十条》,为乾嘉时期江苏震泽任兆麟为该族学塾所拟订,收入清刻本《有竹居集》,十条规则是重师范、选才俊、别贫富、慎司事、严考课、藏书籍、习威仪、戒庞杂、禁外务、惩败类,可归纳为五项内容:一,明确办学目标是培养合乎主流社会要求的精英,是以只接受可以造就的才俊入学;祠塾购置书籍,供给生徒阅览,以便成为博雅通才,向高层次发展;生徒必须学习礼仪,加强品德修养,锻炼成正人君子;各种奖惩手段,亦为生徒成才而立。二,尊师重道,塾师不仅授业解惑,更在于传道,所以第一条是"重师范";同时要求老师德才兼备,并以此为标准聘请塾师,授予其职权——"一切学规悉禀师训"。三,鉴于贫寒子弟难于从学,祠塾以之为主要招收对象,表现其宗族义学的特点。四,强调奖惩原则。鼓励上进者,严惩怠惰者和有不良行为者,给好学生童以良好环境,成就人才。五,严格管理。祠塾由义田赞助,义田经营者势必兼管祠塾事务。但是要照章办事,若有徇私舞弊,则受处罚。

族规、祖训是宗族活动的思想与行为准则,《选辑》多有所收集。光绪间修成的湖南益阳《熊氏续修族谱》中的《家训》,含有孝、弟、刑于、友谊、朋友、睦族、和邻、正家、贻谋、勤俭、改过、行恕、种德、劝诫、溺女戒、酒戒、色戒、财戒、气戒、争讼戒二十条。嘉庆江西清江《云溪徐氏族谱》卷一《宗训》,有谨遵国法、笃念天伦、敦睦宗族、笃课儿孙、崇尚节义、整饬闺门、确守俭勤、致戒争讼、听命尊长、敬重斯文等条文。《熊氏续修族谱》所说的"刑于",是论述夫妻之道的,规范是:"夫妇之际,人道莫重焉。夫贵和而有礼,妻贵柔而不媚。古人举案齐眉、相敬如宾者,洵足嘉也。故为夫者有刑于之化,而夫纲能振;为妇者守三从之道,而妇道克敦。"虽然是以主流意识的夫为妻纲为准则,然而特别指出丈夫对待妻子应当和善,而非动辄指斥妻子,故云:"妇女未尝读书明理,其有不是,当委屈晓谕,不可遽生嗔怒,乃为和气致祥之本。凡自己妻子虽德言功容不能兼备,亦须厚待。"离石于氏与熊氏有相同见解,康熙间的《家训》:"夫妇之间当思一敬字,梁鸿、孟光之举案齐眉,千古称为美谈,敬而已矣。如今夫妻反目只为太狎。太狎则不敬,不敬则变生莫测矣。是故居室之间当如宾客,自然刑于之化以起,门内之和以生。"(离石《于氏宗谱》卷五)明末清初大儒、容城孙奇逢《孝友堂家规》,讲到齐家,云:"诗曰:'刑于寡妻,至于兄弟,以御于家邦。'此千古家规也,身范不端,向妇人女子求疵,道无由矣。"(《丛书集成初编》,中华书局1985年影印本)有的宗族认识不及于此,《云溪徐氏族谱》的"整饬闺门"条也认为应该讲求刑于之道,但批评现实生活中男女均做得不足,而强烈指责的是女子不守妇道:"闺门为王化之始基,故《关雎》之什,独冠《周南》,自后世刑于之道不讲,则士无行而女亦多纵,妇夺夫权,妾凌嫡位。"

《选辑》收录许多族谱序言,直接反映的是宗族编纂家谱活动及其结果——修出族谱,不仅如此,它还能告诉读者整个宗族建设和活动情况,诸如修谱过程制定族规,宗族执事人员的产生和组织建设,表彰好义族人。其翔实的资料,这里仅举出光绪《金城颜氏家谱》中所载乾隆二年兰州颜穆如的《重修家谱序》即可知。全文如下:"穆不敏,粗知章句。其于修己治人之道,何敢自任也。但年来谬为诸父昆弟委以族长,经纪家政,不敢不尽心勉副众望。窃谓家政之大,序谱为重。故向者谋诸二三昆仲,而后操笔,今已敬修成帙。其世系支派按房稽考,不烦赘词。惟是家有条约,犹国之有令典。令典之设,期于无犯,条约之陈,岂必相厉。今谱中所载典礼懿训,悉采先辈成规。而条约数事,则自吾远祖以来立为家法,经三百年如一日者,不敢妄有增损而轻重出入。随时小变之处,亦尝会同合族细加商酌,而后载之于谱。惟望我族本尊祖敬宗之心,为持身保家之计,不干条约,则人人能修己,人人能治人,庶不负诸父昆弟委任之盛心,是所望也夫。"

五、图录编的宗族史视觉史料

当今的人类社会,电视已经成为人们须臾不离之物。与此相关联,人类阅读图书,读图成了时尚,以图片为主或图文并重的杂志是高雅客厅茶几上的必备品、装饰品,图说历史的著作也相当走俏。图片进入书籍,原来只是作为文章的附加物,也就是说,有了插图,令读者增加阅读的兴趣。这应当说是书籍配图的初级阶段的状况,进一步是将图片作为史料,与文字记录互相印证,图片所包涵的内容,是著者论点的论据,是史料,是证据,不可或缺。笔者在2006年撰文《史学著作的图文配合与构建视觉史料学》(《学术月刊》2006年7月号),认**为视觉史料**"是指依据一切历史的、现实的实物、事象所拍摄的照片、记录片及文艺表演**影像**等,是理解、阐释历史的史源之一种。由于它是以照片(图片)形式表现出来的,所以,照片就成为视觉史料分类出发点"。它的原生态就是那些可以用作史料的实物(历史遗物、遗迹),实物中包括绘画作品。说到宗族史的视觉史料,笔者所寓目的,有实物,有图画,它记录在族谱和其他载籍中,也有实物遗存。笔者和同仁所掌握的宗族史图像资料,汇入《选辑》的图录编,其中有祠堂、坟墓图,各个宗族祖先的肖像画,先人遗墨,先人遗物(衣饰、书籍、手稿),祠堂以外的家族各种建筑(牌坊、戏台、文昌阁等),肖像以外的图画(村落图、人物故事图画、祭仪图示等)。计有二百几十帧,完全可以用作历史资料。笔者在前述《漫谈清代北方宗族的祖坟建设与祭祀活动》文中,配图二十幅,有沧州《戴氏族谱》中的"鸡泽公墓图"、"'内台总宪'坊图"、"八世定图公戴明说画像";宣统间成书的山东《黄县太原王氏族谱》中的《祖茔建碑记》、《王氏茔图》;民国时期修纂的山东《东莱赵氏家乘》中的《坟墓》、《遗像》、《坊表》、《手书遗迹》;山东东阿阎氏"碑谱谱系"图片;山西忻州民国《陈氏族谱》的"坟茔图",灵石乾隆《王氏族谱》的"宗祠图",洪洞民国《刘氏宗谱》的"家庙图",平遥光绪《冀氏宗谱》的"冀氏祠堂图",介休道光《定阳张氏族谱》的"敕建牌坊图"等,藉以说明北方宗族活动情况。

  上述五点,归结起来,《选辑》汇辑的宗族史资料有三个特点:一是保存了史料的原始性和完整性;二是官方有关宗族的方针政策文献与民间宗族活动文献的结合;三是资料拥有量比较多,约有二百万字。这是对《选辑》学术价值的直观了解,而且仅仅是对宗族史研究而言。其实它对历史学的整体研究也有特殊意义,笔者现将1997年发表的《宗族制度、谱牒学和家谱的学术价值》(《中国家谱综合目录》代序言,中华书局1997年版)一文中的认识移植于此:

  宗族史史料为勾勒中国历史全貌提供丰富的不可缺少的素材,为史学的综合研究法的进一步实现提供可能。综合研究是史学研究的主要方法,没有以谱牒为主的宗族史资料也可以使用综合研究法,但那样难于真正做好,因为资料本身的不全面,怎么能做到全面研究?只有在各方面资料充分具备的条件下,再有意识地运用综合研究法,就可能成功了,所以谱牒提供史料的同时,还对历史研究法的科学化有意义。这还是就着历史学科内部讲的综合,其实宗族史资料还反映文化人类学、民族学、人口学、社会学、生命科学、自然科学等学科的资料,可以利用它综合各学科的研究方法和内容,用于史学研究,有的学者已经这样做了。卓有成果的谱学研究者潘光旦撰著《明清两代嘉兴的望族》(商务印书馆1947年版)专书、《家谱还有些甚么意义》(《东方杂志》第43卷第12号)等文,利用族谱资料,研究历史上家庭的婚姻,说明优生学的道理。他希望治谱学者把史学与遗传学、生物学、心理学、社会学、人类学结合起来,才能富有成果。潘氏说的非常有道理,不少学者也在这样做,他们在研究中国宗族社会时与人类学研究结合起来,如林耀华作《从人类学的观点考察中国宗族乡村》(《社会学界》1936年第9卷),美国威特逊作《中国宗族的再考虑,历史研究中的人类学前景》(《中国季刊》1982年第2期)。近来,广东与香港学者采用了社会学、人类学与历史学互相结合的研究方法探讨明清时期珠江三角洲家族制度的发展问题(《明清珠江三角洲家族制度发展的初步研究》,《清史研究通讯》1988年第1期)。这些学者的建议和实践使我们认为,历史学与其他人文学科及自然科学的结合,在更广阔范围内进行综合研究,才可能科学地说明历史。宗族史的资料,将使这些学科的研究沟通起来。

笔者对《选辑》的出版,自然有欣慰之感,也有遗憾,就是标校中可能有破句之类的错误;也可能有过录中的误笔,尽管搜集资料之初笔者就强调抄录、扫描后核对原文,但是难免有误,笔者所在地天津之外收藏的文书,由于经费、人力、精力等原因,也不可能前往核实,所提供的资料出处,也只供读者觅取查核而已;资料本来还可以再多收集一些,如笔者早年手抄卡片资料亦未能输入电脑进入资料库;同一材料在不同类目中重复出现,有的是必要的,有的则可删除等等。凡此只有请读者谅宥,倘若日后有可能修订,再事弥补。

本选辑是"南开大学社会史研究中心资料丛刊"之一,受教育部人文社会科学重点研究基地基金资助。

《选辑》由天津古籍出版社刊行。该社在古籍出版界名声日彰,在出版内容方面的特色日趋显著。2008年,我们有过愉快的合作,由杜家骥教授主编、朱金甫研究员和笔者副主编的《清嘉庆朝刑科题本社会史料辑刊》即由该社梓刻,颇有好的反响。是以我们双方今次非常高兴地再次联手,希望将《选辑》出好,贡献给学界和读者。就中,刘文君社长、总编是笔者三十多年学友,责编赵娜副编审、王宇英、刘艳艳、王海燕,她们尽心尽责,给我留下了深刻印象,令我感动与感谢。

(2011年2月5日初稿,12月30日修订)*

---

* 初稿草就,请友人常建华、阎爱民、余新忠诸氏帮助修饰,他们当即提出改订意见,书此特表谢忱。我在初稿中将保存史料的原始性和完整性,说成是保存史料的"原生态性",常氏指出"选辑本身实际上是破坏了'史料的原生态性'",不如说"保持史料的原始性",笔者认为有理,接受改写。阎氏发表关于五服制与宗法、法律和祭祖的关系,认为"五服制自战国时构想,至晋代入于法律,到宋儒提出作为扩大祭祖权的依据,也是宗族民众化历程的一贯依据,它又与慎终追远的'一本'理念相合",引人深思。余氏亦发出令人深省的见解,认为"传统时期的宗族其实是代行了官府的部分公共职能,是对官府职能的重要补充"。又说历史上宗族"适应了时代和社会的需要",在当下,"值得人们关注和省思"。将阎、余二氏的观点附录于此,在以后撰文中参考运用。

编辑凡例

一、本选辑的编目结构,区划为编、篇、一、(一)、1,计五级目。

二、取材注意资料完整性,含义有二:每一项资料完整表明某种事情;全部辑入某一文献,如录入某些谱序、族规、祖训、《圣谕广训》、丧礼五服制等。

三、有些资料涉及多方面的内容,在大纲不同的子目中重复出现,乃因各个主题之需要。

四、为突出主题,对一些资料原文作出适当删节。

五、所录文字系古文,选辑者给予标点断句、分段,然因业务水平关系,可能有不准确处,祈请读者指正。

六、资料中书名、引文准确的,则冠书名号、引号,否则一依原文。

七、辑录内容中有缺字、衍字及无法辨识者,以"□"代替。

八、文献原文及原文之标注、注释文字系小号字者,亦仍其状。

九、文献中有的内容不便读者阅览或原文有误,特作注释,如"提镇",注作:提(督)、镇(总兵官);如《清史稿·职官制》将仪制司误作"典制",注作:典(编者按:应为"仪"。)。

十、在编目的一些"编"、"篇"、"一"之下,有选辑者概述征引资料内容的提要,如同编者按语,意在起醒目的作用,并以楷体字显示。

十一、各条资料之前,一般拟写摘要,亦以楷体字显示;若系选自族谱资料,尽可能标明时间和地区;若编辑在一起的资料内容相近,除在首见条加写摘要之外,不再每条重复撰拟。

十二、每条资料摘要之后,即写明资料来源的书名、卷目、篇名,加冒号另行录入原文;在资料文末加括号注明图籍之版本,并另行标识。

十三、同类资料,以形成的年代先后辑录。

十四、第二编至第四编,一般按省份、地区和姓氏编辑,如"直隶 沧县于氏"、"山东东莱赵氏"等,并以粗体显示。省区的编次,参照《清史稿·地理志》的行政区划。从清人文集、方志、实录、文编、笔记等文献所选资料,则置于族谱资料之前。

十五、为了明显起见,每一子目下来源于不同文献的资料,以空行隔开。

十六、选辑附有利用文献一览表,依据目录学的要求,书写作者、书名、卷数、版本,若系族谱,加书所属省、县,著作年代,以及选辑者认为需要特别说明的内容。

十七、图录的分类,视资料显示的内容而定,不同于文字部分;区分十类,内中不再划分类别,以阿拉伯数码区分每一幅图片。

目 录

第一编 法令政策与伦理

第一篇 《圣谕广训》的倡导宗法性家族观念 3
　一 "上谕十六条"、《圣谕广训》的颁布 3
　二 教化的核心内容是宗法性宗族制度与观念 15

第二篇 律例体现的宗法家族制度与观念 19
　一 "十恶"、"八议"中的宗亲法原则和同罪异罚 19
　　（一）"十恶"中的"恶逆"、"不孝"、"不睦"、"内乱" 19
　　（二）"八议"中的"议亲"、"议功"、"议贵" 37
　二 存留养亲与存留承祀法 43
　　（一）犯罪存留养亲法 43
　　（二）犯罪存留承祀法 54
　三 维护与限制宗族权益的法令 58
　　（一）宗族对族人的管束权 58
　　（二）宗族的送审权与出庭作证 63
　　（三）分家法、立嗣法与宗族的干预 72
　　（四）保护宗族公产法 87
　　（五）亲属连坐法与亲属窝盗法 94
　　（六）"救亲情切"免死法与血亲复仇律 95
　　（七）实际允许民间设立祠堂祭祀始祖、高祖 96
　四 拟制亲及类拟制亲的同罪异罚 98
　　（一）家人、奴婢、雇工人与家长及其亲属关系法 98
　　（二）义父子关系法 102
　　（三）继父子关系法 104
　五 服制 106

第三篇 职官、选举制度体现的宗法宗族制和观念 111

一 官制中体现孝亲的成分 111

(一) 宗亲回避制度 111
1. 官员宗亲回避 111
2. 汉员京官回避 113
3. 汉员地方官回避 114
4. 满员京官回避 116
5. 满员外任官回避 117
6. 蒙古官员回避 118
7. 兵部官员回避 118
8. 大挑、拣选官员回避 119
9. 官员子弟乡会试回避 120
10. 回避违制处分 122

(二) 终养制度 123
1. 汉员告养 123
2. 旗员告养 125

(三) 丁忧起复制度 129
1. 丁忧范围及回籍治丧期限 129
2. 内外汉员丁忧 131
3. 旗员丁忧 133
4. 丁忧取具族邻甘结 135
5. 停止在任守制与夺情 136
6. 官员丁忧起复与族邻甘结 137
7. 丁忧违制处分 138

(四) 封赠及于宗亲 140
1. 封赠对象与品秩 140
2. 加级给封 141
3. 推封(鲍封)事例 142
4. 停给封典 144
5. 缘事追夺 144

二 职官制、选举制中维护家族利益的因素 145

(一) 恩荫制度与荫生录用 145
1. 种类：恩荫、难荫、特荫 145
2. 荫叙官职 145
3. 武职封荫 146
4. 文职难荫 147

(二) 出继归宗与更名复姓 148

(三)选拔孝义人才　151
(四)贯彻职官制度中宗亲法的主管机构　152

第四篇　礼制与旌表节孝政策　154
一　品官、士庶家庙与祭礼　154
二　丧礼　157
(一)丧礼五服制　157
(二)品官丧礼　164
(三)士庶人丧礼　170
三　旌表义门和孝子　171
(一)旌表五世同堂、家族同居共爨和义行　171
(二)表彰孝子节妇和建立忠义祠、节孝祠　179

第五篇　族正的设立与存废　213
一　雍正朝的定制与乾隆朝前期的实行　213
二　族正制的存废　218
(一)乾隆中期族正制存废的讨论与清高宗的乾断废除　218
(二)因地制宜,局部地区的持续推行　238

第二编　士庶宗族基本状况

第六篇　宗族的形成与祠堂　265
一　宗族群体的前提:族人的"聚族而居"　265
(一)聚族而居　265
(二)村落以居民姓氏命名　275
二　祠堂的建设与规制　278
(一)兴建祠堂的愿望与实践　278
(二)祠堂的普遍出现与南方多于北方　284
(三)祠堂的建筑结构与室内设置　302
三　宗族结构与祠堂管理　350
(一)宗族结构　350
(二)祠堂结构与管理机构　396
(三)祠堂厅院的管理规则　411

四 清明会与族会　433
　　　　(一)祠堂雏形的公会　433
　　　　(二)清明会　434
　　　　(三)族会　442
　　　　(四)同姓氏祠堂与联宗会　452
　　五 族长的产生、职责与社会身份　456
　　　　(一)族长的遴选、条件与实际人选　456
　　　　(二)族长的职责及对其要求　460

第七篇　祖坟　469
　　一 祖坟与孝思、祖宗保佑观念　469
　　　　(一)祖坟藏体魄之说　469
　　　　(二)占卜茔地与风水观念　471
　　二 祖茔规制　483
　　三 祖茔的维护　484
　　四 祖坟的种种功用　505

第八篇　族产　511
　　一 宗族公产祀先赡族的观念　511
　　二 宗族公产的类型和来源　519
　　　　(一)公产类型　519
　　　　(二)产业来源　577
　　三 管理与用途　612
　　　　(一)管理方法与政府备案　612
　　　　(二)义庄立案载入县志　632
　　　　(三)用项　663
　　四 族产的败坏及清人的相关议论　677

第九篇　族学　685
　　一 宗族对兴办义学培养子弟寄予厚望　685
　　二 宗族办学及聘请塾师　693
　　三 族学规则及对生徒的要求　704
　　四 宗族赞助、奖励族人修业与进学　708

第三编 宗族观念与行为

第十篇 宗法变革论与宗族建设 713
  一 宗法理论、制度因应世道变异更新论 713
  二 "一气说"和"一本观" 727
  三 族规、家训之制订与其所反映的宗法性伦理道德 761
    (一) 族约祖训的制作 761
    (二) 宗规祖训举隅 797
    (三) 宗规祖训体现的伦理道德及其时代性 826

第十一篇 宗族与族人丧礼祭礼 898
  一 丧礼 898
    (一) 宗族表示遵守朝廷丧礼制度 898
    (二) 宗族丧礼规范禁用僧道与反对宴乐、停议不葬、火葬 938
  二 祭祀 962
    (一) 山西洪洞王氏墓祭与广东博罗林氏祠祭祭礼仪规 962
    (二) 祠祭对象和主祭、执事人员 975
    (三) 木主及其安放、画像 1002
    (四) 祭祀种类、仪式与祭品 1012
    (五) 祭祀中族人相见礼、颁胙与饮胙、女性与祭祀 1028

第十二篇 族谱 1035
  一 修谱的尊祖敬宗收族理念 1035
  二 族谱纂修 1148
    (一) 修谱难题及解决 1148
    (二) 谱局设立与修谱人员 1201
    (三) 不断续修的特点 1244
  三 族谱体例与书法 1316
    (一) 族谱修谱叙例、凡例举隅 1316
    (二) 族谱体例的讨论规范 1372
      1. 寻源辨伪 1372
      2. 史志体例 1381
      3. 善恶并书与书善不书恶、削谱 1388
      4. 女性、两性关系书法 1398

5.对异姓继入与族人继出的排斥与吸纳　1443
　　　6.名讳与称谓的回避　1464
　　　7.生卒年、殇逝与丧服　1489
　　(三)族谱体例与内容　1495
　　　1.族谱体例　1495
　　　2.族谱内容　1617
　四 刻印、领谱与保存规则　1670
　五 族谱功用　1695

第十三篇 族人规范 1722
　一 几则宗训　1722
　二 族人登记与参与宗族祭祀　1742
　三 族规深入到族人家庭事务　1755
　　(一)职业选择　1755
　　(二)持家与理财　1764
　　(三)婚姻规范　1813
　　(四)传承规范　1818
　　(五)族人互助　1840
　四 种种惩罚规矩　1850

第四编 宗族与社会、国家的关系

第十四篇 宗族与社会 1875
　一 宗族对聚居村落的管理　1875
　　(一)清朝人议论家族管理与什伍组织的配合　1875
　　(二)倡导宗族内部的义行与救助　**1880**
　　(三)提倡合约,力戒兴讼　1891
　　(四)重人伦,禁非为　1905
　二 宗族与乡里社会　1916
　　(一)宗族应差役承充里老　1916
　　(二)宗族独建、共建祠宇寺观　1919
　　(三)维护与捍卫乡里　1928
　　(四)械斗危害乡里　1931

三 宗族兴衰与社会环境 1936
    (一) 光宗耀祖的追求与宗族的兴旺 1936
    (二) 兴文教以振家声 1949
    (三) 战乱对宗族的影响 1953
四 各地方宗族活动的异同 1955

第十五篇 宗族与国家 1959
一 祠堂教忠教孝与守法 1959
二 政府对宗族的保护与宗族的教化权 1968
    (一) 政府鼓励宗族活动的方针政策 1968
    (二) 清朝人对于宗族教化权的认识及宗族义行为朝廷分忧 1979
三 宗族与政府之间不协调的一面长期存在 1993

第五编 图录

第一篇 祠堂 2002
1. 直隶沧州《戴氏族谱·鸡泽公祠大门》 2002
2. 江苏《宜兴篠里任氏家谱·大宗祠方图》 2002
3. 江苏《宜兴篠里任氏家谱·大宗祠新图》 2003
4. 江苏《宜兴篠里任氏家谱·大宗祠图》 2003
5. 江苏《宜兴篠里任氏家谱·祠墓记述》 2004
6. 安徽歙县棠樾鲍氏支祠敦本堂之一 2004
7. 安徽歙县棠樾鲍氏支祠敦本堂之二 2005
8. 安徽歙县棠樾鲍氏支祠"乐善好施"匾 2005
9. 安徽歙县棠樾鲍氏支祠"慎终追远"匾 2006
10. 安徽歙县棠樾鲍氏支祠,嘉庆《重建万四公支祠记》 2006
11. 安徽歙县棠樾古村居民间祭祖堂存爱堂之一 2007
12. 安徽歙县棠樾古村居民间祭祖堂存爱堂之二 2007
13. 安徽歙县棠樾古村居民间祭祖堂 2008
14. 安徽婺源(现属江西)汪口村俞氏宗祠之一 2008
15. 安徽婺源(现属江西)汪口村俞氏宗祠之二 2009
16. 安徽婺源(现属江西)汪口村俞氏宗祠仁本堂 2009
17. 安徽绩溪《遵义胡氏宗谱·胡氏老祠图》 2010
18. 安徽太平《城南胡氏家谱·清白堂图》 2010

19. 山西灵石《王氏族谱·宗祠图》 2011
20. 山西平遥《冀氏宗谱·冀氏祠堂图》 2011
21. 山西介休《定阳张氏族谱·祠堂图》 2012
22. 山西《洪洞刘氏宗谱·家庙图》之一 2012
23. 山西《洪洞刘氏宗谱·家庙图》之二 2013
24. 山西《洪洞刘氏宗谱·专祠图》 2013
25. 山西榆次《常氏宗谱·常氏南北祠堂图》 2014
26. 山东《黄县太原王氏族谱·王氏始祖祠堂图》 2014
27. 山东《黄县太原王氏族谱·柳林庄王氏祠堂图》 2015
28. 江苏无锡《安定胡氏宗谱·惠山文昭公祠全图》 2015
29. 浙江《会稽陶氏族谱·祠图》 2016
30. 浙江《上虞长者山胡氏家谱·居止图》 2016
31. 浙江《上虞长者山胡氏家谱·旧宗祠图》 2017
32. 浙江《上虞长者山胡氏家谱·坟茔图》 2017
33. 江西萍乡上栗刘氏祠堂——彭城第 2018
34. 江西萍乡泉溪刘氏祠堂——彭城第 2018
35. 江西新建石埠谢氏支祠旧址 2019
36. 湖南《长沙涧湖塘王氏六修族谱·家庙正图》 2019
37. 湖南《长沙涧湖塘王氏六修族谱·家庙侧图》 2020
38. 湖南汉寿《盛氏族谱·宗祠堂》 2020
39. 湖南汉寿《盛氏族谱·押分政经公支祠图》 2021
40. 湖南永顺《龙塔王氏族谱·龙塔王氏祖祠图》 2021
41. 四川资中罗泉镇钟氏祠堂 2022
42. 四川乐山宋家祠堂 2022
43. 四川《大竹县志·族祀》关于宗祠的记载 2023
44. 四川《宣汉县志·宗祠祭》关于宗祠的记载 2023

第二篇 祖宗影像 2024

1. 河北沧州《戴氏族谱·八世定园公戴明说》 2024
2. 山西《洪洞刘氏宗谱·小溪公像》 2024
3. 山东《东莱赵氏家乘·遗像·四世祖大宽公》 2025
4. 甘肃《武威段氏族谱·济川公遗像》 2025
5. 甘肃《武威段氏族谱·段乐天先生像赞》 2026
6. 甘肃《武威段氏族谱·执如段太公像赞》 2026
7. 安徽岐阳世家文物图册满装男性画像 2027
8. 安徽岐阳世家文物图册女性画像 2027
9. 浙江嵊县《仁村马氏东房宗谱》书影 2028

10. 浙江嵊县《仁村马氏东房宗谱·像赞》之一　2028
11. 浙江嵊县《仁村马氏东房宗谱·像赞》之二　2029
12. 浙江嵊县《仁村马氏东房宗谱·像赞》之三　2029
13. 浙江嵊县《仁村马氏东房宗谱·像赞》之四　2030

第三篇 神主　2031

1. 江苏大丰施耐庵纪念馆藏施氏木主及木主匣　2031
2. 安徽歙县棠樾鲍氏支祠陈列之神主　2031
3. 湖南岳阳渭洞张家营张氏木主　2032
4. 湖南《长沙涧湖塘王氏六修族谱·木主陈设图》　2032
5. 湖南《长沙涧湖塘王氏六修族谱·神主全式》　2033
6. 湖南《长沙涧湖塘王氏六修族谱·神主分式》　2033
7. 湖南《长沙涧湖塘王氏六修族谱·(神主)座式、盖式》　2034
8. 湖南《长沙涧湖塘王氏六修族谱·主椟式》　2034
9. 四川铜梁《安居乡周氏宗谱·神主式》　2035
10. 四川铜梁《安居乡周氏宗谱·作主制度》　2035
11. 四川铜梁《安居乡周氏宗谱·藏主椟式》　2036
12. 广西平乐《邓氏宗谱·神主外函款式、神主内函款式》　2036
13. 广西平乐《邓氏宗谱·神主供奉祭祀位图》　2037

第四篇 神器及祭礼仪式　2038

1. 江苏无锡《安定胡氏宗谱·春秋家祭图》　2038
2. 山西《洪洞刘氏宗谱·祭典·陈设祭品图》　2038
3. 山西《洪洞刘氏宗谱·祭典·宗祠陈设图、礼器考》　2039
4. 四川铜梁《安居乡周氏宗谱·正寝时祭之图》　2039
5. 四川铜梁《安居乡周氏宗谱·每位设馔旧图》　2040
6. 四川铜梁《安居乡周氏宗谱·祠堂时节陈设并家众序立之图》　2040

第五篇 坟茔　2041

1. 直隶沧州《戴氏族谱·鸡泽公墓》　2041
2. 江苏《宜兴篠里任氏家谱·墓图》之一　2041
3. 江苏《宜兴篠里任氏家谱·墓图》之二　2042
4. 江苏无锡《安定胡氏族谱·何山文昭公墓图》　2042
5. 安徽歙县棠樾鲍氏始祖墓之一　2043
6. 安徽歙县棠樾鲍氏始祖墓之二　2043
7. 安徽太平《城南胡氏家谱》祖墓　2044
8. 安徽太平《城南胡氏家谱·老屋里屋基祖墓图》　2044

9. 安徽太平《城南胡氏家谱·六四公墓图》之一　2045
10. 安徽太平《城南胡氏家谱·六四公墓图》之二　2045
11. 山西灵石《王氏族谱·坟墓图》　2046
12. 山西五台《徐氏宗谱·茔墓图说·第一茔建安老围》　2046
13. 山西忻州《陈氏族谱·坟茔图》　2047
14. 山西介休《定阳张氏族谱·坟茔图》　2047
15. 山东《黄县太原王氏族谱·王氏茔图》　2048
16. 山东掖县《东莱赵氏家乘·五世祖西垣公暨五世祖妣张太君孙太君合葬之墓》　2048
17. 山东掖县《东莱赵氏家乘·六世祖吉亭公暨六世祖妣钱太君继祖妣周太君方太君合葬之墓》　2049
18. 山东掖县《东莱赵氏家乘》坟墓图之一　2049
19. 山东掖县《东莱赵氏家乘》坟墓图之二　2050
20. 山东掖县《东莱赵氏家乘》坟墓图之三　2050
21. 甘肃《武威段氏族谱·茔墓图说》　2051
22. 甘肃《武威段氏族谱·茔图一》　2051
23. 甘肃《武威段氏族谱·茔图二》　2052
24. 甘肃《武威段氏族谱·茔图三》　2052
25. 甘肃《武威段氏族谱·茔图四》　2053
26. 浙江《山阴萧氏家乘·先茔图考》之一　2053
27. 浙江《山阴萧氏家乘·先茔图考》之二　2054
28. 浙江《山阴萧氏家乘·先茔图考》之三　2054
29. 浙江《山阴萧氏家乘·先茔图考》之四　2055
30. 浙江《山阴萧氏家乘·先茔图考》之五　2055
31. 浙江《山阴萧氏家乘·先茔图考》之六　2056
32. 浙江《余姚竹山桥陈氏谱·墓图》之一　2056
33. 浙江《余姚竹山桥陈氏谱·墓图》之二　2057
34. 浙江余姚《兰风沈氏宗谱·千一公坟图》　2057
35. 江西新建石埠观背陈氏墓碑　2058
36. 湖南《长沙涧湖塘王氏六修族谱·公墓图》之一　2058
37. 湖南《长沙涧湖塘王氏六修族谱·公墓图》之二　2059
38. 湖南汉寿《盛氏族谱》墓图　2059
39. 湖南永顺《龙塔王氏族谱》王氏墓图及说明　2060
40. 四川铜梁《安居乡周氏宗谱·坟山图》之一　2060
41. 四川铜梁《安居乡周氏宗谱·坟山图》之二　2061
42. 四川铜梁《安居乡周氏宗谱·坟山图》之三　2061
43. 四川铜梁《安居乡周氏宗谱·坟山图》之四　2062
44. 四川铜梁《安居乡周氏宗谱·坟山图》之五　2062

45. 四川铜梁《安居乡周氏宗谱·坟山图》之六　2063
46. 四川铜梁《安居乡周氏宗谱·幎目巾、魂帛图》　2063
47. 四川铜梁《安居乡周氏宗谱·铭旌附、功布附》　2064

第六篇 族学与书院　2065
1. 安徽婺源(现属江西)汪口村俞氏养源书屋之一　2065
2. 安徽婺源(现属江西)汪口村俞氏养源书屋之二　2065
3. 安徽婺源(现属江西)汪口村县衙保护义学碑　2066
4. 江西萍乡泉溪刘氏私塾　2066
5. 江苏无锡《安定胡氏族谱》安定书院全图　2067

第七篇 族谱　2068
1. 清皇室玉牒匣　2068
2. 清皇室玉牒之一　2068
3. 清皇室玉牒之二　2069
4. 清皇室玉牒之三　2069
5. 清皇室玉牒之四　2070
6. 清皇室玉牒之五　2070
7. 清皇室玉牒之六　2071
8. 清皇室玉牒之七　2071
9. 清皇室玉牒之八　2072
10. 清皇室玉牒之九　2072
11. 清朝皇族谱之一　2073
12. 清朝皇族谱之二　2073
13. 《内阁大库档案·题覆供事承办家谱奋勉应准议叙》　2074
14. 内务府属人家谱之一　2074
15. 内务府属人家谱之二　2075
16. 内务府属人家谱之三　2075
17. 内务府属人家谱之四　2076
18. 内务府属人家谱之五　2076
19. 内务府属人家谱之六　2077
20. 内务府属人家谱之七　2077
21. 直隶《景城纪氏家谱序例》(纪昀撰写)　2078
22. 直隶南皮《侯氏族谱·家规十条》　2078
23. 江苏武进《锕川里姚氏宗谱·谱例》　2079
24. 江苏武进《锕川里姚氏宗谱·姓氏源流》　2079
25. 江苏武进《锕川里姚氏宗谱·与奔牛诸宗人议修谱辨》　2080

26. 江苏武进《輞川里姚氏宗谱·家训》之禁赌博　2080
27. 江苏武进《輞川里姚氏宗谱·宗规·圣谕当尊》　2081
28. 江苏武进《輞川里姚氏宗谱·家训·敦伦、睦族》　2081
29. 江苏《仪征蒋氏宗谱·家训·务本、急公、追远》　2082
30. 江苏《如皋顾氏族谱》序言　2082
31. 《上海曹氏族谱·曹氏祠堂记》　2083
32. 《上海曹氏族谱·族会缘起》　2083
33. 《上海葛氏家谱·上海葛氏谱例》　2084
34. 《上海葛氏家谱·顿邱公会记》　2084
35. 江苏《宜兴篠里任氏家谱·宗法》　2085
36. 江苏《宜兴篠里任氏家谱·宗法上·祠堂议》　2085
37. 山东东阿阎氏碑谱谱系之一　2086
38. 山东东阿阎氏碑谱谱系之二　2086
39. 山东《即墨杨氏家乘·寄东光宗人书》　2087
40. 山东《即墨杨氏家乘·杨君孝威四十九岁寿序》　2087
41. 山东《即墨杨氏家乘·家法》　2088
42. 甘肃《武威段氏族谱·凡例》　2088
43. 浙江余姚《兰风沈氏宗谱》书影　2089
44. 江西永丰《武城曾氏重修族谱》载唐玄宗赠曾子为郕伯诏　2089
45. 江西永丰《武城曾氏重修族谱·叙》之一　2090
46. 江西永丰《武城曾氏重修族谱·叙》之二　2090
47. 江西永丰《武城曾氏重修族谱》及防伪印章之一　2091
48. 江西永丰《武城曾氏重修族谱》及防伪印章之一　2091
49. 江西新建石埠观背陈氏草谱　2092
50. 湖南益阳《熊氏续修族谱·凡例》　2092
51. 湖南益阳《熊氏续修族谱·家训·孝》　2093
52. 湖南《平江叶氏族谱·宗约二十条》之一　2093
53. 湖南《平江叶氏族谱·宗约二十条》之二　2094
54. 湖南《平江叶氏族谱·人口统计表》　2094
55. 湖南《平江叶氏族谱·平江叶氏人口统计表说明》　2095
56. 湖南《平江叶氏族谱》编修者留影　2095
57. 广东南海《朱九江先生集·南海九江朱氏家谱序例》　2096
58. 广东南海《朱九江先生集·朱氏捐产赡族斟酌范氏义庄章程损益变通规条》　2096
59. 广东宝安《鳌台王氏族谱·重修族谱后序》　2097
60. 广东宝安《鳌台王氏族谱·重印族谱序》　2097
61. 广东宝安《鳌台王氏族谱·凡例》　2098
62. 广东宝安《鳌台王氏族谱·家规》　2098

第八篇 世系表图(附五服图) 2099

1. 江苏太仓陆氏《平原宗谱·继入继出考》 2099
2. 江苏太仓陆氏《平原宗谱·继入考》之一 2099
3. 江苏太仓陆氏《平原宗谱·继入考》之二 2100
4. 江苏太仓陆氏《平原宗谱·继出考》 2100
5. 山西清徐《罗氏家谱·世系图》 2101
6. 山西《洪洞刘氏宗谱·世系图》之一 2101
7. 山西《洪洞刘氏宗谱·世系图》之二 2102
8. 山东《黄县太原王氏族谱》书影 2102
9. 山东《黄县太原王氏族谱·补遗·世系》之一 2103
10. 山东《黄县太原王氏族谱·补遗·世系》之二 2103
11. 山东《黄县太原王氏族谱·补遗·世系》之三 2104
12. 山东《黄县太原王氏族谱·补遗·世系》之四 2104
13. 山东《黄县太原王氏族谱·补遗·世系》之五 2105
14. 山东《东莱赵氏家乘·远族》之一 2105
15. 山东《东莱赵氏家乘·远族》之二 2106
16. 山东《东莱赵氏家乘·旁支》之一 2106
17. 山东《东莱赵氏家乘·旁支》之二 2107
18. 山东《东莱赵氏家乘·赵氏义子》之一 2107
19. 山东《东莱赵氏家乘·赵氏义子》之二 2108
20. 山东《东莱赵氏家乘·赵氏义子》之三 2108
21. 山东《东莱赵氏家乘·赵氏本族迁徙记》之一 2109
22. 山东《东莱赵氏家乘·赵氏本族迁徙记》之二 2109
23. 山东《东莱赵氏家乘·赵氏本族迁徙记》之三 2110
24. 山东《东莱赵氏家乘·赵氏本族迁徙记》之四 2110
25. 山东《即墨万氏谱书·长支世系》 2111
26. 山东《即墨杨氏族谱》之一 2111
27. 山东《即墨杨氏族谱》之二 2112
28. 山东《即墨杨氏族谱》之三 2112
29. 山东《即墨杨氏族谱》之四 2113
30. 山东《即墨杨氏族谱》之五 2113
31. 甘肃《武威段氏族谱·段氏世系一览表》之一 2114
32. 甘肃《武威段氏族谱·段氏世系一览表》之二 2114
33. 甘肃《武威段氏族谱·段氏世系一览表》之三 2115
34. 甘肃《武威段氏族谱·段氏世系一览表》之四 2115
35. 甘肃《武威段氏族谱·段氏世系一览表》之五 2116
36. 浙江《会稽何家溇何氏宗谱》之一 2116

37. 浙江《会稽何家娄何氏宗谱》之二　2117
38. 浙江《会稽何家娄何氏宗谱》之三　2117
39. 浙江《会稽何家娄何氏宗谱》之四　2118
40. 浙江《会稽何家娄何氏宗谱》之五　2118
41. 浙江《会稽何家娄何氏宗谱》之六　2119
42. 浙江《会稽何家娄何氏宗谱》之七　2119
43. 浙江《会稽何家娄何氏宗谱》之八　2120
44. 浙江《会稽何家娄何氏宗谱》之九　2120
45. 浙江《海宁岩门高氏家谱·世系》之一　2121
46. 浙江《海宁岩门高氏家谱·世系》之二　2121
47. 江西永丰《武城曾氏重修族谱·贞澧房系》　2122
48. 广东乳源《余氏族谱·聪公派下马头下珂公世录》之一　2122
49. 广东乳源《余氏族谱·聪公派下马头下珂公世录》之二　2123
50. 直隶沧州《戴氏族谱·丧服总图》　2123
51. 直隶沧州《戴氏族谱·本宗九族五服之图》　2124
52. 直隶沧州《戴氏族谱·三父八母服图》　2124
53. 直隶沧州《戴氏族谱·妻为夫族丧服图》　2125
54. 湖南汉寿《盛氏族谱·出女为本宗降服图》　2125

第九篇 各类文物　2126

1. 江苏仪征《陈氏宗谱·圣谕十六条》之一　2126
2. 江苏仪征《陈氏宗谱·圣谕十六条》之二　2126
3. 江苏仪征《陈氏宗谱·圣谕十六条》之三　2127
4. 江苏仪征《陈氏宗谱·圣谕十六条》之四　2127
5. 江苏仪征《陈氏宗谱·圣谕十六条》之五　2128
6. 《圣谕广训》之一　2128
7. 《圣谕广训》之二　2129
8. 《圣谕广训》目录　2129
9. 《圣谕广训》第一条"敦孝弟以重人伦"　2130
10. 《圣谕广训》第二条"笃宗族以昭雍睦"之一　2130
11. 《圣谕广训》第二条"笃宗族以昭雍睦"之二　2131
12. 《圣谕广训》第二条"笃宗族以昭雍睦"之三　2131
13. 《圣谕广训》第二条"笃宗族以昭雍睦"之四　2132
14. 《御定内则衍义·睦宗族》　2132
15. 《乾隆案例·谋邑备考》之一　2133
16. 《乾隆案例·谋邑备考》之二　2133
17. 《乾隆案例·谋邑备考》之三　2134

18.《乾隆案例·谋邑备考》之四 2134
19.《乾隆案例·谋邑备考》之五 2135
20.《乾隆案例·谋邑备考》之六 2135
21. 安祺佐领咸丰七年清查户口人丁册之一 2136
22. 安祺佐领咸丰七年清查户口人丁册之二 2136
23. 直隶沧州《戴氏族谱》载内台总宪坊 2137
24. 江苏吴县《蒋氏宗谱》载宋徽宗御赐族人蒋之奇诗 2137
25. 江苏高淳乾隆年间吴氏"孝子"匾 2138
26. 江苏高淳吴氏祠堂戏台 2138
27. 安徽歙县棠樾鲍氏牌坊群之一 2139
28. 安徽歙县棠樾鲍氏牌坊群之二 2139
29. 安徽歙县棠樾鲍氏牌坊群之三 2140
30. 安徽歙县棠樾鲍氏牌坊群之四 2140
31. 安徽歙县棠樾鲍氏牌坊群之"节劲三冬" 2141
32. 安徽黟县《环山余氏宗谱》 2141
33. 安徽黟县《环山余氏宗谱·家礼仪节》之一 2142
34. 安徽黟县《环山余氏宗谱·家礼仪节》之二 2142
35. 山西介休《定阳张氏族谱》载敕建牌坊图 2143
36. 山东《东莱赵氏家乘·制诰》之一 2143
37. 山东《东莱赵氏家乘·制诰》之二 2144
38. 山东《东莱赵氏家乘·制诰》之三 2144
39. 山东《东莱赵氏家乘·制诰》之四 2145
40. 山东《东莱赵氏家乘》"孝弟忠信"匾额 2145
41. 山东《即墨杨氏族谱》谱中夹纸之一 2146
42. 山东《即墨杨氏族谱》谱中夹纸之二 2146
43. 山东《即墨杨氏族谱》谱中夹纸之三 2147

第十篇 其他相关文献图像 2148

1. 安徽太平《城南胡氏家谱·城南阳基全图》 2148
2. 安徽太平《城南胡氏家谱·麻村阳基图》 2148
3. 安徽徽州宏村民居 2149
4. 安徽《(嘉庆)泾县志·风俗》谓"旧家多聚族村落" 2149
5. 安徽《(嘉庆)泾县志·津渡》述及宗族义渡 2150
6. 安徽婺源(现属江西)古村李坑村里老治事之申明亭之一 2150
7. 安徽婺源(现属江西)古村李坑村里老治事之申明亭之二 2151
8. 安徽婺源(现属江西)汪口古村乡约所遗址及乡约所碑之一 2151
9. 安徽婺源(现属江西)汪口古村乡约所遗址及乡约所碑之二 2152

10. 山东《东莱赵氏家乘·手书遗迹》 2152
11. 山东《东莱赵氏家乘·手绘遗迹》 2153
12. 甘肃《武威段氏族谱·武威段氏科名记》 2153
13. 甘肃《武威段氏族谱·太学生段公斗垣年谱》 2154
14. 浙江《海宁岩门高氏家谱·遗诗》之一 2154
15. 浙江《海宁岩门高氏家谱·遗诗》之二 2155
16. 浙江嵊县《仁村马氏东房宗谱·景图》之一 2155
17. 浙江嵊县《仁村马氏东房宗谱·景图》之二 2156
18. 浙江嵊县《仁村马氏东房宗谱·景图》之三 2156
19. 浙江嵊县《仁村马氏东房宗谱·景图》之四 2157
20. 江西萍乡泉溪自然环境 2157
21. 江西萍乡泉溪刘氏族人纪念先人开辟之功的米筛泉 2158
22. 江西萍乡泉溪村礼门 2158
23. 江西萍乡的小池塘,传说宗族在此对犯错族人进行沉塘处分 2159
24. 江西新建石埠观背陈村村门 2159
25. 江西新建石埠谢氏香火堂 2160
26. 湖南岳阳渭洞张氏聚落 2160
27. 湖南岳阳渭洞张家营村落长卷 2161
28. 四川《筠连县志·附大族与望族》 2161
29. 四川铜梁《安居乡周氏宗谱·长子冠图》 2162
30. 四川铜梁《安居乡周氏宗谱·众子冠图》 2162
31. 广东宝安《鳌台王氏族谱·厚街乡全图》 2163
32. 广东宝安《鳌台王氏族谱·厚街乡图》 2163
33. 山西五台《徐氏宗谱·迎神歌、初献礼歌》 2164
34. 山西五台《徐氏宗谱·亚献礼歌、三献礼歌》 2164

附录一
民国《鄞县通志》之《舆地志·癸编·氏族》节录 2167

附录二
征引文献书目 2243

附录三
征引族谱姓氏索引(以拼音先后为序) 2258

第一编

法令政策与伦理

第一篇 《圣谕广训》的倡导宗法性家族观念

清圣祖重视家庭和宗族的教化功能对国家长治久安的巨大作用,特颁"上谕十六条"为民,为宗族立则。清世宗因之,推衍为万言之《圣谕广训》,颁行天下,务使"群黎百姓家喻户晓"。在皇帝的大力倡导与推行下,有清一代许多宗族的家训与族规都以《圣谕广训》为指导思想。

一 "上谕十六条"、《圣谕广训》的颁布

敦孝弟以重人伦,笃宗族以昭雍睦。

《圣祖仁皇帝御制文集》卷二,《敕谕·谕礼部》:

朕惟至治之世,不专以法令为务,而以教化为先。其时人心醇良,风俗朴厚,刑措不用,比屋可封,长治久安,茂登上理。盖法令禁于一时,而教化维于可久。若徒恃法令而教化不先,是舍本而务末也。近见风俗日敝,人心不古,嚣陵成习,僭滥多端,狙诈之术日工,狱讼之兴靡已。或豪富凌轹孤寒,或劣绅武断乡曲,或恶衿出入衙署,或蠹棍诈害善良。萑苻之劫掠时闻,仇忿之伤杀迭见。陷罗法网,刑所必加,诛之则无知可悯,宥之则宪典难宽。念兹刑辟之日繁,良由化导之未善,朕今欲法古帝王,尚德缓刑,化民成俗。举凡"敦孝弟以重人伦,笃宗族以昭雍睦,和乡党以息争讼,重农桑以足衣食,尚节俭以惜财用,隆学校以端士习,黜异端以崇正学,讲法律以儆愚顽,明礼让以厚风俗,务本业以定民志,训子弟以禁非为,息诬告以全良善,诫窝逃以免株连,完钱粮以省催科,联保甲以弭盗贼,解仇忿以重身命"等项,作何训迪劝导,及作何责成内外文武该管各官,督率举行,尔部详察典制,定议具奏。特谕。康熙九年十月初九日。

(《四库全书》本,又见《大清圣祖仁皇帝实录》卷三四,第1册,第461页)

清世宗《圣谕广训》：

清世宗序

《书》曰："每岁孟春，遒人以木铎徇于路。"《记》曰："司徒修六礼以节民性，明七教以兴民德。"此皆以敦本崇实之道为牖民觉世之模，法莫良焉，意莫厚焉！

我圣祖仁皇帝久道化成，德洋恩普，仁育万物，义正万民。六十年来宵衣旰食，祗期薄海内外兴仁讲让，革薄从忠，共成亲逊之风，永享升平之治，故特颁"上谕十六条"，晓谕八旗及直省兵民人等，自纲常名教之际，以至于耕桑作息之间，本末精粗、公私巨细，凡民情之所习，皆睿虑之所周，视尔编氓诚如赤子。圣有谟训，明征定保，万世守之，莫能易也。

朕缵承大统，临御兆人，以圣祖之心为心，以圣祖之政为政。夙夜黾勉，率由旧章。惟恐小民遵信奉行久而或怠，用申诰诫，以示提撕。谨将"上谕十六条"寻绎其义，推衍其文，共得万言，名曰《圣谕广训》，旁证远引，往复周详，意取显明，语多直朴，无非奉先志以启后人，使群黎百姓家喻户晓也。愿尔兵民等仰体圣祖正德厚生之至意，勿视为条教号令之虚文，共勉为谨身节用之庶人，尽除夫浮薄嚣凌之陋习，则风俗醇厚，家室和平。在朝廷德化乐观其成，尔后嗣子孙并受其福：积善之家，必有余庆，其理岂或爽哉！雍正二年二月初二日。

目录

  敦孝弟以重人伦
  笃宗族以昭雍穆
  和乡党以息争讼
  重农桑以足衣食
  尚节俭以惜财用
  隆学校以端士习
  黜异端以崇正学
  讲法律以儆愚顽
  明礼让以厚风俗
  务本业以定民志
  训子弟以禁非为
  息诬告以全善良
  诫匿逃以免株连
  完钱粮以省催科

第一篇
《圣谕广训》的倡导宗法性家族观念

联保甲以弭盗贼

解仇忿以重身命

第一条 敦孝弟以重人伦

圣祖仁皇帝临御六十一年,法祖尊亲,孝思不匮,钦定《孝经衍义》一书,衍释经文,义理详贯,无非孝治天下之意,故"圣谕十六条"首以孝弟开其端。朕丕承鸿业,追维往训,推广立教之思,先申孝弟之义,用是与尔兵民人等宣示之。

夫孝者,天之经、地之义、民之行也。人不知孝父母,独不思父母爱子之心乎?方其未离怀抱,饥不能自哺,寒不能自衣,为父母者审音声、察形色。笑则为之喜,啼则为之忧,行动则跬步不离,疾痛则寝食俱废。以养以教,至于成人。复为授家室,谋生理,百计经营,心力俱瘁。父母之德,实同昊天罔极。人子欲报亲恩于万一,自当内尽其心,外竭其力,谨身节用,以隆孝养。毋博弈饮酒,毋好勇狠斗,毋好货财、私妻子。纵使仪文未备,而诚悫有余。推而广之,如曾子所谓:"居处不庄非孝,事君不忠非孝,莅官不敬非孝,朋友不信非孝,战阵无勇非孝。"皆孝子分内之事也。至若父有冢子,称曰"家督",弟有伯兄,尊曰"家长"。凡曰用出入,事无大小,众子弟皆当咨禀焉。饮食必让,语言必顺,步趋必徐,坐立必居下,凡以明弟道也。夫十年以长,则兄事之;五年以长,则肩随之;况同气之人乎!故不孝与不弟相因,事亲与事长并重。能为孝子,然后能为悌弟,然后在田野为循良之民,在行间为忠勇之士。尔兵民亦知,为子当孝,为弟当悌,所患习焉不察,致自离于人伦之外。若能痛自愧悔,出于心之至诚,竭其力之当尽,由一念孝弟,积而至于念念皆然。勿尚虚文,勿略细行,勿沽名而市誉,勿勤始而怠终,孝弟之道庶克敦矣。

夫不孝不弟,国有常刑。然显然之迹,刑所能防;隐然之地,法所难及。设罔知愧悔,自陷匪僻,朕心深为不忍。故叮咛告诫,庶尔兵民咸体朕意,感发兴起,各尽子弟之职。於戏!圣人之德,本于人伦;尧舜之道,不外孝弟。孟子曰:"人人亲其亲,长其长,而天下平。"尔兵民其毋视为具文焉。

第二条 笃宗族以昭雍穆

《书》曰:"以亲九族。"九族既睦,是帝尧首以睦族示教也。《礼》曰:"尊祖故敬宗,敬宗故收族。"明人道必以睦族为重也。夫家之有宗族,犹水之有分派、木之有分枝,虽远近异势、疏密异形,要其本源则一。故人之待其宗也,必如身之有四肢百体,务使血脉相通,而疴痒相关。周礼本此意以教民,著为六行:曰孝,曰友,而继曰睦,诚古今不易之常道也。我圣祖仁皇帝既谕尔等以"敦孝弟、重人伦",即继之曰"笃宗族以昭雍穆"。盖宗族由人伦而推,雍睦未昭,即孝弟有所未尽,朕为尔兵民详训之。

大抵宗族所以不笃者,或富者多吝而无解推之德,或贫者多求而生觖望之思,或以贵凌贱而势利汨其天亲，或以贱骄人而忿傲施与骨肉，或财货相竞不念祖免之情，或意见偶乖顿失宗亲之义，或偏听妻孥之浅识，或误中谗慝之虚词，因而诟谇倾排，无所不至。非惟不知雍睦，抑且忘为宗族矣。尔兵民独不思子姓之众，皆出祖宗一人之身，奈何以一人之身分为子姓，遽相视如途人而不顾哉！昔张公艺九世同居，江洲陈氏七百口共食。凡属一家一姓，当念乃祖乃宗，宁厚勿薄，宁亲勿疏。长幼必以序相洽，尊卑必以分相联。喜则相庆以结其绸缪，戚则相怜以通其缓急。立家庙以荐蒸尝，设家塾以课子弟，置义田以赡贫乏，修族谱以联疏远。即单姓寒门或有未逮，亦各随其力所能为，以自笃其亲属。诚使一姓之中秩然蔼然，父与父言慈，子与子言孝，兄与兄言友，弟与弟言恭。雍睦昭而孝弟之行愈敦，有司表为仁里，君子称为义门，天下推为望族，岂不美哉！若以小故而鬩宗支，以微嫌而伤亲爱，以侮慢而违逊让之风，以偷薄而亏敦睦之谊，古道之不存，即为国典所不恕。尔兵民其交相劝励，共体祖宗慈爱之心，常切水木本源之念，将见亲睦之俗成于一乡一邑，雍和之气达于薄海内外，诸福咸臻，太平有象，胥在是矣，可不勖欤！

第三条　和乡党以息争讼

古者五族为党，五州为乡。睦姻任恤之教，由来尚矣。顾乡党中生齿日繁，比闾相接，睚眦小失，狎昵微嫌，一或不诫，凌竞以起，遂至屈辱公庭，委身法吏。负者自觉无颜，胜者人皆侧目。以里巷之近而举动相猜，报复相寻，何以为安生业、长子孙之计哉！圣祖仁皇帝悯人心之好竞，思化理之贵淳，特布训于乡党曰："和，所以息争讼于未萌也。"朕欲咸和万民，用是申告尔等以敦和之道焉。《诗》曰："民之失德，干糇以愆。"言不和之渐起于细微也。《易·讼之象》曰："君子以作事谋始。"言息讼贵绝其端也。是故人有亲疏，概接之以温厚；事无大小，皆处之以谦冲。毋恃富以侮贫，毋挟贵以凌贱，毋饰智以欺愚，毋倚强以凌弱。淡言可以解纷，施德不必望报。人有不及，当以情恕。非意相干，当以理遣。此既有包容之度，彼必生愧悔之心。一朝能忍，乡里称为善良。小忿不争，闾党推其长厚。乡党之和，其益大矣。古云："非宅是卜，惟邻是卜。"缓急可恃者，莫如乡党。务使一乡之中父老子弟联为一体，安乐忧患视同一家。农商相资，工贾相让，则民与民和。训练相习，泛守相助，则兵与兵和。兵出力以卫民，民务养其力；民出财以赡兵，兵务恤其财，则兵与民交相和。由是而箪食豆羹，争端不起；鼠牙雀角，速讼无因，岂至结怨耗财废时失业，甚至破产流离以身殉法而不悟哉！若夫巨室耆年，乡党之望；胶庠髦士，乡党之英。宜以和辑之风为一方表率，而奸顽好事之徒，或诡计挑唆，或横行吓诈，或貌为洽比以煽诱，或假托公言而把持。有一于此，里闬靡宁，乡论不容，国法俱在，尔兵民所当谨懔者也。夫天下者，乡党之积也。尔等诚遵圣祖仁皇帝之懿训，尚亲睦之淳风，孝弟因此而益醇，宗族因此而益笃。里仁为美，比户可封，讼息人安，延及世世。协和遍于万邦，太和悉于宇宙。

第一篇
《圣谕广训》的倡导宗法性家族观念

朕与尔兵民永是赖焉。

第四条 重农桑以足衣食

朕闻养民之本,在于衣食。农桑者,衣食所由出也。一夫不耕,或受之饥;一女不织,或受之寒。古者天子亲耕,后亲桑。躬为至尊,不惮勤劳,为天下倡。凡为兆姓,图其本也。夫衣食之道,生于地,长于时,而聚于力。本务所在,稍不自力,坐受其困。故勤则男有余粟,女有余帛;不勤则仰不足事父母,俯不足畜妻子,其理然也。彼南北地土虽有高下燥湿之殊,然高燥者宜黍稷,下湿者宜粳稻。食之所出不同,其为农事一也。树桑养蚕,除江浙四川湖北外,余省多不相宜。然植麻种棉,或绩或纺,衣之所出不同,其事与树桑一也。愿吾民尽力农桑,勿好逸恶劳,勿始勤终惰,勿因天时偶歉而轻弃田园,勿慕奇赢倍利而辄改故业。苟能重本务,虽一岁所入,公私输用而外,羡余无几,而日积月累以至身家饶裕,子孙世守则利赖无穷。不然,而舍本逐末,岂能若是之绵远乎?至尔兵隶在戎伍,不事农桑,试思月有分给之饷,仓有支放之米,皆百姓输纳以散给。尔等各赡身家,一丝一粒莫不出自农桑。尔等既享其利,当彼此相安,多方捍卫,使农桑俱得尽力,尔辈衣食永远不匮,则亦重有赖焉。若地方文武官僚,俱有劝课之责。勿夺民时,勿妨民事。浮惰者惩之,勤苦者劳之。务使野无旷土,邑无游民,农无舍其耒耜,妇无休其蚕织。即至山泽园圃之利,鸡豚狗彘之畜,亦皆养之有道,取之有时,以佐农桑之不逮,庶几克勤本业,而衣食之源溥矣。所虑年谷丰登,或忽于储蓄;布帛充赡,或侈于费用,不俭之弊与不勤等。甚且贵金玉而忽菽粟,工文绣而废蚕桑,相率为纷华靡丽之习,尤尔兵民所当深戒者也。自古圣王之世,老者衣帛食肉,黎民不饥不寒,享庶富之盛,而致教化之兴,其道胥由乎此。我圣祖仁皇帝念切民依,尝刊《耕织图》颁行中外,所以敦本阜民者甚至。朕仰惟圣谕念民事之至重,广为诠解,劝尔等力于本务,余一人衣租食税,愿与天下共饱暖也。

第五条 尚节俭以惜财用

生人不能一日而无用,即不能一日而无财。然必留有余之财,而后可供不时之用,故节俭尚焉。夫财犹水也,节俭犹水之蓄也。水之流不蓄,则一泄无余,而水立涸矣。财之流不节,则用之无度,而财立匮矣。我圣祖仁皇帝躬行节俭,为天下先,休养生息,海内殷富,犹兢兢以惜财用示训。盖自古民风皆贵乎勤俭,然勤而不俭,则十夫之力,不足供一夫之用;积岁所藏,不足供一日之需,其害为更甚也。夫兵丁钱粮有一定之数,乃不知撙节,衣好鲜丽,食求甘美,一月费数月之粮,甚至称贷以逐其欲。子母相权,日复一日,债深累重,饥寒不免。农民当丰收之年,仓箱充实,本可积蓄,乃酬酢往来,率多浮费,遂至空虚。夫丰年尚至空虚,荒歉必致穷困,亦其势然也。似此之人,国家未尝减其一日之粮,天地未尝不与以自然之利,究至啼饥号寒困苦无告者,皆不节俭所致。更或祖宗勤苦俭约,日积月累,以致充裕。子孙承其遗业,不知物力艰难,任意奢侈,夸耀里党,稍不如人,即以为耻,曾不转盼,遗产立尽,无以自存,求如贫者之子孙,并不可得,于是寡廉鲜耻,靡所不至。弱者饿殍沟壑,强者作慝犯刑。不俭之害,一至于此。《易》曰:"不节若,则嗟若。"盖言始不节俭,必至嗟悔也。尔兵民当凛遵圣训,绎思不忘。为兵者知月粮有定,与其至不足而冀格外之赏,孰若留有余以待可继之粮;为民者知丰歉无常,与其但顾朝夕致贫窭之可忧,孰若留贮将来为水旱之有备。大抵俭为美德,宁以固陋贻讥;礼贵得中,勿以骄盈致败。衣服不可过华,饮食不可无节。冠婚丧祭各安本分,房屋器具务取素朴。即岁时伏腊,斗酒娱宾,从俗从宜,归之约省。为天地惜物力,为朝廷惜恩膏,为祖宗惜往日之勤劳,为子孙惜后来之福泽。自此富者不至于贫,贫者可至于富。安居乐业,含哺鼓腹,以副朕阜俗诚民之至意。《孝经》有曰:"谨身节用,以养父母。"此庶人之孝也,尔兵民其身体而力行之。

第六条　隆学校以端士习

古者家有塾,党有庠,州有序,国有学,固无人不在所教之中。专其督率之地,董以师儒之官,所以成人材而厚风俗,合秀顽强懦使之归于一致也。我圣祖仁皇帝寿考作人,特隆学校,凡所以养士之恩、教士之法,无不备至。盖以士为四民之首,人之所以待士者重,则士之所以自待者益不可轻。士习端,而后乡党视为仪型,风俗由之表率。务令以孝弟为本,才能为末;器识为先,文艺为后。所读者皆正书,所交者皆正士。确然于礼义之可守,惕然于廉耻之当存。唯恐立身一败,致玷宫墙。唯恐名誉虽成,负惭衾影。如是,斯可以为士。否则,躁竞功利,干犯名教,习乎异端曲学而不知大道,骛乎放言高论而不事躬行。问其名则是,考其实则非矣。昔胡瑗为教授,学者济济有成;文翁治蜀中,子弟由是大化。故广文一官,朕特饬吏部,悉以孝廉明经补用,凡以为兴贤育才化民成俗计也。然学校之隆,固在司教者有整齐严肃之规,尤在为士者有爱惜身名之意。士品果端,而后发为文章,非空虚之论,见之施为,非浮薄之行。在野不愧名儒者,在国即为良臣。所系顾不重哉!至于尔兵民,恐不知学校之为重,且以为与尔等无与,不知身虽不列于庠序,性岂自外于伦常?孟子曰:"谨庠序之教,申之以孝弟之义。"又曰:"人伦明于上,小民亲于下。"则学校不独所以教士,兼所以教民。若黉宫之中,文武并列,虽经义韬略所习者不同,而入孝出弟,人人所当共由也。士农不异业,力田者悉能敦本务实,则农亦士也。兵民无异学,即戎者皆知敬长爱亲,则兵亦士也。然则庠序者,非尔兵民所当隆重者乎!端人正士者,非尔兵民所当则效者乎!孰不有君臣父子之伦,孰不有仁义礼智之性,勿谓学校之设,止以为士。各宜以善相劝,以过相规,向风慕义,勉为良善。则氓之蚩蚩,亦可以礼义为耕耘;赳赳武夫,亦可以诗书为甲胄。一道同风之盛,将复见于今日矣!

第一篇
《圣谕广训》的倡导宗法性家族观念

第七条 黜异端以崇正学

朕惟欲厚风俗先正人心。欲正人心先端学术。夫人受天地之中以生,惟此伦常日用之道,为智愚之所共由。索隐行怪,圣贤不取。《易》言:"蒙以养正,圣功以之。"《书》言:"无偏无颇,无反无侧,王道以之。"圣功王道悉本正学。至于非圣之书、不经之典,惊世骇俗,纷纷藉藉起而为民物之蠹者,皆为异端,所宜屏绝。凡尔兵民,愿谨淳朴者固多,间或迷于他岐,以无知而罹罪戾,朕甚悯之。自古三教流传,儒宗而外,厥有仙释。朱子曰:"释氏之教,都不管天地四方,只是理会一个心。老氏之教,只是要存得一个神气。"此朱子持平之言,可知释道之本旨矣。自游食无藉之辈,阴窃其名以坏其术。大率假灾祥祸福之事,以售其诞妄无稽之谈。始则诱取赀财以图肥己,渐至男女混淆,聚处为烧香之会。农工废业,相逢多语怪之人。又其甚者,奸回邪慝窜伏其中,树党结盟,夜聚晓散;干名犯义,惑世诬民。及一旦发觉,征捕株连,身陷囹圄,累及妻子。教主已为罪魁,福缘且为祸本。如白莲、闻香等教,皆前车之鉴也。又如西洋教宗天主,亦属不经。因其人通晓历数,故国家用之,尔等不可不知也。夫左道惑众,律所不宥。师巫邪术,邦有常刑。朝廷立法之意,无非禁民为非,导民为善,黜邪崇正,去危就安。尔兵民以父母之身生太平无事之日,衣食有赖,俯仰无忧,而顾昧恒性,而即匪彝,犯王章而干国宪,不亦愚之甚哉!我圣祖仁皇帝,渐民以仁,摩民以义,艺极陈常。煌煌大训,所以为世道人心计者,至深远矣。尔兵民等宜仰体圣心,祗遵圣教,摈斥异端,直如盗贼水火。且水火盗贼害止及身,异端之害害及人心。心之本体,有正无邪。苟有主持,自然不惑。将见品行端方,诸邪不能胜正。家庭和顺,遇难可以成祥。事亲孝、事君忠、尽人事者,即足以集天麻,不求非分、不作非为、敦本业者,即可以迓神庆。尔服尔耕,尔讲尔武。安布帛菽粟之常,遵荡平正直之化,则异端不待驱而自息矣。

第八条 讲法律以儆愚顽

法律者,帝王不得已而用之也。法有深意,律本人情。明其意,达其情,则囹圄可空,讼狱可息。故惩创于已然,不若警惕于未然之为得也。《周礼》:"州长、党正、族师,皆于月吉属其民而读法,大司寇悬象刑之法于象魏,使万民观之知所向。"方今国家酌定律例,委曲详明,昭示兵民,俾各懔成宪,远于罪戾,意甚厚也。圣祖仁皇帝深仁厚泽,洽于兆民,而于刑罚尤惓惓致意。朕临御以来,体好生之德,施钦恤之恩,屡颁赦款,详审爰书,庶几大化翔洽,刑期无刑。又念尔为民者,生长草野,习于颛蒙;为兵者,身隶戎行,易逞强悍,每至误触王章,重干宪典。因之特申训诫,警醒愚顽。尔等幸际升平,休养生息,均宜循分守礼,以优游于化日舒长之世。平居将颁行法律,条分缕析,讲明意义,见法知惧,观律怀刑。如知不孝不弟之律,自不敢为蔑伦乱纪之行;知斗殴攘夺之律,自不敢逞嚣凌强暴之气。知奸淫盗窃之律,自有以遏其邪僻之心;知越诉诬告之律,自有以革其健讼之习。盖法律千条万绪,不过准情度理。天理人情,心所同具。心存于情理之中,身必不陷于法律之内。且尔兵民**性纵愚顽**,或不能通晓理义,未必不爱惜身家。试思一蹈法网,百苦备尝。与其宛转呼号,**思避罪**于棰楚之下,何如洗心涤虑,早悔过于清夜之间;与其倾赀荡产求减毫末,而国法究不能逃,何如改恶迁善不犯科条,而身家可以常保。倘不自警省,偶罹于法,上辱父母,下累妻孥,乡党不我容,宗族不我齿,即或邀恩倖免,而身败名亏,已不足比于人,数追悔前非,岂不晚哉!朕闻居家之道,为善最乐,保身之策,安分为先,勿以恶小可为,有一恶即有一法以相治;勿以罪轻可玩,有一罪即有一律以相惩。惟时时以三尺自儆,人人以五刑相规。惧法自不犯法,畏刑自可免刑。匪僻潜消,争竞不作。愚者尽化为智,顽者悉变为良。民乐田畴,兵安营伍,用臻刑措之治不难矣。

第九条 明礼让以厚风俗

汉儒有曰:"凡民函五常之性,而其刚柔缓急音声不同,系水土之风气,故谓之风;好恶取舍,动静无恒,随厥情欲,故谓之俗。"其间淳漓厚薄,难以强同;奢俭质文,不能一致,是以圣人制为礼以齐之。孔子曰:"安上治民,莫善于礼。"盖礼为天地之经,万物之序。其体至大,其用至广。道德仁义,非礼不成;尊卑贵贱,非礼不定;冠婚丧祭,非礼不备;郊庙燕飨,非礼不行;是知礼也者,风俗之原也。然礼之用贵于和,而礼之实存乎让。子曰:"能以礼让为国乎,何有?"又曰:"先之以敬让,而民不争。"使徒习乎繁文缛节而无实意以将之,则所谓礼者适足以长其浮伪,滋其文饰矣。夫礼之节文,尔兵民或未尽习,礼之实意,尔兵民皆所自具。即如事父母则当孝养,事长上则当恭顺,夫妇之有倡随,兄弟之有友爱,朋友之有信义,亲族之有款洽,此即尔心自有之礼让,不待外求而得者也。诚能和以处众,卑以自牧,在家庭而父子兄弟底于肃雍,在乡党而长幼老弱归于亲睦。毋犯嚚凌之戒,毋蹈纵恣之**愆,毋肆**一念之贪遂成**攘夺,毋**逞一时之忿致启纷争,毋因贫富异形有蔑视之意,毋见**强弱异势**起迫胁之心。**各戒浇漓**,共归长厚,则循于礼者无悖行,敦于让者无竞心,蔼然有恩,秩然有义。党庠术序,相率为俊良;农工商贾,不失为淳朴。即韬铃介胄之士,亦被服乎礼乐诗书,以潜消其剽悍桀骜,岂非太和之气大顺之征乎?《书》曰:"谦受益,满招损。"古语又曰:"终身让路,不枉百步;终身让畔,不失一段。"可知礼让之有得而无失也如此。朕愿尔兵民等聆圣祖之训,而返求之于一身。尔能和其心以待人,则不和者自化;尔能平其情以接物,则不平者亦孚。一人之倡,众人从之;一家行之,一里效之;由近以及于远,由勉以至于安。渐仁摩义,俗厚风淳,庶不负谆谆诰诫之意哉!

第十条 务本业以定民志

第一篇
《圣谕广训》的倡导宗法性家族观念

朕惟上天生民,必各付一业,使为立身之本。故人之生虽智愚不同,强弱异等,莫不择一业以自处。居此业者,皆有本分,当为之事,藉以有利于身,藉以有用于世。幼而习焉,长而安焉,不见异物而迁焉,此孟子之所谓恒产,即圣祖仁皇帝所谓本业也。维兹本业,实为先务。凡为士农、为工商以及军伍,业虽不同,而务所当务则同也。夫身之所习为业,心之所向为志。所习既专,则所向自定。《书》曰:"功崇惟志,业广惟勤。"盖业与志本相须而成也,但恐日久而生厌,舍旧而图新。或为浮言所动,或因际遇未通,一念游移,半途而废,作非分之营求,生意外之妄想。究之朝夕营营,不恒其德,资生寡策,历久无成,而志遂以荒,而业遂以废矣。夫业每荒于嬉,而必精于勤;志贵奋于始,而尤励于终。朕乐观尔之成,不忍见尔之废也。为士者谨身修行,矻矻穷年,服习诗书,敦崇礼让,退为有本之学,进为有用之才。为农者春耕秋敛,不失其时;撙节爱养,不愆于度;先事以备水旱,如期而输税粮,使地无余利,人无余力。工则审四时,饬六材,日省而月试,居肆而事成。商则通有无、权贵贱,交易而退,各得其所。务体公平,勿蹈欺诈。若夫身列行阵,行阵即其业也。弓马骑射,操练之必精;步伐止齐,演习之必熟。屯田则事垦辟,守汛则严刁斗,备边则险要之宜知,防海则风涛之宜悉,庶几无负本业矣!夫天下无易成之业,而亦无不可成之业。各守乃业,则业无不成;各安其志,则志无旁骛。毋相侵扰,毋敢怠荒。宁习于勤劬,勿贪夫逸乐;宁安于朴守,勿事乎纷华。熙熙然,士食旧德,农服先畴,工利器用,商通货财,兵资捍卫,各尽乃职,各世其业。上以继祖宗之传,下以绵子孙之绪。富庶丰亨,游于光天化日之下,以仰答圣祖诰诫之殷怀,以克副朕休养之至意,顾不共享其福欤!

第十一条 训子弟以禁非为

从来教万民、训子弟,党正、族师月吉读法,岁时校比师田。行役则合卒伍而简兵器。朝夕告诫,人知自爱,不敢偶蹈于非。休哉!何风之隆欤!我圣祖仁皇帝临御六十一年,弘保赤之仁,广教家之治,深恩厚泽,休养生息,以至于今。朕缵承大统,仰体圣祖子惠元元之心,无日不以尔百姓为念,尤无日不以尔百姓之子弟为念也。人生十年曰"幼学",二十曰"弱冠",血气未定,知识渐开,训导惩戒之方,莫切于此。大凡子弟之率不谨,皆由父兄之教不先。所恃为父兄者启其德性,遏其邪心,广其器识,谨其嗜好。至于爱亲敬长之念,人所固有。尔父兄诚能明示其训,俾知"父子有亲,君臣有义,夫妇有别,长幼有序,朋友有信",以端其本,则大伦明,而干纪犯分之咎自鲜矣。夫士、农、工、商各有传业,军士之家世习技勇,其人之淑慝邪正,必自为子弟之日始。语云:"少成若天性,习惯成自然。"民间非为之事渐渍成风,或游手好闲、博弈饮酒,或结纳匪类、放僻邪侈,往往陷溺而不悟。甚者罹法网犯刑章。尔为父兄者,独能晏然而已乎?与其追悔于事后,孰若严训于平时?盖行莫重于孝弟力田,心必存乎礼义廉耻,可模可范,以身教之;耳提面命,以言教

11

之。使子弟见闻日熟，循蹈规矩之中。久之心地淳良，行止端重，可以寡过而保家，即可以进德而成材也。且庭训素娴，子弟克肖，则国家宾兴，令典自致显扬，既光大尔门闾，又垂裕尔后昆，父兄俱与有荣焉。即使愚鲁不敏，而服教安化，刑辱不及于厥躬，乡党咸称为良愿，一家之休祥孰大于是。况今日之子弟，又为将来之父兄，积善相承，诲迪不倦，将见户兴礼让，人敦孝弟。自通都大邑以至穷乡僻壤，太平之象与国俱长，庶不虚朕殷殷期勖之至意矣。夫好善则闾阎子弟可致尊荣，苟不善则公卿子弟流为卑贱。义方之教，切磋之功，可不豫严于蒙稚之年乎？尔兵民其敬听之，勿忽！

第十二条　息诬告以全善良

国家之立法，所以惩不善而**儆无良**，岂反为奸民开讦告之路，而令善良受倾陷之害哉！夫人必有切肤之冤、非可以**理遣情恕**者，于是鸣于官以求申理，此告之所由来也。乃有奸宄不法之徒，好事舞文，阴谋肆毒，或捏虚以成实，或借径以生波，或设计以报宿嫌，或移祸以卸己罪，颠倒是非，混淆曲直。往往饰沉冤负痛之词，逞影射捕风之术。更有教唆词讼者，以刀笔为生涯，视狱讼为儿戏，深文以冀其巧中构衅，而图其重酬，乡里畏之，名曰"讼师"。因而朋比协谋，党恶互证，有司或受一时之蔽，致使善良之辈不能自白。桁杨在前，棰楚在后。锻炼之下，何求不得！纵至事明冤雪，而拖累困苦，小则废时失业，大则荡产破家。善良之被诬可悯，而凶顽之诬善良尤可恨也。圣祖仁皇帝矜恤下民，重惩其弊，颁示训谕，有曰："息诬告以全善良。"夫诬告有反坐之条，令甲煌煌，乃敢作奸犯科而不畏者，利欲熏心，**诡薄**成性，方且恣其含沙之毒，徼幸于法网之宽，殊不知无情之辞，一经审察，莫可逃**避**。**造衅**以倾人，究之布阱以自陷，亦何利之有？尝闻古人或认牛而不辨，或夺禾而不争，卒开愧悔之诚，翻成礼让之美。若斯之风，诚可嘉尚。尔兵民所当景效焉。且寻绎圣谕，不曰"禁"，而曰"息"，谓与其治之以法，不如感之使自化也。盖官吏之见闻或疏，疏则犹烦揣测。乡邻之耳目最近，近则素所稔知。为之抉其根株，穷其党类。出于无心者，缓语以晓之。成于有意者，危言以诫之。彼善良之家，素行足以质之里闾而无愧。而诬告之人，言辞既非情实，迫于公论，则不敢诬，揆诸本心，亦不忍诬。凡前此之阴谋诡计，一旦悚然改悔，如冰消雾释。兵不诬兵，而兵之善良者全；民不诬民，而民之善良者全；兵民不相为诬，而兵民举全。不至赴官终讼，两造俱伤。庶几从风慕义，胥天下而归于无讼，岂不休哉！尚其咸喻而凛遵焉。

第十三条　诚匿逃以免株连

朕抚临亿兆，合四海为一家，联万姓为一体，中外旗民本无异视。第以国初定制，八旗人员在内则拱卫京师，在外则驻防各省。如有不奉使令潜往他乡者，即为逃人，例有严禁。逃人所至之地，兵民人等不行察觉、擅自容留者，罪并及之。按：匿逃情弊，大约不外

第一篇
《圣谕广训》的倡导宗法性家族观念

两端：凡外逃之人，意气言辞必多巧饰，尔等或受其欺罔，不辨为逃人，而率意容留者有之；或利其财物，明知为逃人，而通同隐匿者有之。夫主仆之间，乃大义所在。逃人背主蔑义，窝逃者党不义而蔑王章，逃者恃匿者以为之薮也，法安得恕？故顺治五年之例，窝逃者问拟大辟，并籍其家，邻右十家等皆徙边远。康熙十五年定例，凡窝逃之正犯，流徙尚阳堡，两邻十家长罪止杖徒，此皆我圣祖仁皇帝矜恤愚民，罪疑惟轻，故改从宽典也。又屡年恩诏，将逃人事件概行赦免。国家施法外之仁，宽督捕之罚，无非欲尔兵民革薄从忠、迁善改过，使蓬门荜户出入优游，共享太平无事之福。尔兵民等仰体圣祖谆诫之慈怀，与朕谆谕之至意，谨身率教，循理奉公，不交游手无籍之徒，不为行险侥幸之事。毋徇私情而干国宪，毋贪微利而忘身家。如此，则井里晏然，四邻安堵，胥吏不扰，鸡犬无惊，而国家刑期无刑之化，亦可以观厥成矣。倘因法网既宽，复蹈故辙，营私受贿，藏恶养奸，则自取其辜，何能曲宥！况夫逃窜之人，性既冥顽，又无生理，所行种种不端，大而盗贼，小而赌博，一经发觉，皆犯科条，容留之家，又安能脱然事外，不罹罪愆耶？《周易》曰："比之匪人，不亦伤乎？"晏子曰："君子居，必择邻，所以避患也。"可知奸猾浮荡之流，皆足为善良之累。朕愿尔等父诫其子，兄诫其弟，队长诫其行伍，乡约诫其比闾，祗奉训词，各远非义，则地方宁谧，俗厚风淳，又何患株连之偶及哉！

第十四条 完钱粮以省催科

自昔画野分州，任土作贡，而赋税以兴。凡国之五礼百度，输用出入，皆赖焉。此君所必需于民，下所宜供于上，古今通义，未之或改。且以制官禄，所以治我民；以给兵饷，所以卫我民；以备荒歉，所以养我民。取诸天下，还为天下用之。人主之仓廪府库，岂厉民而以自养耶？我朝自定鼎以来，赋额悉准经制，且横征私派一切革除，未尝丝毫多取于民。溯圣祖仁皇帝深仁厚泽，豢养斯民六十余年，时以闾阎丰裕为念。所蠲免钱粮，何止百千万亿！遐迩之沾被，固已沦肌浃髓矣。夫缓征薄敛，加惠元元，君之德也；以下奉上，先公后私，民之职也。属在兵民，宜喻此意。勿惰而嬉，荒其本业。勿奢而费，耗其赀财。勿逡巡观望，冀邀赐复之殊恩。勿转委输将，致被豪猾之中饱。依限而纳，毋待追呼。然后以其所余，养父兄，毕婚嫁，给朝夕，供伏腊。县庭有卧治之官，村巷无夜呼之吏。俯仰无累，妻孥晏然。其为安乐，莫逾于此。倘不知国课之当重，国法之难宽，或有意抗违，或任情迟缓，有司迫奏销之限，不得不严追比；胥吏受鞭笞之苦，不得不肆诛求。剥啄叩门，多方需索，无名之费，或反浮于应纳之数。而究竟所未完者，仍不能为尔宽贷，不知何乐而为此？夫供胥役之侵渔，曷若输朝廷之正供；为抗粮之顽户，曷若为守法之良民。人虽至愚，亦必知之，况乎上好仁而下好义，情属一体尔。试思庙堂之上，所日夜忧劳者，在于民事。水溢则为堤防，旱魃则为虔祷，蝗螟则为扑灭，幸不成灾，则尔享其利，不幸成灾，则又为之蠲租，为之赈济。如此，而为民者，尚忍逋赋，以误国需，问之于心，亦何以自安？譬人子于父母，分产授业以后，必服劳奉养，庶尽厥职。乃父母恩勤顾复，不遗余力，而为子者自私其财，缺甘旨而违色养，尚得谓之人子乎！朕用是谆谆告诫，但愿尔兵民，上念军国，下念身家，外有效忠之名，内受安享之实，官不烦而吏不扰，何乐如之。尔兵民清夜自思，其咸体朕意。

第十五条 联保甲以弭盗贼

从来安民在于弭盗。摘发守御之法，必当先事而为之备。故缉捕有赏，疏纵有罚，讳盗有禁，违限有条，而最善者，莫如保甲。十家为甲，十甲为保。甲有长，保有正。设立簿册，交察互警，此即井田守望之遗制，所以圣祖仁皇帝上谕曰："联保甲以弭盗贼。"诚欲使四海九州，闾阎安堵，澄本清源，圣虑实为周切矣。第恐遵行既久，遂至因循。吏则徒稽户籍，民则仅置门牌，而于联比纠察之法，未见实心奉行，以至勾引窝藏之弊，种种而生。邻舍失事，竟有如秦越之相视；富家被劫，反指为悖出之当然。甚且假公济私，藉盘诘之虚名，滋无厌之苛求，汛防因而骚扰，胥吏缘以生奸。有保甲之名，无保甲之实；有保甲之累，无保甲之益，此盗贼所以难弭也。夫良法之有利于民，在奉行之必求其实。嗣后城市乡村，严行保甲，每处各自分保，每保各统一甲，城以坊分，乡以团别，排邻比户，互相防闲。一甲之中，巨室大户，僮佃多至数百，此内良否，本户自有责任。若一廛一舍之散布村落者，有业无业，或良或否，里正、保正，得以微窥于平素，一出一入，得以隐察其行踪。遇有不务恒业，群饮聚博，斗鸡走狗，夜集晓散，以及履历不明、踪迹可疑者，皆立为纠举，不许暂容甲内。其荒原古庙，闹肆丛祠，尤易藏奸，更宜加紧防察。至汛地兵丁，务必昼夜巡逻，一体查诘。毋借端生事，毋挟仇陷害，毋受贿赂而徇纵，毋惜情面而姑容。协力同心，轮流分派，则盗贼无容身之地，军民享安静之乐矣。查昔人御盗之法，村置一楼，楼设一鼓，一家有失，击鼓为号，群起而守其要害，盗贼将安所逃？所谓寓兵法于保甲中也。若夫江海出没之区，有未可以保甲行者，舟楫往来，络号联艎，彼此互相稽察，匪类亦难藏匿。皆在实心奉行，先事而为之备。若视为具文，怠忽从事，至于被盗者失财，连坐者受累，不惟负朕息盗安民之至意，亦甚非尔等保身保家之良策也。

第十六条 解仇忿以重身命

朕惟人道莫大于守身。民之有身，所以务本力田，养父母而畜妻子。兵之有身，所以娴习伎勇，资捍卫以报朝廷。身为有用之身，则皆当自爱。乃生人气质之偏，不能变化，往往血气用事，至一发而不可遏，激怒崇朝，竟成莫解，互相报复，两败俱伤。其起甚微，而为害甚大。不念爰书抵罪一定之律，虽国家法网甚宽，亦不能为杀人者施法外之仁。圣祖仁皇帝训谕十六条，而终之以重身命，诚哀矜悱恻之至意也。夫天地以好生为心，而悯悯

第一篇
《圣谕广训》的倡导宗法性家族观念

之伦,不自顾惜。人君以爱养为政,而蚩蚩之众,每至轻生。非衅起于夙昔之仇,即祸生于一朝之忿。强者恃膂力之刚,杀人亡命,弱者希抵偿之罪,赴水投缳。忿以成仇,仇而益忿。原其致此之由,固非一端。而兵民所易犯者,尤多于纵酒。盖酒之为物,能乱人心志,使失其故常。或宾主酬酢,始以合欢,而俱入醉乡,则一言不合,至操刀而相向。或睚眦之怨,本可冰释,及酒酣耳热,则一发难忍,若不共之深仇。每见刑曹命案,相伤于酒后者,十有五六。噫!置身缧绁,家破人亡,甚或累及妻孥,祸延乡党,而后扪心自悼,悔何及矣。自今以往,皆当敬聆圣谕,时时提醒,思仇与身孰重,毋追既往之仇,而昧将来之患;思忿与命孰轻,毋快目前之忿,而贻事后之悔。纵人或以非礼相加,似难含忍,然一念夫身命攸关,则从父兄训诲,听亲友调和,无不可情恕理遣。至酒之为害,尤宜深戒。古之人既立之监,或佐之史。盖唯恐载号载呶,乱笾豆而起争端也。其可沉湎荒腆,致陷身于刑戮乎!语有之忍之,斯须乃全尔躯。故解去仇忿,则全身保家之道,胥在于此。养其和平,消其亢戾,不待排难解纷,而凌竞之习,自然息化,何其风之醇也!孔子曰:"忿思难。"孟子谓:"横逆犹是,此亦妄人也。"已矣,圣贤之遗训,与圣祖仁皇帝之明谕,固千古同揆也。凡尔兵民,凛遵毋忽,则闾阎相保,营伍相安;下以承家,上以报国。优游盛世,共跻仁寿之域,非解仇忿之明效欤!

(宣统天津津河堂本)

二 教化的核心内容是宗法性宗族制度与观念

"圣谕"倡导"睦宗族"。

清世宗《圣谕广训》第二条,《笃宗族以昭雍穆》:

《书》曰:"以亲九族。"九族既睦,是帝尧首以睦族示教也。《礼》曰:"尊祖故敬宗,敬宗故收族。"明人道必以睦族为重也。夫家之有宗族,犹水之有分派、木之有分枝,虽远近异势、疏密异形,要其本源则一。故人之待其宗也,必如身之有四肢百体,务使血脉相通,而痛痒相关。周礼本此意以教民,著为六行:曰孝,曰友,而继曰睦,诚古今不易之常道也。我圣祖仁皇帝既谕尔等以"敦孝弟、重人伦",即继之曰"笃宗族以昭雍穆"。盖宗族由人伦而推,雍睦未昭,即孝弟有所未尽,朕为尔兵民详训之。

大抵宗族所以不笃者,或富者多吝而无解推之德,或贫者多求而生觖望之思,或以贵凌贱而势利汨其天亲,或以贱骄人而忿傲施与骨肉,或财货相竞不念祖免之情,或意见偶乖顿失宗亲之义,或偏听妻孥之浅识,或误中谗慝之虚词,因而诟谇倾排,无所不

15

至。非惟不知雍睦,抑且忘为宗族矣。尔兵民独不思子姓之众,皆出祖宗一人之身,奈何以一人之身分为子姓,邈相视如途人而不顾哉!昔张公艺九世同居,江洲陈氏七百口共食。凡属一家一姓,当念乃祖乃宗,宁厚勿薄,宁亲勿疏。长幼必以序相洽,尊卑必以分相联。喜则相庆以结其绸缪,戚则相怜以通其缓急。立家庙以荐蒸尝,设家塾以课子弟,置义田以赡贫乏,修族谱以联疏远。即单姓寒门或有未逮,亦各随其力所能为,以自笃其亲属。诚使一姓之中秩然蔼然,父与父言慈,子与子言孝,兄与兄言友,弟与弟言恭。雍睦昭而孝弟之行愈敦,有司表为仁里,君子称为义门,天下推为望族,岂不美哉!若以小故而隳宗支,以微嫌而伤亲爱,以侮慢而违逊让之风,以偷薄而亏敦睦之谊,古道之不存,即为国典所不恕。尔兵民其交相劝励,共体祖宗慈爱之心,常切水木本源之念,将见亲睦之俗成于一乡一邑,雍和之气达于薄海内外,诸福咸臻,太平有象,胥在是矣,可不勖欤!

(宣统天津津河堂本)

《内则衍义》序文强调睦宗族。

《大清世祖章皇帝实录》卷一〇三:

(顺治十三年八月)壬寅。上仰承皇太后慈训,制为《内则衍义》成书,并为序文恭呈圣览。序曰:臣闻致治之道,有大经大法以仪型乎邦国,必有内治内教以模楷乎宫闱。故关雎为王化之端,乾坤居大易之首,圣人垂训未有不以门内为兢兢者也。三代以前,圣后**贤妃,肇**修内治,以致化行俗美,具载典册。自非天佑至**德,孰能**集贞淑之大成,振古今之**懿化哉?**恭惟圣母皇太后佐我皇考兴道致治,徽音雍穆,**慈诲周详**,有典有则,兴仁兴让,允为万世壶教之轨范。臣敬遵慈旨,搜辑古来嘉言美行,统成一编。上备披阅,下示来兹。谨按《内则》所载,皆闺门之内起敬起孝、兴仁兴让之事,而首曰后王命冢宰降德于众兆民,谓此乃王后世子所躬行心得而可为民法者,故不言布教而言降德也。夫圣人言,欲治其国者先齐其家,又言家正而天下定。齐之正之,其惟内则乎?世传后妃纪、列女传、家范、内训诸书,著作不少。然未尝原本《内则》而发明之,岂所以尊经立教与?今是书一本经旨而推衍之,微而声气容色,显而言动仪文,精而乐心养志,粗而中馈女工,所以操其心而检其身者,施诸一家无不宜,放乎四海无不准。究其指归,有八要焉:孝者,顺亲之要,其类有二,事舅姑,事父母是也;敬者,内助之要,其类有五,事夫、劝学、佐忠、赞廉、重贤是也;教者,昌后之要,其类有三,教子、勉学、训忠是也;礼者,持己之要,其类有九,敬祭祀、肃家政、定变、守贞、殉节、端好尚、崇俭约、谨言、慎仪是也;让者,睦戚之要,其类有四,崇谦退、和妯娌、睦宗族、待外戚是也;慈者,推恩之要,其类有五,逮下、慈幼、敦仁、爱民、宥过是也;勤者,修业之要,其类有二,女工、饮食是也;学者,取法之要,其类有

第一篇
《圣谕广训》的倡导宗法性家族观念

二,好学、著书是也。每举一类,必证以圣贤经传之言,实以古今淑顺之行,所采事迹贵贱不同,而其道则同。所引文辞深浅不一,而其理则一。阐明大旨,诠释微文,名曰:《内则衍义》。自禁壸达乎闾巷,咸于斯取则焉。必皆感发其性情,渐摩乎理义,广教化而美风俗,宫闱之嘉言懿行,直与邦国之大经大法,并垂不朽。圣母皇太后休声盛德,炳若日星,永作则于万世矣。

(中华书局1986年影印本,第802-803页)

《御定内则衍义》:

《女诫》曰:"妇人之得于夫主,由舅姑之爱己也。舅姑之爱己,由叔妹之誉己也。"由此言之,我臧否毁誉一由叔妹。皆知叔妹之心不可失,而不能和之以求亲,其蔽也哉!且夫妹者,体敌而分尊,恩疏而义亲。若叔媛谦顺之人,则能依义以笃好,崇恩以接援,使徽美显章,而瑕过隐塞。舅姑矜善而夫主嘉美,声誉曜于邑邻,休光延于父母。若夫蠢愚之人,于叔则托名以自高,于妹则因宠以骄盈。骄盈既施,何和之有?恩义既乖,何誉之臻?是以美隐而过宣,姑忿夫愠,毁訾布于中外,耻辱集于厥身,进增父母之羞,退益君子之累。斯乃荣辱之本而显否之基也,可不慎哉!然则求叔妹之心,固莫尚于谦顺矣。谦则德之柄,顺则妇之行。凡斯二者,足以和矣。《诗》云:"在彼无恶,在此无射。"斯之谓也。

谨按《诗·桃之夭夭》之篇曰:"之子于归,宜其家人。"言近而夫之弟妹,远而夫之亲族,无不咸宜也。然必由近而及远,未有近先乖疏而远能和洽者。故《女诫》深言叔妹之心不可失,而著其所以失之故,则曰"骄盈";示其所以得之之由,则曰"谦顺"。骄盈则无往而或宜,谦顺则无往而不宜。凡敦睦宗族之道,皆备于此矣。

(《四库全书》本)

清圣祖劝宗室亲睦以相爱恤扶持。

《圣祖仁皇帝御制文集》卷二,《敕谕·谕内阁》:

宗族之始,皆一祖所生,当力敦亲睦,共相爱恤扶持以为生也。今见诸王以下,互相谗害,乐祸幸灾,略无亲睦之谊。凡若此者,朕知而不言,谁复言者!吾宗室中如此,于我人民得无愧乎!"以亲九族,九族既睦",《书》有之矣。且或者同为宗室,以他祖父之名名其子若孙者有之。今吾宗室之中不定为亲睦以相爱恤扶持之道,长此安穷无所底止。朕意此后入八分公以上诸吉凶事会集之礼,依向所定者行之。如未入八分公以下至于闲散宗室,其吉凶之事,亦宜定会集仪式。此皆令八旗会集,则不胜其繁矣。其令本翼会集焉,丧事则一旗之中为之服,别旗惟去其缨。又闲散宗室中有极贫者,一有吉凶之事,则称贷而为之,致有窘迫者。凡若此类,诸王以下、闲散宗室以上,各以其意出助银一两或数星,出者既不以为难;而得之者良有所益,庶不至苦于债负矣。其会集自其身之品级以下者,而会集之闲散宗室无品级者,则视其父之品级会集。凡会集不至者,有司者察参,如此则皆相识,而亲不惟是也。有为不善者,遇之亦可教以正。若贫宗室亦不困于为生,此欲我宗室和协优游以安处之意也。又宗室中今名有犯者,宗人府悉察改焉。自兹以往,岁所送名亦即详察,其有犯者驳之,令改焉。朕此旨汝等同满洲尚书、侍郎宣示诸王及闲散宗室,令其会同定议以闻。康熙三十二年二月初十日。

(《四库全书》本)

教先宗族,王化之原。
《圣祖仁皇帝御制文》第三集卷三三,《杂著·古文评论·与彭城王勰书》:
教先宗族,王化之原。彭城亲贤,无惭德举。

(《四库全书》本)

清世宗上谕致祭大臣之家。
《世宗宪皇帝上谕内阁》卷五:
(雍正元年三月)初四日奉上谕:佟图赉、佟国纲、佟国维着照公遏必隆之例建立祠堂,每年二季致祭,夫人并附祭。再,公图海亦建立祠堂,每年二次致祭。

(《四库全书》本)

第二篇　律例体现的宗法家族制度与观念

一　"十恶"、"八议"中的宗亲法原则和同罪异罚

(一)"十恶"中的"恶逆"、"不孝"、"不睦"、"内乱"

十恶·恶逆。

《大清律例》卷四，《十恶》：

(四曰恶逆。)谓殴及谋杀祖父母、父母、夫之祖父母父母，杀伯叔父母、姑、兄、姊、外祖父母及夫者。

(天津古籍出版社 1993 年点校本，第 93 页)

《大清律例根原》，《名例一》：

雍正三年律文：四曰恶逆。谓殴及谋杀祖父母、父母、夫之祖父母父母，杀伯叔父母、姑、兄、姊、外祖父母及夫者。祖父母父母，但谋但殴即坐；伯叔以下，需据杀讫，方入恶逆，若谋而未杀，自当"不睦"之条。盖恶逆者常赦不原，不睦则会赦原宥。

……

乾隆五年律文：四曰恶逆。谓殴及谋杀祖父母、父母、夫之祖父母父母，杀伯叔父母、姑、兄、姊、外祖父母及夫者。乾隆五年刑部臣等谨按："恶逆"小注内原有"祖父母父母，但谋但殴即坐。伯叔以下需据杀讫方入恶逆，若谋而未杀，自当不睦之条。盖恶逆者常赦不原，不睦则会赦原宥"等语。查祖父母上既注明殴及谋杀，则但谋但殴即坐可知，伯叔父母上既注明杀字，则杀讫乃坐可知，不必重解。再"不睦"之下，原注有谋杀缌麻亲以上之条，今谓不睦会赦原宥，是谋杀凡人不应援赦，而谋杀服亲反准援赦矣，尤非律意，今删。

(裕禄辑注，同治辛未安徽敷文书局聚珍版)

首列十恶之因：有乖伦理的罪大恶极。

《大清律例根原》，《名例一》

雍正三年刑部臣等谨按：十恶皆罪大恶极，王法所不容，其罪至死者，固恩赦所不原，即罪不至死者，亦俱有乖伦理，故特揭其名目于律首，使人知所警也。

（裕禄辑注，同治辛未安徽敷文书局聚珍版）

常赦所不原。

《大清律例》卷四，《名例·常赦所不原》：

凡犯十恶、杀人、盗系官财物，及强盗、窃盗、放火、发冢、受枉法不枉法赃、诈伪、犯奸、略人略卖、和诱人口，若奸党及谗言左使杀人、故出入人罪，若知情故纵听行、藏匿引送、说事过钱之类，一应实犯皆有心故犯，虽会赦并不原宥。

（天津古籍出版社1993年点校本，第103页）

《核订现行刑律》，《名例上·常赦所不原》原、修改律文：

原律文：凡犯谋反、叛逆，子孙谋杀祖父母父母、内乱、妻妾杀夫、奴婢杀家长，杀一家非死罪三人，采生折割人，谋杀故杀，蛊毒厌魅，毒药杀人，强盗，妖言，十恶等真正死罪，及侵贪入己、军务获罪者，虽会赦，并不原宥，其余咸得赦除，律未赅载者，一以现奉恩赦条款为断。若奉减等恩旨，则减死从流，流从徒，徒从罚，亦准此查办。恩旨所不得免者，即恩旨所不得减。

修改文：凡犯谋反、叛逆，子孙谋杀祖父母父母、内乱、妻妾杀夫、雇工人杀家长，杀一家非死罪三人，采生折割人，谋杀故杀，蛊毒厌魅，毒药杀人，强盗，妖言，十恶等真正死罪，及侵贪入己、军务获罪者，虽会赦，并不原宥，其余咸得赦除，律未赅载者，一以现奉恩赦条款为断。若奉减等恩旨，则减死从流，流从徒，徒从罚，亦准此查办，恩旨所不得免者，即恩旨所不得减。（编者按：修改文同，惟将"奴婢"改为"雇工人"。）

（奕劻、沈家本编订，宣统元年版）

谋杀祖父母父母及期亲尊长罪。

《大清律例》卷二六，《刑律·人命·谋杀祖父母父母》：

凡谋杀祖父母、父母及期亲尊长、外祖父母、夫、夫之祖父母父母，已行者，皆斩。已杀者，皆凌迟处死。监故在狱者，仍戮其尸。其为从，有服属不同，自依缌麻以上律论。有凡人自依凡

第二篇
律例体现的宗法家族制度与观念

论。凡谋杀服属,皆仿此。谋杀缌麻以上尊长,已行者,首,杖一百,流二千里,为从,杖一百,徒三年;已伤者,首,绞,为从,加功、不加功,并同凡论;已杀者,皆斩。其尊长谋杀本宗及外姻卑幼,已行者,各依故杀罪减二等;已伤者,减一等;已杀者,依故杀法。依故杀法者,谓各依斗殴条内,尊长故杀卑幼律问罪;为从者,各依服属科断。若奴婢及雇工人谋杀家长及家长之期亲、外祖父母,若缌麻以上亲者,兼尊卑言,统主人服属尊卑之亲,罪与子孙同。谓与子孙谋杀祖父母、父母及期**亲尊长**、**外**祖父母、缌麻以上尊长同。若已转卖,依良贱相殴论。

(天津古籍出版社1993年点校本,第440页)

谋杀尊长罪。
《名法指掌》卷一,《人命·谋杀尊长图》:
谋杀高曾祖父母父母、期亲尊长、外祖父母、夫、夫之祖父母父母,奴婢、雇工人谋杀家长及家长期亲、外祖父母、旧主,已行,不论已未成伤,预谋之子孙、奴婢皆斩决,已杀皆凌迟。谋杀缌麻以上尊长,奴婢、雇工人谋杀家长缌麻以上尊长,已行,未伤,首流二千里,从徒三年;已伤,首绞决,从同凡论;已杀,皆斩决。

(沈辛田编,道光刻本)

殴期亲以上尊长罪。
《名法指掌》卷一,《人命·殴期亲以上尊长图》:
殴期亲以上尊长。殴伯叔父母、在室姑、外祖父母,杖一百,流三千里;伤,杖一百,流二千里;折伤,杖一百,流三千里;刃伤瞎一目,绞决;死,斩决;故杀,凌迟。殴同父兄姊,殴杖九十,徒二年半;伤,杖一百,徒三年;折伤,杖一百,流三千里;刃伤,绞决;死,斩决;故杀凌迟。

(沈辛田编,道光刻本)

改订谋杀祖父母父母罪,取消凌迟。
《核订现行刑律》,《人命·谋杀祖父母父母》:
凡谋杀祖父母、父母及期亲尊长、外祖父母、夫、夫之祖父母、父母,已行,不问已伤未伤者,预谋之子孙不分首从皆绞;已杀者,皆斩立决,其为从,有服属不同,自依缌麻以上律论,有凡人自依凡论,凡谋杀附属皆仿此。谋杀缌麻以上尊长,已行者,首流二千里,为从徒三年;已伤者,首绞监候,入于秋审情实,为从加功不加功并同凡论;已杀者绞,不问首从。

(奕劻、沈家本编订，宣统元年版)

殴祖父母父母。
《大清律例》卷二八，《刑律·斗殴·殴祖父母父母》：

凡子孙殴祖父母、父母，及妻妾殴夫之祖父母、父母者，皆斩。杀者，皆凌迟处死。其为从，有服属不同者，自依各条服制科断。过失杀者，杖一百，流三千里。伤者，杖一百，徒三年。俱不在收赎之例。其子孙违犯教令，而祖父母、父母不依法决罚，而横加殴打，非理殴杀者，杖一百。故杀者，无违犯教令之罪，为故杀。杖六十，徒一年。嫡、继、慈、养母杀者，终与亲母有间，殴杀、故杀各加一等。致令绝嗣者殴杀、故杀，绞监候。若祖父母、父母、嫡继慈养母非理殴子孙之妇，此妇字乞养者，同。及乞养异姓子孙，致令废疾者，杖八十；笃疾者，加一等，子孙之妇及乞养子孙，并令归宗。子孙之妇笃疾者，追还初归嫁妆，仍给养赡银一十两。乞养子孙笃疾者，拨付合得所分财产养赡不在给半之限。如无财产，亦财产一量照子孙之妇给银。致死者，各杖一百，徒三年。故杀者，各杖一百，流二千里。其非理殴子孙之妾，各减殴妇罪二等。不在归宗、追给嫁妆、赡银之限。其子孙殴骂祖父母、父母及妻妾殴骂夫之祖父母、父母，而祖父母、父母、夫之祖父母、父母，因其有罪殴杀之，若违犯教令而依法决罚，邂逅致死，及过失杀者，各勿论。

（天津古籍出版社1993年点校本，第496页）

清高宗慎重伦常明刑弼教，严惩悖伦灭理者。
《清朝通典》卷八三，《刑典四》：

乾隆十七年九月谕：各省由立决改监候人犯，均系服制攸关，其改拟监候，已属原情酌减，若秋审时入于缓决，则减之又减，殊非慎重伦常明刑弼教之意，是以上年降旨，令概入情实。

乾隆十八年十月谕：向来外省办理刑名，每存姑息之见，即有关伦常，亦多迁就，率谓衅由死者，或作凶徒以无心架格，或两相凑合用力过猛，此妇寺之仁。究之，展转达部，仍归按律定拟。即如山西省陆三杰，因受分田宅荡卖无余，乘父病垂危，仍索分田地，伊叔陆应唐忿责，用小刀扎伤陆三杰额颅，陆三杰夺刀回扎，致毙胞叔陆应唐，悖伦灭理，莫此为甚。乃该抚本内所叙案情，则云陆三杰用刀恐吓，陆应唐抢刀势猛，以致扎杀等语，是陆应唐反为应死之人矣。承办之府县臬司及该府，岂不知陆三杰罪在不宥？而习惯仍然以书吏取供，故套为当然，不知改正，则实有可矜情节者，将致鱼目不明矣。着严饬行，嗣后如仍有似此者，从重论处。

（浙江古籍出版社1988年版，第2639页）

第二篇
律例体现的宗法家族制度与观念

蔑伦重案审慎处断。

《清朝通典》卷八三，《刑典四》：

乾隆二十九年四月谕，前经降旨，各省遇有子孙蔑伦重案，令各该督抚于审拟定谳后，一面奏闻，即一面正法，原因该犯情罪重大，不使稍稽显戮。但事关重辟，其中情伪多端，亦不应轻率完结。即如广东遂溪县监生梁举朝殴死陈国英之母张氏，初经该县管惟本妄断，尸子陈国英录供详报，及该督苏昌委员覆审，始究出梁举朝自行殴死狡称陈国英格毙实情，幸而狱无枉滥。

（浙江古籍出版社1988年版，第2641页）

卑幼、尊长发五服亲属坟冢。

《大清律例》卷二五，《刑律·贼盗下·发冢》：

若卑幼发五服以内尊长坟冢者，同凡人论。开棺椁见尸者，斩监候。若弃尸卖坟地者，罪亦如之……若尊长发五服以内卑幼坟冢，开棺椁见尸者，缌麻杖一百，徒三年；小功以上各减一等。祖父母、父母发子孙坟冢，开棺椁见尸者杖八十……若毁弃缌麻以上尊长未葬死尸者，斩监候。弃他人及尊长而不失其尸及毁而但髡发若伤者，各减一等。凡人减流一等，卑幼减斩一等。毁弃缌麻以上卑幼死尸，各依凡人毁弃依服制递减一等。毁弃子孙死尸者，杖八十。其子孙毁弃祖父母、父母，及奴婢、雇工人毁弃家长死尸者，不论残失与否，斩监候。

（天津古籍出版社1993年点校本，第420-421页）

《名法指掌》卷三，《发冢·发掘尊长冢图》：

期亲卑幼发掘五服内尊长坟冢，未至棺椁，为首极边足四千里充军，为从极边充军；见棺椁者，为首云贵两广烟瘴充军，为从极边足四千里充军；开棺见尸、弃尸卖坟，为首斩候，为从云贵两广烟瘴充军。功、缌卑幼发五服内尊长坟冢，未至棺椁，为首边远充军，为从近边充军；见棺椁者，为首极边足四千里充军，为从边远充军；开棺见尸、弃尸卖坟，为首斩候，为从云贵两广烟瘴充军。卑幼盗尊长未殡未葬尸柩者，未开棺椁，按服制，与发掘未至棺椁罪同；开棺见尸，按服制，与发掘见棺椁者罪同。子孙发掘祖父母、父母坟冢，均不分首从，已行，未见棺，皆绞决；见棺椁者皆斩决，开棺见尸、毁弃地撒死尸皆凌迟；见尸至三冢，除正犯凌迟外，其子发伊犁。未殡未葬开棺见尸，不分首从皆斩决；未开棺椁，事属已行，确有显迹，皆绞决。毁缌麻以上未葬尸，斩候；弃而不失其尸，毁而但髡发若伤者，杖一百，流三千里。毁弃祖父母、父母及家长死尸首，不论残失与否，斩候。于缌麻以上尊长坟内熏狐狸，因而烧棺椁，杖九十，徒二年半；因而烧尸，杖一百，流二千里。于祖父母父母坟内熏狐狸杖一百；因而烧棺椁，杖一百，徒三年；因而烧尸，绞候。

（沈辛田编，道光刻本）

《名法指掌》卷三，《发冢·发卑幼冢图》：

对缌麻，开棺椁见尸、毁弃未葬尸，杖一百，徒三年；毁弃未失尸，杖九十，徒二年半；坟内熏狐狸烧棺椁，杖七十，徒一年半；坟内熏狐狸烧尸，杖九十，徒二年半。对小功，开棺椁见尸、毁弃未葬尸，杖九十，徒二年半；毁弃未失尸，杖八十，徒二年；坟内熏狐狸烧棺椁，杖六十，徒一年；坟内熏狐狸烧尸，杖八十，徒二年。对大功，开棺椁见尸、毁弃未葬尸，杖八十，徒二年；毁弃未失尸，杖七十，徒一年半；坟内熏狐狸烧棺椁，杖一百；坟内熏狐狸烧尸，杖七十，徒一年半。对期服，开棺椁见尸、毁弃未葬尸，杖七十，徒一年半；毁弃未失尸，杖六十，徒一年；坟内熏狐狸烧棺椁，杖九十；坟内熏狐狸烧尸，杖六十，徒一年。对子孙，开棺椁见尸、毁弃未葬尸，杖八十。盗卑幼未殡未葬尸柩开棺见尸，为首缌麻尊长徒二年半，未开棺椁徒二年，小功以上以次递减；为从之尊长，亦各按服制减为首之罪一等。

（沈辛田编，道光刻本）

《核订现行刑律》，《贼盗下·发冢》：

若卑幼发五服以内尊长坟冢者，同凡人论，开棺椁见尸者绞监候；若弃尸卖坟地者罪亦如之，买地人、牙、保知情者各处八等罚，追价入官，地归同宗亲属。不知者不坐。若尊长发五服以内卑幼坟冢开棺见尸者，缌麻徒三年，小功以上各递减一等。祖父母、父母发子孙坟冢，开棺见尸者处八等罚。其有故而依礼迁葬者，尊长卑幼俱不坐。若毁弃缌麻以上尊长未葬死尸者绞监候，弃他人及尊长而不失其尸及毁而但髡发若伤者，各减一等，凡人减流一等，卑幼减绞一等。毁弃缌麻以上卑幼死尸，各依凡人毁弃依服制递减一等，毁弃子孙死尸者处八等罚，其子孙毁弃祖父母、父母，及奴婢、雇工人毁弃家长死尸者不论残失与否绞监候，律不载妻妾毁弃夫尸，有犯，以缌麻以上尊长律奏请，如子孙毁弃宗祖神主，亦依此律治罪。凡人无意中掘人坟不掩埋八等罚，烧及棺椁徒二年，烧尸徒三年，若是缌麻以上尊长，各递加一等，即烧棺椁徒二年半，烧尸流二千里，误烧卑幼，各依凡人递减一等。若系子孙对祖父母、父母及奴婢、雇工人于家长，烧棺椁徒三年，烧尸绞监候。

（奕劻、沈家本编订，宣统元年版）

第二篇
律例体现的宗法家族制度与观念

十恶·不孝。

《大清律例》卷四,《名例·十恶》:

(七曰不孝。)谓告言咒骂祖父母父母、夫之祖父母父母;及祖父母、父母在别籍异财,若奉养有缺;居父母丧身自嫁娶,若作乐释服从吉;闻祖父母、父母丧,匿不举哀;诈称祖父母、父母死。

(天津古籍出版社1993年点校本,第93页)

《大清律例根原》,《名例一》雍正三年、乾隆五年律文:

七曰不孝。谓告言咒骂祖父母父母、夫之祖父母父母;及祖父母、父母在别籍异财,若奉养有缺;居父母丧身自嫁娶,若作乐释服从吉;闻祖父母、父母丧,匿不举哀;诈称祖父母、父母死。

(裕禄辑注,同治辛未安徽敷文书局聚珍版)

子孙告父祖及亲人相告。

《大清律例》卷三〇,《刑律·诉讼·干名犯义》:

凡子孙告祖父母、父母,妻妾告夫及告夫之祖父母父母者,虽得实亦杖一百,徒三年。祖父母等同自首者免罪。但诬告者,不必全诬,但一事诬即绞。若告期亲尊长、外祖父母及妾告妻者,虽得实,杖一百;告大功得实亦杖九十;告小功得实亦杖八十;告缌麻得实亦杖七十。其被告期亲、大功尊长及外祖父母,若妻之父母及夫之正妻并同自首免罪,小功、缌麻尊长得减本罪三等。若诬告罪重于干犯本罪者,各加所诬罪三等。谓止依凡人诬告罪加三等,便不失于轻矣。加罪不入于绞,若徒流已未决,偿**费**、**赎产**、断付、加役,并依诬告本律。若被告无服尊长,减一等,依名例律。其告尊长谋反、大逆、谋**叛**、**窝藏**奸细,及嫡母、继母、慈母、所生母杀其父,若所养父母杀其所生父母,及被期亲以下尊长侵夺财产,或殴伤其身,据实应自理诉者,并听卑幼陈告,不在干名犯义之限。其被告之事,各依本律科断,不在干名犯义之限,并同自首免罪之律。被告卑幼同此。又,犯奸及越关、损伤于人于物不可赔偿者,亦同。若告卑幼得实,期亲、大功及女婿,亦同自首免罪,小功、缌麻亦得减本罪三等。诬告者,期亲减所诬罪三等,大功减二等,小功、缌麻减一等。若夫诬告妻及妻诬告妾,亦减所诬罪三等。被告子孙、妻妾、外孙及无服之亲,依名例律。若诬卑幼死未决,仍依律减等,不作诬轻为重。若奴婢告家长及家长缌麻以上亲者,与子孙卑幼罪同。若雇工人告家长及家长之亲者,各减奴婢罪一等。诬告者,不减。又奴婢、雇工人被告得实,不得免罪,以名例不得为容隐故也。其祖父母、父母、外祖父母诬告子孙、外

25

孙、子孙之妇妾及己之妾,若奴婢及雇工人者,各勿论。不言妻之父母诬女婿者,在缌麻亲中矣。若女婿与妻父母果有义绝之状,许相告言,各依常人论。

(天津古籍出版社1993年点校本,第522页)

辱骂祖父母、父母。
《大清律例》卷二九,《刑律·骂詈·骂祖父母父母》:
凡骂祖父母、父母及妻妾骂夫之祖父母、父母者,并绞,须亲告乃坐。

(天津古籍出版社1993年版,第504页)

《核订现行刑律》,《骂詈·骂祖父母父母》:
凡骂祖父母、父母及妻妾骂夫之祖父母、父母者,并绞监候,入于秋审情实,须亲告乃坐。义子骂义父母同。若既聘未娶子孙之妇骂舅姑,照子孙违犯教令律治罪。

修改文:凡骂祖父母、父母及妻妾骂夫之祖父母、父母者,并绞监候,入于秋审情实,须亲告乃坐。义子骂义父母同。若既聘未娶子孙之妇骂舅姑,照子孙违犯教令律治罪。

(奕劻、沈家本编订,宣统元年版)

子孙违犯教令及奉养有缺。
《名法指掌》卷四,《各项处分·终养图》:
祖父母、父母年八十以上及笃疾、别无以次侍丁而弃亲之任,杖八十。

(沈辛田编,道光刻本)

《名法指掌》卷一,《人命·子孙违犯图》:
子孙违犯祖父母、父母教令及奉养有缺,杖一百亲告乃坐;子贫不能营生养赡,致父母自尽,杖一百,流三千里。有祖父母、父母呈首子孙屡次违犯触犯,除罪干重辟外,民人发烟瘴充军,旗人发黑龙江当差。子孙犯奸盗,致祖父母、父母忧忿戕生或被人谋故殴杀,子孙绞候;祖父母、父母纵容袒护,后经发觉,畏罪自尽,子孙发云贵、两广烟瘴充军,被人谋故殴杀,子孙绞候;教令子孙犯奸盗,后因发觉畏罪自尽,子孙杖一百,徒二年;被人谋故殴杀,子孙杖一百,流二千里;子孙罪犯应死及谋故杀人,事情败露,致祖父母、父母自尽,照各本犯罪名拟以立决。

(沈辛田编,道光刻本)

《大清律例》卷二八,《刑律·斗殴下·殴期亲尊长》:

第二篇
律例体现的宗法家族制度与观念

期亲卑幼殴伤伯、叔等尊属,审系父、母被伯叔父母、姑、外祖父母殴打,情切救护者,照律拟以杖一百,流二千里。刑部夹签声明,量减一等,奏请定夺。

(天津古籍出版社1993年点校本,第494页)

僧尼干犯尊亲。
《大清律例》卷二八,《刑律·斗殴下·殴期亲尊长》:
凡僧尼干犯在家祖父母、父母及杀伤本宗外姻有服尊长,各按服制定拟。若杀伤本宗外姻卑幼,无论斗殴谋、故,俱以凡论。本宗外姻尊长卑幼杀伤出家之亲属,仍各依服制科断。道士、女冠、喇嘛有犯,一例办理。

(天津古籍出版社1993年点校本,第494页)

尊长殴卑幼。
《大清律例》卷二八,《刑律·斗殴下·殴期亲尊长》:
内外有服尊长、尊属殴卑幼之案,如由卑幼触犯依理训责,及因事互殴,邂逅致成笃疾者,期亲尊长、尊属及外祖父母照律勿论,大功以下尊长、尊属,照律减科,仍断给财产一半养赡。若卑幼并无干犯尊长,挟有嫌隙,非理毒殴,故残卑幼至笃疾者,期亲兄姊及功服尊长、尊属,俱杖一百,徒三年;期亲伯叔、姑、外祖父母,杖九十,徒二年半;缌麻尊长、尊属,杖一百,流二千里,不准照律科断,仍均断给财产一半养赡。

期亲尊长因争夺弟、侄财产、官职,及平素仇隙不睦有意执持凶器故杀弟、侄者,如被杀弟、侄年在十一岁以上,将故杀之尊长拟绞监候,仍断给财产一半与被杀之家养赡。若弟、侄年在十岁以下幼小无知,尊长因图占财产、官职,挟嫌惨杀毒毙者,悉依凡人谋、故杀律,拟斩监候。如无争夺挟仇情节,无论年岁,仍照本律例定拟。

期亲弟、妹殴死兄、姊之案,如死者淫恶蔑伦,复殴詈父母,经父母喝令殴毙者,定案时仍照律拟罪,法司核拟时照王仲贵之案,随本改拟杖一百,流三千里,请旨定夺。其殴毙罪犯应死兄、姊与王仲贵案内情节未符者,仍照殴死尊长情轻之例,照律拟罪,夹签声明不得滥引此例。

期亲以下有服尊长杀死有罪卑幼之案,如卑幼罪犯应死者,为首之尊长俱照擅杀应死罪人律,杖一百;听从下手之犯,无论尊长凡人,各杖九十。其罪不至死之卑幼,果系积惯匪徒,怙恶不悛,人所共知,确有证据,尊长因玷辱祖宗起见,忿激致毙者,无论谋、故为首之尊长,悉按服制于殴杀卑幼各本律、本例上减一等;听从下手之犯,无论尊长凡人,各依余人律杖一百。若卑幼并无为匪确证,尊长假托公忿,报复私仇,或一时一事尚非怙恶不悛情节,惨忍致死,并本犯有至亲服属,并未起意致死,被疏远亲属起意致死者,如有祖父母、父母者,期亲以下亲属以疏远论。虽无祖父母、父母,尚有期亲服属者,功、缌以下以疏远论,余仿此。均照谋、故殴杀卑幼各本律、本例定拟,不得滥引此例。

(天津古籍出版社1993年点校本,第494—495页)

别籍异财。
《大清律例》卷八,《户律·户役·别籍异财》:
凡祖父母、父母在,子孙别立户籍、分异财产者,杖一百。须祖父母、父母亲告,乃坐。若居父母丧而兄弟别立户籍、分异财产者,杖八十。须期亲以上尊长亲告,乃坐。或奉遗命,不在此律。

(天津古籍出版社1993年点校本,第201页)

卑幼私擅用财。
《大清律例》卷八,《户律·户役·卑幼私擅用财》:
凡同居卑幼,不由尊长私擅用本家财物者,十两笞二十,每十两加一等,罪止杖一百。若同居尊长应分家财不均平者,罪亦如之。

(天津古籍出版社1993年点校本,第201页)

官员匿丧。
《大清律例》卷一七,《礼律·仪制·匿父母夫丧》:
凡闻父母若嫡孙承重与父母同。及夫之丧匿不举哀者,杖六十,徒一年。若丧制未终,释服从吉,忘哀作乐及参预筵宴者,杖八十。若闻期亲尊长丧匿不举哀者,亦杖八十。若丧制未终,释服从吉者,杖六十。若官员父母死,应丁忧,诈称祖父母、伯叔姑兄姊之丧,不丁忧者,杖一百,罢职役不叙。若父母见在,无丧诈称有丧,或父母已殒,旧丧诈称新丧者,与不丁忧罪同。有规避者,从其重者论。若丧制未终,冒哀从仕者,杖八十,亦罢职。

(天津古籍出版社1993年点校本,第293—294页)

弃亲之任。
《大清律例》卷一七,《礼律·仪制·弃亲之任》:
凡祖父母、父母年八十以上及笃疾,别无以次侍丁而弃亲之任,及妄称祖父母、父母老疾,求归入侍者,并杖八十。弃亲者,令归养候亲终,服阕降用。求归者,照旧复职。若祖父母、

第二篇
律例体现的宗法家族制度与观念

父母及夫犯死罪见被囚禁,而筵宴作乐者,罪亦如之。筵宴不必本家,并他家在内。

(天津古籍出版社1993年点校本,第295页)

《名法指掌》卷四,《各项处分·官员匿丧短丧图》:

官员匿丧、短丧,革职;闻丧不报,降二级调用;补授初选等官丁艰未毕即出仕就考,革职;假捏祖父母、父母之丧呈报丁忧,革职;在籍候选等官得缺假捏报丁忧,革职。

(沈辛田编,道光刻本)

居丧嫁娶。

《大清律例》卷一〇,《户律·婚姻·居丧嫁娶》:

凡男女居父母及妻妾居夫丧而身自主婚嫁娶者,杖一百。若男子居父母丧而娶妾,妻居夫丧,女居父母丧而嫁人为妾者,各减二等。……若居祖父母、伯叔父母、姑、兄姊丧,除承重孙外而嫁娶者,杖八十,不离异,妾不坐。

(天津古籍出版社1993年点校本,第219页)

《名法指掌》卷四,《田债户婚·居丧嫁娶图》:

男女居父母丧、承重祖父母丧,身自嫁娶杖一百,离异,财礼入官;若居祖父母、本生父母、兄姊丧而嫁娶者,杖八十,不离异;与应嫁娶人主婚,杖八十。

(沈辛田编,道光刻本)

父祖被囚嫁娶。

《大清律例》卷一〇,《户律·婚姻·父母囚禁嫁娶》:

凡祖父母、父母犯死罪被囚禁而子孙自嫁娶者,杖八十。若男娶妾,女嫁人为妾者,减二等。其奉囚禁祖父母、父母命而嫁女娶妻者,不坐,亦不得筵宴。违者,依父母囚禁筵宴律,杖八十。

(天津古籍出版社1993年点校本,第220页)

《名法指掌》卷四,《田债户婚·居丧嫁娶图》:

父母犯案被囚,子孙嫁娶者杖八十,男娶妾、女嫁为妾减二等,奉命者不坐,仍不筵宴。

(沈辛田编,道光刻本)

亲属相盗。

《大清律例》卷二五,《刑律·贼盗下·亲属相盗》：

凡各居本宗外姻亲属相盗兼后尊长、卑幼二款财物者,期亲减凡人五等,大功减四等,小功减三等,缌麻减二等,无服之亲减一等,并免刺。若盗有首从,而服属不同,各依本服降减科断,为从各又减一等。若行强盗者,尊长犯卑幼亦依强盗已行,而得财不得财各依上减罪。卑幼犯尊长以凡人论,不在本等之限。若有杀伤者,总承上窃、强二项,各依杀伤尊长、卑幼本律从其重者论。若同居卑幼将引若将引各居亲属同盗,其人亦依本服降减,又减为从一等科之,如卑幼自盗止依擅用,不必加。他人盗己家财物者,卑幼依私擅用财物论,加二等,罪止杖一百。他人兼首从言减凡盗罪一等,免刺。若有杀伤者,自依杀伤尊长、卑幼本律科罪,他人纵不知情,亦依强盗得财不得财论。若他人杀伤人者,卑幼纵不知情,亦依杀伤尊长、卑幼本律,仍以私擅用加罪及杀伤罪权之,从其重者论。其同居奴婢、雇工人盗家长财物及自相盗者,首,减凡盗罪一等,免刺;为从,又减一等。被盗之家亲属告发,并论如律,不在名例得相容隐之例。

（天津古籍出版社1993年点校本,第408页）

《名法指掌》卷二,《盗案·亲属相盗图》：

期亲盗卑幼,未得财,杖六十,徒一年;得财,杖七十,徒一年半。大功盗卑幼,未得财,杖七十,徒一年半;得财,杖八十,徒二年。小功盗,未得财,杖八十,徒二年;得财,杖九十,徒二年半。缌麻盗,未得财,杖九十,徒二年半;得财,杖一百,徒三年。无服尊长犯卑幼,未得财,杖一百,徒三年;得财,杖一百,流三千里。凡有杀伤者,各以杀伤尊长卑幼本律从重论;卑幼犯尊长各以凡人论,同居卑幼引他人抢劫己家财,以凡人论。

（沈辛田编,道光刻本）

《核订现行刑律》,《盗贼下·亲属相盗》：

凡各居本宗外姻亲属相盗兼后尊长、卑幼二款财物者,期亲减凡人五等,大功减四等,小功减三等,缌麻减二等,无服之亲减一等,并免刺。若盗有首从,而服属不同,各依本服降减科断,为从各又减一等。若行强盗者,尊长犯卑幼亦依强盗已行,而得财不得财各依上减罪。卑幼犯尊长依凡人论,不在本等之限。若有杀伤者,总承上窃、强二项,各依杀伤尊长、卑幼本律从其重者论。若同居卑幼将引若将引各居亲属同盗,其人亦依本服降减,又减为从一等科之,如卑幼自盗止依擅用,不必加。他人盗己家财物者,卑幼依私擅用财物论,加二等,罪止杖一百。他人兼首从言减凡盗罪一等。若有杀伤者,自依杀伤尊长、卑幼本律科罪,他人纵不知情,亦依

第二篇
律例体现的宗法家族制度与观念

强盗得财不得财论。若他人杀伤人者,卑幼纵不知情,亦依杀伤尊长、卑幼本律,仍以私擅用加罪及杀害罪权之,从其重者论。其同居奴婢、雇工人盗家长财物及自相盗者,首,减凡盗罪一等;为从,又减一等。被盗之家亲属告发,并论如律,不在名例得兼容隐之例。(编者按:修改律文同,惟删去"奴婢"二字。)

(奕劻、沈家本编订,宣统元年版)

十恶·不睦。
《大清律例》卷四,《名例律上·十恶》:
(八曰不睦。)谓谋杀及卖缌麻以上亲,殴告夫及大功以上尊长、小功尊属。
(天津古籍出版社1993年点校本,第93页)

《大清律例根原》,《名例一》雍正三年、乾隆五年律文:
八曰不睦。谓谋杀**及卖缌麻**以上亲,殴告夫及大功以上尊长、小功尊属。
(裕禄辑注,同治辛**未安徽敷**文书局聚珍版)

殴期亲尊长。
《大清律例》卷二八,《刑律·斗殴下·殴期亲尊长》:
凡弟、妹殴同胞兄、姊者,杖九十,徒二年半。伤者,杖一百,徒三年。折伤者,杖一百,流三千里。刃伤不论轻重及折肢,若瞎其一目者,绞。以上各依首从法。死者,不分首从,皆斩。若侄殴伯叔父母、姑是期亲尊属,及外孙殴外祖父母,服虽小功,其恩义与期亲并重,各加殴兄姊罪一等。加者,不至于绞,如刃伤、折肢、瞎目者,亦绞。至死者,亦皆斩。其过失杀伤者,各减本杀伤兄姊及伯叔父母、姑、外祖父母罪二等。不在收赎之限。故杀者,皆不分首从,凌迟处死。若卑幼与外人谋、故杀亲属者,外人造意下手,从而加功不加功,各依凡人本律科罪,不在皆斩、皆凌迟之限。其期亲兄、姊殴杀弟妹、及伯叔姑殴杀侄并侄孙,若外祖父母殴杀外孙者,杖一百,徒三年。故杀者,杖一百,流二千里。笃疾至折伤以下,俱勿论。过失杀者,各勿论。
(天津古籍出版社1993年点校本,第493页)

故杀小功叔祖并婶母二命比照杀期亲尊属凌迟处死。
《乾隆案例》服命案,《增补条样律条》卷上:
刑部为遵旨核议速奏事会省,得杨镛杀死小功叔祖杨成德等一案。据苏抚庄奏:杨镛不务营生,被伊叔祖杨成德训斥詈骂,挟有夙嫌,连戳杨成德、杨阮氏毙命,及戳伤杨锦等。将杨镛比照故杀期亲尊属律，拟以凌迟处死等因具奏关来。查，律载殴小功尊属死者，斩决；殴期亲尊属死者，斩，故杀者凌迟处死。又例载杀一家，非死罪二人应拟斩决，奏请定夺各等语。今杨镛因不务生，业被伊叔祖杨成德训斥，辄敢挟嫌逞凶，连杀小功叔祖杨成德并小功婶母杨阮氏二命，复戳伤小功服弟杨锦。杨成德系杨镛胞叔祖，服虽小功名分，最尊。该犯逞凶残，害二命一伤，横恶灭伦，不法已极，自未便仅依小功尊属及杀常人一家二命律拟斩决，应如该抚所奏，将杨镛比照故杀期亲尊属凌迟处死律凌迟处死。该抚奏称杨镛家系赤贫，并无财产可以断给，杨锦伤已平复，应毋庸议等语，应如所奏毋庸议可也。

乾隆二十八年十一月奉旨：杨镛着即凌迟处死，余依议。

（抄本，南开大学图书馆藏）

救父情切殴死大功兄改斩候。

《乾隆案例》服命案，《增补条样律条》卷上：

刑部为殴死夫命事会议，得高亚二等殴伤大功服兄高壬姐身死一案。据广抚岳疏称：缘高壬姐曾借高亚二之父高梓华钱四十文未还，乾隆十二年七月十九日高梓华向索前欠，高壬姐无钱以应，反加责詈。高梓华斥其无礼，高壬姐扯住高梓华衣领，高梓华喊救。高壬姐先用拳打伤高梓华左乳，高梓华亦用拳回殴高壬姐右胁，高壬姐摔倒，高梓华搀压在地。高亚二闻声趋至，劝令高壬姐释手，高壬姐不依，复举拳欲打，高亚二恐父受伤，情急用拳吓殴，不期中伤高壬姐脊臂倒地，至晚殒命。屡审不讳，将高二拟斩立决，先行刺字，并声明高亚二系救父情切，援照凡人减流之例等因，经刑部等衙核拟，将高亚二依卑幼殴大功服兄死者斩律拟斩立决，仍将救父缘由夹签具题奉旨，九卿议奏，钦此。查高阿二因高壬姐先将伊父高梓华打伤左乳，复摔倒搀压，劝释不依，仍行举拳向殴，高亚二恐父受伤，一时情切，用拳吓殴，边伤高壬姐脊臂身死，是高亚二之殴死高壬姐，实由救父情切所致，与因他事争角逞凶殴杀大功兄者情节不同，尚属可原。但服制攸关，未便如该抚所请竟减杖流，应将高亚二改为拟斩监候，秋后处决，余仍照刑部等衙门原议等因。乾隆十三年九月奉旨：高亚二改为应斩，着监候秋后处决，余依议。

（抄本，南开大学图书馆藏）

殴功缌尊长。

《大清律例》卷二八，《刑律·斗殴下·殴大功以下尊长》：

凡卑幼殴本宗及外姻缌麻兄姊，但殴，即坐，杖一百；小功兄姊，杖六十，徒一年；大功

第二篇
律例体现的宗法家族制度与观念

兄姊,杖七十,徒一年半;尊属又各加一等。折伤以上,各递加凡斗伤一等;罪止杖一百,流三千里。笃疾者,不问大功以下尊属,并绞;死者,斩。绞、斩,在本宗小功、大功、兄姊及尊属,则决,余具监候。不言故杀者,亦止于斩也。

(天津古籍出版社1993年点校本,第489页)

《名法指掌》卷一,《人命·殴功缌尊长图》:

殴功缌尊长、大功尊属,杖八十,徒二年;大功尊长、小功尊属,杖七十,徒一年半;小功尊长、缌麻尊属,杖六十,徒一年;缌麻尊长,杖一百。笃疾,依尊长状况,绞决或绞候;致死、故杀,皆斩决或斩候。

(沈辛田编,道光刻本)

同姓亲属相殴。
《大清律例》卷二八,《刑律·斗殴下·同姓亲属相殴》:

凡同姓亲属相殴,虽五服已尽,而尊卑名分犹存者,尊长犯卑幼,减凡斗一等,卑幼犯尊长加一等,不加至死。至死者,无论尊卑长幼,并以凡人论。斗杀者,绞。故杀者,斩。

(天津古籍出版社1993年点校本,第489页)

广东陈茂昌戳伤服叔案,斩立决。
《清朝通典》卷八三,《刑典四》:

乾隆十七年二月广东巡抚苏昌审题,曲江县民陈茂昌戳伤小功服叔陈丙林身死,拟斩立决,声明该犯救母情切,致伤服叔,刑部照例夹签请旨,奉谕陈茂昌着即处斩。此案陈丙林与陈氏互殴,已受多伤,该犯势非危急,托言救护,辄将服叔戳毙,前经降旨,以父殴叔而子助父以毙叔,不得谓救父,此正母殴叔而子助母以毙叔不得谓之救母也。苏昌率请声叙,著交部察议。

(浙江古籍出版社1988年版,第2639页)

尊长谋杀卑幼。
《大清律例》卷二八,《刑律·斗殴·殴大功以下尊长》:

若本宗及外姻尊长殴卑幼,非折伤,勿论。至折伤以上,缌麻卑幼,减凡人一等;小功卑幼,减二等;大功卑幼,减三等。至死者,绞监候。不言故杀者,亦止于绞也。其殴杀同堂大功弟妹、小功堂侄及缌麻侄孙者,杖一百,流三千里。故杀者,绞监候。

(天津古籍出版社 1993 年点校本，第 490 页)

《名法指掌》卷一，《人命·谋杀卑幼图》：

谋杀缌麻、小功、大功卑幼，已行未伤，杖一百，徒三年；已伤，杖一百，流三千里；已杀，绞监候。谋杀弟妹、侄、侄孙、外孙、子孙妇、异姓乞养子孙，已行未伤，杖九十，徒二年半；已伤，杖一百，徒三年；已杀，杖一百，流三千里。故杀弟妹，绞监候；故杀子孙，已行未伤，杖九十；已伤，杖一百；已杀，杖六十，徒一年。嫡继慈养母谋杀子孙，已行未伤，杖一百；已伤，杖六十，徒一年；已杀，杖七十，徒一年半。

（沈辛田编，道光刻本）

《核订现行刑律》，《人命·谋杀祖父母父母》原修改律文：

其尊长谋杀本宗及外姻卑幼已行者，各依故杀罪减二等；已伤者，减一等；已杀者，依故杀法。依故杀法者，谓各依斗殴条内尊长故杀卑幼律问罪，为从者各依附属科断。若奴婢、雇工人谋杀家长及家长之期亲、外祖父母若缌麻以上亲者兼尊卑言，统主人服属尊卑之亲。罪与子孙同，谓与子孙谋杀祖父母、父母及期亲尊长、外祖父母、缌麻以上尊长同，若已转卖，当同凡论。

（奕劻、沈家本编订，宣统元年版）

《核订现行刑律》，《斗殴下·殴大功以下尊长》原修改例文：

期功尊长谋、故杀卑幼之案，如系因争夺财产、图袭官职、挟嫌惨毙及图奸等项者，不论年岁，俱照凡人谋、故杀问拟，其无前项重情，仍各依服制科断。

修改文：期功以下尊长谋、故杀卑幼之案，如系因争夺财产、图袭官职、挟嫌惨毙及图奸等项者，不论年岁，俱照凡人谋、故杀问拟，其无前项重情，仍各依服制科断。

（奕劻、沈家本编订，宣统元年版）

兄弟姊妹相残。

《核订现行刑律》，《斗殴下·殴期亲尊长》原修改律文：

凡弟妹殴同胞兄姊者，徒二年半，伤者徒三年，折伤者流三千里，刃伤不论轻重及折肢，若瞎其一目者，绞监候，入于秋审情实以上各依首从法，死者不分首从皆绞立决。若侄殴伯叔父母、姑是期亲尊属及外孙殴外祖父母服虽小功，其恩义与期亲并重，各加殴兄姊罪一等。加者不至于绞，如刃伤、折肢、瞎目者亦绞监候入实，至死者亦皆绞决。其过失杀伤者，各减本杀伤兄姊及伯叔父母、姑、外祖父母罪二等，不在收赎之限。故杀者皆不分首从斩立决。其期亲兄姊殴

第二篇
律例体现的宗法家族制度与观念

杀弟妹及伯叔姑殴杀侄并侄孙,若外祖父母殴杀外孙者徒三年,故杀者流二千里,笃疾至折伤以下俱勿论,过失杀者各勿论。

(奕劻、沈家本编订,宣统元年版)

杀害宗亲一家二命。

《大清律例》卷二六,《刑律·人命·杀一家三人》:

杀死功服、缌麻卑幼一家非死罪二命者,俱问拟绞决,奏请定夺,仍查明该犯财产,酌断一半给付死者之家。

(天津古籍出版社1993年点校本,第449页)

《核订现行刑律》,《人命·杀一家三人》原修改律文:

一家,谓同居之本宗五服至亲皆是,或不同居,凡属期亲亦是。凡谋、故杀缌麻尊长一家二命者,仍照本律拟绞立决,殴死缌麻尊长一家二命者,仍照本律拟绞监候,请旨即正法。如尊长理曲肇衅者,不在此列。其杀死功服缌麻卑幼一家非死罪二人者,亦照本律拟绞监候,入于秋审情实。(编者按:本条律目系杀一家三人,自唐律皆然,清初沿用,自乾隆四年杀死功缌卑幼一家二命,殴死缌麻尊长一家二命之例,实均于律外加重,且与名例二罪俱发相等者从一科断之律相背,故而删定。)

(奕劻、沈家本编订,宣统元年版)

父祖故杀子孙、子孙以父祖尸体图赖他人。

《大清律例》卷二六,《刑律·人命·杀子孙及奴婢图赖人》:

凡祖父母、父母故杀子孙,及家长故杀奴婢图赖人者,杖七十,徒一年半。若子孙将已死祖父母、父母,奴婢、雇工人将家长身尸未葬图赖人者,杖一百,徒三年;将期亲尊长,杖八十,徒二年;将大功、小功、缌麻,各递减一等。若尊长将已死卑幼及他人身尸图赖人者,杖八十。以上俱指未告官言。若告官者,随所告轻重,并以诬告平人律反坐论罪。若因图赖而诈取财物者,计赃,准窃盗论。抢去财物者,准白昼抢夺论,免刺。各从重科断。图赖罪重,依图赖论;诈取抢夺罪重,依诈取抢夺论。

(天津古籍出版社1993年点校本,第463页)

宗亲被害私和人命。

《大清律例》卷二六,《刑律·人命·尊长为人杀私和》:

凡祖父母、父母及夫,若家长为人所杀,而子孙、妻妾、奴婢、雇工人私和者,杖一百,徒三年。期亲尊长被杀而卑幼私和者,杖八十,徒二年;大功以下各递减一等。其卑幼被杀而尊长私和者,各依服制减卑幼一等。若妻妾、子孙及子孙之妇、奴婢、雇工人被杀,而祖父母、父母、夫、家长私和者,杖八十。受财者,计赃,准窃盗论,从重科断。私和,就各该抵命者言,赃追入官。常人为他人私和人命者,杖六十。受财,准枉法论。

(天津古籍出版社 1993 年点校本,第 470 页)

《大清律例》卷二六,《刑律·人命·尊长为人杀私和》:

凡尸亲人等私和人命,除未经得财,或赃罪较轻,仍照律议拟外,如尸亲期服以下亲属受财私和者,俱计赃,准枉法从重论。其祖父母、父母及夫,若家长被杀,子孙及妻妾、奴婢、雇工人受贿私和者,无论赃数多寡,俱杖一百,流三千里。若子孙及妻妾、奴婢、雇工人被杀,祖父母、父母、夫、家长受贿私和,无论赃数多寡,俱杖一百。

(天津古籍出版社 1993 年点校本,第 471 页)

《名法指掌》卷一,《人命·私和图》:

祖父母、父母及夫,若家长为人所杀,而子孙、妻妾、奴婢、雇工人私和者,杖一百,徒三年;受赃者不论赃数,满流。期亲尊长被杀而卑幼私和者,杖八十,徒二年;大功杖七十,徒一年半;小功杖六十,徒一年;缌麻杖一百。妻妾子孙及子孙之妇、奴婢、雇工人被杀,而祖父母、父母、夫、家长私和杖八十,贿和满杖。缌麻卑幼被杀而尊长私和,杖九十。小功卑幼被杀尊长私和杖一百。大功卑幼被杀,尊长私和,杖六十,徒一年。期亲卑幼被杀,尊长私和,杖七十,徒一年半。常人私和人命,杖六十,受财准枉法论。

(沈辛田编,道光刻本)

辱骂尊长罪。

《大清律例》卷二九,《刑律·骂詈·骂尊长》:

凡骂内外缌麻兄姊,笞五十;小功兄姊,杖六十;大功兄姊,杖七十;尊属兼缌麻、小功、大功各加一等。若骂期亲同胞兄姊者,杖一百;伯叔父母、姑、外祖父母,各加骂兄姊一等。并须亲告乃坐。弟骂兄妻,比照殴律加凡人一等。

(天津古籍出版社 1993 年版,第 504 页)

十恶·内乱。

第二篇
律例体现的宗法家族制度与观念

《大清律例》卷四,《名例律上·十恶》:

(十曰内乱。)谓奸小功以上亲、父祖妾及与和者。

(天津古籍出版社 1993 年点校本,第 93 页)

《大清律例根原》,《名例一》雍正三年、乾隆五年律文:

十曰内乱。谓奸小功以上亲、父祖妾及与和者。

(裕禄辑注,清同治辛未安徽敷文书局聚珍版)

同姓为婚及干犯名分之婚姻。

《大清律例》卷一〇,《户律·婚姻·同姓为婚》:

凡同姓为婚者,主婚与男女各杖六十,离异。妇女归宗,财礼入官。

(天津古籍出版社 1993 年点校本,第 220 页)

《名法指掌》卷四,《田债户婚·干分婚姻图》:

同姓为婚,各杖六十;娶同宗无服亲及无服亲之妻,各杖一百;娶同宗缌麻亲之妻,各杖六十、徒一年;娶同宗小功以上之妻,各以奸论;收祖父妾及伯叔母,各斩决;兄亡收嫂、弟亡收弟妇,绞决由父母主者绞候;收伯叔兄弟妾,满流;娶同宗缌麻以上姑侄姊妹,各以奸论。俱离异,财礼入官。

(沈辛田编,道光刻本)

(二)"八议"中的"议亲"、"议功"、"议贵"

八议·议亲。

《大清律例》卷四,《名例律上·八议》:

(一曰)议亲。谓皇家袒免以上亲,及太皇太后、皇太后缌麻以上亲,皇后小功以上亲,皇太子妃大功以上亲。

(天津古籍出版社 1993 年点校本,第 93 页)

《大清律例根原》,《名例一》雍正三年、乾隆五年律文:

一曰议亲。谓皇家袒免以上亲,及太皇太后、皇太后缌麻以上亲,皇后小功以上亲,皇太子妃大功以上亲。

(裕禄辑注,同治辛未安徽敷文书局聚珍版)

八议·议功。

《大清律例》卷四,《名例律上·八议》:

(三曰)议功。谓能斩将夺旗,摧锋万里,或率众来归,宁济一时,或开拓疆宇,有大勋劳,铭功太常者。

(天津古籍出版社1993年点校本,第93页)

《大清律例根原》,《名例一》雍正三年、乾隆五年律文:

三曰议功。谓能斩将夺旗,摧锋万里,或率众来归,宁济一时,或开拓疆宇,有大勋劳,铭功太常者。

(裕禄辑注,同治辛未安徽敷文书局聚珍版)

八议·议贵。

《大清律例》卷四,《名例律上·八议》:

(七曰)议贵。谓爵一品及文武执事官三品以上、散官二品以上者。

(天津古籍出版社1993年点校本,第93页)

《大清律例根原》,《名例一》雍正三年、乾隆五年律文:

七曰议贵。谓爵一品及文武执事官三品以上、散官二品以上者。

(裕禄辑注,同治辛未安徽敷文书局聚珍版)

八议乃法外优容。

《大清律例根原》,《名例一》:

雍正三年,刑部臣等谨按:八议者,乃国家优待亲贤勋旧之典,应于法外优容,故凡有所犯,另加拟议,所以使应议之人咸知自重,而不轻于犯法也。

(裕禄辑注,同治辛未安徽敷文书局聚珍版)

应议者之父祖有犯。

《大清律例》卷四,《名例律上·八议·应议者之父祖有犯》:

凡应八议者之祖父母、父母、妻及子孙犯罪,实封奏闻取旨,不许擅自勾问,若奉旨推问者,开具所犯及应议之状,先奏请议,议定奏闻,取自上裁。若皇亲国戚及功臣八议之

第二篇
律例体现的宗法家族制度与观念

中亲与功为勋重之外祖父母、伯叔父母、姑、兄弟、姊妹、女婿、兄弟之子,若四品、五品文武官之父母、妻未受封者及应合袭荫子孙犯罪,从有司依律追问,议拟奏闻,取自上裁。其始虽不必参提,其终亦不许擅决,犹有体恤之意焉。其犯十恶反逆缘坐,及奸盗杀人、受财枉法者,许径断决,不用此取旨及奏裁之律。其余亲属、奴仆、管庄、佃甲倚势虐害良民、陵犯官府者,事发听所在官司径自提问,加常人罪一等。止坐犯人,不必追究其本主,不在上请之律。若各衙门追问之际,占吝不发者,并听当该官司实封奏闻区处。谓有人于本管衙门告发,差人勾问,其皇亲国戚及功臣,占吝不发出官者,并听当该官司实封奏闻区处。

(天津古籍出版社1993年点校本,第95页)

《大清律例根原》,《名例二·八议》雍正三年原律:

应议者之父祖有犯。凡应八议者之祖父母、父母、妻及子孙犯罪,实封奏闻取旨,不许擅自勾问,若奉旨推问者,开具所犯及应议之状,先奏请议,议定奏闻,取自上裁。若皇亲国戚及功臣八议之中亲与功为重之外祖父母、伯叔父母、姑、兄弟、姊妹、女婿、兄弟之子,若四品、五品文武官之父母、妻未受封者及应合袭武荫文子孙犯罪,从有司依律追问,议拟奏闻,取自上裁。其始虽不必参提,其终亦不许擅决,犹有体恤之意焉。其犯十恶反逆缘坐,及奸盗杀人、受财枉法者许径断决,不用此取旨及奏裁之律。其余亲属、奴仆、管庄、佃甲倚势虐害良民、凌犯官府者,事发听所在官司径自提问,加常人罪一等,止坐犯人,不必追究其本主,不在上请之律。其余亲属谓皇亲国戚及功臣之房族兄弟、伯叔母、舅母、姨夫、姑夫妻兄弟、两姨夫、外甥、妻侄之类及家人伴当、管庄、佃甲……

臣等谨按:此是就八议之人而推及其亲属……皇亲国戚及功臣,推及其外祖父母、伯叔父母、姑、兄弟、姊妹、女婿、兄弟之子,若文武四品、五品官,又议贵中之次贵者,故推及其父母并妻,应袭荫子孙,所以待之者优矣。其十恶反逆缘坐及奸盗杀人、受财枉法等项,情罪深重,应议者祖父母之类许径自勾问,勋戚外祖父母之类径自拟断。

(裕禄辑注,同治辛未安徽敷文书局聚珍版)

阵亡者亲属免死一次。

《大清律例根原》,《名例二·八议》原修改例文:

顺治十二年条例:凡满洲蒙古、汉军官员、军民人等,除谋为叛逆、杀祖父母父母亲伯叔兄,及杀一家非死罪三人外,凡犯死罪者,察其父祖并亲伯叔兄弟及其子孙阵亡者,准免死一次。

乾隆五年臣等谨按:此条原载犯罪免发遣律内,因事类议功,今移此。

乾隆五十三年修订：凡满洲、蒙古、汉军绿营官员、军民人等，有犯死罪，除十恶、侵盗钱粮、枉法不枉法赃、强盗、放火、发冢、诈伪、故出入人罪、谋故杀各项重罪外，其寻常斗殴及非常赦所不原各项死罪，察有父祖子孙阵亡者，在内由刑部，在外由该督抚于取供定罪后，即移咨八旗、兵部，查取确实简明事迹，声叙入本，于秋审时恭候钦定，倘蒙圣恩优免，一人一次，后具不准再行声请。

（裕禄辑注，同治辛未安徽敷文书局聚珍版）

殴杀皇亲罪。

《大清律例》卷二七，《刑律·斗殴上·宗室觉罗以上亲被殴》：

凡宗室、觉罗而殴之者，虽无伤，杖六十，徒一年。伤者，杖八十，徒二年。折伤以上，本罪有重于杖八十、徒二年者，加凡斗二等。止，杖一百，徒三年。缌麻以上，兼殴、伤言，各递加一等。止，杖一百，流三千里，不得加入于死。笃疾者，绞监候。死者，斩监候。

（天津古籍出版社1993年点校本，第478页）

《名法指掌》，《人命·殴皇亲图》：

殴期亲，杖一百、徒三年，大功杖九十、徒二年半，小功杖八十、徒二年，缌麻杖七十、徒一年半，袒免以上杖六十、徒一年；成伤，期亲、流二千五百里，大功流三千里，小功徒三年，缌麻徒二年半，袒免以上杖八十、徒二年；折跌肢体、瞎一目，期亲大功、小功、缌麻流三千里，袒免流二千五百里；伤二目、折二肢、笃疾、断舌，皆绞监候；死则斩监候。

（沈辛田编，道光刻本）

官员袭荫。

《大清律例》卷六，《吏律·职制·官员袭荫》：

凡文武官员应合袭荫者，并令嫡长子孙袭荫。如嫡长子孙有故，或有亡殁、疾病、奸盗之类，嫡次子孙袭荫。若无嫡次子孙，方许庶长子孙袭荫。如无庶出子孙，许令弟侄应合承继者袭荫。若庶出子孙及弟侄不依次序搀越袭荫者，杖一百，徒三年。仍依次袭荫。其子孙应承袭者，本宗及本部各官保勘明白，移文该部奏请承袭支俸。如所袭子孙年幼，候年一十八岁方预朝参公役。如委绝嗣无可承袭者，准令本人妻小依例关请俸给，养赡终身。若将异姓外人乞养为子，瞒昧官府、诈冒承袭者，乞养子杖一百，发边远充军，本家所关俸给事发，截日住罢。他人教令搀越诈冒者，并与犯人同罪。

（天津古籍出版社1993年点校本，第162页）

第二篇
律例体现的宗法家族制度与观念

《核订现行刑律》，《职制·官员袭荫》原修改律文：

（雍正二年律文：）凡世职官有因罪革退，例不准本犯子孙承袭者，其世职给本犯亲兄弟及亲兄弟之子孙承袭，若无亲兄弟及其亲兄弟之子孙，即取祖父次子孙承袭，若祖父无次子孙竟至革除者，无论官之大小，俱将原立勋绩之处与被罪缘由及原立官之子孙一并查明，请旨定夺。

修改律文：凡世职犯十恶、关系军机或因人命、强盗实犯死罪、及免死安置并枉法赃、侵盗钱粮、以财行求等案者，本犯之子孙俱不准袭，应以亲兄弟承袭，无亲兄弟，以亲兄弟之子孙或亲伯叔之子孙承袭，如均无人，按得爵人之谱牒择宗支相近者承袭，若遇恩诏所获罪与应免之条相符，或奉旨宥免复加录用者，其子孙仍照常开列。

（奕劻、沈家本编订，宣统元年版）

杜冒圣裔。

道光湖南《武城曾氏重修族谱》，《例言》：

严查混冒，杜紊宗也。凡口称圣裔，是否一家，有无共谱，不由宗子考核，地方官长无凭稽查，则凡同姓必冒优免，此紊宗逃差所由来也。吾族分东南两大宗，谱绳宗子之法，历由南宗设局，东宗查核。为杜混冒，东宗核盖钤记，南宗州同吉庵用中间恭将世宗宪皇帝钦赐"省身念祖"四字图章于新旧各谱逐页戳盖。今并呈衍圣公府暨嘉祥、宁乡两县大宗所在地方官长核盖印信。嘉庆十六年，湖南升任抚宪景批准通饬：必须衍圣公府暨翰博印谱，方准优免。十七年，湖南前藩宪朱详奉前抚宪广批准通饬：必须南宗曾衍咏逐页戳盖"省身念祖"四字图章，以杜串弊抽口异种。十九年，前藩宪翁札称：十八年奉湖南前护抚宪陈严锄义子赘婿无谱混免，同姓不宗捏谱冒免，除通饬各府、厅、州、县外，另札宁乡县学协同南宗查嫡印谱，给牌造册，移明各处，查照优恤，毋任紊宗逃差。二十三年，王宏书及各县民人等奉前**署藩宪海**批局长沙府议详通饬：必须查明宗谱，确有衍圣公府印信、东宗钤记、南宗图章，**方准造**册给牌优免。二十四年，前抚宪吴准东咨文通饬札开：圣贤后裔应否优免杂派差徭，全以有无印谱为据。**前经**陆续详请优免者，均有谱牒同赉至，孰真孰假，原本能辨。迨经批准后，即有以冒裔滥邀控告者，不一而足。嗣后凡有详请优免杂派差徭者，先行移咨宁乡县学，协同南宗核对老谱，如果代数相符，即赍送东省翰博处复加查核，由衍圣公府咨复，到日再行办理。若该学等核定不符，显有假冒情弊，将伪造之谱更正，优免之案注销，并交地方官照例治罪。旋奉衍圣公府札饬南宗协同宁乡县学造册杜冒，各在案，法最严矣。嗣后再修，当守历代旧规，南宗设局核盖图章，东宗详查核盖钤印,呈请衍圣公府核盖紫印,庶伙串梓工混冒影射之弊杜矣。

(道光刊本)

言氏谱系之传疑。

陈康祺《郎潜纪闻初笔二笔三笔》卷四,《言氏谱系之传疑》:

先贤言子后人,大宗在浙之山阴。康熙辛卯,江南学臣张元臣疏请贤裔宜与世袭,伦叙当及言述子名然。然投状谓:"先世以守越留居,久离坟墓,请如前明衢州孔洙让公爵与在曲阜者例。"按:孔洙让爵在元代,此作前明误。时论高之,见宜兴吴德旋《初月楼见闻录》。惟考江苏抚臣王度昭请恤贤裔疏称,子游七十三世裔孙廪膳生言德坚,实系大宗嫡派,宜予承袭。又《陶晚闻集·五经博士言先生墓志铭》,亦称进谱牒请世职,均出德坚,后遂以德坚承袭。二书并常熟各志,均不言大宗在山阴及述子让职事。岂常熟一支掩其美与?抑德旋之言之无稽邪?大贤支派,典礼攸关,他日终当求言氏宗谱一质证之。

(中华书局1984年版,上册,第714-715页)

孔氏命名之字派。

《清稗类钞》,《姓名类·孔氏命名之字派》:

曲阜孔氏,为孔子之后,命名皆有字派,其迁徙他郡县者,但系孔子嫡传,亦必同一字派。盖自元代之五十四代衍圣公名思晦者起,于是凡五十四代孙,均以思字为派。思字下为克字派,克字以下,则为希、言、公、彦、承、弘、闻、贞、尚、衍十派,再次则为兴、毓、传、继、广、昭、宪、庆、繁、祥十派,又次则为令、德、维、垂、佑、钦、绍、念、显、扬十派。

(徐珂辑,中华书局1984年版,第5册,第2148-2149页)

韩愈籍贯传误千年始得确论。

陈康祺《郎潜纪闻四笔》卷二,《韩愈籍贯传误千年始得确论》:

唐韩文公《唐书》以为昌黎人,《新唐书》以为邓州南阳人。至朱子始引董逌说,谓公籍河内之南阳。又引公自言"归河阳省坟墓"及《女挐圹铭》、张籍祭公诗以辨之,其论确矣。然朱子作考,仍以南阳为河内之修武,所以修武、昌黎二县志,皆引公为乡人,彼此坚持而不相下。明万历间,韩昶自为墓志铭忽于孟县北二十里苏村出土,韩氏裔孙得之,藏于家。至国家雍正四年,河南巡抚田文镜,以孟县即古河阳地,为文公故里。因饬郡县访查后裔入告,请袭五经博士。其时公裔孙韩法祖,以其七代祖以下《宗图》呈阅,并称户编儒籍,世耕祀田,官支祭银,更有家藏昶志石刻可据。巡抚据以具题,后经部议以引例失

第二篇
律例体现的宗法家族制度与观念

当,未得准行。至乾隆元年,法祖复具呈,请照周、程、朱、张之例,准袭博士。经巡抚富公再奏,仰蒙高宗俞允,钦赐世袭翰林院五经博士。大儒苗裔,奕叶清华,可谓荣已。窃谓文公闲邪卫正,力障狂澜,其有功吾道,似不在有宋五子下,乃籍贯差讹传误千载。而贞珉一片,忽预显于韩氏祖茔之前,俾公之子孙得以**遭遇**。圣朝膺清秩,天子尊儒重道,而海内正学昌明,夫岂韩氏一家之私幸哉?墓石今**嵌**县城南门内文公祠壁。出土之苏村,即古尹村,有韩王垅。

(中华书局 1990 年版,第 24 页)

二 存留养亲与存留承祀法

(一)犯罪存留养亲法

犯罪存留养亲律条。

《大清律例》卷四,《名例律上·犯罪存留养亲》:

凡犯死罪非常赦不原者,而祖父母高、曾同父母老七十以上、疾笃废应侍,或老或疾,家无以次成丁十六以上者,开具所犯罪名并应侍缘由奏闻,取自上裁。若犯徒、流而祖父母、父母老疾无人侍养者,止杖一百,余罪收赎,存留养亲。军犯准此。

(天津古籍出版社 1993 年点校本,第 106 页)

《大清律例根原》,《名例五·犯罪存留养亲》雍正三年例文:

凡犯死罪非常赦所不原者,而祖父母、父母老疾应侍,家无以次成丁者有司推问明白,开具所犯罪名并应侍缘由奏闻,取自上裁。若犯徒流非常赦所不原,而祖父母、父母老疾无人侍养者,止杖一百,余罪收赎,存留养亲。臣等谨按:此是矜恤罪人之亲,以广孝治也。七十为老,十六为成丁,疾兼废笃,言凡犯死罪,非常赦所不原,则其罪原非极恶,而有七十岁之祖父母、父母,或成废笃之疾,家无次丁侍养,则其情更为可矜,故许令有司推勘明白,拟议罪名,开明常赦应原及有亲应侍缘由,奏闻请旨,若犯徒流,则罪又较轻者,准决杖收赎,存留养亲。

(裕禄辑注,同治辛未安徽敷文书局聚珍版)

《大清律例根原》,《名例五·犯罪有留养亲》乾隆五年例文:

43

凡犯死罪，非常赦所不原者，而祖父母、高、曾同父母老七十以上疾笃废应侍，家无以次成丁十六以上者即与独子无异，有司推问明白，开具所犯罪名并应侍缘由奏闻，取自上裁。若犯徒流而祖父母、父母老疾无人侍养者，止杖一百，余罪收赎，存留养亲，军犯准此。臣等谨按：凡言祖者，高、曾同。又七十以上曰老，疾兼笃废，有一于此，即属应侍，不必老疾相兼。年十六岁为成丁，家无次丁，即与独子无异，应准留养，均应增注。至于军犯，应一体留养，亦应增注。

（裕禄辑注，同治辛未安徽敷文书局聚珍版）

杀人犯留养，须视死者老亲有无次丁，因之补充条件。

《大清律例根原》，《名例五》：

雍正二年十二月内，刑部议覆戳死郭定国之李方义应否留养之处，奉旨：杀人之犯，因伊亲老又家无次丁，即奏请免死留养，然亦须查被杀之人有无父母，是否独子，若是亲老，又系独子，一旦被杀身死，以致亲老无人养赡，而杀人之人反得免死留养，于情理未得其平。着行文直省各督抚，嗣后如奏请杀人之犯存留养亲者，将被杀之人有无父母、以次成丁之处一并查明，于本内声明具奏。

乾隆五年条例：杀人之犯有奏请存留养亲者，查明被杀之人有无父母，是否独子，于本内声明，被杀之人亦系独子，亲老无人奉侍，则杀人之犯不准留养。

（裕禄辑注，同治辛未安徽敷文书局聚珍版）

准许留养的条件。

《大清律例根原》，《名例六》嘉庆六年修改例文：

戏杀、误杀、擅杀、斗杀情轻及救亲情切伤止一二处各犯，核其情节，秋审应入可矜之案，如有祖父母、父母老疾应侍，及孀妇独子，伊母守节已逾二十年者，该督抚查取各结声明，其题法司随案复核，申请留养；其余各案应俟秋审时分别情实缓决者，该督抚于定案时止将应侍缘由声明，不必分别应准不应准字样，统俟秋审时取结报部，刑部会同九卿核定，入于另册进呈，恭候钦定。至夫殴妻致死，并无故杀别情，应行留养承祀之案，亦照斗杀例分别情罪轻重办理，朝审案件一体遵行。

（裕禄辑注，同治辛未安徽敷文书局聚珍版）

《大清律例根原》，《名例五》雍正三年定例：

凡有军罪之犯，果有祖父母、父母系老疾，家无以次成丁者，应责四十板，其军罪照

第二篇
律例体现的宗法家族制度与观念

依流罪收赎,存留养亲。

雍正间例:军流徒犯例应留养者,除应得杖数外,军流人犯枷号四十日,徒罪人犯枷号一个月。

(裕禄辑注,同治辛未安徽敷文书局聚珍版)

分别伤之轻重,轻伤许留养。

《大清律例根原》,《名例五》雍正三年原例:

斗殴人命,以伤至数处及金刃致死者为重伤,若伤非金刃而伤止一二处,并戏杀、误杀为轻伤,内有因伊祖父母、父母老疾应侍,奏闻准其存留养亲者,令该地方官酌量该犯情由轻重。如系有力之家,情重者追银五十两,情轻者追银三十两;如果贫难无力之人,情重者追银二十两,情轻者追银十两,给予死者家属养赡。倘不给银两,将该犯仍原拟治罪。再该犯情重情轻、有力无力,该督抚于应侍疏内先行声明。

(裕禄辑注,同治辛未安徽敷文书局聚珍版)

《大清律例根原》,《名例六》乾隆五年修订例文:

凡斗殴杀人之犯,以伤至数处及金刃致死者为重伤,以伤非金刃又止一二处,并戏杀、误杀为轻伤,如有祖父母、父母老疾应侍者,照例开具所犯情由请旨,如蒙恩准,准其存留养亲者,将该犯照免死流犯例,枷号两个月,责四十板。仍令该地方官酌量该犯情由轻重,如系有力之家,情重者追银五十两,情轻者追银三十两;如果贫难无力之人,情重者追银二十两,情轻者追银十两,给与死者家属养赡。该督抚先将该犯情重情轻、有力无力之处于应侍疏内一并声明,仍照军流留养例取具邻保族长等甘结,并地方官印结报部,倘有知情捏结等弊,照捏报军流留养例分别议处。(编者按:罚银数量,嘉庆元年一律改为二十两。)

(裕禄辑注,同治辛未安徽敷文书局聚珍版)

兄弟俱死刑,一人留养。

《大清律例根原》,《名例五》乾隆五年例文:

凡犯罪有兄弟俱拟正法者,存留一人养亲,仍照律奏闻,请旨定夺。

(裕禄辑注,同治辛未安徽敷文书局聚珍版)

《大清律例》卷四,《名例律上·犯罪存留养亲》:

凡犯罪有兄弟俱拟正法者,存留一人养亲,仍照律奏请,请旨定夺。
(天津古籍出版社1993年点校本,第107页)

旗人留养。
《大清律例》卷四,《名例律上·犯罪存留养亲》：
凡旗人犯斩、绞、外遣等罪,例合留养承祀者,照民人一体留养承祀。
(天津古籍出版社1993年点校本,第107页)

《大清律例根原》,《名例五》乾隆五年刑部议准定例：
凡旗人犯斩绞外遣等罪,例合留养者,照民人一体留养。
(裕禄辑注,同治辛未安徽敷文书局聚珍版)

殴胞兄者留养。
《大清律例根原》,《名例五》：
殴胞兄及大功、小功尊长致死应拟斩决人犯,有奏请留养、承祀者,改为拟斩监候,遇秋审朝审时,该督抚并承审衙门先期查明该犯父母是否尚存,子已未成丁,取具印结,逐一声明,拟以缓决,九卿会审,另册进呈,恭候钦定。
(裕禄辑注,同治辛未安徽敷文书局聚珍版)

守节二十年孀妇之独子留养
《大清律例根原》,《名例五》乾隆十一年定例：
孀妇独子有犯戏杀、误杀等案,如伊母守节已逾二十年者,该督抚查明被杀之人并非孤子取结声明具题,法司核复,请奏留养。其斗殴杀人者审无谋故别情,该犯之母守节已逾二十年而又年逾五十者,亦准其照例题请,法司核复,夹签入本,恭候钦定。如蒙恩准留养,俱照例枷责,追给埋葬银两。至犯该军流徒罪,除奸盗、诱拐、行凶及有关伦理、扰害地方者照例科断外,其无知误犯者,该督抚查明果系独子及伊母守节已逾二十年之处声明,报部详核,照例分别枷责。仍令按季汇题。
(裕禄辑注,同治辛未安徽敷文书局聚珍版)

《大清律例根原》,《名例六》道光十四年修订例文：
道光十二年十一月,御史金应麟奏请修改,将守节已逾二十年之"已逾"二字取消,

第二篇
律例体现的宗法家族制度与观念

即守节将近二十年即可,而不必超过,以此体恤妇女苦节抚孤、矜全贞节之意,奉旨允准,故修订删除"已逾"二字。

(裕禄辑注,同治辛未安徽敷文书局聚珍版)

旗人开档家奴留养。
《大清律例根原》,《名例五》乾隆九年刑部奏准定例:
各旗开档家奴犯罪,如有父母老疾例应留养者,一体准其留养。
(裕禄辑注,同治辛未安徽敷文书局聚珍版)

留养一次。
《大清律例根原》,《名例五》乾隆十三年奏准定例:
凡犯抢夺、盗窃及三犯窃盗罪应军流徒者,果有父母老疾应侍,与例相符,准其留养一次,照例折枷刺字,详记档案。若留养之后复犯抢窃,及先犯抢,留养后又犯窃,或先犯窃,留养后又犯抢,并审系积匪猾贼,一概不准留养。
(裕禄辑注,同治辛未安徽敷文书局聚珍版)

制造赌具留养一次。
《大清律例根原》,《名例五》乾隆十五年定例:
凡造卖、贩卖赌具之犯,查明父母老疾应侍,照抢窃等犯留养例,亦准其留养一次。
(裕禄辑注,同治辛未安徽敷文书局聚珍版)

重犯留养之议。
《大清律例根原》,《名例五》乾隆十五年定例:
凡斗杀案内,有理直伤轻及戏杀、误杀等案,照例准其留养,如该犯实系理曲,或金刃重伤及虽非金刃而连殴多伤致死者,此等情重各犯,于定案日俱议以不准留养,各督抚仍将不合例之处附疏声明,至秋审时查明该犯父母尚在、次丁尚未成立者,于本内声请,经九卿核准,另册进呈,恭候命下,将该犯仍照例留养发落,朝审案件一遵体行。
(裕禄辑注,同治辛未安徽敷文书局聚珍版)

有出继兄弟、侄者之留养。
《大清律例》卷四,《名例律上·犯罪存留养亲》:

凡死罪及军、流、遣犯独子留养之案，如该犯本有兄弟并侄出继，可以归宗者，及本犯身为人后，所后之家可以另继者，概不得以留养声请。若该犯之兄弟与侄出继所后之家，无可另继之人，不可归宗，及本犯所后之家无可另继者，仍准其声请留养。其徒罪人犯兄弟并侄出继，毋庸令其归宗，及本犯身为人后，毋庸另继，概准声请留养。

（天津古籍出版社1993年点校本，第109页）

《大清律例根原》，《名例五》乾隆三十二年定例：

凡独子留养之案，如该犯本有兄弟并侄出继可以归宗者，及本犯身为人后，所后之家可以另继者，概不得**申**请留养。

（裕禄辑注，同治辛未安徽敷文书局聚珍版）

《大清律例根原》，《名例六》嘉庆六年修改例文：

凡独子留养之案，如该犯本有兄弟并侄出继可以归宗者，及本犯身为人后，所后之家可以另继者，概不得以留养申请；若该犯之兄弟与侄出继所后之家无可另继之人，不可归宗，本犯所后之家无可另继者，仍准其申请留养。

（裕禄辑注，同治辛未安徽敷文书局聚珍版）

《大清律例根原》，《名例六》嘉庆六年定例：

军流人犯有兄弟并侄出继可以归宗者，仍照定例不准申请留养外，其徒罪人犯兄弟并侄出**继者毋庸**令其归**宗，概准**申请留养。

（裕禄辑注，同治辛未安徽敷文书局聚珍版）

逃兵留养。

《大清律例》卷四，《名例律上·犯罪存留养亲》：

凡军务未竣以前自首逃兵内，如实系因病落后，并非无故脱逃，而其父兄曾经殁于王事，又亲老、家无以次成丁者，准其留养。其无故脱逃，续经拿获者，虽有父兄殁于王事，仍不准其留养。

（天津古籍出版社1993年点校本，第109页）

《大清律例根原》，《名例六》嘉庆六年例定：

嘉庆五年，逃兵孙有因病逃回，畏罪自首，而胞兄孙斌阵亡，上谕：该犯之母曹氏现

第二篇
律例体现的宗法家族制度与观念

年七十一岁,伊胞兄孙斌先经阵亡,该犯兄弟二人均未娶妻生子,家无次丁,茕孀孤苦,殊堪悯恻,着加恩准其留养。因定例:凡军务未竣以前,自首逃兵内,如实系因病落后,并非无故脱逃,而其父兄曾经殁于王事,又亲老家无次丁者,准其留养。

(裕禄辑注,同治辛未安徽敷文书局聚珍版)

尊长杀卑幼留养。

《大清律例》卷四,《名例律上·犯罪存留养亲》:

尊长故杀卑幼之案,如有亲老丁单,定案时于疏内声明,俟秋审时取结报部,分别情罪轻重办理。

(天津古籍出版社1993年点校本,第111页)

《大清律例根原》,《名例六》嘉庆十四年定例:

尊长故杀卑幼之案,如有亲老丁单,定案时于疏内声明,俟秋审时取结报部,分别情罪轻重办理。

(裕禄辑注,同治辛未安徽敷文书局聚珍版)

卑幼殴死尊长留养。

《大清律例》卷四,《名例律上·犯罪存留养亲》:

凡卑幼殴死本宗期功尊长,皆按律定拟,概不准声请留养承祀。若按其所犯情节,实可矜悯者,该督抚于疏内声明,恭候钦定。至殴死本宗缌麻、外姻功缌尊长,如有亲老丁单,应行留养,统俟秋审时取结,分别办理。

(天津古籍出版社1993年点校本,第110页)

差役留养条件。

《大清律例根原》,《名例六》道光十七年案例:

各衙门差役犯案,除因公致罪及因人连累,或寻常过犯,并无倚势滋扰重情,遇有亲老丁单,仍准查办留养外,其余概不准申请留养。

(裕禄辑注,同治辛未安徽敷文书局聚珍版)

审判、执行过程中有关人员年龄变化、亡故的留养。

《大清律例》卷四,《名例律上·犯罪存留养亲》:

凡戏杀、误杀、擅杀、斗杀情轻，及救亲情切，伤止一二处，各犯如定案时犯亲年岁不符，原题内未经声明，应俟秋审后核其祖父母、父母现已老疾，孀妇守节年分均已符合，或成招时家有次丁，嗣经身故，及被杀之家先有父母，嗣已物故，与留养之例相符，由各督抚查明，已入秋审缓决可矜者，随时随案具题刑部，核明题覆，准其留养。其未入秋审各案，如擅杀、斗杀，应拟可矜，戏杀及误杀，例准缓决一次减等者，亦准其随时查办。如误杀不准一次减等之案，及擅杀、斗杀应拟缓决者，照例俟秋审时取结，报部办理。如系擅杀，仍照例，**毋庸查**被杀之家有无父母。

（天津古籍出版社1993年点校本，第110-111页）

杀不孝者留养。
《大清律例》卷四，《名例律上·犯罪存留养亲》：
若被杀之人，平日游荡离乡，弃亲不顾，或因不供养赡，不听教训，为父母所摈逐，及无姓名、籍贯可以关查者，仍准其声请留养。

（天津古籍出版社1993年点校本，第112页）

不许留养的因素。
《大清律例根原》，《名例五》乾隆五年定例：
杀人之犯有奏请存留养亲者，查明被杀之人有无父母，是否独子，于本内声明。被杀之人亦系独子，亲老无人奉侍，则杀人之犯不准留养。

（裕禄辑注，同治辛未安徽敷文书局聚珍版）

《大清律例》卷四，《名例律上·犯罪存留养亲》：
如被杀之人亦系独子，但其亲尚在，无人奉侍，不论老疾与否，杀人之犯皆不准留养。

（天津古籍出版社1993年点校本，第112页）

奸盗重罪有关伦理。
《大清律例根原》，《名例五》乾隆五十三年定例：
孀妇独子犯该军、流、徒罪，系奸盗、诱拐、行凶及有关伦理、扰害地方者照例科断，不得留养。

（裕禄辑注，同治辛未安徽敷文书局聚珍版）

第二篇
律例体现的宗法家族制度与观念

《大清律例根源》,《名例五》乾隆二十一年定例:

凡军、流、徒犯,审系奸盗、诱拐、行凶及有关伦理扰害地方者,虽遇亲老丁单,概不准其留养。

(裕禄辑注,同治辛未安徽敷文书局聚珍版)

惯盗。

《大清律例根原》,《名例五》乾隆十三年奏准定例:

凡犯抢夺、盗窃及三犯窃盗罪应军、流、徒者,若留养之后复犯抢窃,及先犯抢、留养后又犯窃,或先犯窃,留养后又犯抢,并审系积匪猾贼,一概不准留养。

(裕禄辑注,同治辛未安徽敷文书局聚珍版)

诬告而造成恶劣后果、忘亲不孝游荡者。

《大清律例根原》,《名例五》**乾隆十四年定例:**

凡因诬告拟流加徒之犯,除被诬罪名应准留养者,仍照例遵行外,如诬告人谋故杀及为强盗等罪,以致被诬良民久淹狱底,身受刑讯,荡产破家,迨审明反坐者,依律问发,不准留养。

(裕禄辑注,同治辛未安徽敷文书局聚珍版)

《大清律例根原》,《名例五》乾隆十七年定例:

凡留养之犯,在他省获罪,审系游荡他乡远离父母者,即属忘亲不孝之人,虽与例相符,不准留养。若系官役奉差、客商贸易,不属此情。

(裕禄辑注,同治辛未安徽敷文书局聚珍版)

忤逆被逐。

《大清律例根原》,《名例五》乾隆十七年定例:

凡曾经忤逆犯案,又素习匪类为父母所摈逐者,虽遇亲老丁单,不准留养。

(裕禄辑注,同治辛未安徽敷文书局聚珍版)

《大清律例根原》,《名例六》嘉庆六年定例:

凡曾经触犯父母犯案,并素习匪类为父母所摈逐,及在他省获罪,审系游荡他乡远离父母者,俱属忘亲不孝之人,概不准留养。

(裕禄辑注,同治辛未安徽敷文书局聚珍版)

再次犯罪。

《大清律例根原》,《名例五》乾隆二十一年定例:

凡问拟死罪人犯,因亲老丁单照例留养发落之后,复有干犯,无论轻重罪名,即照现犯之罪,案律定拟,不准复请留养。乾隆五十三年改定:凡问拟死罪人犯,因亲老丁单照例留养发落之后,如有并不安分守法,别生事端,无论轻重罪名,即照现犯之罪,案律定拟,不准复请留养。

(裕禄辑注,同治辛未安徽敷文书局聚珍版)

伤二命。

《大清律例根原》,《名例六》嘉庆六年定例:

伤二命,不得留养。

(裕禄辑注,同治辛未安徽敷文书局聚珍版)

差役。

《大清律例根原》,《名例六》道光十九年定例:

各衙门差役犯案,除因公致罪及因人连累,或寻常过犯,并无倚势滋扰重情,遇有亲老丁单,仍准查办留养外,其余概不准申请留养。

(裕禄辑注,同治辛未安徽敷文书局聚珍版)

留养违例,有关人员处刑。

《大清律例根原》,《名例五》雍正三年定例:

凡免死流犯,祖父母父母老疾无依、家无以次成丁控告者,移文该地方官确查,取具印结,将流罪照旗下人例,枷号两个月,责四十板,准其存留养亲。如已具题案内,干连拟军、流、徒罪人犯,准其存留养亲者,不必具题,亦照此发落。若该管官不行详查,所报不实者,或被苦主讦告,或被旁人举首,将本地方该管官交与该部议处,再部题完结。部内审结,及直隶各省督抚具题完结,照常审结。所拟军流人犯、免死减等流犯,有以祖父母父母老疾无依、无以次成丁控告者,行查该管官员、乡约、地方、十家长、两邻,将此等罪犯,如果有祖父母父母老疾无依、无以次成丁者,地方官出具印结前来,仍行照例准其养

第二篇
律例体现的宗法家族制度与观念

亲外,若将无年老祖父母、父母者称有,将有以次成丁者称无,隐匿徇庇出结者,或原被告之人控告,或科道官指名纠参,或被旁人出首,将出结乡约、地方俱责四十板,十家长并两邻之人徒三年,到配所责四十板,地方各官俱交与该部议,将有以次成丁称无,受银出结说事之总甲、衙役俱照出结两邻之例徒三年,到配所责四十板。

(裕禄辑注,同治辛未安徽敷文书局聚珍版)

《大清律例根原》,《名例五》雍正三年定例:

凡部内题结军流人犯及免死流犯,发遣以前告称祖父母父母老疾、家无以次成丁者,如属宛、大二县民人,该县出结,府尹确查报部,如属五城民人,掌印兵马司指挥出结,巡城御史确察报部,如属外省民人,州县官出结,道府官转详督抚,督抚确察报部。军、流、徒犯照数决杖,余罪收赎免死。流犯枷号两个月,杖一百,俱准存留养亲。人犯在外省者不必解部,该督抚照此例发落。若有捏出印结及受贿事发者从重论,失察者交该部议处,其乡约、地方、总甲、十家长、两邻内有徇庇假捏出结者,杖一百,受财出结说事者杖一百,徒三年。若地方官出结后,上司复令察出,或原官察出,及乡约人等首送者,除本犯仍行发遣外,官员及乡约人等俱免议。其在外人犯咨解到部之后告者不准。

(裕禄辑注,同治辛未安徽敷文书局聚珍版)

宗族流徒请假营葬。
《大清穆宗毅皇帝实录》卷五二:

(同治元年十二月中戊子)又谕:阎敬铭奏,恳请赏假营葬,并陈山东贼势各折片。所奏宗族流徒、亲葬万难停待,亦系实在情形。而山东棍教捻幅,群匪纵横,谭廷襄办理军务,本属竭蹶,此时呼应不灵,益觉左右枝梧。东省屏藩畿辅,关系紧要。着阎敬铭赶将葬事办理,即迅速驰赴署任,以纾廑念。至教捻各匪及团练流弊情形,均须该署抚亲加察度,方能洞悉妥筹办理。两湖募勇叠经寄谕官文,严树森、毛鸿宾豫为选募,遴派妥员带赴山东。该署抚于湘鄂两省,如有素悉文武员弁才略优长者,均即函商官文等豫为筹调,以资臂助。另片奏一件留中。将此由四百里谕令知之。

(中华书局1986年影印本,第1册,第1418页)

灭门犯与宗亲犯处刑。
《清朝通典》卷八四,《刑典·详谳》:

(乾隆四十一年)九月,奉上谕:杨景素奏,审拟王子彬挟仇连杀董长海、王三麻子等六命,将王子彬依律凌迟处死,妻刘氏、子王小雨改发伊犁为奴。览奏,深为骇异。王子彬因挟董长海、王三麻子挑拨微嫌,辄持刀将董长海及王三麻子夫妇、子女同时扎死,连毙六命,凶恶惨毒,实属从来所罕有,然按律不过凌迟处死,实属罪浮于法。至伊妻刘氏、子王小雨,虽据该抚从重拟发伊犁给予种地兵丁为奴,尚不足以蔽其辜。夫王三麻子全家俱被杀害,而凶犯之子尚令幸生人世,以延其后,岂为情法之平?若云王小雨年仅十岁,则该犯所杀之王四妮、五妮,皆孩稚无知,尚未至十岁,一旦尽遭惨死,何独凶犯之子转因其幼而矜原之乎!且此凶恶之徒,其戾气所钟,不应复留余孽,即伊四岁幼女王三姐亦不宜轻宥,如查明被杀之家尚有子嗣,即将凶犯妻刘氏及其幼女一并赏给死者家为奴;若现已无人,即发往伊犁给予厄鲁特为奴。此案即着行在刑部速行核议具奏。至刑部律例所载,惟及杀一家非死罪三人而止,至全家被杀多人之犯作何加重,未经议及,此等凶犯明知法止其身,或自拼一死,逞其残忍,杀害过多,以绝人之嗣,而其妻子仍得幸免,于天理人情实未允协。朕非欲改用重典,但为民除患,不得不因事严防,俾凶暴奸徒见法网严峻,杀人多者其妻孥亦不能保,庶可少知敛戢。是即辟以止辟之义。其应何如增改律例,并著刑部另行妥议具奏。寻议,嗣后如杀一家四命以上致令绝嗣者,凶犯拟以凌迟处死,将凶犯之子无论年岁大小,概拟斩立决,妻女改发伊犁厄鲁特为奴。若死者尚有子嗣,即将凶犯之子俱拟以斩监候秋后处决,该犯妻女给与死者之家为奴……奉旨依议。

(浙江古籍出版社1988年版,第2648页)

(二)犯罪存留承祀法

留养承祀成为秋审类别。

《清史稿》卷一四四,《刑法志三》:

秋审、朝审,初制区分情实、缓决、矜、疑,然疑狱不经见,雍正以后,加入留养承祀,区为五类。

(中华书局1976年版,第15册,第4207页)

存留承祀缘起及最初律文。

《大清律例根原》,《名例五》:

雍正四年五月内,刑部议复,吕高戮死胞兄吕美一案,奉旨:一家兄弟二人,弟殴兄致死,而父母尚存,家无次丁,则有存留养亲之请,倘父母已故,而弟杀其兄,已无请留养亲之人,一死一抵,必致绝其宗禋祀,此处甚宜留意。若因争夺财产,或另有情由,又当别论。吕高杀死其兄,其家中有无承祀之人,交与该部察明具奏。嗣后应如何定例之处,着

第二篇
律例体现的宗法家族制度与观念

九卿确议具奏,钦此。九卿议复题准,除有父母之人,弟杀胞兄,家无次丁,照律存留养亲外,其无父母,或因争夺财产,或另有情由致死,并家有承祀之人者,仍照律例定拟;如非争夺财产,并无别情,或系一时争角互殴,将胞兄致死,而父母已故,别无兄弟,又家无承祀之人,应令该地方官据实查明,取具邻佑、阖族、保长并地方官印甘各结,将该犯情罪疏内声明奏请,如蒙圣恩准其承祀,将该犯免死,减等枷号三个月,责四十板,存留承祀。若死者与凶手已经分家,各有产业,令地方官查明,死者应嗣亲支,令其立嗣,日后凶手生子,不得与立嗣之人争产;如无应嗣之人,死者遗有妻女,即给予妻女养赡,俟死者至妻死女嫁后,将产业分与族中公同主祭之人,留作祭祀公用。若死者与凶手尚未分居,将产业酌量以十分之二给与凶手。如恃有存留之例,捏称家无承祀,并隐讳别情以图开脱该犯者,或经查出,或被旁人告发,将该犯仍照律治罪,其承审各官俱照故出人罪律,交与吏部议处,将出结之乡约人等俱照例则四十板,十家长并邻族之人徒三年,到配所责四十板。

(裕禄辑注,同治辛未安徽敷文书局聚珍版)

《大清律例根原》,《名例五》:

乾隆五年,臣等谨按:钦奉上谕,九卿议覆雍正间存留承祀例文修订如下:弟殴胞兄致死,家无次丁……其无父母,或因争夺财产,或另有情由致死,并家有承祀之人者,仍照律例定拟;如非争夺财产,并无别情,或系一时争角互殴,将胞兄致死,而父母已故,别无兄弟,又家无承祀之人,应令该地方官据实查明,取具邻佑、阖族、保长并地方官印甘各结,将该犯情罪疏内声明奏请,如蒙圣恩准其承祀,将该犯免死,减等枷号三个月,责四十板,存留承祀。若死者与凶手已经分家,各有产业,令地方官查明,死者应嗣亲支,令其立嗣,日后凶手生子,不得与立嗣之人争产;如无应嗣之人,死者遗有妻女,即给与妻女养赡,俟死者至妻死女嫁后,将产业分与族中公祠承祭之人,留作祭祠公用;若死者与凶手尚未分居,将产业酌量以十分之二给与凶手。如恃有存留之例,捏称家无承祀并隐讳别情以图开脱该犯者,或经查出,或被旁人告发,将该犯仍照律治罪,其承审各官及邻保族长人等,如有知情捏结等弊,照例分别议处治罪。乾隆四年五月奉上谕、五年五月九卿议准御史刘芳蔼条奏、六年部臣议复原任兰抚原展成条奏定例,并为一条:殴胞兄及大功、小功尊长致死,应拟斩决人犯,有奏请留养、承祀者,改为拟斩监候,遇秋审朝审时,该督抚并承审衙门先期查明该犯父母是否尚存,子已未成丁,取具印结,逐一声明,拟以缓决,九卿会审,另册进呈,恭候钦定。

(裕禄辑注,同治辛未安徽敷文书局聚珍版)

承祀留养法外之仁。

《大清律例根原》,《名例六》:

嘉庆三年,刑部就窃盗案犯留养一次案例,议论云:留养一次,原系国家矜恤孤独,特施法外之仁,似应量为推广。六年五月十三日上谕:朕思律内有承祀、留养两条,原系法外施仁,必须核其情罪甚轻,始可量加末减,于施恩之中仍不失惩恶之意,方足以昭平允,若不论罪案轻重,祇因家无次丁概准承祀留养,则凶恶之徒,稔知律有明条,自恃身系丁单,有犯不死,竟至逞凶肆恶,是承祀留养非以施仁,适以长奸,转似诱人犯法,岂国家矜慎用刑之道……世俗鄙论所云救生不救死之说,以为积阴功,试思死者含冤莫伸,损伤阴德莫大乎是。嗣后问刑衙门总当详慎折衷,勿存从宽从严之见……庶几无枉无纵,刑协于中,共襄明允之治。刑部臣谓圣训煌煌,实为仁至义尽。臣等伏查死罪人犯存留养亲,原系圣朝法外之仁。以后督抚拟刑,有的情形可以申请留养,有的祇可声叙,不必分别应准不应准。

(裕禄辑注,同治辛未安徽敷文书局聚珍版)

殴妻至死例应存祀又因诬告罪应拟流遣所亦可承祧仍发配。

《乾隆案例》服命案,《增补条样律条》卷上:

刑部为妻命惨死事会省,得王有来殴妻黄氏身死诬告许康侯喝令致毙一案。据湖抚晏 疏称,缘王有来原系高元家仆,高元将房屋卖与许康侯为业,迁往乡间,因王有来不谙农工,令其自居。王有来借得东寺僧房一间,因破漏需瓦添补,在旧主已卖屋上揭瓦数十片,适许康侯家仆许安瑞窥见,告许康侯,投鸣邻保项大玉等验明斥责。大玉等以王有来已经觅屋迁居且揭瓦无凡,劝释而散拒。王有来受责,在家詈骂,伊妻黄氏理言规阻,王有来益忿,遂掌殴黄氏血盆骨及胸膛前肋,当经同居吴氏闻喊往劝,王有来随亦出外,黄氏伤重殒命。王有来挟嫌,即以许康侯喝令家人许超庆等打死各虚情投保报县,验详屡审不讳,将王有来拟绞等因具题前来,应如所题:王有来依夫殴妻至死律拟绞监候,秋后处决。再该抚疏称王有来父母俱故,并无弟兄,亦无子嗣,取具印结,声明存留承祀。查王有来与承祀之例相符,但诬告许康侯喝令许超庆殴伊妻实属全诬,律应拟流加徒,查律载二罪俱发从重论,今该犯殴妻至死拟绞重罪,如蒙允准承祀,仅止枷责完结,其罪反轻于诬告,且承祀与留养不同,盖遣所亦可承祧,可否将该犯准其存留承祀,仍照诬告律杖流加徒,以符从重论之处等语,应将王有来应行承祀缘由声明,请旨定夺,尚蒙准其承祀,仍将王有来杖一百、流三千里,至配所加徒役三年等因。乾隆九年三月奉旨:王有来

第二篇
律例体现的宗法家族制度与观念

从宽免死,准留承祀,余依议。

(抄本,南开大学图书馆藏)

夫殴死妻存留承祀。

《大清律例根原》,《名例五》雍正十一年议准定例:

夫殴妻致死,并无故杀别情者,果系父母已故,家无承祀之人,承审官据实查明,取具邻保族长甘结,并地方官印结,将应行承祀缘由于疏内声明请旨,如蒙圣恩俞允,将该犯枷号两个月、责四十板,准其存留承祀。倘有捏称家无承祀之人希图脱罪者,将本犯照律治罪,承审出结各官及邻佑人等分别议处治罪。乾隆三十三年改定:夫殴妻致死,并无故杀别情者,果系父母已故,家无承祀之人,承审官据实查明,取具邻保族长甘结,该督抚定案时止将应行承祀之处于疏内声明,统俟秋审时取结报部,刑部会同九卿核拟,另册进呈,恭候钦定。如准其承审,将该犯枷号两个月、责四十板,存留承祀。至原题时亲老丁单申请留养之犯,遇有父母先存后故,与承祀之例相符者,亦俟秋审时确查取结,另行报部,九卿一体核拟具奏。倘有捏称家无承祀之人希图脱罪者,将本犯照律治罪,承审取结各官及邻保人等分别议处治罪。

(裕禄辑注,同治辛未安徽敷文书局聚珍版)

雍正朝存留承祀。

《大清世宗宪皇帝实录》卷四四:

(雍正四年五月甲午)刑部议奏。旌德县民吕高戳死亲兄,应依律斩决。得旨。一家兄弟二人,弟殴兄至死,而父母尚存,则有家无次丁存留养亲之请。倘父母已故,而兄死弟抵,必至绝其祖宗禋祀,此处甚宜留意。若因争夺财产,及谋杀故杀,又当别论。吕高家中,有无承祀之人,交部察明,嗣后应如何定例之处。着九卿确议具奏。寻议除争夺财产、谋杀故杀按律正法外,倘系一时争角,互殴致死胞兄,而父母已故,别无兄弟,又家无承祀之人,应令地方官据实查明取结。疏内声明。如蒙恩准其承祀,将该犯免死减等。从之。

(中华书局1986年影印本,第1册,第644-645页)

乾隆九年例文。

《大清律例根原》,《名例五》乾隆九年定例:

弟殴胞兄致死,援例承祀,改拟斩监候,于秋审朝审时另册进呈,蒙恩减等者,杖一百,流三千里,不准折枷责完结。

(裕禄辑注,同治辛未安徽敷文书局聚珍版)

乾隆十三年律文从严。
《大清律例根原》,《名例五》乾隆十三年定例:
凡弟杀胞兄及殴杀大功以下尊长者,皆按律定拟,概不准声请留养承祀。若按其所犯情节实可矜悯者,该督抚于疏内叙明,恭候钦定。至夫殴妻致死,应留养承祀之案,仍照定例遵行。
(裕禄辑注,同治辛未安徽敷文书局聚珍版)

《大清律例根原》,《名例六》嘉庆十四年修改例文:
凡卑幼殴死本宗期功尊长者,皆按律定拟,概不准声请留养承祀。若按其所犯情节实可矜悯者,该督抚于疏内声明,恭候钦定。至殴本宗缌麻外姻功缌尊长,如有亲老丁单应行留养,统俟秋审时取结,分别办理。
(裕禄辑注,同治辛未安徽敷文书局聚珍版)

旗人留养、承祀。
《大清律例根原》,《名例五》乾隆五年刑部议准定例:
凡旗人犯斩绞外遣等罪,例合留养者,照民人一体留养。

《大清律例根原·名例六》嘉庆六年修订例文:
凡旗人犯斩绞外遣等罪,例合留养、承祀者,照民人一体留养承祀。
(裕禄辑注,同治辛未安徽敷文书局聚珍版)

三 维护与限制宗族权益的法令

(一)宗族对族人的管束权

官府文书申明允许民间纠纷先"投鸣亲族"。
《湖南省例成案》卷一二,《刑律》:
士、农、工、商各有所业,果能安分守己,一切闲非均可消释,即或户婚田土切己冤

第二篇
律例体现的宗法家族制度与观念

抑,亦尽可投鸣亲族乡邻等理处,或仍有不平,据实抒词,以待官断。

(复印件,原书藏日本)

两姓争地、宗谱印契有凭。

《清世宗宪皇帝朱批谕旨》卷二〇六,雍正十三年六月十九日安庆巡抚赵国麟奏折:

而钱、陈两姓又称实系伊等祖墓,彼此讦告不休,至雍正八年始经知县倪大成察记勘审,阅方姓宗谱印契有凭。钱、陈两家毫无确据,随断钱去碑、断陈迁冢在案。思案臣经十年断而不遵,今又具控到臣,非系该县从前审勘不公,必系山界有相错不清之处。随委桐城令汪振甲同试用官王朴前去查勘,绘图送阅。忽钱、陈两族及事外之吴大桂、王天次等率众拦阻,不许该县勘绘,抛掷石块,擒殴方姓之人,复掷毁该县汪振甲之帽,不法已极,正在饬府拿究。

(《四库全书》本)

冀州孔裔合谱优免事。

《吴汝纶全集·尺牍》卷五,《禀为按亩均差报明立案由》:

……州境内有孔村,称系圣裔;军屯等八村,称系明代屯户;周三庄三村,称系循吏之后。向年均不办差。此次按地均差,似未便与以偏恩……据孔村呈到族谱谓,宋高宗时,金兵阻隔,家于南宫,至国朝雍正年间,乃始赴阙里合谱……显系攀附圣族,规避差徭……查孔氏虽在曲阜,其辨别枝派,则有外院之分,其优免差粮,则有例地之限。今远省一闻孔姓,便与优恩,殊非均役恤贫之道。拟请冀州孔姓有读书应试者,即准免差,以示优隆圣裔之意;其农民工贾未读孔子之书者,仍不准免差,稍示限制。

(施培毅等校点,黄山书社2002年版,第3册,第490页)

雍正间一度允许宗族杀不肖族人而不偿命。

《大清世宗宪皇帝实录》卷五七:

(雍正五年五月乙丑)刑部议覆:署江西巡抚迈柱奏,永新县民朱伦三同侄朱三杰致死伊弟朱宁三一案,朱伦三应拟流徙,朱三杰应拟徒。得旨:从来凶悍之人,偷窃奸宄,怙恶不悛,以致伯叔兄弟重受其累。本人所犯之罪,在国法虽未至于死,而其尊长族人,霸除凶恶,训诫子弟,治以家法,至于身死,亦是惩恶防患之道,情非得已,不当按律拟以抵偿。如朱伦三因伊弟朱宁三屡次犯窃,累伊鬻男变产,代赔赃银,又复偷牛被获,故将朱宁三致死。朱三杰并未与谋,着将朱伦三、朱三杰徒流等罪俱从宽免。嗣后凡遇凶恶不法之人,经官惩治,怙恶不悛,为合族所共恶者,准族人鸣之于官,或将伊流徙远方,以除宗族之害。或以家法处治,至于身死,免其抵罪,着九卿详悉定议具奏。寻议:凶悍之人,伯叔兄弟治以家法,因而致死。若必按律拟抵,则不法子弟终不知所儆惧。嗣后许族人呈明地方官,照所犯罪科断。若已经官惩治,仍不悛改,该地方官查明过犯实迹,流三千里。倘事起一时,合族公愤,处以家法致死,该地方官审明所犯,确有应死之罪,将为首者照罪人应死而擅杀律予杖。若罪不至死,将为首者照应得之罪减一等,免其抵偿。若本人并非凶悍不法,无过犯实迹,而族人诬捏殴毙者,将为首之人仍照本律科断。从之。

(中华书局1986年影印本,第1册,第869-870页)

江西一些地区私立规约处死族人。

《大清高宗纯皇帝实录》卷一八:

(乾隆元年五月丙午)谕总理事务王大臣:朕闻江西地方土瘠民贫,率多勤俭谋生,安分自守。惟山县乡村常有凶蛮争角,动辄统众毒殴,将人活埋毙命者。如南昌府属之靖安,临江府属之新淦,赣州府属之信丰等县尤甚。且信丰地方山村乡镇,有等豪蛮私立禁约规条碑记,贫人有犯,并不鸣官,或裹以竹篓沉置水中,或开掘土坑活埋致死,勒逼亲属写立服状,不许声张。似此种种惨恶,骇人听闻,皆从前地方官员失于化导禁约,以致村野凶暴,藐法横行。若果系奸宄不法之徒,自当呈送官长,治以应得之罪,岂有乡曲小人狂逞胸臆,草菅人命之理!着该省文武大员通行晓谕,严加禁止,倘有不遵谕、仍蹈前辙者,即行严拿,从重定拟,不少宽贷。

(中华书局1986年影印本,第1册,第466页)

智洪义血仇案,生杀权在国家。

《清朝通典》卷八三,《刑典四》:

(编者按:乾隆二十七年十月朝审,勾到河南情实招册,有智洪义因父智顺被赵二殴毙,赵二已拟绞监候,智洪义借口报仇,杀死赵二之子赵仓,律拟斩监候,九卿及阁臣拟缓决,这是同唐朝陈子昂、韩愈等一样,以"春秋复仇"之说为据。)上谕:岂可使生杀不关谳司,而一介不逞之徒竟尔私行报复,其可乎!

(浙江古籍出版社1988年版,第2640页)

族长毒毙殴死嗣母凶犯黄时进。

《大清宣宗成皇帝实录》卷一三八:

第二篇
律例体现的宗法家族制度与观念

(道光八年七月上癸卯)又谕:邓廷桢奏参:相验不实、延不提解要证之知县请革职审办一折。安徽婺源县知县朱元理,于逆伦重案凶犯服毒身死,辄将先后相验捏为同日报验通详。现据尸亲指控该县刑件有讳伤捏报情弊,经该抚饬司屡提要证,延不解省,必须彻底根究,以免冤纵。朱元理着革职,交该抚饬提尸棺,详加检验,并严拿要证黄添喜等务获,严审确情,按律定拟具奏。

寻奏:黄时**进殴死嗣**母黄程氏属实,律应凌迟处死,已被该族长黄添喜等毒毙,仍照例戮尸枭示。**黄添喜将该犯拿获时**,并不送官,辄将黄时进毒毙,合依尊长擅杀应死罪人律杖一百。已革知县朱元理,审办逆伦重案种种错误,按律应予杖徒。下部议,从之。

(中华书局1986年影印本,第3册,第127页)

汉军宗族应公正办事。
《大清高宗纯皇帝实录》卷三:

(雍正十三年九月下庚申)又谕:人臣秉公执法,纪纲攸系,凡所参奏,必当持平准理,据实上闻,方为允协。朕观条陈参奏中,竟有矫诈之人,于所管宗族亲戚有意苛求,将不应参奏之事入告,以博秉公执法、不顾私亲之名者。如其宗族本睦,而其人又能公正居心,毫无瞻顾,因族中实有犯法干纪,而不为私恩小惠即行参奏者,固属可嘉。但闻此等参奏,多出私心,往往因本族中不无旧忿夙嫌,借端报复。既已不公,又伤伦纪。且欲窃附公正之名,其居心深险,更不可问矣。此等习气,汉军尤甚。嗣后宜痛加改悔,洗心涤虑,倘或仍蹈故辙,以假公济私之事,混行渎奏者,必重治其罪,以示国法之平,以笃睦姻之俗。尔等即传谕中外知之。

(中华书局1986年影印本,第1册,第191页)

乾隆帝要求父兄族党严加管束不守本业之人。
《大清高宗纯皇帝实录》卷一二〇:

(乾隆五年闰六月上庚子)训地方官化导游民。谕:朕惟民生在勤,勤则不匮,农工商贾,各有恒业以赡其生,失业则俯仰无资,勤力则衣食自裕,诚使国无游民,人无遗力,则治生之道既广,养生之源日开,虽有水旱偏灾,必不至于流移转徙。《周礼·大司徒》颁职事十有二以登万民,而不任职业者有罚,正所以使民各知勤勉,而游惰是儆也。朕念切民依,情殷求瘼,农桑衣食之本计,所以为万方赤子经度咨询者,至详且悉矣。惟念游惰之辈罔知生理,不农、不工、不商、不贾,游手坐食。动自诿曰:耕则无田,工则无师,商贾则无赀本。不知七尺之躯,果能服勤务实,即佣工亦可资生,农工商贾皆乐收以为助。不能勤力,则虽生长富家,承受世业,而浮荡不检,怠惰自安,本业日荒,饥寒立致,生理既窘,必且无所不为。此等之人,在一家则为一家之败类,在一邑则为一邑之蠹民。一遇偏灾,辄轻去其乡,转徙流散。国家以爱养为心,抚绥为政,一切资送安插,不加区别,是以农民之复业者,固乐遂生。而游惰之资遣者,转为得计。夫至转于沟壑,坐视不救,固有所不忍。而平日之教导约束,何可不**亟为筹画**,膺牧民之任者,又何可因循姑息,一听其自为而不加察乎!嗣后各省督抚务须**董率**地方官实力稽查,凡有此等无所事事不守本业之人,其有父兄族党者,令父兄族党严加管束。单丁独户,令乡保多方化导,使其各寻生理,能耕稼者服田,能手艺者习工作,知贸迁者从商贾,胜负担者佣工度日,不遵约束者量行惩治。务使人人自食其力,各谋其生,则**生计益觉**宽舒,风俗自归淳厚,丰年既多善类,歉岁亦少流民矣。地方有司务实力奉行,**令僻壤穷**乡咸知朕意。

（中华书局 1986 年影印本,第 2 册,第 753-754 页）

乾隆帝强调地方官责令父兄族党严加管束族人游惰习气。

《大清高宗纯皇帝实录》卷一四五：

（乾隆六年六月下）丙辰,命有司化导游惰。谕:朕惟士农工商各有恒业,衣食由此而裕,教化由此而行。惟游惰之民实为闾里之蠹,我国家昇平休养,生齿滋繁而游惰亦以日众。此等之人性好佚游,习成骄恣,不畏刑宪,罔恤乡评,酒食流连,拳勇是尚。黠桀者为豪为侠,柔狡者为诈为奸。大凡乡曲之中,其诱民以奢靡沉湎者游惰也,诱民以博奕斗讼者游惰也,诱民以作奸犯科者游惰也。愚懦无知转相慕效,往往弃本业而从之,戕生败家,比比而是。甚至如近年逆苗**蠢动,皆**由内地游手奸徒幸灾乐祸,或啖以财帛,或诬以鬼神,煽惑愚顽,远近要结。蜂屯**蚁聚,致**生事端,遂不得不用兵剿捕。正孟子所谓"无恒产而无恒心",放辟邪侈无所不为者。朕抚育群黎,深念正德厚生之要,劝农敦本训饬不啻再三。上年因游惰之民不务生计,曾特颁谕旨令各督抚董率该地方官实力稽查,多方化导,责令父兄族党严加管束,不遵训约者加以惩治。迩来留心体访,有司并未实力奉行。夫养稂莠者伤禾稼,惠奸宄者贼善良,游惰者奸宄之原也。当其游惰而董教之,惩劝之,使悟而知返,则可纳于善良。若听其游惰而不早为之所,是纵之使为奸宄也。父母斯民之义何居?现今保甲之法在在举行,稽查甚易为力,而一切视为具文,置之膜外,尚安望其阜财求而兴礼让哉!地方有司有不实心整饬化导仍前怠玩者,朕必于该督抚是问。

（中华书局 1986 年影印本,第 2 册,第 1083 页）

（二）宗族的送审权与出庭作证

第二篇
律例体现的宗法家族制度与观念

御史周作楫奏请传谕各姓族长绅士出结捆送会匪。

《大清宣宗成皇帝实录》卷一八一：

（道光十年十二月上戊戌）又谕：据御史周作楫奏，江西会匪之案，每多挟嫌妄扳，拖累无辜，逐队成群，皆地方殷富良民，即差役亦不免有妄拿诬陷之事。该处通省皆聚族而居，每姓有族长绅士，凡遇族姓大小事件，均应族长绅士判断，一姓中之贤否，知之最悉。请通饬该省州县，将所属各乡村出示传谕各姓族长绅士，出具切实甘结，其子弟有无从入会匪等情。如有不法匪徒，许该姓族长绅士捆送州县审办。若隐匿不报，即将族长绅士治以应得之罪等语。江西会匪蔓延，必应严拿惩办，而诬扳妄拿积弊亦不可不除。该御史所请传谕各姓族长绅士出结捆送之处，是否可行，着吴光悦体察情形，据实具奏。将此谕令知之。

（中华书局1986年影印本，第3册，第864页）

江西通饬各属选举公正族长绅士教诲族众捆送究惩为匪不法者。

《大清宣宗成皇帝实录》卷一八一：

（道光十一年二月辛卯）谕内阁：前据御史周作楫奏，江西会匪之案，每多诬扳妄拿，请饬各该姓族长绅士出结捆送。当经降旨令吴光悦体察情形，据实覆奏。兹据该抚奏称，该省向立族正，原系编查保甲良法，历经照办，近年缉获赣州匪徒，多有访自绅士及由该户族捆送者。惟举充不得其人，又恐转滋流弊。着该抚通饬各属切实选举公正族长绅士，教诲族众，如有为匪不法即行捆送究惩。傥因匪党较多，力难捡送，亦即密禀官司严拿。如有挟私妄诬别情，照例坐罪。仍责成地方文武各官，一有各项匪徒窃发，先行派拨兵役，实力堵拿。不得藉有族长绅士捆送，置身事外，坐误事机。其获案各犯实有牵累者，许族长绅士具结保领，立时讯释，以靖闾阎而安良善。

（中华书局1986年影印本，第3册，第909页）

邻族鸣官。

梁绍壬《两般秋雨盫随笔》卷二，《焦烈妇》：

乾隆元年，宣城陆某，生员也，娶妻焦氏。陆好呼卢，荡其家。一日赌负，将售妻以偿。焦侦知之，赋诗八章，投缳死。邻族鸣于官，题请旌表，得旨褫陆衿，断其八指，一时快之。八诗末首云："百结鹑衣冷不支，郎归休在五更时。风酸月苦空闺里，犹有床头四岁儿。"言之呜咽。凡嗜博者，可以为戒。

（上海古籍出版社1982年版，第61页）

《四库全书》不收"民间无用之族谱"圣谕。

《钦定四库全书总目》卷首，《圣谕》：

乾隆三十七年正月初四日奉上谕：……除**坊肆所售**举业时文及民间无用之族谱、尺牍、屏幛、寿言等类，又其人本无实学不过嫁名驰**骛编刻**酬倡诗文琐屑无当者，均无庸采取。

（《四库全书》本）

命中外搜辑古今群书而以族谱为民间无用之物舍弃。

《大清高宗纯皇帝实录》卷九〇〇：

（乾隆三十七年正月上庚子）命中外搜辑古今群书。谕：朕稽古右文，聿资治理，几余典学，日有孜孜。因思策府缥缃，载籍极博，其巨者羽翼经训，垂范方来，固足称千秋法鉴。即在识小之徒，专门撰述，细及名物象数，兼综条贯，各自成家，亦莫不有所发明，可为游艺养心之一助。是以御极之初，即诏中外搜访遗书，并命儒臣校勘十三经、二十一史，遍布黉宫，嘉惠后学。复开馆纂修《纲目三编》、《通鉴辑览》及"三通"诸书。凡艺林承学之士，所当户诵家弦者，既已荟萃略备。第念读书固在得其要领，而多识前言往行以畜其德，惟搜罗益广，则研**讨愈精**，如康熙年间所修《图书集成》全部兼收并录，极方策之大观。引用诸编，率属因类**取裁，势**不能悉载全文，使阅者沿流溯源，一一征其来处。今内府藏书插架，不为不富，然古今来著作之手，无虑数千百家，或逸在名山，未登柱史，正宜及时采集，汇送京师，以彰千古同文之盛。其令直省督抚会同学政等，通饬所属，加意购访。**除坊肆所售**举业时文，及民间无用之族谱、尺牍、屏幛、寿言等类，又其人本无实学，不过**嫁名驰骛**、编刻酬唱诗文琐碎无当者，均无庸采取外，其历代流传旧书，内有阐明性学治法，关系世道人心者，自当首先购觅。至若发挥传注，考核典章，旁暨九流百家之言，有裨实用者，亦应备为甄择。又如历代名人洎本朝士林宿望，向有诗文专集及近时沉潜经史，原本风雅，如顾栋高、陈祖范、任启运、沈德潜辈，亦各著成编，并非剿说卮言可比，均应概行查明，在坊肆者或量为给价，家藏者或官为装印，其有未经镌刊只系钞本存留者，不妨缮录副本，仍将原书给还。并严饬所属，一切善为经理，毋使吏胥藉端滋扰。但各省搜辑之书卷帙必多，若不加之鉴别，悉令呈送，烦复皆所不免。着该督抚等，先将各书叙列目录，注系某朝某人所著，书中要指何在，简明开载，具折奏闻。候汇齐后，令廷臣检核，有堪备阅者，再开单行知取进。庶几副在石渠，用储乙览。从此四库、七略，益昭美备，称

第二篇
律例体现的宗法家族制度与观念

朕意焉。

（中华书局 1986 年影印本，第 12 册，第 4-5 页）

乾隆朝续修国史，征集谱牒家乘。

《大清高宗纯皇帝实录》卷一五：

（乾隆元年三月下癸丑）又议覆礼部左侍郎徐元梦奏，续修国史应将雍正十三年间诸王、文武群臣谱牒、行述、家乘、碑志、奏疏、文集，在京文臣五品以上、武臣三品以上，外官司道总兵以上，身后具述历官治行事迹，敕八旗直省查明申送史馆，以备采录传述。国初以来，诸臣勋绩有遗漏者，亦应汇萃成书。嗣后诸臣章奏，有奉旨及部院议准者，亦应录送，以为志传副本。纂修等官不敷，于翰林内选择充补。均应如所请，从之。

（中华书局 1986 年影印本，第 1 册，第 411 页）

清高宗指责彭家屏家族所刻族谱有"大彭统记"等狂妄字样。

《大清高宗纯皇帝实录》卷五四一：

（乾隆二十二年六月下己丑）谕军机大臣等：据图勒炳阿奏，续经查阅彭家屏家所刻族谱内，有取名"大彭统记"等字样，甚属狂妄等语。着传谕胡宝瑔，将伊现在查出族谱，封固进呈。此案已经完结，且系彭家屏所刻，与伊族众无涉，不必张皇滋扰。

（中华书局 1986 年影印本，第 7 册，第 859 页）

彭家屏所刻族谱未避圣讳。

《大清高宗纯皇帝实录》卷五四二：

（乾隆二十二年七月上癸卯）谕曰：彭家屏前以收藏明末野史，其有无批评之处，已被伊子烧毁灭迹。经军机大臣会同九卿审拟斩决具奏，朕以罪疑惟轻特降谕旨改为监候秋后处决。嗣据图勒炳阿奏，其所刻族谱取名"大彭统记"甚属狂妄等语，因命新调巡抚胡宝瑔查取进呈，则以大彭得姓之始本于黄帝、昌意、颛顼。夫氏族谱系士大夫家恒有之，亦何至附会荒远，以为迢迢华胄，乃身为臣庶而牵引上古得姓之初，自居帝王苗裔，其意何居？且以"大彭统记"命名，尤属悖谬，不几与累朝国号同一称谓乎！至阅其谱，刻于乾隆甲子年，而凡遇明神宗年号，于朕御名，皆不阙笔。朕自即位以来，从未以犯朕御讳罪人，但伊历任大员，非新进小臣及草野椎陋者可比，其心实不可问，足见目无君上，为人类中所不可容。而前此之逆书，天理昭彰，不容其漏网明甚。彭家屏原系应斩立决之犯，即秋审时亦必予勾，着从宽免其肆市，即赐令自尽，以为人臣之负恩狂悖者戒。

65

(中华书局 1986 年影印本，第 7 册，第 876-877 页)

建宁府余氏族谱记载先人刊书为业。

《大清高宗纯皇帝实录》卷九七五：

(乾隆四十年正月下丙寅)谕军机大臣等：近日阅米芾墨迹，其纸幅有"勤有"二字印记，未能悉其来历，及阅内府所藏旧板千家注杜诗，向称为宋椠者，卷后有"皇庆壬子余氏刊于勤有堂"数字，皇庆为元仁宗年号，则其板是元非宋。继阅宋板《古列女传》，书末亦有"建安余氏靖庵刊于勤有堂"字样，则宋时已有此堂。因考之宋岳珂相台家塾，论书板之精者，称建安余仁仲，虽未刊有堂名，可见闽中余板在南宋久已著名，但未知北宋时即以勤有名堂否。又他书所载，明季余氏建板犹盛行，是其世业流传甚久。近日是否相沿，并其家刊书始自北宋何年，及勤有堂名所自，询之闽人之官于朝者，罕知其详。若在本处查考，尚非难事，着传谕钟音于建宁府所属访查余氏子孙，现在是否尚习刊书之业，并建安余氏自宋以来刊印书板源流，及勤有堂昉于何代何年，今尚存否，或遗迹已无可考，仅存其名，并其家在宋时曾否造纸，有无印记之处，或考之志乘，或征之传闻，逐一查明，遇便覆奏。此系考订文墨旧闻，无关政治，钟音宜选派诚妥之员善为询访，不得稍涉张皇，尤不得令胥役等借端滋扰。将此随该督奏折之便，谕令知之。寻奏：据余氏后人余廷勷等呈出族谱，载其先世，自北宋迁建阳县之书林，即以刊书为业，彼时外省板少，余氏独于他处购选纸料，印记"勤有"二字，纸板俱佳，是以建安书籍盛行。至勤有堂名相沿已久，宋理宗时有余文兴，号勤有居士，亦系袭旧有堂名为号，今余姓现行"绍庆堂书集"，据称即勤有堂故址，其年代已不可考。报闻。

(中华书局 1986 年影印本，第 13 册，第 16-17 页)

胡中藻案中检阅胡氏家谱记载其子嗣状况。

《大清高宗纯皇帝实录》卷七二八：

(乾隆三十年二月上甲申)谕军机大臣等：和其衷奏，逆犯胡中藻之子胡得玉供词与从前原案情节迥不相符一折，已密谕该部议奏矣。此案当日江西查拿犯属时，称伊一子已亡，一孙尚幼。今胡得玉所供，兄弟原有五人，其次兄胡友顶替长兄胡论洙解京身故，尚有二人不知逃避何处等语。与从前查办原案大相悬殊，其中情弊，不可不彻底根究。着将原折钞寄辅德，令其详悉查明的确情由，据实速奏，可将此密谕辅德知之。寻奏：查胡得玉所供尤义烈、左义、巩磻溪俱无其人，讯胡中藻之弟中藩、妻兄丁开健并出户之老仆万联贵等，佥称中藻并无名友、名得玉之子。复查胡氏家谱，中藻妻丁氏，生长子论洙，名

第二篇
律例体现的宗法家族制度与观念

下注明生庚;二子论淮,名下注幼殁;继妻徐氏生三子论泗,名下无注。供称徐氏并未生子,系属望丁,豫拟论泗一名载入者。论洙系生员,于十八年身故,有学册可凭。乾隆二十年中藻犯事解京,并无并解伊子论洙案据,是胡友顶替之事应属子虚。又遍查该族草谱及中藻中式朱卷齿录并僧道斋醮簿,止载长子论洙,其胡得玉所供胡友,并查出之论淮、论泗等名,均无登记。论淮金供生未一岁即死,论泗虽供望丁拟载,但谱内既有此名,或即得玉或实属望丁,尚难悬拟。应将胡中藻、丁开健、万联贵等解部质审。得旨:此事必陕省原问有不妥处,亦将是折钞交部询问矣。

(中华书局1986年影印本,第10册,第20-21页)

胡中藻家谱刻有"三子论泗"字样。
《大清高宗纯皇帝实录》卷七二九:

(乾隆三十年二月下壬辰)谕军机大臣等:辅德奏,胡中藻家谱刻有"三子论泗"字样,是否即系陕省拿获之胡得玉,必须与胡中藻等当面质对,彼此才难狡匿,真伪可以立辨,现在委员将胡中藻等解送刑部查讯一折。当日胡中藻如果止生论洙、论淮二子,此外并无余孽,何以家谱内又载有论泗字样,此中疑窦,非将**胡中藻**与胡得玉隔别研讯,复行当面质对,不能水落石出。着将原折钞寄刘统勋、舒赫德**等阅看**,俟案犯解到日,务须悉心研鞫,彻底根究,使鬼蜮无所遁情。可传谕刘统勋、舒赫德知之。

(中华书局1986年影印本,第10册,第25-26页)

胡中藻家谱"三子论泗"疑案。
《大清高宗纯皇帝实录》卷七二九:

(乾隆三十年二月下壬辰)又谕曰:辅德奏,查逆犯胡中藻之子一折,与胡得玉所供大相悬殊,甚不可解,胡中藻如果止生论洙、论淮二子,此外并无余孽,如何家谱内又载有"三子论泗"字样,此中疑窦非将胡中**藩等解**京研讯,不能明晰。已传谕刘统勋、舒赫德,俟案犯到日,详悉质审,务得实情。**是胡中藩**等均为应质要犯,该抚必须慎选**妥员解**送,沿途严密防范,不可令伊等有自戕、兔脱等事。仍于该处密访严查,彻底根究,毋任鬼蜮伎俩,幸逃法网。将此传谕辅德知之。

(中华书局1986年影印本,第10册,第26页)

胡中藻之子胡论洙实系病故,族谱及其中式朱卷与寺庙旧存醮簿所载无异说。
《大清高宗纯皇帝实录》卷七三〇:

（乾隆三十年闰二月上壬子）谕军机大臣等：据辅德奏，查讯逆犯胡中藻之子胡论洙实系病故，并无另有子嗣一折。据所查胡中藻止生胡论洙一子，研讯亲邻族保，众口合同，并检查胡姓族谱及其中式朱卷与寺庙旧存醮簿，所载亦无异说。而论洙病故年分，则更有学册可据，似不应更有遁情。且胡中藻之事，败露于乙亥之春，伊子论洙已于癸酉年病故，自无逆料其日后发觉而于学册豫为捏报身故之理。但陕省所获之胡得玉，岂不知逆犯之子罪应连坐，乃竟悍然直认，又何以捏称兄弟五人，言之确凿，于情理殊不可解。现在胡得玉已经解京，胡中藩等亦据该省委员押解赴部，着将此折钞寄刘统勋、舒赫德等阅看，令其详悉研讯，务得确情，以释疑窦。所有查出学册、家谱等件，着一并寄。

（中华书局 1986 年影印本，第 10 册，第 37 页）

王锡侯《字贯》案中《王氏家谱》有原任大学士史贻直序文。
《大清高宗纯皇帝实录》卷一〇四四：

（乾隆四十二年十一月上）甲戌。谕：前因海成奏，新昌县举人王锡侯妄作《字贯》一案。海成将大逆不法之处视为泛常，折内称其尚无悖逆词句，全不知有尊君亲上之义，是以降旨将海成交部严加议处，经吏部议以革职，交刑部治罪，自应如此办理，因将此本折留。今据海成奏称，亲往该犯家中，查出王锡侯纂辑各书共十种，一并进呈检阅各书，俱有悖谬不法之处各等语。现将各书暂存，俟王锡侯解到时严行审讯，从重治罪。至海成身为巡抚，乃于初次参奏王锡侯《字贯》时，并不将伊书内大逆不法之处据实核出，转称其尚无悖逆之词，实属昧尽天良，罔知大义，不可不重加严惩，使为封疆大臣丧良负恩者戒。海成着照部议革职，交刑部治罪。其江西巡抚员缺，着郝硕调补，即赴新任，所遗山东巡抚员缺即着国泰补授。郝硕未能即到，着高晋前往，暂管巡抚事务。其江西省承办此案之藩臬两司，并着高晋查明参奏。至海成此次奏到续查出王锡侯《字贯》另本，前有李友棠古诗一首。李友棠身为卿贰，乃见此等悖逆之书，尚敢作诗赞美，实属天良已昧，伊自问复何颜忝列搢绅，李友棠即着革职，亦不必复治其罪。又查其《王氏家谱》内，有原任大学士史贻直序文，其《经史镜》及《唐人试帖详解》内，有加尚书衔钱陈群序文，使伊二人尚在，自当向其究问。今二人俱已物故，亦毋庸深究。朕近作诗有"不为已甚去已甚"之句，今办此等案，准酌得中，即此意也。将此通谕中外知之。

（中华书局 1986 年影印本，第 13 册，第 982-983 页）

原任大学士史贻直为《王氏家谱》作序。
《大清高宗纯皇帝实录》卷一〇四五：

第二篇
律例体现的宗法家族制度与观念

（乾隆四十二年十一月下丁亥）又谕：前因江西逆犯王锡侯编刻《字贯》一书，竟将庙讳、御名排连开列，实为大逆不法。当即降旨，将该犯派员锁押进京，严审治罪，并令收查该犯家内书籍。嗣据解到，查出书内《王氏家谱》，有原任大学士史贻直序文，其《经史镜》及《唐人试帖详解》有加尚书衔钱陈群序文。朕因二人俱经物故，已降旨毋庸深究。第该犯既请史贻直、钱陈群作序，断无不将原书送阅之理，伊两家自必存留其书。钱汝诚、史奕昂自应即将原书缴出销毁，现已令军机大臣传谕钱汝诚即行呈缴，并着传谕杨魁即遣员前至史奕昂家，传朕此旨，令将所有该犯之书即行查出，呈交该抚解京销毁。因系伊两人故父之事，并不干涉伊等，已属加恩，即此时传旨询问，仍系朕善示保全之意。伊等当知感激朕恩，如或稍有隐匿，此时不即呈出，倘后别经发觉，恐钱汝诚、史奕昂均不能当其罪也。将此传谕杨魁知之。

（中华书局1986年影印本，第13册，第1002页）

赣榆县韦氏家谱。

《大清高宗纯皇帝实录》卷一六九：

（乾隆四十三年十月下）辛巳。谕：据杨魁奏，赣榆县民韦昭禀首伊侄韦玉振，为父刊刻行述内有于佃户之贫者赦不加息，并赦历年积欠之语，殊属狂悖。而行述内叙其祖著有《松西堂稿》，因委员赴其家，查无别项违悖，讯明《松西堂稿》亦已无存。惟家谱内云"山东日照县人，丁椒圃有传"，已飞咨国泰密饬查覆，一面带犯至苏确审。又据宝山县职员范起凤呈控堂弟范起鹘串窃书籍，因有应缴违碍禁书，被其挟制等情。必因为人查出，假称被失，并据该州解到书籍，查有现在应缴之禁书《亭林集》等数种，即委员赴其家，严查有无狂悖著作及别项应缴禁书，提齐人证，至苏审究等语。所办殊属过当，即此可以见杨魁之不能实心办事也。查缴违碍书籍，屡谕各督抚实力稽查，而伊等率以具文塞责，即如徐述夔所作逆词，狂悖显然，且刊板已久，该抚并未豫行查出。及被人告发，陶易尚欲为之消弭，若非刘墉据实具奏，几至漏网。然亦因其诗有"明朝**期振翮**，一举去清都"之句，借朝夕之朝，作朝代之朝，且不言到清都，而云去清都，显有**欲兴明朝**去本朝之意。而其余悖逆词句不可枚举，实为罪大恶极。是以提犯解京，命廷臣集讯，定徐述夔等以大逆不道之罪。律陶易以故纵大逆之条，以正人心而肃法纪。此因实有逆词足据，故不可不办也。今杨魁因前案之失，意存惶惑，遇有控首逆词之案，不论其事之轻重，纷纷提讯，株累多人，自以为办理认真，而不知其过当，以饰其前次之不能查察徐述夔逆词等之罪。夫韦昭控告伊侄韦玉振，于伊父行述内叙其自免佃户之租，擅用赦字，于理固不宜用，但此外并无悖逆之迹，岂可因一赦字遂坐以大逆重罪乎！至各处违碍应毁书籍，各省现在陆续查缴,但经缴出,其迟早原所不计。若始终隐匿不交,后经发觉,即不能复为宽贷。并当视其所藏之书,系何等违碍,以定罪名耳。至此等控首之人,不过闻有蔡嘉树告徐食田一案,遂尔效尤挟制,以快其私,非实心尊君亲上也。现经审明,蔡**嘉树**因**徐**食田不允赎田,挟嫌出告,其心亦为私而非为公。且徐述夔书籍刊刻已十余年,**蔡嘉树**自必早有闻见,若非近时涉讼之隙,彼仍隐忍不言。以此论之,蔡嘉树原不能无罪,第因所控逆词不妄,既办逆案,不必究及原首之人,是以从宽免议耳。设此后复有首告逆案之人,该督抚即应悉心研鞫,辨其真伪。如虚,仍当治以反坐之罪,据实具奏,使奸顽知警,不敢妄行。若如杨魁,则怨家欲图倾陷者,片纸一投,而被控之身家已破,拖累无辜,成何政体。且告讦之风,伊于何底乎!况如徐述夔之逆词,久经刊印,地方官理应切实访查,本不待他人之出首,各督抚又不可因此旨而因噎废食耳。朕综理庶务,从不豫存成见,其情真罪当者,必不稍事姑容。其事属虚诬者,更不肯略使屈抑。且从不为已甚之举,致滋流弊而长刁风。杨魁经朕简用有年,岂尚不能仰体朕意乎!杨魁着交部议处,并将此通谕中外知之。

(中华书局1986年影印本,第14册,第325—327页)

沂水县刘遴等修辑宗谱于凡例内远引汉裔被揭发。

《大清高宗纯皇帝实录》卷一一一四:

(乾隆四十五年九月上)己丑。谕军机大臣曰:国泰奏,据沂水县知县褚廷琛查出刘**遴等宗谱**,凡例内开载"卓尔源本、衍汉维新"等不经字样,殊属狂悖,现饬兖州府严搜刘**遴家**中板片并所印谱本,及有无不法字迹,严审定拟等语。刘遴等修辑宗谱,于凡例内远引汉裔,妄自夸耀,甚属不合。但汉人积习相沿,每有此等陋见,其实可鄙。如搜查该犯家中,果实有别项不法形迹,自应从重办理,以昭炯戒。若止于支谱内妄相援引,以为宗族荣宠,亦不过照例拟以不应重律,将所有板片及印存家谱尽行销毁,已足示惩。并令地方官晓谕百姓,务各安分守法,毋得再蹈此等陋习,致涉不经,自干罪戾,将此传谕知之。

(中华书局1986年影印本,第14册,第895页)

胡佑铨借阅族谱而后假冒。

《大清宣宗成皇帝实录》卷四四:

(道光二年十一月上甲申)谕军机大臣等:程祖洛奏拿获匪犯搜出伪造印文及钞本书册等件现在咨查根究一折。此案胡佑铨在南阳县手持黄纸拜帖,自称南番大历国差赴京城投书缺少盘费,欲至府署告助,经署知府马维骢等盘获到案,并搜出伪造印文等件。据程祖洛提讯,该犯供称系贵州遵义县人,原任广西水城提督胡天格之子,并未到过贵

第二篇
律例体现的宗法家族制度与观念

州,随委籍隶遵义之候补知县余从龙向讯,确系遵义一带口音,即该犯原籍村庄住址,亦能言之凿凿,显有捏饰。该抚现已行咨贵州,确查该犯是否系胡天格之子,因何游荡在外,有无在籍为匪别情,曾否遣人往取家谱,并所供南公师胡帼太、陈法靖果否实有其人,传到胡姓邻族研讯。着程祖洛俟咨覆到日,即行详细根究,该抚于此案务当悉心审办,不必急于定案,总须审明确实情形,按律定拟具奏,不可以该犯供词狂悖,似有疯状草率了结。并着严密防范,毋使倖逃法网,将此谕令知之。寻奏:据胡天格之嗣子胡佑升来豫质对,与该犯各不相识,并供伊父胡天格并无亲子,提该犯详细研鞫,语多诞妄,略加熬讯,即痰气上涌,俟其神气清醒,逐加研讯。据供伊本名陈铨,系贵州遵义县人,向从胡天格之妹夫王清文学医,因在王清文家借得胡氏族谱,熟悉胡天格家世,与贵州抚臣咨覆年岁、亲属与邻右所供均符。其如何捏冒胡佑铨假充南番使人暨如何伪造印文拜帖及钞本书册,该犯坚称全不记忆。察其形状,虽非疯颠,确系痰迷心窍,若非迷瞀,断不敢挺身进署,自投法网。虽鞫无另有谋为重情,而书词狂背,应比照妄布邪言、书写张贴、煽惑人心例,拟斩立决。下刑部议。寻议奏:该犯书写狂背词说,应如该抚所奏,惟究由痰迷所致,既据讯无另有谋为别情,与有心悖逆者不同,可否准其末减。得旨:陈铨改为斩监候。

(中华书局 1986 年影印本,第 1 册,第 789—790 页)

提验内江县邹姓族谱查阅是否由湖南新化县迁居。
《大清宣宗成皇帝实录》卷二八〇:
(道光十六年三月戊戌)又谕:本日据讷尔经额奏,拿获武冈州滋事匪徒,讯据案犯僧自松等供称,同习青莲教吃斋拜龙华忏。诘其青莲教系何人倡立,据称自四川传来,不知传自何人。又讯据投递逆启要犯邹沅佐供称,系湖南新化县人,于嘉庆十二年间,因其叔邹凤举寄居四川内江县贸易,该犯即前往同居。由寄籍应试,取进文生,十二年二月告游学回至新化,此后未曾赴四川岁考各等语。**邪教辗转煽**惑,最为风俗人心之害。该犯等既供称传自四川,是否果有习教党羽,匿迹潜形,**自应搜捕**,以净根株。要犯邹沅佐既在四川入学,其叔邹凤举寄居内江县贸易,现在是否实有其人,其平日有无党羽及不法情事,着鄂山迅速严密查明,一并据实具奏。将此谕令知之。寻奏:委员前赴内江,督同该县严密查拿,并无邹凤举踪迹。其在该县住居之邹姓人等,经该委员等提验族谱,亦无由湖南新化县迁居字样。据称或自明季,或自康熙初年迁徙,人经数代,原籍久已无人往还。现在丁男并未习教不法,复吊阅儒学红册,文武生员内均无邹沅佐之名。得旨:慎勿贻害将来,勉之。

(中华书局1986年影印本,第5册,第320-321页)

(三)分家法、立嗣法与宗族的干预

《大清律例》卷八,《户律·户役·卑幼私擅用财》:

嫡庶子男,除有官荫袭先尽嫡长子孙,其分析家财田产,不问妻妾婢生,止以子数均分,奸生之子,依子量与半分。如别无子,立应继之人为嗣,与奸生子均分。无应继之人方许承继全分。

(天津古籍出版社1993年点校本,第201-202页)

《核订现行刑律》,《户役·卑幼私擅用财》原修改例文:

嫡庶子男分析家产田产,不问妻妾婢生,止以子数均分,奸生之子依子量与半分;如别无子,立应继之人为嗣,与奸生子均分,无应继之人方许承继全份。

谨按:此条原例系沿明令,婢非妻妾之比,而所生之子与嫡子均分财产,于义未洽,且婢女现改雇工,妾婢并称,尤觉不妥。

修改文:嫡庶子男分析家产田产,不问妻妾生,止以子数均分,奸生之子依子量与半分;如别无子,立应继之人为嗣,与奸生子均分,无应继之人方许承继全份。

(奕劻、沈家本编订,宣统元年版)

不许异姓乱宗。

《大清律例》卷八,《户律·户役·立嫡子违法》:

凡立嫡子违法者,杖八十。其嫡妻年五十以上无子者,得立庶长子。不立长子者,罪亦同。俱改正。若养同宗之人为子,所养父母无子,所生父母有子,而舍去者,杖一百,发付所养父母收管。若所养父母有亲生子,及本生父母无子欲还者,听。其乞养异姓义子以乱宗族者,杖六十。若以子与异姓人为嗣者,罪同,其子归宗。其遗弃小儿三岁以下,虽异姓仍听收养,即从其姓。但不得以无子遂立为嗣,若立嗣虽系同宗而尊卑失序者,罪亦如之,其子亦归宗,改立应继之人。若庶民之家存养良家男女为奴婢者,杖一百,即放从良。

(天津古籍出版社1993年点校本,第195页)

立嗣法。

《大清律例》卷八,《户律·户役·立嫡子违法》:

无子者,许令同宗昭穆相当之侄承继,先尽同父周亲,次及大功、小功、缌麻。如俱

第二篇
律例体现的宗法家族制度与观念

无,方许择立远房及同姓为嗣。若立嗣之后却生子,其家产与原立子均分。妇人夫亡无子守志者,合承夫分,须凭族长择昭穆相当之人继嗣。其改嫁者,夫家财产及原有妆奁,并听前夫之家为主。无子立嗣,除依律外,若继子不得于所后之亲,听其告官别立。其或择立贤能及所亲爱者,若于昭穆伦序不失,不许宗族指以次序告争并官司受理。若义男、女婿为所后之亲喜悦者,听其相为依倚,不许继子并本生父母用计逼逐,仍酌分给财产。若无子之人家贫,听其卖产自赡。凡乞养异姓义子有情愿归宗者,不许将分得财产携回本宗。 因争继酿成人命者,凡争产谋继及扶同争继之房分,均不准其继嗣,应听户族另行公议承立。无子立嗣,若应继之人平日先有嫌隙,则于昭穆相当亲族内择贤择爱,听从其便。如族中希图财产勒令承继,或怂恿择继以致涉讼者,地方官立即惩治,仍将所择贤爱之人断令立继。

(天津古籍出版社 1993 年点校本,第 195—196 页)

《名法指掌》卷四,《田债户婚·立继图》:

立嫡子违法者,杖八十;养同宗之人为子,所养父母无子而舍去者,杖一百;乞养异姓义子以乱宗族,以子与异姓人为嗣,立嗣虽系同宗而尊卑失序,杖六十;庶民之家存养良家男女为卑幼,系压良为贱者,杖一百,即放从良。凡无子者许令同宗昭穆相当之侄承继,先尽同父周亲,次及大功、小功、缌麻,如俱无方,许择立次房及同姓为嗣。立嗣之后却生子,其家产与原立子均分;义男、女婿为所后之亲喜悦者,听其相为依倚,不许继子并本生父母用计逼逐,仍酌分给财产。继子不得于所后之亲,听其告官别立。择立贤能及所爱者,若于昭穆伦叙不失,不许宗族指以次序告争。无子立后,若应继之人平日先有嫌隙,则于昭穆相当亲族内择贤择爱,听从其便,如族中希图财产勒令承继,或怂恿择继以致涉讼者,地方官立即惩治,仍将所择贤爱之人断令立继。凡因争继酿成人命者,争产谋继及扶同争继之房分,均不准其继嗣,应另议承立。可继之人系独子,而情属同父周亲,两厢情愿者,准承两房宗祧。收养三岁小儿成人后,亲生父母告认者不准。乞养异姓为子且袭世职,发边远充军;冒食钱粮计赃,准窃盗从重科罪。

(沈辛田编,道光刻本)

小宗立后。
《皇朝经世文编》卷五九,《礼政六·宗法下》,蔡新《继嗣说》:

按礼经有为人后之文,则无后者当继嗣,正也。子夏传曰:何如而可为之后,同宗则可为之后。又曰:何如而可为人后,支子可也。呜呼!后圣有作,不易斯言矣。顾考之礼经，稽之先儒之论说，又有拘而难行，宜于古而不宜于今者。传曰：为后者孰大，后大宗也。大宗者收族者也，不可以绝。何休云：小宗无后当绝。后儒因之，谓大宗有为后，而小宗无为后。据礼丧有无后，无无主。继高者绝，继曾者得主之。继曾者绝，继祖者得主之，继祖者绝，继祢者得主之。继祢者祔祖，继祖者祔曾，继曾者祔高，则皆其祖也。舍是而必为后，是专其货财宫室，而以为己私。启旁亲之觊觎乐祸者，圣人所必禁也，此念庵罗氏之说也。田汝成云：昆弟异居者，当立后。邱文庄谓：有大名显宦者不宜绝。此又因古礼之不可泥，缘人情而为之斟酌者也。近世高安朱氏犹或非之，谓生虽异居，死得祔祭，乌用立后。且所谓大名显宦，必实有德业闻望而后可，恐非近情之论。愚窃以为宗不论大小，子不分支庶，凡无后者皆可立也。礼不孝有三，无后为大。彼支庶独非人子乎？利其货财居室而争继启讼者，诚为薄恶，若以私其所有为嫌，而听其无后，则其货财居室又将焉置之？其归之亲兄弟耶？是皆兆乱启争之道也。惟立后则各得其所宗，以承祀不替，人心安而觊觎绝，幽以慰死，明以养生，亦仁人孝子之用心，未可厚非也。必泥支子当绝之文，其亦惑矣。或曰支庶皆可立后，是固然矣。宗子无后，必执以长继长则何如，曰以长继长之说，经无明文，惟《通典》载田琼论以长子继大宗，诸父无后，祭于宗家，后以其庶子还承其父，然此为同宗无支子者言之也，非谓有支子可继者，亦必以长子后大宗也。汉石渠议云：大宗无后，族无庶子，当绝父以后大宗，亦为族无庶子言之也，非谓有庶可继者，亦必以长子后大宗也。夫宗法之废久矣，古之所谓大宗者，世卿之家，命于朝廷。若鲁三桓、郑七穆，宗社人民之所倚赖，土田里居族姓之所系维，皆于是乎在。今则不然，大夫多起于单寒，不分支庶，所谓继别之宗，已迄无定论，其所谓宗子者，大抵宗其继高祖者，五世则迁者也。祖迁于上，宗易于下，五世之后，莫之宗矣，又何必夺人之宗以为宗乎？况族人以支子后大宗，适子不得后大宗，子夏之言也，又何惑乎？问同宗则可为之后，疏谓同承别子之后，一宗之内，若别宗同姓亦不可，是始祖以下，皆可立以为后欤？曰然。然必自近者始，如宗子无后，先求诸同父诸弟之子，无可继，则及其同祖昆弟之子。又不得，则求诸同曾同高昆弟之子，此其正也。或父母在时，择同宗之贤者教育之，不在此例。若舍同宗之可继，而养他姓为子者，告明族长，共斥革之。继而昭穆不顺者更之，继而其子忤逆有实迹者，告于所宗之庙而返之，许再继。其应继不继，及争继，及继而擅反，或阻挠应继之人，族长共斥责之。不可，则闻官治之。继而其后有子者，亦酌其资财房产而分给之，继而其后有子，而所生之后无子者，愿归，则告于所宗之庙而返之。继而其后无子，而所生之后亦无子者，则俟既娶生子，以一子还本生父母，亦礼之权也。此皆宜于今而不悖于古者，则以是为吾族继嗣之例也可。或曰吾族固有多子，而不肯继人，亦有有子而欲再继者，又将何如？曰：是皆亲爱之心不笃，而自私之念胜也。夫兄弟之子犹子也，己则多子，

第二篇
律例体现的宗法家族制度与观念

而忍听其兄弟之不祀,于心安乎?至所谓继者,绝而续之之谓也。有子而再继,于义何居?是世俗所谓养子,非继也,义当归本生父母。虽然,当丁祚之式微,惧一线之易斩,父母之心,人皆有之,此则未能遽正之,姑听之而为之辨。

(贺长龄、魏源辑,中华书局1992年影印本)

殇逝立后。
《皇朝经世文编》卷五九,《礼政六·宗法下》,杭世骏《为殇立后议》:
或有问于余曰:三殇之服之从期而降也,为其未跻于成人也。未冠未字未昏,死而为之立后可乎?曰可。记云:臣不殇君,子不殇父。何谓臣不殇君?鲁闵公八岁而被弑,于时即位二年,俨然朝群臣、泣百姓矣。左氏讥跻僖公为逆祀,是则终僖公之世,闵公之主祔庙也久矣。何谓子不殇父?经无明文,事无显据,南北诸儒,无异同之论。余以意度之,是必取昆弟之子以后三殇,所以济礼之穷而重绝人世也。吾友赵稷有二嗣子,曰光曾、曰炳。其兄肩吾死无后,以炳为兄嗣。斩焉衰绖,告于庙,赴于族,其已事也。乾隆岁在己卯,光曾十五而殇,将取炳以归,则负亡兄之约,而伤寡嫂之心。如不以炳为嗣,则稷之后反绝,余执子不殇父之说以进,曰:炳长矣,需之五六年或需之七八年,冠而昏,昏而生子,若男也,即以后光曾,是肩吾无子而有子,稷无孙而有孙。于情顺,于礼合,于嗣续之计得,善之善者也。或曰:礼殇不立主,祔于王父,呼其名而祭之。今既以炳之子后,以稷主祭,呼其名可也。以炳之子之为后者主祭,呼其名则不可。曰杂记曰:附于殇,称阳童某甫,不名神也。郑氏曰:某甫且字也,尊神不名,为之造字。夫使光曾不殇,则必待冠而字。今既殇矣,礼有造字之例,余为之制字曰承祖。以待夫炳之子,他日之祭而不跲于词也,礼也。或曰如子言:光曾虽死,犹勿殇也。然则稷当何服?曰上殇九月,中殇七月,国制也。礼闻子不殇父,未闻父不殇子,光曾十五而殇,稷为之服七月之服,不得以私情干也,亦礼也。吾问光曾有至性,寒不敢先衣,饥不敢先食,事父惟谨,读书攻苦,将自振以大其家声,而天不永其年,则稷之不幸也。虽然才不才亦各言其子也,殇不殇有定数焉。余为创立后之议,以止稷祝予之痛,世有君子,其不以余为无稽也夫。

(贺长龄、魏源辑,中华书局1992年影印本)

以弟为后,非礼。
《皇朝经世文编》卷五九,《礼政六·宗法下》,阎若璩《论钝翁立后书》:
承面问钝翁以长子筠卒,以幼子谷诒为之后,名之曰权。是说也,于礼安乎否乎?弟以钝翁长于礼学,而又身为大夫,不应当哀悼荒惑之余,任情黩礼,若世俗人所为者,其亦必有所恃乎？曷恃尔，殆恃宋文鉴刘原父为兄后一议乎？及归取其稿读之，果有与从弟论立后书，载刘原父之议。曰：春秋之义，有常有变，取后者不得取兄弟，常也。既已取兄弟矣，则正其礼使从子例，变也。僖公以兄继弟，春秋谓之子，婴齐以弟继兄，春秋亦谓之子。所谓常用于常，变用于变也。春秋唯公羊家多异说，姑勿论。即以其僖公元年传，此非子也。其称子何，臣子一例也。盖僖公于闵虽庶兄，实北面为臣，礼诸侯臣诸父兄弟，以臣之继君，犹子之继父，其服必斩，故传称臣子一例。今钝翁非诸侯也，然犹可诿者，曰：有婴齐大夫之例在。然今之大夫，非古之大夫也。古天子诸侯及卿大夫有地者，皆曰君。丧服传：君至尊也，为之斩，故大夫尊。得以降其亲，兄弟之服止大功，后世此礼不行，而刘炫驳牛宏降服之议，曰：古之仕者，唯宗子一人，由是先王重适。今之仕者，位以才升，不限适庶，与古既异，何降之有？由此推言之，纵钝翁无子，犹不得以弟为之后，而况钝翁之子筠，不过一士庶人耳，而敢援古大夫之例乎？或又为之解曰：钝翁固云权尔权尔，窃以天下何事不可权，而唯伦关父子，事涉宗祧，天经地义之所在，有必不可以权为辞者。且公羊不尝以权许祭仲之废君乎，君子深非之。汉隽不疑亦尝以卫辄拒父，春秋是之。断卫太子之狱，虽一时君臣，相顾嘉叹，以为经术之效，而后世则罪其说之非。善乎钝翁尝引苏氏之言曰：执圣人之一端以藉其口，夫何说而不可？然则斯议也，其亦圣人之一端也已矣。

《潜邱札记》引罗虞臣长子亦可为人后议曰：孙远死而无嗣，其弟重以长子彬后之，或曰重之命非也，长子不得为后，曰斯重宗之义也，吾将以重为知礼矣。昔子思兄死而使其子白续伯父以主祖及曾祖之祭，盖远嫌也。以兄代兄，是谓夺宗，以子继伯父，则有父命焉。其孔氏之家之变礼乎，重之命恶得为非。

（贺长龄、魏源辑，中华书局 1992 年影印本）

为争产而争继。
《皇朝经世文编》卷五九，《礼政六·宗法下》，胡季堂《请定继嗣条规疏乾隆三十八年》：
窃惟立继承祧，原为慎重嗣续，非为亲族分财产计也。江西讼词繁多，控争继嗣者尤为不少。臣每于案牍中留心披阅，无论大家世族、田野细民，凡无子之人，薄有赀产，族党即举起纷争，不夺不餍，或称应继，或称爱继，或称继者本非无子之人所喜悦，执定应继次序，必欲勒令承继。或应继者本无不得于所后之亲，而别房以爱继之说，钻谋怂恿，必欲另为择继。或子属夭亡，并未成婚，亦为议继，或子已成立身故，不为其子立继，反为其父立继，又或既为其子立继，又为其父立继，或大宗无子，并无家产，小宗止有一子，即称独子不出继，忍绝大宗。或有家产，即非大宗，又称现在虽止一子，将来尚能生子，不妨先

第二篇
律例体现的宗法家族制度与观念

行出继。并有大宗无子之人,偏爱远房之侄,不立周亲,致其祖父本有亲子亲孙,转令远支承其禋祀,讦告纠纷,殊为人心风俗之害。伏查例载无子者,许令同宗昭穆相当之侄承继,先准同父周亲,次及大功小功缌麻,如无,方许择立远房及同姓为嗣。又云继子不得于所后之亲,听其告官别立,其或择立贤能,及所亲爱者,于昭穆伦序不失,不许宗族指以次序告理,并官司受理各等语。是可知应继之人,果为所后之亲喜悦,自无另立爱继,如不得于所后之亲,例得告官别立。则应继者,即当归宗。若尚未定嗣,无子者素与应继之人不相和睦,或曾讦讼有案,是既非喜悦,即难以强其立继。在继后不得于亲,尚得告官别立,今未继时,已非情愿,若复拘定应继之说,议令承继,则继后尚能保其相安无事耶! 至例称无子者,系指已经成立,娶有妻室者而言,若夭亡,或未婚,则是尚未成人,自应为其父议继。若有子成立,已死,或子死而其妇孀守,自应为无子之人立继,不必再为其父立继。再一子不许出继,前乾隆四年奉部议覆,如止有一子,虽系期功近亲,分应得子之人,亦不得以独子过房为嗣,申饬在案。又辑注云:应继之房,止有一子,当出继不当出继,须依大宗小宗法议之。小宗可绝,大宗不可绝等语。是大宗无子,小宗虽止一子,自应将小宗之子承继大宗,其小宗另行议继。若非大宗,则凡止有一子者,虽期功近亲,分应得子之人,一概不许出继,例意昭然,自可察观户见。无如地方有司,因见例内有应继爱继两条,调停中立,每断应继与爱继并存,并有为未经成立之人议继者,有不为无子之人立继而为其父立继者,有既为其子立断、又为其父立继者。有误会一子不许出继致绝大宗者。有大宗无子,尚有小宗可以立继,而别立远房承嗣者,以致讼师蠹吏播弄把持,迨至上控督抚司道,酌核定断,而其人所有资财,早已消归乌有。为无子而继子,而兴讼,卒至鳏夫嫠妇产尽家倾,虽继子而仍同无子,情实可悯。臣请嗣后凡无子者,慎立后嗣一人,照依同宗昭穆次序承继,继后不得于所后之亲,听其告官别立,前继之子即令归宗。若同父周亲之侄,或素有嫌隙,或讦讼有案,应不准其立继,即在大功服属内承继。大功小功,如有讼嫌,亦即递降议立,其夭亡未婚者,或已娶而故、其妇未能孀守者,均毋庸立继,仍为其父议继。若有子已婚而子亡、其妇人能孀守者,应为其子立继,不得再为其父立继。至大宗无子,自应在同父周亲小宗内立继。即小宗止有一子,仍继大宗,其小宗另行立继。如非大宗,凡系独子,虽期功近亲,一概不许出继,如此明立科条,分别定断,庶绝觊觎之端,永免纷更之扰,讼端息而风俗较厚矣。

(贺长龄、魏源辑,中华书局 1992 年影印本)

争继纠纷与三不争。
《皇朝经世文编》卷五九,《礼政六·宗法下》,张甄陶《示邑民争继祀谳语》:

审得刘绍蕃与刘绍昂争继一案。缘刘绍蕃之胞兄绍璧早丧无子,遗妻杨氏孀守,彼时因祖遗田产无多,族众互相推诿,不肯承继,经杨氏觅有远房无服之刘成三为继,业经将近族不为承继之处,呈请批准在案。计刘成三自四岁入继,已经二十余年,娶有妻室,而杨氏亦勤俭积趋,续置田亩,居然中人之产,于是刘成三拥有余资,从事赌荡。而刘绍璧近房之兄刘绍昂,遂乘间唆诱杨氏,将成三呈官斥逐,另以绍昂之子亚康为继。彼时刘绍蕃之母钱氏,已经不允,将绍昂唆诱之处呈明,而刘绍蕃则坐视不言,其意以己只一子,不能分继,听绍昂所为,可以从中分肥得利。迨至十四年十月,杨氏病故,彼时刘绍昂之子久经定继,不复奉承刘绍蕃。而刘绍蕃之妾,亦经有孕数月,贪心顿起,唆母钱氏,将刘绍昂之子亚康揩阻,不许主丧,令己子观融挽,入执杖披麻,互相扭殴,纷纷呈告。而该族房人等,亦各惟利是从,左袒叠出。视此杨氏遗资,如逐兔分羹,各希染指。兹经逐一集讯,实无一应继杨氏之人也。何则?刘成三四岁入继,抚养长成完娶,应继矣。乃初以远宗入嗣,亲疏之分不明。后则呈控经官,母子之恩已断,此不应继也。刘亚康经杨氏托于择立亲爱之条,已经官给继书,首尾三载,应继矣。乃本刘绍昂钻营产业,挑激风波,谓他人母,已属可耻。况丧祭须从先祖,伦常统于一尊。刘绍璧之母,既不以亚康为孙,刘绍璧之妻,又安得以亚康为子?此不应继也。至刘绍蕃之子,披麻则称母命,争继又引律文,非不确然有据,不思若以长子出继,则一子无两嗣之条,若以次子为继,则生子在杨氏已死之后,进退两无所据,况杨氏乃绍蕃胞嫂,又即时令子主丧,则凡送死之资,便应独行承任,乃据族老共供,一切棺殡之费,俱系杨氏二女借债措办,是此辈惟继产而不继宗,分则至亲,情同陌路,实又不应继也。但刘绍璧夫妇已亡,不可无后。又此案互争已久,应予解纷。姑着将杨氏所遗产业,分为四分,先尽清杨氏死时借揭丧费,次着刘成三、刘亚康、刘观融与杨氏亲生二女,各按股均分。其刘绍璧夫妇木主,着刘成三、刘亚康、刘观融三人各行奉祀,俱着为杨氏之继,各从所愿。聊以息争,不必又援礼引律,致堕此辈度内,反成难结之案。但此不过就事论事,至现在争继之案尚有,而粤俗嗜利,争继最力,各执一说,非云先尽同父周亲,则云听告官别立所亲爱,非云大宗不可无后,则云失继之主无依,其言蔼如,其心难问。若不寻究根由,逐一剖示,则现争者既不愧不畏,特略考古今立继之本意以示邑民。盖古礼支子不祭,祭必于宗子之家。故宗子无后,则择支子以继之,所以重大宗而尊先祖。子夏传曰:为人孰后,后大宗也。何休公羊注:小宗无子则绝,大宗无子则不绝,重本也。然所谓大宗者,亦非仅以伦序嫡长,盖古者大人世及以为礼,有爵则世官,无爵则世禄,是皆不可令小宗旁支,杂出干预。必就其昭穆相近之人,令其承继。奉先则主邕承祧,合食以敬宗收族,今律所载立嫡子遗法,与文武袭荫各条,俱其遗意。然古亦有非大宗而立后者,《礼·曾子问》有曰:士之子为大夫,无子则为之置后,此以贵

第二篇
律例体现的宗法家族制度与观念

而为之立后。又《礼》既曰殇与无后者,祭于宗子之家,而《左传》则有能执干戈以卫社稷可无殇也之文,是贤亦为置后。至若非大宗非贵非贤,则礼明明有无后从祖祔食之文,又有无宗亦莫之宗之语。然古今人情不甚相远,当时亦必有觊觎财产、强附人后者。故《檀弓》志孔子射于矍相之圃,门人扬觯,摽覆军之将,亡国之大夫与为人后者而出之。此则指不应置后,而强为之后之人也。至于三代以后,今古异宜,封建废则世爵禄废,世爵禄废则宗法亦废,嫡长降为陪隶,即堕其家声,旁庶而克树立,即扬其宗祖,而所奉之祖,亦非古厥初生民之太祖,因生赐姓之别宗,其功德必世世不祧者比,是宗法废则为人后之说亦宜废。然犹有不可废者,一则如凡公侯伯以下,以至世职流官之分应承袭者,则按照为定例,使利无可争;一则如屯兵卫军则有勾丁,盐丁工匠则有世业,前朝犹千里勾符,荷戈应役,必按例承替,使害无可避,至若蚩蚩编氓,既无袭荫可争,又不以世业贻累,则所有田产,自有律内无男归女无女入官充公之条,所有承继,殊不足论。然圣君贤相,体恤人情,以生者必有所养,死者必有所归,不可不为之所。故于律内首载先尽同父周亲,以次旁及,务于昭穆伦序不失之语。使暮年失子之人,有所倚依以慰,又别列嗣子不得于所后之亲,听告官别立之条,使为人后者,不敢以非天属忤于所后之亲,互相牵制,意义至深远也。然而法立弊生,人心百变。其贫无立锥之地,即有昭穆伦序不失,谁与为亲,其稍有家业者,则无赖奉承,惟所欲择,而恐不得当。又有妇女偏见,憎爱无常,而从中构挑之人,饰邪说,文奸言,资其附和。则亦各引律礼,而其意全不在此。儒以诗礼发冢,而盗跖以饴粘牡,就其见与之剖,是益滋之惑也。故论承继于编户之氓,既非有大宗小宗为贵为贤之别,又无承袭之乐更替之苦之殊,则惟取其义可以相安,而各从其愿。盖有三不争之说于此,一曰继死者不必争,何则?生民有欲,是以有爱憎厚薄之殊,而伦常之说,不足以尽之。若已死,则其人亡其欲亡矣,所余者气无不之,而穷则反其本,故鬼神不享非类,则气不相通,气不相通,则祭无由而格。若就其气以求之,则必就伦序为当矣,此不必争也。一曰继生者不必争,何则?鬼犹求食,须求所归,岂民之生,反令颠拂,今若入继之男,不得于父母,或应继子之父母,不友于弟昆,是其日寻诟谇,不可一朝而居,岂可继以虚名,迫使终身之累,自应听其择于亲爱,以安齿没,此不必争也。一曰继妇人者不必争,何则?妇人无子,是有二义,其青年丧夫,矢志守节,是其无子可旌,自应为择亢宗之子;其有自不生育,而又妒忌凶悍,令夫无子者,其人已犯七出之条,又欲拥家赀徇爱憎以混昭穆,则族人可秉礼以正之,其主使者可按法以惩之,盖女人从夫不从身,立继继宗非继己,自应就其夫之伦序,酌其继之人才,何用纷纭辨论,此不必争也。弃亲而取疏是谓悖德,见利而忘义是谓无耻,不揆以理而惟一偏之词是听,是谓之不知类。此三者吾无取焉。若夫仁人孝子友兄悌弟之不忍死其亲者,则自行其心之所安,而礼可以义起,不可执是说以绳之也。爰因刘氏争继之事,发其义以晓吾民焉。

(贺长龄、魏源辑,中华书局1992年影印本)

禁止家族为继承遗产强逼孀妇改嫁律。
《湖南省例成案》卷五,《户律·示禁承继逼嫁》:
民间混争承继及逼嫁寡妇争夺财产之习,请赐严禁也。伏查《定例》开载:无子者许令同宗昭穆相当之侄承继。先尽同父同亲,次及大功、小功、缌麻,如俱无方,许择立远房及同姓为嗣。若立嗣之后却生子,其家产与原立子均分。又《定例》:继子不得于所后之亲听其告官别立。其或择立贤能及所亲爱者,若于昭穆伦序不失,不许宗族指以次序告争并官司受理。若义男女婿为所后之亲喜悦者,听其相为依倚,不许继子并本生父母用计逼逐,仍着分给财产。若无子之人家贫,听其卖产自赡。又《定例》:妇人夫亡,守志者合承夫分,须凭族长择昭穆相当之人继嗣。又《定例》:孀妇自愿守志,而母家夫家抢夺强嫁者,各按服制照律加二等治罪。煌煌宪典非不严明,乃楚南习俗,遇有继嗣之事,若其人家道颇丰,则不容本人情愿,不论是非亲爱,只以分属亲房,即以子弟强令承继。其尤可骇者,倘有亲支数人,则人人称系应继,彼此争夺,甚至抢谷居庄。本人现在,而目击财产属之他人,莫敢谁何。虽欲卖产自赡,而不能自主,人亦不敢承买,以致争继之案竟成巨件,经年累月弗获归结。亦有因此别酿事端者。至于妇女夫亡,则夫家之人视为奇货。在本妇贫者,固图嫁卖财礼肥囊。若其家稍富,并欲得其遗产。倘本妇矢志柏舟,无子立继,则群起相争,多方□□□子可守,又复有意欺凌,用计逼逐不嫁不休。此卑职历任南楚十余年来,见闻颇悉者。虽未必人人若是,处处如斯,然似此者已十之六七矣。夫立嗣承继,螟蛉似我,即与亲生无异。若不令本人喜悦,非所亲爱,则雠仇在室矣,何以终余年。从一乃妇人之义,逼令失节,更属有乖风化,应请宪恩俯赐饬行各属,开明定例,刊示遍贴,严行禁止,一有违犯,即行惩究。俾继嗣者得以听其择立,不致混争;守志者获田,自作主张,无虞逼逐。均感戴深仁无既,而此等争继夺产之案必日渐稀少,亦属消弭□讼之一端也。

(复印件,原书藏日本)

孀妇与故夫遗产。
《大清律例》卷八,《户律·户役·立嫡子违法》:
妇人夫亡无子守志者,合承夫分,须凭族长择昭穆相当之人继嗣。其改嫁者,夫家财产及原有妆奁,并听前夫之家为主。

第二篇
律例体现的宗法家族制度与观念

（天津古籍出版社1993年点校本，第195页）

孀妇改嫁与由夫族、母族主婚。
《核订现行刑律》，《婚姻·居丧嫁娶》原修改例文：

孀妇自愿改嫁，由夫家祖父母、父母主婚；无祖父母、父母，但有余亲，即由母家祖父母、父母主婚；如母家亦无祖父母、父母，仍由夫家余亲主婚；倘夫家主婚受财，而母家统众强夺，及夫家并无例应主婚之人，母家主婚改嫁，而夫家疏远亲属强夺者，均照不应重律治罪。（编者按：修改文同，惟最末处用新语汇——"均处八等罚"——杖八十。）
（奕劻、沈家本编订，宣统元年版）

独子为人后。
光绪《大清会典事例》卷一四一，《吏部·籍贯·更名复姓出继归宗》：

乾隆四十年谕：户部奏军营病故乏嗣人员，请照阵亡之例，准以独子立嗣一折，已依议行矣。独子不准出继，本非定例，前因太仆寺少卿鲁国华条奏，经部议准行。但立继一事，专为承祧奉养，固当按昭穆之序，亦宜顺孀妇之心，所以例载嗣子，不得于所后之亲，准其另立，实准乎情理之宜也。至独子虽宗支所系，但或其人已死，而其兄弟各有一子，岂忍视其无后！且现存者尚可生育，而死者应与续延，即或兄弟俱已无存，而以一人承二房宗祀，亦未始非从权以合经，又或死者有应袭之职，不幸无嗣，与其拘泥独子之例，求诸远族，何如先尽亲兄弟之子，不论是否独子，令其继嗣之为愈乎。嗣后遇有孀妇应行立继之事，除照例按依昭穆伦次相当外，应听孀妇择其属意之人，并问之本房是否愿继，取有合族甘结，即独子亦准出继，庶穷嫠亦得以母子相安，而立嗣亦不至以成例阻格。该部即照此办理。著为令。

（中华书局1991年影印本，第2册，第809页）

独子兼祧。
《清史稿》卷九三，《礼志十二·独子兼祧》：

乾隆四十年，高宗特旨允以独子兼祧，于是始定兼祧例。兼祧者从权以济经，足补古礼之阙。《会典》服制别大宗、小宗，以大宗为重。大宗依服制本条持服，兼祧依降服持服。

道光九年，礼臣增议两祧服制，以独子之子分承两房宗祧者，各为父、母服斩衰三年，为祖父、母服齐衰不杖期。父故，嫡孙承重，俱服斩衰三年。其本身为本生亲属俱从正服降一等，子孙为本生亲属只论所后宗支亲属服制。

同治十年,允礼臣请,兼祧庶母服制,依定制为兼祧父、母服期,为兼祧庶母服小功。其以大宗子兼祧小宗与以小宗兼祧大宗者,以大宗为重。为大宗庶母服期年,小宗庶母服小功。其以小宗兼祧小宗者,以所生为重,为本生庶母服期年,为兼祧庶母服小功。至出嗣而非兼祧者,以所后为重,为所后庶母服期年,为本生庶母服小功。既降期而服小功,其兼祧庶母为兼祧子持服亦如之。

(中华书局1976年版,第10册,第2728-2729页)

出子对本生父母丧礼。
《清朝通典》卷六二,《礼·凶二·独子出继之例》:
臣等谨按:乾隆四十年奉上谕,独子出继之例,以一人承两房宗祀,原例内虽无服制明文,但既为人后,其嗣父病故,自应照雍正十三年议准定例,服丧三年,至将来本生父母病故,则丧不并行例,止期服,其人情切,报本于礼,仍有心丧三年之文,原可自尽,仰见圣人酌礼准情化民加厚之至意,盖降服心丧礼节不逾,而衷情各尽,实所以补丧礼之所未备也。

(浙江古籍出版社1988年版,第2481页)

承爵、补授关乎家谱,故将有关八旗、贵胄家谱的上谕等文献辑录于此。
《世宗宪皇帝上谕八旗》卷一:
雍正元年九月二十七日。奉上谕:嗣后凡承袭世职及补授佐领,若有应行列名而不列名者,于其家谱本名之下将情由注明。将此传知八旗。特谕。

(《四库全书》本)

八旗补授官员佐领之家谱内书写格式之圣谕。
《世宗宪皇帝上谕八旗》卷三:
雍正三年三月初八日,奉上谕:嗣后八旗补授官员佐领之家谱内,着将原立官职、佐领人之子孙按其名数尽行书写,如一谱不能尽书,即缮写二谱具奏。特谕。

(《四库全书》本)

《世宗宪皇帝上谕八旗》卷三:
雍正三年九月十三日。镶蓝旗满洲都统赖都等,将袭额德布世职之家谱具奏。奉上谕:承袭额德布世职之家谱折内,将额德布之兄赫德布并其子五人俱行开列,皆系伊等

第二篇
律例体现的宗法家族制度与观念

父子,并无别派。似此等者,尔等将应承袭者拣选一二人具奏,庶不致于烦扰,如有别派之人,尔等于家谱内俱行开列为是。特谕。

(《四库全书》本)

锡爵与家谱。

《世宗宪皇帝上谕八旗》卷四:

雍正四年三月十五日。召入镶黄旗都统鄂善等。奉上谕:阅尔等所奏世袭官员家谱奏折内,其承袭之处或有兄应承袭乃袭与少弟,遂专令此一支相继。承袭者原袭此官之时,或系伊兄弟内情愿让与,或因伊兄庸劣有疾及非正室所出等情,方不袭与,亦未可定。若延至日后,竟不令伊之子孙得与,殊属屈抑,朕悉知此情。从前向大臣等屡降谕旨,令将原立官职之人凡有儿子将其子孙俱勿裁减,应带来者即行带来。或有人庸劣及非正室所出等情,着于本名之下注明,朕亦便于阅看。将朕此旨及所进家谱奏折交与八旗明白宣示,有似此者俱改定再进。特谕。

(《四库全书》本)

族谱记载外任旗员随行家属。

《世宗宪皇帝上谕内阁》卷六四:

(雍正五年十二月)十二日谕八旗:大臣旗员以习武为要,即文职子弟亦不可废。今览镶黄旗汉军世袭家谱内,原任道王希舜将伊弟兄子侄俱带赴任所,伊子侄每一人,岂无二三家人,所养人口既多,如何能为廉吏?如何能免私事牵连?子弟随任,但知倚仗叔伯势力无所不为,扰害百姓,最为恶习,有何善状?汉军内不得人才皆由于此。

(《四库全书》本)

清查私改家谱、十年修改一次。

《世宗宪皇帝上谕八旗》卷一一,《谕行旗务奏议》:

于雍正十一年五月二十六日奉旨依议。八旗都统等议覆,据副都统代林布奏称:每见袭官之家,狃于得职,互相争执,有以为非系亲裔系为养子者,又或以为私改家谱,以近族为远,远族为近者纷纷控告。至于佐领又非承袭世职者可比,现今将八旗原管佐领、世管佐领缘由,清查厘定,请交与八旗都统等;将各该旗承袭世职补放佐领等之家谱,交参领佐领等逐一查对明晰呈堂。有应详查拟议者,即会同八旗大臣等集议,议定之后,造册一本,钤用都统印信,恭呈御览后送内阁收贮。又造册一本,用参领关防佐领钤记外,其家谱内有名之人凡十岁以上者,悉令画押,于接缝处钤用印信,收贮各旗公署,俟至十年,将家谱修改一次等语,应如代林布所奏。凡承袭世职补放佐领等事造具清册一本,用都统印信送内阁存贮。另造一本,用参领关防佐领钤记外,令十岁以上有名之人悉行画押,送该旗公署收贮,俟至十年,照例另行造册,用印存贮。

(《四库全书》本)

世袭官员议罪,并家谱具奏请旨。

《世宗宪皇帝上谕八旗》卷三,《上谕旗务议覆》:

上谕:议得雅图之罪,实系伊家私事,并非因公获罪,应将伊之世职仍令其子孙承袭。嗣后,凡世袭官员因私事获罪在十恶内者,不准其子承袭。其因人命拟斩绞者,虽遇恩诏赦免,仍不准其子承袭,袭与亲兄弟之子,如无亲兄弟及亲兄弟无子嗣者,该旗将原立官情由查明,并家谱具奏请旨。

(《四库全书》本)

宗圣曾氏家族防查混冒紊宗,由于事涉优免,官府专门拟定办法。

道光湖南《武城曾氏重修族谱》,《例言》:

严查混冒,杜紊宗也。凡口称圣裔,是否一家,有无共谱,不由宗子考核,地方官长无凭稽查,则凡同姓必冒优免,此紊宗逃差所由来也。吾族分东南两大宗,谱绳宗子之法,历由南宗设局,东宗查核。为杜混冒,东宗核盖钤记,南宗州同吉庵用中间恭将世宗宪皇帝钦赐"省身念祖"四字图章于新旧各谱逐页戳盖。今并呈衍圣公府暨嘉祥、宁乡两县大宗所在地方官长核盖印信。嘉庆十六年,湖南升任抚宪景批准通饬:必须衍圣公府暨翰**博印谱**,方准优免。十七年,湖南**前藩宪**朱详奉前抚宪广**批准通饬**:必须南宗曾衍詠逐页**戳盖**"省身念祖"四字图章,以杜**串弊抽**□异种。十九年,**前藩宪**翁札称:十八年奉湖南前护抚宪陈严锄义子赘婿无谱混免,同姓不宗捏谱冒免,除通饬各府、厅、州、县外,另札宁乡县学协同南宗查嫡印谱,给牌造册,移明各处,查照优恤,毋任紊宗逃差。二十三年,王宏书及各县民人等奉前署藩宪海批局长沙府议详通饬:必须查明宗谱,确有衍圣公府印信、东宗钤记、南宗图章,方准造册给牌优免。二十四年,前抚宪吴准东咨文通饬札开:圣贤后裔应否优免杂派差徭,全以有无印谱为据。前经陆续详请优免者,均有谱牒同赍至,孰真孰假,原本能辨。迨经批准后,即有以冒裔滥邀控告者,不一而足。嗣后凡有详请优免杂派差徭者,先行移咨宁乡县学,协同南宗核对老谱,如果代数相符,即赍送东省翰博处复加查核,由衍圣公府咨复,到日再行办理。若该学等核定不符,显有假冒情弊,将伪

第二篇
律例体现的宗法家族制度与观念

造之谱更正,优免之案注销,并交地方官照例治罪。旋奉衍圣公府札饬南宗协同宁乡县学造册杜冒,各在案,法最严矣。嗣后再修,当守历代旧规,南宗设局核盖图章,东宗详查核盖钤印,呈请衍圣公府核盖紫印,庶伙串梓工混冒影射之弊杜矣。

(道光版)

孔府差人往江浙清查族谱受惩处。
《大清高宗纯皇帝实录》卷七七三:
(乾隆三十一年十一月下丙戌)又谕:据明德奏,查办孔继衮携带空白奉祀礼生札付,审系衍圣公孔昭焕,差往江浙清查族谱,令其带往,请将孔昭焕交部严加议处,并将孔继衮等分别定议一折,所办甚属公正。国家加恩圣裔,礼遇甚优,衍圣公身膺显爵,自当益矢谨慎,以承先泽而副优眷。即如承修族谱一事,虽相沿已久,越数年修正一次,亦只应就籍隶山东,确有支派可考者,随时查辑。若其同宗散处各省,系次既属遥远,势难逐一清厘,徒使差委之人藉端滋弊。嗣后应示以限制,至庙庭设立赞礼奉祀各生,原以肃将祀典,自应慎择本省醇谨之人充补,俾得就近襄助骏奔。若令外籍无稽之人滥与其选,转非所以昭虔恪,又岂尊师重道之本意乎?孔昭焕年幼无知,受人愚惑,辄以空白札付委交孔继衮带至江南,觅人填给,甚属不合。孔昭焕著交部严加议处,其奉祀生、礼生等项从前任意充补,未免太滥。嗣后亦应酌定额数,会同该巡抚、学政,慎选咨文充补。其如何定立章程之处,著大学士会同该部详悉定议,余著该部核拟具奏。寻议:各祠宇奉祀生,节经议定额缺,颁给部照。今孔继衮等仍有滥给札付,应饬交该督抚、学政详查,如有额外滥设,即行裁革,将衍圣公所给执照追销,并将现充祀生册送礼部。嗣后山东省祀生缺出,令衍圣公会同该抚、学政于嫡派子孙内选补,其江浙等省祀生缺出,令各该督、抚、学政详查孔氏嫡派子孙顶补,仍取地方官印甘各结咨部换照。再各省先贤先儒奉祀诸生,有无额外浮多,一体饬查送部。其补缺并照现定章程办理。至赞礼生,前经议定直省文庙准设四名,皆以生员充设,其余先贤先儒家庙,并无额设礼生之例,亦应将从前私给执照追毁。至孔氏承修族谱,应遵旨就籍隶山东确有支派可考者随时查辑,无许差委远出。从之。

(中华书局1986年影印本,第10册,第486-487页)

表彰查办孔府赴江浙清查族谱事件的大臣明德。
《大清高宗纯皇帝实录》卷七七三:
(乾隆三十一年十一月下丙戌)谕军机大臣等:明德奏查办孔继衮,审系衍圣公孔昭焕委赴江浙清查族谱,究明各情节,请将孔昭焕严加议处,并将孔继衮等审拟治罪一折,所奏甚属公正明当,设使尹继善、庄有恭任内遇有此等事,必不肯如此办理。该抚近来一切俱能认真,即如前此审改南汇、山阳两县舛错案情,并参奏李永书不胜江苏臬司之任,俱能适惬朕意。明德能实心任事若此,国家又得一好封疆大臣,朕心实为嘉悦。着赏给荷包六个,以示优奖。并将此传谕知之。

(中华书局1986年影印本,第10册,第487页)

调查因清查族谱而获咎的孔昭焕。
《大清高宗纯皇帝实录》卷七七七:

(乾隆三十二年正月下)戊子。谕军机大臣等:据孔昭焕奏,查有管勾周士楷一员,并未咨参。兹准部咨斥革,不知何人捏造印文咨部,现将经管文移之书吏张何押交曲阜县究讯,并咨山东巡抚查办等语。管勾周士楷既未经孔昭焕咨参,其咨部印文系何人窃用捏造之处,不可不严加讯治。著崔应阶切实审究,务得确情,按律定拟。至孔昭焕甫有清查族谱、滥给孔继衮札付在外滋事一案,何以复有窃用印文之事,或系有人欺伊年幼无能,从中滋弊,或系伊年已长成,渐不安静,亦未可定。著崔应阶留心体察,据实覆奏。

(中华书局1986年影印本,第10册,第531-532页)

孔府在江西清查族谱被调查。
《大清高宗纯皇帝实录》卷七七七:

(乾隆三十二年正月下甲午)是月,江西巡抚吴绍诗奏:据赣州府知府李枝昌禀,洙泗书院学录孔兴珪同祀生孔兴琪投递衍圣公孔昭焕移文,来赣清查族谱,旋在赣县长落、方田、西坑三处索收盘费银五十两,当委员将孔兴琪并挑夫李曰凤追回。据供,孔兴珪途次患病,已回湖广通城县原籍,仍将委牌交伊代查等语。现在咨提孔兴珪及随从书役来江质讯,并将孔兴珪果否奉部发给文凭,及孔兴琪是否实系咨部祀生之处,仍飞咨衍圣公查覆。得旨:所奏似闻孔昭焕处分后始赶奏者,颇瞻徇观望矣。即当究其沿途生事之罪。严行参处,何又问彼之有,汝大不是矣。

(中华书局1986年影印本,第10册,第542页)

调查孔府在铁岭县清查族谱事。
《大清高宗纯皇帝实录》卷八〇五:

(乾隆三十三年二月下辛巳)谕:刑部奏盛京将军咨送孔兴林被王凤翔殴伤一案,据孔兴林供称,因衍圣公孔昭焕令其前往铁岭县清查族谱,潜住同族之六十二家,致与王

第二篇
律例体现的宗法家族制度与观念

凤翔角口被殴等语。曲阜孔氏查修家谱一事,前因其差人至外省滋事,曾将孔昭焕议处,并下部议饬禁。如孔昭焕不知悛改,于奉禁之后仍复遣人外出,即应严加议处。若系孔兴林假托奉差查访宗支为名,需索不法,亦当查明重治其罪。所有孔兴林是否实系圣裔,果否系孔昭焕差往铁岭之处,均着孔昭焕明白回奏,到日再降谕旨。至六十二系王凤翔家契买家人,王凤翔因往六十二家比丁,孔兴林辄与认为同族,将六十二藏匿,强出寻衅。是王凤翔之殴孔兴林,因其袒护六十二所致,与寻常争殴不同,不应予以答责,刑部所拟尚未得其平。朕办理庶务,悉惟折衷至当,即小罚亦期平允,从不稍令丝毫屈抑也。寻孔昭焕奏:孔兴林系臣远族,平素并未识面,实无差委外出之事,但臣难辞失察之咎,请饬部察议。得旨:该部察议具奏。

(中华书局1986年影印本,第10册,第877页)

(四)保护宗族公产法

盗卖祀产罪重。

《大清律例》卷九,《户律·田宅·盗卖田宅》:

凡子孙倒卖祖遗祀产至五十亩者,照投献捏卖祖坟山地例,发边远充军。不及前数及盗卖义田,应照盗卖官田律治罪。其盗卖历久宗祠一间以下,杖七十,每三间加一等,罪止杖一百,徒三年。以上知情谋买之人,各与犯人同罪,房产收回给族长收管,卖价入官。不知者不坐。其祀产、义田令勒石报官,或族党自立议单公据,方准按例治罪。如无公私确据,藉端生事者,照诬告律治罪。

(天津古籍出版社1993年点校本,第209页)

光绪《大清会典事例》卷七五五,《户部·户律田宅》:

乾隆二十一年定例:凡子孙盗卖祖遗祀产至五十亩者,照投献捏卖祖坟山地例,发边远充军。不及前数,及盗卖义田,应照盗卖官田律治罪。其盗卖历久宗祠,一间以下杖七十,每三间加一等,罪止杖一百徒三年。以上知情谋买之人,各与犯人同罪,房产收回,给族长收管。卖价入官。不知者不坐。其祀产义田,令勒石报官,或族党自立议单公据,方准按例治罪。如无公私确据,藉端生事者,照诬告律治罪。

(中华书局1991年版,第9册,第327页)

民国广西平乐《邓氏宗谱》卷二,《律例歌》:

盗卖祀产　数目攸分　至五十亩　边远充军

(光绪十七年十贤堂刊本,民国十三年续刊)

坟山之争与石碑、族谱的证据作用。

《大清律例》卷九,《户律·田宅·盗卖田宅》:

凡民人告争坟山,近年者以印契为凭。如系远年之业,须将山地字号、亩数及库贮鳞册并完粮印串,逐一丈勘查对,果相符合,即断令管业。若查勘不符,又无完粮印串,其所执远年旧契及碑、谱等项,均不得执为凭据,即将滥控侵占之人按例治罪。

(天津古籍出版社1993年点校本,第210页)

私自出租宗族公共山地之罪。

《大清律例》卷九,《户律·田宅·盗卖田宅》:

若有将公共山场,一家私招异籍之人搭棚开垦者,即照子孙盗卖祖遗祀产至五十亩例,发边远充军。不及五十亩者,减一等,租价入官。……父兄、子弟同犯,仍照律坐罪尊长。族长、祠长失于查察,照不应重律科罪。

(天津古籍出版社1993年点校本,第210-211页)

子孙盗卖祖坟树木。

《核订现行刑律》,《盗贼上》修改律文:

凡子孙将祖父坟茔前列成行树木及坟旁散木高大株颗私自砍卖者,一株至十株处十等罚,十一株至二十株徒三年,计赃重者,准窃盗加一等从其重者论,二十一株以上者流三千里。如平日并无不肖行为,实系迫于贫难,别有正大需用,于坟茔并无妨碍,人所共知者,不用此例。或系坟旁散树,并非高大树颗,均照不应重科罪。看坟人等及雇工盗卖者罪同。

(奕劻、沈家本编订,宣统元年版)

他人盗卖非本族人的坟树,亦行治罪。

民国广西平乐《邓氏宗谱》卷二,《律例歌》:

盗卖坟树　若系他人　犯至三次　亦拟充军　知情盗买　罪亦难宽　树木等物各分入官。

(光绪十七年十贤堂刊本,民国十三年续刊)

坟丁、祭祀田产不没收。

第二篇
律例体现的宗法家族制度与观念

《大清律例》卷一二，《户律·仓库下·隐瞒入官家产》：

凡亏空入官房地内，如有坟地及坟园内房屋，看坟人口、祭祀田产，俱给还本人，免其入官变价。

（天津古籍出版社 1993 年点校本，第 255 页）

罪臣讷亲祖祠堂不没官。

《大清高宗纯皇帝实录》卷三六六：

（乾隆十四年三月上己未）又谕曰：讷亲入官之产，内有伊祖祠堂一所。讷亲辜负朕恩，罪所应得，其祖父皆系国家宣力功臣，并无罪过。再爱必达、阿里衮代讷亲应赔银两，既经施恩宽免，着加恩将伊家祠堂令策楞照官买例买回，存其家祀。

（中华书局 1986 年影印本，第 5 册，第 627 页）

监生卓汝谐盗卖祠堂门楼地基。

《大清高宗纯皇帝实录》卷一一五〇：

（乾隆四十七年二月上庚辰）谕军机大臣等：据陈辉祖等奏，查出仁和县监生卓天柱等收藏伊先人卓长龄等诗集，内有"剃头轻卸一层毡"。又"发短何堪簪，厌此头上帻"。及彼都人士痛绝黍禾之语。又卓士忠钞录本朝诗内，并不将御制诗出格缮写，辄敢妄用红笔圈点，实属大逆狂吠，现在彻底究审等语。卓长龄等生于本朝，食毛践土，乃敢肆其狂吠，将本朝制度作诗指斥，不法已极。国家定制，损益从宜，即以剃发而论，自较便于前朝。乃该犯等因穷困无聊，遂尔心怀刺讥，形之歌词，实为人心风俗之害。今经发觉，虽该犯已幸逃显戮，伊孙卓天柱等，于此等悖逆诗集，并不即行首缴，且挖去违碍字迹，有心隐藏，自有应得之罪，着陈辉祖审明照例定拟。又据奏监生卓汝谐曾盗卖祠堂门楼地基查出控县，游幕江南避匿，挟嫌首告，是该犯计图报复，亦非专为举发悖逆起见，亦当审讯明确，照例办理。将此传谕陈辉祖，并谕王杰知之。

（中华书局 1986 年影印本，第 15 册，第 415-416 页）

查出罪臣祠堂祭田赏还。

《大清仁宗睿皇帝实录》卷五二：

（嘉庆四年九月下癸未）又谕：昨据倭什布奏到胡齐仑动用军需底帐，庆成、永保俱经得受馈送银两，因降旨将伊等家产查抄。今据布彦达赉、盛住等将抄出庆成、永保家产开单呈览，本应照例入官。但念庆成之曾祖孙思克，曾于国初著有勋绩，为本朝出力之臣。又有公主下嫁伊家,而庆成之祖五福亦曾任御前侍卫,始终勤慎,今庆成虽因带兵不力得受馈送获罪,但念伊前此打仗曾经得伤,此次未经上紧杀贼,较之永保之有心逗遛安坐贻误者有间,所有庆成祖遗住房一所,及公主陪嫁坐落蓟州等处地三十一顷六十亩五分四厘,金册一分,俱着加恩赏还。至庆成之父惟精,并未获咎,其屋内什物亦着全行给还。其余抄出房地金银钱文衣物等项,皆系军需项下馈遗所得,俱着交内务府等衙门照例办理。男妇人口发交该旗查办,所有大隆号氇氆铺李文林借过银一万两,九江管关道阿林保借过银四千两,及张星彩借过银四百两,并着勒限严追。至永保得受银两,前据胡齐仑狡供毕沅送银二千两,其余六千两,系属马价。今讯据永保家人伊昌阿等供称,永保在刑部监禁后,有沈姓送到银八千两。此内有毕沅帮银二千两。胡齐仑送银六千两。永保令伊侄出名将银三千两买得住房一所。其余五千两陆续用去等语。是此项房屋,系永保将收受馈送银两所买,自应入官。至永保家人除借用者无庸入官外,其新典之九儿、张氏二名。着交该旗照例官卖。其余查出祠堂祭田及伊子英智、英华衣服什物,俱着赏还。

(中华书局1986年影印本,第1册,第672-673页)

赏还毕沅抄产内坟茔山田、祠堂家庙、祭田。
《大清仁宗睿皇帝实录》卷五六:
(嘉庆四年十二月丁酉)赏还原任湖广总督毕沅抄产内坟茔山田、祠堂家庙,并附近坟茔余地及祭田三分之一。
(中华书局1986年影印本,第1册,第733页)

旌表捐助义田者。
《大清德宗景皇帝实录》卷一六二:
(光绪九年四月戊午)以捐助义田,旌表吉林民籍寿妇石熊氏。
(中华书局1987年影印本,第3册,第273-274页)

皖南荒芜祭田、义田不可存留认垦。
《大清德宗景皇帝实录》卷一九九:
(光绪十年十二月上)己卯。谕内阁:御史汪鉴奏,皖南垦章纠葛,并客民良莠不齐,实为地方隐患各折片。据称安徽所定宣城垦务章程,认田缴价,均欠平允。其于祭田、义田存留认垦,办理尤未允协,应将皖南各郡荒田妥议定章等语。皖南自遭兵燹后,荒田极多,土民人丁稀少,自不能不借资客民。所有垦荒章程应如何分别缴价,各乡祭义公产应

第二篇
律例体现的宗法家族制度与观念

如何确切清查，必须地方官与承办委员，秉公详酌，毫无偏倚，方足以垂久远。其土民客民互相纠葛之事，尤在专论良莠，不论土客。该御史所奏各节，着卢士杰督饬所属，并遴选公正绅士，认真妥筹，奏明办理。原折片着钞给阅看，将此传谕知之。

（中华书局1987年影印本，第3册，第831-832页）

慈溪县董祉等捐置义田赡族立案。
《大清德宗景皇帝实录》卷三二〇：
（光绪十九年正月甲午，浙江巡抚崧骏）又奏，慈溪县革员董祉等捐置义田赡族，请奏咨立案。报闻。

（中华书局1987年影印本，第5册，第146页）

准为捐助义田者父母建坊。
《大清德宗景皇帝实录》卷三二九：
（光绪十九年十月甲寅）以捐助义田，予四川鄐都县绅士候补知府曾溥为其父母建坊。

（中华书局1987年影印本，第5册，第222页）

《大清德宗景皇帝实录》卷四九八：
（光绪二十八年四月庚戌）予捐银助赈四川蓬州附贡生沈国熊捐助义田郫县已故刑部主事刘湘妻邓氏各建坊。

（中华书局1987年影印本，第7册，第586页）

元和县绅沈宝恒捐置义庄立案。
《大清德宗景皇帝实录》卷一五七：
（光绪八年十二月下癸酉）两江总督左宗棠等奏，元和县绅沈宝恒捐置义庄，请饬部立案，下部知之。

（中华书局1987年影印本，第3册，第210页）

金山县钱溥以创设义庄旌奖。
《大清德宗景皇帝实录》卷二五八：
（光绪十四年八月辛卯）以创设义庄，追予江苏金山县三品封职监生钱溥义旌奖。

(中华书局 1987 年影印本,第 4 册,第 469 页)

浙江杨炜枢以捐置义庄建坊。

《大清德宗景皇帝实录》卷三一五:

(光绪十八年八月辛巳)以捐置义庄,予浙江秀水县生员杨炜枢等建坊。

(中华书局 1987 年影印本,第 5 册,第 88 页)

以捐建宗祠义庄养赡宗族被赐匾额。

《大清德宗景皇帝实录》卷三一九:

(光绪十八年十二月壬申)以捐建宗祠、义庄养赡宗族,赏前贵州按察使王庭兰匾额,曰"谊崇敦睦"。

(中华书局 1987 年影印本,第 5 册,第 136 页)

以捐建义庄养赡宗族赏匾额

《大清德宗景皇帝实录》卷三二一:

(光绪十九年二月甲寅)以捐建义庄养赡宗族,赏前任山东布政使王毓藻匾额曰"范庄遗轨"。

(中华书局 1987 年影印本,第 5 册,第 153-154 页)

以捐建义庄予建坊。

《大清德宗景皇帝实录》卷三二三:

(光绪十九年四月)甲戌。以捐建义庄,予江苏华亭县绅浙江候补同知顾璜为其故父母建坊。

(中华书局 1987 年影印本,第 5 册,第 177 页)

以捐建义庄予建坊。

《大清德宗景皇帝实录》卷三二六:

(光绪十九年七月乙巳)以捐置义庄,予江苏常熟县五品封职徐朝荣建坊。

(中华书局 1987 年影印本,第 5 册,第 198-199 页)

置义地赡济宗族请饬立案。

第二篇
律例体现的宗法家族制度与观念

《大清德宗景皇帝实录》卷四六一：

（光绪二十六年三月丙辰）署两江总督鹿传霖等奏，江宁绅士、中书科中书衔附贡生潘绍骝等，仰承先志，积置义地二千五十余亩，赡济宗族，请饬立案，下部知之。

（中华书局1987年影印本，第7册，第42页）

以遵命捐置义庄予其故父母建坊。

《大清德宗景皇帝实录》卷四九七：

（光绪二十八年三月乙亥）以遵命捐置义庄，予湖南浏阳县在籍知州刘人熙等为其故父母建坊。

（中华书局1987年影印本，第7册，第567页）

以捐助宗祠义庄予浙江平湖县陆氏建坊。

《大清德宗景皇帝实录》卷五五七：

（光绪三十二年三月辛巳）以捐助宗祠义庄，予浙江平湖县候选州同陆增铨、监生陆惟鏊为其故父、故祖父建坊。

（中华书局1987年影印本，第8册，第383页）

以建立义庄予建坊。

《大清德宗景皇帝实录》卷五六二：

（光绪三十二年七月庚申）以建立义庄，予赠职附生俞镜清命妇俞周氏建坊。

（中华书局1987年影印本，第8册，第444页）

以捐建义庄赏匾额。

《大清高宗纯皇帝实录》卷五七二：

（光绪三十三年四月戊辰）以捐建义庄，赏江苏在籍工部左侍郎盛宣怀匾额，曰"承先收族"。

（中华书局1987年影印本，第8册，第568页）

以捐置义庄予建坊。

《大清德宗景皇帝实录·附宣统政纪》卷一六：

(宣统元年六月下癸卯)以仰承先志、捐置义庄,予浙江象山县武职姜鸿略建坊。

(中华书局1987年影印本,第9册,第315页)

以捐置义庄予建坊。

《大清德宗景皇帝实录·附宣统政纪》卷四一:

(宣统二年八月下丁亥)以仰承先志、捐置义庄,予江苏长洲县光禄寺署正朱肇基为其故祖五品封职朱钰、故父四品封职朱照、故母命妇朱徐氏建坊。

(中华书局1987年影印本,第9册,第728页)

(五)亲属连坐法与亲属窝盗法

盗窃案内,同居者之罪。

《大清律例》卷二四,《刑律·贼盗上·窃盗》:

凡窃盗,同居父兄伯叔与弟知情而又分赃者,照本犯之罪减二等。虽经得财而实系不知情者,减三等。父兄不能禁约子弟为窃盗者,笞四十。

(天津古籍出版社1993年点校本,第392页)

《大清律例》卷二五,《刑律·贼盗下·盗贼窝主》:

强窃盗窝家之同居父兄、伯叔与弟自首者,照例免罪。本犯照强盗父兄自首例分别发落外,至父兄人等知情而又分赃,各照强窃盗为从例,减一等治罪。父兄不能禁约子弟窝盗者,**各照强窃盗父兄论**。

(天津古籍出版社1993年点校本,第430页)

《名法指掌》卷二,《盗案·盗窝亲属图》:

与强盗同居的父兄伯叔与弟,知情而又分赃,本犯问拟斩决者,减一等,杖一百,流三千里;本犯问拟发遣者,亦减一等,杖一百,徒三年。虽得财而不知情,照本犯之律减二等;父兄不能禁约,杖一百。如素非同居及不知情,并无分受赃物,俱无庸议。自首者免罪,本犯减等。窝家同居父兄伯叔与弟,知情而又分赃,各照强盗为从例减一等;父兄不能禁约,杖一百。

(沈辛田编,道光刻本)

株连连坐。

第二篇
律例体现的宗法家族制度与观念

《核订现行刑律》，《贼盗上·监守自盗仓库钱粮》原律文：

凡侵盗应追之赃，着落犯人妻及未分家之子名下追赔……果家产全无，不能完者，概予豁免，不得株连亲族。

（奕劻、沈家本编订，宣统元年版）

不忍不肖亡赖玷辱宗族，伯叔兄弟俱不连坐。

《圣祖仁皇帝御制文》第三集卷一四，《谕九卿詹事科道》：

昨侍郎穆旦等审问盗贼事情拟罪具奏：内贼犯王昭骏，以受伪兵备道衔问凌迟处死，其叔伯兄弟皆照律坐罪。朕念太仓王姓昔在明时亦曾为大臣，素称显族，本朝七十年以来为大臣官员者甚多，并未闻有他故。今因一不肖亡赖玷辱宗族之匪类，依律坐罪，朕心深为不忍，且为凡为大臣官员者痛之。尔等会议时，但将王昭骏本身及妻子定罪，其伯叔兄弟俱不必议。本内将朕此旨明白加载。为此手书特谕。康熙四十七年五月二十五日。

（《四库全书》本）

拿缉逃犯考虑其有无宗族。

《大清高宗纯皇帝实录》卷一〇七〇：

（乾隆四十三年十一月上己丑）又谕：前因刑部奏，书吏冯士杰挖改城票，骗用钱文，事甫发觉，即行逃避，情罪甚为可恶，未便任其幸逃法网，恐潜回绍兴原籍，当经传谕王亶望派员严行拿缉。今据奏称，冯士杰籍隶山阴，父母妻室俱经病故，并无子女，亦无宗族房产，止有胞姊马冯氏查获到案。据供，该犯出外二十余年从未回家，亦无音信等语。此等刁猾之徒，一见犯案发觉，辄行逃避出京，揣知原籍地方必行文查缉，不敢遽即逃回，或在江苏地面潜行逗**留藏匿**，亦未可定。着传谕萨载、杨魁，即饬各该地方官实力躧缉。如遇冯士杰到境，务**即拿获**，派员解京，仍饬委员小心管押，毋致疏懈。该署督等勿视为海捕具文，徒以空言塞责。

（中华书局1986年影印本，第14册，第343-344页）

（六）"救亲情切"免死法与血亲复仇律

血亲复仇律。

《大清律例》卷二六，《刑律·人命·杀一家三人》：

凡杀谓谋杀、故杀、放火行盗而杀。一家谓同居，虽奴婢、雇工人皆是，或不同居，果系本宗五服至亲亦是，非实犯死罪三人及支解活人者，但一人即坐；虽有罪亦坐，不必非死罪三人也。为首之人，凌迟处死,财产断付死者之家,妻子,不言女,不在缘坐之限。流二千里;为从,加功者斩。

(天津古籍出版社 1993 年点校本,第 449 页)

《大清律例》卷二六,《刑律·人命·杀一家三人》:

为父报仇,除因忿逞凶,临时连杀一家三命者,仍照律例定拟外,如起意将杀父之人杀死后,被死者家属经见,虑其报官,复行杀害,致杀一家三命以上者,必究明报仇情节,杀非同时,与临时逞凶连杀数命者有间,将该犯拟斩立决,妻子免其缘坐。

(天津古籍出版社 1993 年点校本,第 449-450 页)

《核订现行刑律》,《人命·杀一家二命》原修改律文:

为祖父母父母报仇杀死一家数命之案,无论临时逞凶与杀非同时,除至毙伊祖父母父母正凶不计外,仍以所杀之人数分别按照各本律治罪。

修改文:为祖父母父母报仇杀死一家数命之案,无论临时逞凶与杀非同时,除至毙伊祖父母父母正凶不计外,如被杀人数已至三人,仍应照律治罪。

(奕劻、沈家本编订,宣统元年版)

《大清律例》卷二六,《刑律·人命·杀一家三人》:

谋杀人而误杀其人之祖父母、父母、妻、女、子孙一家二命及三命以上,除首犯仍照误杀旁人一家二命及三命以上本律分别问拟斩决、斩枭外,其为从下手伤重致死,及知情买药者,如误杀一家二命及三命,而非一家者,发往新疆当差;三命以上,发往新疆给官兵为奴。

(天津古籍出版社 1993 年点校本,第 451-452 页)

(七)实际允许民间设立祠堂祭祀始祖、高祖

《清史稿》卷八七,《礼志六·品官士庶家祭》:

凡品官家祭,庙立居室东,一至三品庙五楹,三为堂,左右各一墙限之;北为夹室,南为房;庭两庑,东藏衣物,西藏祭器;庭缭以垣。四至七品庙三楹,中为堂,左右夹室及房,有庑。八、九品庙三楹,中广,左右狭,庭无庑。篋藏衣物、祭器,陈东西序。堂后四室,奉高、曾、祖、祢,左昭、右穆。妣以嫡配,南向。高祖以上,亲尽则祧,由昭祧者,藏主东夹室;由穆祧者,藏主西夹室。迁室、祔庙,并依昭穆世次,东、西序为祔位,伯叔祖父兄弟子姓成人无后者、殇者,以版按行辈墨书。男东女西,东西向。定牲器之数,一至三品,羊一、豕

第二篇
律例体现的宗法家族制度与观念

一,每案俎二,铏、登各二,笾、豆各六。四至七品,特豕,案一俎,笾、豆各四。八品以下,豚肩不特杀,案一俎,笾、豆各二。

岁祭以四时仲月诹吉,读祝、赞礼、执爵皆子弟为之。子孙年及冠,皆会祭。前三日,主人暨在事者斋。祀日五鼓,主人朝服,众盛服,入庙。主人俟东阶下,族姓俟庭东西,顺昭穆世次。主妇率诸妇盛服入,诣爨所视烹饪。羹定,入东房治笾、豆,陈铏、登、匕、箸、醯、酱以俟。质明,子弟长者启室,奉主陈之几,昭位考右妣左,分荐者设东西祔位。主人升自东阶,盥讫,诣中檐拜位立。族姓行尊者立两阶上,卑者立阶下。咸北面。主人诣香案前跪,三上香,进奠爵,兴,复位,率族姓一跪三拜。主人诣高祖案前献爵,曾、祖、祢案前毕献如仪,分荐者遍献祔位酒,读祝。每献,主妇率诸妇致荐,一叩兴。初献匕箸醯酱,亚献羹饭肉胾,三献饼饵果蔬。卒献,主人跪香案前,祝代祖考致嘏于主人,主人啐酒尝食,反器于祝,一叩兴,复位,送神,一跪三拜。视燎毕,与祭者出,主人率子弟纳神主,上香行礼。彻祭器,阖门,退。日中而馂。

三品以上,时祭遍举。四至七品,春、秋二举。八、九品春一举。与祭者,尊卑咸在。主人肃入席,酌尊者酒,子弟年长者离席酌主人,长幼献酬交错。已事,咸出。彻席,馂庖人、仆人必尽之。

令节荐新,一至三品,每案果、羞各四,四至七品,减果二,八、九品并减羞二,具羹饭则同。月朔望供茶,食案二器,仪同时荐。庶士家祭,设龛寝堂北,以版隔为四室,奉高、曾、祖、祢,妣配之,位如品官仪,南向。服亲成人无后者,顺行辈书纸为祔位,已事,焚之,不立版。每四时节日,出主以荐,粢盛二盘,肉食果蔬四器,羹二,饭二。先期致斋。荐之前夕,主妇在房治馔,逮明,主人吉服,率子弟奉主陈香案,昭东穆西,设祔位西序案,主人立东阶下,众按行东西立。主人上香毕,一跪三拜,兴。主妇率诸妇出房荐匕箸醯酱,跪,叩,退。主人至案前,以次酌酒、荐熟,跪,叩,兴。子弟荐祔位,毕,读祭文。再献,主妇荐饭羹,三献荐饼饵时蔬。主人率族姓行礼讫,焚祭文及祭位,纳主,彻退,日中而馂。春一举,月朔望献茶,有事则告,俱一跪三拜。

(中华书局1976年版,第10册,第2611—2612页)

《清史稿》卷八七,《礼志六·庶人家祭》:

庶人家祭,设龛正寝北,奉高、曾、祖、祢位,逢节荐新,案不逾四器,羹饭具。其日夙兴,主妇治馔,主人率子弟安主献祭,一切礼如庶士而稍约。月朔望供茶,燃香、镫行礼。告事亦如之。

(中华书局1976年版,第10册,第2613页)

四　拟制亲及类拟制亲的同罪异罚

（一）家人、奴婢、雇工人与家长及其亲属关系法

师弟（徒）相犯比附期亲、大功关系处断。

《大清律例》卷二七，《刑律·斗殴上·殴受业师》：

凡谋、故殴杀及殴伤受业师者，业儒弟子照谋、故殴杀及殴伤期亲尊长律。僧尼、道士、喇嘛、女冠及匠艺人等，照谋、故殴杀及殴伤大功尊长律，分别治罪。如因弟子违犯教令，以理殴责致死者，儒师照尊长殴死期亲卑幼律，杖一百，徒三年；僧尼、道士、喇嘛、女冠及匠艺人等，照尊长殴死大功卑幼律，拟绞监候。如殴伤弟子，各按殴伤期亲卑幼、大功卑幼本律问拟。若因奸盗别情谋杀弟子者，无论已伤未伤，已杀未杀，悉照凡人分别定拟。其有挟嫌逞凶，故杀弟子，及殴杀内执持金刃凶器，非理扎殴致死者，亦同凡论。

（天津古籍出版社1993年点校本，第481页）

《名法指掌》卷一，《人命·师弟相殴图》：

弟子殴受业儒师，杖九十，徒二年半；殴伤，杖一百，徒三年；折伤齿发，杖一百，流三千里；折跌肢体、目，用金刃绞决；笃疾，绞决；致死，斩决；故杀，凌迟。弟子殴僧、尼、道士、喇嘛、女冠、匠役人等，杖七十，徒一年半；伤，杖八十，徒二年；折伤，杖九十，徒二年半；折跌肢体，杖一百，流二千里；笃疾，杖一百，流三千里；致死，绞监候；故杀，斩决。

（沈辛田编，道光刻本）

杀现业师为不义。

《大清律例根原》，《名例一·十恶》：

九曰不义。谓部民杀本属知府、知州、知县，军士杀本管指挥、千户、百户，吏卒杀本部五品以上长官，若杀现受业师及闻夫丧匿不举哀，若作乐释服从吉及改嫁。

（裕禄辑注，同治辛未安徽敷文书局聚珍版）

家长、奴婢雇工人相谋杀。

《大清律例》卷二八，《刑律·斗殴下·奴婢殴家长》：

第二篇
律例体现的宗法家族制度与观念

凡奴婢殴家长者，有伤无伤，预殴之奴婢本犯首从，皆斩；杀者，故杀、殴杀，预殴之奴婢不分首从，皆凌迟处死；过失杀者，绞监候，过失伤者，杖一百，流三千里，不收赎。若奴婢殴家长之尊卑期亲及外祖父母者，即无伤亦绞监候，为从减一等；伤者，预殴之奴婢不问首从轻重，皆斩监候；过失杀者，减殴罪二等；过失伤者，又减一等；故杀者，预殴之奴婢，皆凌迟处死。殴家长之缌麻亲，兼内外尊卑，但殴即坐，虽伤亦杖六十，徒一年；小功，杖七十，徒一年半；大功，杖八十，徒二年。折伤以上，缌麻加殴良人罪一等；小功，加二等；大功，加三等。加者，加入于死。但绞不斩，一殴一伤，各依本法。死者，预殴奴婢，皆斩。故杀，亦皆斩监候。若雇工人殴家长及家长期亲若外祖父母者，即无伤，亦杖一百，徒三年；伤者，不问轻重，杖一百，流三千里；折伤者，绞监候；死者，斩。殴家长，斩决；殴家长期亲若外祖父母，斩监候。故杀者，凌迟处死。过失杀伤者，各减本杀伤罪二等……若奴婢有罪，或奸或盗，凡违法罪过皆是，其家长及家长之期亲若外祖父母不告官司而私自殴杀者，杖一百；无罪而殴杀或故杀者，杖六十，徒一年。当房人口，指奴婢之夫、妇、子、女。悉放从良。奴婢有罪，不言折伤、笃疾者，非至死勿论也。若家长及家长之期亲若外祖父母殴雇工人，不分有罪无罪，非折伤，勿论；至折伤以上，减凡人折伤罪三等；因而致死者，杖一百，徒三年；故杀者，绞监候。若奴婢、雇工人违犯家长及期亲、外祖父母教令，而依法于臂、腿受杖去处，决罚，邂逅致死，及过失杀者，各勿论。

（天津古籍出版社1993年点校本，第484-485页）

《核订现行刑律》，《人命·谋杀祖父母父母》原修改律文：

尊长谋杀本宗及外姻卑幼已行者，各依故杀罪减二等，已伤者减一等，已杀者依故杀法。依故杀法者谓各依斗殴条内尊长故杀卑幼律问罪，为从者各依附属科断。若奴婢及雇工人谋杀家长及家长之期亲、外祖父母，若缌麻以上亲者兼尊卑言，统主人服属尊卑之亲，罪与子孙同。谓与子孙谋杀祖父母、父母及期亲尊长、外祖父母、缌麻以上尊长同。若已转卖，当同凡论。

（奕劻、沈家本编订，宣统元年版）

奴婢、雇工人骂家长。
《大清律例》卷二九，《刑律·骂詈·奴婢骂家长》：

凡**奴婢骂家长**者，绞监候。骂家长之期亲及外祖父母者，杖八十，徒二年；大功，杖八十；小功，杖七十；缌麻，杖六十。若雇工人骂家长者，杖八十，徒二年；骂家长之期亲及外祖父母者，杖一百；大功，杖六十；小功，笞五十；缌麻，笞四十。并亲告乃坐。

（天津古籍出版社1993年点校本，第503-504页）

奴婢、家长故杀图赖他人。

《核订现行刑律》,《人命·杀子孙及奴婢图赖人》原修改律文:

凡祖父母、父母故杀子孙,及家长故杀奴婢图赖人者,徒一年半。若子孙将已死祖父母、父母,奴婢、雇工人将家长尸身未葬图赖人者徒三年,将期亲尊长徒二年,将大功、小功、缌麻各递减一等。若尊长将已死卑幼及他人身尸图赖人者,处八等罚。以上俱指未告官言。其告官者,随所告轻重,并以诬告平人律反坐论罪。若因图赖而诈取财物者,计赃准窃盗论,抢去财物者,准白昼抢夺论,各从重科断。图赖罪重依图赖论,诈取抢夺罪重依诈取抢夺论。

谨按:祖父母、父母故杀子孙,家长故杀奴婢,俱徒一年,本律以其故杀图赖人,故加故杀一等。

(奕劻、沈家本编订,宣统元年版)

奴婢雇工人私和罪。

《核订现行刑律》,《人命·尊长为人杀私和》原修改律文:

凡祖父母、父母及夫,若家长为人所杀,而子孙、妻妾、奴婢、雇工人私和者徒三年,期亲尊长被杀而卑幼私和者徒二年,大功以下各递减一等。其卑幼被杀而尊长私和者,各依服制减卑幼一等,若妻妾子孙及子孙之妇、奴婢、雇工人被杀而祖父母父母、家长私和者处八等罚,受财者计赃准窃盗论,从重科断。私和就各该抵命者言,赃追入官。常人为他人私和者处六等罚。受财准枉法论。(编者按:修改文同,惟删去"奴婢"二字。)

(奕劻、沈家本编订,宣统元年版)

奴婢雇工人与家长相告。

《核订现行刑律》,《诉讼·干名犯义》原修改律文:

若奴婢告家长及家长缌麻以上亲者,与子孙卑幼罪同。若雇工人告家长及家长之亲者,各减奴婢罪一等,诬告者不减。又,奴婢、雇工人被告得实,不得死罪,以名例不得为容隐故也。其祖父母、父母、外祖父母诬告子孙、外孙、子孙之妇妾及己之妾、若雇工人者各勿论。(编者按:修改律文去掉奴婢告家长的内容,雇工人处同。)

(奕劻、沈家本编订,宣统元年版)

亲属相为容隐、奴婢雇工人与家长的类亲属关系。

《大清律例》卷五,《名例律下·亲属相为容隐》:

凡同居,同,谓同财共居亲属,不限籍之同异,虽无服者亦是。若大功以上亲谓另居大功以上亲

第二篇
律例体现的宗法家族制度与观念

属,系服重,及外祖父母、外孙、妻之父母、女婿,若孙之妇、夫之兄弟及兄弟妻,系恩重,有罪彼此得相为容隐。奴婢、雇工人义重为家长隐者,皆勿论。家长不得为奴婢、雇工人隐者,义当治其罪也。若漏泄其事及通报消息,致令罪人隐匿逃避者,以其于法得相容隐,亦不坐。谓有得相容隐之亲属犯罪,官司追捕因而漏泄其事,及暗地通报消息与罪人,使令隐避逃走,故亦不坐。其小功以下相容隐及漏泄其事者,减凡人三等。无服之亲减一等。谓另居小功以下亲属。若犯谋叛以上者,不用此律。

(天津古籍出版社1993年点校本,第134页)

奴婢、雇工人骂家长。
《核订现行刑律》,《骂詈·雇工人骂家长》修改律文:

凡雇工人骂家长者徒二年,骂家长期亲及外祖父母处十等罚,大功处六等罚,小功处五等罚,缌麻处四等罚,并亲告乃坐。以分相临,恐有谗间之言,故须亲闻以情相与,或有容隐之意,故须亲告。

(奕劻、沈家本编订,宣统元年版)

奴婢盗家长财物
《核订现行刑律》,《盗贼下·亲属相盗》原、修改律文:

凡各居本宗外姻亲属相盗兼后尊长、卑幼二款财物者,期亲减凡人五等,大功减四等,小功减三等,缌麻减二等,无服之亲减一等。若盗有首从,而服属不同,各以本服降减科断,为从各又减一等。若行强盗者,尊长犯卑幼亦依强盗已行而得财、不得财各依上减罪。卑幼犯尊长依凡人论。若有杀伤者总承上窃、强二项,各依杀伤尊长卑幼本律从其重者论。若同居卑幼将引若将引各居亲属同盗,其人亦依本服降减,又减为从一等科之,如卑幼自盗止依擅用,不必加。他人盗已家财物者,卑幼依私擅用财物论,加二等,罪止工作十个月。他人兼首从言,减凡盗罪一等。若有杀伤者,自依杀伤尊长卑幼本律科罪,他人纵不知情,亦依强盗得财、不得财论。若他人杀伤人者,卑幼纵不知情,亦依杀伤尊长卑幼本律,仍以私擅用家财罪及杀害罪权之从其重者论。其同居奴婢、雇工人盗家长财物及自相盗者,首减凡盗罪一等。为从又减一等,被盗之家亲属告发,并论如律,不在名例得兼容隐之例。(编者按:修改律文同,惟删去"奴婢"二字。)

原修改例文:凡奴仆、雇工人偷盗家长财物者,照窃盗律计赃治罪,若起意勾引外人同盗家长财物者,将起意之奴仆、雇工人计赃递加窃盗一等治罪,至五百两以上者拟绞监候,被勾引之外人仍照窃盗律分别定拟。(编者按:修改律文同,惟删去"奴仆"二字。)

凡奴仆、雇工人强劫家长财物及勾引外人同劫家长财物者,悉照凡人强盗律定拟,其有杀伤家长者从重论。(编者按:修改律文同,惟删去"奴仆"二字。)

(奕劻、沈家本编订,宣统元年版)

奴婢发掘家长坟墓。

《名法指掌》卷三,《发冢·发掘尊长冢图》:

奴婢、雇工发掘家长坟冢,已行未见棺椁,为**首绞候**,为从近边充军;见棺椁,为首绞决,为从绞候;开棺见尸,为首斩决,为从斩候;**毁弃撒撒**死尸,皆斩决。盗未殡未埋尸柩,未开棺椁,为首绞候,为从近边充军;开棺见尸,为首绞决,为从绞候;毁弃撒撒死尸,皆斩决。

(沈辛田编,道光刻本)

《核订现行刑律》,《盗贼下·发冢》原修改律文:

若卑幼发五服以内尊长坟冢者,同凡人论,开棺椁见尸者绞监候;若弃尸卖坟地者罪亦如之,买地人、牙保知情者各处八等罚,追价入官,地归同宗亲属。不知者不坐。若尊长发五服以内卑幼坟冢开棺见尸者,缌麻徒三年,小功以上各递减一等。祖父母、父母发子孙坟冢,开棺见尸者处八等罚。其有故而依礼迁葬者,尊长卑幼俱不坐。(编者按:发掘他人坟冢流三千里,开棺见尸者绞监候,未至棺椁徒三年。)若毁弃缌麻以上尊长未葬死尸者绞监候,弃他人及尊长而不失其尸及毁而但髡发若伤者,各减一等。凡人减流一等,卑幼减绞一等。毁弃缌麻以上卑幼死尸,各依凡人毁弃依服制递减一等,毁弃子孙死尸者处八等罚。其子孙毁弃祖父母、父母及奴婢、雇工人毁弃家长死尸者,不论残失与否,绞监候。律不**载妻妾毁**弃夫尸,有犯,以缌麻以上尊长律奏请。如子孙毁弃宗祖神主,亦依此律治罪。凡人无意中掘人坟不掩埋八等罚,烧及棺椁徒二年,烧尸徒三年。若是缌麻以上尊长,各递加一等,即烧棺椁徒二年半,烧尸流二千里,误烧卑幼,各依凡人递减一等。若系子孙对祖父母父母及奴婢、雇工人于家长,烧棺椁徒三年,烧尸绞监候。

(奕劻、沈家本编订,宣统元年版)

(二)义父子关系法

义父子相殴。

《名法指掌》卷一,《人命·继父殴图》:

过房在十五岁以下恩养已久或十六岁以上分产娶妻者,殴义父母及义父母之父母,

第二篇
律例体现的宗法家族制度与观念

斩决；死，凌迟。义父母及义父母之父母殴义子，折跌肢体，杖八十；笃疾，杖九十，追拨产归宗；死，杖一百，徒三年；故杀，流二千里。过房在十五岁以下恩养未久或十六岁以上不曾分产配室者，殴义父母杖一百，徒三年；成伤，流三千里；折一齿一指，绞候；死，斩决；故杀，凌迟。义父母殴义子折一齿一指，杖七十；折肋，杖一百；折跌肢体，杖七十，徒一年；半笃疾，杖八十，徒二年；死，杖一百，徒三年；故杀，绞候。义子殴家长之期亲若外祖父母，杖一百，徒三年；成伤，流三千里；折一齿一指，绞候；死，斩候；故杀，凌迟。

（沈辛田编，道光刻本）

《名法指掌》卷一，《人命·谋杀卑幼图》：

谋杀弟妹、侄、侄孙、外孙、子孙妇、异姓乞养子孙，已行未伤，杖九十，徒二年半；已伤，杖一百，徒三年；已杀，杖一百，流三千里；故杀弟妹，绞监候。故杀子孙已行未伤，杖九十；已伤，杖一百；已杀，杖六十，徒一年。

（沈辛田编，道光刻本）

《名法指掌》卷一，《人命·殴卑幼图》：

折一齿、指、目，缌麻卑幼杖九十，小功杖八十，大功杖七十；折二齿、二指，分别杖一百、九十、八十；折肋、二目，分别杖七十徒一年半、杖六十徒一年、杖一百；折跌肢体，分别杖九十徒二年半、杖八十徒二年、杖七十徒一年半；笃疾，分别杖一百徒三年、杖九十徒二年半、杖八十徒二年；死，绞候；故杀，绞候。殴同姓无服卑幼，殴至笃疾减凡斗一等，死则绞候，故杀斩候。殴乞养子孙，折跌肢体，杖八十；笃疾，杖九十，拨财产归宗；死，杖一百，徒三年；故杀，流二千里。

（沈辛田编，道光刻本）

义子辱骂尊亲。

《核订现行刑律》，《骂詈·骂祖父母父母》原修改律文：

凡骂祖父母、父母及妻妾骂夫之祖父母、父母者，并绞监候，入于秋审情实，须亲告乃坐。义子骂义父母同。

修改文：凡骂祖父母、父母及妻妾骂夫之祖父母、父母者，并绞监候，入于秋审情实，须亲告乃坐。义子骂义父母同。

（奕劻、沈家本编订，宣统元年版）

义子，官府文书示禁混指异姓抚子为仆。

《湖南省例成按》卷五,《户律·示禁混指异姓之子为仆》:

乞养异姓,固干律禁,而混指为仆应请严禁也。查律载:乞养异姓义子以乱宗族者,杖六十。若以子予异姓人为嗣者,罪同。其遗弃小儿年三岁以下,虽异姓仍听收养,即从其姓。若庶民之家存养良家男女为奴仆者,杖一百,即放从良。又,定律义男、女婿,为所后之亲喜悦者,听其依倚、酌分财产等语。是民间所养异姓之子,本为良民,非奴仆也。乃湖南地方,多有本宗豪强之人,欺其异姓,视同奴仆,酌分之产,屡被侵夺。竟有公然控指为仆者,以致考试则被攻阻,齐民之家羞与婚媾。酿衅生隙,多由于此。卑职复思皇恩浩荡,各省乐籍、堕民、丐户,皆令确查削籍,永为良民。此等异姓抚子,当乞养之初,不过伊等父母愚民无知,彼此违例混继。其本人与其子若孙,皆属清白良民,无辜遭此玷污。况庶民之家存养良家男女为奴仆,尚有满杖放出之条,矧其本系抚子乎!滋讼案而长刁风,莫此为甚。应请宪恩俯赐饬行各属开明律例,出示晓谕,嗣后不得乞养异姓,其有已经过抚收养者,听其依倚,永作良民。一应宗族人等,俱不混指为仆。违者即以诬良为仆治罪。仍令永远奉行,或竟勒诸珉石,抑或刻立木榜,晓示通衢,俾民间咸知异姓抚子之是良非仆,不致夺产兴讼,欺凌诬指,争端以息,讼案亦少。感激宪仁,永垂不朽矣!

(复印件,原书藏日本)

异姓结拜。

《名法指掌》卷二,《匪类·异姓结拜图》:

异姓歃血订盟焚表结拜弟兄,照谋反未行律,首绞监候,从杖一百流三千里,如聚至二十人以上,为首拟绞立决,为从发云、贵、两广极边烟瘴充军。无歃血盟誓焚表事情止结拜弟兄者,年少居首,不依齿叙,四十人以上者,为首绞决,为从发云贵两广极边烟瘴充军;四十人以下,为首绞候,为从满流。其有抗官拒捕持械格斗等情,无论人数多寡,各按本罪,分别首从拟以斩绞。

(沈辛田编,道光刻本)

(三)继父子关系法

继父子相殴。

《名法指掌》卷一,《人命·继父殴图》:

殴妻前夫之子,其先同居今不同居者,手足殴笞十,他物笞二十,成伤分别为笞二十、笞三十、折一齿一指、眇一目杖九十、折肋杖七十、徒一年半,笃疾杖一百徒三年,死绞候,故杀斩候;现同居者,他物殴笞十,成伤分别为笞十、笞二十、折一齿、一指、眇一目

第二篇
律例体现的宗法家族制度与观念

杖八十,折肋杖六十、徒一年,笃疾杖九十、徒一年半,死绞候,故杀斩候。殴继父,其先同居今不同居者,殴杖六十、徒一年,成伤折肋杖九十、徒二年半,笃疾流三千里,死、故杀斩候;现同居者,殴杖七十、徒一年半,折肋杖一百、徒三年,笃疾流三千里、仍给养赡,死、故杀斩候。

(沈辛田编,道光刻本)

义子。
《名法指掌》卷四,《田债户婚·立继图》:

立嫡子违法者杖八十;养同宗之人为子,所养父母无子而舍去者杖一百;乞养异姓义子以乱宗族,以子与异姓人为嗣,立嗣虽系同宗而尊卑失序,杖六十;庶民之家存养良家男女为卑幼,系压良为贱者,杖一百,即放从良。义男、女婿为所后之亲喜悦者,听其相为依倚,不许继子并本生父母用计逼逐,仍酌分给财产。继子不得于所后之亲,听其告官别立。

(沈辛田编,道光刻本)

附录:奴婢、倡优、隶卒身份的改订
因近代平等观念的输入而删除买卖人口、奴仆、奴婢刑律条文。
《核订现行刑律》

宣统元年十二月奕劻奏:买卖人口,久为寰球所指摘,而与立宪政体保护人命权利之旨尤相背驰,此次编订未经议及,良以属稿在未奉明诏之先。本月臣等议复前署两江总督周馥、监察御史吴纬炳等条奏,业经奉旨禁革在案,自应将律内有关买卖人口及奴仆、奴婢诸条一律删除改定,以昭仁政……原本犯凌迟所改各条,概大书立决。

(奕劻、沈家本编订,宣统元年版)

《核订现行刑律》,《名例上·常赦所不原》:

谨按:从前原有之奴婢一律以雇工论,有犯案,照雇工科断;律例内关涉奴婢诸条悉予删除。

(奕劻、沈家本编订,宣统元年版)

倡优隶卒后人身份的改订。
《核订现行刑律》,《户役·人户以籍为定》修改律文:

谨按:本条所谓娼优,即《谘议局章程》第六条第三款之不正营业;隶卒,即第七款之身家不清白……方今改良刑律,罪不及孥,凡律内缘坐各条业经特旨豁免,娼优隶卒究非死罪可比,乃因托业卑贱,而并夺其子孙之人格,似非朝廷筹备立宪、保护人权之至意。况古来人杰起于奴隶厮养者史不绝书,就宜宏造就之方,以坚齐民争自淬厉之志,例首"及其子孙"四字拟请节删。(编者按:即娼优隶卒本身不许科考,而其子孙可以。)

(奕劻、沈家本编订,宣统元年版)

五 服制

宗亲法的判刑以服制论定,过录《服制》以明其内容。

《大清律例》卷三,《服制》:

斩衰三年

子为父母。女在室,并已许嫁者,及已嫁被出而反在室者同。子之妻同。

子为继母,为慈母,为养母。子之妻同。继母,父之后妻。慈母,谓母卒,父命他妾养己者。养母,谓自幼过房与人者。

庶子为所生母,为嫡母。庶子之妻同。

为人后者为所后父母。为人后者之妻同。

嫡孙为祖父母及高曾祖父母承重。嫡孙之妻同。

妻为夫。妾为家长同。

齐衰杖期

嫡子、众子为庶母。嫡子、众子之妻同。庶母,父妾之有子女者;父妾无子女,不得以母称矣。

子为嫁母。亲生母,父亡而改嫁者。

子为出母。亲生母为父所出者。

夫为妻。父母在,不杖。

齐衰不杖期

祖为嫡孙。

父母为嫡长子,及嫡长子之妻,及众子,及在室女,及子为人后者。

继母为长子、众子。

前夫之子从继母改嫁于人,为改嫁继母。

第二篇
律例体现的宗法家族制度与观念

侄为伯叔父母,及姑、姊妹之在室者。

为己之亲兄弟,及亲兄弟之子女在室者。

孙为祖父母。孙女在室、出嫁同。

为人后者为其本生父母。

女出嫁为父母。

在室女,及虽适人而无夫与子者,为其兄弟姊妹,及侄与侄女在室者。

女适人,为兄弟之为父后者。

妇为夫亲兄弟之子,及女在室者。

妾为家长之正妻。

妾为家长父母。

妾为家长之长子、众子,与其所生子。

为同居继父,而两无大功以上亲者。

齐衰五月

曾孙为曾祖父母。曾孙女同。

齐衰三月

元孙为高祖父母。元孙女同。

为同居继父,而两有大功以上亲者。

为继父先曾同居,今不同居者。自来不曾同居者,无服。

大功九月

祖为众孙。孙女在室同。

祖母为嫡孙、众孙。

父母为众子妇,及女已出嫁者。

伯叔父母为侄妇,及侄女已出嫁者。侄妇,兄弟子之妻也。侄女,兄弟之女也。

妇为夫之祖父母。

妇为夫之伯叔父母。

为人后者为其兄弟,及姑、姊妹之在室者。既为人后,则于本生亲属服皆降一等。

夫为人后,其妻为夫本生父母。

为己之同堂兄弟姊妹在室者。即伯叔父母之子女也。

为姑及姊妹之已出嫁者。姑即父之姊妹,姊妹即己之亲姊妹也。

为己兄弟之子为人后者。

出嫁女为本宗伯叔父母。

出嫁女为本宗兄弟,及兄弟之子。

出嫁女为本宗姑、姊妹,及兄弟之女在室者。

小功五月

为伯叔祖父母。祖之亲兄弟。

为堂伯叔父母。父之堂兄弟。

为再从兄弟,及再从姊妹在室者。

为同堂姊妹出嫁者。

为同堂兄弟之子,及女在室者。

为祖姑在室者。即祖之亲姊妹。

为堂姑之在室者。即父之同堂姊妹。

为兄弟之妻。

祖为嫡孙之妇。

为兄弟之孙,及兄弟之孙女在室者。

为外祖父母。即亲母之父母;为在堂继母之父母;庶子嫡母在,为嫡母之父母;庶子为在堂继母之父母;庶子不为父后者,为己母之父母,为人后者,为所后母之父母。以上五项,均与亲母之父母服同。外祖父母报服亦同。其母之兄弟、姊妹服制,及报服亦与亲母同。姑舅、两姨兄弟姊妹服亦同。为人后者为本生父母之亲属,降服一等。再,庶子不为父后者为己母之父母服一项,若己母系由奴婢家生女收买为妾,及其父母系属贱族者,不在此列。

为母之兄弟、姊妹。兄弟即舅,姊妹即姨。其义服,详载为外祖父母条下。

为姊妹之子,即外甥及女之在室者。其义服,详载为外祖父母条下。

妇为夫兄弟之孙,即侄孙,及夫兄弟之孙女在室者即侄孙女。

妇为夫之姑及夫姊妹。在室、出嫁同。

妇为夫兄弟及夫兄弟之妻。

妇为夫同堂兄弟之子及女在室者。

女出嫁为本宗堂兄弟及堂姊妹之在室者。

为人后者为其姑及姊妹出嫁者。

嫡孙、众孙为庶祖母。女在室者同。

生有子女之妾为家长之祖父母。

缌麻三月

祖为众孙妇。

曾祖父母为曾孙、元孙。曾孙女、元孙女同。

第二篇
律例体现的宗法家族制度与观念

祖母为嫡孙、众孙妇。

为乳母。

为曾伯叔父母。即曾祖之兄弟及曾祖兄弟之妻。

为族伯叔父母。即父再从兄弟及再从兄弟之妻。

为族兄弟及族姊妹在室者。即己三从兄弟、姊妹,所与同高祖者。

为曾祖姑在室者。即曾祖之姊妹。

为族祖姑在室者。即祖之同堂姊妹。

为族姑在室者。即父之再从姊妹。

为族伯叔祖父母。即祖同堂兄弟及同堂兄弟妻。

为兄弟之曾孙,及兄弟之曾孙女在室者。

为兄弟之孙女出嫁者。

为同堂兄弟之孙,及同堂兄弟之孙女在室者。

为再从兄弟之子,及女在室者。

为祖姑及堂姑及己之再从姊妹出嫁者。祖姑即祖之亲姊妹,堂姑即父之堂姊妹。

为同堂兄弟之女出嫁者。

为姑之子。即父姊妹之亲子。其义服,详载为外祖父母条下。

为舅之子。即亲母兄弟之子。其义服,详载为外祖父母条下。

为两姨兄弟。即亲母姊妹之子。其义服,详载为外祖父母条下。

为妻之父母。

为婿。

为外孙,男女同。即女之子女。其义服,详载为外祖父母条下。

为兄弟孙之妻。即侄孙之妻。

为同堂兄弟之子妻。即堂侄之妻。

为同堂兄弟之妻。

妇为夫高曾祖父母。

妇为夫之伯叔祖父母及夫之祖姑在室者。

妇为夫之堂伯叔父母及夫之堂姑在室者。夫之堂姑,即夫之伯叔祖父母所生也。

妇为夫之同堂兄弟姊妹,及夫同堂兄弟之妻。

妇为夫再从兄弟之子,女在室同。

妇为夫同堂兄弟之女出嫁者。

妇为夫同堂兄弟子(编者按:"子"为新添字。)之妻。即堂侄妇。

妇为夫同堂兄弟之孙及孙女之在室者。

妇为夫兄弟孙之妻。即侄孙之妻。

妇为夫兄弟之孙女出嫁者。

妇为夫之曾孙、元孙及曾孙女、元孙女之在室者。

妇为夫兄弟之曾孙。即曾侄孙。曾孙女同。

妇为夫之小功服外姻亲属。

女出嫁为本宗伯叔祖父母及祖姑在室者。

女出嫁为本宗同堂伯叔父母及堂姑在室者。

女出嫁为本宗堂兄弟之子女在室者同。

（天津古籍出版社1993年点校本，第80-85页）

第三篇 职官、选举制度体现的宗法宗族制和观念

一　官制中体现孝亲的成分

在职官制度中有着宗亲关系的法规,即回避、终养、丁忧、恩荫、封赠、出继归宗、更名复姓等制度,此外政府还因鼓励孝义人才,开设孝廉方正科。这些制度体现了宗族制度和宗法精神。

(一)宗亲回避制度

宗人回避制度内容复杂,关涉到回避对象范畴——五服宗亲和族人;衙门区别,中央、地方、文官与武官四种衙门的官员亲族回避制度有所不同;官员的民族和官缺类别,即旗员和旗缺与汉员和汉缺之别,满洲、蒙古、汉军和汉人的回避有相同处,亦颇有差异;特种回避,就是官员预备队的士子乡会试的回避考官和行将获得官职的大挑知县的回避挑选大臣。

1.官员宗亲回避
官员回避制度的主要内容,以及在有清一代的某些变化。

光绪《大清会典事例》卷三五,《吏部·满洲铨选·官员回避》:
康熙三年题准:各部院尚书、侍郎以下,笔帖式以上,祖孙、父子、亲伯叔、兄弟若同一个衙门,令官小者回避。
(中华书局1991年版,第1册,第441、593页;引文又见光绪《大清会典事例》卷四七《吏部·汉员铨选》)

光绪《清会典事例》卷四七,《吏部·汉员铨选》:
(康熙)十年议准:京官同衙门补授同官,应回避者,令候补者回避。京官惟嫡亲祖孙父

子伯叔兄弟回避,此外宗族亲属概不回避。外官有关系刑名、钱谷、考核、纠参者,不分远近,系族中,均令官小者回避。族中之人,虽服制已远,而聚族一处者,情谊关切,均令官小者回避。若支分派远,散居各省各府,籍贯迥异,与同姓实为疏属,毋庸回避;若在五服之内者,虽住处不同,仍行回避。

(中华书局1991年版,第1册,第593页)

光绪《大清会典事例》卷三五,《吏部·满洲铨选·官员回避》:

乾隆十八年奏准:各衙门出差人员,有适遇祖孙父子亲伯叔兄弟升至同衙门者,向来皆应回避,惟出差之员,既未在衙门行走,俟差满回京之日,再行回避。

(中华书局1991年版,第1册,第441页、593页;引文又见光绪《大清会典事例》卷四十《吏部·汉员铨选》)

光绪《大清会典事例》卷三五,《吏部·满洲铨选·官员回避》:

嘉庆十七年奏准:部院尚书以下、司员小京官以上,嫡亲伯叔兄弟,若在同衙门,令官小者回避;同衙门补授同官者,令候补之员回避;至祖孙父子应行回避,除分系堂司,概令司员以下回避外,如系同官及品秩或稍有大小,虽其祖父系后至及官小者,均令其子孙回避。

(中华书局1991年版,第1册,第443页)

光绪《大清会典事例》卷四七,《吏部·汉员铨选》:

嘉庆十七年奏准:部院尚书以下、司员小京官以上,嫡亲伯叔兄弟,若在同衙门,令官小者回避;同衙门补授同官者,令候补之员回避;至祖孙父子应行回避,除分系堂司,概令司员以下回避外,如系同官,及品秩或稍有大小,虽其祖其父系后至及官小者,令其子其孙回避。光绪十二年定:此外宗族,概不回避。本生祖、父、胞伯叔兄弟及亲伯叔兄弟之出继者,均仍照子孙、父子、胞伯叔、胞兄弟回避。

(中华书局1991年版,第1册,第594页)

光绪《大清会典事例》卷八四,《吏部·处分例》:

道光二年奏准:各省现任官员及选补外任官员,凡遇现在督、抚、藩、臬及统辖全省之道员内,有系伊宗族、外姻,俱令官小者回避,其同省隔属之道、府,毋庸回避。若道、府以上,有同胞、同祖兄弟叔侄,同在一省为同知、通判、州县等官者,虽非该管本属,俱仍令官小者回避另补。二十八年奏准:各省现任及候补、试用人员,祖孙、父子、伯叔、兄

第三篇
职官、选举制度体现的宗法宗族制和观念

弟,自道府以至佐杂等官,无论官阶大小,概不准同官一省。其同祖兄弟及例应回避之外姻亲族,同在一府为丞倅、牧令、佐杂等官,俱令官小者回避,亦不准同在一府当差。如有藉词出继,仍应令其回避。至于河工、盐场人员,一体照地方办理。再河督兼管沿河各缺,盐政及兼管盐政之各省盐运使所销引地各官,如有与该督抚等,系属祖孙父子伯叔兄弟及例应回避之外姻亲族,亦令其回避,分别调补。

嘉庆十七年奏准:部院尚书以下、司员小京官以上,嫡亲伯叔兄弟,若在同衙门,令官小者回避;同衙门补授同官者,令候补之员回避;至祖孙父子应行回避,除分系堂司,概令司员以下回避外,如系同官,及品秩或稍有大小,虽其祖父系后至及官小者,均令其子孙回避。

(中华书局1991年版,第2册,第88页)

2.汉员京官回避

雍正《大清会典》卷一四,《回避》:

顺治十三年题准:现任三品以上堂官,其子弟不得考选科道,若父兄赴部候补,而子弟现在科道者,查照资俸,调吏部主事。

康熙三年题准:除内院外,其余各衙门,祖孙父子伯叔兄弟不得共事,令官卑者回避。外官有关系刑名、钱谷、考核、纠参者,但属本族,皆令回避。

十年议准:同衙门补授同官,令候补者回避。

五十五年题准:大学士子弟,不开列内阁学士。

(《近代中国史料丛刊三编》第78辑,台北文海出版社1994年版,第680页)

官秩相近官员的回避。

光绪《大清会典事例》卷四七,《吏部·汉员铨选》:

乾隆五十八年奏准:祖孙父子名分攸关,系堂官,概令司官以下回避,系同官,无论候补及官小者,概令其子其孙回避。

嘉庆八年定:各部尚书以下,司员小京官以上,嫡亲伯叔兄弟,若在同衙门,令官小者回避;同衙门补授同官者,令候补之员回避;至祖孙父子应行回避,除分系堂司,概令司员以下回避;如系同官及品秩稍有大小,虽其祖其父后至及官小者,令其子其孙回避。

十年议定:各省现任学政,有祖孙父子亲伯叔兄弟升选至一省者,督抚藩臬自行奏明请旨,道府具呈吏部具奏,在外详明督抚具奏。其应否回避,恭候钦定。其余州县以下

等官,均毋庸回避。

十一年谕:回避定例,自宜酌理准情,务归尽善,方可日久奉行,着吏部堂官将京官回避之例,通行详细参核,除满官姻亲较多,势难画一者,仍照旧例办理外,其余京官或应与外官画一办理,或有必应与外官分别之处,妥议章程,奏请定夺。自奏定以后,如有应行回避而不奏咨回避者,即当查明参办。

十六年上谕:军机为枢密重地,满汉章京趋公执事,先以谨慎为本。从前御史吴邦庆条奏,大员子弟,不准充补军机章京,经军机大臣议覆,自道员以上子弟,皆令回避。其有行走在先者,并随时请旨定夺……嗣后文职京官三品以上、外官臬司以上,武职京官副都统以上、外官总兵以上,其亲子弟,均不准在军机章京上行走,其行走在先者,亦毋庸随时具奏,即令照例回本衙门当差。

十七年议定:现充盐商人员不准选户部司员,此外祖孙父子以及嫡亲伯叔、兄弟有现充盐商者,亦令其回避户部。如堂兄弟以下远近宗族,虽无运本股份,但既系同族,亦应引嫌,不准选补户部山东司之缺。因山东司专管盐务。

二十五年十月谕:大臣子弟有选入军机处者,藉以学习政事,未尝不可造就人材,嗣后保送军机章京,着毋庸回避大员子弟。

(中华书局1991年版,第1册,第594-596页)

3.汉员地方官回避

光绪《大清会典事例》卷四七,《吏部·汉员铨选》:

乾隆三十七年谕:今日据(广西巡抚)永德奏到属员贤否一折,内有左江道宋淇源,思恩府同知宋**清源**,**籍**贯均隶苏州,名字亦属相仿,似系兄弟排行,思恩虽非左江道所辖,但近在同省,**其该管**道府,均系该道同僚,难保其必无嘱托照应,而该管上司,亦不免于瞻顾徇情,殊非杜渐防微之道,嗣后道府以上等官,如有同胞及同祖兄弟叔侄,共在一省为丞倅牧令等官者,虽非该管本属,并着该督抚查明具奏,量于邻省对调,以昭慎重。该部即酌议定例具奏。所有宋淇源、宋清源着永德查明,即遵照新例办理。

(中华书局1991年版,第1册,第593页)

地方学官回避。
光绪《大清会典事例》卷四七,《吏部·汉员铨选》:
乾隆三十七年议准:同族近支兄弟,司铎一县,恐有瞻顾容隐之弊,嗣后铨选教职发

第三篇
职官、选举制度体现的宗法宗族制和观念

凭,该督抚查明,如系亲族,俱照例回避,咨部调补。

(中华书局1991年版,第1册,第594页)

河工、盐务官员回避

光绪《大清会典事例》卷四七,《吏部·汉员铨选》:

嘉庆五年议准:河工人员与地方督抚两司大员,如系嫡亲祖孙父子伯叔兄弟……俱令回避。至盐务官员回避地方督抚及藩臬两司,即照此例。

(中华书局1991年版,第1册,第594页)

光绪《大清会典事例》卷四七,《吏部·汉员铨选》:

道光十六年奉旨:州县中兄弟同在一省,例不回避,其同在一府者,例文本未明晰,向经该督抚咨请到部,均照盐场与地方官员父子同官一府之例,令其回避,以别府所属之缺调补。嗣后州县官兄弟同在一府者,着以别府所属之缺调补。

(中华书局1991年版,第1册,第596页)

光绪《大清会典事例》卷四七,《吏部·汉员铨选》:

光绪元年定:外省现任候补各官,道府以至佐杂,无论官阶大小,如系祖孙父子胞伯叔兄弟,概不准同官一省,如非同官,令官小者回避,系同官,令其子其孙回避,胞伯叔胞兄弟,责令后至候补者回避。又定,外省,不准同府当差,道员与知府及道府与丞倅牧令等官,如有同祖兄弟叔侄同在一省,无论是否该管本属,俱令官小者回避,道员知府系属同官,一系实缺,一系候补,令候补者回避;同系实缺,令候补者回避;同系候补,令后至者回避;丞倅牧令佐杂等官,例应回避者,同在一府,虽非统辖,系同官,令候补者回避,非同官,令官小者回避。

(中华书局1991年版,第1册,第597页)

光绪《大清会典事例》卷四七,《吏部·汉员铨选》:

光绪元年定:河工人员,保举知县,以沿河之缺补用者,如与该省地方官有应行回避同省者,以总督兼辖省分改补,如无,即以连界省分改掣,或无沿河之缺者,即将该省扣除。其地方官有与兼辖地方之河道,系属例应回避者,亦令其回避。盐务官员,如有两邻省均可发往者,咨部掣签发往。

(中华书局1991年版,第1册,第597页)

附:骆姓宗族多为幕友被逐,与回避类似。

《大清宣宗成皇帝实录》卷一二〇:

道光七年六月己亥,谕:前闻贵州幕友,有骆姓兄弟叔侄盘踞把持,降旨交嵩溥查明劣迹,分别惩办。兹据嵩溥奏称,该抚署内所延之骆邦煜谨饬自爱,仍请**留署勷理**。臬司幕友骆廷椿、首府幕友骆灿,查无盘踞置产招摇劣迹,究系同宗叔侄,**迹涉嫌疑**,饬将骆廷椿即骆乔年、骆灿即**骆春晖迅**即撵逐回籍,其骆廷猷**即骆秋樵**现就铜仁县幕,系该县自行延请,并无交结党**援情弊**,但系骆姓宗族,亦即饬令**回籍等语**。劣幕盘踞省垣,朋比为奸,最为吏治之蠹。既据该抚查明骆廷椿等尚无结党把持情弊,着免其拿究,应即撵逐回籍。该抚仍当严密查访,毋任借故逗留,并严饬所属,勿许私自延请。如敢阳奉阴违,即行查明参办。至骆邦煜现在该抚署中,尚无不自检束之处,该抚亦当严紧关防,该幕家人不准出署,书函亦不准传进,以杜弊端而肃吏治。将此谕令知之。

(中华书局 1986 年影印本,第 2 册,第 1025 页)

4.满员京官回避

光绪《大清会典事例》卷三五,《吏部·满洲铨选》:

乾隆十六年题准:满洲聚处京城,而支分派远,旗分各异者,亦与汉人之散居各处者无异。嗣后满员虽系同住京城,而旗分各别,又出五服之外,即照汉员支分派远各省各府毋庸回避之例,毋庸回避。

(中华书局 1991 年版,第 1 册,第 442 页)

光绪《大清会典事例》卷三五,《吏部·满洲铨选》:

嘉庆十七年奏准:部院尚书以下,司员小京官以上,嫡亲伯叔兄弟,若在同衙门,令官小者回避;同衙门补授同官者,令候补之员回避;至祖孙父子应行回避,除分系堂司,概令司员以下回避外,如系同官及品秩或稍有大小,虽其祖父系后至及官小者,均令其子孙回避。外姻亲属中,母之父及兄弟、妻之父及兄弟、己之女婿嫡甥,有为堂官者,亦令官小者回避。其由御史回避者以郎中用。凡应行回避各官,初五日掣签时呈明,准其回避,以别缺掣补……回避官员,仍行文该旗,取具本旗都统印结送部备案。如有捏饰情弊,照例议处。内阁中书,系专由考取补用之员;理藩院蒙古司员系专升本院之缺;盛京本处司员系专补本处之缺,各处赞礼郎、读祝等官,系专司唱赞,并非办事司员可比,如有嫡亲祖

第三篇
职官、选举制度体现的宗法宗族制和观念

孙父子伯叔兄弟及翁婿甥舅同在一衙门，概令毋庸回避。其例不回避之员，有经该堂官奏请回避，如奉旨交部者，吏部仍照例议驳，如奉旨依议者，**照依**所奏，令其回避，以别衙门之缺调补。……国子监蒙古司业、盛京刑部蒙古主事、**理藩院**司库、盛京刑工二部司库及仓场总督、步军统领各衙门笔帖式等缺，应拣人员，人数较多，如与钦派大臣内有祖孙父子伯叔兄弟、母之父及兄弟、妻之父及兄弟、已之女婿嫡甥，应令官小者于临拣时呈明扣除。

（中华书局1991年版，第1册，第443-444页）

光绪《大清会典事例》卷三五，《吏部·满洲铨选》：

道光六年奏准：满洲应行回避各官，于掣签前一日，赴部呈明，即令回避，以别缺掣补，如迟至掣签日始行呈明，除照回避定例办理外，将该员照回避迟延例议处。

（中华书局1991年版，第1册，第444页）

光绪《大清会典事例》卷三五，《吏部·满洲铨选》：

光绪六年奏准：查旗御史，系该旗都统、副都统子婿及远房族侄，比照查仓科道，与该监督同旗以及外姻内亲者，照例回避，请旨更调。

十年又定：各官回避原例内，作嫡亲伯叔兄弟之处，嗣后改为胞伯叔胞兄弟。

（中华书局1991年版，第1册，第445页）

5.满员外任官回避

光绪《大清会典事例》卷三五，《吏部·满洲铨选》：

乾隆十四年奏准：旗员月选，如有应回避者，掣签后呈明，即准回避，以别缺掣补。如有一人一缺应回避者，扣除，归下月铨选，仍行文该旗，取具本旗都统印结，送部存案；如系应升应选者，照例以回避日期，较各项年满即用日期先后铨选，其外任年满，并各项即用回避人员，补用时，仍较从前年满即用日期先后补用。

（中华书局1991年版，第1册，第441页）

光绪《大清会典事例》卷三五，《吏部·满洲铨选》：

乾隆三十年奏准：凡陵寝、盛京现任官员应回避者，未经三年期满，以京外之缺，令其统补，如补授外缺，仍自到任之日起，另扣三年，咨部调京，已满三年，出咨候调之员，

该管官声明缘由,给咨到部,仍按年满日期,以京缺调补,停其补用外缺。

三十七年奏准:笔帖式有亲伯叔兄弟补放同衙门司官,非一司之缺,停其回避,若系一司之缺,亦停其回避,另行调司行走,如同系笔帖式,毋庸互相回避。

(中华书局 1991 年版,第 1 册,第 442 页)

光绪《大清会典事例》卷三五,《吏部·满洲铨选》:

嘉庆十年定例:回避人员,如有亲老者,例应以京缺补用,如遇调京人员同月归选,令其列于调京人员之先,以京缺坐补,如回避人员,并无亲老者,仍先尽调京,次用回避。

道光二十三年定例:察哈尔游牧司员,历任未满五年,有与**该都统应行回避者**,饬令回京,仍照游牧司员升转本例,以应调之衙门,先行掣分行走,接**算前俸,**扣足五年,由该衙门咨部注册,列入调京人员内,按期满日期先后,无论保题升选,二缺之后选用。

(中华书局 1991 年版,第 1 册,第 442、445 页)

6.蒙古官员回避

光绪《大清会典事例》卷三五,《吏部·满洲铨选》:

乾隆四十三年奏准:理藩院蒙古章京、笔帖式等官,照旧毋庸回避。

四十四年奏准:盛京本处司员,向止补礼、兵二部之缺,若二部均有回避,便无缺可补,嗣后照理藩院蒙古司员之例,凡祖孙父子亲伯叔兄弟并外姻中翁婿甥舅,同一衙门,均毋庸回避。

(中华书局 1991 年版,第 1 册,第 442 页)

7.兵部官员回避

兵部汉员回避。

光绪《大清会典事例》卷五七二,《兵部·职制·回避》:

又定:属官于上官,有钱粮、盗案、考核贤否等项,属其管辖,若系同族,虽服制已远,而聚族以处者,令官卑者回避。至支分派远,散分各省各府,籍贯迥异者,毋庸回避。

(中华书局 1991 年版,第 7 册,第 419 页)

兵部旗员回避。

光绪《大清会典事例》卷五七二《兵部·职制·回避》:

第三篇
职官、选举制度体现的宗法宗族制和观念

乾隆九年议准：八旗满洲补用外任，从前并未议及应行回避之例，嗣后八旗补用外任者，在五服之内，令其回避，其五服以外，服制已远，毋庸回避。

（中华书局1991年版，第7册，第419页）

光绪《大清会典事例》卷五七二，《兵部·职制·回避》：

乾隆四十五年谕：旗人亲族甚多，若微末员弁，以共曾祖之兄弟，概令回避，未免转滋烦扰，嗣后如有微末旗员，亲谊较疏者，止须奏明存案，毋庸令其回避。

（中华书局1991年版，第7册，第420页）

光绪《大清会典事例》卷五七二，《兵部·职制·回避》：

道光二年谕：四川重庆中营把总桂吉，系提督桂涵服弟……例应回避，惟该弁等皆由乡勇入伍，熟悉地方情形，桂吉……准其仍留本缺供职，但不得擢署提标之缺，将来升至守备，再令照例回避。

（中华书局1991年版，第7册，第422页）

8. 大挑、拣选人员回避

光绪《大清会典事例》卷四七，《吏部·汉员铨选》：

嘉庆九年上谕：乡会试回避考官之例甚严，至拣选得官，立法尤应严密……着吏、兵二部将拣选派出大员，其宗族姻亲应如何回避之处，酌量限制，奏明载入则例，以昭公慎。钦此。遵旨议准：拣选照京员回避之例，令官小者回避；惟查满洲詹事府庶子、翰林院侍讲、司经局洗马、国子监满洲蒙古司业、盛京刑部蒙古主事、仓场步军统领、督抚等衙门笔帖式等缺，应拣选人员，如与钦派大臣内有祖孙父子伯叔兄弟、母之父及兄弟、妻之父及兄弟、己之女婿嫡甥，令官小者于临拣时呈明扣除。

十三年谕：吏部奏，此次大挑举人，为数过多，请免其去回避一折。各项拣选人员，前经该部奏定新例，如钦派大臣内有与应行挑选人员，系属姻亲宗族，即令赴挑者回避。本年大挑在即，各省举人现俱齐集候挑，不下三千数百人，若派出挑选各部院大臣，有姻亲宗族，即将该举人回避，不准与挑，未免向隅，但一体免其回避，又与现行之例未符，着吏部于查取堂衔奏请简放以前，先行知照各部院大臣等，如赴挑人员内，有系姻亲宗族者，自行注明，该部扣除，毋庸开列。

（中华书局1991年版，第1册，第599—600页）

9.官员子弟乡会试回避

《清朝通典》卷一八,《选举一》:

康熙三十九年,十一月,定(会试)官卷取士例。上曰:考取举人、进士,特为得人,若行贿夤缘而得之,则出身之本源不清,欲冀他日为忠臣良吏得乎?凡系大臣子弟,宜另编字号取中,且不致妨孤寒之路。经九卿议覆,嗣后顺天乡试,在京三品以上及大小京堂、翰林、科、道、吏、礼二部司官,在外督、抚、提、镇、藩、臬等官子弟,俱编官字号,另入号舍考试。各照定额,每十卷,民卷取中九卷,官卷取中一卷。其官卷或止数人者,不必另编字号。

(浙江古籍出版社 1988 年版,第 2131 页)

《清朝通典》卷一八,《选举一》:

雍正元年二月又覆准:官卷内佳文不敷中额,议民卷佳者补之。

雍正元年恩科,士子回避不得应试者,即另派大臣拟题,于内阁考试取中。

(浙江古籍出版社 1988 年版,第 2132 页)

《清朝通典》卷一八,《选举一》:

乾隆(登极恩科),元年正月议准:会试与顺天乡试内帘主考、同考官,其有服之同姓与翁婿甥舅皆令回避,如应回避之人不行开出者革职;又敕内外帘官子弟应回避者,着另行考试。

(浙江古籍出版社 1988 年版,第 2132 页)

《清朝通典》卷一八,《选举一》:

乾隆二十三年三月,敕满洲、蒙古现任三品以上大臣之子孙及亲兄弟子侄,有应试者,俱令自行奏闻,方准入场。

(浙江古籍出版社 1988 年版,第 2133 页)

《清朝通典》卷一八,《选举一》:

乾隆四十四年九月乡试榜发,上谕:大学士于敏中之孙于德裕中式举人,时文认题不真,遣词不当,并是科元魁卷均未能体会正解,申严文体不正之禁。

第三篇
职官、选举制度体现的宗法宗族制和观念

（浙江古籍出版社1988年版，第2134页）

会试考官应回避乡试同族。

《大清高宗纯皇帝实录》卷六三一：

乾隆二十六年二月下丁酉谕：会试士子，由举人而拔为进士，衡鉴之司，较乡闱倍宜慎重。适阅该部请派同考官一本，所列率多考乡试主考时列在三等未用，及向不知名聊且充数之员。虽例载点过试差，及曾充房考者俱不开列，似属公道，而不知其实为典校者一大弊端也。盖乡试简差，皆回避本省，其在藉子弟亲属，仍可入场邀中。若礼闱房官，定例子弟均应回避，其托故扣除者想已不少，而又公然以为格于例，不复开列，独留劣等数人，俾以抡才，安望春闱之得佳士哉？且乡试既不碍桃李之收，而会试又可邀宗族之中，将世所称名实兼收与孜孜为利，孰有甚于此者乎？即如眭朝栋甫有请去回避之奏，而分校已不列名，是平日之自号读书，方欲立朝持人短长，而顾身蹈猥鄙之见，不以为耻乎？嗣后凡遇会试，着将考乡试等第全单随本呈送，以备检派，庶于重文衡、杜诡避，两有裨益。并将此通谕考官、举子，并知之。

（中华书局1986年影印本，第9册，第42-43页）

考取满汉中书等阅卷官回避子弟宗族姻亲。

《大清高宗纯皇帝实录》卷九七二：

乾隆三十九年十二月上己丑，吏部等部议覆：内阁学士嵩贵奏，乡会试定有回避，立法最严，其余考取满汉中书、助教、笔帖式、恩监生、翻译生员并贡监考职，以及各学教习等项，阅卷官子弟、族人及有服姻亲，向无回避之条，请照乡会试例一体回避，应如所请。阅卷大臣、监试御史及随同阅卷之员，一经入场，所有应行回避之子弟宗族姻亲，俱令本官自行开出，知会承办衙门并监试御史，于名册内扣除，一概不准与试。如不自行开出因而中式，将考官及本生等分别议处黜革。从之。

（中华书局1986年影印本，第12册，第1276-1277页）

拣选官员回避宗族姻亲。

《大清仁宗睿皇帝实录》卷一三七：

嘉庆九年十一月下辛丑，谕内阁：向来遇有拣选各缺，特派大臣等公同挑选人员带领引见，派出之大臣，理应各矢公正，慎重遴选。乃近日风闻有派出之大臣，即将本人至

亲挑入拣选,拟正已经补放,不便撤回,引见时所派之人并不入班,朕何能记忆原派之人,一时简放,已为所愚,此人姑不深究,自问于心能无愧乎？试思乡会试回避考官定例綦严,至拣选得官,立法尤应严密。若銮仪卫官员一经邀恩录用,不数年即可升至副将参将二三品武职,使相率瞻徇悉取贵游子弟,何以收得人之效？以此类推,则凡文武拣选各项员缺,派出之满汉大臣,想亦未必悉能杜绝嫌疑,毫无瞻顾。着吏、兵二部将拣选派出大员,其宗族姻亲应如何回避之处,酌定限制,奏明载入则例,以昭公慎。寻议:嗣后拣选,照京**员回避**例,祖孙、父子、嫡亲伯叔兄弟、外姻亲属母之父及兄弟、妻之父及兄弟、己之**女婿嫡甥**,俱令官小者回避,惟拣选内有人数过少者,遇派出之大臣例应回避,必致不敷拣选,议于奏请钦派折内,声明请旨多派数员。如有应行回避之员,即令派出之大臣回避。再游击品级较崇,请照参将例,钦派大臣拣选。此等轮用旗员之缺人数亦属无多,应令派出之大臣回避。都司守备,仍照例由兵部堂官拣选。如堂官内有应行回避者,即毋庸会同拣选。从之。

(中华书局1986年影印本,第2册,第861-862页)

10.回避违制处分

雍正《大清会典》卷一四,《回避》:
凡亲属、本籍、沿海应回避官,不行回避,竟赴新任者,康熙九年议准,降一级调用。
(《近代中国史料丛刊三编》第78辑,台北文海出版社1994年版,第687页)

因择缺而捏造宗族回避处分。
光绪《清会典事例》卷八四,《吏部·处分例》:
康熙九年议准:官员有应回避之缺,不行申说回避者,降一级调用。
乾隆七年议准:凡应行回避隐匿不报者,照不行申说回避例降一级调用;至捏称回避,希图规避者,发觉,将捏报之人,照规避例革职。本人捏报规避,其扶同徇隐之人,照本人捏结例革职,出结官照捏结例降二级调用。
四十二年奏准:捏称宗族、姻亲、师生回避,择缺美恶者,照规避例革职。
道光二年奏准:如有捏称宗族姻亲,择缺美恶者革职,该上司自认姻族,扶同捏报者亦革职,在外失于详查之出结官,降一级调留任;在京失于详查之出结官,降一级留任。凡假借回避,有意择缺者,均照此例处理。

(中华书局1991年版,第2册,第84-86页)

第三篇
职官、选举制度体现的宗法宗族制和观念

(二)终养制度

1.汉员告养

雍正《大清会典》卷二二,《稽勋清吏司·终养》:

顺治十三年题准:凡官员祖父母、父母年老,无伯叔、兄弟者,准其终养。

康熙三年题准:父母年七十以上,子男俱出仕在外,户内别无次丁者,或有兄弟笃疾,不能侍奉者,或母老虽有兄弟,同父异母者,俱准回籍终养。

九年题准:继母亦准终养。

凡官员假满暂留在**籍侍养**,康熙五十八年议准:告假回籍官员,遇亲老笃疾者,地方官出具印结,呈详该抚,**保题到日许暂留在籍侍养**。俟亲病痊可,给咨赴部。

(《近代中国史料丛刊三编》第78辑,台北文海出版社1994年版,第1043页)

光绪《大清会典事例》卷一四〇,《吏部·终养·汉员告养》:

顺治十三年题准:凡内外官员,有祖父母、父母年老,无伯叔兄弟者,一体终养。

康熙三年题准:父母年七十以上,其子均出仕在外,户内别无次丁者,或有兄弟笃疾,不能侍奉者,或母老虽有兄弟,而同父异母者,皆准回籍终养。其父母年至八十以上,虽家有次丁,愿归养者听,均不拘历俸三年之限。京官具呈到部具题,外官督抚代题,仍取同乡官印结,督抚则互相代题,均俟应补之日,起文赴部补用。

九年题准:继母一体终养。

雍正五年议准:若现任官员,或父母衰病,迎养维艰,详请终养者,该督抚查该员政务并无怠忽,仓库钱粮并无亏空,取结具题,准其回籍终养。

乾隆二年议准:官员告请终养,该督抚查明取具印结,一面题咨,一面饬令交代清楚,即给咨回籍,不必守候部覆;倘告终养之员,有情虽可悯,而与例不符者,仍照旧例具题请旨,听候议覆遵行。如有浮开年岁,假捏事故,藉端规避者,事发,照规避例革职,出结官照徇情例降二级调用。

十四年谕:向例官员以亲老改补近地者,仍令坐补原缺,所以杜规避也。而告请终养之员,未有坐补原缺之例。夫父母年逾耆耋,许令侍养,乃国家锡类之令典,然亲年子所素知,何必俟莅任后,方行告请,安知其非因现缺平常,将来即可铨补他缺,藉以自便其私,是转为巧于规避者开捷径矣!嗣后官员亲老,与终养之例相符者,于未得缺前,许其呈请,其已经铨选抵任者,将来亦坐补原缺,著为例。

五十年奏准：现任及试用人员，凡亲年八十以上，及独子之亲年七十以上，通饬自行呈明，听其终养。又谕：御史费孝昌奏酌定终养章程一折，所奏甚属错谬。前据陆燿奏，现任及试用人员，凡亲年八十以上，及独子之亲年七十以上，并未迎养在署者，通饬自行呈明终养，朕以其意在教孝，当即降旨允行。昨复据吏部奏，官员父母年老，先已迎养在署者，准该员呈明，止停其升转，不必概令离任回籍，盖以人子之心，总以养与不养为先，既迎养在署，即可朝夕侍养，亦非忘亲恋禄，其所以体恤臣工者，已属公私兼尽，乃费孝昌何得复有此奏，其意不过以一经回籍，便不能有资利禄而已。夫士人读书明理，策名入仕，自当敬事后食，移孝作忠，为人臣，为人子，均不当斤斤于釜钟之计。费孝昌独非人子，何为此贪禄忘亲之言乎！

嘉庆五年奏准：汉官父母年届八十以上，而有同胞兄弟出仕在外，其父母业经就养兄弟任所，不必概令诸子弃职终养，有呈请终养者，仍照例准行。又奏准：官员出继为人后，如所继父母尚在，不准以本生父母年老呈请终养，若所继父母已故，而本生父母年届七十八十以上……准其回籍终养。又奏准：教职官员，仅回避本府，例不出省……其愿职终养者，仍听其便。又奏准：内外大小各员，凡派委兵差军营办事，及有经手未清紧要事件者，无论父母年至七十八十以上，该员是否独子，均不准其终养。

（中华书局1991年版，第2册，第801-802页）

附：世宗加恩陈时夏生母

陈康祺《郎潜纪闻初笔二笔三笔》卷六，《世宗加恩陈时夏生母》：

雍正元年，元谋陈阁学时夏以御史授河南开归道，仍带台衔。四年，署江苏巡抚。世宗念时夏母老家居，以道远未迎养，特命云南督抚资送至苏州，复赐人瀍，以慰高年行役之劳。康祺案：阁学抚苏三年，兴修水利以外，无甚政绩。恭读雍正六年上谕云："汝自莅任以来，盗不能缉，吏不能察，承追钱粮不及完二十分之一，苏郡大开铜铺而不能禁止，河工迟误而不能劝惩，惟令戏班减少大半，缎铺关闭十家，僧道数千百人还俗，祠庙数处改为书院。在汝意以王道变化风俗，但不知实有益于生民处何在。"旋降授营田观察使。然亦可见阁学之当官，虽儒缓寡效，而志在休养生息，返朴还醇，才不足而德有余，不得谓非留心国是，宜其荐邀殊眷，宠及慈庭与。

（中华书局1984年版，下册，第762页）

2.旗员告养

第三篇
职官、选举制度体现的宗法宗族制和观念

汉军告养。

雍正《大清会典》卷二二,《稽勋清吏司·终养》:

康熙七年题准:汉军外官,亦照汉官例,准其终养。

(《近代中国史料丛刊三编》第78辑,台北文海出版社1994年版,第1043页)

光绪《大清会典事例》卷一四〇,《吏部·终养·旗员告养》:

康熙七年题准:汉军外官,亦照汉官例,一体终养。

(中华书局1991年版,第2册,第799页)

旗员终养制及变化。

光绪《大清会典事例》卷五六〇,《兵部·职制·终养》:

乾隆元年奏准:驻防官遇有父母、祖父母年**登耄耋**,疾病缠绵,路远不能迎养,家无次丁侍奉者,许将情由呈报,该管官出具印甘**各结报部**,准其终养,倘有规避假捏者革职,出结官降二级调用,不详查之该管上司罚俸一年。又奏准:八旗各官,奉旨记名、军政卓异及年久应升,遇有父母、祖父母年登耄耋、疾病缠绵、家无次丁侍奉者,许将情由呈报,该管官出具印甘各结……(该员)停升外任,京官仍开列,如有规避假捏者,该员及出结并该管官,皆照驻防官呈请终养不实例议处。

三十八年谕:亲老改补近省,本属汉员相沿之例,八旗人员与汉员本不相同,即不为外任,在部在旗,均得当差报效,若以亲老照汉员一体办理,殊未允协,嗣后八旗升迁官员,如实系亲老不能远离者,得缺后许其呈报,该部带领引见,候朕酌量改用,或以旗员,或以部缺改用,自无不可,俟该员养亲事毕,仍照伊原得之缺坐补,着为令。

四十二年奉旨:嗣后旗人终养之例,着停止。其有亲老情愿回京者,准其呈报督抚,奏明送部引见,文员以部属用,武员或用侍卫,或用旗职,候朕酌量降旨。

四十九年奉旨:嗣后各旗文武官员,如有父母年至七十五岁以上,均不准其保送外任。

(中华书局1991年版,第7册,第268页)

光绪《大清会典事例》卷一四〇,《吏部·终养·旗员告养》:

乾隆五年议准:满洲、蒙古在京文职旗员,皆不准告请终养外,其有补授外任旗缺,如盛京五部司官笔帖式并陵寝官员,奉天、宁古塔、黑龙江等处将军衙门,以及吉林、乌

拉、齐齐哈尔及驿站、关口官员笔帖式,各省驻防将军城守尉、督抚随印笔帖式及理事同知、通判,并补授外任汉缺,如督、抚、布、按、道、府等官,或遇祖父母、父母年七十以上,其子均出仕在外,户内别无次丁,或有兄弟笃疾不能侍奉,或母老虽有兄弟,同父异母,及父母至八十以上,虽家有次丁,而愿请归养者……照汉官一例终养。……再满洲、蒙古候选候补外任旗缺者……如有情愿呈请终养者,亦照此例。以上旗缺、汉缺各官如有浮开年岁,假捏事故,藉端规避等情,及出结官,皆照汉官例议处。

(中华书局1991年版,第2册,第799页)

光绪《大清会典事例》卷三五,《吏部·满洲铨选·旗员终养》:

乾隆九年上谕:向例官员告终养者,俟养亲事毕,方得补缺,但旗人回京,与汉官回籍不同,或在旗在部,皆可补用,以供驱策。朕思旗员有老亲在堂,铨选赴任,二三年内即请终养……遵旨议定:旗员补用外任,如陵寝及东三省官员笔帖式、各省驻防将军城守尉、督抚随印笔帖式,虽系外任,究非地方有司可比,有告请归旗终养者,仍照旧例办理,毋庸再议外,其满洲、蒙古现任藩臬道府同知通判州县及满洲、蒙古理事官、同知、通判等官,如遇祖父母、父母年老,例得终养者,照例具呈该管上司,出具切实考语,题奏到日,由部咨查该旗出具确实印结到部,令其回京,各该处引见请旨遵行。至汉军外任官员,从前告请终养者,均照汉人之例办理。但汉军与满洲、蒙古均系旗人,在旗在部,均可补用,原与汉人不同,嗣后汉军外任各官告请终养者,亦照此例,令其回京,各该处引见请旨。凡满洲、蒙古、汉军告终养外任各官引见时,除奉旨以旗员补用者,听各该旗办理,并奉旨指明以何部何官即用者,照例补用外,如奉旨以部员改补者,即按照品级改补,如藩臬均系大员,例应改补京堂,照例与应升人员开列具题请旨;如系道府,例以各部郎中员外郎补用,理事同知、通判及地方同知,例以主事补用,知州与地方通判,例以七品小京官补用;知县一项,因养亲以京官补用者,仍以科甲小京官改补。汉军知县,因养亲以京官补用者,以各部院衙门汉军七品笔帖式改补。……至现任京职应升应选外任各官,如有亲老在堂,二三年即届终养之期者……令其自揣,如有亲年衰老,难以久任,情愿终养者……停其补用外任,仍在现任京职行走。再满洲、蒙古、汉军候选外任者,止有进士、举人之笔帖式,并闲散进士、举人应选知县一项,其满洲、蒙古候选知县人员告终养者,如系现任之员,仍令现任上行走,系闲散科甲候选知县者,以应用科甲小京官,照科分名次补用。……外任改补及候选改补京官,与现任停其升选外任各员,如于养亲之际,遇在京有应升之缺,仍与京官一同较俸升转。再养亲无一定年限,至应补之日,补用外官,不免有衰老之人,各该堂官于各员起复之时,查明该员年力并非衰老,咨部仍以应得外任

第三篇
职官、选举制度体现的宗法宗族制和观念

补用。……再此等人员,在京养亲之际,未经升任者,如系外任改补京职之人,遇有应得之缺,照丁忧起复之例补用;如系在京现任,及候选改补京职之人,归于本班,遇有应得之缺,先尽选用。

(中华书局1991年版,第1册,第446—447页)

光绪《大清会典事例》卷三五,《吏部·满洲铨选·旗员终养》:

乾隆四十二年上谕:嗣后旗人终养之例着停止,其有亲老情愿回京者,准其具呈督抚,奏明送部引见,文员以部属用,武员或用侍卫,或用旗员,候朕酌量降旨。又谕:嗣后各旗文武官员,如有父母年至七十五岁以上者,均不准保送外任。又奏准:旗员亲老改补京职人员,道员以郎中用,知府以员外郎用,同知、直隶州知州、知州以主事用,通判统以小京官用,毋庸分别品级,州同、知县,不论何项出身,专以七品笔帖式用,知县以下佐杂等员,按其出身,以八九品笔帖式用,未经得缺以前,先令掣签,分派各衙门行走,仍照例按班铨选。至候补候选人员,除汉军选用教职,系在直隶奉天,毋庸办理外,其候选知县之闲散进士、举人,系应用科甲小京官,照依科分名次补用,余者到班时,各按品级以京员改补,改补人员均归入月分,专以在京衙门员缺,先尽补用。改补之员,如遇盛京陵寝等缺,山海关、张家口、杀虎口牛马税差,及笔帖式应用之各督抚衙门、直隶防守尉衙门,俱不准其保送升选,俟终养事毕,应外任时,仍照例归于原班铨选。改补各员,俱于现任内停其升选外缺,如遇在京应升缺出,仍与京官一体较俸升转,将来终养事毕,应补之日,停其补用外缺,如未经升任,仍归原班铨选,其有改补之后,升选到班时,适值外缺扣除,归入即用班内,依京官坐补,仍先尽丁忧服满之人。至笔帖式系按旗补用,亲老之员,遇外缺扣除,其次者亦系亲老,另将其次无亲老之人铨补,毋庸过班,仍令其在原班候补京缺。

(中华书局1991年版,第1册,第448—449页)

光绪《大清会典事例》卷三五,《吏部·满洲铨选·旗员终养》:

嘉庆四年奏准:陵寝赞礼郎、读祝官,因亲老来京,即令在太常寺赞礼、读祝等官上行走,俟终养事毕,令其仍回原处。遇有陵寝赞礼郎、读祝官缺出,即行咨补。如果有礼仪娴熟、唱赞合宜者,太常寺具奏带领引见,或留该寺,或仍以陵寝员缺补用,恭候钦定。

五年奏准:八旗候补候选及捐纳外任官员,父母年至七十五岁以上,家有兄弟侍养者,不必概令改补京职。

十年上谕:旗员终养之例久经停止,如果在外服官年久,因亲老呈请回旗,亦所不

禁。

二十一年定：八旗驻防旗员，在京供职，因亲老呈请回驻防养亲者，该堂官奏明开缺，俟养亲事毕，百日孝满，由该管官给咨赴部，仍回原衙门行走，俟服满后遇有选缺，扣留补用，如该衙门有应归部选之缺，亦准其归于不论双单月先尽补用。

二十三年奏准：旗员拣发各省委用，尚未补缺，有因亲老呈请改补京职者，俟奏明奉旨后，照现任品级，以京职对品改补，签分各衙门行走，如果奋勉，由该堂官奏留。

（中华书局1991年版，第1册，第449-450页）

光绪《大清会典事例》卷三五，《吏部·满洲铨选·旗员终养》：

道光二年奏准：汉军人员，除选用教职，系在直隶、奉天毋庸办理外，其现任人员，自内阁侍读，以至七八九品笔帖式，系汉军专缺者，亲年至七十五岁，均照旗员之例，停其升选保送外缺，其余京外大小各官，并无汉军专缺，以及候补候选人员，俱照汉员改近之例办理。

四年定：旗员由捐纳分发各省试用人员，告请亲老者，照指捐人员之例，不准改用京职，俟养亲事毕，仍赴原省。又定：旗员各省候补，亲老回京，亦照实缺人员亲老回京之例，未补缺以前，毋庸给予俸禄。

五年奏准：满蒙外任佐杂等官，如遇祖父母、父母年逾七十五岁，情愿回京者，即呈明督抚咨部，回旗终养。由现任实缺人员终养回旗者，养亲事毕，毋庸归于十月查办，由该旗起文咨部，照汉军人员之例，以原缺坐补，其题署未经实授，及拣发分发未经得缺，亲老回旗之员，养亲事毕，亦照汉军人员之例，出具图结，赴部呈请给照，仍赴原省，照例分别补用。

八年奏定：满蒙外任官员丁忧回旗，百日孝满，由该旗带领引见，在原衙门行走，经十月查办，奉旨记名外用。

（中华书局1991年，第1册，第450页）

光绪《大清会典事例》卷三五，《吏部·满洲铨选·旗员终养》：

光绪五年奏准：各项升选人员，有因亲老过班，如系在旗候选，未经分部行走之员，俟过班后，即赴部呈明，以应得部分，先行掣分行走，仍以京缺铨选，未得缺以前毋庸给予俸禄。学习三年，果能才具出众，行走勤慎，由该堂官酌量奏留，归入资深班内，与各项奏留候补人员，比较日期补用。

十年定：满蒙现任京职，有祖父母其父已故，并无胞伯，本员系嫡长孙，应行承重年至七十

第三篇
职官、选举制度体现的宗法宗族制和观念

五岁者,亦停其升选保送外缺,其现任汉军旗缺人员,亦照此办理。又定:亲老改补京职,与丁忧服满之人,遇有京缺,系先尽改补之员,俟无人,方以服满之人铨选。

(中华书局1991年版,第1册,第451页)

光绪《大清会典事例》卷一四〇,《吏部·终养·旗员告养》:

乾隆四十二年谕:兵部奏请陕西西凤协副将伸泰母老终养一折。旗员向无终养之例,我满洲从来淳朴之习,但知尊君效力,家计有所弗顾……所有嗣后旗人终养之例,着停止。其有亲老情愿回京者,准其具呈督抚,送部奏明引见,文员以部属用,武员或用侍卫,或用旗职,候朕酌量降旨。伸泰着即照此例行。

四十九年谕:嗣后各旗文武官员,如有父母年至七十五岁以上者,均不准保送外任,庶旗员共知禄养承欢,克敦内行,亦移孝作忠之一道也。

嘉庆十年谕:据福庆奏,旗员瑭禄因亲老恳请回京当差,已降旨照所请行矣,因思旗员终养之例,久经停止,如果在外服官年久,因亲老呈请回京,例所不禁,今瑭禄于嘉庆八年简补(贵州)镇远府员缺,其时该员生母年已七旬有四,如果难以远行,即应陈请留京,乃业已到黔,甫及二年,旋以亲老陈请回京,若不定以限制,恐该员等或因到任后见缺分平常,希图规避……俱不准行,著为令。

(中华书局1991年版,第2册,第799-780页)

(三)丁忧起复制度

1.丁忧范围及回籍治丧期限

雍正《大清会典》卷二二,《稽勋清吏司·丁忧》:

各官有父母之丧,及应承重者,俱许解任守制。其旗下官员,准其给假治丧毕,虽令办理政务,仍私居尽三年丧礼……其汉军有任汉缺者,丁忧与汉官同。

(《近代中国史料丛刊三编》第78辑,台北文海出版社1994年版,第1023页)

光绪《大清会典事例》卷五七二,《兵部·职制·丁忧》:

顺治初年定:武职大小官员,遇有亲丧,在任守制二十七月,照常供职,不准回籍。

康熙二十六年议准:提镇丁忧,由督抚题报,副将丁忧,属将军辖者由将军题报,属督抚辖者由督抚题报,其专属提镇辖者由提镇题报,皆离任回籍守制。服满之日,起文赴部候补。参将以下,遇有亲丧,皆在任守制。

雍正二年议准:参将以下各官,遇有亲丧,除军机调遣不准给假治丧外,其余无论独子与非独子,父母在任故者,准给假归葬,在籍故者,准给假奔丧……若现在运粮者,运粮回日,准其给假。

(中华书局1991年版,第7册,第423页)

出继官员的丁忧。

光绪《大清会典事例》卷五七二,《兵部·职制·丁忧》:

乾隆三年议准:官员出继为人后者,遇本生父母身故……(提督、总兵官、副将)准回**籍,治丧**一年,限满起文赴部候补。参将以下各官,除军机调遣,不准给假,其余报明督抚**提镇,给**假回籍治丧,依限回营办事。

嘉庆五年上谕:嗣后寻常无事省分,该督抚不得率行奏留丁忧人员,以符定制。

道光十六年议准:嗣后现任参将以下官员……率以省亲、修墓、安葬等情请假者,一概不得给假。

(中华书局1991年版,第7册,第423页)

满洲官员丁忧时日与汉员有所不同。

光绪《大清会典事例》卷五七二,《兵部·职制·丁忧》:

乾隆十二年上谕:副将丁忧者,例应离任守制,俟二十七月期满,始行补用,但旗员向皆持服百日,期满即行当差,并不俟二十七月。且满洲官丁忧后,三年内并无差使,闲散安居,不但于生计无益,人亦渐至颓惰,嗣后除提、镇内丁忧者,皆深知简用之人,朕酌量委用外,其选用副将之旗员内,遇有丁忧,由侍卫升用者,着在一等侍卫上行走;由前锋参领、护军参领、骁骑参领等官升用者,着在各原处行走;遇参领、副参领员缺,即行坐补;由世爵升用者,着仍在原爵行走;若由步营及王府升用者,原处无品级相当之缺,临时着该旗办理,具奏请旨,以便酌量委用。俟二十七月期满,应行补用时,仍着照例补用。

二十四年上谕:嗣后凡八旗外任文武官员,调任及丁忧回京者,俱着在原衙门职任,及所调之任行走,遇缺即行补用;所有期满补用外缺之处,着概行停止。

嘉庆八年奏准:外任武职旗员,遇有丁忧回京,由各该旗随时咨送,由部带领引见,毋庸年终引见。

十年奏准:旗员武职,遇有丁忧回京,起服后奉旨在原衙门行走者,遇拣选时,仍准其保送外任。

道光五年上谕:向来满洲、蒙古外任武职,例应丁忧人员,回旗守制,百日孝满,在原

第三篇
职官、选举制度体现的宗法宗族制和观念

衙门行走者,每年十月查办一次,带领引见,分别内外用。嗣后着该部每届查办时,于带领前三日,将各该员履历,详悉开单,先行具奏。

（中华书局1991年版,第7册,第424页）

2. 内外汉员丁忧

雍正《大清会典》卷二二,《稽勋清吏司·丁忧》：

凡内外汉官丁忧承重者,具文报部,以闻丧日为始,回籍守制,不计闰,二十七个月,如蒙混具报者丁忧官不准起补,该管官罚俸六个月。顺治十五年题准：内外官员,曾祖父母亡故,承重长曾孙,亦准回籍守制。康熙五年题准：丁父母忧者,开明是否嫡亲父母,及有无恩养过继、为祖承重者,亦开明是否嫡长孙,有无伯父及伯父之子,或疏咨结状互异,混呈出结代报各官,俱罚俸六个月。

凡京官丁忧,康熙三年题准：堂上官、翰林、科、道、部属、中书等官,具题,其余各官注册,皆给与孝字执照,准其回籍守制；终养在籍丁忧者,不给执照；出差丁忧者,免其来京,许令差人赴部,告领执照,其申缴时,有虫蛀破裂,并水火、盗贼、遗失等项者,罚俸六个月。

（《近代中国史料丛刊三编》第78辑,台北文海出版社1994年版,第1028-1030页）

光绪《大清会典事例》卷一三八,《吏部·守制·内外汉官丁忧》：

原定：凡内外汉官丁忧承重者,具文报部,以闻讣之日为始,不计闰,二十七月终制,蒙混具报者,丁忧官不准起补,该管官罚俸六月。

康熙五年题准：凡内外官员丁忧,皆开明嫡亲父母,有无过继,及为祖父母承重者,亦开明是否嫡长孙,有无伯父及伯父之子,如疏咨结状互异,将混呈出结代报官罚俸六月,若咨结题疏内有一处开明者免议,准其守制。

乾隆十七年覆准：现任各官,其父母有在籍病故者,该家属取具邻族甘结,于五日内呈报本籍州县,该州县加具印结,于五日内径详督抚,督抚分别题咨,并即移咨任所,知照该员,令其离任。

（中华书局1991年版,第2册,第779-781页）

为人后者官员本生父母治丧。

光绪《大清会典事例》卷一三九,《吏部·守制·为本生父母继母及庶祖母治丧》：

康熙三年题准：内外官员出继为人后者，遇本生父母之丧，自愿回籍治丧者，京官具呈到部具题，外官督抚具题，除水陆路程外，定限一年，限满起文赴补。

十二年题准：官员为人后者，遇本生继母之丧，情愿治丧者，亦照生母例给假。

乾隆二年覆准：内外大小官员出继为人后者，遇本生父母之丧，概令回籍治丧，除水陆路程外，定限回籍一年，起文赴补。

五十年议准：父之生母病故，父已先故又无父之同母伯叔及父同母伯父之子者，治丧一年。

道光四年议准：官员系一子承祧两房，如大宗独子承祧次房者，遇本生父母病故，丁忧二十七月，次房承祧父母病故，治丧一年；如次房独子承祧长房者，遇本生父母病故，治丧一年，长房承祧父母病故，丁忧二十七月。

同治十二年奏准：官员小宗兼祧大宗，与以大宗兼祧小宗者，均以大宗为重，于大宗生庶祖母病故，其父先故，治丧一年；于兼祧小宗生庶祖母病故，兼祧父先故，饬令解任持服小功。

（中华书局1991年版，第2册，第787—789页）

丁忧人员限期启程。

光绪《大清会典事例》卷一三九，《吏部·守制·停止在任守制》：

乾隆三十七年题准：丁忧人员，俱责令该管上司，于交代完日，勒限三月起程，原籍督抚将回籍月日报部，不准在原居官省分寄住，如有逗留，将本员照旗员例议处。

（中华书局1991年版，第2册，第787—789页）

丁忧对官员升转的影响。

光绪《大清会典事例》卷五七二，《兵部·职制·丁忧》：

雍正二年议准：凡遇亲丧各官，二十七月之内，遇朝贺、祭祀一应庆典，免其行礼。未满服制之前，不行升转，较俸升转之日，将回籍治丧离任月日扣除。

乾隆三年议准：官员出继为人后者……以闻讣之日为始，一年内停其升转，至较俸升转之时，将给假离任月日扣除。

光绪五年奏定：嗣后出使大臣奏请之员，未到任及无经手事件，即刻丁忧回籍，已到外国，若无经手事件，令其回华守制，若有事务，办清后回华补行穿孝守制。

十二年奏准：参将以下各省营卫候补人员，奏题补缺，于未经引见之先咨报丁忧者，应比照原缺已经题补有人之例，免其开缺，百日后给咨送部引见，给予署札。

第三篇
职官、选举制度体现的宗法宗族制和观念

（中华书局 1991 年版，第 7 册，第 423-425 页）

光绪《大清会典事例》卷五七二，《兵部·职制·停止入籍》：

康熙五十年议准：现任及丁忧、休致、事故解退之提（督）、镇（总兵官）并副（将）、参（将）、游（击）都（司）、守（备）等官，皆不许在任所置立产业入籍，如有已经置立者，限六月内变卖回籍。

（中华书局 1991 年版，第 7 册，第 425-426 页）

3. 旗员丁忧

雍正《大清会典》卷二二，《稽勋清吏司·丁忧》：

凡在京满洲、蒙古、汉军文官及在外汉军文官丁忧，顺治十年题准：居丧一月即出理事，仍私居尽三年丧礼。康熙三年题准：在京满洲、蒙古、汉军文官，遇亲父母、祖父母与所后父母、祖父母亡故者，以故日为始，居丧三个月，奉差出征者，以到京日为始，亦准居丧三个月。五品以上咨部具题，六品以下注册。其亲伯叔父母、兄弟及妻并娶妻之子亡故者，准居丧两个月，亲嫂、弟妇及宗族亡故者，亦准假，除服日，即出理事。

（《近代中国史料丛刊三编》第 78 辑，台北文海出版社 1994 年版，第 1024 页）

光绪《大清会典事例》卷一三八，《吏部·守制·旗员丁忧》：

顺治十八年题准：奉差出征满洲、蒙古、汉军文官丁忧，以回京日守制。

康熙五年议准：旗员丁忧，即报该管上司，取该都统印结。

十二年题准：在京满洲、蒙古、汉军丁忧者，在家居丧百日后，即入署办事，其二十七月内，遇朝会之期，停其朝会，俟服满始令上朝；在外满洲、蒙古、汉军文官丁忧者，令其解任，照汉军官例，以闻讣之日为始，不计闰，守制二十七月。盛京守陵旗下文官暨各处驻防，并各省督抚布按衙门笔帖式，均照在京满洲、蒙古、汉军文官例守制。又题准：在京汉军补授汉缺者，照汉官一例离任守制。

乾隆二年谕：在京八旗文武各官，遇有亲丧，例于持服百日之后，即入署办事，原以旗员人少，若令离任守制，恐致误公，而伊等在二十七月之内，仍各私居持服，以自尽其心，惟是朝会祭祀之期，或有执事，或应陪祀之处，仍皆一体行走，未加分别，俾尽孝思，嗣后在京旗员有亲丧者，二十七月之内，凡遇朝会祭祀之礼，应一概免其行走……至御前应用吉服时仍用吉服，一切朝会祭祀之处，皆免其执事。

清代宗族史料选辑

(中华书局1991年版,第2册,第775页)

光绪《大清会典事例》卷五六〇,《兵部·职制·八旗官守制》:

乾隆二年奏准:八旗都统、前锋护军步军各统领,遇有亲丧,所有印务,由部奏请署理……驻防将军、都统、副都统遇有亲丧,或回京治丧,或扶柩归葬,如将军、都统来京,印务交本处副都统署理。又奏准:八旗武职遇有亲丧,咨部注册,百日后入署办事,照常支俸,朝会祭祀,均免执事,二十七月内,除奉特旨升转外,其余论俸推升之处,概行停止,服阕时准其积算前俸。又奏准:八旗驻防旗员,父母在京病故,呈请给假者,该管官委官署理报部,即令回京……凡回旗治丧各官,除往返日期外,均给假百日,假满呈明该都统等报部销假,仍回原任,其扶柩归葬者,亦照治丧之例给假。又奏准:京外旗员……其父母及所后父母、并为祖父母承重者,仍私居持服,尽三年丧礼;如亲伯叔父母、亲兄弟并妻及娶妻之子故者,居家两月;亲伯叔祖、亲嫂、亲伯叔之子及娶妻之孙故者,居家一月;亲伯叔祖母、亲弟妇、亲伯叔子之妻故者,送殡后过七日,令其行走;宗族故者,送殡后即令行走。又奏准:旗员居丧,遇有应袭佐领世爵者,均于百日后引见。

三年奏定:亲军校、前锋校、护军校、骁骑校虽属六品,尚与兵丁无异,嗣后兵丁等有亲丧者,遇前锋校等官,仍准于百日后拣选拔补。

九年奏准:八旗应升五品以上官,因服制未满,暂请署理者,虽避升转之名,已得应升之任,与停升之例不符,嗣后五品以上官服制未满,不准署理应升之缺。

十一年奏准:护军遇城门吏员缺,虽有亲丧,准其拔补,如已补城门吏之后,服尚未满,仍停其升转。

十七年议准:察哈尔八旗各官内,除由京补授者,仍照例丁忧二十七月外,其本处蒙古官遇有亲丧,二十七月之内,不停升转。

十八年奉旨:旗人补用八旗武职,非文员外任可比,嗣后旗员丁艰,除文职及绿旗武职,仍于二十七月内停其升转外,其在京武职及外省驻防陵寝各官,于丁艰二十七月以内,遇应升员缺,仍准其照例列名请旨补授,毋庸停其升转。

二十四年谕:嗣后八旗外任文武官员,调任及丁忧回京者,俱着在原衙门职任及所调之任行走,遇缺即行补用,所有期满补用外缺之处概行停止。

三十九年奏准:在京武职及各驻防并陵寝地方旗员,遇有亲丧,咨部注册,百日后入署办事,照常支俸,凡入朝、进署及一切公所,准穿素服,惟进至御前,应用吉服时,仍从吉服,一应朝会、祭祀之处,俱免其执事,其二十七个月服制内遇有应升之缺,仍一体开列升转,如应升引见补放人员于百日期满后,带领引见补放。

第三篇
职官、选举制度体现的宗法宗族制和观念

嘉庆六年奏准：军营办事人员遇有父母在旗身故者，不必拘定回京闻讣，统以该员父母身故之日起扣算服满，该员回京后，止令穿孝百日，毋庸再扣二十七个月，亦毋庸停升。

嘉庆十六年谕：丹巴多尔济等奏，**镶蓝旗**汉军丁忧云南普洱镇总兵尚维侗百日孝满，不必拘泥汉员丁忧之例，呈请赏给苦**差效力**等情转奏请旨一折。凡汉军大员丁忧，向例俱照汉员丁忧二十七个月，未有呈请赏给差使者……（尚维侗）牵扯多辞，甚属取巧。尚维侗着仍照汉员丁忧二十七个月之例，不必赏给差使。

（中华书局1991年版，第7册，第265-268页）

光绪《大清会典事例》卷三六，《吏部·满洲其铨选·丁忧借署》：

乾隆十五年奏定：丁忧道府人员，其借署照改补之例，道员以郎中借署，知府以员外郎借署，同知、知州以主事借署，通判以七品小京官行走，知县以八品小京官行走，遇有七八九品小京官员缺，均准借署。至由小京官笔帖式外用，以次升至道府等官丁忧者，除原衙门有相当员缺，仍在原衙门行走外，其原衙门并无品级相当，应行奏署之缺，及由闲散举人、进士升任，并无原衙门可以行走者，即传令该员等赴部掣签，分发部院衙门额外行走，遇有相当缺出，令该堂官奏请署理。至丁忧回旗引见，奉旨不宜外任同知、通判、州县等官，亦照以上借署之例办理，俟服满之日，题请实授。

二十二年奏准：嗣后遇有给事中、御史升补外任丁忧回旗人员，仍照丁忧道员之例，分派各部院衙门，在郎中上行走，遇缺借署。

（中华书局1991年版，第1册，第455页）

旗人生监举人进士守制。

光绪《大清会典事例》卷一三八，《吏部·守制·旗员丁忧》：

乾隆二年奏准：八旗生监、举人、进士二十七月内，亦停其考试铨选，俟服满后始准铨选考试。

（中华书局1991年版，第2册，第775页）

4. 丁忧取具族邻甘结

光绪《大清会典事例》卷一三八，《吏部·守制·内外官员丁忧通例》：

乾隆十七年覆准：现任各官，其父母有在籍病故者，该家属取具邻族甘结，于五日内

呈报本籍州县,该州县加具印结,于五日内径详督抚,督抚分别题咨,并即移咨任所,知照该员,令其离任,仍将该员闻讣日期,咨部扣算年限起复。其在京各官有父母在原籍病故者,向无督抚具题之例,应令原籍督抚,亦于定限内,取具印结咨部,由部分别题咨开缺。至京外各官,有本员闻讣日期在先,各该督抚移咨在后者,仍以本员闻讣日期,咨部开缺。

嘉庆四年奏准:官员呈报丁忧,取具亲供及族邻甘结,声明亲故月日送部,并开明"系属亲子,并无过继"字样,丁外艰者,将父系何名,有何官职,丁内艰者,将母系何氏,或生或继,逐一开明,遗漏错误者查议。又议准:官员接丁者,应于接丁日,取具亲供、族邻甘结报部,遗漏者查议。又奏准:官员由寄籍呈报丁忧者,查系先经入籍,该省报部有案,准其在入籍省分守制,闻讣丁忧者,于报丁呈内将业经入籍,及由入籍省分饬取族邻甘结缘由,切实声叙,俟该员到籍时,即由入籍省分报明到籍。如未经入籍有案者,概饬令回祖籍守制。

(中华书局1991年版,第2册,第781—783页)

5.停止在任守制与夺情

光绪《大清会典事例》卷一三九,《吏部·守制·停止在任守制》:

雍正十三年谕:父母之恩,昊天罔极,而丧礼以三年为断者,所以节仁人孝子之哀,而使有所极也。三年之丧,犹不能终,则百行皆无其本矣⋯⋯往者道府以上要员,间有督抚保题在任守制,而特旨从之者,其后遂习为故常,并及州县微员,其中有平日督抚所亲信而欲留者,有竟自愿留者,有多方营求以得之者,而不得者且用为耻⋯⋯自后,必其地、其任、其事、其时,决不可少是人,而无能相代者,方准保题,以凭核夺,余皆停止,永著为例。

(中华书局1991年版,第2册,第788页)

光绪《大清会典事例》卷一三八,《吏部·守制·内外官员丁忧通例》:

乾隆二十九年谕:御史秦黉以户部郎中冯光熊、刑部郎中杜玉林俱系丁忧之员,该堂官不应奏留一折,内称若遇升外任,又未闻以干练留部,其持论实中事情⋯⋯第以堂官而请留司员,督抚而请留属吏,则上官之推情瞻顾与下僚之因事干求,其流弊将何所不有。况国家分职任才,岂必少此一二人,与此一二人二三年少待之期,而必权宜破格而为之,诚亦可以不必。嗣后⋯⋯(堂官督抚)均不得率行请留,著为定例。

第三篇
职官、选举制度体现的宗法宗族制和观念

三十年谕:据杨应琚奏,甘省兰山书院于去岁延请丁忧在籍之府丞史茂来主讲席一折,此甚非是,史茂系回籍守制之员,理应闭户家居,以尽三年之礼,至读礼之余,或在家训课子弟,自属分所应为……若竟住居省会书院,教授生徒,与地方官长宾主应酬,则与居官何异?此不过冀得膏火以资膳给,遂置礼制于不问,微特人子之心难安,其又何以为多士表率乎?

(中华书局1991年版,第2册,第781-78页)

光绪《大清会典事例》卷一三九,《吏部·守制·停止在任守制》:

乾隆五十年谕:前据(陕抚)何裕诚奏请将丁忧知县王垂纪留办西安城工一折,已批所奏不可行……昨又据富纲奏请,以丁忧云州知州宋昌琤接办宁台厂务,亦批不必……夺情起复,非所以教孝敦伦,古人惟于军旅之事,偶一行之。若地方遇有不靖,如撒拉尔逆回等事,军务紧要,其承办军需之各州县,设遇丁忧,该督抚自不妨奏请,权令在任守制,至城工厂铜非军务可比,何必须一人始终经理……嗣后非遇军务,不得以丁忧人员奏请留任,著为令。

(中华书局1991年版,第2册,第789页)

光绪《大清会典事例》卷一三九,《吏部·守制·停止在任守制》:

咸丰九年谕:近来各省纷纷奏留丁忧人员,难保无夤缘请托之弊……嗣后军务省分,除管带兵勇打仗出力,实为军营必不可少之人,准其奏留差委,并就近起复,俟军务告竣,仍饬令回籍分别补行守制穿孝外,其余办理粮台、文案、劝捐、团练、抽厘等项差使,均不得将丁忧人员,请留差委。

(中华书局1991年版,第2册,第792页)

6.官员丁忧起复与族邻甘结

光绪《大清会典事例》卷一三九,《吏部·守制·官员起复》:
顺治初年定:凡起复官员,在籍守制者,服满,由该地方官起送。
康熙三年题准:官员丁忧,如不能回籍依墓守制者,服满,由寄居地方官起送。
九年题准:地方官如将革职之官,不详查明白,给结起复者,罚俸一年。
嘉庆四年奏准:官员丁忧守制,二十七月满日,即取具本人亲供,族邻甘结,声明起复。由祖籍取结报丁守制者,仍由祖籍呈报服满。又奏准:官员服满文内,并未取有亲供、

137

族邻甘结者,不准起复,应令补取到日,再行铨选。

(中华书局1991年版,第2册,第793-794页)

光绪《大清会典事例》卷三六,《吏部·满洲铨选·丁忧起补》:

乾隆二年议准:官员遇有丁艰在二十七月内者,除奉特旨升补外,其余凡有升迁,停其开列升转,服满后仍准算俸。

五年奏准:凡应升应选应补人员,已经铨补得官,适遇亲丧扣除,及服制内应过班过缺,未经铨用者,如系双月之人,仍归双月,先尽铨用。……至过班过缺人员内,有同月同班服满者,以每月截限以前,先行掣定名数,挨次铨补。其各省之终养旗员,至应补之日,如未满年分,一年以外者,仍以外任用,一年以内者,再扣一年,半年以内者,再扣半年,均以京官用。

(中华书局1991年版,第1册,第451页)

服满起文赴部程限。

光绪《大清会典事例》卷一三九,《吏部·守制·服满起文赴部程限》:

原定:服满起文赴部程限,在京限一月,直隶四月,奉天同。山东、山西、河南六月,江南、江西、浙江、湖广、陕西八月,福建、四川、两广、贵州十月,云南一年。

顺治十一年题准:官员服满起复,违限半年以上议处,一年以上致仕,二年以上革职。

康熙三年题准:服满起复,违限一月以上罚俸一年,二月以上降一级调用,三月以上革职。

九年议准:违限半年以上者免议,违限一年以上者罚俸一年,违限二年以上者休致。

(中华书局1991年版,第2册,第798页)

7.丁忧违制处分

雍正《大清会典》卷二二,《稽勋清吏司·丁忧》:

凡官员短丧、匿丧,旧例革职。康熙九年题准:革职不准援赦,或假捏丁忧、承重者,均行革职,其丁忧未毕,即出仕、应试者,与短丧同。

(《近代中国史料丛刊三编》第78辑,台北文海出版社1994年版,第1035页)

光绪《大清会典事例》卷一三八,《吏部·守制·内外官员丁忧通例》:

第三篇
职官、选举制度体现的宗法宗族制和观念

康熙九年题准：官员短丧，并闻父母、祖父母丧，仍行恋职者革职，不准援赦；或假捏丁忧承重事故，申报上司者革职；其丁忧未毕，出仕就考者，与短丧同。又议准：相继丁忧各官，不行申报，并裁汰官员闻讣不报即行回籍者，皆于补官日罚俸一年。

十四年议准：现任官员闻丧不报，擅自离任者，降二级调用。

雍正三年谕：督抚丁忧者，不得遽行送印，其任内文卷，择司道一人代行，听候谕旨，方行离任。

乾隆二年覆准：丁忧官员回籍守制，除因丧事与人往来外，如有亲赴省城，更易服色，干谒地方官，并送礼赴席者，指名题参，将该员于补官日降三级调用。

十三年谕：今据湖广总督新柱奏报，湖南巡抚杨锡绂丁忧，按照前抚赵宏恩之旧案，将印信交与布政司护理，在杨锡绂之意，不过以守制为重，欲博尽孝之虚名耳，不思定例既有司道代行……赵宏恩所行，岂可援以为例……（嗣后）有似此者，以违制论。

(中华书局1991年版，第2册，第779页)

光绪《大清会典事例》卷一三八，《吏部·守制·候补候选官在籍丁忧》

嘉庆十五年谕：原任广东东莞县县丞陈谟，父母在籍先后病故，事阅六年，匿不呈报，着即革职，交该抚广厚亲提至省，并同一干人证严行审讯，按律定拟具奏。

同治三年谕：已革前署怀来县知县钱葆延之父钱埙病故，伊胞兄钱宝廉已在湖南学政任内丁忧，该革员因伊父名字，邸钞传写误作钱盐，是以未报丁忧……俟家信到时，始行呈报，显系有心蒙混，希图恋栈……革职，着永不叙用，以示惩儆。

十年谕：曾璧光奏，审明劣员丁忧，捏报出继，隐匿亲丧，请革职治罪一折。贵州补用同知谢邦鉴，上年在黔闻讣丁亲母仝氏忧，该员并不据实呈明，辄敢希图短丧，捏报丁本生母童氏忧，将亲母仝氏捏作嗣母，呈报尚存，并将亲父新美，捏作嗣父，其所称本生父新成及病故现报丁忧之本生母童氏，并无其人，实属丧心作伪，蔑法忘亲，情节甚为可恶，谢邦鉴着革职，永不叙用，从重发往黑龙江充当苦差，遇赦不准援减，以昭炯戒。

(中华书局1991年版，第2册，第779-786页)

光绪《大清会典事例》卷一三九，《吏部·守制·为本生父母继母及庶祖母治丧》：

乾隆二年覆准：如有匿丧不报者，照匿丧例革职；其无丧诈称有丧，旧丧诈称新丧，希图规避者，照捏丧例革职。

(中华书局1991年版，第2册，第787页)

光绪《大清会典事例》卷五七二，《兵部·职制·丁忧》：

雍正二年议准：(武官回原籍奔丧，不按期)依限回营，若于定限之外，藉端迟延逗遛者，照赴任违限例议处。

十三年奉旨：三年之丧，不得嫁娶，违者夺爵褫服。

(中华书局1991年版，第7册，第423页)

(四)封赠及于宗亲

封赠、貤封是为官员显亲扬名，实现孝道和泽及后人，常常在新皇帝继位恩诏中施与。封赠是给品官的，其条件是三年考满和特殊的覃恩，并非品官必然应得；封赠不仅是官员本人，还有他的亲人父母、祖父母；按品秩给予，因而有诰命和敕命的不同、封号的差别；封赠制度本身所有变化，如停止三年考满封赠例。

1.封赠对象与品秩

光绪《大清会典事例》卷一四三，《吏部·封赠》：

顺治初年定：覃恩及三年考满，例给封赠，一品至五品皆授以诰命，六品至九品皆授以敕命。正一品特进光禄大夫，从一品光禄大夫，正二品资政大夫，从二品通奉大夫，正三品通议大夫，从三品中议大夫，正四品中宪大夫，从四品朝议大夫，正五品奉政大夫，从五品奉直大夫，正六品承德郎，从六品儒林郎，正七品文林郎，从七品征仕郎，正八品修职郎，从八品修职佐郎，正九品登仕郎，从九品登仕佐郎。正、从一品曾祖母、祖母、母、妻各封赠一品夫人，正、从二品祖母、母、妻各封赠夫人，正、从三品祖母、母、妻各封赠淑人，正、从四品母、妻各封赠恭人，正、从五品母、妻各封赠宜人，正、从六品母、妻各封赠安人，正、从七品母、妻各封赠孺人，正、从八品母封八品孺人，正、从九品母封九品孺人。

五年定：一品封赠三代，二品、三品封赠二代，四品至七品封赠一代，八品、九品封本身而止。轴制，一品四轴，二、三品三轴，四品至七品二轴，八、九品一轴。其轴头，一品用玉，二品用犀，三、四品用裹金，五品以下用角。

九年，改特进光禄大夫为光禄大夫。

康熙四年，停官员三年考满给予封典例。

乾隆三十二年谕：嗣后除正一品文臣仍授为光禄大夫外，其从一品文臣，应将一品武职所授荣禄大夫移为从一品文臣封典。

嘉庆二十二年奏准：升授各官，无论已未到任，均以奉旨在恩昭前者，给予新衔封赠。

第三篇
职官、选举制度体现的宗法宗族制和观念

乾隆五十年奏准:一品至三品官不得貤封高祖父母,四品至七品官不得貤封曾祖父母,八品官以下不得貤封祖父母。

道光二十三年奏准:三品以上各官,欲捐请本生曾祖父母封赠者,准照貤封曾祖父母之例报捐。

二十八年奏准:四品至七品人员捐请貤封曾祖父母,八品官以下捐请貤封祖父母,均照常例加倍银数,报捐给封。

咸丰三年奏准:捐封人员,有貤封曾祖父母、伯叔祖父母、伯叔父母、庶母、兄嫂、并嫡堂伯叔祖父母、嫡堂伯叔父母、嫡堂兄嫂、从堂再从堂尊长……均准其按例定品级,一体捐请貤封。

雍正十三年,(高宗)上谕:凡额外郎中、员外郎、主事并额外主事上学习进士,均奉特旨分发各部办事,至内外署事官员,或经督抚保题,奉旨俞允,或奉特旨署理,及佐杂微员咨部署理,已准部复,并现任之仓监督,到任在恩诏以前者,一例给予封典。

(编者按:以上为文职封赠,武职之封赠、袭荫,俱同文职。)

(中华书局1991年版,第2册,第831—837页)

封赠法概括。
《清史稿》卷一一四,《职官志一·吏部》:

封赠阶号。阶有十八,即九品正从;命妇之号九,不分正从。因其子孙封者加"太"字,夫在则否。一品封赠三代,二、三品二代,四品至七品一代,以下止封本身。一品四轴用玉,二品三轴用犀,三品三轴、四品二轴用抹金,五品以下二轴用角。凡嫡母在,生母不得并封。又两子当封,从其品大者。

(中华书局1976年版,第12册,第3272—3273页)

2. 加级给封

光绪《大清会典事例》卷一四三,《吏部·封赠·加级给封》:
顺治十四年题准:凡恩诏内有加级者,均以新加之级给予封典。
康熙五十二年题准:凡加级请封人员,其级多者,仍限以制,七品以下,不得逾五品,五、六品不逾四品,三、四品不逾二品,捐纳之级不准计算。
乾隆元年议准:外任官员有加级者,不论新旧,不准照加级请封。
五十年奏准:在京八品至从九品未入流人员,俱得照加级请领五品封典,不惟逾分,亦觉太优,嗣后八品以下不得逾七品。在外之未入流人员不准给封,有捐纳荣亲者,准其捐封。

嘉庆十一年奏定:议叙三、四品职衔人员,加级捐请二品封典,准其加倍交银,照现任及候补候选人员例,一体给封。

十三年奏准:京外各官,恭遇覃恩,准其于请封限内,报捐新级请封,仍照七品不得过五品之例,以符限制,京官除旧捐之级,不准计算,其余各项加级,均准计算,外官虽有加级并旧捐之级,概不计算,捐级银数,京官照常例报捐,外官照随带例报捐,将执照送部查验,按品给封,亦不得将此项加级抵销处分。

道光二十五年奏准:议叙四品职衔人员,加级捐请二品封典,准照常例加倍报捐,其各项捐纳四品职衔人员,加级捐请二品封典者,令照常例加一倍半报捐,均照现任及候补候选人员一体给封。

二十八年奏准:京外各官捐请封典,任内所有特恩军功议叙加级,并捐加请封之级,无论初捐续捐,均按其现有级数,一并计算,惟捐加之级,仍专为捐请封典之用,不得抵销处分。

咸丰二年奏准:京外各官及捐职人员,由加级及捐加之级捐封者,准照加级给封限制报捐,惟现任及候补候选三、四品人员,准其捐至二品,其五、六品京外各官,有加等捐请三品封者,准照常例加倍报捐,如有加等捐请至二品,应照四品职衔准捐二品封之例,亦准其加倍半报捐,其七品各官,加等捐请三四品封,八品以下各官,加等捐请五、六品封,均准照常例分别加倍报捐。

十年奏准:三品人员加级捐封,按一品人员捐封银数加倍报捐,准予从一品封;三品虚衔人员,有报捐从一品封者,应按三品实职人员银数,再行加成,准其报捐;至二品虚衔人员,报捐从一品封者,亦准照二品实职人员捐请银数,加倍报捐。

(中华书局1991年版,第2册,第832页)

3.推封(貤封)事例

光绪《大清会典事例》卷一四三,《吏部·封赠·推封事例》:

顺治初年定:父祖现任者,不得受子孙封,致仕及已故者许给,有愿弃职就封者听。又定:两子均仕,其父母受封,从其品大者;妇人因子封赠,而夫与子两有官,亦从其品大者。又定:封赠母,而父官高于子者,如嫡母则从父官,如生母则从子官。或被出未改嫁,其子有官者,亦准封。又定:命妇因子孙封者,并加太字,若已故,或曾祖、祖父、父在,不

第三篇
职官、选举制度体现的宗法宗族制和观念

加。又定：内外官员为人后者，已封赠祖父母、父母者，请以本身妻室应得封典，貤封本生祖父母、父母者，亦准貤封。

康熙五年题准：父职高于子者，照父原品封赠，官卑于子者，则从其子官封赠。武职之子，现任文职，其封父母，照文官例，父职高于子者，照原职封赠，移咨兵部，给予武职诰敕，父职卑于子者，从子文职封赠。

雍正三年议准：应封赠母者，嫡母、生母、继母皆准给予封赠。又议准：四品至七品官员，应封一代，有愿将本身妻室封典貤封祖父母者，准其貤封；其八、九品官貤封父母者，亦准貤封；三品以上貤封曾祖父母者，请旨定夺。

乾隆十七年上谕：广东提督林君陞、山西按察使唐绥祖，奏请将本身妻室应得封典，貤封高祖父母，殊属不合，臣子封赠之典，以三代为限，即古者大夫三庙之义，其貤封之例，盖专为二、三品官不能封赠其曾祖父母，四品以下不能封赠其祖父母，推广锡类之恩，以曲成其报本之意，若已得三代封典，而又请封高祖父母，是四代矣，纶绋之锡，上及三世，臣子之分，已为极荣，更等而上之，将何所限制乎！

二十七年谕：已故大学士陈宏谋曾任纶扉，其身后饰终令典，均照正一品例，立碑赐葬，备荷殊荣，岂复藉一封诰之有无为光宠，而（其孙）陈兰森仅官主事，辄请照伊祖原官貤赠，于事理亦复不顺，所请不可行。

五十年奏准：一品至三品官不得貤封高祖父母，四品至七品官不得貤封曾祖父母，八品官以下不得貤封祖父母。

道光二十三年奏准：三品以上各官，欲捐请本生曾祖父母封赠者，准照貤封曾祖父母之例报捐。

二十八年奏准：四品至七品人员捐请貤封曾祖父母，八品官以下捐请貤封祖父母，均照常例加倍银数，报捐给封。

（中华书局1991年版，第2册，第834—835页）

貤封本意。

光绪《大清会典事例》卷一四三，《吏部·封赠·推封事例》：

乾隆二十七年上谕：覃恩旧有貤封之例，原以子孙已列通显，而祖若曾，或未登仕版，或原秩较卑，因准广为推恩，以遂显扬之志。

（中华书局1991年版，第2册，第834页）

貤封可及直系亲属以外之人。

光绪《大清会典事例》卷一四三,《吏部·封赠·貤封汇办》:

乾隆二十七年上谕:京员三品以上,例得自行奏请貤封,余俱由该部查核汇奏,而外官文自藩臬,武自副参以下,一一皆专折具奏,陈牍纷繁,殊于政体未协,嗣后着详报督抚、提镇,核明汇奏。

嘉庆元年谕:内外大小各官,如貤封曾祖父母、伯叔祖父母、伯叔父母、庶母、兄嫂,及外祖父母系例得貤封者,俱着汇报吏部,查核所请情节,分别准驳汇题,以省烦渎而昭限制。

(中华书局1991年版,第2册,第834页)

4.停给封典

光绪《大清会典事例》卷一四三,《吏部·封赠·停给封典》:

顺治初年定:各官曾祖父母、祖父母、父母有犯十恶,及妻非礼聘,正室或再醮,不许请封。

十六年题准:各官凡失军机,及犯贪污事革职者,不得封赠。因公诖误者仍许封赠。其诏后犯事革职,及大计京察降调,亦不准给封。又奏准:捐封人员,其祖父托业卑贱,三世孙概不准捐封,下逮四世孙准其本身请封,其祖父仍不准滥邀封典。又奏准:官员有犯鸦片烟禁革职者,不准援例捐请封典。

(中华书局1991年版,第2册,第841页)

5.缘事追夺

光绪《大清会典事例》卷一四三,《吏部·封赠》:

康熙十四年议准:官员将诰敕质当者革职;如收藏不慎,致虫蛀损伤或潮湿破坏污染等项,皆罚俸六月。

原定:各官封赠后,但犯赃私者,并行追夺。其祖父有官阶,非因子孙封赠者,不在追夺例。又定:妇人因夫与子得封者,不许改嫁,违者诰敕追夺,治如律。

顺治九年题准:八旗职官之妻,已经受封,其夫亡故,愿回母家者,许其父母领回,缴还诰敕。

康熙二十年题准:凡失误军机、贪污革职者,追夺,若因公诖误,与别项革职者,永免追夺。

第三篇
职官、选举制度体现的宗法宗族制和观念

(中华书局 1991 年版,第 2 册,第 841 页)

二 职官制、选举制中维护家族利益的因素

(一)恩荫制度与荫生录用

1. 种类:恩荫、难荫、特荫

光绪《大清会典事例》卷一四四,《吏部·荫叙》:

顺治初年定:凡承荫,先荫嫡长子孙,嫡长子孙出仕,或有故,方荫嫡次子孙,无嫡次子孙,方荫庶长子孙,庶长皆无,方荫弟暨兄弟之子应合承继者,其子孙在诏后生者不准荫。又定:荫生未仕而故,准补一人,患病残废者,验明推荫别补,已补而又故者,不准再补。八年定:各官不论现任及丁忧给假候补者,俱诏职衔准荫。

十八年恩诏:满汉官员,文武在京四品以上,在外三品以上,武官在京在外二品以上,各送一子入监,护军统领、副都统、阿思哈尼哈番即男爵、侍郎、学士以上之子,俱为荫生,其余各官之子,俱为监生。又题准:官员非现任者不准荫,内务府佐领下官不准荫。又题准:荫监生未承荫之先,曾经缘事治罪者不准荫。

康熙三年题准:各官荫监生,其父缘事革职,其荫子未仕者革荫,已仕者免,止于降调者仍留荫。

(中华书局 1991 年版,第 2 册,第 842 页)

2. 荫叙官职

《清史稿》卷一一四,《职官志一·吏部》:
正一品子,正五品叙,从一品子从五品叙,其下以是为差。

(中华书局 1976 年版,第 12 册,第 3272-3273 页)

3. 武职封荫

《清朝通典》卷七四,《兵七·恩恤》:

武职封荫。满汉武职官阶,正一品**建威将军**,从一品振威将军,正二品武显将军,从二品武功将军,正三品武义都尉,从三品**武翼都尉**,正四品昭武都尉,从四品宣武都尉,正五品武德骑尉,从五品武德佐骑尉,正六品武略骑尉,从六品武略佐骑尉,正七品武信骑尉,从七品武信佐骑尉,正八品奋武校尉,从八品奋武佐校尉,正九品修武校尉,从九品修武佐校尉,其现任本职及终养丁忧回籍人员,恭遇覃恩,得请封赠,一品上及三代,二品、三品上及二代,四品、五品上及一代,给以诰命,六品、七品给以敕命,亦上及一代。**妻室封典**,均视文职。如有请貤封赠者,均论服制,不准旁推。八品以下只给本身敕命一轴,**有愿貤**封赠其父母者亦听。

凡恩荫,内外现任武职,二品以上,恭遇覃恩锡荫,各送一子入监读书,三年期满,咨吏部授官,其荫监生,未仕而殁,或病废者,准其补荫,一补之后,不准再补。所送承荫之人,必以嫡长子,如无嫡长子,或有而病废,及有别项职事,则荫嫡长孙,其次子次孙及期亲兄弟子孙,并承继之子孙,均按其伦序,以次承荫,该管官取具承荫之人年貌姓名文册及亲供印结,送部查其所生,在诏前者,准为题请,得旨后给以执照,若本官曾遇恩诏,已送子入监,后经升任,又遇恩诏,欲改荫者,未仕监生,准其改荫,至所荫监生于承袭之后,别授他职,及中科目者,不准补荫。其八旗荫生愿改武职者,照所应得品级随旗行走,准予食俸。盛京驻防及游牧察哈尔各官所得荫生,情愿来京者,令其随旗行走,愿留本处效力,及绿营荫生愿改武职者并听,其难荫改为世职条例,详具阵亡恤典。

议叙军功。得一二等军功者,给一子监生,食七品官俸;三四等军功者,给一子监生,食八品官俸,均令随旗效力;五等军功给一子监生准其应试。

抚恤阵亡。阵亡武职恤典,满汉各官,视其品秩之大小为差,**给祭葬,予赠荫**,以视优恩。八旗人员,由本旗开列官阶,移咨吏部,赠爵予荫。统兵参赞**都统授骑都尉兼一云骑尉;前锋**护军统领、副都统授骑都尉;营总参领以下前锋校护军校及有顶带官员以上,均**授云骑尉**,其先授世爵后阵亡者,按其等次,加以应赠之秩,合为一爵,令其子孙承袭。至一等公以上,无爵可加,令其嫡子袭一等公,以别子袭其余爵,应得祭葬银两,移咨礼、工二部,照例议给。绿旗营员由本部题请,照旗员例准予世职,提督给骑都尉兼一云骑尉;总兵给骑都尉;副将以下、把总经制外委以上,俱给云骑尉;报部委署人员按其委署品级议给;候补人员照实任官阶议给;如有先受世爵后阵亡者,准予合爵承袭,至无爵可加,亦准以别子分袭,均照旗员例一体办理。应得祭葬银两,仍移文礼、工二部议给。……乾隆四十九年奉上谕:向来旗员效力行间,懋著劳绩,及临阵捐躯者,其子孙俱应得世职,

第三篇
职官、选举制度体现的宗法宗族制和观念

即年未及岁,业经承袭,尚未当差者,亦给予半俸,以资养赡,而绿营员弁阵亡议恤之例,止得难荫一次,非奉特旨照旗员加恩予恤,不能得有世职,而其子孙年未及岁,亦不予袭,盖因绿营人员随征打仗,本不如旗人之奋勇出力,而绿营所得俸薪养廉等项,较多于旗人,其军功议叙赏赉一切,固不能一律,亦所当然,至效命疆场则同一抒忠死事,朕不忍稍存歧视,嗣后绿营员弁除军功议叙,恤赏仍照旧例办理外,若阵亡人员,毋论汉人及旗人之用于绿营者,总应与旗人一体给予世职,即袭次已完,亦应照例酌给恩骑尉,俾赏延于世,以示朕奖励戎行一视同仁至意。

(浙江古籍出版社 1988 年版,第 2575-2577 页)

4.文职难荫

《清朝通典》卷七四,《兵七·恩恤》:

乾隆四十九年奉上谕:文职难荫,向例三品以上者,以知州用,四品以下者以知县用,布按二司首领以下等官,分别以县丞、主簿、州吏目用,均止难荫一次。四十九年奉恩旨:阵亡文职与武职一体照旗员例议给世职,一品官给骑都尉,兼一云骑尉,二品三品官给骑都尉,四品官以下未入流以上均给云骑尉,袭次完后,仍赏给恩骑尉。……又:出征病故,文武各官、一二品提镇以上,遗本到部,应否恤赏,候旨遵行。(编者按:给赏,系指数量多寡不等。)

(浙江古籍出版社 1988 年版,第 2577-2578 页)

顾恤难荫。
《清朝通典》卷一八,《选举一》:

雍正八年十一月朝考,湖北应山县拔贡杨可镜,文理荒疏,部议革去选拔,上谕:杨可镜乃明臣杨涟之元孙,昔顺治四年杨涟之子杨之易为江南松江府同知,遭提督吴胜兆之叛,捐躯殉难,凛然忠节,此即杨可镜之曾祖也,杨涟父子两世忠义,其后嗣子孙,若稍能自立,品行无亏,虽文艺不工,亦当格外造就,杨可镜准作选拔,赴国子监,肄业,仍着礼部带领引见。

(浙江古籍出版社 1988 年版,第 2132 页)

清高宗重视恩恤。
《清朝通典》卷七四,《兵七·恩恤》:

(编者按:此处论述设置《恩恤》卷目之因。)(高宗)睿虑周详,如改定内外武职养廉,给予绿营阵亡恤荫,诸大政皆所以策励戎士,轸念成劳。

(浙江古籍出版社 1988 年版,第 2573 页)

清高宗加恩名贤后裔。

《清朝通典》卷一八,《选举一》:

乾隆十三年二月,上幸阙里,加恩多士,增广入学名数,复令学政甄拔十三氏子孙文行兼优者数人,贡入成均,引驾官举人孔继汾授为内阁中书。

(浙江古籍出版社 1988 年版,第 2132 页)

(二)出继归宗与更名复姓

雍正《大清会典》卷二二,《稽勋清吏司·更名复姓》:

凡更名复姓,康熙三年题准:汉军汉人官员,现任官员,在内中行评博以上,在外知县以上,及候选进士,皆令具题,其余现任及候选官员,止呈堂注册。旗下取该都统印结,汉人在京取同乡京官印结,在外具呈地方官咨部,准其更复。旗下移咨户、兵二部及该都统,汉人止咨户部。督抚有更名复姓者,许互相代题。

(《近代中国史料丛刊三编》第 78 辑,台北文海出版社 1994 年版,第 1047 页)

光绪《大清会典事例》卷一四一,《吏部·籍贯·更名复姓出继归宗》:

康熙三年题准:汉军汉人官员,更名复姓者,在内中行评博以上,在外知县以上,皆令具题,其余现任及候选官,均由部核明注册。旗人取该都统印结,汉人在京取同乡京官印结,在外具呈地方官咨部,准其更复。旗人移咨户、兵二部暨该都统,汉人止咨户部。又题准:督抚有更名复姓者,许互相代题。

乾隆二年覆准:官员出继为人后者,于起文赴部选补时,即将本身三代姓氏存殁,一并开列文内,送部存案。选补之后,即行知照该省。如有出仕之后,始行出继归宗者,即饬该员取本旗籍印结,详报咨部,改正三代,倘于父母疾笃之时,假捏出继归宗,豫为匿丧恋职地步者,照匿丧例革职,不准援赦,其扶同出结之旗籍各官,照徇情例降二级调用。谨案:此条光绪十一年改定,照徇情降二级调用本例,加等议处。

四年覆准:官员复姓者,除汉军官员,听该旗确实查明,移咨户部办理,准其归宗者,移咨吏部复姓外,其旗员更名,并各省官员呈请更名复姓事件,俱按照品级,分别具题注册,准其更复,如有假冒等情,将该员革职治罪,出结官照代顶冒人员出结例革职。谨案:

第三篇
职官、选举制度体现的宗法宗族制和观念

此条道光四年改定,如有假冒等情,将该员降三级调用,在内出结之同乡官降一级留任,在外详报之州县官降一级调用,转详之府州降一级留任,藩司罚俸一年,督抚罚俸六月。

三十一年覆准:现任官员更名复姓,令取具该员亲供及同乡官印结,以防捏饰,同官毋庸取具印结;在籍候选官员更名复姓,亦止取本员亲供,及里邻户族甘结,亦毋庸加具印结。

四十年谕:郎中杨嗣曾呈请,仍从伊父所嗣徐姓为后,曾降旨令萨载确查有无应继宗支,今据萨载覆奏,查故监徐沂,实无嫡派近支,亦无产业等语,是杨嗣曾所请仍嗣徐姓之处,尚有良心,着准其改嗣徐姓为后。

五十五年议准:籍隶顺天之隶员,无论繁简,如有呈请归宗复姓等事,概不准行。五十六年奏准:在京各部院衙门及各直省书吏,无论已满未满,概不准其归宗更名复姓,各馆各衙门供事,有似此呈请者,亦不准行。

嘉庆五年奏准:官员出继,该地方官取有宗图册结,族邻甘结,并加具印结,咨报到部者,吏部查与出继旧例相符,准其出继。至官员归宗,果因继父生有亲子,长大成立,该员情愿归宗者,该地方官取具宗图册结,并亲族印甘各结咨送报部,准其归宗。

二十五年奏准:各衙门考取供事,报部册内,即将籍贯三代,及有无出继之处,详细开明,如有指称出继异姓,或出继同姓,而籍贯迥异者,概予除名。其考取报部册内,本无两籍两姓,而补缺取结时,忽又添写承继,声明本生父母者,一概斥革,不准着役;如丁忧时呈报两籍两姓,及请复姓归宗者,即予斥革。并吏员取结丁忧,皆一体办理。其文选司给照时,亦付查验封司核明原结,毋稍歧异。其有呈请更名改籍者,仍一概不准。

道光四年议准:官员出继归宗之案,应于清册内,将三代年岁存殁,详细开载,如文结内业已开明,无论有无清册,即毋庸驳查。

二十二年奏准:拣选举人,截取后尚未赴部投供,大挑一等人员,尚未分发,候选教职,未经补缺,八旗、满洲、蒙古、汉军文举人,未经铨选到班,遇有出继归宗更名改籍等项事故,悉归礼部办理,核准后,知照吏部注册。

咸丰六年奏准:初捐官职,及虽系捐升,而原官并未铨补分发到省者,均不准更名复姓出继归宗,俟到任到省后,方准呈请核办,以杜冒混之弊。

同治八年奏准:所有更名复姓出继归宗等事,除由正途出身人员照例准行外,凡由俊秀贡监加捐官职人员,无论在部候选,及已分发到省铨补到任,概不准行。

光绪十一年又奏准:吏员供事出身人员其有出继同姓,的系昭穆相当,父子并非异籍者,准其为所后父母守制二十七月,为本生父母治丧一年,仍行查原籍,取具宗图供甘册结,咨部核办,如系虚捏,给予斥革。又奏准:官员自幼出继异姓,即从其姓出仕者,遇

异姓父母病故,即饬令该员复归本宗,毋庸丁忧,并取具原籍地方官印结、邻族甘结、宗图清册,咨部改正三代。如报本生父母病故,亦即饬令归宗,照例离任,丁忧二十七月,不计闰。又定:捐保初次注册之时,早已声明出继三代,后经督抚咨请归宗复姓,查无不合例事故,始行照准,若初次注册文结内并未开载出继三代,以后无论何时咨请归宗复姓,概不准行。

(中华书局1991年版,第2册,第808-811页)

武官更名复姓。
光绪《大清会典事例》卷五七二,《兵部·职制·更复姓名》:

康熙三十七年议准:官员改复本姓名者,参将以上,该督等具题,游击以下,均咨部注册,该督抚仍于年终汇题,各照改复姓名,换给札付。

(中华书局1991年版,第7册,第426页)

更名与避讳。
光绪《大清会典事例》卷五七二,《兵部·职制·更复姓名》:

乾隆五十七年上谕:从前八旗官员兵丁名内,有与大臣等同名者,已降旨令其改易矣。夫与大臣同名,尚行改易,况与宗族近派王公等同名,反有不行改易之理耶! 且如保太,即与裕亲王之名相同,凡系旗人之命名,均应避忌此字。……如有似此相同者,令其改易外,嗣后生子命名,呈报该旗时,该旗都统等务各切实查核,设有滥行命名者,即时改易。

嘉庆元年奉旨:前因八旗官员兵丁内,有与王公大臣等同名者,曾经降旨饬令该都统等另行更改……(然在引见中发现有数人名字同与王公,可知)**该都统**等即素未留心,其带领引见之前,岂家谱亦不经目耶! 殊属疏玩,所有将镶白旗**满洲都统**福长安、副都统爱兴阿富俊,镶红**旗满洲**都统定亲王绵恩……交部查议。

嘉庆八年上**谕:各陵**名清语,俱系敬谨尊上,即如恩特和墨(编者按:此为汉字"永",下同。)、瑚图灵阿(福)、额勒登额(昭)、孝顺阿(孝)、安巴灵武(景)、额勒和(泰)、托谟宏武(裕)之清语、均非臣下命名所应用……(着已用者更改)嗣后八旗臣仆,俱不得以此等清语命名。

(中华书局1991年版,第7册,第428页)

(三)选拔孝义人才

第三篇
职官、选举制度体现的宗法宗族制和观念

孝廉方正科。

《清朝通典》卷一八，《选举一》：

雍正元年十月诏举孝廉方正，……二年二月，录用浙江、直隶、福建、广西孝廉方正各二员，以知县用，五十五岁以上者以知州用。

十月，诏举八旗汉军孝友读书人士。

五年四月上谕：取人之法，惟乡举里选合于三代之制，著州县官会同该学教官，将贡生生员内居家孝友、行止端方、才可办事而文亦可观者，秉公确查，一年各举一人，于今年冬底申报，该上司奏闻请旨。八旗之满洲、蒙古亦照此例，著该佐领各举一人，庶潜修笃行之士得以表见，而国家亦收得人之效。寻经吏部带领各省荐举生员引见，以知县用者三员，余以国子监助教、学正、学录补用。

乾隆元年四月，诏举孝廉方正。

（浙江古籍出版社1988年版，第2132页）

《清史稿》卷一〇九，《选举四·制科》：

孝廉方正科，始于康熙六十一年，世宗登极，诏直省府、州、县、卫各举孝廉方正，赐六品章服，备召用。

雍正元年，诏曰："国家敦励风俗，首重贤良。前诏举孝廉方正，距今数月，未有疏闻。恐有司怠于采访，虽有端方之品，无由上达。各督抚速遵前诏，确访举奏。"寻浙江、直隶、福建、广西各荐举二员，用知县；年五十五以上者，用知州。其后，历朝御极，皆恩诏荐举以为常。

乾隆元年，刑部侍郎励宗万言："孝廉方正之举，稍有冒滥，即有屈抑。从前选举各官，鲜克公当。非乡井有力之富豪，即宫墙有名之学霸。迨服官后，庸者或以劣黜，黠者或以赃败。请慎选举，以重名器。"吏部议准，府、州、县、卫保举孝廉方正，应由地方绅士、里党合辞公举，州县官采访公评，详稽事实。所举或系生员，会学官考核，申送大吏，核实具题，给六品章服荣身。果有德行才识兼优者，督抚逾格保荐赴部，九卿、翰、詹、科、道公同验看，候旨擢用。

（中华书局1976年版，第12册，第3180页）

考孝经。

《清朝通典》卷一八，《选举一》：

雍正元年二月定：乡、会试论题，仍用《孝经》。

(浙江古籍出版社1988年版,第2132页)

(四)贯彻职官制度中宗亲法的主管机构

吏部稽勋司、验封司。

《清朝通典》卷二四,《职官二·吏部》：

下属文选、考功、稽勋、验封四清吏司,其稽勋清吏司郎中,满洲、汉人各一人;员外郎,满洲二人,汉人一人;主事,满洲、汉人各一人。掌更名、改籍、终养、服制,兼稽在京文员俸廪。验封清吏司郎中,满洲、汉人各一人;员外郎,满洲二人,汉人一人;主事,满洲、蒙古、汉人各一人。掌封赠、袭荫、土司嗣职。

(浙江古籍出版社1988年版,第2165页)

《清史稿》卷一一四,《职官志一·吏部》：

稽勋掌勋级、名籍、丧养,兼稽京朝官廪禄。验封掌荫叙、封赠、酬庸、奖忠,核赠、荫当否。袭封则辨分合、别宗支等。其世流降除,勘土官世职,移文选司注拟。推恩外戚,加荣圣裔,优恤胜国,并按典奏闻。

(中华书局1976年版,第12册,第3272-3273页)

礼部仪制司、祠祭司。

《清朝通典》卷二五,《职官三·礼部》：

仪制清吏司。郎中,满洲二人,汉人一人;员外郎,满洲三人,汉人一人;主事,满洲、汉人各一人。掌嘉礼、军礼,凡朝廷典礼,具上其仪,而辨其名数,以颁式于诸司,三岁大比天下士,则掌其名籍。祠祭清吏司,郎中,满洲二人,汉人一人;员外郎,满洲三人,蒙古、汉人各一人;主事,满洲、汉人各一人。掌吉礼、凶礼,凡大祀、中祀、群祀,以岁时辨其序事与其用等以诏执事者而共其职,丧祭之式,拯恤之礼,皆视其数,而为之制。庙祠祭之乐,神乐署司之。

(浙江古籍出版社1988年版,第2169页)

《清史稿》卷一一四,《职官志一·礼部》：

典(编者按:原为"仪",清末**为避溥仪**讳改为"典",下同。)制掌嘉礼、军礼。稽彝章,辨名数,颁式诸司。三岁大比,**司其名籍**。四方忠孝贞义,访懋旌闾。祠祭掌吉礼、凶礼。

第三篇
职官、选举制度体现的宗法宗族制和观念

凡大祀、中祀、群祀,以岁时辨其序事与其用等……凡丧葬、祭祀,贵贱有等,皆定程式而颁行之。勋戚、文武大臣请葬祭、赠谥,必移所司核行。

(中华书局 1976 年版,第 12 册,第 3280 页)

兵部武选司。

《清朝通典》卷二五,《职官三·兵部》:

下属武选清吏司,郎中,满洲三人,蒙古、汉人各一人;员外郎,满洲四人,汉人二人;主事,满洲、汉人各一人。掌武职除选封荫及征伐训诰,颁其政令。

(浙江古籍出版社 1988 年版,第 2170 页)

《清史稿》卷一一四,《职官志一·兵部》:

武选掌武职选授、品级、封赠、袭荫,并典营制,暨土司政令。

(中华书局 1976 年版,第 12 册,第 3286 页)

工部营缮司、屯田司。

《清朝通典》卷二五,《职官三·工部》:

下属营缮司,郎中满洲四人,蒙古、汉人各一人,员外郎满洲五人,汉人一人,主事满洲二人,蒙古一人,汉人二人,掌缮治坛庙、宫府、城垣、仓库、廨宇、营房,办饬物材,而司其禁令,凡工作之籍,以时会而上之。

(浙江古籍出版社 1988 年版,第 2172 页)

《清史稿》卷一一四,《职官志一·工部》:

营缮掌营建工作,凡坛庙、宫府、城郭、仓库、廨宇、营房,鸠工,并典领工籍……屯田掌修陵寝大工,办王公百官坟茔制度。

(中华书局 1976 年版,第 12 册,第 3292 页)

第四篇 礼制与旌表节孝政策

一 品官、士庶家庙与祭礼

职掌祭礼、丧礼的礼部主管衙门。

《清史稿》卷一一四,《职官志一·礼部》:

典制掌嘉礼、军礼。稽彝章,辨名数,颁式诸司。三岁大比,司其名籍。四方忠孝贞义,访懋旌闾。

祠祭掌吉礼、凶礼。凡大祀、中祀、群祀,以岁时辨其序事与其用等……凡丧葬、祭祀,贵贱有等,皆定程式而颁行之。勋戚、文武大臣请葬祭、赠谥,必移所司核行。

主客掌宾礼。凡蕃使朝贡,馆饩赐予,辨其贡道远迩、贡使多寡、贡物丰约以定。颁实录、玉牒告成褒赏。

（中华书局 1976 年版,第 12 册,第 3279 页）

《清朝通典》卷二五,《职官三·礼部》:

仪制清吏司掌嘉礼、军礼。凡朝廷典礼,具上其仪,而辨其名数,以颁式于诸司。三岁大比,天下士则掌其名籍焉。

祠祭清吏司掌吉礼、凶礼。凡大祀、中祀、群祀,以岁时辨其序事,与其用等。丧祭之式,拯恤之礼,皆其数而为之。

主客清吏司掌宾礼。

（浙江古籍出版社 2000 年版,第 2169 页）

《清通志》卷六五,《职官略二·礼部》:

仪制司掌嘉礼、军礼。凡朝廷典礼,具上其仪,而辨其名数,以颁式于诸司。三岁大比,天下士则掌其名籍焉。

祠祭司掌吉礼、凶礼。凡大祀、中祀、群祀,以岁时辨其序事,与其用等。丧祭之式,拯

第四篇
礼制与旌表节孝政策

恤之礼,皆视其数而为之。

主客司掌宾礼。

(浙江古籍出版社2000年版,第7145页)

亲王郡王家庙。

《清朝通典》卷五〇,《礼·吉十·亲王郡王家庙》：

臣等谨按：杜典宗庙门有诸侯大夫士宗庙一条,今以臣下家庙,应退附吉礼之末。我朝亲王、郡王皆令立家庙,盖即古者诸侯立庙之礼;至品官之家祭,及士庶之寝荐,载在《大清通礼》者,亦即古者大夫士庶家祭之礼,谨稽定制,具载于篇。

崇德元年定,宗室封王者,立家庙致祭。顺治五年定,宗室封王无嗣者,于太庙后殿两庑祔祭,有嗣者令其子孙立庙致祭。又定,庄亲王立一庙,礼亲王、巽亲王、谦郡王共立一庙,肃亲王立一庙,饶余郡王、端重亲王共立一庙,颖亲王、显承郡王共立一庙,豫郡王立一庙,克勤郡王、衍禧郡王共立一庙。雍正九年定,怡贤亲王立一庙。凡亲王、郡王庙制,庙七间,南向,中五间为堂,左右二间为夹室,堂后楣以北分五室,中奉始封之王,世世不祧,高曾祖祢依世次为二昭二穆,昭东穆西,亲尽则祧,由昭祧者藏主于东夹室,由穆祧者藏主于西夹室。庭绕以垣,南为中门,又南为庙门,左右各设侧门。东西庑各三间,东藏遗衣冠,西藏祭器乐器。庙重檐丹楹彩桷绿瓦红垩壁阶,陛三出,阶各七级,门绘五色花草,出阶如之。焚帛炉在中门之内庭东南隅,刲牲房在中门之外西间。岁以四时仲月诹吉祭其始封祖及高曾祖祢五世,仲春之祭并出祧主合食。

(浙江古籍出版社1988年版,第2335页)

《清史稿》卷八七,《礼志六·宗室家庙》：

崇德元年,定宗室封王者立家庙。顺治五年,诏王无嗣,祔飨太庙后殿西庑。有子孙者,立庙别祭。四孟月、岁暮陪祭太庙,毕,归府第行之。凡荐新,未献太庙者,不得私献家庙。于时庄亲王立一庙,礼、巽、谦三亲王合一庙,饶余郡王、端重亲王合一庙,颖亲王、顺承郡王合一庙,豫郡王一庙,克勤、衍禧二郡王合一庙。雍正九年,怡贤亲王立一庙。

凡亲王世子、郡王家祭,建庙七楹,中五为堂,左右墙隔之为夹室。堂后楣北五室,中奉始封王,世世不祧。高、曾、祖、祢依序为二昭二穆,昭东穆西,亲尽则祧。由昭祧者,藏主东夹室,升二昭位于一室,以二室奉升祔主。由穆祧者,藏西夹室,升祔亦如之。南为中门,又南庙门,左右侧门,庭分东、西庑,东藏衣冠,西则祭器、乐器。庙重檐,丹楹,采桷,绿瓦,红垩壁。门内焚帛炉。外刲牲房,西向。岁以四时仲月诹吉,仲春出祧主合食。

其礼，堂中始封祖专案，正位，南向。左东夹祧主共案，次二昭共案，东向。右西夹室祧主共案，次二穆共案，西向。少西设香帛案一，尊案一，每案羊、豕各一，铏、簋、簠各二，笾、豆各八。位各帛一、爵三、乐器六。同祖所出子孙，成人以上，届期会祭，府僚与陪，执事通赞、属官为之。奉香、帛、爵则用子孙。先三日，主人斋外寝，众咸斋。祀日昧爽，主人朝服入，位堂檐内正中，与祭伯叔辈位东阶上，兄弟子孙位东阶下，位以世差，世以齿序。官属位西阶下，序以爵。俱北面。质明，子弟长者二人诣世祖室，四人分诣东西夹室，昭、穆室，各奉主安几。昭，考右妣左；穆，考左妣右。跪，一叩，兴。主人盥，就位，迎神乐作。诣始祖位前三上香，以次诣各祧位前上香，率族属行二跪六拜礼。奉帛、爵奠、献、读祝如仪。三献讫，诣始祖位前跪受爵、受胙，三拜，彻馔，送神，二跪六拜。诣燎位视燎。礼成，奉主还室，退。分胙颁族属。

其时祭之礼，堂中设案五，始祖考、妣正位南向，高、曾、祖、祢，依昭穆为左右。案各羊一、豕一，余如合食制。其时节荐新，届日主人夙兴，率子弟盛服入庙，洁堂宇，设案，陈果羞盘各六，每位筯二、琖三。启室，以次诣各案前跪上香，三拜，子弟遍献酒，主人二跪六拜，子弟随行礼。毕，阖室，退。因事致告，荐果羞各四，礼同荐新。月朔望谒庙亦如之。

（中华书局 1976 年版，第 10 册，第 2609-2610 页）

贝勒贝子宗室公家庙。

《清朝通典》卷五〇，《礼·吉十·贝勒贝子宗室公家庙》：

贝勒贝子宗室公家祭，立庙五间，南向，中三间为堂，后楣以北分五室，奉始封祖暨高曾祖祢，两旁为夹室，奉始封而下，亲尽祧主。庙及大门均绿瓦红垩壁，阶五级，庙不重檐，门不备采，余如前制。

（浙江古籍出版社 1988 年，第 2335 页）

《清史稿》卷八七，《礼志六·贝勒贝子宗室公家祭庙》：

贝勒、贝子、宗室公家祭，庙五楹，三为堂。后楣北分室五，奉始封祖暨四代。两旁夹室奉亲尽祧主。庙不重檐，门不备采，余如亲王。合食，始祖专案，羊一、豕一，东夹室祧主暨二昭专案，羊、豕各一，西夹室祧主暨二穆亦如之。时祭俱专案，昭穆各同牲，笾、豆视亲王各减二，不用乐，一跪三拜。时节荐果盘各四，有事则告，朔望则谒。余如亲王仪。

（中华书局 1976 年版，第 10 册，第 2610 页）

品官家庙。

第四篇
礼制与旌表节孝政策

《清朝通典》卷五〇,《礼·吉十·品官家庙》:

品官家祭,立庙于居室之东。一品至三品官,庙五间,中三间为堂,左右各一间,隔以墙,北为夹室,南为房堂,南檐三门,房南檐各一门,阶五级。庭东西庑各三间,东藏遗衣物,西藏祭器。庭缭以垣。南为中门,又南为外门,左右各设侧门。四品至七品官,庙三间,中为堂,左右为夹室,为房,阶三级,东西庑各一间,余制与三品以上同。世爵公侯伯子视一品,男以下按品为差等。八九品,庙三间,中广,左右狭,阶一级,堂及垣皆一门庭,无庑,以箧分藏遗衣物、祭器,陈于东西房,余与七品以上同。在籍进士、举人视七品,拔岁副贡生视八品。堂后楣北设四室,奉高曾祖祢四世,皆昭左穆右,妣以嫡配,南向,高祖以上亲尽则祧,迁室祔庙,均依昭穆之次。东序西序为祔位,伯叔祖之成人无后者,伯叔父之成人无后。及其长殇十六岁至十九者,兄弟成人无后及其长殇中殇十二岁至十五者,妻先殁、子姓成人无后,及其长殇中殇下殇九岁至十一者,皆以版,按行年墨书,男统于东,女统于西,东西向,岁以春夏秋冬仲月择吉致祭。

(浙江古籍出版社 1988 年版,第 2335 页)

庶士寝荐,庶人附。

《清朝通典》卷五〇,《礼·吉十·庶士寝荐庶人附》:

庶士贡监生员有顶带者家祭,于寝堂之北为龛,以板别为四室,奉高曾祖祢,皆以妣配,位如前仪,南向,前设香案,总一服亲男女。成人无后者,按行年书纸位,祔食,男东女西,事至则陈,已事焚之,不立版。岁以春夏秋冬节日出主而荐。庶人家祭于正寝之北,为龛奉高曾祖祢神位,岁逢节序荐新。

(浙江古籍出版社 1988 年版,第 2335-2336 页)

二 丧礼

(一)丧礼五服制

《清朝通典》卷六二,《礼·凶二·品官正文大字庶士庶人附》:

顺治三年定:丧服之制,列图于律,颁行天下。

(浙江古籍出版社 1988 年版,第 2482-2483 页)

第二篇已从法律角度过录《服制》，兹从丧礼内容，重录一过。

《清朝通典》卷六二，《礼·凶二·品官丧庶士庶人附》：

斩衰三年。子为父母,子之妻同,子为继母父之后妻、慈母谓妾子无母父命他妾养之者、养母自幼过房与人者,子之妻同,庶子为嫡母,为所生母,庶子之妻同,为人后者为所后父母,为人后者之妻同,女在室为父母,已嫁被出而反在室者同,嫡孙承重为祖父母,祖父俱亡,承重为高曾祖父母,嫡孙之妻同为人后者承重同,妻为夫,妾为家长。

齐衰杖期。嫡子、众子为庶母谓父妾有子者,嫡子、众子之妻同,子为嫁母谓亲生母、父殁而改嫁者,子为出母谓亲生母、父在被出者,夫为妻父母在不杖。

齐衰不杖期。祖为嫡孙,父母为嫡长子及众子,父母为嫡长子之妻,父母为女在室者,父母为子为人后者,继母为长子、众子,子为从居改嫁继母谓父卒继母改嫁而己从之者,从子为伯叔父母及姑在室者,为亲兄弟及姊妹在室者,为亲兄弟之子及女在室者,孙为祖父母,孙女为祖父母虽适人不降,庶孙为生祖母慈母养母孙同,女出嫁为父母,为人后者为其本生父母,女在室及虽适人而无夫与子者,为其兄弟姊妹及兄弟之子、兄弟之女在室者,女适人为兄弟之为父后者,妇为夫,兄弟之子及女在室者,妾为家长之父母及家长之妻,妾为家长之长子众子与其所生子,为同居继父两无大功以上亲者。

齐衰五月。为曾祖父母,女孙虽适人不降。

齐衰三月。为高祖父母,女孙虽适人不降,为继父先同居今不同居者自来不同者无服,为同居继父两有大功以上亲者。

大功九月。祖为众孙及孙女在室者,祖母为嫡孙众孙及孙女在室者,生祖母为庶孙慈养祖母同,父母为众子妇及女之已嫁者慈母养母为其子妇同,伯叔父母为从子妇及兄弟之女已嫁者,为人后者为其兄弟及姑姊妹在室者,夫为人后其妇为夫本生父母、为夫之同堂兄弟及同堂姊妹在室者,为姑及姊妹之已嫁者,为兄弟之子为人后者,女出嫁为本宗伯叔父母及兄弟与兄弟之子及姑姊妹及兄弟之女在室者,妇为夫之祖父母,为夫之伯叔父母。

小功五月。为伯叔祖父母谓祖之亲兄弟,嫡孙众孙为庶祖母,为同堂伯叔父母谓父之堂兄弟,为同堂姊妹之出嫁者,为再从兄弟及从姊妹在室者,为同堂兄弟之子及女在室者,为祖姑在室者谓祖之亲姊妹,为堂姑之在室者谓父之同堂姊妹,为兄弟之妻,祖为嫡孙之妇,为兄弟之孙及兄弟之孙女在室者,为外祖父母,为母之兄弟姊妹,为姊妹之子及女之在室者,为人后者为其本生母之父母,为其姑及姊妹之已嫁者,妇为夫兄弟之孙及孙女在室者,妇为夫之姑及夫之姊妹在室出嫁同,妇为夫之兄弟及夫兄弟之妻,妇为夫堂兄弟之子及女之在室者,女出嫁为本宗姊妹之出嫁者,为本宗堂兄弟及堂姊妹之在室者,有子

第四篇
礼制与旌表节孝政策

之妾为家长之祖父母。臣等谨按：《钦定礼记义疏》云：外祖父母有当服者六，子为因母之父母，一也；因母即亲母也，母出，为继母之父母，二也；庶子，君母在，为君母之父母，三也，君母即嫡母也；庶子为继母之父母，四也；庶子不为父后者，为己母之父母，五也；为人后者为所后母之父母，六也。又云：继母多，则服在堂。继母之党，盖外祖父母之服有六，则自外祖父母以下者其同为当服，可知此母党之服之制也。

缌麻三月。祖为众孙妇，曾祖父母为曾孙曾孙女，高祖父母为元孙元孙女，祖母为嫡孙众孙妇，为乳母，为曾伯叔祖父母，为族伯叔祖父母，为族伯叔父母，为族兄弟及族姊妹在室者，为曾祖姑在室者，为族祖姑及族姑在室者，为兄弟之曾孙及曾孙女在室者，为兄弟之孙女出嫁者，为同堂兄弟之孙及孙女在室者，为再从兄弟之子及女在室者，为祖姑谓祖之亲姊妹及堂姑谓父之堂姊妹及己之再从姊妹出嫁者，为同堂兄弟之女出嫁者，为父姊妹之子，为母兄弟之子，为母姊妹之子，为妻之父母，为婿，为外孙及外孙女，为兄弟孙之妻，为同堂兄弟之妻，为同堂兄弟子之妻；妇为夫高曾祖父母，为夫之伯叔祖父母及夫之祖姑在室者，为夫之堂伯叔父母及夫之堂姑在室者，为夫之同堂兄弟及同堂兄弟之妻，为夫之同堂姊妹在室出嫁同，为夫之再从兄弟之子及女在室者，为夫同堂兄弟之女出嫁者，为夫同堂兄弟子之妻，为夫同堂兄弟之孙及孙女在室者，为夫兄弟孙之妻，为夫兄弟之孙女出嫁者，为夫兄弟之曾孙及曾孙女之在室者；女出嫁为本宗伯叔祖父母及祖姑在室者，为本宗同堂伯叔父母及堂姑在室者，为本宗堂姊妹之出嫁者，为本宗堂兄弟之子及女在室者。

八旗官员服制。除父母之丧应持服百日外，养子于本生父母之丧持服两月，于一月后薙头当差。亲伯叔、伯母、婶母、亲兄弟、妻、娶妻之子、抚养庶母之丧，于一月后薙头当差，此一户内，如有承办其事者，仍照常持服两月。亲伯叔祖、亲伯叔祖之子、亲伯叔之子、亲兄弟娶妻之子、亲嫂、亲子妇、娶妻之孙、生子庶母之丧，于出殡七日后薙头当差；亲伯叔祖母、亲伯叔祖之子妇、亲伯叔祖之孙、亲弟妇、亲伯叔之子妇、亲兄弟之子妇、亲孙妇之丧，于出殡后薙头当差；无服族人之丧，不准持服，照常当差行走。凡大臣官员持服日期，其职任官差各异，应行令各地方、各量职任，于其应行走之时，即令当差行走。

（浙江古籍出版社 1988 年版，第 2482-2483 页）

清律服制图。

《大清律例》卷二，《诸图》：

丧服总图

（天津古籍出版社 1993 年点校本，第 74-79 页）

光绪福建南平、延平《麟阳鄢氏族谱》卷首,《三父八母服制之图》:

丧服总图	斩衰三年	用至粗麻布为之,不缝下边	齐衰	杖期（五月）不杖期（三月）	用稍粗麻布为之,缝下边	大功九月	用粗熟布为之	小功五月	用稍粗熟布为之	缌麻三月	用稍细熟布为之

本宗九族五服正服之图

本宗九族五服正服之图					凡嫡孙,父卒,为祖父承重,服斩衰三年;若为曾高祖父母承重,服亦同。	族兄弟缌麻,族兄弟妻无服。	凡男为人后者,为本生亲属孝服,皆降一等。本生父母亦降服,不杖期。父母报服同。			
				族伯叔父母缌麻	再从兄弟小功,再从兄弟妻无服。	再从侄缌麻,再从侄妇无服。				
			族伯叔祖父母缌麻	堂伯叔父母小功	堂兄弟大功,堂兄弟妻缌麻。	堂侄小功,堂侄妇缌麻。	堂侄孙缌麻,堂侄孙妇无服。			
		曾伯叔祖父母缌麻	伯叔祖父母小功	伯叔父母期年	兄弟期年,兄弟妻小功。	侄期年,侄妇大功。	侄孙小功,侄妇缌麻。	曾侄孙缌麻,曾侄孙妇无服。		
	高祖父母齐衰三月	曾祖父母齐衰五月	祖父母齐衰杖期	父母斩衰三年	己身	长子期年,长子妇期年。	嫡孙期年,嫡孙妇小功。	曾孙缌麻	元孙缌麻	
						众子期年,众子妇大功。	众孙大功,众孙妇缌麻。	曾孙妇无服	元孙妇无服	
		曾祖姑在室缌麻,出嫁无服。	祖姑在室小功,出嫁缌麻。	姑在室期年,出嫁大功。	姊妹在室期年,出嫁大功。	侄女在室小功,出嫁缌麻。	侄曾孙女在室缌麻,出嫁无服。			
			族祖姑在室缌麻,出嫁无服。	堂姑在室小功,出嫁缌麻。	堂姊妹在室大功,出嫁小功。	堂侄女在室小功,出嫁缌麻。	堂侄孙女在室缌麻,出嫁无服。			
		凡姑、姊妹、女及孙女在室,或已嫁被出而归,服并与男子同。出嫁而无夫与子者,为兄弟、姊妹及侄皆不杖期	族姑在室缌麻,出嫁无服。	再从姊妹在室小功,出嫁缌麻。	再从侄女在室缌麻,出嫁无服。	凡同五世祖族属。在缌麻、绝服之外,皆为袒免亲。遇丧葬则服素服,尺布缠头。				
				族姊妹在室缌麻,出嫁无服。						

第四篇
礼制与旌表节孝政策

妻为夫族服图

妻为夫族服图								
	夫为祖父母及曾、高祖父母承重者，并从夫服。			夫族兄弟无服				
			夫族伯叔父母无服	夫再从兄弟无服	夫再从侄缌麻			
		夫族伯叔祖父母无服	夫堂伯叔父母缌麻	夫堂兄弟及妻缌麻	夫堂侄小功，夫堂侄妇缌麻。	夫堂侄孙缌麻		
	夫曾伯叔祖父母无服	夫伯叔祖父母缌麻	夫伯叔父母大功	夫兄弟及妻小功	夫侄期年，夫侄妇大功。	夫侄孙小功，夫侄孙妇缌麻。	夫曾侄孙缌麻	
	夫高祖父母缌麻	夫曾祖父母缌麻	夫祖父母大功	舅姑斩衰三年	妻为夫斩衰三年	长子期年，长子妇期年。	孙大功	曾孙缌麻	元孙缌麻
					夫为妻齐衰杖期，父母在不杖。	众子期年，众子妇大功。	孙妇缌麻		
		夫曾祖姑无服	夫堂姑在室缌麻，出嫁无服。	夫亲姑小功	夫姊妹小功	夫侄女在室期年，出嫁大功。	夫侄孙女在室小功，出嫁缌麻。	夫曾侄孙女在室缌麻，出嫁无服。	
			夫堂祖姑无服	夫堂姑在室缌麻，出嫁无服。	夫堂姊妹缌麻	夫堂侄女在室缌麻，出嫁无服。	夫堂侄孙女在室缌麻，出嫁缌麻。	夫堂侄孙女在室缌麻，出嫁无服。	
	夫为人后，其妻为本生舅姑服大功。			夫族姑无服	夫再从姊妹无服	夫再从侄女在室缌麻，出嫁无服。			
					夫族姊妹无服				

妾为家长族服之图

妾族为家之长图	嫡孙、众孙为庶祖母小功五月			家长众子期年	家长众孙无服
			家长斩衰三年		
	家长祖父母小功	家长父母期年		家长长子期年	家长嫡孙无服
			正妻期年		
				为其子期年	为期孙大功

出嫁女为本宗降服之图

出嫁女为本宗降服之图				父堂兄弟缌麻	堂兄弟小功	堂侄缌麻
			祖兄弟缌麻	伯叔父母大功	兄弟大功	兄弟子大功
	高祖父母齐衰三月	曾祖父母齐衰五月	祖父母期年	父母期年	己身	兄弟女在室大功,出嫁小功。
			祖姊妹在室缌麻,出嫁无服。	父姊妹在室大功,出嫁小功。	姊妹在室大功,出嫁小功。	
				父堂姊妹在室缌麻,出嫁无服。	堂姊妹在堂小功,出嫁缌麻。	堂侄女在室缌麻,出嫁无服。

外亲服图

外亲服图	妻为夫外亲服,降一等		堂舅之子无服		
		母之兄弟小功	母舅之子缌麻	舅之孙无服	
	母祖父母无服	外祖父母小功	己身	姑之子缌麻	姑之孙无服
		母之姊妹小功	两姨之子缌麻	姨之孙无服	
			堂姨之子无服		

第四篇
礼制与旌表节孝政策

妻亲服图

妻亲服图			妻外祖父母无服		
		妻伯叔无服	妻兄弟及妇无服	妻兄弟子无服	
	妻祖父母无服	妻父母缌麻	己身为婿缌麻	女之子缌麻	女之孙无服
		妻之姑无服	妻之姊妹无服	妻姊妹子无服	

三父八母服图

三父八母服图					
	同居继父两无大功亲,谓继父无子孙,己身亦无伯叔兄弟之类期年。	不同居继父先曾与继父同居,今不同居,齐衰三月。自来不曾随母与继父同居,无服。	养母谓自幼过房与人,斩衰三年。嫡母谓妾生子女,称父之正妻,斩衰三年。	嫁母谓亲母因父死再嫁他人,齐衰杖期。	庶母谓父有子女,妾、嫡子、众子齐衰杖期,所生子斩衰三年。
	两有大功亲,谓继父有子孙,自己亦有伯叔兄弟之类,齐衰三月。	从继母嫁谓父死继母再嫁他人,随去者,齐衰杖期。	继母谓父娶之后妻,斩衰三年。慈母谓所生母死父令别妾抚育者,斩衰三年。	出母谓亲母被父出者,齐衰杖期。	乳母谓父妾乳哺者,即奶母,缌麻。

继父　同居,继父父子皆无大功以上亲,乃义服不杖期;不同居,谓先随母嫁继父同居,后异,或虽同居而继父有子,已有大功以上亲,服齐衰三月;原不同居,则无服。附,异父同母之兄弟姊妹,各服小功。

嫡母　妾生子谓父正室曰嫡母,正服齐衰三年;母与嫡子亦报服,为众子则服不杖期,庶子为嫡母之父母兄弟姊妹,小功,母死不服。

继母　谓父再娶之母,义服齐衰三年,继母为长子报服齐衰三年,为众子乃服不杖期;继母出则无服,若父卒继母嫁而己从之,乃服杖期,继母报服不杖期。

庶母　谓父妾之有子者,众子为之义服缌麻。士之庶子为其母齐衰三年,为父后则降。庶子为父后者,为其母缌麻,而为其母之父母兄弟姊妹则无服。庶母之子为服之母不杖期,而为祖后则无服。庶母为其子、为君之众子齐衰不杖期,为君之长子齐衰三年。妾为君斩衰三年,为女君不杖期。庶母慈己者,谓自小乳养己者,义服小功。

慈母　谓庶子无母而父命他妾之无子者慈己也,同亲母,义服齐衰三年。不命,则小功。

乳母　谓自小乳哺曰乳母,义服缌麻。

养母　谓养同宗及三岁以下遗弃之子者,与亲母同,正服齐衰三年。

出母　谓被父离弃,降服杖期,母为子降服不杖期。子为父后者则不服。为出母乃降服,大功,母为女亦报服。

嫁母　谓父亡母再嫁,降服杖期;母为子乃服,不杖期。女子已适人者,乃服大功,母为女报服。子为父后者不服,前夫之子从己嫁者服,不杖期。

(鄢宗云等修,光绪四年刊本)

李宗瀚为生祖母服斩衰三年。

陈康祺《郎潜纪闻四笔》卷九,《李宗瀚为生祖母服斩衰三年》:

临川李春湖侍郎,以嫡子之子出嗣庶长子,时生祖母尚存。嘉庆二十年,侍郎以副都御史丁本生生母忧。服阕,遂奏请终生祖母养,仁宗许之。值道光纪元,礼臣建议天下为父后者,得为生祖母服斩衰三年。越二年,侍郎适遭生祖母之丧,遂遵制成服。又明年,礼臣觉前议过重,仍奏请改从期服。朝廷若为侍郎破古今成例,而特遂其乌鸟之私者,亦奇已!康祺按:孙为祖庶母服,杜氏《通典》及《魏书》、《宋史》,《礼志》均有论辨,大旨皆谓庶孙无重可承,不得以鞠育私恩制为匹敌之服。不知道光元年,礼臣何故忽创此议也?识之以见服制升降之原。

(中华书局1990年版,第149-150页)

(二)品官丧礼

皇子参与宗室丧礼。

《清朝通典》卷六二,《礼·凶二·亲王以下丧》:

顺治九年,定亲王、郡王、贝勒、贝子、镇国公、辅国公、镇国将军、辅国将军、奉国将军丧仪。

康熙四年定:亲王、郡王等由宗人府奏赐谥号,贝勒以下不入八分公以上应否给谥,请旨遵行。

雍正十三年十一月,(高宗)皇上谕诸王、贝勒、贝子、公:朕维治天下之道,首重亲亲,亲亲之道,首在慎终追远,我朝宗室,皆太祖、太宗后裔,自当敦睦友爱,岂可视为疏逖,宗人府所奏服制一事,各分支派,殊有未协,是以饬令复议,嗣恭阅皇祖时皇考所奏折内,裕亲王太福晋薨逝时,皇祖行围在外,仍令太妃等临丧,令皇考及诸叔亦往成服,由此观之,则彼时实存古道,后朕叔怡贤亲王薨逝,皇考遣朕弟兄临丧,并令皇五子成服,彼时众意不过以为格外之恩,未有言及理所当然者。如此风渐长,则将来皇子等皆以倨傲自恣,而亲亲之义势必泯没无存,朕常于此有深惧焉。古人云:以父母之心为心,则

第四篇
礼制与旌表节孝政策

天下无不和之兄弟；以祖宗之心为心，则天下无不睦之宗族。尔诸王、贝勒、贝子、公等，惟当以太祖、太宗之心为心，视国事如家事，彼此提撕共臻至善，果能如此，则朕敦睦亲族之怀庶几可副，而皇祖鸿基大业，从此贻庆于亿万斯年矣。且亲族者，乃天地之常经，必当有久远不易之则，岂可以君上一时之爱憎，率意从事！嗣后虽朕之子孙，若遇近派尊属薨逝，亦当成服，除诸王属下仍照原定支派遵行外，诸王、贝勒、贝子、公等如何成服会丧之处，必使合乎礼节，以尽亲亲之谊，其旨内事宜，着诸王、贝勒、贝子、公等会同详议具奏。遵旨议准：嗣后皇帝子孙照依会典所定五等服制，遇期服胞伯叔兄弟之事，除年幼未分封之皇子、皇孙不议外，年长者照例具奏，再行临丧；既未分出，自应停止成服。其诸王、贝勒、贝子、公、宗室将军、闲散宗室等，不论爵次，凡近支皆照会典所定服制五等，遇小功服以上之丧，照例会丧成服，期服六十日而除，大功一月而除，小功七日而除，遇百日内致祭，仍齐集，摘冠缨，宗人府委官稽察。朝祭大典，王公皆当侍班，应令期服者于大祭日剃头，小功七日，大功于出殡后剃头。遇斋戒日，暂停前往丧所。至亲王福晋以下，亦照定例，准礼部传令齐集，委官稽察。如丧家呈部，愿停止福晋等齐集者，准其停止。其丧服事宜，仍照康熙九年定例遵行。乾隆三年奏定：期服者令大祭日除服，大功服者令初祭日除服，小功服者送殡日除服。

（浙江古籍出版社1988年版，第2481页）

品官丧礼。

《清史稿》卷九三，《礼志十二·品官丧礼》：

定制，有疾迁正寝，疾革书遗言，三品以上官具遗疏，既终乃哭。立丧主、主妇。护丧诸执事人治棺，民公采板，侯、伯、一品官以下朱棺。讣告。设尸床、帷堂，陈沐具，乃含。三品以上用小珠玉，七品以上用金木屑五。袭衣，常服一称，朝衣冠带各以其等。明日小敛，陈敛床堂东，加敛衣，三品以上五称，复三、禅二；五品以上三称，复二、禅一；六品以下二称，复、禅各一：皆以缯。复衾一。又明日大敛盖棺，设灵床柩东，柩前设灵座，陈奠几，丧主及诸子居苫次，族人各服其服。

朝夕奠荐馔，午饼饵。遇朔望，则朝奠具殷奠，肴核加盛。初祭，陈馈筵羊酒，具楮币。公筵十五席，羊七，楮四万。侯筵十二，楮三万六千。伯筵十二，楮三万二千：羊俱六。一品官筵十，羊五，楮二万八千。二品筵八，羊四，楮二万四千。三品筵六，楮二万。四品筵五，楮万六千：羊俱三。五品筵四，楮万二千。六、七品筵三，楮万：羊俱二。

族人齐集，丧主以下再拜，哭奠如礼。卒奠，大功者易素服，大祭同。初祭，期服者易素服，百日致奠剃发，三月而葬。

一品茔地九十步，封丈有六尺，递杀至二十步、封二尺止。缭以垣。公、侯、伯周四十丈，守茔四户。二品以上周三十五丈，二户。五品以上周三十丈，一户。六品以下周十二丈，止二人守之。公至二品，用石人，望柱暨虎、羊、马各二，三品无石人，四品无石羊，五品无石虎。其墓门勒碑，公、侯、伯螭首高三尺二寸，碑身高九尺，广三尺六寸，龟趺高三尺八寸。一品螭首，二品**麒麟首**，三品天禄辟邪首，四至七品圆首方趺。首视公、侯、伯递杀二尺，至尺八寸止；碑**身递杀五寸**，至五尺五寸止；广递杀二寸，至二尺二寸止；趺递杀二寸，至二尺四寸止。刻圹志，用石二片，一为盖，书某官之墓，一为底，书姓名、乡里、三代、生年、卒葬月日及子孙、葬地。妇人则随夫与子孙封赠。二石相向，铁束，埋墓中。

制柩舆，上用竹格，结以彩，旁施帷幔，四角垂流苏，缯荒、缯帏并青蓝色。公、侯、伯织五采，一、二品用销金，五品以上画云气，六、七品素缯无饰。承以杠，五品以上髹朱，六、七品饰红垩，障柩画翣，五品以上四，六、七品二。引布二，功布一，灵车一，明器则从俗。

诹日发引，前夕祖奠，翌日遣奠，会葬者毕集。公鞍马八，递杀至二数。仪从前导，引以丹旐、铭旌，满用丹旐，汉用铭旌。至墓所，乃窆。祀后土，题主，奉安，升车，反哭，乃虞。羊、酒、楮帛各视其等。祭毕，柔日再虞，刚日三虞。百日卒哭，次日祔家庙。期年小祥，再期大祥，迁主入庙。祝读告辞，主人俛伏五拜。讫，改题神主，诣庙设东室，奉祧主藏夹室。乃彻灵座。后一月禫。丧至此计二十有七月。丧主诣庙祗荐禫事。

其在外闻丧者，讣至，易服，哭，奔丧。至家凭殡哭，翌日成服。丧期自闻讣日始。余同。期以下闻丧，易服为位而哭，奔丧，则至家成服。官在职，非本生父母丧，虽期，犹从政，不奔丧。闻讣，易服为位而哭，私居持服，入公门治事仍常服。期丧者，期年不与朝祭。服满，则于私居为位哭，除之。

顺治九年定：百官亲丧祭礼以其子品级，子视父母，命妇视夫同。

康熙二十六年，禁居丧演戏饮博。凡官卒任所，或父母与妻丧，许入城治事。

乾隆间谕：京旗文武官遇亲丧，百日后即入署治事，持服如故，罢与祭祀、朝会。

道光二十四年定：民公以下、军民以上居丧二十七月，不宴会作乐，不娶妻纳妾，门户不换旧符号。

宣统元年，礼部议画一满、汉丧制，自是满官亲丧去职，与汉官一例矣。

（中华书局1976年版，第10册，第2722-2725页）

《清史稿》卷八七，《礼志六·品官士庶家祭》：

凡品官家祭，庙立居室东，一至三品庙五楹，三为堂，左右各一墙限之。北为夹室，南为房。庭两庑，东藏衣物，西藏祭器。庭缭以垣。四至七品庙三楹，中为堂，左右夹室及房，

第四篇
礼制与旌表节孝政策

有庑。八、九品庙三楹,中广,左右狭,庭无庑。箧藏衣物、祭器,陈东西序。堂后四室,奉高、曾、祖、祢,左昭、右穆。妣以嫡配,南向。高祖以上,亲尽则祧。由昭祧者,藏主东夹室;由穆祧者,藏主西夹室。迁室、袝庙,并依昭穆世次,东西序为袝位,伯叔祖父兄弟子姓成人无后者,殇者,以版按行辈墨书,男东女西,东西向。定牲器之数,一至三品,羊一、豕一,每案俎二,铏、登各二,笾、豆各六。四至七品,特豕,案一俎,笾、豆各四。八品以下,豚肩不特杀,案一俎,笾、豆各二。

岁祭以四时仲月诹吉,读祝、赞礼、执爵皆子弟为之。子孙年及冠,皆会祭。前三日,主人暨在事者斋。祀日五鼓,主人朝服,众盛服,入庙。主人俟东阶下,族姓俟庭东西,顺昭穆世次。主妇率诸妇盛服入,诣爨所视烹饪。羹定,入东房治笾、豆,陈铏、登、匕、箸、醯、酱以俟。质明,子弟长者启室,奉主陈之几,昭位考右妣左,分荐者设东西袝位。主人升自东阶,盥讫,诣中檐拜位立。族姓行尊者立两阶上,卑者立阶下。咸北面。主人诣香案前跪,三上香,进奠爵,兴,复位,率族姓一跪三拜。主人诣高祖案前献爵,曾、祖、祢案**前毕献如仪**,分**荐者遍献**袝位酒,读祝。每献,主妇率诸妇致荐,一叩兴。初献匕**箸醯酱**,**亚献羹饭**肉胾,**三献饼饵**果蔬。卒献,主人跪香案前,祝代祖考致嘏于主人,主人啐酒尝食,反器于祝,一叩兴,复位,送神,一跪三拜。视燎毕,与祭者出,主人率子弟纳神主,上香行礼。彻祭器,阖门,退。日中而馂。

三品以上,时祭遍举。四至七品,春、秋二举。八、九品春一举。与祭者,尊卑咸在。主人肃入席,酌尊者酒,子弟年长者离席酌主人,长幼献酬交错。已事,咸出。彻席,馂庖人、仆人必尽之。

令节荐新,一至三品,每案果、羞各四,四至七品,减果二,八、九品并减羞二,具羹饭则同。月朔望供茶,食案二器,仪同时荐。庶士家祭,设龛寝堂北,以版隔为四室,奉高、曾、祖、祢,妣配之,位如品官仪,南向。服亲成人无后者,顺行辈书纸为袝位,已事,焚之,不立版。每四时节日,出主以荐,粢盛二盘,肉食果蔬四器,羹二,饭二。先期致斋。荐之前夕,主妇在房治馔,逮明,主人吉服,率子弟奉主陈香案,昭东穆西,设袝位西**序案**,主人立东阶下,众按行东西立。主人上香毕,一跪三拜,兴。主妇率诸妇出房荐匕**箸醯酱**,跪,叩,退。主人至案前,以次酌酒,**荐熟**,跪,叩,兴。子弟荐袝位,毕,读祭文。再献,主妇荐饭羹,三献荐饼饵时蔬。主人**率族姓**行礼讫,焚祭文及祭位,纳主,彻退,日中而馂。春一举,月朔望献茶,有事则告,俱一跪三拜。

(中华书局1976年版,第10册,第2611-2612页)

赐谥。

《清史稿》卷九三，《礼志十二·赐谥》：

亲王例用一字，贝勒以下及文武大臣二字。郡王谥号，尚沿明制用二字，间有用一字者。圣祖时，追谥郡王，满、汉文俱用一字，遂为定制。

顺治九年，定亲王以下丧闻，宗人府请谥，内院撰拟碑文。康熙四年，定诸王赐谥，封号上加一字，贝勒以下、入八分公以上，予否请旨行。乾隆三十六年，遵旨议定贝勒至辅国公兼一品职者予谥，仍请旨。其兼二品以下职暨不兼职者罢予谥。

定制，一品官以上予否请上裁，二品官以下不获请。其得谥者，率出自特旨，或以勤劳，或以节义，或以文学，或以武功。破格崇褒，用示激劝。嘉、道以前，谥典从严，往往有阶至一品例可得而未得者。世宗朝，一等公福善，大学士魏裔介，将军佛尼勒、莽依图，都统冯国相，尚书汤斌、徐潮、玛尔罕辈，望实素高，入祀贤良。逮至高宗初元，始获追谥。易名盛典，殊不易得。

令甲，得谥者礼部取旨，行知内阁典籍撰拟。至穆宗朝，大学士卓秉恬改归汉票签，唯侍读司之。大学士及翰林授职者，始得谥"文"，亦有出自特恩而获谥文者。侍读拟八字，大学士选四字，余则拟十六字，大学士选八字，并请上裁定。武臣有谥文者，如领侍卫内大臣索尼获谥"文忠"，异数也。唯"文正"则不敢拟，出自特恩。文职内自三品卿、外自布政使以下，例不予谥。唯御史陆陇其谥清献，侍讲学士秦承业谥文悫，太常卿唐鉴谥恪慎，则以崇尚儒臣，笃念师傅，不为恒式。

咸丰三年，礼臣奏定文职二品官殉难，视一品予谥。如按察使优恤，礼部亦得援例以请。军兴而后，道、府、州、县等官死绥不少，疆臣疏请，不拘常格矣。其武职死事，参将以下，视副将议恤。协领以下，视副都统议恤：皆得援新章奏请。唯武功未成者，不得拟用"襄"字。至十二年，谕"嗣后文武各官，其官阶例不予谥者，不得率行奏请"，至是限制稍严。

光绪四年，贵州巡抚黎培敬为已革总督贺长龄请谥。诏以易名之典，不容冒滥，严切申儆，且下培敬吏议。亦有得谥而被夺者，若沈德潜、卞三元，或追论其生平，或败露于身后，削秩仆碑，以示诫也。

至朝鲜国王谥号，向亦内阁撰拟，嗣以所拟之字有触其国王先代名讳，则改由其国自拟八字以进，请帝裁定云。

（中华书局1976年版，第10册，第2720-2721页）

赐祭葬。
《清史稿》卷九三，《礼志十二·赐祭葬》：
世祖初入关，沿崇德间例，超品公，一、二、三等公卒，遣官祭三次；子、副都统二次。

第四篇
礼制与旌表节孝政策

参领、佐领一次。阵亡与有勋劳者,遣官治丧,出自上裁。

顺治三年,定制民公、侯、伯、子兼任内大臣、都统、大学士、尚书、镇守将军卒,候旨立碑,致祭一次。袭公、侯、伯、子在任不逾三年,止给祭品,无祭文,不立碑。二、三品官卒,给祭品。满任三年给祭文。有战功者,获请立碑。

十三年,定佐领、员外郎、主事任满三年,给祭品、祭文,未满者无祭文。致仕同。

十五年,定部、院长官加秩至一、二品,致祭、立碑。三品满三年者如之。未满,但致祭而已。护军统领、副都统、前锋统领、步军总尉考满视三品。如为男爵,得致祭、立碑。参领、前锋参领满三年,致祭,不立碑。四品卿、少卿考满者同,否则不给祭文。阵亡不论品级,获请恩恤。内大臣、都统、大学士、尚书、护军统领、副都统、前锋统领、侍郎、学士、步军总尉原品休致者,致祭、立碑同。现任轻车都尉、佐领、骑都尉、郎中、员外郎、主事,致祭、无碑文。承袭公、侯、伯有职任者,依职任予恤,否则止给祭品。

十七年,定本身所得民公、侯、伯、子及都统有职任内大臣、镇守将军给全葬。大学士、尚书,左、右都御史加级及宫保者,视一品给全葬,无加衔、加级视二品给全葬。侍郎无兼衔、加级而考满者,视三品给全葬,未满者半之。四品卿、少卿或兼少卿衔,视四品,止给祭品。护军统领、前锋统领、副都统、步军总尉任满给全葬,未满者半之,并致祭一次。武职自参领、文职自郎中以下,俱不给祭品。阵亡者如故。

十八年,定本身所得民公、侯、伯造葬,致祭一次,加祭出特恩。都统、内大臣、大学士、尚书、右都御史、子、镇守将军及加衔、加级至一二品官,俱依品级造葬,致祭一次。三品侍郎、学士、通政使、大理寺卿考满者给全葬,未满者半之,俱致祭一次。参领、协领、郎中、佐领及三等侍卫、护卫官阵亡者,致祭一次。汉文职一、二品或三品考满,俱致祭、造葬,未满者半之,致祭一次。在外布、按以上,依京秩例行。武职加衔副将以上,造葬,致祭一次,无兼衔而考满者同,未满者半之,致祭一次。知县、守备以上阵亡者,各依加赠品级造葬,致祭一次。凡满、汉文武原官致仕者,恤典同现任。

康熙九年,定本身所得及承袭公、侯、伯给全葬,遣官读文,致祭一次。内大臣、都统、子品级散秩大臣、大学士、尚书、左都御史、子、世袭子、镇守将军、提督,各依品级给全葬,遣官读文,致祭一次。男品级散秩大臣、护军统领、前锋统领、副都统、侍郎、本身所得男、学士、副都御史、总督、总兵官、加级至二品巡抚,各依所加品级给全葬,遣官读文,致祭一次。三品侍郎、学士、副都御史、巡抚、通政使、大理寺卿,任满给全葬,未满者半之,俱遣官读文,致祭一次。布政使给全葬,致祭一次。云骑尉、三等侍卫以上,文职知县、武职守备以上阵亡者,各依加赠品级给全葬,致祭一次。

道光二十四年,定赐祭王、公以下仪,祭日,堂中陈仪卫,灵座前置供案,陈赐祭物品,左右分陈自备祭品。案前设遣官奠位,东设祝案,北向,南设燎位,具楮帛。遣官至,丧主率宗亲及属官跪迎大门外,礼部官奉祭文入自中门,陈东案,遣官随入,就位立,丧主以下皆就位跪。读祝官读文讫,遣官跪**奠三爵**,每奠一叩。镇国将军以下立奠,丧主率众随行礼。毕,兴,举哀,燎祭文。丧主率**众望阙谢**恩,三跪九叩。遣官出,跪送大门外。

(中华书局1976年版,第10册,第2717-2720页)

赐奠。

《清稗类钞》,《恩遇类•赐奠》:

国朝宠待勋臣,饰终之典,倍极哀荣,有亲临赐奠者,有特遣皇子大臣代赐者。乾隆戊戌,高宗念礼亲王开创功,特往园寝赐奠。嘉庆丙子,仁宗念朱文正公辅导功,驻跸赵新店,犹命近臣代奠,有"哀我哲辅,松楸在望"之谕,后复亲往其茔赐奠,尤为一时荣遇。

(徐珂辑,中华书局1984年版,第1册,第321页)

(三)士庶人丧礼

《清史稿》卷九三,《礼志十二•士庶人丧礼》:

顺治初年定制:士、庶卒,用朱棺,椟一层,鞍马一。初祭用引幡,金银楮币各一千,祭筵三,羊一。大祭同。百日、期年祭,视初祭半之。一月殡,三月葬。墓祭纸币、酒肴有定数。《通礼》,士敛衣复襌各一,复衾一,袭常服一称,含用金银屑三,用铭旌。庶人复衾一,含银屑三,立魂帛。士茔地围二十步,封高六尺。墓门石碣,圆首方趺。圹志二,如官仪。柩舆上竹格垂流苏,杠饰红垩,无翣。引布二,功布一。灵车一。明器从俗。庶人茔地九步,封四尺。有志无碣。舆以布衾覆棺,不施帏盖。杠两端饰黑,中饰红垩。余略仿品官,制从杀。

雍正初元定军:民故者,前后敛衣五袭,鞍马一。初祭,祭筵二、羊一,大祭同,常祭减半。棺罩生、监用青绢,军、民春布。

十三年,诏曰:"朕闻外省百姓丧葬侈靡,甚至招集亲邻,开筵剧饮,名曰闹丧,且于丧所殡时杂陈百戏。匪唯背理,抑亦忍情。"敕督抚严禁陋习,违者治罪。又谕:"吉凶异道,不得相干。故娶在三年外而聘在三年内者,《春秋》犹以为非。三年之丧,创深痛巨。乃愚民不知礼教,虑服丧后不获嫁娶,遂乘父母疾笃或殡敛未终而贸然为之者,朕甚悯焉。自今伊始,齿朝之士,下逮生监,毋违此制。其皂隶编氓,穷而无告,父母卧疾,赖子妇治饔飧者,任其迎娶盥馈,俟疾瘳或服竟,再成婚礼。"古者礼不下庶人,其斯之谓欤?《曾子问》:"亲迎在途而婿之父母死,女改服布深衣、缟总以趋丧。"亦此义也。

第四篇
礼制与旌表节孝政策

(中华书局 1976 年版,第 10 册,第 2725-2726 页)

庶人家祭。

《清史稿》卷八七,《礼志六·庶人家祭》:

庶人家祭,设龛正寝北,奉高、曾、祖、祢位,逢节荐新,案不逾四器,羹饭具。其日夙兴,主妇治馔,主人率子弟安主献祭,一切礼如庶士而稍约。月朔望供茶,燃香、镫行礼。告事亦如之。

(中华书局 1976 年版,第 10 册,第 2613 页)

三 旌表义门和孝子

(一)旌表五世同堂、家族同居共爨和义行

《清史稿》卷四九七,《孝义一》:

耿燿,河南太康人。世农。父应科,好施与,七世同居,颜其堂曰"效艺"。兄光,明诸生,孝后母而教诸弟严,燿从之学,事必谘而后行。明末,流寇屠太康,燿与弟炳异母避河北,贸布以养。母病,朝出暮归,不解带累月。母卒,挽车归母丧。炳亦纯谨,定兴耿权与弟极以孝友闻,炳慕其为人,分田舍处之,孙奇逢为作《三耿传》焉。方寇至,光前卒,未葬,子於彝号泣守其柩不去,寇执之,推陨城下,伤腰脊,几死。寇退,归掬土掩柩乃去。县饥,知县馈以粟,散赡贫乏。督僮蔬,任饥者刘以食。

(中华书局 1976 年版,第 45 册,第 13732 页)

《清史稿》卷四九九,《孝义三》:

陈福,福建永春人。居西溪,同居十二世,家范简肃。世以一人督家事,子孙率教醇朴,未有讼者。

谯衿,湖南沅江人。同居七世,有家训二十条,丧祭无失礼。

黄成富,福建连江人。同居六世,子弟各执其业。方田作,诸妇乌馌,以一妇守家,视卧儿于筐,饥则哺,不问何人子。悬衣于桁,共衣之,垢则浣,不问何人衣。雍睦无间言。

李长茂,福建海澄人。同居四世,建祠,置祭田,立义学,著家规、法戒各十条示子孙。

子五福,顺治六年进士,官刑部侍郎,兄弟八人皆友爱。

任天笃,河南偃师人。乾隆中,巡抚何裕成言天笃九世同居,高宗赐以诗,赉锾帛,表宅里。初,天笃祖开昌生五子,欲定议不析产,观诸子意。纳金麦囷中,子士尧、士舜得以告,开昌曰:"此天赐,汝二人取之。"以"子无私蓄"对。开昌悦,乃定议不析产。宗经传,为家训,教子弟毋侈,毋急利,毋入城市,勿传述时事,务耕田读书,惟许学医,亦毋取酬,不则执百工业以佐家。妇初至,长者以家训教之,不率,令暂还母家,悟,乃迎归。平居布衣椎髻操作,毋私馈,毋饰容观,毋适私室。年五十不执役,寡毋入厨,稍厚其衣食。女适人寡,毋再嫁。至天笃,上溯开昌祖光玉,下见玄孙瑞丰,通九世男妇百六十余人共爨。吏问天笃何术能不析产,天笃曰:"不忍也!"人传其语,谓视张公艺书"忍"字义尤大而远。

其后傅麟瑞、张璘,皆以七世同居赐诗旌奖。麟瑞,鲁山诸生。璘,泾阳诸生。

……

韩瑜,字玉采,山东潍县人。少孤,事母孝。母殁,哭泣三年。既除丧,祭墓未尝不哀,年八十如故……事兄谨,兄弟皆八十,无改常度。产不过中人,好施予,多蓄书,遇寒士则遗之。族党长不能婚娶,丧不能葬,必饮以赀。族子贫,赠以秫十石,使居贾。得赢,倍以偿,不受。康熙四十三年,饥,民鬻子女,罄所蓄,得九人,不立券。岁丰,悉遣还之。卒时八十有六。

……

程增,字维高,江南歙县人。父朝聘,自歙移家安东。归省墓,病作。增冒风渡江,六日夜行千五百里,至则朝聘已殁。母唐病复作,急还,又已殁,乃绝意仕进。安东地卑,母柩在堂,水大至,增与一仆力升柩木案上。既葬,复移家山阳为贾,而使二弟就学。父母之党死而无归者毕葬焉,余皆定其居,使有恒业。析田立塾,以养以教。友有急难,以千金脱之,后更相背,穷复来自解,待之如初。康熙初,河、淮溢,增出家财,修邗沟两岸堤十里,河道总督张鹏翮以闻。康熙四十四年,圣祖巡视芒稻河,召增入见,书"旌劳"二字以赐。两江总督于成龙好微行,奸人因造言倾怨家,狱或失入。增谒成龙,力言其弊,指事为征,成龙曰:"微子言,吾安知人心抗敝至此。"久之,卒。

(中华书局 1976 年版,第 45 册,第 13793-13794、13802-13803 页)

无锡张氏同爨。
钱泳《履园丛话》卷五,《景贤·乡贤一》:
张元义,字心才,邑诸生,苦心力学,友爱天至,与其弟东美同居五十余年无闲言。家甚贫,以饱壳为生。伯尝少于仲,心才乃言曰:"余兄弟垂老同居,安能保子侄之久合乎?

第四篇
礼制与旌表节孝政策

盍分爨也？"仲媳恽氏闻之，即出见二翁，敛衽曰："家不可析也。忆媳于归时，父尝戒曰：'张氏家庭最雍睦，同居已三世矣。若汝去而析居，是汝之故也。'"言毕而泣。二翁笑曰："有此贤妇，吾无忧矣。"乃同爨终身。

（中华书局1979年版，第120页）

连江黄氏六世同居。

《清稗类钞》，《门阀类·连江黄氏六世同居》：

黄成富者，连江农家子也，六世同居，男女六十余，雍睦无间言，子弟各执其业。每出作田间，众妇俱往，留一妇视家，卧儿于筐，饥则乳之，不问为谁儿也。悬衣于桁，出则脱之，入则衣之，垢则浣之，不问为谁衣也。遇客至，供具饮食，家长主之，家中不闻有争言。

（徐珂辑，中华书局1984年版，第5册，第2116页）

章邱九经孟家。

《清稗类钞》，《门阀类·九经孟家》：

山东章邱有九经孟家者，其家法：祖遗产业，不得分析。每添男丁，由族长月致所应得之钱。妇丧夫者，必先问其志愿，若欲嫁，则备奁具一份，由族中为择大家嫁之；若经三年不嫁，则赠以鸦片烟具一份，吸否亦听之，月致金如故。男子令识字，读《四书》，取粗通文字，不令作帖括，惟许武试，然亦得武举而止。倘必欲仕宦者，亦听其自由，惟不得分金。族人有小过，由族断之，犯大恶，即令出族而听官处置。

（徐珂辑，中华书局1984年版，第5册，第2117页）

沅州蒲宗瑾六世同居。

《清稗类钞》，《孝友类·蒲宗瑾六世同居》：

蒲宗瑾，沅州人，六世同居。自祖父及宗瑾，三传兄弟得五人，四传得十七人，五传得四十一人，六传得六十人，男女共一百二十三人。秩以分，联以情，主持家政，规条严饬，人无私财。乾隆己巳，知县张淑奖以额，曰："聚顺可风。"

（徐珂辑，中华书局1984年，第5册，第2508页）

无锡华景辉赡族。

钱泳《履园丛话》卷五，《景贤·乡贤一》：

华景辉，字曙生，吾邑之南塘人。裔出南齐孝子宝后，祖楷，父礼卿，俱以资雄于乡。

年十七,从吴门杨忠文公廷枢游,研穷性命之学。明鼎革时,礼卿为游骑劫掠,惊悸死。景辉椎心泣血,丧葬尽礼,事母以孝闻。常建祖祠,置墓田,修宗谱,慎终追远,务本为急。两弟早世,抚其孤,至成立。从弟允斌为邑诸生,无子,亦雄于资。允斌死,有遗腹子,而族中汹汹,利其家产者甚众。景辉为掌护之,历二十年。既授室,景辉乃为文祭弟,而尽以家产还之。凡母党亲**属**、**邻里**故旧,有贫乏失怙恃及**婚嫁丧葬**者,景辉必力为经纪,委曲矜全,各慰其欲以去。**屡遇岁荒**,米谷腾贵,必减价平粜,**捐粟赈济**。遇丰年则必出所余,以周贫困,而尤以孝弟为行仁之本。故自家而族而乡而亲,莫不德之者。

(中华书局 1979 年版,上册,第 118 页)

附:地方官宦望族

直隶真定梁氏兄弟九列。

王士禛《池北偶谈》卷一,《谈故一·兄弟九列》:

真定梁公清宽、清远、清标兄弟相继为吏部侍郎。清标历户、礼、兵、刑四部尚书,大拜。清宽、清标皆给事中维本子,清远山东佥事维枢子,皆前吏部尚书梦龙曾孙。

(中华书局 1982 年版,第 5 页)

江苏昆山徐氏三鼎甲。

王士禛《池北偶谈》卷一,《谈故一·昆山徐氏三及第》:

昆山徐氏兄弟三人:长乾学,康熙庚戌探花及第,刑部尚书;次秉义,癸丑探花及第,右庶子;次元文,顺治己亥状元及第,以户部尚书大拜。同胞三及第,前明三百年所未有也,惟宋李宗谔子昭遘,昭遘子果卿,果卿子士廉,三世探花及第。

(中华书局 1982 年版,第 7 页)

昆山巨族。

陈康祺《郎潜纪闻初笔二笔三笔》卷一〇,《昆山巨族》:

昆山巨族,在明时推戴、叶、王、顾、李五姓。迨入本朝,东海氏兄弟贵,而前此五姓则少衰矣。邑人因为语曰:"带叶黄瓜李,不如一个大荸荠。"以带音同戴,黄音近王,瓜音转顾,荠音近徐,故俗谚云尔。

(中华书局 1984 年版,上册,第 224 页;另见徐珂辑《清稗类钞·门阀类·昆山巨族》,中华书局 1984 年版,第 5 册,第 2117 页)

第四篇
礼制与旌表节孝政策

浙东万氏门风之雄。

《清稗类钞》，《门阀类·万氏门风之雄》：

万履安名泰，充宗、季野父也。举明崇祯丙子乡试。入国朝，服道士服，隐居不出，文行为通国模楷。有子八人，师事余姚黄梨洲，各执一艺，务令精熟。梨洲尝叹曰："浙东门风之雄，莫过万氏。"八子名斯年、斯程、斯祯、斯昌、斯选、斯大、斯构、斯同，世称万氏八龙。斯同名最高，昆山徐氏之《读礼通考》，华亭王氏之《横云史稿》，皆其所著，而为徐、王所攘也。其解经论史之书，未经刊布者尚多。斯选字公择，沉潜理窟，师法梨洲，兼绍蕺山、阳明之绪。年六十卒，梨洲哭之恸，曰："甬上从游，能振蕺山之绝学，公择一人而已。"斯大字充宗，志操介持，邃于《春秋》之礼学，明张忠烈公煌言及父执陆符死，充宗皆持服葬之。李杲堂邺嗣尝言："说经无双，名擅八龙，昔有慈明，今见充宗。"斯构字允诚，明刘宗周殉难，其遗书皆允诚为之藏寄，全谢山称为蕺山之功臣。斯年字祖绳，少从钱忠节公学，俄逢丧乱，剑战弧矢，遍于城市，读书不辍。既而避地屡迁，家具尽弃，悉载书卷以行。晚岁主教桃源书院，随学者资性，分经授之，由是来就者日众。祖绳于二党皆恩有意，忠节死海外，收其文集，为之立嗣。斯程立学攻医，当黄宗炎行刑日，父泰与高斗魁等画策，潜载死囚代之，负宗炎冥行十里者，斯程也。斯祯字正符，孝友性成，精研《周易》，旁治毛诗、《春秋》，书宗北海，诗有风人之致。斯昌负才早殁。

（徐珂辑，中华书局1984年版，第5册，第2117-2118页）

任邱边氏。

梁绍壬《两般秋雨盦随笔》卷二，《任邱边》：

直隶河间府任邱县边氏，大家也，累世科第不绝，故北闱有"无边不开榜"之谣。有孝廉边君，在京师广座中，一人展问乡里氏族，答曰："某乃任邱边。"盖自矜其门阀无人不知也，俄而回问其人，其人逡巡曰："某乃曲阜孔。"于是孝廉大惭。

（上海古籍出版社1982年版，第86页）

无边不开榜。

《清稗类钞》，《姓名类·任邱边》：

直隶河间之任邱县边氏，世家也，累代科第不绝，故顺天乡试向有"无边不开榜"之谣。

（徐珂辑，中华书局1984年版，第5册，第2142页）

父子兄弟鼎甲。

平步青《霞外捃屑》卷一,《辊汋山房脞记掌故·父子兄弟鼎甲》:

乙亥正月十八日《申报》云,去岁陆状元夫人游街收荒。《万国公报》及《汇报》皆不胜艳羡。自有状元以来,惟长洲彭氏,为祖孙会状,常熟翁氏为叔侄状元,余如德清之蔡氏、吴县之吴氏、济宁之孙氏,皆为叔侄状元。

(上海古籍出版社 1982 年版,第 10 页)

西林觉罗氏仕宦之盛。

《清稗类钞》,《门阀类·西林觉罗仕宦之盛》:

满洲西林觉罗氏,自步军统领鄂拜曾官祭酒后,鄂拜侄鄂尔奇、侄孙鄂容安、玄孙润祥,皆相继长成均。润祥字补臣,有《四世司成》诗卷。西林氏自从龙入关,重侯累相,武达文通,在丰沛故家中,遗泽最远。第一辈:福伦,一等男爵;铁宝,副都统兼一等男爵;鄂尔泰,大学士、一等襄勤伯。第二辈:天保,袭一等男;乌金,内阁学士、礼部侍郎;鄂实,副都统,征叶尔羌阵亡,谥果壮;鄂容安,进士,官至两江总督,征伊犁阵亡,谥刚烈。第三辈:鄂岳,散秩大臣、一等伯;鄂津,伊犁领队大臣。其余中外一二品官,不可胜纪,如后之盛京将军都兴阿,察哈尔都统、三等男爵勇毅公西凌阿,江宁将军穆腾阿,皆其族也。

(徐珂辑,中华书局 1984 年版,第 5 册,第 2118-2119 页)

苏州陈氏一门九列。

《清稗类钞》,《门阀类·陈氏一门九列》:

陈文简公娶长洲宋文恪公女,康熙间,文简由吏部侍郎巡抚广西,宾客入贺,宋夫人独愀然不悦者累日,曰:"一门群从,咸列清华,我夫子乃出为粗官,令我惭颜于娣姒矣。"盖其时陈氏一门,宗伯清恪公、司空文和公、丙斋司寇、匏庐少宗伯,皆官九列,而夫人之姊妹夫太仓王相国、海宁顾侍郎、合肥李宫詹、长洲缪宫赞,亦同时以巍科清秩,比踵朝端,故夫人云然也。

(徐珂辑,中华书局 1984 年版,第 5 册,第 2119 页)

福建安溪李氏功业。

《清稗类钞》,《门阀类·安溪李氏功业》:

国初,功业之隆莫若安溪李氏,而族中尤以李文贞公光地为最。文贞初生,族人即以

第四篇
礼制与旌表节孝政策

伟器期之,然忌者亦时时有毁声。族中某,与剧盗李金梁通,密纠党与,据祠宇为巢穴,且时与文贞父兆庆为难。金梁以距城远,四路通达,便于遁徙,欣然从之。盗入李祠后,知为族某所为,因集族众善为辞谢。时文贞方九龄,随其父立稠人中。金梁适见之,趋摩其顶而爱之,笑谓兆庆曰:"我迁此,本无去意,今观此孩好骨相,倘让我,我便率众去,永不相犯。"兆庆讶其言不类,正诧异间,而族众乃恳兆庆许之,曰:"舍一儿以保一族,即此子他日贵达,仍当复归生我,奈何不通权以济变乎?"兆庆无计,姑以问文贞,文贞谓惟父所命。盗跃起曰:"公子言如此,事谐矣。"于是爇红烛,设厚宴,宴文贞父子及其族人。族人即强兆庆领文贞行父子礼。时金梁与其妇已高坐厅事,下铺红氍毹矣,兆庆无奈行之。金梁受礼后,复出其所生子,与文贞相见。盗子少文贞仅一岁,亦白皙文雅,不类绿林所产。酒阑,金梁命从者以肩舆送兆庆归,留文贞偕返故地,与其子伴读,并令文贞此后同以父称,弗从,盗曰:"翁在已从,何忽改也?"曰:"父在从父,不在奚从?"金梁怒,闭之暗室,日给一餐,使人觇之。文贞殊无苦。如是饿冻残虐者十数日,而恬静如恒,若弗觉也。其妇谓盗曰:"我相此子骨干厚,福命不浅,一切困苦,人固不忍,天亦不容,盍招其翁来,领之归,即以我子寄养。谚云:'没有强盗活八十。'假有不幸,我子以同族关系,或可藉延一线。春秋超荐,若敖之鬼,其不馁尔也。"金梁然其说。越日,以柬延兆庆来,领还文贞,末以抚领己子谆谆恳请,翁慨诺之。不数日,金梁即统众盗去。频年秋末,胥有金馈兆庆,报抚子之德,兆庆皆峻却,一介弗受。未几,金梁以案发伏诛,时文贞已得科名,曳朱紫矣。盗子以附文贞故,得免于祸。遂亦以安溪世其家。迄今安溪李族,其谱系中有另支附后者,即盗裔也。

(徐珂辑,中华书局1984年版,第5册,第2120-2121页)

杭州宦族。

《清稗类钞》,《门阀类·杭州宦族》:

杭州阀阅,徐氏之外,则有汪氏。汪氏在乾、嘉间极清华之盛,而学术亦一郡翘楚也。次为许氏,许氏世居横河桥,其先有为粤督幕僚者,以平一大狱,活千余人,自知当大其门,厥后果科第赫奕,一榜眼,一传胪,其门尝悬"七子登科"额。至为幕僚者,即学字辈之先德,尝以"学乃身之宝,儒为席上珍"十字为子孙命名次第。尚书乃普、巡抚乃钊,其第二辈也。尚书庚身,其第三辈也。之、宝二字辈寡显者,然科第未尝绝。其有留居番禺者,后亦显贵,尚书应骙、布政应镳是也。次为吴氏,两世宦蜀,而子修提学庆坻,炯斋侍讲士鉴,父子入词林。次为高氏,高氏世居双陈巷,科名亦盛。家素封,好施,治家有法,自乾隆至宣统,家业未尝稍替也。

(徐珂辑,中华书局1984年版,第5册,第2121页)

杭州徐氏。

《清稗类钞》,《门阀类·杭州徐氏》:

杭州徐氏,自康熙间文敬、文穆父子以科甲起家后,冠盖相望,名德清门,著称于浙。文敬公名潮,官至吏部尚书。文穆公名本,官至东阁大学士。文穆有弟杞,则任西安巡抚;有子以烜,则任内阁学士。他如翼燕、景熹、绍堂、绍基、昺、暲,亦皆奋迹科第,余不悉数。且有以异途进者,如承恩之以监生官安徽巡抚,尤为当时所仅见。及经咸、同兵燹以后,户口既希,科第亦稍替,仅有印香舍人名恩绶、花农侍郎名琪两叔侄及舍人之子仲可名珂者,登第未久,而且废科举矣。至其前于文敬、文穆而为士林所宗仰者,则曰元荐,以处州府教授分校福建辛酉乡试,信为同考官中之向所罕有者也。

(徐珂辑,中华书局1984年版,第5册,第2121-2122页)

父子祖孙宰相。

《清稗类钞》,《门阀类·父子祖孙宰相》:

本朝父子调羹之盛者,指不胜屈,如阿文端公兰泰子为傅文恭公明安,阿文勤公克敦子为阿文成公桂,张文端公英子为文和公廷玉,刘文正公统勋子为文清公墉,皆父子宰相。马文穆公齐侄为傅文忠公恒,文忠子为福文襄王康安。高文良公斌子为高文端公晋,文端子为参政公书麟。温文端公达孙为温相国福,福子相国伯勒保。尹文恪公泰子为文端公继善,孙为相国庆桂:皆三代持衡,为升平良佐也。

(徐珂辑,中华书局1984年版,第5册,第2122页)

兄弟子侄宰相。

《清稗类钞》,《门阀类·兄弟子侄宰相》:

东武陈氏,为一邑巨族。康熙朝,实斋相国清恪公以科第起家,其弟文洵,子文勤,相继入阁,故时谚有"一门三阁老,五部六尚书"之称。

文勤为清恪侧室所生。文勤通籍,生母尚未貤封即谢世,以侧室不得由正门出丧,虽文勤力争,未能通融允行。最后文勤乃言曰:"将来我死,应由何门出丧?"家人咸云必出正门无疑。文勤乃跃登母柩,坚卧不起,卒由正门而出。文勤生母弃养时,清恪夫妇久已安葬。是以文勤为其生母别卜牛眠,第有母不可无父,因又为清恪公铸一金像,具衣冠,合葬于城东乡之三水桥,俗称为"金爷坟"。

(徐珂辑,中华书局1984年版,第5册,第2122-2123页)

第四篇
礼制与旌表节孝政策

世为河督。

《清稗类钞》,《门阀类·世为河督》:

父子为河督者:乾隆朝钱塘吴嗣爵、嘉庆朝子大学士璥。乾隆朝钱塘姚立德、道光朝子祖同复署总河。三世为河督者:雍正朝无锡相国稽文敏公曾筠、乾隆朝文敏子相国文恭公璜、嘉庆朝文敏公侄孙二泉承志。乾隆朝汉军李宏子奉翰,嘉庆朝奉翰子亨特复任。叔侄为河督者:雍正朝长白相国高文定公斌,乾隆朝文定侄相国文端公晋。

(徐珂辑,中华书局1984年版,第5册,第2123页)

苏州彭氏甲科传家。

《清稗类钞》,《门阀类·彭氏甲科传家》:

苏州彭氏,有南畇者,以孝友称。其孙大司马某复中魁,祖孙状元,世所希见。司马之子绍观、绍升、绍咸,孙希郑、希洛、希曾,曾孙蕴辉,皆成进士。科目之盛,为当代冠。

(徐珂辑,中华书局1984年版,第5册,第2125页)

湖州钮氏同祖兄弟三十一人应试。

《清稗类钞》,《门阀类·同祖兄弟三十一人应试》:

桐城姚元之尝于嘉庆朝奉命督学浙中,按部湖州,岁试乌程。钮氏廪增附与试者三十一人,皆同祖兄弟也。姚问送考教官:"何如此之盛?"答曰:"除已登科出仕者外,本年大魁及拔贡入都朝考,皆同祖者。"因问:"究有若干人?"答曰:"八十余。其祖生子八人,子之子或十余、或八九、或七八不等。"

(徐珂辑,中华书局1984年版,第5册,第2125页)

(二)表彰孝子节妇和建立忠义祠、节孝祠

御撰《孝经衍义》编纂。

吴振棫《养吉斋丛录》卷二〇:

顺治十二年,命取忠臣、孝子、贤人、廉吏之事迹、语言,分类采辑成书,名曰《资政要览》。世祖命纂《孝经衍义》,未成。圣祖复诏臣工仿《大学衍义》体例,成书一百卷,镂板颁行。

(北京古籍出版社 1983 年版,第 214 页)

建立直省忠义节孝祠。

《清朝文献通考》卷一二一,《群庙考三》:

雍正元年九月辛巳,敕建八旗左右翼、直省府州县卫忠义孝弟祠、节孝祠。是日,世宗宪皇帝谕:旌表节义,给银建坊,民间往往视为具文,未曾建立,恐日久仍至泯没,不能使民间有所观感,着于学宫内建"忠义孝弟祠"一所,立石碑一道;于学宫近处购买基址,建"节孝祠"一所,立大牌坊一座。其石碑、牌坊,将前后忠孝节义之人悉标姓氏于其上,已故者设牌位于祠中,春秋祭祀,用阐幽光,以垂永久。寻议准行,令所在各建忠义孝弟祠一,建节孝祠一,岁春秋以守土官致祭。……臣等谨案:旧制,直省府州县附儒学,左右皆建有忠孝、节孝、名宦、乡贤四祠,岁春秋丁祭礼毕,教谕一人公服诣祠致祭。……臣等再案:我朝节妇贞女,著闻里巷,比屋而有列圣礼教之孚行,实超前古。

(浙江古籍出版社 2000 年版,第 5905 页)

《清朝通典》卷五〇,《礼·吉十·直省忠义节孝等祠》:

雍正二年谕:旌表节义,给银建坊,民间往往视为具文,未曾建立,恐日久仍至泯没,不能使民间有所观感,着于学宫内建"忠义祠"一所,立石碑一通;于学宫附近处购买基址,建"节孝祠"一所,立大牌坊一座。其石碑、牌坊,将前后忠孝节义之人悉标姓氏于其上,已故者设牌位于祠中,春秋祭祀,用阐幽光,以垂永久。

(浙江古籍出版社 1988 年版,第 2335 页)

旌表妇女区分类别。

《清史稿》卷五〇八,《列女传一》:

清制,礼部掌旌格孝妇、孝女、烈妇、烈女、守节、殉节、未婚守节,岁会而上,都数千人。军兴,死寇难役辄十百万,则别牍上请。捍强暴而死,爰书定,亦别牍上请,皆谨书于实录。其征之也广,其襮之也显,流风余韵,绵绵延延,风雨如晦,鸡鸣不已。故知权所以能行,化所以能成,尤必有当于人人之心,固不可强而致也。列女入史,始《后汉书》,用其例,择尤炳著如干人,贤母、孝女、孝妇、贤妇、节妇、贞妇、贞女、烈妇义行,边徼诸妇,以类相从,其处变事相亚者,厌而比焉。纂昔懿,俟来淑,敬我彤管,宜有助于兴观。

(中华书局 1976 年版,第 46 册,第 14020 页)

第四篇
礼制与旌表节孝政策

宗族劝止孝子割股，官方对割股疗亲的态度。

《大清世祖章皇帝实录》卷四八：

(顺治七年三月戊寅)江宁巡按陈显忠疏举孝子上元县民刘玉佩，父荫汉有痼疾，方药不效，玉佩割股以进，父病得痊。其妻陈氏亦割股愈父陈应龙病，时称双孝。溧阳县民王瑞昌幼时，父病不起，瑞昌割股以进，父随愈，人罕知者，后宗族见瑞昌形容枯槁，虽暑不去衣服，始觉而称之……请照例旌表，章下所司。

(中华书局1986年影印本，第385页)

割股、割臂疗亲。

《清史稿》卷四九七，《孝义传一》：

汪灏，江南休宁人。晨、日昂、日昇，其弟也。父病咯血，灏年十六，割股和药进，良愈。后数年病足，晨割股炼为末，敷治亦愈。又数年复咯血，晨复割臂以疗。更数年，疾大作，灏复割臂，勿瘳。晨病，日昂泣曰："吾兄**割臂愈父**，吾不能割以愈吾兄乎？"众尼之。憯且仆，匠治棺，日昇持匠斧断指，血淋漓，调**药以饮**晨。有司表其门曰"一门四孝友"。

(中华书局1976年版，第45册，第13733页)

《清史稿》卷四九七，《孝义传一》：

觉罗色尔岱，满洲镶红旗人，德世库七世孙也。性笃孝。年十七，父病，医不效，乃割左臂为糜以进，病稍间，旋殁。事母益谨，母病饮食减，亦减饮食。饮食不能进，忧之，亦辍饮食。母能饮食，乃复常。雍正元年，命举忠孝节义，以色尔岱应，诏赐白金，旌其门，授银库主事，勤其官，迁郎中。

康熙间，以**割臂疗亲**旌者，有翁杜、佟良，与色尔岱同时有克什布。翁杜，满洲镶白旗人。佟良，蒙古**镶黄旗人**：官防御。克什布，满洲镶红旗人，官三等侍卫。

(中华书局1976年版，第45册，第13738-13739页)

左白玉为翁姑母割臂。

《清稗类钞》，《孝友类·左白玉为翁姑母割臂》：

阳湖左小莲，名白玉，杏庄中丞辅之女孙，常熟言良鉁室。工诗词，性纯孝。在室时，割臂愈母疾。既嫁，翁忠杰、姑郑氏同时病笃，值良鉁应京兆试未归，白玉复割臂肉以疗之，没时，家人见其两臂刀痕宛然。其遗稿名《餐霞楼集》。

(徐珂辑，中华书局1984年版，第5册，第2474页)

为父刲肱。

《清稗类钞》,《孝友类·范仲光为父刲肱》:

范仲光,桂阳人,农家子也。幼聪慧,父母命入塾读书,过目辄成诵,以故师及同学咸爱敬之。年十八,父遭危疾,医药罔效,仲光潜刲两肱,家人莫之知也,见其惨淡无人色,窃异之。未几,父竟死。仲光宛转眩瞀,神支离,不自克,如欲无生者。其母惧失子,逾两月,召其同学者数辈强掖之至塾。仲光重违母意,忍涕习所业,手制缩,艰上下,人静,辄絮泣。其曹疑之,阳与语,时而袒其臂,则左右各去肉倍寸许,赭如渥。仲光哭,其曹皆哭,人始知其割肱也。免丧就试,补弟子员,举一子。终以毁故,病咯血,年二十有五遽没。妻何氏为守义抚孤,克自立焉。

(徐珂辑,中华书局1984年版,第5册,第2489页)

《清史稿》卷四九七,《孝义传一》:

张淮,浙江秀水人。贫,粗识字,为人收田租。父有心疾,思食羊,非特杀则不食,淮买羊杀以食父。思出游,则赁肩舆侍以出,穷日乃还。父疾数年,凡所思,百方致之,不稍怠。疾笃,刲肱进,卒不治。

(中华书局1976年版,第45册,第13748页)

《清史稿》卷四九八,《孝义传二》:

刘希向,江南山阳人。火,其父入火中求先人木主遗像。希向自外归,突火入,求其父不得,号而出;复入,火方盛,救者以为刘氏父子死矣。俄而墙圮,顾见庭树下人影往来,乃争入负其父出,左奉像,右握木主,希向牵父衣,额半焦矣。后数年,父病,希向为割股,良愈。希向年六十,病噎,其子亦割股,刀钝,肉不决,剪之,乃下,然希向竟不瘳。

(中华书局1976年版,第45册,第13768-13769页)

《清史稿》卷四九七,《孝义传一》:

李盛山,福建罗源人。母病,割肝以救,伤重,卒。巡抚常赉疏请旌,下礼部,礼部议轻生愚孝,无旌表之例。雍正六年三月壬子,世宗谕曰:"朕惟世祖、圣祖临御万方,立教明伦,与人为善。而于例慎予旌表者,诚天地好生之盛心,圣人觉世之至道,视人命为至重,不可以愚昧误戒。念孝道为至弘,不可以毁伤为正。但司未尝以圣贤经常之道,与国家爱养之心,明白宣示,是以愚夫愚妇救亲而捐躯,殉夫而殒命,往往有之。既有其事,若不

第四篇
礼制与旌表节孝政策

予以旌表，无以彰其苦志。故数十年来虽未定例，仍许奏闻，且有邀恩于常格之外者。圣祖哀矜下民之盛心，如是其周详而委曲也。父母爱子，无所不至，若因己病而致其子割肝刲股以充饮馔，和汤药，纵其子无恙，父母未有不惊忧恻怛惨惕而不安者，况因此而伤生，岂父母所忍闻乎？父母有疾，固人子尽心竭力之时，傥能至诚纯孝，必且感天地、动鬼神，不必以惊世骇俗之为，著奇于日用伦常之外。妇人从一之义，醮而不改，乃天下之正道，然烈妇难，节妇尤难。夫亡之后，妇职之当尽者更多，上有翁姑，则当代为奉养。他如修治频繁，经理家业，其事难以悉数，安得以一死毕其责乎？朕今特颁训谕，有司广为宣示，俾知孝子节妇，自有常经，伦常之地，皆合中庸，以毋负国家教养矜全之德。倘训谕之后，仍有不爱躯命，蹈于危亡者，朕亦不概加旌表，以成激烈轻生之习也。"盛山仍予旌表。

（中华书局 1976 年版，第 45 册，第 13739-13740 页）

《清史稿》卷四九七，《孝义传一》：

张三爱，江南歙县人。为人役。事母孝，母病，不能具药物。或谓之曰："汝欲愈母病，盍刲肝？"三爱祷于丛祠，破腹，肝坠出，以右手刲肝，得指许，左手纳于腹，束以白麻。归以肝和羹饮母，母良愈，三爱创亦合。三爱所事主，故尝为知县，贫，逋赋，三爱辄代承，被笞，不少怼。主病且死，命三爱去，三爱勿听，事主之子如事主。

（中华书局 1976 年版，第 45 册，第 13749 页）

孝义为人。

《清史稿》卷四九七，《孝义传一》：

郑明允，江南歙县人。康熙间，耿精忠兵至，明允侍母，抱谱牒及先世遗笔入山，贼大索山中，明允夜负母匿僻坞，还挈二子，未至，雾溢山，虎声震林木，纳二子石穴中，疾趋侍母。贼退，二子亦无恙。兄病，视汤药不去侧。及亡，每恸辄绝。与其戚同贾，失其赀，明允发橐金尽与之。族子缢客舍，明允为坐守达曙，白于官，出私财以敛。有友荡其赀，困甚，明允罄所有饮之，无难色。明允世业医，精而不试，曰："十得九，犹有一误。"业贾终其身。

（中华书局 1976 年版，第 45 册，第 13734-13735 页）

《清史稿》卷四九七，《孝义传一》：

何复汉，江西广昌人。十五而丧父，哭泪皆血。长事母孝，母疾作，尝粪苦甘以测病深浅，不解带者数月。母殁，寝苫三月，泪渍苫左右尽血痕。葬，乃庐墓侧，日夜悲号，丧终犹庐居。耿精忠兵至，复汉守墓不去，亲知毁其庐，乃哭而行。著《古今粹言》示子孙。子人龙,康熙五十二年进士,入翰林。

(中华书局 1976 年版,第 45 册,第 13735 页)

崇明四孝子。

《清史稿》卷四九七,《孝义传一》:

吴氏四孝子,江南崇明人,失其名。父壮年家贫,鬻子为富家奴。及长,皆能自赎。娶妇列肆居,养父母,兄弟议奉父母膳,月而易。诸妇曰:"翁姑老矣!月而易,必三月后方为翁姑具膳,太疏。"复议日而易,诸妇又曰:"翁姑老矣!日而易,必三日后方为翁姑具膳,仍太疏。"乃议伯具早餐,仲午叔脯,次日季具早餐,周而复始。越五日,诸子合具馔奉父母,子孙皆侍,诸妇以次上酒食,以为常。室置厨,兄弟各具钱五十,父食毕,取钱入市嬉,易果饵,归畀诸孙,钱将尽,复具。父或从博徒戏,兄弟潜以钱畀博徒,令阳负与其父以为欢。行之数十年,父母皆将百岁,奉事不衰。陆陇其为之传。

(中华书局 1976 年版,第 45 册,第 13736 页)

道士孝亲。

《清史稿》卷四九七,《孝义传一》:

荣涟,江南无锡人。少孤,多病,母令为道士。善诗画。事母孝,出游得珍玩、良药必以奉母。游倦归,晨昏侍母侧。母卒,庐墓不复出。涟与县人杜诏及僧妙复号"三逸"。

(中华书局 1976 年版,第 45 册,第 13737 页)

孝亲,竭力顾恤兄弟。

《清史稿》卷四九七,《孝义传一》:

钟保,满洲镶黄旗人。父希晋,以步军校从讨吴三桂,积功当迁,钟保以父老,力劝请休奉养。康熙间,自刑部笔帖式累迁刑部郎中,居父丧哀恸,水浆不入口。事母尤谨,归必侍母侧。兄荡产,抚其孤,祖遗田宅悉推与之。弟贫,赒之甚力。雍正二年,举孝子,赐金,旌其门。官至工部侍郎。

(中华书局 1976 年版,第 45 册,第 13738 页)

孝父而死。

《清史稿》卷四九七,《孝义传一》:

李悃,河南开封府人,失其县。贫为木工,父病痹,奉侍惟谨。岁歉,不能养,乃行乞于

第四篇
礼制与旌表节孝政策

市,归啖父。后得赈谷一石,虑不能继,日舂升许供父,而以糠秕自咽。父病剧,夜中邻人时闻悃抚摩嗟泣声,迟明则悃抱父足死矣,父亦一恸而绝。邻人愍其孝,收而葬之。

(中华书局 1976 年版,第 45 册,第 13740 页)

舌耕养母,相继而死。

《清史稿》卷四九七,《孝义传一》:

黄有则,湖南邵阳人。四岁丧父,母孙勤苦育以长。遣就傅,或迂之,孙曰:"吾忍死,不欲儿废学也。"有则大感恸,奋学,客授养母。夏无帐,主人以进,命撤之,曰:"吾母无此也。"寒为制棉衣,又却之,曰:"家贫,无以暖母,不忍享奇温。"一夕风雪,既寐,复起,行三十里归省母。母喜曰:"吾正思儿!"是时母逾九十,有则亦六十矣。母丧,以毁卒。

(中华书局 1976 年版,第 45 册,第 13741 页)

《清史稿》卷四九七,《孝义传一》:

董盛祖,云南黑盐井人。盛祖不知书,早失父,事母谨,起居饮食侍视不少懈。一妹嫁里中,盛祖出负贩,呼妹还侍母,妹亦善事母如盛祖。盛祖行遇蛇当道,惊曰:"母得无病乎?"归则母方病,呼盛祖,人皆怪之。母丧,哭甚哀,或恸绝,邻里惊救之,乃苏。盛祖有妻早亡,不更娶。或劝之,曰:"娶妇以事亲,顾贤者实难。脱不贤,将戾吾母,吾能安乎?"卒不娶。未终丧,遂卒。

(中华书局 1976 年版,第 45 册,第 13743 页)

《清史稿》卷四九七,《孝义传一》:

俞鸿庆,湖南善化人。光绪十八年进士,改庶吉士,授编修。事父母笃孝。官京师,岁必乞假归省。二十七年,母殁,鸿庆方自西安还京师,闻丧奔还,哀恸若不欲生。父年已八十,衰病,鸿庆跬步不去侧,婉容愉色,依慕如少时。冬夜必数起省视,或竟夕不眠。二十九年,父殁,鸿庆恸甚,以毁卒,距父殁方匝月。

(中华书局 1976 年版,第 45 册,第 13746 页)

《清史稿》卷四九八,《孝义传二》:

汪良绪,江苏吴江人。父嗜博,母谏,忤父,为父逐。良绪日夜号泣,求返其母。父怒,并逐之,乃奉母依其妻父居。父以博破家,亦来与共居,母出奁赀易田,尽为父所鬻,良绪客授以养。方暑,父撤床上帐偿博进,屡易屡鬻,良绪亦不具帐。晨起,蚊迹遍其体。母多病,良绪必亲视汤药。出客授,母疾病,方冬,水冻舟阻,履冰而还。母既殁,哭泣无常,寝不解绖,稍寐辄呼阿母,寤则大恸,未终丧而卒。卒后视其枕,麻布包土也。

(中华书局 1976 年版,第 45 册,第 13759-13760 页)

为母竭力营造佛像。

《清史稿》卷四九七,《孝义传一》:

王尚毅,陕西郃合阳人,为人佣。母佞佛,欲凿山造佛像,力不逮,将死,以命尚毅。尚毅佣,啬衣食积钱,买山辟洞,琢石为佛像,洞六,像十二,皆手造。或愍而助之,谢曰:"力不己出,非敬母命也。"钱尽乃辍,复出佣,得钱更为之,如是三十余年。山植柏,围以紫荆,洞上下莳迎春,洞成方冬,花尽开,山人怪之,名曰九华洞。山无水,凿池而雨至,遂不涸,名曰青龙池。

(中华书局 1976 年版,第 45 册,第 13741-13742 页)

推产让弟,赈济他人。

《清史稿》卷四九七,《孝义传一》:

李凤翔,直隶武强人。善事父母,凤翔以父老,自请佐家事,而督诸弟读书、习射,应文、武试。父将终,遗命析产,心怜幼子而未有言,凤翔察父意,益以所分三之一。父殁,事母益谨。道光初,滹沱连岁泛溢,闾里荡析,负凤翔债者二千余缗,悉焚其券,复散钱济贫者。又遇旱,所艺蔬果任饥者采食。族子早孤,他县人以迎丧遇盗,皆厚赒之。或将屠马,凤翔赎以归,马驯异常畜,乡人感之,遂无屠马者。

(中华书局 1976 年版,第 45 册,第 13744 页)

为孝事母亲,不再娶。

《清史稿》卷四九七,《孝义传一》:

夏士友,湖北江夏人。事母孝,佣力以养,不足,则减己食食母。邻或邀食,必先为母具食,然后往。寒,语母勿早起,自执炊置食床前,又丁宁嘱母善自护,乃出,如是以为常。年四十未娶,或愍之,助其娶妇。居半载,士友自外归,妇与姑诟于室,流涕责妇,即日出之。或曰:"出妇,如无后何?"士友曰:"有妇,欲其孝;有子孙,亦欲其孝。苟不孝,安用妇,安用子孙?"年余,士友疾卒,母哭之恸,邻有张某感士友孝而不得终事母,月供薪米,终其身。

(中华书局 1976 年版,第 45 册,第 13750 页)

# 第四篇
礼制与旌表节孝政策

斑衣戏彩,乞食养亲。

《清史稿》卷四九七,《孝义传一》:

张乞人,顺天永清人,失其名。父死,行乞以养母。穴土为居,天大雪,知县魏继齐过其处,闻歌声出地中,怪而呼问之,曰:"今日母生日,歌以劝餐耳。"继齐命车载其母子至县,继齐母畀其母粟及布,继齐与银十缗。乞人叩头曰:"官母赐我母,不敢不受。官赐我,我不敢受。"继齐问其故,曰:"民愚,不知此十缗官何所受之?我母年八十,我年六十一,为清白百姓足矣。"继齐不复强,将为营室,乞人负其母去,不知所终。

(中华书局1976年版,第45册,第13751-13752页)

《清史稿》卷四九七,《孝义传一》:

荣孝子,河南遂平人。幼痴聋,无名。家本饶,后中落,贫甚。父卒,无所居,奉母居栖流铺。出乞食,择所得供母,自食其余。得少,则但供母,而自忍饥。归,见母必叩头,食必跪进。母食则起而舞,食减则泣。母或故减食以食子,则泣不受。母七十余卒,县人为具敛,朝暮泣,终其身。吏以孝子旌其楣,亦不知孝子为何名也。卒亦七十余。

(中华书局1976年版,第45册,第13752-13753页)

孝事嗣父母。

《清史稿》卷四九八,《孝义传二》:

卢必陞,字寀臣,浙江山阴人。九岁,父芳病,思得蟛蜞炙,必陞挟筐求之沙上,潮至,几死,不释筐。明季遇寇,芳独行入山,必陞行求得之归。必陞为叔父茂后,顺治初,寇执系茂舟中,必陞绕岸哭,三昼夜,不绝声。寇引使见茂,胁茂降,拔刃屡欲下,必陞叩头流血,乞贷死。久之,寇中有义其行者,脱茂使共还。茂有女忌必陞,嗾母遣必陞往松江,使盗击诸途。盗察必陞且死,曰:"尔死勿我仇,谁某实使我。"必陞阳死,盗掷之水,复以救免。必陞书告所后母,但自谢不谨被盗,所后母为感悟,为母子如初。

(中华书局1976年版,第45册第13756页)

孝事不慈之后母。

《清史稿》卷四九八,《孝义传二》:

李应麒,云南昆明人。遘乱,与其父相失,被略至迤东,乞食归。丧母,劝父再娶,后母至,遇应麒虐,应麒卖卜以养。失后母意,辄笞楚,跪而受杖。后乃被逐,事父母愈谨。父生日,卖卜得鸡米,持归为寿。佃人田,方耕,闻后母病,辍耕走三十里求医药。后母生三子,友爱无间。后母久乃悟,卒善视焉。

(中华书局 1976 年版,第 45 册,第 13757 页)

弥合父母感情,善待异母弟。
《清史稿》卷四九八,《孝义传二》:
李中德,汉军旗人。康熙初,父从征福建,中德亦出参陕西军事,奉母以行。事毕,还京师,父先自福建还,已娶妾生子矣。中德母至,父昵妾而出嫡,拒不相见。中德为请,叩头流血,父终不听。请得居别室,亦不听,乃营室东直门外奉母,早晚侍父侧无几微憾,善视诸庶弟。越六年,父病棘,乃告父迎母还,父深悔焉,旋卒,妾亦死。中德母抚妾生四子如己出,中德亦友爱如父在时。

(中华书局 1976 年版,第 45 册,第 13757 页)

《清史稿》卷四九八,《孝义传二》:
张文龄,字可庭,河南西华人。父昵妾而憎其母,文龄事父抚庶弟甚笃,庶弟亦感之,而父终不悟,逐文龄。文龄号泣呼天自惩艾,谓不复比于人,未尝一言扬亲过。远近慕其行,遣子弟从游,得束脩,因庶弟以献其父,或不得通,循墙走,泣且望,见者皆泣下。雍正五年,成进士,父荣之,意稍改。八年,就吏部选,京师地震,死者众,文龄亦与焉。邹一桂与为友,归其丧,父始悟其孝,为之恸。

(中华书局 1976 年版,第 45 册,第 13757 页)

孝事祖父母。
《清史稿》卷四九八,《孝义传二》:
黎安理,贵州遵义人。祖母卒,复娶而悍,父不容于后母,客授四川灌县,遂卒,葬焉。母还母家,安理方十岁,留祖父母所。祖母遇之虐,昼则令刈薪,夜督舂,舂重不举,绳络碓,以足挽之。恒不使得饱。尝取毒蠱纳其口。诱之溪侧,推堕水。皆濒死,遇救苏。既长,习举子业,出客授佐家。祖父卒,为治丧葬。祖母病,侍疾不倦,卒,又为治丧葬,无缺礼。其事祖父母凡三十有四年。痛父客死,恒诣灌县谒墓。母复归,事之孝。两弟不胜祖母虐,出走,安理往来黔、蜀,求得仲弟还。季弟客死,抚其孤。安理晚举乾隆四十四年乡试,授永清教谕,迁山东长山知县,有治绩。告归,卒于家。

(中华书局 1976 年版,第 45 册,第 13758 页)

第四篇
礼制与旌表节孝政策

孝行感人,幸免于难。

《清史稿》卷四九八,《孝义传二》:

王长祚,字尔昌,湖南衡阳人。父乔年,以富名。明季张献忠破衡阳,乔年出避,游骑絷长祚与次子璠,求乔年所在,榜掠终不言。寇挽长祚发,加刃于颈,璠号泣求代。寇中有骑者言:"此父子皆孝,奈何杀之?"遂得释。

(中华书局1976年版,第45册,第13760页)

为救母遇难。

《清史稿》卷四九八,《孝义传二》:

彭大士,湖南湘阴人。顺治初,李自成余党破县,执大士母求金。大士绐贼:"金在井侧。"请偕往,因赴井,母走免。大士年十八,妻仇归大士仅二十日,亦入井死。

(中华书局1976年版,第45册,第13762页)

为父祖,忍辱为人。

《清史稿》卷四九八,《孝义传二》:

程愿学,字奂若,江南仪真人。顺治十六年,郑成功兵退,县人坐连,染死者二十余,愿学祖故睢州知州绍儒与焉,父免死徙塞外,愿学以幼留。稍长,将出塞求父,虑死且无后,乃娶妻生子。妻死,挟子行道中,子病,还,计行待子长。居恒丧服,食但啜粥,不饭,不食果蔬,衣不帛不棉。僦居学舍旁,授经不出户。训导顾霭慕其贤,屡过皆不见,偕其弟子出不意往语愿学:"何自苦?"愿学对曰:"愿学有隐痛,不可以为人,非以自苦也。"明日报谒,赍砚与画,霭谢曰:"子无所受于人,今吾受子遗,亦愿以报子。"愿学乃持砚与画去。他日复过之,已他徙矣。俄卒,霭求得其砚,铭曰"廉士砚"。

(中华书局1976年版,第45册,第13764页)

为护祖坟而死。

《清史稿》卷四九八,《孝义传二》:

何士阀,安徽南陵人。族人破其祖母冢以葬,士阀讼不得直,巡抚檄知县诣勘,族人持之力,事未定。士阀恸,触墓碑,脑裂,死。知县乃责族人他葬,治其罪,葬士阀,碑曰"义士"。

(中华书局1976年版,第45册,第13765-13766页)

万里寻亲。

《清史稿》卷四九八,《孝义传二》:

戚发言,字魏亭,浙江德清人。父麟祥,官翰林院侍讲学士。坐事戍宁古塔,发言从,备艰苦。**麟祥遣**令归就试,成雍正八年进士,除福建连江知县,勤其官。**乾隆初**,赦流人,**麟祥不得与**,发言深痛之。总督郝玉麟将入觐,发言刺指血为书求赦父,**诣玉麟**乞代上,玉麟难之。发言叩首持**玉麟**裾号泣,引佩刀欲自**裁**,玉麟乃许之。诣京师,以发言书上,高宗悯之,赦麟祥。麟祥就**发**言养连江,明年卒。**发言持丧**还,哀甚,亦卒。

(中华书局1976年版,第45册,第13766-13767页)

《清史稿》卷四九八,《孝义传二》:

李敬跻,字翼兹,云南马龙州人。父盛唐,雍正八年进士,官四川松茂道,以所部有罪坐监临官,戍卜魁。卜魁距云南万四千里,敬跻三往省。尝遇暴水,丧其仆马,徒步行,路人哀之,与之食,导使诣盛唐,盛唐辄令还侍祖母,迫使归。敬跻成乾隆二十二年进士,授福建将乐知县,计赎盛唐还。盛唐死戍所,敬跻遂发病,日呜呜而啼,未几亦死。

(中华书局1976年版,第45册,第13767页)

《清史稿》卷四九八,《孝义传二》:

黄向坚,字端木,江南吴县人。父孔昭,崇祯间,官云南大姚知县,挈孥之官,向坚独留。鼎革后,孔昭阻兵不得归,向坚日夜哭,将入云南,亲朋、妻子颇危之,向坚决行。至白盐井,得父母并弟向严皆无恙,留一年乃归,时为顺治十年。行二万五千里有奇,向坚次山川道途所经,自为图十二记之,吴人作乐府纪其事。

(中华书局1976年版,第45册,第13770页)

《清史稿》卷四九八,《孝义传二》:

顾廷琦,江南长洲人。父绳诒,崇祯间,官四川仁寿知县,死张献忠之难。事定,廷琦徒步入四川,阅四年,乃至成都。辗转求得绳诒墓龙脑桥侧,持丧归,自撰《入蜀记》述其事。

(中华书局1976年版,第45册,第13770页)

《清史稿》卷四九八,《孝义传二》:

第四篇
礼制与旌表节孝政策

钱美恭,浙江山阴人。父士骕,明官云南阳宗知县,与妾之官,美恭留侍母。康熙元年,美恭得请于母,求父,至云南,乃知士骕迁嵩明知州,卒葬通海。美恭至通海,得故仆导诣士骕墓,得庶母及幼弟。贫无赀,留五年,乃负骨归葬。

(中华书局 1976 年版,第 45 册,第 13771 页)

《清史稿》卷四九八,《孝义传二》:

赵万全,浙江会稽人。父应麟,明季客授北游,万全始二岁。既长,问母:"父安在?"母告以故。年十九,出求父。应麟初客京师,遇乱转徙死马邑。万全遍访江、淮间,亦至京师,心疑应麟死,见道有遗骸,刺血渗之,不得入,则号于路。又自京师西,亦至马邑。马邑人张文义,尝招应麟主书者,死为之殡。一日遇万全,问得其事,导至殡所,恸绝良久,乃裹应麟骨负以归。既卒,吏为之祠,琢石表异孝。

(中华书局 1976 年版,第 45 册,第 13771 页)

《清史稿》卷四九八,《孝义传二》:

沈仁业,字振先,江苏吴县人。父贾于安南,娶妇生子女,仁业八岁从父归,而母为外国女,例不得入中国,不能从。仁业长而思母,父卒,乃图父像,渡海省母。安南有兵事,母挟幼子女窜山谷中,仁业行求得之,不食七日矣。居二年,有义其行者为具舟,舟入海,飓作,触海中山。仁业抱母泣,风转,挟母过山至琼州。吏执例拒仁业母不得入,仁业涕泗请,莫应。久之,有老吏谓康熙间有故事,检文书得之,仁业乃奉母及弟妹以归。

(中华书局 1976 年版,第 45 册,第 13778 页)

《清史稿》卷四九八,《孝义传二》:

魏树德,陕西蒲城人。父季龙,出佐幕客游,树德犹在娠。幼劬学,母力针黹以活。季龙久不归,树德以嘉庆十五年举于乡,乃行求父。初闻季龙自福建转客广东,先诣福建,求不得,乃诣广东,遇知季龙者,为约略言葬处,遍求之,得志石荒冢中,乃持丧还。逾年,母卒,庐墓三年。除高陵训导,求吕柟遗书,授诸生。久之,以老乞归,卒。

(中华书局 1976 年版,第 45 册,第 13778 页)

《清史稿》卷四九八,《孝义传二》:

李学侗,山西介休人。诸生。父廷仪,道光中客死贵州荔波县,有同行者敛而葬焉。学侗志欲归父丧,贫,客授十余年,积数百金,始克行。诣荔波,时方乱,贵州境亦骚动,屡遇险,乃达。廷仪葬社稷坛山下,或以为先农坛,语廷仪同行者音转,又以为西龙塘。学侗至,求西龙塘,无其地。恸哭周行诸丛冢,乃于社稷坛得焉。学侗持丧还葬,族人有客死而旅殡者,并载以归。既葬,日必往视,持盂饭以祭。晚治《易》,有所撰述。

(中华书局 1976 年版,第 45 册,第 13779-13780 页)

血族复仇。
《清史稿》卷四九八,《孝义传二》:

党国虎,陕西富平人。明末,父兄为族子所杀,国虎方幼。顺治初,国虎稍长,诱族子于野,挞杀之,并其子,诣县自首入狱。知县郭传芳将贷之,国虎念父兄仇已雪,遂自经狱中。唐时县人梁悦复亲仇,传芳立孝义祠,首悦而配以国虎。

(中华书局 1976 年,第 45 册,第 13781 页)

《清史稿》卷四九八,《孝义传二》:

严廷瓒,浙江乌程人。父时敏。族子旸,以姑为明大学士温体仁妻,怙余势,时敏尝斥其非。旸阳与出游,挤堕水死。廷瓒稍长,闻父死状,讼旸论斩。旸贿上官反其狱,得脱,益肆。廷瓒奉母避长兴,买斧誓复仇。岁还里省墓,遇旸,阳昵就之,旸以为畏己也。母卒,以丧归。方村演剧,旸高坐以观。廷瓒直前斧裂其首,断项,诣县自首。县嘉其孝,欲生之,狱上,按察使将援韩愈《复仇议》为请,廷瓒遽死狱中,或曰旸家贿狱吏杀之。

(中华书局 1976 年版,第 45 册,第 13781 页)

《清史稿》卷四九八,《孝义传二》:

黄洪元,江南丹阳人。父国相,与同里虞庠不相能。方社,国相被酒夜行,庠遣恶少绑而沉诸河。洪元与弟福元皆幼,稍长,微闻父死状,庠欲婿洪元以自解,洪元巽言谢之。母丧,既葬,洪元、福元同诇庠所在。又值社,洪元见庠在社所,还呼福元,各持斧往,洪元入迫庠,字庠曰:"逸群,我死汝。"庠起犹曰:"孺子醉耶?"洪元曰:"将醉汝血!"两斧并举,遂杀庠。诣县自陈状,有司义之,免福元,下洪元狱。明年,亦赦出,为浮屠以终。

(中华书局 1976 年版,第 45 册,第 13783 页)

《清史稿》卷四九八,《孝义传二》:

颜中和,吴县人。父弘仁。顺治初,怨家周昌乘乱诱而杀之,弃其首。中和砺斧束藁如人形,书昌姓名以试斧。昌闻之,轻中和幼,不为备。中和怀斧出迹昌,值市中,尾之行。

第四篇
礼制与旌表节孝政策

稍前，邊挥斧中昌，昌左右顾，又斧之。母遣其兄孟和走视弟，昌已死。乃相与诣县，兄弟争自承杀人，市人言杀昌者实中和，乃下中和狱。明年巡按御史录囚，释中和。中和，明义士佩韦从孙也。

同时又有颜鳌，父仲常，国初为其仇金瑞甫所杀。鳌淬刃挟以出入，一日，遇诸胥口，鳌刺瑞甫，入水，鳌从之。瑞甫脱去，诬鳌以盗。兵备道王纪、同知刘瑞讯得实，为诛瑞甫。中和复仇时年十六，鳌年十八。

（中华书局1976年版，第45册，第13783页）

《清史稿》卷四九八，《孝义二》：

王恩荣，字仁庵，山东蓬莱人。县有小吏宠于官，恩荣父永泰与有隙，被殴死。恩荣方九岁，祖母、母皆刘氏。祖母以告官，不得直，畀埋葬银十两，内自伤，邊缢。母泣血三年，病垂死，以官所畀银授恩荣曰："汝家以三丧易此，汝志之不可忘。"恩荣依其舅以居，稍长，补诸生。志复仇，以斧自随，其舅戒之曰："汝志固宜尔，然杀人者死，汝父母其馁矣。"乃娶妻，生子，辞于舅，挟斧行。遇小吏，挥斧不中，投以石，仆，得救免。又遇于门，直前斫其首，帽厚，伤未殊。诉官，时去永泰死十九年，事无证。恩荣出母所授银，其上有朱批，旁钤以血书。知县叹曰："孝子也！吾欲听尔，违国家赦令。吾欲挠尔，伤人子至情。《周官》有调人，其各相避已耳。"于是恩荣哭，堂上下皆哭，小吏避之栖霞。

居八年，一日，方入城，过小巷，恩荣与遇，小吏无所逃，乞贷死。恩荣曰："吾父迟尔久矣！"斧裂其脑，以足蹴其心，死。乃诣县，小吏家言永泰故自缢，非殴死，当发棺以验。恩荣曰："民愿抵罪死，不愿暴父骸。"叩头流血。知县谘于众，皆曰："恩荣言是。"具状上按察使，按察使议曰："律不言复仇，然擅杀行凶人，罪止杖六十，即时杀死者不论，是未尝不许人复仇也。恩荣父死时未成童，其后屡复仇不遂，非即时，犹即时矣。况其视死无畏，刚烈有足嘉者，当特予开释，复其诸生。"有司将请旌，其舅为辞罢。

（中华书局1976年版，第45册，第13784-13785页）

《清史稿》卷四九八，《孝义传二》：

任骑马，直隶新城人。父为仇所戕，死以四月八日，方赛神，被二十八创。骑马时方幼，至七岁，问母，得父死状，恸愤，以爪刺胸，血出。悲至，辄如是，以为常。其仇姓马，因自名骑马。长，虑仇且疑，乃字伯超，诡自况马超也。母欲与议婚，力拒。母死，治葬，且营祭田。年十九，四月八日复赛神，骑马度仇必至，怀刃待于路。仇至，与漫语，指其笠问值，骑马左手脱笠授仇，蔽其目，右手出刃急刺，洞仇胸，亦二十八创乃止。仇妻子至，怖甚，骑马曰："吾杀父仇,于汝母子何与？"乃诣县自首。知县欲生之,曰："彼杀汝,汝夺刃杀之耶？"骑马对曰："民痛父十余年,乃今得报之,若幸脱死,谓彼非吾仇,民不愿也。"因袒,出爪痕殷然,见者皆流涕。狱具,得缓决。

在狱十余年,知县尝使出祭墓,辞,怪而问之,曰："仇亦有子,假使效我而斫我。我死,分也,奈何以累公？"新城人皆贤之,请于县,筑室狱傍,为娶妻生子。久之,赦出。知县后至者欲见之,辄辞。闻其习形家言,以相宅召,又谢不往,曰："官宅不同于民,若言不利,且兴役,是以吾言扰民也。"既卒,总督曾国藩旌其庐曰"孝义刚烈"。

（中华书局 1976 年版,第 45 册,第 13785-13786 页）

黄洪元为父报仇。

陈康祺《郎潜纪闻四笔》卷九,《孝子黄洪元为父报仇》：

黄孝子洪元,丹阳人。父国相,以武断豪里中,与同里虞庠不相能,庠遂发国相阴事,欲致之罪。国相行贿,庠反以诬受杖,乃具酒食伪交欢,而私遣恶少伺国相。会国相被酒夜行,从其后反接之,负以石,沈诸河。里人皆知庠所为也,莫敢问。时孝子与弟皆幼,稍长,微闻之,哭告母曰："杀吾父者,虞庠也。"母急掩其口,戒勿言。孝子每号恸,辄呵禁之。于是中夜饮泣,且椎床,曰："死耳！"母亦泣曰："汝父未葬,我老矣。我死,则听汝。"孝子始受命。兄弟共适市,市利斧藏之。虞庠颇自疑,更好言慰孝子曰："孺子未婚,吾婿汝。"孝子阳称谢,退而切齿曰："贼奴欲以而女易吾父耶？"久之,母死。既合葬,兄弟哭拜墓曰："儿含愤十年矣,今日愿与父母诀。"遂怀斧往来迹庠,未得间。故事,春社必盛陈优戏,里人环集。初,国相亦以社时被酒遇害,至是又直社,孝子见庠在社所,驰归,呼弟各挟斧往。庠方坐观优,意阳阳自得也。孝子直入,肩挤之,字谓庠曰："逸群,我送汝死！"庠起笑曰："孺子醉耶？"瞋目答曰："将醉汝血！"援斧斫庠,应手仆。众惊,二子横斧大呼："去！去！毋尝我刃！"皆却立不敢动。两斧并下,庠遂死。于是四顾拱手谢曰："某无礼,仓猝惊父老。"乃挟斧缓步偕出,诣县自陈。有司义之,释其弟,系孝子于狱,时康熙十一年四月也。后一年,上官竟脱孝子罪。其同县贺君作文以传,汪钝翁节为事略,余又节汪作数十字存之。昔汉董黯以母仇杀王寄,虞仲翔谓白日报仇,海内闻名,而句章遂以慈溪名县。洪元乃兄弟同志且出自少年,孰谓古今人不相及耶？当日手治斯狱,亦必有道君子,能为国家扶翼风纪者。按：董孝子事,范、袁二史不为立传。唐碑称"征拜郎中",未尽可信。独《晋书·孝友传序》及《许孜传》推崇甚至,此确证也。

（中华书局 1990 年版,第 148-149 页）

第四篇
礼制与旌表节孝政策

张孝女为父复仇。

《清稗类钞》,《孝友类·张孝女为父复仇》:

张孝女,陕西镇原人。父某,为仇家所杀,女有三弟,不能报。讼于官,仇家辄以贿寝之,凡三讼,不得直,女愤曰:"吾誓以死复吾仇!"语稍稍闻于外,仇家则谓此弱女子,无足为也。时值明季,寇盗纷起,李自成陷镇西,守令皆降贼,狱事益缓。既而自成陷京师,明思宗殉国,大兵既入关,自成复走陕西,大兵逐之。女闻兵至,乃断发易衣冠为男子,臂弓腰矢以往,请于主兵者,愿杀贼自效。主兵者伟其言,令率五百人为先驱,每战必先,以功授为忠显校。迨西安既定,女陈言于主兵者曰:"镇原,吾乡里也。道路山川,吾所素悉,且被兵久,请以一军往略之。"乃进为武毅将军,遣一军随之,徇镇原。

既下,女即围仇家,取仇头祭父墓。既抵家,乃泣拜其母曰:"母当不知儿为何人?儿,母女也。儿之变服为男子者,冒死以杀贼,实为父仇。今仇已复,吾志已遂,有弟可侍母,儿亦不能再作椎髻之妇事人。志遂仇复,儿请死。"遂自刭,母欲阻之,血濡刃而出矣。镇原之人哀之,为之立孝女祠。

(徐珂辑,中华书局 1984 年版,第 5 册,第 2428-2429 页)

为家族伸冤。

《清史稿》卷四九九,《孝义传三》:

李九,江苏赣榆人。家青口,兄七,与其邻争地而讼,知县吴蕴元纳邻赇,逮七,下典史费长春加楚毒焉,七自经死,九誓雪兄枉,诉州不得直,诉监司,狱下州,仍不得直。走京师,诉都察院,命下江苏巡抚。蕴元、长春赂承审官,责九健讼,加非刑,而令九所亲关说,啖以重利,九不应。九愤且楚,发病,蕴元等贿医将毒九。会按察使陈继昌至,亲鞫,九得直。狱成,黜蕴元,戍长春,诛县役二。九叹曰:"兄枉雪,死无憾!"归未至,卒。青口士民具鼓乐迎其丧。

(中华书局 1976 年版,第 45 册,第 13792 页)

义行。

《清史稿》卷四九九,《孝义传三》:

钱天润,江苏宜兴人。少孤,为人佣耕,得钱必奉母。母死,以奉其兄。有女弟嫁而寡,甥二,方幼,天润往视之。女弟泣言:"夫死子幼,不知所以为计。"天润问其意,女弟言:"愿守节,第苦贫。"天润曰:"妹无忧!吾助汝。"遂为女弟耕以给食。三年,女弟死,抚二甥,毕姻娶。

(中华书局 1976 年版,第 45 册,第 13791 页)

《清史稿》卷四九九,《孝义传三》:

萧良昌,湖南邵阳人。家贫,贸漆,事父孝。兄弟四,良昌其少季。析居,伯、仲、叔皆有一子,伯、仲早卒,叔携其子出游,良昌召伯、仲子与同居,率之贸荆、襄间。家渐起,始娶妇。岁除,具酒奉父,父语良昌曰:"儿能抚存孤侄甚善,顾安得汝叔兄父子复还耶?"良昌跪白父曰:"儿欲行求久矣。"明岁遂行。时传叔兄在云南,良昌行六阅月,赀且尽,途穷哭泣,目尽肿。晨行至一村,遇晓汲者,则叔兄子也,乃与见叔兄,偕归,父乃大慰。年八十余,乃为诸子析居,厚兄子而薄其子,其子亦受之无间言。

(中华书局 1976 年版,第 45 册,第 13791-13792 页)

《清史稿》卷四九九,《孝义传三》:

张某,甘肃通渭人。兄弟皆贫,为木工,相友爱。将析产,兄曰:"均之。"弟曰:"弟子一,而兄之子五,如兄言,弟子则富矣!诸侄独非父母孙乎?当视人为分。"兄曰:"不可,父母先有子,未尝有孙。"议不决,乃析为三,兄二而弟一。兄弟皆逾八十,常言:"谁先死,必呼与俱去。"兄卒,弟恸几绝,不食七日,亦卒。

(中华书局 1976 年版,第 45 册,第 13792 页)

官宦之家的贤妇贤母,训子有方。

《清史稿》卷五〇八,《列女传一》:

田绪宗妻张,德州人。绪宗,顺治九年进士,官浙江丽水知县,有声。卒官。张预戒管库,谨视赋徭所入,发牍核其数。代者至,请知府临察,无稍舛漏,乃持丧归。教三子雯、需、霢,皆有文行。张通《诗》、《春秋传》,能文。

年七十,里党将为寿,诫诸子曰:"礼,妇人无夫者称未亡人,凡吉凶交际之事不与,亦不为主名,故《春秋》书'纪履緰来逆女',《公羊传》曰'纪有母,何以不称母?母不通也',何休云'妇人无外事,所以远别也',后世礼意失,始有登堂拜母之事。战国时,严仲子自觞聂政母前,且进百金为寿。盖任侠好交之流,有所求而然耳,岂礼意当如是耶?吾自汝父之殁于官,携扶小弱,千里归榇,含艰履戚,三十余年。阖户辟绩,以礼自守。幸汝曹皆得成立,养我余年,然此中长有隐痛。每岁时腰腊,儿女满前,牵衣嬉笑,辄怦怦心动,念汝父之不及见。故或中坐叹息,或辍箸掩泪。今一旦宾客填门,为未亡人称庆,未亡

第四篇
礼制与旌表节孝政策

人尚可以言庆乎？三十年吉凶交际之事不与知，而今日更强我为主名，其可谓之礼乎？处我以非礼，不足为我庆，而适足增我悲耳。汝曹官于朝，宜晓大体，其详思礼意，以安老人之心。"

张年七十七而卒，有《茹荼集》，雯官至户部侍郎。

（中华书局 1976 年版，第 46 册，第 14020-14021 页）

《清史稿》卷五〇八，《列女传一》：

嵇永仁妻杨，永仁，无锡人，杨，长洲人。永仁死福建总督范承谟之难，杨时年二十七，子曾筠生七年。舅姑皆笃老，黾勉奉事，丧葬谨如礼。福建定，永仁仆程治乃克以其丧还，杨质衣营葬。葬竟，抚曾筠而泣曰："我前所以不死，以有舅姑在。舅姑既殁而葬，今又葬汝父，我可以死，则又有汝在。汝父以诸生死国事，汝未成人，当如何？"则又呜咽曰："我其如何？"曾筠长而力学，杨日织布易米以为食，指谓曾筠曰："汝能读书，乃得啖此，未亡人则歠粥。"及曾筠官渐显，恒诫以廉慎。雍正十一年，卒，年八十有四。永仁、曾筠皆有传。

（中华书局 1976 年版，第 46 册，第 14021-14022 页）

《清史稿》卷五〇八，《列女传一》：

张英妻姚，桐城人。英初官翰林，贫甚，或馈之千金，英勿受也。故以语姚，姚曰："贫家或馈十金五金，童仆皆喜相告。今无故得千金，人问所从来，能勿惭乎？"居恒质衣贳米。英禄稍丰，姚不改其俭，一青衫数年不易。英既相，弥自谦下。戚党或使婢起居，姚方补故衣，不识也，问："夫人安在？"姚逡巡起应，婢大惭沮。英年六十，姚制棉衣贷寒者。子廷玉继入翰林，直南书房，圣祖尝顾左右曰："张廷玉兄弟，母教之有素，不独父训也。"卒，年六十九，有《含章阁诗》。女令仪，为同县姚士封妻，好学，有《蠹窗集》。英、廷玉皆有传。

（中华书局 1976 年版，第 46 册，第 14022 页）

《清史稿》卷五〇八，《列女传一》：

蔡璧妻黄，漳浦人，世远母也。璧丧妻，以为妾。耿精忠为变，璧方客京师，黄奉璧父母避山中。璧母老不能粒食，辍女子子乳乳之。璧父母命璧以为妻。

（中华书局 1976 年版，第 46 册，第 14022 页）

《清史稿》卷五〇八,《列女传一》:

尹公弼妻李,博野人。公弼早卒,家贫,舅姑老,父母衰病,无子。养生送死,拮据黾勉。教子会一有法度,通籍,出为襄阳府知府,李就养。雨旸不时,必躬自跽祷,禳疫驱蝗亦如之。冬寒,民六十以上,量予布帛。襄阳民德之,为建贤母堂。李赋诗辞之,不能止。会一移扬州府知府,扬州俗奢,李为作《女训》十二章,教以俭。累迁河南巡抚,所至节俸钱,畀高年布帛,赒贫民,佐军饷,皆以母命为之。民间辄为立生祠,如在襄阳时。会一内擢左副都御史,李以疾不能入京师,陈情归养。复以母命,里塾社仓次第设置。居数年,高宗赐诗嘉许,榜所居堂曰"荻训松龄"。卒,年七十八。

公弼曾孙溯醇妻徐,亦早寡,与其族公亮妻高、公聘妻杨、德一妻韩、成一妻李、多福妻刘、林妻王、二喜妻朱,合称"尹氏九节"。会一有传。

(中华书局 1976 年版,第 46 册,第 14023 页)

《清史稿》卷五〇八,《列女传一》:

钱纶光妻陈,名书。纶光,嘉兴人。陈,秀水人。幼端静,读书通大义。初婚,纶光侍其父瑞徵出上冢,陈从楼上望见少年殴佃客几死,咯血,方大雪,血沾衣尽赤。佃客家以其族党至,汹汹。陈遣苍头问,少年,从子也。乃舁佃客入室,召医予药,畀其母钱米,呼从子使受杖,众乃散。瑞徵还,亟贤之。陈善事舅姑,助纶光款宾客,赒邻里,曲尽恩意。纶光卒,教子尤有法度。子陈群,自有传;畀,官陕西醴泉知县,有贤声。陈晚为诗,号复庵。署画,号南楼老人。诗三卷,戒陈群毋付刻。画尤工,山水、人物、花草皆清迥高秀,力追古作者。

(中华书局 1976 年版,第 46 册,第 14023-14024 页)

《清史稿》卷五〇八,《列女传一》:

胡弥禅妻潘,桐城人。弥禅卒,遗三子,长子宗绪,方十岁。贫,遣就学村塾,且倚闾泣而送之,逾岭不见,乃返,暮复迎之而泣。三年,贫益甚,罢学,潘不知书,使儿诵,以意为解说。一日,闻程、朱语,叹且起立曰:"我固谓世间当有此。"闻诵司马相如《美人赋》则怒,禁毋更读。诸子出必告,襟濡露则笞之,问:"奈何不由正路?"岁饥,潘日茹瓜蔓,而为麦粥饭儿,有余,以赒里之饿者。尝命仆治室,发地得千金,献宗绪,宗绪不受,母闻乃喜。宗绪成雍正八年进士,官至国子监司业,笃学行,有所述作。

(中华书局 1976 年版,第 46 册,第 14024 页)

第四篇
礼制与旌表节孝政策

《清史稿》卷五〇八,《列女传一》:

洪翘妻蒋,武进人。翘尚义而贫,僦居临大池,隘且湿,蒋择处其尤陋者,暴雨,水浸淫床下。翘既不第,客游养父母。俄书报病且归,蒋挟二子舟迎,闻来舟哭声,审其仆也,号而自掷于水,女佣持之,免。自是率诸女针纫组织,力以自食。授其子礼吉读,至《礼经》"夫者妇之天",哭绝良久,呼曰:"吾何戴矣!"遂废其句读。礼吉稍长,出就里中师,里中师不辨音训,母为正其误,日数十字。母织子诵,往往至夜分。翘大父嶰尝守大同,父公寀独偿大同官逋十有余万,不以累弟昆。受托赵氏孤,坐累家破,卒全之,以此名孝义,蒋恒举以勖礼吉。丧舅姑,毁甚,既复丧母,疾作遂卒。礼吉更名亮吉,有传。

(中华书局 1976 年版,第 46 册,第 14025 页)

《清史稿》卷五〇八,《列女传一》:

廷璐妻恽,廷璐,完颜氏,满洲镶黄旗人。恽,阳湖人,名珠,字珍浦。恽自寿平以画名,其族多能画。毛鸿调妻恽冰,字清於,画尤工粉墨,映日有光,于珠为诸姑。珠亦能画,善为诗。廷璐为泰安知府,卒官。珠抚诸子麟庆、麟昌、麟书,教之严。持家政,肃而恕。尝拟《列女传》为《兰闺宝录》,撰定清女子诗,为《国朝女士正始集》。校刻寿平父日初遗书及李颙集,皆传世。麟庆有传。

(中华书局 1976 年版,第 46 册,第 14026 页)

《清史稿》卷五〇八,《列女传一》:

冯智懋妻谢。智懋,长洲人。谢,嘉兴人。智懋家中落,再遇火,谢处贫,黾勉无所恨。子桂芬,入学为诸生,谢喜曰:"汝家久无秀才,汝继之,甚善。愿世世为秀才,毋觊科第也!"及得第,训之曰:"人必有职,女红中馈,妇职也,易尽耳。汝当思尽其职。"又曰:"好官不过多得钱,然则商贾耳,何名官也?汝谨,当不至是,勉旃!"苏州、嘉兴,皆困重赋,谢氏以催科破家。谢每谓桂芬:"汝他日为言官,此第一事也。"同治初,江、浙初定,桂芬佐江苏巡抚李鸿章幕,成减赋之议。苏州、松江、太仓三府、州,减三之一。常州、镇江减十之一。浙江巡抚左宗棠继请嘉兴亦得量减,时谢已前卒。桂芬有传。

(中华书局 1976 年版,第 46 册,第 14027-14028 页)

《清史稿》卷五〇九,《列女传二》:

陈时夏妻田,长乐人。时夏父超鹏早卒,母高守节。田读书,知大义。时夏贫,事王姑及姑高,朝夕扶持,不去左右。病不能食,辄以口哺。时夏卒,督诸子读,尝自述与夫论学语,为《敬和堂笔训》,以授诸子,粹然儒家言。其自序略曰:"余苟延性命,只以三子一女,冀其能自立,不至辱泉下耳。大儿今十一,犹有童心,况诸幼孤,未亡人心力垂尽。恐旦暮死,而夫子之学行,与余之出肝胆,忍艰苦以冀其有成者,将谁为余告知耶?爰述先训,书之于册。嗟乎!小子异日读此,其能自省,使余生不负于子女,死不愧于夫子否耶?"居十余年,卒。

(中华书局 1976 年版,第 46 册,第 14064-14065 页)

清贫孝妇训子。
《清史稿》卷五〇八,《列女传一》:

张棠妻金,秀水人。棠卒,金作苦奉姑,晨炊偶有余,日午复以进。姑呼金共食,金虑姑不足,辄以腹痛辞。姑病,侍食尝药,搔痒涤牏,髼发拭垢,靡不躬焉。夜坐床下,闻呻吟即起。姑殁,哭之痛,曰:"吾将何怙,以冀孤儿长乎?"则愈益作苦。方冬捆屦,两手龟且裂,敷以酱及蜡泪,痛如割,必毕事乃寝。子庚,稍长有文行,客游以为养。一日,金晨起,理发竟,登案扳甍西南望曰:"我安得望见江西?"时庚方客南昌,南昌于浙为西南,故云。既得旌,泣而言曰:"我姑亦早寡,徒以年已逾三十,不中令甲,而我得被旌,我于是有私痛也。"年七十九而卒。

(中华书局 1976 年版,第 46 册,第 14024-14025 页)

《清史稿》卷五〇八,《列女传一》:

张蟾宾妻姜,武进人。蟾宾父金第客死京师,妻白,食贫抚诸孤。蟾宾复早卒,姜抚二子惠言、翊。贫,惠言就其世父读,归省姜,无食,明日,惠言饿不能起,姜抚之曰:"儿不惯饿,惫耶?吾与而姊、而弟时时如此也。"惠言稍长,使授翊书,姜与女课女红,常数线为节,晨起,尽三十线乃炊。夜燃灯视二子读,恒至漏四下,里党称姜苦节如其姑。惠言有传。

(中华书局 1976 年版,第 46 册,第 14025-14026 页)

《清史稿》卷五〇八,《列女传一》:

施曾锡妻金,名镜淑。曾锡,桐乡人。金,震泽人。曾锡故有文行,以副榜贡生终。孤福元生七年矣,教之严,夜篝灯读书,福元稍怠,欲扑之,朴未下,涕泗交于颐,辄罢。初曾锡丧父母及所生父,金撤簪珥以佐葬。及葬曾锡,家益贫。纺绩,冬寒皲瘃,十指皆流血。所生姑亦卒,乃还依母。岁大无,具饭饭母,并及福元,而自食豆粥杂糠核。母病,侍尤谨。福元以举人知西江安福县,而金已前卒。

第四篇
礼制与旌表节孝政策

（中华书局 1976 年版，第 46 册，第 14026 页）

《清史稿》卷五〇八，《列女传一》：

汪楷妻王、妾徐，萧山人。楷为河南淇县典史，尝廉民冤，白令为平反。既去官，客死广东。母七十，徐有子辉祖，幼。丧归，索债者至，王鬻田、出嫁时衣装以偿。楷弟不肖，恒求钱以博，甚或篡辉祖去，得钱乃归之。已，将以母迁，王与徐力请留，奉侍甚谨。母垂殁，叹其贤孝。教辉祖读，或不中程，徐奉棰呼辉祖跪受教，王涕泣戒督，往往弃棰罢。贫益甚，互称疾减食，食辉祖。

辉祖长，出游，佐州县治刑名，王戒之曰："汝父尝言生人惨怛，无过囹圄中，偶扑一人，辄数日不怡，曰：'彼得无恚恨戕其生乎？'汝佐人当知此意。"辉祖自外归，必问："不入人死罪否？破人家否？"曰："无。"则喜。即言法不免，王与徐辄相视为流涕。王尤不喜言人过，辉祖或偶及之，必曰："汝能不尔即佳，此何与汝事？"徐居常布衣操作，岁饥，日织布一疋，易三斗粟，虽疟不为止。一絮被余二十年，辉祖请易，曰："此汝父所予，不可易也。"徐病，辉祖进参，却之，曰："汝父客死，吾不获以此进，吾何忍饮？"王强之，微啜而罢。徐卒十余年，辉祖成进士而王卒。辉祖有传。

（中华书局 1976 年版，第 46 册，第 14027 页）

《清史稿》卷五〇八，《列女传一》：

郑文清妻黎，遵义人。事祖姑及姑能得其欢心。贫，令长子珍就傅，诸子力田，教督之甚肃。珍录平生所训诫为《母教录》。尝曰："妇人舍言、容、工，无所谓德。言只柔声下气，容只衣饰整洁，工则针黹、纺绩、酒浆、菹醢，终身不能尽。"又曰："人虽贫，礼不可不富。礼不富，是谓真贫。"珍，《儒林》有传。

（中华书局 1976 年版，第 46 册，第 14028 页）

善于治生理家。

《清史稿》卷五〇八，《列女传一》：

程世雄妻万，衡阳人。世雄兄世英早卒，妻何无子，世雄旋亦卒。子学伊弱，族有争嗣者，万以学伊兼承世英后。姑丧未殡，火发，何、万与诸婢号泣奉柩出，火为之止。万善治家，学伊长，家渐起。咸丰间军兴，诸将唐训方、陈士杰、彭玉麟皆倚学伊筹兵食。万日具百人馈，为规画周至，贤母名益闻。力施与，赡诸戚族，教孙曾，皆成立。年八十九卒。

（中华书局 1976 年版，第 46 册，第 14028-14029 页）

《清史稿》卷五〇八，《列女传一》：

欧阳玉光妻蔡，湘乡人。玉光母刘，治家有法度。玉光居父丧，以毁卒。蔡承姑教，董家事，率妯娌，与子侄佣奴，各有专职，家渐起。子惟本，亦娶于蔡。妇家贫，将嫁，宗族赒焉，得钱三千有奇，阴置笄荐中，而系钥其端。父送女还，入室，引钥，则钱在焉。曰："孝哉我女，留此以活我。"惟本亦早卒，从姑敬事祖姑，祖姑兴，姑执笄侍左，妇自右为约发。盥，姑奉水，妇奉盘。及食，妇具馈，姑侑之。寝，三世连床。一夕，姑起，堕床折肋，妇号泣就援，姑戒勿声，毋令祖姑惊也。祖姑晚丧明，手足痿痹，挽篮舆，日游庭中，姑肩前，妇肩后。祖姑刘，年至九十，姑蔡，九十六，妇蔡，八十三。曾国藩为之传，谓："欧阳姑、妇，虽似庸行无殊绝者，而纯孝兢兢，事姑至六十年、五十年之久而不渝，天下之至难，无意逾此。"

（中华书局1976年版，第46册，第14044页）

代父鸣冤。

《清史稿》卷五〇八，《列女传一》：

缪浒妻蔡，名蕙，泰州人。父孕琦，生五女，而蕙为长。字浒，未行，孕琦坐法论死，系狱待决。蕙绝嗜好，屏服饰，寝不解衣，严寒不设炉火。居四年，浒请婚，蕙谢不行。康熙二十八年，圣祖巡江南，蕙伏道旁上疏，略云："妾闻在昔淳于缇萦为父鸣冤赎罪，汉文帝怜而释之，载之前史，传为盛典。今妾父孕琦被仇害，自逮狱以来，妾日夜悲号，吁天无路。每夕遥望宸阙，礼拜数千，于今三年，寒暑靡辍。今幸驾临淮海，是诚千载奇逢，妾愿效缇萦之故事，冒死鸣哀，伏维天鉴。"上下其疏江南江西总督覆谳，二十九年，谳上，孕琦得减死。蕙归浒，未一年，卒。

（中华书局1976年版，第46册，第14030页）

《清史稿》卷五〇八，《列女传一》：

李氏女，鹿邑人，次三。父麒生与族人础、挺九有隙，挺九语础，若与麒生有杀姊誓，不先之，终为害。础与其子兆龙行求麒生，共殴之，垂死，乃弃去。三时年十九，麒生将死，啮曰："眥杀我，我无子能报者，尚何言！"呼："天，天！"遂绝。三请于母，讼县及府，皆不省。讼巡抚，下开封府同知治，挺九好语三，愿养母，请得息讼，三扼其吭，啮面尽坏，卒脱去。狱上，当础死，础自杀。兆龙杖，创甚，亦死。三以祸始挺九，顾无罪，走京师，击登闻院鼓自列。下巡抚覆按，会挺九亦死。三泣告父墓曰："仇虽尽，然不弃于市，恨未雪也。"

第四篇
礼制与旌表节孝政策

乃不嫁养母。居十五年,康熙三十七年八月,母卒,三治丧葬竟,自经死。乾隆中,知县海宁许荄表其墓,环墓为之田,曰"李孝女墓田"。

(中华书局1976年版,第46册,第14031页)

为父求减流放期限。

《清史稿》卷五〇八,《列女传一》:

佘长安女,名酉州,四川重庆人。长安妄讼人聚博宰耕牛,坐诬,戍湖北。嘉庆十六年,酉州走京师,诣都察院,自陈祖父、母年皆逾八十,乞赦其父得侍养。事闻,仁宗以长安罪非常赦所不原,至配所已九年,其女年甫十一,不远数千里匍匐奔诉,情可愍,命赦长安。

(中华书局1976年版,第46册,第14033页)

为父延嗣。

《清史稿》卷五〇八,《列女传一》:

濮氏女,桐乡人。其父无子,而母妒,不使置媵侍,家万金悉畀女。嫁吴生,予田宅、奴婢、什物皆具。女独憨父未有子,尝从容谏母,母怒,骂曰:"吾万金饷汝,犬豕犹知人意,况人乎?"女不敢复言。乃为父置婢其家,时父至,使侍父。岁余,果生男,载而之母家,会濮氏长老,见男于庙。具白母,贺母有子,母憾女,尽收田宅、奴婢、什物,驱就他舍,屏勿复相见。吴生既以妇富,乃骤贫,愤恚欲杀女,女度无所容,自经死。

(中华书局1976年版,第46册,第14030-14031页)

火中救母。

《清史稿》卷五〇八,《列女传一》:

曾尚增女衍纶,长清人。尚增以庶吉士改官,迁知彬州,衍纶从。母病瘫不能起,衍纶日夜侍。居四年,一夕,母命衍纶少休,女佣就床下熏衣,遗火灼帷。衍纶突火入抱母号,救者以衍纶出,复入,哭且呼曰:"速救夫人。夫人出,我乃出。"火幂床,救者不得入,尚增厉声呼衍纶出,不应,火益炽,遂殉。既灭火,见衍纶身覆母,两体胶结不可解。时乾隆二十三年十二月乙亥,衍纶年十五。

(中华书局1976年版,第46册,第14032页)

孝女。

《清史稿》卷五〇八,《列女传一》:

王氏女娥,九江屠者女也。顺治十四年,火,屠者方醉卧,娥奔火中,呼不起,遂并焚死。

(中华书局1976年版,第46册,第14029页)

《清史稿》卷五〇八,《列女传一》:

吕氏女,平陆人。父卒,母且嫁,女生七年,痛哭谏其母,母不听,则日长跽母前,且哭且言,母意终不回。一日晨,潜出,家人求之勿得。暮,途人或言墙间有幼女死焉。家人就视,则女哭父瘗所,死矣,泪血溢两眶,遍地尽碧。及敛,视其寝处,枕上血深渍数重。

(中华书局1976年版,第46册,第14032页)

孝女持家。

《清史稿》卷五〇八,《列女传一》:

王法夔女,名淑春,扬州人。法夔老而贫,淑春誓不嫁,力针黹为养。方冬,手龟身寒颤,工不辍。法夔至七十余卒,淑春以首触壁,额裂死。

(中华书局1976年版,第46册,第14033页)

《清史稿》卷五〇八,《列女传一》:

武仁女,名端,钱塘人。能读书,愿不嫁事父母,父母不可。少长,母偶疾,夜求药,坠楼,折脊,则喜曰:"吾今形残,不可匹人,吾自是得终事父母矣!"仁客死贵州,端从母迎丧,至则赀已尽,力针黹奉母,而蓄其余。居十有七年,始克以丧归。

(中华书局1976年版,第46册,第14033页)

《清史稿》卷五〇八,《列女传一》:

朱械之女,武清人。字县诸生曹文甲。早丧父,母病,奉事良谨。将婚,女坚请留侍母。母卒,治丧葬,请旌母节,奉母主入祠,见祠有孝女,为低徊甚久,归遂自裁。遗书告文甲曰:"君家孝娥以身殉父,儿愚只知有母,深负舅姑慈,愿更得贤妇奉饔飧也。"

(中华书局1976年版,第46册,第14035页)

《清史稿》卷五〇八,《列女传一》:

吴士仁女,献县人。幼丧父,无兄弟,誓不嫁养母。会寇至,女求利刃置袖中,扶母出避,遇二寇,挤母仆,母怒詈,寇持刃欲斫,女急呼曰:"毋杀我母!我从若,不则死。"寇乃

第四篇
礼制与旌表节孝政策

止。扶母还其家,藏母于室,出问寇饥否?具食使食。食毕,一方饮,一出卧他室中,女蹴饮者后,挟刃刺其颈,贯喉,嘶而仆。女阳为嬉笑,拔所佩刀至他室,卧者方起立,遽前剌其胸,亦死,乃负母出走。

(中华书局 1976 年版,第 46 册,第 14036 页)

《清史稿》卷五〇八,《列女传一》:
王济源女,枣强人。幼即能事父母。寡兄弟,遂矢不嫁。尝有盗,夜破门入,女持火枪立暗陬,击一盗毙,盗乃去。丧父母,葬祭皆如礼,为立后。同治间,寇至,负父母木主行避寇。逾六十,父母忌日,岁时祭墓,犹号泣哽咽。

(中华书局 1976 年版,第 46 册,第 14036 页)

《清史稿》卷五〇八,《列女传一》:
耿恂女,名一圭,望都人。恂举人,无子,客授保定。母刘病痹,一圭按摩抑搔,尝六七昼夜不少休。母少间,因卧床下,恂自外至,误践其手,指甲脱,血流至肘,倦不自知也。尝议婚某氏子,未聘而某氏子夭,女闻泣曰:"我得终事父母矣!"遂矢不字。刘病垂二十年,哽噎不能食,食必女口哺。恂卒,持丧奉病母归里。逾年,刘亦卒,一圭营丧葬,自为文以表于阡。一圭尝以生日上冢,掬土以益墓,急仆墓侧,家人掖以归,数日卒。

(中华书局 1976 年版,第 46 册,第 14037 页)

一家孝友。
《清史稿》卷五〇八,《列女传一》:
郑光春妻叶,莆田人。光春游湖南,久不归,叶以纺绩养姑。子文炳幼,或不率教,辄拊心号天,文炳惧,向学。姑老病痹,叶负以出入。七年,姑乃卒。文炳长,娶于吴,念父不归,婚夕惘惘无欢。吴逡巡得其故,劝文炳行求父,曰:"事姑,我任之!"文炳行求得父以归,吴已卒,犹处子。文炳子任仁,妇张,能绳其孝。

(中华书局 1976 年版,第 46 册,第 14039 页)

节烈女。
《清史稿》卷五〇八,《列女传一》:
屈崇山妻刘,鄞县人。崇山卒,刘奉姑以居。康熙三十年,岁凶,姑劝之嫁,不从。饥益甚,姑泣语刘曰:"我旦暮且死,盍自鬻,尚可活我!"刘泣不应。姑大恸曰:"死耳,夫何言！"刘哽咽久之，乃曰："如姑命。"自鬻于豪家，得金畀姑，号泣登车去。豪家方具酒食为贺，刘入厕自经死。豪家大恨，以敝藁裹尸弃野外。

（中华书局1976年版，第46册，第14039页）

割股疗姑。

《清史稿》卷五〇八，《列女传一》：

王钜妻施。钜，萧山人。施，富阳人。姑严，小不当意，辄呵斥，施屏息不敢声。姑病反胃甚，医以为不治，施刲股和药进，病良已，姑遇施如故。钜疾作，施视疾急，病瘵卒，姑犹不善施。钜以刲股事告，视其尸，信，乃大恸曰："吾负孝妇！"及疾笃，出珠花付钜曰："汝妇孝，以此志吾痛，使汝子孙勿忘。"萧山人因称钜后为珠花王氏。

（中华书局1976年版，第46册，第14040页）

《清史稿》卷五〇八，《列女传一》：

陈文世妻刘，郿人。陈、刘皆农家，刘待年于陈。既婚，姑年七十二，病噎，刘割臂和药以进，疾少间。既而复作，不食已十日，垂尽矣。刘夜屏人，杀鸡誓于神，持小刀自劙其胸二寸许，出肝刲半，取布束创，以肝与鸡同瀹汤奉姑。姑久不言，忽曰："汤香甚。"饮之竟，病良愈，刘亦旋平。为乾隆四十四年夏六月事。知县嘉兴李集出俸为买田宅，宅北有大陂，几三顷，因命曰孝妇陂。

（中华书局1976年版，第46册，第14040页）

《清史稿》卷五〇八，《列女传一》：

张茂信妻方。茂信，河津人。方，仪征人。方尝割股愈舅疾，舅与茂信皆卒，奉姑刘。姑严，方事之谨。当夏，姑病暴下，方躬涤茵席，不以为秽。夜与姑共枕寝，微呻辄起，抚摩抑搔五十余日，姑愈，亟称其孝。

（中华书局1976年版，第46册，第14042页）

《清史稿》卷五〇八，《列女传一》：

武烈妻赵。烈，永年人。赵，宣化人。赵事姑孝，姑病，夜露祷，得寒嗽疾。烈病疫，或谓口吮胸，汗出则愈，而吮者当病，赵曰："果尔，死不恤。"卒吮之，烈竟卒，赵病几殆。贫，操作纺绩，诸子成进士，自奉恒觳。亲族有缓急，往往倾其赀。出千金置义学，卒，遂祠焉。

（中华书局1976年版，第46册，第14043页）

第四篇
礼制与旌表节孝政策

《清史稿》卷五〇八,《列女传一》:

萧学华妻贺,湖南安化人。贺父徙陕西,学华赘其家。年余,学华归省母,贺欲与俱,父不许,贺割股肉付夫以奉姑。姑适病,学华烹肉进,病良已。后学华携贺归,事姑以孝称。

(中华书局 1976 年版,第 46 册,第 14044 页)

《清史稿》卷五〇八,《列女传一》:

张友仪妻陈,福建永定人。事姑孝,姑尝称曰:"诸妇汝最朴讷,然酒浆筐篚琐碎无不治,得吾意者,汝也。"友仪早卒,陈未三十,勉痛事姑,抚孤子。同治初,寇至,负姑入山避,徒行数十里,踵裂血流,屡踣屡起。匿深林中,燃枯枝,采野蔌以活,卒得免。

子曰焜妻李,尝刲股愈母病,事祖姑及姑孝。姑病,割臂进,病目,舐以舌,良已。尝赴族人饭,心动,归,正姑病。又尝宿姻家,夜半,索舆还。姑曰:"吾正念汝,知汝必念我速归也。"

(中华书局 1976 年版,第 46 册,第 14045 页)

代替舅姑服毒死。

《清史稿》卷五〇八,《列女传一》:

冯氏,武进人。嫁吉龙大,事舅姑谨。姑病偏废,饮食卧起皆需冯,而龙大游荡,欲衒冯以媒估客,冯不可。龙大引外妇入室,舅怒而逐之,冯曰:"姑病,妇终日侍,苦为他事闲,得一人分其劳,甚善。"因持卧具从姑寝。龙大时时殴辱冯,冯未尝有怨色。舅病,龙大市毒药授冯,令饮其父,冯掷药,跪谏数日,龙大别市药,殴而逼之,冯叹曰:"我所以不死,为舅姑耳,今无冀矣。"入视姑寝,至龙大所,举药尽饮之。谓龙大曰:"我代舅矣,后毋萌此念。"须臾毒发死。

(中华书局 1976 年版,第 46 册,第 14045 页)

善事祖姑。

《清史稿》卷五〇八,《列女传一》:

张守仁妻梁,献县人。守仁卒,祖姑穆耄而瞽且痿,日偃仰床蓐,梁佣力以养。或讽梁嫁,梁曰:"我今日嫁,明日祖姑饥且死,义不忍。"祖姑善恚,小不当意,则怒詈,或攫其面,血出,梁事之自若。祖姑卒,依其女以终。

(中华书局 1976 年版,第 46 册,第 14041 页)

危难中显见智慧出众,爱惜家人。

《清史稿》卷五〇八,《列女传一》:

王钺妻隋,诸城人。敏而有定识,明季,奉姑避兵,航海行数千里。寇至,负姑夜逾垣匿谷中以免。钺成进士,为广东西宁知县。康熙十三年,吴三桂反,钺城守,贼至,钺谓隋:"当奈何?"隋出匕首曰:"有此何惧!"贼去,钺行取主事,隋请以诸子先行。是时贼方盛,行人道绝,隋得敝舟,挟幼子经肇庆,度大庾,入鄱阳湖,水陆行数千里,率仆婢佩刀昼夜警备。家居,地震,自楼堕,血淋漓,持子泣,地摇摇未已,子请避,隋曰:"诸婢压其下,吾去,死矣。"督家僮发砖石出之,皆复活。火发于楼,烟蔽梯不可登,命以水濡被予诸婢,身持湿衣障火先登,诸婢汲水次第上,火遂得熠。子沛恩、沛憻、沛恂,皆成进士,官于朝,隋益勤俭自敛抑,乡人称老实王家。

(中华书局1976年版,第46册,第14045-14046页)

《清史稿》卷五〇八,《列女传一》:

王憼妻岳,曲周人。岳奉舅姑笃谨,若不能言。憼移家临清,而商于天津。王伦为乱,将攻临清,临清民争走避,岳请于舅姑曰:"贼将以临清为窟,必不剪居民以自弱。从众以行,不死于奔窜,必死于蹂藉,宜若可缓然。"舅姑用其言,出者争道,多挤入水死。岳曰:"乃今宜可徙,官军且至,贼方谋出御,不暇捕逃人。且徙者已十八九,今行,无虑蹂藉。今不行,免于贼,或不免于官军。"遂相将潜出城,还曲周,憼亦归。人称其能量事,岳笃谨如故。

(中华书局1976年版,第46册,第14047页)

善待妯娌。

《清史稿》卷五〇八,《列女传一》:

马叔籥妻丁,扬州旧城人,**事舅姑甚谨。**叔籥兄弟三,既分,而伯兄以讼破家,丁义不己食,虽壸酒豆肉必以分。一日,**语叔籥,请致家**于伯氏,叔籥许之。丁事伯如舅,姒如姑,米盐纤悉一关姒,嫁时衣装饰首约臂皆不私。家故贾也,叔籥兄善贾,遂以其家富。叔籥有所请于姒,姒不时给,叔籥怒曰:"乃我家所有,嫂何与?"丁曰:"始让而终怒,人其谓我何?"劝叔籥毋校。

(中华书局1976年版,第46册,第14047页)

持家理财。

第四篇
礼制与旌表节孝政策

《清史稿》卷五〇八,《列女传一》:

许光清妻陈,海宁人。善持家。戚有鬻妇者,妇誓死不从,陈偕姒妇朱酿金畀其夫,要之署券。曰:"彼人游荡,金尽终且鬻妇,不如是,妇不免。"乃招妇至,善视之。其夫死,复酿金赎所居,遣妇还,并前券焚之。邻童入其室窃壶去,陈戒家人勿言,曰:"彼何以为人?"御婢宽,闻有虐婢者,必以陶潜语劝曰:"彼亦人子也。"

(中华书局1976年版,第46册,第14048页)

《清史稿》卷五〇八,《列女传一》:

黄开鳌妻廖。开鳌,高安人。廖,沔阳人。开鳌善为针,设肆衡州,廖佐以纺绩。开鳌病痿,廖习为针,针成,置诸版,摩以掌,针乃泽,数以是创,不懈。

开鳌卒,子长发幼,妇刘,监利人,待年于姑氏。稍长,夫妇共为针,长发截铁,圆本而锐末,持就煅,睨火察纯窳。刘削竹,缀以钢,悬双钜环竹,曳钜则竹转以穿针鼻。针良,市者多,家渐裕。洪秀全之徒躏湖南,家破,长发治针益力。当冬,得敝羊裘奉廖,与刘皆敝褐短裈,手足龟,不敢怠。

长发旋卒,子才三岁,被火,家再破。于是廖语刘曰:"天乎!此诚不可再活,盍同死?"刘对曰:"火,亦常也,姑、妇惟当复食苦耳。"鬻簪珥为贸迁,居贱鬻贵。廖特算,刘主议值。又数年,家复裕。廖老而下,易怒,刘进淡巴菰,徐言他事辄解;不解,即跪谢,相持泣乃已。廖七十六而卒。

刘既善贸迁,邻家就求术,刘为谋至详,贫者贷以訾。同巷居五十余家,多义贸迁富。开鳌初设肆,才钱六千四百,刘晚年积白金至十万,督子孙就学,取科目,家益大,年七十九而卒。

(中华书局1976年版,第46册,第14048页)

复仇。
《清史稿》卷五〇九,《列女传二》:

张延祚妻蔡,漳浦人。国初,师既下**福建**,滨海数百里。犹群起负固。有方祐者,谋举兵,延祚与语,不合,被杀。子才十余岁,**蔡哀恸**,谋复仇。一日,闻祐将其徒至,方夕,易男子服,挟刃诣祐垒。未至,顾见其子踉跄来,念母子并命,斩张氏祀,乃与俱归。既,祐降为民,娶于蔡,其妇,蔡大母行也,因得常见祐。祐甘语谢蔡,蔡益愤,夜辄握刃刺壁,壁穿,刃犹击。

(中华书局1976年版,第46册,第14063-14064页)

守贞。

《清史稿》卷五〇九,《列女传二》:

李若金女,名闾,余干人。明季,字淮王世子由桂。入国初,由桂出亡,闾誓不更字。尝咏金环曰:"红炉经百炼,不失本来真。"事父母孝,年五十九卒。

(中华书局1976年版,第46册,第14065页)

待年媳。

《清史稿》卷五〇九,《列女传二》:

武稌聘妻李,伊阳人。年十一,丧母,育于武。从娣妇事舅姑谨,姑羸卧,调医药,治家事日勤。姑卒,抚叔弟及二女妹。年十七,犹未婚。稌堕井死,誓从井,舅止之,幼弟妹环而哭,李大恸。遂总发为髻,曰:"吾当终妇事。"请于舅,立后,纺织以佐家。舅娶后姑,又有疾,调医药,治家事如前时。久之,叔弟补县学生,两女妹皆嫁。又数年,为所后子娶妇,则语其兄曰:"妹曩不即死,诚不敢死也。今吾家奉舅姑宗祐幸有人,井中人待我久,我将从之。"晨起,从容问姑安,出行汲,自投稌所堕井死。道光二十一年八月壬寅,稌生日也。后稌死二十有一年。

(中华书局1976年版,第46册,第14100-14101页)

顺治朝旌表节妇。

《大清世祖章皇帝实录》卷四八:

(顺治七年三月戊寅,江宁巡按陈显忠疏举)溧阳县民倪章妻周氏,夫故时年二十二,抚一子复夭,氏贫无所依,日以纺织为业,苦节六十余年,请照例旌表,章下所司。

(中华书局1986年影印本,第385页)

贞女。

民国江苏《丹徒李氏家乘》卷之五,《传·茅氏贞女记》:

贞女者,吾大伯锦沛公女,行六,月丹李公之聘媳,碧溪妹丈之聘室,实吾同堂妹也。幼而聪颖,识文字,解义礼,伯父母最珍爱之。李氏为吾乡望族,月丹公与伯父交情尤笃,月丹公长女为吾伯冢媳,因以妹许其子碧溪。于归有期矣,而碧溪病劳瘵危,殆莫救。月丹公值家道中落,又见子病势不起,眠食俱废,形神大惫矣。吾嫂知弟之必死,而父之将继也。归宁回,泪容不可饰,妹诘之,因以实告,嫂泣妹亦泣。妹遂绝粒三日,慷慨禀于祖

第四篇
礼制与旌表节孝政策

父之前,曰:"如嫂言夫不保,翁必继,堂上姑年近六旬,祖姑年近八旬,两代孀姑,谁事也?吾愿归李,以养姑。自任女子在家从父,今父远出,愿祖父怜而许之,否则坠楼以死,以明吾志之决。"辞毕,即登楼以待。斯时,家人闻其言者,皆介介有难色,独吾祖曰:"是宜成其志也!"遂送之,适李氏门。逾一夕而碧溪卒,祖姑与姑号痛欲绝,妹含泪劝曰:"死生大数。妇虽弱质,请以妇职代子职,可乎?"李氏素敦族谊,而南音先生尤识大义,遂以孙标为碧溪嗣,标甥以襁褓出嗣,饮食、衣服,吾妹无不尽心抚恤,而且教诲殷勤,不为姑息。标甥得以成立,李氏一门至今称述焉。祖姑与翁姑治家,素爱精洁,而祖姑尤甚,妹辛勤任事旦暮不懈。凡一切问衣视膳,以及奉盘沃盥之时,无不先意承志,祖姑习而安之,怡然忘老。而翁姑之志因是慰矣。越数年,月丹公卒,妹哀毁骨立,凡衣衾棺椁之费,葬埋祭祀之用,不俭不丰,悉尊礼制。当月丹公之逝也,妹适李氏未久,标甥仅数岁,猝遇大故,几于束手无策。妹能先事预筹,布置井井有条。虽黾勉有无,绝口不言空乏。由是宗族间愈加推重。此固征李氏一本之笃,而益足彰吾妹之贤也。厥后,姑徐孺人己亥年卒,祖姑金太孺人庚子年卒,两岁之中,姑与祖姑相继而殁,医药尽心,扶持竭力,丧葬中礼,亲戚里党,咸谓月丹公未竟之志,妹能成之。盖昔所抱恨终天者,今可瞑目泉下矣!则有媳亦何异有子乎!迄今标甥受室生男,子子三,卓然能自振,援以方略馆,议叙,选山西朔平府左云县尉。而吾妹苦节三十余年,已于嘉庆五年循例请旌,蒙恩给帑建坊矣!来岁又值吾妹六十诞辰,标甥将履任,因与余别,而请记于余。余不敏,亦不忍辞,为叙其巅末,以待采风问俗者之珥笔焉。赐进士出身资政大夫、咸安宫总裁、内阁学士兼礼部侍郎衔愚兄茅元铭拜撰。

(李培英撰,民国六年刻本)

寄居外家而自立。
平步青《霞外捃屑》卷三,《辛夷坨蕞言格言·依外家法》:
《大云山房文稿二集》卷四《黄太孺人墓表》,张南山先生维屏祖母也。中云:期功之戚无可倚,遂携子居母家,共室而自为爨,母及兄轻之,以为言。则涕泣曰:"吾母子依吾母吾兄,惟母兄保护之,然苟不自食,此髫龄者长无立志矣,且张氏之祖宗子孙,何以为门户乎!"如是者十二年,始异居。呜呼!可谓知大体矣。又云:今太孺人不使其子食于外氏,以长以成,使张氏至今有卓然之气,此可谓不幸依外氏之式矣。潘四农《养一斋集》亦有《刘节母传》,云:仍奉外王母居,复购一室,待外王母不讳。外王母卒,刘氏果有争者。曰:何故以刘之室,治王氏丧。证之契,乃王名,争者悔,其周致如此。邓伯昭瑶《双梧山馆文钞》卷六《节母史太孺人八十寿言汇编叙》云:周翁割宅数椽以居。或小极,则自叹曰:吾居他人宅,即不虞者,势当凿后垣以出矣。大令时近冠,闻之大痛,请于父友,别赁屋居,而自授徒资养。合三文观之,可为家毁依人者法。然人心不古,母兄或可依,嫂不可依,以别赁为上也。

（上海古籍出版社1982年版,第184-185页）

附：民间建立荣誉性的牌坊

江西万载辛氏乡荐坊。

民国江西万载《辛氏六房谱》,《祠堂记等·延房台山公乡荐坊遗址纪事》（廿六世嗣孙绣敬志）：

坊者所以训方型俗也,其制昉自前明。成进士者,得建坊,若仅领乡荐,则必品学兼优,膺当路之游扬乃准破格建坊,以明特奖。故乡荐坊之建,较进士坊尤难也。万邑惟吾台山公有之。公讳磊,字抑之,台山其别号也,中明嘉靖壬午乡试,贤名卓著,众口交推,曾邀奖建乡荐坊,邑志所称荐坊者是矣。考旧谱所载,其坊在水西岸仓前,跨街屹立,年久朽塌,遗基仅存,且有址因数姓毗连,界限莫分,几致失也。光绪辛丑,嵩生、范九与祠中当事诸君出而力争,对方慑服,经众调解,令侵占者出价贰百金,事乃寝。今左址祠竖店房一所,计内横四尺二寸,又外横一丈五尺五寸,直二丈三尺,岁入租金,愿后世子孙念此告朔饩羊,谨守勿失,庶至其地而景仰遗徽。店存即坊存,凡先人之足以训方型俗,与嗣孙善于继志述事者,流风遗泽,胥与之长存矣。

（民国四年刊本）

闽人建牌坊。

《清稗类钞》,《风俗类·闽人好名尚气》：

闽人好名尚气,而漳、泉两郡为尤甚。凡科第官阀及旌表节孝之类,必建石坊于通衢,坟墓亦必有穹碑。其墓与大道相距或过远,则必立之道旁,俾行路者易见之也。

民多聚族而居,两姓或以事相争,往往纠众械斗。然于交际之私情,仍不相戾。未斗以前,必先议定数人以为死者之抵偿,抵者之妻子,给公产以赡之。故常有非凶手而甘自认者,贪死后之利也。

（徐珂辑,中华书局1984年版,第5册,第2206页）

第五篇 族正的设立与存废

　　清朝族正制实行的初衷,是在保甲制不能通行之处,用族正弥补之,以利维护社会治安。然在实践中扩大了预定范围,行于聚族而居、社会治安状况不良地区,如械斗、讦讼、会党活动频繁之地,遂与保甲制并行,且扩充其职能到施行教化、监督宗族公产管理、捆送不稳定分子诸多方面。族正由民举官定,是平民承担职役,与宋代保正、明代里长之职役相同,是以乾隆间官修《皇朝文献通考》叙其事于《职役》中。族正制由政府与宗族双方配合施行,然而并不成功。

　　族正产生的民举官定法,表明族正制是政府、宗族协作的产物,反映政府与宗族双方密切结合的愿望,希求这一制度的实行能够对双方有利,不过实际效果对政府来讲并不理想。朝廷实行族正制,直接插手宗族内部事务,令其在政府、宗族间起桥梁作用,此乃清朝宗族制度的一项发明。宗族本来是合法的,族长拥有对族人的教化权,政府实行族正制虽是控制宗族之法,无形中却也加大了对宗族制肯定的程度,使宗族进一步组织化,有益于宗族的凝聚与发展。

一　雍正朝的定制与乾隆朝前期的实行

　　族正制度的创立。

　　《清朝文献通考》卷二三,《职役三》:

　　(雍正)四年,严饬力行保甲,定保正、甲长、牌头赏罚及选立族正之例。自康熙四十七年整饬保甲之后,奉行既久,往往有名无实。是岁奉谕旨,弭盗之法莫良于保甲,乃地方官惮其烦难,视为故套,奉行不实,稽查不严。又有藉称村落畸零难编排甲,至各边省更藉称土苗杂处,不便比照内地者。此甚不然,村庄虽小,即数家亦可编为一甲;熟苗熟獞即可编入齐民,苟有实心自有实效。嗣后督抚及州县以上各官不实力奉行者,作何严加处分，保正甲长及同甲之人能据实举首者，作何奖赏，隐匿者作何分别治罪，九卿详议具奏。寻议：已行之法照例饬行地方各官，不实力奉行处以降调。如村落畸零户不及数者，即就其少数编之。至**熟苗熟獞**已经向化，令地方官一体编排保甲。如保正、甲长、牌头果能实力查访，据实举首者，照捕役获盗过半之例酌量奖赏。如瞻徇隐匿者，即酌量惩警。如有堡子村庄聚族满百人以上、保甲不能遍查者，拣选族中人品刚方素为**阖族敬惮**之人，立为族正，如有匪类，报官究治，徇情隐匿者与保甲一体治罪。又令江西**浙江福建**棚民、广东寮户照保甲之法一体编查。

（浙江古籍出版社2000年版，第5055页）

族正制度进入法律。

乾隆《大清律例》卷二五，《刑律·贼盗下·盗贼窝主》：

编排保甲，保正、甲长、牌头须选勤慎练达之人点充，如豪横之徒藉名武断，该管官严查究革，从重治罪。果实力查访盗贼，据实举报，照捕役获盗过半以上例按名给赏。倘知有为盗窝盗之人瞻徇隐匿者，杖八十。如系窃盗分别贼情轻重惩警，若牌头于保正、甲长处举报而不行转报者，甲长照牌头减一等，保正减二等发落，牌头免坐。其一切户婚田土不得问及保甲，惟人命重情取问地邻保甲。赌博为盗贼渊薮，仍令同盗贼一并查举。再地方有堡子、村庄聚族满百人以上，保甲不能编查，选族中有品望者立为族正。若有匪类，令其举报，倘徇情容隐，照保甲一体治罪。

（天津古籍出版社1993年点校本，第431页）

《清会典》对于族正制的记载。

光绪《大清会典事例》卷七九八，《刑部·刑律贼盗·盗贼窝主》：

一、编排保甲保正、甲长、牌头，须选**勤慎练达**之人点充，如豪横之徒藉名武断，该管官严查究革，从重治罪。果实力查访盗贼，据实举报，照捕役获盗过半以上例，按名给赏。倘知有为盗窝盗之人，瞻徇隐匿者，杖八十，如系窃盗，分别贼情轻重惩治。若牌头于保正、甲长处举报，而不行转报者，甲长照牌头减一等，保正减二等发落，牌头免坐。其一切户婚田土，不得问及保甲。惟人命重情，取问地邻保甲。赌博为盗贼渊薮，仍令同盗贼一并查举。再地方有堡子村庄，聚族满百人以上，保甲不能编查，选族中有品望者，立为族正。若有匪类，令其举报，倘徇情容隐，照保甲一体治罪。谨案：此条本系两条，均雍正五年定。乾隆五年删并一条。

（中华书局1991年影印本，第9册，第734页）

第五篇
族正的设立与存废

族正制度正式纳入保甲条例。

光绪《大清会典事例》卷一五八,《户部·户口·保甲》:

(乾隆二十二年)议准:聚族而居、丁口众多者,择族中有品望者一人,立为族正,该族良莠,责令查举。

(中华书局1991年影印本,第2册,第994页)

乾隆《皇朝文献通考》卷二三,《职役》:

如有堡子、村庄聚族满百人以上,保甲不能遍查者,拣选族中人品刚方素为阖族敬惮之人,立为族正,如有匪类,报官究治,徇情隐匿者与保甲一体治罪。

(浙江古籍出版社2000年版,第5055页)

《大清律例》二五,《刑律·盗贼下·盗贼窝主》:

再地方有堡子村庄**聚族满百**人以上,保甲不能编查,选族中有品望者立为族正。若有匪类,令其举报,倘徇情容隐,照保甲一体治罪。

(天津古籍出版社1993年点校本,第431页)

设立族正为地方官职责。

雍正《钦颁州县事宜》,《弭盗》:

盖窝盗者,非不法营兵衙役,即系地棍势豪,保正、家长被其笼络,不肯举报;牌邻、族正畏其报复,又不敢首报……故必赏罚严明,稽察勤密……使保正、甲长、牌头、族正各顾其身家,而不敢始终庇护。

(许乃普辑,光绪十二年刻本)

族正制度与乡约制度有关。

《吏治学古编》卷下,《劝戒》:

《汉书·食货志》云:春将出民,里胥坐于右塾,邻长坐于左塾。即今乡约遗制也。今乡约之设,朔望宣讲"圣谕十六条广训"万言。雍正四年立族正,以察族之贤不肖。雍正七年复于大乡大村,设约正一人,值月三四人,置德业可劝者为一籍,过失宜规者为一籍。于此乡内有善者众推之,有过者值月纠之。每月约正询实状,值月填簿籍,岁终考校其善过,汇册报牧令,设为劝勉,其详如此。

(王士俊编,雍正十二年刊本)

族正制度是保甲制度的一部分。

梁章钜《退庵随笔》卷七,《政事》:

查雍正四年,尝有选立族正之例,特因苗疆村堡聚族满百人以上者,保甲或不能遍查,乃选族中人品端方者立为族长,以稽查匪类,因地制宜,本非通行之制。

(《近代中国史料丛刊》第44辑,台北文海出版社1969年版,第437页)

广东顺德实行族正制。

雍正《广东通志》卷七,《编年志二》:

(雍正四年七月)

申严保甲法

上念弭盗之法莫良于编保甲,因议十户立一牌首,十牌立一甲长,十长立一保正,分合稽察,村落畸零户不及数,即就其少编之。熟苗熟獞一体编排。粤东近年盗贼屏迹,保甲之法行也。

立族正

前广东顺德令王念臣奏请立族正,因议州县有巨堡大村聚族满百人以上,保甲不能编者,宜选族中品行刚方之人立为族正,以察族之不肖,徇隐者治罪。

(郝玉麟等修、鲁曾煜总辑,雍正九年刻本;此内容又见《肇庆府志》卷二二《事纪》)

安徽寿州设立族正。

《清史稿》卷三〇二,《徐本传》:

徐本,字立人,浙江钱塘人,尚书潮子……(雍正)十年,擢安庆巡抚。奏定比缉盗贼章程,窃案责府州,盗案责臬司。案多而未获,巡抚亲提。比立限,定劝惩。上嘉之。十一年,疏言:"云、贵、广西改流土司安置内地,例十人给官房五楹,地五十亩。安庆置二十一人,地远在来安。请变价别购,俾耕以食。"又疏言:"州县征粮,例由府道封柜,请改州县自封。完粮十截串票改仍用三连由票,零户银以下以十钱当一分。"又疏言:"寿州滨淮,盗聚族而居,假捕鱼为业,每出劫掠,已次第捕治,令渔船编甲。孙、平、焦、邓诸姓设族正,有盗不时举发。"皆下部议行。

(中华书局1976年版,第35册,第10455页)

乾隆初福建推行族正制度,官给印照。

第五篇
族正的设立与存废

《大清高宗纯皇帝实录》卷四九:

(乾隆二年八月下乙酉)闽浙总督衔、专管福建事务郝玉麟议覆署福建陆路提督苏明良奏言:闽省风俗强悍,泉、漳等处,尤为好斗生事。请将为首起意、鸣锣聚众之人,从重发遣,以靖地方。其不行阻止之族长、近邻,一并连坐。查凶徒聚众伤人照律定拟外,其有偶因细事互相格斗者,亦照例将为首之人杖一百、流三千里。至泉、漳等处大姓聚族而居,多至数千余丁,非乡保所能稽察。是以族长之外,设立族正、房长,官给印照,责令约束族丁。嗣后请严行申饬,如有作奸犯科者,除将本人定罪外,其族正、房长予以连坐,至左右邻免其拖累。得旨:着照卿所议行。

(中华书局 1986 年影印本,第 1 册,第 840 页)

饬令彰浦县族正化导宗族械斗。

《大清高宗纯皇帝实录》卷一九五:

(乾隆八年六月下庚辰,闽浙总督那苏图)又奏:漳浦县吴、林二姓,各恃族大丁繁,持械格斗。除拿获首犯究治外,仍饬令各该房长、族正开导其余,俾知愧悔改过自新。得旨:此正未易言也,时常留心可耳。

(中华书局 1986 年影印本,第 3 册,第 513 页)

允准福建总督设立族正。

《大清高宗纯皇帝实录》卷三一三:

(乾隆十三年四月下癸未)喀尔吉善覆奏:闽省有无赖奸徒,好勇斗狠,名为闯棍。土豪豢养此辈,以为爪牙。请嗣后凡闯棍犯案时,必究明有主谋指使者,即照为首定拟,闯棍照为从定拟。并请设族正、约正,责成劝导约束,与械斗一项一并考核劝惩。得旨:如所议实力行之。

(中华书局 1986 年影印本,第 5 册,第 144 页)

海澄县民事案件反映其时业已实行族正制。

《福建宗教碑铭汇编·泉州府分册》下册,《督抚提臬道府列宪州县审详谳案》:

(编者按:漳州府海澄县三都长圴社柯姓因海泊为谢姓所占诉讼审理结果的碑刻,记载谢姓于乾隆十三年五月二十三日因"抄山掠海"被府县审究。)谢创等身为约保、族正,乃敢主令率众,击碎房屋,洗割谷种、地瓜、蚶苗,不法已极。

(郑振满、丁荷生编纂,福建人民出版社 2003 年版,第 1052 页)

二 族正制的存废

(一)乾隆中期族正制存废的讨论与清高宗的乾断废除

闽抚陈宏谋与乾隆帝讨论族正奖惩。

《大清高宗纯皇帝实录》卷四三七:

(乾隆十八年四月下乙卯)福建巡抚陈宏谋等奏:闽省命案,起于械斗者居多,揆其所以纠斗之由,多因有事告官,不即公为审断。且案犯抵罪,止问下手之人,而主谋者率多漏网。臣等严督地方官,遇事速审速结,不许拖延。如有械案,必究出主谋纠约之人,按例定拟。并查有家室者,全妻发遣,俾有所牵制。查乾隆十三年奏准:三年之内,地方如无械案,将族正、约正从优奖励,今应实力奉行。果能积年安静,其族正、房长,官为给扁示奖。倘平日不能劝导,临事坐视,又不报官,即照例一体连坐。得旨:总在汝等实力整饬,所谓有治人无治法也。

(中华书局1986年影印本,第6册,第702页)

乾隆十八年闽抚陈宏谋疏请立族正。

《宫中档乾隆朝奏折》,陈宏谋《为请严纠众械斗之恶习以靖海疆事》:

福建巡抚陈宏谋谨奏:为请严纠众械斗之恶习以靖**海疆**事。窃照闽省山海交错,风俗剽悍,尚气好争。大姓恃其族众欺凌小姓,小姓联合数**姓抵敌**大姓。凡遇地土告争,口语微嫌,动辄号召乡人列械相殴。虽云斗殴,俨同厮杀。更有预为议定抵命之人然后出斗者。通省命案起于械斗者居多,彰、泉二府尤盛。我皇上牖民正俗,绥靖海疆,屡颁谕旨,诰戒淳切。历届督抚诸臣条奏禁约,设立族正、房长,授以事权,责成约束。凡有械斗,除下手正凶照律拟抵外,其主谋首祸之人,附和伤人之犯,照沿江滨海之例,分别前戍枷责。乾隆十三年督臣喀尔吉善议奏:三年之内并无闽棍械斗,将族正、约正从优奖励。奉朱批:如所议实力行之,钦此。数年以来此风稍息,然因时惩创固不可少,而消患未萌,尤宜讲究。揆其所以纠斗之故,多因有事告官,不即审理,或审而不断,或断而不公,有理者负屈难伸,无理者益肆刁横。再告,知亦无益,计惟纠人相斗,可以逞强泄忿,及至械斗事发,地方官心存回护,代为掩饰,止将命案拟抵,不肯纠出主谋首祸之人,附和行凶者亦多删减开释,不加严处。势豪恶棍竟为法所不加,遂益无所顾忌,械斗之风实由于此。臣

第五篇
族正的设立与存废

批阅审案大率皆然,屡经随事驳正,不稍宽假。臣与督臣相商,首先督率地方官,凡民间告案速审速结,不许拖延,秉公剖断,不许偏执。从前未结旧案彻底清查,次第归结,以此清其械斗之源。仍责成族正、房长等,平时晓以利害,遇有纠众之事,族正、房长一面约束,一面协同练保,报知附近文武官。近者亲往弹压解散,远者专差或委员前往阻止。此等本系随众附和,一闻官拿,鲜有再能成斗者,倘再不遵或劝阻不及,一经犯案严拿到官,除根究正凶外,必究主谋纠约之人。再将行凶余党按法惩处,不以人众而稍宽,不以事过而稍纵,果系纠众械斗之案,不得视同寻常共殴从轻拟结。族正、房长所管族丁果能于一年安静无事,知县给匾;三年无事,详请臣等,衙门给匾,以示奖励。倘族正、房长事前既不劝阻,临事又不报官,坐视聚斗,照例一体连坐。抑臣更有请者,行凶互殴,皆族中逞强好事之徒,而主谋纠约,必系族中稍有家赀及势力可以服众者,方能一呼而集,因事犯止问下手之人,而主谋者率皆漏网,或问罪而旋即脱逃,或出赀而倖邀赎免,仍可脱身事外,所以毫不知儆。臣请嗣后凡有械斗,必纠出主谋纠约之人,按照定例,问拟流罪,查有妻室者务必佥妻发遣,俾其有所牵制,邊难潜逃。无论在京在外,概不准其捐赀赎罪,庶人人知主谋纠约罪难解免,无主谋纠约之人,即无恃众械斗之事。地方官有疲玩不为民间速理词讼,及族正、练保报到械斗,不为弹压阻止,事犯不为严究主谋,仍然姑息调停,纵奸贻害者,臣即分别查参,则有以清患于未然,防闲于临事,又复严惩于已犯,庶械斗恶风可望以渐止息。仰副我皇上锄奸肃法、绥**靖海疆**之至意。臣谨会同闽浙总督革职留任又从宽留任臣喀尔吉善合词具奏,伏乞皇上**睿鉴训**示。谨奏。朱批:总在汝等实力整饬,所谓有治人无治法也。

乾隆十八年四月二十四日。

(台北故宫博物院 1986 年版,第 5 辑,第 163 页)

巡抚出示宗族组织状况。

陈宏谋《培远堂偶存稿》卷三四,《咨询民情土俗三十条谕》:

(编者按:乾隆十九年正月颁布,此为其中一条。)

氏族。境内大姓约几族,余皆小族,每族皆有族正房长否?皆有祠堂祭产否?族正、房长是否官为选充?能劝谕约束本族息事止事否?无纠约抗官匿犯殴差之事否?

(光绪二十二年刻本)

严惩失察族正。

《福建省例·刑政上》,《劝改械斗》:

(编者按：乾隆二十三年十一月奉前巡抚部院吴宪示，要求严惩械斗。)
定将失察纵容之族正、房长、乡保、地邻，分别严究，决不宽贷。

(《台湾文献史料丛刊》，第 7 辑，第 142 册，大通书局 1987 年版，第 855-857 页)

械斗不止，族正受责。

《福建省例·刑政上》，《申禁械斗》：

一件严饬查禁事。乾隆二十四年闰六月□□日，奉前巡抚院吴宪示：照得海疆械斗，相习成风，前经出示严禁，虽稍知敛。族正为一族之纲，而两邻住居切近，更当休戚相关，互相稽察。嗣后除寻常斗殴，衅起一时，致成人命者，仍照常审理，毋得株累外，如有争坟、争水、争地等项，仍前纠众持械互斗者，该保、族、邻即预行阻止。如劝阻不从，即先赴地方官报明，免其连坐。如敢纵容失察，到官之日，不必追问是非曲直，先将保甲、族正枷号两个月，满日责四十板；两邻枷号一个月，满日责三十板。以局外之人，先受枷责之罪，若近于严厉，然行之既久，可以免命案之牵连，可以佐教化之不及，少裂民畏，自可徐收实效也。再鸟枪竹铳，现饬查缴，而违禁军器，如藤牌、片刀等类，亦非民间常用之物。但海疆重地，未便概令销毁。应责成族正清查，造册封贮公所，毋许无赖子弟私自执持行使。又如乡民扁挑，他省皆以竹木为之，惟闽省则两头镶铁，利若锋刀，由此杀伤人命，十居七八，亦着通行晓谕，改用竹木。凡从前镶铁扁挑、铁串等类，一概销毁。各该州县责成乡保，以利害遍加晓谕，徐徐经理，勿得分差滋扰，以及急遽无序，反致累民。此等清本澄源之法，凡有地方之责者，皆当因地因时，留心化导，原不在上司之督责。但闽省吏治，因循成风，务上下振作，法在必行，以收实效。合亟通饬，备牌行司到府仰县等因。蒙此，合行出示严禁。为此，示仰阖邑乡保、族正人等知悉：尔等都内如有争坟、争水、争地，仍前纠众持械互斗，即先预行阻止。如劝阻不息，立即禀报。如敢纵容，**以致酿**成大祸者，不问是非曲直，先将该约保族邻枷责。再鸟枪竹铳乃违禁军器，屡奉**宪檄追缴**。藤牌、刀器，亦非民间常用之物，应责令族正清查造册封贮公所，毋许私自执持。至乡民常用扁挑、铁锹，应竹木制造，不许两头镶铁。凡从前镶铁扁挑、铁锹等项，立即销毁，另行改造。如有仍前挑用，察出先将该保责处，本人枷示。尔等务须恪遵宪示，毋得以身试法。各宜凛遵毋违等因。

(《台湾文献史料丛刊》，第 7 辑，第 142 册，台北大通书局 1987 年版，第 855 页)

争水事故，族正受责。

《福建省例·田宅例》，《禁止争水》：

第五篇
族正的设立与存废

一件檄饬遵照事。乾隆二十四年三月,奉前巡抚部院吴宪示:谕抚属各州县乡保、族正、甲长、农民人等知悉:照得闽省滨海环山,民间田地,均藉沟渠塘圳,接引灌溉。形势各有不同,得水亦分难易,或自上及下,或接股轮分,自有一定之规,原不容互相争夺。无如户族有大小,人情有良顽,不法之徒,不遵乡例,每每倚强凌弱,损人利己,或上截水源,或下掘私沟,或本日不应轮值而硬行戽放,或他户例应分灌而擅自阻拦,以致彼此争殴,动成人命。更有统众械斗,酿成大狱者。本部院体察属详,办理秋审,哀此乡愚,误罹法纲。时交四月,农事方兴,诚恐习焉不察,复蹈覆车。今特严立章条,先事诰诫。嗣后各该村庄近水之区,及接引陂塘沟圳之处,均着本管乡保、族正、甲长遵照成规,于各村首神堂庵观列榜晓示。或按股,或分日,务须挨次轮流,毋许强争私挖。如本甲内有不遵教条、恃强妄行者,该被害通知乡保、族正、甲长,报明本管,将本人重责三十板。如有聚众执械混夺者,将首犯枷号两个月,满日重责四十板。其随从之犯,毋论本家异姓,俱重责四十板。其乡保、族正、甲长失察一次,重责二十板,纵容者倍之。如告到本管地方官,漫不经心,并不审理,以致酿成大狱者,即以不职参革。本部院为农民整俗息争起见,法在必行,断不轻恕。凡我官民,均各凛遵毋违等因。

(《台湾文献史料丛刊》,第 7 辑,第 141 册,台北大通书局 1987 年版,第 439 页)

乾隆三十三年朝廷讨论,否定族正制度。
《清朝文献通考》卷一九,《户口一》:
(乾隆)三十三年御史张光宪奏请设立大姓族长。

谕曰:民间户族繁甚,其中不逞之徒,每因自恃人众,滋生事端,向来聚众械斗各案大半起于大姓,乃其明验。惟在地方官实力弹压,有犯必惩,以靖嚣凌之习,政体不过如是。若于各户专立族长名目,无论同宗桀骜子弟未必遽能受其约束,甚者所主非人,必至藉端把持,倚强锄弱,重为乡曲之累,正所谓杜弊转以滋弊也,张光宪所请不可行。

臣等谨按:雍正四年有选立族正之例,本因苗疆村堡聚族满百人以上保甲或不能遍查,乃选族中人品刚方者立为族正,以稽察匪类,盖因地制宜,非通行之制也。若大姓皆立族长,反滋弊端,睿虑精详,是在守土者遵奉力行,自可化嚣凌之习云尔。

(浙江古籍出版社 2000 年版,第 5031 页)

族邻不报告信仰"邪教"者有罪。
《福建省例·刑政例上》,《饬首邪教》:
一、遵谕严查邪教事。乾隆三十四年□月,奉前巡抚部院吴宪谕:查地方设立邪教,其始也以吃斋念佛、因果轮回之说,诱惑愚夫愚妇,及至听从者众,党伙渐多,不法奸民即藉此为匪生衅,加以办理不善,酿成大狱,涓涓不息,流为江河,无知之民陷于罪戾,地方文武尽受处分,嗟何及矣!访得莆田地方向有无极教名色,系黄学钦为首,现有莆邑纪启泉之弟纪启文,于永福败露,已经委员赴莆邑查拿,彻底根究。但漳泉等处愚民从其教者甚多,谕到该**府即密谕**所属,传谕乡保、甲长、族正遍晓乡民,凡有从其教者,均着自行出首,将所属斋**单经典缴**官,该州、县汇集销毁,本人即释放宁家,不可纤毫扰累;倘敢不行悛改,或通同隐匿,即将本人及族正、乡保、甲长、两邻分别惩治,不可姑宽。沿海地方风俗虚嚣,该州、县身为民牧,纵容失察均干吏议,固不得因循玩纵,亦不可稍涉矜张,总期息事宁人,防微杜渐,以仰副圣天子绥**靖海疆**之至意。道府表率一路,幸各加意查察毋忽等因,奉此。除转行属县遵照外,今本**府**访得各属倘有崇奉罗教、天主、白莲、无违、回回等教,合急示禁。为此示仰府属军民人等知悉,凡有误从无极教并罗教、天主、白莲、无违、回回等教者俱着即速自行出首,将所传经典作速缴官,以凭汇集销毁,本人亦免治罪;倘再不悛改,通同隐匿,察出照左道异端之术煽惑人民例,为首者绞;为从者各杖一百,流三千里。如族邻、保甲人等通同容隐,不行首报,察出一并严拿,分别案律治罪,断不姑宽,各宜凛遵,毋违等因。

(《台湾文献史料丛刊》,第7辑,第142册,台北大通书局1987年版,第900—901页)

《福建省例·户口例》,《议设族正副》:

一件因俗修教等事。乾隆四十年七月二十五日,奉总督部堂钟批广臬司会同本司议详:闽省之泉、漳二府,民多聚族而居,恃众逞强,或生事斗狠,或狡黠健讼,情伪百出,相习成风。虽各有户族房长,并不由官选定,非尽端方醇正之人。平时既无约束,遇事各袒所亲,毫无补于风教。今据晋江县王令议设族正副,以崇责成,自属息事宁人、化民成俗之意,所当照行。惟是事有大小,犯有轻重,应如该府所议,分别办理。如族内遇有雀角争论一应细微事故,即令该族正随事诫谕处释,毋使架词涉讼。若有作奸犯科一切重大事发,应责令该族正副据实具禀,倘庇族徇隐,别经发觉,族正副照例治罪。仍令该族正副随时谆切训诫,务令子弟各循本分,勿致非为。果其董率得宜,著有成效,该县于年底查明,分别奖赏,以示鼓励。若有倚藉族正滋事诈索,立予革究,另选举充。至小姓丁口无多,杂居不一者,选举乡正,一切与族正相同。并行漳属通饬各县,一体仿照办理。先将选举姓名造册,呈送备查,入于交代,永久遵行。如此则地方可获敉宁,同臻化理等由。奉批:如详饬遵。仍候抚部院批示。缴。又奉巡抚部院余批:如详通饬泉、漳二府一体遵照,

第五篇
族正的设立与存废

仍候督部堂批示。缴。存。奉此。

(《台湾文献史料丛刊》,第7辑,第141册,台北大通书局1987年版,第409页)

慎选族正。

《明清史料戊编》第三本,户部《为内阁抄出闽浙总督富勒浑等奏》:

(**编者按:乾隆**四十八年台湾府属之彰化、诸罗二县**漳泉籍**民互相焚杀,事定,台湾地方官与**福建督**抚藩臬商定六条善后事宜,福建总督富**勒浑等人**上奏,乾隆四十八年十二月十七日奉朱批:"军机大臣会同该部议奏。"以下是其中关于族正的内容。)

一、慎选庄长、族正以昭激劝也。据议:漳、泉二郡民人,本属梓桑邻近,渡台居住,各安畔凿,何致视为仇敌,争杀相寻,此皆好勇斗狠、素不安分之徒,遇事生风,簧鼓倡率,乡愚被惑,分类效尤。假使约束有人,随时首报,予以惩创,奚至酿成巨祸?查该县等各乡虽有庄长,充举率非端人。庄民聚族而居,族正向多未设。现饬各该县分乡谕令各庄族正,慎选年高德劭、素为闾里悦服者,保充庄长,印官给以牌戳,优加赏劳。一切差徭,概禁扰累,使之朝夕劝导,严加约束,化其畛域之见,俾成鼓让之风。遇有强梁不遵,或私相**煽诱**,立即密禀究惩。定限三年,详加甄别。如果庄族并无构斗滋事,详请给匾嘉奖;倘有**庸懦**无能及偏徇滋事,追取牌戳,分别责革等语。应如所议,饬令地方官实力遵办,如有虚应故事,立即严参,以示惩儆。

(台湾中央研究院历史语言研究所编,中华书局1987年影印本,上册,第507-508页)

给予族正牌戳与奖惩。

《明清史料戊编》第二本,《大学士公阿等奏折》(移会抄件):

(编者按:闽浙总督富勒浑等奏台湾地方善后事宜,乾隆四十八年十二月二十六日户部遵旨移会内阁,内阁大学士阿桂遵旨讨论。奏折分条胪陈各项,下面所录为其中有关族正的内容。)

查台湾地方,多系内地民人在彼贸易,五方杂处,最易藏奸。若不设法稽查,难保无奸匪煽惑滋事。今该督等既称饬令各该县慎选庄长、族正,给以牌戳,酌加赏劳,亦属激励劝奖之意。应如该督等所议,转饬该地方官慎选庄长、族正,给以牌戳,免其差徭。定限三年,详加甄别。如果约束有方,该庄族中并无滋事争斗,官为给匾奖赏,以示鼓励。倘有偏徇滋事,不能约束,即追取牌戳,另行更换。仍饬地方官实力奉行,秉公劝惩,不致有名无实。如有虚应故事及不秉公查办者,即行据实严参……乾隆四十八年十二月二十六日奏。本日奉旨：依议，钦此。

（台湾中央研究院历史语言研究所编，中华书局1987年影印本，上册，第327-331页）

清高宗驳斥福建巡抚徐嗣曾设立族正之请求。

《大清高宗纯皇帝实录》卷一三三五：

（乾隆五十四年七月下）庚戌。谕军机大臣曰：徐嗣曾奏，闽民多系聚族而居，漳泉尤甚，大者数千丁，小者亦百十名，各有宗祠，设立族正。其中桀黠之徒，恃其丁口之众，祠产之丰，凡结会械斗、纠抢匿匪、拒捕抗官之案，半由此起。而猾胥蠹役，往往与为勾结，互相包庇，以致族中匪徒犯案，地方官摄捕需时，即如彭庇所居之彭厝乡，聚匪行劫，均系族人，直至总督亲访，道府亲拿，始能就获，即其明证。因博加询访，漳泉大族中宗祠族正，亦多有读书明理、安分畏法者，其族中匪徒犯案，地方官竟有不事签票出差，但开指姓名，传知族正，予以限期，彼即自行缚送到官，不敢藏匿。现酌定章程，遍行晓谕：凡族中举充族正，如有为匪不法，作奸犯科，族正不行阻止举首者，分别治罪。如果教约有方，一岁之中，族内全无命盗械斗等案，给扁奖励。三年无犯，及能将滋事匪徒查缚送官者，奏给顶戴等语。设立保甲里长，固属绥靖闾阎之一法，但闻闽省民人，俱系聚族而居，该处械斗之风，往往此族与彼族挟嫌争衅，阖姓之人，各行聚众逞凶纠杀，及伤毙人命，即于本族中公议一二人，许以养赡家室，令其顶凶抵命。地方官复因族众难办，又见有凶手承认，遂尔将就完事，屡致酿成大案。今若匪徒犯案，俱责成族中缚送，此等所举族正，大半多系绅衿土豪，未必尽属奉公守法之人。况既族居一处，则滋事者，必有伊子弟亲党在内，族正转得为之包庇，甚而挟嫌妄举，或将衰病者举出充数，滋弊实多。况地方官拘拿人犯，反假手于族正，又给以顶戴，岂不开把持官府之渐，行之日久，将来遇有缉凶拿匪之事，必须向族正索取，竟与世袭土司何异，其法于闽省断非所宜。且此等族正，俱系平民，该省自督抚以下文武员弁，正复不少。遇有民间作奸犯科之事，自应责成该管地方官，认真查办。即或于缉拿凶匪等事，令该处族正举发，亦止可由该处地方官临时酌办，断无明降谕旨责令专办，并恩给顶戴之理。若概令族正等自行举首、缚送到官，则设地方官何用？是明假以事权，必至倚仗声势，武断乡曲，甚而挟嫌诬首，及顶凶抵命，皆所不免。充其流弊，必至聚众滋事，更复何事不可为。即如甘省回民，其教首阿浑，即与闽省族正相仿。从前苏四十三、田五等，即系阿浑聚众滋事。各省回民甚多，若俱委之阿浑稽查管束，又安用地方官为耶？细思该抚所奏，断不可行。阿桂从未至闽省，然伊更事日久，能识大体。孙士毅虽未在闽省服官，但伊任广东督抚日久，闽粤境壤毗连，其风俗大约相

第五篇
族正的设立与存废

仿,孙士毅于地方情形,向能留心体察。著传谕阿桂、孙士毅,即将徐嗣曾所奏举充族正是否可行,并另有何办法,可以经久无弊之处,各抒所见,各行据实具奏。至福康安平定台湾,又曾任闽浙总督,于该处习俗民情自知之尤悉,亦著就所见据实奏闻。统俟阿桂、福康安、孙士毅覆奏到日,再交军机大臣核议具奏。

(中华书局1986年影印本,第17册,第1097-1098页)

清高宗指责徐嗣曾设立族正错误。
《大清高宗纯皇帝实录》卷一三三五:

(乾隆五十四年七月下)辛亥。谕军机大臣等:昨因徐嗣曾奏,闽民多系聚族而居,请责成族正,如有为匪不法等事,族正不行阻止举首者,分别治罪。如果教约有方,并缚送匪犯者,给以顶戴等语。所奏断不可行,已有旨令阿桂、福康安、孙士毅各抒所见,据实具奏矣。地方遇有缉拿凶匪等事,不责成文武员弁认真查办,而转令该处族正举发,又特给以顶戴,则设地方官何用?况此等所举族正,皆系绅衿土豪,若明假以事权,必至倚仗声势,武断乡曲,甚而挟嫌诬首及顶凶抵命,何不可为?即如本日陈用敷奏,审明南陵县活埋人命一案,内刘魁一一犯,即系族长,辄起意将缌麻服弟刘种活埋毙命,并致刘种之母因子碰死。可见各处族正,鲜有奉公守法之人。刘魁一不过经管族务,已有此惨杀之案。设再明降谕旨,责令专办,给以顶戴,其弊益无所底止。所有昨降询问阿桂等谕旨,着钞寄徐嗣曾阅看,至各省刑名钱谷,虽系巡抚专政,而寻常升迁调补等事,向仍会衔具奏。徐嗣曾此奏,系为调剂地方起见,非比寻常照例事件,自应与伍拉纳彼此商酌,会同奏闻。即因伍拉纳现赴温州督缉洋盗,但伍拉纳未赴温州之前,徐嗣曾曾否将此事与之谈及,其意见如何,摺内何未经叙及。且此等酌定章程,并非迫不及待之事,亦何必遽行单衔具奏耶?伍拉纳本系闽省藩司,曾为徐嗣曾属员,今现任总督,位居其上。徐嗣曾或有意存芥蒂,并存轻视之处,遂尔独抒己见,不与商酌。该抚果如此居心,则大不是矣。督抚大员皆系朕特加简任,伍拉纳前任藩司,固为徐嗣曾所属。而此时则现任总督。国家官常,自有一定体制,凡办理公务,均当和衷商酌。且徐嗣曾果能如孙士毅、李世杰之办事谙练,识见开展,则福康安调任后,朕早已将伊升用闽浙总督矣。皆因徐嗣曾才具不及孙士毅、李世杰,是以另将伍拉纳简擢。此事若福康安在彼,想徐嗣曾断不敢单衔具奏,是该抚不免有轻视伍拉纳之意,徐嗣曾著传旨申饬。朕此旨,非令徐嗣曾与伍拉纳意见参差,正欲使该督抚遇事熟商,益矢寅恭,以期于公事有益,该抚不可不仰体朕意也。至该抚折内又称:附从行劫,并未杀人拒捕之盗犯,闻拿自首,即行劫次数较多,亦准照拟斩监候三年再行发遣之例,免其一死。现在盗案内林春花一名,因父被株拿,自行投到,意欲藉以招徕余盗,将该犯牢固监禁,未即办理等语,亦属非是。闽省民俗剽悍,盗劫频闻,正应严加惩治,以儆奸顽。从前降旨将情有可原、拟斩减等之夥盗,定为监候三年,再行发遣,已属法外施仁。若将行劫多次、闻拿自首之盗,亦照此例概行免死,则盗匪何以示儆。况此等凶徒,胆敢抢劫多案,愍不畏死,亦断不肯因查拿紧急,遽行投首。若如该抚所奏,因其自首,即予免死,设黠盗等皆知可以自首幸免,将来竟可公然行劫,藉有自首之例,又得免死,转足以长盗风,何以安闾阎而靖海疆!徐嗣曾所奏责成族正缚献匪徒,及盗匪自首减等二条,俱属错谬,断不可行。现已令阿桂、福康安、孙士毅各抒所见,详核具奏。俟奏到时,再交军机大臣覆议奏闻,候朕降旨遵行。徐嗣曾所见俱错,不得以此时业经陈奏率行办理,致干咎戾也。将此传谕徐嗣曾,并谕阿桂、福康安、孙士毅、伍拉纳知之。

(中华书局1986年影印本,第17册,第1101-1102页)

乾隆君臣讨论徐嗣曾设立族正建议。

《大清高宗纯皇帝实录》卷一三三六:

(乾隆五十四年八月上)乙卯。谕军机大臣等:据阿桂、孙士毅覆奏徐嗣曾请责成族正举发族匪、酌给顶戴及盗匪自首减等二条,其事实不可行两折,此事只可俟福康安奏到,再交军机大臣酌议,密交伍拉纳、徐嗣曾,董饬地方官留心妥办。若必明定章程,出示晓谕,使各族正闻知,又似地方官有所畏忌,转足以长其刁风。至孙士毅请遇有械斗案发,除本犯按律治罪外,将族正财产一体入官,照本犯减等治罪等语,械斗案件,族正固不乏明知故纵之人,而其中亦岂无实不知情者?若概行查抄治罪,办理过当,将族正人人自危,尤恐别滋事端。所有阿桂、孙士毅折,均著留交军机大臣存记核议,毋庸发钞。将此先行密谕知之。

(中华书局1986年影印本,第17册,第1107页)

军机大臣否定徐嗣曾设立族正建议。

《大清高宗纯皇帝实录》卷一三三八:

(乾隆五十四年九月上丙戌)军机大臣等议奏:福建巡抚徐嗣曾奏请责成族正举发族匪、定以奖罚及附从行劫伙盗自首减等一折,其事实不可行。节经阿桂、福康安、孙士毅遵旨奏覆,亦佥称无此办法,该抚所奏,应无庸议。从之。

(中华书局1986年影印本,第17册,第1137页)

第五篇
族正的设立与存废

伍拉纳否定徐嗣曾设立族正建议。

《大清高宗纯皇帝实录》卷一三三九：

(乾隆五十四年九月下庚戌)又谕曰：伍拉纳覆奏，徐嗣曾奏请责成族正缚献匪徒及盗匪自首减等二条，所见实错。嗣后惟有仰遵谕旨，于应办公务与徐嗣曾和衷商确、认真办理等语。徐嗣曾所奏，论其说断不可行，且此等酌定章程，并非迫不及待之事，尽可会商具奏。乃该抚**遽尔**单衔入告，自因伍拉纳本系闽省藩司，曾为其属员，未免意存轻视。今据伍拉纳奏，**事事惟有**与徐嗣曾会商妥办。该督虽如此言，究恐伊等竟成参商。伍拉纳甫任总督，其资望原不逮福康安，但果能奋勉自立，认真整顿，自不至为人轻视。国家官常，均有一定体制。而办理公务总当和衷商酌，以资治理。著再传谕该督抚：嗣后务宜仰体朕意，遇事熟商，益矢寅恭，以期于公事有益，不可稍存意见也。

(中华书局1986年影印本，第17册，第1162页)

广东推行族正制。

《大清高宗纯皇帝实录》卷一三七：

(乾隆六年二月下乙丑)广东按察使潘思榘奏：粤民多聚族而居，各建宗祠，置尝租。岁入实费于祭祀及给族人等用甚鲜，余以生息，月积岁累，偶与外姓睚眦小忿，通族扛帮争讼，一切费用，取给尝租。甚至按户派丁，雇倩打手，酾酒击豕，列械争斗。狡猾者发纵指使，贫困者挺身斗格。酿成命案，则尽人抵偿，拨给尝租，养其妻子。以故人心乐于从事，即一族内，亦复分房角胜，嚣陵成习，讼狱滋多，为风俗大害，通省皆然，广、潮等府尤甚。请仿范仲淹义田法，令地方有司晓谕每族，公举老成公正二人，为族正副，甄综尝租、祭祀等用外，凡族中有鳏寡孤独老弱废疾不能存活者，婚嫁愆期丧葬无力者，子弟贫不能读书者，酌量赒恤；设义学，资膏火。先将岁入租息实数支用条款，呈明地方官核定，不许侵冒偏枯。如有仍为讼费者，究处族正副，追出讼费，买谷增贮社仓，以赈乡里。则人心静，风俗醇，于粤东大有裨益。得旨：告之督抚，详酌而行。

(中华书局1986年影印本，第2册，第981页)

广东臬司会同藩司呈文督抚，设立族正，督抚示行。

《广东清代档案录》，《户设·田宅·山坟·设立族正副约束子弟总理尝租》：

乾隆十五年八月十九日奉按察司石宪牌，乾隆十五年七月二十六日奉抚部院苏批、本司会同布政司呈辞：看的民间建立租尝收贮以祀先人，其余以恤后裔，诚尊家敬祖之良法，敦伦睦族之淳风，无如民间每因尝租充裕，遂起侵占之端。前奉宪台行司会议，设立族正经管尝租,训诲族众,分别赏罚,以示晓劝惩。并据南海、高要二县议详,均奉批行。一体酌议详夺,等因。本司等遵查例载:村庄聚族满百人以上者,选立族正,比有匪类,令其举报。等因。应请通饬各属查明村庄,其聚在百人以上者,照例拣选公直老成、素有名望、为通族敬惮者,举为族正,族大添设副,有生监者举年未七十之生监当之,无生监者选年未七十之良民充之。从前已设有族正者,如果年力强壮守正不阿,仍存其旧,汇此新设族正副一并呈报地方,验看明白,给照承充,造册通报存案。其年满七十者亦即报名另举充补。所有该族尝租照旧听族众轮收,仍令族正副管理,族长、宗子佐之。除每年祭祀费用外,其余酌给族正副饩廪,并周恤该族贫婆孤寡,如尚有余,建学延师,训课族中俊秀,不许丝毫妄干。再年底将该年所收租息共若干石,祭祀、师生脩金膏火若干石,赒恤族人贫乏若干石,有无剩余,逐一开造清册,呈送州县核查、存案。合族子姓俱听族正副约束,有口事不法听族正副教训,不从禀究,遇有两姓互争田土、钱债、丧葬、婚姻及一切口角微嫌失误,许两姓之族正副公处,处断不明,将两造情事,据实直书,粘连各原词禀官剖断,毋许两姓凶械伤毙人命。如果一年之内,尝租出入无私,族人安静无事,年底地方官给予花红,仍令充当,三年已满,毫无过犯,生员即以优生荐举,详给匾额,以示鼓励。倘敢故违,因仍前弊,尝租不归实用,以及族人遇事生端,好勇斗狠,现不劝解,又复徇隐故纵,除本犯按律究拟外,族正副、保甲一例治罪。其有首先寻衅及同恶相济并挟嫌诬禀者,事发之日,依律坐罪。如系生监,情轻则传教官当堂责儆,情重则详革究拟,另举充补,尝租一并入官充公。倘五年后该族众果能悔过自新,出具不敢有犯听处甘结,地方官出具印结通送听口酌核归返原祖产,以示鼓励。至若一二人一时触忿互殴不及阻止者,仍照常科断,族正副俱免议处。如此则族众既有公直老成之族正副约束教训,而族正副又有赏功罚罪之有司稽查考察,庶健讼斗殴之风渐息,而前人设立尝租亦可垂诸久远矣。缘奉饬议,是否有当云。奉批如详,通饬遵照出示晓谕,实力奉行,将所举族正副姓名造册申报,仍口云云。又奉督宪部堂陈批,仰口抚部院批示录报口等因,奉云云。

(抄本)

广东巡抚王检奏请散宗族田产治理械斗。
《大清高宗纯皇帝实录》卷七五九:

(乾隆三十一年四月下)壬戌。广东巡抚王检奏:粤民多聚族而居,每族祠置祭田,名为尝租。大户多至数千亩,小户亦有数百亩,租谷按支轮收,除祭祀完粮外,积至盈千累万,赀财丰厚。往往倚强凌弱,恃众暴寡,其势均力敌者不能取胜,则祠内纠众出斗,议定族中斗伤人,厚给尝租以供药饵;因伤身故者,令木主入祠,给尝租以养妻孥;如伤毙他

第五篇
族正的设立与存废

姓,有肯顶凶认抵者,亦照伤故例。正犯漏网,奸徒愈无顾忌。前经按察使潘思榘请将尝租仿宋臣范仲淹义田例,设族正、族副经管,仍令地方官稽核,奉行日久,而械斗之风未悛。窃思聚此赀财适以济其凶恶,不如散彼田产可以息其斗争。请饬查尝租田,自百亩以上者,计每年祭祀所需,酌留数十亩,择安分族人承充族正经理。嗣后严禁添置,其余田新置者仍归本人收管,年远及递年租利所置按支派均散,俾贫民有田以资生,凶徒无财以滋事。得旨:另有旨谕。谕:据王检奏,**粤东随祠尝租**,**每滋械斗**顶凶之弊,请散其田产,以禁刁风等语。其意特为惩凶息讼起见,**但欲豫**防积弊,**遽将通**省乡祠田产纷纷查办,恐有司奉行不善,吏胥等或致借端滋事,而族户人等贤否不齐,亦难免侵渔争攘之弊,徒多扰累。况建祠置产,以供祭祀赡族之资,果能安分敦睦,如宋臣范仲淹义田之制,阅今已历数百年,其遗规何尝不善,若倚恃族蓄赀厚,欺压乡民,甚至聚众械斗,牟利顶凶,染成恶俗,其渐自不可长。此等刁风,闽、广两省为尤甚,迩年来遇有械斗伤人之案,皆究明凶手,尽数抵偿,入于情实,不与寻常斗杀同科。至买凶顶凶之犯,亦令部臣严定条例,尽法惩治,虽较前稍知敛戢,而浇悍之俗尚未能尽除。嗣后令该督抚严饬地方官实力查察,如有此等自恃祠产丰厚,以致纠合族众械斗毙命及给产顶凶之事,除将本犯按律严惩外,照该抚所请,将祠内所有之田产查明,分给一族之人。俾凶徒知所警惧,而守分之善良仍得保有世业,以赡族人,于风俗人心较有裨益。不动声色,为之以徐。著将此通谕各省督抚,饬属一体留心妥办。

(中华书局 1986 年影印本,第 10 册,第 358-359 页)

江西族正情况。
凌燽《西江视臬纪事》卷二,《议建昌府条陈保甲详》第三条:
据详江右风气,大都聚族而居,贤否不一。其间容有别姓,要亦无多,断难令一族自联牌甲,致相循隐,亦不得不责成族众互相觉察。请聚族同居者,照常编甲,择甲内之别姓以充甲长。再于通族中遴选族正,董率族人等语。查江右风俗,聚族而居,所在多有,保正、甲长即系族人,固难保其不无循隐。但别姓既寥寥无几,若令专充甲长,则每年佥点,更替无人,势致一二异户长川充役,似非所以均劳逸而便民情也。况保正、甲长虽系族人,既已在官,则职役为重,原不得复循亲属容隐之律,应请仍饬一体编排,轮流充应。如循隐事发,异姓同族一例究拟,不少宽贷,则公私攸别而劳逸可均。至设立族正,久奉定例,诚恐各属有不能实力奉行,未免日久法弛,应请通饬各属,如地方、村庄聚族满百人以上,拣选族中人品刚方,素为阖族敬惮者,立为族正。如有匪类,令其报官究治,倘循情容隐,与保甲一体治罪,务照定例遵行可也。

(《续修四库全书》本,上海古籍出版社 2002 年版,第 882 册,第 47 页)

凌燽《西江视臬纪事》卷二,《请开鼓铸勤稽缉并邻邑协缉族保约束条议》:
窃以族正有约束之条,保甲有稽查之责。互殴之家争地争坟、分塘分水以及一切起衅之端,彼此雀角必有其渐,且纠众赴斗事非俄顷,族尊保正理无不知,果能约束于平时,觉察于先事,何难即为解纷。即有强悍不遵,亦可禀官究治,宜无不戢。无如族尊乡保视同秦越,事前则纵恶长凶,全无顾虑;事后则装聋作聩,膜不相关。江省薄俗,所在皆然,良可鄙恨。应请严饬通示:嗣后地方凡有聚众争角,俱责成族尊乡保约束劝谕。如凶徒不遵约束,即刻禀官拿究。倘族尊乡保仍前漫不管束,致成人命者,即将族尊乡保照知人谋害他人不行劝阻又不首告律,杖一百。即不知情亦坐以失察,照不应重杖。仍令各县将责成约束之处,刊刷小示,遍发城乡村落,一体谕知。庶族保知所凛遵,而凶徒不敢横恣矣。

(《续修四库全书》本,上海古籍出版社 2002 年版,第 882 册,第 53 页)

臬司规范宗族公产用途。
凌燽《西江视臬纪事》卷二,《平钱价禁祠本严霸种条议》:
公祠收积讼本之俗宜禁也。江省聚族而居者皆有祠堂,有祠堂既有公产,每年所收租利,除纳粮祭祀外,余银悉行生放,以为公项。其法未尝不善。但所收租利,自应为合族婚丧赡贫济急之用。乃江省淳朴之俗,亦鲜赒恤之事。而好事者据此为利,微嫌小忿莫不凭恃公资以为讼本,狂上诬下,告讦无休。更或图谋风水,占夺峦林,诡立祖名,择族中之狡黠者冒名混告,一切盘费食用,皆取给于公祠,狡黠之徒藉以为利。甚至凭空唆讼,托称打点名色,咨为诓骗,以饱私囊,刁讼之风所由不息也。夫子孙建祠置产,本以报本崇先,乃反为健讼之资,其弊由公产不为公利,而适以启觊觎者之心。应通行饬示,凡公租所积,概令增置公产。岁收所积,除完粮备祭外,其余择令族正、副经管。凡族中有丧不能葬,贫不能娶,以及一切应恤公事,概以公项量力赒给。族中遇有讼事,概不许指此为用。则公项皆为义举,而风俗返淳矣。

(《续修四库全书》本,上海古籍出版社 2002 年版,第 882 册,第 65-66 页)

禁止联宗祠堂非为。
凌燽《西江视臬纪事》卷四,《禁止藉称祠禁勒罚滋事》:
……江省故家大族以及编民之家,皆设立祠堂,以展岁时之飨。其尊亲崇本者固自

第五篇
族正的设立与存废

不乏,而城乡暴户,辄有不法族恶,遇事生风,偶见族人稍有干犯,不计亲疏,不问轻重,动称祠禁,辄纠多人,**群聚醉饱**,少不遂意,恣索无休,甚至击鼓聚众,押写服辜,倡言致死。而族中无赖恶少,**借势逞威**,或捆缚抬溺,或毒殴活埋,以昭孝昭敬之区,为灭性灭伦之地。族党不劝,地邻不阻,群相效尤,群相隐匿。此等恶俗,殊骇见闻。本司莅任以来,屡经惩创,而现在仍报案频闻……嗣后如有族人干犯法纪,教诫不悛,轻则量以家法责惩,重则请以官法究处。倘有仍前托名祠禁勒罚滋事者,定即照律科惩,倘敢倡议将人致死者,造意加功,定即按照谋故情形,分别坐以斩绞重辟。不行劝首之族党、地邻,一体科罪。本司期在力挽颓风,以敦民俗,绝不肯稍微宽假。尔等当思立庙奉先,仁爱所自生,礼仪所从出,卑幼之率教不谨,端由尊长化导不切。若告诫无方,餔餟是议,已属可愧可丑,复因之毒命犯典干刑,试问得罪祖宗,贻羞族党,孰有过于此者。而方且侈言族禁,恬不为怪,是尚得为有人心者乎?其各凛慎恪遵,毋贻后悔。特示。

(《续修四库全书》本,上海古籍出版社 2002 年版,第 882 册,第 141 页)

凌燽《西江视臬纪事》续补,《设立族约议》:

窃惟致治之道,正家为先;善俗之要,明伦为本。故曰天下之家正而天下治,所谓人人亲其亲长其长而天下平也。江省士民率皆聚族而居,族各有祠,以敦岁祀,其于同敬合爱,尊祖睦族之意,未始不存。既已群聚而州处,使为父言义,为子言孝,率敬率弟,少习心安,则父兄之教自将不肃而成,子弟之学自将不劳而能。乃俗薄风漓,礼教之设百无一二,驯至尊以势倾,卑以强抗,凌弱暴寡,同本相戕,不可枚举,所谓宗讲宗规,家范家约,邈乎无闻,而子弟之惛淫罔检者,益以无惮。由是而推,风俗之浇将于何底,彰志贞教,长民者诚当亟亟也。前蒙宪台洞察其由,备申条禁,已恺挚详明,凡有知识,咸当凛奉。兹复蒙以小民不公不法,与其惩创于已犯,不若化悔于未然,各祠既有族长、房长,莫若官给牌照,假以事权,专司化导约束,除公祠之恶习,即以收公祠之实效,特札饬议。仰见宪台牖民范俗筹划之盛心。查族长、房长均为一族之尊,于通族之贤否,所行之顺悖,耳目既真,稽查自易,专以责成,使之化导于平时,约束于临事,实为事简而法周。唯是族长、房长,皆有一定之分,未必尽公正之人,且或生长田野,礼法未娴,或衰耄龙钟,是非不辨,强悍者琐亵滋事,柔懦者猥鄙无能,则又难保其不为滋弊。本司细加筹画,查定例内开:"族满百人以上,保甲不能遍查,拣选族中人品端方、素为阖族敬惮者,立为族正。如有匪类令其报官"等语。今似应仿族正之例,通行各属凡有世家大族丁口繁多者,即令该族于尊长内无论是否族长、房长,择有举、贡、生、监品性素优,实为阖族所敬惮者,公举一人委为族约,无举、贡、生、监,即选人品端方足以服众者一人为之。地方官给以牌照,专为化导约束,使之劝善规过,排难解纷。子弟不法,轻则治以家法,重则禀官究治。至口角争忿,买卖田坟,或有未清事涉两姓者,两造族约即会同公处,不得偏袒。族内如有孝弟节义及赒恤义举,族约即为报官请奖。族约遇有事故,公举另替。如恶薄子弟,因族约公言,欺凌寻衅,藉端报复者,报官重处。至地方一切缉拿逃盗、拘犯承应诸事,事系保甲,概不得责成族约,俾优其品,以专其任。如果两年之内,化导有方,约束无事,地方官给匾奖励;五年无犯,详宪请奖;十年之内,能使风俗还淳,浇凌胥化者,详请具题奖叙,以示鼓励。如此则报充之族约,皆为公正之人,伊等自惜身名,自不肯偃仰薄俗,而凛遵法守,亦必无滥行恣罚,以饱贪饕,轻擅戕命,以干宪典之事,庶以族化族,而民风归厚,公祠之恶习可除,而公祠之实效可收矣。

(《续修四库全书》本,上海古籍出版社2002年版,第882册,第162-164页)

赣抚陈宏谋调查宗族状况。

陈宏谋《培远堂偶存稿》卷一三,乾隆六年十一月《谕各属登覆地方事宜》:

……

一、地方强盛大族几家,果否奉公守法,如有恃众不法、统众行凶、不受钤制之事,将姓名住址密开具禀。

……

州县限两月内一面经禀本部院,一面禀府内。

(光绪二十二年刊本)

赣抚意欲设立族约,征求下属意见。

陈宏谋《培远堂偶存稿》卷一三,乾隆七年六月《谕议每族各设约正》:

江西地方……已据各属报齐,通省祠堂有四千二百之多,是各属境内大半皆有祠堂之户……专司一族之事者也。夫小民不公不法之事,有犯必惩,法无可贷,然与其惩创于已犯,不若化诲于未然。地方官果能化导,设法约束,再有犯者,然后执法绳之,庶几化导一人,即收一人之效;省得一事,即受一事之福。但一县之内,地处涣散,责之官司,耳目难周,尽各祠既有族长,而族长之下又有房长,均为一族之尊长,地近而情亲,分尊而责专,既为房族之长,岂有止司祠祭,而于族中之贤否利害漠不相关之理,莫若官给牌照……将应管条件……报官惩处,不许擅自处死……族长房长身故……易于约束,本部院意在防患未然,因人立教,除公祠之恶习,即以收公祠之实效。故尔筹思及此,因通省情形不同,利弊不同,其中事宜如何举行方无违碍?如属可行,牌照款条如何胪列?族长、房

第五篇
族正的设立与存废

长如何劝惩？或房长统于族长，或专责族长而不及房长，或就中分别职掌，或公举族中尊长以充约正，该府备查所属情形，悉心妥议禀覆，并将牌照式样拟送，如有不便举行者，亦即分晰备陈，事关化理，切勿含糊。

（光绪二十二年刊本）

陈宏谋再次调查宗族状况。

陈宏谋《培远堂偶存稿》卷一四，乾隆七年七月《再询地方事宜谕》：

本部院于上年莅任时，曾将地方情形事宜，开列三十二条咨询各属，令其逐条登答，有应行条议者，亦即附议请示。已据各属陆续覆到，其中能将所办情形据实回覆及附有条议者，十中不过二三，其余率多支吾浮泛……今将所问各条另行酌增，并发册式，令各属再为登覆，以知地方之实在情形，并以睹各员存心办事有无长进焉。所有各条开列与后：

……

一、地方宗祠若干，内强盛大族几家，果否奉公守法，如有恃众不法、统众行凶、不受钤制之事，将姓名住址密开具禀。

……

均限十月内覆齐毋违。

（光绪二十二年刊本）

举报族长为乡饮的条件。

陈宏谋《培远堂偶存稿》卷一六，《核实乡饮酒礼檄》

举报乡饮……夫人之品行莫若孝友睦姻任恤……如现在江西同省举行社仓，则有社长、社副，又举报族正，皆地方乡耆士庶中素行公正者乃得充当，亦惟存心利济者乃肯充当。其所司者无非孝友睦姻任恤之事，与乡保、甲长同应官差者不同……族正副果能以孝友劝谕合族，以公正剖白是非，实能息事宁人……凡此社长、社副、族正及今年乐善好施救济乡里之绅士，约未在举报之例……仰司官吏即便转行各属：嗣后如……族正内有能劝谕宗族排难解纷、俾族人改恶迁善者……年逾六十以上方许举报乡饮。

（光绪二十二年刊本）

族正职责。

陈宏谋《培远堂偶存稿》卷一四,乾隆十年十月《再饬选举族正族约檄》:

江省地方,聚族而居,族各有祠,合爱同敬,尊祖睦族,诚为美举。而日久弊生,户多人杂,或以强凌弱,以众暴寡;或自相戕贼,同室操戈。凡不公不法之事,往往有之。本都院曾经刊刻告示,谆切谕诫,并令将境内祠堂及族长姓名造册具报。已据各属报齐。通省大半皆有祠堂之户,每祠亦皆有族长、房长,专司一族之事。复经谕令各属,莫若官给牌照,假以事权,专司化导约束之事,将应管之事,一一列入。如族众某房有不孝不弟习匪打降等事,房长当即化导,化导不遵,告知族长,于祠中当众劝戒。如有逞强不率,许其报官惩处。至口角争斗,买卖田坟,两造族长、房长,秉公会议,应劝释者劝释。如经官司,两造族长房长当堂公言,偏袒者分别罚戒,族内有孝弟节义之善事,亦许报官请奖,族长、房长事故,公举报官承替。如薄恶子弟,因公言而欺凌族长、房长,寻衅报复者,报官加倍治罪。至于地方承缉逃盗,拘拿案犯,承应官府,原系乡地保甲之事,概不责之族长。以族房之长,奉有官法,以纠察族内之子弟,名分既有一定,休戚原自相关,比之异姓之乡约、保甲,自然便于觉察,易于约束。今据各属陆续报覆前来,合行发折会议,仰司官吏,即便会同在省司道,将各属折详内,逐一参考。或于族长、房长之外,另选族正,或选族约。如何责成,如何选举,如何赏罚,或给牌照,务使事权不必过重,约束可无阻难,悉心妥议,酌定条规,并将应管事宜,胪列条规,拟定牌式,会详核夺,以便批饬通行遵照。

(光绪二十二年刊本;另收入《皇朝经世文编》卷五八《礼政》,题为《选举族正族约檄》,中华书局1992年版,中册,第1480页)

陈宏谋认为取消族正非政事之宜。

《皇朝经世文编》卷五八,《礼政五·宗法上》,陈宏谋《寄杨朴园景素书》:

敬宗即所以睦族,立教不外乎明伦,临以祖宗,教其子孙,其势甚近,其情较切。以视法堂之威刑,官衙之劝戒,更有大事化小,小事化无之实效。直省惟闽中、江西、湖南皆聚族而居,族皆有祠,此古风也,即礼教也。昔于江西酌定祠规,列示祠中,选立祠正,予以化导约束之责。族中有口角争讼之事,传集祠正,秉公分剖,先以家法劝戒。当时已觉悚动,若久久行之,自能去其积习,以收远效。近因祠族有不法之事,遂为拆毁祠宇,追取谱牒之举,凡城乡祠堂,必有一番滋扰。祠正无人承充,即有其人,亦不可问矣。因偶然之流弊而废长久之良法,大率如此也。

(贺长龄、魏源辑,中华书局1992年版,中册,第1482页)

赣抚疏请责成族正稽查士习。

第五篇
族正的设立与存废

《大清高宗纯皇帝实录》卷四八九：

(乾隆二十年五月下)江西巡抚胡宝瑔奏：请端士习以厚民风。

一、刊刻免停科举恩旨及屡次钦奉训士上谕，凡士子人给一帙，俾感激奋兴，以臻驯善。一、道员有分巡之责，所至之处，悉令召集士民于明伦堂，谆复开导，使咸知大义。

一、教职与士子最亲，每逢月课，实行面试，并随时诰诫，以率不谨。

一、江西士民多聚族而居，责成族正就近稽察，倘有品行卑下、文字诡僻者，呈明州县，分别劝惩。

一、文根于性，最忌怪险，臣与学臣商定，加意持衡，即素号能文而喜诡异者，概不取录，以端始进。

一、标名干进之习，急宜杜绝。倘有不遵正学，妄行著述，思以贪获科名，交结当事者，立即查拿。

一、江省风气，非藉文墨以逞狂，即假星卜以愚众。一二多事生监，从中簸弄，勾引诪张，最易流为刁健，必应痛惩。

得旨：惟当行之以实，而要之以久，不可出于一时整顿观瞻而已。

(中华书局1986年影印本，第7册，第146-147页)

禁止建立在省会、府城的联宗祠堂和族谱，以清讼源。

《宫中档乾隆朝奏折》21辑，《请禁祠宇流弊疏》：

江西巡抚兼提督衔臣辅德谨奏，为查禁祠宇流弊涤讼源以维风教事。窃照江西民情健讼，有司勤惰不齐，州县自理词讼及上司批查案件，多不遵照例限审结。且有判断失平，不能折服其心，未免益长刁风而滋拖累。臣到任以来，逐一清查，分饬司道府州，勒限饬结，秉公核正，尘积案件大半清厘。其疲缓阘茸之员，臣即分别纪过参革，俾众知儆。惟查各属讼案繁多之故，缘江西民人有合族建祠之习。本籍城乡暨其郡郭并省会地方，但系同府同省之同姓，即纠敛金钱，修建祠堂，率皆栋宇辉煌，规模宏敞，其用余银两，置产收租，日积岁多。因而不肖之徒从中觊觎，每以风影之事妄启讼端，藉称合族公事，开销祠费。县讼不胜，即赴府翻，府审批结，又赴省控。何处控诉，即住何处祠堂，即用何处祠费。用竣，复按户派出私财，任意侵用，是祠堂有费，实为健讼之资。同姓立祠，竟为聚讼之地，欲弭讼端，不得不清其源而塞其流也。臣查民间祠堂，如系建于本乡，时祭飨而联络族谊，设公费以教养子弟，乃系敦尚古道，实为美俗可封。若远建于府省地方，祭飨无闻，族谊不洽，其屋宇则傍宿健讼之徒，其公财则积为逞讼之费，颓风败习，莫此为甚。况查所建府省祠堂，大率皆推原远年君王将相一人，共为始祖，如周姓则祖后稷，吴姓则祖泰伯，姜姓则祖太公望，袁姓则祖袁绍。有祠必有谱，其纂辑宗谱，荒唐悖谬，亦复如之。凡属同府同姓者，皆得出费与祠，送其支祖牌位于总龛之内，列名于宗谱之册。每祠牌位，动以千百计，源流支派无所**别择**，**出钱**者联秦、越为一家，不出钱者置亲支于局外。原其创建之初，不过一二好事之徒，**藉端建议**，希图经手侵渔。访其同府同省之同姓，或联络于生童应考之时，或遍走于农民收割之后，百计劝捐，多方耸动。愚民溺于习俗，乐为输助，故其费易集而多，其风日踵而盛。祠成广厦，置之空间，歇讼聚赌，窝匪藏奸，不可究诘。近于省会祠中，复经拿获私铸案犯。臣闻礼称大夫不得祖诸侯，岂有民人而可妄祖前代之君相，据理已宜查禁，况滥觞至为聚讼之薮。甚而窝赌窝匪，无所不有，尤难听其流弊，无所底止。臣现今通饬各属，查明果系该县土著，实有近祖可考，岁行祭祀者，仍准其存留外，其余荒远不经之始祖，既系附会，神亦不享非类，应将牌位查毁，谱并削正。其外府州县奉附之支祖，舍其本籍禋祀，寄主府省，竟作馁而之鬼。为其子孙者，当亦难安，应将牌位撤回。至其废祠房间，若不随时削迹，日久保无复立，应令改作平房铺面，不准本姓棍徒阻挠，或实有愿留为该姓应试生童公寓，尚属可行。倘准留之房，仍有讼棍盘踞及窝赌窝匪情事，除严拿本犯治罪外，即将其屋宇入官，或作堆铺，或给未建衙署之员弁居住。此外尚有一种本省外省各姓公宇，虽未供设牌位，名似稍异，而实则相同，应亦照此一律办理。嗣后永远不许添建府省祠堂公宇，其有实系敦本支而睦宗族者，只许于本乡本村以时飨祀，庶几礼教可明，讼源可涤，而民生日厚矣。臣为整饬地方起见，合将应办缘由缮折具奏，伏祈皇上睿鉴训示。谨奏。

朱批：识见甚正当之论，如所议行。

乾隆二十九年三月二十八日。

（台北故宫博物院1982年版，第73-75页；《皇朝经世文编》卷五八、《皇清奏议》卷五五均收录，题为《请禁祠宇流弊疏》，但该两种书文字有脱误，且无朱批）

清高宗支持辅德的禁止联姓氏、建公祠奏疏。

《大清高宗纯皇帝实录》卷七〇九：

（乾隆二十九年四月下）庚子。谕曰：辅德奏：江西讼案繁多，率由府省地方敛金买产，合族建祠，不肖之徒妄启事端，所至停宿，讼徒开销祠费，甚至牵引远年君王将相为始祖，荒唐悖谬，不可究诘。现在通饬查办一摺，所见其为正当，已批如所议行矣。民间惇宗睦族，岁时立祠修祀，果其地在本处乡城，人皆同宗嫡属，非惟例所不禁，抑且俗有可封。若牵引一府一省辽远不可知之人，妄联姓氏，创立公祠，其始不过借以酿赀渔利，其后驯至聚匪藏奸，流弊无所底止，恐不独江西一省为然。地方大吏自应体察制防，以惩敝

第五篇
族正的设立与存废

习。况礼经所载,大夫不得祖诸侯,即谱系实有可稽,而地望既殊,尚当远嫌守分。若以本非支派,**攀援窜附**,冒为**遥遥华胄**,则是靦颜僭越,罔知忌惮,名教尚可贷耶!各督抚等,其饬属**留心稽察**,实力整顿所辖之地。如有藉端建立府省公祠,纠合非类,健讼扰民,如江西恶俗者,一体严行禁治,以维风纪而正人心,毋得仅以文告奉行故事。

(中华书局 1986 年影印本,第 17 册,第 917-918 页)

辅德奏报查禁联宗祠堂、族谱情况,清高宗予以肯定。
《宫中档乾隆朝奏折》23 辑,《覆奏查办江西祠谱完竣折》:

江西巡抚兼提督衔臣辅德谨奏,为查办祠谱完竣恭折覆奏事。窃臣前奏,江西民人妄联姓氏,醵金创立公祠构讼,种种流弊应行查办缘由一折,恭奉朱批:识见甚正当之论,如所议行。钦此。复蒙谕旨特颁一体禁治,更荷训示谆谆:毋得仅以文告奉行故事。臣惟敬谨钦遵,实力查办,当将钦奉谕旨缘由,遍行出示晓谕,一面通行阖省州县,各令在于境内逐一详查,并为恺切晓谕,俾知异族合祀,擅起讼端,妄祖君相,在家在国,均干罪谴。今蒙圣主恩加格外,免其深求,已为该族大幸,若在迁延隐匿,则按法论拟,定不可逭。并恐州县视为具文,不时查催指斥,**责令该管知府就近严督妥办**。臣复细加体察,缘江省各属在在有祠,由来甚久,其中同宗**嫡属建**于本籍乡城者,尚为尊祖敬宗而收其族,此意未尝不善,而流弊之坏,则由于同姓建祠而起。今查同姓之祠,虽不能追其所始,大概由单姓寒门欲矜望族,或讼棍奸徒就中渔利,因而由城及乡,由府及省,处处邀约敛费,创立公祠,随窜附华胄,冒认名裔,而不肖之辈争相仿效,遂至不一而足。至建祠余资或置田产,或贮钱谷,多有借与同姓,愚民倚祠加利盘剥,租息积于无用,于是因其有费可动,宗祠可居,动辄兴讼,既肆其强梁,复恣其饕餮,狱讼繁兴,奸匪藏居,实由于此。其荒远不经之木主,则由各送木主入祠,多系各家之祖,乃复追溯古初得姓之始及攀援往代有名之人,以为公共之始祖,而各族专祠因亦转相效尤,非刊立柱,即载之谱首,以为荣耀。其有近祖可考者,反置之于不论,是以各谱世系尚多接续可考,独其始祖则遥遥不相涉,盖本系从后妄行拟入者也。今饬查其木主并吊验族谱,其祖及唐宋者已为近代,而两汉以上,唐虞三代颛顼轩辕称为始祖者,比比皆是,甚有祖及盘古、地皇者。又有古之奸逆人所不齿,如董卓、朱温之类,尚有祖之者,更有正史不载,仅见于稗官野史,实无其人,如雷震子之类者,亦皆奉为始祖,其僭越荒唐,鄙俚悖谬,实为已极。臣不料江西文物之地,而于祠谱根本一事,遂至于此。今据各属开折具禀前来,臣汇总查核,计同姓共建者八十九祠,一族独建者八千九百九十四祠,设有荒诞不经之木主者一百七十祠,谱载荒远不经之始祖者一千一十六姓。又公宇一百四十一处,业将同姓共建祠内所立木主,概令各自撤毁，所置田产及祠屋均令自行觅售，将价各自分回。间有别无售主者，听其归于一族，或改民房铺面，或作考试寓所及堆贮货物之用。总使根株悉拔，不值复萌故习，公宇亦照此办理。其荒远不经之本主及图像、匾联悉行撤回，所有谱首、谱序荒诞不经之始祖及字样名目，一概铲削，并毁其版，断以始迁该地及世系分明者为始祖，均令另行改正。送官钤印发还，遇有争讼，饬以印谱为凭。并据各属禀称，当传该族面谕时，将其僭妄荒唐之处，逐一指明晓示者，皆知悚惧惶愧，且有将谱自行销正送印者，足见人心之明，原属不昧。此番办理，似于颓风陋俗一为廓清。至各专祠之有祠产者，计六千七百三十九处，除仅敷祭享外，其有余者共计七百六十处，皆取具遵依教养子弟倾助族中贫乏婚丧之用，不得以为讼费。除仍饬地方官随事留心，如有于族中藉词敛费者，即加惩处，儆亦杜讼风外。臣复通行严示，此后敢有仍建同姓公祠及一族专祠，设有荒远不经之木主匾联者，即将祠屋入官，并重治其罪，其有于谱首仍载荒远不经之始祖字样者，亦一并严行治罪，俾知名分不容稍假，宽典难以再邀，互相提撕，共为遵守，庶妄诞之风永息，而尊亲之义益明矣。所有臣钦遵谕旨查办完竣缘由，理合恭折奏明，并将查明词谱各数分别汇开清单，恭呈御览。伏祈皇上圣鉴训示。谨奏。

朱批：好，知道了。

乾隆二十九年十一月二十七日。

（台北故宫博物院 1982 年版，第 323-325 页；《皇清奏议》卷五五收录，题为《覆奏查办江西词谱疏》，文字有脱误，且无朱批）

福建漳泉地区各姓宗祠敛有公费不免有需索。

《大清宣宗成皇帝实录》卷三二八：

（道光十九年十一月）庚申。谕内阁：前据御史焦友麟奏闽省营务废弛一折，当交吴文镕查明具奏。兹据奏称，该处既无采买幼女之事，即兵丁亦无包揽之弊。漳泉民风强悍，从前地方殷富，各姓宗祠中敛有公费，不免有需索等情。近年民间公费无出，械斗亦少。至夷船夹带，兵丁包庇，交通水师营弁，业经因案惩办，陆路兵丁尚无包庇交通之事等语。该御史所奏，著毋庸议。惟欲戢骄悍之习，全视乎将领之贤否，果能约束有方，自必风清弊绝。著桂良、吴文镕严饬地方官暨各该营将领，随时访查。如武弁兵丁有吸烟及包庇等情，即行严拿究办，务期有犯必惩，毋稍姑容，以靖海疆而肃戎政。

（中华书局 1986 年影印本，第 5 册，第 1165 页）

（二）因地制宜，局部地区的持续推行

第五篇
族正的设立与存废

不准设立族正。

《大清宣宗成皇帝实录》卷三二五:

(道光十九年八月戊子)谕内阁:钱宝琛等奏,议覆御史焦友麟广敷教化一折,地方官有教养斯民之责,果能除莠安良,何患奸宄不戢,民俗不醇,毋庸多设科条,转滋烦扰。嗣后朔望宣讲之处,著仍照旧章,责成该州县实力奉行。傥于编查保甲时,访出习教匪徒,立即严拿惩办,以靖地方。所有该抚等奏请分任教官添设族正之处,着毋庸议。

(中华书局1986年影印本,第5册,第1111页)

民间告状涉及族正。

《大清宣宗成皇帝实录》卷三一二:

(道光十八年七月丁卯)又谕:本日据都察院奏,福建晋江县民人王埭良,以焚劫勒赎等词,赴该衙门具控。已明降谕旨,交该督抚督同臬司亲提审讯矣。此案据该民人控称:吴罗等纠众持械,掳人勒赎,抢劫财物,纵火烧房,叠控文武各衙门,批府饬县会营讯办。该县不为严究,反赏给吴罗等顶带,兼充族正房长等情。顶带为名器所关,该县如果擅行赏给,殊属有违定制。该民人所控各情,是否属实,著该督等逐一研讯,确切查明,照例惩办,毋稍含混,以成信谳。将此谕令知之。寻奏:讯系吴罗族人吴俞,因派王埭良修桥不允,起意将王埭良之侄王赵、王憬关禁勒赎。又乘王埭良家失火,纠抢耕牛,至王埭良京控词内,所称该县赏吴罗等顶带,系属装点,实无其事。吴俞应照福建民人捉人勒赎为首发新疆给官兵为奴例问拟,王埭良所控掳禁勒赎得实,余属虚诬,按律拟杖。下部议。从之。

(中华书局1986年影印本,第5册,第866页)

知县立族正综理一族的主张。

《长沙涧塘王氏六修族谱》卷首一,咸丰三年夏廷樾《王氏四修族谱序一》:

……余尝谓:治斯世时之人,欲其出入相友,守望相助,莫善于团,而乡团之法尤莫便于族团。盖族之为团也,或立族正以综理一族,或立房长分理各房,或请官法以列于祠,或拟宗规以著于牒,则为法、为戒、为劝、为惩……但在一族之内者,族正得而约束之,但在一房之内者,房长得而纠察之,则父兄之教有先,而子弟之率亦谨矣。尚何虑夫游惰,何患夫盗贼,何忧乎悖逆争斗,而使俗不长厚哉!是故族者家之积也,天下者族之积也。各族理则天下理,此昔陈榕门先生所行于江省之至意也,即今圣天子所属望编氓之至意也。可不勉乎哉！余于王生有厚望焉，是为序。

（民国三十八年，听槐堂铅印本）

御史吁请族正与绅士维护地方治安，清穆宗上谕可行。

《大清穆宗毅皇帝实录》卷二九五：

（同治九年闰十月下）庚辰。谕军机大臣等：御史张景青奏，会匪根株未绝，敬筹解散安插之法一折，湘潭等处会匪滋事，虽已立时扑灭，而根株未绝，仍恐暗**长潜滋**。且散勇无归者，东南各省所在皆有。西北等省，近年亦屡有溃散滋事之案。若不**豫筹良法**，解散安插，无以消患未萌。张景青所陈责成绅士约束、族正劝谕，并令旧日主帅保举差委，复择无主荒田，招徕开垦，收缴乡团军械。暨将土匪游勇抢劫之案，仿照直隶等省现办章程，严行惩创各条，系为思患豫防起见，尚属可采。着各直省督抚各就该省情形，斟酌机宜，妥为筹办，总当实力实心，期有成效，不得粉饰因循，一奏了事。至散勇为患，总由绿营废弛，兵力不强，不能钤制，致桀骜不驯之辈敢于肆行。张景青所陈，尚是治标之论，此时正本清源，必以整顿营制为第一要务。并著该督抚等悉心筹议，讲求训练之方，力振虚弱之弊，庶营制日有起色，匪徒闻风敛迹。曲突徙薪，较为得其要领也。原折着钞给阅看，将此各谕令知之。

（中华书局 1987 年影印本，第 6 册，第 1082 页）

江苏

光绪十三年扬州大桥镇刊《徐氏四修族谱》卷一，《祠规》：

奸淫为万恶之首，风化攸关，倘有违礼犯法，无论有服无服，灭伦败化者，族正会同族长禀官治，仍削其谱内名行，并子孙永远不许入谱，以示惩儆。

（转自王志明《明清家族社会认同准则》，《华东师范大学学报》1992 年第 6 期）

江西

道光三年江西订立族正举充条件、奖惩方法及其职权，并发给牌照。

《西江政要·道光四年·户役》，《议详选立族正给予委牌，族中小事治以家法，祠内公项止许祭祀修祠之用，如有盈余，将族中鳏寡孤独残废穷苦之人量为周恤，不准将祠内公项取作讼费章程》：

粮道王、藩司潘、臬司魏、盐道丁会详称，为详举族正以广教化事。道光三年九月初六日，奉宪台札开：照得本部院闻，江西民间多聚族而居，各族均立祠堂，每祠俱有公费，

第五篇
族正的设立与存废

以为族中祭祖、修祠等项之用，原属敬宗收族美意。近因习染渐漓，每有族中讼事，均取给于公费。出告者恃有公费可以挥霍，妄兴雀鼠之争；扛帮者恃有公费可以侵渔，故做拖延之计；甚至有恃众械斗，以强欺弱。或用公项侵用过多，不能消算，所告之案，屡结屡翻，不愿完结。以致狱讼日多，不特被告之人受其拖累，失业废时，即本人族中，亦致身受刑责，公费荡然而后已。夫一族中鳏寡孤独残废穷苦之人，所在多有，既有公费，出以赒恤，岂不甚善！乃以此为险健之资，速身家之祸，何其愚耶？卷查乾隆七年，陈前部院任内，有选立祠正之举，令其约束族众，族内小事即令祠正治以家法，如该族中有与他族寻衅构讼者，亦责成该祠正查禁，所有祠费，但充祠正用，永不许取作兴讼之资，极为良法，应行查照办理。合行札饬。札到该司，即会同藩司，详查原定成规，核明妥议详覆，通饬各属遵办。仍查照前札，将愚民易犯罪名，摘录汇册呈送，以凭刊发各属，分给族正。令其朝夕讲读，俾愚民共知律例禁严，互相告诫，于人心风俗实有裨益，速速特札。等因奉此。本司等会查得江西士民，多系聚族而居，族必建祠，祠必置产。当其建置之始，原属报本尊亲，每届春露秋霜，既得以时荐享，冠婚丧祭，亦可入庙告处，妥幽灵而敦族谊，意至美也。迨后子孙蕃衍，莠良不一。每有恃其人丁之众，祠产之丰，欺压平民，逞强构讼，耗消公项，网利肥囊，种种作奸犯科，难以枚举。烟繁族大，岂无才德兼备之人，第不假以事权，即无董率之责，彼不肖子弟，亦不受其约束。伏查乾隆七年，曾奉前部院陈订定条款，选举族正，自纲常名教之际，以至耕桑作息之间，责成诲化，其法甚善。迨今日久废弛，自当仿照遗法，饬令各州县查明境内各祠数目，令各族绅耆人等公同举报，不论辈分之尊，房分之长，总以平日为人正直端方，才优尤厚，素为通族敬服之人，由州县查验确实，立为族正，给予委牌，将《圣谕广训》及摘刊律例同宪台刊发《兴养立教劝善惩恶告示》发给族正，令其朝夕讲读，俾族众共知儆惕，勉为良民。如有乖戾之徒不知率教者，小则处以家法，重则鸣官究惩。其祠内公项，止许作祭祀、修祠等项之用。如有盈余，即将族中鳏寡孤独残疾穷苦之人，量为赒恤。倘族中有与他族寻衅构讼者，亦责成该族正查禁，不许将祠内公项取作兴讼之资，以保祠产而绵祖祀。各族正于给委之后，由该州县汇报查考。该族正果能实力教导，约束有方，如一年之内，族人并无违反科条，州县给予匾额，二年道府给匾，三年两司给匾，三年以后，该州县禀请宪台，亲加奖赏。倘有怠惰徇私等弊，分别斥革惩儆，另举接充。庶族正知有荣辱攸关，自必倍加奋勉，似此立法劝导，则闾阎比户，在在有司教之人，时时闻劝诫之语，将见仁让可兴，化行俗美。不仅革除族祠之恶习已也。是否允协，理合查照原定成规，备具委牌之式，同奉发原卷二宗，会文详请宪台核示遵行。再此案系本臬司主稿，合并声明，为此备由具呈。伏乞谨奉。道光三年九月二十一日，奉批。

抚程批，据详选立族正劝化章程，极为妥善，仰即刊刷。通饬各属遵照办理，并载入政要备查，牌式核发照刷，仍各刷印二分送查，并补详阁部堂查核。并令各州县于给委后造册汇报查考，此檄等因。

委牌式

江西某府某州县□正堂为饬举族正以广教化事。道光三年 月内，奉本府转奉布政使司潘、按察使司魏札开：奉巡抚部院程札开，照得江西民间多聚族而居，各族均立祠堂，每祠俱有公费，以为族中祭祖、修祠等项之用，原属敬宗收族美意。近因习染渐漓，每有族中讼事，均取给于公费。出告者恃有公费可以挥霍，妄兴雀鼠之争；扛帮者恃有公费可以侵渔，故作拖延之计；甚至有恃众械斗，以强欺弱。或用公项侵用过多，不能消算，所告之案，屡结屡翻，不愿完结，以致狱讼日多，不特被告之人受其拖累，失业废时，即本人族中亦致身受刑责，公费荡然而后已。夫一族中鳏寡孤独残废穷苦之人，所在多有，或贫人生女不能养育者，既有公费，出以赒恤，岂不甚善，乃以此为险健之资，速身家之祸，何其愚耶？卷查乾隆七年，陈前部院任内，有选立祠正之举，令其约束族众，族中小事，即令祠正治以家法，如该族中有与他族寻衅构讼者，亦责成该祠正查禁，所有祠费但充祠正用，永不许取作兴讼之资。极为良法，应行查照办理。并将民间易犯罪名摘录刊发，各属分给族正，令其朝夕讲读，俾愚民共知律例森严，互相告诫，于人心风俗，实有裨益等因，行司仰府行遵在案。今据 都 图族众公举一充族正等情前来，据此合给委牌照署充，为此牌给该族正领受。尔须遵照后开条款，实力奉行，随时化导，果能约束谨严，训诲得法，一族之人悉返浇漓，咸归淳朴，本定核实，从优奖励，倘或徇徇受贿，挟嫌徇情，一经发觉，除饬革外，定行按情治究。如有凶徒刀棍仇恨纠察之嫌，妄思陷害，尔即赴 指禀质明，将本犯加倍治究，慎勿疑畏，务秉至公，以无负委员委任之至意，须至牌者。

计开条款

一、宣讲圣谕，以兴教化。每逢祭祀聚集之时，于公祠内会同族长、房长，传集合族子弟，分别尊卑，拱立两旁。将"上谕十六条"句解字释，高声曲喻，并将律例罪名及条教告示，随时讲读，实力劝导，俾尔族姓，务各心领神悟，父慈子孝，兄友弟恭，夫和妇顺，敦族睦姻，以成仁厚之俗。

一、祠内公项，止许作祭祀修祠等项之用。如有盈余，酌给族中鳏寡孤独残疾穷苦之人，或贫人生女不能养育者，酌给谷钱，令本妇自养，或给邻妇代养。其倘族中有与他族寻衅构讼者，该族正应即查禁，不得将祠内公项取作兴讼之资，以保祠产而绵祖祀。如违，定干重究。

一、稽查善恶，以示劝惩。一族之中，贤愚不一，如遇赋性驯良，行事谨饬，家庭雍睦，

第五篇
族正的设立与存废

务业精勤者,此系朝廷之顺民,亦尔祖宗之贤嗣,尔当加意护持,倍为奖劝。或开具事实报县褒崇;如有不守本分,酗祖(酒)行凶,欺孤凌寡,赌博宣淫,为盗为匪,种种不公不法之事,一有见闻,轻则会同该族房长,将本人传至祠堂,令其长跪神位之前,剖别是非,直言指饬。如果认过悔罪,许其具结自新,如怙恶不悛,暴戾不遵及所犯情罪重大,即报官惩究。慎勿瞻徇藐视,自贻咎累。

一、举报节孝,以励风俗。孝子、悌弟、义父、节妇秉两间之正气,为宇宙之完人,朝廷例有褒奖,闾阎藉以楷模,尔当留心体察,族内果有其人,即据实开具事由,报县具详请旌。

一、纠察匪类,以靖地方。查私宰耕牛,造卖赌具,兴贩鸦片、贩私窝盗,奸拐私铸等事,总难逃族众之耳目,族人一有干犯,刻即密禀查拿,倘稍有容隐,定行一体究治。

一、劝课农桑,以培本务。农桑为衣食之源,勤俭为治家之本,族中倘有游手好闲之辈,务须委曲晓谕,令其务田力农。盖荒工失业之辈,必不受父兄之教诲,当前即是不孝不悌之人,不但渐流污下,为非作歹已也。防微杜渐,亦应报官查究。

一、排难解纷,以敦任恤。族中如有祖父遗产子孙分析者,应令公平分受,不许悖争。其族中有口角争斗,买卖田土、盗砍侵葬等事,即据事处分,秉公劝释,力为剖决。令理曲者赔礼完事,倘各执己见,不能理处,以致到官者,奉官提质,即将其事之始末原委,并从前如何公处不依之处,据实禀明,听官剖断。倘**或瞻顾偏徇**,是非**颠倒**,亦即分别法究。

一、婚姻为人伦之首。族中如有凭媒许配之**后翻悔**赖婚及**谋娶强娶**者,族正与族房长以大义劝处完聚。

一、族内无子立嗣,应行通闻族房长,照律例先尽同父周亲,次及大功小功缌麻远房同姓之人。不许尊卑失序,如或应继之人不得于所后之亲,听择贤能。或立亲爱,不许亲房告争。义男女婿为所后之亲喜悦者,亦得酌分财产,该族正务须恪遵律例,分别缘亲处断,不得偏私。

一、族内如有匪类,嗔恨族正禀官究治,冀图报复泄忿,或使妇女撒泼寻衅者,该族正禀县即拿,加倍重处,毋少宽贷。

一、发上谕一本,抚宪告示一本,简明律例一本。

  右牌给 族族正 准此
   道光 年 月 日 给
   县   如遇更替此牌缴换

道光三年十月。

(光绪间刻本)

将律例摘编刊发族正衿耆。

《西江政要·道光三年·公式》,《摘录律例刊成小本颁发各属分给各乡族正与衿耆人等随时讲读》:

司道会衔为摘录律例宣示愚民以厚风俗事。道光三年八月二十三日,奉宪台、抚程札开:明刑所以弼教也……载观成周大司寇之职,悬刑象之法于**象魏,使**万民观刑象,州长一岁四读法,党正一岁七读法,族师一岁十四读法,闾胥则随**事读法**,无常数,至为详密,故能成康乐和亲之治,刑措不用者四十年,是法律之宜使民知,考之古治也已如此。恭读圣祖仁皇帝上谕十六条,有曰:"读法律以儆愚顽。"世宗宪皇帝复推广作训,有曰:"平居将颁行法律,条分缕析,讲明意义,见法知惧,观律怀刑,如知不孝不弟之律,自不敢为蔑伦乱纪之行,知斗殴攘夺之律,自不敢逞嚣凌强暴之气,知奸淫盗窃之律,自有以遏其邪僻之心,知越诉诬告之律,自有以革其健讼之习。"等因。钦此。大哉,圣谟!昭乎日月之经天,浩乎江河之行地,洵足与唐虞三代比隆矣。

再读《大清律例》,亦有"讲读律令"一条,凡百工技艺诸色人等,有能熟读通晓律意者,犯过失及因人连累致究,得免一次,是法律之宜使民知。按之今制,又如此,乃有地方之责者,宜何如遵奉哉!

江西近日刑狱繁多,每年题奏之案,约二百数十起,咨结之案,约一百数十起。其上下各衙门外结自理之案,又不知几千万起。其中知法犯法者固不乏人,而迫于不得已,陷于不自知,大约十居八九。本部院到任以来,已将教士教民各告条,先后刊发各属已。而各类罪名,尚未列示,觉于教民之道未备,惟是律例繁多,愚民难以尽晓,自宜摘要悬示,以晓愚蒙。该司为刑名总汇,合行札知。札到,该司即会同布政司、粮盐道,查照律例,将江西愚民最易犯者,摘录简要罪名,汇为一册,呈送本部院覆核后,撰刊告示,并刊刷小**本,分发各属悬挂**,将小本分给各乡衿耆、族正人等,令其随时讲读。俾愚夫村妇,咸共闻知,庶**成触目警心**,迁善远罪……溯查乾隆七年曾奉前部院陈将民间易犯各条罪名,摘刊律例,颁发各地方族正讲解劝导,实为渐磨消衅之良规。惟是历年已久,条例每多增改,兹照成式,并查明新颁例文,遂加摘录,汇为一册,呈送核定,发司刊刷告示,分发各属,用木板裱褙悬挂,并刊成小本,分给各族正与衿耆人等,随时讲读。其刊本按州县缺分之大小,分别发给,大县一百本,中县八十本,小县六十本,如州县中有地方广阔、户族夥繁不敷散给者,许其禀请补给,俾各族正等得以一体劝诫,见法知惧,观律怀刑,自必然默化潜移,共相警省,雍雍穆穆,家庭有和蔼之风,皞皞熙熙,里党无乖戾之事,比户可

第五篇
族正的设立与存废

封,跻登仁寿,园扉鞠草,共享升平。除将举行族正事宜另议详核外,合将摘录律例缘由、会文详请□□,奉抚程批:该议极是。仰将核发律例告示分别刊刷,通饬各属遵办,仍印小本二十分,告示一道,呈送备查,此缴等因。

律例告示一本另存。

(光绪间刻本)

永新知县建议举充族正应论辈分、令族正协助催交课税

《西江政要·道光四年·户役》,《永新县禀覆奉抚宪通饬设立族正除遵照办理外,自议四条并陈》:

吉安府永新县知县徐作楷谨禀:敬禀者,本年十月十五日奉本府特奉宪台行奉抚宪檄行,以各属民祠均有祠产,往往作为讼费,饬令公举祠正,以理经费而资劝化等因。仰见大人提纲挈领,整顿无遗,法美意良,化导有则,从此刁悍之编氓,渐移作淳良之辈,纠缠之讼狱,消磨于滴育之中,且使报本追远之民规,得沐永久,好讼争胜之积习,由是剔除,卑职幸依仁宇,实深钦佩而难铭。仰领德音,何敢奉行不力,除遵照办理外,惟卑职自**惭谫陋**,测海以蠡,一得之愚,不敢自弃,仅就愚见,不揣冒昧,敬陈数则,是否有当,伏乞**训示遵行**,肃此,云云。

一、奉议饬令合族公举德行裕优素为众所共推者,不论辈分之尊、房分之长,着为祠正等因,伏思长幼尊卑,所以别上下而昭逊让也。故长幼有序,为礼经所独重,尊卑有行,实圣谕之昭重,乡党莫如齿,尤以伦序为本,似难偏废。夫身充祠正,既有宣化之责,复有节制之权,方足以施化导而资约束,若以卑幼,凡遇尊长之横行不法,遇事生风,劝之不听,既未敢禀究,致蹈干名犯义之嫌,若概为容隐,又启恃尊效尤之渐,以致正不易之良规,终至有名而无实,殊失立法之苦心。卑职愚昧之见,应请饬令各族举充祠正,先就尊属选报,如尊属中实无其人,则以齿德爵三者兼备之人,方准报充,如再无其人,则以有齿德者为之;如祠正之辈分较卑,房分居幼,所有合族应就事宜,其或行或止,应劝应惩,或应行家法,或事必鸣官,仍令会同族长办理。则在卑幼既无所瞻顾,族长亦不能徇私,而长知尊卑之序,仍不致有窒碍也。

一、奉议一年之内,族人并无违反科条,该县给匾,二年道府给匾,三年两司给匾,三年以后,即禀请宪台亲加奖赏等因。复思赏罚所以示鼓励,倘恩荣易得,则徼幸可期,而懈弛立至,窃以极大之族,不过千有余户,其余则数百至数十户而已。或支派繁衍,人户众多之族,其中良莠不一,强弱不齐,以一人而就御一族,果能实力劝导,约束有方,一载之内,合族竟无违犯,自应加以奖赏;其族之小者,耕读安分者多,本属无事可入公庭,亦无应使其启衅,不特终老并无违犯,即数世可免事端。若一概以一年论功,将见给匾请赏者,不可胜计。久之视为寻常,良法比堕。卑职愚见,应请量加分别,以族分之大小,论记功之次数,一族在数千烟者,给匾以一年为准;千烟以下者,以二年为准;五百烟者,以三年为准;其余百余烟至数十烟者,以五年为准。并须查明事实,造具文册,于报县之时,仍令合族及邻族出具保结,似此办理,殊惩劝有节,而失效可期矣。

一、族正之设,因所以清讼源而除恶习,惟是教化之是否切实,祠产之有无妄用,地方官似难周察,不过考其族中之人,有无违犯,终老之内,有无词讼为断,惟不平则鸣,其中亦有不能不诉之事,必须官为判断者,亦未便禁其缄默,若仅以不兴词讼,即为祠正之能事,则论功行赏,尚觉失于滥。卑职初到江西,情形尚未熟悉,即就卑县而论,民欠钱粮自二十三年至今,历年均未奏销,其疲玩抗欠,实属不成事体,而窃匪窝户,本族往往庇护,以致肆无忌惮,应请责成祠正一体帮催钱粮及稽查族匪,即以钱粮有无拖欠,族人之有无犯窃,年终并计,定其功过,是不特化导可资,而催科缉匪,亦可得益,似属两有裨益也。

一、宗祠公产,所以绵血食而祀蒸尝也。民人聚族而居,思报本追远之计,共立祠产,遇有合族公事,即可动用,诚为善举,惟族大人众者捐项多而生息重,不肖之徒,每生觊觎,以致兴词构讼,遇事生风,而经理之人,亦往往从中侵蚀。如卑县萧能任具控萧毓章侵吞祠产一案,纠缠涉讼至十余年之久,迨后节外生枝,提省审办,始能完结,卒至问拟军徒,而祠产亦费其半,其中深受拖累者,更不计其数。现奉抚宪饬议章程,设立祠正,实为切中时弊之善政。但以祠产若归祠正一人管理,倘事设年久,账目倘有未清,不安本分者,或挟祠正督责禁约之嫌,见其年久经理,难以核算,即藉口侵欺,以为挟制报复之计,是欲止讼而复以兴讼,即祠正未必尽皆殷实,事权在手,难保其不挪移染指,在挪用之初,原欲从容弥补,而事经日久,力或不足,终致归于无着,不可不防其渐,应请将各祠公产,令祠正于充当接管之初,即公同合族人等,将存产及生息银谷数目,逐一登记明白,所有一切用费,祠正会同族长支放,年终邀同合族之人,结单清楚,公同画押,以免日后攻讦及侵挪虚亏之弊,是亦防微杜讼之一端也。

四年二三日,未见批示。

(光绪间刻本)

族正管理祠产细则。

《西江政要·道光五年·田宅》,《祠堂产业分年轮管》:

议详民间祠堂产业于族中慎选端悫诚实之人分年轮管毋许藉为讦讼支销。

第五篇
族正的设立与存废

……

为核议详覆事　潘嵩　牌开道光四年十二月十九日奉巡抚部院成批,本司会同臬司议详,奉批袁州府议禀民间祠堂尝产,毋许藉为讦讼开销,及有田无粮产业,概断入官等缘由,奉批如详通饬遵照办理,此缴等因。奉此,合行刷详通饬,由府行县,即便查照办理,慎毋视为具文,等因。计发钞详内开。江西布政、按察司为核议详覆事,道光四年十一月二十五日。奉宪台批,据袁州府知府郑心一禀称,本年十一月初三日,奉宪台札查各官贤否优劣,饬令出具切实考语,开折密呈查核,并另奉札查地方一切情形,仰见大人公中图治,兴利除弊,澄叙官方,咸使勉为循吏,伏读之下,不胜钦佩。查卑府所属四县,民情尚称淳朴,仓库实贮无亏,钱粮年清年款,并无械斗会匪,亦无私盐冲销,卑府抵任三年,随时查察,属员中虽乏才德兼优治行卓然之人,而地方易治,尚皆恪守官箴,各知勤勉,于催科审断,均不致因循贻误。民间健讼之风,惟分宜一邑词讼较少,宜、萍、万三县均属好讼,推原其故,江右之民多聚族而居,各城乡俱有祠堂尝产,以为族中公费,其始本为义举,流传既久,不肖子孙,藉讦讼为开销地步,凡有讼费,多取给于尝产,游手好闲之徒,藉此可资食用,且浮开侵蚀,往往案经断结,辄上控图翻,多延一日,则多一日开销,最为恶习。卑府管见所及,应请通饬各属,凡有祠堂尝产,皆饬地方逐细查明,当官另立一册,每年支用,仍令该族中自行经理,若因讼费支销尝产,族中人皆许首告,官为惩办,倍罚入祠,并将支用公费之人,永远不准经管尝产,族长任听侵用,容隐不举,一并议罚,使健讼无资,此风或可稍息。

又卑属山田多于平地,民间开垦成熟,往往互争,查山头地角,例免升科,原以优恤贫民,若因此控争涉讼,即系不安本分之人,应请通饬地方官,凡遇控争山场,除印契粮串相符,照契断令管业外,如有实系官荒……

以上二条,因蒙垂询讼源,附陈及此,是否可采,伏候裁酌施行……奉批,据禀已悉,至棍徒希图开销祠产公费,健讼生事,实为地方恶习,该府议听族中首告惩办倍罚,甚为妥协,惟将祠产当官立册,及有契无粮产业,概断入官之处,是否可行,仰布政司会同确核妥议详夺,此缴,折存,白禀抄发,等因。奉此。该本司等遵查祠产藉为讦讼开销一条,凡民间祠堂置买祀产,其始原系义举,或为年岁荒歉,买谷平粜,或为祠宇倾颓,随时修理,以及岁时祭扫而设,流传既久,不肖子孙,藉讦讼为开销,以资其食用,往往案经断结,即上控图翻,诚如宪批,实为地方恶习,今该府请将祠产当官立册,势必假手胥役,未免事涉纷繁,且恐更滋扰累,应请通饬各属出示晓谕,凡民间祠堂置有产业,于族中慎选端悫诚实之人,分年轮流管理,游手好闲之徒,不得令其经理,每年冬至前,将一年一切收支各款,开列清单,粘贴祠壁,俾众共知,若因讦讼支销祠产,许该族众首告,官为惩办,倍罚入祠。其人永远不准管理。如族众任听侵用,容隐不举,一并议罚。如此使健讼无赀,讼棍无所藉其食资,庶可挽颓风而免滋扰。民间有契无粮之业一条,查例载……是否允协,合将该议缘由,会文详请宪台查核批示,以便通饬遵照。再此案系本藩司主稿,合并声明,为此备由云云。

五年正月二日。

(光绪间刻本)

选举公正族长捆送究惩为匪不法之人。

《大清宣宗成皇帝实录》卷一八四:

(道光十一年二月甲申)谕内阁:前据御史周作楫奏,江西会匪之案,每多诬扳妄拿,请饬各该姓族长绅士出结捆送。当经降旨令吴光悦体察情形,据实覆奏。兹据该抚奏称:该省向立族正,原系编查保甲良法,历经照办,近年缉获赣州匪徒,多有访自绅士及由该户族捆送者。惟举充不得其人,又恐转滋流弊。著该抚通饬各属切实选举公正族长绅士,教诲族众。如有为匪不法即行捆送究惩,倘因匪党较多,力难捡送,亦即密禀官司严拿。如有挟私妄诬别情,照例坐罪。仍责成地方文武各官,一有各项匪徒窃发,先行派拨兵役,实力堵拿,不得藉有族长绅士捆送,置身事外,坐误事机。其获案各犯,实有牵累者,许族长绅士具结保领,立时讯释,以靖闾阎而安良善。

(中华书局1986年影印本,第3册,第909页)

宁都直隶州有族正。

道光《宁都直隶州志》,《风俗志附应禁各条》:

禁铲削草皮,锄挖柴兜……各乡村族正、绅耆及乡约、地保等,务请恪遵示谕,严行禁止。

(转引自《江西地方志风俗志文辑录》,江西省志编辑室1987年内部印行,第163页)

四川

华阳县设有族正。

嘉庆《华阳县志》卷七,《户口》:

嘉庆二十年邑令董淳编联保甲,凡城内东南各街道,分列中正、和平、敦厚、慈祥四坊,城外东南道六甲分别列仁、义、礼、智、廉、节六里,并设立族长、族正、房长,捐廉刊给

第五篇
族正的设立与存废

治家条规。

（嘉庆二十一年刊，道光二十一年补刊）

福建

嘉庆初年安溪县官员谢金銮向泉州知府建言设立族正。

陈寿祺等纂道光《福建通志台湾府》引《重纂福建通志》卷二二六，《国朝列传·侯官县》：

……于是又择其乡之齿长而端悫者立族正及副二人，如古三老啬夫，凡乡有讼事，族人以告族正，小事族正判其曲直，大事则族正自诣县告，或率其人俱至，以俟知县听断。知县有所问，以片纸召族正率其人至。

（《台湾文献史料丛刊》，第2辑，第26册，台北大通书局1987年版，第737页）

族正也可称族长。

《大清仁宗睿皇帝实录》卷二二九：

（嘉庆十五年五月）庚辰。谕内阁：方维甸奏，**遵旨酌**筹约束械斗章程一折。台湾远隔重洋，漳、泉、粤三处民人在彼错处，各分气类，**动滋事端**，必须约束严明，经筹久远。前经节降谕旨，谆饬方维甸到彼熟筹办理。兹据该督体察南北两路情形，酌议奏闻。内如总董一项，向在各村庄包庇抗违，甚至地方官号令不行，诸多掣肘。而隶役等亦擅自分保，互相党护，不服拘传，最为该处恶习，自应亟行革除。所有方维甸奏请严禁总董，及本保隶役党护把持，立法究治。并令设约长族长，责令管束本族本庄等事。均照所议办理。嗣后倘有纠斗之案，即并未杀伤，亦将为首究办。如不听晓谕，即行派兵严拿，以示惩儆。至所请酌减官员处分一节，地方官遇有械斗会匪抢夺之案，其失察处分均干降调，每有讳饰情敝。嗣后如该地方官果能随时访查，据实禀报，俾奸宄得以破露，虽不能全宽处分，该督等具奏到时，朕尚可酌量加恩，免其实降实革。若再能认真缉获首伙多名，办理迅速，则不但宽其处分，并当施恩鼓励。设仍前讳饰疏纵，即着照方维甸所奏，分别革职治罪不贷。

（中华书局1986年影印本，第4册，第84页）

嘉庆间漳州府云宵厅同知薛凝度推行族正制。

嘉庆《云宵厅志》卷三，《风土·谕云霄六十保一十三村族正族副》：

今本分府到此，与尔众绅士民人共议，每乡佥举设立族正一人、族副一人，饬令该族正副每房设立房长一人，令族正副约束各房长，令各房长约束各房子弟，将禁令各条开列于后。如各房子弟有不遵理法干犯禁示者,即房长惩治之。如子弟不遵房长约束,即有房长禀知族正副惩治之。如仍不遵族正副约束,即族正副督同房长缚送,禀明本分府惩治之……如有扶同徇隐、袒纵不举,以致控告到官,则本府惟族正副是问,令其将滋事之人缚送到官。如敢仍前抗违,本分府定不能稍事姑容,必痛行惩办。

(《中国地方志丛刊·华南地方》,第89号,台北成文出版社1967年版,第157页)

泉州府同安县设立族正。

周凯《内自讼斋文选》,《诰授朝议大夫华亭许君墓志铭》:

同安民好斗,称难治,君(编者按:许原清,道光二年在福建泉州府同安县任官。)先立条约,责族正副约束。

(《台湾文献史料丛刊》,第8辑,第153册,台北大通书局1987年版,第47页)

仙游县立族正。

陈盛韶《问俗录》卷三,《仙游县·竹义》:

为巨族、为小姓、为强房、为弱房,上四府呈词未之有也。仙游小姓畏大姓甚于畏官……而小姓称怨既久,乃集群小姓以与之敌……选立族正,责成父兄,法《周官》"调人"之设,以解民厄难。勤听断,虚衷研讯,以释民讼,庶几清其源乎!

(书目文献出版社1983年版,第80页)

用族正协助维护治安。

陈盛韶《问俗录》卷三,《仙游县·拦路》:

小民有宿恨者经过门前大路,解其衣,攫其货,甚至殴伤掳禁。或其亲属出控,把截官道尤严,不得不绕道而行。一人成仇,举族为之拦路,酿成朋殴巨案……邑令欲除此弊,始在传谕保长、族正,犯者不可不严刑惩治。

(书目文献出版社1983年版,第80页)

地方出现游民群体,官方用包括族正在内的联甲法应对。

陈盛韶《问俗录》卷五,《邵军厅·会茶》:

无业游民聚众群饮,号曰"会茶"。入其会,无论富民高枕无忧,即医卜星算莫敢侮予。为鼠窃、为花会、为强凌弱、众暴寡,旁观敢怒不敢言。有师傅焉,设立规条,毋强抢、毋劫杀,犯者加酷刑。天下之祸莫患于聚党,日久焰烟不灭,且恐不止于抢劫也。地方官

第五篇
族正的设立与存废

严则恐其咥虎,宽则患其养痈。惟精选联首,隆以事权,俾得首送匪类,保固地方。以人治人,不戢自除。联甲法,前孔荃溪观察仿保甲法变而通之,嘉庆二十五年、道光元二年延、建、邵三府赖此安堵,民受实惠,是所望于认真奉行者。

谨将荃溪先生联甲法录后:

一、联首之举,须你们自选平日信服,做事正道,并身家殷实的人。不论绅耆士庶,公同举报,或保正,亦可兼充。止不准用地保、乡练、贱役。每一村庄酌量人家多少,地方远近,不拘一二人、三四人皆可……再甲内如有绅衿,应听联首一体约束,不得抗违。又各县村庄有聚族而居者,自应议立族正、族副,协同族长经理。即同联首一例。

(书目文献出版社1983年版,第103-104页)

用族长捆送逃人。

陈盛韶《问俗录》卷六,《鹿港厅·逃人》:

命案凶手,盗案劫贼,冒犯死罪,身带短刀,逃入内山,不则藉漳、泉、广东同乡强族为庇护……是惟选总理,立族长,信赏必罚。谕以捆送者重赏,窝藏者连坐,复暗中会营购线,不动声色,以拘之。

(书目文献出版社1983年版,第130-131页)

族长参与清庄,对象是罗汉脚。

陈盛韶《问俗录》卷六,《鹿港厅·罗汉脚》:

台湾一种无田宅、无妻子、不士、不农、不工、不贾、不负载道路,俗指为"罗汉脚"。嫖赌、摸窃、械斗、树旗,靡所不为。曷言乎罗汉脚也?谓其单身,游食四方,随处结党,且衫裤不全,赤脚终生也。大市村不下数百人,小市村不下数十人,台湾之难治在此。是惟清庄时,另造闲民一册,着总理、族长严谨约束,分授执事,俾勿闲游。其不率者,禀官逐水内渡。然总理、族长难得其人,认真清庄者尤难得其人。

(书目文献出版社1983年版,第137页)

台湾噶玛兰设立族正。

《大清宣宗成皇帝实录》卷一〇〇:

(道光六年七月上乙未)户部议准:闽浙总督孙尔准奏,开辟台湾噶玛兰应行查办未尽事宜:

一、番社未垦荒埔,分给民人开垦。

一、田园租谷,请仍照原议:每田一甲,征租六石;园一甲,征租四石。

一、请免纳余租,以纾民力。

一、垦未成熟埔地,请缓报升科。

一、建筑城垣署舍,占用民人垦熟田园店屋作为地基,换给埔地。请另列一款征收,以免混淆。

一、历年水冲沙压田园无征银谷,请予豁免。

一、嘉庆二十二年以前民欠钱粮,请予补豁。

一、奏销限期,应划清年分,更定奏限。

一、筹存常平仓谷,以资储备。

一、额编文武员弁廉俸兵饷役食,就本厅所征供赋支给,毋庸由司动拨。

一、裁移营制新添官兵俸饷,在于本厅年征供耗余租等项支给,其不敷之项,应就余谷变价、并税契项下凑给。

一、加留余埔,以资归化社番生计。

一、分别添设隘寮,以防生番。

一、编查保甲,设立族正,以资稽查约束。

从之。

(中华书局1986年影印本,第2册,第642-643页)

噶玛兰设立族正的具体情形。

柯培元纂道光《噶玛兰志略》卷一三,《艺文志·文·双衔会奏稿》:

(**编者按:**鉴于噶玛兰新设厅,福建地方官为治理械斗向皇帝上奏,建议编查保甲的同时设立族正。)

一、编查保甲,设立族正,以资稽查约束也。查噶玛兰远在界外,其地耕种之漳、泉、粤民人,有家室者固多,而无籍游民及犯罪逃匿者亦复不少。今既收入版图,设官治理,必须正本清源,编查保甲,以杜匪徒溷迹。据该镇、道、府议请设官之后,责成印官按照保甲村庄,实力编查,造具烟户清册送查。其单身耕种及雇工、店伙等人,即附入田主、店主户下,责令地保约束,倘有犯罪变名溷迹者,即令该管头人指报。仍于各乡举设诚实总董,协同地保稽查,一家有犯,十家连坐,庶匪徒无从托足。该地漳人最多,泉人次之,粤人又次之。漳州十八姓内,惟林、吴、张三姓最为族大丁多,平日倚恃人众,以强欺弱等事不一而足,必须佥举族正,秉公约束,庶几返朴还醇。该府杨廷理前经在地选举各姓族正,详请责成约束,二年后并无械斗抢劫等案,即属办理得宜。令该地印官查明详请赏给

第五篇
族正的设立与存废

顶戴,以示鼓励。倘有阳奉阴违,徇私袒庇,察出随时究革,另行举充等情。臣等覆加查核,系为弭盗安民起见,应请悉如所议办理,以靖地方而示惩劝。

(《台湾文献史料丛刊》,第2辑,第27册,台北大通书局1987年版,第147-148页)

祁寯藻等奏漳州、泉州二府设立族正。
《大清宣宗成皇帝实录》卷三三五:
(道光二十年六月)乙酉。刑部等部议覆钦差兵部尚书祁寯藻等奏:查禁福建漳泉府属械斗章程六条:

一、漳、泉所属各厅县,有素称难治者,实缺少而署事多,官有苟且之心,民无伸诉之路。请令该督抚择州县中操守坚定、实心爱民者调补,如三年中实有成效,保奏鼓励。如有将械斗之案匿不具报、及分案办理者,从严参办。

一、漳、泉所属各州县下乡,动辄会兵,扰害不可胜言。请嗣后除大伙械斗或拒捕已成,照例会营帮捕外,寻常缉凶案件,不许轻易会营。

一、漳、泉乡俗,各有家长,应令地方官亲赴各乡,择耆老中有品望者,同姓之乡立族正一人,**族副数人**;杂姓之乡,立党正一人,党副数人。令其约束劝奖,本年内无争斗者,县官给**匾额花红**。一年及六年以上,由道府院司给匾,系生员由学政奖拔,查有扶同隐匿,一并究治。

一、漳、泉大乡,各养无赖恶少数十百人,助斗为生,挑衅取利,应严饬地方官查拿究办。

一、漳、泉各属,好习鸟枪,私藏私造,比户皆然。应令地方官立限收缴,官为给价,移营备用,全缴者给匾奖赏;不缴者按律治罪,并查制造工匠、火药坊肆,一并究办。

一、漳、泉各属,多买异姓幼子为子,有一人至买数十子者,平时责令贩洋取利,遇有械斗,即令持械先驱,生则逼令顶凶,死则藉尸讹诈。应令地方官传集各乡绅耆,谕以礼法,正其宗支,劝建义学教导。

均应如该尚书等所奏办理。从之。
(中华书局1986年影印本,第6册,第96页)

祁寯藻等奏漳州、泉州二府设立族正原折内容。
《明清史料戊编》第六本,礼部《为内阁抄出祁寯藻等奏》移会:

一、遴举乡族各长以重责成也。查漳、泉乡俗,各有家长,多系生监或辈行居长者为之,力能箝束一乡。其中原不乏有身家之人,而主持徇纵者亦复不少,应令地方官亲赴各乡,于绅士耆老之中择其有品望者,同姓之乡立族正一人、族副数人,杂姓之乡立党正一人、党副数人,殷勤奖劝,授以章程,令其约束。遇有口角小忿,即凭族党正副秉公剖释;倘有不遵,即时呈送县官,按法处治。如平时不能约束,反致酿成事端,又复挟同徇隐,并不据实禀报,除本犯治罪外,该族党正副一并究治。如实能表率有方,半年内无争斗仇杀者,县官给□□花红,一年以上,道府给匾,六年以上,院司给匾,并树坊于里门,以旌其乡□;生员仍报明学政,优加奖拔,俾邻乡观感,咸昭激劝。

（台湾中央研究院历史语言研究所编,中华书局1987年影印本,下册,第1264-1265页）

民间立合同,族正作为知见人书写于合同。
《台湾私法物权编》第三章《物权之特别物体》,第七节《埤圳》第三〇:
同立合约字人陈由、吴港、林两协等。缘林两协父于道光十四年间,有给出圳户金长源址四围莉仔仑溪头开通圳道,引水灌溉匏靴仑庄等处田亩,经呈官存案。但此地俱系沙石,圳道涉漏,虽有泉源,不能通流,至今年久,未能告竣成功,欲行修理,独力难支。爰是招出该庄佃人陈由、吴港等为首,鸠集众佃,相帮合为股伙,按作三股均摊,每股该出银二百员。林两协即将原圳底估作价二百员,陈由等一股,该出现银二百员;吴港等一股,该出现银二百员,以便采枋料、工资、日食等事。倘现银四百员尽用不敷,应作三股,整出现银费用,告竣成功,不得推诿。至于每年所收早、晚二季水租粟及越庄有圳底银,三股均分,不得争长竞短。此系妥议,两相甘愿,不得反悔异言滋事。口恐无凭,同立合约字三纸,每股各执一纸为照。
即日同立合约字三纸,每股各执一纸为照。
一、批明:倘遇洪水不测,损坏圳道,应行通开修理,其费用亦作三股均摊,不得异言,再照。
道光二十年七月　日。代笔人林振辉,在场人隘首许云从,知见人族正林暖,同立合约字人陈由、林两协、吴港。
（《台湾文献史料丛刊》,第9辑,第172册,台北大通书局1987年版,第1168-1169页）

要求族正参与民间合股治理河道**灌溉农田**事务的官府告示。
《台湾私法物权编》第三章《物权之特别物体》,第七节《埤圳》第一:
一、福抚吴示:闽省滨海环山,民间田地,均藉沟渠塘圳按引灌溉;形势既有不同,得水亦分难易。或自上及下,或按股轮分,自有一定之规,原不容互相争夺。嗣后各该村庄

第五篇
族正的设立与存废

近水之区及按引陂塘沟圳之处,均着本管乡保、族正、里长遵照成规,列榜晓谕。或按股,或分日,务须按次轮流,毋许强争私控。如有恃强妄行者,重责三十板;聚众报械混争夺者,将首犯枷号两个月,满日重责四十板;其随从之犯,论本家异姓,俱重责四十板。乡保、族、甲长失察一次,重责二十板,纵容者倍之。

(《台湾文献史料丛刊》,第9辑,第172册,台北大通书局1987年版,第1115页)

民间自定族正,官方不给戳记。
《淡新档案选录行政编初集》第三五二,《总理、义首等,禀举张妈喜为宛里街庄总理,萧兴等为族正,郑玉馨等为各庄庄正》:

具金呈台下竹南三保田寮庄总理梁妈成、宛里街绅士义首陈癸森、街正杨清河、董事陈陞、吕加已、郭天送、庄正郭世富、陈盖淡、苏德、古阿琳、孙朱生、石送、李三才等,为遵谕选举,乞恩给戳办公,以专责成事。缘蒙钧单,饬差对保蔡然,立吊已革总理郑文博**戳记**,先行缴销。成等仍即协同,选举诚实、秉正之人,堪充宛里街庄总理,取具认充、保结,**禀缴**验充,给戳办公等因。窃查总理为街庄之首,必须诚实、秉正、毫无偏袒之人,方堪胜任。**兹成等遵谕**,在于天后宫金议,遴选得张妈喜,为人诚实,秉公持正,堪以按充宛里街庄**总理额缺**;萧兴、李抄、陈乌番、郭玉圭、沈番隆等五名,堪充宛里街族正;又郑玉**馨堪充**曰北山脚族正,陈讚堪充房里庄正,刘坤堪充西势庄正,张妈爱堪充北势庄正,萧**阿富堪充**宛里坑庄正,李水堪充山柑尾庄正。但庄中自愿承充者,皆非秉正之人。以上新举族正、庄正,均系诚实、公正,本不肯充当斯缺,应请宪恩宽免赴验,先给戳记,俟宪驾按临之时,再行叩接面谕。理合先具保结金叩。伏乞大老爷恩准,先给戳记,俾得分交承领办公,以专责成。至各人认充状,俯容另取呈缴,合并声明。叩。

计缴保结状一纸。

〔批〕张妈喜是否堪充总理,候验充,给戳承办。此外各庄正,应俟便道赴乡,察验着充。　　　　　　　　　　　　　　　　　　　　　私记

至族正一项,应听民间自行举办,毋庸官为给戳。保结附。

私记

道光二十三年闰七月十四日具,职员陈癸森。

盖有戳记九颗,其中八颗均为特授淡水分府曹给:

(1)竹南三保总理梁妈成
(2)苑里街董事陈陞
(3)苑里坑庄庄正李三才

255

(4)竹南三保猫盂庄庄正郭世富

(5)海垵厝庄庄正石送

(6)日北山脚庄庄正苏德

(7)永兴庄庄正陈盖淡

(8)日北山脚庄董事吕加已另一颗为：理番分府、给房里社总通事、潘联登长行戳记。

(《台湾文献史料丛刊》，第3辑，第59册，台北大通书局1987年版，第433-435页）

族正参与地方事务，选择街总理。

《淡新档案选录行政编初集》第三五三，《乡职等人公同立请帖，请张妈喜任苑里街总理》：

公立请帖字，竹南三保田蓼等庄总理梁妈成、宛里街绅士义首陈癸森、暨街庄董事、庄族正副、庄耆、通士人等，缘我宛里街庄等处，原设总理一名，约束街庄人众，捕盗缉匪等事，必须秉公持正，为众所悦服，方堪胜任。但前总理郑文博缘事示革，现蒙曹厅宪谕，饬成等遴选妥人接充。因兹会众在于慈和宫金议，遴选得张妈喜观，为人诚实，公正无私，兼之轻财仗义，有厚道长者之风。是以公具请帖，请得张妈喜观出首，听成等金赴厅主，给戳验充我宛里街庄等处总理，约束街庄民人等众。凡我街庄人等，以及大宗、巨族子侄人等，敢有刁玩，不听约束者，我等绅耆、董事、庄族正副，自当帮同捆解，送官究治。至于缉匪捕盗解堑，暨庄中应需一切公费，自当按照田甲、牛只，于联庄公约所定章程，鸠齐生放支用。一面禀请厅主出示，就我三保出产米石，发粜抽分，陆续收存，随起付用，决不敢致负赔累也。今欲有凭，合应公立请帖一道，付执为照。

道光二十三年闰七月　日公立请帖，职员陈癸森。

盖有戳记八颗，其中七颗均为特授淡水分府曹给：

(1)竹南三保总理梁妈成

(2)苑里街董事陈陞

(3)日北山脚庄董事吕加已

(4)日北山脚庄庄正苏德

(5)海垵厝庄庄正石送

(6)永兴庄庄正陈盖淡

(7)竹南三保猫盂庄庄正郭世富

另一颗为：理番分府房里社总通事潘联登长行戳记。

第五篇
族正的设立与存废

(《台湾文献史料丛刊》,第3辑,第59册,台北大通书局1987年版,第435-437页)

族正听民间自行举办。

《淡新档案选录行政编初集》第三五四,《淡水分府曹,对张妈喜给发苑里街总理谕令及戳记,并着该总理传知:族正听民间自行举办》

特授淡水分府曹为给戳饬充事。照得竹南三保苑里街总理郑文博,业经革退,将戳吊销,当经谕饬该处衿耆、铺户,金保顶充。去后,兹据田藔庄总理梁妈成、董事陈陞、吕加己、义首陈癸森、街正杨清河、及各庄副等,佥举张妈喜一名,为人诚实,堪充苑里街总理;又萧兴、李抄、陈乌番、郭玉圭、沈番隆、郑玉馨等六名,堪充各姓族正;又陈讚、刘坤、张妈爱、萧阿富、李水等五名,堪充各庄庄正,请给谕戳奉公等情。据此,除禀批示外,合行谕知。为此谕,仰新充总理张妈喜,即将发去戳记一颗,遵照祇领。所有应行清庄、联庄一切事宜,务须认真办理,毋得阳奉阴违,致负委任。所保各庄正陈讚等,应候本分府,顺道赴乡,察验着充。至族正萧兴等,应听民间自行举办,毋庸官为给戳。即着该总理,传知遵照,毋违。此谕。

一、谕仰

道光二十三年九月十五日承税房

关防 北路淡水捕盗同知关防

稿　行

(《台湾文献史料丛刊》,第3辑,第59册,台北大通书局1987年版,第437-438页)

泉州马港厅拟选立族正族副。

《大清宣宗成皇帝实录》卷四〇三:

(道光二十四年三月戊子)又谕:据刘韵珂等奏,匪徒拒捕戕官,现已拿获要犯一折。泉州府马港厅之陈头乡,为著名盗区。经护游击事千总吴金魁带兵往拿,该匪陈扭等胆敢逞凶拒捕,用枪轰伤吴金魁殒命。现在虽将首犯拿获,要犯陈得意尚未就拾。著刘韵珂等,会同该提督**严饬该管**道将,督率员弁,不分水陆,四面兜拾,务将陈扭案内余犯,及各乡劫掠匪徒,**悉数搜拿净**尽,毋使一名漏网。拿获各犯,即由兴泉永道督同泉州府等,迅速审明历犯恶迹及拒捕戕官确情,按律定拟。并将情重各犯即于犯事地方,先行处决枭示,俾昭儆惕。吴金魁屡著劳绩,此次挺身捕匪致被拒毙,殊堪悯惜。著于定案时声请优恤,其拾获陈扭等要犯各员弁,亦著查明具奏。至陈头乡各等处,素为盗薮,且风俗犷悍,此后应如何整顿防缉之处,著会同详悉妥议具奏。将此谕令知之。寻奏:酌拟四条:一、选立族正族副，以资约束。一、出洋船只，编列船甲，严禁偷渡。一、缉捕宜水陆交严。一、绅衿获盗，准予优叙。下部议。从之。

（中华书局1986年影印本，第7册，第48-49页）

合同涉及族正财产。
《台湾私法物权编》第一章《总论》，第三节《物权之得失》第一六，《交换店约字》：

立交换店约字人永邑祠首事江有章、胡廷弼、谢松超等，昔年间祠内有买过李九本城南街东畔瓦屋店连地全坎一进，户名系永邑圣母祠，即当时首事江学成、谢根超、胡连庆、徐万秀等名字，东至林家厝墙园，西至街路，南至林培店地，北至林国翰店，四至界址明白。年配城隍庙仰山书院香灯及各料价银，备载契字内明白。适因与七邑族正林国翰官住店比邻，托中闻众情愿将伊明买本城黄合义，即黄世亮、黄天本、黄世部等中街东畔瓦店建地全坎三进，与祀内人等交换，其东西四至座址，并各料银价，亦载契字内明白。时经祀众公议，并为踏明妥帖，俱各喜悦。保此南街之店系永邑祀内明买之业，与他籍外亲人等无干，亦无重张典挂以及交加来历不明情弊；如有此弊，系祀内之人出首抵挡，不干换主之事。从此换后，其南街之店连地基永归林国翰官掌管，任从更改再行建造，祀内之人永无异议。此系二比喜悦甘愿，并非抑勒，口恐无凭，特立交换约字一纸，店契连司单一纸，老契二纸，共四纸，付执为照。

即日当众明立交换约字一纸是实，再照。

光绪十三年六月丈城字第三十六号。

咸丰十年二月　日。

　　　　　　　　　　　　　立交换约字人　各首事胡廷弼
　　　　　　　　　　　　　　　　　　　　　　　　江有章
　　　　　　　　　　　　　　　　　　　　　　　　谢松超

（《台湾文献史料丛刊》，第9辑，第170册，台北大通书局1987年版，第125-126页）

族正为合同中人。
《台湾私法物权编》第二章《物权》，第五节《胎权》第五二，《起耕胎借银字》：
（编者按：此为契约落款。）
同治五年（岁次丙寅）十一月　日。

　　　　　　　　　　　　　　　　　　　　　为中人族正　光昭

第五篇
族正的设立与存废

          知见人堂伯 家亮
          在场人亲兄 传成
         亲立起耕胎借银字人 李耀东

(《台湾文献史料丛刊》,第9辑,第171册,台北大通书局1987年版,第900页)

《台湾私法物权编》第三章《物权之特别物体》,第七节《埤圳》第五六,《杜卖圳契字》:(编者按:此为契约落款。)

同治八年十一月 日。

          代笔人 庐峻峰
          为中人 吴百福
          场见族正 吴承泽
          胞侄 吴旺
          知见男 吴溪河
         立杜卖圳契字人 吴梓隆
          胞侄 吴义成

(《台湾文献史料丛刊》,第9辑,第172册,台北大通书局1987年版,第1247页)

出卖男儿字据,有与房亲无涉的内容,族正并为知见。
《台湾私法人事编》第四章《亲子》,第一三《螟蛉子字据》(一),《杜卖孩童字》:

立杜卖孩童字人余干,同妻林氏,有产下第三男,年二岁,名唤南阳,六月三十日辰时呈祥。兹因日食难度,乏粮吃亏,夫妻相议,先尽问房亲人等俱不欲承买外,于是托媒吴懋官引向杜卖与陈贵官为第一长子。同媒三面议定,养育料四十大元正;其银即日同媒交与干夫妻亲收足讫,仍将此男儿南阳随即同媒交与贵官娶过,改名换姓。保此孩童系是干夫妻自行之子,与房亲人等无涉,亦无带他人财帛交加不明;如有不明情形,干夫妻出首一力抵挡,与贵官无干。口恐无凭,笔乃有据,即立杜卖孩童字一幅,付执为照。

即日同媒干夫妻亲收过杜卖孩童字内养育资四十大元正足讫,再照。
光绪八年桐月 日。

          代笔人 林春荣
          为媒人 吴懋
          知见族正 林养仁
         立杜卖孩童字人 余干、林氏

在场人胞兄　林万成

（《台湾文献史料丛刊》，第3辑，第169册，台北大通书局1987年版，第673-674页）

《台湾私法物权编》第三章《物权之特别物体》，第七节《埤圳》第九四，《谕示》：

钦加同知衔、署理宜兰县正堂沈，为给发谕戳，以专责成事。本年闰二月初三日，据监生黄温和，即圳户金源和禀称：缘有职员周家麟，族正吴道中、黄振先，庄民陈九、黄阿茗、詹结等禀称：窃三皂保大礁溪内湖庄系是凶番出没处所，并枕头山、镇平、结首份、永广等庄概系砂砾之地，虽有水源，沙漏地底，本欲垦开成田，乏水可灌，无奈栽种地瓜杂物，又被亢旱，少有收成，以致地段荒芜。迨前年清丈升科纳课，甚属艰难。兹麟等查监生黄温和亦有地段孔多在于该处，且此人诚实可靠，堪以自备工本，开凿圳道，疏通水源，以资灌溉。麟等在外互相妥议，邀其出资，开凿疏通，明议每甲逐年愿贴水租谷四石，分作早晚两季交纳，以资工本，不得抗欠。而黄温和称：开凿圳道，疏通水源，工本浩大，伊虽不惜工本，不辞劳苦，但未签请示谕存案，诚恐后日有土棍将圳头断绝水源，或有奸狡佃人抗纳水租，或有藉端霸占，种种弊窦，贻累匪轻。麟等再四思维，惟有恳请赐准，谕令黄温和自备资本，开凿圳道，疏通水源；一面示谕存案，以垂久远，俾国课有赖，民食有资。爰敢相率沥情，叩乞恩准示谕等情一案，经蒙分别示谕等因。和遵即措备资本，多请工人，不辞劳苦，督工开凿。现已水道疏通，垦准给发圳照，并给长行谕戳等情到县。据此，除批示并给圳照外，合行给戳。为此，谕仰大礁溪内湖庄等处圳户金源和，即黄温和即便遵照，立将给发戳记，谨慎收藏，以便逐年盖用串单，向佃量收工本水租谷，以为执凭；倘有玩佃抗纳，许即指名禀追。该圳户务须修理圳道坚固，巡视圳水充足，是为至要，凛之，慎之，切切，此谕。

计发戳记一颗。

光绪十六年闰二月二十九日谕。

（《台湾文献史料丛刊》，第9辑，第172册，台北大通书局1987年版，第1334-1335页）

光绪十八年十二月初七日恒春县定联庄章程涉及设立族正。

屠继善纂光绪《恒春县志》卷七，《户口（民番）·联庄章程》：

地保：查定例，保正、甲长、牌头，须选勤慎练达之人点充。如豪横之徒，藉名武断，即行严查究革，从重治罪，果能实力查访盗贼，据实举报，亦按名给赏。再，地方堡子村庄聚族满百人以上者，保甲不能编查，选族中有品望者，立为族正。若有匪类，令其举报，倘有徇情容隐，照保甲一体治罪等语。兹恒邑各庄，均已设有总理，或一人，或两人，事适繁

第五篇
族正的设立与存废

多,不能周转,且其中公事,有非总理所能办者,自应另设地保一人以副之。除车城业已设立外,所有统埔、新街、保力三庄,应各添设一人;其虎头山、网纱等四小庄,合设一人足矣。将来勾摄公事、催完钱粮、稽查赌博娼盗等项,皆责成地保分别承办。尔等务即选举诚实明白一人,禀候本县点验,入卯充当。

(《台湾文献史料丛刊》,第1辑,第8册,台北大通书局1987年版,第132页)

广东

新会有族正。

聂尔康《冈州公牍》卷九:

(同治三年)……传知该族正副等赶紧自行弹压。

(光绪五年印本)

议论在潮州设置族正。

《茶阳三家文钞》卷四,《林文上·潮州事宜》:

一曰多设公正族长、房长。潮州大姓人众者或至万余,或至数千,请饬令有司择各族中公正殷实之人,多设族长、房长,或百家一人,或数十家一人,官府于此等族长、房长稍微优待,或下乡时延问其乡利益,并责其约束子弟,如有不法者即行捆送,庶不致散而无纪,其非巨族则设约正以统之。

……

一曰令亲族捆送匪徒,绝其报复。夫为匪之人,岂独疏者受累,即其亲族亦先受其残削,其恨之也久矣。然亲族恨而不敢首告,不敢捆送,盖有故焉。一则恐其家埋怨构衅;二则恐衙门需索,必多烦费;三则恐糊涂官吏纵放还家,必受报复之害;四则恐贪酷官吏反听信匪徒诬扳,转诬其捆送之人。竟置匪徒于不问……请饬令有司戒谕衙门毋得妄行需索,并责令该亲族捆送匪徒,毋得袒庇。

……谨详为条陈,以俟采择。

(温廷敬编校,仿宋聚珍印本)

台民无室家宗族之系累,欲其无不逞也,难矣。

蓝鼎元《鹿洲初集》卷二,《与吴观察论治台湾事宜书》:

……客庄居民从无眷属,合各府各县数十万之倾侧无赖游手群萃其中,无室家宗族之系累,欲其无不逞也难矣!妇女渡台之禁既严,又不能驱之使去,可为隐忧。鄙意以为:宜移文内地,凡民人欲赴台耕种者,必带有眷口方许给照载渡,编甲安插。台民有家属在内地,愿搬取渡台完聚者,许具呈给照赴内地搬取,文武汛口不得留难。凡客民无家眷者,在内地则不许渡台,在台有犯,务必革逐过水,递回原籍。有家属者虽犯,勿轻易逐水,则数年之内,皆立室家,可消乱萌。

(《四库全书》,第1327册,台湾商务印书馆1983年版,第591-592页)

第二编

士庶宗族基本状况

第六篇 宗族的形成与祠堂

一 宗族群体的前提:族人的"聚族而居"

(一)聚族而居

直隶

《吴汝纶全集·日记》卷一三,《品藻》:

同治十一年正月十三日,宿定州东湖村人王培膏家。培膏为此村绅户,留宿出肴进酒,兄弟怡议。问之,则五代不分居,盖义门也。……凡兄弟四人:长兄已死;第二兄主持家政;培膏,字雨卿,第三,定州生员,教子弟读书;幼弟培勋,经理赴集入市等事。问其内政何人主持,据称:妇人异姓同居,人各一心,不能持事,内外皆系第二兄一人为主。其言颇知道者。

(施培毅等校点,黄山书社 2002 年版,第 4 册,第 794 页)

邯郸磁州张氏

光绪邯郸磁州《张氏先德录》,《一世襄垣公传》:

始祖襄垣公自晋东徙,论其世,在洪武之中,……天子徙上党之众实厥土,我祖乃来,受田邯郸南三十里南城,是为磁州张氏。公之来也,晋潞戚串同者数百家,顾其时奋以官军屯田,称守御,衡漳之肥多择处,而公以民故地瘠土,偕配崔孺人,粝食缟綦,昕夕以治,最胜,自是子姓渐蕃,则本之自公书也。子三:贵、全及肇公讳能。而肇公尤宏整,多器识。俱为农,弗俾治贾业云。

(光绪年间刊本)

定兴鹿氏

光绪定兴《鹿氏二续谱》卷四,《世传上》:

一世始祖讳荣。公之家范阳也,徙自小兴州,而其上下不可考矣。建、永之际,干戈未息,鸿雁在郊,或不无琐尾流离之困。公盖有隐德而遁于名者,被褐怀玉且读且耕。虽其行事不传,而蓓蕾含萼,华露日滋,苕发颖竖,先蔚起何,示囊囊也。今非积之也厚,讵能俾奕世之昌而炽哉!

(光绪二十三年刊本)

沧县于氏

沧县于庄子《于氏分谱》,光绪《于氏谱记》:

吾于氏按旧谱记载,系周武王第二子封于邘(今河南怀庆府沁阳县城西北有邘城,故邘国也),是为邘叔以国为氏,后世失国,避难去邑为于,散处列郡。一支从居东海(今山东沂州府郯城县),后世迁居崮山,后迁居洪水澜(在大水泊西北三十五里文登县)。金季,讳敬祖公,字孝先,充登州镇守把军千户之职,居洪水澜。生五子,讳士达公、讳礼公、讳祺公、讳祁公、讳吉公,祺、祁、吉三公皆乏嗣。士达公之后数世繁衍,至今无考。礼公生一子,讳坚公,于晚宋间始迁居大水泊,在文登县东南四十五里。吾于氏之盛,无逾岩散处各郡以及迁居外省者,俱出于斥山崮山后洪水澜大水泊等处,凡由大水泊所迁者皆为坚公之后。元时,讳仲保公,为大司马,墓在摩山。先世讳广公者,自斥山所迁,后因官名呼所居为司马庄,今海阳县。明洪武十八年,公避兵燹,携家自斥山从居潍县,至永乐二年三公自大水泊来沧。时族中同时北迁者甚多,散居各处以及塞外,凡于氏系出于山左皆为同宗。昆于己亥仲春与族叔名光国公为修谱计同赴原籍,既归,爰据旧谱所载而为之记。

光绪二十五年岁次己亥孟夏望月日,迁沧十三世昆沐手谨识。

(于兴泉整理,2002年印本)

沧县刘氏

沧县《刘氏族谱》,道光《刘氏家谱序》:

刘氏之受姓由来已久,遥遥华胄非所详也。明洪武末年,泰公隶籍项城,元配郭淑人,继配李淑人,卒于项。关保公以弁从征,亡于阵,元配朱宜人与海公播迁天津左卫所,因卜居于沧州城南上河涯,既而营兆于萧家园之西陌。兴公以先世军功得袭职,与海公同隶籍于沧州津二里民籍。

第六篇
宗族的形成与祠堂

……

道光十五年**岁在旃**蒙协洽陬月在立春人日,十五世孙保馨谨述。

(刘辛庄刘德瀛、刘建国、刘镇连藏)

沧州孟村西赵河刘氏

民国沧州孟村西赵河《刘氏族谱》,光绪《刘氏族谱续修总汇凡例五条》:

……吾始祖兄弟三人,自明代永乐甲申由上元县北迁畿辅,迄今岁戊申已历五百有四年。唯吾祖一支最为蕃衍。其属黑龙村祖与牛进庄祖各支皆章章有考,凡不属二支者大抵皆此支后嗣也。

(民国间续刊本)

南皮集北头刘氏

民国南皮集北头《刘氏族谱》,乾隆《序》:

吾祖自明初由山左迁于沧,迄今阅四百年矣。重赖我祖宗积厚之泽,清白世继,代起人文,于前明差称茂族。恭遇我朝深仁渥泽,培养百余年来,中间掇巍科叨重禄者,联翩接踵,靡不享盛世太平之福,而生息休养、户口繁兴所由来也。

……

夫时乾隆三十二年岁次丁亥二月穀旦,敕封征仕郎内阁中书舍人十三世玉策谨序。

(民国二十三年续刊本)

丰润董氏

民国丰润《董氏族谱》,乾隆《重修董氏族谱序》:

计董氏自明始迁于丰,廷玺公而后,图系与世次始得胪列分明,班班可考,传至数世。子若孙尽职于内,宣力于外,迄今历三百年余,继继相承,簪缨科第联络不绝。

……

时乾隆四十八年岁次癸卯仲秋之吉,诰授光禄大夫刑部尚书兼管顺天府府尹事务加四级年家眷弟胡季堂顿首拜撰。

(民国十五年刊本)

交河李氏

民国沧州交河马连坦《李氏族谱》,嘉庆九年《李氏谱例家训》:

我李氏自永乐二年迁居以来,数百年耕读传家,孝友厉志,恪遵祖训,勿敢少违。今族众户繁……

(民国二十六年八修本)

东光孙氏

民国东光《孙氏族谱》,咸丰《孙氏族谱初修序》:

念我祖圣公原籍山**东即墨县**,于大明永乐二年奉旨迁大族实邦畿,移居东光县城北火把刘家庄,剪荆棘入版**籍,遂**为东邑孙氏,迄今五百余年。

……

时大清咸丰四年秋九月吉日,十三代孙维翰号砚田字一年斋沐顿首谨序;族长十二代孙可英、可景、十四代孙永太、化方薰沐顿首;十四、五代孙化龙、奉先敬书;十三代孙维雄、维宁、龙阁、玉书、垣平、和平。

(民国甲子新刊本)

乐寿陈氏

民国乐寿《陈氏族谱》,乾隆《叙》:

明初迁居民实内地,得新公爱自马邑家于献陵。敦让畔之行,高伐檀之节,有德公季伟诸君子遗风焉。得新公生友林,友林生英,英生赠公思义,赠公思义生大川。务本力穑,代有阴行。六世而都宪公昆季,遂以功名学问显,迄于今蛰蛰诜诜,人文辈出,孝秀兢爽,系祖德是赖。人见其本支盛而奕叶昌,以为中山之乔岳、瀛海之洪流,而孰知其培植之厚、浚导之远,几越百年而后兴耶。

……

时乾隆六年岁在辛酉立秋后二日辛卯,科举人署通州学正事年家眷弟张名正顿首拜。

(民国二十一年续修本)

沧县孟村张氏

民国沧县孟村《张氏家谱》,宣统《沧县张氏家谱序》:

吾族自前明永乐二年由山东青州府乐安县迁居于沧之南杨村,迄今五百余年,忠厚传家,勤俭继世。

……

第六篇
宗族的形成与祠堂

夫时大清宣统二年岁次庚戌新春元旦灯下,十四世孙寿山谨述。

(民国十七年本)

江苏

上海葛氏

民国《上海葛氏家谱》,《谱例》:

如吾葛氏者迭世衰落,又不能如江西、湖南北诸省聚族而居,设立祠堂、祭田,春秋合族致祭饮胙,以联络之。

(民国十七年铅印本)

苏州吴县洞庭安仁里严氏

宗族结构与宗族大小及聚散情况有关,常见结构为:宗族—支、派、分—房—族户。

民国吴县《六修洞庭安仁里严氏族谱》:

族长所以掌一族之事,而支有支长、房有房长。

(严庆祺修,民国二十三年上海中华书局铅印本)

聚本支五世于一堂。

施闰章《学余堂文集》卷八,《赠无锡施氏五世一堂纪事序》:

余初抵锡山,谒道南祠,盖龟山杨先生讲学之所,后世因而祠之,所谓东林书院者也。邑先达贤有道者,得附祀庑下,而故宪副施旷如先生与焉。余谛审姓氏,喜谓吾宗有人,明日则宗人文学尔麟翁顾我九龙山下,其子孝廉熙、诸生点、焘及孙廷琫等,翩翩咸集,讲家人之好。余因问旷如先生,则曰此先大夫也,尝从高忠宪公游,天启己未登进士。当启祯之际,击珰靖寇,并显声绩。既归里,以其学授子孙,为德于乡,数举讲会,春秋七十八。是年曾孙琫举一子,公犹及见之,亲命名"铉高"。一门五世,邑中**藉藉称盛**事。间过其家,则所谓铉高者,姿骨岐嶷,甫四岁作礼如成人。余因叹近世多故,**名族替**零,祖不见其孙,而子不识其父者众矣。**强宗巨**室子弟又多纨袴,用狗马声利相驰骛,名盛而实衰。今自宪副以下,世有行业尔。**麟遭乱**不试,而其子孙数辈或举于乡,或名于庠序,群从兄弟,绳绳振振,至聚本支五世于一时,宁惟尔麟称象贤,且以追宪副之泽远也。

夫松柏不产于培塿,蛟龙不潜于涔蹄,言有所藉而生也。余闻诸邑父老曰:"宪副之大父励庵公策官太仆卿,有清德,太仆之父教尤阴行善。"盖国医云:"昔何澄以医活人,不乱人妻于危难后,卒为显官,况其隐德有不可数举者乎!"贾生有言:"古之圣人,不居朝廷，则在医卜之中，兹岂有道而游于医者邪！"吾又以知施氏之流未艾也。会尔麟将举六十之觞，诸子弟来征言，遂略次其世行，使附之家乘。夫末族世贵，上族世德，吾宗人其毋忘道南之祀，用克世其学焉可矣！

（《四库全书》本）

安徽

吾乡聚族而处，祠宇宏侈峻丽。

汪由敦《松泉集》卷一〇，《查氏族谱序》：

吾乡聚族而处，祠宇之宏侈峻丽，村落相望。吾谓厚其族者，不惟土木崇饰之务，而能实用其心与力，如翁之挚且久，则人人亲其亲长其长而寿终。遂养利及无告，敬先收族，道在此而不在彼也，故于记查氏之谱，而不禁有慨其言之至，以由敦之，无似蒙藉先荫，以至于今而迄未能推而大之，以庇吾族人，此则言之而颜汗者。究言之，亦以见所志也。

（《四库全书》本）

徽州著姓巨族的聚居。

汪由敦《松泉集》卷一〇，《黄氏族谱序》：

吾徽著姓巨族，视他郡特盛。代序远者二三千年，近亦数百年。族之人多者数万，少亦万计。而其中贵盛殷富者，复邑屋相望，如古林黄，其一也。今世称甲族者，所在多有，顾往往不如吾徽之盛。间尝推其故，吾徽山川翕聚，风气独近古。其人多愿而朴，士者勉文行，农者惜物力，贾者勤贸迁，不然者以为戒。其族又多聚处而亲睦，病相急，死相葬，婚嫁相馈，遗有无，相周恤，不然者以为非我族类。是故愿朴，则其质厚；亲睦，则其气和；气和，则无凋悴。天札之相耗，而生息蕃，质厚则无儇巧佻薄之自戕，而传绪永所由。风气之淳，蔚为福泽。保世滋大，有翕且炜，而族姓甲他郡也。篁墅序称黄之先有伯固、后圉诸公，或以礼学倡，或以行谊著，其培厚而养和也远矣！今之椒衍而瓞绵者，皆其种德之所发生也。裒冶而箕弓者，皆其诒庆之所贯输也。火之灼也，膏之而愈明；水之灏也，浚之而愈盈。黄氏子孙益传其薪，益导其源，其光远而流长也，宁可量乎！

夫创之于方兴者，难而衍之。于既盛者易，然创之难，而方兴之势之至于盛也，反易衍之。易而既盛之，势之趋于衰也，亦不难在黄氏子孙共勉之而已矣！观察君之为是举也，非徒以夸耀门第，将使后之人溯伯固诸公之贻榖，相与勉为风气之厚，以共昌其宗绪！余故趣举吾徽族姓之所以盛者，以谂诸其后之人，且以为凡吾徽之冠族劝。

第六篇
宗族的形成与祠堂

(《四库全书》本)

泾县

泾县聚族而居,尚耕读。

洪亮吉《泾县志》卷一,《风俗》引《二楼志》:

旧家多聚族村落,贵土著,故市绝浮商,亦不愿贯他籍。……明时科第之盛与宣(城)埒,讲学亦相应和,至今民间无少长,礼读书,士皆加于人一等,真美俗也。

(嘉庆十一年刻本)

山西

灵石陈氏

道光灵石《陈氏族谱》,乾隆《序》:

我陈氏以国为姓,散处天下郡邑者不可纪极。灵石之陈,始迁祖一讳立,一讳子林,一讳信。凡三位世系渊源不可考。其墓在蒜峪村之东北,地名上川,历年久远,淹为平地,坟冢亦不可辨识。自始迁祖以下踵而葬者十余世,其封识虽不甚详,而岁时祭扫至今不废。故人无不知为陈氏老坟也。始迁祖之裔聚族而处者凡三:一在蒜峪村,一在村东欢坡,一在陈家山头,所谓陈氏三大支也。居蒜峪村者又析为三小支,迄今村东对绵门内有中、东、西三老院,昭然可据。族祖石来与叔虞宗、从叔尔修等一支也。族兄子明、子元与族侄思贤等一支也。树德与叔万言、兄思尧、弟世芳、侄廷炳等一支也。陈氏三大支,其支派之流传既不可考矣,而蒜峪三小支,大宗、小宗孰长孰次亦未敢确然明指。即余一支中另卜葬于村东岭南条者,其支祖以上之祖名讳亦俱失传焉。呜呼!子若孙世承先泽,而原原本本追溯茫然,岂非无谱之故欤?或曰值明末之兵燹,有谱而失之,幸得先曾祖瑞吾公、现吾公于国初掇拾残篇,编为草本。先君子与其伯仲品五公、贯一公就本支中可考者书其大略,编订考修。树德不敏,不能详述遍志,谨仿诸大家谱传,就本宗一支述为谱略,其不可考者阙之,其可考者急登是册,以示后人,庶继继承承有所考据而不紊也。

乾隆甲午年阳至月吉日,裔孙树德叙并编订。

(陈允中等重修,道光二十七年刻本)

山东

许多宗族的谱书都载明其族何时由何地而来与枝叶繁衍聚族而居情况。

即墨万氏

民国即墨《万氏谱书原序》：

吾太始祖讳世保,原籍小云南乌纱卫罗锅屯。自永乐二年迁即墨邑,卜居南阡。世世相承,一线仅存。逮五世祖讳淳生五子,始分为五支。子孙日渐繁衍。传至今四百余年。

（民国刊本）

河南

项城张氏

民国《项城张氏宗谱》子部,乾隆《重修张氏家谱序》：

……我二公邑于项,家世书香,虽无科第之盛,而食廪饩,而膺岁荐者亦所在多有,以故明季叨蒙学宪大张之称,案院亦赐储隽之额,而乡居之在城东隅者,亦遂因有大张庄之名。

（张拱宸、张培璋等重修,民国二十五年天津文岚簃印书局仿宋排印本）

民国《项城张氏宗谱》戌部,《恩周公文苑采录邑志十六世》：

……咸同间,粤匪鼠扰豫东,邑城岌岌不可保,瑞桢与诸绅画城守策,赖以保全。复念族众散处,安辑非易,倡议聚族而居,修寨自卫。首捐资助工,自经纪之。于是张寨、张大庄寨次第兴筑。尝因督工往来,其间遇匪几不免。寨成,以兵法部勒诸子弟。人有固志,贼不敢逼。

（张拱宸、张培璋等重修,民国二十五年天津文岚簃印书局仿宋排印本）

甘肃

甘肃秦州西厢里张五甲张氏宗族据传系由陇西迁来,清初已分四房（派）,聚族而居。房下分支。族有族长,房有房长。居住地以其姓氏命名者有二。

秦州西厢里张氏

光绪《续秦州张氏族谱》,《秦州西厢里张五甲张氏族谱序》：

闻之祖考,吾族先世由陇西迁秦州,国初已分四房。按之祖墓,雍正间距始祖已十有余世。州西关三阳后巷西南有小巷,为我二房旧居,顺治间已通称为张家巷道。州西南十里有山,为三房旧居,其地亦以张家得名。长房、四房虽未以姓名居,要皆各有旧址。

（光绪三十四年续修本）

光绪《续秦州张氏族谱》,《张五家轮当里老记簿》：

自国初分为四派,其属州中城下河里一派者长房,其次房则西关三阳后巷一派,又

第六篇
宗族的形成与祠堂

次则西南距城十里之张家山一派,第四房则东关一派。

(光绪三十四年续修本)

江西
宜黄棠阴罗氏

乾隆《宜黄棠阴罗氏尚义门房谱》卷首,罗星纬《罗氏尚义门房谱序》:

今夫王道之行观于乡,而雍睦之风起于家。吾支祖敕赐尚义守志公系,传而下十有余世,子孙之相亲相睦,繁然而居已四百年于兹矣。于公诞辰,群诣家庙以享以祀,以妥以侑,虽幼子童孙,皆衣冠整肃,罗拜庭阶,宣读敕书,以昭祖宗令德,自明迄今守为家法。

(乾隆二十三年本)

浙江
绍兴汤浦吴氏

民国绍兴《汤浦吴氏宗谱》卷三三,道光《义塘碑记》:

古者有义田而无义塘,义田有记,义塘无记。曷为记?盖义田以养济群族之人,义塘以利济群族之农,其为义则均也,故不可以不记。我汤川聚族而居,襟山带水,低洼者每遭淹没,高旷者时遇旱干,稼穑之艰难,莫此为甚。族人成坊,有字字号田内泉塘一口,坐冯家埭包公殿后,与十亩田毗连,土名十亩塘。源泉涌出,可灌数十顷,昼夜车戽不竭。田邻欲资其浸灌者,几不胜昏暮,乞邻之苦矣。洺等触目兴怀,邀集族中同志,各解囊金,谋所以公其利溥其泽者,而商及于业主,欣然乐从,于是议价一百二十千,十人均派,业主亦居其一,田号拨入贤二公济户输粮,议定是祖派丁,凡种水涛阪田亩者,均得公同车放,无分此疆尔界;亦不得凌弱暴寡,各宜体谅公溥之至意。是号塘外之田,十人挨次收花,于每年正月十三日,淳庵公祠内设祭,一筵十人,齐集拜奠。即置酒两席,均沾余惠,永遵勿替焉。夫为所当为,则勇于义;此倡彼和,则慕乎义;舍己从人,则止乎义;公而无私,群而不争,则和于义;而且敬祖睦族,祭毕而燕,是为亲亲之义。何莫非十人之义举,而以义为利乎?则为之义塘也,固宜。十人为谁?位源、光城、应槐、光坦、育森、育梗、赤文、成坊、成封、而予亦附尾焉。

计开:

字字五百八十三号田,一亩一分六厘一毫,田外有泉塘一口,土名十亩塘,坐落包公殿后,土名屈口,又名亩二分,廿二都一图吴贤二公祭户输粮。

道光二十二年嘉平吉旦,义塘会长位洽敬立。

(吴金瑶等续修,民国五年孝思堂刊本)

四川
合江县

清季合江聚族而居及宗族。

民国《合江县志》卷四,《礼俗》:

大抵清季以前,纯为儒教弥瀹之俗,而宗法神权次之,世守而弗移。血统观念甚深,往往聚族而居,田园庐墓,世守勿替,进者祀祖有祠,约族有规,立族长以资统御,修族谱以明世系。凡非族中男系不得承继,违者斥为异姓乱宗,必屏去之。

(巴蜀书社1992年版,第481页)

清季合江家与族。

民国《合江县志》卷四,《礼俗》:

家以内父权夫、权最重,自子侄、妻妾、奴婢皆家长之所教督禁制。且不独一家之生事恒产为然也,至信奉宗教,往来酬酢,无不禀命而行。盖一民之身恒统于其家,而家则统于其族,枝条相附,尊卑秩然。同居共㸑,视为美谈;别籍异财,斥为悖义。然其间勃诟,私货私蓄,往往而是。此古代以宗系民之遗风也。自倾人权说兴,颇有病其为王者专制之先驱、民国发展之梗者。然忧世者又以此为人禽几希之界。俗之隆、污,胥视此也。

(巴蜀书社1992年版,第481页)

广东
宝安鳌台王氏

民国宝安《鳌台王氏族谱》,《凡例》:

王氏由福建兴化府莆田县迁增城、宝安,俱自十九承事公始。公先之增城,生一子颛,是为棠村派。后居宝安,生二子:三五朝奉,三六架阁。朝奉生一子宣教,是为泗会涌派。架阁生二子:四二处士驳,是为圆头派;四五致政彝,是为厚街鳌台派。特详著之,庶后有考。

旧谱题曰鳌台王氏者,盖以始祖四传,至鳌石公生三子,而三房之派以分。公晚年筑有钓鳌台以自乐,取以名谱,亦犹河源导自龙门积石之意也。

(民国四年石印本)

第六篇
宗族的形成与祠堂

（二）村落以居民姓氏命名

直隶

庆云程氏

宣统庆云《程氏族谱》：

余程姓原籍枣强也。有明永乐间，余始祖自枣强县迁居庆云县之西南乡，名程家庄。

（宣统三年刊本）

吴桥邢氏

光绪沧州吴桥邢家洼《邢氏族谱》，光绪《重修邢氏族谱序》：

吾宗自前明永乐二年始由山东即墨县徙居畿南，是为迁吴桥之始祖，于邑北境置村名"邢家楼"，以地势卑下又曰"邢家洼"，世业农种树，故又称"邢家枣行"。迨乎明季寇乱荐饥，烟户萧条，楼毁于火，谱牒焚如，及我大清定鼎休养生息，迄今又越二百四十余年，桑梓依然，清芬可诵，盖距初迁时五百余岁矣。

大清光绪二十二年嘉平中浣，裔孙锡晋谨序于巴县官廨。

（光绪二十二年四修稿本）

吴桥张氏

民国沧州吴桥《张氏族谱·例言》：

张氏原籍山东莱州府即墨县人，明永乐二年三月初十日始祖德成公迁居直隶河间府吴桥县城东北孝义乡一甲，初名"刘锡侯村"，后因我张丁盛，而村前后树木森茂，乌鸦异常众多，遂更名"老鸦张村"。

（民国八年仲夏重刊本）

旧沧州马氏

光绪沧州《马氏全谱》，光绪重修《古沧马氏族谱引》：

族谱者，谱其族也。马氏原籍浙江绍兴府会稽县大马家桥人，系前明永乐三年始祖兄弟三人迁北，言明占籍时各占园字，使后世子孙如遇本族人不知先祖名讳者，说明占园字，便是一祖宗支派。始祖来沧，遂居于旧沧州西关外，占籍"马家园"，沧之有马氏自此始，始祖断自此追所自也。……乾隆二十四年少二三分十四世孙维城维柱沐手敬书于自谦斋。

光绪三十一年少二分,十八世孙龙田沐手重修于洗心书屋。

(抄本,沧州马学华藏)

安徽

居民姓氏与村落得名有时有互为因果的关系。祖先姓氏可能源于封地,后世子孙也可能以姓给居地命名。

绩溪东关冯氏

光绪绩溪《东关冯氏家谱》,《咸平修谱序》:

文王第十五子毕公高封毕,以国为姓,厥后有毕万者仕晋为大夫,至其孙曰文孙受晋封于魏,食采冯城,以地为氏,冯之得姓始此。传三十六世有仪公任山东青州别驾,考终于官。子元本因居焉,厥后派衍青州。至李唐德宗朝登第授任歙尹,德政感民,考绩之期,民不忍其去,请留复任,年七十一而终。……华生三子,……三曰定,奉父终居于歙。定生二子,长曰延普,字可道,敏而好学,因过白沙街,爱其山环水秀,遂筑室而家焉,以姓为村曰冯,今总曰"冯村"是也。

(冯景坊等编,光绪二十九年活字本)

绩溪仙石周氏

因为修谱而改村名。

宣统绩溪《仙石周氏宗谱》卷二,《祠堂记》:

庚戌岁,余馆仙石周祠。课暇之余,散步堂中,忽见栋楹异常,新旧不等,于是询诸耆老。乃耆老谓余曰:"我始祖可二公在宋时由竹里迁居仙石,历宋以来,于兹数百年矣,而竟未尝有大启斯宇者,非因子孙之不为,实缘人力之不足、工费之艰巨所致也。至康熙丁酉兴工构造,己亥孟夏草草落成,合族祖先始得乃安斯寝。孰知同治壬戌,粤匪犯境,又**遭焚毁**,仅存龙头,致令祖宗无奉祀之堂,子孙乏蒸尝之报。于光绪竹里老祠进主,荷蒙**相邀,酬**捐牌费。因念我祠遭毁,于义更不容辞,当即助钱五十两,为二十二世祖社顺公及孺人许氏、俞氏、程氏于老祠内进一神主,配享血食。其余群昭群穆,皆无从安置。厥后光绪甲午,丹楹复建,遂奉栗主以妥先灵;白简相承,欲修宗牒以明世次。乍逢竹里老祠今庚续修谱系,蒙首事启海、凤岐等相劝合纂。本拟攀附骥尾,奈石歇村名与岷夷堂名实属鄙俗不雅,意欲独修,为之改易,未识可能如愿否?"余乃恍然曰:"孝哉!仙石之耆老也。虽则一祠,而沧桑迭变,备历甘辛。故祠之兴废非由人力之盛衰,工费之难易,而在于子孙之孝敬不忘本源也。"后于端阳节后,而二三耆老携其宗谱,嘱余编辑系稿。秋七月,

第六篇
宗族的形成与祠堂

集腋成裘,付诸梨枣,至宣统辛亥谱牒告成,遂改"石歇"为"仙石",易"岨夷堂"为"善述堂",世代相传,永垂久远。后之诸公务宜悉从其则,克绍前人,勿以此举为谬也。是为记。

宣统三年岁次辛亥七月既望,云川许桂馨兰如氏拜撰。

（宣统辛亥善述堂刻本）

村庄命名。

李光庭《乡言解颐》卷二,《地部·村庄》：

北地之村多名庄。《尔雅》："六达谓之庄。"《六书正讹》谓："草芽之壮也。"与此庄字不同。惟《通鉴》史炤《释文》："唐置庄宅使。"胡三省注："盖主庄田及外舍之事。"是以田舍为庄。此庄之名所由来也。按县志,宝邑之里,减于明者六,而庄转倍于明者八,盖生齿日繁矣。共二十里甲,计庄九百一十。其庄名中有平正吉祥稍近于古者,若燕喜村、欢喜庄、黄金庄、太平庄有二、定福新庄、中登庄、五登庄、丰台甜水井庄、广林木庄、中心台、彩家铺、南仁垺庄、甘泉庄、莲花庄、歇马台、长亭庄、曲里庄、安乐庄是也。有合乎官职者,若王指挥庄、前张司马庄、后张司马庄、董官庄、官庄、李官庄、孙校尉庄、请公台、工部庄、外郎庄是也。有因乎梵宇者,若焦山寺、阎罗庄、丈方鄜、老君堂、双王寺、高王淀、大千佛顶、小千佛顶、韩河小尖陀、茶棚庄、石佛营、娘娘庙、兴隆庵、小庄、朝霞寺、河北寺、岳家庵、前后白庙庄、李家庵、经堂庄是也。有取诸虫豸者,若毒蜂窝（讹为独峰窝,后又改为东丰窝）、蛤窝庄、龙虎庄、鲫鱼淀、狼儿窝、小龙湾、大龙湾、貉子沽、南燕窝、牛蹄河庄、金蝉窝、大骆里沽、小骆里沽（讹为潦凌沽）、牛金头、猪头淀、大盘龙庄、小盘龙庄（今讹为盘裹）、大新马头、小新马头、鸭子庄、龙尾屯、龙潭、燕各庄、虎新庄、老鸦寨、老鸦台、老鸦口、白龙港是也。若李英庄、张亨庄、刘兰庄、王见庄、陈甫亮庄、苑洪桥、张老人庄（讹为张老家庄）、董麻庄、王胖庄、张堂庄、胡宽庄、褚亮庄、王良庄、刘邦桥、赵聪庄、张仓庄、彭元庄、王木元庄、高八庄、高八墅,皆取诸人名者也。若大米庄、二米庄、米四庄、菜芽庄、糙淀庄、芝麻窝、菜园庄、苦盐坨、菜园新庄、黑豆窝、核桃园、青稗沽,则取诸食物者也。若蓈子沽、车辕轴、葫芦窝、圈网庄、葫芦沽、走线窝、石臼庄、李簸箕庄、玛瑙沽、船儿窝、琉璃屯、绣针口、红帽庄、油葫芦庄、破礶硴庄、叉股庄,则取诸用物而象其形者也。至于打挂庄、窝背厂、扒头港、凌眼庄、烧角庄、华尖庄（讹为滑秸庄）高家疙疸、哈喇庄、野律各庄,则莫知其何所指。梁家胡同庄、史家胡同庄、刘家胡同庄、前高家深子庄、后高家深子庄、芮家楼儿底下庄,又未免嫌其语之繁。惟张宿庄之宿读为秀之言星,小月河之言月,朝霞店之言霞,犹有文义,总之不离乎庄者近是。前之人始言之,而名遂成,后之人习言之,而名益熟。是庄也。即谓之乡言也可。

（中华书局1982年版，第23页）

村名与姓氏。

[美]明恩溥《中国乡村生活》，《乡村名称》：

"正如世界上其他地区家庭的名字总与居住地连在一起，几乎所有中国人的姓都可以用来指称乡村的名字"，有时是两个姓连称，如"张王村"，有的因时间关系，已经没有原来姓氏的人，仍保存原名，沿用至今。因此重名的很多，加方位字眼以使区别，如大王村、小王村、前王村、中王村之类。

（午晴等译，时事出版社1998年版，第23页）

二 祠堂的建设与规制

（一）兴建祠堂的愿望与实践

杜门不受聘，乃大建祠堂。

毛奇龄《西河集》卷一〇三，《诰授明威将军进封昭武将军王君墓志铭》：

君以顺治辛丑中武科进士，出少司农禹航严公门下。……君讳之策，字殿扬，杭州人也。……商人欢呼震天地，制府声大起，留君共事。而君以家室念切，遽辞归。杜门不受聘，乃大建祠堂于西皋，几筵樽俎，煌然一新。增置祭田，为烝尝资。重修族谱之近而可据者。……君生于崇祯庚午之七月十二日，享年七十，以覃恩授明威将军，既而以子廷瑚贵封昭武将军，配程氏封恭人。

（《四库全书》本）

捐私钱经始为家庙，作族谱。

施闰章《学余堂文集》卷二一，《外大父马公墓志铭》：

公讳御玺，字楚石，马姓。……始祖墓在赵子冈，为邻葬者侵剥，族噤不敢言。公界而碑之，捐私钱经始为家庙，作族谱，俾族人会祭，有所用相亲睦。自叙其祖考世行，乞当世名文章者为传铭，氏族用以张显已。

（《四库全书》本）

第六篇
宗族的形成与祠堂

直隶

交河李氏

民国沧州交河马连坦《李氏族谱》,嘉庆《宗祠记》:

我始祖自山西洪洞县迁居此地。宗祠之设固已久矣,无如乾隆二十六年因被水患,微特木架漂流,而地基亦且损坏,是以三十八年族谱重修,而宗祠未尝再造也。甲子春有十一世名杰者,慨然将自己空宅以为公所;又有十一世孙名文亮、十二世孙名培元者,亦将自己宅基拿出一工。而地犹微窄,又将北边东西伙巷,公议拿出一工,而地势方容宗祠。于是乎建族谱因之重修云,将祠东余基情愿永远予杰。

嘉庆九年岁次甲子秋九月。

总理建祠事十一、十二、十三世孙杰、延龄、钟成,分理祠事文炳。

嘉庆十年岁次乙丑冬十一月上浣。

总理谱事十一世孙杰、希莲、十二世孙昌基、十三世孙训,分理谱事十二世孙延龄、十三世孙圣瞻敬书,十二世孙文澜、十三世孙钟奇、圣时仝校订。

(民国二十六年八修本)

东光马氏

沧州东光《马氏家乘》,光绪《祠庙》:

一、在城内南街路西为希肱堂,大参公建。始在今祠北,乾隆二十九年仁膏公积祭田余赀重建于此;又咸丰十年买庙西宅一所。

一、在土山后马庄为增荣堂,鲁阳公建。祀自始祖以下六世,与城内宗祠同(但俱神牌无主)。

一、在城内南街路东为绵泽堂,周录公建。祀始自师皋公(俱神牌无主)。

一、在城内官学前,慎五公积余北圮地租建,后圮;光绪三年,润田公、画芳公复建。查城内官学前家庙,系少五支九世祖肃石公以下经理,高高祖慎五公创建,曾资北圮地租。根据乾隆九年五支公约第十七条所规定,嗣后族伯润田公与堂伯画芳公复建,及族兄晴林增建,迄今岁修悉遵之。

(1999年十一修本)

霸州胡氏

民国《霸州胡氏族谱》,光绪《霸州胡氏家祠记》:

古者天子立七庙,诸侯五庙,大夫三庙,适士二庙,官师一庙,庶人祭于寝。汉唐以来，士大夫多醵金立家祠，合族主祐皆衬焉。春秋祭祀，深水源木本之思，讲姻睦和族之道，祖功宗德崇于上，孝子慈孙拜于下，甚盛典也。余观畿辅世家大族，祠宇相望，而容城杨忠愍祠为独著，盖妇人孺子无不知其为忠臣故也，庸讵知胡忠愍公实开其先哉！忠愍公殉建文之难，事载《明史》，炳若日星，祠在霸州堂二里，岁久渐就凋敝。道光中，公之裔孙仲素公、殿祥公、振声**公承馨**五公之命，以重建宗祠为己任，经之营之，积钱逾万，阖族又捐资数千缗。经费既足，**乃蠲**吉日，选良工，恢扩规模，大兴土木，而门、而墙、而室、而寝、而厢、庖湢之所，无不毕具；昭穆于以序，俎豆于以陈，肸向于以接，诚敬于以申，盖宗愍公在天之灵，实式凭之，故阖族同心而成此巍焕之钜观也。是役也，经始于道光，落成于同治，二十余世之昭穆，皆忠愍公所留遗也。经馨五公之区别，而世济之美愈彰，洵可与杨忠愍祠并峙，两间为教忠、教孝之地也。以后之人，幸时时修葺之，庶万世不朽云，是为叙。

平舒郡乙酉科选拔贡生刘忠英 拜撰，二十一世孙增生鸿胪寺序班光霖熏沐顿首书丹。

大清光绪二十四年岁次戊戌年四月穀旦。

（民国二十一年重修本）

渤海季氏

光绪渤海《季氏家谱》，《渤海季氏建立宗祠碑记》：

其略曰：光绪二十一年熙春病革时嘱其室人王氏曰：自愧不能为亢宗子，继武先人，抱恨无穷，久欲立宗祠有志未逮，汝能成之，吾九泉下尚少遗憾。王氏，交河县廪贡生侯选训导王似村之长女，自归吾堂侄熙春，事祖姑及姑，生养死葬，并尽孝道，人无间言。复遵夫遗言，诹吉举工建立祠堂以成其志，甚盛事也。嗟乎！以饮水茹蘖之操，崇明祀奉先之礼，且独擎不烦于众力，其孝义有足多者。从此奂轮颂美，鉴爽式凭，以享以祀，降福积穰，云仍之受祜，岂有既乎！兹当落成，安主释奠之期，本宗长幼咸集，佥曰斯举也善。宜为文叙其始末，勒诸贞珉，以垂永久，俾后之子孙览者，孝睦之心油然而生云。

光绪二十一年季熙春遗嘱其室人王氏建立，三十一年刻石崇勋慎剑同撰文。

（季斌叙续修，光绪三十三年济南大公石印馆印本）

定兴鹿氏

光绪定兴《鹿氏二续谱》，《太公祠》：

祠建于北海亭后，堂三楹，嘉庆辛酉岁邑侯赵君锡蒲倡议重修，复谕江村族人及众

第六篇
宗族的形成与祠堂

姓,每岁置备牲牢祭品谨按:旧章江村族人及众姓概免徭役,每祭交钱二十千,由值年自行置备牲牢祭品,邑侯躬亲致祭,至今不辍。我鹿氏子孙允宜恪守前规,敬慎襄事,以期勿替云尔。续谱谨按同治间纂修《畿辅通志》,直隶总督李鸿章咨明礼部立案。

（光绪二十三年刊本）

江苏

《皇朝经世文编》卷六二,《礼政九·丧礼上》,汪师韩《跋方望溪先生教忠祠禁》：

望溪先生年七十有五,告归金陵,建宗祠,曰"教忠"。以其五世祖四川都司断事讳法者,死节于明建文朝,故云忠也。既参酌古礼以定祠规,又援《周官》以乡三物教万民,以乡八刑纠之。阍胥掌觥挞罚之事,立为祠禁,所禁修例至约,独于丧礼不御内加详。其言古者三年之丧,非殡奠葬祭,夫妇不相见,语家事必于中门之外,必以昼,不得入房室,犯者挞四十；婚嫁丧疾费不给,期三月,大功浃月,犯者挞三十；丧疾费不给,父母忌辰,前五日率子孙与奠者,斋宿外寝。祖父母伯叔兄弟三日,高曾二日,荐新俗节亦如之。挞罚与期大功犯礼者同。且也三年之丧,期不饮酒食肉,期浃月,大功终月,违者挞三十,罚不行。惟小功缌麻,挞罚不及。条约成书,见者怪之,身后子孙亦不能行。然其词岂不至今阅之凛凛哉！

先生为少宗伯时,值国丧,所教习庶吉士,二十七日之内,斋宿馆舍无敢饮酒食肉者,他部院未尝有也。先生好说礼服,先是友人有在京闻讣者,先生往唁,谆谆以不内宿相勉,师韩习闻焉,而今复见遗书于身后也。呜呼！礼教衰,人之良心日以澌灭,而一二巨公达人,务为通侻,取悦于俗。寒门末学之士,藉为口实。倘皆得若先生,执礼硁硁,安见无闻风惕厉者,即不肖如师韩,奉先生教,往丁内外艰,幸不陷于非礼,顾频年为客,期功之服,忌日之奠,愧不能尽行如先生说。夫世岂无读先生书而笑其迂者,而亦必有读之,而其心愧耻若挞于市,则其干城名教者大矣。

（贺长龄、魏源辑,中华书局1992年影印本）

上海葛氏

祠堂之兴建亦非易事。如修谱一样,祠堂乃众人之事,人多口杂,特别是需要经济上的支持,非有志有力者主持不可。

民国《上海葛氏家谱》卷三,《宗祠成立记》：

尝谓报本追远之心,为人人所宜有。然既有其心,当见诸事。其事维何建祠以隆报飨是已。上溯吾族,自君美公分支上海以来,已历三百余年,尚乏宗祠,窃常引以为憾。一因乎人心之涣散,二因乎经济支困难,以致因循到今,迄未举办。迩来族中明达鉴于生齿之日繁,不有祠堂,何以昭敬祖而联族谊。爰拟将吾五世祖雄三公所遗薛嘉滨厂基地一亩三分四厘八毫,出租与人,以备建祠之用。适青龙桥南盛德堂老宅正欲出售,乃由族长芝田公召集阖族商议,筹款购下祖宗遗产,不致沦于异姓,实为一举两得。当经各房允洽,按时估价,给洋二千二百元,立有归并文契,即将此屋改为宗祠。其地坐落上邑二十五保一区十二图短字圩三百十六号,计地四分三厘九毫。筑有五开间一埭,厢房墙门间俱全。惟此屋历年已久,圮毁不堪。鸠工庀材,大加修葺,又费洋五百六十九元。以上两项由族人量力资助,益以借款,始得竣事。民国六年夏历丁巳四月二十八日,虔告祖宗,祠堂成立。

回忆创办之前,族中所有公产,久被私人占据,清理颇多窒碍。幸族中有鲁仲连其人,仗义执言,不辞劳怨,始得收归公有(编者按:详见尚钧所撰《顿邱公会记》。),不可谓非族之幸也。第以事属草创,内容尚未完备,不过春秋二祭,族中人才得荟萃一堂耳。九仞之山,基于一篑。后之人若能存报本追远之心,扩而充之,庶葛藟犹能庇其根也。夫圭为病累,愧乏丝毫补助,书此以志缘起。

新纪元之十六年丁卯大梁之九月,九世孙尚圭补撰。

(民国十七年铅印本)

葛氏祠堂名敬睦堂,虽建成于民国六年,而创意却在二十四年前的清光绪二十年。
民国《上海**葛氏家谱**》,《敬睦堂记》:
吾族宗支繁衍已达百人之外,向所抱憾者,未有宗祠耳。前清光绪二十年,族有公产在望道港之风舡坞基地三十余亩,售予法商作自来水厂,得价银五千两。尔时鉴曾创议以此款建立宗祠,而众议未能佥同,事随辄止,迄今又二十四载矣。

今春族中稍有力者踊跃垫款,俾集鸠工,宗祠成立。今届秋祭,鉴乘车到沪与祭。其间既鸿规之完备,亦鹓序而成行。睹此跄跄济济,穆穆雍雍,虽世家巨室亦无逾于此者。计自学字行递至邦字,行已列五世,虽不敢比宋之江州陈氏十世同居,而由此以推为子孙者,当念水源木本,无非积厚流光,于以见先泽之不可忘,亦族谊之不可涣也。鉴发明敬宗睦族之谊,爰泚笔而为之记。

新纪元之六年丁巳孟冬,八世孙士鉴谨志。

(民国十七年铅印本)

葛氏族人为修建宗祠,先整顿公产;为整顿公产,先成立公会。事在光绪三十二年。

第六篇
宗族的形成与祠堂

民国《上海葛氏家谱》，宣统《顿邱公会记》：

余闻之先人曰："上海葛氏，初以经商海上，沙舶往来，帆樯林立，有所谓葛家厂者，即修筑沙舫之坞也。"道咸后家业渐衰，然族祖号松亭公者，少年豪放，尚以赀财自雄，可想见其凭藉之厚矣。惟吾祖易贾而儒，研求经史，授徒糊口。时当变乱，迁徙无常。虽举于乡，文名震海外，几至讬足无地。吾父（编者按：即葛士达。）发奋从戎，崎岖三晋，历官数十年，席不暇暖。至余兄弟而衣食稍赡，各得一廛屏蔽风雨，岂非天乎！《诗》曰："风雨如晦，鸡鸣不已。"古人言艰难可以兴国，逸豫足以亡身。读史至盛衰兴废之道，未尝不三致意焉。

余生也晚，于族中公地公产等，向不置意。曾记十数年前有售去望道港基地三十余亩及马家厂基地两事，祖宗产业沦于异族，未免可惜。族中有见于此，爰于光绪丙午创为公会，先修坟墓，继理公产。将南市青龙桥雄三公名下厂基地一亩三分零租与厉姓，其中有昔抵与张国勋者纠资赎回，约费八百余元，反租与张姓。又有昆连之英三公名下厂基一亩三分零，系福田叔祖与子贤叔承继管业，以负债累累无款清理，由公会措资归并，又费二千元之数。以上两地，共计二亩六分零。尚钧又以先**慈浦东遗奁地基三亩零**，作为公墓之用，而公会以成。成之者，芝田叔祖、似耕叔实为主谋；赞成者，吉人叔、咏九哥、亮卿弟，渡浦往来，不辞劳瘁，力为多焉。《诗》称干蛊，《易》言困亨。失之东隅者，安知不收于桑榆。顾吾族人化其私心，力崇公德，则斯会之兴有可操券者。余以齿幼，推为总理。于尊祖敬宗之道，未能实行，徒托空言塞责，深自愧焉。略书缘起以记，使人之为善者片长不没，而因以知夫公会之仅仅成立。为硕果、为苞桑、为千钧之一发、为九仞之一篑，当实事求是，共相保护，维持于其后，而非可以轻心虚掷者也。

宣统三年辛亥孟冬之月，葛尚钧谨识。

（民国十七年铅印本）

葛尚钧捐地入会（公会）作为葛氏**公墓**，并撰文志其事。

民国《上海葛氏家谱》，葛尚钧《葛氏**公墓记**》：

公墓之义甚古。古者葬不择地，皆于国都之北兆域，而丛冢如洛阳之北邙是也。后世惑于风水，于是有力者倾耗赀财，窃山川之形胜；无力者迁延岁月，委骸骨于风霜。习俗移人非一朝一夕之故矣。考《周礼》，春官设墓大夫之职，令国民族葬，而掌其禁令。所以重教化而敦伦纪者，至纤至悉，然后知圣王忧民之深，具于养生送死，岂好为是繁琐哉！

余也少游北方，慕合族同居之谊。长圉南地，慨停丧不葬之非，思欲著论以救其失，苦于空言无补。幸逢吾族公会成立，而先慈周太夫人适遗有奁田三亩五厘，在浦东东南码头,相近一里有畸租籽久逋,索欠无人,商之少长侄,捐助入会作为葛氏公墓,化无用为有用,亦稍弥敬宗收族之缺憾也夫!

一、南东女西以先后为次。

一、每坟占地若干各异限止。

一、夫妇不同穴昔望溪方氏辨夫妇合葬之非,尝自言死后愿与兄弟同穴。兹系公墓,故从方氏议。语见《方望溪全集》。

一、无力者由公会酌给葬费。

一、每坟前立一石阡,书明字号年月。

一、将来立碑公墓前,即将此文刻石,以垂永久。

乙卯夏,葛尚钧记于茸城。

(民国十七年铅印本)

民国《上海葛氏家谱》,葛尚钧《敬睦堂公款暂拟章程》:

族中设立公产,原以救济孤寒、敬宗收族,非徒春秋祭祀、修葺祠墓而已也。凡子弟无力读书者,应资助之;孤寡残废者,应抚恤之;丧葬疾病不继者,应赙给之;婚嫁乏资者,应帮贴之;情理当然,毋庸置喙。惟是经费有限,穷乏甚多。即欲广行布施,恐难为无米之炊。若待资集后济,群将效枯鱼之涸。此中两难情形,非笔墨所能罄、章程所能拘也。似耕叔所拟五条,照目前公款收数未能措置。然章程不可不立,数目不能指定,以俟将来扩充,再行确定。此则非余一人之私见,亦合族不得已之苦心也。

一、**学费资**助。目前助至小学毕业、中学毕业。

二、**孤寡给养**。每月酌送若干。

三、**残废疾病养抚**。每月酌送若干。

四、**丧葬襄**理。临时酌量赙赠若干。

五、婚嫁助资。酌量情形补助若干。

(民国十七年铅印本)

(二)祠堂的普遍出现与南方多于北方

上海曹氏

族谱之修与夫宗祠之建,南北似有差异:南重而北轻。在上海葛氏与曹氏谱书中对此均有所说明。葛氏之建宗祠,在其定居上海三百年后;曹氏号称望族,亦在定居沪上二百余年之后,迤至第六代传人曹梧冈(康熙朝赣令,与同为康熙朝赣令且着力编撰家训

第六篇
宗族的形成与祠堂

家规的山东即墨杨玠巧合)方建祠堂。非经济不裕,观念淡漠实系主因。

民国《上海曹氏族谱》卷四,康熙《曹氏祠堂记》:

先儒谓祠堂为开业传世之本。人无论贵贱,皆得缘分以尽孝。敬宗之道在其中,收族之道亦在其中,所谓关于世道人心者不小。后世之人不能聚族而居,子姓大半散处四方。所谓宗法废而天下无世家,无世家而仁孝之心日衰矣。求其能敦一本以厚九族者,虽搢绅之家十不得其一二,而况编氓乎哉!

我邑曹氏为宋吴惠王后,自南渡而徙江南,代有名臣,载在谱牒。至孟春公始迁上海,迄今已二百余年矣。其六世孙梧冈以明经为江西赣令者八年,读礼归,慨然于吾吴之俗,第知谋其养于子孙,而不思隆其荐于祖宗也。或糜金钱以营珠宫贝阙,而于先人靳一椽也;抑或捐其廪以饭紫衣黄冠,而于族人之饥寒疾苦漠不相关也。于是偕其弟巢南度地于城西,纠工庀材,构祠堂若干楹,奉始祖孟春公以下五代之祖考,并列于祠,以时修祀事。奉位入祠之日,奏鼓乐,陈豆笾,左右昭穆,咸秩于礼。又割膏腴之产若干亩,册为义田,以赡族人,戒其后昆世守之毋变。属同学张子永铨为文记之,以镌诸石。

永铨避席起曰:猗欤休哉!若梧冈兄弟者,不诚孝子仁人乎哉!吾闻天下事,其坏也必自一二人始之,其成也必自一二人始之。惟仁孝之君子能以一身变易天下浇漓之俗,且以一身倡率天下醇厚之风,今于樵国氏见之矣。梧冈念始祖以来之祖宗父母,皆吾身所自出,为之祠以合祀于一堂,且叮咛告诫其后昆,皆当念其身为祖宗父母之所出,而以时修其祠,以时荐其享,则不独一身尽其孝,直欲世世子孙之皆尽其孝如此也。梧冈又念始祖以来之族人,皆与吾身为同体,而为之义田以赡其族,且叮咛告诫其后昆,皆当念我身之与族人同为祖宗之所出,而各捐其所有以赡族,使贫者有其食,愚者有其教,凶丧嫁娶皆有其资,则不独一身尽其仁,直欲世世子孙之皆尽其仁。如此也,不特此也。

梧冈兄弟为祠堂以尽其孝,为义田以尽其仁,推而之于一乡,推而之于一国,又推而之于天下,将见人莫不蒸蒸然兴起其仁孝之思,无不效樵国氏之能重其祖宗也,能恤其宗族也,则尽人皆敦其一本,比户皆睦其九族,先儒所谓公卿各保其家、朝廷永固其国者,不在是哉!

按曹氏家乘,自孟春公以下,再传为守愚公,天性仁厚,有三次还金,事载通志;三传为起潜公,为明太医院吏目,以盛德崇祀乡贤;四传为封文林郎南叟公,少号神童,长为知名士,食饩郡庠者廿年;五传为绿岩公,以进士签仕北直藁城令,有政声,调浙江遂安令,归田后与弟天策公、紫庭公、赠文林郎沪城公、天肃公为德于乡。当日推乡之达尊者,莫不啧啧樵国氏之五老云。今其子孙或登贤书,或官大令,或隶京职,或号明经,郡邑庠中为儒林翘楚者,指不胜屈,学使者校士往往以樵国氏子弟为诸生冠。因此观之,则樵国氏祖宗既能开其统于前,而樵国氏子孙复能大其绪于后。而梧冈仁孝之思,又能绍祖宗之贻谋,绵子孙之令绪,其种德发祥,宁有涯涘乎哉!

堂之制极弘敞,若龛若椟若祭器,悉尊家礼。工始于康熙四十五年某月某日,成于康熙四十六年某月某日。义田之区,保有册,出入有司登记,散给有数,另为记不赘。永铨为作铭以永之。铭曰:

有祠岿然,峙城之隅,郁深幽邃,神所凭依。孰凭依只,樵国之祖。赫赫明德,百世绳武。春秋霜露,时荐维殷。嘉牲孔硕,清酤维馨。爰诏后人,毋坠先德。砥节厉行,用绵遗泽。维克孝兮,不忘厥亲;维克仁兮,以裕族人。维仁维孝,乃继先民。凡今之人,谁无祖宗?凡今之人,孰鲜同谱?则之效之,其风自古;本培枝茂,源濬流长。曷以铭之,继继皇皇。永锡尔类,载在诗章。

康熙四十六年岁次丁亥孟夏榖旦,同里后学乡进士张永铨顿首拜撰。

(民国十四年崇孝堂排印本)

曹氏祠堂由曹巢南经理,有关筹建集资与田产以及初期扩展情况为文记之。

民国《上海曹氏族谱》卷四,康熙《祠堂祭田记略》:

往者康熙四十五年丙戌,梧冈兄首议建祠,以为尊祖敬宗展亲睦族之地。乃画芳园中西北一隅,作祠屋基址。既卜日鸠工,复虑为费浩繁、物力不继,迁延岁月,来谋于余。余曰:"固也,当与兄共成之。"因与大椿侄各出白金五十两,赞襄其事。计所需犹缺,再出老母遗金一百一十两以速其成。明年丁亥春祠堂工竣,夏五月奉神位入祠。岁祀定于二至。凡牲牢酒醴之需,一岁计得金三十两乃可成礼。于是,梧冈首割产二十亩作祭田为永久计,余与春浦、大春继之,各捐十亩,共计田五十亩,皆十六、十八保膏腴之业也。会议司其出入者,金谓莫如巢南,若非余不可者。余亦曰:"是,诚在我。"于是每岁取租,以供祭享完饷修祠之用,有余财则谋生息以丰之,置腴田以广之。

十五年来,收入渐饶,产业渐益。凡族人助田助价,以迄吉事,乐输银两,悉籍为簿,一出一入,锱铢必登,前后计共得上田一百九十四亩有零。今刊附谱后,使子孙一览了然,不便藏匿。假使盗卖、更换其业,通族可鸣鼓而攻也。

余自念忝为众举司事,倘外托公平,内怀欺诈,假仁假义,作法于凉,则上蔑祖宗,下辜群望,族之人安赖有余,而余亦何面目以对族之人乎!余老矣,知我惟天,仰天不愧。所望廉儿承顺我志,恪守我法,毋使日久懈弛、弊端潜起,则余父子可告无罪于祠堂尔已,缴天之幸!俾岁之息者日滋,产之置者日广,法范文正公遗规,推祭田之余,以赒恤族之困乏,此余所日夜有志而未逮者也。后有贤者主持斯事,踵而成之,益务光大于前人,我

第六篇
宗族的形成与祠堂

曹氏尚永有后于海上哉！

岁在辛丑冬十一月长至日，巢南炳曾谨记。

（民国十四年崇孝堂排印本）

祠堂经营不易，且不免于闲言碎语，故巢南公有"知我惟天，仰天不愧"之叹。祠堂及**族产之守成尤其不易**。曹氏祠堂自康熙年建成起计至光绪末年约二百年间，经历数度兴废，最后族产几乎被经理人盗卖一空，族人乃不得不鸣鼓而攻，与之对簿公堂。

民国《上海曹氏族谱》卷四，曹棅《艺心公保存祠产记》：

吾族自孟春公于明成化间迁沪，五世沪城公始拟择地建祠。清康熙四十五年六世梧冈公缵成先志，规划备载张氏（永铨）、唐氏铭记。又与弟巢南公、春浦公、侄大椿公捐田供祭，族人协力共得一百二十二亩三分九厘，合宗祠购置七十二亩六分八厘，计田一百九十四亩三毫，归巢南公经理。乾隆五十年，巢南公孙八世南枝公不胜族人求全之责，改归从兄福民经理。以其精明强干，冀济前美。讵至五十八年身殁，非特田不可问，即祠宇亦变迁，仅余颓垣芜壤八分三厘七毫。唐记所谓"有地数亩、有亭、有池、有室、有囷"者，均不知何往矣！

嗣经道光五年十世二香公之重新，咸丰三年海林公之修葺，祠屋苟完二祠产无著。同治十年十一世子兰公为族长，怒焉忧之，念及客岁十二世保生公输巨款修祠，虽以余资赎祠东陆雨田户名地三亩五分，然仅得单额之半。于是铢黍积累，至光绪三年赎同单地三亩二分二厘一毫，五年赎平房五间。赀不足，贷族弟又香钱二百五十千文，即以六亩七分二厘一毫全单作抵。十一年又赎张永春户名地二亩六分七厘九毫，其抵出之单则力未能赎，暂从缓图。而不知又香早转抵于周积贞，先后称贷至钱七八百千，子母无着。二十一年又香序为族长，以全地暨平屋出路悉售贾姓为业，用偿私负。祠有门而无路，弗顾也。议既成，族人犹未之知。和哉叔父与同居，诇悉。格于长幼分，乘冬至祠祭日揭其事于祠门，而覆始发。子兰公之子艺心公不忍父赎祠产沦没他姓，**聚族筹**保存策。群情犹豫：有以宗祠不名一钱，虑难为无米之炊者；有以又香分居族长，**恐徒贻犯**上讥者。独十三世和哉、少怀、景元、菊人诸叔父，十四世训资弟等谓："族长不当私抵公产，尤不当私售公产，是宜以全力争。事济固赖祖宗之灵，不济亦尽子孙之责。"棅力赞其说。遂于十二月以"族长串同抵主捐赎公产图卖等情"控县。二十二年七月传讯，周积贞出田单及抵借券作证存卷，迭讯未结。又香旋于二十六年殁，案以延搁。二十八年周积贞亦殁，其妻自请收银四百元息讼。公筹垫付，而事以竣、产以存，先后用银五百元左右，艺心公及和哉叔负担居多。是役也，随艺心公对簿公堂者有和哉叔父父子，商榷谋议者有少怀叔父昆季。棣亦承艺心公之意,惜经少怀叔父之指示专从事于案牍。然非艺心公为之倡导,则群龙无首,事曷克济。公又与瀚亭叔父等苦心经营,凡附地有契无单诸小屋次第收回,并与众定租地建屋之制。宣统元年公殂,族会已成立,规划确定。

中华民国二年,赎陆雨田户名地七分五厘四毫,七年赎同户名地七分六厘三毫。十二年建楼五楹于梦花楼路。异日租地期满,屋归祠有,利赖正大,皆是役所孳乳也。爰述崖略,藉示来兹。

(民国十四年崇孝堂排印本)

常熟王氏

民国常熟《太原王氏家乘》卷二,光绪《王忠荩公专祠碑文》:

礼部谨奏为遵旨议奏事。本年六月初四日,内阁抄出两江总督端方、江苏巡抚陈启泰奏:

武进县新建宋臣王安节祠,以其四世孙伯玙附祀典等,因奉朱批礼部议奏,钦此遵到部。查原奏内称,据常州绅士禀称,宋统制王安节,节度使坚之子,德祐初与张詹守常州。元兵攻常,安节死守,城破,安节被执,不屈遇害。赠保定军承宣使,谥忠荩。事载《常州郡邑志》,墓在常州西门内。其四世孙明正统举人王伯玙请选常州教授,守祖墓,迁兵部武选司事,寻复至常,殁,遂附葬安节墓侧。今醵资建造王安节专祠,并以其四世孙伯玙附祀,详请转奏,列入祀典,春秋官为致祭等。因查礼部载各直省历代名臣贤儒,并忠节诸臣建立专祠者,准官为致祭。又查《宋·忠义传》,载安节少从其父坚守合州有功,坚死,安节为东南第七副将。德祐初,贾似道溃师芜湖,时安节驻兵江陵,即走临安,上疏乞募兵为捍御,旋收兵入平江,合张世杰兵战凤凰港,有功,转三官。刘师勇复常州,攻走王良臣,师勇还平江。以安节与张詹守常,已而良臣导大兵攻常,常城素恶,安节筑栅以守,相距两月不下。元丞相伯颜自将攻之,屡遣使招降,亦不下。伯颜怒,麾兵破其南门,安节挥双刀率死士巷战,臂伤被执。有求其姓名者,安节呼曰:"我,王坚子,安节也!"降之不得,乃杀之。臣等伏思,以死勤事,则祀着于礼经。历代忠节诸臣,国家例准建祠致祭,今宋臣王安节,忠义既详于《宋史》,余思犹系于常民,大节昭垂,宜伸享祀。其四世孙伯玙追怀祖烈,乞官守墓,不愧孝孙,可谓忠孝萃于一门。臣等公同商,酌拟如该督抚所请,准将常州武进县王安节祠列入祀典,春秋官为致祭,其孙伯玙亦附祀,以彰忠孝而资观感。所有臣等遵议缘由是否有当,伏乞皇太后、皇上圣鉴,谨奏。

光绪三十四年七月初十日奏,本日奉旨依议钦此。

(王元觐重修,民国八年常熟王氏怀义义庄刊印)

第六篇
宗族的形成与祠堂

武进毗陵胡氏

光绪武进《毗陵胡氏宗谱》卷一,《宗祠记·苏墅胡氏重修宗祠记》:

世家巨族莫不有谱,即莫不有祠。谱以明子孙之支派,祠以安祖考之精灵。谱不修支派不明,祠不修祖考不安。所以将修宗谱先修宗祠,有由然矣。今岁在乙巳,苏墅翰州公将修宗谱,即议修宗祠。凤墅由庚公、观成公,沟圩增荣公、增喜公,南胡村叙林公竭力赞襄,择于仲冬后五日鸠工庀材,至丙午二月告成。用木大小百余根,砖瓦一万有奇,石灰一十有余担,匠工煤铁诸费,居其三之一,共享钱七十余千。而门堂墙屋焕然一新。《诗》曰"寝成孔安",胡氏之谓矣。惟祠内匾额未备,是有待于后人,并望胡氏子孙嗣而葺之,庶斯祠之不朽也。余距苏墅仅一里许,翰州公嘱余为记,遂不揣固陋以应之。

时道光岁次丙午四月,邑庠生次耕氏周肇书撰。

(胡焕等修,光绪二年乐善堂木活字本)

光绪武进《毗陵胡氏宗谱》卷一,《宗祠记·缠水坝北堰双沟祠堂记》:

万物本乎天,人本乎祖。祖必有庙,祖而无庙则无以安祖考之神,犹人而无室则无以安其神也。夫人既不能无室,祖安可以无庙乎!我胡氏自元林公徙居缠水坝,子孙日蕃,不可以无庙,爰择吉地,部筑数间而庙以立焉。岁在乙亥,垣墙坍塌,六元、凤全、双喜纠合族,分捐资续修,庙貌聿新。至岁次辛丑,垣墙又见坍塌矣,缠水坝德俊、圣荣、鼎元,北堰村芳叙、德龙、寿官、盘官,双沟村顺龙、现龙诸君,酌议族分照丁捐派,鸠工庀材,数月告成。今因族修宗谱,德俊、芳叙、顺龙嘱余为之记。

时维道光岁次丙午清和月,邑庠生次耕氏周肇书撰。

(胡焕等修,光绪二年乐善堂木活字本)

安徽

徽州祠堂的种类比较多,有总祠、支祠和专祠等。依据族人的身份与地位,祠堂在建筑与规制上有所不同,力求反映出名家大族的地位,甚至为此有僭越规制之处。

绩溪华阳邵氏

光绪绩溪《华阳邵氏宗谱》卷一八,《家规》:

宗祠。《家礼》云:"君子将营宫室,宗庙为先。"盖宗祠之建,所以妥先灵而萃族涣,故自始祖以下咸祀。无祧者,水木本源之心也,有事于庙,则群昭群穆咸在而不失其伦焉。若不建不修,则冠、婚、丧、祭之礼无自而行,同派连枝之属无地以会,吾宗族属当以此为首务。

（邵俊培纂，光绪三十三年叙伦堂刊本）

绩溪梁安高氏

光绪绩溪《梁安高氏宗谱》卷一一，《祠堂记》：

昔程子谓"管摄天下人心在于建祠堂、立宗法、修谱牒"，然必有祠堂而后宗法有所立、谱牒有所修，则祠堂之建又在谱牒先也。……国朝康熙年间始购前基，建前堂两庑，从事凡一百七十一人。及雍正时，董事三十七人继起，其时支分派别，人数愈繁，乃恢构中堂五大间，然大门左右尚系他姓地，一时未能凑全，及凑全时则又外侮迭至，结讼连年。幸族之仗义者不惮艰危，上下执辨，卒得申理。于是复议接造门楼，董是役者计二十八人。自嘉庆戊午岁兴工，及嘉庆癸亥，凡六载，乃观厥成。……吾族自始迁以来千余年矣，创造祠宇，历两朝二百余年，再卜地而四兴工，始克立万翼之基，其中盘根错节又不胜述。我先人何尝一日忘谱牒哉！良以欲修谱而未有修谱之所耳。今幸大难削平，他族祠宇毁于兵者不可胜叹，而吾宗祠巍然灵光，乃叹前之大灾，今之保全，冥冥中非无意者！……

建造祠堂人名：明季建造寝室，人名、银两无从考证。康熙年间建造前堂两庑从事书左胙载祠簿：本城……横坞……上朗坑……下朗坑……霞间……浣纱溪……草坦……杨家岸……横城……祝山……西坑……上村……凤池湾……二都东山……古塘……捐款无从查考。雍正年间建造中堂董事书左胙载祠簿……嘉庆年间建造祠面董事书左胙载祠簿……道光年间捐款人名书左胙载祠簿。……

（高富浩纂修，光绪三年活字本）

绩溪城西周氏

光绪《绩溪城西周氏宗谱》卷首一，《重建宗祠记》：

宗祠之建肇始于有明嘉靖，历岁既久，修葺为难，非重建不可。乾隆初，屡议屡寝，匪度地庀材之维艰，敛财之维艰；匪敛财之维艰，敛财而善用其财，俾之毋滥毋啬，会计悉当之维艰。年老更事，久或不耐繁剧；年少志锐，耐繁剧矣，乃或少持重又不足以厌众望。盖重建若是之难也。诸宗人乃相顾而叹曰："是不可不公举数人以肩重任，罔拘辈行，罔论年齿，总理分任，惟力是视，罔挠其权。"金曰："诺哉！"乃鸠众告祖，得若干人实司其事，属宗人而告之曰："族渐衍，基稍隘，盍廓诸？"金曰："然。""木工、石工不日援事，须敛钱以给用。"金曰："然。""盍区为三：计口出钱一也；因粮定数二也；有余资者量力输，将为其祖立配三也。其或不足，取诸祠租之所出，若是则为力稍纾乎？"金曰："然。"规画既

第六篇
宗族的形成与祠堂

定,于是诹日迁主,测影正位,前当孔道,后凿山丛,左购庐,右易地,以广厥基。伐石于浙,辇木于宣,任畚捐者、呼邪讦者、运甓者、施垩帚者,日指以千计,凡岁八稔而祠成。

祠东向,仍前制也,堂五楹,广六丈八尺,深称是,高三丈四尺有奇。墠广如堂,寝高于堂。东南隅建文昌阁,阁之北有隙地,覆以瓦,为储材修祠之地。立门于东北隅,门隅为土地祠,北为夹道,夹道左为文会所,为厨,为能干祠,后为隙地,如跂如矢,动中法度。

乃大合族,迎始祖及迁祖之主居寝之正中,昭穆以次,而祔考妣汇题于主。又复分为五派,各署其上,以为标识,俾讳氏偶同者得以稽考。谨春冬之祀,定配享之位,凡前人所议而未及举行者,固已次第毕具矣。虽然,不可不有以善其后。《书》曰:"慎厥终,惟其始。"又曰:"惟事事,乃其有备。"以今日成之之难如此,而或岁久因循,惮于修葺,不惟有负于今日之勤劬,且有负前人屡欲重建之意也。爰别立修祠户,以其岁入供葺茨之费,又举祠之田亩租息及诸规条并重建颠末,登诸簿籍,使得互相稽察,而任事诸人亦可藉手以告厥成功矣。是役也,经始于乾隆三十四年四月朔日,落成于四十一年十月,计银一万六千八百两有奇,计祠基二亩有奇,较旧址廓四之三。

总理裔孙:廷宪公、广辉;协理裔孙:之冕公、瑞坦、广飞公;参理裔孙:郁公、彬公、熬公、思绍公、瑞洸公、廷桂公、廷桢、桂殿公、玉琳公、廷锦公;分任裔孙:正贵公、炘公、丰公、仁、家城公、登路公、瑞楫公、之文公、瑞积公、允公、焕文公、瑞霞公、瑞霖公、志成公、炳文公、瑞仁公、士旂公、瑞文公、灿公、廷辉、问馨、宗训;邀集裔孙:瑞位公;接理祠务裔孙:绍濂公、廷坊、长明公、之桢公、元士公、廷宣、广涵公、廷审公、广煜、宗道。例得并书。

时嘉庆十年岁次乙丑闰月三十世裔孙启鲁谨记,三十世裔孙宗杭敬书。

(周赟等修,光绪三十一年敬爱堂木活字本)

光绪《绩溪城西周氏宗谱》卷首一,《刻祠谱记》:

乾隆三十四年重建宗祠能干四十人,至嘉庆十年仅存什之二三矣。于是广辉暨诸能干曰:"祠久告成,**其重建**颠末与夫新旧置产,不可无志以垂久远。今尚献典俱存,不难征信也。"其承典**造祠诸簿**籍有廷宪公、弟廷宣;其好问多识有廷辉与问馨;其身历就熟有廷桢与绍成,盍与祠例条簿录为一册,同付之梓。族人咸韪之。爰查阅税簿与今**所收租簿**税额土名未甚明晰,及检大父衍公所遗手书田地山塘各为一册,井井有条,并**检查新置**产业,及老配享、文会上京户、修祠户、新捐能干户契据条款,附刊于后,示久远也。夫寝庙基址,祖宗之神灵所栖;田产租息,祖宗之血食所出;祠簿条例,祖宗之德教所垂;老配颁胙,祖宗之惠泽所及。文会上京户,所以培人文;新捐能干户,所以谋善后。至修祠户之立,更为春秋修其祖庙之资,此尤继述之大者。自此稽之五房分长、阖族斯文,厘定章程,分为八卷,颁之同族,庶几祖制昭垂,俾世世相承,不没源流云尔。

五房分长：广良　瑞富　瑞东　广福　正然
阖族斯文：畿　　荣　　廷桢　礼　　绍成
　　　　　之藻　大中　大成　大受　大文
　　　　　道基　廷灏　廷辉　问馨　广辉
　　　　　之屏　广湘　廷侃　廷宣　宪章
　　　　　广桢　廷坊　广洮　炽昌　广煜
　　　　　佩莲　彩章　邦镇　廷钧　广荣
　　　　　广泽　树屏　焕章　觐光　扬烈
　　　　　永清　镜　　廷录　广铨　廷章
　　　　　润章　广漼　廷金荣　廷俊　宗训
　　　　　启鲁　承注　训　　承诒　宗楷
　　　　　志勋　宗道　启宇　宗杭　镜
　　　　　元炽　启绎　元炬　懋林　树勋
　　　　　宗镐　槐堂　邦泰　启元　宗燮
　　　　　启正　邦达　润泽　玉振　监
　　　　　宗模　邵　　宗朴　沣　　启京
　　　　　宗枚　大烈　启锦　钟　　宗梅
　　　　　启运　锡涛　锡沛　锡辉　原
　　　　　锡瓒　丙章　锡焞

总理刊刻裔孙：绍成　廷辉　问馨　广辉　廷宣
编辑裔孙：荣
同订裔孙：宗杭　启运
临田稽查裔孙：广煜　广煐　宗燮　承湧
校对裔孙：廷璋　镜　　启正　宗朴　宗栋　锡勋

时嘉庆十年岁在乙丑五月望后一日,二十七世孙荣谨记,三十世孙宗栋敬书。

（周赟等修,光绪三十一年敬爱堂木活字本）

山西

运城安邑郇城路氏

同治运城《安邑郇城路氏族谱》,《重修家庙并移神主序》：

第六篇
宗族的形成与祠堂

家必有庙,庙必有主。主位之弗安,无以怡神,即无以冒后也。吾族家庙自乾隆己未岁建立后,其间数十年并未有发富及登科第者。余族祖讳凝珂、字昆生,族叔讳访字好问、讳默字讷庵、讳惺字慧庵、讳悟字了翁,屡请风水先生来看,皆曰:"神主居于后廷,爻象不合,不若移至正庭,富贵俱兴。"遂逐节与合族商议,重修迁移神主。族人咸以为可,因于乙酉岁清明节以祠堂积余并八里铺稞银命余督工修理。粉墙墁地,黝垩丹朱,移神主于正庭,另设暖阁,将后庭截断,别为一院。五十余天诸工告竣,卜吉午月朔日安神祀土。神其有灵,默佑我后,瓜瓞绵绵,亿万斯年。

乾隆三十年夏五月吉日,十二世孙志向谨识。

(路生财、路有年纂修,同治十年刻本)

灵石何氏

道光灵石《何氏族谱》卷六,《宗祠志序》:

古者自天子至官师皆有家庙,庙在寝东,凡冠、婚、丧、祭礼,无不于此行之。及秦灭典礼,自天子而外无敢营宗庙者。魏晋而后,稍复古制。至唐贞观之隆,士大夫家无不有庙。王珪不立私庙,遂为执法所纠,可谓盛矣。五代乱离,荡然尽废。至宋,文潞公欲立家庙,犹请于朝,则当时之得有家庙者盖亦仅矣。元、明以来略同于宋。至于盛朝,以孝治天下,虽当威有辨而人皆不禁其立庙,兼以休养教化,百有余年,家给人足,无人不思致孝于祖宗。吾族之庙自此始。今并载之家乘,详其屋楹,列其户牖,载其地基,复绘之为图,而匾额对联之属亦无不载焉。欲为子孙者勤洒扫、时黝垩、守礼法,勿令孝敬或衰,勿为豪强所夺,于国家锡类之宏恩,庶其无负也夫!

志宗祠。

十一世孙思忠编辑,十二世孙玉成恭订,文衡、道统仝校。

(乾隆年间何思忠创修,道光十四年续刻本)

陕西

《皇朝经世文编》卷五八,《礼政五·宗法上》,顾炎武《华阴王氏宗祠记》:

昔者,孔子既没,弟子录其遗言以为《论语》,而独取有子、曾子之言次于卷首,何哉?夫子所以教人者,无非以立天下之人伦。而孝弟人伦之本也,慎终追远,孝弟之实也。甚哉!有子、曾子之言似夫子也。是故有人伦然后有风俗,有风俗然后有政事,有政事然后有国家。先王之于民,其生也为之九族之纪、大宗小宗之属以联之;其死也为之疏衰之服、哭泣殡葬虞附之节以送之;其远也为之庙室之制、禘尝之礼、鼎俎笾豆之物以荐之。

其施之朝廷,用之乡党,讲之庠序,无非此之为务也。故民德厚而礼俗成,上下安而暴慝不作。自三代以下,人主之于民,赋敛之而已尔,役使之而已尔。凡所以为厚生正德之事,一切置之不理,而听民之所自为,于是乎教化之权常不在上而在下。两汉以来,儒者之效,亦可得而考矣。自二戴之《传》,二郑之《注》,专门之学以《礼》为宗。历三国两晋南北五季,干戈分裂之际而未尝绝也。至宋程朱诸子,卓然有见于遗经。而金元之代,有志者多求其说于南方,以授学者。及乎有明之初,风俗淳厚,而爱亲敬长之道达诸天下。其能以宗法训其家人而立庙以祀,或累世同居称之为义门者,亦往往而有。十室之忠信,比肩而接踵,夫其处乎杂乱偏方闰位之日,而守之不变,孰劝帅之而然哉。国乱于上而教明于下。《易》曰:"改邑不改井。"言经常之道赖君子而存也。呜呼!至于今日,而先王之所以为教,贤者之所以为俗,殆渐灭而无余矣。列在搢绅,而家无主祐,非寒食野祭,则不复荐其先人。期功之惨,遂不制服。而父母之丧,多留任而不去。同姓通宗,而不限于奴仆。女嫁死而无出,则责偿其所遣之财。昏媾异类,而胁持其乡里。利之所在,则不爱其亲而爱他人。于是机诈之变日深,而廉耻道尽,其不至于率兽食人而人相食者几希矣。昔春秋之时,弑君三十六,亡国五十二。而秉礼之邦,守道之士,不绝于书。未若今之滔滔皆是也。此五帝三王之大去其天下,而乾坤或几乎息也。又何言政事哉!

吾友华阴王君宏撰,邻华先生之季子,而为徵华先生后者也。游婺州二年而归,乃作祠堂以奉其始祖,聚其子姓而告之以尊祖敬宗之道。其乡之老者喟然言曰:"不见此礼久矣!为之兆也,其足以行乎。"孟子有言:"恻隐之心,仁之端也。"夫躬行孝弟之道,以感发天下之人心,使之惕然有省。而观今世之事,若无以自容,然后积污之俗可得而新,先王之教可得而兴也。王君勉之矣!

(贺长龄、魏源辑,中华书局1992年影印本)

邵阳马氏

邵阳南渠西马氏家族在清代共有三座宗祠。

民国《邵阳马氏宗谱》,咸丰《南渠西马氏宗祠记》:

余族自南渠西以来,先后建祠凡五所。其中为举族所共而经始最早者曰"家佛堂",创自何代、建于何年俱不可考,而重修则在清之咸丰十年,祠中祀伏波将军神位,轴像则以玉湖为始祖,是可称为南渠西马氏之祖祠。其次为"报本堂",祀临为宗祖,乃新二房一支之宗祠,建之于清道光二十七年。再次为"衍绪堂",祀文台为宗祖,建于道光三十年,栋宇以是为最宏壮。

(民国二十五年增订本)

第六篇
宗族的形成与祠堂

民国《邰阳马氏宗谱》，咸丰《南渠西马氏宗祠记·重修家佛堂碑记》：

余族奉先祠不知创自何年，庙貌倾颓基址狭隘，每值春祀秋尝，与祭者咸感实不能容之苦。爰于咸丰庚申鸠工重修。添建主房三楹，以原来三间主房作献庭，屋宇改观，规模扩大。岁时伏腊，先灵告妥。然恐代远年湮，后世不知缔造之艰难，乃立碣以志之，并附记家佛堂所有地亩于左：

百里坊村北老茔一座，一分七厘五毫四丝。灵下地一段，一分七厘五毫，内有白埋墓二个。西南地一段，一分零八毫，内有白埋墓三个。村西下碥东西畛地一段，三亩一分八厘五毫。小村西南城角地一段，三亩三分七厘七毫，内有白埋墓一个。本村南碥茔地，一分六厘。家佛堂地基八分。

（民国二十五年增订本）

马氏衍绪堂规约。

民国《邰阳马氏宗谱》，同治《南渠西马氏宗祠记·衍绪堂规约》：

道光庚戌岁，吾家创建衍绪堂宗祠，所以崇先世之功德也。至同治二年，以丁盛族繁析居五分，祠事议定轮流典守，每届清明更番交代。一切器物如或遗失，管者赔补。倘有不遵，五分同究。然恐时久不克，守成规于弗替也，爰立碣以志之。

一、祠堂前后院共一亩一分六厘五毫，又祠东砖墙外留余地五寸。

一、祠内后院为读书地，不准私藏器物。嗣后房屋失修，盖由官中补葺，不得推诿。

一、场地五亩九分，五分同租，兄东弟西，议定每年租子一分二斗。日后若有不愿租者，不准租与旁人。

一、南碥地十六亩八分四厘三毫三丝三忽，议定每年租子三石，不准少欠。

一、场地围墙，日后伤损，官中修补，不得推诿。

大清同治四年桐月榖旦，五分同立。

（民国二十五年增订本）

甘肃

秦州西厢里张氏

甘肃秦州西厢里张五甲张氏的宗祠修建于光绪八年，与该家族在此的居住史相比，建祠不算早。一般讲，宗祠的修建决非易事，或主持不得其人，或不具备必需之财力、物力，均难建立。张氏宗祠得以于此时修建，可谓是人、财、物条件均已具备之结果。该祠虽系二房独力修建，本"收族敬宗之义"，实行全族共享，惟经理归二房轮流。

光绪《续秦州张氏族谱》,《建宗祠记》：

吾族自国初已分四房,其居州西关三阳后巷者为二房。二房永吉、永明,道、咸间先后殁,无嗣。有遗宅在巷东南：长十丈五尺,润前二丈一尺、后二丈五寸,至同治间墙屋零落。吉、明从兄子申、印,从兄孙登阶、登第、登奎暨二房属世英等,议以其地为建二房宗祠,藉绵二公禋祀,迄未果。光绪辛未复前议,议佥同。于是申、印暨世英各出资二百缗,登阶与其弟登甲、登瀛出资三百缗,登奎与其弟登峰出资一百缗,共资千缗,卜吉本年三月初二日兴工。正东为堂三间以奉安木主,背堂为屋二间为藏器所,堂前为庭三间为饮福地,又前南为厨房三间,北为司计房三间,西南为厕,西北为井,门居正西,两旁为守者屋各一间。落成于九月重九日,费钱八百八十缗。剩钱一百二十缗,分存原出资者之家,岁权子母,半留补憩之需,半供祀事之费。所谓二房宗祠者,盖于兹果成矣！

虽然二房与他房派分,而祖一也。既隆报本追远之思,宜广收族敬宗之义。引而亲之,庶有以怿先人而维本支乎？以故祠中首位始祖木主,次位四房祖宗木主,又次位永吉、永明公木主并申印以次诸人各祖考木主,共木主一十有口,皆酌理准情而立之者也。

嗣遇通族生有名位与夫实行孚众、实德及人并慷慨乐输光益祠事者,木主当以次增入。否则不许,以严礼制而励后昆也。他房子孙岁时一体与祭,惟一切事当归二房永远轮流经理,不得诿劳他房,致滋嫌隙。其他礼数、器数,另簿条列,兹不登记。

裔孙二房申、印率子侄登阶、登第、登甲、登瀛、效渠、效曾、登奎、效闵、登峰等敬谨督工,世英敬谨撰文并书。

光绪岁次壬午季夏榖旦立石。

（光绪三十四年续修本）

有关祠祭、墓祭、祔位配享条件、宗祠管理等均有规定。

光绪《续秦州张氏族谱》,《宗祠条规》：

一、春祭先一日诣墓伏羲城贵家巷道祖茔培土,培还省牲。正日清早祠祭,祭毕,墓祭。还祠,序拜。拜后,饮福。

一、春祭卜吉,当在春分后族众尚未拜扫各坟之先。先期由值年传知各房长,转传本房族众之在城者,于祭之先一日早饭后,各携背笼,自备口食,齐集祠中,由值年率往先茔培土雇人培土者听,总宜亲诣墓所,培后还家,准次日寅正齐集祠中。乡居者,准城门开时齐集祠中先夜能到者听,以便及早礼毕而乡居者庶免城宿。

一、祭之先夜,由值年在城居四房族人内挨派数人少则四人,多则六人接续香火,乡居者不必挨派。

第六篇
宗族的形成与祠堂

一、祭物牲用特豕省牲后宰,而全体以献。少时撤下解体熟之,次早以献,俎五代以时用九寸大盘,内实牲体,铏四代以时用汤碗,内**实羹**,敦四代以时用中碗,内实蒸饭,笾八代以瓷碟,内实时果饼饵之属,豆八代以时用大碗,内实炙**肉时菜**之属,爵代以时用瓷杯。匕箸醢酱碟均视木主为数。钱纸一大包,时用三头蜡烛一对礼毕尽此点完,不必再续,表一刀,高香一封有余以备朔望之用,边(鞭)炮二百,大炮三十四个降神用三,初亚终献各用三,送神用三,墓祭用六,省牲用三。省牲告祭用寻常蜡烛一对,此夜用寻常蜡烛一枝,续到祭时。墓祭用灯笼一对,寻常蜡烛一对,三圈中样长钱一对,馔八碗不用海味,匕箸三套。祭日许用乐工五人不许用演戏响器。

一、岁时祀事,值年即为主祭。余无论老少贵贱,均为助祭。一切执事,均由本年主祭择能分派。上年主祭,亦须先期来祠帮办本年主祭。

一、祠中现在出息微末,除岁修一半,所余更属无几。故每岁立清明一祭额,以议定祭物食用,并现在物值一祭仅仅敷用,或有不足,当由二房挨门凑资弥补。岁修不足,亦照此例存本项内,均不得挪用分文。

一、岁修或不动用,积至十串以上,许二房原捐资者照数分领作本生息。遇有补葺之费,少则用息,多则息本提用。

一、二房与他三房,后或有输资祠中之人,当归各房作本生息。所生之息,除留岁修若干并补足清明祭费外,尚足一祭之费,可在秋分再立一祭。

一、祠中后来出息,除多留岁修外,或再有余剩之款,当月筹办有益宗族之事。其祠宇祀事总宜恪守前规,勿得厌俭崇奢,致有越礼犯分并后难为继之虞。

一、祠中不许本族暨他姓为教读燕会之地并大门虚悬义学匾额。如本族读书之一二成人愿在此处肄业,较非教授蒙童易污墙屋者可比,当由族长察查其人果系安静诚笃,许其来此居住。或有招饮聚赌,并名为肄业而实藉此为经理,出入帐项之所一经查出,除由族长传集族众酌量议罚外,即行扶出门外。

一、祠中一切事宜,应归二房永远轮流经理,业以勒石垂后。二房应行经理之家,当由申、印、世英、登阶、登奎五家以次轮流,名为值年。五家日后或有分产析居之家,又当挨门推广,仍以五家为纲五家各长房经理一轮,又五家各二房经理一轮,如此类推,庶免紊乱。然须人品端正方许经理,否则不许。不得以挨到本门藉口争赖,其越及之门,不得以尚未挨到避嫌推诿。

一、祭日,有官阶者必朝服,余须盛服,贫乏者听。

一、祭日,早食豆腐蒸饼,不许饮酒。午食猪肉粉汤,下酒碟四个,黄酒五巡为止,烧酒五巡为止。每岁所余肉饼多寡不定,照所来人数摊匀分颁,此外余菜许值年领去。

一、祠中未经奉安木主之逝者,谨仿《大清会典》祔位例,于每祭祀时,版书在祠祖考之德配，生时能助夫兴家者，陈设正堂上桌，以为配享。又版书生后乏嗣与夫青年逝世之男妇，其德行略有可采者，陈设正堂两旁，男左女右，以为祔位。祭时派子弟诣前行礼，礼毕所有版书俱行焚化。

一、族中科名鼎甲以下、俊生以上，许自制匾额 鼎甲，三尺立匾、红体金字；翰林、进士三尺平匾，以次各减五寸，均粉体墨字，悬祠以示激励而昭郑重。

（光绪三十四年续修本）

秦州旧俗普遍祭所谓"家神"，"至有家神有庙，祖考反无祠者；家神图像，祖考竟无主者。又有同庙享祀，正位家神而祖考为之附者。"张氏恐"相习久之，必至主家神而宾祖考，是教之乱本末也。"于是另修家神庙，以别于宗祠。

光绪《续秦州张氏族谱》，《创修家神庙碑记宗祠经费附》：

吾州有图像褚素下列浮屠，几于无家不世祀者，俗号之曰"家神"。殆当时乞灵有感从而尸祝之者，其下列浮屠；殆亦吾甘卓尼喇嘛，摩顶愈病，戴其德者相率供养，岁以为常之例，累世相沿，弗敢或异。即有达者后起，亦附敬其所尊之例，不拟祭非其鬼之伦，谓无非孝先之一端也。习者不察，至有家神有庙，祖考反无祠者；家神图像，祖考竟无主者。又有同庙享祀，正位家神而祖考为之附者。夫能为家神立庙，其人之不平贱也可知。而祖考而附家神，岂其援前代祠堂制严之例而姑为，是以远僭窃之罪也哉！我朝会典内俱载品官家祭之条，苟敬绎而奉行之，曷不可者？

吾族家神绘像者三轴，二不知其所始，一登甲等曾祖母章氏父母家旧有崇祀，登甲等祖某病笃，祷之得愈，从此岁岁迎祀于八月望日者也。光绪壬午岁，吾族创建宗祠，次年世英作宰陕西之甘泉。阅六年，丁忧归里，见宗祠后室奉安家神，每宗祠祭日暨朔望，拈香必先神后祖考，固犹是敬其所尊之义。特报本追远之诚，孰如祈福禳祸之切？相习久之，必至主家神而宾祖考，是教之乱本末也。

于是谋之族众，用钱六百缗买宅宗祠西北，宽三丈三尺，长九丈三尺余，门户室堂去旧更新，中西厦屋三间，妥神屋前对廊三间，廊前大门三间，后西下室三间，南厨房北廊各三间，西南井。器具粗备，费钱七百九十缗。

先是效渠故父印输银五百两，世英输银一千二百两，金鉴故父 登阶暨 登甲、登瀛、钧输银一千三百两，恒价故父 登第输银五十两，共银三千两有奇。以一千两易钱，买双桥水磨油坊；以一千几百两岁权子母，用供宗祠祭祀、岁修暨守者工食、贫族婚葬以及里长、老人各事之需。斯庙之作，厥输之所余也。其岁修各费，则酌分祀费之少半焉。

是役之兴也，世英已服阕赴官，登甲独立成之，登瀛、效渠、效曾、登峰、金鉴、恒价辈相与助

第六篇
宗族的形成与祠堂

之,作于光绪壬辰岁八月。于是内外神明各得所矣。

当兴工之初,世英寄书族众,每以庙制宜朴略如塾祀先师之规为言,非好略也,非务琐也,俭德之难崇而奢习之易滋也。且以报本追远之诚不敌祈福禳祸之切,抑而矫之,庶几子子孙孙有举莫废,仍是敦我孝思敬其所尊不同祭非其鬼,本末先后之序不至颠倒而错乱也。《诗》曰:"求福不回",求以此也。《记》曰:"祭则受福",受以此也。后有作者,其以世英之言为不谬否?

光绪二十年四月八日,西厢里张五甲世英记于陕西凤翔县署。

大清光绪二十一年岁次乙未秋八月穀旦,张金鉴敬书。

(光绪三十四年续修本)

浙江

绍兴中南王氏

民国绍兴《中南王氏宗谱》卷首,嘉庆《酌议领胙并收租条款》:

一、宗祠春秋分二节,向例祭毕合中南子孙饮胙,嘉庆九年,公议易饮胙为领胙。所有族长一席,分长一席,执事二席,衣顶二席,礼生一席,照旧饮胙外,共余各分应饮胙之人,每人给胙签一枝,领肉一斤。至族长,为一族之长,诸事藉以理处,饮胙之外,每节领胙肉四斤。分长为一分之长,领胙肉一斤。执事乃办理宗祠诸事,每人领胙肉一斤。衣顶为宗族光宠,且以奖劝有志者,每人领胙肉一斤。至有新捐田亩者,每亩给胙肉二斤;又有陪祭、复祠、修祠三人,每人给胙肉一斤。议定章程,毋得更易。

一、宗祠各项领胙外,又有年届七旬者,议给年胙一斤,八旬者倍之,九旬者再倍之,但必须老人亲身与祭,方可给签领胙,若不亲至,不能给领。再有,边堂主祭,位在分长者,不准给胙。若本人不到,而以他人代祭,所代之人并非分长,给胙一斤。若亦系分长,议定不能给胙。

一、祭毕分给馒首,惟族长四枚,其余分长、执事、衣顶、礼生及与祭子孙,概与二枚,不准多给。

一、公议,每年收取宗祠田租,准于冬至前三日,祠中设柜收交。务须预期发帖,并分给各佃户租单,注明某日午前必定交齐。是日,族长、各执事,于辰初齐集,次年值祭之分,备具酒馔三席,午间供祖后,在祠勤事者共饮。若各佃有迟至未刻不到宗祠,闭门诸人散归始行送至者,无论亲族,概不收受。禀请族长,邀同执事,一听公议。或值年经手者徇情私收,亦公同议罚。如有先期将租钱交付值年者,听其收账,俟收租之日,对众说明,以便在先交之人名下注销。

（王大泉修，民国三十一年三槐堂木活字本）

民国绍兴《中南王氏宗谱》卷首，嘉庆《修建宗祠碑记》：

宗祠创始前明，再建于康熙壬子，历年未百，栋宇倾蚀，漂摇可虑。乾隆辛亥岁，族孙方维承其父命纂录宗谱**告竣，慨**然有再新之志。迁延周纪，至嘉庆癸亥，乃谂于来曰："欲图永远计，惟更而张之，**顾经费浩繁**，非开源而节流不可。"族之有志敦本者咸欢应焉，并推方维总司其事。因而斟酌时宜，扫除陋习，积数载赢余，未敷土木之半。复劝量**功输捐**，以足经费。于今二月鸠工，三阅月落成，虽基址由旧，而墙垣栋柱壮厚过之。非**敢踵事增**华，实为一劳永逸之计。予既喜吾族之输将，恐后宗祐从此固安，又嘉族孙方维之心力交瘁，风雨无间，克蒇厥事也。缘述梗概，以示后昆，并将田亩捐赀并列，贞珉用垂不朽。

计开

后北岸分

 繁侯，捐人字九十一二号、九十二三号、八百四十七号，共田四亩三分五厘四毫。

 薪侯，捐人字九十一二号、九十二三号，共田四亩正。

老二分

 敬远，捐帝字一百一号田一亩正。

 秀升，捐人字五十九号田一亩正。

小二分

 象昆，捐昆字四百三号田一亩九分三厘。

 汝金，捐鸟字三百七十四号田一亩正。

参军第

 德芝，捐人字三百六十七号田一亩一分二厘。

后北岸分

 繁侯，捐钱三十千文。

 薪侯，捐钱三千千文。

 体侯，捐洋钱十元。

 孔涵，捐洋钱十元。

老二分

 圣治，捐洋钱二十元。

 圣玉，捐洋钱十元。

 秀升，捐洋钱十元。

第六篇
宗族的形成与祠堂

鸣王,捐洋钱五元。

配正,捐洋钱四元。

兰皋,捐洋钱二元。

宝元,捐洋钱十元。

丙南,捐洋钱十元。

皆平,捐洋钱一元。

小大分

景文,捐洋钱十元。

奕文,捐洋钱五元。

殿文,捐洋钱五元。

廷富,捐洋钱十元。

天祥,捐洋钱一元。

小二分

允绥,捐钱三十千文。

象昆,捐洋钱十元。

轶凡,捐洋钱六元。

勤周,捐洋钱六元。

东辉,捐洋钱四元。

衷尝,捐洋银四元。

德飞,捐洋钱四元。

荣桂,捐洋钱二元。

贯一,捐洋钱一元。

端揆,捐洋钱一元。

云从,捐洋钱一元。

小三分

聚臣,捐洋钱三十元外十元作族长捐项。

聚五,捐洋钱十二元。

兆贵,捐洋钱五元。

南星,捐洋钱三元。

参军第

九霞,捐洋钱二十元。

廷元，捐洋钱五元。

用占，捐洋钱四元。

鹤亭，捐钱二千文。

德芝，捐洋钱二元。

耀亭，捐钱一千文。

美斯，捐钱一千文。

嘉庆十一年岁次丙寅仲冬吉旦，族长光林圣玉氏立。

续捐：光绪十一年春分日，小二分晋卿捐鸟字三百七十七、九十九号田，三亩七分正。

小大分

三十房，捐钱廿千文。

小二分

晋卿房，捐钱廿千文。

（王大泉修，民国三十一年三槐堂木活字本）

（三）祠堂的建筑结构与室内设置

江西

万载辛氏

民国《万载辛氏幼房谱》，道光《祠堂述》：

祠制

祠制中为享堂，深二丈八尺六寸，宽如之，左右有房，中有楹。楹之下为庭，有站亭，缭以石栏，深丈八尺，宽如之。庭左右为廊，廊当阶护以木栏，栏内障以屏门，其前为门三，门内外有宇，深三丈六尺，门侧有塾，右塾侧有巷，有小门通厨舍，又前为露庭，左右有石圈门，其右圈门内即厨舍。又其前为大门，内外宇如祠门，深二丈一尺五寸，门之上额"辛氏幼房祠"五字。阶下为球场，外为官街，临街缭以短垣，外有扶檐，东西有石坊。门堂之后为寝室，深三丈三尺五寸，宽四丈五尺五寸，寝中为神龛一，正中安奉房祖考妣神位，左右安奉昭穆配享牌位，左右壁外各为神龛一，分祀昭穆祔食牌位。寝之后有宇，宇左右有房，以藏祭器。自寝室后宇至前石坊门，皆砖墙四周焉。

此并下数条俱据祭产册所载，今寝室移入上栋，与旧制迥别，另记于后。

祠基

祠基与本祠店基相联一片。其方位坐北向南，居县署之左，龙江庙之右；其形胜，后

第六篇
宗族的形成与祠堂

枕龙山,前面锦水;其广衍,除整作店居外,实据建祠基址自官街直进至寝后石墙量,计十九丈五尺左右,横阔计四丈五尺五寸,其界至备录店房基址内,兹不具载。

店基附

店基与祠基相联一片,其基址丈尺若干,房屋若干,并左右前后界至备载于后。

一、店房中厅基址直长计四丈九尺四寸,横阔同祠。中厅后一间直长三丈二尺五寸,横阔一丈一尺九寸,左右前后俱砖墙。

一、中厅右边房屋计木料十六扇,砖墙一扇并挽廊在内,基址直长二十丈零三尺,并砖墙脚。

一、中厅左边计木料二扇,砖墙七扇,并墙脚基址直长二十一丈二尺。

通计本店砖墙外周围四至,上左至宋姓书院,上右至甘姓祠堂屋,下中连本祠寝室,下左至郭姓店基,下右连本祠厨房。厨房砖墙外至郭姓店基,左至龙江山巷路,右自署内观音堂直下新丰仓至县狱,并至饮和泉厨房为界。

(辛际唐等纂修,民国三十五年版)

民国《万载辛氏幼房谱》,乾隆《购祠基原委记》:

族自南坡公家万,传继忠、继敬两公。继敬公,我幼房祖也,自明迄今,从祀南坡公庙,思祀以专祠而未有基,心尝怅然。乾隆十七年壬申冬,予与房伯景璠、房叔景邊庙祭讫,商及之,适县署东宋姓有屋售,厥地宏敞,厥位面阳,天然祠基也,房弟鹏程、方辑皆大喜,惟是屋不一主人,四分得一者有二,八分得一者有四,非千金恐莫予易也。本房公财无几,若何房叔敏捷至曰:"事无难易,成之在人。子若首为倡,谁不竞劝。"予壮其言,偕景璠各书金百,景邊亦继书愿身任其事,其余踊跃备书,酿金盈千,于是始询其价值如何,而某某力为赞成,本年去金百有六十购某八之一,明年复购某四之一,价倍之,又明年分购某兄弟四之一,价如之。时公财不足,房叔玙璠解囊以助,未几,某八分之一及伊父所买某分之半求售,又去金二百有四,历数年宋姓之屋,统以八分数之尚遗一分有半,且转售入伊祠。至三十三年,房弟凤翔、房侄继汤始自伊祠购之,至是公财益微,继汤助钱百千文,于是宋姓之屋全归我房矣。宋业既就,附宋基土,房叔慎玷有店房二间,建祠欣然领值立券,归入祠中,迄今建立大门处是。通计祠基前至官街,后至予土,左至龙江山巷路,右至官新丰仓,直下至县狱,共丈尺若干,共去银若干,迨壬辰建祠时,予复将寝后土库基址书帖助祠,以遂余尊祖敬宗之愿。是役也,始事景璠、景邊,任事鹏程、方辑、敏捷,卒事凤翔、继汤,藉非我房祖有灵,孰使诸人竭蹶急公如是。目今祠宇聿新,诸事就绪,而予以衰迈躯,回思数十年购造之艰,得目其成,固有喜之不胜者,因备录之示后,俾知夫我幼房之能立专祠而祀房祖者,其来固非易也。乾隆丙申冬月,嗣孙汝岐敬撰。

(辛际唐等纂修,民国三十五年版)

民国《万载辛氏幼房谱》,乾隆《修祠记》:

"物本乎天,人本乎祖。"本则思报,礼也;顾本不无亲疏远迩之殊,是隆杀之等,亦礼制之所由生。我族自始祖南坡公家万,已立庙祀之。南坡公长子继忠公为延顺觐达昌乎六房祖,多有支祠奉祀,次子继敬公为我幼房祖,未有支祠。夫以继敬公视南坡公,远迩亲疏昭然矣。远者疏者尚思报答,迩且亲者独略焉可乎?立祠祀我本房祖,此亦冬至祭始祖,复于立春祭先祖之义也。且我房子孙棋列星布,相识为艰,每如途人视者有之,得祠以联我本支,则岁时宴会,识别甚易,于以深相爱好,劝善规过,莫不由乎!此则支祠之设,其报我先人者在是,其笃我亲支者亦在是举也。购基于乾隆十七年壬申,中间欲建又止者数次,首事诸公徘徊踌躇经营,竭蹶越二十余年而始成。上为寝,中为堂,前为门,费数千余金。后之人登斯堂,睹榱桷之巍焕,丹雘之辉煌,尚其憬然以思。曷思乎?尔思隆先祀不可忽也,思笃宗谊不可乖也,思业成不易,保守俾勿坏也。时乾隆壬寅,嗣孙金佑敬撰。

(辛际唐等纂修,民国三十五年版)

民国《万载辛氏幼房谱》,嘉庆《补修祠记》:

编立祭产册之日,诸长辈命补作修祠记。然询及当日经营乐助诸人,而记载无一存者,其何以记之?及阅化公祠基原委说,虽不详其事,而窃得其心矣。凡物本乎天,人本乎祖。本则思报,礼也。其所以思,仁也。仁动于中而礼起于外,于是乎有坛墠庙墠之制,于是乎有郊社禘尝之文,先王准此以立教,下及士人皆得立庙以祀先,为其思一也。祠之建也,思以特祀继敬公也。继敬公为我房祖,特祀之,礼也。然前此不闻特祀矣,岂前此礼为力诎,今其时可,其势可乎?然忆购基之年,非有公财足恃也,问何以故,曰劝输故,则其经始之年亦无公财足恃也。问何以故,曰劝输故。一人倡之,众人和之,创从来未有之规,立后此不拔之业。其取材之富,非一木之支也;其用工之多,非一手足之烈也;其阅日之久,非一朝夕之故也。两次经营,縻金数千,而人无难色,何人心之大可恃也!思深哉,非仁孝之心必不可遏,安能若是。且若者倡谋,若者董役,若者捐助,迄今距落成之年数十寒暑耳,而记载无一存,当其时竟过而不问,迨其后亦浑而若忘,何人心之无所为又如是也!襄事者任其劳而不伐其功,捐助者破其囊而不图其名,若惟知竭吾力之所能为,与吾分之所当为,以终乃祖考事,而已大哉思乎!其仁孝之心盛而报本之念切乎!此祠之能底

第六篇
宗族的形成与祠堂

于成,而特祀之礼得以迄今不废也。《诗》曰:"永言孝思。"孝思惟则是可则也已。爰以是复于诸长辈,佥曰然。是先人之心也,子其即以是记之;他人之记,记其事也;如子之记,记其心也。嘉庆乙亥孟夏月,嗣孙孟刚敬撰。

(辛际唐等纂修,民国三十五年版)

民国《万载辛氏幼房谱》,嘉庆《重修寝室及站亭记》:

嘉庆辛酉冬,房众咸集于新营之寝室,庆落成也。先乾隆壬辰寝室与享堂并构,享堂仍旧而寝室必新之者,非好为改作也。旧制中为寝,左右为房配袝,三神座并列,寝中上为岑楼,楼高势下伏两楣坊,外蔽天日,内压神座,且后无户牖,阴气沮塞,蚁附虫生。夫人神一也,坐其次者心目若为之不豁爽,而谓神其妥乎?欲易之久而事未果。岁辛酉,敬甫先生任建县考棚事毕,乃撤而新之,一人首倡,众志丕应,材木犹是而架部不同,方位犹是而体裁迥别。鉴前失而益新巧,既宏敞亦谨严,既光莹复深邃。方之旧制,盖焕乎其改观矣。于是易其神座,正中一安奉房祖及昭穆配食牌位,左右夹室各一,分祀昭穆袝食牌位,既不失其序,又各全其尊,何法也。既又以其余力构亭于中庭,以蔽风雨,石栏绕砌,飞檐凌霄,亦高下大小合度,诸君子之用心可谓周且至矣。经始于是年之春,落成于是年之冬,阅数月而告竣,凡用工若干,糜白金若干,经理者以其事协于众而襄力赞费者之非一也,不欲自有其功,故不书。本年冬至后六日,嗣孙金溟敬撰。

(辛际唐等纂修,民国三十五年版)

民国《万载辛氏幼房谱》,道光《移寝室记》:

昔人之建斯祠也,可谓周矣。始于寝室,后构厅事一,左右有廊有室,以为始祖南坡公享祀之所。后以一庙二祖,于礼弗合,遂虚而置之,作贮祭器地。嘉庆辛酉,先达敬甫先生以旧寝重楼低压,隐蔽天日,乃首倡撤而新之。迄今三十余年,虽小试乡科,间亦获隽,而公私多故,屡告空匮。论者又谓寝室之更或选择失时,抑尺度不协所致。长老旭冈公精于河洛理,详察其制不逮,寝后厅之深邃肃穆远甚,乃稽于众,涓吉鸠工,丹雘涂塈,移祖考配食位于中,移昭穆袝食位于两廊,措置得宜,事蒇命福识之。福惟堂构之义,古人所重,今不费力伤财,一转徙之而即是,乐孰甚焉。夫昔人之所卜吉旷焉,而未得其处,留以待后人,后之人本其志而推行之,且变通之,亦可云善继者矣。风水家不有云乎,家庙祖宗神灵之所栖,祖灵安,则子孙受其福庇,趋避之说,贤者不废。昔范文正公守苏州,首建郡学,相者言其宅实利,公乃即其基宫而墙焉,厥后姑苏人文遂甲天下。今我祖世泽绵延奕叶,书香弗替,颖秀之士,踵接而起,使由此观感愤发,以人事济天功,复资祖考之灵庇,踊跃争先,当必有不负昔人之望者。始祖虽不获并祀,房祖之默佑不已多哉。昔人有之,其亦可以少慰矣。是役也,长老公倡之,春畲、拙甫诸公成之,并志之以垂不朽。时道光丙申,嗣孙介福敬撰。

(辛际唐等纂修,民国三十五年版)

民国《万载辛氏幼房谱》,嘉庆《附载祭产册跋语》:

非财之难,理财实难;理财非难,理财而得其人之为难。天下有余之患甚于不足,不足不过乏应用之宜,有余即启冒滥侵耗之渐。盖利之所在,众之所趋,况属公财,尤人人得而经理者乎。始则假公以揽权,继则擅作以营私,终则勾党以济欲,此趋利者之情弊,固有必由于是者。经理如是,财不可为矣。然则何如而后可谓得人也,惟公其心,平其施者是矣。平其施,则权衡有定,不开冒滥之端。公其心,则坦白无私,可免侵耗之弊。吾故曰:理财非难,理财而得其人之为难也。今祠众之财将骎骎乎有余矣。有余而不得其人以理之,吾恐患之不免也。且盈虚消息,物理循环,得其人尚恐调剂之乖方,至于盈不见其益,而虚但见其损,而况人之不得也夫!以吾祠贤能辈出,岂无持盈保泰可恃无患者乎?有之,特虑趋利者从而间之耳。然观诸君子条规诸议,其用意之深远,惟恐有余患生,而特立之法,以相与维持于不敝。又窃自揆焉,以为既有治法,必有治人,如吾所谓公其心,平其施也。然能信之今而不能卜之后也。因不揣朴愚,爰缀数言于简末,本其意以告来者。时嘉庆乙亥孟夏月,嗣孙孟刚谨跋。

(辛际唐等纂修,民国三十五年版)

民国《万载辛氏幼房谱》,道光《敬存公祭扫会田产记附》:

国家承平百有余年矣,士食旧德,农服先畴,奕叶蒙庥,往往祖宗十数传之赀产,子孙安坐享之而漠不知其由来者所在然也。我房九世单承,至十世祖始分两支,敬存公我幼支之分支祖也。祖之后得传者为秉辅、秉仪两公,迄今椒聊蕃衍盖二千余丁焉。间尝兴水木之怀,思欲建一祠以报厥本,始而恒苦无其赀,乃清厘祖产,仅有墓田数十亩,久作节年寒食祭扫资。此外盖无可稽考。顾我祖英灵默佑,忽于道光初年众有争黄村小布田产者,经房众鸣官,指称业系仪公支下元公所留遗,幸未赴质众跟究。其业父老传言实系先辈积贮公墓田租息所创,每岁额租十六石,辅公支下先已分收其半,仪公支下应入之租则旧被争者私收已久,而众不知也。真情既得,于是相约辅公、仪公两支诸君子将节年额租,除前所分收与私收者不问外,自后一概归作众产,起立存公祭扫会,随书合同簿二本,两公支下公同登载,而契据遍求不可得。复有本支某某钞出一纸,其得买年月、姓

第六篇
宗族的形成与祠堂

名、田数、价银颇详，而真契仍匿而不交。今某某已故，众拘此契，其子一时无处寻觅，爰立约付众，约俟后寻出交众收执为据。噫！业之出也，有时祖宗之灵爽凭之，子孙之分内得之。契即不出，其谁复得而觊觎之哉！且吾尤谓财之始生，不患其甚微，患理之者不得其人。苟得其人董理生息，则积小以高大，固自易易，况夫尊祖之心，人人有之。先是本支又有争邑西门外樟树下西坛侧祖山者，两公子孙据理鸣官得直，于是将祖山租息一并归入存公会内。数年来，共计得余赀百数十余贯矣。迩因公议，复查得总祠房分店节年土租若干，旧被本支私收，概置不问，后亦归入会内管理。愈探愈出，愈增愈实，统而计之，一岁可得数十贯之息。从此择贤经纪，日积月益，存公之产渐有起色，异日立祠奉祀，仰体圣朝以孝治天下之至意，俾我辅、仪两公之裔得以报本返始，奕叶承庥，将祖宗十数传之资产，一旦扩充而光大之，传之不朽，谓非我祖之灵有以启之欤。《传》曰："莫为之前，虽美弗彰。莫为之后，虽善弗继。"余于此窃有厚望焉。今幸房谱告竣，思附录之以垂永久，俾后起知所由来，不至得而复失。是以覙缕述之而不嫌其琐。道光丙申，嗣孙汝莹、树达谨识。

（辛际唐等纂修，民国三十五年版）

民国《万载辛氏幼房谱》，道光《廷公祠记附》：

万载五乡，其一进城乡。乡统里六，大平里在邑西四十里，有地名牟村，周围而宽广，土沃泉肥，冈峦缭绕，中贯巨川，迤逦斜西而下，架长桥往还，后遂以易村之名曰"大桥"。桥之两岸，人烟稠密，望衡对宇者数百家，吾辛氏宅其半焉。居岸之东者曰"河东辛"，居岸之西者曰"河西辛"，皆建祠以祀其先，而实祠不仅牟村人也。盖吾族分长幼两房，而我幼房复分两房，蓝田之辛为幼长房，其余皆我幼幼房。幼幼房复分两支，河西之祠幼幼房长支，十四世祖廷公祠也；河东之祠，幼幼房幼支十五世祖元公祠也。夫我幼幼房分支本十一世祖秉辅、秉仪两公，而何以不祀二公而祀廷公、元公？元公之外尚有数支祠，系元公子孙所创，故祀元公，而我廷公之祠则不然。廷公支祠统辅公子孙俱在列，又何以不祀辅公而祀廷公，为廷公会铎荆湘欤？非也。廷公之子有后者二人，曰梅轩公、若虚公。若虚公子思桥公，孙四：应光、应辉、应文、应武。辉无嗣，惟三公子孙鼎盛，而梅轩公孙应辰、宏杰。杰无后，辰公子孙亦不振。先是三公之长者为祖坟计，立有清明丁会，岁三月聚三公之子孙祭扫。念辰公之裔丁稀而贫，恐辰公不祀，于是引而进之，与三公列，仍为四公。嘉庆丁丑，三公子孙以设祭无地，醵金建祠，仍不没前人意，将会田助作祭田，而引进辰公之裔如故，所有会计簿籍契约俱依次而立，列辰公于光公之下、文公之上，俨若亲弟昆焉。顾以三公论，则应祀思桥公。祀思桥公，辰公为从侄，不得入。即视若虚公，辰公为侄孙,亦不得入。为辰公故,故祀廷臣公,谓之廷公祠。廷公子孙不尽居牟村,祠建于牟村,择地胜也。河两岸市厘数百,河西市之背曰厚乐冲,距余宅数十步,祠基在焉。祠之制,上下栋。上栋一厅六楹,上列祖龛三,祭则设祖位于中。上楹之两侧倚壁设桌,列配食位。前楹之两侧倚壁设桌,列祔食位。中有亭,置香案。左右有廊,为奏乐之所。下栋大门三,门内两楹间为主人位,楹两旁小间为分献位。门以外有树有阶,其下为球场。厅之左右有室,室外为厨。祖龛之后有隙地,未建寝室,有待也。夫河西祠与河东祠并列,每岁两祠子孙冬春祭祀,衣冠济楚,夙谙礼仪,焕乎有文,亦足增牟村之色。第河西祠产不敌河东祠远甚,迩来丁益增,产益耗,人俱亟亟谋于衣食,读书之子,百不获一,以故秀亦不敌矣。我祖教泽未亡,先世书香未斩,入此祠者尚其勉焉,思奋哉。抑思制祠之初,丁会无赀,先君子与众长老劝捐输,度基址,规划形势,构材兴工,与有征劳焉。今先君子弃世久而长老发悠公年七十有九,精神尚矍铄,爰缕述建祠之颠末,命福识之。福抱蓼莪劳瘁之悲,又居迩祠侧,触目兴怀,并念三公长者引进同宗之美意不能忘,是以为之记。道光丙申仲冬月朔,嗣孙介福敬撰。

(辛际唐等纂修,民国三十五年版)

民国万载《辛氏六房谱》,同治《创建祠堂记》:

别子为祖,继别为宗,继祢者为小宗。吾邑之辛,始于南坡居士,是为别子,而继忠公则大宗也。礼合有祠,乃自宋迄今,竟无有起而祀之者,何哉?无所藉也。道光丙申,六房修谱,用余钱八百缗,欲瓜分者多矣。先伯属峰乃商同志,存为继忠公蒸尝,至今买有田千数把,积至同治二年,共得钱八百缗,有欲分领者,有欲买田者,余乃亟相宅,得福寿坊汪姓屋,坐壬向丙,其气正旺旦,与宗祠近。谋之子羹力肩其任,正价三千串,并外用谢中一切去钱四千缗有奇。前此所存不及五分之一,其藉无几。达乃捐钱三百缗,延顺、觐昌各捐钱二百缗,顺潮、玺公捐钱一百缗,孚捐钱二十缗,仅及其半。赖族踊跃,输钱逾万,乃择六年兴工,至八年冬落成。中为堂,堂东西为序为房,堂之下为庭,有亭焉,左右为庑,其前为旗门,门侧有塾,又前为露庭,又前为棂门,前后有宇。堂之后为神寝,左右为夹室,其右有厅,燕私处也。有房,以藏祭器。其后为仓为湢为溷,其左为庖。环祠为店者九,与厕而十。又择旧料之未蠹者,竖小北关店四间,竹头木屑均归实用,非子羹之力不及此。

是役也,钱之以串计者盖万数千焉,是可谓之能矣。祠长十六丈五尺,阔八丈二尺,绕以砖墙。堂势尊严,如人之拱而翼;廉隅整饬,如矢之急而直;栋宇之峻,如鸟之革而儆;檐阿之华,如翚之飞而矫。瞻其庭,殖殖乎其正也;相其楹,蠹蠹乎其高也;窥其户,哙

第六篇
宗族的形成与祠堂

唅乎其明也；入其室，哝哝乎其深也。尽美矣又尽善也，是非无所凭藉而兴者乎！然虽美而田不丰，祀犹匮也。先是雍正十二年，我大高祖俞可公邀同志出分金，起立永年二公墓祭会，置有田二千数百把。道光七年，族众起立集庆会，亦置有田千数百把。会内子孙见祠之成，有愿将田抵享者，祠亦不没其迹，拨租二年，俾立子会。一举而三善备焉。夫有祠无田是空祠也，所以古士大夫有田则祭，无田则荐。今共有田四千数百把，虽不丰，亦不薄矣，后之人有所藉矣。祠成，余喜夙愿之慰也，为序其缘起如此。若夫董理者，子羹也。监造者，禄寿也。采办者，林福也。定中者，省身也。契中则康琪、茂元，不受中间分金者也。题额者谁，邑博蒋芳字篆云，与康熙时题宗祠额之朱容重同为南昌人。我南坡公为南昌山长，继忠公则南昌人推为畏友，两祠额假手南昌，岂其中有默相之者欤。于戏！是可以知祖泽之长矣。同治己亥孟冬敬撰。

（辛观涛等修，民国四年木活字本）

民国万载《辛氏六房谱》，同治《本祠丁册叙》（觯扬）：

芝兰玉树册者，六房丁册也。丁曷为册，纪生齿，且以杜异姓之乱宗也。立册，礼乎？曰礼也。《礼》：卿大夫子生，闾史书其名与其年月日时，而藏诸闾府。此册之所由昉也。其始丁卯者，祠于是年建，故册于是年立也。其书某人之子者，明所自也。书某人之子而必著其行者，叙长幼也。书某人之子而必纪其年月日时者，备遗忘也。报必于冬祭何？人众则见闻广，作伪难也。其必分房何？丁繁则名复，所以便勾稽也。丁必出钱四十者何？料费也。料费为修谱也。漏必加利二分者？繁息且以昭划一也。一册立而诸善备也，是举岂不伟哉！抑予尤有愿者，芝兰玉树，生于庭阶，王谢之盛也。今斯册也，其为芝兰玉树不知凡几矣。所愿为父兄者加意培护，将见琼芽秋葩，绿蕙春秀，于以轶王而轹谢，是则予取以名是册之意也夫！同治九年岁次庚午季冬月。

（辛观涛等修，民国四年木活字本）

民国万载《辛氏六房谱》，乾隆《延顺两房祠记》：

在昔程朱议礼，冬至祭始祖，立春祭先祖。先祖也者，继别继祢之祖也。我族介歧公与南坡公既立有祠矣，南坡公衍两支：其一英公，子长龟永公为延、顺两房之祖，幼龟年公为觐、达、昌、孚四房之祖；其一冠公，子龟算公为通房之祖，此辛氏七房所由派，而我永公乃继别之祖也。传至十一世巢云公始为顺房之分祖，原其初则皆延房之同派也。延、顺房旧有祠，久废，故基在康乐坊。两房子姓不敢忘所自，各捐金生息，历有年所。越辛酉秋，议建祠以祀先祖，斯固情不容已，亦礼所应尔也。遂鸠工庀材，诹日从事。中为正厅，翼以两廊,后立寝室,前列二门,缭以垣墉,栋宇巍峨,檐阿华彩,吾先祖之灵其安矣乎。落成而命记于攀。窃思人道莫大于亲亲,亲亲故尊祖,尊祖故敬宗,人能尊祖敬宗,则一本之恩已笃,后嗣之衍方长。今之日顾瞻榱桷,**秋霜春露**得以致其洞洞属属,肃然忾然之情者,惟此焉依。吾侪子姓拜兹堂,不虽代远人**繁,俨若**同居近属,未尝不叹先祖之留贻深且远也! 自今以始,尚其喜相庆、忧相恤、善相劝、过相规、恩相亲、礼相接,庶几交相爱好,以毋忘先世之德,则岂独家门盛事哉! 戴天履地,油然而忠爱生,勃然而报称作,斯无愧我祖宗理学相传之家风矣! 爰笔而记之。

(辛观涛等修,民国四年木活字本)

民国万载《辛氏六房谱》,乾隆《续修延顺两房祠记》:

返始报本,人有同心。祠宇之设,由来尚矣。吾邑辛氏延、顺两房,实本一支,有明末曾合建祠宇于康乐坊,后经兵燹,国朝乾隆辛酉秋,因旧基复建焉。但其基址左右虽均,而前后短甚。虽寝室堂廊各设,而局促迫缩,终不足以肃观瞻而妥祖灵。昔之人讵不欲求善所,盖城中基地欲扩尺寸,虽多金不易得也。且寝室取材渺小,不十余年而辄倾坏,两房子侄卒徘徊观望,无有起而议修复者。虽间议修,复亦终止,一任风雨飘摇,而坐视如故,岂真冥冥中欲俟其时会而始克建此祠欤? 不可得而知也。未几,祠后左右空地旧属他人者,渐次而归吾祠矣。又阅十余年,祠前街外房屋一所属他人者,而丁未冬又归吾祠矣。是何昔日捐金以求尺寸地而不易得者,今何以上下四旁均齐方正有如是也。于是人心欢悦,通众妥议,相其形势,不独寝室改建,且欲撤旧规而悉更新之。维时祠中虽无一钱存,而承事者不畏避乐,任其事,载经载度,是董是劳,事忘其私,人忘其力。亦何昔之日当任而不任,今何任重而若轻也。且吾延、顺房不下数百家,无有殷实之人,大多耕田及恃力以活者比比,一闻此举,无不思**节缩倒廪**,倾囊以助。抑何昔之日交相劝输而不输,今之日争先输之,而且乐也。工庸之**费,稍廪**之给,凡用银一千二百两有奇,其规制与兴仁坊总祠相称,诚足以妥先灵而肃观瞻矣。兴工于庚戌之季春,告成于是岁之仲冬。金曰:此余两房承事诸公之力也,而承事诸公曰:此余两房人报本之心真以切也,余等何力之与有彼此交让而不居,以是而归之时会之冥冥终不得也,实皆吾祖宗馨香之德之灵,有以默使之也云尔! 是为记。时乾隆壬子岁仲冬月,廿一世八十一岁嗣孙廷芝谨撰。

(辛观涛等修,民国四年木活字本)

民国万载《辛氏六房谱》,光绪《延顺祠守祠谷记》:

粤稽延、顺两房,乾隆纪元前已有祠址,辛酉秋始修复,越五十二年壬子更大拓规

第六篇
宗族的形成与祠堂

制,尽撤其旧而更新之,见廷芝公记。维时祠中无甚存款,统计户口不下数百家,大多恃力耕以图生活,然一闻此举,皆愿节缩以相助。事竣,所费约一千二百两有奇,迄今尚岿然,他祠莫之与京。越二年,存报本之心者,仍有所虑,以为祠成矣,而享祀缺焉,终无以展其孝思。于是延众房长宗亮等议,将梅源水口里等早迟田一百三十把,拨助祠中,并抵补该数,仍于是年三月初九日立约作助。同月十一日,复有光佐公清明会亦经房长宗亮等议将所管塔前江仔边等处早迟田一百一十五把立约助祠,永为祭田。现今梅源一庄仍属两房祠直接保管收租,塔前一庄查祠簿,嘉庆、道光以来收支俱不入账,历归守祠人取给。自咸丰五六年后,始见簿载佃户陈位立额定实谷十石,与守祠人收。然逐年颇有增减,十年以后,簿内一收一支始明,定塔前谷八石与守祠人,迄今无异。想当年光佐公会必有别业相连,或因佃户归庄,或因陂田荫注,种种关系,遂改为守祠谷年拨八石,故虽助约载册,祠中得实谷而胜如管田,其根据事实,得以凿凿言之而毫无疑义者,不可不特为纪述,以资后人查核焉。二十三世嗣孙观涛谨述。

(辛观涛等修,民国四年木活字本)

民国万载《辛氏六房谱》,光绪《创建顺房祠记》:

粤稽吾族籍隶万邑,自有明天启四年起立总祠,我延、顺两房遂接踵成祠于康乐坊,迄乾隆初而扩大之,迨乾隆末而葺新之。未几,达、觐、昌、孚各祠均陆续建筑,惟延房与顺房虽各置祀田,而未有崇祀房祖之所。我顺房前辈情殷报本,早经起立助祭会,然享祀蒸尝,究无所藉。至光绪癸未,始由会垣房长及秉彝、寅阶、仙洲诸公督买祠基于两房祠前。首事连发、鼎三、祖培亦与有力,而堂构尚存奢望焉。时族众计虑所管栈下庄产等于石田,收入无几。适该处拥赀求田者多,业价陡起,因集会协议变价,存某钱铺生放,至千二三百缗。岁乙未,突遭倒闭,债务人扬言甘愿破产,而当事者顾瞠目束手,深恐其以瘠田抵赖,不欲负责,几几放弃。幸涛于年终解馆,寓两房祠课儿曹,朝夕与百生磋商数四,联同当事邀请我房秉彝及彼族梧瑞,撮和成交,踩买壅江田租六十石。涛与百生诸君并捐弃中人酒礼,以弥受贵之损失。前款幸未凿空,抵找余数仍由当事者权子母,寸累铢积。越四年戊戌,始罄其所储,并一面筹募得二千五六百缗,从事建造。明年春,祠宇落成,除房长捐助屋柱十杆外,幸无虚歉。涛于时尚虑祀田不足,更倡议扩助祭会田六百七十五把,会股概请配食,各后裔倾忱赞同。又越六年甲辰,再起走廊櫺门,垩坊装饰,乃得渐臻美备矣。噫嘻!箴辞有云:成立不易。诚哉其不易也!回想此举,以较观达各祠,迟至二十年之久而谋及始基,又迟至二十年之后而方告完成,涛与秉彝、百生虽毕力经营,未敢自伐,而前后首事纶恩、乙甫、林实诸位,均能俭约克己,弗辞劳瘁,以成之。宜乎本房迄今莫不稍庆其得人而理也！继此人才辈出，更望一心维持，庶上足以慰先灵，下足以联族属。吾子姓盍共勉旃。爰不惮词费，觥述颠末，以资来叶考镜云。光绪乙巳冬月敬志，十二世孙观涛。

（辛观涛等修，民国四年木活字本）

民国万载《辛氏六房谱》，咸丰《顺支新建退庵公祠堂记》（子敬）：

报本返始，人有同情；祠宇之设，思报本也。吾族自介岐公仕万，越南坡公始家焉。立祠以祀之，由来已久。南坡公长子英公为延、顺、觐、达、昌、孚六房祖，多有支祠。远者尚思报答，迩且亲者独略焉，可乎哉？我退庵公乃继别之祖也。公遗下业井隅方，所分会钱，涂溪公倡议立会，以为春秋祭扫之资。经理十数年，公谢弗理。由中公又经营数十年，陆续置买田数百把，共计租有四十余担，又与潮公合建店房一所。后莹斋公接管，又余四百多金，与吾父同管。莹斋公商之吾父并诸公曰："建退庵公祠，和衷则事易成，义举则众竞劝。"于是劝捐酌酬以配食、祔食为差，冬至祭祀按牌位宴于祠，而人自争先踊跃，遂得入钱若干。爰乃相其形势于绿筠书院旧基，佥曰："斯境也，退庵公于明嘉靖己丑间建，以训我柏坡、少坡二公者也。其地远挹鹅峰之秀，近环龙江之水。山辉川媚，霞蔚云蒸，洵足以妥先灵而展孝思也。"由是鸠工庀材，诹吉从事，中为正厅，直下两廊，前列二门，后立寝堂，祠侧复建绿筠书院，仍旧迹也。其规制虽仿康乐坊延顺祠而稍狭，吾先祖之灵，其亦安矣乎？且我祖支下子孙棋列星布，相识为艰，得祠以联我本支，则岁时宴会有地，燕喜迎饯有所，于以报先人者在是，笃亲爱者在是，即规劝子孙亦在是。是举也，经始于道光戊申之春，毕工于是岁之冬。后之人登斯堂，勿第爱境地之宏敞，榱桷之巍焕，丹膱之辉煌已也，尚其憬然思先，祀不可忽，本支不可乖也乎！咸丰初年，祀费不敷，柏坡公助十六担租田，少坡公助八担租田，以供祭祀，永垂久远。于是备载其创修之由，成功之次，详为记之云。

时咸丰辛酉三月上巳后三日谨撰。

（辛观涛等修，民国四年木活字本）

民国万载《辛氏六房谱》，道光《续修觐祠记》（计偕）：

古人营建宗庙为先，本始之思，人有同然。我觐祠创始于康熙庚戌，再建于康熙丁酉，添造于雍正甲辰，历国朝来已三修矣。读静庵公《修祠记》，而知昔人之创造甚费艰辛也。然虽营构屡兴，规模未广，迨历年既久，而又渐即倾危，族之人咸谋所以新之，而难于其地。盖其时有以建城祠基颇近偏隅，而康乐店房屡岁薄收，遂有兴易地改建之论者，以

第六篇
宗族的形成与祠堂

致彼此龃龉,迁延未果。房长昌明公力排浮议,坚仍旧址,而三房子姓悉欣然从命。其时得乐助一千四百有奇,得享钱九百四十有奇,而又益以从事之权宜,盖至此而畚筑之功可以次第举矣。由是而鸠工,由是而庀材,图度经营,渐兴盛役。前为大门,次为槽门,中为庭堂,后为寝室,左右翼以回廊,旁基以祀伯祖,凡仓库庖厨毕具,其规制悉仿之大祠。是役也,经始于嘉庆之庚辰,毕工于道光之辛巳,约费数千金,而遂观厥成,以视昔日不已改观欤。祠既竣,复以赢余积累,渐次购置田业,创兴仁店房,俾后之人岁享时荐得以有赀,读法讲礼得以有地。祖宗之留贻,讵敢忘之?余生也晚,未获躬亲盛举,而乐其事之有成。辛酉春,续修家乘,爰为之追记其涯略云。

(辛观涛等修,民国四年木活字本)

民国万载《辛氏六房谱》,道光《觐支燕山公支祠记》(儒谦):

吾族自显忠公为我觐房始祖,传九世至燕山公,分迁仙居桥罗家山,椒衍瓜绵,颇称巨族。后人承积善之余庆,思竭诚而报德,特建祠宇以奉蒸尝。廿余年矣,今值觐谱续编,爰附记以传之。余维报本之思,人心所同,而事之成否,则各有天焉。溯我燕山公先是康熙中有公余银捌钱,为数甚纤悉也,而诸前辈以为积微至巨,则百世之祀可基于此,于是五房子孙轮番生息,至乾隆间居然祭扫有资矣。道光初,积产渐丰,始议建祠。癸巳庀材具,而基址尚未得所。戊戌买长春众社前早田数十把,我伯胜公复捐田上山土以充之,遂创构祠宇,上下三栋,寝室厅堂,槽门毕具,左侧立仓库厨房,而公赀已乏。因议进享报功,得钱数百余缗,造神龛及站亭。壬寅岁,又驳祠前春阳众田壹截作球场并围墙。自是规模大备,而我燕山公祠俨与觐祠相等矣。继自今岁享时荐有资,讲礼读法有地,衣冠俎豆之盛,讵有艾欤。后之人瞻栋宇之轮奂,思水木之本源,亦当念我祖之盛德所致,与诸前辈之孝思所感,始能有志竟成若是。是为记。

(辛观涛等修,民国四年木活字本)

民国万载《辛氏六房谱》,嘉庆《达房修祠记》(文彬):

高宗纯皇帝御极之五十一年冬月,余以公车北上,走别我本房长玉书公。维时公年八十矣,而神明聪强,谓之曰:"吾房幸有支祠,而规制卑隘持因,仍非久计也。吾与董事彩云君谋为更新,若事克谐,幸也。"余闻而私心窃喜。既而余捧檄四川,筮仕眉州之丹稜,改官司军粮于巴塘,薄宦天末,远祠墓者十有余年。今皇上践祚之二年,长子元宸省余巴塘,始知我房已撤旧祠,而更新之。又二年,余改官户部,旋告假归,拜谒龙山公之庙,经双虹桥而北,至吾支新祠。入门登堂,房长彩云公引余升寝拜瞻神座,规模整肃,然后知有志竟成，而彩云公果能副玉书公之志也夫。事亦存乎人耳。我族龙山公既有公祠，各房亦立私庙，六化公起立清明会以来，祭扫有资，而赢余无多，未敢轻议。先房长颖长公司训宁州，而后经理非人，侵牟攘竞，逋负盈千。本支绅士敦请玉书公为房长，举彩云公董出入。数年来，积弊渐除，尽复旧产。及玉书公殁，彩云公继为房长，乃始就所购龙姓旧址，而寝庙焕乎一新。于是我支祖始有专祀，房之人春秋展敬，会聚有地，燕喜迎饯有所，此岂事之必待时耶？抑亦待人而后成也。

且夫和衷则事易集，义举则众竞劝，祠之始止谷百有五十石，钱五十有二贯耳。彩云公集议劝捐，酌酬以配食祔食为差，而人争踊跃，入钱至二千三百贯有奇，乃命族叔景程，族侄秉初、秀钟、发元数人，经营其事，面势定规，临街缭以垣，径分东西，入为门，左右有房，翼以两廊，其中站以亭，缭以栏槛，又进为堂，旁有厢房。由堂而升为神寝，安本支祖考妣及配食神主。寝东西为夹室，安祔食神主。后及左右为墙，墙右侧为店房者二，为栈房者五。厥厨灶库咸具。左侧续买刘姓房屋一所，园土一片。经始于嘉庆元年二月，至次年冬至落成，用金凡二千八百有奇而告竣。呜呼敏矣！而彩云公之意犹未已也，通计祠赀，合前存后益，岁可得租谷二百八十七石五斗，店租钱一百三四十千，每岁经费外，可余谷二百余石。于是酌加劝士之典，自小试乡会试以上，一切花红盘费，视昔加倍。复留其余，拟仿古义田遗意，广祖泽以苏困乏。公之用意不既厚且周乎？孰非本玉书公之志而加以恢廓者哉？余宦学无立，不获左右斯事，归而得纵观其成，实喜且愧焉，而指数我房十数年中科甲相望，仕进者辐辏乎？夭路盖不惟寝庙兴而财用足，而人文亦宾宾焉蔚起矣。此固祖考之遗泽流衍，而其所以欢欣鼓舞，前后作兴者，非偶然也。兹承房长公之命，记其始末，以见成事非易，而又以为继起者策焉。嘉庆五年十一月。

（辛观涛等修，民国四年木活字本）

此即祭法所谓族厉也，谓补古未及思未及耳。乙卯补识。

民国万载《辛氏六房谱》，嘉庆《达房止公祠记》（辰云）：

存亡之理一也。馨洁羞日厚奉其父母，而伯叔群从不免啼饥。于父母安乎，因是推祖宗之意。庙貌巍峨，日歆享祀，而昆弟子侄游魂无依，其隐恫也必矣。达房自汉升公聿启五支，派衍最繁，然其弟汉光公传止三世，其后五支内书止者亦世见于谱。度在历代祖先，非弟兄即子侄也，而蒸尝乏主，岁祀忽诸。永念先人，能无凄怆，用是礼缘义起，仁本亲推，虽合食宗堂，难及无功之祀，而记称无后，得祭宗子之家，事异杞郐，神歆族类，别庙而祭，礼亦宜之。乃以祠左余基，另辟寝堂，奉为止公之祠。每冬祭礼成，牲币告虔，自嘉庆庚辰始也。岁丙申续修族谱牒，族长谋依世次各安栗主，自汉光公始载，止者咸与

第六篇
宗族的形成与祠堂

焉,而命余以记。余惟《大传》有云:上治祖祢,旁治昆弟。本两事也,若乃推祖宗之深仁而计及旁支之坠祀,是一事行而上治旁治兼之,可以补古人所未及矣。且存亡继绝,仁者之心也。今虽世祀悠隔,存继无从,而灵爽式凭,馨香代展,遂使若敖之魂无绥,申生之祀常存。孝思所动,仁事为昭,克承先志,莫善于是,抑余更有进焉。夫亲亲之道,由近及远,能推祖宗之爱,以及旁支,则于一本同源,必无途人兄弟之讥。即由推爱之意以例,父母则于叔伯群从,岂有休戚不关之理!登斯堂者,念覆宗之不殄,思仁意所由推,孝友雍睦之意,有不油然兴起者夫?

(辛观涛等修,民国四年木活字本)

民国万载《辛氏六房谱》,嘉庆《昌房祠记》(惟清):

我族自南坡公家万,派衍七房,延、顺、觐、达、通各有支祠。每岁冬至,大祠祭毕,各就支祠祭房祖,人神载洽,欢燕重申,诚盛典也。岁时伏腊,房长率子姓讲礼敦让于其中,事之不必关白大祠者,即于是料理之,虽有事若无事然,一何族谊之笃欤!我房祖廷曙公独乏专祠,数百年来岂无木本水源之思,敬宗收族之义,而公财既寡,人力亦单,有志不逮,咸抱疚焉。嘉庆甲戌冬,始议创构。一时踊跃捐输者略数十人,各随钱数多寡,酬以配食祔食,共钱二百余千,合公财只三百余千。因先买本房茔公业土二片,以作祠基。然中边广输,不符体制,即一底法已待增廓,无论鸠工庀材矣。于是以其余资,樽节生息,历有年所,仅得千余金。昨岁丙申,复申前议,仍以财地两绌,难言兴作,寝庙奕奕,终归道谋耳。会北门巢氏有屋出售,凡百规模略与祠称,审己量力,莫宜于斯。乃以钱九百千购之,正栋计三进,上为寝室,中为正厅,下有瞻拜地,旁有房廊若干,足以储祭器而列乐部。重门内有球场,屋后有园。屋之左有横屋,横屋上截为厨房,下截为店,可发租。四面俱砖墙,虽轮奂未臻,而爽垲坚固,不烦修饰,位置天然,盖数百年来相与处心积虑所不能有者,今为我祖宗有之。巢氏之先所为经营缔构,以成此堂者,若为我祖宗成之,而又价廉事省,适如本房之分,谓非祖宗神灵默相诏佑,何以得此,而岂人力所能致哉?夫天下事能创者必求能继,善始者当思善终。今而后,时祀之资,岁修之费,需用孔亟,诸子姓尚谋所以维持而恢大之,于以灵承俎豆,发衍衣冠,裕敬宗收族之休,绍讲礼敦让之绪,与各房支祠并峙不朽焉。是余厚望也夫。谨记。

(辛观涛等修,民国四年木活字本)

民国万载《辛氏六房谱》,道光《袁州昌祠试馆记》:
吾邑之试馆于郡者,皆有试馆以栖息。辛氏为邑望,试馆之在郡中者相属,而昌祠独阙,前之人属有意焉而未暇也。道光时,祠众以铢积寸累之赀创置祠堂于邑北,越十余年而祠众之应郡试者日众,于是群集而谋,力劝殷实捐输,以佐祠赀之不逮,为制钱二百千,购屋于郡治之西隅。其屋居阛阓中,前为市廛,中得小厅庖湢,后身乃为正厅,左右翼翼以长房,厅之前为天井,厢房夹之。不独应试者得以栖息,其前之市廛岁可租十金以上,于祠赀亦不为无补。是役也,倡议者祠之袊守德、绍徽,司祠事而又倡捐者则康琪也,其余捐资出力之人具详祠簿。守德又不惮烦劳,往来相度,均不诿之他人,守德者固吾宗祠中司事者也,余曩于祠中见其人议论慷慨,识大体,意其必能为祠中出力,及闻此举而窃自喜昔之见为不谬也。适昌祠之谱告成,守德具其事而以记属,爰不辞而为撰次,俾后之应试而栖息是馆者不忘所由来焉。

宗人有守述,今将捐输袁郡试馆人名开后:

绍徽捐钱一百十千文;荣宗捐钱四十千文;康琪捐钱廿千文;守德捐钱十千文;振声捐钱十千文;润声捐钱十千文;赐禄捐钱五千文;明贵捐钱四千文;洪公捐钱三千文;仁凤捐钱一千文;贵龙捐钱一千文;炳铎捐钱一千文。

(辛观涛等修,民国四年木活字本)

民国万载《辛氏六房谱》,《昌支锦宣公享堂记》(二十七世孙作栋):

国家设祠祀之典,所以报祖先,即所以联族姓。吾族建总祠以祀南坡公,而我昌房复立支祠,以祀菊逸公,示不忘本也。虽然远则有一族一支之祖,近亦有一家之祖,为子孙者笃念前徽,四时荐食,以共伸孝敬之思,此享堂之所由立也。我祖汝禄公笃生三子,不幸贤、植二公无传。再传至锦宣公,孝友承家,诗书启后,近今孙曾蕃衍,读者、耕者、工者、贾者莫不各安其业,岂非前人积厚之所致哉!倘不为之建祠设祀,上何以报祖先之德,下何以联族姓之欢。然事之宜于创者,则不可徒事因循也。事之有可因者,则不必竞言创造也。子孙虽未能捐建,而祖宗尚有所留遗,此固事之有可因而不必创者也。我锦宣公饶田遗宅一所,四围栾林树木,花土球场皆备,即以其中为公享堂,猪头山王家塘栗树下遗田五十把,岁可得租谷三石余。迩来幸赖先祖庆昌偕叔祖贵修维持,增益田产,得买梅源充田六十把、贤竹充田三十把、长充仔田三十把、朱家塅田三十把,共可收租谷二十余担,即以为公祀田。虽冬祭之典未能遽举,每于清明中元时,聚支下子孙烧纸拜扫,诚由此而渐积之,则祀典固易举行,即鼎新堂构未必非指顾间事也。是则与报祖先、联族姓之义,庶几其不背矣乎。

(辛观涛等修,民国四年木活字本)

第六篇
宗族的形成与祠堂

民国万载《辛氏六房谱》,《康熙戊寅修祠纪事》:

辛氏族始于后唐,长兴间敷谟公仕万,卒于官,葬龙山。至南宋时,祖克勤公来万祭冢,遂家焉。传生长幼房,支分七户,自唐至今近千年,祠宇建立沿革不一。前朝天启四年,延孝廉敏道等倡率七户各出银三十两,孚户银八两,共捐资正价一百五十两外,用三十一两买到兴仁坊彭德辉、德操房屋,改立寝室,安祀祖位,岁时会祭,即今址也。后寝室倒坏,仅存堂廊数楹,且原属民居,头门列左,曲径登堂。康熙丙寅,本坊遭回路延烧廛舍百余间,至祠门而火熄。祠前基土属宋姓管业,廛焚而门径洞开。顺庠承项、觐贡砠、达庠联琬、生元金振偕衍等酌议,向忧阻塞,改竖正在斯时。爰请命族长敏楷、映岳暨房长联城、承远、茂卿、琼等。众议将祠管下首基土与宋姓抵换,会计历年禁首皆得七八十两。丁卯春,建头门以正出入,阅八月而告成。复买上首店二间,修砌照墙,外又竖店房三间,每年收租增至二十两,董其成者禁首上璇、建邦、北仁、丹陵等,其劳正不可没。嗣是财用空虚,承项与衍等议,欲照丁出银,采买木料,建立二门,由两庑而堂而室,改合规模。缘族论畏难而止。自后岁余,赀财各户分领,多不依时遵兑,族长敏植、达庠受中等建议,总归三户轮领,每年春秋两季交接。如是数岁,子母起息,幸有百数十两。

康熙三十五年岁丙子,众议封付达庠汝梅收储,以备建造。适邑西四区离城七十里地名城上袁悦章有屋上下两栋,并回廊木料合抱愿售,他族多以山巅难运出河,欲行且止。是年十月初六日,衍偕受道、如瑜,房长子凌、间生,禁首日泰、友生、绣伯、元生九人往是宅相其材木,与之交易,正价纹银七十八两,外三两酬中人易子情,一两与郭玉人寻踏河路,以四十两募袁科生、黄万生等一十七人。于是月二十六日进乡拆料登号,至十二月二十六搬运到祠,查验虽寸木无遗,前后路费、买猪酒并茅竹约费十余两。维时会议有四十四人,捐资陪宴卖东泊头八十余人,往牟村足价六人:廷瑄、如瑜、受节、友生、其章、以顺。往城上拆料记号任事十二人:日泰、友生、丹陵、元生、受节、绣伯、九登、中和、上璇、缔锡、以显、万侯。接济任事:金讴、长春、为卿、毛仔搬运到祠。越一载,山向欠吉,不敢擅举,预将余赀烧砖瓦八万,共银十七两有零,而公财复竭,竖造仍属空谈。在昔照丁出银之举于是复行。幸族有同心,开报丁册约一千二百有零,而房分七户,每户派银十两,每丁派银六分,共得银一百四十余两。又每户乐助得银二十六两,其首兑分银者,则孚户德生也。首倡乐助者,则觐贡砠、受圻及各户有力者,敏垣、联璟、联珍、振韶、启东、受瑄、受功、受杰、廷瑄、受成、吉生、麟生、文生、金瑞、受侣、汝璓、正初、受相、受名、勤间、德生等捐助有差。至两庠斯文捐助,每名一钱为率。康熙三十七年戊寅三月初十日起工,议将旧祠拆毁,改作寝室。买来下栋,改作二门,上栋存为中厅,不必别购木料,而三进具备。时众议又欲存旧祠,以上栋作寝室,草率完事。从前议者十之三,从后议者十之七。一时难与申说,爰偕同志暗嘱木匠将各料改修全备,择吉拆屋。忽延孝廉敏道裔,偕前族长名韬嗣,以旧祠系二家祖手捐买贴字祠庭,不许擅拆。众皆错愕。幸祖宗有灵,建昌房德仲家藏原买彭姓账簿,开明年月,数目极详,共费若干金,系七户公派,伊祖实董其成,以故异议自息。又寝室左畔基土缺丈许,系陈佛生管业。达庠受位与彼姻眷为之托中唐克昭、张喜也多方购就,正价纹银七两,加戥三钱,谢中一两二钱。此项价银原坐两庠捐助,因未兑齐,赖觐庠廷瑄贷银成交。是年五月初一,延分宜堪舆林萤声定中樁,坐向辰戌兼乙辛,利市八钱。初二日平基,将后基培高二尺许。初三日扇架。初十日起竖。二十二日上梁,各匠利市一十二两六钱,木匠衣帽鞋袜及宴劳各工匠,共费银一十八两,每户出过小功,共三百五十工,每户出过粘米、糯米三石有零,请过长工一百几十工。扇架上梁,合族多寡助过一百几十工。木匠泥水锯匠用过工一千三百余,每工四分五厘,共去工银五十八两有零。石匠砌前后拜阶天井,共工银十两。八月二十四日安门。九月二十日放水,共利市四两七钱。

维时族长敏植、映岳实总其事,督修房长敏垣、承远、振云、联璟、联珍、勤问、受瑄、奇瑞,轮流值日,皆勉力襄事。收银发用则廷瑄、汝梅。执簿登数则受道、金讴、如瑜、金衍。提调杂办斯文则景、承饶、受中、汝楫、邦荣、金赤、受节、维城、如璟、金声、受相、膺爵等。禁首则受侣、绣伯、受锦、联添、友生、丹陵、九登、立为、子钦、吉生、联宿等。夫任事以人,原非一人之力。幸合族踊跃,趋事者多,而收支经手亦复有法。凡一钱出入,经数行登注。**簿**立有五:一曰各项收银簿,一曰丁分总计簿,一曰各工支给簿,一曰用数簿,一曰乐**助簿**。逐一查对,丝毫不紊。始于康熙三十七年孟夏朔十日,至季冬二十日落成。当备牲酒奠祀我祠祖位,与记绅士七十余人,衣冠齐楚,共庆幸焉。为备详始末,见一时经理之难。至于增修勿替,端有望于后之有志者云。康熙戊寅金衍述。

(辛观涛等修,民国四年木活字本)

民国万载《辛氏六房谱》,康熙《续记》:

岁在康熙己卯三十八年,族以建祠落成,公议阄定承年,凡事庶有专司。自后节年续修,虽未完备,历有成效,合纪其略。本年顺户为首,立祠费用之后,难为设施,为将寝内中堂房间上下窗户暂行修理,计费十两有奇。办事七户有人,而承年三力、立为、九登效劳居多。三十九年,昌户接管,赖族同心,修砌头门,天心街道粉饰门壁。时族议立匾头门,以南州八十老儒朱容重善楷书,名噪一时,命禁首尔锡赍礼求书。是年连修造公费约十余两,值年禁首勤思、德仲等与有力焉。四十年春,轮值达户管年。适朱某匾宇到祠,本房受圻又捐助大杉树百余株,房长受瑄首倡兴工,房长净明等为之赞成,族长时勤督率,

第六篇
宗族的形成与祠堂

制头门"辛氏宗祠"金字匾一面,复将寝室楣抱上下、厅面地脚顺方接修讫,制寝内格眼门六片,中堂照壁门八大片,两廊格眼花板门八片,左右圆窗堆花四大片,方卓四张,粉饰二门墙壁通,共费过八十余两。除修匾系各户捐助,余费未及公派,催追丁分尾欠及谢禁土赀各项银两,尚未足用,值年贷完。其任事值年则绣伯、日泰、丹陵、以恕、缔锡、以顺、文济、家庆等,顺户三力、尔锡,延户友生、子尚,觐户旭上、万侯、其章、瑞廉、昌德、仲孚、德生、通首、元。自二月二十日兴工,至腊月告成,房长受瑄等料理各工价值,至除夕拜祖旋家,其勤劳若此。四十一年,周围开沟引水,修砌门左围墙,并买砖工费二十二两,承年友生、子尚等实专其事。及至四十二年,公冗渐繁,前贷未偿,未暇谋及修理。越一载,众议以祖寝乏费,围墙尚未竣事,议修孔迫,赖某等二十七人于己卯秋捐资起会,数载生息,以建造寝室为任。于是年兴工告成,详载《纪事》。又族众每户复各捐资三两,公修各祖位。其年觐户轮值,协力襄事,完砌头门内左右围墙,并寝内三合土,通计繁费七十余两。时督修房长则联泰、联实、承安、受瑄、勤问与贤等,七户办事俱是从前效力之人,不及赘。承年旭上、其章独肩其任。自是之后,财用告竭,借贷未偿。通户接管,公议暂为停工,将余赀抵楚觐达原贷数目,本户另捐戏台木凳板片,约为三两,应为纪录。大抵尊祖敬宗,人有同心。本族自戊寅立祠以来,人思报本,继起者不一族,亦足见至性所感为不诬。迩来七八年间,增修改观,今岁合族重续谱系,共联一本,前事既详,后效难掩,爰纪其略,以志不忘焉。康熙丙戌春,达房师贤、受道述。

(辛观涛等修,民国四年木活字本)

民国万载《辛氏六房谱》,康熙《祖龛纪事》:
康熙戊寅合族修祠,幸睹成功。乃寝室内祖龛议修乏费,衍等于己卯秋邀七户同志二十七人捐资起会,轮接生息。五年于兹,约有一十余两,择吉于本年仲春既望,鸠工庀材。越四月而告竣,并修香几一座,计工四百有奇。凡材木金朱油漆等费,共四十余两。会银不及半,复各捐助,以襄其成。为将同会有名镌列于后,并述所自,以垂不朽云。

(辛观涛等修,民国四年木活字本)

民国万载《辛氏六房谱》,《神主妥征记》(观涛):
《传》曰:"于善有征,有征必信。"涛窃以为于事有征,有征必妥。查先前配祔享牌俱系单主,历年久而渐形拥挤。岁甲子,遂有汇修总牌之举。旧牌中,原有不列世之单主七位,因创设总祠时,尊介歧公为始祖,南坡公尚居昭穆,七主作为附配。嗣经畹堂公详加考证,称吾宗谱自秋涛公以来,代有更易。延仁公始分继忠公、继敬公为长幼房。柏坡公遵照旧法,以二公为一世。六化公则以家万南坡公为一世祖。定识特笔,此其宜矣,乾隆己亥谱序已言之凿凿。如此,开工汇修,原已议决将家万以前各主概作取消,一时膺斯任者缘谱牒不常寓目,未能骤悉,致将七主汇入南坡公支下,分配昭穆。今冬祭后,涛在祠编纂公册,适瞻眺神寝。忽然祖灵丕显,以启牖后嗣之衷,顿觉有异。爰宣告祠众,即日修改。既撰文祷祝,敬谨撤销,并摭录本事原委,附存祝辞,俾后起者有所考云。

(辛观涛等修,民国四年木活字本)

民国万载《辛氏六房谱》,乾隆《重修大祠记》(文彬):

癸卯冬,族人毕会于新葺之祖庙,庆落成也。先是康熙戊寅立祠兴仁坊,祀始祖以下,经营十余年乃告竣。读《修祠纪事》,其时片木块石皆经艰难万状而成,则创始者难矣。祠俯龙江,临通衢,其规模悉有法,但寝堂前阶级陡峻狭促,限于地也。族长天赐公盖尝捐买祠后陈姓基园,兴作未果。历年久祠势渐倾,蠹朽蚁蛀,木屑霏霏下不止,族之人日夕惟倾覆是惧,又不暇论寝堂阶级之峻促矣。己亥春,族长凝之公会众有事谱系,其时米价陡昂,族之约者苦之,诸君子不忍坐视,起而赈救,已费二千金。及诸事毕,又费八百金有奇。乃相与置酒,罢局半酣,有言于列者谓:"此事虽告竣,而庙坏将倾,倘相继为之,固自易易乎?"众错愕相视,或应曰:"不可,事艰大,相继为之难。"尊长公曰:"事固难,但观诸君相助若何?"时卫瞻曰:"诚欲为之,夫何难。"遂慨然首助金二百两,天与公、德辉公亦各助金百两,相继续书得金千合,前余金共千数百两。于是有愿为劝输者,愿为采买者,愿为会计者,遂皆亟亟兴工以改建祠宇为事。至一钱一粟,一木一石,悉禀尊长公之命,以行壮哉。诸君子一岁而行盛举者三,踊跃欢庆,不惜力、不惜财若此,可谓能识大体者矣。祠制一仍旧规,但阶级促狭者广之,地势卑下者高之,旧材朽坏者新之,江畔甃以文石,缭以崇垣,球场扩大,前大门,次二门,左右回廊,中庭肃穆,神寝严邃,宏敞壮丽,巍巍翼翼,亦坚亦朴,无阙于前,有加于后。经始于庚子之春,毕工于是岁之冬,费三千金有奇。

尊长公嘱予记之,弗敢辞。古卿大夫祖庙无岁不修,至于倾侧朽坏,虽稍为整顿,无益也。顾尽撤其旧而新是图,则其事巨,其费不赀,非其人莫克任之。今诸君子爰及族属,复本其孝思,出资与力,以安数十世祖考之位,俾春秋食报于弗替,厥功伟矣!爰详其颠末,著之篇,令后之人得以览焉。捐金襄事者,皆得书于左。时乾隆甲辰冬记。

督修:聚受、瑜金、佑麟和金骥房长。

总理:树桧、家谟、树芬、树标、树焘、汝壁、汝安。

……

(辛观涛等修,民国四年木活字本)

第六篇
宗族的形成与祠堂

四川

开县唐氏

同治开县《唐氏族谱》卷一,《桐圭祠纪略》:

昔范文正公建宗祠,修谱系,置祭田,以敦本而睦族,煌煌巨典,大义惟昭,流光正未有艾。后世士庶家,往往法其制以庇荫根本,而教诲宗族,其义美,其法良也。吾族自文宝公肇居此地,迨后子孙繁衍,而三者缺如,济荷祖荫,幸叨一衿,每览前哲遗规,不胜流连感叹,常存建祠修谱之念,旋以世乱中止。同治四年乙丑,全蜀肃清,乃念我弟兄伯仲已臻稀寿,叔季均近耆年,祠谱之举,不及时图之,后将难为力矣。爰与伯兄及合族商,皆忻踊跃无异议。其时慷慨捐资者:

入川第五代孙大诒捐钱三十串,大寿后嗣共捐钱十串零三百文;六代孙道林捐钱一千串,道友捐钱二百四十串,道言捐钱一百四十串,道秀捐钱一百四十串,道端捐钱一百五十串,道辉捐钱一百八十串,道济捐钱二百串整,道成捐钱二百串整,道香捐钱三十五串,道贵捐钱三十串整,道庆捐钱二十串整,道修捐钱十五串整,道粹捐钱十二串整,道章捐钱十串整,道开捐钱十串二百文,道佳捐钱五串整,道梅捐钱四串整,道梁捐钱三串整,道玖捐钱二串六百文,道皋捐钱二串三百文,道彦捐钱二串整,道芝捐钱二串整,道先、道伦、道珍、道相、道兰、道茂、道盛、道高、道万、道准、道望、道谋、道珏、道用、道煜、道彩、道顺、道可、道恺、道盈、道焯、道达、道通、道运、道佐,各捐钱一串三百文;七代孙开杰捐钱四十串,开轩捐钱四十串整,开纪捐钱二十二串,开用捐钱四串整,开崇捐钱四串整,开文捐钱三串整,开迹捐钱三串整,开銮捐钱一串五百文,开武、开发、开贵、开品、开瑞、开弟、开选、开汉、开庆、开顺、开典、开纲、开登、开相、开全、开美、开联、开学、开昆、开策、开瀛、开良、开寅、开华、开祯、开斗、开朋、开懿,八代孙明望、明宗、明芳,各捐钱一串三百文。

以上通共捐钱二千六百余缗,济与伯兄经营建修,朝夕督率,自乙丑冬鸠工,越丁卯夏葳事,三历寒暑而祠宇落成。其购祠基、办木料、烧砖瓦及木石工匠辛力食费、杂用等款,共用过钱千六百串有奇。余钱千缗,交值年首事掌放生息。每岁除继嗣各项支应外,核算积存,徐置祀产。由是,庙貌聿新,春秋祭享,对越在兹,先祖灵爽实式凭焉!所望后之子孙,念先世旧泽,法古人遗风,培其所已成,补其所未逮,推广而扩大之,以为宗坊光,岂不懿哉?

嗣孙道济谨识。

(唐道济撰,同治十年刻本)

福建

台湾镇总兵吴光亮"招集吴姓商民,认为本家,合建宗祠"。

《大清德宗景皇帝实录》卷一七二:

(光绪九年十月下辛未)又谕:有人奏,台湾镇总兵吴光亮统带各勇,虚额太多,侵吞饷项甚巨,升补勇弁,勒取规费,有贴班贴差各项名目。招集吴姓商民,认为本家,合建宗祠,致令倚势横行。藉名抚番强占番女为妾,并有诈索工匠银两情事,请饬查办等语。所奏是否属实,着张兆栋确切查明,据实具奏,毋稍徇隐。原片着抄给阅看,将此谕令知之。

(中华书局1986年影印本,第3册,第406页)

湖南

古人认为祠堂所处地点风水的好坏,关系着一个宗族人口繁衍、子孙福祉,所以对其位置的选择十分考究,受风水观念的影响,祠堂地点也屡经移迁。

永顺龙塔王氏

民国永顺《龙塔王氏族谱》卷一,《祖祠图说》:

祖祠者,所以妥先灵也。庙貌固宜巍峨,而山水亦必峻秀。堪舆家云:山关人丁,水关财禄。山水两龙神得合造化之自然而不相战,祖人灵爽有所式凭,后嗣子孙何患富贵之不永久哉。稽考我王氏祖祠,原定基于龙塔,于嘉庆庚辰岁庇太高祖选拔公合西古村、龙爪关等族,相阴阳、观流泉而移徙于光天壩基焉。按光天壩地系五行归垣,木火通明大地,其脉发源于狮子山,为廉贞火星出脉,蜿蜒十余里,至轿顶山突起高峰,层层剥换,至马云山云水开帐,列玉屏、玉几于倒骑龙。始基祖肇凤公墓后,在撼龙经名为赐带鬼山,祖祠靠屏几立,向祖山,属火,生出玉屏玉几,土星前案,两倒地木兜抱,左有将军龙旗天马仙桥护卫,右有罗汉印笏砚匣琴书席帽等山随从,又得两水汇聚,祠前是双溪映月,水锁城门,真众山聚四水归也。钟灵毓秀,势所必然,宜乎我子孙瓜绵椒衍,历数百年而方兴未艾!

十一世裔孙福庇荫棠谨记。

(民国二十三年铅印本)

士大夫不尽有家庙,有则多与宗族共之。

《大清德宗景皇帝实录》附《宣统政纪》卷九:

(宣统元年闰二月上甲申)礼部奏:礼学开馆,酌拟凡例十九条,开单进呈:

一、修明礼教,以《大清通礼》为主,其有因革损益,于篇末概加后案。

第六篇
宗族的形成与祠堂

一、通礼详载朝庙之礼，而略于士庶，又不载图说，今责成臣部修明礼教，移易风俗，则修书宗旨，自应于民礼加详，于吉、凶、军、宾、嘉五礼外，增入曲礼一门，遵照会典则例并新修法律宪法，将属于民事之轨物法度，斟酌厘订。其敝俗有亟宜裁革者，并纂辑各家正俗之说附后，并载明礼器图、丧服图等，期便民间诵习践行。

一、遇疑义，有非臣下所能擅拟者，皆具奏请旨，以昭天子议礼之盛。

一、科举既经停止，如吉礼之宾兴释褐、嘉礼之乡会试燕诸礼，已不复举。而外务部奏定之宾礼、陆军部奏定之军礼、学部奏定之学礼，又皆因时制宜，为通礼所无。拟增设废礼新礼篇目，各自为卷，附在通礼之后。

一、道光礼有一时疏误亟当改正者，即以吉礼言之，旱潦祈报，彻馔之时，乾隆礼皆有乐章，道光礼改之，报有乐而祈无乐，然删彻馔之乐章，并删彻馔之礼节，则删除之未当也。又如祀先医篇，乾隆礼在祀真武后，故于设乐条下注云，器数见真武篇。道光礼既升先医于真武前，此注尚仍不改，则注释之未当也。似此之类，悉详加校正。

一、道光礼有依据古制而与今不合者，如今人居室之制，堂不必有东西阶，士大夫不尽有庙，虽有庙多与宗族共之，行礼皆于寝不于庙，他如庙见之名，加景之用，凡引据未确者，皆为更正。……

一、坊民之礼，条理极繁，将来书成，应将关涉士庶礼制条目，另刊颁布，以便单行。并拟派左丞宗室英帛溦系、右丞刘果、左参议良揆、右参议曹广权兼充提调，以专责成。从之。

（中华书局 1987 年影印本，第 9 册，第 164 页）

甘肃

金城颜氏

甘肃金城颜氏家族自明初定居于斯，入清后其宗祠数度重修。

光绪《金城颜氏家谱》，康熙《颜氏建修牌坊墙垣记》：

余尝阅颜氏家乘，喟然叹兴曰："此吾兰之巨族而秉礼者也！"自始祖正千户讳胜者除授于兰，遂家焉。有以武功名者，有以文章显者，其最著者莫若进之锐公，以乡进士任河南新郑尹。惠政清名，大振于一时。迨其后，枝叶繁衍，不无贤否，非教不可。爰择老成练达才德兼优者为一家长，视家政，无论兄弟子孙皆敬惮之，即祖若伯叔亦咸听命焉，不敢稍犯其令。世代相承，兰之人无一不羡颜氏家法之善也。传至今如心仲悾孔公者，家长中之杰出者也。试观其雨润霆威，而即知其水清铁冷，尊族敬宗之诚，时发于口言之表。其始祖佳城后有祠堂，虽已倾圮，而遗址尚存。前有牌楼门之号，而坊之湮没于苍烟荒草中者,其来久矣。公尝履其地思其名,时深废兴之慨,因欲起而振兴之。遂聚族而谋曰:"世未有无其物而名其地者,吾欲建新坊以副旧名,可乎?"众曰:"唯唯!"又曰:"地基甚隘,吾欲扩其地而行之。"丹如君时为季首,亦在其座,少负英气,豪侠男子也,应声而起,助园地二畦,无难色。公起谢曰:"成吾志者,实子也!"又买善孔宁如地四畦,价银七两,建木坊一座,葺砖墙一十四丈、土墙六丈,扩地修祠,轮奂一新,顿然改观。子侄兄弟额首称庆,祖功宗德可藉此坊而不没也。且推公之置祭器,以瓴甋培植前人之碑,率皆皇皇勤事之意,则可与昔之锡桂诸公并传不朽。丹如君一持家政,不忍没公之公,嘱余为文,以表于石。既忝相知,敢以不文辞走笔记之。其助地与买地之银粮,每年认银六分,并记于石,以为后世子孙守。且为之赞曰:其象巍巍,其气郁郁。谁之佳城,颜氏之域。以垩以黝,而昌而炽。□起弊而振衰者谁,咸曰惟公之力。

岁进士乡眷弟张蕴素顿首拜撰。康熙五十九年岁次庚子夷则穀旦,户首丹如等立石。

(光绪十二年本)

光绪《金城颜氏家谱》,乾隆《迁修祠堂记》:

乾隆乙亥十月朔,凤翯率众祀祖毕,议家政。众以祠堂告成推为翯功。翯作色而言曰:"是何言欤!以祠成而推功于余,非所以报祖功宗德也。且斯堂之成,倡之非余一人,修之亦非一世,今不得不将历年积累经营拮据艰难之意,为我族人言之。康熙壬戌岁,族叔瑽如公重建小祠三间,至乾隆壬戌风雨剥落,势将倾圮。时堂叔穆如公应户事,慨然有修祠志,虑地狭无以扩规模。而族叔柏如、松如兄弟慨献园地二畦无难色,于是遂重建新祠五楹于旧祠之后,门牖诸务未备,迨后族弟凤台始竣其功。至翯经理家政,因既有新祠,不宜更以旧祠蔽之,故改立旧祠以为陪庭,而新祠之垣牖亦为涂墍完全,此则肯堂肯构之原委也。特以天地之间,新故无常,无继志之人,则新者将故。有继志之人,则故者亦新。惟望后之理户事者,时率族众而修葺之,远继瑽如、穆如二公营造之志,近继柏如、松如二公辅助之志,而家祠可永固焉。即门墙旁舍神道,亦无不及时而修固矣。非然,始新而终倾,非独废前人经营艰难之苦,而并废报祖功宗德之意也。"言既,族众唯唯。遂命凤泰记其事,以勒诸石。乾隆二十年岁次乙亥□月穀旦,十二世孙家长凤翯立石。

(光绪十二年本)

光绪《金城颜氏家谱》,乾隆《重修祠堂记》:

壬午夏六月,先祠工竣,举族贺翘。翘于家政,毫无裨益,而修理家祠,亦即前已修者

第六篇
宗族的形成与祠堂

而润色之,以体我族叔审源公之意也。缘公于雍正乙酉奉旨西征过兰祀祖,聚众言曰:"祠堂之建,由来久矣。而今剥落已甚,余有志焉而未逮。余族中有能倡义者,愿蠲赀以助厥事。"后因出塞不果。乾隆壬戌,族叔穆如君建修大庭五楹,规模较前润如,而门窗诸务则凤台兄继成焉。至后平如叔建左庭,凤翥兄建右庭,家祠之成固众家长之力,而启之者审源公也。夫审源公身膺重任,当糜监之时,犹以祖祠为重,可谓忠臣而孝子者也。然不**踵饰增华**,非所以妥先灵也。既商之族众,咸乐从之。即日助银二十余金,遂兴工修饰,丹**艧其朴素**,纱糊其窗档,绘之题之,焕然一新,昭其文也。噫!以此琐琐者而勒石,岂自功欤?盖不忘继诸家长后体审源公尊祖敬宗之心云耳,且示后之首事者知祠宇之壮观,非一人之力,并非一时之事,时加修葺,勿致损坏,是余所望也夫。

庠员十二世孙凤泰撰文。

乾隆二十七年岁次壬午秋七月吉日,十二世孙家长凤翘立石。

(光绪十二年本)

光绪《金城颜氏家谱》,乾隆《重修廊房记》:

家祠东西廊房一十四间,重修于康熙壬戌岁,董其事者璲如君也。迄今年远日久,墙垣倾圮,使不重修,何以蔽风雨而重祀事乎!淮首事谋之族众,皆鼓舞欢欣,情愿助资,遂收制钱二十余千,旧家长秉杰出存积钱十一千。淮遂补东廊砖墙五丈八尺,土墙二丈五尺。房之上下,俱各墁砖。西廊墙垣虽固,房基已塌,亦照东廊修理。因资不敷,地砖有缺,以俟后起者完备焉。共费制钱四十余千,勒石以示后世。岂曰自矜,以见我颜氏祠堂自胜国以抵于今几五百载矣。凡庭舍、门窗、台基、陪庭,远而弥固、久而弥新者,率皆诸家长继继承承时修时葺之所致也,俱有碑记可考。淮忝继其后,亦欲效诸首事者,见可修即修,勿致推诿延日也。是为记。

乾隆乙未阳月吉日,十二世孙家长凤淮、季首凤辉、凤契、秉优、秉玉、秉楚立石。

(光绪十二年本)

光绪《金城颜氏家谱》,道光《创修复圣殿碑记》:

吾家自前明洪武初年始祖以武功升金吾卫右所正千户,历官陕西卫、西宁卫,屡著伟绩,授兰州卫世袭左所正千户职,遂家焉,是为金城颜氏始祖。谨按旧谱所载,始祖下只注原籍山东兖州府巨野县颜二公之子,以上世系字讳失考。且孔门颜氏八人,皋兰一支恶在,其必为复圣裔也。道光庚寅,族兄文洽由甘赴鲁,谒宗子读大谱,而祖讳阙焉无考,次年始于林庙前元世系碑中获睹我祖支派,爰知我祖为复圣五十五代孙,而大谱自我祖以上注失传者,已历五代。于是亟为印揭,呈请宗子,合两地之谱,详加厘正,付梓刊刻,上下二千余年,云礽七十余代,脉络分明,了如指掌,不惟得以寻皋兰族谱之源,兼有以补曲阜大谱之阙。我族何幸,乃得为圣人后也! 特以吾家旧有祠堂五楹,而复圣祖未有专庙。揆以敬其所尊之心,知我祖在天之灵必有愀然不乐者。

岁壬辰,先父暨先伯父、先叔父敬献大木三间。维时族兄文谱理户事,念修祠之举业有权舆,商同户众,每丁各出月会,按日收齐,陆续积贮。次岁癸巳,族兄文金择我族少有力者十数人,每人各出会首银营运生息以垫,会完则存以备用。丙申秋,族侄耀祖重修大门及两胙庭,所费不赀,而修祠之事不遑也。至壬寅,族侄戴祖因家祠后均属本族田地,或按地补价,或随力捐输,创筑基址,围以墙垣。乙巳春,文洽复以建修祖祠谋之阖族,翕然同声,刻日捐钱一千三百六十千有零,合之户内旧存公项并地价,共得制钱四百六十余千。鸠工庀材,九阅月而工竣。董其事者,则各房之家长、户首、绅衿、老成以及懂事子弟,靡不各尽乃心竭乃力。虽捐赀不无多寡,任事亦有重轻,而尊祖敬宗其心一也。惟是正殿告成,祖灵欣有所托,而两配未建,圣祖以下五十余,代未克立有神主,此心不无歉然。所望后之任户事者,随时量势幸加增修,力有余宜扩前人所未及,力不足毋隳前人所已成,庶庙貌常新,先灵永奠。是则绚等所厚望也夫。

道光二十七年岁次丁未小阳月上浣之吉,六十八代孙家长文绚薰沐顿首敬撰,六十八代孙文瀛薰沐顿首书丹,同旧家长文洽、文谱、文兰、文金、耀祖、学训暨阖族敬立石。

(光绪十二年本)

光绪《金城颜氏家谱》,光绪《重修祠堂记》:

窃以由剥而复,天道之运行迭更也;因旧图新,人事之变迁无定也。溯考吾家祠堂,自前明隆庆四年七世祖桂公任事,建立三楹于始祖坟茔之右,以妥先灵。历世因之,设供香案,拜祭其间。当明季末年,时值变乱,我朝大兵驻防兰州。家祠墙垣碑石,一切倾颓残破,荡然无存。至康熙庚子岁十世悭孔祖经理户事,仍寻旧址,欲建新坊,又虑地基狭隘,不能壮观瞻。维时十世丹如祖协力襄事,慨献园地二畦,建大坊一座,扩地修祠,规模粗具。壬戌岁,璲如祖复重修此前旧祠,又创建东西廊房一十四间。迨乾隆七年,穆如祖任户事,营建大庭五楹于旧祠之后。乾隆二十年乙亥岁,十二世凤鬐祖视事家政,谓既有新祠五楹,不宜更以旧祠蔽之。又改旧祠三间为右陪庭,与平如祖建修左陪庭三间双峰对峙,气象较前阔如。厥后凤宁祖建修祭庭五楹。乾隆壬午岁,凤翘祖复因朴素无文,踵饰增华,大兴绘事,焕然改观。嗣是以来,嘉、道、咸、同间先曾祖、先祖父暨历任户事凤泗、凤选、凤泰诸祖,与夫文谱、文金、文绚、文瀛诸叔,耀武、戴祖、濯祖、歌祖诸兄,皆仰体先

第六篇
宗族的形成与祠堂

祖宗创制之心,皇皇勤事。由大庭而陪庭,而祭庭,而廊房,而大门,而牌楼,而碑石,而墙垣,而石桥,或修造之、改作之、塗塈之、弥补之,用能肯堂肯构,逖观厥成,惟是在兰始祖建有祠宇,而复圣祖未有专庙。揆诸敬其所尊之心,不无抱憾。是以道光二十七年乙巳岁文洽叔任理户事,又与族人会商,众捐制钱一千三百六十千有奇,并旧**存制钱四百数十千文**,克日动工,未周岁而正殿三楹即厥事。堂哉皇哉,轮焉奂焉!自是庙**貌巍巍**,云仍济济,浸昌浸炽,长发其祥。谓非诸先祖、诸先家长累世经营艰难缔造之功所致欤!不意同治六年丁卯岁八月十六日,逆回煽乱,贼匪忽临城下。凡吾祠堂殿宇尽成焦土。每逢四仲时祭,举族伯叔昆仲拜扫其地,无不触目伤心,顿深兴废之慨。当是时,老成半皆凋谢,同宗鲜有依赖,求一品学兼优力持家政者,卒未获其选。至十三年甲戌春,族众以我勉斋兄端严正直、才识练达,公举族长。君初任事时,目睹荒烟蔓草,不禁叹息咨嗟,首以建祠堂为己任。缘商之诸父老、兄弟、子侄,阖族咸曰善。均皆踊跃助捐,愿成义举。且恐费款甚巨,又每年于各丁筹收月会钱,并望东奉献口洞颜下拨用顶首租价银共四十金,以补不足。于是卜吉兴修,大起土工。则有如**补筑墙垣**肇始基业,重修大门通神道也,营盖北厅房北厨房藏祭器治祭品。他如重修祭**庭五楹**装修门窗,以供祀事祖灵凭式有所也。兴作东西廊房一十四间,以颁福胙族人燕私有地也。自同治壬戌至光绪辛巳,前后两任户事,其木料匠工并修理宣家巷铺面,共需银二百七十三两九钱七分、制钱四百四十四千五百八十八文。是举也,深谋远虑,鸠工庀材,凡阅七年而告成。事虽因而仍创,势若易而实难。噫,以回匪一炬之故,竟使我族五百年寸累铢积之功,焚毁于顷刻,何不幸而遭劫若此也!值斯时会,抚斯景象,非我勉斋兄振兴之力,无以克迪前光;非各房结季长襄赞之力,亦无以奏厥伟绩。豫时重修家谱,不忍没君之勋。爰走笔书之,以垂不朽。后世子孙克体勉斋兄继志之苦心,益式廓其庙宇,光大其门庭,庶维持祖功于万禩,尤余之所望也夫!

光绪十一年乙酉黄钟月,结长沂祖、询祖、贡祖、学惠、永祥,季长让祖、赟祖、朝祖、谦祖、答祖、学沼、学豫、学篆、永浙、永盛、永祥、永和、永才、宗元、宗海、宗清,晋东同督工。

(光绪十二年本)

武威段氏

甘肃武威段氏系清初由太原迁此,至清亡有将近三百年历史的家族,前数代贫,直到光绪年间家境渐裕,始着手修纂家谱,迤至宣统三年方告修成。修谱者段永恩,举人出身,时为新疆县令。段氏族谱之修纂肇始于其伯父太学生段斗垣而成于其手。大抵官员与士人对修谱建祠比较热心,且具备一定财力与号召力。谱成而宗祠尚无力修建,引以为憾。

宣统《武威段氏族谱》,宣统《祭田记》:

永恩仰承先泽,滥竽仕途,而回首家园,尚无祠宇以妥宗祐,清夜扪心能无滋愧。他日或薄有积蓄,窃愿有以副此志也。宣统三年辛亥九月,八世孙永恩谨记。

(宣统三年本)

家谱题诗二首。

李光地《榕村集》卷三七,《题马氏家谱二首》:

兆叶凤凰五世昌,两朝显绩树疆场。拥旄执戟君恩厚,说礼敦诗祖泽长。此日源流探水木,他年阀阅烂缣缃。将门司马专名号,更羡儒风又发祥。

六载偏裨初起家,超迁南北拥高牙。投壶窃讶风标迥,仗节今知世德遐。派溯江州传几叶,流来河曲正绵瓜。劝君勉树分茅业,物色青莲鬓已华。

(《四库全书》本)

直隶

滦州边氏

民国滦城《边氏族谱》,咸丰《祠堂图制》:

溯自始祖迁来之年,卜居稻地,经世而后分居边家庄,复散于别村异乡者亦甚多矣。至于修祠堂,公议建于边家庄,遵从而为之,地基之广狭,神主之位次,可并志之。长弓四十四,宽弓六弓一,南至道,北至墙壕,西墙外余地五寸,以为培墙流水。每年出官租银四分二厘,契纸十一世孙德顺收存。取其地之中修祠堂三间,花墙、门楼、佩房各建其所,正寝一龛,以奉四世之主。始祖首列焉,二世初分两派,三世从分六支。大门三支,一字排;二门三支,分昭穆,两旁六龛。自五世为始奉六世家堂,仍遵长三支,一字排;次三支,分昭穆。再为重修,依此为式,列碑著图裕后有凭。

咸丰辛未十一世后裔吉祥谨记。

(民国二十七年,唐山华美印书局印本)

定兴鹿氏

光绪定兴《鹿氏二续谱》卷八,《祠祀》:

第六篇
宗族的形成与祠堂

谨按祠建于县南门内南小街,僚以周垣门,西向,南北袤二十丈三尺,东西广四十五丈五尺。最西为忠烈祠,东为太公祠,前有北海亭,又东为家庙。太公祠东有井,忠烈祠西有屋,西楹为守祠人栖息之所,树有榆、槐、松、柏之属,凡碑记、联额均附于各祠之后。

(光绪二十三年本)

光绪定兴《鹿氏二续谱》,《额联》:
文献世家。丙寅孟春,闽中吴履泰敬题。
家声与史册争光,名宦有传,忠义有传,循良有传;
道德合文章并著,兄弟同科,叔侄同科,父子同科。
光绪癸巳仲秋,署定兴县事胡宾周敬题。

(光绪二十三年本)

沧州戴氏
光绪沧州《戴氏族谱》,《戴门御赐春联》:
嘉靖三十五年赐予戴才
    横批:青衣学士,红杏尚书。
    框对:渤海人文源流远,条山阀阅科第家。
    门心:君曰条山,臣闻渤海。
顺治十年赐予戴明说
    横批:尚书门第。
    框对:累代封章垂凤诰,传家御篆起龙文。
    门心:渤海源流君恩厚,沧州阀阅旧家风。
康熙十三年赐予戴王纶
    横批:榜眼及第,尚书门第。
    框对:司农司马文门第,太师御史贤人家。
    门心:座对贤人酒,家藏太师书。

(光绪三十四年本)

丰润毕氏
民国丰润《毕氏宗谱》卷一,《像赞》:
侯伯万公像:为国之垣,为世之宗,争光日月,千载难同。

史部尚书卓公像：雄才泰迈，伟绩群超，相帝尽忠，青史名标。

刺史众敬公像：系出公海，官拜州牧，布德敷仁，下民悦服，声达帝庭，敕谕宠渥，子孙蕃衍，咸籍荫福，景仰遗容，令人束肃。

许州刺史景臣公像：国之鸿儒，朝之吉士，宠遇非常，始终令誉。维予人子，生乎后世，仰瞻遗像，如睹光霁。

给事中宠公像：才赡学博，甲第先登，历朝清显，青瑶名臣。

司马镐公像：风采毅英，臂力绝人，威声德望，奕世流馨。

翰林学士诚公像：铁面铜肝，冠世之英，绩丰功伟，为国之桢。

进士祈公像：公以经济之有猷佐赞明廷，永鉴宅心一尘不染，见其清焉；乾乾惕若兢业匪懈，见其慎焉；为上为下极力苦心，见其勤焉；且兴学恤贫、拯孤节费、督缮域垣，而保障有赖；完解岁额而系毫无玷；招集流移则安堵如故；划洗苦刻则沉冤击释。

（民国十九年排印本）

安徽

绩溪华阳邵氏

光绪绩溪《华阳邵氏宗谱》卷首，《叙伦堂新增祠联》：

由谏村转徙而来，定居百代，宗风存矩蒦；

从淳邑分迁以后，衍派三支，世泽溯濛源。

秦赐爵，晋遗忠，两代前徽证一本；

歙迁居，绩奠宅，同宗后嗣叙三支。

曰伯曰侯，昌化黎阳双建国；惟忠惟孝，子春公丑共承家。

蓟水分封，姓传九百年燕国；纹川启宇，秀挹三天子鄣山。

棠树长荣，剪伐不加思德政；瓜田恒熟，逭藏无间著高风。

谱牒告成，愿后人讲让敦仁，长为盛族；

系图厘定，看今日亲疏远迩，都属连枝。

（邵俊培纂，光绪三十三年叙伦堂刊本）

储大文《存研楼文集》卷一一，《丰溪吕氏续昭穆序次联句序》：

丰溪吕氏续昭穆序次联句：

渭玉发祥成伟烈，贤能绍美锡遐昌。

居仁由义昭忠信，弈祀恢宏德泽长。

第六篇
宗族的形成与祠堂

(《四库全书》本)

山西

洪洞李氏

同治《洪洞李氏宗谱》,《创建祠堂记》:

辛卯孟秋,吾兄弟与六弟藩、侄作椿,公议措资敬建祠宇。其制度坐北向南,四椽三楹,龛室三楹,前面厦廊三楹,两边楼房各二间,旁花墙各一道,南墙一道,坐西向东厦廊一楹,向东门楼一座。其结构规模颇见壮丽,似亦可以栖妥先灵,而春露秋霜之感庶不至委孝思于草莽矣。将见辨昭穆于斯,别毛发于斯,承祖考而绵世泽,立爱立敬,偕仍云以乐天伦。言孝言慈,由是宜家保族。绥百福于无疆,源远流长,庆千祥于勿替。

(李逢纶等增修,同治四年刻本)

灵石何氏

道光灵石《何氏族谱》卷六,《宗祠志》:

宗祠之建,在本镇之东北隅,去大道可一百二十余步。坐东南而面西北,前对汾水,后枕凤凰山,和溪右绕,灵峰左峙,而祠位于其间。祠内有堂,堂三楹,前后四架,前楣以后为屋,屋一户二牖。屋中设始祖位,左右各以其次祔。堂前有阶,堂左右有夹室,左夹以前有左厢三楹,右夹以前有右厢三楹。两厢之间有庭,庭前为前厅,前厅亦三楹,其中设门屏。厅序之外,左右各有门,有阶,并厅前中阶为三阶,左右阶下,游廊各三楹,左右壁上近廊之地有门。中阶之下有陈,砌以瓴甋。其前为大门,大门亦三楹四架,中门屋为门前楣,以后向内为乐楼,乐楼之外,左有室,其右有门,大门外立照墙一,竖旗杆二,照墙至大门,地址阔一十四步,南长四步,北长九步,建祠地址共一亩五分,长三十三步,阔十一步。祠南空地基一区,周围六十五步;祠后空地一区,周围一百零三步,捐地基发端者思温始事,于乾隆三十五年五月告竣,于三十六年二月祠成后,思明、思钧复捐金为祭祀费,又阖族计口出泉,今已足供牲牢矣。

(道光十四年续刻本)

灵石陈氏

道光灵石《陈氏族谱》,《陈氏族中条约》:

修理祠堂。《家礼》云:"君子将营宫室,先立祠堂。"祠堂既立,尤宜随时补葺,更能多设祭田,世守勿弃,端有赖于后人。

（陈允中等重修，道光二十七年刻本）

山东
黄县王氏

宣统《黄县太原王氏族谱》，嘉庆《增修族谱序》：

谱之所系大矣，前人之叙备焉，吾复何叙哉。然粤吾谱自乾隆丙子重修，迄今六十载。世远则生齿益繁，齿繁则考核益难，棋布星散，竟不知今日之异居，即向日之同堂。名重字复，抑且有叔侄莫辨，祖孙相同者。大宗、小宗之谓何，不良可慨欤！吾为此惧，会族人而共议之，族人咸乐从事焉。遂与族人约：勤采访，慎编次，校雠材用咸得其人。事竣，而付诸梓，共成二帙，庶大宗、小宗之不紊，亲疏远近之无闲。不谋其面，展谱而识其名字焉；未入其室，展谱而知其里居焉。在今日，祭海先河，固渊源之可溯；即在后世，自瓜及瓞，亦根本之可寻。继继承承，端赖此也，而敬宗睦族之谊，亦寓于此焉。因继增二语以为世谍计：

克大敷基厚，常衍积庆深。

宗传燕翼盛，本永自成林。

嘉庆岁在柔兆困敦，十四世孙邑增生谷音钰谨识。

（王次山修，宣统元年刊本）

陕西
邰阳马氏

民国《邰阳马氏宗谱》，《南渠西马氏宗祠记·报本堂梁上题词》：

报本堂创建无碑记，其足资考证者则有梁上题词数则。一书"时道光二十七年岁次丁未瓜月下浣六日立柱上梁"；一书"主祭六世孙马世体、世骏，七世孙万登、八世孙永昌，九世孙凌河等创建"；又一则书铭曰："木丛在本，水盛由源。人惟有祖，其生始繁。思音容于祖祢，将肃敬于子孙。庶登堂以拜献，死如生者亡如存。"

（民国二十五年增订本）

甘肃
金城颜氏

甘肃金城颜氏族系复圣颜渊后裔，其祠堂各处匾额对联甚多。

光绪《金城颜氏家谱》：

第六篇
宗族的形成与祠堂

大庭
匾额
　　崇本守身,巨野一支,脉来东鲁,复圣苗裔,先贤嫡派,系肇陆终。
对联
　　遵陋巷家风,疏水箪瓢,自昔渊源东鲁;
　　衍常山宗派,忠贞孝友,至今文献西秦。
　　孔门列八人,继继承承,历秦汉晋隋唐宋元明,祖功遥著;
　　兰岭分三派,绵绵翼翼,合文章政事忠廉节孝,宗德益彰。
　　德行传家,稽延年挥笔,师古著经,万叶文章相续;
　　彝伦训世,遡桥梓成仁,埧篥死节,千秋俎豆常新。
　　诸贤遡圣门,孝子忠臣,皆从东鲁衍支派;
　　世泽详家训,武功文德,更向西秦继别宗。

过庭
匾额
　　式食庶几,聪听彝训,忾闻僾见。
对联
　　馨香分郭外之田,夕膳辰馐,讵敢作拾尘献享;
　　展拜守家中之训,左昭右穆,何须缁争坐文章。
　　入户想音容,翠柏苍松,如对视听言动;
　　过庭思嗜欲,博文约礼,犹闻前后高坚。

陪庭
匾额
　　丕承基绪,启迪后人,绳其祖武,贻厥子孙。　后裔秉惰撰
对联
　　一穆一昭,恍侍坐忘陪左右;
　　三牲三献,如分瓢饮馂蒸尝。
　　品法安贫,郭外祀田陈黍稷;
　　贤承克孝,檐前乌鸟助邱茔。
　　崇德报功,殁是明神生靖献;
　　开来继往,前为肖子后贤宗。
　　德继先贤,始向箪瓢传口泽;

恩流后祀,会从趋步仰心斋。

大门

匾额

　　颜氏祠堂,槐荫恩浓。

对联

　　东鲁源流远,

　　西秦支派长。

　　北阙迎恩,鸟篆螭碑褒世泽;

　　东山分派,礼门义路继家声。

　　事必如生,须记依门孝义;

　　祭之以礼,勿忘式墓家风。十三世孙秉元撰

牌坊

匾额

　　东国家声。

附刻新赠匾额对联

匾额

　　乐亭衍胄。袭封衍圣公光禄大夫阙里孔庆镕拜题

对联

　　无伐善,无施劳,祖德遥承,永保西陲俎豆;

　　不迁怒,不贰过,宗风共守,莫忘东鲁箪瓢。七十四代孙世袭翰林院五经博士陋巷主邕振吉拜题

　　履薄临深,念祖德渊源,化雨同霑东鲁;

　　以多问寡,羡孙枝蕃衍,卿云分荫西秦。宗圣裔世袭翰林院五经博士后学曾纪瑚拜题

　　备元气于三春,看济济贤孙,东渐西被;

　　择中庸之一善,赖拳拳圣教,继往开来。述圣裔世袭翰林院五经博士后学孔琴南拜题

匾额

　　派衍复圣。

对联

　　德行冠四科,幸边方世守箪瓢,木本水源思陋巷;

　　兔绎分三派,羡后裔学宗克复,文经武纬著金城。亚圣裔世袭五经博士后学孟继烺拜题

　　兰岭注分流,奕叶有贤承四勿;

第六篇
宗族的形成与祠堂

杏坛羡亲炙，敝庐近圣守三迁。乙酉拔贡戊子举人承袭翰林博士后学孟广均拜题

勋著前朝，克复薪传生大勇；

泽流后嗣，振绳兰郡溯归仁。世袭翰林院五经博士后学仲贻熙拜题

（光绪十二年本）

光绪《金城颜氏家谱》，光绪《重建牌坊修补石桥记》：

乙酉小阳朔日，豫接奉家长北海兄手书。展函敬读，欣悉君不忍湮没祖功，因念祠堂大门前旧有牌楼遗址，于是几经筹划，几经顾虑，谋之合族，捐银以兴义举。遂重建木坊三间。卜吉八月二十七日开工，至九月下浣告竣。计费木料银五十两，木匠工银四十两，砖瓦泥匠工银四十两，采画银三十五两。又修补前后石桥两座，需工料银一十二两，通计合算共需银一百七十七两。从此规模较阔，气象维新，而我族累世缔造之勋，亦藉此坊以表著于永远。噫！自丁卯岁劫遭兵燹，余家户事几颓然弗能振兴，幸赖勉斋兄保护于前，先修祠堂以妥祖灵。今北海兄维持于后，继建牌坊以通神道。若二君者，其奏事虽殊，其致功则一。豫因刊谱并书志之，以为后世之有志光前者勖。

光绪十一年乙酉黄钟月，六十九代孙豫春薰沐敬撰，六十九代孙家长超祖重建，结长沂祖、询祖、赘祖、诚祖、学惠、永祥，季长敬祖、**谦祖**、答祖、学斌、学建、学艺、永浙、永珠、永和、永才、宗元、宗泰、宗清、宗得同督工。

（光绪十二年本）

浙江

毛奇龄《西河集》卷五四，《重修横河张氏族谱序》：

……横河张氏席门第之旧。其在前烈，以两广都府进为司空尚书，簪缨勿替，其为国史邑乘所表志者何限！予尝作《尚书公传》，久已行世，而既入史馆，则又以同里先贤，谬为起草。其间搜采实录，旁及野稗，真有为家藏状述所未备者，此其与工史所载宁复有歉！而无如后，此多阙略也。今其裔孙式玉由文安邑宰受圣天子隆眷，擢霸州守，将以大用，而忧服归里。既扩尚书旧府，辟为宗祠，乃复受先所遗谱，而亲承纂修。从向时牒记已后世数未具者，悉为补入，核旧损而订新益，诸凡志传详略、图表同异，与夫男女出处、功德桃殇之是否，旁行曲上，勾绳缕络，必诚而必信。非孝子顺孙，而何以有此！

（《四库全书》本）

绍兴山阴柯桥杨氏

光绪绍兴《山阴柯桥杨氏宗谱》卷一,道光《创建宗祠碑记》:

夫人必有始,始者本也;无本不立,故君子务本亦必有终。终者,统也,无统不传,故君子垂统。斯二说也,不可偏废,遵之则足昭承启,昧之则渐渍其系而不知。我始祖逸庵公之次子履恒公,自福岩迁支于柯桥,似续相衍十四传,丁数累百,金云盛矣。所虑岁祀日远,则子嗣日繁,房户各分,迁徙不一,数传而降,保无有数典而忘祖、派涂遇而等异气者乎?以故我伯御标公立志建祠,上妥先灵,下联后嗣,俾秩序有条不紊,旋以谢世不遂。至道光六年,公之孙鸿昭首倡乐捐,洎乎诸堂侄鸿兆、鸿杰、鸿皓暨曾孙思承等,仰承遗志,集议捐输,合钱一千贯,交于鸿昭存放生息。至十一年,统得钱一千五百八十四千文,**复置基田**,选吉造筑祠式三进,由台门而堂而寝,内外两庑,并管祠屋俱备。敬设逸庵公**暨履恒公**以下历代神主,左昭右穆,厘然各判,春秋享祀。瞻拜之下,知十四世以前,必因之妥侑;十四世以后,亦循此跻升。一堂萃聚,如叙天伦,岂不甚善然!溯御标公立志,时已几十年矣,足征创业惟艰,守成宜慎。为之后者,当深体敦伦堂各额联,以整庙貌,振家声,庶几历祖之神慰,而御标公之志更慰否?则年湮代远,风雨之摧,雀鼠之伤,梁栋榱楹崩颓,必有后人均诿藉袖视,匪仅贻不肖罪,致旁观反归咎于作俑者。不其悲乎?

是役也,兴工于秋,竣工于冬,相间一季,经营告成。全捐者虽各于督理,而惟鸿昭更朝夕纠工,不辞劳瘁。礼职忝主鬯,自愧不克,少效输将以迪前光裕后泽,而窃疑天下事之有志竟成,为不可据,若我御标公建祠之志,不成于身,卒成于子孙,非信然欤!爰记颠末,勒石以垂不朽。记成,鸿昭告予曰:"此公事也,何劳瘁之足云?"予曰:"不有斯言,胡以励后人?"昭遂默然,乃付匠焉。登是堂者,其各勉诸。

再,道光十二年三月三,老房御祥公、御标公、御凤公,捐奉福岩老宗祠祭产,以志追远祀墓之意,业将十三都八图咸字六十五号湖田三亩七分、咸字五百廿三号湖田一亩正捐入,本都本图杨培宗祠祭户承粮,勒石以记。

时道光十二年岁次壬辰十二月上浣之吉,族长大礼景范氏谨识。

(杨惟椿、杨惟一等修,光绪二十年敦伦堂木活字本)

绍兴中南王氏

民国绍兴《中南王氏宗谱》卷首,乾隆《宗祠条规》:

一、家长为一族之长,上承继述,下殿贻谋。凡在卑幼,事关宗祠,理宜陈请,当秉公匡直,勿任情科断,亦不得随势依违。

一、分长虽亚于族长,而为一分之长,本分子弟,平时皆当导以礼法。至春秋舆祭,对越在天,尤宜衣冠肃穆,倘借口单寒,科头跣足,殊属不敬,本分长当即严加指斥,不得坐

第六篇
宗族的形成与祠堂

视。

一、执事乃骏奔左右之人,祭产之盛衰,明禋之绝续,胥攸赖焉。况尊贤育才,以彰有德,古有明训。膺斯任者,毋任智,毋托故,毋徇私,毋避嫌,窃位不可,幸进更不可。

一、祀事之有礼,生所以维礼也。序昭穆,辨贵贱,顺少长,习威仪,皆在于此。旧议每分一人,每分之中亦须推俊秀之知礼者为之,有徒贪口腹,驾称轮流,滥行朦混,致失观瞻者,仍当易位。

一、六分轮流值祭,旧有成规。但积久弊生,或有照公济私之人,必致祭产渐耗,祭仪日薄。嗣后值祭者买办,一遵先式,物价随市低昂,不得以滥恶之物,登于樽俎上渎祖先,亦不得因扣克之余,薄于盘飧,致干物议。

一、春秋祭产,皆六分,贤子孙所竭力捐助者,虽无多产,略有赢余,但账目不清,则侵欺易匿,将来必化为乌有。嗣后春秋二祭,凡在执事,务须汇同秉公,核算某收若干,某欠若干,支用若干,欺仗若干,一一开载明白。如有支吾呈漏等情,下次值年,不准交代。

一、春秋二祭,祭毕饮胙,所以广神惠,非为餔餟也。六分向有定额,每分之中,凡舆祭者,某当饮胙,可预为派定,不得临时争执。其当饮胙者,亦宜届期早集,以尽如在之诚,倘捏称有故,至浇奠后始到者,是徒餔餟也,纵当饮胙,亦不得与。

一、家庙为明备之地,至献酬导饮,尤当存严胜之心,讲敦睦之谊,不得藉酒生事。即间有一得,亦当于祭毕时禀明族长并各分尊长,评论可否因酒咆哮,先干法纪。

一、宗祠祭产,除房屋山荡外,所有田亩,旱涝不时,多寡不等,计米收租,殊难画一。今议统作现租,每亩计钱一千二百文。令次年值祭者于冬至节收齐存贮,殷实之家不得迟延,亦不得争执。乾隆五十六年正月,族长暨各执事,议定每亩现租钱一千六百文,至于田亩租息,却难一定,总归时值估价,就时论事也。

一、宗祠祭产无多,前人为裕后计,定有捐例,但户口日繁,贫富不一、乐捐者固为美善之举,勉应者殊少体恤之意。今议:捐款中添丁娶妇条,概行豁免,中以五命,约以三章,重异不厌其繁,举要无妨,于略以上十则,补前人之未备,酌时势之攸宜,事固简而易行,法则成而不变,共期恪守,以肃宗祊,勿游移致干前例。

外附汰滥费、正簿书、慎典守、肃门庭,共四则:

一、**堂簿**所载饮胙席数止十六桌,今增至二十二桌。桌数既多,买办亦不得不多,但物力维艰,来处不易。其间或可以节省,或另有抵补者,核算时常细为体察,不必照旧开入。即元宵一节,时事不同,可量为裁(编者按:此处应为"裁"字之讹。)省,司事者慎勿视为成规,徒耗血产。

一、宗祠祭簿,旧有堂簿一本、捐簿一本、每年收租结算总簿一本,俱随值年轮流交代。但散见各出,难于稽查,专付一人,恐有遗失。今除旧账簿三本仍付值年轮流交代外,另立一样祭簿七本,付值年交代一本,每分各执一本。俟春秋分日,汇缴宗祠,以便查核续写,写毕,仍归各分收执。如有遗失,公议罚戏一台。

一、堂簿所载交代物件,如纱灯钟碗等类散失无存,即新置桌凳亦所存无几,此固每分失于检点,亦因管祠不得其人。今议公觅得当管祠者,量给工食若干,并祠边隙地令其种作。春秋二祭,与酒一壶、菜半桌,使有所赖藉,得专心管守。如有出入不明,应用缺少者,立令赔补,那(挪)用之人,查出议罚。

一、祠中祖先所在灵爽式凭,内外门庭管祠者,理宜洒扫洁净,况地非场圃,室异仓箱,岂得混行骚扰。如有堆积货物、打晒谷麦等项,亵渎殊甚,管祠人当力为阻止,倘顽极不遵,立即通知族长,并各分分长,及执事人等,从重议罚。姑纵容隐,察出并逐。

昔范文正公置义田,宗祠皆有赡,至今世守勿替无他:出入公、权度平、锡赉明、体恤周而已。但法无所限,而礼有可循,辨其所从生,推其所终极,爰补新规之未逮,为陈管见,以相商云尔:

一、出入之未公也。职有专司,理无交责。凡值年,账目祀事之孔明具在,礼仪之卒度攸关检阅。堂簿内并不载上年饮欠有无抵销处,并不载上年会交果否垫发处,止将本年所收若干,所用若干,指鹿为马,固不可知。第所载赢余之钱,理当实时归出,试问归出何人?所载应发之钱,理当实时扣明,试问扣明何事?而且某欠,不知某项乘除;某捐,不知某人存贮。年年不白,账账不清。其间假公济私,显有不堪对神明而质幽独者。兹已酌宜新旧规例,往往矜心作意,仍蹈故辙,殊未可定。独是子姓日繁,讵遂不悛,贤能辈出。岂伊无才髦而倦勤者,度德而处之。少不更事者,量力而行之。惟在六分执事,抚衷自问。

一、权度之未平也。政非律不行,事非豫不立。核查吾祠祭产,每年皆有余,无不足。向系所收阑珊,所用销铄者,总无准绳之故。今统议田房收荡,概行现租,无丰歉无盈缺,其钱额定三十八千零。值年买办,其价照极昂之物,例自除夕、元宵至春秋二祭,并本年钱粮杂费等项额,用钱二十二千文;又酌议加钱二千文,留有余不尽之意,毋得克扣干咎,其钱十四千零。定议五云楼店租,除神会租钱外,即将此钱存贮,概禁私行杂用,察出议罚。内将店租十千文,值年执事,按季收存,殷实家每月一分起息,至秋分祭,务须实时将本利积算交清。下手值年执事另行生息,如有缺久等情,本分执事赔垫,共本利,至三年,会同合议置产,毋得再行生息,庶免持重之虞。又将店租四千文零,留本年祠中公幣,如无修祠理屋及合同公议等费,仍将原钱变代,不起利。至于上年有账可查,有人可质,仗欠会付等项,并现存本利钱,限于本年秋祭后一并归悉,彻底澄清,当自明年始。

一、锡赉之未明也。吾宗风扬内史,名压中郎,本朝百余年来,槐荫兰芬,书香萃于王

第六篇
宗族的形成与祠堂

氏。窃思左昭右穆,堂列尊亲;后裕前光,第高诗礼;琼瑶其选,伫听鸣珂;鸾凤其姿,总鲜和鹄。自昔世家望族,岂簪缨之专美,惟培植之多方,月饩岁廪,势难邍行。第念风檐所需,云路所资,三年一颁,惠而不费。已隽者知勉,未倘者知励。其作育人材,至深且远。奈后先济美,谁嗣徽音;大小从公,殊惭倡首,何哉?至于为祠中吮毫濡墨,其间补苴罅漏,张惶幽渺处,良非易事。昌黎公作志铭,一字之赍,辇金如山。余与启侄,载锡之光,风怀鲤对,聿修厥德,叨厕乌衣,既愧素餐,况嫌燔肉,故不敢请耳。若夫修族谱、立议馆,事匪一朝,力难独任,些须润笔,谅亦吾宗所乐闻者。非敢缓也,盖有待矣。

一、体恤之未周也。行仁必先无告,怀义莫遣相周。称贷既出恒情,鳏寡尤宜动念。如士行所借一项,揆理难容,推情可原。世间蒙故业,因遗策不再,嗣而摧败零落者实繁,有徒苟非流连荒亡,乃祖乃父亦无如何,吾宗于士行,当作如是观。况今日之负欠者,非士行之初心,而当年之慨与者,岂吾宗所逆赌哉?他不具论,祭产每年应余十数千积算,不知若干矣,尚属子虚,而茕茕在疚之顶,至今独为口实,何也?夫生儿娶妇,虽贫亦乐,而贫非尽然;居孀存孤,虽富亦悲,而富于何有?乃衔恤者如彼,而追呼者如此,殊失危扶颠持之至意,不敢掠美以市恩。相与移风而易俗。此项应否豁免,是惟惠出于宗公耳,为士行之子若孙者,崇德报功,勉旃毋忽。他若诸项捐款,虽云志喜,恐为勉应,今亦不当斤斤于是,而愿捐者听,其捐胙一事,更不知始于何人,勿盘查其赢余,惟克扣于些须,剜肉医疮,是何异衿兄臂而夺之食乎?嗣后可永为禁止,以免物议并及。

乾隆二十八年癸未秋分日。二十九世孙郭柱艺林氏、三十世孙嘉木启新氏谨书。

(王大泉修,民国三十一年三槐堂木活字本)

绍兴中南王氏

民国绍兴《中南王氏宗谱》卷首,雍正《宗祠规例》:

一、忠孝节义,乃古今之大德,实宗族之休光,入祠拜祭,礼应优待,不得以常人目之。

一、宗庙之中,亲亲又当贵贵。凡有超群衣顶子孙,其给胙必较执事者次第倍之,以表奖劝之意。

一、犯奸盗不孝者,不许入祠;并无故不与祭,分长徇私不举,致族众公议,应听族长秉公议罚。

一、非春秋二祭之时,欲将祖考神位附庙者,须备祭三桌,并先期通知族长、分长、及各衣顶执事,方准入祠。

一、每年值祭者,如临期玩忽后事,各分共鸣族长议罚,不得肆行咕噪。

一、不分长幼,以下犯上,以上凌下者,各分共鸣族长议处,违者倍罚。

一、绝嗣之家,除嫡侄承祧外,有将旁支为后者,应将遗产十分之一输入祠中,如无旁支,全归祠内。

一、本宗出嫁之妇,虽有子嗣,异日归养,不许入祠。

一、无嗣之家,不许承继异姓以乱宗祧。及收养仇子违犯者,公逐。

一、本宗出继之子,异日有欲归宗者,必通知合族,具祭昭告列祖,捐银一两,方许入祠。

一、以暧昧不明之事挟私妄作,通族不得辄与。如果有冤抑难伸,不公不法,万不得已者,必先入祠堂议处,或行家法,或具公呈。

雍正十一年正月初一日,三分值年分长二十八世孙又韩,执事二十九世孙大千,上及族长二十七世孙桂生、武英谨立。

(王大泉修,民国三十一年三槐堂木活字本)

毛奇龄《西河集》卷九四,《敕赠承德郎陈先生墓志铭》:

先生讳长吉,字履谦,小名绿衣,以生时有绿衣客来故云。……鼎革以来,先生既以高行称,而诸子游京师者,争致所得卖赋金为奉养赀,先生悉均诸弟马孺人所出者。且为族谱,自溯家世,从颍川后迄宋中叶,有宣和进士拜录参大夫扈跸南渡移家上虞,阅七世而迁郡城。有正一公者仕元为绍兴路副提举,实居山阴紫金里,乃为宗祠,祀一世祖。自上虞以下,稍合钱于群从之有财者,而身成之,然犹以未置祀田为嗛,临卒,顾诸子而叹。诸子曰:"岂以儿辈不尽在侧耶?抑祀田未置耶?"曰:"吾六儿而在侧者三,何憾。若祀田不置则诚有之,然不曰有儿辈在乎。吾所苦者,幼不得奉沈孺人一日欢,老不得待马孺人百年后耳!"先生生于万历年月日,卒于康熙年月日。

(《四库全书》本)

江西

兴国刘氏

同治兴国《刘氏重修族谱》:

士文堂祠对

　士农工商,愿子孙各安本业;

　文章礼乐,守祖宗所创成规。嗣孙福隆沐手敬撰

士文堂祠对

第六篇
宗族的形成与祠堂

士风隆盛,范百代之纲常,家声丕振;

文教修明,昭千秋之谟烈,世系悠长。忝末孙婿俞炳煌顿首拜撰

(刘天成等修,同治元年刊本)

湖南

先秦时期,古人祭祖于宗庙,并无祠堂之设,而"祠"亦为春祭之名。宋元以降,作为宗族祭祖、处理族务的重要场所——祠堂才出现。然而,祠堂之修因费用颇高,修建祠堂对于宗族而言并非易事。即便族人戮力创建,最初的祠堂一般比较简陋,规模也较狭小,往往经几代、十几代的努力,祠堂的规模才得以扩大,布局、结构才得以完善。

涟源李氏

民国涟源《李报本堂族谱》卷首,《初修谱凡例凡例十三条》:

丧服宗族图及三父八母与祠堂、仪注俱遵制式;今我族祠堂未建而体式已绘,谱修之后祈族戮力同心,速成盛举。

(民国五年报本堂活字本)

志其清代修祠事。

民国涟源《李报本堂族谱》卷首,《宗祠志》:

乡邑之有宗祠,盖皆起于康熙以后。规制合礼,而仪文则陋,亦不学无术之过也。我先世自元明仅有昭穆堂,奉评事府君神主,其隘且浅,皆逼于时政。乾隆戊寅,族谱告成,先正执其事者,继尊公、拔俊公、秀芳公、魁士公、暎昭公、尊贤公、作善公暨我大高王考步蟾公始议建祠兴学,而汉明公裔孙辉遐公等愿以其公土近昭穆堂者以资于祠而扩其基,鸠工庀材,宗祠乃立。逮同治壬戌在修族谱后,我大王考振庭公与族祖浴溪公、察庵公及诸族长老、至于五坊大众,以旧祠敝黯犹狭小,非足以妥先灵,乃因元祠而益大之。在族咸供材木,志在尊祖,各输财力,迄乎事成。初未言及多寡也。祠正寝三楹,夹室亦三楹,外舞台大门亦三楹,左右为齐房仓庖,其北皆为室,今以祀族之忠烈贞节诸先。正门外,露台周环围墙,墙匝八十二丈二尺,西北址亦我大王考以资于祠,纪理其事者跻堂公、桂成公,其耿介足征信于来叶,墙外元有余地,其荒土以善价得之。凡祠地北东西周界以碑,南则石道行人所经由也,古冢蓊埋在左侧,镇以置社比于族厉右侧为肆,居贾人以通有无,岁税其入,以时修之,凡祠地综工部营造尺一百八十八丈五尺,敬之哉!敬之哉!

丙辰八月戊戌朔前普谨书。

(民国五年报本堂活字本)

湘乡平地胡氏
民国《湘乡平地胡氏续修族谱》卷二,《宗祠记》：

我胡氏自清初聚族湖南西二都之平地冲,越乾隆年始有宗祠。其初规模狭隘,不可以为礼也。洎咸丰庚申,前辈添智、二酉、上吉、龙宾、定文、延光、宗道、光前率族人大营治之,以资竭而中停。至同治丙寅大告成功。其上为寝室,设钟鼓于两廊,前楹则有亭阁高耸,中为讲堂,就左右室为斋宿、礼器所;其下则两阶台门鼓乐楼、东西厢也。

(民国二十六年,安定堂木刻本)

湘乡大界曾氏
民国《武城曾氏衍湖南湘乡大界五修族谱》卷五下,道光《典制·附高祖元吉公祠堂记》：

古者,自天子以至官师,皆祭于庙。庙之制天子七、诸侯五、大夫三、适士二、官师一、庶人无庙祭于寝,无所谓祠堂也。《周礼》:"夏为禴,春为祠。"祠犹食也,祭之名,非祭之地也。许叔重云:"正寝曰堂。"堂,当也,当正向阳之宇也。祠本为春祭之名,秦汉以来降神祇通称为祠。祠于坛曰祠坛,祠于城曰祠城,祠于堂曰祠堂。后人习祠堂之名,莫晓其义。至司马温公云:"秦尊君卑臣,无敢营宗庙者。"汉世多建祠堂于墓所。朱子云:"君子将营宫室,先立祠堂于正寝之东。"则后世之祠堂即古之宗庙也,所以追远、尊祖、敬宗、收族之地也。

吾曾氏散居衡湖南,先大夫尝建祠堂于衡邑之庙山矣。吉公者迁湖南之四世祖也,迄今且二百年,子姓繁衍聚族于湖南之兴业乐乡。以公之遗产衡之靛塘湾田为公祀田,后又增置湖南之圳上田数亩。岁时祀公于公所居故宅,湫隘不可卒事,族众病焉。先大夫尝欲为公别建祠于湖南,未果,遂淹忽以疾。小子志之不忘,岁丙午乃纠族众议之,或疑赀缺乏。骥云曰:"精卫塞海、愚公移山、众志成城,诸君子苟有志营造,何赀之足虑？"众乃跃然起曰:"子议良是。"于财稍丰者捐基地,次出缗钱,次供材木,其贫者一艺以上勤其手足,攻木攻土,惟力是视。群志一心,以后至为耻,而骥云实董其役,不数月落成。堂一楹,堂后有寝以妥公灵。左右有序,旁有厢门闾内敞,墙垣外周其地适居,公墓之东,去墓所数百步,公之圳上祀田在焉。向之榛莽之区,一旦焕然巍然,子孙登是堂者,衣冠必以正,笑语无敢哗,秩然油然。春秋祭祠,卜族中贤德者以主事,余骏奔走执豆笾,雍然肃然。……岁庚戌适有事于祠,父兄子弟并属骥云曰:"首事者子也,成事者子也,子其为文

第六篇
宗族的形成与祠堂

以记贞于石,以垂于久。越数十百年后,因而重之,拓而广之,胥视子志。"小子泫然曰:"首事者,先大夫之志也;成事者,族中君子长者之力也,小子何知?"时先大夫下世已岁余矣,归而执笔濡墨敬记之,用以著弓冶之所自云尔。

貤封光禄大夫礼部右侍郎加二级五世孙骥云高轩氏谨撰,六世孙国华温甫氏书丹。

皇清道光三十年岁次庚戌季冬月穀旦敬立。

(民国三十五年三省堂活字本)

汉寿盛氏

光绪汉寿《盛氏族谱》卷首,《家规·祠堂规则》:

祠堂必须两栋前厅、后堂,后堂止供神位,一切器物不许安放,所以昭严洁也。

(光绪二十七年广陵堂活字印本)

零陵龙氏

民国零陵《龙氏六续家谱》,道光《碑文》:

我族创业高塘基,历有年矣,欲建祠宇,有志未逮,非敢缓也,盖有待也。道光十四年创修,贤晟等建立前栋,虽不能毕乃事,亦足以廓大规模,光恢瞻望。但功浩费繁,劝各房乐捐费赀,补给前亏。新增庄屋,正可谓继述有人矣。去年冬,贤晟、超凡、位高等将三房公费修整后栋,则我族之祠宇于是告厥成功焉。今将捐费芳名开列于左:

瑛房浙公捐钱一十二串文

  贤义捐钱一串三百文

  ……

璋房涧公捐钱五串二百文

  ……

道光二十七年丁未岁冬月穀旦,总修希旦、映泗、有才、植三、超凡、圣二立。

民国十年辛酉冬月,六续嗣孙重录。

(民国十年,敦厚堂木活字本)

匾联,又称堂联、对联等,是在宗族祠堂内张贴的联语,其内容与某一姓氏宗族的源流、繁衍分支、居住乡里、迁徙情况、先人的功名与事迹、治家格言等相关。

桂阳邓氏

光绪桂阳《邓氏族谱》卷首下,《各村祠堂对联文璧题》:

祖居　　当年高密侯,兴新野冠河南,元勋辅汉,从龙东汉功同西汉;
　　　　本族少卿祖,自嶷山来桂北,世说逢溪,驻马下溪派垱上溪。
　　　　官口名村,元将军明知县官家,派衍六房泽贻官祖;
　　　　岐山启宇,枕龙脉对凤形岐里,籍分十甲名媲岐阳。

佥俞　　伯公前任仪真,后署乐平,俯仰无忧作述;
二房　　叔祖初官训导,旋升教谕,尊荣不外诗书。
　　　　列祖居官六房,仕籍递承,治辅先朝三百载;
　　　　小宗衍派八代,书香相继,恩沾盛世廿余人。

上邦　　北庄同聚族,西来龙脉东据龟形,石桥高巩为南柱;
　　　　上洞特名邦,前对莲塘后依梅岭,溪水环流作下关。
　　　　官口冲祖,贻乡学裔辟烟村,南国歌风还肄雅;
　　　　刘家庙神,本清溪灵偕长碛,北庄祭蜡合吹豳。

南庄　　桃源里,水源山,地灵会萃;
　　　　上溪头,下溪洞,祖泽长流。

杨梅岭　桂阳里隶两岐,二甲立庄邻十甲;
　　　　梅岭支开一脉,北乡分族住东乡。

陈溪　　冲名官口,旧居民,自元代抚猺初授将军登仕籍;
　　　　桥曰陈溪,移姓邓,由黔江知县老归农亩督春耕。

石山头　溪水寻源,春江分衍,各溪祖籍世居溪水下;
　　　　石山聚宝,庄地更腴,丫石宗亲半住石山头。

丫石　　祖住岐山,与政德清联宗收族;
　　　　庄名丫石,偕常耒永三邑同邻。

下乐　　郡分南楚,宇启南阳,隶籍北乡征两秀;
　　　　祖籍下溪,庄居下乐,观光上国卜三登。

深塘　　下溪十世分支,祖籍北乡,马走东乡启宇;
　　　　深塘两岐共里,宗联四甲,村居二甲为邻。

东茅窠　祖籍北乡版图,分隶两岐,惟下乐朋为同甲;
　　　　州城东治谱牒,又开双派,与深塘裔别小宗。

二甲　　宗亲分隶三都,岐里同村,二甲居邻四甲;
　　　　祖派肇开八世,深塘启宇,桂阳境接郴阳。

第六篇
宗族的形成与祠堂

新娘石下	新娘石有象可观,静乐山家仁者寿; 香草坪惟邻是卜,化薰兰室善人居。 宅邻香草坪,籍隶桂阳居永邑; 派衍响泉洞,源寻溪水及深塘。
沙圳头	永邑卜邻冲,住陈家移姓邓; 深塘开派泽,流沙圳可寻源。
交溪	少卿公,越二世开支我交溪与上溪下溪,年代先后,一脉弟兄衍派; 广积里,从三都隶籍予五甲偕九甲十甲,烟村参错,同宗叔侄为邻。
五甲	桂郡北乡,广积里版图分五甲; 竹园后裔,太和公流派衍三房。
十甲	源溯下溪,派衍交溪,东西双绕流川,原无异涧潆水会; 籍开宋代,裔繁明代,前后再迁乐土,要难忘福禄山居。
粟树下	太华公邻住交溪,与下溪四世分支,祖宅较亲一代; 广积里籍分九甲,其同甲二郎后裔,都司别衍双村。
邓家背	溯源春江下溪,别派衍交溪,祖籍泽流官口水; 根培粟树同甲,版图分九甲,都司庙近桂阳城。
都司庙	勋业伐朱砂,羡职授都司,兄弟联登仕籍; 英灵留石碗,看泽流曼姓,子孙世沐神庥。
黄霞铺	祖泽交溪溯下溪,巍岭发源,远自春江衍派; 州城北土迁南土,竹苞同里,近由樟树分支。
樟树下	由义都岐里共宗,籍隶竹苞,从此居繁苗裔; 司徒庙法官昌后,枝分樟树,由来祖植本根。
州城公祠	嫡派远从江右,源溯下溪流衍交溪,与上溪林溪别派; 公祠丕建郡中,祖居北土支分东土,偕西土南土同宗。 合族连宗,自宋元明代迄今二十六世祖孙,序分昭穆; 同州衍派,由七八九郎启后五百余名冠盖,世著勋猷。
大北关	家住北关辖达北乡联祖籍,祖泽源寻溪水下; 户朝东塔旭升东海焕人文,城居秀毓宝山西。
大路边	源溯同溪,邻近陈溪联族谊; 村通大路,籍登仕路受皇恩。
脚溪	籍隶金陵永县,名齐首县;

345

　　　　支分石鼓洛溪，俗唤脚溪。
上溪　福寿堂春秋二祀，试看数千丁，济济有如丁祭；
　　　义阳里领袖群英，还期四八甲，源源不断甲科。
　　　烟村盈梓桂之交，邻里相通，叠增虞翊三千灶；
　　　勋绩溯宋元以后，绅衿合计，三倍尼山七十贤。
　　　鹅形地阴旺人丁，开四十八数庙堂，上溪同下溪并盛；
　　　羊步坪世传榜甲，综二百余名冠盖，吉户与前户齐荣。

（邓廷泂、邓盛昌等修，光绪三十三年登秀堂木活字本）

福建

莆田荸郊黄氏

乾隆莆田《荸郊黄氏族谱》卷一，《黄冈故里图》：

按：黄冈祠内外座并大门共三向，俱是亥巳干巽相兼，水从甲方门茔坊八九曲到明堂，唐大顺元年庚戌建，妙应祖师手定形势。门前凿井，石刻篆字犹存。祠祀开国公并以下五世。宋明道壬申年重建，庆元绍兴至大间俱修，明成化丁酉年重建，万历间修，国朝康熙廿五年丙寅，各房题捐重建后座，乾隆元年丙辰世孙西隆州守、海仝族望，倡捐重建并门茔坊。乾隆八年，坊坏。因州守遗金五十，两岸生化龙、仝、从兄举人鼎甲族望明经迈琮、族干卿甫光甫等倡捐题金二百余两，凑足重建并修开国公墓。

（黄化龙重修，乾隆十七年刻本）

乾隆莆田《荸郊黄氏族谱》卷四，《联句》：
黄冈祠联句
　严肃恢宏，振匡救责难之操，守桂晋称公，代溯轩辕有百。
　英敏沉毅，扬锄奸戢暴之风，入莆初作祖，支分海宇成千。
　陈十要政绍颖川，开国褒封崇五等。
　衍三黄族恢江夏，大宗禋祀耀千年。上两对世孙迈琮稿
　轩辕百代首居莆，群凤征详，世德作求崇俎豆。
　临桂世传同拜祖，三阳开泰，公庭万舞肃容仪。
　祖德庆更新，祠墓巍巍今丕振。
　孙枝夸日盛，甲科奕奕世联登。
　开国施仁垂泽渥，

第六篇
宗族的形成与祠堂

象贤从祀报功长。

黄冈坊联句

门第重新,彩凤雍雍鸣圣世。

栋梁高峙,黄冈奕奕肃宗祊。

彩凤联翩仪盛世,

黄冈叠起振巍科。以上五对世孙化龙稿

莘郊祠联句

抒谋猷于左省,从唐宋世耀簪缨,发祥此地。

司谏诤于东台,本诗书家敦礼仪,乘裕后昆。莘川公句

亿斯年科甲联芳,父子祖孙弟兄叔侄。

数十代宗祊丕振,春秋俎豆礼乐文章。卞郡伯句

祖校书,宗洗马,开千百年科第,史载名芳文章节义。

塘跃龙,冈起凤,振数十代堂基,礼崇典肃诚敬孝思。

壶公萃文笔之华,代代云礽夸国士。

莘野衍书林之盛,年年甲第耀宗功。世孙化龙稿

玉湖祠联句

分计部而念切,宣猷陈因有庆,校书洗马衍宗功,承泽溯源应反本。

恤民瘼而情深,抚字惠泽滂流,潮水壶山团祖庙,钟灵启后自呈祥。国贡公句

科甲荣宗全在文章节义,春秋享祀只凭诚敬孝思。亦山公句

(黄化龙重修,乾隆十七年刻本)

广东

博罗林氏

宣统博罗《林氏族谱》卷五,《宗祠》:

《礼》有之:"君子将营宫室,宗庙为先。"是宗庙者,所以报本而追远也。自秦好尊天,不特黔首无专祠,即卿大夫亦有所损,抑熟于禁者,以为固然,而忘其所自。至宋朱、程二夫子始定制礼,为宗祠立大宗,以统远世;立小宗以统近世。自天子以至庶人,制有等杀,而追报之心则一。我族先未有祠,至九世守轩公始建竹庄家祠于莫村东向,后慊斋公又卜筑城内学爱坊南向,自一世以至九世之主藏焉。其后有功德及于族中,与身列科目名登仕版者,亦得配食宗祠,以垂不朽之。二祠者,具为子孙岁时荐享之地,但世历沧桑,莫村之祠鞠为茂草,惟城祠独存,康熙三十二年,十五世孟陶公身为族长,率宗人重建而广

大之。然栋宇虽广，而寝室犹浅，尚未光我列祖已也。乾隆甲子年，祠后有邹姓者，欲售其屋而未有成，时晏亭公谋诸十九世孙茂亭，称贷重购，得以归诸祖宗，岁戊辰鸠工庀材，增修寝室，以妥先灵。及后宗人以祠前湫隘，思立照墙而无其地，于是量地卜筑，将头门改作照墙。祠凡三座，上为寝，中为堂，前为大门。左右有廊有巷，革而新，增而高。经始于乾隆庚子年，至次年十二月而告竣。是祠也，肇基于前代，鼎革于本朝，工经几易而厥制伟。嗣后，凡我宗人，仰瞻榱桷，俯视几筵，当思本源之所自出，一体之所由分。用是，情义相维，患难相恤，礼际相交，如身之肤发，呼吸靡所不贯也。所为报本追远者，莫过于是。若夫树表立坊，巍然焕然，踵前修而独隆，视往辙而加广，愿以俟后之君子。

（林衍芳等编修，宣统三年排印本。）

宣统博罗《林氏族谱》卷五，《羊城梁化合族祠记》：

今夫祖而奉祀于数千人，与奉祀于万亿人，其交畅之情有殊矣。祖而致祭于一乡一邑之间，与致祭于数十州都会之地，其追远之礼又有殊矣。故合数十州同族之祖宗而萃于一祠，即合数十州同族之子孙而萃于一祠，则所以合族者在于斯，所以尊祖者尤在于斯。原夫羊城双桂书院者，为本省之合族祠由来久矣，中分三座，上为寝宇，次为中堂，下为头门，门外平地三丈余即有照墙，前后左右具以试寓环之，嗣宇岿然，洵足以妥先灵而肃骏奔者也。乃咸丰辛酉年间，同宗诸君子，虑蒸产之寥寥，无以光俎豆，于是广推收族之文，重议入主之举，凡宗族乐捐赀助产者，即迎其祖入而祠焉，而我族老，莫不深知大义，愿分五常之余膏，以助双桂之祀典。爰辄是年仲冬吉日，敬奉八世祖号竹庄之神主入祠享祀，越七年，岁在丁卯，归邑同宗诸君子于梁化乡创建合族祠，其入主之议如双桂，我族老亦乐为之助，又敬奉竹庄祖主入而祖焉。是非能推尊祖之心以合族，即广合族之义以尊祖者乎？由是，祖先之灵爽无远弗届，而岁时荐享亦且恢之弥广矣。

（林衍芳等编修，宣统三年排印本）

宣统博罗《林氏族谱》卷五，《重修宗祠照墙记》：

宗祠之筑，创于慊斋公，修于孟陶公，而广大于晏亭公。以祠前湫隘，将头门改作照墙，乾隆庚子告竣。照墙之设，由来已久，因头门止步错立向，此数十年间继书香者已属寥寥。至道光戊子，突将照墙改立正门，由是科名歇绝，不惟泮游无望，即纳粟者亦乏其人。咸丰甲寅复遭兵燹，同治辛未，会议重修，爰以地学正宗之古法，与议者商之，将头门止步如法更正，照墙不立正门，照旧旁开两侧门，其布置创造之尽善，按与县衙学宫立向之古法适符。不十年间，泮游、纳粟者相继迭起，且族户蕃衍递增二百八十余丁。光绪庚

第六篇
宗族的形成与祠堂

辰秋,忽有游食害道伪托地学之盲师,与当事者同谋流言于我族,妄言照墙不利科名。无识者为其所惑,私议拆焉。有识者烛其奸,辨其伪,问照墙何以凶,彼不知所以为凶;问照墙何以吉,彼亦不知所以为吉。盲拟瞎猜,东牵西扯,不啻痴人说梦;问以地学正宗之古法,连梦并不会说矣。凡有识者,从而阻之,但群疑未析。辛巳春初,藩坤、国香,一文一武同科泮捷,群疑顿析,始知其诬,其伪昭然,其奸立破,而议拆遂不果。使非先灵默佑于其间,安知易凶而为吉者,不又易吉而为凶乎?藉先世之灵,幸识者之阻,获游庠之徽,使照墙得避盲师之害而脱议拆之灾,诚所谓莫之为而为者,天也。异日凤举鸾翔、蝉联鹊起、瓜绵椒衍、麟趾螽斯,有所预决者焉,志此,以为前车之鉴。

(林衍芳等编修,宣统三年排印本)

宣统博罗《林氏族谱》卷五,《祠祭事例》:

一、祠祭事例,前以合众公办,未尝不美,但多无照式奉行,今归轮房办理,准以大小塘二项租银一百大圆,定于二八月初九初十日,每季交一半,毋得逾限。值年房房长首事如期收理,所有祠祭应办品物等项,务要照议齐备,无得草率致干责罚。

一、祠祭,定于二八月十五早为期。初九日,各房房族长俱要到墟督收租银,以应预早筹办。督收银两,照旧每人给饭食银一钱四分四厘,向理尝数人支给。

一、祠祭,每季收得银五十大圆,由该房长首事妥理,用多用少,该房自理,与众无涉。

一、祠祭,各房房族长、功名早到,赴席;值年房人,任其自己酌裁,别房非房族功名,不得赴席。

一、祠祭,凡系功名,必须到祠行礼方得领胙;房族长,有人代祭,亦得领胙,不代不得领。

一、祠祭,该房经理预请船壹只,待十三辰早,各族房长、功名与祭者到船早膳。

一、祠祭胙肉,族长二斤,以功名大者主祭,胙亦二斤;房长、功名、礼生各一斤,写文一斤,此外不得妄领。

一、房族功名,须先日斋戒沐浴,学习礼仪,整饰衣冠,以昭虔敬。

一、祠祭品物:全猪全羊各一、五鲜果、五品料、全盒寿面、宝烛台、裙香案、祝文、彩门、火对、提笼、鼓乐、火炮等物。祭祀大典,当尽祭敬,无得简慢。其果品等物,祭毕后,由值房首事收颁,各宜自重。

一、祠祭、墓祭、主祭,以官级最尊者行礼。族长、祝书、主祭,名字不亲到祠墓,准领胙;闲房长不亲到,亦得领胙,以其年老,难于拜跪故也。

（林衍芳等编修，宣统三年排印本）

三 宗族结构与祠堂管理

（一）宗族结构

直隶

景城纪氏

嘉庆景城《纪氏家谱》，《系述》：

纪氏之受姓久矣，遥遥华胄非所详也。明永乐二年，椒坡公自上元迁景城，有光吉公、润生公墓志可据，是为始祖。明季兵燹，谱牒失传，二世至七世皆无考，八世以下可考者定著四房。一房祖柱石公是为东门；十一世后东门又自别而三，一房祖廷楷公，是为北门；十世之后北门又自别而二，二房祖廷举公，是为西门；九世之后西门亦自别而三，南门一房不绝如线。支派讳字什九靡征，廷弼公、舜卿公既莫详其子孙系某公，二公又莫详其祖父，置其无后者而录其有后，阙其不可知者。而述其可知，则始祖二公为南门之祖，而二公之子孙独当南门为一支。盖自始祖至今，为世凡十有八，为门凡四，为支凡九。四门之祖虽昭穆远近不可知，然九支归四门，四门归一祖。列于谱者，罔非椒坡公一体所分也。

（嘉庆七年刊本）

正定王氏

光绪正定《王氏家传》，《后记》：

……我始祖大贤公先家清源，后徙真定。初迁时惟自志清源，本祖系出太原，他谱牒皆不备，故自公以上世次无考。由明迄今，吾宗宦山西者六七公，亦皆未得上溯渊源。详求本系，益敦朴之风，如此与传会古贤无征不信者异矣。太原王氏自东汉后久为海内名族，其列名正史旁见传记者不可胜纪。正定一宗，明以上世次既已失考，固不得妄援先正以自淆。谱牒之例，惟清源一族为本宗所自出，如能访其世系，庶几犹可上规宋元之际。惜耕心远居江淮，无能为矣，敢敬存吾说以勖我后人。

乾隆间，先太高祖阔亭公著《家乘》十卷，吾宗掌故乃有成书。嘉庆初，族太高祖石萼公复考订世谱，偏正旧说，定本族为六大支。一曰权城村始祖清源公下一支，二曰权城村

第六篇
宗族的形成与祠堂

处士公房一支,三曰府城东门内耆英坊光禄公房一支,四曰耆英坊布政公房一支,五曰耆英坊胶州公房一支,六曰龙芷寺街绍廷公房一支。此六支下分居本县各乡者有里双一支,小屯一支,三里屯一支,塔子口一支,西上寨一支,罗家庄一支,东平乐一支,韩家楼一支,新城铺一支;分居外县者有获鹿县元村一支,镇头村一支,镇头杨家庄一支,藁城县奉化村一支,赵庄一支,果庄一支,固营一支,行唐县化壁村一支,东正村一支,协神村一支,灵寿县青练庄一支;分居外府州县者有保定府清苑县二支,天津府天津县一支,大名府大名县蝉它坊一支,赵州一支,赵州柏乡县一支;分居外部者浙江慈溪县观海卫一支,外复有杭州府治一支,江西南昌府治一支,湖北襄阳府襄阳县一支,河南彰德府临漳县一支;大小总三十六支,皆见家乘。惟观海卫一支及现以需次游学侨居京师及外部者不与焉。内赵州一支,旧谱无考,光绪十七年耕心客济南,闻诸从弟官澄,始访得之,而亦莫能详其所自出。盖吾宗谱录失修已久,故于各支之存亡盛衰皆不能深悉原委。以后凡我宗人,获见家传者宜各详叙本支,寄送正定宗祠,以备纂集。庶大宗全谱,永无缺佚之虞!追远敦族是为首务,闻风兴起,当必有同志君子在。

光绪十九年太岁在癸巳春三月,清源公第十九世裔孙耕心谨撰。

(光绪十九年刊本)

吴桥张氏

民国沧州吴桥《张氏族谱》,《例言》:

一、张氏原籍山东莱州府即墨县人。明永乐二年三月初十日,始祖德成公迁居直隶河间府吴桥县城东北孝义乡一甲,初名刘锡侯村,后因我张丁盛而村前后树木森茂,乌鸦异常众多,遂更名老鸦张村。二世祖兄弟五人,三支迁居城西北张家洼老庄,即自二世分四大支。

一、吾族自二世祖分五大支,除迁居张家洼者一支另有支谱外,是册仅载老鸦张庄及迁居董庄双刘店城内季家河胡庄、大李庄、老王庄、苗坡梁庄、尚庄诸庄共四大支,实亦支谱也。

(民国八年仲夏重刊本)

邯郸磁州张氏

光绪邯郸磁州《张氏先德录》,《二世肇公传》:

肇公讳能,襄垣公季子,生而智,计能操家策。先是里中两著姓,曰张曰宋,宋兢治贾暴富。公承父之命,勿徙业,曰贾有市心且失家也。佐两兄治稼事,或岁丰俭不一,公安之。母崔孺人喜纺织,率诸婢治机絮,宵分无辍。公多贮太枭棉子为膏沃佐液绩,又稍稍出赀理其事,供里中。余六七岁时,攀缘家阁上尚见遗器,至今族旅治其业,无或废也。晚年家乃振,子五人,文兴、文通、元、友,而处士公讳成者其仲子也。顾独器重处士公,与配杨孺人相谓曰:"凡人家道之成,必有克家之子,将在此儿矣,因名焉,张氏之兴自此始矣。"

(光绪年刊本)

丰润董氏

民国丰润《董氏族谱》,乾隆《重修董氏族谱序》:

计董氏自明始迁于丰,廷玺公而后图系与世次始得胪列分明,班班可考。传至数世,子若孙尽职于内,宣力于外,迄今历三百年余,继继相承,簪缨科第联络不绝。考其谱初修于康熙五十二年,六世孙子宣、生湄、子颖、子发诸公序于前,再修于乾隆二十年,七世孙远浦公跋于后。伦经昭然,渊源可溯,洵为有家法也。然读书学道,得亲亲之义。《记》曰:"亲亲故尊祖,尊祖故敬宗,敬宗故收族。"于是首严宗庙之礼,告于当世。两修族谱后,重修董氏家祠,清明致祭,而以四大支二世祖配焉,樏桶新莶豆备矣。次考坟茔之制,支派繁衍,自四世以下度阡越陌,各立先茔,著明葬地于谦端,亡者兴之,废者补之,松楸拱碑碣存矣。

……

时乾隆四十八年岁次癸卯仲秋之吉,诰授光禄大夫刑部尚书兼管顺天府府尹事务加四级年家眷弟胡季堂顿首拜撰。

(民国十五年刊本)

沧县刘氏

道光沧县《刘氏族谱》,道光《刘氏家谱序》:

刘氏之受姓由来已久,遥遥华胄非所详也。明洪武末年泰公隶籍项城,元配郭淑人,继配李淑人,卒于项。关保公以弁从征,亡于阵,元配朱宜人与海公播迁天津左卫所,因卜居于沧州城南上河涯,既而营兆于萧家园之西陌。兴公以先世军功得袭职,与海公同隶籍于沧州津二里民籍。嘉靖戊戌,茅瓒榜题名记总宪公为军功,《沧州志·官保公传》称公之先世自河南成天津,此信而有征也。上河涯原有谱,以泰公为始祖,下分两支,关保公之子孙为文支,海公之子孙为武支,传至六世鐄公系武支环公之子也,卜居于里坦,因隶籍于大城县秀禾里民籍,后遂营兆于村之西陌,至今又传十余世。居里坦者咸以鐄公

第六篇
宗族的形成与祠堂

为本支之始祖,下分四支,永宁公为元支,永康公为亨支,永泰公为利支,永亨公为贞支,凡元、亨、利、贞四支,罔非鐏公之所出也。文、武二支,罔非泰公一体之所出也。嘉庆辛酉年冠华公有谱,自泰公至六世列宗派图于前,自鐏公至十五世列宗派图于后,是谱之纬也。序必自上河涯始,不忘本也。庚辰年又有族议之谱序至十七世,其间记载较辛酉谱似为稍详,然只有纬图而无经图,披览未能省目,亦不免举此而遗彼矣。兹谱布其经于前,理其纬于后,谱之分合若纲在纲。鐏公而上,先溯厥由生,鐏公而下递序所蕃衍有源有流,派别乃明,是谱也视旧谱稍有损益,但求观者易晓其意,未尝不相师也。

道光十五年岁在旃蒙协洽陬月在立春人日,十五世孙保馨谨述。

(刘辛庄刘德瀛、刘建国、刘镇连藏)

江苏
江阴澄江袁氏

江阴《澄江袁氏宗谱》:

始祖逢时,先世居汴,南渡至金陵,嘉定十七年迁居阳羡。其曾孙良由阳羡迁居江阴,为江阴始迁祖。

(袁衡五等修,1949年排印本)

吴江分湖柳氏

民国吴江《分湖柳氏第三次纂修家谱》:

春江公,不详其讳,以字传,其先居浙江宁波府慈溪县祝家渡,明季避乱,与其弟迁至吴江县东村,为分湖柳氏始迁祖。

(民国十二年印本)

朱彝尊《曝书亭集》卷六六,《包山蔡氏宗祠记》:

包山蔡氏,其始祖源宋秘书郎,从高宗南渡居杭州。子维孟奉母徙吴,与弟继孟分宅,居洞庭,号东西蔡,而西房子姓尤蕃衍。自维孟十二传为乌程儒学训导旭,中永乐庚子乡试,土人为建遗庆坊,陈检讨继作记,称其好义乐善,有世德。旭弟升、昭皆善诗,吴人徐庸采入《湖海耆英集》。升孙羽仕为翰林孔目,诗家称之曰"林屋先生"。羽从弟范号"曲岩"。王尚书世贞赠诗云"家在五湖人世外,身安六帝太平中"者,是已叙其族则五支,计其传则二十一世。善不必施四海,而积于一乡;仕不必登九列,而受一命再命;学不博通《七略》《四部》，授诸弟子而各守一经；家有私集者，二十有三人。吴中自范氏外，论氏族之蕃，世德之久，莫蔡氏若也。于是有撰宗谱以奠世系者，有置田以供祭祀者，而秘书十八世孙某于缥缈峰之阳建立宗祠，中为堂五楹，连以屋二十间，旁有楼可远眺望，三岁而后落成。走书匦请予作记。

（《四库全书》本）

安徽

清代，徽州宗族的结构在前代基础上继续裂变，比较复杂，宗族下面有支族，支族下面还有房、派等分支，再往下还有户。徽州的户有时也是一种比较大的族内分支，户名可以长期延续，户下才是各式各样的家庭。从族谱的世系图表上可以清晰看到宗族的结构。

歙县昌溪太湖吴氏

光绪歙县《昌溪太湖吴氏宗谱》卷一，《凡例》：

列图以五世为一续，第二续即以前图之第五世冠于首，而以第六世系之，则两图合成九世，可知九族之义；每图只序五世，可知五服之亲。本欧、苏二氏格式，右列世次，左注字某及绅士履历娶氏生子，俾阅者挨世推寻，一目了然。

图必分明宗派，《左台公谱序》云："一人之身，末至化为途人，盖由宗法不立，莫知所本始也。"《丰溪谱序》亦云："支繁族大，则必立宗以统之。大宗一，小宗四，嫡庶之分明，尊卑之位定。"兹照丰溪谱例，以一支公为统宗，第二续即以前图之二世为大宗，三世为大派，四世为小宗，五世为小派。三、四、五续悉照此例蝉联而下，有条不紊。

图以五世一续，每续之末，其人或有子无孙，不复提宗系派，但注"娶某氏生子名某某止"。其"止"字用阴文黑印。惟查二十一世乃五续之末，其子辈大半年少，不可遽定，自必另提宗派。

始祖系传至今二十五世，除学公一支，计该六续。二续分三大派，至四续分四十余派，五续、六续宗派更繁，若必叙完此派而后及于他派，不但不便各续提纲，势必分派装订，是兹弊窦也。今照丰溪谱例，每续挨派叙去，周而复始，各续提纲，注清大小宗派，然后分续装订。

（吴锡维修，光绪叙伦堂本活字本）

吴绮《林蕙堂全集》卷六，《婺源程氏族谱序》：

盖闻名山之支有千，而咸宗泰岱。大河之曲凡九，而悉本昆丘。葛藟用庇其根，而礼严于十叙。行苇以合其属，而《诗》咏乎方苞。故裴有东西，河东乃为中眷；而阮分南北，陈

第六篇
宗族的形成与祠堂

留是为大宗。疏戚必有攸殊系牒，斯为弗爽也。吾郡实多甲姓，诸程更为庆门，盖自安定以来，其流实远，及乎忠庄，而后厥裔益繁。或树绩于方州，或策勋于社稷，或支分于冀北，或名著于河南，咸开祚于山川，多垂光于竹帛，**簪缨继**美，颇称飞盖之乡。

荣戟承徽，不异鸣珂之里。此其宗派既已有若列眉详，彼家乘不必更烦屈指也。乃其右族别号"佑源"，则始于天佑公来自开化县，奉其遗像占籍邵南，肇厥丕基，是为宗首。凡历二十余世，聚国族者于斯，逮今数百多年，长子孙而益众。然沧桑之屡变，散在四方，致谱牒之未详，难传百代。而尔功义笃先畴，情殷祖武。念箕裘之方大，必水木以难忘。爰肆力以修厘合谱，不遗于唐宋，遂覃心于咨访。列图必悉其亲疏，自一人以及于千万人，可合尊而飨。由一世以至于千万世，可按牒而稽。奉元晦之遗篇，无垂礼教。法仲淹之义举，更切睦姻。此其贻谋，实为远矣。

夫礼之论祭，必后海而先河，志在程功，或因堂而考室。自世风之不古，致宗谊之多衰，干糇忘敦本之情。恒疏诸父原流，失敬宗之谊，遂等路人。谁为挽之，殊足叹也！今尔功少怀孝友敦至性，以哺乌早慕贤豪，希高踪于结驷，乃尤存心睦族，笃意展亲。由其行己而推，必有过人之业，行将应陈氏之卜，俾炽厥宗，岂但见苏老之亭而藏其谱也哉！

（《四库全书》本）

施闰章《学余堂文集》卷二，《斗山杨氏族谱序》：
……杨氏之先，盖家陕有自。陕而庐州者，世为合肥人。宋靖康间高宗南渡，避乱于宣城之北境，遂家于宣。可纪者自曾六翁始，其子迁斗山，又迁花桥，数传而有宗仁、宗义、宗礼、宗智、宗信凡五人，用儒学，敦孝友。五人者有子十二人，其能诗而著者，曰实、曰贞。实号"竹屋"，其诗不多示人；贞则与庄防定山左辅廷弼诸公游，好诗，传于世，所称"老痴先生"者也。自老痴以上同居六世，至是而蕃，始析产，以其始盛于五人也，至今谓之五房，而传其孝友不坠。积学有称者，多以明经荐晋宁知州绪广平通判纶，皆廉惠以名。其官贤而厄于卑位者，曰谦、曰迪，以教为职能，置学田，育贫士。其以孝特著者，曰级。居母忧，庐墓三年，为时嗟咏。至于妇女节烈，或殉夫而死，或无子而守，或未字而贞，不可胜数。

施子曰："善乎，杨氏之教其家也！"仕宦稍疏，而文学俊良子孙相属，盖上世氏族称才子若干人，不惟其官，故贤者用显。晋唐以来，竞重富贵侈，阀阅非显而在位，及与名公卿游，则虽有硕德茂才，往往湮没，此布衣隐君子之所为罕闻也。行能克修于家，声誉或不出诸闾，可不惜哉！然关西杨氏四世三公，清德名当世极盛矣。祸患相寻，间多不免，故或公卿而倾殆，或被褐抱书而保世永存，君子亦为其可继者耳矣。杨故有旧谱，以老痴携至金陵,适罹火厄。今自曾六翁始者,志慎志信也。仲建屡述其先德,余嘉其意,可为劝,故叙之详焉。

(《四库全书》本)

特定的地理环境,使得徽州成为一个高移民社会。宗族内部房支或个人的迁徙,都有可能产生新的宗族。

歙县王充东源洪氏

乾隆歙县《王充东源洪氏宗谱》卷一,《姓原疑辨》:

经纶公三子全遂从公徙居**婺源澌源**乡之嘉福里,名其地曰"官源"。卒殡于黄荆墩心,是为官源始祖。其后复由官**源迁本**邑洪源、清源、城口、仰田,及迁歙、迁休、迁祁、迁饶、迁浙、迁淮、迁两广、迁光州,族裔颇为蕃衍,故官源名称与丹阳、豫章并立。

(乾隆二十一年刻本)

绩溪华阳邵氏

光绪绩溪《华阳邵氏宗谱》卷首,《迁绩世系说》:

四七公既迁纹川,其时有丁姓者居岭旁,成姓者居后山,周姓者居畔,程姓者居溪东,公皆以为未善,乃于平原之上诛茅筑室,置恒产焉。既而四四公又至,益廓以大。四四公子数人,四七公惟一子,自是单传者七世,中更式微,不绝于缕。至八世文愈公始有二子,长者九世祖盛宗公,次者法眉公,皆英特有智略。二公自其身已为当时巨擘,子孙又蕃,居纹川三之二,迁居四出者又十余支。

(邵俊培纂,光绪三十三年叙伦堂刊本)

清华胡氏

民国《清华胡氏宗谱》卷首,康熙二十年《古洲派谱序》:

我古洲之派由十五世明二公从虞村卜迁始,溯明二公而上由宣议琮公从清华卜迁始,宣议公盖六公后日华公之支派也。明二公迁古洲,历四传鳌公,遂以古洲为号焉。

(民国六年刻本)

民国《清华胡氏宗谱》卷首,康熙二十二年《清华日华公派谱序》:

自吾始祖常侍公之卜居于清华也,岂非欲其世世相聚于此而勿失也哉!然子孙蕃茂,支流衍溢,势不能不散处于各郡。能不离乎故址者,惟六公、九公而已。

第六篇
宗族的形成与祠堂

（民国六年刻本）

民国《清华胡氏宗谱》卷首,乾隆二十六年《七修谱序》：
念清华为始祖,桑梓之乡,有子八人,厥后率多外迁。
（民国六年刻本）

祖籍宗族与拓殖宗族之间一般都保持着某种联系。
黟县西递明经胡氏
道光黟县《西递明经胡氏宗谱》卷一,《康熙朝续修宗谱汪序》：
胡氏自明经公居考水,四传而有孙十人,乃取天干始甲终癸之十字以名其行派。诸派迁徙不一,独士良公自来而迁黟西川,然皆祖婺源之考水,不忘本也。
（道光六年刻本）

道光黟县《西递明经胡氏壬派宗谱》卷一,《明经胡氏壬派宗谱凡例》：
旧谱《凡例》曰：谱图以世居考川不迁者列于前,迁居者次之,异姓入继者又次之,三者又各以旧分十派为次。高砂丁派传说亦有异姓继者,旧谱并未见其绝续为谁,况俗传之语,无所考实,仍旧书之,不失为从厚也,第列于各迁派之后、各继派之前,于派下注"俗所传",以俟再访再考,以示重祖严族之意。
按前例,谱图以世居考水不迁者列于前,迁居者次之,异姓入继者又次之,支分派别,井井昭昭。今则守其前例,以世居西递不迁者列于前,迁者次之,其行第亦从旧谱,合巧桑严岭同列,余则特为起行。至于异姓入继,我族向无此例,凡我宗枝皆当永矢弗谖也。
（道光六年刻本）

道光黟县《西递明经胡氏壬派宗谱》卷一,《明经胡氏壬派宗谱凡例》：
旧谱《凡例》曰：旧谱列为天干十派,派分世远,迁徙实多,今胡氏称明经后者众矣,恐亦不无真赝。故佥议：家藏有宋元旧谱及迁徙之初名行字号与诸房旧谱同者,兹乃会集；其有派不著于旧谱,系不合于诸本者,不敢轻会。又有迁徙不相闻,有后不与会者,朱注"失传"或"失考",以俟再访；有后不及会,与会而未尽者,朱注"具本宗谱"或"本房谱",以听其自续。
按前例,十派会修宗谱,其迁于外者,须有宋元旧谱及迁徙之初名行字号与诸房旧谱同者乃会集,原所以杜假冒。今我族特修西递壬派本支宗谱,悉以康熙庚子会修之统谱为证。其自西递外迁,曾回籍省墓谒祠者,皆约其开列世系,汇齐入谱。其迁居后未曾回籍省谒者,皆不约会,亦谨从前例之意。

(道光六年刻本)

休宁金氏

乾隆《休宁金氏族谱》卷二三,《事略》:

六十三世光弼公字右辰,荣祖公九世孙也,其先迁永新九世矣,支丁蕃衍,以读书耕田世其家,率三世轮遣士者二人一归祭祖,光弼独归里者再三。

(金门诏纂修,乾隆十三年活字本)

清代徽州延续了明代以来联宗建祠修谱的势头。

婺源萧江氏

乾隆《萧江复七公房支谱》编首,《萧江复七公房支谱序》:

江氏统谱向与各地派系共书。

(江如松纂修,乾隆三十七年刻本)

徽州方氏

乾隆《方氏会宗通谱》卷一八,《歙南柳亭山真应庙纪事·条议十则》:

一曰叙世次。事有似迂而实要,似缓而实急,似难而实易者,今真应庙之叙世次是也。我方氏自方山雷公以至黟侯储公,岁数尚自分明,况自储公至各派定居之始祖,其岁数岂不一一了然可举哉!若由各派定居始祖所递传岁数而计之,则子姓虽蕃,昭穆无不可叙者。今祖庙鼎新,特请众派各书其定居之始祖某公,注系储公几十几世孙,此不过一举手之劳。书齐汇而榜之于祖庙两厢,是千万世之昭穆,一定永定。凡孙子与祭,在庙序立序坐,莫不井然可观。至是而储公在天之灵想益欢洽,为子姓者不亦竭敬尽爱而无余憾矣乎!至若会通一谱,必待志力俱齐、才德兼备者起而图之,固所不敢易视也。

(乾隆十八年刊本)

山西
平定刘氏

第六篇
宗族的形成与祠堂

嘉庆平定《刘氏族谱》：

一、以明其本也。刘氏一族，原籍河南开封府杞县人，明洪武年间始迁平定。昆仲二人，一讳敬先，干戈未宁，复抽充大同府左卫屯田军；一讳敬祖，即余族始祖，业农于东岭曹泉村，即今之岭上也，丁繁户大，散处于城里、城外、东沟、磐石者，皆其枝叶焉。本固枝荣，信属不诬，故特标于首。

一、以分其枝也。据康熙九年旧谱所载，始祖以下数世不可考。相传分为四大股，上街股，下街股，沟仔股，磐石股。股有大小，枝有多寡，共为二十八枝，二十八枝中世次不能齐接。姑因旧日合谱，始祖而下以一同辈作一世，二同辈作二世。四股份为四谱。即以二十八枝分立二十八谱，其实皆一谱也。枝枝详列，颇不混淆。

一、以别其派也。有枝即有派。岭上、在城、东沟、磐石等村，群居萃处，采访颇易，自尔详列。其余散处于乐平、和顺、井陉、获鹿、正定、饶阳、大名、渭县、山东、信阳者虽不能广为确查，而就现在通谱考之，未知不知其为何人之派。故于各派之旁即记其所居之地，以为将来续入之端，非敢略也，阅者谅之。

（刘灿、刘得义等修，嘉庆十年刻本，不分卷）

平定晋氏

同治平定《晋氏族谱》，雍正《序》：

我晋氏家世洪洞，科甲蝉联，簪缨林立，亦巨族也。自大明洪武六年，因平定兵荒人稀，迁民以居之。我始祖遂自洪洞来隶籍于西厢都下八甲，而平定之晋氏于兹肇端焉。由洪武阅雍正，年历三百六十，自始祖至今兹，世传一十有四，源远而派别，族大而支分。窑上一股，人丁若干；南关一股，人丁若干；南河一股，人丁若干；峪里一股，人丁若干。祭扫者异其祖，命名者重其讳，甚至四散杂处而不识，其面远方寄迹而莫审所宗。虽曰族繁难志，亦由谱之不修故也。

德年甫弱冠即承先人训，以修谱为志，乃询之宗亲，访之伯叔，由下以推上，因流以溯源，而知晋世禄，窑上之六世祖也。晋天祥、晋天廷，南关之六世祖也。晋天爵、晋天性，南河之六世祖也。晋天禄、晋天佑，峪里之六世祖也。六世以上莫考焉。德抚世系之渺茫，惧嗣传之淆混，因与兄世兴、典；弟朝、彦；侄汝、翼、鎀等，广稽博考，多方搜寻，查得上嘉山庙中，洪武九年碑阴有晋贵名讳，以世考之，则一世祖也。永乐年州志载，岁贡士，任顺德府通判。晋克诚，以世考之，则二世祖也。三世祖无所考。景泰年州志载，克诚孙，岁贡士，任安华县主簿。晋绅，则四世祖也，绅子贤，贤子世禄，见于墓铭。天廷叔全，全子天佑，验之契书，贤与全之外又有讳秀、讳才者。以契验之，与贤、全共为五世祖也。世禄、天廷等外又有天福、天柱、天庸、天然者，以字度之，与世禄、天廷等共为六世祖也。由六世而上溯之，不无阙疑，而从略。然百族根于一气，纪虽略而得姓受氏之确有其原。由六世而下叙之，在在征实，而较详。然一本分为四支，族虽繁而先后长幼之不紊其节。德因是不揣固陋，纂辑或编，世代之次序由之以显，而祖孙父子昭然，了如指掌，姓氏之渊源，缘之以识。而革、斤、靳氏不得混我同宗。自兹以后，子若孙尊祖敬宗，共禀禋祀于百世，和宗睦族，群笃亲爱于万年。延世于前，而统绪克承，增修于后而家声不坠。是则余区区纂谱之意所厚望也夫！

时大清雍正九年岁次辛亥清和月吉旦，郡庠廪膳生员十一世孙晋德熏沐谨识。

（晋荣如修，同治八年刻本，不分卷）

洪洞薄村十甲王氏

嘉庆《洪洞薄村十甲王氏族谱》，顺治《世系宗派图序》：

余族编籍，旧载在册，户名曰王文，世居洪洞东南薄村，距城十八里，即古所传望日乡翔山都也，不知肇于何代。自明初宗派相衍，以子文为鼻祖焉。至四世祖长讳良，次讳敖。敖生二子，曰智原、曰智才。当时有析户之举，故智原、智才之裔于今莫考焉。我良祖四子：长曰福、次曰德、三曰复全、四曰钦。子姓繁衍，绵绵绳绳，至崇正乙卯，以族大丁繁，又分为四支，而其输征赋课亦各从其支。至崇正壬午，余福祖之后裔编属本里十甲，另立户名曰王铠，故别支宗派亦不及详焉。

大抵吾族先世业农，继而煮海，忠厚贻谋，仁义式穀，以文武功名著者，实繁有人，涧南之区，彬彬如也。自天启甲子，秦兵为难，崇祯庚午，流梦再入于洪，吾邑之罹灾者甚众，而余族尤甚。于是避乱去乡，奔齐、奔鲁，不一而足。吾族非复昔日之旧矣。呜呼痛哉！家业盈虚，倏而悬绝，骨肉东西，莫顾存亡。族人、路人讵能必乎？翰窃惧焉，以水木为念，于是尊世系旧图，命祜儿编写成谱，使后世子孙有所考明。今虽有同宗而别居者，安知无异地而合宗者？百世一本之意，览是谱可以瞭然若指诸掌矣！是为序。

时顺治元年岁次甲申小春之吉，十代孙家翰撰。

（王楷苏等修，嘉庆二年刊订）

山东

东莱赵氏

民国《东莱赵氏家乘·序例》，顺治《增修赵氏族谱序》：

昔我曾祖封冢宰公始创族谱于万历辛丑，越十年岁次辛亥，我仲祖冢宰公乃更考定

第六篇
宗族的形成与祠堂

而授之梓。自始祖迄于兄弟行仅八世,先君子犹青衿也。及先君子成进士历台中,吾族荷祖宗余庆,日隆隆起。诸父昆弟浡登仕籍而子姓之列庠序者,二十余人。自始祖以迄予孙曾辈,且十一世矣。先君子在留都司马署中,盖尝欲续其未备,而更梓之未几,奉玺书治兵陇右,遂不果。迄今十余载,枝叶又日繁矣。予以承乏京口,过里闬省谒先茔,大会诸兄弟子孙,共申契阔,言及续谱,咸不谋而同曰:"是先人之志,所万不可缓者。"予得请各支之长,自胪其派属。侄涛暨玉藻遵冢宰公旧例而增益之,请予东安兄、伯浚兄、缮部兄鉴裁笔削无讹,然后付之剞劂,以永其传。俾我后人有所策励而劝勉,以无坠我祖宗之家训,将祖宗亦福我后人于无穷矣!数十年后有继起而续修者,当不止于今日矣,予得寓目则厚幸焉!

顺治五年岁次戊子季春之吉,八世孙士冕识。

(赵琪等撰,民国二十四年永厚堂铅印本)

浙江
鄞县鄮东皎碶吴氏

光绪鄞县《鄮东皎碶吴氏宗谱》卷首,《迁居地名》:

乾房

如二公迁居本县夏庄,尊六公迁居舟山,尊八一公迁居本县姜家衕,传四九公迁居象山马岙,传百二六公迁居温州。

坤房

达三三、三四公具迁居定海厅金塘木岙,尊二一公迁居本县林家垫,尊二三公迁居本县东吴,尊三五公迁居镇海县东江碶,传百三公迁居本县大嵩。

(吴承忠编修,光绪二年一耀堂木活字本)

江西

族人的迁徙。

新淦黄氏

道光《临淦窌前黄氏重修族谱》,《徙居考》:

乐土重迁,人情一辙者。……我始祖豫章公徙巴山,世传四十有余,历年千百有奇,人文载史册,食指载世系图,班班足镜。而巴山徙庐陵,庐陵徙栽竹,去清水潭,可无考欤。巴山始楚鄂州,鄂州而上,世远莫稽。……自巴山而下,分者不下数十所,在在昌炽,亦祖德之茂也,其可详者明载别简,不可详者止于本图传之,载之依亲,居近不书其徙,冀归宗也；久出不归，派无可考，不获已而书"止"字，防诈冒也。巴山之郡梁，二世司空兄弟实产于兹，隋开皇废巴山，五世迪贞官庐陵，遂捐巴山家于庐之金龙潭，至九世崇山、崇德兄弟转徙栽竹与清水潭，迪贞幼弟仍居庐陵，其后莫考，而巴山故迹千古犹存。

栽竹去巴山半里许，崇山卒葬于此，子孙不忍他去，肇宅造庵，家于墓傍，清水潭去栽竹数百里，崇德公念手足谊而居之平山浅水，环向有情，数世之后，**两地邱墟**子孙因之散处，讵非吾宗万世祥发根本重地乎？草堂在栽竹西去五里许，十一世山**派德辅**徙焉。

衡塘去栽竹三十里，十七**世辅派德**恭由草堂始迁也。三十一世肇先居三十二都龙义，亦辅派也，此地绿水青山，**可耕可樵**，堪称乐土。其迁金川枫落桥窑前始家之祖者，我三十五**世辅派仁授公**，由龙义析居焉。迄明至今，衣冠文物，奕奕绳绳，盖吾淦一望族也。春阳后**裔见窑前**诗礼簪缨，腴田广厦，北通剑水，南接鳌川，足称磐石之宗。爰是国朝康熙辛未鸿岁亦徙居于此。兹龙义被奸术□我基脉，人事多变，仅留黄家之名在焉。吾等清明吊墓过之，徘徊瞻眺，无能唏嘘涕泪乎！桐江与栽竹相望，只隔一水，十一世山派德敬徙也，塘头之流芳，十一世山派德安自栽竹徙焉。德远徙航桥，德隆迁木陂，是皆山派也。兹修我族支谱崇德公之派徙，故未详载吾祖支分派别，源源本本，前后相承，凿然可据，因悉胪而记之，俾后世子孙有所稽考，以知祖德宗功之长远如斯夫。

四十世孙超凡敬撰。

（黄登第修，道光十五年本）

道光《临淦窑前黄氏重修族谱》，《条例》：

一、昭源流以别亲疏。吾祖肇自豫章郡守高显公，生子司空法□，以迄于今千百年余，历谱高显公为一世始祖，司空法□为二世始迁之祖，至九世崇山、崇德兄弟分派两支，固各有谱。然我崇山公子孙蕃衍，散处四方，备载《居徙考》中，今谱详录吾支一脉生卒，其余亲者止记其名，凡属疏支，一概不录，如有商寓侨居异境，在后能寻源归宗，即以吾谱原载出处有据者，亦宜收入，庶不失一本之义。若世代久远，流派无考，毋得滥收，防冒称也。

（黄登第修，道光十五年本）

兴国刘氏

同治兴国《刘氏重修族谱》，《源流序》：

……远生宗臣字锦，号石坡，官授虔州通判司，敕赐紫金光禄大夫；妣郑氏、吴氏俱封赠奉政夫人；生子八：三县令、五府道。臣生贵盛公，官授浙江金华府尹。盛生龙，龙公

第六篇
宗族的形成与祠堂

名景庆,赐进士出身庐陵县令。龙生可珍,珍生汝忠,寻徙于虔州瑞金县塘背立业。忠生发传,传生四郎及郁,大郎至富端公,天下挠乱,乃迁于闽省长汀县八都。子乾七、乾八,七生荣八,八生开七公,官授广东潮州府总统,睹此地风俗淳厚,因居于此焉。子广传公官授赣州府瑞金县,由训导升为知县,妣马氏、杨氏生子十四人,子姓蕃衍,遂蔓延于闽粤江右之间,而难以悉数。今即年湮世远,祖宗之德泽犹在。……

嗣孙郡廪生天成熏沐拜撰,其炜、增桂仝参。

大清咸丰辛酉十一年季冬月穀旦。

(刘天成等修,同治元年刊本)

宜黄谢氏

同治宜黄《宜邑谢氏六修族谱》,《二修源流序》:

《书》曰:祖考来格。《礼》曰:尊祖敬宗。凡以木本水源,一气相承,虽历世万年,地远势殊,而苟推究其所自,不难脉络分明,下以开子孙仁孝之思,上以慰祖宗在天之灵。吾族得姓之远,荒唐难以稽述,而推本所由,实出申伯之受封,周秦汉唐,炳炳蔚起光史册者,指不胜数。宋开宝年间,彬公试讲武殿,以明经登第,寇准推公才望,历官尚书,文章政绩,厥勋伟然,则吾族开基之祖也。公簪缨昌后,生子三:达本徙麻江;观本徙建昌;敦本迁崇仁浯塘,生政则、政刚两公,后裔繁衍,支分派别,散居各处者,皆二公之子孙。政刚公迁抚州赤栏门,十有二传而生少一郎,迁乐安都源。又十二传至遂伦公居演岭,奇泰公迁大梅,世珍公迁永丰之寒粟畛,世奇公、世兰公昆季徙吉之寨前,诏明公居吉水澜泥湖,诏远公徙崇仁峡山,文芳公居吴城,守昂公居安槎。由今遡昔,班班可考也。政则公生子彦英,居崇之东岭,十有一传至宜昭。宜昭公登宋绍兴壬子乡荐,授承德郎,因好山水之游,卜居高富。六传功法公,生立极、立栋、立梁、立柱。立极公生子二,长曰继升,次曰题升。继升公生世和,世和公生子四,自高富外,其散居谢湾、抚州、建昌等处皆继升公之后。题升公生子六,长曰世荣郎,东昭、东明公之祖也。次曰世蕃、世茂,迁源头,继徙南丰石井。世泌、世源迁西水,迁秀源,皆题升公之后也。因端竟委一本,而分至于北溪、新溪、上南,则立栋、立梁、立柱之所以迁者也。吾族子姓蕃盛不减他族,而居非一地,聚不一处,落落散步,亦遂不无式微矣。虽然孝友传家,其后必大,吾族倘亦未可量欤!

今宗长重修谱牒,得步东兄不惮劬劳,纠合各处数千里外,往来奔走,备极苦楚,皆诸叔侄兄弟辈,悉心局内,纂修惟谨,尽瘁勿遑,而使世次详明,昭穆攸分。始于彬,衍于政则、政刚公,木本水源,昭然纸上,祖宗在天之灵有以妥矣。子孙仁孝之思,毋油然以兴乎哉!予故究其居处,以详著其渊源,俾后之览者亦将有感于斯文。

裔孙秉敏敬撰。

（谢赋文等修、谢性卓等纂，同治九年刊本）

同治宜黄《宜邑谢氏六修族谱》，《三修源流序》：

谱者何为而作也？所以详世次，辨昭穆，溯本源所由来，究支派所自出，举千秋之祖祢，集百代之孙曾，悉昭然于眉睫。虽分视之有殊，合观之则一也。吾族得姓实自申伯始，周秦迄汉，历居陈留，迨晋文靖安公居东山，由唐迄宋，至居溪元垅，五代孙彬公迁吉水松江而民焉。生子三：观本居麻江；达本徙建昌；敦本迁崇仁浯，塘生政则、政刚，迁抚州赤栏门。十有一代喜登迁乐安都源。又十有二代遂伦徙演岭，奇太居大梅，世珍徙永丰之寒粟，世奇、世兰居吉之寨前，昭明居吉之澜泥，昭远居崇仁峡山，文芳居吴城，守昂居安槎。由今溯昔，历历可考也。政则迁崇之东岭十有二代，宜昭迁宜之高富，六代功佐生立栋、立梁、立柱、立极。立柱迁仙十，上南以及湖坪、建邑、罗源皆其裔也。立栋徙北源，立梁徙新溪，立极居高富，生子二，长继升，次题升。继升系下则有散居谢湾、福建等处，若南丰、玉山，若秀源、西水渡，若附东老铺，若江山羊城，皆题升公之后所分而出也。由迩而远，从亲而疏，自宜昭分者合乎政则，自都源分者合乎政刚，其实先与敦本合吉之彬公，上与安公合乎陈留也。所谓遡其流则千支万派而莫测，寻其源则同条共贯而归一。兹当三修告成，究其居止，遡其分迁，附载篇首，俾后之览是谱者咸有以识其渊源。是为序。

裔孙等谨识。

（谢赋文等修、谢性卓等纂，同治九年刊本）

广昌涂氏

同治广昌《豫章涂氏宗谱》，《涂氏重修宗谱序》：

忆自西晋崔琳奉敕作纪而谱牒以兴，厥后赖以维持者，惟宋大儒司马、张、程勤勤考究；考亭朱子创《五宗》一卷，息息相关；而欧、苏二公法史氏年表，有经有纬，脉络贯通，上下布列；致使祖祢子孙昆弟得以不失其伦者，非皆有功于氏族者哉。粤稽涂氏由夏禹娶塗山氏之女以国戚，受封赐姓曰塗，此立姓之由也。而所以去"土""为""涂"者，揆厥有由，复稽涂氏有讳钦者，仕晋有功，受封新吴侯。护元帝出镇江西，其子名宠，以中顺大夫为丹阳郡守，其孙名成，为江东员外郎，建兴乙亥秋，因石勒之乱，寇如蜂起，遂与江东之族避难乔迁于豫章，遂改"塗"取"涂"而为涂舍村焉。在晋洪州所属，今即南昌是也，又其后，有讳九贞者得乡榜而教谕广昌，因宋末扰攘，遂避居于广昌之沙圳头，而为宜黄吴由仁丰涂家湾等处之始祖焉。自九贞派下至子长、子右、子丑、子立、子礼兄弟等辈计一十

第六篇
宗族的形成与祠堂

五世,其间子孙繁众,散居异地者甚多,而显达成名者亦不少,姑弗具论。但论夫子丑、子立、子礼迁居浙衢龙游,惜乎失考,惟子长生三子,长子时叔,次子时昭,三子时德,居龙游而子孙昌盛;子右生六子,长子时辉,次子时雨,居龙游而子孙亦昌盛。是子长、子右两大房派下迁龙邑之光山头而称始祖者,当以叔、昭、德、辉、雨五公为首。

迄今圣天子御极之十有一年,化行政治,俗美风清,涂氏诸君为支族浩繁,生、娶、卒、葬恐其督乱,爰集同人倡谋修葺,而予设帐潼溪,与光山头接踵,因不远数里而来问序于予。予曰:"谱者,普也。业属祖宗一脉,弃掷之则病其隘。谱者,补也,果有潜幽光晦蚀之则虑其遗。不隘不遗,其庶几矣。"因翻阅涂氏旧牒再四,见其原委井然,有条有理,凡祖德之光昌,宗支之浩衍,罔不明如指掌,炳若列星。文子孙习而读之,慨然为前武之绳,固将于兹谱是赖也。夫谱系修则昭穆之序明,昭穆之序明则尊卑之分定,尊卑之分定则孝弟之心生,孝弟之心生则为敦睦之族矣。是为序。

时大清同治十一年岁在壬申季冬吉旦,邑增生陈典谨撰,纂修董事永償、昌海,誊录校对昌潮,总理谱务昌明、昌进,督理昌云。

(涂永償修纂,同治十一年刊本)

同治广昌《豫章涂氏宗谱》,《山重新宗谱序》:

尝思源远者流长,根深者叶茂。兹观涂氏源流,自夏禹娶于塗山氏之女,赐国戚之姓曰塗。至晋有泽钦公者,仕晋有功,赐封新吴侯,子孙显达。延至建兴乙亥秋,遭石勒之乱,避难徙居豫章,改"塗"去"土"而为涂,是其始也。嗣后相承子孙繁衍,代有伟人,难于枚举。至九贞公授广昌教谕,宋末时徙居广昌沙圳头涂家湾,为涂氏始祖焉。派至国奉公一脉,子长、子右、子丑、子立、子礼六公,而丑、立、礼三公散居难稽,未及卑载。惟子长有三子,时叔、时昭、时德;子右有二子,时辉、时雨。自国朝康熙年间,子长迁居衢龙南乡光山头,子右迁居潼溪庙背头,路隔里许,是为两房始祖也。由是户口频兴,人丁衍庆,至嘉庆己卯年冬,两房捐资,公择十八世世德公、十九世永盛公同归梓里。广昌涂家湾祠重修族谱,领谱一部,剩有余资,将建立涂维祀,以为国奉公派下供奉祀产。至道光壬寅年冬月,广昌祠又来捐资修谱,两房公择十九世永生、永亮、永荣,二十世发万续回梓里领谱等,迄今又数十余载矣。本年冬,两房商议回梓修谱,奈族繁派远,散居异地,诚非易也。既而思之将原领族谱与国奉公派下一脉两房自行重修,庶不至年远流长,尊卑失序,克先厥后,昭穆罔闻。后世有能回梓者,将谱带回广昌祠,世系昭昭,了如指掌,岂不善欤。是以数来问序于予,予以不克胜任请辞,及至再三,敢竭鄙诚,参其姓氏源流,聆其龙宝实迹历历,谨撰以为序。

时同治十一年壬申冬月重修族谱吉旦,廪膳生傅镜渠谨撰。

(涂永償修纂,同治十一年刊本)

永新萧氏

光绪《江右永新萧氏家世源流记》,《叙》:

永新虹桥之西江,余族螺陂派别也。同治甲戌岁,余联族修谱,观西江世系,乃知代钟贤哲,至三十三世辅臣司马而家声益振,余心韪之。丙子春归,自蜀过星沙,始瞻丰裁,未半晌辄别。庚辰三月,计将北上,重过楚南,主其家,感昆玉之盛情,极绸缪之雅谊。别后抵京,应教习诗,充八旗官学,旋以假归。今夏拟回京供职,三至星垣,蒙仍作居停,喜我来,虑我别,曰:"天暑甚,可暂留,吾有事商订。忆自贸长沙久,积置产业,未易谋归,已隶善化。今年逾花龄,诸子尚幼,惧其不识原委。尝自记家世源流,欲就正名公,有难以琐屑告者,吾与子族谊至亲,子知吾家事最悉,盍为我删定乎?"余许之。乃取旧稿,并戚友题赠诗序,一一披读,窃谓题赠之作,琳琅满目,无容赘词。若家世源流,则事在征实,又当详求者。按君旧稿初言先世里居祠墓附及轶事者,不忘本怀旧德也;继言家室子属并及昆弟者,笃恩谊,重骨肉也;至言出身寒素而处境之困,创业之艰,立心之坚,制行之勇,欲令后世知艰难,慎取则也。至揭明条目,以训诫姬妾诸子,类皆次第井然,浅之为日用伦常,深之即圣贤学问,统观万千百言,总不外"孝义"二字。观其负贩事父,绌城省母,奉慈养于星垣,祝遐龄于萱室,建诰封之祠,筑圭潭之墓,非孝而能若是乎?又如爱惜同怀,推恩堂弟,惠孚戚族,谊重乡人,助田供祭祀,捐山瘗旅魂,临变乱不负债友,焚券据不累穷人,非义而能若是乎?迹其孝义居心,故能保世滋大。今之山田庐宅,尽堪裕后养家,独创建正诒堂,云系一生精神所寄,谆谆嘱后嗣永为身后飨堂,盖以飨先代于家乡,则有总祠有专祠,而善化之籍隶自君始,故善化之祠亦飨自君始,礼也,亦宜也。夫以君之孝义,允足余庆云仍,则为其后者亦当勉为孝勉为义,以绍前徽。长沙之门第,庶几蒸蒸日盛乎!此君之意即余之意也,虹桥之光亦螺陂之光也。稿成十数日,繁者祛,略者增,君见而悦之,谓子真知我甚翕我意,可亟付手民。余不敢自信,谓宜质诸高明。君曰:"此特吾家言,非以问世也,既承删定,尚希弁言于首,因书之并以告其后人。"

光绪九年岁次癸未季夏上浣,廷试进士八旗官学汉教习螺陂族人廷杰顿首拜撰。

(萧廷模修,光绪九年刊本)

光绪《江右永新萧氏家世源流记》,同治《萧辅臣司马家世源流记叙》:

往余官京师时,豫章吏部主政龙筠圃见访,因问:"永新有萧辅臣,君识之乎?"筠圃

第六篇
宗族的形成与祠堂

曰:"辅臣世居虹桥,为鄢侯世冑,家綦贫,幼习诗书,甫弱冠弃举子业,浪迹于潇湘云梦间,货殖稍有所得,辄谋返梓。既而偕同怀两弟懋迁长沙,仿陶朱经营,累金巨万,养迎慈亲,外内孝敬无间言。好善乐施,遇涸鲋急,恒倒囷济之,挥霍千金不少,吝饮酒,能诗,盖贤而隐于市者。吾子所言得毋是与?"予曰:"然。辅臣商吾楚久,予与之交最深,惧其华而不实也,故特询之。闻君言,辅臣之为君子乃益信耳。屈指至今忽忽已十年矣,宦辙靡常,而予与筠圃遂不复见。"丁卯,予解组归,辅臣家业益隆,昆季两弟皆援例受职,名登仕版,而辅臣且溽升司马,褒封两世。一门之中,冠冕煊赫于泰伯鬻熊之区,岂非极盛事哉!今夏五月,值诰封宜人萧母王太宜人七褒诞辰,辅臣兄弟舞彩娱乐,铺张甚丽,维时远近戚友咸制锦称觞,余虽老病,亦曾以衰残之躯随诸君子后拜谒珂庭。得悉辅臣之家室侍姬五六人,娉婷环绕,心甚怪之,以为辅臣贤者,何忽效石崇之豪。辅臣曰:"天锡我以食,而艰我以嗣。拙荆刘氏只生二女,屡举男不育。两弟虽有挚息,仅能自奉。予春秋已艾,婢子虽多,惟张氏与金氏各举一男,年尚幼,其成立且未可知。时用耿耿,母命如是,非有所好也。"予曰:"噫噫!辅臣斯言,其知道也哉。夫人生不孝有三,无后为大,辅臣因似续而仰体亲心,虽多不为侈矣。昔商瞿四旬而后置室,竟举丈夫子五。今辅臣为善好施,不减商瞿异日之毓秀腾芳,真有莫可限量者,薛三凤耶?荀八龙耶?行将才萃一门,未可知也。虽然樛木争荣而小星并耀,斯亦难矣。"辅臣闻予言仰而思,俯而笑,因出《自述家世源流记》一篇示余,且乞序。遂书此以赠辅臣,并示吏部主政筠圃以为何如也。是为序。

赐进士出身诰授光禄大夫内阁学士兼礼部侍郎前提督浙江全省学政前翰林院编修奏聘掌岳麓书院加三级纪录三次愚弟周玉麒顿首拜撰。同治十二年岁次癸酉秋月之吉。
(萧廷模修,光绪九年刊本)

光绪《江右永新萧氏家世源流记》,同治《叙》:

予与辅臣交近廿年矣,迹其生平孝友,内著仁慈,外敷好善乐施,啧啧人口,又乐与贤士大夫游,诗酒风流,历久不倦。……壬申癸酉,叠举双雏,……先是六姨陈举子金保越四岁而殇,忧戚之中,有抱子踵门乞养者。详究所自,辅臣惺然悟,知为真血脉,私幸此中人缘难为外人道也,慨然嘱胡氏受而育之如己出,然乳名招和。昔伊尹产于空桑,老子指李为姓,古来贤喆必异其生,载籍可考,安见今必异于古所云耶?况天地生材,父母育子,纯是一腔仁爱团结而成,所由生生不息,成此世界也。辅臣深思远虑,恐长成后族党昆季或生异同亲疏之见,作此家世源流一编,昭示后人,法良意美,已然以辅臣仁孝素孚,宗党慈祥,荫及来仍,当不以辅臣之心为心,又何庸过虑为也。予言不信,请书此以为他日之券。

赐进士出身补授内阁中书协办侍读翰林院庶吉士海青弟易堂俊谨叙。同治十二年岁在癸酉季秋月榖旦。

（萧廷模修，光绪九年刊本）

光绪《江右永新萧氏家世源流记》，《序》：

虹桥族兄辅臣与予同出宋广陵侯定基公之后，世居永新者。辅臣懋迁长沙，从艰难中手致赀巨万。年四十犹艰于嗣，以慈命故多置□室，今六十有子五人，惧己年之将迈而诸子之尚幼也，乃作《家世源流》一篇，教妻妾以和顺，饬诸子以友恭。其言质直少文，其意详明剀切，其述生平之创造与其行为，逐事纪实，欲令后人知其苦而循其则。至于叙世系则由螺陂而上径而虹桥，原原本本，有条不紊；以及坟山祭扫诸事，皆谆谆言之。若惟虑后子孙之在长沙而忘乎其所由来者，其用心可谓密矣，其诒谋可谓善矣，抑吾有说焉。溯吾萧氏故长沙人，唐军巡觉公遭马殷之乱，徙吉安庐陵膏泽乡，再传至霁公徙居吉水螺陂，迄广陵侯以下枝条愈繁，派衍愈广，而虹桥之派与吾禾山之派皆侯裔也。然历谱所载，犹必追其始曰长沙萧氏，示不忘所自也。今君因懋迁长沙，仍复隶籍，兹土人皆曰公以永新人而迁长沙矣，不知吾萧之源于长沙则犹是以孙子而复居祖籍，彼其中固有莫之为而为之者欤！夫君以永新虹桥人而居长沙，又恐子若孙忘乎永新之虹桥，则是编之作。其重本根，笃宗盟，固不愧侯祖之贤矣！由是观之，先人能以不忘长沙，故而发皇于吉安永新各处；则君今日不忘永新虹桥，岂不更发皇于长沙哉！此理所固然，固可以信诸先人者，卜诸公之子孙也，所愿其子若孙奉是编为矩矱，藏之家庙，世世守之，可以训一世之子孙，并可以训世世之子孙，则日后长沙之萧与吾吉安永新之萧，必将两地竞美，共辉煌于吴山楚水间也。是为序。

光绪辛巳年嘉平月，禾山族愚弟廷彬序于星沙旅次。

（萧廷模修，光绪九年刊本）

光绪《江右永新萧氏家世源流记》，《善行录序》：

予久闻萧君辅臣名而未及见也。乙亥之夏，自汉皋泛舟而还，旅寓星沙，下榻公家，昕夕谈论，然后知其人固好行其德者。家世江西永新，欲占籍长沙，以诸子皆幼，恐后来不知所出，因自作《家世源流记》，且广征诸名公诗文，凡士君子之至星沙者，皆有一篇集之成帙，手以属予。予谓作者既多，可以不必再作。惟生平善行，颇多湮没不彰，甚为可惜。乃篝灯夜话之余，即公所自述者，略叙数则，俾至于斯者知商人有士君子之行，有士

第六篇
宗族的形成与祠堂

君子所不能为者,是可敬也。

乡愚弟禹门龙起涛谨叙。

(萧廷模修,光绪九年刊本)

光绪《江右永新萧氏家世源流记》,《善行录》:

一、公幼孤且贫,服贾长沙,致金巨万,迎老母养焉。母性急,极意承顺。一日与妾勃谿,公重杖之,至不能起。母怒犹未息,日诟厉不已,请旁人为解,终不听。公恐伤母心,念惟出妾外舍乃可,谋侵晨徙焉。妾夜收拾奁具,至四更未睡,适账房火起,众皆熟睡,妾急呼家人救之而灭。吁!若不为移妾顺母计,则此夜全家付之一炬矣。

一、湖南有戴姓者,日测字于店前。一日泣不已,问之,则将嫁其妻以度生活也。公是时尚受人雇,为之集数十金而完其夫妇,后其子以军功授武职,老人访公谢焉,公不识也,曰:"是误耶?"老人曰:"公是我恩人。"因述前事,公始记忆。盖年久几忘之矣。招至营次,厚款而归。

一、咸丰二年,粤匪围长沙,有肩挑贸易者七人,皆永新人也,将入城,门闭欲返,则贼已近,适河中有竹排,七人共乘之而出。城上守兵见之,欲放炮,七人呼曰:"吾乡民也。"守兵曰:"既系乡民,可速上城。"时大吏悬赏格能,缚贼一名,赏银三十两,守兵利其赏,因诱七人上城缚之,献于大吏,以为功。七人见吏称冤,吏问谁可保者,时江西在长沙为客总为首事者皆遁,余人皆畏缩。公闻之,挺身出保。是时名微识寡,吏恫吓之,谓所保不实,与贼同罪。公不惧,竟辨其冤,七人得释。

一、性好施贫家,小户有危急事,辄捐金济之,虽家人不知也。计每年费数十金不等。此类甚多,不能备述。

一、省垣有广南筹饷局,每月每人应得身俸钱若干,公襄事其间约三十年,自以身不住局,不受一文,其廉如此。禹门并识。

(萧廷模修,光绪九年刊本)

商人与修族谱:光宗耀祖。

光绪《江右永新萧氏家世源流记》,《萧氏家世源流记》:

予年已六十有二矣。自维赋性不敏,家况寒素,少弃举业,长效计然。身游楚南,心切吴西。因艰嗣,以客为家,纳妾皆异乡人,今幸叨天福,诞生五男,年俱幼,窃恐不识原委,故详录家世源流、生平事实,汇成一帙。奈腹俭肠枯,自觉握管难成篇,篇成而文不雅驯,搁笔于寄庐间者久之。然而心所欲言者,终不释于寤寐,且虑弥留之际,妻妾诸儿不知我前后事业,致生釁隙,反议我诒谋之不善,爰节录成篇,以告我后人缅。

予世居江西吉安府永新县北乡一都虹桥下街,先世始祖霁公,自长沙徙居庐陵之膏泽乡,由膏泽乡徙居吉水之螺陂。至十四世祖金公字君瑞由螺陂历上径,基开永新虹桥之西江。自是以下,传至三十一世,王父骊珠公,字秀升,生于乾隆辛未年二月二十三日巳时,殁于嘉庆庚申年二月十五日卯时,葬屋左腰岭上。……三十二世先君辈生,兄弟四,行居长,讳之耀,字焜垣,生于乾隆丙午年又七月十四日戌时,殁于道光甲辰年四月三十日巳时,……念昔先人,谢世已久矣。尝闻母氏述祖母氏言曰:汝父年十八,即游古滇,经营于炉铜厂,途隔数千里,而音耗不通者十六载。嘉庆戊寅岁,忽一日归来,囊金不过三百。原为亲迎汝母赍,因住屋朽坏,神龛上面,张破伞以避雨湿。汝父恻然,爰兴土木修葺,费百余金。汝母年十五归汝父,颇叶夫夫妇妇之吉。因家用缺乏,内外难以支持。庚辰岁汝父起程赴古滇,行至长沙,汝四叔父在南城外帮天成钱纸店生理,见汝父远行,直留住,谓初婚年余,未见儿女喜,遽尔远出,必数年。纵念得财,讵不念后嗣乎?力劝汝父回身。汝父家居三年。……

三十三世孙系予兄弟辈,同怀五人,予居长,名廷谟,字正才,号辅臣,生于道光壬午年闰三月初七日戌时。配刘氏快娘,安福南乡江背望族,生于道光壬午年七月十七日戌时,殁于光绪丙子年七月十五日酉时。……呜呼刘氏,自幼归吾门,……因念故乡祠墓祭扫无人,旧置田屋,看守谁赖,乃遣汝仍归乡井。……此我骊珠公位下一脉之流,可次第而知之者也。然知我家世之源流,还当念我出身之困苦。道光己丑岁,予初就塾师读,计前后六年,以家贫,父教以耕作三年。……予年十五岁,初上楚南,径投王述启表兄荣发瓷行学习,……爰于道光癸卯春检点行囊归家,时年二十二岁,奉父母命完配。……道光丁未重寻故道,仍帮荣发瓷行三年,至道光庚戌岁,年二十有九,蒙母舅王公临轩荐与杨君光庭、胡君配义,合伙坐贾于大西门城外,额号仁义信记。越二年咸丰壬子七月二十八日,粤匪犯星垣,货物搬避城内,其未及搬避之货物俱遭长贼毁。……迨十月十九日,贼远窜,乃留三弟偕伙计居城看守货物,予于二十二日缒城,亟归看母。……其时分伙后,仅分得钱二十串,欲谋生业,万难起首,乃邀请会银百两。咸丰甲寅岁,独自设店于太平街,额以仁义字号,率同两弟来店,早夜筹谋,勤俭自励。……如是者多年,囊中渐有积聚。因于咸丰戊午年归家,新造房屋,置买田产,前后约费三四千金。为后人计,颇费经营。又于咸丰己未,由监生捐布政理问,同治二年癸亥,由理问加捐同知,貤赠祖父骊珠公奉政大夫,祖母匡氏宜人,诰赠父之耀公奉政大夫,诰封母王氏宜人,躬被翟服。光绪戊寅,又以同知衔加二级,本身妻室得四品封典,诰赠父中宪大夫,诰封母氏恭人。其初受封宜人之年,正吾母周甲之岁,谋诸弟思所以承母欢,乃设宴万寿宫,歌舞称觞,酬贺

第六篇
宗族的形成与祠堂

客七日,观者荣之。……恸吾父不获共享此境也。又恸吾母不能长享此境也。前于同治六年丁卯建大夫第牌坊一座,于江右故居房祖祠前,藉作一村保障。同治十一年壬申,嘱次弟回家建诰封祠,额以锡光堂名,奉祀王父母及父母之主椟。窃念身出贫寒,门第不旺,从此绵延俎豆,庶足酬先德于万一耳。又就祠旁构造数椽,名曰"三才书舍",为后人肄业之所,惟祠舍已立,而公费未定,予心憾焉。今兄弟三人同心妥议,愿将甲子年分受家乡旧置田产,俱归锡光堂,作为永远公项。每年公请本房兄弟经理租谷,除祭费完粮外,存余若干,公作生息,嗣后子孙有由湖南归家祭祖应考者,可取此项支用。若不取用此项,或分租起义学,教子侄,或分租培道路,施茶水,均由我兄弟随时斟酌,不能执泥。同治丁卯年,作香花醮荐,追报先灵,及族戚邻友亡人,均助以冥资。事毕则散给贫人钱米,历七日而止。

同治癸酉年,螺陂议修族谱,我村以筹费维艰,不敢答应。忆自乾隆庚寅年合修,今隔九十余载,敬宗收族,事难再缓,爰慨然接应,勉力助银两百余,随又亲身往螺陂祀先堂领谱三册,存一册于家乡,存二册于星垣。观者以为予功,予曰此分内事,后人当珍藏之耳。……其在湘南,遇有义举,必竭力乐从,不敢推诿。我乡永莲会,向无蓄积,早年遇有公事,綦难支持,予则垫以银钱应酬。厅县门风,近年倡议乐输,凡永莲仕商楚南者,联成一会,以作寓楚久远之谋。从前永莲会,原置有南关外天心阁脚下义山一块,历今年久,坟冢重叠,不能进葬。吉府向有雨花亭、杨家山两处公山,今亦葬满。同乡各县在楚者,均置有义山,惟永莲现今无山地。予不忍乡之没于楚者浪置荒郊,因于光绪九年五月,约会同乡,愿将予手买周姓南城外五里许之枫树山场,截捐下面一段,……捐送永莲会,为乡人安葬义山,经首事栽竖界石,分别公私。自捐之后,凡界以内之山场,任凭永莲会永远经营进葬,界外无得越占。星垣向立广南筹饷局,予奉札委承总约三十年,应得薪水若干,俱却谢不受,佥推曰廉。吾邑永新科名捷起,绅士来省张罗,多主予家,谓予交游稍阔,可代为推荐。予每勉力周旋,以壮行色,故无论亲族僚友,与予交者多不弃予,往往见之吟咏题赠之诗所由来也。……同治十三年,予买置药王街八角亭三尊炮口正街翁姓房屋一契,光绪元年又买三尊炮后周姓房屋一契,两契共费地基银三千余两……

皇清光绪九年岁次癸未季夏之月,辅臣萧氏自著于星垣正诒堂之读书楼。
(萧廷模修,光绪九年刊本)

拓殖宗族的归宗认祖。

余干徐氏

康熙余干《徐氏宗谱》,顺治戊戌王应华撰《徐氏重修大宗谱叙》:

徐氏本伯益之后,封为秦者为嬴姓,封于徐者为徐氏,令德世显,史不胜书。仰山始祖司理公□宋大学士徐铉之七世□也。按旧谱,司理讳明,字聪伯,号养轩,中淳熙丁未状元王容榜进士,受广信府司理参军,本南京乌衣巷人,任满回京,舟过黄溪而殁,遂葬于此。其子世膏因卜居焉,是为江西饶州府余干县黄丘埠始迁之祖,礼有以始迁之祖为始祖者也。六传至天受公之任辽东金州,生五丈夫子,代有名儒。又五传而仰山、近山两公,从龙□兴建不世之业,声名籍籍,五服之内,食指千数,冠盖相望,岂不巍然辽阳一右族哉!然公每念及先君奎公遗训,必欲溯求其原示,瞻扫坟墓,使后世子孙知有根本。当其镇吉安也,屡遣人物色之,及奉□命下广各府州县,例有夫船护送,公阅册往余干一县,愀然有桑梓之感,概行免之,仍优以酒食,冀便通信。迨至五羊,驰四千里,书合谱情调恳切,得其孙昌鼎、元□、志修、鹏翔、宋元、良骥六人携谱抵广州重修之。诸君至省之日,公拉之谒见王府,命坐赐宴,一时光宠,而名公贵戚亦莫不酌酒赋诗,殊为嘉会。使非公之谊切本支,孝格天地,其能从万里之遥,五代之后而□觅子姓之懿亲,请求列宗之世谱者哉!

韬祖三十世孙礼坊斯麒。

(徐德忠等修,康熙五十三年本)

康熙余干《徐氏宗谱》,《黄丘徐氏重修族谱序》:

以今盛京诸大夫伯仲乔梓皆我朝桂石之臣,但以久籍辽阳,宗支远隔,因顺治年间受命平粤,凡我洪都商贾皆以桑梓之谊待之,复书达黄丘宗亲,亟欲请谱,俾知木本水源,不失仁人孝子之事。一时俊髦共体厥志,携谱星驰以慰渴望,由是重修锦牒,而名公巨卿莫不侈扬其盛。

(徐德忠等修,康熙五十三年本)

衍圣公宗族与各地小宗。

峡江孔氏

民国峡江《西江泉井安山孔氏族谱》,雍正《序》:

吾族孔氏系出先圣,派自推官,唐宋以来,子姓蕃衍,人文秀发,亦既历有信谱矣。元季兵燹,宋本一烬,惟抄录者存。嘉靖辛丑,春山公乃编集而附梓之,原原委委,至今井然可观也。自时厥后,凡阅七世未有序次,余惧其久而愈湮也。甲寅冬,族人祭享于先圣之祠,以丁会散胙外,颇有羡余,方力主重修之计,其不与会者则量力出费助之;乃命长男传道等代其役,始事于乙卯之春三月,迄今十一月而工告竣。余虽指事命意,而谱之凡例

第六篇
宗族的形成与祠堂

一仍春山公之旧,疑则传疑,信则传信,订讹增新,不容一毫私意于其间也。夫孔氏不始于先圣而以先圣为第一世者,示有所宗也。今首引之曰阙里世系图,明乎吾族之有所自来也。

至四十世祖绩仕唐为吉州推官,因乱不能北归,遂因新淦之西江家焉,实为南派始迁之祖。初居西江之马鞍山金盆形,相沿去革从安曰安山,故于四十世至五十一世则系之曰西江安山世系总图,以其为三房祖之所自出,实斯谱之大源也。今其地已墟矣,然旧址规模犹有存者,自员岭以下,后龙栾林七门犹共护之,无或敢生觊觎焉。其后延之少臻公分居鞍山下,亦谓之安山,是为安山老居图。至六十世承明公分居江右新居,五十三世士俊公分居北乾,四十九世世宁公分居水北,有宗武公五十二世徙居新喻为昌,俾礼公四十八世徙居袁城孔家洲,此长房之支流由安山而分居者也。二房自昔不作移花接木之举,其故不知安在,俾后人不敢擅行移动,世系徒作缺陷之感焉。三房自仲祥公分下泽坑,至四十九世原公,五十世茂公由泽坑分居泉井,五十六世希约公由泉井分茶园,是为泽坑世系图。又自仲达公分居南庙前,至五十五世克同公分居官山,又有应炎公徙居吉水北坑,圭公徙居吉水桃林,至五十九世昌武公由桃林分居陇州,此三房之支流由安山而迭出者也。

至于迁徙流寓,仕宦寄籍,散处四方,注在谱系。如九江派及南康、永福、丰城诸派,其地之相距或千里,其时之相隔几百年;伊人宛在,溯洄无从,今亦无可奈何也。又有瓦坨一派,旧谱明悬一图,然残蠹殆尽,今日无人矣。文献无征,良足慨也!若夫同姓别宗,虽有望族,然非吉推之后,今亦不敢附会牵合,以紊乱我宗支也。至若生没葬娶,仕进行实,旧谱则仍其略,而新编则不厌详焉。盖有生殁以寄其春露秋霜之感,有嫁娶以笃其睦姻任恤之情,有仕进以动其衣冠文物之思,有行事以致其世德作求之慕。后之人睹文献之未坠,溯洙泗之渊源,思继述之无忝,振奕叶之家声,则斯谱也,岂曰小补之哉!

时雍正乙卯十一月吉旦,长房新居六十七世孙毓晋谨序。

(孔继长修、孔广恺纂,民国二十五年本)

民国峡江《西江泉井安山孔氏族谱》,乾隆《序》:

余少读阙里志,有四十世祖绩仕唐为吉州推官,黄巢乱,遂于其治新淦之西江而家焉。其后四十六世而有延之,延之生文仲、武仲、平仲,号称"三孔",著迹《元祐家乘》,所载皆吾先圣之苗裔。特以相隔数千里外,音问契阔,怅如也。丁巳岁,予奉大宗子命,核谱粤东,归帆过峡,为石尤所阻,见其城之北有先圣家庙在焉,因忆峡江为古新淦之地,绩公之遗裔其在此乎?乃命庙户通知族人,次日家长尚迥率子侄十数人谒余舟中。询之,果然其宗支,派分则有七门焉:一曰安山,二曰西江新居,三曰下泽坑,四曰泉井,五曰茶园,六曰南庙前,七曰水北□林,皆绩祖之嫡派也。然其地皆去城数十里,余亦公事趋程甚急,遂匆匆别去。先是宗子谊笃一本,恐先圣子孙散处四方者不得均沾朝廷恩泽,常惓惓以联宗合谱为念。余归具告其事,宗子遂行文临江府,属将该住绩祖嫡派子孙查核立案,与阙里一例优免,仍命余重来考正支系,携归合谱。以戊午麦秋至玉峡族人馆,余与西江之奎光堂握手言欢,大酺累日,因出西江孔氏世宝一册示予。读其名贤录则……再读其尊敬录则……至其附录一卷则……及详而考其谱系,则自绩祖而上至于先圣,其源可溯也,自绩祖而下迄今六十九世,其流可知也。……

乾隆三年戊午蒲月,东鲁阙里六十八代孙世袭大常寺博士传宪拜撰。

(孔继长修、孔广恺纂,民国二十五年本)

民国峡江《西江泉井安山孔氏族谱》,乾隆《序》:

……今上乾隆戊午大宗子衍圣公惓惓于斯,敦崇族谊,联宗共派,而在峡者尤有光焉。今以子姓蕃衍,散处邻境者恐久而失其传也,又推大宗子之意,以别为小宗。……

乾隆五十四年己酉岁冬月吉日,乡进士候选知县特授临江府峡江县儒学正堂加一级纪录一次豫宁盛元绩苍林氏顿首撰。

(孔继长修、孔广恺纂,民国二十五年本)

民国峡江《西江泉井安山孔氏族谱》,道光《孔氏重修族谱序》:

……兹奉衍圣公行文至县,催修宗谱。伏思凡有宗祖敬宗之心,未有不知重其谱牒者也。先虽老拙,不敢辞,是以赴局公同劝理重修,而先世继矣,宗族联矣,见上治旁治下治者之一一不紊也。兹谱告竣,各支携归……

道光二十年岁在庚子冬月穀旦,六十八代孙泉井传先。

(孔继长修、孔广恺纂,民国二十五年本)

民国峡江《西江泉井安山孔氏族谱》,道光《西江安山重修族谱序》:

曩者乾隆戊午大常寺博士公传宪奉委稽查宗族,北尝呈谱以聊印公府。越后五十一年,宗先贤复重新之,距今又五十二年矣。……况迩来泉井族兄传先与其侄孙广怀先后亲诣阙里,拜谒祖林,均得优沾圣泽,备员庙廷,恭奉大宗子行文该邑,于优免差徭外,复谆谆以谱事为二君面谕之,则斯谱之修岂容缓乎!

道光二十年岁在庚子仲冬月穀旦,六十八世孙孔家洲传梓谨序。

第六篇
宗族的形成与祠堂

(孔继长修、孔广恺纂,民国二十五年本)

民国峡江《西江泉井安山孔氏族谱》,同治《西江安山重修族谱序》:

……有若吉水之桃林北坑陇州小陂,新喻之荷塘,袁城之孔家洲新祉,庐陵之约原板溪等,无不同为宣圣之后,亦皆念德祖馨香,合志同心而联修焉。虽然修之难也,有修之之财而无修之之人,则难有修之之人。而值百余年凋敝之后,则尤难所难者何?恐有冒伪为真,又有是真或误为伪,与历久而有遗失者,此所以云难也。……所以旧岁合族祭毕,叙及谱牒一事,告以虫蚀者有之,漂零者有之,兵燹煨烬者有之,各处父老绅耆遂慨然有同修之志。乃聚众议,敛钱财,鸠工人,复修家谱于辛未之年。凡一切办理遵旧章程,生殁嫁娶俱载以年月日时,凛凛焉惟以错误惧。

同治十年岁次辛未仲秋月下浣穀旦,七十一世孙泉井昭泮谨序。

(孔继长修、孔广恺纂,民国二十五年本)

豫章黄氏

光绪《豫章黄祠四修主谱》,道光《重修黄子祠谱原序》:

《语》云:"莫为之前,虽美勿彰。"此祠宇之所以创建也。又云:"莫承于后,虽盛勿传。"此祠宇之所以重修也。吾族兴大祠于会城杏花村,自乾隆丙子迄今越花甲矣。尊祖则敬宗,敬宗则收族,所赖于先辈诸君子之力者居多。顾族大人繁,旧址低隘,房宇狭隘。每届乡试,仅容下榻百余人外,多向隅之叹,此亦前人未终之志,未竟之事,后人所当善继善述者也。因大会各支诸君子,亦皆踊跃从事,凡所谓劝捐守局,庀财鸠工,其难其慎,聿观厥成。计经始于嘉庆丁丑仲夏,迄道光辛巳孟秋告竣,历年费用一万余金。规模宏敞,庙貌巍峨,较前已增其三倍,此实赖先祖之灵与各支诸君子皆敦水源木本之谊,始克成盛举也。第吾族子姓繁衍,迁徙甚众,祠宇既焕,谱牒未修,则列井分庐,历久斯漏,老谱已有成编,新宗尚无汇集。爰复因其旧,续其新,核其实,补其遗,庶几考辨无讹,家传勿替,祖宗永庇,姓氏常留。后之览斯谱者,于以溯渊源,联支派,而孝思之心亦可以油然生矣!是为序。

时维道光四年岁次甲申仲秋月上浣,裔孙因莲敬撰。

(黄祖络等修、黄振声等纂,光绪二十五年刊本)

光绪《豫章黄祠四修主谱》,道光《豫章黄氏三修祠谱原序》:

水之流也,派虽异而同出一源;木之茂也,枝虽繁而皆归一本;人之同姓异地者亦然。故别子为祖,继别为宗,悉难忘其所自来矣。我黄姓肇基江夏,历绪甚远。维我迁基禾坪始祖峭山公讳实者，唐庄宗征为工部尚书，三妻二十一子，各妻留一长子就养，余分九州，均成巨族。而隶江右者有瑕公，迁丰城之沇江，玘公居分宁之双井，二祖俱来自金华，乃唐行军校尉保义公裔孙，而保义公即峭山公之嫡派也。豫章黄氏之盛，实始于此，但各基一地，收辑为难。

乾隆丙子岁，我先人与各郡宗先生思同体之亲多异地之隔，爰欲敬宗收族，醵金建祠于省会之百花洲畔杏花村。一以春秋禋祀，得共报祖宗功德之隆；一以考试临期，且勘为孙子寄寓之便，意诚远矣。兹当祠宇重修，向未入主者固竞捐赀，已入主者亦多乐助，因即旧乘增以续编。举新故入寝者，按次纪诸简端，并注明郡县里居，子姓奉祀之名，俾各领一部，又存一部在祠。庶值年首事一览周知，而大比之年既入主者固宜居祠以奉先，未入主者不得滥寓而干咎也。至迁居世系昭穆支祠概有家乘，是集无容统详，惟录其主名，志其支派，亦见我姓世德绵远，科甲之鼎盛，似续之蕃昌同出一派云。

道光三十年岁次庚戌仲秋月中浣之五日，裔孙启宗撰于新建县儒学正署。

（黄祖络等修、黄振声等纂，光绪二十五年刊本）

光绪《豫章黄祠四修主谱》，《豫章黄氏四修祠谱序》：

卓元奉命视学江右，因校士周历十四郡，知吾江夏一族人才彬彬，盖瓜绵椒衍之祥，未有艾也。先是省垣杏花邨尝有总祠之建，虽洊经修治，年久复倾。族人鄂州广文司铎宜黄建议鼎而新之，于是幼农、方伯、爱棠观察创捐白金数千两，而族中之先后入主者亦多量力欣助，遂乃鸠工庀材，阅三载而轮奂美焉。夫古者将营宫室，宗庙为先，木本水源，制礼者具有深意。虽以嬴秦之暴，而不闻举敬宗收族之典而废之，方今人心涣而外侮深，不有大族强宗毅然以敦睦为己任，则被发野祭有未易知其究竟者。方伯观察之举，上以奉高曾之规矩，下以合遐迩之云礽，保世滋大于是乎在。或谓祠宇甫成，方伯之子即领乡荐，而观察亦□历亨衢，祖若宗在天之灵，昭兹来许，此则世俗邀福之见，亦浅之乎。测二公矣，祠成之日，恭撰楹联，并题家学渊源之额以献。今四修祠谱告竣，邮书索序，缅维本支之谊，与有光荣，何敢以不文辞，因粗举其有裨世局者如右。至于建祠之本末、修谱之条例，则具详前序，不备述云。

光绪二十有五年岁次己亥冬月宗裔，贵州安顺卓元谨撰并书。

（黄祖络等修、黄振声等纂，光绪二十五年刊本）

四次修缮。

光绪《豫章黄祠四修主谱》，《重修黄祠主谱后跋》：

第六篇
宗族的形成与祠堂

江西省垣之有黄子祠也,自乾隆丙子始;越六十有一载,至嘉庆丁丑而修治焉;又越三十载,至道光丁未而再修焉。**曩例**,祠中捐资入主者,分别郡县登之于谱,未入主者皆不得与。视他处之族谱小异,诚以**祠关阖省**,子姓较繁,必汇录之转,多窒漏伪舛。不若就入主者纪其崖略,严而不滥,约而不诬,是亦审慎之一道也。自丁未迄光绪丙申,又阅四十有六年,祠宇倾圮剥落不可复支。由祖络等创捐巨金重加修葺,至己亥岁告厥成功,糜款计及万缗,然后得以妥侑先灵,岁时享祀。而祠中栗主有仍旧者,有增新者,族人以修谱请,于是分别新旧各主,将其子孙次第登录,其未入主者仍不得与。凡以率由旧□而已,前谱于世系外并将条规刊载,而前后规例与碑刻互有不同,今由族人公议,将寓考一条删去。盖宗祠以祭飨为重,祭飨之需,出于祠产,一经寓考,则赁庑之人频年更易,取值不得不廉,应试子姓日蕃,后至向隅,岂为公允?分炊爨则烟火熏蒸,损器用则彼此推诿,甚至迁延久住,污垢并藏,其弊殆难枚举。即祠之**屡修屡圮**,亦坐此病居多。与其作传舍而坏久远之图,不如送卷费而均祖宗之惠。此外惟**轮管祠事各节**,亦□小为变通。盖法立弊生,要不过去其太甚者耳,讵敢轻言损益哉!兹因修谱事竣,附书数言以为同姓者告。

光绪二十五年夏月,裔孙庐陵祖络谨跋。

(黄祖络等修、黄振声等纂,光绪二十五年刊本)

光绪《豫章黄祠四修主谱》,《省会黄祠四修主谱跋》:

是谱作于二月,讫十月而蒇事。都为若干卷,首祠图,历代贤达次之,各支始祖又次之。□旧捐主、续捐旧主、新入主、尚义堂祀宋勉斋公、捐主附之。敦睦分三龛,皆安捐主,左仕宦而右节孝,听捐户子孙别择焉。伪者订之,佚者补之,相爱相推,必诚必信。盖自乾隆丙子以迄今,兹于是凡四修矣,固不得不郑重其际也。因慨先人创集之善,后嗣继承之艰,吾祠笕摄乏人,又更兵燹其间,兴废无常,未可偻指而得以信。今而传后者,仅赖谱牒之存,信乎?祠不修无以妥先灵,谱不明亦无以联同气,二者交相为用而不可以已也。此次规模较前充廓,建议伊始,为同邑鄂州广文、南昌西垣茂才都昌晓初总戎。方是时,庐陵幼农、方伯暨云仲兄爱棠同官沪上,三君者不惮二千里舟楫之劳,循环商榷。而仲兄乃遥忖臆度,勇于观成,悉惠方伯辑集巨金,提倡之力亦曷可忘也。虽然费而不□,其人卒亦归于罔济。今之庭庑昌明,蒸尝不褒,登斯堂者洒然动容,则任劳怨以底于成。如都昌云松都戎、新城香浦总戎者,其功为何如哉?祠竣,同宗即以谱请,又□南昌子俊、安义丽生两茂才编辑校对,恪共其事,承云得与参议之末,不可无以识于后,用本敬宗收族之意,以摅不没人善之诚而缕述颠末,以验来者。

光绪二十五年冬十月,萍乡裔孙承云谨识。

（黄祖络等修、黄振声等纂，光绪二十五年刊本）

光绪《豫章黄祠四修主谱》，《省垣黄祠四修主谱跋》：

古者小史奠世系，司商协族姓，大传垂敬宗收族之文，训民不忘本也。吾族向有总祠于会垣百花洲畔，萃列郡宗支，共祀一堂，联修谱牒，其敦本为何如哉！建置之权舆，**续修**之董劝，□饗之推崇，前人之述备矣。今上甲午夏，绍蕃授宜黄学官，晋省考验，**敬谒祖**祠。见夫栋宇颓折，墙垣倾圮，彷徨者久之。呜呼！莫为之传。式廓之增不重，赖氏族之代有达人欤。于时庐陵幼农宗长备兵海上，任县事者为我邑爱棠观察。□章辉映宗族之光，且知同心同德乐修义举，为中外绅民所称颂，因亟以修复宗祠请。适值中东构衅，筹政殷繁，有志未遑。越丙申夏，都昌晓初总戎南昌，西垣茂才亲诣沪上，备陈修复之举不可再缓。二公匙之印启，集捐欣提巨款，为同宗倡进。绍蕃襄其役，乃集在省同宗，绘图估值，仿旧制而变通鼎新建复。经始于丁酉春，落成于戊戌之冬，费逾万金，规模宏备。用复重修谱牒，合旧主新主，次第刊列捐数之多寡，度支之巨细，附注于册，昭忠信，志盛举也。抑绍蕃于此益叹天下事创之难守与因亦匪易也！今幸承祖宗灵荫，继述有人，得以巍然焕然，寝庙聿新，敦本之谊，收族之道于是乎不坠。尤贵后之董其事者，念因创之艰辛，率守定章，维持罔懈，以期垂诸久远，是列郡宗支云仍相继所顶祝而无已者也。谱成，志其梗概于后。

光绪二十五年岁次己亥冬十月，萍乡裔孙绍蕃谨跋。

（黄祖络等修、黄振声等纂，光绪二十五年刊本）

光绪《豫章黄祠四修主谱》，《省会黄祠四修主谱后跋》：

吾姓宗牒自乾隆丙子至道光庚戌，凡三修矣，其堂敦睦仕宦节孝尚义诸名。旧谱有老主续补新入，各例后先错综，叙次混淆，盖由修谱时沿旧板而增订之，欲就易而转失之太简。丙申岁，庐陵幼农方伯与萍乡爱棠观察倡捐集费，祠宇重新。振声、淦亦勉随诸君子后敬襄厥事，绘图布局，因地制宜。工竣命录各主，初未敢任。窃以是役也，年久失修，主文剥蚀，校对无从，重以方伯之命，不敢辞。爰取故帙，循凡例，类分郡邑，谨依朝代，越三月而编辑成书，妥奉先灵，同宗佥额之。复命四修宗谱，并刊入新议条规、祭祀礼节、发凡起例，互相参酌，踵旧增新，重加稽考，从容以付剞劂，惟是兢兢业业，求免鲁鱼虚虎之贻误。谱成，例得缀数言于篇末，以志方伯敬宗收族之义与观察见义勇为焉。

光绪二十有六年岁次庚子仲春月中浣之吉，南昌灌城裔孙振声、安义雅溪裔孙淦谨跋。

（黄祖络等修、黄振声等纂，光绪二十五年刊本）

第六篇
宗族的形成与祠堂

南昌陈氏

民国南昌《陈氏家乘》，康熙《陈氏宗祠契》：

立卖屋并基地文契

张士纶同侄张勉臣，今有父置土库一所，坐落通仙坊，计四重直进大厅，厢房、仓屋、花亭共计四十间，门窗户盖俱全，并后园地二片，花果树木泉井一口，一并在内；前止官街，后止官街，东止砖墙外滴水为界，西止砖墙外滴水为界，直深四十丈，横阔八丈五尺，前后左右四止开载明白。凭中出卖与陈姓，公同建立宗祠住坐管业。当日三面言议，得受时值屋价银八百一十两整，亲手收讫。其屋未卖之先，并无重叠典当不明，亦非逼勒准折等情，系是二比情愿。屋有好歹，置主眼见来历不明，卖主承管成交之后，二家各无反悔，如悔者，甘罚契内银四十两与不悔人用。恐后无凭，立此文契，永远存照。

所有房屋并园地老契二纸并缴再照。

康熙四十八年十一月日立卖文契，张士纶同侄勉臣。

见卖母何氏、母吴氏、母李氏，男荣赵、王方平；

见立何建奇、王知可、王叔美、王天植、刘晋侯；

凭中何茂生、汤侣璜、陈扨牧、刘展也、陈天章；

依口代笔王方平。

以上俱花押。

（民国十三年本）

记录清代修祠事。

铜鼓义门陈氏

民国铜鼓《义门陈氏大成宗谱》，《铜鼓聚星祠堂记》：

清道光间，先大父谦六公曾倡邀族人建祠于铜鼓，因未获善地而罢。咸丰辛亥，先父安溪公叨祖荫登贤书，先大父乃命将眷赀抽百金另权以备购置祠基，藉酬往昔之愿。厥后以此金命梱权理，迨安溪公宦闽回里，适卢人以铜鼓上仓街店出售。安溪公亲临相察，归而喜曰："此地龙真局美，祠基其在斯乎！"饬梱将所权之子母尽数而购得之，比缘基址尚狭，不能以广规模而壮观瞻。界外联业，备重资就而莫获，以致延搁多年，未克兴工。讵至丁酉冬，安溪公遽尔捐养，病剧时特以建成铜祠为嘱。至己亥冬始得店后相联田塘四丈，祠基遂为完备。壬寅元日，梱与朋三诸弟春酒，欢谈吾陈氏铜鼓无祠，先人久为之恨，现在基址已就，山向适利，吾兄弟不急为倡建，何以慰先人乎？爰于上元后邀集各属族尊商议，一致赞同。梱兄弟即继承先志，将该处铺宇田塘助为祠基，合宁新浏万宗支，发簿开捐。众皆输将恐后，比即鸠工庀材，经定坐艮朝坤兼寅申分，金堂名"聚星"，盖取五星聚奎之义也。择吉于光绪二十九年癸卯五月戊午二十四戊寅日午时起脚行墙竖门上梁。刚落石后，又得买祠前田塘余业，全局遂臻完美。此天事之巧而人事适为其媒介耳。综计三契，合订四界，前止小港，后止官街，左随左旁小店直出，由石塥横过抵卢田窖石缠出，至港右随右旁小店，抵卢人裂榍接石塥缠出至路，抵卢田直出港为界。是冬造成上下两栋，左右两廊。越甲辰接建牌楼，加筑从屋，于辛方竖辛向之门。堂中装三龛，中龛分两极，上级中祀始祖历代考妣主，左祀光远堂列祖考妣主，右祀先大夫鸣冈公夫妇主，皆所以不忘本也。次级中主，则祀义门分庄各基祖。左右附列正配旁配各主，皆按捐资多少以定。左右两龛之主，按昭穆世派而分，规模备具矣。本冬十月初三丁未日卯时迎祖陛座享祀千秋。梱兄弟偕诸族尊恭将事告成功于先人，而不禁有所感矣。窃念斯祠之成，梱兄弟曷克为哉，幸赖诸族尊与有力焉！历数十载造虽有因，仅一二年工克完竣，是天之所相，人亦从之，事机凑合，诚非偶然，因为之记云。

清加四品衔例贡生，百十三世裔孙梱勋辅臣氏敬撰。

（陈出新等修，民国十年本）

民国铜鼓《义门陈氏大成宗谱》，同治《聚奎堂合修宗谱序》：

古者宗法著而世系明。……厥后唐有天成谱，宋有嘉祐谱、开庆己未谱，元有至正谱，明有宏治义门谱，国朝诸谱尤难枚举。有宗颍川者，实公为始祖，以其封颍川郡也。有宗义门者，旺公为始祖，以其后同居十四世，表为义门也。按实公为满公四十二世孙，旺公又为实公三十二世孙，一脉相承，初非支分派别，不过所宗之远近不同耳。进而详考世系图，吾义门分迁祖宋进士魁公派，参琉即旺公九世孙，义门长旭公之侄也。其时共遵家法，椒衍瓜绵，至三千九百余口。宋神宗朝奉使监护分析，魁公挈眷九十七口入汀洲庄，此入闽之迁所由来也。魁生昆、仑、嵩、岳、峰五子，峰生自强，为宰辅；自强生子三，肇基公其季也。公由进士官宁化，遂自武平而移家宁化陈德村。又九传至中兴公，生子十八，俱以郎行，迁本省、迁粤、迁楚、迁豫、迁吴者半天下。

吾宁与武平、奉新、万载、浏阳接壤，国初时招徕安辑，十八公裔接踵而至者垒垒。转徙他乡，恪遵家范，农安耕凿，士习诗书，休养生息，迄今二百余年。族日益增，文日益蔚，盖前人之积累孔长也，不有谱以纪之，岂惟世次湮，昭穆紊，宗功祖德亦将久而就淹。然而家谱之修，亦数数矣。自嘉庆甲戌双溪明经克轩先生辑修后，道光初年，绍亭有萃玉堂谱，以次德星、夏玉、星聚诸堂之谱后先继起，第所联辑者，卒皆中兴二三支而已。各自分编末由，互为校核，世次虽大略相同，名派究参差不一，允为吾族缺典。况越今垂四十稔，

第六篇
宗族的形成与祠堂

生齿繁衍，视昔为倍，其有待于续编者，尤不容缓。咸丰辛亥，风叨祖荫，与宝箴同举于乡，诸宗老益谆谆以是役属。乙卯春，业偕宝箴在祠设局，编纂大同宗谱。将成书，忽以城陷祠毁中辍，忽忽数年，方以董葺宗谱为急。落成后，诸族尊复为怂恿，壬戌之夏，诸贤达择于宁武奉三邑适中之地设局。安乡遍为采访，我十八公之裔踊跃趋事者，二三邑中已得十有六支，而赞公暨爵寿公裔亦闻风景附，以共成令典。凤不敏，乃与宝箴暨诸君子朝夕从事，取闽粤吴楚吉赣及豫章各郡县新旧分编诸谱，而遍核之。虽其中不无小异，而世远年湮，无从考证，亦只付之阙疑之例。惟义门最盛于宋，当时贤达岂竟数典而忘。是以前代源流酌其合嘉祐者从之，各支世系悉仍。来稿间有据旧谱而订定者，不敢操笔更张，妄为取罪，惟于制诰、奏表、序文、传志以及碑铭、诗赞，或子句违舛，或次第混淆，则为厘正之，盖志慎也。谱成，付诸梓人氏，因思十八公裔棋布星罗，里居既旷，志趣难齐，藉非列祖列宗默为降鉴，何数百年未经合修之谱，一旦起而倡之，而云集麕至，翕然蒸然，竟不疾而速，不介而孚若此耶？所愿阅斯谱者凛义门之家法，与先人之遗训相与，父教其子，兄勉其弟，孜孜于孝弟根本之地。藉以养成德行道艺之全，庶几功名事业，道德文章，将有如欧苏诸公者，出则取斯谱而修饰之，润色之，不更为家乘光乎，是深有望于继起者。

辛亥恩科举人、尽先选用儒学教谕、魁公三十世孙文凤敬撰，同治二年岁在癸亥之蒲月长至日。

（陈出新等修，民国十年本）

民国铜鼓《义门陈氏大成宗谱》，光绪《义门陈氏宗谱原序》：

夫自三代以降，皆立史官，叙录功美垂之无穷，盖所以章往考来，使子孙继体数千年不忘其所自始也。……义门陈氏宗谱盖亦从为经营者矣。陈之先出于周武王胡公，得配大姬，遂封之陈，至泯公时，为楚所并，子孙因以国为氏焉。后氏往往为将相名贤，史不绝书，不可胜纪，如户牖之功绩也，大邱之品藻也，承祚之文章也，琴玉之忠义也，虞卿之政事也，敬口之高洁也，皆照耀千古，遗芳百世，民到于今称之。我国朝则忠襄公陈泰、靖恪公陈诜、清端公陈璸、文恭公陈宏谋、文肃公陈大受诸公，皆有功于国，正色立朝，名垂竹帛，其他如陈厚耀、陈祖范、陈维崧、陈洪绶诸人，亦有著述传于艺林，信足谓宗族交游光宠者矣。陈姓初为颖川人，后居德安，宋有魁公者，乃迁于汀洲，其子嵩峰复迁于粤、于楚、于江右，至国朝始迁于江右之宁州，遂以家焉。其三十世孙鸣冈明府以名进士宦游闽省，卓有政声，后致仕归，遂不复出。咸丰辛亥，曾与右铭方伯修定家谱，因乱散佚，越数载复广搜博访，得其本末，相率为编，至同治癸亥方有成画，迄今又三十余年矣。宗支毓兴,散于四方者有之,而公恐日久难以创修,乃于甲午秋复继其事,手录一帙,属为之序。
……
光绪二十有一年岁在乙未春正月上元日,权知义宁州事嘉兴张鸣珂撰并书。
（陈出新等修,民国十年本）

民国铜鼓《义门陈氏大成宗谱》,光绪《义门陈氏宗谱叙》：
……追溯旧谱,自胡公传至吾宗旺公,盖七十有五世,皆远有端绪可寻,然则吾陈氏受姓之由,其源流尤远哉。始陈氏在汉居颖川,至文范先生而世益显,由是以颖川为族望。更三十二世至宋进士曰魁公,子五人。传十一世乃复由闽播迁,散处粤东、江右、楚南诸郡县,遂各以近代迁祖起一世。吾义宁之宗十八郎公之后,居多则魁公第五子峰公裔也。入国嘉庆甲戌肇修谱牒,至咸丰乙卯三次纂修。吾宗之长前福建安溪知县文凤与宝箴实与其役,乃合子姓之居义宁、武宁、奉新三邑者,证以宋时嘉祐谱条列而编辑之,会更寇乱,至同治癸亥始竟厥绪。迄今岁甲午,距前次编纂之期已三十余载,诸宗老复议续修。宝箴羁宦武昌,安溪君宦成而归,以高年硕德复总其成,于是义门诸宗分处南昌、奉新、武宁、新昌及湖南浏阳者,各奉厥籍,咸诣州祠,相就纂录。其于敬宗收族之谊,推而益远,可谓盛矣。先是癸亥之设,综录义、武、奉三邑出于十八郎公者,还得十有六支,他如赞公爵寿公暨魁公第三子嵩公之裔始万三郎者,皆各详所自始分,著于编。至是汇聚益众,支系益繁,安溪君乃慨然曰:"《周礼》:小史掌邦国之志,以定世系,**辨昭穆**。今虽合数邑子姓而为谱,共始固皆魁公一人之身也,而各据所迁祖为宗,将使昭**穆莫辨**,于世次何系焉。"于是**参稽族属**远近,整其纷而理其绪,一奉魁公义门初迁为始祖,各详世次于表而后列,县之**派别始犁**然各得其序。

谱成,邮书宝箴,属叙其端。维三代王者,尽其心于民事至详也,二千余年渐灭以尽。独存所谓宗法者,虽传世久远,犹得循之以联属其族姓。然余揽近世诸家谱牒,世次□及明以前者,则□分永业之制废,四民流散失职,其更乱转徙,莫能纪者尤众也。吾宗垂二千年子姓,犹有所据,依如讨论世派,谓非义门之泽远耶。由今日上溯先人,垂裕之艰,思所以承之亦不易。《礼》曰:宗与族得民。得民者士农工商及士大夫各尽其职,以效其能,而天下理也。今其制虽不尽存,则兢兢世守农土之业,修孝弟,崇礼让,施之有绪而推之无穷。秀者蔚为亢宗之彦,次亦奉当世之法,令不辱其先,庶几其有当也。若徒以生聚之蕃衍,侈其族之大,其犹未足以延世泽哉。爰书以念族之人。

诰授光禄大夫、赏戴花翎头品顶戴、直隶布政使、义门汀洲庄三十三世裔孙宝箴谨撰。

第六篇
宗族的形成与祠堂

(陈出新等修,民国十年本)

民国铜鼓《义门陈氏大成宗谱》,光绪《光耀堂谱跋》:

山先合而后分,高下可寻其脉络;水先分而后合,大小必同其会归;谱牒之作亦犹是也。伏读《圣谕广训》"笃宗族以昭雍睦"条内有曰"修宗谱以联疏远",是知宗之有谱非徒辨亲疏、明远近,正以见疏者、远者实与亲近为一体。支派既分,固不能混而同之;源流可合,亦不容薄而遗之也。吾陈氏宗谱自同治癸亥合修,文凤与今直隶方伯宝箴躬亲编校,颍川世系、义门家规粲然大备,迄于今三十余稔矣。仰叨祖德宗功默相眷佑,其间采芹折桂,捷南宫,点主政,与夫宰闽宰楚陈枭开藩者,鹊起蝉联。他如宦绩军功及生齿繁衍,庐墓迁移亦复不可胜纪,若不及时续辑,日久遗忘,势将茫然而莫从稽考。……

光绪壬辰冬蒸之期,合族父老云集,议将谱牒重修,询谋佥同。于是梓单传布,设局州祠,颜曰"光耀堂",盖取光远而有耀者也。凡义门诸宗散处吾宗八乡及接壤之奉新、武宁、南昌、新昌、浏阳者,各持谱稿来州就正。查各谱所编为一世者,或始梅山,或始万三郎,或始赟公。而中兴公十八子,则又不始于中兴,而各始其子十八郎。起世之先后不同,共派之尊卑乃异,其奚以奠世系,**辨昭穆**乎?前此聚奎堂谱中议,俟重修更正,兹偕编校诸君沿流溯源,梅山与万三郎皆**嵩公裔**,赟公与十八即皆峰公裔,嵩、峰二公则宋进士魁公之子也。魁以义门分庄,挈眷入闽,今进第一世,正合先贤所谓初迁为始祖。以告于神,咨于众,商之方伯,胥以为然,盖准诸朱子宗图遗意也。谱式向从欧体,直序父子,横列兄弟,非不脉络分明,究不若参合苏体,前图世系,以详支派,后编世次,以备纪载,视前谱尤简而明。其按支分图,依图分载者,以族众支繁,丁余六千,卷余三十,总图总编,难于披览也。至各支故牒间有残失,脉络不贯者,姑且阙疑,以俟异日考证。谨据来稿编其近代世系,分附于后,断不敢谬为缀合,致蹈诬祖之戾。尝慨世之为谱者,录亲近而遗疏远,谱或数乘或数十乘,仅及其一家一乡而止,一旦罹兵革,遭水火,或致转徙他乡,逃亡散佚,往往有问其高曾祖考而不能举其名者。至祖宗之生殁配葬,里居邱垄,更无论矣。兹联数邑宗支谱至百有数十乘,则人稠地广,受而珍藏者众,在在而有征也,处处而可稽也。纵遇沧桑,此失彼存,彼失此存,绵历千百世,不虑尽归乌有,又何致后代辑修叹文献之不足而疑以传疑哉!

是居也,始癸巳,毕乙未,经营三载,始克告竣。文凤年近八旬,谬承族人举督是役,深愧精神衰眊,学殖久荒,未能藻密虑周以满群望,惟是敬慎从事,朝夕兢兢,但求对祖先,质族众,不愧于吾心而已。窃幸方伯素以尊祖敬宗收族为心,身任旬宣,犹能分神宗谱,纂制鸿编,具详本末。又得州牧张公椽笔,亲书所撰序文冠首,此则世所罕遇,允足为吾谱增光者矣。所愿吾宗贤俊后起披阅斯谱,仰体贤父母雅望,守义门之令范,而修己以敬,修礼以耕,修其孝弟忠信以为□……

光绪二十一年岁次乙未中夏,赐进士出身、诰授朝议大夫、升用清军府、历任福建松溪安溪等县知县、加五级记大功二次、庚午科福建乡试官、魁公三十世嗣孙文凤熏沐敬跋。

(陈出新等修,民国十年本)

民国铜鼓《义门陈氏大成宗谱》,乾隆《濂江陈氏一修族谱原序》:

余奉简命提督江西学政,蒙再留任六年于兹矣。丁卯夏,试竣还南昌公署,□与同事综论豫章山川风景之美、文物英华之盛,缕焉心数而十三郡虔州形胜尤多奇杰士。叹赏间,门吏报入闱生投刺拜谒。及延入,则赣州门生陈伯雄也。生籍赣安远,才品英妙,慷慨有大志,前任癸亥春补壬戌岁考生,甫冠获隽焉,拔入郡庠,文章词赋屡甲前茅。余器重之,有汉鹄云鸾之望。今不远千里而来,及锋而试,此其待也久之。生捧一函趋进曰:"雄本颍川之苗裔,义门之云礽也。宋嘉祐间奉旨析居,易公父子分迁吉州泰和,厥孙徽举元祐进士,授司户参军,转大理评事。及绍圣章蔡乱政,朋党崩溃,朝贡闻公负经济才,欲致之。公兴燕巢于幕之叹,遂弃官离汴,还隐泰和之柳溪。厥后掇巍科,登显仕者代不乏人。又十四传至存道训导安远,其子泰遂以仕为籍,乃卜城西居焉,为濂江陈氏始祖,传世三十,历年五百,子孙蕃衍几千万许。顷者有事族谱,重加纂修,牒垂成,欲得当世知名士弁序谱巅,以维持我宗族不致相视如途人,故敢造席以丐夫子言……"

大清乾隆十二年岁舍丁卯夷则月上浣,钦赐状元及第、日讲起居注官、左春坊左庶子掌坊事、翰林院侍读学士、提督江西全省两任学政、前辛卯科特命典试江南大主考加一级、通家侍生古武林仁和金德瑛拜撰。

(陈出新等修,民国十年本)

民国铜鼓《义门陈氏大成宗谱》,乾隆《濂江陈氏一修族谱原序》:

丁卯阳月,余辟处西轩,拟戒车为两粤之游。忽报濂江使者至,持瑶函一册,为陈氏请家谱弁言于余。……今倡修家谱文熙先生,才优学富,为学使者徐公所甄拔,成乡进士,而茂修其德,主持家事,本年春又督偕同宗,纂辑家谱,勒之梨枣,以尊亲而感天和。……顾桃水濂江壤相接也……

大清乾隆十二年丁卯春三月穀谷,赐进士第即授文林郎选县正堂、年家眷弟廖连芳顿首拜撰。

第六篇
宗族的形成与祠堂

（陈出新等修，民国十年本）

民国铜鼓《义门陈氏大成宗谱》，同治《濂江陈氏迁宁四户五次接修支谱原序》：

……忆我始祖存道公卜宅濂水，丁衍万余，户分十四，迨其子孙蕃盛而春山、其兴、陈钱、以鉴四户则移居宁邑，迄今已八九传矣，派递丁繁，不有谱以胪列之，恐不免乎冠裳之混。……虽然大成之修固美矣，其如古艾上濂之相去甚远，何地隔人远，难免跋涉之艰苦。丁稠族众，又恐从违之各殊，欲待祖居告修，安知事可预卜？而且我宁邑四户此举，亦行乎其所不得不行者也。葛藟蔓延，不减当年之濂水；星罗棋布，依然昔日之江州。念生娶葬没之不一，付枣梨者几何人。思坟墓庐屋之甚繁，经编订者几何处。虽丁卯创修、戊子再修、庚子三修、庚辰四修详哉，其尽纪备矣。其无遗而志往者，莫志来亦善作者须善继，则踵事之任惟后起者莫辞矣。会吾族中老成持重辈首倡风闻，群称美举。地虽散而心则聚，户虽分而人则合，所谓登高一呼，万山响应者良由我族敦同气之谊，收一本之心，所发见也。由是火流、汉中择吉日而开盘桂香殿下，惜光阴而趋事，不数月而功告竣。

……

以鉴户嗣孙茂萱映庭氏顿首敬撰，大清同治元年壬戌秋月穀旦。
（陈出新等修，民国十年本）

民国铜鼓《义门陈氏大成宗谱》，光绪《濂江陈氏迁宁四户六次接修支谱原序》：

今人侈强宗，夸巨族，每取同姓之家五合六聚，联为一谱，纂辑或至二三年，卷帙动称数百部，美其名曰合修曰大成，自诩为铺张扬厉，卓然巨观。以比扬雄之《家牒》、殷敏之《世传》、孙氏之《谱记》、陆氏之《系历》，有其过之，无弗及者。究竟百花攒簇，不由一树；万派流衍，不出一源。时俗呼为车盘公，其谱可不问而知已。盖谱以敦一本，惟期一本之中无遗无混。彼丁口之众寡，部数之多少奚论哉！我陈氏春山、陈钱、其兴、以鉴四户之谱，迁宁以来，**仍返赣**安城西祖祠，与十四户同修。数传而后，渐苦山川辽绝，跋涉艰难，兼忧粤匪蹂躏，**道路梗塞**，筹之再四，酌议从权，于是同治壬戌，在州之上武观心寺，协力五修，而至今又几于三十载矣。

……夫家之有谱，犹国之有史。昔王祎撰《大事记续编》七十七卷，体例一仍吕祖谦旧本，惟解题散附各条而不别为一编。今兹之接修依此例也，与古暗合。世系起迁赣始祖存道公，讫各户新丁，接行付梓其前修原序，已刻传文及祀田、家规、祠宇、庐墓等图概存。原本合而订之，自成完璧，又何事厌旧喜新，重付剞劂而不略为虚縻虑也。即日赞成此举，怂恿各户签派缮写儒士汇稿待梓。局设上武西向枥树嘴中表赖君别墅，择吉开刷。

仰惟呵护有灵,群材效用,不数月而告厥成。

大清光绪十七年辛卯季夏穀旦,乙亥恩科举人、候拣知县二十世孙经顿首拜撰。

(陈出新等修,民国十年本)

民国铜鼓《义门陈氏大成宗谱》,光绪《培佳洞平江合修宗谱序》:

平江陈氏聚其人之同出义门者,为祠邑南到湾已五载矣。丙申秋,聚而为谱,将竣事,问序于余。余略稽其谱,其人固散处平江、浏阳、巴陵、湘阴不一,其先实出义门之伉、仲、俛三公,其集而谱焉者凡八千余口丁,其谱例井井,隐然示人以尊祖敬宗收族之意善矣。……州邑虽别,犹同居也,谓义门至今存焉可也。抑余重有感矣!孔氏之教曰:"君子敬而无失,与人恭而有礼,四海之内皆兄弟也。"孟氏之言曰:"仁者爱人,有礼者敬人,爱人者人恒爱之,敬人者人恒敬之。"推斯旨也,充爱敬之极,至于中国一人,天下一家,适完其父乾母坤,民胞物与之量。矧在一本之亲人,人皆有不容已之爱于其心焉,可不笃其爱与敬而徒以同祠同谱毕乃事耶!然则方今外患日迫,险象日生,举四万万神明之胄,能相与将其爱敬并力一心,以保吾种类,则中国皆义门矣。因而广其敬爱以及彼族,能如孔子所云"言忠信行笃敬",心同理同,渐使彼自知,尚诈尚力之非翕然,以爱敬相应则天下皆义门矣。呜呼!吾安得于吾身亲见之哉!陈多君子,企予望之。

光绪二十四年六月穀旦,归部遇缺即选训导考取八旗官学汉教习、优贡生涂启先舜臣氏拜撰。

(陈出新等修,民国十年本)

民国铜鼓《义门陈氏大成宗谱》,光绪《培佳洞平江合修宗谱序》:

天下郡国著姓,陈氏常为大族,而处平江者,自国朝康雍年间由他邑来徙,谓皆宋义门裔。……自徙至今,久而益盛,而宗祠未修,谱牒未合,盖适无人焉为之倡也。近族彦名升阶者始与其族人并修,举之祭祀之礼,著而世序亦详焉,可不谓知所事乎?

诰授光禄大夫、头品顶戴、兵部侍郎、都察院右副都御史、巡抚湖南等处地方提督军务兼理粮饷义宁陈宝箴撰言,光绪二十四年戊戌穀旦。

(陈出新等修,民国十年本)

民国铜鼓《义门陈氏大成宗谱》,光绪《南山祠复修谱序》:

辛卯岁,颐假馆张坊,距馆数里许,其地为南山下,有同族自国初来居此地,丁口既繁,议增修谱牒,以为敬宗收族之举。董其事者为聘吾、寿堂两君,皆颐昔年同学友也。

第六篇
宗族的形成与祠堂

……以炎宋肇基公为始,公有自江南迁闽之宁化县,又十一世,禄公由闽迁居东粤,又十一世明吉公始迁今地,今复二百余年矣。

邑庠生同宗后学炅颐拜撰,光绪十七年辛卯秋月穀旦。

(陈出新等修,民国十年本)

民国铜鼓《义门陈氏大成宗谱》,道光《南山潭埠合修谱序》:

……惟我祖穆郡公原籍福建省汀洲府宁化县带金石铜鼓山下竹园,十郎公迁广东潮州府平远县石正乡义化都周田甲大塘面居住,人口繁多,要皆一脉流传,昭然可纪。迨至明吉公迁居湖南长沙浏邑东乡张家坊南山下百余年间,子孙日益济济,而谱牒尚未修明,族中常以此为念。今春适有万载贤族喜发至家倡辑,云万叶共根,百川同海,殷勤致意,遍告诸族。予因思阅世生人,阅人成世,嗣递益增,则势日涣,近者愈密,远者愈疏,虽自一人下视后来莫不分形以往,自祖宗视之则皆子孙也。乃服穷亲尽之余,门户既别,庆吊不通,其至有睹面而不相识者,人情比比然也。倘非有世系之可考,其何联亲疏、笃宗族乎?今族叔既有盛心,予何敢不奉命。爰究旧稿,共相参稽,叙明系图,付之梨枣。夫而后,小宗大宗,观斯谱而长幼尊卑之序可以秩然明也;仁率义率,览斯谱而爱敬孝弟之心可以油然生也。古圣王之所谓亲睦九族者,其在斯乎。是为序。

一百一十世裔孙永新谨撰,道光二十一年岁次辛丑秋九月穀旦。

(陈出新等修,民国十年本)

联宗修谱与各地编修房谱。
宜黄棠阴罗氏

联宗修谱在实现了不同地区之间同一姓氏联合的同时,也成为各地编修房谱的契机。

道光《宜黄棠阴罗氏尚义门锦二公房谱》首卷,雍正《罗本厚公房谱序》:

吾家谱牒自唐迄明已数修矣。然溯万历季世至今百有余岁,传世几更,皆先人所不及详,必俟后世以补之。使因循日久,世远年湮,将吾家中叶何从稽辑,不几使祖宗收族盛举至吾世而忽隳也,谁之责欤?噫!续补家乘不重哉!余因是惓惓于兹,思欲辑我子姓,续补成书,萃合同气,以数代众人之身,上接祖宗一人之身,庶几妥先灵、示后裔,当吾世而无惭于中叶也。居亡何,吾家族蕃,散处者几遍天下。即居联西江,何地无我先祖之苗裔、子姓之弟兄,则收族之责,不诚难哉!余且不惮其难也,三载乡试,聚首南州。凡我同姓,晤对间即话及此,莫不各具收族之志,共申尊祖敬宗之情,余是以辗然喜也。岁辛卯,予谬膺乡荐，公车北上，又未及发书招致宗人。越四年，余忝成进士，奉简命观国政。期满还辕，息车章门，遇乡进士讳中极公等复话此事，坐中二三叔侄俱慨然有兴奋之志，促余修书以招同事。爰得数人，遍邀列郡，共捐赀千百余金，置鸿图于豫章城西大街，建祠宇以祀先人，则续补家乘其一机也。

鸠工三载，祠宇告竣，请各支迎主升座，再话修谱一事，俱叹枝分派别，都无私辑成书，一旦骤为收族，共成大观，则续而弗详，罪有甚于隳而弗续也，得不慎乎！于是即将各辑房谱之说，遍告同宗，共勷踊跃，幸毋因循息事，宗人其勉乎哉！已而回家磁龟，邀伯叔兄弟先辑本支汉通公系下，自明迄今，详其世代派衍，本源较著，彰明以备收族合采之用。迨续谱告成，抵宜黄拜祭侍御史德称公大祠，停车棠阴，与族众周旋旬日，商议续谱家乘。时有四十九世从祖膺明天子旌表尚义守志公幼房本厚公支派，手书房谱，属予于余。余披览之，见其列世代讳字生娶卒葬，及化者之官爵封谥，俾有明以来百余年间，子孙世次条分缕析，较若列眉。余转快然自喜，谓祖宗收族盛典，何患无续补之日乎！亟欲弁言于编端，因简书下口，分当趋廷领选，遂束装北行，暂藏是谱于箧。中秋承命宰杭之新城，顾鞅掌簿书，讫无余晷，予心刻不自安。迟之三载乃以成叙，邮寄棠阴，更期同宗各缉房谱，**备续谱**全书之采，宗人其勉乎哉。嗟夫！余窃念吾家族蕃，岂无续全谱成大观者出焉。余顾共勤补辑，复继而修之，以慰余初志，异时犹且过棠阴而一采云。

时皇清雍正五年丁未夏，五晚从侄爌顿首拜撰于浙江杭州新城县署。

（罗荆璧、罗明诚等修，道光二十七年本）

道光《宜黄棠阴罗氏尚义门锦二公房谱》卷首，雍正《重修族谱后跋》：

尝闻国有史、家有谱，所以纪实行、录实事，永垂后世不朽耳。历考吾家宗谱，自晋朝遵祖创谱以来，代有孝子慈孙纂修于后，数千百年来水源木本，历历可稽。非若杞宋无征，深后人之痛惜也！迨明季以迄国朝百有余岁，不无残缺，其间生齿莫纪，卒葬难知，若不早为补续，将来何以稽辑。嗟乎！鲁之名器不守，《春秋》深致其讥，吾宗谱系不修，几何不以讥鲁者讥吾宗耶？古云：三世不修谱，比之不孝不慈。当吾世而忽隳家乘，是谁之责欤！方今圣天子在上，《圣谕》煌煌有曰"笃宗族以昭雍睦"。天旦不才，佩读《圣训》，欲挽会通省各支重修宗谱，共成大观。爰稽历代本源，系出炎皇锡圭荆土，而表望豫章，奚啻百千余枝散居各处，已历数十余传，一旦欲合大宗而重修谱系，且窃愧有志未逮焉。犹忆前己亥年省城建造大祠，有宗叔勋公先生、承武先生来吾乡会议入主，时有枚公先生慨然兴睦族之思，挽同我支，在祠开局。我叔父伯伦公、伯玉公嘱予续录近代草谱，稿未成。

岁丙午，修理大祠，因与长源叔祖伯和叔父、受采从兄暨族中诸先辈，协志修录本厚

第六篇
宗族的形成与祠堂

公房谱,以备日后大宗采集之事。遍稽博访,辨异统同。有非吾祖之子孙者,虽荣显固不敢冒,凡属吾宗之支派者,虽微贱亦不忍弃。各家子若孙,详记祖父实录,送祠入局,旦不过总视其成,据事直书。祖宗生娶卒葬、官爵封谥,表彰无遗,得以上继往古,下传后世焉耳。所有皇朝敕诰及世选出仕者,必为详书,凡以勉励子孙,追慕前烈,有所观感。外此如谱赞等类,概置不录,诚恐考核未真,不敢妄注,宁核而过于慎,惧其繁而杂也;宁简而过于朴,惧其浮则虚也。故必信者书之,疑者阙之,则是谱之修,虽不敢媲美于国史,而传信阙疑,或亦不失古史直道之遗意也。谱成谨撰后跋,以告吾宗之同志者,而善继善述,更有望于后来之孝慈云。

时皇清雍正五年丁未岁夏五端阳之吉,六十世孙天旦熏沐顿首敬书。

(罗荆璧、罗明诚等修,道光二十七年本)

庐陵欧阳氏

民国《续修安福令欧阳公通谱》,乾隆《序》:

乾隆丁卯之秋,庐陵欧阳勋平以所刊《六一文忠公全集》谒余于豫章署。大方伯彭公为之序,其言曰:"低回感慕,有怃见俊。闻无忝厥祖之隐,念乃仁人孝子之用心也。"明年戊辰,安福门人王旦方来京,勋平致书于余,属以新刊《五代史》并《新唐书序》。览之,喜欧阳氏之多有传人也。问其近况,旦方曰:友人勋平今率其族,有事于家谱矣。嗟嗟!谁非为人后者,□原本□□一人乎,何勋平之念其祖德,有加而无已也。今其家之有谱,与国之有史大约相等。何者?史之学,所以定亲疏,决□疑,别异同,明是非也。惟谱亦非。且吾以为,谱之役更有难于史者。史固集天下后世才人成之,而谱则以一人之才、一人之识、一人之学而成其为一家之书也。曩在秦汉之时,欧阳氏未尝有谱,唐贞观六年敕尚书高士廉等考定颁赐,而欧阳之原委视他族为尤详明。宋六一文忠公病旧谱之未制图也,因采太史公《史记》表、□元诗谱,依其上下旁行,作为谱图。上自高祖,下至元孙,下系其孙为高祖,凡世再别,而九族之亲备。推而上下之,则知源流之所自;旁行而列之,则见子孙之多寡。夫惟多且久,势在必分,此今古之常也。今元孙别而自为世者,各系其子孙于下,则上同其出祖,而下□于亲疏,子孙虽多而不乱,世传愈远而愈□□,此谱图之法也。世之有事于家谱者,尊欧阳□□□□□□,或兼行,然要之不离于五世一□□□。至于欧阳氏之苗裔于禹,得姓于蹄,表渤海于建,迁长沙于质,刺于吉州令于安福文忠公,世次碑文,载于全集者,原原委委,详哉其言之□!余何赘,余惟以勋平之念其祖德有加而无已也。因是取大方伯彭公之序其刊集者为之三复曰:无忝厥祖仁人孝子之用心也。是勋平之定评也。夫勋平讳安世,号挈堂,副贡,教谕,庐陵钓源人,首刊《文忠公全集》。其刻

《五代史》并《新唐书》者,广丰教谕之安福泰山欧阳徽柔,字刚节,号□泉也。于谱之成,为序其颠末如此。

时大清乾隆十五年庚午春月榖旦,赐状元及第中宪大夫、日讲起居注、詹事府少詹兼翰林院侍讲学士、前提督江西全省学政加三级记录五次、仁和慕斋金德瑛撰。

（欧阳安世纂,乾隆十五年修,民国间影印本）

民国《续修安福令欧阳公通谱》,乾隆《序》:

自唐贞观六年敕赐二十二家世谱,而欧阳氏谱牒兴焉。宋六一文忠公以前谱无图,本世表遗意,作为图法,收族天下,后世宗之。丁卯,予膺简命,典试江右,得欧阳子显,新建西山人也。□其世系与庐陵文忠公同宗,绍闻衣德□□□□□试撒棘显,谒于馆,道庐陵同宗勖平续修通谱,与西山欧阳同所自出,乞言为叙。予谨按《文忠公谱图》,唐率更令询生通,通三世生琮,为吉州刺史,因家焉。琮六世生规,规二子:长绪、次谏。绪三子曰彪、曰彤、曰万,万令安福,文忠其九世孙也。谏仕于唐,为镇南节度使,徙锦水。子二:长扶、次持。持中唐天复进士,官左拾遗,察朱全忠异志,弃官隐新建西山,与陈陶、施肩、吾辈诗酒往来,人号"西山三逸"。子二:长公著仍居锦水;次公盖后唐大学博士,尚明宗西陵公主,封西陵侯,卒于官。主挈其子南归,其后寖以盛大,衣冠文物甲于洪州,与吉州配焉。予尝以士夫之家必得勋业堪铭文章不朽者,乃称故族。欧阳氏世济其美,讵不征文献哉!太史公曰:"为史官,废圣朝盛典不载、世家贤士夫之业述,罪莫大焉。"曩予备史馆懿行,盛德功业,文章如率,更令拾遗公与文忠公者,心仪之矣。显之为勖平请也,予顾不乐为之叙哉?移孝作忠,是又所望于欧阳氏者!

乾隆十有五年庚午重九后一日,钦命江西典试经筵讲官、刑部左侍郎、加一级记录二次、通家侍生钱陈群撰。

（欧阳安世纂,乾隆十五年修,民国间影印本）

民国《续修安福令欧阳公通谱》,乾隆《攸县小冲支谱序》:

楚攸县之有小冲欧阳,由来久矣。溯所自始,乃元至正年间基祖晚公由钓源礼派广济而徙,广济、神塘、庄山派之鼎足支也。庄山于庐陵称盛,而神塘盖中落焉。我广济分析最多,今入谱者小冲一初也,衡州、安化、石门、卢冈惟仍其旧而已。呜呼!物本乎天,人本乎祖,独无有以踵修通谱之事告之者乎?何裹足弗至也。……

（欧阳安世纂,乾隆十五年修,民国间影印本）

第六篇
宗族的形成与祠堂

民国《续修安福令欧阳公通谱》，乾隆《茶陵石下支谱序》：

乾隆戊辰之春，诸父老属修通谱，以吉州刺史公祠暨魏国郑太夫人祠与重刊衮国文忠公集，皆予领袖者也。五月既望，茶陵石下宗老持支谱以来，考之知前通谱与统宗谱中所载祈公裔也。祈公由吉徙茶之上鳡塘随迁石下，又分荷塘，代有闻人以显于时。……语予来意以大史切亭公原序支谱有云，俟通续日，详其世次于梓。今非欲自外也，惟是家藏支谱记载实繁，悉登之于通谱，定式不合，删之又难为手泽也。附序三篇，弁之简首。通谱祈公下后系未考字样，改详支谱。后人观之，知茶之迁祖后裔即我石下族也。不亦分之为通谱支谱者，合之仍不失为一家言哉。楚国文公云，使人知所自出。正此谓也。语未定，宜黄阳坊族适以其支谱来，意于石下吻合，予两从之，不强其删繁以就简也。于归之日，序此以赠其行，亦见予之续此谱者，虽祖文忠公意详略不一，而于茶宜两支之前谱大略者，尤不无小补也。茶陵宜黄各奉始迁考妣主配享刺史公祠暨魏国郑太夫人祠，岁时祀典燕序一堂，千里比邻，虽谓刺史至今无不可也，何分遐迩哉！

乾隆十三年戊辰五月，令公三十四世孙庐陵挈堂安世拜手。

（欧阳安世纂，乾隆十五年修，民国间影印本）

湖南

一个宗族成立后，伴随着族人的繁衍、迁徙形成了新的支族，支族下又有分房。

零陵龙氏

民国零陵《龙氏六续家谱》，卷首《五续谱序》：

我族瑛、璋、瑄三房鼎立始事之初，族众公约：凡三房之分者各专其任，凡三房之合者三房会议汇而综之。

（民国十年敦厚堂木活字本）

民国零陵《龙氏六续家谱》，卷首《凡例》：

我族有虞赐姓在前朝为希姓，故史记载人材无多，至清朝彬彬大盛。如安徽桐城之汝言，原名相；广西桂林之启瑞，四十年中两中状元；广东我姓富甲一省。即以本省论，湖南文征著作家盖五人焉，检阅通志中会榜者十余人，中乡榜者盖数十百人。……凡瑛、璋、瑄三公子孙、监生、从九，不敢遗，所以重名器也；外房则只载正途及官阶之大者，余不悉录。

（民国十年敦厚堂木活字本）

桂阳邓氏

光绪桂阳《邓氏族谱》卷首上,《谱例》:

自始祖至十二世合族统序为一卷,及十三世均字辈照十世各大宗,从而分纪,递列为二、三、四、五、六卷,其各房谱又皆从林字辈分疏,便捡阅也。

(邓廷泂、邓盛昌等修,光绪三十三年登秀堂木活字本)

因种种原因,族人不断迁徙而定居下来,形成新的宗族,率族人迁徙之人,往往被尊为新宗族的始迁之祖。湖南境内由迁入而形成的新宗族,绝大多数系由江西省迁徙而来,其迁出地主要集中在江西的吉安、豫章等地。迁湘而形成的新宗族,随着不断繁衍,又几经迁徙,散居于湘省各地,从而进一步分化成新的宗支。

湘乡平地胡氏

民国《湘乡平地胡氏续修族谱》卷首,《乾隆五十六年修璞玉有氏撰序》:

吾族系出江西吉安之庐陵,明洪武间玉函公徙居星沙之南台湘云阁,是为吾家之始迁祖也。四传而再徙宁邑,八世而卜居湘乡,由介头迁平地。

(胡传谟等续修,民国二十六年安定堂木刻本)

汉寿盛氏

光绪汉寿《盛氏族谱》卷首,《客序》:

盛氏在寰区为望族,孝章以节孝重于汉世,伸以学问显于唐廷。至明初,盛庸复以功绩封历城侯。若数人者,固已彪炳史册、彰彰人耳目间耳。盛君召棠与余属内兄弟,闲尝论其家世,甚悉远祖,庸公发籍江右,至儒杰公由吴迁楚,占籍辰阳。

(光绪二十七年广陵堂活字印本)

光绪汉寿《盛氏族谱》卷首,《源流序·续修阖族源流谱序》:

溯我始祖庸公,生江西吉安府庐陵县踏水桥,身受前明都指挥职,以伟绩封历城侯。……其后一传而杰、权两祖,继起以缵、庸公之绪。卜稽曰其如台?于是乎不常厥邑。用徙楚南龙阳县永兴乡赵荣冲,曰止曰时,筑室于兹。亦既卜云其吉终焉,允臧矣。居未久,权公憬然悟曰:"予有后勿弃基,我其返旆桑梓,毋忘先人之井里乎?"杰公曰:"唯兄言是也。我其式是南邦,世执其功,身虽远白云可望,用永地于新邑,以并受此不不基。"由是一在天之涯,一在地之角,本一也,而双峰并峙西南焉。自杰公之后,派衍支分,星罗棋布。历数传,而松公复起,……赫赫响振关东,真克为之后矣,……然我族自本朝以来,旧

第六篇
宗族的形成与祠堂

谱散轶而又天各一方……

（光绪二十七年广陵堂活字印本）

零陵龙氏

民国零陵《龙氏六续家谱》卷首，《一修叙》：

始我始祖子信公发祥于豫章之临江新淦，至先明永乐年间卜迁于楚南资江之田家冲，创田庐而爱居爱处，没于窆大泉坡。二世祖仕远公葬于聂家巷之下手山。嗣后子孙分居于五里牌沙子岭、河斗铺、茅镰冲、龙家山、阙头岭、大岭坪、武安桥、小寺冲、长邑丁家觜蒿子岭，益邑汾湖洲泉交河、华林寺、龙会桥、朱菱湖、百家墩、龙家港、五里堆、桃花港、车塘、连河、韦子坳、子良崖等处遂，不得聚族而居，冠婚丧祭渐不相关，势同秦越。至我子信公之兄子攻、子敏、子政公，落业上五里，其后子孙亦散居于常德、武陵。

（民国十年敦厚堂木活字本）

永顺龙塔王氏

民国永顺《龙塔王氏族谱》卷一，宣统《族谱源流序》：

余族氏始自周之子乔公锡姓，而其递举惟太原之威公出。溯其里居，则江西吉安府庐陵县为发迹之所，迨家室播迁。……历晋唐宋而斗山公始自吉安迁蒲，斗山生廷圭，廷圭生万五，万五生曾二、曾四、再六，其中曾二暨再六公之苗裔及曾四公之长子，各迁异地。……而惟是曾四公之次子天德公，迹留老庄古居万者，承守先代之遗绪，不振家声。兹诞四子绕膝，长曰元吉，次曰元宗，三曰元清，四曰元寿，迄今绵绵绳绳，子孙不下数千，盖已有十有余世矣。抑思余族之分为四庄，其祖皆原于此。

（民国二十二年铅印本）

民国永顺《龙塔王氏族谱》卷一，《开辟蛮荒起始故说》：

吉水县邻王氏系娥眉湾祠人，因避秦来南，先入蛮地。……王氏先来立基于王村，故曰王村关。当吾祖之初来也，……称公为墨着王，相传四世。……厥后嗣系曰明、曰亮、曰清、曰聪，四支大发。明职袭长官司，亮职袭把水司，清职袭暴武总理司，聪业儒未袭职，分脉于西古村，巡视八甲洞蛮兼管白砂一带烟民，驻西古衙门村，嗣系发盛。……后西古又生淮、奎二公……淮公……后嗣流居苗地一支，荆州一支。胞弟奎公生三子，长利吾，次若吾，三聘吾。……利吾、若吾二公驻房西古村。聘吾公生三子，一子绝嗣，一子驻西古村，一子迁居龙塔，生肇凤公，传四世至世禄公。

(民国二十三年铅印本)

拓殖宗族与祖籍宗族间往往保持密切关系，有的拓殖宗族所修族谱仍以祖籍宗族所在地命名，有的族谱则将列祖列宗编入源流总系图中，以示扯不断的血脉亲情。

湘乡大界曾氏

民国《武城曾氏衍湖南湘乡大界五修族谱》卷首，《凡例》：

三十三派祖丞公三子：珪、旧、略。据《云溪谱》，略公十七传至霸公，迁衡阳，又六传至祖仔公；据《翰博谱》，珪公十二传至霸公，又十一传至祖仔公，两谱不符。明清两代，《翰博谱》为朝廷优免曾氏差役、户役所依据，且昭穆秩然，垂丝不紊；《云溪谱》则讹脱显然，垂丝屡中断，今从《翰博谱》。……自一派至三十八派为东、南两大宗，所共祖作源流总系图中。自三十九派至六十一派为未迁湘乡以前，先祖至六十五派始为大界六老房，作源流总系图，下均附简明齿录，诸总图简录均贯串直叙，不作五派一提；自六十六派以后，世系图、齿录均遵旧例，五派一提以符支谱之义。另附东宗宗子翰博图录备考。

(民国三十五年三省堂活字本)

曾氏以武城为族望。

民国《武城曾氏衍湖南湘乡大界五修族谱》卷首，《序》：

宗圣居武城，裔虽衍各省，而老谱悉以武城统之者，盖不忘土著也。

(民国三十五年三省堂活字本)

由于族人的不断迁徙、繁衍，出现了不同的拓殖宗族，但毕竟同出一祖，故有联宗之举。就选辑者所见湖南族谱，联宗主要形式是跨省、府的联合修谱，联合建祠者很少。联合修谱可分为几种形式：一是本地族人与迁往异地的族人按照统一的原则编纂成谱；一是以本支族谱为主，而将异地他支族谱附录于谱末；一是各地各支各自修谱，而后将各支谱互相交换。

湘乡平地胡氏

民国《湘乡平地胡氏续修族谱》卷二，《续修序》：

盖自前清听民间合建宗祠，而族之途遂广。

(胡传谟等续修，民国二十六年安定堂木刻本)

第六篇
宗族的形成与祠堂

零陵龙氏

民国零陵《龙氏六续家谱》卷首,光绪《合修族谱序》:

从来合久必分,分久仍必合,天下之势然,天下之理亦然。我族自古迄今,历代相传,生齿既繁,发越者亦复不少,其间家居迁徙、支派各殊,其不能不分者,势所必然也,爰即瑛、璋、瑄三公上而考之,无不合近而联之,又奚在不合?因是总修谱牒,俾长幼内外伦次昭然,虽居长、善、阴、浏、益各邑,地有不同而相通相爱相亲,本实无异,则不能不合者理所当然也。第长邑鹅羊山、窑埠洲与益邑泉交河等处,合之已久,惟我阴邑畎口蚌、石湾河、柳江三阳分而待合,兹则统三公子姓而大合之,考实录而详合之。派语已出者难合,未出者可合。既合矣,列祖在天之灵,睹子孙雍睦一堂,当默为欢欣鼓舞而庇荫之,行见英才蔚起,科甲连登,荷恩宠于朝廷,扬辉光于族党,后之人续修斯谱,人文政绩将十倍于曩昔。书不胜书,于以合新世业、合振家声、合迪前光、合垂后裕,是一合而永无不合者。门闾高大,还垂芳于国史,不独增家乘光。然则此次合修,无非培本根以沃枝叶,千万载绵延弗替,荣耀无穷,早于此卜之也。是为序。

时光绪十九年岁次癸巳冬月穀旦。

(民国十年敦厚堂木活字本)

民国零陵《龙氏六续家谱》卷首下,道光《攻敏政信四房合同》:

盖闻收族原以敬宗,修谱因而纪系。我族自福玖公落业资阳,递至攀桂公迁居五里,生子攻、敏、政、信,分列四房。攻、敏两房仍居五里,政房子孙迁居一里,信公迁居二十里衡龙桥之田家冲。乾隆甲子合修族谱,厥后四房派别支分。乾隆丙申,信房另修支谱。嘉庆戊午,攻、敏、政三房亦另修支谱,有合修之意而其势有难于合者,因丁繁居散地故也。第福玖公葬二十里龙习山,攀桂公葬五里车门段,此二公系攻、敏、政、信四房公祖,坟墓昭彰,理宜谨守勿替,房分虽分而根本固不忍分也。信公房于道光壬午续谱,另印公给五里一部,重攀桂公即重族也。攻、敏、政三房于道光丁酉续谱,另印公给信房一部,重福玖公即重族也。两谱兑领,互相保护,不啻四房合修焉。兹攻、敏、政三房公议来祠合修祀事,有攻公房再开支下德继、敏公房再栩支下菖蓉、政公房再贤支下菖润公,领信公房地字一号谱一部。信公房奇瑛之日显支下胜照、奇璋之日话支下贤纲、奇瑄之日弦支下贤俊公,领攻、敏、政三房地字号谱一部。两谱交质,各宜谨守,毋许虫蚀鼠伤、油污霉坏、添涂字句。倘有损伤以及鬻谱卖宗、誊写原本瞒族觅利等事,众共黜之,不许入祠,仍著伊亲属送官,惩治追谱,断不宽容。此系攻、敏、政、信四房公议,各宜凛遵。立此合同二纸,攻、敏、政三房公执一纸,信房瑛、璋、瑄三公支下公执一纸为据。

同立合约人：敏房德继、菖润、惠、澍炽、家达、希忠、贤照、纲、后、价、仙、翰，信房胜培、武、泽、家有、伫、郁、俊、祥、训敷。

道光廿年季秋月十五，攻敏政信四房公立菖澍笔，六续嗣孙谨录。

（民国十年敦厚堂木活字本）

永顺龙塔王氏

民国永顺《龙塔王氏族谱》卷一，《族谱凡例》：

族谱字派先世原有二十字，至后夔石相国，五省联宗，新订五行派序，取义精审，族内自当依次遵用，今谱从之以昭大同。

（民国二十三年铅印本）

四川

泸州王氏

民国泸州《王氏族谱》卷一，《王氏族谱序》：

尝闻先辈有言曰：吾族王氏，其籍原隶湖北黄州府麻城县孝感乡。因流寇肇乱，蜀民靡有孑遗，有明洪武间，以楚人实四川，先世祖亦在遣中，乃由楚入蜀，居四川省川东道遵义军民府仁怀县土城里五村寨，鼻祖国贵公即生于是焉。……迨明亡清兴而致仕家居，乃由此率眷迁泸州，插占于安贤乡走马岭坎下聂家村及王家湾两处。公住王家湾，卒于斯葬于斯，丘垄坟茔，丰碑屹屹。

民国二十一年壬申岁春二月上浣日，嗣孙守亨再序。

（王家浚督修，王守亨、王正溢编纂，民国二十二年石印本）

（二）祠堂结构与管理机构

宗子、族长、族长的助理人员——祠堂执事、轮值人员。

《皇朝经世文续编》卷五五，《礼政六·宗法》，张履《与子敦论宗子不必有爵书》：

读尊著为人后者为本生服议大篇，深用叹服。履往年上汤尚书书论兼祧服制，亦力破不贰斩一说，而于今人以小宗为大宗之谬不甚置辨也。得尊著乃无遗义矣。……凡始迁者即为祖并祖亦不必始爵也，今令甲凡聚族而居者得立始迁祖庙，民间为之宗祠，是宗法人人可立，凡族之所出之祖或始爵或始迁，立之庙而置之祭产，求其世适主之如古大宗礼可也世适久绝无可立，则如今俗主以族长。近人鲁氏仕骥为宗祠主祭议，以有爵者为主而废其宗子为庶人者，履曾为《驳议》一篇，于宗子不必有爵一说尚未详，复因尊著发之，

第六篇
宗族的形成与祠堂

是否幸不吝往复。

（葛士浚辑，光绪十四年刊本）

《皇朝经世文续编》卷六〇，《礼政十一·祭礼》，张履《答陈仲虎杂论祭礼书》：

今世俗宗祠必有始祖，或始爵，或始迁，以古宗法言之，宜于祠之中间专设始祖一主，求其世适以为大宗主其祭，而族人咸侍。若无世适，可推爵齿德之尊者主之。今俗专重族长，族长之名古有之，非今之所谓族长也。

（葛士浚辑，光绪十四年刊本）

《皇朝经世文续编》卷六六，《礼政十三·祭礼》，王元启《书陆朗夫先生祠堂论后》：

仆于辛巳夏迁居郡城，于中门外正寝之东设立五龛。最西曰祧室，次东曰高祖室，又东曰曾祖室，又东曰祖室，极东曰考室。自高祖以下，四时常祭，祧主则惟岁终始祭及之。其旁亲无后之主，则令以孙祔食于祖，至高祖既祧而止。祧室之制，鄙人所特创。盖古有始祖之庙，凡已祧之主，得各按其昭穆以次祔于左右之夹室。今无始祖庙，则五世以前之主，位置无所，与高祖以下四亲同列，则无亲疏之杀。若从魏晋已降毁瘗之议，不特非礼经所有，为人孙子之心，尤有恻然大不安者。庙与墓一也，墓藏魄，庙藏主，主依神，神与魄岂有异哉！今使有人焉，于五世以前之祖墓，戕其松柏，平其邱垄，甚者火其遗骸，使先人体魄不获久宁其所，世且以此为有人心乎哉？故祧室之设，所为礼缘人情可以义起者也。其以西为上则又何也？人道尚左，鬼道尚右，非泥古训阴阳之义，自然之理也。且古庙分昭穆，虽迭毁迭迁，始终不离故所。今以中左为高，中右为曾，高左为祖，曾右为考，庙有定而高曾祖考无定，则迁毁之际，右者忽左，左者忽右，数徙无常，恐非神道尚清静之意。今但自左而右，取古人渐而即远之义，庶几人鬼皆得其安，虽仍宋儒之议，其所以断然不从今俗，则亦鄙人之以义起者也。凡先世功德虽微，其为吾高祖之所自出者，吾子孙皆其遗胤，岂忍摈之使不得与血食。惟旧主久毁，虽有名行可考，仅可书之谱牒，记所谓有其废之，莫敢举也。至于旁亲无后之主，吾子孙本非其胤，特以亲属未尽，故今祔食焉。亲尽则义不相关，即为非所当祭之鬼，虚存其主，又恐祧室不足以容之，两皆不可，则从魏晋毁瘗之议，或亦义之所可安也。以上悉出鄙人私见，因未亲有道，无所是正。今读朗夫先生《祠堂论》，斥世俗背礼违制之非，特本《朱子家礼》，稍为损益，以示其后昆。知先生深于礼者，敢并以私意请质焉。

（贺长龄、魏源辑，中华书局1992年影印本）

《皇朝经世文续编》卷七三,《礼政十三·祭礼》,李元度《家庙碑》:

今宗祠遍天下矣。然于时王之制,则未协也。伏读《大清会典》、《通礼》,凡品官家祭,于居室之东立家庙,一品迄三品庙五间,中三间为堂,左右各一间,隔一墙,北为夹室,南为房,堂南檐三门,房南檐各一门,阶五级,庭东西庑各三间,东藏遗衣物,西藏祭器,南为中门,又南为外门,左右设侧门,堂四室,奉高曾祖祢四世,南向,高祖以上,亲尽则祧,藏主于夹室,岁以四仲月致祭,每案俎铏敦各二,笾豆各六,牲用羊一豕一。自四品迄九品,其制有差。盖秩无论崇卑,家必立庙,各祀其四世,虽兄弟不能合也。今人不能皆立庙,乃合祭其始迁祖,虽与古宗法相近,而实不同。盖祠不与寝相连属,则神不依人。又祀至数十世以上,旁亲皆得入主,族姓无贤愚贵贱,并得执豆以将事,自非立专庙于家,各祭其所当祭,祧其所当祧,讵有当于从周之义哉。

吾族宗祠在县治北,祀始迁祖碧山公,既增其旧制矣。同治七年三月,元度帅师平黔东教匪,蒙恩起云南按察使,军功随带加四级,覃恩诰赠先曾祖锦林府君、先祖星垣府君、先考小卿府君皆为光禄大夫,曾祖妣余、祖妣徐皆为一品夫人,母氏喻封一品太夫人,惟高祖石君府君例不获貤赠,乃援推广例,由国子生追授光禄寺典簿,高祖妣曾赠孺人。时元度以母老,请解官归养。诏曰可。六月归里,乃考《会典》、《通礼》,建家庙居室东堂,室房庑如制。越明年正月,庙成。会制书至,乃用新阶题神主,肇祀四室于堂,行焚黄告祭礼,既汔事,谨拜手稽首为之记。曰:祖宗者,吾形气所自来也,分父祖之形气以有吾,又分父祖之形气以有兄弟伯叔,皆一气所衍也。等而上之,吾父祖实分始祖之形气以有其身,吾始祖又分厥初生民之祖之形气以有其身,今虽莫举其名讳,然形已敝而气相承。气者何?吾今日之一呼一吸是也。吾之一呼一吸,即吾父祖之呼吸,即吾始祖之呼吸,即自有天地以来始初之祖之呼吸,使中有一时之息,则气不属矣。惟其一气相承,庙飨所以严也。且夫人生以气不以形,祖宗之死者,死其形耳。气则发扬于上为昭明,未尝亡也。当吾祖若父生时,非僻之行,弗敢逞焉,惧其闻而责之也。及其死而罔知顾畏,则之死而致死之矣。不知祖宗之生为人,人以形治,形不能无所隔,其死也为神,神以气治,气则无所不通。一念之起,无不知之。故必事死如事生,事亡如事存,乃不忕于孝也。或谓一气相属,既上溯诸不可知之祖,而庙止四世,亲尽则祧,何欤?曰:此礼之止乎义也。七庙、五庙、三庙之制,胥视此矣。且无论始祖及不可知之祖也,即高、曾、祖、祢四世,抑岂易言事哉!吾既祖高、曾、祖、祢,则皆如在其上矣。高祖既如在,而吾高祖之子姓,苟有颠连穷困者,吾不为之所,则高祖之神恫矣。曾祖既如在,吾曾祖之子姓,苟有颠连穷困者,吾不为之所,则曾祖之神恫矣。推之祖若父皆然,即上至始祖亦莫不然。故君子一举念不敢忘亲,一举口不敢忘亲,一举足不敢忘亲,惧其自私自利而不知本也。不知本,则一脉相承

第六篇
宗族的形成与祠堂

之气,我则阂之,一丝不隔之神,我则背之。虽日具百牢五鼎,如不祭矣。《诗》曰:无念尔祖,聿修厥德。世世子孙念之哉。

(盛康辑,光绪二十三年思补楼刻本)

《皇朝经世文编》卷六六,《礼政十三·祭礼上》,张永铨《先祠记》:

祠堂者敬宗者也,义田者收族者也。祖宗之神依于主,主则依于祠堂,无祠堂则无以妥亡者。子姓之生依于食,食则给于田,无义田则无以保生者,故祠堂与义田原并重而不可偏废者也。先王之为庙制也,天子七、诸侯五、大夫三、士二、官司一,庶人祭于寝,使人皆得缘分以自尽。后世恐流于僭,改庙为祠堂,则士庶人皆得祠。古先王导民以孝之意,其重以周者,莫如宗法矣。富者以其所入输于大宗,贫者以其所需待给于大宗,故族无甚贫甚富之人。后世宗法不行,为义田以济之。读钱公辅作范文正公《义田记》,益叹文正公之勤于收族如此。沿至今日,吾吴缙绅之家,有居则华堂邃室,游则曲沼层台,仆隶被纨绮,婢媵饰珠玉,而未尝有寸椽以妥先灵,斗粟尺布以给族人者。永铨心窃伤之,欲劝之以崇古道、挽时趋,则怪者半、嗤者半。

甲申冬,勉力赎书室,改为先祠,以修祀事。窃谓五十年来,欲立先祠之志,庶几稍慰。今日者,率高祖之子孙以祀吾高,则高祖不啻在焉。率曾祖之子孙以祀吾曾,则曾祖不啻在焉。率吾祖吾父之子孙以祀祖父,则祖与考不啻在焉。然吾高祖既如在,而凡为高祖之子孙,岂无有半菽不饱者,长不能婚、死不能葬者。吾曾祖既如在,而凡曾祖之子孙,岂无有半菽不饱者,长不能婚、死不能葬者。推而至于始祖之子孙,无不皆然。吾祀高祖而不能恤高祖之子孙,吾祀曾祖而不能恤曾祖之子孙,吾祀始祖而不能恤始祖以来之子孙,则祖宗在天之灵能无怨恫乎!此则祠堂既成,不能为义田以赡族,永铨之所以终身抱憾而不能释然于中者也。独是吾宗自始祖来,子孙之居于青溪者大半皆绝,所存者惟松江一支与海上一支耳。两支之子孙,丁不满四十,而其中之半菽不饱,长不能婚,死不能葬者,亦自无几。计得田百亩或五十亩,亦可稍济族人之困。而永铨以穷儒,砚田糊口,徒抱此心,其何能济!于送主入祠之日,题其东斋曰五思,盖取思其居处、思其笑语、思其志虑、思其所爱、思其所嗜之义。而复为联于座右曰:敬宗来此地,收族待其人。其人其人,有耶否耶?永铨之待其人,诚耶妄耶?他日其人之于永铨,果能继耶述耶?抑亦视为迂耶诞耶?皆未可知也,因为记以俟之。

(贺长龄、魏源辑,中华书局1992年影印本)

《皇朝经世文编》卷六六,《礼政十三·祭礼上》,张履祥《家堂》:

古者庶人祭于寝,不立庙。自官师适士以上,无不庙者。《家礼》祠堂之制,则贵贱通得用之。乃吾乡则千百家而无一也。若以为无财,则栋宇之隆,第宅之盛,又未尝不庶人而拟公卿也。惟家设一厨曰家堂,或于正寝之旁室置之,或悬之中堂而已。然多奉神佛如释老之宫,其稍知礼者则立一主,曰家堂香火之神,或曰天地君亲师,而以神主置其两旁,亦无昭穆祧祔之别。其岁时祭祀,率凭僧人节关,称为三代宗亲,而亦无宗支远近之数,此其概也。推其故,由于百余里内,贤达不生,士安流俗,乃习非而罔觉也。南渡以来,辅庆源、黄勉斋两先生虽寓官于此,更元之乱,遗风泯如。明初程巽隐先生宦学远方,而又殉靖难之节,人罕传述。而临川李公,亦当世庙之日,学者方以通经守礼为讳,未有先倡而讲明之者。其余大率温饱之外无余志矣。其贫贱之士,则又阻于力之弗能,因而胥溺及此也。闽南陈布衣与其乡人讲明文公家礼,而风俗以革。夫风俗之薄,莫甚于不尊祖,不敬宗,而一本之谊漠如也。今欲萃人心,莫大于敦本收族。欲敦本收族,莫急于建祠堂。其规制大小,称财称礼,无不可为,愿与同志共勉之也。今按家堂香火之神,名义安仿。

至于天地君亲师五者,以为民生所重则有之矣。而立一主以祀之,则无义矣。以天地为上帝后土,则郊坛之祭,天子而下莫敢举也。若非上帝后土,则岂别有一天地为民间通得祀之者。至于君,谓先君乎?则九庙奉之矣,以为非先君乎?则皇帝方临御,安得而神之也?亲则祠堂既立四世主矣,又总名曰亲,果何亲也?先圣先师则自国学以至各府州县之学,以及书院,莫不崇祀,不应家以渎之。若所受业师,则固有子孙以时享,况乎薄俗人心。今日师弟,明日路人,当其生前,久矣不复胸臆,而谓身殁之后犹置念思,有之乎?故谓此主之立,直是无义,人未之思耳。古者大夫得祭五祀,故吾乡钱氏不设天地君亲师位,改为家堂五祀之神,然家堂二家尚不典,拟改本宅五祀之神较安。

(贺长龄、魏源辑,中华书局1992年影印本)

《皇朝经世文编》卷六六,《礼政十三·祭礼上》,陆耀《祠堂示长子》:

昨沈甥思序述女叔来叔之言,谓及今宜建祠堂。问其费,曰数百金。此徒见世俗于通衢隙地建立祠庙,炫耀乡邻,以示贵异,不知其悖礼违制,不足学也。古者庙寝相连,神人互依。必在中门之外、正寝之东,一世自为一庙,各有门有堂有寝。后始变为同堂异室之制,而其世数,必视官爵之高卑为准。仕宦之家,虽贵至宰相,于古仅为大夫,得立三庙而已。缘其制度繁重,难以遵行,经程朱大儒准情酌理,创为祠堂,得祀高曾祖考四代,而其地必仍在正寝之东。正寝者,今之厅堂也。或一间或三间,中为四龛,龛中置椟,椟中藏主。龛外垂帘,以一长桌盛之,其位以西为上,如是而已。此吾先世所未尝行,亦不能行。因思嘉兴住宅,适于厅堂之东,复有正屋,今宜于第三层向南屋内立为祠堂,一如《家礼》

第六篇
宗族的形成与祠堂

之制。自吾高祖以至吾父，共为四代，古人或以始封之君为始祖，或以始迁之祖为始祖。论始封则吾祖实受大夫之命，子孙可世祀不废。但既遵《家礼》，则可不奉始祖之祀。此俟后世酌行，不必预定。至于以西为上，说者谓鬼神尚右也。但今俗生人以东为上，死则又以西为上，于人情有所未安。明初用行唐令胡秉中言，许庶人祭三代，以曾祖居中而祖左祢右。邱琼山谓士大夫家祭四代者，亦当如之。徐健庵《读礼通考》载此图式。中之左为高祖考妣，中之右为曾祖考妣，高之左为祖考妣，曾之右为考妣，四龛相隔，俱系南向，此于时制既协，人情亦安。若今世俗之祠堂，既不与寝相连，神不依人，而又祀至数十世之远，其旁亲不问愚智，一皆奉主入祠。其子孙不分贵贱，居然执鬯主祭，徒广其宫室，不以僭逾为耻，此何足仿效乎！女于接收房屋之后，当以此为首务。《记》曰：君子将营宫室，宗庙为先。《家礼》亦云："先立祠堂于正寝之东。"他如栗主制度、祭器品式、献享仪节，按《家礼》所载，斟酌损益行之，疑而不决，邮问详定可也。

（贺长龄、魏源辑，中华书局 1992 年影印本）

《皇朝经世文编》卷六七，《礼政十四·祭礼下》，单作哲《传经堂祀说示可》：

传经堂者，为祀教授府君而作也。吾室自大父以前，旧居在东门内，其地久属他人矣。大父以后，转徙无常居。余幸成进士，仕县令，新卜居于斯宅。《礼》："君子将营宫室，宗庙为先。"子孙有宁宇，而不立祠以妥先灵，安乎哉？吾族诗书之泽，始于教授府君，府君之后，仅四五人，惟余稍能成立。且庶姓皆得祀其四亲，府君，高祖之父也。世数非遥，而祀事缺然，安乎哉？故斯堂之作，以教授府君为主祀，而高曾祖父，皆从祀焉。高祖父兄弟二人，高叔祖无后。礼，孙宜祔于祖。今祀不及高祖之祖，则子从父食可也，宜祔教授府君室之左。曾祖父兄弟三人，曾叔祖有后，曾伯祖传子及孙，今已故绝，宜祔教授府君室之右。祖父兄弟三人，两伯祖皆无后，再从伯叔祖无后者又三人，宜分祔高祖室之左右。吾父兄弟二人，叔父无后，宜祔曾祖室之左，高叔祖曾伯祖再从伯叔祖不设主，何也？堂之制与庙异，一堂之上，区为八室，无余地以别藏祔主。父子祖孙而共居一室，则黩矣。标纸以祭，终事焚之可也。两伯祖叔父宜祔食，而特居一室，何也？亲近不忍遽绝之。诸子长成后，当各命一人以专祀事。三从叔父之无后者，不及于祀，何也？无所祔也。礼以义起，于正祀之日，设羹饭于门内之左，而兼及殇焉，其可也。无后者之祔食，何也？譬之一家，岁时晏衎，子姓咸在，而一二孤独者，独不与会食之例，祖若父必有隐恫于心者，祖父之所恫，即为子孙者之所不安也。呜呼！计教授府君之后，今见存者五人耳，与余为族兄弟，及汝身则皆祖免之亲矣。一父之子，仅四五传而服已穷、属已绝。故斯堂之作，以教授府君为主祀，俾世世子孙，凡为府君之后者共襄祀事，吉相庆，凶相恤，欢然若同室，无或如秦越人之相视则几矣。

(贺长龄、魏源辑,中华书局1992年影印本)

《皇朝经世文续编》卷六○,《礼政十一·祭礼》,马树华《祠堂记》:

古者公卿、大夫、士皆有庙,见于经者有五庙、三庙、二庙、一庙之典,唐开元中曾定其礼,宋大观中亦有更定之制。程子谓人本乎祖,服制以高曾相属,则时享宜及高曾,冬至宜祀始祖远祖。自是士大夫多遵用之,而朱子不祭始祖。明初仿朱子祠堂,凡家庙皆祀四亲,成化中令皆立一庙,以高卑广狭为杀。嘉靖中定三品以上五庙,以下四庙,犹是同堂异室焉耳。而五庙述大观之制,祔五世祖,议者以为未当,固不若远取别子为祖之义,近依程子人本乎祖之义,奉祀始祖之为善也。而统祀四亲,中奉始祖,又不若专庙奉祀,合乎百世不迁之义,且使族有所统而不涣也。王制大夫三庙,一昭一穆与太祖之庙而三大。夫得祀始祖,此其明证。朱子不祭,曰疑于僭,或谓其侨寓于闽族,在婺源故不祭。程子则有夺宗之说,谓己之官法得立庙也。国朝会典品官皆祀高曾祖祢四世,而士大夫之族多有始祖祠堂,功令亦不复为之程。方望溪侍郎谓人情所安不可强抑是也。

吾祖自明永乐初更姓居桐,于今十有八世,而未有合食之庙、赡族之田,先大夫每慨叹之。岁乙未,树华自汝南乞养归,树章经营义庄粗有端绪,思先大夫之志,意乃购城西地,更筹费用庀财兴工,阅十六年而告成。前堂奉一世祖文学府君,而二世、三世、四世、五世祖从祀;后堂奉六世祖太仆府君,而七世、八世祖从祀,九世以下仿鄞桓溪全氏、吾乡麻溪吴氏祠例,凡贤而有德、能而有功、贵而有爵、才而有文者从祀焉。夫始迁之祖始为卿大夫之祖,礼得不祧专祀,固其宜也。有他先祖从祀礼可以义起也,且古九命,今九品,或谓元士视附庸,古自附庸即得立五庙,或谓九品当古之一命,古一命今九品,并得立庙。太仆公以下得有庙者众矣,而今皆萃于一堂。杨文定公有言,比于古人规模简略,则虽祀及远祖固无兼于越分也。咸丰壬子仲春初将祀事,自后岁以二仲礼,以三献行,以一跪三叩,祇遵祭礼,毋敢差忒。至于少牢特牲不特杀之等俎铏敦笾豆之**数**,**隆杀**必视爵禄,则采李文贞公、朱文端公、李穆堂侍郎诸议,定以有禄于朝者主祭,**执爵奠献**,庶几子子孙孙更迭,以其禄位主斯祭焉。树华、树章德薄,惧不足自致其诚敬,惟义必依于古而宜于今,后人能恪守之,则于敬祖收族之道或犹有什一之存也与。树华谨记。

谨按:《大清通礼》家祭吉礼,主人朝服,子弟执事者盛服。今定:有服制者不与祭;与祭者皆吉服,着靴,夏秋纬帽。

《通礼》家祭及时节荐新、朔望献茶,均行一跪三叩礼,不揖,不四拜。四拜系相沿旧礼,今不可。

第六篇
宗族的形成与祠堂

《通礼》家祭之期，岁以春夏秋冬仲月择吉致祭，盖祭四亲庙也。今祠始祖以下谨定春秋二仲朔日，恪遵典礼而敬行之。

《通礼》一品至三品官羊一豕一，四品至七品特豕，八品以下豚肩，不特杀。祭器三品以上每案俎二实牲体，铏二实羹，敦二实饭，笾六实时果饼饵鱼腊兽腊之属，豆六实炙胾时蔬之属；七品以上俎一，铏敦皆二，笾豆皆四；八品以下俎一，铏敦皆二，笾豆皆二。礼有等差，不得僭越，故应以有爵者主祭。今定前堂后堂旅中有爵者延景，有爵者各一人，主祭各一人，赞礼一人，读祝各二人，分献每案各予弟二人执事，余众序立主祭分献之次层行礼职七品以上应用特豕一、俎二、铏二、敦四、笾四豆，异日有仕至三品者，乃用少牢若，仅微官，即不特杀，必宜恪遵典礼，昭荐馨香。

《通礼》家祭，先祭三日，主人及在事者咸致斋。前一日主人率子弟盛服入庙，洁除拂拭，设供案炉檠具，设祝案于香案西，设尊爵案于东序，设盥盘于东阶，割牲，辨祭器之实。届日五鼓，主人朝服与祭，执事者盛服入庙，执事者陈炉镫于供案南，陈尊爵于东序案，陈祝文于祝案，实水于盥盘，加巾，质明子弟之长者盥，诣各室前跪一叩，兴，奉主以次设毕，赞礼立堂东檐下，西面诸执事分立东西阶相向，赞就位，主人盥，诣中檐拜位立。族姓立东西阶上，皆北面，赞，参神，主人入堂左门，诣香案前跪，执事二人一奉香盘，一挹尊酌酒，诣主人左右跪，左进香，主人三上香，右进爵，主人酹酒于地，以爵奠于案，兴，退出右门，复拜位及族姓，行一跪三叩礼，赞初献荐匕箸醢酱于案兆，庖人解牲体实于俎，执事者，奉以升各荐于供案。主人诣案前，执爵者奉爵，主人献爵，奠于正中，跪叩，兴。分荐者献讫，退立于拜位，赞读祭文，主人跪，族姓皆跪，祝诣祝案，跪读祭文，曰：维某年月日，几世孙某谨告于某考某官府君、某妣某氏之灵；曰：气序流易，时维仲春秋，追感岁时，不胜永慕，谨以洁牲庶品粢盛醴齐敬荐岁事，以某亲某氏等祔食，尚飨。读讫，兴，以祭文复于案，退，主人以下一叩兴，赞亚献庖人和羹实于铏，实饭于敦，荐于案及腊肉炙胾，主人献爵于各位之左，赞三献荐饼饵果蔬，主人献爵于各位之右，分献者遍献均如初献仪，赞受嘏祝取供案酒馔，降至香案旁，主人诣香案前，跪祝代祖考致嘏于主人，主人啐酒尝食，反器于祝，接以兴，主人一叩兴，复位，赞送神，主人以下一跪三叩，赞望燎祝，取祝文由中门出送燎，主人退避东阶下，**众咸降阶**，主人诣燎位，燎毕与祭者出，主人率子弟纳神主，上香行礼，彻祭器，传于燕器，**洁涤谨藏之**，阖门各退，日中乃馂，族中行尊年长有未便序立，次层随同行礼者，即赞礼读祝执事诸人，亦未能随同行礼。按会城大祭有纠仪一员，祭前行礼，然后排班，谨仿其意，定于奉主设毕焚香献茶后，即先序立，行一跪三叩礼各退，然后赞就位其后堂左室，前祀贞烈节孝诸位，后祀无嗣诸位，谨定是日前堂后堂祭毕，父兄各一人、子弟各二人，分诣致祭，跪上香奠爵，叩兴，陈俎铏敦笾豆讫,行一跪三叩礼,各退。

近世大族家庙有不为妇人作主者,有夫妇共作一主者,吾乡众子分居,即仿其制,考妣共作一主,不书神主,而书神位是也。按《穀梁·文公二年》作僖公主,疏麋信引卫次仲云:宗庙主皆用栗,右主八寸,左主八寸,广厚三寸。《左传·昭公十八年》疏,引作左主七寸,右主谓父,左主谓母也。汪中容甫述学妇人无主答问,引《杂记·丧服小记》,若妇人无主,妇与妾于何?而祔王母何以得专其祭,是不为妇人作主,实为非礼,必不可从。至考妣共作一主,于古虽无可证,而《仪礼·少牢馈食礼》筮尸命曰:孝孙某来日丁亥用荐岁事于皇祖伯某,以某妃配某氏,以某之某为尸,尚飨。是夫与妇共筮一尸也。《周官·司几筵》郑注周礼虽合葬及同时在殡,皆异几体实不同祭于庙,同几精气合。孔疏引祭统铺筵设同几,以其精气合故也,准同几同尸之礼,考妣共作一主,尚协于义,且祠堂合食异于四亲之庙,今谨用之。

吾乡吴氏祠堂左祀崇报,右祀显扬,而有文者不与。鄞全氏祠堂祀,有德有爵、有文而有功者不与。今谨参定四者并列,凡沉潜学问身体力行著有忠节孝弟之行者,是谓贤而有德;凡正途京职九品、外官八品以上,援例京职八品、外官知县教职以上,武职都司以上及封赠如其官者,是为贵而有爵;凡力保先茔、捐修族谱、捐祭田义田租谷三百石以上,或白金一千两以上者,是为能而有功;凡有经学史学箸成、子部成书、诗文专集足以传世者,是为才而有文;均得作主一体附祀。惟有爵有文而无行者亦不得祀。其有原配继配者,遵用朱子之说,并以配食。

《会典》命妇因子孙受封加太字受赠则否,若夫在亦不加,盖妇不得以尊临其夫之义,姚姜坞先生笔记太皇太后升祔称皇后,正此义也。世俗府君、太君并称,殊误。今定配称封号,无封号者则用邱文庄公说,亦称孺人。

(葛士浚辑,光绪十四年刊本)

《皇朝经世文编》卷六六,《礼政十三·祭礼上》,杨名时《家庙记》:

谨按《礼记·大传》:别子为祖,继别为宗,百世不迁。继祢者为小宗,五世则迁。别子谓或出奔他国别于本国者,或其身始为大夫者,其子孙世世以之为始祖,而宗其继之者也。故《礼记·王制》言:大夫三庙,一昭一穆,与太祖之庙而三。是祀及始祖之明证也。宋司马温公家礼祭及曾祖。程子谓服及高祖,则祭亦必及高祖,即士庶不容有异。朱子从之,后之讲礼者,远取别子为祖之礼,近依程朱祭及高祖之义,以为宜推先世始迁,或初受封爵者为始祖,世祀之。祀始祖则族有所统而不涣足,与谱系相维。而统祀高曾祖祢,为一堂五龛之制,庶几援据古今,备追远之道,为士大夫家可酌而行者。盖合数世为一庙

第六篇
宗族的形成与祠堂

奉之，比于古人三庙二庙之规模既为简略，则虽祀及远祖，固不嫌于越分矣。又况今之所谓祭者，岂能如古礼所云索牛而祭，鼎俎豆笾之盛乎！则亦荐焉而已。田禄无常，丰约从宜，固其所也。朱子言神依于人，宜就宅中立庙。今廊基于宅之东南，幸依于宅，因势营构，堂宇东向，未至远违古意。庙中列主，唐宋皆以西为上，温公谓神道尚右，而朱子以为亦非古礼。

明制：许庶人祭三代，以曾祖居中，左祖右祢，品官家庙得祀四世，左右并列，而同一向。今制五龛，谨奉始迁先祖居成公居中，奉高祖北津公居中左，奉曾祖振南公居中右，奉祖考春晖公居次左，奉先考坦予公居次右，并依堂正向，东西各为一龛相隔，无父子祖孙并位之嫌。祭以仲月，奉神位出龛就享，春夏秋之祭，则各正向。始迁祖居中，高祖居中左，而少亚于始迁祖。曾祖居中右，而少亚于高祖。祖居次左，少亚于曾祖。考居次，少亚于祖。以伸高曾祖祢正位受享之尊。冬至则始迁祖居中，正东向，高祖居左昭位而南向，曾祖居右穆位而北向，祖居次昭位而南向，考居次穆位而北向，除夕亦同，以敦合食之谊。古者外臣入朝，四时之祭缺一，否则礼宜备举。第今以墓祭非一所，则仲春庙祭，或行或缺，似亦偶可从宜，然当以举行为正。端午正在仲月，夏祭即以是日，或夏至，或择日，皆可。秋成尝新，则以仲秋。冬祭亦可用冬至前一日，除夕可当立春一祭。祖祢忌辰，请出神位于左庑南向祀之。忌日之祭起于哀，品物礼文，视正祭为杀，所谓有终身之丧是也。

俗有先人诞日之祭，亦人子思亲不能自已之情，与忌日同礼可矣。幼及事我祖，诞日之祭亦仍之。古人时祭外，更有冬至祀始祖、立春祀先祖、季秋祀祢三祭。今冬至已祀始迁祖及四亲，而居成公为高祖北津公父，正当先祖之位，奉为常祀。立春无容特祭，唯应于季秋择日享祢，奉神位于左庑南向专祀，礼同正祭，以致追慕罔极之忱。凡正祭不可于忌日，以吉凶不同日也。祭必先期斋戒，祭时序立酹献诸礼，及正至朔望出入参谒之仪，并仿邱琼山先生所辑注《文公家礼》酌行之。及后，高祖亲尽为先祖，应奉神位藏于右之西向室，除夕奉位出至祠堂，列昭穆合食，数传后，始受封爵之祖亲尽，应奉神位居堂之左或右间，春夏秋就神位前设祭，冬至除夕序昭穆合食。壬辰九月，家庙落成，适当慈忧服阕之后月，以二十八日戊申昧爽，奉神主入祠妥侑，草定其梗概如此。虽于礼未能允协，然不敢以行之有失遂废不行，益重罪戾。读琼山先生《文公家礼序》，谓儒者失其礼柄，反为异教乘间窃弄。怵然顾畏，思少存重祭报本之义，以仰遵圣朝孝治之德意于万一云。

（贺长龄、魏源辑，中华书局1992年影印本）

《皇朝经世文编续集》卷六六，《礼政十二·祭礼上》，谢济世《家庙记》：

《礼》：将营宫室，宗庙为先，大夫三，士一。吾家自曾祖以下幸沐国恩，皆为大夫。然先世本士族也，故止立一庙。一庙者，考庙也。不称考者，高、曾祖咸在也。其制三间，有堂无室。五龛，中一龛藏始祖尧卿公以下五十七代本支世次图。其旁左高右曾，又其旁，左祖右祢，考妣同龛。皆南向，以祆始向东，庙惟向南，《尔雅》《戴记》可考也。《尔雅》云：东西厢祭纯云北面而事之高昭曾穆，高祧则曾昭祖穆，祖不越曾而僭高之立子不先父也。殇也无后也，伯叔也兄弟也，妻妾子妇也。其袝食丧服，《小记》言之矣。然中一以上，亦不必。盖暂祧与未祧同，昭穆尚无定也。祭用五簋，不焚纸钱纸锭。虽有地府，钱锭无所用，纸虽焚，亦不能为钱锭也。秋尝冬烝祫三献，生辰祃一献，忌辰不祭**素馔奠**而不献，吉凶不相干也。春夏不祭，四时不敢备也。诸侯不备，故中元不祭，我祖宗**世修厥**德，无禁锢地狱中元赦归之理也。吾观近世士大夫虽世职，罕有立庙者。其故何哉？庸俗子惑于地府之说，既疑庙为虚设。闻有欲立庙者，又惑于先儒庙制庙位及祧袝之说，庙制皆云东向，庙位则云西上，或云向南、西上，或云东上。至于祧袝，又云穆不迁昭。子宁先父，言既无征，理亦未顺。两岐三岔，何所适从。是以徙倚迁延，而不果立也。或曰：庙之不立，诚如子言。方向位次，先儒固非，子亦未必尽是。世无周孔，其孰能折中之。曰：吾固折中于孔子者也。不曰事死如事生乎？今夫生者之必有室也，室之必南向也，南向之中为首席，左为二席，右为三席也。首席虚则二席三席者，之依次而升也。夫人而知之也，死者亦若是而已矣。特生也父坐子立，死则父昭子穆耳。敢以质之议礼家，及士大夫之祭于寝者。

或问文昭武穆，似有一定不易者。曰已祧者百世不易，周自后稷递数以下，太王文王昭王季武王穆，其子孙亦以为序。昭之子孙即称昭，穆之子孙即称穆，此太祖庙次之昭穆。工史掌之者也，未祧者。一世一易，以主祭之人为主，昭主祭不易，穆主祭则暂易，此四亲庙次之昭穆，宗祝掌之者也。又记。

（饶玉成辑，光绪八年刊本）

《皇朝经世文编》卷六七，《礼政十四·祭礼下》，孔继汾《论昭穆》：

凡昭主穆主，初袝皆纳右室，易世乃迭迁而左，此孔氏家庙之旧式也。盖古者诸侯五庙，大夫三庙，皆同宫异庙，故昭常为昭，穆常为穆。自后世变为同堂，此礼之不行也久矣。乾隆十年夏六月，今宗子将袝考于庙，客有为常昭常穆之说者。时宗子幼，侄广柞，其季父也。相礼，因质于余。余曰：今古异宜，当一如旧式，迁汝曾祖及父之主于左，迁汝祖之主于右，而袝汝兄之主于最西之一室。言未既，客诘余曰：古者昭常为昭，穆常为穆，虽百世不可改也。如子之说，其如昭穆之序何？余曰：此古者同宫异庙之礼，非后世同堂异

第六篇
宗族的形成与祠堂

室之礼也。考古庙制，外为都宫，太祖居中，昭穆以次分列左右。庙皆南向，主则东向。及其祫祭于太祖之庙，则惟太祖作东向，群昭之主，皆列于北牖下，南向。群穆之主，皆列于南牖下，北向。三代之制固如是，盖惟主各异庙，昭不见穆，穆不见昭。然后祔必以班，昭常为昭，穆常为穆。内既有以各全其尊，外始可以不失其序。自汉明帝变乱古礼，创为同堂异室之制。魏晋因之，遂不能革。近世诸侯无国，大夫无邑，并异室之制，亦有不能备者，此昭穆之所由紊也。若欲强复古典，势必有以子跻父之嫌，常昭常穆可也，以子跻父则不可也。况昭之为言昭也，穆之为言深远也，此以祫祭时南向北向之位而言之也。今太祖既不循东向之位，是所谓昭穆者，已乖南北之义矣。徒执古礼之虚名，而乱位次之定序，恐言礼者所不敢出也。客曰：子不闻朱子议祫祭之说乎？朱子曰：设高祖有时而在穆，则高之上无昭，而特设位于祖之西。祢之下无穆，而特设位于曾之东，则无僭越之嫌，而不失昭穆之序，毋乃不谬于礼与。余曰：势不能也。祫祭者，一时之事，主可暂移，位或可以特设。若宗庙，所以妥神灵也。屋楹既不可以妄增，位更于何地特设。且客既知有特设位之礼，是已明同堂之不可以子跻父，今同者之言益非无据矣。客曰：然则异室不犹夫异庙乎？余曰：异室不同，祔实同堂也。夫主之有祔也，犹人之有席也。今有子席于上，父席于下者，而曰我与父异席，勿僭父也，可乎？孝子事死如事生，事亡如事存，生者存者，不敢僭父之席。死者亡者，宁敢僭父之祔乎？今之非礼不在昭穆而在同堂，盖同堂则必不可以序昭穆，序昭穆则必不可以同堂，而今日之事欲不同堂又不能也。然则常昭常穆者礼之经，而昭穆互迁者乃事之权也。经之不可执而特出于权，是则余之苦心也夫。客乃无以应，而庙序互迁如故。兹因序次祔礼，谨书之于篇，以质天下之言礼者。

（贺长龄、魏源辑，中华书局1992年影印本）

王有光《吴下谚联》卷一，《五百年》：

五百年谚亦有二：一曰"五百年共一家"，子孙由合而分；一曰"五百年前结下缘"，夫妇由分而合。前谚是合散。朱子注《中庸》"诚"字以此。

（中华书局1982年版，第9页）

任兆麟《有竹居集》卷一三，《任氏祠规六则》：

一、合祭所以收族也。每岁十月朔，期虽，齐集，历四时而一会，水木之思，何人蔑有，务望各致其诚。

一、习仪所以谨亵也。主祭者行礼，设茅，行灌，出迎，牲既奠，读祝焚明器，工奏乐，子姓拜以世，及昭穆相继，礼行三献，毕，彻俎。

一、备物所以致敬也。羊一豕一,大宗祠祭,席一;羊一豕一,宗祠,席三;义祠二。嘉荐,钧十有二品爵,席以三,羹食从之,物惟其时。

一、饮福所以均惠也。子姓众多,不及设席燕饮,祭后各颁胙肉,数起以斤。六十者倍之,七十、八十以上者递倍之,尚年也,不以分限。

一、司祭所以防奖也。必择族之殷实而贤能者任之,每岁应需各用悉心经纪,咸载诸册,出几所存几,所于举祭后核算。

一、修葺所以计久也。堂户阶所逐时整顿,庶不至以风雨之漂致亵神爽。可三年一修,七年大修。司祭者经纪厥事,存册俟算。

(嘉庆二十四年两广节署版)

直隶
丰润毕氏
民国丰润《毕氏宗谱》,《毕公裔家训》:

举族长:一族中,一应事宜,族长主之,族副副之,族察察之,各宜秉公持正,明大体,服人心,其事有真,是真,非良心难昧者务要明目张胆主持剖断,不得徇私植党,偏向回护,以致是非倒置,亦不得专伸法于寒弱而屈法于强宗,即使三尺难加,亦须明存公论,违者众共更置之。

(民国十九年排印本)

江苏
宗族及宗祠管理问题在不少谱书的族规族约中都有所涉及,而以江苏宜兴任氏家谱所载较为详细。任氏宗族管理人员有八:一曰宗子,以**主献祼**;二曰宗长,以定名分;三曰**宗正**,以总纲维;四曰宗相,以揆礼义;五曰宗直,以平风议;六曰宗史,以掌簿版;七曰宗课,以**笼钱谷**;八曰宗干,以充干办。其任职资格与产生办法有详细规定。

宜兴篠里任氏
民国《宜兴篠里任氏家谱》卷二之五:

立宗子议

大宗宗子,所以主祼献、明统纪。自一世至七世,而西岩公进继大宗,礼之变而不失其正者也。自是至十七世,家谱大宗图昭然可考。不幸,十八世宗子念典流落不肖,以罪废,法宜挨次继绝。值建祠伊始,推贤尚功,众议于大分中择立绳昉为宗子,进继大宗,亦变而不失其正云。

第六篇
宗族的形成与祠堂

立宗长议

宗长,所以听一族之政,非素有德行、临事公平明决,何以服众。法于尊行中推择贤者而谋之于众,众咸曰可,然后宗子率通族之人卜之于庙,三卜习吉,乃告于始祖,行宗长事。族中事无大小,咸听宗长,咨于宗相而裁决焉。

立宗相议

宗相取辅相之义,所以辅宗子、宗长之不逮也。盖宗子未必皆贤,非有相焉,何以合礼?宗长虽贤,未必无一时一事之误,非有相焉,何以合义?立相之道,不拘分齿,惟视材贤。幸而有积学精修之士,明于理义,达于事故,上可以窥圣贤之蕴,下可以极品汇之情,是能推详纤悉,斟酌可否,权衡轻重。故凡有事于祠堂,凡有事于宗族,必絜之义理而不悖,施之事为而不紊,祖宗之福、族姓之福也。然其人不可必得,则求其次。致曲以为明,庶几可以察理虑下以为公,庶几可以服众。本之以敬慎之心,辅之以和平之气,姑取而委任之。若夫佞口屈人,诡情谐俗;或偏执己见以为是,或外假公道以行私,《易》所以云"开国承家,小人勿用"也。

立宗正议

宗正取正大之义,所以体宗长、宗相而干之以必济者也。宗长、宗相虽皆贤,而力或不足、事或难行,心有人焉左提右挈,济巨行远,此宗正之责也。法不论齿分,亦不拘人数,以先达者为之。盖藉祖宗之荫,列名缙绅,其人必厚于根本,练于世故,故族中人亦宜爱敬而听信之。幸而爵显禄丰,范希文义田之法,于宗正有望焉。若或倚势而忘其先世,凌躐乡党,虽贵显,非宗正也。

立宗直议

直取刚直之义。凡族人之是非曲直,正言不阿,家规藉以行焉。必公平刚介而不避怨者为之,徇私不任则黜。

立宗史议

宗史取记载之义。掌簿版,修典礼,明赏罚。凡族中生卒配葬,有告即书,以便修谱稽查。均矢公矢慎,毋徇私而旷职,必择读书明理掌故多闻者为之。

立宗课议

宗课取督课之义。凡钱谷之出入,营造之筹度监董,宗课轮司其事。必公介而有心为之,徇私不任则黜。

立宗干议

宗干取干办之义,所以先后奔走于宗长而助之行者也。祠堂有租债不清、听直不到者,宗干奉宗长之命取之,或协宗直、宗课共治其事,必老成廉直而不辞劳苦者为之,徇私不任则黜。

(民国十六年一本堂刊本)

民国《宜兴篠里任氏家谱》卷二之五：

一、宗长、宗正、宗辅、宗子居在城者，赴祠与祭，每人给船钱五百；南门分与祭，给船钱二千。

一、宗子每岁给米三石六斗。

一、宗史每人每岁给米一石。

一、宗课每岁总给辛力十六千八百。

(民国十六年一本堂刊本)

族长的助理人员：祠堂司事。

浙江

绍兴山阴柯桥杨氏

光绪绍兴《山阴柯桥杨氏宗谱》卷二，《县案》：

光绪十七年请示稿底：

具呈族长杨潮，房长杨萃，司事杨希伯、杨惟椿、杨惟一、杨惟辞，年甲不等，住十八都四图柯镇，离城三十里，为课祭攸关，公叩给示勒碑永禁，并赐照单，分谕各庄注册、杜盗垂久事。窃职等忝居族长、房长、司事，向有杨氏宗祠，单开各都图杨慎宗祠等户田亩，给田布种收租，上供课赋，下延祭祀，历今已数十余年。前因族中不肖之辈，将田产觊觎图盗，当经开明户号，呈蒙前主付庄，注册禁止。嗣遭匪扰，案毁无稽，肃靖后，族房各长及掌祠司宰，相继去世，次第更换，幸奉颁发印，户管执业完粮，藉资遵守。惟是人心日下，子孙良莠不齐，近年以来，间有无聊族人朋串不法党类，仍欲背盗祠田，业由职等闻知并佃户通报，即赴各庄注扣，始绝盗念。无如此心已起，深恐后患难测，家法莫制，又况族长有故系，应分尊者为之，非尽年高有德，是以祠规另举司事协理。如族长言行未出于正，司事皆可指攻，不作违犯论。至宗祠田产，尤不得倡言废卖，庶祭堪永保，幼辈亦不敢妄萌觊盗矣。

......

光绪十七年二月十八日呈。

(杨惟椿、杨惟一等修，光绪二十年敦伦堂木活字本)

第六篇
宗族的形成与祠堂

湖南

宗族日常工作由户长、房长、族长等主持,所以对这些人员的推举尤为重要。而且为了维持宗族事务的正常运转,明确他们的职能与责任也是必要的。同时因其职能的不同,宗族管理人员的充任条件也有差异。

湘乡匡氏

道光湘乡《匡氏续修族谱》卷首,《家规》:

户长、房长务要公平、正直,不可苟且徇私。每岁正月望日,各房房长约集子侄,将家规、家训一一诰诫。每年冬至,户长将各房家谱一一查阅,或本房有事,本房房长开释;如不服房长,会集各房房长理断,再不服房长,一齐告禀户长,唤二比入祠听户长公处。倘户长有私,通族合议重罚。另择房长中之贤而有德者更立之;房长有私,通族合议,择本房中之才而有能者更立之。

(匡逢向等修,道光八年解颐堂刊本)

(三)祠堂厅院的管理规则

《皇朝经世文续编》卷五八,《礼政五·宗法上》,管同《宗祠规条序》:

古者自天子、诸侯、大夫至于士、官师皆有庙,惟庶人乃祭于寝。自宋以后,士大夫之有家庙者希矣。古者天子七庙,诸侯五庙,递降至于官师,一庙而已。后世虽身为庶人,其家堂木主往往积十余世而不祧,春秋时祀上及高曾远祖,而国家不为之厉禁。古今异时,其礼制不容强合也。然愚尝论之,后世有家堂而少家庙,其家堂或置于中闱,人神杂糅。且古者宗庙之礼以序昭穆,序事以辨贤,燕毛以序齿。自家庙之礼废,而五服之亲有终岁不相谋面者,尊祖之道衰,收族之情遂失。此家运所以凌夷,而有志之士必汲汲以宗祠为务者也。吾管氏自明世宗时敬所府君自苏州东洞庭山迁于江宁,传一世而分两支,至于今将二百年。两支分为数十支,见存者可序为五世,亦云盛矣。窃闻之,自乾隆中诸祖诸父即欲创建宗祠,而力有不逮。道光七年夏四月,族人相会建议,以为事独任则难成,财分出则易集。吾宗虽多贫,请各量其力以勉成是举,皆曰善。于是共捐白金,得若干数。市宅于汉西门内,鸠工庀材,粗加缮饰,讫明年而祠屋成,祭有所矣。昔者成周之制,卿以下必有圭田,士有田则祭,无田则荐。盖祭必有田,而后粢盛始絜,牲杀器皿始可完。今吾宗之力,未足以置祭田鱼菽之荐,不能备礼,且惴惴乎惧无以善后焉。虽然吾宗三百年无宗祠,一倡议而遂有之,庸讵知今之无田者,他日不且连阡累陌乎?宗祠之外,置义田以恤孤嫠,设义学以教童稚,取余财以给贫宗之葬薶嫁娶,吾宗人皆有志焉,庸讵知他日之不一一尽成乎?以尊祖为心,以收族为念,人人不私其财,民所欲,天有不从者哉。若夫就今言之,则始易家堂之制,略为家庙之规,以稍明夫尊祖收族之谊,视为始事而勿视为成事可也。谨与合族共议,酌为规条,勒书于壁,而序其缘起如此焉。

（饶玉成辑,光绪八年刊本）

江苏

丹徒李氏

民国《丹徒李氏家乘》卷六,《公议宗祠章程》：

一、每年春秋分,祭祀仍照向章。逢闰之年,春分大祭,凡寄居外郡者,酌给川资,住杨城者一千文,里下河者两千四百文,住乡下者每四百文,各房已分析者,每派一人与祭,如有三年不到者,罚十千文充公。

一、祠宇每年修理。无论大修小修,均在春祭时。估工料若干,告知大众,方准在公开支,以期核实。

一、公坟以及续置公坟,每年轮流拜扫,轿钱纸箔,随时在祠内开发。

一、族中子弟,读书无力应试者,县考贰仟文,府考两千文,补府县考者减半。院试四千文,已进取一等者贴四千文,在金坛给发。其不取一等者,概无给贴。乡试给八千文,在南京给发。会试川费给五十千文,动身时给发,不会试者不贴,有力者不给。府县案首,给花红钱四千文;入泮补廪者,给花红钱六千文;中举者给花红钱五十千文,副优拔贡均减半;中进士者给花红钱一百千文,无论贫富均照给,以示奖励。

一、族中贫苦节妇,年三十以内守节者,每月贴二千文,有亲房可靠者减半,年至三十以外守节贫苦者,酌给每月一千文,有亲子以子三十岁,停止不给。

一、族中贫苦节妇,如有例合请旌者,有子孙者由子孙呈办,祠内酌量给助,无子孙,祠内代办。

一、族中节妇,年三十以内守节者,每逢整庆,祠内送酒筵费十千文,无论贫富,以慰十年辛苦,孝女不嫁者亦照给。

一、族中子弟,孤贫无父兄可靠,年至三十贫不能娶者,贴费三十千文,续娶者减半。女至二十岁贫不能嫁者,贴费三十千文,有父兄靠者不给。

一、族中孤寒,无论男女,年之五十以外,又无亲房可靠者,每月贴两千文,有亲房可靠者减半。

一、族中设有遗骨幼孩,无人抚育,又无亲房可靠,择其服制稍近、老成者,令其兼抚,每月贴一千二百文。须乳哺者,加贴八百文,一月加贴之费,以十八个月为止。男至十六岁成立后,月款止,贴婚费照例给发。女至嫁时月款止,贴嫁费照例给发。

第六篇
宗族的形成与祠堂

一、族中贫不能葬,又无亲房可考者,贴费三十千文,愿上公地者费归祠内照办。

一、族中子弟无力上学者,每年贴束脩钱六千文,须报名投某师,仿冒领也。如十六岁外可以念书者,加贴束脩四千文。如十六岁外不能念书,即以所贴十千文帮贴饭食,以二年为止。

一、族中孤子在外习学生理者,贴置行李费八千文。

一、族中有残疾女,不愿出嫁,甘心在家事亲者,每月贴二千文,身后作《孝女传》一篇,刊入宗谱,并准入祠附祀。残疾男子,每月贴二千文,有亲房可靠者减半。

一、族中有嗜嫖好赌,吸食洋烟,不安本分者,虽在贴例公议扣除,如有诚心戒烟无力购药物者,托亲房立保,给发五千文,与以自新之路。复瘾者不给。

一、族中殷实家,如遇整庆,大开筵宴,先须添助祠内贴款,若非殷实家,遇有整庆,无须添助祠内之款。而自愿节酒筵费,以助祠内贴款者,其数不拘多少,亦听登帐,以备补刊。

一、族中有在贴例者,先须由管理人报名,以备查核申明族长照贴。

一、族中有银钱收支,择公正殷实之人管理,管理者酌贴薪水费若干文。年终收支总数抄帐一本,交族长备查。每年用余若干,置妥处生息,以备添置田房之用,族人不得侵挪,经手徇情,查出与受同罚。

右公定章程十八条,其有须临时变通酌办者,总在贤执事,秉公斟酌,损益之。

(李培英编修,民国六年本立堂刻本)

安徽
歙县汪氏

在徽州,族族有祠堂,祠堂有祠规,通过祠规对宗族进行着有效的管理。在宗族内还有一些其他的专门组织,如文会、清明会等。它们也通过对族内专项事务的管理,而在宗族内具有相当的权威。

康熙《歙县汪氏崇本祠条规》,《崇本祠条规》:

崇本宗祠公议载簿条约,分颁两族各派,凡我族属务宜恪遵,以正彝伦,以敦风化。

一、元旦灯节王祖诞辰春秋二社事仪,仍照旧例轮管,不在二祭之内。其元旦及灯期每日王祖案前及列祖几前香烛,上流下接,俱照簿例循行之。

一、恭逢圣天子谆谆教民敦化,所颁《圣谕十六条》见奉各宪府主县主实力举行,严敕各乡朔望宣讲。凡两族子孙务宜仰遵,倘有悖戾不法、致其亲属鸣众申诉者,各门尊长贤达必须会集宗祠,为之惩劝。更有事关风化,必致呈公,凡有名器者,当为秉公倡率,不得为尊亲者讳。若情真事实,故行推诿者,两族鸣鼓共攻。

一、两族进主则例并本祠置产规则照簿循行。

一、本祠春祭以二月十五日为期,冬祭以十一月十五日为期,首事务宜照例预备祭仪,毋得怠缓。

一、祠内祭器、椅桌等项备供两祭二社公用,他事毋许擅动。

一、每祭以两族齿德俱优并有名器者主之,其余不得搀越,以崇祀典。

一、行祭礼仪遵照云岚祀典,礼生各宜严肃,毋得造次失仪。

一、祭毕各领胙筹,俟鸣锣赴祠序坐,每名正主颁胙肉一斤、寿桃一斤,散胙酒□□□□,照饮社规模。先达附主俱照簿例,各颁。

一、居乡八旬族老,每祭颁腥胙一斤,仰体圣天子养老大典,与祭听便。看祠仆送胙。

一、乡绅举贡监生员与祭颁腥胙一斤,以重士子,以鼓后学。不与祭者不颁。看祠仆送胙。

一、进主必须查核人品,倘生前过犯有乖名教者,毋许擅进,以肃祠规。

一、每年首事阄分开载祠簿,轮流经管,永以为规。

一、祭田租利首事轮管,务期秉公支销。祭后五日,即将账目交清,如有徇私并逾期不交者,两族公罚银一两修葺祠宇。

一、祠内银两存贮公匣置产,毋许将银私放图利。如查出匣内存银缺数,罚加一半,连本利即追回交出另管。

一、本祠稻粟豆麦必须存贮公所,通知两族及各支司年者,方许发卖,公同登簿。

一、本祠谷租每年于九月初十日司事者交帐登记匣簿,如顽佃不清结,会众呈□□□。

一、文会田亩租息因修葺祠宇,规模粗立,会长之恒秉笔归祠,俟本祠钱谷充足之日仍归文会。其崇祀文帝、先贤并四季会文各费,俱照旧例,文会自行支销。倘会内之人有将会内田产各事私为废弛,不惟在会者为之理论,即两族派下子孙皆可共攻以垂永久。两族入会者仍照旧例输赀,其田产租息经管支用,另载会规。

一、祠内田产钱粮租息,上下手必须交割清白,倘支下子孙假借公事为名,通同作弊,将祠内田产租息妄行借当侵渔,即时会众呈公警治。与受者躯逐出祠,并子孙永远毋许入祠。

一、祠宇内外毋许堆贮私己豆麦柴薪杂项作贱,违者,将所贮之物公罚归祠变价修葺之用。

一、派下有孝义节烈及懿行可嘉者,文会为呈首两族,公呈请奖以敦风化。

第六篇
宗族的形成与祠堂

一、派下有忤逆不法者，轻则两族集祠斥责，重则呈公究治，令其自新。倘仍前不悛，逐出宗祠，永远毋许复入，以正伦常。

一、派下应试诸生科试卷赀一两，院试童生卷赀三钱。其封签上俱书元卷一册。会试考选路金三两。其封签上书尚书全部。其新发登仕籍者举贺，俱照旧规。俟文会田产归会之日仍系本会自行支送。

一、派下以强凌弱、以长欺幼、以下犯上及撒泼生事者，两族集祠公处，以敦族谊。如恃顽不听尊长处分，会众呈公究治。

一、宗祠原以敦彝伦、序昭穆，凡散胙宴会，当欢叙一堂，雍容循礼，毋得喧哗。违者，公罚银三钱，作修葺祠宇之用。

一、司年照料祠宇，修理渗漏，知会上下首支众银，估度匠工，不得奢用。如司事失于检点，滑交下首，公罚银一两修葺祠宇。

一、朔望看祠仆人预期洒扫，司事者清晨诣祠焚香。如有违失，司事者罚银三钱修葺祠宇。祠仆不洒扫责十板。

一、司祠务帐目不清，俱要经手赔补清楚，下首方收。

一、冬春二祭祭仪载明祠簿，嗣后值年者必须照式备办，务必丰洁，以尽尊祖敬宗之意。如苟简菲薄，祭器不备，众议罚银二两以作修祠之用。

一、两族二十四分以及各派祖茔来龙山朝山树木，倘有风雨摧损，俟守山人报明，两族公同砍伐归祠。支下子孙毋得觊觎借端私取肥己，查出会众祖前责逐出祠，仍将私得银两追出，为修祠之用。如恃强不遵，定行呈公究治。

一、两族支派虽分，本源则一，毋以一言一事便生嫌隙。凡有事，静俟尊长议论已毕，然后参酌可否，务期合理，毋得各执己见。

一、两族各门支祠祭产，如有支下不肖子孙通同盗卖质当者，两族集祠鸣鼓共攻，与受俱照宗祠条议永远逐出，毋许入祠。

一、两族来龙山朝山树木俱系祖宗培养，以荫子孙，关系非浅。如有私自借端砍伐者，亦照宗祠盗砍祖茔树木条例公究。

一、两族倘遇外侮，必致呈公。有名器者并司年上下首及各门司年者协力共攻，不得推诿。

一、本族倘有不得已公事，必致呈公，乡约正副、尊长并文会，秉公呈治，不得徇私推诿。

一、凡遇外侮以及族内公事，始须其难其慎，如不得已致讼，所需盘费等项，各分派应任事之人使用，毋得规避推诿，致令独累一人。

一、前两族公议诸款,如有不遵公罚者,执条议会众呈公究治。

康熙三十年一月　日两族集祠议刊通传。

(康熙三十年刻本)

绩溪华阳邵氏

光绪绩溪《华阳邵氏宗谱》卷一八,《家规》:

宗祠。《家礼》云:"君子将营宫室,宗庙为先。"盖宗祠之建所以妥先灵而萃族涣,故自始祖以下咸祀无祧者,水木本源之心也。有事于庙,则群昭群穆咸在而不失其伦焉。若不建不修,则冠婚丧祭之礼无自而行,同派连枝之属无地以会,吾宗族属当以此为首务。

(邵俊培纂,光绪三十三年叙伦堂刊本)

光绪绩溪《华阳邵氏宗谱》卷首,《祠规合议》:

立合议邵宗祠派下人等,缘本祠越主事毕,公议重订祠规,以期通族亲睦,勉为盛世之良民,作祖宗之令子。顾立规难,行规尤难,一或有不肖者,任意阻挠以行其私,则祠规破坏,百弊丛生,通族之人莫不并受其害。爰集族众将祠规公同核定,缮列粉牌,悬挂祠内,俾有遵循,用垂久远。并立合议一样四纸,各存一纸附列条款,永远存照。条款列后:

一、合议四纸,宗祠存一纸,上、中、下三门各存一纸。

一、祠中公事必须同心协力,秉公办理,不得偏执异议。至私事禀祠,祠中议事者必与两造无嫌疑,方得与议,否则当回避远嫌。

一、倘有违祠规者,即应集众会议,依规办理,不得畏难退缩。

光绪三十三年丁未冬月　日邵宗祠集众合议。

(邵俊培纂,光绪三十三年叙伦堂刊本)

光绪绩溪《华阳邵氏宗谱》卷首,《新增祠规》:

一、祠为祖宗神灵所凭依。凡栋宇有坏急葺,罅漏急补,理宜严整致敬,此为事死如事生之道,族人所当首讲者。

一、祠为通族公建,以妥先灵,宜洁净严肃,毋许私家堆晒杂物。至祠内什器尤不得妄行借出,以免损失。违者,便属慢亵祖先,应罚令赴祠焚香谢过,以示惩儆。

一、宗祠锁钥应由首事者轮流执管,非本祠公事不得私行启闭,以绝流弊。违者,罚洋五元充公示戒。

一、每岁春秋二祭,期前一日由首事者将祠宇拂拭洁净。祭馔必早豫备,理宜丰洁,

第六篇
宗族的形成与祠堂

以致孝敬,此为报本要义,不可疏忽。

一、本宗神主入祠仍照旧例,限亥卯未年于冬至日俟公祭毕升祔。至平时进主,必由各家延请礼生,特祭方得升祔。

一、鳏寡孤独,王政所先,韩公《原道》篇亦切言之,况在一族闻见既确,尤为可悯。本宗如遇此等穷人贫无立锥,万难存活,而人品正派者,宜集众公议,设法抚恤,或议筹公款生息备用,以仰体祖宗一脉而笃亲亲之意。

一、本祠扁额惟诰封科甲节孝,盛德文行远播,及宠异功名之有实迹者,准其悬挂,并准其立传刊谱,此外不得滥悬滥刊。

一、此次进主颇多幼殇冥配者,原因乱后死亡散失,几于接续为难,故为此权宜变通办法,下不为例。嗣后凡幼殇冥配,僧道娼优,与夫出嫁招夫之妇,均不得入祠,以严礼法而重宗祐。至婚姻嫁娶须择阀阅相当者,不可下配匪伦,致辱祖先。违者,即不得入祠。

一、族中以强欺弱,倚众暴寡,恃尊凌卑,以幼犯长,靠富欺贫,捏故占产,诬人名节,挑弄是非,唆讼滋事,盗窃损物,以及一切犯法违理不平之事,凡此恶习最为大害。准被害者禀祠,亟应会众研究,实则由祠示罚,令向祖前焚香谢罪,酌量情节轻重,轻则罚洋五元,重则二十元充公。如所禀属虚,即照此例反坐,以惩诬害。倘不受罚,由祠呈官究治,庶得稍挽敝风,免玷祖先。

一、君子为宫室不斩邱木,重先兆也。不能自立,稍不如意,每归怨于祖,或发其冢而鬻其地,或妄信堪舆家言,谓其房吉某房凶,遂至此房欲改葬而彼房强阻,一切凶煞水蚁置诸不问,竟听其父祖骸骨损坏,忍心害理,莫此为甚。倘族中有此等不肖子,亟宜会同族众力攻其罪,并罚洋二十元充公,以示惩儆。

一、受人欺侮,情固难容,然必须投告亲族,由祠调处。若逞意兴讼,两造机诈百出,欲罢不能,破家荡产,悔恨无及。惟父母之仇,祖坟被害,奸淫大变,应力申雪,其余皆可以情恕理遣。至禀祠时,应缴祠费洋三元为会众膳食之资,此外不必致谢。

一、中人之性得教则习于善,失教则流于恶,为父兄者各宜督之,使归于仁厚,各习一业,切不可听其游手好闲,烟赌酗酒,以入不肖之途。

一、三代以还,全人罕觏,苟有一节一行之美,如忠臣义士,孝子顺孙,义夫节妇,或开义学以育材,或分己财以惠众,与夫倡行义举之事,皆属祖宗肖子,宜纪其实迹于籍,异日修谱当由祠立传以表章之。

一、无后为不孝之大,立继以承嗣,礼也。照例立继,先择亲房昭穆相当者,谓之应继。亲房不得其人,则择远房贤能者,谓之爱继。盖承继所以承祧,非承产也。应继则无论继产有无,皆应承继。若爱继必视继产厚薄,酌贴本生父若干,一贴之后,本生父不得干豫继产。其亲房应继，本生父贫苦者，亦视此为准的。至立继之后，或继子游荡破产，准其禀明宗族退继，另立继子，断不许擅令异姓入绍，及螟蛉他人子以乱宗祜。违者，不得入祠。查康节公派订谱凡例云：三四房内止一子，亦得兼祧，无则书止。此条宜仿行之，以广禋祀。

一、男子之生各有名行，所以辨尊卑、别长幼也。近有重犯祖讳者，有越次取行者，其乱宗无礼甚矣。以后宗祠应立谱系一总册，各房立分册，各择读书明理者司之，每岁冬至日汇入总册一次。凡子生三日，抱见司谱者书名并年月时，殁亦如之。应送书谱者，每名五十文，以为酬劳。其犯祖讳、重名行者，悉令改正。凡我宗人遵行不怠，将来修谱既易集事又无遗误。

一、本祠公款或得之祖遗，或集诸众力，理宜慎益加慎。嗣后三门各派一人，以一人记账，二人司出入。凡动用公款，必先集众议妥，方准开支。每岁正月定期换班接手，核实交代，不得亏空分文。违者，除追清外，仍议罚洋五元，以重公款而昭大信。

一、谱牒之设，何以明世次、联疏远也。宜效康节公三十年重修一次，庶免遗佚之患。

一、吾族贫瘠，当勤树艺，查闽省有地瓜，川省有石绵，山左有美绵，浙江有茶子，皆易种而多获。如此等类宜访觅教种，俾通族之人皆得地利以裕生计，将见事畜有资。稍知自爱者必不肯为非，且游闲无业之辈，尽纳之于树艺之中，一切弊害不革自除，易浇漓而归仁厚，庶足以光一族仰对祖先。

一、本祠首事人等宜仿国家新定选举法，由族众投票公举，以得票多寡为去取准绳。一经选定，不得推诿，一年一次，善则留任，不善则不举，如肯任劳怨而公直者，谓之善，如毫无建白而诡谲者，谓之不善。其被选者只论公正，不论有无功名，选人者必平日省事正派，方准列名投票以防弊端。至被大众留任至五年之久者，其为正直勤劳可知，应列入纪善籍，以表劳勋。异日修谱当立传以表章之。

一、祠规者，所以整齐一族之法也，然徒法不能以自行，宜仿王孟箕《宗约仪节》，每季定期由斯文族长督率子弟赴祠，择读书少年善讲解者一人将祠规宣讲一遍，并讲解《训俗遗规》一二条，商榷族中大事体，各宜静听遵行，共成美俗，实为祖宗莫大之光，应置纪善籍一本，每岁终将本族之有大善者由公核实纪籍，以示风励。其宗祠仪注另列一牌。

一、右列二十条，皆从旧牒祠规、前贤宗规，与夫近事之宜整者，酌量参订，通族核定以示劝诫，苟能遵行不怠，所以睦族敬宗者胥在乎此，愿宗人共勉之。

光绪三十三年岁次丁未冬月吉日，纹川修谱总局重订。

（邵俊培纂，光绪三十三年叙伦堂刊本）

第六篇
宗族的形成与祠堂

休宁茗洲吴氏

雍正《茗洲吴氏家典》卷一,《家规》:

一、岁暮祀灶,各家具牲醴迎神,祭于厅事。

一、五土五谷之神,春秋社日率族众致祭。祭毕,饮社酒。先令子弟宣扬劝惩训辞,然后就席,不得免冠露体,不得长幼无序。

一、乡厉定于清明日及十月朔日,率族众于祠堂大门前祀之。

一、族讲定于四仲月择日行之,先释菜,后开讲,族之长幼俱宜赴祠肃听,不得喧哗。其塾讲有实心正学,则于朔望日二三同志虚心商兑体验,庶有实得。

一、先圣释菜礼,除族讲外,凡童子入塾,首春塾师开馆,及仕进皆行之,不得怠忽。

一、祭灶、祀社、乡厉外,不得妄举淫祀,违者罚之。

(吴青羽撰,雍正十三年刊本)

江西

豫章黄氏

江西南昌等四府黄姓合祠,首事公举。

光绪《豫章黄祠四修主谱》,《道光庚戌公议条规》:

一、吾宗人文蔚起,簪笏相承,凡登仕籍者例应入主以享祀事,题名以光祠宇。现立仕宦祠于敦睦堂坐,立题名堂于仕宦祠前。公议京外各官酌出喜金入祠,拓充经费。题名者:京官一品出喜金十六两,二品十四两,三品十二两,四品十两,五品八两,六品六两,七品四两,八、九品二两,外官照品加倍,至议叙捐职,喜金俱照外官银数。仕宦入主者,仍照各品题名喜金加倍,然必实系本身已仕方可。仅捐职未仕者未便杂入,但入主必兼出题名喜金,不可仅输主费。至愿立长生禄位者,议出钱一百千文。

一、乡榜同宗中式,公议总题匾额,每名出喜钱六千文,谒祖日首事衣冠鼓吹迎接,备食款待,并具北上程仪两千文,以昭祖惠。

一、在祠寓考入泮者,每名出喜钱二千文,谒祖日首事衣冠迎接,备茶款待。

一、每科文武荐举演戏敬祖,一切二共限用钱三十千文,首事先三日出榜告闻。向来本议每人纳钱一百文,祠内照名备席,近因科生太多,桌凳碗盏艰于措办,公议荐举日来谒祖者每人给面筹二枝,以昭祖惠。

一、清明、冬至置酒一席,择请在省理事同宗,一可藉以参谋诸事,一可藉以核其兴衰。至各支子姓来祠与祭者,均宜整肃衣冠,每人给面筹二枝,如无神主在祠及异姓假冒者,查出经众重罚。

一、除夕、元旦、元宵、端午、中元、中秋，每次三牲酒费限定开销钱一千文，不得过费。

一、祠内公议不准赁寓本姓之人。因前多本姓随营者寓祠操武，损坏房屋，并霸住祠内，无租连年不出，而其余亦均藉此效尤，侵扰不堪，祠规大败，以致众同宗具呈南昌县宪逐出。自后如有复行强占者，准首事请凭同宗公正之人鸣官究逐。此已存案南昌县。

一、祠内住宿人等不许赌博、酗酒滋事，夜间二炮锁门，不得过时，如有疏忽，惟看守是问。

一、祠内务宜整肃，不准租赁兵丁习武之人，恐其操演刀石弓箭，坏损房屋。

一、祠内楼上不许租人，即岁科试及乡试者亦不得上楼居住，以防火烛。

一、祠内看守头门，必择异姓诚实之人，以便呼唤役使，经管祠内器皿，并打扫各处。奉事香灯，准住房屋一间，不纳租钱，每月给工食钱六百文，给香灯钱六百文。

一、管理祠事，旧议四人四府一轮。缘四府所举之人，有终岁不来祠内者，有在祠鲸吞租钱，常与同事互相争斗者，致令祠宇败坏，各处倾倒，盖以匆匆考试之期，随意指举，未辨其人，故至于此。嗣后公议，签举首事限定二人，一要其人在省或居官，或居家，公明廉正者，以便安放租钱；一要公正诚实者，专守祠内，以便收租，修理稽查房客。此亦具呈南昌县宪存案，后人毋得异言。

一、所举首事，务要亲身在祠办理。倘有家务羁身，不能亲来者，即宜告退，以便另举，不得以兄弟子侄代替。

一、首事最宜公正，每届签举，必须该府公正数人保举方准交接，以端人之取友必端也。

一、首事身俸，旧章每人每年给钱三十千文。缘外府来祠路费及居祠火食应酬一切所用不敷，能办事者必不肯来，故在祠管事者致有侵蚀之疾。嗣后公议，二人每人每年给酬劳钱三十千文，外加伙食钱二十千文，以昭平允。

一、首事二人每月各给火夫工资钱六百文。

一、公议每月初一日，首事务须会同在省同宗之人，将本月出入帐目三面质算，除祠内一切应用外，余钱若干注簿存留，以备日后修整房屋之用，不得妄耗。如有每月不请同宗会帐者，即系有意鲸吞，议准在省同宗商将此人更换。

一、祠内房屋颇多，租钱尽够应用，自后首事谢事如遗有债，祠内分毫不得认承。

一、谱内各郡支祖间有重载者，因其出钱数次之故，不可以重见除灭。

一、祠宇内外最宜收拾洁净，门庭极要光采，庶几来往观者不为鄙笑，即寓祠者亦与有光。嗣后公议头门栅栏内及祖堂左右，不准堆放滥恶零细物件，守头门者不准畜养鸡

第六篇
宗族的形成与祠堂

猪。如复仍蹈前辙，即为首事与看守是责。

（黄祖络等修、黄振声等纂，光绪二十五年刊本）

光绪《豫章黄祠四修主谱》，《光绪戊戌新议祠规》：

一、本祠及尚义堂自道光庚戌宜黄树斋少司寇、南昌庚垣观察倡捐集费重新后，历久圮毁腐朽不堪。光绪戊寅议劝捐踵修，方新尚义堂，来赀不给中止。丙申年庐陵幼农方伯与萍乡爱棠观察倡捐巨款，会同合省同宗，集费估工，重修创建。填高地址，宏开祠宇，两大栋前进为宗族联欢之所。后进并列三座，中曰敦睦，东曰仕宦，西曰节孝。东西试馆各两进，东南隅新添东观一进半，增从前之所未有。东北黄祠公所一进，尚义堂亦鼎而新之，添置半进。东首改建铺面两重，后添勉斋别墅一进。西首小铺面一所，增其式廊，均加采饰，栽植卉木，置买器皿，以昭美备。

一、宗祠正屋公议不赁人寓，以免亵渎。惟东北黄祠公所，留与经理首事办公者栖止，不得携眷长住，藉可收藏器皿。

一、东试馆房屋两进，每年酌定租钱若干。西试馆亦两进，每年租钱若干。东观一进半，每年租钱若干。以前零星小屋，此次重新改造。东首前铺面两重，每年租钱若干。尚义堂两进半，每年租钱若干。勉斋别墅一进，每年租钱若干。西首小铺面一重，每年租钱若干。总共每年租钱若干。如有空闲拖欠，凭簿折照算。其屋仍旧不赁同宗之人，习武艺者亦不赁，恐练刀石，损坏屋宇。房客不许赌博酗酒滋事，以防火烛。

一、祠中各处房屋铺店租钱，择在省开店。家赀殷实者两人，设立簿折收存，以备随时支用出入。各数每年冬祭日将簿折送祠，凭众复核。若非正需，首事亦不能私取，每人每年酌送酬劳钱口文。如有侵扯鲸吞等弊，公同追缴，毋稍徇情。

一、宗祠祀奉祖位固宜肃静，即各处房屋试馆亦恐践踏损坏。旧章乡试之年，外府来省观光者多，惟南昌府属附近，只寓生童，岁科两考不寓乡试。今重新公议，无论南昌外府，岁科乡试概不寓考。每届乡试，除每年租钱支销外，凡新进主位及老主续捐之子孙文武科生一例给送元卷，不分首郡外郡，以昭划一。若前已进主，此次未续捐者，暂为停给，续捐后即归一律。恩科则一体减半，但来祠给领卷费，必须各带卷票及此次捐费收条，以凭对核。私造收条冒领及恃强寓考者，公同鸣官送究，各支子姓毋得异言。

一、春祭定以清明日，冬祭定以十一月初一日。届期鼓乐祭品，早晨便饭，午备九碗八碟四席，择请在省理事同宗参议祠事者。至各支子姓来祠与祭者，均宜整肃衣冠，以昭诚恪，并须叙明支派。如未续捐费，虽有老主，亦不得与祭。每次连杂用，共开销钱十二千文。

一、除夕、元宵、端午、中元、中秋，三牲香仪祀祖，每次开销钱一千文。

一、寻常会议,每次开销茶烟点心钱一千文。

一、文武乡试,同宗中式题名,香烛酒仪自备,须先期通知,谒祖日首事迎接。

一、文武小试,同宗入泮者,香烛酒仪自备,亦须先期通知,谒祖日首事迎接。

一、文武乡试荐举,向来演古全部,每位给面筹二枝,今既奉送元卷,公议不复听戏给面,以省縻费。

一、新进主者,香烛酒席自备,不计丰俭,务须先期通知,谒祖日首事迎接。

一、敦睦堂老主,此次公议加捐兴钱五千文,另刊载事宜册,以后子孙可凭收条领取卷费。新主每位捐典钱五十千文,另立主牌,建祠修谱首事,准其各进祖主一座,以示奖励,即老主未续捐者,亦皆附列总牌,不没前功也。按照各府州县进主朝代序列,有重载者不赘,只于某主下注明"重捐"二字,以示区别。

一、新谱告成,有愿领者,每部取刷印纸张一千文。

一、尚义堂有入中东西座主者,以前各有等差,今共列一龛,老主新主捐费均照敦睦堂数。

一、仕宦节孝及命妇寿妇,老主续捐,新主入捐,均照敦睦堂数。

一、捐银钱数至五百者,恭奉长生禄位一座,京外各官题名喜金照旧。

一、管理祠务首事须廉明公正,照旧公举两人,均要时常在省勤慎执事者,预备祭品香仪器皿,修理屋宇,督率看守,皆其责也。每人每年仍给身俸酬劳钱□文。又,每人每月伙夫工资钱六百文。

一、首事立器皿簿一本,上交下接,点付看守收管,损坏者验明注销,遗失勒令赔偿。又立经收支销簿一本,每年祭祀及各事用款均有限数,寻常检盖在三十千以上,添置物件在二十千以上者,必须经众酌议方可举行。于冬祭日将细数逐一开明,请在省同宗复核,如有浮开帐目,荒误祠事等情,即行更换。交卸后,遗有私债,祠内分毫无涉,开销过限,亦不承认。

一、看守一人,必择异姓诚实可靠者充当。祠内器皿小心照管,公议不借出外,日夜香灯并各处打扫洁净,准住头门两旁□屋三间,不纳租赁。因屋宇增多,每月给工食钱八百文,香灯钱六百文,首事务要勤查,不听呼唤服役怠惰,比即另雇,毋庸经众。

一、宗祠正屋两栋,为妥先灵,理宜清洁,除早晚香灯及祭祀有要事外,平时封锁,不得擅开。头门出入限以三更为度,如有疏失,惟看守是问。并不许堆放滥恶零星物件、畜养猪鸡,庶免秽污。

(黄祖络等修、黄振声等纂,光绪二十五年刊本)

第六篇
宗族的形成与祠堂

祠堂功用：祭祀场所、议事场所、族学校舍。

直隶

定兴鹿氏

光绪定兴《鹿氏二续谱》，《碑记》：

荣公卜居定兴，是为始迁之祖。……传明季兵燹播迁无定，大宗已不复守故土，即以本支始封祖之大宗论。文游公迁涿州，传二世而耆，其后当日未有嗣之者。然而宗子去国，支子则祭之，代宗之谊也。无田不祭，有祀田者必立家庙，世禄之遗也。盖无庙则神不妥，荃用是恒滋戚焉。遭时窃禄垂廿余载，今幸置祀田矣，修宗谱矣。我朝会典所载，凡四代之亲例得于居室立家庙，设室奉高曾祖祢，昭左穆右，妣以适配。昭位，考右妣左；穆位，考左妣右；高祖以上亲尽则祧。由昭祧者藏主于祖祠之东夹室，由穆祧者藏主于祖祠之西夹室。迁室祔庙，悉以昭穆之次，东序西序为祔位。岁以四时仲月择吉致祭，载考伊川程氏家庙。时祭之外，又以冬至祭始祖，立春祭先祖，是则必有位，有位必不可无庙也。

（光绪二十三年本）

江苏

仪征蒋氏

建祠以安祖敬祖，由来已久。

民国仪征《蒋氏宗谱》，《建宗祠》：

古云：宗祠不建，不营私室。盖以祠宇为祖宗神主之所栖，祖宗安而子孙亦安耳。若不为修建，以致风雨浸露灵爽无依，不孝莫大于此。所以仁人孝子无则建之，有则修之。又朱子立宗祠宜左不宜右，尊之义也。

（民国九年印本）

安徽

祠堂的日常用途比较广泛，不仅是祭祀祖先之地，还是宗族举行一些公共活动的地方，或是宗族议事场所，同时也可能是族学、谱局所在地。祠堂也禁止用于一些用途。

婺源长溪余氏

道光《婺源长溪余氏正谱》卷首，《祖训》：

祠堂之设，所以尽人报本之心、尊祖敬宗之意，以奉先世神主，以实开业传世之本也。或有水火贼盗，必宜先救祠堂，先迁神主以及遗像遗书，次及遗器，然后乃及家财。每岁正旦集长幼序行第,庆贺神主,次叙团拜之礼。族长开读祖训,幼辈拱听于阶下,实有益心身之语也。

(余章耀等修,道光二十八年宝善堂刊本)

祠堂是宗族进行集体活动的产物,是宗族发挥尊祖敬宗收族功能的据点。除了祭祀以及族人与祖先在精神上相接的精神层面的意义,祠堂还具有经济上的意义,这主要是由于祀产的存在,以及族人要向祠堂交纳生儿银、嫁女银和入主银。清代,祠堂的经济功能日益彰显。徽州宗族对祠堂的管理也非常详细,很多族谱中都单独列有祠规。

绩溪南关许余氏

光绪《绩溪县南关许余氏惇叙堂宗谱》卷十,《宗祠规约》:

作奸犯科,国家有例,犯国法者鸣官治之,非家法所当治也。家法只以祖宗前杖责为止,杖责以上非宗祠所可预。闻乡蛮宗党往往有活埋、活葬惨情,妄谓家法尔尔。不思治人家法,自己已罹国法,即家法杖责跪香、革逐,亦必悖伦逆理、盗卖祀产等情,有关宗祠乃可。非关宗祠者,宗祠为之排解,不得妄施家法,开宗族以强欺弱之衅。尤有事关宗祠,非家法所能预定,又非家训所能备载,不得不另立一则以定准绳,谓为规约。有背约者,阖族阻止之,阻之不可,再议拟家法以治之可耳。

一家称呼

我祠虽分两姓,本是一家,不得以我许尔余相称。于外姓人通姓氏,固当曰敝姓许、敝姓余。在本族相称,当曰我某分、尔某分。头门无许氏宗祠匾者,示外人祠有两姓也,又不言许余宗祠者,示外人许、余本一姓也。人称许家祠堂者,建祠时余未分、称未定也。又曰余许同宗者,余字前平仄调也,牌主洪二公书姓余者,阖族之外祖也。远公数世书姓许者,阖族之嫡祖也。以下不书姓氏者,许、余不分也。然此犹迹为一家,尤贵以心。为一家一自,有许、余二字横据心中,各持门户,虽遵守规约无益也。亦思十八世祖为亲兄弟乎?设使当日命长子从外家姓,则今日长分姓余矣。命三子从外家姓,则今三分姓余矣。试问抑又何说而又不可固执不通?若仕版粮册,余则余,许则许,岂能撇去姓氏?即如谱牒中叙传正当历叙本源,阐发明显,何能抹去许余二字?如欲抹之,是犹告以人名而曰他伊彼,竟不知他伊彼为谁也,真小儿妇姬之见,绞固不通。如洪二公父子一切坟面牌主,以外祖舅公称,必洪二公之贻意真,识见深远,不但改氏外裔,永远奉为嗣祖,即不改氏外裔,亦永远不二其心,后人不得妄改称呼。今二分下间有以下邳名郡保皖书世家,皆讹也。自来同姓而郡名世家不同者颇多,盖本源不同也。我祠之余仍高阳之余、六侯之家,与下邳保皖隔别。如朱文公属紫阳郡,朱太祖属沛国郡,岂姓朱皆必以紫阳名郡乎?如舜

第六篇
宗族的形成与祠堂

后之胡以金紫为世家,李改之胡以明经为世家,岂姓胡皆必以金紫为世家乎？我祠之余当以高阳六侯为正，一祠之内各别其郡名世家是分两家矣。否则以洪二公循善堂为世家,以我祠之余始于良安,称良安郡,理亦恰当。且按宗谱与《元史》,保皖之余阙年纪少于洪二公,又与洪二公不同乡里、不同宗祠,扯为世家,其见讥于不学无术事犹小,其隐开一祠两家之衅事甚大,我祠子孙当恪守规约,毋□二心。

同姓不婚

同姓不婚,《周礼》则然,应毋庸赘。然我祠既有两姓而又同出一姓,必定规约以昭世守。各派丁世居故土,两姓同出一姓,不能为婚,人人知之。恐有散居远处,不知本源,与他祠妄结婚姻。许与余为婚,有碍本祠之余；余与余为婚,虽各别其源,终属同姓；余与许为婚,余自许改,亦属同姓,皆不准。

妄行过继

过继之事,国家已有成例。爱继、应继,例之所准也。异姓过继,例之所禁也。本祠许、余一家,继之正理也。我祠向不准外甥继舅氏,近有无知妇女欲图继立外甥,妄援上世,藉口不知上世。文福公之祀余,与近世他姓之继舅者异。近世是合杂姓为一姓,我祠是分一姓为两姓,并无异姓入祠乱宗。至兵后族中继立,往往糊涂妄继,有抛亲继疏,志在继产,有跨祧远房为兼祧,有一继两家为兼祧。今理世系概删改之,间有以兵后人丁稀少从权办理者,皆不甚越礼,如提起殇丁以继孙之类,此后殇丁亦不准提。凡抛亲继疏、抛长继次、一子继两家、跨祧远房,皆不准。至他祠入继各家,世数讹错不同,不得入继,恐颠倒尊卑。惟水村与本祠最亲,世数明白,如昭穆相当、年齿相符,准其过继。必议拟其人于宗祠功劳如何,不准滥继。

配合女殇

兵难年时人家男女死于非命,为父母者痛念不忘,致兵后往往以殇丁选配殇女,入祠享祀,遂浸成风俗。在山乡衰替宗族,不懂事务,任其施为,而名宗大族皆阻止不准。如殇丁已不得入正座,反联他姓幼亡女鬼配坐中龛,受阖族衣冠拜祭,不特于理不合,抑且不能享受,永远不准。有混进者,查出议罚。

发给丁票

兵前旧例:凡新添一丁,祠中发给丁票一张,分春分、冬至两期来报,随手登于总谱,取票赀钱若干,百年后进主时将票缴销。今谱成后照旧颁行。

静净宗祠

宗祠供奉祖宗,最要严肃静净。一切借做作场、堆置棺材、摊晒谷麦,永远不准。盖借之则斧凿刀锯之声吵闹祖灵,铺张狼藉,龌龊不堪。如做棺材斗合材缝,极力敲撞,最易损坏石版地面。绩俗人届六十，往往办材以待百年，若人丁稠密时接踵堆放，祠堂几如棺材店铺，故皆不得徇情滥借。

宗祠物件，凡会场等用，均不准借出，恐被损坏，措办维难。

凡霉雨大雪后管祠人必入祠审视。如有小漏，即当理盖，小不修则大坏。

悬挂匾额

向例自进士以上准悬匾额。如属钦赐字样，直竖匾额，则不论功名大小，皆准悬匾。一切杂匾皆不准。兵后悬颂扬匾两额于报功祠中，以助赏有功，故嗣后正堂仍遵旧规，不准破例。边屋照颂扬匾以功论。

进主毁主

神主牌格式已载祭礼与不祧神主内复立进主毁主规例。自十九世以下分左昭右穆，用大白粉牌，界以朱丝，按次填写，座满则毁主。自高祖以下不毁，合本身取五世则斩之义。逐年进主则用单排，由祠中发给，庶大小一样，免致参差不齐。贫家无力者，于春分、冬至进主，傍祠中设祭则不寂寞。有力者准其于平日进主，但不准苟且，务必选择良晨，请礼生设祭告祠。凡随时所进神主，仍按昭穆，不得随意安放，致多紊乱。如单牌既多，詹宗祠朝向大利之年过上大粉牌，将单牌焚化。牌灰用厚密绸袋盛贮木匣，藏于龛座下，候大毁主之年，合毁主牌灰卜地埋之。道光时毁主牌灰埋油坑口船形上。

新进之主亡，随即登入总谱祝版谱，取牌费钱一钱二分。祠中收取工费钱一钱二分，司谱人收。

公众标挂

自训公以上四代有四墓户，祀产由四墓户管年人措办祭仪，供给餐饭，合水村两祠公同标挂。又自天泽公至十七世祖添荫公兄弟，与太外祖洪二公、太舅公、艮英公孝子坟前身夫妇，皆祠中标挂。校场、和尚坞许侯义冢大都乏嗣之鬼，祠中应备纸钱焚之。惟覆钟形、霍家园两处不可拘定，斯文数人，以多邀派丁到坟为是。凡祭仪散福给胙，祠事有盛衰，年岁有丰歉，随时制宜，照事宜谱，办理不能定一。

与祭礼生

凡春分、冬至祭祖，与祭礼生必有顶戴、文武荫袭以外，必真正捐纳功名，如孔生介宾乡约功牌，必其人品行端方名望素著者乃得与祭。若猥琐陋鄙邪僻之徒，适足玷辱宗祠，贻笑外人，概不准与祭。而老人亦不在与祭之列，以其不谙礼体。余见祭礼内。

颁胙饮胙

兵后宗祠产业大半荒失，所得熟田以祭祀为重，余则不能复古。兵燹以前有特祭胙、斯文胙、老人胙，其赏出于产业，其产业系派下批助分立，祺祯公房下文源一家领胙肉九

第六篇
宗族的形成与祠堂

十余斤,今则均无稽考。现收熟田租息归于混同,总曰祀产。光绪初修祠竣工,余洋银一百元,二祭吹手与礼生颁胙,出其子金。嗣后值事振桂欲将其银换寝室前梁,道宣、积霖、文源争执取赎,烈妇之役质于章姓南街店屋。而老人胙又于近年添增,因二祭寂寞,欲多其人,整肃衣冠,拜祖作喧热之计。其赀均无出产,由公堂祀产匀省,日后祠事兴隆,各项当分别立产,仍随时敷衍。凡老人不得昧争。

饮胙,俗语谓之散全碗,例应与祭礼生所饮。昔年老人饮胙另有桌位菜仪,不在与祭饮胙之列。兵后届近丁稀,凡公谨干办老人与非礼生老人,或属族分长,或品行端方才识高超之人,入祠议论祠事,可资以维持者理合同饮。若平常派裔,祠事毫不关心,入祠徒博一醉饱,概行不准。其供给之赀亦无所出,倘日后阖族盛旺,衣顶林立,贤能众多,又当另议。

朗读祝版

二祭读祝版谱,必字义明通之人高声昌朗读之,不谙字义者虽在与祭礼生之列,不得含糊妄读,徒博胙包。如谙字义,则无论礼生与否,当整饬衣冠读之,同给胙包,夜同饮胙。

拜祖留餐

兵后人丁稀少,春分、冬至远处特来拜祖者,十里以外,头夜供晚饭一餐,正日供早饭一餐,自觅歇宿。五里以外,供早饭一餐,俱一荤一素。一自人丁稠密则不能。

主行事务

一族之中事务颇繁,论名分固当以族长居先,论事务又当以贤能为正。若一一推诿族长,恐其懦弱则遇事不能支撑,愚蠢则主事多所偾败,故以贤能为主,不可拘定斯文族长。

管理祠堂

一年之中收租办祭,事亦繁多,必一二人常川管理。其在殷实之家,肯出管理,不取薪资,暗不剥蚀,身后自当论功报享。若平常之家不能不取薪资,但以祠堂出息十中之二上下为度。凡有事,火食、人功另支,必由公举,不得恋霸。一年进出标挂后,出具清单,实贴祠内以昭廉净。

鸣祠品理

凡派丁与亲属有不平之事,鸣祠理论,原造俗语谓之开祠堂门,被造谓之关祠堂门。然必事关宗祠,方与公道品论,勿使成讼,庶与家训所谓息争讼者相符,切不可各为其党。但祠堂门不准任其苟且开关,反致多事,必须备仪先请祖宗,再各如品理人数备筵延请,盖理当如斯,非品理贪嗜哺啜。

选充祠差

427

凡派丁入祠品理及一切犯家训家法者，必须传唤其人入祠，而传唤之人受祠董差往，谓为祠差。与衙门差役贱为皂隶者不同，必选一二人充当，要本分伶俐，勤于行动，善于言语，毋谮唆多事。春分、冬至同领胙饮胙。

认真收租

兵后宗祠租息较之于前十不三四，管祠收租尤要认真，不可藉祠势而苛索加重分熟，不可认情面而怀私减让斗升，必须一一公平，照大概局面称量。租息虽不及从前，而犹不得谓为寒族。兵后收租办祭日渐微薄，其势日下，几不可挽回，皆收租者之咎。近年整顿办祭，用度数倍于前，加之递年邀议族谱章程、春分冬至派丁来祠供给，均租内开支。今反新置正条数钱，无非收租之认真与不剥蚀而已。嗣后有徇私认情面者，致租数不敷，查出议罚。

笃厚根枝

嫁女已见婚礼，兹更切近。言之人家，祖父譬之根本，子侄譬之枝桠，女儿譬之花朵，笃厚根本则枝桠发生，有生生不息之势。花朵纵极鲜妍，时到则落，未落时不过华映而已。譬之女嫁，往来不过闹热而已，而有良心者绝少。女死后由表而疏，由疏而断。世之不贤妇待婿与女胜于待儿与媳，将家赀明暗划与之，不贤夫男阿顺之。试问根枝、花朵孰为重乎？族内有轻根枝而厚花朵，因而致事，莫与品论。

（光绪十五年刻本）

池州仙源杜氏

光绪池州《仙源杜氏宗谱》卷首，《家政十四条》：

宗庙宜肃。宗庙者，祖宗精魂常聚之所，闲时宜锁钥不准常开，以昭清肃。不准堆积物件，每月朔望及四时八节祠仆务须打扫洁净，以备管祭者嘎饭敬香，大宗祠及各分支祠一体皆然。

祭祀宜谨。祭者际也，以我之精诚与祖宗之神明相接，谓之际，故临祭之时尚诚敬，尚肃穆，跛倚喧哗，皆非所以通神明之道。自今以后临祭之时，大堂两柱各悬一大粉牌，一书"禁止喧哗"四字，一书"闲人俱出"四字，务期必行，庶祭则可以受福也。

祭器宜珍。《礼》曰："凡家，造祭器为先。"祭器者，所以别于燕器也。吾族各祠祭器俱备，平日务宜珍藏，不作他用，不得借出。每岁轮祭者上交下接，如有破损，值年管祭者赠赔，器有缺略，亦当随时添制。

祠产宜理。吾族大宗祠及各支祠俱有祭田、公款，宜公举正直精明之人为祠董以司出纳，或加一二人副之，每岁酌给工食以专责成。其祠内田土、山场尤宜随时经理，如有

第六篇
宗族的形成与祠堂

被人隐匿侵占等弊,即当亲临查勘,免致失业,岁终集众结帐一次,以杜侵蚀。庶公款日裕,公用无不给之虞矣。

(光绪二十一年刊本)

绩溪城西周氏

光绪《绩溪城西周氏宗谱》卷二〇,《修祠户》:

《礼》、《春秋》修祖庙,此继述之大者。不修则屋坏,屋坏则不恭,《春秋》所由寓贬于鲁太室也。我祠重建,能干廷宪公与广辉等谓:祠告成矣,而久远之后祠不能不藉于修,修祠之资更不可不有所积贮。爰置田若干亩,每岁入谷麦若干石,而粮户之立,即以修祠为名,使能干之子孙廉能者,同心共理,以岁收所积视墙垣瓦缝栋楹梁桷板槛之有挠折者,为修除之,黝垩之。毋因循,毋卤莽,**俾翼翼者**久而弥新,亿万斯年,功垂不朽,胥于是乎赖。时嘉庆乙丑立秋前三日二十七世**孙荣**谨记。

每年租息不经祠首执管,权举造祠总理、能干二人管理。日后即举能干之子孙诚实廉能者,分班接管,谅彼必凛承先志,勿坠厥绪。

每年春冬两祭上丁进主功名捐赀例银,及祖坟倒坏荫木出拼树价,墓里塘所拼草价,俱存公匣,以备公用。

祠宇宜时修整。倘有屋漏损伤之处,即时整理,每积三年,通堂一理,及余屋墙垣并苏公祠,系祠捐修,一仝葺理,永为定例:

一、每年寝室后、能干祠后及两旁沟洫内有泥石壅塞,倩人开挑,免致积水涨涌,潮湿受伤。

一、每年祠内前后明堂大门外、文昌阁下出入巷路,及能干祠桂花厅内所有草木,二熟收租时倩人拔除尽净,毋使滋蔓。

一、有同宗发达者,或着人来报,或亲诣祠祭祖,所用赆仪报钱供给夫费,俱于修祠户内开支。本族来祠奉陪者,俱自己各出分资。

一、收支账目三年一结,各项清汇一单实贴祠内,俾阖族皆知。每年所收谷麦,照祠例交帐,麦每斗交瓮麦十升半,谷每百斤交干谷八十斤,毋得收多报少,虚开款项,如有此情,查出见一罚十。

(周赟等修,光绪三十一年敬爱堂木活字本)

光绪《绩溪城西周氏宗谱》卷二〇,《能干会》:

能干祠之设,所以报功亦以劝后也。吾族自乾隆癸未重建宗祠,当日能干勤苦经营十有余载,理宜立祠特祭,是以公建此祠,敬设重建宗祠能干神主,与有明始建宗祠能干及接力能干神主一仝特祭。每逢春冬宗祠祭毕,即于能干祠设席特祭。本拟祠内给资颁胙散福,因租息无多,难以敷用,复筹善后之策,公议:除祠内所办牲牷祭品纸箔外,着诸能干子孙愿出己赀置产归能干祠收租,以为永远颁胙散福诸费。所有能干子孙未及捐出者,日后捐赀置产,一体给散。诸公名目及一切规条开列于后。

嘉庆十年岁次乙丑春分前一日阖族公订。

一、祠内厅堂定例:毋许借作公馆、书堂、会场,及兴工作并堆积物件。今能干祠及桂花厅亦照祠例严禁,倘有此等情弊,亦照祠例公罚。

一、收租办祭阄定每年四人轮管,其租息分作二祭,照时价折算。除办祭外,仍余均分谷麦,照祠例交众。麦每斗交瓮麦十升半,谷每百斤交干谷八十斤,每祭各公纸角一封,未捐者亦各一封,宗子主祭给猪胙一斤。

一、祭能干祭仪定例已载明卷首办祭颁胙例内,祭毕,祭仪请该年司值、查察十位同散,果盒、礼壶、爵樽、猪羊还祠。

一、能干祠自备祭仪,每公纸角一封用绵连四一张,分作两只,每只装杭箔足三十张正,古纸半刀,未捐者各一封。仝始建宗祠能干诸公共一封用绵连四一张正,杭箔足二百正,光古四刀,菜九品,每碗定海参二两,鱼肚二两,鸡一斤,鱼一斤半,肉二斤,肉丸半斤,肚肺一斤,杂脍肉包三十二只。两祭前一日倩人于祠内特办,俱要丰洁,不得用残物臭味,致失尊敬之意。如违,罚杭箔一把,对祖烧化,祭毕仝散,照已捐者多寡酌办。

一、定总谱一本,每年收支各账,即于春分日公仝核算,誊入谱内,以便稽查。并纸角版一片,上首交下首,毋得遗失藏匿,如有此情,将此人两祭仍分股法罚出公仝置办,仍罚杭箔一把,对祖烧化。两祭公同算账,首事如有收多报少,并虚开款项情弊,即照数追出,亦罚杭箔一把,对祖烧化。

一、祠内配享文会及各项呆胙子孙向有变卖者,是视祖功宗德等于寻常产物,大失尊敬之意。今公议各能干子孙收租办祭,散福颁胙,毋许变卖他人,亦毋许变卖会内之人。倘有变卖者,将该股法归公,买者、卖者均以不孝罪论,均毋许收租办祭,散福颁胙。

(周赟等修,光绪三十一年敬爱堂木活字本)

江西

藏书堂与族学。

清江云溪徐氏

嘉庆清江《云溪徐氏族谱》卷五,《艺文·锄经堂记》:

第六篇
宗族的形成与祠堂

岁贡生杨汝翔邑人。

云溪徐贡生廷贤公旧创书舍数楹,名曰"翰墨林"。其嗣君国子生乡饮介宾藩公承先志,更创一室,规制较宏,房室窗棂,轩爽华丽,颜其堂曰"锄经"。盖将庋经书于此,俾后人朝夕研究,若农之垦新畬,积年成熟,致用无穷,志意深也!顾余闻公家世业花布,赀累甚厚,富能润屋,堂构之新,是所固然,而书舍或非其所急,即以余财草草,构数椽为蒙馆地,亦未必具有深意于其间。而公父子正不然,念徐氏之先,文章科第累世不绝,自始祖云卿公肇居此地,迄今十七传,岂无秀士?乃游庠校者不多,登贤书者未见。谓吾父子幸荷先业,致有赢余,苟屑屑为富谋,其何以亢宗而大振家声乎?用是教子情殷,特创书室。室成,窃思学莫要于穷经,昔人谓"经史为良田"。又曰:"学,殖也。"不殖将落礼耕,而义种辟经,奥穿经穴,非锄之不为功,此锄经堂之所由名也。而廷贤公父子之切于训后嗣,以视乎当世豪富之家,急于美其室以养尊,而置学馆于不言者,不亦大相远耶!且余常稽古设教,必先建学。家有塾,党有庠,州有序,推而上之,泮宫、辟雍其大焉者也。顾学有大小,而养育人材之心则一。兹之堂虽近于家塾,而二公相继创之,以为子弟读书计,是亦贤父兄之用心。今其子若孙屡延名师课读其中,行见贤俊后裔,体祖父愿望之情,而一以治经为务,则学不为其名,如汉人匡、刘、贾、董及公孙宏等,皆以明经显于时,岂不赫然称盛哉!谚云:"遗子黄金满箧,不如一经。"二公深得此意。登斯堂也,但指为徐氏之别业,而不动经明行修之思,是岂足为知二公者哉!公家贤嗣古香及其侄之冕皆有声大学,能文章,与庠生之征等共丐余记其堂,以无忘先志。余特为书此,以厕于其谱之艺文云。

(徐廷攀修、徐攀桂纂,嘉庆十八年刊本)

湖南

祠堂是祭祖、族人议事、处理族务之所,因人多事杂,制定一定的祠规对于保障族务的正常有序的进行就显得十分必要。祠规内容较为庞杂,族长房长户首之编制与职责、祭祖与管理、祠堂之维护、祠产之收支与管理、族人之责任与义务等无不囊括其中。

宁乡南塘刘氏

民国《宁乡南塘刘氏四修族谱》卷二,《族规》:

族之有祠,所以敬宗收族垂诸久远者也。各规不明,则久渐懈驰,创建之难,终不敌败坏之易。《传》曰:入庙思敬。整齐严肃,世守弗替,敬莫大于此。因酌为祠规如左:

祠堂栖神、肃静之所,不许停留闲杂人等,及为上人公馆优人官店,并不许停寄一切物件,或族中子弟于东西两厢,原假馆读书者,亦须禀明户首及经管人等,方许入祠。

族人不得承守祠之役,祭田之佃亦如之。

祠中务洁净，值年经营，宜责令守祠人每月两次洒扫，或瓦有破漏、墙垣有倾颓，便须及时检盖修葺。

祠中桌凳碗盏一切什物等项存单交经管后，责令守祠人看守，无论族人及外姓俱不许假借，或有遗失损坏，经管人赔补，不得抵赖。

祠中银谷出入立一总管及分管四人轮年办**理**，**总管**一簿，值年分管一簿，于每年秋祭后会计核算收租若干，使费若干，存银若干，**由分管簿**登入总管簿，四年一换，交代清楚，如有簿帐不对，即系侵蚀彻底根究赔偿不贷。

祠中总管、分管当祭祀时，凭众酌议妥当之人，除殷实老成外，不得垂涎钻充。

祠中佃民进佃退佃、收租减租及更换守祠人，值年经管，须会同总管及各房经管当众酌议可否，不得挟私徇情，独自主张。

祠中所存银谷原是祖宗之物，除办祭完粮整饰屋宇添补器皿一切应用外，族中不得掠美市义，妄为开销。

族中有事、经族入祠理处者，须各带酒食之费，不得开销祠堂公项；或系宗祠公事，当开销者，亦须知会值年经管量数酌用。

族间有关伦理大事，须族帮扶整顿者，无论公私，宜预先告明户首、房长，商酌可否，必事之万不得已者方许合族帮扶，如有仗势嚣张，见事生风者，必痛惩之，无贻祠累。

祠堂主龛前，每年清油五斤，线香三千，令守祠人每月朔望然灯，每日早晚焚香，至腊底，过年大节，蜡烛、爆竹、春贴之类，值年经管备办，入祠庆贺祖先，毋得缺少。

每年清明，值年经管备办纸钱、爆竹、香酒，会同各房，经管于公众祖山鸣锣挂祭，以展孝思，亦以省视坟墓，不时修理。

每年办祭之人，先期二日入祠，即知会值年经管，将办祭应用之物立单交出，祭毕仍一一点清还经管，安放收贮，如有缺坏，办祭人垫赔，其余买办出数收祭费入数，不得浮销暗蚀，又酒米油盐鱼肉菜果之类，倘有剩余，即交经管收贮祠中，不得径自携去。

祠中主位，父在子不得入，夫在妻不得入；宜入者，定期祭祀先一日，本家送主入祠，午刻行祭告礼，按昭穆安放，即以其名载入主册，费用多寡称家之有无，如有悭吝草率暗地混入者，查出重罚。

祠中祭祀，族众咸集，务宜恪谨肃静，毋得喧哗叫号，亦不得于厨中私索酒食，致贻徒餔啜之讥。

（民国十年存著堂木活字印本）

宗祠的用途甚广，它是祖宗神灵所依之所、祭祀祖先之所，也是处理族务、教化族人

第六篇
宗族的形成与祠堂

之所。

湘乡匡氏

道光湘乡《匡氏续修族谱》卷首,《家规》:

每年冬至,户长将各房家谱一一查阅,或本房有事,本房房长开释。如不服房长,会集各房房长理断,再不服房长,一齐告禀户长,唤二比入祠,听户长公处。

(匡逢向等修,道光八年解颐堂刊本)

涟源李氏

民国涟源《李报本堂族谱》卷首,《宗规》:

乡约当遵。"孝顺父母,尊敬长上,和睦乡里,教训子孙,各安生理,毋作非为。"这六句包尽做人的道理。凡为忠臣、为孝子、为顺孙、为圣世良民,皆由此出。无论贤愚皆晓得此文义,只是不肯着实遵行,故自陷于过恶,宗祖在上,岂忍使子孙辈如此,今于宗祠内仿乡约议节,每朔日族长督率子弟齐赴听讲,各**宜恭敬体**认,共成美俗。

祠墓当展。祠乃祖宗神灵所依,墓则祖宗体**魄所藏**。子孙思祖宗不可见,见所依所藏之处,即于见祖宗一般。时而祠祭,时而**墓祭,皆**展视大礼,必加敬谨。凡栋宇有坏则葺之,罅漏则补之,垣砌碑石有损则重整之,**蓬棘**则剪之,树木什器则爱惜之。或被人侵害盗卖盗葬,则同心合力复之。患无忽小视无逾时,若使缓延,所费愈大。此事死如事生,事亡如事存之道,族人所宜首讲者。

谱牒当重。谱牒所载,皆宗族祖父名讳孝子顺孙。目可得睹、口不可得言。收藏贵密,保守贵久,每岁清明祭祖时,宜各带所编发字号原本到宗祠,会看一遍,祭毕仍各带回收藏。

(民国五年报本堂活字本)

四 清明会与族会

(一)祠堂雏形的公会

直隶

滦州边氏

民国滦城《边氏族谱》,《久族会》:

夫会者聚也,聚众人而成一会,此声应气求之常理也。近日乡井愚民只知设诚立会供奉仙佛,一倡百和,率至连乡串邑奔趋恐后焉,而于伯叔兄弟亲党族属则乖忤涣散不相会合。噫!仙佛有知且将窜逐屏绝,宁肯鉴诚而加福乎?此有会犹不会也。吾族有会非一日已,敬祖宗若仙佛,守宗支若秉教,聚族众若会友,诚盛事也!而变难屡经,数兴数止,虽会有时歇,而人心实未曾一日不会也。近因时变稍宁,伯叔等力要合族复举其会,余欲期之久远而不止为叹聚一时之美也。于是进家约而商之曰:今日之会,欲修茔事以敬祖宗。夫祖宗之心,父母之心也。一子裸体馁行,以与众子进佳肴,父母愀然不欲食;一孙饿体劳形,以与众孙供**醴献**,祖宗能宴然其来格乎?欲收宗支以睦族众,夫一族之众犹一家之人也。一家中鲜**衣美食者**,一人恶衣粝食者,一人上难保数岁之不分,一族中力优于会者数人,勉可从会者数人,自强难会者数人,而可保累岁之不息乎?则欲久族会,非行《家约》不可也!何也?夫人竭力以奉仙佛,皆欲邀现在之福,而种来世之田,故信心笃志,倾资不惜,然其设渺茫终无实据,非身被而子孙可受者也。苟如余约而行之数载而小效,臻行者十数年而大效,至老者得以嬉游如登仙境,少者得以长养若生佛国,是真福田,是真因果,将举吾族中胥成一嬉乐大会场也!方期百年如一日矣,复何不久之足虑。

(民国二十七年唐山华美印书局印本)

江苏

上海曹氏

清末上海"得风气之先",1905年地方当局开始实行"地方自治",受其影响宗族之管理组织除传统的祠堂外,陆续出现所谓公会(例如成立于1906年的葛氏公会,事见《顿邱公会记》)和从事家族立宪的族会等新型组织。

民国《上海**曹氏族谱**》卷四,宣统《族会缘起》:

上海诸事得风气先。清光绪三十一年七月,苏松太道袁树勋准绅士所议,撤男市工程局设城厢内外总工程局。冬十月,实行地方自治。邑王氏、朱氏师仿其意,集族人为族会,从事家族立宪。宣统元年十月,润甫公于宗祠崇孝堂先后两次邀集族众决意仿行,拟具简章。十一月朔冬至祠祭,族众通过简章,公举职员,正式成立。

(曹浩、曹栋续修,民国十四年崇孝堂排印本)

(二)清明会

四川

第六篇
宗族的形成与祠堂

泸州王氏

民国泸州《王氏族谱》卷一,光绪《兴设中元会小引》:

尝思慎终追远,教著千秋,尊祖敬宗,礼垂万古。此圣贤所以教天下,而天下所由知本源也。惟我族王氏自国贵公由楚入蜀,迄今两百余年,派衍十余世,代远嗣繁,并无报本追远之举。璧等素闻别族建设中元大会,以追昭穆考妣之灵,思欲效为,无如独力难举,爰约合族商议,将清明会积集余钱,扯六十钏为会底。又募各房捐金,共勤厥成。今将合族所议条规一一罗列于后:

一、议将清明会所积余钱扯六十钏以为会底,每年生息,烧包应得二百四十个。上追一世祖国贵公杨刘氏,二世祖登朝公石谢氏,三世祖德珩公、金莲公王氏,四世祖藻公伍氏、葵公姚魏氏、志公彭氏,五世祖成文公王氏。又查此款系世仪公徐杨氏、世位公李江氏、克钊公李氏、克诚公李杨氏等舍出,故将此包分派以上数魂下。

一、议各房捐金无论多寡,捐于先没名下者,每钏焚包四个,多寡照算。捐于生名下者,每年临期赴席,每钏领包两包嗣因款项支绌,已停止生名领包,殁后将生死年月乡官住址开载簿上,每年照数焚包。

一、议若本宗有已嫁女捐赀者,即于本宗二字下加以"姑"字,外人不得擅入。

一、每年做会,必定期于七月十六日,不得擅改日期。生名捐金者,无论远近临期赴席会上,不能备帖一一通知,恐有路遥帖未到见怪。

一、议每年焚包,必须印纸,勿用烧黄新纸嗣因引纸昂贵,窘于款项,竟改用烧黄。至做会时,只有会首经理五人,道士装颜点作,不得人多滥费。其修斋一切费用,均宜减省。

一、议修斋筳中,只用经理会首五人名字。其生名捐金者,安于生名类;其未捐金者,不得乱安,恐后淆杂不分。该值年经理,将生名、捐金、没名注簿,认真办理,勿致遗漏。

一、议载簿四本,以一本存写没名、生死年月乡官住址;以一本存写生名捐金数目;后有生名没者,即将生名上写一故字,更将其名移入没名簿,上添写生死年月乡官住址,每年同入会中,照数烧包;以两本存写每年进出总帐,上轮下轮各执一本,连环递交,如有帐目不清者,即问上下两轮赔出。

一、议凡善男信女生名捐金者,即于生名簿上注明某之父、某之母、某之妻、某之夫;死后移入没名簿上亦容然,庶可免同名同氏者混淆难稽。

以上所以数条,皆合族熟筹所列,深期后来,世世遵守,幸勿废弛,则前光可迪,而后昆克裕矣。

大清光绪十八年壬辰七月二十四日,廷璧、廷枢等立。

(王家浚督修,王守亨、王正溢编纂,民国二十二年石印本)

安徽

除了祠堂管理体制外，宗族内还有各种族会、文会、祀会等，既是对宗族的一种管理，也是一种联谊收族之手段。

绩溪华阳邵氏

光绪绩溪《华阳邵氏宗谱》卷一八，《家规·族会》：

程子曰：族人须相与为礼，使骨肉之情常相通。骨肉自疏者只为而不相见，情不相通耳。故古人有分岁除夕之会，有冠婚丧祭之会，有四时燕乐之会。凡以浃洽情好、联属疏远于饮食燕享之中而寓敦睦之谊，非苟然也。

（邵俊培纂，光绪三十三年叙伦堂刊本）

绩溪梁安高氏

光绪绩溪《梁安高氏宗谱》卷一一，《学愚文会序》：

我先贤子皋子为圣门高弟，而孔子谓"柴也愚"，或谓此大贤之愚，非后世所可学而几也。夫大贤之智为不可学，至大贤之愚亦奚不可学哉。然孝曰愚孝，忠曰愚忠。其愚一诚而无伪，至公而无私，执中而无权，此大贤之愚，虽后世之智者且不易学，况愚者乎？独是愚，正不足为学患，愚者患在自安于愚，愚者又患在不自安于愚。愚而自安于愚，则自暴自弃而不复学，此下愚之不移也；愚而不自安于愚，则予圣予知而不复学，此愚而好自用也。故必自安于愚，则不容己于学；不自安于愚，愈不容己于学。学则可以化其愚，变其愚，而不终于愚。昔夫子之以愚警高子，亦欲其进学耳。而况后之愚者可不学乎哉？吾姓自高子以来数千年，其间智者、慧者不胜计，为名儒，为硕彦，昭史乘，代有伟人，而卒未有能继高子之愚者，以见学愚诚不易也。

国朝稽古右文，英材乐育，而我族文教不及前烈，岂宗族之气运有盛衰，良以培植之无具耳。同治壬申始倡修宗谱，丁丑告竣。窃惟我族生齿颇繁，而未有文会，其何以培后进而绍前徽，而况承家学者宜溯渊源，崇正学者宜培根本。爰商合族兴立文会，会名曰"学愚"，非特不忘先烈，且以愚者可学而智者愈无不可学也。吾愿后之愚者愿学而不自以为智，尤望后之智者愿学而直自以为愚，则庶几万一乎，我先贤子皋之愚。

捐产另载文会谱。

（高富浩纂修，光绪三年活字本。）

光绪绩溪《梁安高氏宗谱》卷一一，《文会祀例》：

第六篇
宗族的形成与祠堂

建立文会所,中龛设先贤高子神位,左龛祀本姓乡贤,右龛祀捐田地直银五十两以上者及经理之人。

(高富浩纂修,光绪三年活字本)

绩溪城西周氏

光绪《绩溪城西周氏宗谱》卷二〇,《文会》:

我族之有文会,我高祖士暹公暨二十三公捐赀置产而起也。每岁二月三日、八月朔日,具冠裳粢醴诣祠祭文昌帝君,祭毕,祭立会诸公,子孙之与祭者颁胙散福,盖二百年于今矣。祭必有惠,颁胙散福,示神惠也;祭立会诸公,志不忘也。自重建宗祠,会内租息归祠收取,告成之后,文运日隆,人才奋起。众议欲建濂溪公书院,希其新捐置产,俾文会之设踵而增之,爰着此会田产公举廉能者办理,除每年办祭颁胙外,仍以所剩之资为科举之费,南征北上者按数给送,盖二十余年于兹。新捐之议有待于将来,而此会之颁已行实惠于迩日矣。自是大比之岁,贤能有书,后起者骎骎日上,将来汇征之吉,正未有艾也,想二十三公在庙之灵亦少慰乎!其与上京户之立,所以培植人文者,自并行不悖。会始有明,成于国初,查检契据,载明顺治、康熙年号,迄于今有莫知其由来者。荣检获高祖士暹公初定《规条遗稿》九则,附录于后。俾后人咸知此会各捐己赀而立也,新捐之议仍有望于后来云。

时嘉庆乙丑十月二十二日也,二十七世孙荣谨记。

《遗稿》录后:我祖丰山公由壁径起巍科,策名筮仕,历括及蜀,勋著两藩。赋归来,倡捐置产,创建祠宇,敬宗睦族,美举甚多,所少者文会耳。暹承先志,偕伯仲叔季及诸同人各捐己资生利置产,上奉帝君,下为会文之费。爰立规条于后:

一、入会出银三则:有余者,出银三两,两次二两,又次一两;违者不许入会。

一、在会内入泮,有余者出银一两,次出八钱,又次六钱;补廪者出银一两五钱,出贡者出银二两,中举者出银三两,由此而上者有加无减。如未入会,入泮后入会,必须加倍。

一、每年司值四人收租存贮公所,办祭输粮,公同支用,事竣算帐。如有私自支用,公全议罚,入众公用。

一、存贮银两借去收入,必须四人同见,不得私自专行,更不得侵渔吞噬。如违,革出会外,永不许入,仍要追出侵渔吞噬之数。

一、祭神,福物必洁,衣冠必整。如拜跪逾分及不到者,罚银五分入众公用。

一、会文原为鼓吹休明作兴,后辈在会内者固不必言,即未入会者,亦准来会作文,只不得与祭颁胙。

一、会文定四仲月十五日为期。如遇祭祖,后二日可也。作文二首,俱要完篇,遵有赏,违有罚。

创建文会人名、出银数目录后:

彭夫二两,万中二两,简任二两,镜玉二两;

皋符二两,圣环一两,公辅二两,昨非一两;

君和一两,公赞二两,梅臣二两,和臣二两。

彭夫,士述公字;万中,士造公字;简任,士遴公字;镜玉,士暹公字;皋符,士迈公字;此五公荣高祖土暹公兄弟,所谓偕伯仲叔季也。余字未详,此初立会十二公,后增十一公,共二十三公。其名目并祭仪颁胙散福定例列后:

祭文昌帝君,每年二月初三日一次,八月初一日一次。

祭仪列后:

衣帽一副,红烛一对,官香一束,奠酒一壶,大杭箔二百,大光古二刀;

大包一盘,豆腐一盘,三牲一副。

二月初三司事者自备,八月初一开支公账,司事者仝散,并支酒、面、盐、炭等项。祭毕,外备香一束、杭箔三百、光古三刀,诣寝室祭立会诸公。

立会诸公名目并颁胙散福条款列后:

绍韩公,士述公,士选公,士遴公,士暹公;

士迈公,栋公,必转公,鸣鹤公,宗昌公;

谟公,调元公,调鼎公,调鼐公,靖公;

邦公,祥公,宏都公,鼎佐公,弼公;

瑞公,燡公,赐玠公。

以上共二十三股,每祭各给包两对,计足称一斤,散福一个,折钱三十五文,士选公外给猪胙一斤。

每年租息公举会内诚实廉能者收贮,除办祭输粮、颁胙散福,余存公匦,以备乡会试盘费之用,毋许侵蚀挪借。

三年所余酌存数金,备送中举盘费,仍照入闱者多寡分送。中举每人送银八两,中进士者及鼎甲翰林拔贡上京朝考者,俱照中举例分送。

逢恩科,若公匦无余积,动支三年所余,两科分给。

赴闱盘费临期赍赠,毋许预支。不赴闱者不给,倘已领盘费捏故不往者,将盘费追出,仍罚诣祖前跪香一炷。

收支帐三年一结,各项清汇一单,实贴祠内,俾阖族皆知。所收谷麦,照祠例交帐,毋

第六篇
宗族的形成与祠堂

得收多报少,虚开款项,如有此情,查出见一罚十,入会公用。

(周赟等修,光绪三十一年敬爱堂木活字本)

绩溪南关许余氏

光绪《绩溪县南关许余氏惇叙堂宗谱》卷八,《文会序》(积善、思泉):

夫圣门四科,文学居末,而夫子四教,文居其首,何哉?盖文以载道,四科皆本德行,其以文学见长者,则品居其末。学文以明道,四教皆由文学而入,故文居其首,故曰君子以文会友,以友辅仁,此文会所由昉也。今之文虽与古异,而道无异,苟学文以明道,则将敦品诣,饬纲常,美风俗。出则致君泽民而有功于国,处则型仁讲让而有功于家,谓非宗族之光哉!然一族之人材秀顽不齐,而其遭际亦困亨不一,苟无以培植之,则秀者或因贫而废业,富者或以钝而无成。故一族之中必先有振兴文教之人,而后有人文蔚起之日。我先人以文章名世者代有其人,虽至今文物衣冠经兵燹而犹未替,盖先世培植之泽孔长矣。奈兵燹之后,旧谱及文会簿书皆散佚无存,故文会田产皆失业莫考,父老实深斯文失坠之惧,而流离甫集,元气未完,又无力捐复,权于旧业公同拟议,于公产稍拨取田产系诸文会,以为嚆矢。由是或显宦富商续捐财产以继长而增高,或有志之士竭力维持以日兴而月盛,则庶乎不虚此序也。善本苦读,勉博一衿,而家无担石,虚愿徒怀,是深有望于后起者矣。

(光绪十五年刻本)

光绪《绩溪县南关许余氏惇叙堂宗谱》卷一〇,《杂说》:

和尚坞四姓文会。和尚坞有古刹,余、许、方、汪四姓安灯,塑有文昌帝君像,每年四月八聚集衣冠祭文昌帝君。礼毕,饮胙,插花传唱以为令。有文会田产给生童膏火灯油,会课花红奖赏。兵后古刹倾颓,无僧人住持,文会田产失落无稽。或云为四姓中知者占为己业。

(光绪十五年刻本)

黟县鹤山李氏

民国《黟县鹤山李氏宗谱》卷末,康熙《添祥公冬至会序》:

冬至一阳来复,乃见天地之心律,应黄钟为万事根本之原,所由始也。故贵自天子,贱及庶人,无不有木本水源之思,以隆追报焉。吾家自始祖福安公肇趾于斯,越十数传而子孙蕃衍,祖功宗德,绵绵相绳,追报之典安可阙乎?于是谋诸长、二、四房中同志者,各捐资银,乐成祀会,积贮生息,矢慎矢公。夫祠有恒产,则祭有恒供。每年届期备物置器,洁牲涤俎,俾一堂之中老幼肃雍,各致其敬,发其情,竭力从事,共襄不怠,庶祀典于此而勿替,孝思亦于此而常伸云尔。

康熙乙亥仲春月,裔孙元进敬撰。

(李世禄纂,民国六年木活字本)

民国《黟县鹤山李氏宗谱》卷末,同治《文美公会序》:

文美公之有会,创于乾隆初年,以备清明祭祀者也。子孙到坟山,每丁给筹一根,十岁内不到者有筹,十岁外不到者无筹,二十、三十、四十、五十、六十各加筹一根,七十加筹一根并添轿钱二百文,八十加筹一根并添轿钱四百文,功名各加筹二根。其规条之详明,尽美尽善,传至于兹,百有余年矣。不意同治间粤寇扰乱,簿据被焚,祖宗之成规竟毁于一旦。有纲等虽不肖,何敢坐视而听其遗亡乎。今于同治四年邀集众支丁复兴其会,将各存之项另立簿据,一切条款仍遵旧规,其所以体先人之志者,亦为子孙所当为尔。是为序。

同治四年三月清明日,裔孙有钢谨撰。

(李世禄纂,民国六年木活字本)

民国《黟县鹤山李氏宗谱》卷末,同治《利济会序》:

盖闻天道能无废兴,人事常有变更,补偏救弊,端赖后人。我族支裔于道光庚寅之岁,集资创立利济会,以备迎神銮卫事宜,一应会规悉有成议。除支用外,积有余赀,陆续置办产业,仍者即归支丁。借领生息,必须红契执押,历年既久,会赀稍裕。嗣因迭遭兵燹,无人经理,致会事废弛,恐负先人苦心,湮没不彰,爰集众议,重整旧规。惟会内簿据遭寇遗失,当经先后呈请前邑宪张及今邑宪谢批准立案,各存在案,庶几业可世守。会有成规,始信有基勿坏,万世永赖,我族有厚望焉。是为序。

同治三年岁次甲子小阳月,裔孙有祥谨撰。

(李世禄纂,民国六年木活字本)

黟县南屏叶氏

嘉庆《黟县南屏叶氏族谱》卷一,《庙宇·财神阁》:

乾隆五十七年财神会建于万松亭北。

(叶有广、叶邦光修,嘉庆十七年木刻本)

第六篇
宗族的形成与祠堂

嘉庆《黟县南屏叶氏族谱》卷一,《桥梁·西干桥》:

在村之西北,嘉庆十一年叙秩堂支丁乐输建造,与万松桥先后落成,俱载县志。族内原有桥会,今仍轮流值年经理。

(叶有广、叶邦光修,嘉庆十七年木刻本)

山东
黄县王氏

宣统《黄县太原王氏族谱》,嘉庆《重修族谱、茔墙、茔房记》:

韩子云:"莫为之前,虽盛弗著;莫为之后,虽美弗彰。"吾辈之修谱修茔,敢云承前启后乎?然自乾隆丙子至嘉庆丙子六十年之内,子子孙孙生息甚繁,苟不急为之计,恐益难矣。而族内竟无有计及此者,予甚愧焉。予叔父谷音不忍坐视,因命予曰:"汝父在日,常以修谱为急,而未得行其事,后亦有起而行之者,又因故半涂而废。今吾有病在身,不能亲理,汝与敷灵其共勉诸!"予承叔父命,同弟敷灵会众共议,咸乐从事焉。而身任其劳者,则惟族兄弟敷实、敷恭、敷珍;勤采访者,东西不暇;收名字者,往返不已;编次誊写者,亦屡次更改,数月后始得成稿。事成而付诸梓,又非空囊者所能为。家谕户晓,登门而求捐资,终日奔波,坚囊难破。又数月内始,浮写数目至收捐资之时,而变故多端。悔其不空捐者有焉,悔其捐资多者有焉;抑且有议吾辈不能竟成其事者,有议吾辈为口腹之计者,纷纷妄谈。总之,无识之徒,蠡测之见,吾辈置之不议不论之列。谨叙始末难辛,以为后者鉴。数世后有起而修谱者,甚无以事难而止、众议而废,庶几成矣,是厚望焉!

嘉庆二十二年春三月,十五世孙敷寅、同兄敷实、弟敷恭、敷灵、敷珍谨记。

(宣统元年刊本)

宣统《黄县太原王氏族谱》,宣统《重修族谱序》:

王氏族谱肇于有明之中叶。其始仅传抄本,迄乾隆丙子付梓,嘉庆丙子重修,所谓序宗支、别**世代**、**辨**同异、联亲疏。从支分派别之中,寓探本溯源之意,前人之述备矣。所虑者,年湮代远,而世系或不能得其确据,故有非同族而引为同族者,则滥收之弊与遗漏等。同治间,十五世敷传提倡修谱,赞助者不乏其人,旋以他故中辍。光绪三十二年阖族会议,于始祖茔房佥以为族谱未续,世系难明,三代以上,或不记其名;五服以外,或不谋其面。人心之所以日薄,风俗之所以日偷也。乃公推十六世基鸿、志澄、澂基、基楹、阜基,十七慕曾、慕韶,十八世常奎、常师,十九世衍陞、衍韶,作首事人。捐款集二千余缗,采访及一千余里,阅两寒暑,编次粗成。其世系有与旧谱不接者,经族人累次磋商,始开附后之例,至能纯之下,据此次来单与同治间底稿,均为克明。但旧谱未载,疑当附后,不得已而复开会议。族中耆老有能言其事者,以为其始徙居他省,嘉庆丙子后乃还本籍,是以旧谱阙如。族人多韪其言,爰列克明之世系于正编,以订残补缺。后之续修斯谱者,果能严守体例,无遗漏亦无滥收,宗派分明,庶合于阖族之公议云。

宣统元年,阖族公序。

(宣统元年刊本)

(三)族会

江西

豫章黄氏

省城联宗祠堂,乾隆以后仍然保持。

光绪《豫章黄祠四修主谱》,《道光甲申公议条规》:

一、本祠建自乾隆丙子,坐落杏花村,房屋狭窄,地址低洼,历久朽坏。至嘉庆丙子合省同宗酌议重新创建,填高地基数尺,添造先儒黄子祠尚义堂一大栋,前临大街,靠后接造试馆三进,居中重修老祠一大栋,接后新造节孝祠一进,靠东新买地基一大片,坐后新造试馆一进,前空有基地一片,俟后再添造。

一、祠内租钱除每年春秋祭祀,逐日香灯并各处捡盖修理及文武乡试荐举、祀祖演戏用费暨添买床板桌凳等项外,所余租费作为散胙卷价,尚义堂荐文举时,中座每主散胙四百文,东座每主散胙二百文,西座每主散胙一百二十文,老祠支下文武科生每名散卷赀一百二十文。凡领胙接卷赀者,务须支下嫡裔亲领,不得冒名混接。恭遇恩科,胙价卷赀合同正科各领一半。

一、文场荐举定期八月初一日,大祠祀祖演戏全部。八月初二日,尚义堂祀祖酬庸演戏全部。武场荐举定期十月初一日,合祠祀祖大祠演戏全部。

一、尚义堂房屋及靠后试馆三进,每逢乡试,必须尚义堂支下嫡裔方可居住,未进尚义堂主位者不得占住。

一、老祠及靠东后试馆乡试居住,仍照旧章,尽先不尽后。

一、乡试来祠居住者,自七月初一日起进祠,九月十五即要搬寓,不得藉考久羁。

一、每逢乡试来祠下榻,值年首事详问,系何支何公子姓,查对祠谱,相符者方许寓歇,如并未捐赀进主,不许混住。倘有混带异姓进内居住者,查出连本人一并逐出,永远不许进祠。

一、本宗族大人繁,必须按房之大小,大房可住三四人,中房可住二三人,务宜照派,

第六篇
宗族的形成与祠堂

不得一人占住二三人之房,违者重罚,首事徇情重罚。

一、节孝祠一栋,留为值年首事栖止及各支绅士来省验看领凭领咨考贡一切功名事件居住。此外,贸易术士闲杂人等俱照旧规,不准住宿,至于构讼包讼者,尤不许容留,如违重罚。

一、祠内新旧首事多人,或因公来省,虽有闲房,亦限以半月为度,满一月亦照式算租,不得藉称首事为名,强踞祠屋。

一、内外两祠及节孝祠共设看守一人,白日照管各处门户,早晚服事香灯,每月给工赀饭食钱一千七百文。

一、祠内试馆一切器皿,无论本姓、外人,均不得借用,如违,予受同罚。

一、内外两祠及东西试馆,每逢乡试,之年七月初一日,全行空考,九月十五日后起租。惟内祠留与武场科生居住,十一月初一日起租。

一、武场照旧规不许带牲口进祠,违者重罚。

一、各祠及各处试馆租寓房客,必须细查来历,恐非良善,滋生事端,以免后累。

一、凡在祠内寓歇者,起爨须用木炭,不可烧用柴火,熏坏房屋。

一、凡在内住宿人等,遵照旧规,一概不许赌博,逞凶滋事。夜间二炮锁门,过时不得开放出入,违者斥逐,如或恃强不遵,鸣官究治,倘首事徇情重罚。

一、值年首事遵照旧规,东西各签一人同管,三年交替,定于正科乡试后会齐合省科生结算,二人三年经手所收房租,出入帐目,有无存项亏欠,交代下手接管。

一、管理祠事众立交管簿一本,付值年首事收执,值年首事立领管簿一本,付众收执,簿内注明房租若干,祭器灯彩桌椅床凳,已有厨房零星一切用器若干。其器皿即于上下接管时查明件数,如有遗失,即令上手赔补。

一、值年首事无论远近,各支不得携带家眷居住祠屋。前车之鉴,不可不防,并非过于责备也。

一、各处屋宇沟洫,值年首事务要及时检盖疏浚,不得听其上漏下湿,以致朽烂。或遇要紧工程,须费十金以上,必须通闻就近绅士及外郡在省同事会商办理。

一、每年所收租息,除值年支用俸薪各处检盖工资外,至于清明、冬至祭品,朔望三节、中元香仪等项,俱宜按照旧规简省酌用,不得妄费此项出息。原应存留科场荐举之用,并非各支私祠,专为子姓会饮可比,各节祭祀用度酌列数条于后。

一、清明鼓乐祭品,照常备办,祭后邀请主祭、礼生、执事诸位饮福。其各支子姓来祠附祭者,每位设面二碗,以宏祖惠。冬至同,其祭品三牲香仪吹手杂用,每次开销大钱三千文,附祭设面照人数查算。

443

一、除夕、元旦、元宵,值年预备三牲、香烛祀祖,共开销大钱四千文。

一、午节、中秋、中元三牲香仪祀祖,每次开销大钱一千文外,中元锡箔钱纸加用钱六百文。

一、每月朔望、每日早夜香灯按月开销大钱六百文。

一、进主奉祀,原期永远享祀,清明、冬至务宜虔诚祭祀。

一、阖省公建宗祠,原为三年大比居住,并非一府试馆可比。南昌府属乡试概不来祠下榻,每逢小考,仍照旧章空出老祠寓考,尽先不尽后,尚义堂及东西试馆四进并节孝祠概不空考。

一、各祠进主,原尚义堂特主一座一百千文,东主一座五十千文,西主一座三十千文,老祠有分者进主一座八千文,无分者进主一座十六千文,或后有人添入,务照前规,不可变更。

一、议节孝祠房屋数间,虽遇大小考,亦留为值年首事办公者栖止,免致混杂。

(黄祖络等修、黄振声等纂,光绪二十五年刊本)

清江龚氏

民国清江《龚氏十四修族谱》:

一、大宗祠堂乃礼义之地,除科甲燕会、斯文讲学外,其余一切素无行止之人不得勾引来此,以致坏玷。所系非小,管门者不得轻与钥匙,纵其启闭,违者连坐罚银一两公用。

一、祠堂一应公物,多有私借隐藏,因而混失及反目不认者,深为可恶。今后管年之人常加查理,敢有言借及私自搬用者,众共辱之,罚银一两公用。管年人并司钥者阿纵,罚亦如之。

(龚克刚等修,民国三年刊本)

永新萧氏

光绪《江右永新萧氏家世源流记》卷四,《祠规》:

诰封之有祠也,所以尊君敬亲,典至重,意至虔也。他人尚当敬礼之,况在亲族敢慢不加意乎?前议除教学读书款延宾客外,所有洒扫铺设俱照旧规办理,兹另立禁条开列于后:

一、禁堆积柴草灰木等物。

一、禁拴吊猪牛牲口等物。

一、禁开灯卖烟。

第六篇
宗族的形成与祠堂

一、禁抽头聚赌。

一、禁停留闲杂人等。

一、禁寄存谷米上楼。

一、禁宰杀牛猪。

一、禁寄放什物等件。

一、读书设帐起灶外,无论亲房人等俱不准在祠起灶作食,免致熏毁房屋。

一、禁亲房人等俱不准在祠内住家。

以上十条俱宜永远遵守。倘有任意轻亵,肆行无忌者,本房至亲人等即行会同斯文前辈直言叱责,不得姑容徇情。谨此预白。

（萧廷模修,光绪九年刊本）

兴国刘氏

祠堂基本概况。

同治兴国《刘氏重修族谱》,《盆形士文公祠堂记》:

士文堂,东山房之祠宇也。士文公由邑西窑下徙均村,生子三,惟次子振佩公成立,又复弱龄早逝,其妣徐生子二,呱呱膝下,矢志抚孤;继而择迁东山盆形,二子亦稍长。伯名昌富,字裕丰;仲名昌贵,字绍汾,皆能早自树立。创业构祠,仍祖名以额之,所以继未遂之志而述未竟之事也。厥后二公子孙各有营建,而士文堂实为大宗祠云。祠居村之西北山下,山之脉络启于黄龙坪,由罗葩庵朱木坑绵亘数十里,三山平出,左右环抱,前有玉嶂,后有仙峦,溪水萦回,交汇于堂之西侧。以青鸟家言律之则,坐乾向巽,得清淑气,以故生其间者皆俊秀不羁,翩翩然有佳子弟风。而蓄积之蕃,声华之盛,则又村人所艳慕者,以此知灵秀必有所钟,而地气不得谓为无凭也。虽然地灵者人杰,人杰则地灵,族之人果能思祖宗之所图,维感先人之所建树,承承继继,相与敬守而遵循焉。恢廓而光大焉,将后之视今,亦犹今之视昔,不更有以启无穷之蕴于勿替乎！族弟宝田因堂而念祖德,嘱序于予。予虽不善文,而喜其意之美而美之,故言地略而言人独详,即其意亦乐为之俱详。是为记。

同治壬戌元年五月下浣之吉,同宗廪生仁顿首拜撰。

（刘天成等修,同治元年刊本）

南丰西麓双井黄氏

祠堂的兴建与重修。

同治南丰《西麓双井重修族谱》，《西麓双井黄氏三建祠记》：

族有祖祠，所以举行祭祀，以致其孝思者也。夫祖祠内妥先灵于寝室，外聚子孙于一堂，如是则昭穆序，昭穆序则尊卑明，祠之建也大矣！吾祖达公字庆嵩，行三三，乃崇鲁公次子也。性嗜山水，由君陵古柏迁临川品桥冈背，基宅不得其正，遂迁崇贤乡槎陵湾，购置霍源、上陈各处山业，后乃迁邑西雷谷岭。至七传，子孙稍蕃衍，吾祖胜凯公复迁社坛岭而居焉。明永乐子孙建祠于北取社岭背，至崇祯族有切孝思者十人，各捐赀十两，佥集各房杰士，议改建祠西岭，自是子孙蕃衍，人文稍盛。

迄顺治戊子惨遭回禄，族居尽为灰烬，子姓迁居各乡，幸祖祠犹存，乃得清明祭扫，此亦足以觇祖宗之灵矣。约计六十余年，居址未复，祠宇将颓，目击必伤。康熙辛未，乃佥族三十余人各捐赀五钱及庆嵩新丁祭各半，购置本基。康熙乙未，复佥十六人合约改建祖祠，领约者虽十有六人，要皆逡巡畏缩，不克共勷盛举。叨祖之灵，得嗣孙正普、大鸿、大鹄、立善四人，始终其事，更各出乐助十两有奇，季秋遂改建祠于社坛岭椿树庙前购基之所。内厅将老祠兼新换旧，绍泉公位下助银一百两，外又各件耗贾会计共用六十余两。其中座系寝室，左为贵德堂，右为尚功堂。两傍房东为斋宿，西藏祭器，下则两廊。开耳门东由敦诗门出入，其门外小路宽二尺，上直至本祠后山，下直至祠前侧空场，西由说礼出入其门，外小路亦宽二尺，上亦直至本祠后山，下直至官道。中厅两傍房为远来与祭者歇宿，外栋开三，中门惟祭期开之，所以尊祖祢也。左右两门有事即开之，盖以便子孙出入也。至两傍房，东为仓库，西为庖厨，皆开斗耳门，一月盛门为柴水淆货之出入，一曰新门为钱谷簿书之出入。若两边有事，进厅则由中堂走廊以上下。凡此布置，皆有意义存乎其间者也。但本祠周围封砖，两边尚缺其半，门前外砌腰墙石盖石口，口外即官路，故以来脉山与胜水公房对换，议山脊为界，祠东小路外余之地购置登隆书斋堂屋五大间为子孙读书堂，兼附祠也。夫本祠之建，始事之人十有六，终事之人止有四，其功几难成矣，不期两载告竣，约计九百有奇，非在天之灵默有以相之耶？及戊戌进主，其各祭各房各户所捐乐助已足十两者，议立特主一座，不足者悉入各房，简主不得滥与，此列第综理鸠工者四人，公议常年每祭各给胙四斤，子孙永享。其乐助芳名具列于左，以垂久远云耳。

新祠劝首祭捐银十两老新丁捐银十两；

吉回公捐银十两，胜凯公捐银十两；

重十公捐银一两，明十四公捐银十两；

玩八公捐银五两，孜九公捐银十二两；

绍泉公捐银十三两，忠三十公捐银十二两；

第六篇
宗族的形成与祠堂

忠三五公捐银十二两,肃十八公捐银廿五两;

肃三六公捐银廿五两,肃三九公捐银廿五两;

肃四七公捐银十二两,忠廿六公捐银十六两;

肃五十公捐银十二两,肃五一公捐银十二两;

敬五七公捐银十两,贞六公捐银十两;

敬二十公捐银十两,忠三一公捐银八两;

肃十四公捐银八两,肃廿七公捐银八两;

敬廿九公捐银五两,钦五公捐银五两;

生二公捐银四两,肃十一公捐银三两;

极廿二公捐银二两,浩淮公捐银二两;

肃五九公捐银一两,极八公捐银一两;

极十四公捐银一两,贞七公捐银五两;

恭七公捐银一两,忠四二公捐银五钱;

旧祠基售价五十两;

中吉公助照梁门栋柱三株,宣五公围墙砖价五两;

炘三二公捐砖价银五钱,守远公捐丁钱五钱;

先二公捐银八钱,仁六公捐银八钱;

登十九公捐钱一两,彦甫公捐银一钱;

以上共捐祭乐助外福寿宁三房每见丁助银三钱,夫二名;

康房守诚公系下住居泻远助丁夫银三十两;

黄溪汝恭汝敬公助丁夫银十三两;

乾隆戊寅重修祖祠公项不数纲首四人复助银两开后;

炘三二公捐银四两,炘四一公捐银四两;

贞六三公捐银八两,宣十二公捐银八两。

附载乐助,三三公祭田于后:

炘三三公助迟田二段

    一段坐仙二都上枧段土名沙丘计额租二百斗;

    一段坐仙二都土名栎树龙计额租六十斗。

炘四一公助迟田二段

    一段坐仙一都土名张仙门首及港下,又一段土名屠义口,二段相连,共计租二百八十斗。

宣十二公助早田一段

　　一段坐崇二都土名坟山计额租二百五十斗。

贞六三公助早迟田二段

　　一段坐岱二都陈坊土名魏坑案坑共计租一百九十斗；

　　一段坐岱二都陈坊土名梧桐井计早租三十斗；

　　二段共计早迟租二百二十斗。

以上所列之田，悉诸公自置产业助入庆嵩公祭内式廊祀典，故修载每岁值祭，各给胙三斤，并设牌位配祀祖妣。其公众所置产，旧已载簿，兹不复赘。

（同治十二年刊本）

同治南丰《西麓双井重修族谱》，同治《道光廿七年复修祠宇序》：

祖祠自康熙乙未复建以来，已历年所，先人捐赀创置颇费精神，无非报本追远，以尽孝思之诚敬。道光廿七年，祠宇朽坏，积存众项不敷修费，景星位倡首劝捐，邀同族中诸人共举其事。内则修理寝室堂阶，外则加高周围砖墙，庶内宇完固，外患无忧。适有普元位由黔回籍，囊橐稍裕，将东西两廊之厢房改为便厅，东曰更衣厅，西曰浣洗厅。子孙以昭其度，祭祀不失其仪，自是堂构焕然一新，所谓神有凭依者，不将在德乎！至祠东之旁屋五间，从前创为子孙读书堂，咸丰六年粤寇窜匪，现成球场一片，吾族有能创造如前为子孙读书计者，实有厚望焉。兹因家乘重修，聊具数语以考其功力云。

修理祠宇董事芳名：

景星位　开云位　振乐位　馨木位；

家睿位　家清位　家溢位　馨材位；

皇清同治十二年岁次癸酉仲春月裔孙远熙拜撰。

（同治十二年刊本）

同治南丰《西麓双井重修族谱》，雍正《嘉禾坪宝石祠始末事实记》：

先朝故祠巍巍栋宇，祖灵栖焉，忽被兵燹，噫！墟矣。越康熙己巳，金同宜黄各支居君陵五柱，及东源、矮岭合作二柱，神岗二房作一柱，邑西克颐上陈克明二房同枧溪作一柱，宝石六房作一柱，五柱捐银，复建新祠，以妥祖灵，但砖瓦、人夫之费则皆出自宝石。康熙戊寅乃告厥成，进主三座，桂堂公居中，东则梦斗十五公，西则柱国讳贾廿一公。每岁醮祀订以三月十五，不得愆期。凡此皆于三三公祭簿内载之详明者也。桂堂公葬本里楮木坑趫柴岭人形乾山，巽向，立有墓志，历来相安无事。明季宝石房下有不肖者盗卖与

第六篇
宗族的形成与祠堂

唐人魈,葬祖左肩之傍。宜邑、君陵、神冈系下出控南丰,继至建昌府道,讼缠三载方结,幸有孚而获元吉,押令唐人起迁,其休宁之穴,土堆现存,可过而访焉。竖立石碑,约禁子孙勿犯,其亦鉴前防后之微意欤!厥后清算讼费,会计将满千金,君陵、神冈共出百余,邑西上陈两房则帮一百有奇,尚不敷其用数。上陈十二石不得已售价以足公用,嗣是轮值往醮,路遥乏费不前复。众议托克明公系下居近宝石,应期至祠,则可以无违三月十五之期焉耳。尤当悉者,康熙甲午年,南丰井公系下八十余载,族各捐三十三两一房,用价买江姓大厅,建立宗祠于东隅前街。己亥进主贾公一座,铭石竖祠,所交银两俱出桂堂公祭内,后因不足,照柱均派。今恐日后无征,特于谱牒详其始末,令后人知之,乃不至欲言而无稽也。至若或赎回原田,或续置新产,使宝石祠祭岁岁有人往醮,是在乎继起者。

时雍正十年壬子季冬月吉旦裔孙鹄谨识。

(同治十二年刊本)

玉山怀玉张氏

光绪玉山《怀玉张氏宗谱》,王嘉树《葛溪张氏宗祠碑》:

子孙有孝慈之念必立祠以奉先人,然祠虽立而或无良法,亦不能使后世子孙常崇祀而无懈。玉之西有葛溪焉,溪口宗祠,盖张氏崇祀元贵公并公以下先人也。公居漳州龙岩,康熙时其裔孙后先徙葛溪者十有余人。历数十载后,念无祠以崇祀,遂集资二十八分,生息致羡,以价值溪口古屋三间,扩而充之。栋宇虽非崇广,而元贵公并公以下先人灵爽遂于以凭。然所置微产悉二十八分之资,历年生息以渐而置,故每祀先人后领胙酌酒皆二十八分。若年行六十,市十兰花瓷碗,亦令酌向筵前献酬交错焉。七十市折腰磁碗十口与席,后给胙一斤;八十以上则擅行赴席,胙亦如之。彼仅杖于家,与年齿尚幼者,虽属同气,弗许也。从来故家大族,凡领胙酌酒皆头会焉,张氏独不会头,而以二十八分者,原始故也。若使惟头是会,则于二十八分为不均矣,惟头是会,则此二十八分将不和矣。惟是头是会且使二十八分亦不安矣。后世子孙若欲均欲和欲安,舍率由旧章,别无均之和之安之之术。至若老成人,虽业非会头而兴然,敬老之典废而不讲,又岂敦孝弟以重人伦者之所敢为耶!知此可以大,可以久,不惟先人喜有此孝慈,即他人亦为灰动,日闻炮声蝉联,知葛溪张氏宗祠又陈牲告币,子孙将领胙酌酒云。遵将二十八分芳名列后:

文诜房

如海公下旭明派:仪千

明辉公下达盛派:公林、公兰、公应

明辉公下达盛派:公凤、公允、公攀、公华

明禄公下吉行派：琼林、仲玉、飞鹏、介庭

　　明兴公下巽茂派：巽茂

　　明兴公下达奇派：聚五、恭五、舜五

　　明兴公下安侯派：圣五

文诏房

　　瑞贤公下上卿派：献白、唐棣

　　瑞贤公下翰臣派：召周、谦和

　　瑞贤公下用忠派：谦六

　　瑞贤公下在忠派：翠珏

　　瑞彬公下光振派：明勇

文志房

　　显荣公下世茂派：卫源

　　维兴公下锡滚派：学远、志林

　　维兴公下锡繁派：观林

（张维潢等修，光绪十四年刊本）

豫章黄氏

光绪《豫章黄祠四修主谱》：

首事最宜公正，每届签举，必须该府公正数人保举方准交接，以端人之取友必端也。

（黄祖络等修、黄振声等纂，光绪二十五年刊本）

清江杨氏

嘉庆《清江杨氏四修族谱》，《腊祭条规十八条》：

一、每年腊祭，以有官职者主祭，若出仕则以贡监生员中科分年齿俱老者主之。盖将事祖先，例应宗子，第恐宗子年幼，或不娴礼仪，故为衣冠之祭。助祭择长辈六十以上者，无则次辈六十以上者，仍论房分长幼，或俱未及六十，则宁缺毋滥。定额河街一人，环洲四人，田陇一人，后街二人，余序昭穆行礼，不得搀越。

（杨殿桴等修，嘉庆七年刊本）

新淦黄氏

第六篇
宗族的形成与祠堂

道光《临淦窦前黄氏重修族谱》,《临淦窦前黄氏重修族谱条例》:

如斩衰凶服,不得登堂与祭;期服而下,更服行礼。

(黄登第修,道光十五年本)

浮梁祁门郑氏

咸丰浮梁祁门《郑氏宗谱》:

一、主祭者期本疃仕宦并有德老成,如无择请。

一、助祭同主祭例,老成以六十上下为率。

一、执事的选斯文,俱公服,余用试前童生。

(郑培先修,咸丰十一年刊本)

四川
宣汉县

宣汉联宗修谱风气之兴与弊端,是研治清季宗族变化之有用资料。

民国《宣汉县志》卷一五,《礼俗》:

县中宗祠最多,其初皆一本之亲也,泊光绪末年,联谱联宗,创建宗祠,各姓纷然,几成风气。夫已渺不相识之人,而藉口敦宗睦族之举,究其实不过一二强有力者假此号召,恣为奸利,提款提树,纷纷多事,甚至择肥而噬,勒人而赎,朋搕局骗,其害不可胜言。犹记某族因此兴讼,其族禀有云:自兰大顺以后,未有若斯之酷也。虽不免言之过激,亦可见当日之大概矣。

(《中国方志丛书》影印本,第 2125 页)

广西
平乐邓氏

诞会。

光绪平乐《邓氏宗谱》卷二,乾隆《邓翁讳汉香字景先老大人诞会记》:

余尝阅历斯世,见夫生则荣、没则已,长林丰草,骨化魂销。其名磨灭而不彰者,何可胜道?若公汉香则不然。公生于康熙癸酉年仲秋月之十五日,没于乾隆丙寅岁仲冬月之初十日,遗妻侯氏,痛绕膝之无嗣,恐血食之易斩,备银六两,邀集昆弟叔侄,各出囊金为诞会记。法诚善矣,意何美乎!行见蒸尝赖以永奉,俎豆赖以常享。作斯会者,俾知年年此日,岁岁今朝,庶不至睹泽畔而叹朽骨之没捡,登荒丘而悲孤魂之失依,致类湮没无传焉耳,是为记。

孙庠生朝金沐手敬撰。

计开祭田于后:

一、处桐木㘭田七担半,逐年纳租谷一担九斗正;

一、处水头古田六担,逐年纳租谷一担五斗正。

(光绪十七年十贤堂刊本,民国十三年续刊)

叔侄会。

民国平乐《邓氏宗谱》卷二,光绪《邓君讳朝杞字义发老大人暨史氏魏氏老孺人会序》:

且圣王治天下,民所重者,食丧之外而祭其大焉者也。以是知时值清明畴不怀报本之思哉?第支分派别,有子者,群如期而深追慕之诚;无嗣者,谁向墓而笃拜奠之礼?念祖翁素履无咎,赋性温良,治家勤俭,律身端庄。事父母而孝敬克笃,处兄弟而友爱克敦,情孚内外,望重乡邦,正宜天相吉人而俾翁麟趾呈祥也。胡闻德配孺人史氏,止闻弄瓦之庆。次配魏氏虽诞生一男,未免丧明之痛,亦育有一女而已。噫!以视伯道之无后,不同为古今所慨哉?倘于此而无良谋,目前间有挂祭,久则易忘,有不致荒烟蔓草之中化磷灯而结恨,依蓬蒿以凄魂者乎。是以胞侄廷辉、廷煌,孙盛城、盛墉、盛域等,施苗田九石于叔侄会内,每会出谷一斗。年年日日,俾祭仪之有资,岁岁今朝,萃本支而不散,庶几斩荆棘辟草莱,毋使狐睡坟前怨及先人焉。是役也,不诚永传勿替而世世食其福哉?

计开祭田于后:

罗家坡周家六二处共田九担;

逐年共该租谷二石二斗正。

(光绪十七年十贤堂刊本,民国十三年续刊)

(四)同姓氏祠堂与联宗会

山西

离石于氏

康熙离石《于氏宗谱》,《垂训·族规》:

城南清端公祠堂,虽非合族宗祠,但永宁概无宗祠,不便另立,故即以城南之祠为公所。遇有族中大事商议者,俱群集此祠议行。

第六篇
宗族的形成与祠堂

（于准纂修，康熙年间刻本）

四川

罗江萧氏

咸丰《绵州罗江萧氏族谱》卷二，乾隆《梅州萧氏建祠引》：

尝考《礼》有尊祖敬宗收族之说，典綦重也。是以大宗小宗之祠所在皆有，迩来吾州亦舆焉。日者服叔欲易服，弟勋润向余言："子姓蕃衍，居住城市者固多，错处乡隅者亦不少，出入相遇，并不识某孰为伯叔孰为兄弟，又遑计某为某先伯祖、叔祖所自出耶夫？以本州尚难尽识，况州属之有兴、长平镇哉？意欲于州中立一大宗祠，以合祀祖先，以联属族，诒厥不替，本支百世亦宛若聚首一堂也。此举非君孰倡乎？"余曰："然，是诚先得我心之所同然者。顾吾祖乡贤公既有专祠于百岁坊前，吾叔孝谨公亦有特祠于麒麟屋右，今复众议建大宗祠，祠基安在？司州城内寸土尺金，虽多方求之犹难得者。幸我乡贤公遗有尝地一所，在州之西隅，与学院衙前宇相连，朝南坐北，地势厚重。商之我五大房诸弟侄，佥云此地迪吉；问之堪舆，亦以为发祥之所。第祠地既便，土木各费将焉所出？"服叔与服弟曰："族众既肯将私业为公物，真能为人之所难为，何莫非乡贤公灵爽所凭式也？我二人敢惮跋涉之劳？自当历本州过四邑，遍告通族，从中酌量，以少帮地价。"余因立簿为引，如果各有同心，众口若一，乐出分金，有题早付，即择日鸠工庀材，将有不日而成之望。待看大宗祠巍峨辉煌，快赌落成。至州邑各房神牌如何布置？每年春秋祀典如何立规？与夫往来考试如何分居？自另有番公议谋画尽善，以垂不朽，兹不及赘。

大清乾隆元年丙辰孟冬，嘉应州古名梅州乡贤公五房孙，系禹贡生号警亭、系荣监生、系奭监生、系尹进士、系南警亭氏敬撰。

（萧奕东修，咸丰五年文会堂刻本）

广东

乳源余氏

嘉庆《乳源余氏族谱》，《重修襄公祠记》：

余氏一姓，吾闽为盛。予闽人也，岁己未承乏于韶之曲江。春秋之期，凡坛墠祠宇之肆于兹邑者咸得修其祀事，因得至余襄公祠焉。公因闽人五世祖避五季之乱，遂家于此。自皇佑至今七百余年，支分派衍，有析居广肇二府各邑者，其子孙之蕃衍、科甲之鼎盛，几乎与吾闽相埒。惟韶为公首邱之地，故其祠独在于韶，岁久渐就倾颓，心窃伤之。询其故,则以族人散处,邮传维艰为言。予慨然身任其事,首捐捧以为之倡。又启其事以告公子孙之在他邑者,贤踊跃乐输,不匝月担囊挈赀者,奔走辐凑于韶,共得白镪若干两。即日鸠才庀工,相度形势,阙者建之,可仍者葺而新之。祠之旧制,堂广四丈有奇,而自阶以下,则去其四之一。祭日,骏奔执事不足以壮观瞻,则与改筑之,虚其两旁以为甬道,而后堂之广狭遂与门皇相直。左侧有屋两楹,旧为祠中地,岁久为他姓所有。子姓司香火者,遂占居堂中,神人杂沓,甚非所以妥先灵者,则与买而归之,更以其盈余买前之隙地以构屋,为祭日休息之所。于是,榱题椽桷之属,焕然改观,阅五月而告成。

成之日,众请余记之。予惟古贤人君子之克自树立者,非独其声施不朽也,类能作则于身以长其子孙。世言狄梁公之后于宋有襄武,而汉之杜氏周仕为名臣,其子延年为尤著,数传而当阳侯预显于晋,数传而岐国公佑显于唐,又数传而祁公衍显于宋,皆能身致通显,为一代之伟人。其故何哉?《易》曰:"天之所助者,顺也;人之所助者,信也。"人为天之所佑者,百世犹将赖之,所谓德之后者,其流光不可诬也。公以天圣中登进士第,寻擢集贤校理,与欧阳修同居谏垣,虽遭贬斥,卒能全其身,以行其道。其视汉唐诸贤为何如?宜其后嗣,必有鹊起,如前之所云者,何以至今未之见耶?为善必报,而迟速有时,有摻券以侯而已矣。予与公之先同为闽人,又系出一姓。今复亲至公钓游之地,瞻仰其遗像以仿佛其为人。又得尽读壁间宋元明以来诸碑,以考其行事。既以为平生之幸,又嘉诸君之能笃水木之恩,以相与成此举也。将欲以杜狄之植基厚而食报长者,为公之子孙庆,故不觉津津乐道如此。至于公之文章事业,其卓卓可传者,则自有旧史与家邑之志乘在。

文林郎署曲江县正堂古闽连江余元焘记。

石碑一藏在祠内头门,一藏羊城仙湖街武溪书院。

嘉庆六年辛酉岁四月二十四穀旦。

(余有璋等纂修,嘉庆二十五年木活字本)

博罗林氏

宣统博罗《林氏族谱》卷五,《羊城梁化合族祠记》:

今夫祖而奉祀于数千人,舆奉祀于万亿人,其交畅之情有殊矣。祖而致祭于一乡一邑之间,与致祭于数十州都会之地,其追远之礼又有殊矣。故合数十州同族之祖宗而萃于一祠,即合数十州同族之子孙而萃于一祠,则所以合族者在于斯,所以尊祖者尤在于斯。原夫羊城双桂书院者,为本省之合族祠由来久矣。中分三座,上为寝宇,次为中堂,下为头门,门外平地三丈余即有照墙,前后左右具以试寓环之,嗣宇岿然,洵足以妥先灵而肃骏奔者也。乃咸丰辛酉年间,同宗诸君子,虑蒸产之寥寥,无以光俎豆,于是广推收族

第六篇
宗族的形成与祠堂

之文,重议入主之举,凡宗族乐捐赀助产者,即迎其祖入而祠焉。而我族老,莫不深知大义,愿分五常之余膏,以助双桂之祀典。爰辄是年仲冬吉日,敬奉八世祖号竹庄之神主入祠享祀。越七年,岁在丁卯,归邑同宗诸君子于梁化乡创建合族祠,其入主之议如双桂,我族老亦乐为之助,又敬奉竹庄祖主入而祖焉。是非能推尊祖之心以合族,即广合族之义以尊祖者乎?由是,祖先之灵爽无远弗届,而岁时荐享亦且恢之弥广矣!

(林衍芳等编修,宣统三年排印本)

合姓。
《清稗类钞》,《姓名类·合姓》:
合姓,非双姓也,以二姓并合而成,大率为甥嗣舅、婿嗣翁而又不忍使本宗斩祀者也,不知者,辄疑为双姓耳。其著称于世者,有浙江桐乡之陆费琼。琼为嘉、道间人,字玉泉,官至湖南巡抚。
(徐珂辑,中华书局1984年版,第5册,第2140页)

联姓谱。
《清稗类钞》,《姓名类·陈文简高文恪联姓谱》:
海宁之陈,本出渤海高氏。相国文简公官京朝时,尝与高文恪公士奇联谱。会都御史华野郭琇劾文恪怙宠纳贿,并指目文简交结状,得旨一并休致。文简奏辩,谓:"臣宗本出自高,谱牒炳然,若果臣交结士奇,何以士奇反称臣为叔?"事乃得白。
(徐珂辑,中华书局1984年版,第5册,第2141页)

处州人冒祖。
《清稗类钞》,《风俗类·处人冒祖》:
处州居民,家各有谱,宗支颇明晰。本宗相承,笔以红色,异姓继嗣,笔以蓝色。惟所序非族中合议,胥以私意出之,故流毒弥多。常有无赖觎富室产,富室乏嗣,笔祖若父以蓝色,而自承为富室正支,或指富室为异嗣者。甘为人后,恬不知耻。更有自移他族骸骨,瘗诸祖茔,讦人为盗葬,或阴匿祖骸以实之。
(徐珂辑,中华书局1984年版,第5册,第2205页)

潮人多异姓乱宗。
《清稗类钞》,《风俗类·潮人多异姓乱宗》:

异姓乱宗,显有功令,而潮人每有此弊,以丁多为强,较之他郡尤甚,常乞养他人子,非独单门然也。其有貌为鞠育,包藏祸心者,更多故矣。

(徐珂辑,中华书局1984年版,第5册,第2209页)

五 族长的产生、职责与社会身份

(一)族长的遴选、条件与实际人选

《皇朝经世文续编》卷六七,《礼政七·宗法》,瞿家鏊《复小宗论》:

东坡苏氏曰:欲劝亲睦当复小宗,似也。水心叶氏驳之曰:五世之服已迁,百年之家未散,必预储其四,使迭进无穷,将不胜其宗,而乖争凌犯之患起,亦似也。然则小宗不可复乎?复小宗不可劝亲睦乎?叶氏又曰:宗者必贵而贤、富而义者也,是也,而未尽也。自井田坏而比闾族党之制堕,齐一变而为轨里连乡,秦再变而为什伍连坐,后世因以编保甲、置义仓,而以其时读法最为近古。窃以为保甲义仓读法之事可行于一族,而不可行于一乡。一乡之人较众、地较广,其心志耳目较涣散而不相属,故不若一族情亲而地近,人易遵约也。然而一乡之聚族而居者,或数十户数百户千余户,户愈多,人愈杂,其殷实老成者,类皆畏累远刑,而日求无事。其游闲无赖者,惟日伺邻里之衅隙,呼朋引党,百计构难,而相率为奸。而二三小户畏其徒众,而莫敢谁何,即伊族中殷实老成,亦畏其反噬,而莫敢撄其锋,且谓败迹未彰,狱讼滋累,相与坐视保奸而莫敢首。于是贫民失业,尤而效之,不善者日以多,善者日以少,乡民难化,莫此为尤。而世之所谓保正里长者,率多此辈,苟非其人,则有牵制而已矣,荡家而已矣,受辱而已矣。有司亦明知其无赖,而仆隶之,鞭棰之,尚欲以之劝善乎?是以不善教善也。而善不可劝,以之除盗乎,是以盗治盗也。而盗愈不可治,以之赒恤贫孤乎?是又使管库者探囊也。势必嫁名赔垫,有贷无收,而不可究诘。审如是,则谓不可行于乡,而可行于族,何也?族之中有贵而贤者也,有富而义者也,则举族宗之可矣。举一族而宗一人,凡有事必以告,事相及则情相通,情相通则善相劝,过相规,而无所畏避。设有一二不肖子弟,率族人同声攻之,则彼无所容,亦将相化而为善,此保甲读法所以可行也。嗟乎!是嗷嗷者不先之以恩而遽责以从善,恐严父且不能教其子矣,况族人乎?故必有义仓之设,而后保甲读法可行。其仓始于丰岁秋成,劝族人之富者捐输谷石,族无富人,则按其稍有余者酿钱籴之,俟来岁五六月间,必须耕田

第六篇
宗族的形成与祠堂

之家,纳物为质,每贷一石,秋收息三升,常时存一贷二,倘或晴雨愆期,则再加斟酌,抑或蓄积日盈,则于其族之不耕作者,以时平粜之,而不可滥贷,非独防收敛难,亦所以驱民于农,而寓士物心臧之劝也。或曰:世之大族,建私祠,积公费,立族长以督之,而乡邻风俗之美不概见。何哉?曰:有司无所责成,则其人劝惩不立,而所有之物适足以供饮食争讼无益之费。且或有所恃,而族益强悍,恣行不法,是益之疾也。然使有司为之立其法而不必与其事,且可免胥索差扰之烦。其族人或不得已,有事理于官,则必于其所宗者优待之,其平居有公事谒见则宾之,或更设法以奖厉之,如此则由族而乡而邑而国与天下,各亲其亲、各长其长也,而风化可成矣。

(盛康辑,光绪二十三年思补楼刻本)

《清稗类钞》,《门阀类·族长》:

合族之法,因其地而异。山西尉迟氏,自唐至今,未尝分家。其法:于族中选有才行者为族长,有事,则至宗祠理之。有公案,有铃记,凡族中事,皆听其一言为进止,无敢违。继任者即由前族长自举,他人不得干预。既举,定三日受事。又苏州范氏,为文正公后裔,巨族也。向推一人为族长,设公案,听断一族之事。有铃记,死或他故,则更以铃记授后任。交替时必著公服,一若官之受代者然。

(徐珂辑,中华书局1984年版,第5册,第2116页)

直隶
交河李氏

民国交河马连坦《李氏族谱》,《谱例》:

一、立总族长一位,管理合族事物。

一、既为族长,必须品端心正,性情和平,乃可服人,亦可拿事。

一、凡定族长,赖其约束族人,必须恪遵家训,规步方行,方可训教子弟。如行诣有愧,触犯规条,合族齐集公讨其罪。如稍有改悔,聊示薄惩以警其后,不然则削去族长名字,永远不许再立。

一、凡族长已黜,即刻公议明白,择其端方正直者而补之,不许久空其缺,有误公事。

一、不许恃族长名色做事不端、处事不公,以至家法紊乱。凡族人有犯训者公议明白,按事定罪,秉公处断,不得妄出己见,致令人心不服。

(民国八年七修本)

宁晋张氏

同治宁晋《百忍堂张氏增修族谱》，康熙《睦族十事》：

一曰立族长。

族之立长者何？盖一国总于君长，一邑总于官长，一宗总于族长，理也势也。不然族人众多，无长者管摄之。人持己见，事无统御，相争相压，吾未见其相睦也。是故欲睦族者，当先于族中择齿德俱尊立为族长，使宗子尊且贤，即立宗子为族长。为族长者，要见得责任宏巨，务以道义礼法持身，务以公平正直存心，务以天地沧海扩量，视一族事，如一身之事，可也。若族人，必须事事禀命，勿得率意妄行。故苏子曰：一家之中必有家老。司马温公《家训》曰：凡为家长，必谨守礼法以御群弟子及家。众分之以职，授之以事，而责其成功。又曰凡为卑幼，事无大小勿得专行，必咨禀于家长。今族人乃一家也，故以立家长者名曰"立族长"。又择族之公正才能者，三四人为族辅。除拜节与月朔会族党外，凡遇望日，族辅邀族人都到公所，候族长至，卑幼迎于大门首，照行次成列。族赞先行一鞠躬礼，导引族众同行一鞠躬礼，随行至堂内。族长南面立，众皆北面排班，齐向上一揖，族长答礼，众复东西对面一揖，俱用族赞赞之。侍立行礼，俱整齐严肃，其勿纷扰笑语。如无事议，族长命回，即回家各干生理，或预免揖如命。凡婚丧等急事，不拘朔望，竭诚造族长之侧，请教方行。若曰勿行，已之。假如自己见得所行，近是为族长一时有知未真处，次日再请教，不防事体稍缓，或俟作揖日，或俟会族党日，同众请教。如族长曰不可，族辅、族众皆曰不可，必其于理有碍，决不可行。倘被族人不公不正之害，无礼无义之辱，亦必禀于族长，听其处断，不可骤自辩争，与之相骂殴。然是非本有公论，人心原有公道，族长已从公处，必犹求胜不肯了事，赴官投递状词，前者即是，由后论之，亦不得谓之守族约矣。族长唤之公所，复判曲直，令族辅平和，不可坐相争讼，大伤骨肉。事毕仍将投递状词者，斥其不奉约束之罪，以为后来之戒。

......

大清康熙三十二年夏六月之吉，十二世孙邑庠生国楷抄录。乾隆二十二年春三月之吉，十四世孙邑庠生真达编辑。

（同治十二年本）

安徽

宗族管理人一般有族长和德高望重及贤能之族人，在管理经济上一般都要求选择人品好、精明能干而又家境富裕的族人。宗子、族长一般以名分而产生，但贤能也是一个重要的标准，必要时可以弃名分而视贤能。

第六篇
宗族的形成与祠堂

绩溪华阳邵氏

光绪绩溪《华阳邵氏宗谱》卷首,《新增祠规》:

本祠首事人等宜仿国家新定选举法,由族众投票公举,以得票多寡为去取准绳。一经选定,不得推诿,一年一次,善则留任,不善则不举。如肯任劳怨而公直者,谓之善,如毫无建白而诡谲者,谓之不善。其被选者只论公正,不论有无功名;选人者必平日省事正派,方准列名投票以防弊端。至被大众留任至五年之久者,其为正直勤劳可知,应列入纪善籍,以表劳勋。异日修谱当立传以表彰之。

(邵俊培纂,光绪三十三年叙伦堂刊本)

绩溪南关许余氏

光绪《绩溪县南关许余氏惇叙堂宗谱》卷八,《惇叙堂家政》:

理财之人。族中别无所谓家政,不过理财而已。古人有言:穷村乡富公堂。公堂富则虽众户贫寒,或助或借,缓急有恃。故一族虽以族长为主,而理财必由合族公举正直精明之人为祠董,或加一二人副之,以司出纳。如其诚心经理,使公堂丰足,合族受惠,百年后于报功祠立神主以祀之,俗所谓能干祠也。倘或侵公肥己,无功过,虽终身管理祠堂,没后不许滥入。

(光绪十五年刻本)

休宁茗洲吴氏

雍正休宁《茗洲吴氏家典》卷一,《家规》:

宗子上奉祖考,下一宗族,当教之养之,使主祭祀。如或不肖,遵横渠张子之说,择次贤者易之。

(吴青羽撰,雍正十三年刊本)

浙江

杭州钱塘袁氏

民国杭州《钱塘袁氏宗谱》,《续谱增议》:

一、族中凡有继他姓为嗣者,亦有本族出继而复归者,此系一人二姓,毋许尊为族长治事!

(袁泰等编修,民国二十三年写本)

江西

万载辛氏

民国《万载辛氏幼房谱》卷末,《家传·静山公传》：

公讳金寿,字天赐,号静山,受载公三子。慈祥出天性,家始仅足衣食,以勤俭致饶裕。敦笃本支,**提挈亲友**。尝偕闻姓朋修竹渡桥,又佺焕荣修大桥,兴杨桥,费金万余,俱不专其美。**或请镌碑**,公终不可。癸亥岁歉,放无利谷累百石,贫者不责其偿,邑侯程奖以尚义可风。壬申乙酉屡减价以粜,修路桥,化棺木,暨困乏求济者咸得所欲,老而忘倦。为族长,买陈姓地基以扩总祠神寝,今规模宽然,公之力也。己亥粜公米,庚子新祠宇,倡公乐助,公之积而能散,敦行不为名利如此。举乡饮介宾,年八十六殁。子二:长家柱,候选州同知;次家椿,候选县丞。以急公,赠公为儒林郎。配况氏,淑慎勤俭,内助起家,待亲族恩谊周挚,内外无间言,赠安。

(民国三十五年版)

(二)族长的职责及对其要求

主宗政,修宗谱。

潘天成《铁庐集》卷二,《乡贡进士一清许先生传》：

先生讳昌国,字一清,别号愧庵,太岳之后。……以前明崇祯十一年戊寅九月十六日生……主宗政,修宗谱,定礼制,别嫌疑,严赏罚,抑强扶弱,置祸福于度外。为闾里讲乡约勤化,导宗族乡党骎骎乎。有仁让之遗风焉！

家本儒素,**父骧侯翁性慷慨**,不事生产,播迁数四。初无数椽蔽风雨,持茶蓄租十数年,聊构一枝。**尝哀鸣嗷嗷焉**。元配储氏生数子,长子孝而好学,不幸俱夭。先生以父母子女同时丧亡皆尽,悲痛惨切几不欲生,欲为浮屠以自老。余导先生从默斋先生游,闻圣人之道,心遂解释,且益发愤自修以回天意。四十五岁生一子重观,文名远噪久,困童子试落魄游武庠。

(《四库全书》本)

家长制。《中国乡村生活》一书作者长期生活在天津、山东,故书中多写北方农村生活,从目录中看没有家族生活的题目,但多次讲到家族生活,令人有家族生活在北方普遍存在之感。

[美]明恩溥《中国乡村生活》,《基督教能为中国做什么？》：

考虑到中国人强烈的偏见和保守主义,众多的人口,以及严密的家长制生活,我们

第六篇
宗族的形成与祠堂

认为革新的最初发展阶段将是相当缓慢的。

(午晴等译,时事出版社1998年版,第346页)

直隶

东光马氏

沧州东光《马氏家乘》,乾隆《马氏建立祠堂约》:

马氏自始祖十六公迁发以来,世力农桑,艰难辛苦创业。累仁至五世祖封君公读书好礼薄仕开基,六世祖都谏公、七世祖大参公遂登甲科为前朝名臣,嗣后子孙繁衍屡登显宦,科第连绵至今未艾。然则今日之为子孙者,无论身体发肤为祖宗之遗,即富贵功名亦祖宗之阴德有以致之也。为子孙者无他报答,不过四时祭享,朔望拜跪而已。顾祭享所以展追远之诚,而祠堂乃为先灵凭依之所。倘非肃廓其规制神明若有恫心焉,而合族之老家庙乃在希肱堂之北,湫隘卑暗,不见日光,维我子孙顾使祖先终居于此,于心安乎?今欲别置地基,公立家庙,上有以慰祖考,下有以联子姓,诚急务也。但创造维艰,族人贫富不等力不能赡,公议以祭田若干,原属大参公所遗,以为祖宗之血食计,而非后人所得分肥者。除祭祀之费之外,积其赢余以为创建之资计,非一二十年不能成功,似属迂远难行。然此事今如不行,他年再无能行之日,是上终无以慰祖考,下终无以联子姓也,岂孝子慈孙之所忍为哉?今公议收贮一人,管账一人,五门族长、办事各一人,各存祭田清帐一本,互相稽察,互相维持,庶持正秉公,和衷共济。将积年累岁,可以观厥成焉!谨拟条约开列于后:

一、五门族长:长门唐称,二门竹永泰代,三门鸾雍子申代,四门雨方需代,五门平世参代。

一、收贮人泽浴所存粮钱若干,岁终族长稽察。

一、管账人泽济不得私行借贷,须出入分明,帐目清白,岁终族人公阅。

一、看庄之一查看青苗,以定上中下。立青苗帐及收粮石立粮石帐,各送五宅一本,不得有误。

一、凡应出应入以及看庄人可否佃户去留,悉听收贮管帐之人主裁并办事者协理,族众人不得强入。如所用之人有弊,族长同众督责公议另招。

一、办事之人代族长服劳,不得竟以族长自居。如有公事,仍当告诸族长,商诸族人。

一、族长并诸办事者,务要秉公。如有不公处,无论尊卑长幼皆得指摘;倘有大不公处,从众另立一人。

一、凡族长与诸办事者,年终即各自告退。或去或留,族人自有公议。

一、四季祭享每季该供四桌,支钱五吊三;忌辰每次该供一桌,支钱八百。族长散给五门轮流办理,务要粢盛丰洁。如或仍从俭啬,族长同公责罚。

一、四季与忌辰应祭之日,凡十五以上者,须整衣冠至家庙瞻拜,不衷之服不得竟入。如有不拜庙不谒墓者,享惠之时,族长责罚不恕。

一、四季破供固属享惠,亦以睦族。如有不循礼法,互相喧哗,以及恃酒乱嚷者,殊失尊卑之分,族长立即责罚。

一、坟中栽植树木,俱属公物,一枝一叶不许擅动。

一、凡坟内事难免与外争持,如不得已而至兴讼,少有所费,自然出自祭田公物。

一、北茔所买地亩文约,在唐称处收存。有宅无房木料,佃户收存。

一、积贮原为建祠而设,非为子孙衣食计也。如祠堂未行修起,族从妄生觊觎,或要借贷或要分粮,纷争不已者,以不孝论。

一、所积久则自然有余,买下祠堂地基固好,如无宅基即置地。

一、祠堂既建之后,或照前输流分存籽粒,或贮公分粮以为五门自修本宅家庙之资,至彼时族人从公商议。

右十七条子孙须要恪遵,务使祠堂修起,以妥祖先之灵。不得有始无终,贻笑于人,则下见祖宗无愧矣。

时乾隆九年四月十七日,永均、永恒生生俱与约。

(1999年十一修本)

安徽

对家长的约束。

婺源三田李氏

光绪婺源《三田李氏宗谱》卷末,《家法》:

家长

一、为家长者,视听言动一以正直,不可轻信妇人、仆隶之言。

一、家长不幸有过,举家随而谏之;若子孙有过,则家长以正言诲之,使得自新;训之不改,则继之以怒;又不改,则鸣其罪以责之,毋得互相容隐以成其过。然为尊长者亦不得挟此自尊攘臂秽语,自失尊重之道。

一、子弟年二十以至三十,为家长者方可与毕婚,早则非特教之以偷,且或伤生,甚非细故。

(李廷益、李向荣修,光绪十一年木活字本)

第六篇
宗族的形成与祠堂

浙江

绍兴山阴柯桥杨氏

光绪绍兴《山阴柯桥杨氏宗谱》卷二,《宗祠一切规条》:

一、议:春秋二分祭毕散胙,倡造七人每人给胙肉一斤,首倡建祠应给胙肉一斤,陪当值祭者每房给胙肉一斤,主鬯给胙肉一斤,族长给胙肉一斤,礼生四人每人给胙肉一斤,每捐田□亩,给胙肉一斤。值年司事者,斤两不得短少,如犯短少者,议罚。

一、议:赔当年满之后,当年之人向祠中支办祭钱六十千文,日后丁繁,再议加增。除夕三日前,支钱二十千文,春分支钱廿千文,秋分支钱廿千文,九扣足串,洋照乡货。再于光绪五年起议,冬夏至中元,归值年家承办,向祠中每节支办祭九扣钱,一千五百文。

一、议:如各房子孙入泮者,将宗祠议出田五亩交于入泮人收花,以作读书资本,以励奖劝。如后再有人入泮者,前交于后收花,不得争执。如登科甲者,宗祠公议。

一、议:起造时不出捐资者,神牌入祠。每位祭毕,设席四桌,各房通散,交于董事登簿开祭,不准私自入祠。开祭之后,标祥凤三房,每房一桌散胙,家房长及董事一桌。

(杨惟椿、杨惟一等修,光绪二十年敦伦堂木活字本)

绍兴汤浦吴氏

民国绍兴《汤浦吴氏宗谱》卷三六,宣统《禁止坝头山造冢议约》:

立禁约房长吴瑞经。今立公禁坟山议约,缘吾二十四世祖止庵公,即恂十八公,遗有衣字三百一十四号山一块,坐落裹汤湖,土名坝头山。是山南至冈,北至山脚,西至朱姓界,东至陈姓界。粮在廿二都二图吴梅户承纳,历年已久,相安无异。兹因派内秉周即金蹯,因伊母周宜人与亡侄观达,久厝不安,于前月在是山造冢,诓同派喜十三公名下吴金品等,因是山伊房租管多年,妄认己山,致酿讼端。经吾等邀族开祠,公理查核宗谱,串管是山确系恂十八公公产,历历可凭。秉周同属是祖派裔,公山公做,理无不合。奈吴金品等以无据之辞,认公作己,冒昧妄为,殊属非是。经族众理斥,伊等理屈词穷,挽中情愿服礼。吾等念两边谊关一本,若坐视终讼,心殊不安,力劝秉周从宽了事。然虽弭祸于目前,不得不防患于日后。是山地面不多,山脚又有老坟,恐逐年添冢,势必又起交涉,殊非善全之策。现经派内公议,情愿将是山永远禁止。自此次造之后,凡是公派下,无论何人,不准再在此山开掘添葬,以泯后患,而敦族谊。除联名禀请邑尊,给示勒石谕禁外,特立合同议约一式六纸,每房各执一纸,并存案一纸,永以为据。事出公议,均无异言。欲后有凭,立此合同禁约存照。

宣统二年十一月　日

立禁约房长吴瑞经

仝议　瑞高
　　　瑞云
　　　瑞珠
　　　金鼎
　　　金安
　　　金檀
　　　金才
　　　金瑭
　　　玉振

议中
　　　宋芝轩
　　　董子琛
　　　王和德

合同议据　　仝押　　毛芝馨
　　　　　　　　　　朱伯谦
　　　　　　　　　　陶子章
　　　　　　　　　　吴云亭
　　　　　　代字　　吴凤笙

（吴金璠等续修，民国五年孝思堂刊本）

绍兴中南王氏

民国绍兴《中南王氏宗谱》卷首，同治《议约》：

立议约绍锡，我宗祠创始以来，祀事礼仪可云备举，规模条款载在简章。自遭兵燹，租花不起，停止有年，兹拟复举前行，竟有入不敷出之状，虽故由时势，半系执事者不肯齐心，或刚愎是为，或逡巡趋避，以至东推西阻，祀典几叹沦夷。倘不重整规条，何以对在天之灵乎？是用邀集各分点定执事，立议约一纸，各一书名，各一画押。嗣后务须踊跃从公，不得徇私作弊，庶几祭祀可明，礼仪卒获。如再蹈故辙，作不孝论。

各分执事名单附后，亲点更换，不比世袭所论。

后北岸：卫庭、文豫。

老二分：秉辉、承瑞。

第六篇
宗族的形成与祠堂

小大分:元伦、元位。

小二分:懋勋、玉安。

小三分:思瑞、永锡。

参军第:廷璧、体仁。

同治三年岁次甲子正月上浣之吉,三十一世孙立议约族长绍锡,暨各执事会同亲自有押。

(王大泉修,民国三十一年三槐堂木活字本)

民国绍兴《中南王氏宗谱》卷首,光绪《议约》:

立议约族长世贵,我祖支派分为六分,岁时祭祀,轮流值年。现在子姓良莠不齐,每年赢余,往往拖欠不归,甚至指鹿为马,面奉背违,殊属藐视,不成事体,将来祭祀化为乌有。今会同分长执事,秉公议规,嗣后如有拖欠之家,不准值年。倘该分有人照数弥缝其阙,仍然可以轮值。若是,日后春秋大典,永永绵绵,毋使缺乏。今汇议之后,各自昼押,不得推诿,此约。

分长执事名单

后北岸:永华、文豫、荷莲。

老二分:承荧、承瑞、大增。

小大分:元礼、家澜、文荣。

小二分:廷宝、汇堂、建章。

小三分:甸扬、念久、王浩。

参军第:大法、春辉、竹斋。

监议:瑞铃。

执笔:观揪。

光绪十四年岁次戊子春分日,族长世贵谨约。

(王大泉修,民国三十一年三槐堂木活字本)

湖南

族中遇到推举房族长、制定族约条规、处置违犯条规之族人及其他未尽事宜,一般要通过族众大会来讨论解决。

湘乡匡氏

道光湘乡《匡氏续修族谱》卷首,《家规》:

户长、房长务要公平、正直,不可苟且徇私。每岁正月望日,各房房长约集子侄,将家规、家训一一诰诫。每年冬至,户长将各房家谱一一查阅。或本房有事,本房房长开释。如不服房长,会集各房房长理断,再不服房长,一齐告禀户长,唤二比入祠听户长公处。倘户长有私,通族合议重罚,另择房长中之贤而有德者更立之。房长有私,通族合议,择本房中之才而有能者更立之。

(匡逢向等修,道光八年解颐堂刊本)

四川

隆昌郭氏

宣统《隆昌郭氏族谱》元册,同治《合族公议》:

祠堂公项余赀,入学者,每名助钱一十六千文。选拔中举者,每名助钱四十千文。中甲科者,每名助钱八十千文。

嘉庆二十年春祭合议。

祠堂宾兴院试,每名卷资钱一千文,在府给发;乡试每名卷资钱四千文;凡赴京应会试,每次每名助路费钱四十千文。

祠堂胙肉,六十岁四斤,七十岁六斤,八十岁八斤,九十岁十斤,百岁以上每年二十斤折钱二千文、绵布一件折钱二千文。均冬至日发。

同治十年春祭日合族公议。

(郭光壎等续修,宣统二年排印本)

铜梁安居乡周氏

光绪铜梁《安居乡周氏宗谱》卷一,嘉庆《祠堂碑记》:

吾祖之德,碑与谱屡志之矣。今十余世,世系之乐其乐、利其利,罔非世德所贻留、厚泽所绵荫也。故由科甲而仕,近代不乏其人。木本水源,畴敢忘厥所由祖?饮和食德,谁非一脉所遗孙?其波及远且长矣。历今祭需之扩充数百余金,置买田业以外,犹有蓄积,合族因是公议奖赏条目,惠子孙以励厥志,后先辉映,是所以深幸。

入学为进身之阶,给钱十千文。

补廪者给钱十千文。五世孙启、巘、遵、诗承办

出贡者给钱八千文。枢撰

恩副拔贡者给钱十千文。景纯、六世孙际和、学贤书

上省乡试者给钱四千文。

第六篇
宗族的形成与祠堂

中举者给钱四十千文。

嘉庆七年岁次壬午仲夏月二十七日,合族公议立。

(周泽霖纂修,光绪十年刊本)

达县

《达县志》赞扬家长制。

民国《达县志》卷九,《礼俗门·风俗》:

当道、咸之际,民俗浑朴,为家长者,子弟听其约束,婚姻由其主持,尊之为严君,敬之如活佛,门以内常怡怡如也。

(巴蜀书社 1992 年版,第 123 页)

甘肃

金城颜氏

甘肃金城颜氏宗族遴选管理人——家长、季首及结首,备有一定的规则。

光绪《金城颜氏家谱》,《敬拟遴选家长规则四条》:

吾族家长之设,上体祖宗历世垂训,下教子弟各归善良。任厥事者,务须端方正直,故遴选不可不慎也。

其一,德才兼优老成练达,若矜才使气者不与焉。

其二,德长才短厚重自持,若轻浮佻达者不与焉。

其三,端严正直内外如一,若口是心非者不与焉。

其四,清廉宽慈小心谨慎,若刻责疏忽者不与焉。

以上四条,定于每年正月初六日。各房旧家长以及老成并青衿与懂事之子弟,辰刻齐赴祠堂,公同商议。有合上条者举之。亦必原谅家道,使能尽职为妥。若遴选时,不言贤否,而背面讽议者罚。不到者罚。至理事后,倘遇刁顽,不遵启迪者,呈官惩治。我族应各鸣鼓共攻,其有坐视不前者罚。盖家长为表率之人,故郑重如此。

拟举季首规则:

季首之设,各房一名,供趋跄以佐家长之不逮也。当斯任者务须先事后食勤劳和谦为妥,而选举亦不可不慎也。

拟举结首规则:

结首之设,即各房之副家长也。总理年庚簿籍,以及甘结,兼遇大□□□□家长者,先到结首处理论。若是非不平,再具□□,以□□□。任斯职者,务须年长识广为妥,而选举当亦慎焉。

十三世孙家长秉惇敬拟。

（光绪十二年本）

江西

清江杨氏

嘉庆《清江杨氏四修族谱》，《腊祭条规十八条》：

一、每年腊祭，以有官职者主祭；若出仕，则以贡监生员中科，分年齿俱老者主之。盖将事祖先，例应宗子，第恐宗子年幼或不娴礼仪，故为衣冠之祭。助祭择长辈六十以上者，无则次辈六十以上者，仍论房分长幼。或俱未及六十，则宁缺毋滥，定额河街一人，环洲四人，田陇一人，后街二人。余序昭穆行礼，不得搀越。

（杨殿榑等修，嘉庆七年刊本）

清江龚氏

民国清江《龚氏十四修族谱》，《族约》：

一、宗子系一族根本。其明达者必不论，或值中才以下，公众必须教养，务底成立。本宗一应事务，俱要禀白，不许辄擅，违者议罚。于后祭田羡余，公众务须从厚议处，资其衣饩，以尊对越。若或出仕，礼当载主，祠堂大祭，令应摄者代之。

（龚克刚等修，民国三年刊本）

第七篇 祖坟

一 祖坟与孝思、祖宗保佑观念

(一)祖坟藏体魄之说

直隶

临渝郭氏

临渝《郭氏家传》,《太高祖嗣万公轶事》:

……公精《青乌》、《家言》,博综群书,确有心得。亲为祖父母、父母卜兆,不假予他人,修建祖祠小宗祠及自营生圹,一一有法度,后之术人无敢言訾议者。炽家居数载,颇涉览杂家者,流历拜列祖之墓道,盖皆吉壤也。而公父元文公所藏为最,其地后枕莲花之峰,冈峦秀倩,交环叠抱。逆临梅水,潆洄九曲,至几案之外亭而不流。川原远近百余里,烟云林树历历在目,远峰如黛,窈窕天际,使人有超然遗世之情。……公生平不为人卜兆,人亦鲜知之者。闻尝一易姓名至潮阳,察其人之好善者,而往报之所卜之壤,镌碑阴刻期示验,及富贵谋所以酬公遍索之不可得,或以为仙云。元孙炽述。

(清乌丝栏抄本)

邯郸磁州张氏

光绪邯郸磁州《张氏先德录》,《十一世刑部陕西司员外郎霁岩张公墓志铭》:

张氏自司马公以勋名显启正之际,庶常公与容城孙征君讲道河滨,为北方学者所宗,而阁学公复以文章著名中外,一时称文学清望之臣。故河北推世阀者,必数磁州张氏。君员外公长子,幼善病,母刘太宜人持怜爱之,然学未尝以病废。性笃孝,刘太宜人患病,君亲视汤药,不交睫者累日。居丧,毁瘠尽礼,竹登纸帐,发先世藏书读之,书声与哭声相间,闻者酸鼻。……尝赋《春水绿波诗》,一时传诵,馆阁诸公皆亲服,由是名噪京师。故相和坤时方柄用,慕其才,欲致诸门下,许以巍科,逢辰夷然不屑,物论高之,其生平严正类如此。晚年犹孜孜讲学,教授生徒以终老。

（光绪年刊本）

丰润董氏

民国丰润《董氏家谱》,乾隆《石碑十三文附》:

从来燕翼贻谋,祖宗之所以利赖后嗣报功崇德,子孙之所以仰答于先人,故纶祀蒸尝应符求食之意,坟茔树木用昭栖神之思。惟我祖宗簪缨继世,书香传家,克开厥后衍系多人,凡我为子孙者愧不能负荷有光于前,而食德服畴犹孝其旧。遥忆我祖宗立茔之始,树木森然,青葱蔚起,三百余年自有可观。但多历年所,霜皮剥蚀,迄今渐消枯矣!缅怀我子孙辈一垅一瓦,孰非先泽之遗,而数亩茔林皆后昆之力,扪心自问实难为情。幸于乾隆十七年捐资茔房,以备看坟之所,而备祭培树以及看坟工费之资虽及商榷,尚待办理。又于十八年公议一堂,皆有同心,各出资财,共襄厥事。虽丰歉不等,非仁人孝子之心多寡不齐,均属用力劳心之助,备辞勒石,书名注数,以垂久远之意也云尔!

乾隆十九年三月清明日。

（民国十五年刊本）

故城祕氏

宣统故城《祕氏族谱》,《处士祕公无逸墓志铭》:

……三岁失父,有天性,事母以孝闻,自少及长三十余年色养无间言。君长八尺余,负气伉爽,故喜游任侠。善饮酒,家以故中落,后乃折节谋治生,家更饶于旧。然不悭吝,孝友好施,与其天性也。伯兄奋翼以游惰致贫,君养之别室,戊午岁奋翼死,一切含敛悉中礼。既葬,事寡嫂亦如之。从叔荣生老而无子,欲觅嗣子于本支,君最近而无其人,转求之疏族;又虑君议其后,于是谋之君曰:"吾旦夕就木,吾产应归汝,又念无以为继嗣,第二者恐不得当,子其谓我何?"君笑辞曰:"馇粥吾粗足自给,奈何利叔有误大事乎?"卒以其产立族子英。故城俗死无子孙者,葬之别茔,名"绝户坟"。伯父举人允升无子葬四十年矣,君岁时祭其墓泪辄簌簌下。曰:"我死后谁复奠一抔麦饭者?且绝户名安忍闻!"因以仲孙五化继其后。里人某某贷银若干不能偿,议以田酬其值,君闻之焚卷不肯受。甲子岁饥,捐赀赈贫乏,村中赖以全活者常数十家,至于置义冢助婚丧不更仆数也。

(宣统二年重修本)

江西
万载辛氏

嘉庆《万载辛氏族谱·坟山述》，乾隆《重修唐进士辛介岐墓碑铭》：

自古有功德者，氏斯传焉。唐进士讳开宣辛公，字敷谟，号介岐，晋之孝义人也。登天佑间进士，后唐长兴时出仕万载，度量渊涵，胸怀慈惠，邑之人士实深感戴。昔汝南孟博南阳公孝皆卓卓史册，彪炳千古，公于岑宁多让耶！疾卒于署，瘗治所之龙山。其后贤有名竭号南坡者，为南昌山长，念祖茔在万，因徙居焉。迄今辛氏之族，秀士朴农，环居乡邑，皆公之遗所从来者远也。余莅是邦，首以孝弟风世，都人士凡克敦厥行者，必多方奖励。今年秋，辛氏重修公墓，以旧碑剥落，公裔联登邦佐等请余重为碑铭，以表示后人。爰核志乘而书之铭曰：公生唐时，系分晋隶，学广闻多，养纯识粹，名列巍科，才超俦类，筮仕此邦。仁爱慈惠，民歌民颂。心维心系，奄终官署。龙山是瘗，郁郁佳城。山秀水囗，鹤岭鹅峰。左右环卫，至宋南坡，躬虔奠谊。爰定厥居，衣冠蝉缀。愿公后嗣，益加淬砺。镌石昭垂，俾传厥世。

乾隆十四年岁次己巳孟冬月，立碑文林郎知袁州府万载县事前知定南厅县事乙卯浙江同考官加三级纪录四次江元璐撰文。

(嘉庆十年版)

嘉庆《万载辛氏族谱·坟山述》，雍正《附邑侯辛介岐公墓文》(严在昌)：

呜呼！典型云杳，庐墓犹存。留俎豆于桐乡，子孙后大思衣冠于岘首，父老涕零。追维唐进士万载幕伯辛公，陇西旧族，山右名家，筮仕豫章，小舒骥足，分符康乐，卒葬龙山。竭职守廉，绩已标于前乘。钟灵毓秀，胄遂衍于此邦。棠阴之遗爱如新，泷表之来源有自。某才惭百里，**政愧**三年，异代同寅，承徽猷于先达。一家半县，忝司牧于贤孙。羡奕叶之簪缨，仰遗**踪于封鬣**。朱衣灯下，公堂昭正直之神；青佩庠中，家谱见诗书之泽。佳城登祀，时闻仁粟之香；官舍凭依，即荷德邻之庇。爰伸薄奠，式表倾忱。尚享！

雍正癸卯七月中元日。

(嘉庆十年版)

(二)占卜茔地与风水观念

江西

万载辛氏

嘉庆《万载辛氏族谱·坟山述》、《龙山祖茔图说》：

龙山之脉，自峰顶经鹤岭，层峦叠嶂，起伏迤逦，驻于城之西隅，状如龙跃，故名龙山。我祖介岐公仕万，卒于官，卜葬龙山，在今县治后石园石碑，自唐迄今，奠祭修砌，未尝少疏。第年久世远，难保侵犯遗忘，爰绘图镌版，并录官私禁条，俾后之子孙按图兴怀，同伸保护其祖茔，皆得镌图附焉。

（嘉庆十年版）

宋荦《西陂类稿》卷二六，《文康公赐茔祭田碑记》：

事有不可不蚤虑而豫图者，盖经久之难期也。《易》不云乎："君子作事，谋始始之。"不谋而欲终之，无弊顾可得乎哉！荦幸嗣守先文康公之遗绪，而沐其余泽，入侍明光，出领方面，一门皆清华之选，而子辈又循循守礼法，无荡陵之习，一再传之家声，知不遽坠也。虽然，后世乌可永保哉？每见故家之子孙有不肖者析田争产，辄至于祖宗藏体魄一席之地而亦裂之，其墓头之一草一木，亦皆人人有分，可以斩而取也。及夫秋霜春露，则若敖氏之鬼馁而弗恤焉。呜呼！尚忍言哉！荦家幸席旧业，庄敏公福山公之家法未替，文康公之教泽犹新。感时物而兴孝，思登陇亩而虔妥侑，固弗之敢斁矣。即墓田隧道之赋役，固无虑有不供应者，然而终非经久之谋也。除墓田旧有一顷七十九亩六分五厘五毫之外，荦复设祭田一顷，供徭役之余，可以办烝尝之献也，从此子孙世世承之，无得割为己有，以取不孝之罪，而岁时之享祀永为典型，敢曰荦谋始之功哉，实文康公之福佑远矣！

（《四库全书》本）

直隶

沧州孟村西赵河刘氏

民国沧州孟村西赵河《刘氏族谱》，光绪《原刘氏始祖墓碑铭文》：

吾宗始祖明锦衣卫督指挥，公讳命兰，原籍南直隶上元县二郎岗。当明永乐元年癸未冬，诏迁南畿富民以实北畿。公以官禁卫家高资在徙中，乃以二年甲申偕两兄北迁，各占籍安居。公实始卜宅于斯，厥后历官无可考，而子孙日以滋繁蕃，至三世遂有十门之分。嗣是椒衍瓞绵，其秀者彬彬于庠序，其愚者亦率富而行其德。绳绳继继，以迄于今。盖寰数十里而居，成邑聚者指不胜屈；其流寓寄居散处于四方者更不知几何人也。非始祖公厚德所留贻，能若是之炽以昌乎？第自始祖公之迁迄今光绪己亥凡阅八甲申又四之一，而赢计为年四百九十有六，为世一十有八。刘氏先陇虽不尽可识别，幸始祖公之墓犹岿然

第七篇 祖坟

独存,而碑表未具,无以尽后裔报本追远之意。且吾族之众大抵向学务本,各勤力于四民之业,以期无忝先人,亦不乏列文武科名及登仕版者,咸不约而同金以表墓之举为不复可缓。又以宗谱之亟宜续修,乃纠合族众以成其事,爰刊石树碑于始祖公之墓。凡附葬故阡者以次而皆新之,遂涓吉合祭以告始祖父之灵。是墓也,始祖妣实合葬于斯,而姓氏失考,故不著,所以示慎也。仰又闻程子之言曰:"管摄天下人心,收宗族,厚风俗,使人不忘本,是须明谱系,收世族,立宗子之法。"今宗法之稀讲久矣,而吾族犹有是举,吾始祖公之灵实式凭之所愿。凡与于斯者,咸推所由生之心。为心体木本水源之谊,联支分派别之情,勿以分隔而或疏,勿以地睽而相远,勿念小忿而忘至亲,勿竞锥刀而薄骨肉。相与教其子孙,以交勖于不息焉!庶为吾祖宗佑飨也。夫是为记。

大清光绪二十五年岁次己亥二月溯日,阖族裔孙公立,十六世裔孙典三斋沐叩撰并书丹篆额。

(民国二十三年续刊本)

民国沧州孟村西赵河《刘氏族谱》,光绪《刘氏七世祖明生员仰吾公墓碣铭并序》:

公讳廷瞻字仰吾,明嘉隆间生员,六世讳忍公次子也。兄弟从有声,庠序者数人,惟公尤以积学善诱称。经其指授者,多发名成业。于时用舌耕起家,子孙相承,至富而好礼,甲乎一郡,为吾宗读书世业所由。基后裔食书香之报本者,久而不忘。敬谨刊石以表其墓。十六世孙典三斋沐百叩而为之铭曰:

吾宗之迁,实自上元;家世积善,福庆便蕃;六业继绳,潜德不耀;孝悌力田,遵路遵道;七代种祥,公乃笃生;积学抱璞,黄序蜚声;经师人师,帐设朋来;强于筮仕,丰于育才;善诱多方,著录以齿;舌耕有获,砚田成美;承先启后,世泽悠长;饮食教诲,积久弥光;云耳迄今,绍业靡罄;刊珉表阡,聊将诚敬。

大清光绪己亥二月溯吉日立。

(民国二十三年续刊本)

民国沧州孟村西赵河《刘氏族谱》,光绪《刘氏八世祖明生元湛一公墓碑铭并序》:

公讳澄清字湛一,七世祖字仰吾季子也。当明之季叶,公以名诸生。承累代忠厚之绪,好善乐施,皆出自性。生而家业日以大起。其殁,得平壤突穴上吉之地以妥其灵,以荫及后人,一为少六院分支之祖。祖妣氏李附焉。后叶食其德者历久不替!敬谨刊石以表其墓。同治癸酉科拔贡,光绪己丑科副榜深州安平县教谕云孙典三熏沐百叩而为之铭曰:吾宗之大,振之七叶;弦育诗书,菁华发越;公承其绪,黯然日彰;积善余庆,前辉后光;渊源家学,芝玉齐芳;彬彬雁序,孝友一堂;泰而不骄,富而好礼;大启休祥,以饴子孙;天相吉人,藏神吉地;卜兆长眠,荫及百世;后嗣绵延,克绳祖武;弓冶箕裘,无疆受祜;以迄于今,家传清白;表法陇冈,敬述祖德。

大清光绪二十五年己亥三月溯吉日仍孙春煦、毓寅、春坛云孙志廉、英武、志洁纠合族众敬立,耳孙晶波、树帜监修。

(民国二十三年续刊本)

安徽

返里扫墓。

《吴汝纶全集·日记》卷一一,《制行》:

光绪二十八年十一月初十一日,展谒马家冲考妣墓。十二日,展谒五里拐祖考妣墓,视亡妻浮厝地。十三日,展谒黄公山曾祖考妣坟墓。……拟令石工为修阶级,自守墓家至坟域,或易拜扫;自家至守墓家,当别取平路。二十日,展康之墓。展谒高祖考妣坟墓、五世祖近里公坟墓。二十一日,展谒六世祖聪四公坟墓,视亡弟诒甫浮厝地,又阅康乐所葬新坟。二十四日,启程赴保庆股新祠祭祖,遂与康伯通行。二十六日,至螺师山,展谒两先叔葬地,诒甫夫人李宜人所迁葬也,墓似不免受风,欲改移入里面东,似较平稳,然未敢仓卒为之。十二月二十九日抵暮到家。三十日,家人多来相见。吾二十余年未归度岁,今日始获荐享。二十九年正月初一日,祭先祖后,家人争持茶点相奉。

(施培毅等校点,黄山书社2002年版,第4册,第762—765页)

绩溪南关许余氏

光绪《绩溪县南关许余氏惇叙堂宗谱》卷八,《惇叙堂家礼·祭礼》:

每年清明扫墓,凡发祥之祖由合族祠首虔备牲仪,合族同往。各房由各房公堂举办,各家私墓不论远近清明必至。

(光绪十五年刻本)

休宁茗洲吴氏

雍正休宁《茗洲吴氏家典》卷一,《家规》:

诸处茔冢,子孙当依时亲自展省,近茔树木不许剪拜。

(吴翟编,雍正间刊本)

绩溪梁安高氏

光绪绩溪《梁安高氏宗谱》卷一一,《祭扫例》:

一、每年春分后派下文士率同祠首往各处祖墓祭扫,祭仪祠首预备,载祠簿。第一日,往四都汉饶公及凤巢祚公并五官坟墓前祭扫,到者照例给胙,不到不给。第二日,往西门岭五八公及二宜人并往高坑二府君墓前祭扫,到者照例给胙,不到不给。第三日,往十二都外坑三十、三三公墓前祭扫,到者照例给胙,不到不给。第四日,往青石塘三十公孺人及三三公孺人并往罩岭下胡八塘三六公墓前祭扫,到者照例给胙,不到不给。第五日,往歙东项村六一公墓前祭扫,到者照例给胙,不到不给。

一、八月间往伏岭下村头邵孺人墓前祭扫。以上均例载祠簿。

(高富浩纂修,光绪三年活字本)

山西

离石于氏

康熙离石《于氏宗谱》,清端公于成龙《横泉祖茔山图》:

山在州治北地,名横泉龙。自孝文分干,辞楼下殿,行十余里,顿起廉贞作祖,重重穿帐;又起三台高峰以为后坐,转出艮龙,行度逶迤,顿起现天主星,但卯脉落下微嫩,结小金星作穴,蝉翼、小砂左右环抱。卯酉兼乙辛坐向。明堂宽容,奚止万马,前列大帐,秀峰高耸。天马、金马双贵,文星等山朝拱。出帐入帐,川水曲流,内帐角有阴砂,长抱外有罗星秀丽,重重关锁,不见水出,真科甲绵远,极贵极富大地。盖由清端公老师,盛德深厚,天赐吉城,以启后人无疆之福祚耳。穴秀而端,嗣后不宜列葬多冢。切记。

湖广黄州府蕲州生员,门生王永垣识。

(于准纂修,康熙年间刻本)

平定窦氏

光绪平定《窦氏族谱》,《老坟》:

查东郭外崔府君庙后有余窦氏老坟一座,约六亩许,坐北向南。内有牌坊,石碑为记,乃各股始祖所自出之坟,合族公同祭扫,每年定于正月二十五日。其余各股有祖茔,各按季祭扫,是亦源源本本之说也。又有弘治乙酉科举人窦璘,任华州学正,因世远失考,前草谱未载。但余族窦氏,州无二姓,想亦洪洞迁移之支派,始祖自出之源本也。因并记之。

八世孙窦班谨识。

(窦志默等增修,道光二十七年世和堂刊刻,光绪二十年增补印本)

平定张氏

道光《平定张氏族谱》,《张氏先茔墓志》:

郡城之南,冈陵突起,松石苍然,有道征白先生墓,西行数十步则吾先祖茔之所在也。其地约八亩余,以东与张氏之茔为邻,其祖讳姓碑记可据;南抵姬氏故茔,有谱图刻石当其界;西则吾外翁陆姓之先茔也。三面距坟,北至古道,其间荒冢累累,字迹无存而泯没不彰者不可胜纪。至吾太高之父讳定则北上而迁其冢,南连祖茔,东与北界皆里人方玺之地,其西亦无稽古茔。定墓之碑阴,先大人刻谱勒之,葬依昭穆,位次分明。乃岁当申酉,天雨连绵,吾太高大宽之墓遂致崩坏,先大人又下迁于故茔东北之次以厝之。其弟大清亦同迁其地,各有墓表。高祖茱则仍其次也。至于故茔之中搜其石记,有楠,前无可稽,后无所考。有檀,前亦无明征,而其子则我谟、我猷也。谟、猷皆绝其嗣,惟我猷立石以自表其墓。此皆吾后世子孙所不可不确以志之,垂诸永久以备后人之稽访者也。盖远祖之冢墓易湮,古茔之分界恐失,苟不为之纪其边幅,详其墓次,以载诸典籍之上,将百世之后保无有富豪侵占,奸恶陵夷,以至孝子慈孙考求无据,遂视祖宗之颠危而谟之能救者乎?乃若宗烦族巨,各迁其冢,自吾曾祖凤岐公迁其冢于凤渠之冈,递及吾辈,下逮孙曾,已凡七世,今吾伯兄讳致福者,则卜其兆于郡城东北之冈而又迁矣。诸如忠诚之曾祖桐则迁其墓于梨林头村,洪福之高祖霖则迁其茔于青杨树村,谊显之父弦则迁于堑石铺之东原。云鹏之七世祖伦则早迁于郡西之义井镇。云凤之六世祖金则迁于城北之河下村。斯其螽斯诜诜,瓜瓞绵绵,各宗其宗,各祭其墓,子孙且世守于勿替,吾固无庸为之顾虑也。恒福识。

(张文选等修,道光二十八年刻本)

平定潘氏

祖坟之传说多不可考者。

咸丰《平定潘氏合谱》,《潘氏坟墓记》:

州东龙庄有潘氏坟,古荒冢也,俗传为大宋韩公讳美之墓,而余窃疑之。既而偕同气登龙岩,读其世族碣铭。乃元进士仲伦之先茔而世俗所谓韩公墓者,非也。夫古人陵墓,久而不无讹言,讵我本族祖茔而可不为之详其地哉?遡余始祖子华初建坟域天皇岭,其故墟也。自宋迄今盖已五六百年矣。厥后三世祖纪,改葬城南棋盘垴,而子孙今日犹于此而往祭焉。及我五世祖秀,由岁贡任偃师县尉,又卜地于西坪而迁之。我七世祖洙登明万历癸酉贤书,而坟则建于河头之师傅凹。盖倚冠山为祖龙也。七世伯祖滨,希鸾之次子也,而坟复徙于棋盘垴祖茔之西。八世伯祖献民、俊民、彦民以及信民,皆卜筑于棋盘垴之西北以葬焉。彼夫西坪之南,数冢垒垒,则剑川知州,八世祖一龙穴也。囗山之麓,坟垄凄凄,则又一鹏次子九世祖讳堂墓也。从此而文耀、文灿建坟广阳,作霖建坟获鹿,王家沟则有尧臣之窀穸;留沟岭则有亨与赏之幽堂,而柏井王子台则朴之故冢所在也。呜呼!数百年来,世凡几代,地凡几更,繁衍日盛,又将他适,而高曾之佳城宛在,祖祢之墓穴怆然。此固仁人孝子之所不忍顿忘者也。惟我后世子孙,焚楮灌浆而修虔圹左,履霜感露而展礼坟头,奉先以思孝,追远以报本,庶几哉以享以祀而祖宗不没之灵,其亦可无怨恫矣哉?济谨记。

(潘组耀等修,咸丰七年刻本)

平定白氏

民国平定《白氏家乘》卷一,《白氏祖茔志》:

在平定州城东南名为牌楼岭,由姜家沟村东南行,上石坡道,系五尺余宽。坡底道口左右立石柱两根,名为将军柱也,上立石狮。坡上道口立石牌坊一座,上刻"箕裘衍庆"四字,前后俱同,年深日久,被风雨损坏,字迹含糊,于咸丰丙辰岁,第十六世钧重修新描,焕然一新。牌坊以南系古道,马道,东即白氏祖茔,内有石牌坊,上写"白氏先茔"。茔北即白氏老坟,内葬始祖、二世祖、三世祖,名曰"白崖老茔"。茔地数亩,古道西亦是白氏先茔,内葬十一世祖士麟公。此地亦名"牌楼岭"。

(白凤章编辑,民国五年石印本)

灵石何氏

道光灵石《何氏族谱》卷五,《洞沟右茔志》:

在村北原里许洞沟口右西南面,后倚崇山,峭壁插天。前接孔道,襟带汾流,峡溪左右环抱,今俗名其地为何家峪,山明水秀,术家谓何氏发祥以此。周遭计弓二百六十有奇,地七亩余。自始祖葬此,长支五世,次支四世者皆祔。六世则长支不祔者。一自七世至今十一世,凡后无茔志者毕祔。按世表并茔志互叅自见,名不悉书,凡为冢八十有二。

(乾隆间何思忠创修,道光十四年续刻本)

平定窦氏

光绪平定《窦氏族谱》,《墓图说》:

忆每岁寅月,念五祭献,少长咸集,诚永言孝思追远,以志不忘也,必某某祖考之昭穆。山向,不徒恃诸口传而载厥篇册,微特世远年湮,永垂不朽。即如身未亲时,均可展卷以起,如在之敬第。族繁墓广,不能尽悉,谨先将始祖茔基,坐趾,绘成一图,其不详者,以俟续入。余不敢自谓良法,不过俾世世子孙随时按对,祖墓、山川、处所情形一一俱在目前,什袭珍传于无替,是即不忘木本水源之意,倘亦吾族之尊长兄弟辈所共许也夫!八世孙瑸谨序。

(窦志默等增修,道光二十七年世和堂刊刻,光绪二十年增补印本)

光绪平定《窦氏族谱》,《墓图说》:

先茔内碑一,石桌一,石炉一。茔四隅石柱各一,系雍正庚戌合族同立。茔前石坊一,系乾隆间宁祖、怀祖同建。天禄祖墓在东坨,碑系前明万历三十四年勒,本朝嘉庆十九年重修。凤祖墓在郭家坨东北隅,碑系前明万历二十四年勒,虎祖墓在凤祖墓东五号,石桌镌名系明万历廿六年勒。仓祖墓在天禄祖墓西,各自为茔,碑系明万历廿五年勒。应奎祖墓在州北十里王垄村。十世孙希燕附识。

(窦志默等增修,道光二十七年世和堂刊刻,光绪二十年增补印本)

光绪平定《窦氏族谱》,《墓图说》:

敬览族谱墓图,茔内牌坊三牌四柱,两旁列将军柱,此照文贴公之品级以光耀先茔。有公之图说并垂不朽,特当时未创置耳。迨续修族谱,景贤公叙茔内碑碣牌坊,皆据见在之所建,虽与图不相符合,而图与叙自各得其宜也审矣。至光绪丁酉增修族谱,谨绘墓图之山水形胜及前后左右一一详列,惟茔内牌坊、将军柱不敢有所改易,昭先职以俊后续云尔。

(窦志默等增修,道光二十七年世和堂刊刻,光绪二十年增补印本)

山东

黄县王氏

宣统《黄县太原王氏族谱》,乾隆《序·祖茔建碑记》:

墓胡为乎有碑也?古者宗庙立碑以系牲,窆棺碑以悬棺耳。秦汉以来往往用以记功德,而士大夫鸾翔凤翥之域,遂有神道之建碑之来也,旧矣!余王氏来黄十有余世,先代祖茔卜城之坤隅,钟灵发祥渊源有自。但世远丁多,居处星分,迭传而后,保无何祖何墓不克详辨者。谋之同族,佥曰:"宜碑以志之。"箴于是慨然曰:"是予志也,抑予责也!"因亲操畚锸负土添坟,使高下如制。乃鸠工采石磨砻,镌字大书始祖墓碑曰"王氏始祖墓",次则以世计有官者书官,无则但书某公之墓,而皆附以讳,存其实,示有辨也。自兹以往,吾族人春秋祭告,捧牲醴而来也,至止碑下,其有思乎!邑之族众矣,吾族人何子姓繁衍,既吉且昌也,于碑可溯夫原本也。邑之族众矣,吾族人何孝弟忠信亲睦敦和也,于碑可溯夫家法也。邑之族众矣,吾族人何经明行修科第蝉联,观光桥门采芹泮水者,志且谓几半黄庠也,于碑可溯夫世德也。视某碑因念某祖,念某祖因思某德,肃然起敬,怆然兴感,用益励吾善行而继先泽于勿替,斯碑未必不为一助也,又岂但肃观瞻示有辨已哉!维时捐资共事者,十世孙尔莹、十一世孙徽候、十二世孙如珍等共六十九人,皆族望也,赞助之力居多。后之人有继是而为之,且不仅继是而为之者乎?知必有人焉。是又祖宗之光而余之所厚望也。

乾隆十三年岁次戊辰春二月,十一世孙国学生四箴程书谨识。

(王次山修,宣统元年刊本)

即墨杨氏

尽管族人在观念上重视祖坟,但由于种种原因,祖坟少见有保存完整者。常见的原因有:坟茔分散、无碑碣、人为破坏、他人或族人侵占坟地等。

道光即墨《杨氏族谱》卷一,《邱墓》:

……八世子江葬东城庄,八世任文葬官庄之南,八世启泰葬西城,十世迪吉墓在姜哥庄,十一世和鼎墓在托埠。

右茔墓皆南支,其北支多不可考。

即南支子孙,亦皆散处各村。生居其乡,没葬其野。封矣或不树碑碣。北方无名位者,多不用。尤屈于力服畴之人,鲜克上曾祖丘墓者,况高祖五世以上乎!久而遂湮,固其常也。庶人祭法,固不得逾分,亦安可不知处所且使本支子孙或犁为田,谁之过也?兹谱所不载,而各支有可考者,宜各置一簿备细书之。后来随葬随书无所缺,异时修谱,固可增入;即不增入,亦可各示本支,不致迷失。不然,一姓先兆等诸漏泽,与斩然无后者何异,何必冀子孙之长久乎!懔之,遵之。

附录:松树茔,在官庄庄之西里许,卒而无嗣者、夭亡者、妾无出者、女子未适人者,并葬于此。

(道光二十八年承桂堂藏版)

河南

祭田、祖茔之设。

宋荦《西陂类稿》卷二六,《祖茔祭田碑纪》:

《周礼》有冢人之官,正墓位,跸墓域,守墓禁。凡祭墓为之尸,先王缘人情之不忍,而万世之礼文由之以定。盖神依于主,体魄藏于墓,厥重惟均仁人孝子,固宜并致其追远之诚,而不容恝也。

吾家自福山公立祀先会,而文康公继之,其后废而复举,举而复废,**率醵钱为牲醴**之资,而族姓之丰啬不同,故难久行而不替。荦虽驰王事于四方,未能岁时**伏腊**,追随于诸父伯兄仲叔季弟之间,扫丘陇而修馈祀,然心切切然,未尝不寤寐念之。谋所以久其祭之法,盖莫如祭田之设也。按茔田故有百亩,计其冢墓之所占,盖已过之,故荦与弟炘、炌已公益之,以一顷九亩二分六厘七毫矣。而其赋役旧期,以服官者承之。假使后世盛衰靡常,有一日无服官之人,则又将奈何?此亦不可不筹之于蚤也。故今荦又自设守冢田一顷,应每年赋役之外,而供牲馈酒醴之费,谅无忧矣。况其倡之于前,必有继之于后者,田益多,则祭亦丰,而祭之有余,又可以修祠宇之颓,赡族人之困,济婚丧之所不能举,祖宗在天之灵庶几可以无怨恫乎!夫荦非敢薄前人之制而更之也,变而通焉,要不失前人之意焉耳。然则继志述事岂必拘拘循成例乎哉!凡厥孙子,谁无水源木本之思,尚其永念。荦志有加无损,慎勿将来仍复取之,置祖宗而不顾也。凡有愿入祭田者,请次第镌之左方,其卜是田为茔兆者,计用一亩,买邻近地一亩五分易之,不然恐将来墓田多而祭田寡矣,此又不可不远虑云。

(《四库全书》本)

陕西

郃阳马氏

陕西郃阳南渠西马氏就其五世祖考与祖妣未合葬一事立碑志异。

民国《郃阳马氏宗谱》,康熙《马氏祖茔补记》:

康太乙先生为余族百里坊祖茔所撰墓碑有二,一为《五世祖墓碑记》,前已载之矣。兹续得先生所撰《马氏五世祖母墓碑记》,适印刷已竣,阑入不易,爰补录之以示勿忘。其文云:

此百里坊马氏五世祖母张氏之墓也。何记:"尔马氏五世祖曰辂,其殁也,葬村北百步许。其祖母张氏之殁也,葬诸北,盖未合云。"未合而记何?记异也。合之者善乎?曰:

"善,然而非古也。"既善矣,何为非古?考诸《檀弓》,舜崩梧野,三妃未之从也。季武子曰:"周公盖祔古不合葬者,明始终之义归于无有也。"然则人生百年同期于尽,满目蓬蒿,累累其如是也。合亦可也,不合亦可也。要之,马氏之不合其祖何故?曰:"其初也,不可得闻矣。今阅年久亡者以得土为安,反复之不孝也。且其族方炽甚,一祖之子孙且百余人焉。地师者曰:'山川之气弗可以轻泄,泄而有弗安焉,亦非亲之意也。'若是,则其记之也胡为?马氏之子姓则曰:'吾祖与祖母之未合,今既不可以复合矣,不可合而已之惧其久而磨灭也,树诸石明书之,以告我后世云尔。然则可乎?'"孝莫大于追远,士大夫所难而农民有之,君子所为敛容而式也。太乙康廼心再书。康熙庚戌秋八月五日之吉。

(民国二十五年增订本)

甘肃

甘肃西厢里张氏家族的祖茔记录甚详,且有图记。

秦州西厢里张氏

光绪《续秦州张氏族谱》,《族祖茔暨各房祖宗茔域记址》:

州伏羲城桂家巷道后茔域一处系阖族祖茔。

州北山鸦儿崖茔域一处系长房祖茔。

州北山刘家堡唐家坟上茔域一处系长房祖茔。

州西头桥茔域一处系长房长支现用茔。

州西三十店子挞马沟门黄家窑山前茔域一处系长房祖茔,原在三十店子董家磨,因河崩移此,长房次支现用此茔。

州南山石马坪茔域一处系二房次支进祥公支茔。

州北山三台址茔域一处系二房长支祖茔旁东,为小口茔。

三台址二房长支茔上茔域一处系二房尔志公支现用茔。

州北山坚家堡小鸦儿坪茔域一处系二房次支现用茔。

州北山坚家堡小鸦儿坪茔域一处系二房印公支现用茔。

州北山盐池茔域一处系二房登阶公支现用茔。

州北山何家湾茔域一处系二房全公支现用茔。

州北山中梁茔域一处系二房登奎公支现用茔。

州北山杨木匠山茔域一处系二房登瀛公支现用茔。

州北山杨木匠山茔域一处系二房印公支现用茔。

州北山杨木匠山茔域一处系二房申公支现用茔。

州西南沛家沟茔域一处系二房次支更祥支现用茔。

州西南山张家山山后茔域一处系三房祖茔。

州西坚家河茔域一处系三房祥公支茔。

州西南山张家山山后茔域一处系三房新扎辰公现用茔。

张家山张家顶东北角茔域一处系三房监裕公支现用茔。

张家山杨家顶正南茔域一处系三房贤公支现用茔。

张家山张家顶西北角茔域一处系三房海成公支现用茔。

张家山张家顶西北角茔域一处系三房分支现用茔。

州西南山庙子顶茔域一处系三房居郭公支现用茔。

州西十里铺团庄西茔域一处系三房惠支现用茔。

团庄东茔域一处系三房库公支现用茔。

州西南坪峪沟后杜家沟茔域一处系三房自来公支现用茔。

坪峪沟西山王家沟茔域一处系三房同寅启公支现用茔。

州东教场门教场崖茔域一处系三房端公支现用茔。

州东北山马南沟茔域一处系三房亨支现用茔。

州西三十店子董家磨茔域一处系三房元公支茔。

州西王家磨子堡子背后茔域一处系三房元敬公支现用茔。

州南山南郭寺顶茔域一处系四房祖茔。

伏羲城桂家巷后。

茔首北趾南,北界城根,南界低坎,东界沙填隙地尽处,西界园墙。长十五丈,宽十三丈五尺。墓一百七冢中,东连三高冢处二房长支有碑。西南最高次支十二世讳势望冢,余未悉。(附图略)

(光绪三十四年续修本)

金城颜氏
清代甘肃金城颜氏后裔重修其明代祖茔墙垣。
光绪《金城颜氏家谱》,康熙《重修祖茔墙垣记》:

始祖武德将军,山东兖州府巨野县人也,为故明勋臣,镇守兰州,遂家焉。殁葬于此,即坟修为祠堂,四时享祭于中。凡器用丧具,无不毕备。自明季变乱,诸物荡然,碑石残破。及我皇清定鼎之后,墙垣倾颓殆尽。今年公举余首事,余于拜扫之时,合举族老幼公谋,各输资不等,乃鸠工修筑,重新整齐,补其未完器用,庶不隳前人之功矣。今功告竣,爰记于此,使后之人思祖宗功德,久而弥光,共派同支远而弥戚。更望后之首事者时修时葺,有光前业云。康熙甲戌岁六月初一日,十一世孙户首克如等谨识。

(光绪十二年本)

浙江

姜宸英《湛园集》卷五,《董公传》:

先是董氏有远祖,会稽县尉墓久没荆棘中,公按家谱得之表石墓。……公讳时彦,字叔元。

(《四库全书》本)

福建

汤斌《汤子遗书》卷七,《封庶吉士李公传》:

李公讳兆庆,字赖甫,闽之安溪人,初号渔叔,追思父念次公之德也,更自号惟念,故世称惟念先生云。……辛丑贡于乡。甲辰自京师还里。修宗祠,定春秋祭期。远祖坟墓久湮没荆榛间殆不可考,公按谱牒征邻翁搜而得之者,凡四焉。更修辑家乘,访求先世,问答遗文,凡所以为祖考计久远者,靡不殚力从事。盖其诚孝如此!

(《四库全书》本)

二 祖茔规制

湖南

有的族谱对墓穴的大小、用料及坟茔的形状、高度等做了统一的规定。

湘乡大界曾氏

民国《武城曾氏衍湖南湘乡大界五修族谱》卷五下,《典制·大界曾氏公墓简则》:

……

三、圹穴规定:长八市尺,阔四市尺,深六市尺;预行测定,立标编号;按号次进葬,不得越序。

四、坟茔、墓石等须遵本墓规定之大约形式及尺码,其工料均由申请进葬人自理。坟茔均长方形,墓作屋脊形,碑高出土四市尺为度。

(民国三十五年三省堂活字本)

三　祖茔的维护

祖坟是宗族列祖列宗的墓地，被称为祖宗的"藏形之所"，所以对祖坟的建造及维护，族人非常用心，在每年的清明、十月初一等时节还要定时祭扫，这不仅表达子孙对祖先的追思，而且也是作为子孙不可推卸的责任。在墓祭的同时，还要为坟墓培土、斩除杂草、种植树木、标明界址、扶正碑石等，使墓区得到清扫和保护。这些虽为琐碎小事，但在宗族看来，关系到祖上的荫庇、家族的兴衰，所以许多家族在族谱中再三告诫族人要保护好墓地的一草一木。另外在民间为坟地看风水的青乌、堪舆术很盛行，也存在盗葬现象。

直隶
丰润毕氏
民国丰润《毕氏宗谱》，《凡例》：
一、各处坟墓皆先人体魄所藏，子孙当世守勿失，应绘图注明丈尺四至，以备稽考。
（民国十九年排印本）

沧县刘氏
沧县《刘氏族谱》，同治《序》：
……今因六世祖讳焘公，七世祖讳维城公、维增公、维庄公，八世祖讳余泽公、延泽公、寿昌公、镇邦公茔域近乎河岸，久被冲刷，将损坟墓。不得已，今有十三世孙九江、十四世孙桂林、十六世孙恩荣，集族人公议于庚午孟夏望日，将七世祖、八世祖敬启奉安葬于梁屯西南隅老祖茔之右。……
时同治十年岁次辛未夏月谷旦，十五世孙友三字辅仁顿首书。
（刘辛庄、刘德瀛、刘建国、刘镇连藏）

交河李氏
民国沧州交河马连坦《李氏族谱》，咸丰《献县刘家庄李氏墓地合同》：

立合同人李良臣、李聿修、李凤仪、李翼陆,因年深日久,坟地不明,乾隆八年闰四月初二日公议将祖茔地丈量清楚,各执合同一纸,不使后辈坟地不明。

中长阔四十五号五分,东横阔十四号五分,中横阔十七号八分,西横阔二十五号二分。

东至庐宅,西至李翼陆,南至李良臣、李翼陆,北至道中。

李良臣、李聿修、李凤仪、李翼陆同立。

乾隆八年闰四月初二日。

按三周算,共地四亩一分三厘五毫。

按四周算,共地四亩一分零五系七忽三微。

连坟西北角少亡坟地五分在内。

咸丰二年荷月时按当时所立合同抄来。

(民国八年七修本)

东光马氏

沧州东光《马氏家乘》,咸丰《序》:

甲寅夏连镇瞿兵燹,邑南树木尽被戕伐为军营需,而我祖茔数株犹存,此固族人防卫之力,实则我祖宗之灵爽式凭也。及乙卯孟春连镇既平,此则曰予之功,彼则曰予之功,附而和者亦以为某某功,然果可以居功乎?夫人于先代箕裘世守勿坠,犹恐为祖宗者不以我为子孙,况茔树木祖宗所植,苟不竭力护持,求免于过而不可得矣,安可自以为功冒以为功乎?宜连镇平而树即枯也。兹因树枯,公议货卖为修家乘资,则族长恩长公之高见,诚有以上报祖宗而下裕后昆也已。斯役也,我从叔兰谷公奉族长命,即以一人董其成,遗者补之,诬者辨之,疑信参半者标而出之。考核详而繁简当,损益变更,无非因时制宜。积数年之功,规模始归画一焉。乃兰谷叔去岁四月病逝,从弟满芳以事犹未竟,为吾叔之遗恨也,泣诉于余。余殚期年之功,不敢以不敏辞,亦体吾弟爱亲之心,聊以继兰谷叔之志云尔。

咸丰庚申夏五月,十六代孙春龙谨识。

(1999年十一修本)

南宫白氏

南宫《白氏族谱》,咸丰《卖祖茔松树的契约》:

大清咸丰八年十一月。

立卖松树文约人白德明、白人廷等，因先祖前朝有功，国家多著勤劳，蒙赐恩典，远近悉闻，遗下事业，由来久矣。每赖累世首事尽心管理，勿致废坠，故流传至今。近因先祖所遗下祠堂、城宅、石碑、坟墙及各东西厢房、门楼、垣墙俱系年深日久，每被风雨损坏，破碎倒塌轻重不同。某等忝系首事，欲待坐视破碎，九泉之下愧见先祖；欲要兴心修补，又乏出款以济费用。公议多年，无可如何，万不得已，故邀合族首事公议。言有去世首事永泰、作肃等操心费力，将祖坟上栽养松树一林；议欲典卖死树，以便修补，去旧换新，伐松栽杨，以供费用，以救缓急，上报先祖勤劳之恩，下尽祖孙渊源之孝，本族皆无异言，情愿协力费心。故将祖坟上松树一林，择拣死树，东行有二十八棵，西行四十棵，南行四棵，北行二十四棵，大小不同，以印号为记，今同中人白继文说合，卖于本族玉岭、明河名下；言明只卖死树，价钱净剩一千一百千，他事无干。对保立字，至腊月二十二日一齐交足，一棵一茎买主捆伐到顶，树倒两方，着坟自由，两家情愿，皆无异言。

空口无凭，立合同文约为证。

（白光华主编，1995 年 5 月版）

安徽

婺源三田李氏

光绪婺源《三田李氏宗谱》卷末，《祖训八则》：

修祠墓。孔子言：孝子之丧亲也，卜其宅兆而安厝之，为之宗庙以鬼享之。祠墓者，所以妥祖宗之灵也。使久远不修，任其倾颓圮露，岂仁人孝子之心哉！故祠墓稍有损坏，即当及时修葺，使其完固。而于先茔更宜多植荫木，禁止樵苏，毋令人斧斤入焉。

（李廷益、李向荣修，光绪十一年木活字本）

光绪婺源《三田李氏宗谱》卷末，《家规》：

先茔

一、祖宗坟茔若有年远圮没残露者，子孙当以礼修葺，更立石深刻氏讳及地名年月，勿致湮灭。

一、各处坟茔子孙当如期祭扫，子孙出外道经坟茔，无分晴雨，必皆下马稽首。其坟茔竹木毋许斫伐。至起造冢圹一以《文公家礼》为法。

一、祖宗坟茔非但为子孙风水，实安先人体魄。近见有等倍众顾私者，每将众共祖坟傍穿己亲墓穴，孰知祖宗不安，己亲未必便利，更有惑于方术之士迁移改筑者，俱以不孝治。

第七篇 祖坟

一、子孙有盗葬祖坟者,族众齐集,押本人即时掘起,如本人逃匿,即押其兄弟子侄起掘,随鸣官以不孝论。

(李廷益、李向荣修,光绪十一年木活字本)

歙县蔚川胡氏

民国歙县《蔚川胡氏家谱》卷二,道光二年《规条》:

坟墓乃祖宗所凭依之域。若平塌浅露,须于祭奠之日率众择土培之,不致暴露平没,启人窥伺。凡冢上木植坟茔疆界,不时经理巡视,以防不肖之侵犯。若支下私伐邱木者,重罚之;侵葬者,倍罚改正。倘恃强不遵,族长呈公理论,其各处祖坟四至税亩字号土名山向,画图载谱,则考核有据矣。

(民国四年线装活字本)

池州仙源杜氏

光绪池州《仙源杜氏宗谱》卷首,《家法》:

祖坟前后左右私自盗葬致伤来脉及坏坟境者,责令迁移后逐出境外,永不许归宗。

……

祖坟前后左右私卖与人,未葬者责令赎回,已葬者送官惩治、请令迁移外,仍罄其家产以抵讼费,讼结后其人逐出境外,永不许归宗。

(光绪二十一年刊本)

绩溪城西周氏

光绪《绩溪城西周氏宗谱》卷一九,《禁碑》:

特授绩溪县正堂加十级纪录十次清,为永保祖茔恳恩示禁事。据生员周荣、监生周广辉,生员周邦镇、周嘉铭,监生周槐堂,生员周宗爕、周宗朴,监生周玉章、廪生周启锦、布经周启运,生员周宗栋、抱呈周承莲等呈称:

原夫报本必先乎祖墓,追远尤切于坟山,是以卜得佳城,律有禁步,阡成美穴,例重护坟,养荫木以卫来踪,开明堂以资拜扫,前代之神灵所寄,后人之命脉攸关,左右不得有伤,前后惟恐或损。今生等诹月筮日,勒石安茔,如西门外鱼形母鲤塘、胡里东头铺后、铜镇桥、梅木坦、闾坑口、前坑口、牛窝墓、裡坑、隐张、坑口、周坑村口中央、高车、楼下巷、吴家坑,凡十有四所,廿有一穴,修葺完固,标志分明,祖茔幸保无虞,祭祀可以勿替。所可虑者,异姓棍徒惑遗穴于地师,魆行盗葬;最深恨者,不孝支裔听剥祖之邪说,暗地偷棺，即如盗荫取柴，锄根掘木，为害不一，受祸实深。为此，伏乞赏示严禁，保百世之祖莹，杜千秋之侵害。殁存啣恩感激上禀等情。

据此，除批示外，合行示禁。

为此，示仰各处居民及该族各支丁人等知悉：凡有卜宅兆者，须思地理即天理，人祖即吾祖。毋惑地师，在周姓坟山觊觎盗葬。至于各派支丁，亦知根深则枝茂，祖妥则丁安。在在丘坟必当共保无虞，处处荫木均宜加意栽培。自示之后，倘有无知棍徒、不孝派逆，胆敢在该处坟山盗葬及戕荫取柴，许该族指名禀县，以凭严拿究惩，决不宽宥！各宜凛遵毋违。特示。

右仰知悉。

嘉庆二十二年二月十八日示。

掘拖盗葬，必至有伤气脉，侵害祖坟。从前盗葬者，或是贫苦无地可葬，出于不得已，情有可原，姑置勿论。今竖立禁碑，奉县主严禁。又置何家培地业为我祠义冢，泥土深厚，阳气舒暖，听凭派下子孙安葬。嗣后仍有不葬义冢而于祖墓之前后左右盗葬者，人心全无，不孝实甚，定即先行押迁，呈官究治，革出宗祠，永远不许复入，决无徇隐。凛之戒之！敬爱堂白。

（周赟等修，光绪三十一年敬爱堂木活字本）

山西

平定张氏

道光《平定张氏族谱》，《宜设墓表说》

窃以人生在世，贫富不等，寿夭不齐。富贵子孙，为其祖父营葬勒碑固分内事。独虑贫寒宗族，猝遇变故，其力不能如此，宜置一卧石，刊宗以表其人墓。盖幼年丧妻，老年丧子，因父与夫之未穴，暂埋坟旁。日久年深，子孙显达，迁冢合葬，莫辨其圹，若有片石之墓表，可免后人之误开。愚续增族谱，遍访冢记，见古莹之中荒冢累累，字迹不存，泯灭无传者不可胜计。触目惊心，良可哀叹，因劝后人务宜安置石椁，刻字以表之。其暂埋而未合葬者，尤当预留字迹，所费无多，永垂不朽。匪特祭扫有基，即再遇增续族谱时亦可考核而无遗。宗人玉润撰。

（张文选等修，道光二十八年刻本）

运城安邑郇城路氏

同治运城《安邑郇城路氏族谱》，《西十里铺坟地志》：

第七篇 祖坟

　　盖闻凡事必有根据而后可以永为遵守，本正源清，纷争自息也。运城西十里铺关帝庙东南崖，有吾族六世祖号海山茔。周围坟地四十余亩，每年纳正粮四两九钱五分二厘，坐解州和乐里四甲，粮名路之包。历年出典于西八里铺惠姓，价银一百二十两。乾隆己未建祠以后，所有家庙房资，每年除祭祀、宴会并累次修筑而外，所存无几，以致此地久典未赎。自十世昆生公与十一世好问公经理族事，至二十八年冬始将此地赎回，责佃租种。每岁除纳粮外，净得租银二十五两。前此，宗祠房资不过二三十金，加以公地租银，更增一倍之利。地之所益顾不重哉？但岁月递更，地之尺丈亩数倘无根底可据，必有地邻侵种之患。因于四十四年纠约宗族，量明尺丈，详载谱内，俾后之子孙有所据云。其地东阔九十五步，西阔四十七步，南长一百四十六步零二小尺，北长一百五十步零二小尺；东至惠地，西至界墙，南至东沟，北至官道，共计地四十三亩九分零一毫六丝；内方坟东阔二十九步，西阔二十七步，南长二十五步；北长二十七步；合净坟三亩零三厘三毫三丝；除净坟外，周围共得实地四十亩零八分六厘八毫三丝。惟愿后人加意经营，世守勿替，不得恃强独霸，不得私典私卖。择能授任，事体归一，同心同德，始终无怠，庶族事日见扩充，祖宗自必默佑，方无负予等今日之苦心也！是为志。

　　时乾隆四十六年岁次辛丑仲夏穀旦，路族公识。

（路生财、路有年纂修，同治十年刻本）

山东

黄县王氏

宣统《黄县太原王氏族谱》，《义冢记》：

　　事之有关于公益者，谓之义举。启颛蒙，则立义塾；济穷乏，则置义仓；皆公益事也。若夫奠孤魂、泽枯骨，不惜原田数亩，使贫无尺土者，咸得窀穸。于是而不至抱憾九原，则义冢之设其为公益尤大。我七世祖三聘当有明嘉靖之世，仕至浙江道监察御史，以不能阿附权贵致仕家居，睦族恤邻，好施不倦，乃于石簸箕南买地三亩有奇，以作义冢，迄今三百余年矣。其地之北段旧有房屋四间，经同治时族中有基佃者擅据此房开设石灰店，族人念其家贫，不屑与较。数年之后，生意歇业，又擅将此房典与他姓族人，未之知也。旋经本族十六世基鸿、志澄、澂基、基楹、阜基，十七世慕曾、慕韶，十八世常奎、常师，十九世衍升、衍韶查明，邀集族众，备价赎回。增筑房屋，前后六间，合旧有房屋共十间，二进西厢屋，一进三间，公议出租，每年所得租价，选四大支中公正人经理。除修补南北枣市茔房使费外，发交钱庄，生息以备后来修谱之用。倘再有私行典卖如基佃者，阖族皆得出而干涉。然丈量其地，只有二亩余，盖代远年湮，多被他人所侵占，与其追咎于既往，不若慎防其将来。族人欲久而不忘,爰升于简端,以志之。

宣统元年阖族公记。

(王次山修,宣统元年刊本)

祖坟是列祖列宗体魄所藏之所,后嗣子孙应不时修缮、随时保护,不得砍伐坟地竹木、不得强占山林、不得盗买盗葬,尤不得掘人祖茔、惊动幽灵,否则将予以严惩。为此,有的宗族还制定了详尽的祖墓条规、简则。

湖南
宁乡南塘刘氏

民国《宁乡南塘刘氏四修族谱》卷二,《律条》(嗣翁墨谱敬录):

砍伐坟围树木私卖一株者,杖一百、枷号三个月;过十株以上即行充发;盗坟前碑石砖瓦、木植者,亦照例治罪;地邻牌甲徇隐讳报者,一并照例究处。

(民国十年存著堂木活字印本)

抄录清律。

民国《宁乡南塘刘氏四修族谱》卷二,《家约》:

强葬祖山、侵犯祖茔,饬令起阡、醮谢,入祠惩责,不服送官。

(民国十年存著堂木活字印本)

湘乡匡氏

道光湘乡《匡氏续修族谱》卷首,《家规》:

族内子孙有开挖田塘致伤房舍祖坟龙脉者,依律杖一百,仍令本人即时填修。

(匡逢向等修,道光八年解颐堂刊本)

汉寿盛氏

光绪汉寿《盛氏族谱》卷首,《家规十六条》:

茔山重地,身所自出,止许蓄禁团林,以培风水,以安幽灵;有戕贼者,聚族重处。

(光绪二十七年广陵堂活字印本)

零陵龙氏

民国零陵《龙氏六续家谱》卷首下,康熙《滔溥二房合约》:

立清理杜后无事合同人:滔、溥二公嗣孙龙钦甫、彬玉兄弟等,有阳邑十九里地名渣浦塘坟山一只,是明嘉靖二十七年葬玉高祖腾□公,叠后葬堂伯祖朝理公,伯祖婆李氏子应琪幼殇至康熙二十五年葬。钦甫胞弟应星因玉父早年徙湖南阴,甽□弯远山系滔公关内分受之业,恐日后人心不古,有伤族谊,是以请凭户族戚友入场作证,将历年清明公项数一概清理,两无委欠,山付滔公嗣孙独管,溥公后嗣再不得藉坟进葬。是卸之后永遵合约,永无异言,勿忘前人慎终睦族之意也矣。恐后无凭,立此清理杜后无事合同二纸,各执一纸,收执为据。

凭户族戚友:刘国安、胡又臣、龙九皋、徐三略、夏迁初、龙辉楚。

康熙二十七年三月十六日,立笔人龙彬玉。

(民国十年敦厚堂木活字本)

四川

泸州王氏

民国泸州《王氏族谱》卷一,《坟茔记》:

先人遗泽,有田庐以安其子孙,必先有丘垄以妥其宗祖。是坟茔者,祖宗依恋之乡,而实子孙根本之地。根本之不修而欲枝叶之发秀,其可哉?我族自国贵公起,所葬各处坟山,有一房共管者,有各房分管者,有坟私而山公者,有坟公而山私者,有售本族者,有售他姓者,有依祖开拓者,有新行接置者,有借葬送葬并无字约者。人有多寡,房有大小,不为分析详明,徵特无以固其根本。而因祖起衅,所在多有。兹届修辑,爰将各处坟茔标其山名,晰其房分,志诸谱端。凡我族嗣,分谊必遵,骑扞必戒,同心长禁。随时修筑,勿恃强而阻占,勿因祖以生枝。倘有不肖,藉祖骸以占山,将本各房并力共攻。至强邻戕毁,尤当同心攻究。庶祖茔可保无虞,而根深叶茂,本固枝荣,遗泽之世守,厥后之克昌胥于是乎在焉!我族嗣其共凛。斯记。

记开合族公私坟山列左:

一、王家湾宅左,鼻祖国贵公杨、刘二氏合坟一座,合族管祭;下排两座,长房子孙管祭。

一、小屋基宅右登朝公石、谢二氏合坟一座,合族子孙管祭。

一、滩子上德珂金连公王氏坟两座,合族子孙管祭;下排各房之坟,各房子孙管祭。

一、黄连屋基山坟两座,二房子孙管祭。

一、走马岭坎下聂家村宅前山坟一座,三房子孙管祭。

(王家浚督修,王守亨、王正溢编纂,民国二十二年石印本)

广西
平乐邓氏

民国平乐《邓氏宗谱》卷二,乾隆《祖纬母坟山合约》:

立合约人房、邓二姓,七甲房芳茂公子孙,三甲邓祖纬。

原因祖纬得买房姓阴地一处,地名长毛冲牛形,葬母在彼,买卖各收契约。今房芳喜改母进葬在左,祖纬称言有侵界趾,房姓又言宽砌石界,以致二家争论。是以经邻族房育云、廷玉等人入场看明,处释劝谕,出备樵谢之资以息争论。日后左下以埋石,上以房茂喜葬母坟圈为界,右以老坟边已埋石为界,前以房姓老坟后为界,后离祖纬母坟二丈七尺,立土堆为界。自约之后,界外房姓所管,界内邓姓管业,二姓日后续葬不得牵骑。自后各管各业,不得互混相争,如有等情,执契赴上验究,甘罪无辞。今恐无凭,立此合约,一样二纸。

各收纸为据。

邓姓一纸系房开结书,房姓一纸系邓书训书。

立合约二姓人房芳代、芳福、芳相、芳付、芳员、房干,邓祖纬、开瑞、开纪、开达、开景。

经中正邓书训、青云、廷玉。

原中房芳梯。

代笔人房开结。

乾隆三十四年十二月初八日立。

(光绪十七年十贤堂刊本,民国十三年续刊)

民国平乐《邓氏宗谱》卷二,咸丰《祖许买阴地契据》:

立卖阴地契人,义阳里四甲老屋里邓孜公裔孙孟森、孟遂、孟德、学柄、学相、学臣等。

原有祖遗山场一处,坐落大地名山下,小地名鱼形,原葬孜公。山内面西北嘴上,内有阴地一穴,坐东向南。西北前依坟顶一丈五尺,后依坟顶一丈五尺,左一丈五尺,右依坟顶一丈五尺为界。是以叔侄合众商议,出卖于三甲石兰,邓祖许父子出头承买进葬。当日对中三面言定,时值价铜钱三十五千文正,彼日钱契两交,并无短少个文。自卖之后,任从买主开圈勒石挑土培砌点穴进葬乙穴,卖主叔侄不得阻滞异言,其界外卖主不得临头进葬;界内之树,买主管业,以及丈界不清,若有鎌隙滋事,具系卖主承当。恐后无凭,立卖契永远为据。

立卖阴地契人,邓公裔孙孟棕、孟道、孟容、孟通、学仪、学柱、学煐、学杰、学杞、学祯、学清、学信、学洲、学煜、学问、学梓、孝桢等。

承买人邓祖许,男朝樟、朝树。

中正人欧试运、邓孝灯。

公议孟遂笔。

咸丰元年又八月初四日立。

(光绪十七年十贤堂刊本,民国十三年续刊)

山西

平定窦氏

光绪平定《窦氏族谱》,《窦氏先茔创修围墙记》:

东郭里许有长乐桥,循桥而北有我窦氏先茔,碑碣牌坊,先人备之久矣。近年来地界坍塌,耕牧往来其间,祭扫时商诸族长,依北增修围墙,皆欣然从事。意谓万物本乎天,人本乎祖。是天有理气以生人,人得此理气以自生,而生子孙,流传百世,一祖也,一本而已矣。及子孙之支分派别,蔓衍久远,皆由祖宗之积累培养,根本甚厚也。后世子若孙追远不忘,由是修坟墓,建宗祠,春秋祭扫,绵绵不绝者,上以昭祖德,下以见报本反始之义也。迄于今,先茔若是,何忍漠不相关乎?我窦氏世居平定,城乡计数百家,各股祖茔各股按季祭扫,随时修整,惟此茔为各股始祖所自出之祖,每岁定于正月二十四日,谨备香楮庶羞,合族公同致祭。于光绪辛卯,城乡同心协力,鸠工砌石,创修围墙,不日告成。聊以申不敢忘本之意,事宜可载,岂徒是哉?有如先人举意,不及创造于前,孙子有力,自当增修于后,此尤族人之所共望者焉。后裔孙志默谨识。

(窦志默等增修,道光二十七年世和堂刊刻,光绪二十年增补印本)

平定张氏

道光《平定张氏族谱》,《张氏先茔墓志》:

定墓之碑阴,先大人刻谱勒之,葬依昭穆,位次分明。乃岁当申酉,天雨连绵,吾太高大宽之墓遂致崩坏,先大人又下迁于故茔东北之次以厝之。其弟大清亦同迁其地,各有墓表。

(张文选等修,道光二十八年刻本)

山东

黄县王氏

宣统《黄县太原王氏族谱》，嘉庆《序·建修茔墙序》：

茔域为根本之地。自籍黄以来，始祖茔在枣儿市西南崖，其地不近道路，人迹罕到，无庸增修，惟石簸箕西祖茔自二世祖至六世祖墓，咸在焉。逼近城市，往来行人不无踏践，为子孙者触目伤心，谁不动水源木本之思。虽屡筑土墙，而风雨剥蚀，旋即倾圮，不耐久远，欲图久远之计，莫若厚垣墙，修茔屋，着人看守，斯为善策。今阖族修谱以序支派事已告竣，况茔域以妥先灵尤为急务，爰于　　典工至　　日修讫，建以砖石，坚实牢固，以图永久。尚望后世子孙，续而行之，见有残缺时加补葺，则可久之道，即可大之基也。将祖宗之灵爽，历久不敝；子孙之蕃衍，阅世弥昌矣。是为序。

嘉庆二十一年冬十月初一日，卫千总大龄鹤九十四世孙候选盐运司运同加二级大元对庭仝建，加一级大葵秋圃。

（王次山修，宣统元年刊本）

宣统《黄县太原王氏族谱》，嘉庆《重修族谱序》：

闲尝阅及宗谱，而见夫作序累累，余亦勿庸再序。然余之所序者，吾祖未了之事也。昔吾祖平居常言："始祖迁黄，迄今几二十世矣，二世祖之茔竟成往来由径，不有以整理之，何以免其践踏？中山修谱至今五十余载，支叶繁盛，不有以重修之，何以理其次序？"意甚惆怅，但有志而未逮。今嘉庆丙子年，吾族伯谷音议修谱牒，凡吾族人无不乐从。于是谷音伯首事重修族谱、茔房，吾父同祖叔备资建修茔后石墙。族谱修而昭穆得其序，茔墙建而往来阻其行，实王氏之盛事，亦吾祖之素愿也。吾五胞弟中式、抡元树旗二枝以壮观瞻，吾祖考有知应亦甚慰焉。

嘉庆丙子，十五世孙现任湖北襄阳卫守备建中谨识。

（王次山修，宣统元年刊本）

江苏

宜兴篠里任氏

江苏宜兴任氏祖茔被侵与集资修葺情况载于族谱。

民国《宜兴篠里任氏家谱》，任景龙《祖墓记》：

九世祖澹庵公墓，在里门之南，聚族环而居之，可谓护持有人，宜此一抔之无恙矣。乃竟有肆其毒手者，相传以为非他人也。毁垣伐木侵其地，筑之为己园。以致闭塞神道，且掘凿伤脉。登穴展视，不胜低回惨结。嗟乎！若人之敢于侵啮也，必以为先灵无知、族众罔觉、得尺则吾之尺也、得寸则吾之寸也，惟厚筑垣墉吾事毕矣；绝不念白杨衰草光景凄其，而先人之骸骨在焉，荒丘朽骨历年久远，而生身之根在焉。一旦侵毁，不遗余力，此亦天下忍心人也。然忽焉荡覆，屡售易主，孽自己作，地为人有，何益哉？岂天降之罚耶？抑先灵亦或不佑耶？倘若人而尚在，当亦愧恨无以自容矣。

不佞因仲兄成俞见委敛金拓地，遂同守桥、惺韦、鸣岐、学鲁诸侄遍谋于族，而族之欣然和者十之五。于神道左右各广地数丈，于墓门外复得一池广二亩。先是万历间守桥侄曾捐地入公，即神道地也。又曾买幽堂内地。得此数项，眼界已宽。而修垣筑台之役，自当次第举行。万万不容已者。然窃有虑焉。祖穴寻尺之间，有累累数冢，未知始于何年。其葬者固罪无可逭，而尔时竟无一人声其罪，还先人之片席，亦可异也。今恐仍蹈其弊，集族之长幼相与要言曰：凡我澹庵公子姓；毋伐木，毋坏垣，毋侵地，尤毋得附入，以泄越灵气。犯者，各有罚，著在约中。谨将墓地若干、族众助银并其地价，镌之石。是为记。

（民国十六年十三修谱，一本堂刊本）

民国《宜兴篠里任氏家谱》，《祠墓记述》：

茔墓藏先人之体魄，必隆其封值，坚其垣墉，培植竹木使之菁葱蓊郁，足以庇其宅兆而著神焉。故《礼》为宫室，不斩于丘木。吾家祖茔，如朱藤墓既侵蚀而可疑，丁香坟亦蔽于房屋，其余见侵于牛羊过而颖泚者多矣。自今以后，童者值之，塌者封之，倾者筑之，蔽者豁之。申明禁约，务在必行。十年后，必大有可观者。

至于墓祭，非古也。墦间乞余，其来已久。汉明帝有上陵礼，唐人始重拜扫。是日必增新土于冢，土标钱焚而退。今依时俗，清明合祭于祠堂毕，本村二大坟即日拜扫，其余各以大小宗于次日行拜扫。

（民国十六年十三修谱，一本堂刊本）

丹徒李氏

民国《丹徒李氏家乘》卷六，《墓址考》：

族谱例绘墓图，示后世子孙知邱陇所在，以时祭扫，且防外人侵占也。然象形绘图，究难周遍，今谨将公共祖茔坐落某区、某村、某山、某向，卖自谁氏，亩数若干、丈尺若干以及四至界石，重修碑碣，分别详载，庶后之鉴者知所保护焉。

本支始祖鸣岐公暨妣卢孺人，墓在城北殓城山乾巽向。碑文载，李氏先茔康熙五十五年七世孙呆等重修，二世宏济公暨妣吴氏附葬二穴。三世天一公暨妣詹氏、继妣张氏附葬三穴。其四穴则四世仰桥公之兄,讳椿,而从释。

(李培英编修,民国六年本立堂刻本)

武进辋川里姚氏

同治武进《辋川里姚氏宗谱》卷三,《宗规》:

祠墓当展。祠,祖宗神灵所依;墓,祖宗体魄所藏。子孙思祖宗不可见,于所依所藏之处即如见祖宗一般。时而祠祭,**时而墓祭**,皆展亲大礼,必加敬谨。栋宇有坏则葺之,罅漏则补之,坦砌碑石有损则重整之,**蓬棘则剪之**,树木什物则爱惜。地界被人侵占,则同心合力以复之;松柏被人侵损,则同心合力以攻之。此事死如事生、事亡如事存之道,族人所宜急讲者。

(姚孟廉重修,同治十二年敦睦堂木活字本)

山东

东莱赵氏

民国《东莱赵氏家乘》,《坟墓》附《清咸丰五年二月初九日知县屠道彰保护坟墓布告》:

钦加知州衔调署莱州府掖县正堂加三级纪录五次屠为出示严禁事:据东南隅举人候选知县赵华琳等,以伊十一世祖耀墓坐城西禄山前土山之阳,土人呼为赵家山,三百年来永远遵守,曾无作践毁伤之事。上岁七八月间,附近村民拟于山腰采石烧灰,旋以逼近乡贤茔域而止。讵意去冬大雪后,突有无赖多人于茔后开坑取石,深至一二丈余。窃以禄山之大广袤数十里,旁处尽可采取,何必于坟垅之旁妄加穿凿等情,呈恳示禁前来。查乡绅赵尚书,别历中外,积有成劳,生居极品,殁被殊恩,所有附墓山田理应敬谨保护,何得任意作践。除呈批外,合行出示严禁。为此示仰该处附近村民人等知悉:自示之后,毋许再赴禄山前赵家山赵氏茔旁挑取粉石,致伤故脉。如敢不遵,许赵氏亲支投明乡地指名禀究,决不宽贷!各宜凛遵无违。特示。

(赵琪等撰,民国二十四年永厚堂铅印本)

民国《东莱赵氏家乘》,《坟墓》附《清同治七年十二月十九日知县郭廷柱保护坟墓布告》:

特调莱州府掖县正堂加六级纪录十一次郭为出示严禁事:据西南隅六品衔即用直隶州州同赵鸾掖等呈称,伊十一世祖署兵部尚书都御史耀墓坐于山张家町西赵家山之阳,数百年来从无被人作践之事。咸丰五年间,突有无赖人等傍茔穿坑采取粉石,恐伤茔脉,当经呈明屠前县出示封禁在案。今有吕昇勾通鞠发祥等多人在茔后又开坑数处,深至数丈有余,直透山前。恳请传讯前来,除将吕昇等传案讯明究惩外,合行出示严禁。为此示仰附近村民人等知悉:自示之后,毋得再赴家山赵氏茔旁挑取粉石,致伤故脉,如敢抗违,许赵氏及该管乡地指名禀究。本县言出法随,决不宽贷!各宜凛遵毋违。特示。

(赵琪等撰,民国二十四年永厚堂铅印本)

民国《东莱赵氏家乘》,《坟墓附保护坟墓布告》附《清光绪二十年六月初十日知县魏起鹏保护坟墓布告》:

钦加同知衔赏戴花翎特授莱州府掖县正堂加十级随带加三级纪录十次卓异候陞升**魏**为出示严禁事:据西南隅广西候补巡检赵星润等呈称,伊十二世祖赵耀由翰林官至保定巡抚署兵部尚书,殁赠右副都御史,崇祀祭葬兼祀名宦乡贤祠,墓在城西山张家町后赵家山之阳,内有树木粉石,数百年来从无作践等事。前于咸丰五年有附近无赖等偷入茔界作践,及同治七年复十角庙町土豪鞠发祥等潜入茔后窃取粉石,均经合族呈控,蒙各前县讯责出示严禁在案。不意历今二十余年,渔利之徒以及乡地人等不知前县示谕,日久玩生,故智复萌。自去冬至今,有于登魁之族党于连顺恃其横恶以为首唱,于伊等先垅山界之内时而牧樵作践,时而掘挑粉石,屡向理阻,翻变靡常。倘不恳示禁止,诚恐群起效尤,日甚一日,贻害非轻。为此公恳再行出示严禁,阖族均感**等情到县**。据此,除呈批示外,合行出示严禁。为此,仰附近居民人等知悉:自示之后,尔**等毋得**再赴赵家山赵氏祖茔四面界内牧樵作践,以及掘挑粉石,致伤故脉。如敢故违,许赵氏亲族及该乡地等指名禀控以凭传案重究,本县言出法随,决不宽贷!各宜凛遵毋违。特示。

(赵琪等撰,民国二十四年永厚堂铅印本)

河南

项城张氏

民国《项城张氏族谱》子部,《修谱凡例》:

一、坟墓为先祖葬身之地,最有关系,尤不可不详所以然者。为我族人每于祭期不知支祖葬于何处,即或知之,亦未真知何坟为支祖之墓。乃究厥由来,或因数世农家而不知传授于后嗣,或因一时孤寡而未闻指教于先人,或因困苦,外出贸易他乡数十年而未曾扫祭,归而忘所然谁,失传由此,而实修谱者未曾注明之咎也。今兹则于某祖与氏名下详注葬于某处,立祖或附葬于某祖墓左右侧,远近若干,一一详明。如有茔大墓多者,又复绘图载于建置之下,以便查对。庶后再有失传而弗知者,则一览谱而即知矣。且于春秋二祭,又不至叹其遗失难奉祭祀。

一、茔地祭田须依立祖座落之处,详注某某,宽长步弓若干,载于建置之下,预后世为地邻时有所凭据,傥被邻人侵占,又有所考究。

(张拱宸、张培璋等重修,民国二十五年天津文岚簃印书局仿宋排印本)

浙江

诸暨赵氏

道光诸暨《清门福泉赵氏宗谱》卷二,《思贯公墓记》：

夫祖宗安葬之所,必载其地之所在,而后子孙得以志之。今祖父与祖母蒋太君合葬附七都蒋家坞,特恐世远年湮,子孙繁盛,或有妄生觊觎而僭逾者,或有因贪婪而盗卖者,故特将姚、赵两姓永禁来龙土名字号开列于左,俾后世子孙无生异心,永保斯茔,是为记。

计开字号于左：

附七都道字。

三百六十七号,地三分正,馒头山脚,系石文圣、石如进卖出；

三百六十九号,地拍二分,馒头山脚,系石永森卖出；

三百六十八号,地四分正,　　同　　系石文德卖出；

四百零一号,地拍五厘,　　　同　　同

又四百零一号,山拍五厘,　　同　　同

六十六都江藻渡月坞；

后字山二分正,鸡心山,系钱翰祥、汉章、钱詹氏卖出。

道光十年岁次庚寅正月,孙长相谨刊。

(赵伟猷等编辑,道光九年永思堂木活字本)

绍兴欢潭田氏

光绪绍兴《欢潭田氏宗谱》卷一,《禁约·龙珠院禁约》：

族长邦俊等,为重申旧禁,以奠祖茔事。窃龙珠院乃二世祖大司空卜葬之所,族中向有厉禁。在中陇盗葬者,棺发掘,子孙削谱。入山采樵者,遂事议罚。兹恐日久顽生,特加申戒,俾各凛遵,永远无犯,须至约者。

应元、汉宁、蓬士。

乾隆戊申荷月吉旦日立禁约,房族邦俊、子益、广达、载扬。

第七篇 祖坟

（田绳祖等修，光绪三十年荆茂堂刊本）

江西

万载辛氏

嘉庆《万载辛氏族谱·坟山述》，《龙山祖茔奉官历禁侵犯案略》：

康熙四十五年二月二十六日具禀，三力为报明事。龙山来脉为县衙重地，合邑关系，兼且民姓祖茔。自唐至今，从无挠动。今不知何人，乘宪往省，突于来脉逢中并葬二冢，惊犯地脉，合邑人民欠安，民族灾害叠至。前已插牌山地，欲令彼自行改葬，无人承认。情急报台亲验，恳请押令地方移扦闲地，上安官舍，下庇祖茔。激切上禀，奉批准查究。

二十九日，县主孙示谕：查辛氏祖冢在县衙之后，关系地脉。自唐朝至今，不许旁有挠动。近查有不法之徒，乘本县公出，大胆安起土堆。据辛族士人等称，系私埋棺木，违犯已甚。本应即将所建之棺，刻即起发追究治罪，或恐愚氓无知，姑示少宽。限三日内，许本人报县自首领埋别处，宽免其罪。如过限不到，即着该地约练移葬漏泽公所，仍立案访究。特示。

示后无人自首。蒙县主于三月初四日差押约练地方人等，迁葬改埋义冢公所。

四月十二日合族公呈，贡生辛金衍监生受坏等六人、生员映岳等六十八人、房长联泰等八人、禁首联添等七人，为吁恩勒石严禁以安官舍以固祖茔事。缘祖辛开宣于唐长兴间仕万殂殁，安厝龙山，立有墓铭碑志；历宋元明于今近千年，为辛氏鼻祖，传生子姓，支分七户。茔前建县治，为通邑瞻仰。岁值清明，生族鼓吹登山祭墓，历来无异。全山关荫衙舍，及祖茔阴阳两利。自唐至今，未敢动土。前二月内，有无知棍徒乘宪往省，于龙山来脉擅自挖土盗葬，激控宪天。蒙查究，复蒙出示晓喻，令彼自首领埋免罪。殊棍畏法，不敢承认。业奉宪恩，于三月初四日差押约练地方人等扦出移埋漏泽公所，复将巡夜更夫杖警。合族谢恩，通邑颂德。切邑山地关系合邑及生族生灵，爷台荣升有日，非颁法勒石严禁，将来尤不可测。为此连名具禀，吁恩赏批，镌石严禁，以杜后患。上安官舍，下固祖茔。切呈奉批准，给示勒石立禁。

万载县正堂孙为吁恩勒石严禁，以安官舍，以固祖茔事。据具呈贡生辛金衍、监生辛受中等呈禀前事，内开"缘祖辛开宣于唐长兴年间仕万"云云等情到县。据此为照：辛姓祖茔切近县后，久经该族公禁，自古迄今，从无接厝。乃有无知棍徒，瞰有隙地，私行盗葬，殊干法纪。当即差押迁移外，今据前情，合行勒石立禁。为此示仰辛姓族众以及合邑居民人等知悉。嗣后恪遵禁令，保护坟茔，毋得私纵盗侵，致滋生事。敢有豪强土棍，盗葬侵害者，许该族人等立即禀报本县，以凭押迁，按律法惩。各宜凛遵，须至勒石者。

皇清康熙四十五年四月　　日立。

碑竖来龙山中顶,又左右界碑各一,共匠费十两。

乾隆三十八年合族公呈:族长职监辛金寿、族正生员金紫、房长贡生汝岐等七人、绅士举人廷芝等九人、抱呈受华禁首长冬等六人。

万载县正堂杨为恳恩示禁,以固龙脉事。据职监辛金寿、生员辛金紫等具禀前事。词称:缘城内龙山为县衙重地,合邑关系非轻,兼且职族祖开宣自唐仕万,殁厝龙山,至今无敢损伤。康熙四十五年有居民挖土盗葬,经辛三力等呈禀前县孙爷。乾隆二十七年又被附近居民挖土伤龙,经投是地保正辛盛梅,呈禀前县万爷。两次勒石立禁有案。奈近来又私行盗葬,挖成深坑。今春祭墓,触目痛心,不惟职祖坟茔受害,而且县衙龙脉有伤。为此禀乞示禁挖土,上安官舍,下固祖茔,生亡顶祝上禀等情到县。据此查署后龙山逼近县署,有关一邑风水,何得挖土伤龙。除已往不究外,合行出示严禁。为此示仰附近居民人等知悉,嗣后毋许在于署后龙山内肆行挖土,有伤龙脉古冢。倘敢抗违不遵,仍蹈前辙者,许该地保立即扭禀赴县,以凭严究,决不宽贷! 各宜凛遵毋违。特示。

(嘉庆十年版)

嘉庆《万载辛氏族谱·坟山述》,《顺房石笋坑祖茔奉官断明案略》:

乾隆三十六年万载县正堂杨谳语,审得常莹川具控辛聚周臣等一案。缘常莹川有族管地名石笋坑虎形坟山一障,族谱现聚。辛聚等亦有石笋坑虎形坟山,历葬祖坟。嗣辛聚等将棺安葬己管坟山之内,而常莹川以山名符合,遂捏称盗葬,并以该地皆系前朝祖冢,执谱具控。旋据辛聚等禀诉前来,当经讯悉前情。查常氏谱内雍正丁未年间葬有定宾一冢,今据常莹川供称,祖茔悉系先朝所葬,本朝未葬一人,则谱内所载定宾之冢从何而至。即此具见捏情妄控,而常姓虎形另在一处可知矣。所有该地坟山,仍令辛聚等照旧管业取遵立案。此判。

署袁州府事饶州府左堂程檄文,为檄发饬知事。据该县批解,常莹川控辛聚等互争坟山一案,人证到府。当经本署府提至当堂讯,查石笋坑虎形右边坟山有坟圹十余冢,并无碑记。常莹川等因谱载"石笋坑"字样,与辛聚等混争违断控府。据辛聚等呈,有常姓碑墓四纸证明混争凭据,随即檄委涧富司李带同两造状首,亲往常姓王家煆坟山查验。据勘查覆到府所验,坟碑已经挖去无存。惟查有一字碑一块,系常公好问通判碑,坟现在王家煆。查常姓族谱,亦载"石笋坑虎形"字样,即此可见常姓之谱所开石笋坑,即系王家煆,不得影占辛姓之石笋坑坟山也。此案仍照县断,常莹川等再敢抗违,即行严究。除朱判存案外,合行檄发饬知。为此票仰该县即便查照,来文事理所有石笋坑虎形右边坟山,

第七篇 祖坟

断令辛姓管业,常姓不得混争。倘敢抗违,即行严究。卷宗谱摹俱发回,仍将收过卷宗缘由报府查考毋违。

(嘉庆十年版)

嘉庆《万载辛氏族谱·坟山述》,《达房祖茔禁接葬案略》:

康熙四十年三月清明日,合同禁约。达房公孙叔侄兄弟,缘有本房祖汉升原葬城西地名稳渡虎形,祖妣蓝氏如玉原葬城南地名南坛蟹形。先经五房子孙接葬稠密,鳞砌多冢,毫无空隙。于顺治十三年会众公立禁约,并请六房家长名韬等证盟花押,合同现据。禁后一十八载,无敢侵犯,祖茔安妥。自甲寅兵燹,乘乱盗葬多冢,相循至今,屡肆侵厝。业经查出重惩外,切念两处祖茔垒垒,挤穴摩棺,间不容针,犹恐不肖子侄,不顾先茔,觊觎私葬,合行重申禁约,公立合同具呈县主领批。严禁捐费,镌石二块,竖立两处祖山,严禁接厝,违禁故犯,立扦送官律究。合全五纸,编立仁、义、礼、智、信字号,照依长幼房次,各执一纸存照。长房受瑄、受侣,二房联德、汝征,三房垂日、奇昌,四房元贞、受积,五房联珍、联璜,及五支斯文禁首六十人公仝立。

康熙四十三年具呈,贡生辛金衍,监生受圻、受中,生员受位等三十一人。

万载县正堂何,为赏碑立禁安祖裕后事。据贡生辛金衍,监生受圻、受中,廪生受位、受道等具呈前事。内称:达户祖考汉升原葬城西稳渡虎形,祖妣蓝氏原葬南关外蟹形,自后五支**接厝鳞砌**。先经顺治十三年公立禁约,**不许接葬**,日久禁弛,间多侵犯,合行重申前约,颁**赏钧批**镌石立禁等情到县。窃照万邑坟**地叠葬**累累,不顾先茔,殊堪发指。今据公同禁止,不许葬厝,庶安土之骸克保无虞,俱见仁孝,可为通邑标准,即立案镌石严禁。嗣后如敢故犯,许即先行扦出确查,本犯送官律究。特示。康熙四十三年三月初一日立。

乾隆八年夏月重立碑文。达房五支嗣孙铠等,为重申禁约事。缘有汉升公祖妣蓝氏葬于兹土,先年竖立禁碑。乾隆八年,达三房子孙查出炜婆周氏,原葬蓝氏婆肩右,请集合族尊长房长暨各绅衿验明确据,公同竖立炜婆碑石,诚恐五支子孙借以竖碑,故行违禁滋扰。为此再申前禁,立碑垂示。如有故犯,先年禁约具在,按谱施行鸣官究治,断不宽恕。及有禁条开后:

一、禁坟山脚下田不许耕作。

一、禁坟后山脚花土不许耕作。

(嘉庆十年版)

嘉庆《万载辛氏族谱·坟山述》,《祭墓会引》:

达祖汉升公生元至正，殁于有明宣德，葬城西稳渡虎形；祖妣蓝氏如玉，葬城南蟹形。两茔相望里许，踞邑山水之胜。数百年来，子孙五支并茂，地脉灵长，信有征已。缘各支附葬累累，未免震动先茔，本朝顺治十三年，业经会众公禁接厝。后遭甲寅变乱，支属奔窜，祭扫久湮。间有潜谋盗葬者，房长受瑄等目击痛恨，于康熙四十年春，值祭扫水木兴思，复邀衍等重申前禁，公立合同具呈县主何颁批，镌石严禁，竖立两处，碑文载谱。犹虑世远年深，子侄繁杂，祭扫期届，各私所亲，弗克远追本源也。爰捐公财一两钱，起立祭会。照依长幼次序轮接，每岁于祭扫前三日收息，钱付值年禁首买备祭仪。俟本族龙山拜祖之次日，本支房长率子姓登山奠扫，本银仍付下首登簿领借。长房领银，二房执簿如前出息。周而复始，永供祭扫。至祭毕会宴，各自捐酿，率以为常。不得过侈浪费。如领借侵蚀祭扫，贻误祀事，及执簿收藏不谨，值年办祭不恭，均干家法，公同究处。斯举上妥坟灵，下联宗亲，关系匪轻，爰弁数言以垂于后。

康熙四十四年三月，本支孙金衍谨识。

（嘉庆十年版）

嘉庆《万载辛氏族谱·坟山述》，《望岗碑记及官断案略》：

县西辛以化，行伯一，先年价买九都四图晏宅山地，坐落地名蓝田市，计二嶂，并中岭两坞葬祖廷珮居中，又附葬多冢。后至岭脊，前至外姓茔坟。右自本山水坞起至右翼晏山，左自本山水坞并左翼全山，上至岭脊，下至墈脚，其空山地土四围栾林树木等类，俱经载契，辛人照契管业，镌石为照。

右碑立于明万历廿五年丁酉岁，至我朝康熙二十年二月内，有晏长四强伐本山界树，经本支具控邑侯常，登山亲验，碑文四至分明，法惩长四强伐之罪。五月内长四复控府主于，蒙委经历司邵再勘，今录审于后。

康熙二十年五月袁州府经历司邵详文。卑职审看得晏长四乃狡黠之徒也，祖将坟山一片卖与辛景之祖茔葬，历来已久。突今二月内将界内树木卖与龙韩五，擅行砍伐，当有辛景拦阻。业经万载县勘踏审释，长四复以富衿洗占等事控宪。卑职当堂鞫讯，原买之契约虽经遗失，而岭上之碑文犹在，界限四至凿凿有据。其界内之木则辛氏所有，而非晏氏所有也。但长四屡以洗冢灭碑致词，若辛氏果有洗冢之举，何不控于未砍树之前，而控于已砍树之后。抑何不控于回家之日而控于口角之时耶？是长四之虚诬，即百喙其难辞矣。本宜按律反坐，姑念愚民无知，杖责以警，余皆免究。缘奉批查事理，卑职未敢擅便，合就备由粘连原蒙批词，另具书册一并具申，伏乞照详施行。二十六日奉府主正堂于批，如详发落。缴立案。通房景偕侄受缵谨录。

第七篇 祖坟

(嘉庆十年版)

民国万载《辛氏六房谱·祠堂记》,光绪《新开坟山记》(庆光):

光绪壬寅秋,六房绅董暨诸前辈咸集于祠,慨然兴开坟山之念,而以距西南诚一二里许宋家坊狮子脑长方四正荒土一大片,系祠产,不费价买,且甚近,其左右上下亦皆山,为可适于用。时余亦与参末议,力赞之曰:"善哉,此要举也!"遂钉定界至,即以本年十月某日为开葬之始。茔必立碑,碑必刻某房字样,以防异姓之混入。逾年,过其地,见其为前向,为后向,冢墓鳞次,方不胜恻然而叹,逝者之如斯!今适六房合修族谱,阅各世系所书葬所,因谓此亦不可以无记,存亡之理一也。龙山清河渡桐木湾各胜地,窀穸安固,而子姓顾不免有体魄之靡所托,度祖宗之意,当亦为之隐恫。孟子曰:"养生丧死无憾,王道之始也。"自后世圣人取诸大过,易衣薪而棺椁,而人遂动曰福地、曰吉壤。吾邑多佳山水,奇峭平旷,各臻胜趣。讵不足供堪舆家之采择,而必陟高冈,凌绝巘,寻龙看脉,挥金不惜。而始可以有得,此岂尽人所能为力哉?亦岂临时所能骤办哉?兹山之开,纵不必有甚形胜,亦聊以救无坟山之穷,于族不无少便云。

光绪三十年岁次甲辰季秋月。

(辛观涛等修,民国四年木活字本)

民国万载《辛氏六房谱·祠堂记》,《达祠祭墓田引》(汝献):

房族之有田也,所以供祭扫,葺茔封,作养人才,优恤节义也。本族自克勤公家万,派衍七房,固有公产以资时祭矣。而吾支祖汉升公妣蓝氏生元末季,殁于明初,葬城西虎形,妣葬南坛蟹形,迄今廿四世,丁齿日繁,人文蔚起。先是每岁敛金祭扫,聚族而往,事毕宴会。康熙间先叔六化理族事,惧敛金不可以常,商之房长上玉公,起立清明局,丁出银一钱,子母生息,积寡成多。至房长天佑公将是银买谷源田一千余把,继起诸房长渐次增益,得蟹形边土田九十把、店房四间。今房长介也公清勤更倍,自乾隆五年集银一百七十七两,积至今日,得银两五百有奇。除续创兴仁坊店房一间,及小东楼田六百五十把外,修谱用费,取具于兹,免本支之科敛,惠云普矣。今虽公财告竭,然有田则租日出,有店则财自裕,后此日积弥盛,卜不可知也。夫有财而经理无法,则财难聚。财聚而用不以礼,则财且滋愆,势必先定其规模,然后可遵以从事。爰集众斟酌,定为规条,俾知率从画一,庶不虚前人置创之意,上以仰答祖宗,下以振兴孙子,讵非事之至善者与?

谨按,此局生息甚盛。本房建祠兴祭,实基于此。今虽墓归祠,祭局不复存,然祭扫相承,创始维艰,不忍湮没,谨遵前谱附录。

（辛观涛等修，民国四年木活字本）

民国万载《辛氏六房谱·祠堂记》，《昌支曙阳公祀田记》（廿三世孙易撰）：

《记》曰：有田助祭，无田则荐。则知报本追远之思，古今人有同心也。我十六世祖曙阳公由乙榜进士官大埔程乡令，**廉声善政藉甚**，两邑民爱其棠，子孙不能荐其韭，于心安乎？然欲庙祀，必先置圭田。我祖**琴鹤风清**，无多遗产，而两支子孙又贫富不一，所以二百年来未能立庙，虽存有水口里之垦田，株树潭之虎形，一都里老鼠嘴之山场，以及南城外塔下之地租，蟹形山后之园土，岁可收赀钱三四千文，然仅供清明扫墓之用，立庙仍苦无赀。迩来渐次增益，置有四都一图狮岗充早迟田百二十把，杨家坊早田三十把，□石桥早田三十把，计额租谷二十余担，立庙虽不敷，董理得人，可翘首待也。然财薄则息不繁，产多则厄易漏。自今以往，我两支子孙允宜矢公矢慎，毋干没，毋浮销，以期庙祀之有成，其于报本追远之道，庶乎近之。

（辛观涛等修，民国四年木活字本）

广西
平乐邓氏

民国平乐《邓氏宗谱》卷二，光绪《律例歌》：
祖坟树木　子孙砍卖　十株以上　问拟军罪
（光绪十七年十贤堂刊本，民国十三年续刊）

湖南
涟源李氏

作为祖先的后代子孙，有责任和义务对先人的坟墓进行省视祭扫。
民国涟源《李报本堂族谱》卷首，《初修谱凡例凡例十三条》：
阖族坟茔，实录内俱载地名、山向或附刊卷约图左，子孙世世各祭各扫，倘人事转移，不得藉坟占山、因山冒坟。

（李光笏等修，民国五年报本堂活字本）

四　祖坟的种种功用

直隶

李光庭《乡言解颐》卷三，《人部·丧祭》：

生事葬、祭、以礼，事亲之始终具焉。孟子曰："养生者不足以当大事，惟送死可以当大事。"曾子曰："椎牛而祭，不如鸡豚之逮亲存。"又曰"慎终追远"。夫丧尽其礼，祭尽其诚，人子事死如事生之心也。然必生时能以父母之心为心，则死时乃能体亲生时之心，而一切无过不及之弊。丧祭之仪，载之《礼》经，至详且尽。而准今酌古，则惟司马温公《书仪》及《全人矩矱》书中所载为尽善。温公《书仪》有两条：一为画影像不豫择善手，或病中描写，或瞑目追摹，全不相似，是以他人为父母也。一为僧道念经超度，是视父母为有罪之人也。所言最为恳切。汉明帝诏曰："今百姓送终之制，竞为奢靡，生者无担石之储，而财力尽于坟土；伏腊无糟糠，而牲牢尽于一奠。縻破积世之业，以供终朝之费，子孙饥寒，绝命于此，岂祖考之意哉？"梁刘歊曰："子羽沈川，汉伯方圹，文楚黄壤，士安麻素。若从四子而游，则平生之志得矣。且张冀止用幅巾，王肃惟盥手足，范丹殓毕便葬，奚珍无设几筵，文度故舟为椁，子廉牛车载柩，叔起诫绝坟陇，康成使无卜吉。此数公者，尚或如之，况于吾人，而敢华泰。"又顾宪之临终，敕其子曰："汉明帝天子之尊，犹祭以杅水脯糒。范史云烈士之高，亦奠以寒水干饭。况吾卑庸之人，其可不节衷也。朔望祥忌，可权安小床，暂设几席，惟下素馔，勿用牲牢，蒸尝之祀，贵贱罔替。备物难辨，多致疏怠。先人自有旧典，不可以阙。自吾以下，祀止用蔬食时果，勿同于上世也。示人之子孙四时不忘其亲耳。"孔子云："虽疏食、菜羹、瓜祭，必齐如也。"本贵诚敬，岂求备物哉。观斯三者，古人岂自甘菲薄乎！盖其所虑者远，恐不肖子孙一遇大故，茫无主见，或目艳世俗之纷华，或误听旁人之怂恿，**遂倾囊**为孤注，致负债而莫偿，将来必至当丧葬而不免稽迟，逢祭期而无所措辨，不得已**为矫枉**过正之论，使取法乎上，仅得其中耳。

京师事近繁华，毕竟识见眼界较乡闾为阔达。有丧事家，先来唁问，开吊之日，奠分赙仪无论多寡，从未有扰酒食者，主人亦不预备，此最合乎情理。吾邑城内亦然。林亭离城仅四十里，而有迥异者。如城内知客，客来不接至门外，自入门至内，以至送出门外，俱是此一人照管，故有长解之诮。知客若少，则一人甚劳。芮飞庵外舅述《知客歌》云："鼓儿波波，两脚走如梭。拱手仰面笑呵呵。进门演礼让坐，猪羊二肉一齐吃，烧黄二酒任意喝。归家坦腹尽摩挲，我的腰疼腿疼实难过。从今再也不去作知客。"林亭知客，客来若不接出大门，则客立而不入，自外至内，俱有人迎候，故有短解之诮。来吊客吊后走去，临食时，多人分头去请，来则鼓乐迎之，上席奏曲侑之，散仍吹打送之。昔有人作《西江月》云：

"盼得一声告奠,快把地方先占。三百铜钱小分资,落得长吞大咽。吹吹打打笙歌,整整齐齐席面。孝子一遍谢不周,还说将他怠慢。"夫以素服哀吊之日,而乐酒醴笙簧,非礼也。以衰麻可矜之人,而责其跪拜礼数,非情也。当初必有作俑之人,其后遂成为风俗,不如是则群起而攻之,乡俗亦何可尽从。以卓然自立之士夫,凡事宜各行其是。况当大故而随俗波靡,不能改此陋习,虽名为读书人,与乡愚何异哉!余以林亭丧事有数端必不可从者。如亲死之日,即倩僧道念倒头经,逢七念经、送三、送殡用僧道鼓吹,必不可从一也。送三之夕,妇女步行送灵牌至五道庙,必不可从二也。入殓择时,不与化命相冲便是,必请阴阳定时,虽暑月亦不敢违,及出殃、回煞等说,必不可从三也。有可从减免者:送三之夕,不必街上设位行礼。逢七只可家祭,不受外礼。择葬日,以与山向、化命、主祭之命不冲便是,断不可细讲,以致稽迟。开吊一日,除远亲外,本镇远近朋情,俱不送讣,不受礼,不备席。辞灵家祭三献礼,似可并行。侑食时不必彻烛合门,幡、伞等类不必多设,影亭亦不必用,恐致损坏。涂车、刍灵,自古有之,有便是了,多亦何益。昔贤有棺无椁,总斟酌乎年纪时势而为之。死者入土为安,非定以有椁为孝也。清明、除夕之祭,酌可五簋、八簋,其余时节及忌辰,酌可三簋、五簋。荐时食则勿忘。大约如此。若徒悦他人之耳目,转无以安地下之亲心,非为人子者所当出也。余老且病,故因论丧祭,以示后人为圭臬。

(中华书局 1982 年版,第 33-36 页)

江苏

王有光《吴下谚联》卷四,《清明前挂金钱清明后挂铜钱》:

清明前后半月,吴俗皆有标插坟墓者。以纸钱飘挂,古称寓钱,非金亦非铜。其曰金曰铜者,系乎其人之孝思也。挂在前,子孙殷勤依恋祖先,切切然有不敢或后者,孝思厚而足贵,其钱非金而是金也。挂在后,子孙怠缓不甚依恋祖先,几几乎若奉行故事者,孝思薄而不足贵,其钱非金而是铜也。仆本独子,遵恩例兼继两房宗祧。前年合葬,坟草未宿,标插较急,拜兴一望如白练,有触是谚,录配上联。时嘉庆己未春,清明前十日也。

先是正月初一日六十生朝,自述诗有曰:"独子单承依古礼,两房兼继荷皇仁。"实感恩例于无涯也。初三日,太上皇升遐。清明前十日,诏到除红。泣题一联:"普天率土含悲处,复旦重华仰颂时。"敬谨书之素笺,换去色联,因即以"素史"自署。而拙集十二字联适竣,涌泪投笔,自是不复续联云。青浦素史臣王有光恭纪。

(中华书局 1982 年版,第 133-134 页)

顾禄《清嘉录》卷一,《正月·上年坟》:

携糖、茶、果盒展墓,读之"上年坟"。

案:钱塘黄书厓《上年坟》诗云:"松柏春逾茂,家家上冢行。纸灰飞蛱蝶,佳节似清明。此祭宁非古,空山亦贺正。食罍分馂后,一担夕阳轻。"盖杭俗上年坟,多以肴馔、楮锭;吴俗则糖、茶、果盒而已。

(上海古籍出版社1986年版,第5页)

浙江

绍兴汤浦吴氏

民国绍兴《汤浦吴氏宗谱》卷一,《吴氏家规》:

一、祖茔须及时祭扫,不许侵犯,角纸、杭湖二山久已禁止,苍墺、甑箪、仰天螺、白牧诸山,虽许子孙余山埋葬,惟不准越祖近祖,违者会族。

一、历觑坟荫不得斸伐,倘有盗砍荫木者呈官究治。

(吴金璠等续修,民国五年孝思堂刊本)

四川

开县唐氏

同治开县《唐氏族谱》卷一,《宗规十条》:

一、培祖茔。夫物本乎天,人本乎祖,祖茔所在,根本系焉。本实先拨,枝叶未有能茂者,此培植不可不讲也。我族始祖文宝公葬塔坪嘴山左老屋基斋后,始祖妣谭孺人葬石门关祖山,两处遂为合族禁地。先年,族人有藉坟盘踞者,因起清明会,均令他徙,嗣后永不许搭棚霸居。各房私占墓地,若书房旁、青山、韩家岭、樟树坪、毛谷岭、庙嘴、唐家沟、沙坝等处,亦须一体培禁。嗣后无论公私,倘有强梁子孙,依坟霸滋,毁坏坟地,砍伐树木,合族共惩之。茔地内凡有树者,族人时常清点,不得擅伐剪败;无则更宜栽培。原定界址,老屋基宅后,下抵坟前土坎横过为界,左抵道香子梁直上主顶,右抵道香买赵姓坟地直上主顶为界。石门阙祖山前齐斋坎,下抵唐洪祚与道庆地土横过为界,左抵开鸿地土直上主顶,右抵光圄小沟直上主顶为界。至若各房坟地,均有旧界可守,盖不得任人侵占。文宝公与谭孺人坟后一脉直上主顶,旧定章程不许截脉进葬。以后凡我族人附葬祖坟山者,均不准伤冢截脉毁树。每年清明前,祠中雇人上冢培修,以防坍圮,庶几后辈有所守护,先人得安泉壤,则本固而枝自茂焉。

同治十年辛未岁小阳月毂旦,梧岗道济谨识。

(唐道济撰,同治十年刻本)

铜梁安居乡周氏

光绪铜梁《安居乡周氏宗谱》卷一,《训规》:

重丘墓。生有室宇,死有丘墓。惟兹抔土,乃祖宗体魄所依,子孙瞻仰所系者也。古人报本追远,不过春露秋霜,一展孝思耳。胡今人于先世丘陇,动望其福报,而厄酒豚蹄?每岁并未一至,任樵儿牧竖,讴吟往来,先骨之佳城,终成荒陇,实可伤也。吾族传二十余世,各庄俱有丘墓,须以时展祭,斩其荆棘,培其松柏,永禁族人砍伐,勿使牛羊践履。每岁清明拜扫,周围仔细相视,有无倒塌漏痕、松薄坼缝之处,以及恶草恶木根荄蔓延,恐其侵绕棺骸,当筑砌者、当填塞者、当斩除者,即速料理,断不可缓。至于乔柯葱蔚,乃先茔之衣被,名陇之巨观,即有公费,亦不得减伐。尤不可截冢附葬,以致伤泄灵气,使福未至而祸已随也。如有私侵旧限,窃取林木,及妄听地师指使,惟吉穴是卜,越葬祖冢,不恤以孙凌祖、以妇凌姑、以侄凌伯叔者,此更理所难容也。族人须当不避嫌疑,分执而法讯之。不率讯者,凭族长从公惩责,尚培马鬣之封,勿负牛眠之卜。

(周泽霖纂修,光绪十年刊本)

广东

乳源余氏

嘉庆《乳源余氏族谱》卷一,《余襄公训规十四条》:

一、各处宗祖坟墓,岁节轮该祭扫,务在孝敬,以尽报本之诚。盖坟墓乃祖宗所依归,而子孙赖祖宗为庇佑,亡者亦安,理之常也。人所贵者,子孙为其死而坟墓有所托耳,世未有坟墓不祭守而子孙昌盛者也。

(余有璋等纂修,嘉庆二十五年木活字本)

嘉庆《乳源余氏族谱》卷一,《家规并引》:

尊重祠墓:祖宗之灵爽何依?依于祠而已矣;祖宗之体骸何归?归于墓而已矣。昱祠与墓,子孙所宜念念不忘也。时而祠祭,时而墓祭。尊卑骈臻,长幼云集。宗器时食,必诚必信。孝思大展,毫无虚伪。凡栋宇墙垣有坏,则修葺及时,鏬陋则补盖无缓;碑石有损则重整之,树木什物则爱惜之,蓬棘蔓草则芟除之,衣服器皿则珍重之。或被侵占盗葬,则合族力为复之。如有私行典卖,公送官究,不许入祠。此尊祖敬宗之首务,事死如生、事亡如存之大道,凡我族人各宜铭心。

(余有璋等纂修,嘉庆二十五年木活字本)

第七篇 祖坟

博罗林氏

宣统博罗《林氏族谱》卷五,《墓祭事例》:

一、祀祖墓。每日主事一位,礼生两位,轿价众给;房长、功名,轿价众给一半;房长年老,饬后生代祭,准领胙肉,不得领轿价,轿肉一节照旧。祀猫儿洗面、洴洋二处,有颁;其余不颁。

一、祀圆湖塘祖墓、姑太墓。定于清明前一日为期,当盆胙。人宜早着,人先往修草打扫清净,例备全猪一只、猪头、五牲、铜鼓、铜锣、祝文、祭器、祭物俱各齐备。鸡如不上十二两肉,议罚。祀典重大,无得遗漏简慢。祭毕,照例以猪头、鸡、五牲熟肉共称五斤,与房族长、功名应用。

一、祀猫儿洗面祖墓、牛落沥祖墓。定于清明日为期,全猪一只、猪头、五牲、祭器、祭物、称肉,俱与上同,轿费亦照上议。

一、祀洴洋祖墓、蛇形祖墓。定于清明后一日为期,猪头、五牲、祭器、祭物、称肉,俱照上同,免备全猪。

一、祀龟头岭祖墓。定于清明后二日为期,猪头、五牲、祭器、祭物等,俱与上例同,免备全猪。

一、祀铜锣窟祖墓、狮形祖墓。定于清明后三日为期,猪头、五牲、称肉等,俱照上例同,免备全猪。祭毕后,即将铜鼓一面,铜锣一面,称□把,籵印□只、茶壶、酒壶、茶杯、全盒、盛格等物交,盆肉二斤,铜鼓籵五只,续一当众点齐,交接盆房人收存。递年照办。

一、祀小水凤崖公墓。以清明后四日为期,理数首事,例交银十大圆,与房族长功名墓裔支理。主祭一人,礼生二人,墓裔一人,各领胙肉一斤。祭物、吹手、挑工,或请船,或雇轿,一切俱由房族长、功名等酌裁妥办。当盆人例应交出铜鼓一面,铜锣一面,盛格修草器具并要用物,与房族应用,祭毕随即交回收存。

一、重阳日祀竹庄公墓、姑太墓。定于重阳日为期,当盆人照例备办猪头、五牲、全盒果品、宝烛、铜鼓铜锣、吹手,祝文、祭物、祭器照常。一切养大塘人,例应交出大鱼二口,以备祭祀,祭毕仍将各物交当盆人挑回存贮。惟大鱼二口交房族长、功名首事办席,受事例支出银二大圆办席用。

一、祀黄龙吐珠祖墓。准于九月重阳后□日,房族长、功名首事、董理,议拨银圆添应支用。

一、祀苏田祖墓。准期于八月十五祠祭毕,房族长、功名首事、董理,拨银圆翼应支用。

一、值年办理祀祖首事,清明重阳前日,预收祖项。清明前一日,备办房族长早晚饭食、轿价、茶水、烟物、器用,一切切勿临时筹措。重阳亦宜早备应用。

(林衍芳等编修,宣统三年排印本)

第八篇 族产

一 宗族公产祀先赡族的观念

因祭祖、收族而仰赖于宗族公产的认知；对范仲淹的崇敬和以范氏义庄为楷模建设宗族公产的追求；部分清朝人信仰宗族通财观念。

《魏源集》，《庐江章氏义庄记》：

有田若干亩，庐二区，司以族之贤能，正副二。岁时公家赋常先，禀其谷若干，以周族之贫者、老废疾者、幼不能生者、寡不嫁者。粜其余谷，为钱若干缗，以佐族之女长不能嫁者、鳏不能娶妻者、学无养者、丧不能葬者。而又凶馑裖札于斯，延师养弟子于斯，旌节、劝孝、宾兴于斯。察奸罚不肖寓焉，合食亲亲厚族寓焉。于古有诸？

曰：古奚有是为也？去生民未远之世，上与下犹醲然，勺而斟之，无不意满。若太宰以九两系邦国，宗以族得民，友以任得民，大司徒令比相保，闾相受，族相葬，党相救，州相赒，大功异居同财，有余则归之宗，不足则资之宗。上之纪其民，一族也；民之视其族，一家也。其《诗》曰："洞酌彼行潦，挹彼注兹，可以饎饎。"言万物无不得其平也。平，故靡有余，靡不足，无洽比，无吹嘘。庄周曰："名生于不足。"不足有余之相形，义之所由名乎？井田废而后有公恒产者曰义田，宗法废而后有世同居者曰义门，任恤赒救废而后同心备急者曰义食。闾左馀之子塾废而后有教无类者有义学，墓图族葬之法废而后掩骼者有义冢，兵农之法废而后自团练自守御者有义勇。而上亦兢兢昭显章示之，以补王政所穷，以联群情所不属，岂非渊渊然有意于天地生人之本始而思复其朔者哉！

国家累洽重濡，醲酗孳生，献版岁倍，人浮于地，贫万于富。天子忧然廑尧、舜其病之虞，内筹八旗生计，岁徙数百户屯田实边。而直省民有能均财若土自相养，分县官忧者，吏得上闻请奖，著为令，以风示天下。于是安徽巡抚以庐江章氏捐田三千亩赡族，其规画,并义门、义仓、义学兼之,由县府道司转详入奏,敕部察例予旌,旌如例。

魏子曰:天下直省郡国各得是数百族,落落参错县邑间,朝廷复以大宗法联之,俾自教养守卫,则鳏寡孤独废疾者皆有所养,水旱凶荒有恃,谣俗有所稽察,余小姓附之,人心维系,磐固而不动,盗贼之患不作矣。不有是也,三代事不几全无效于后世哉!嘉其志,爰为之言。

(中华书局1976年版,下册,第502—503页)

《皇朝经世文编》卷五八,《礼政五·宗法上》,朱轼《与族人书》:

范文正公自政府出归姑苏,搜外库惟有绢千疋,录亲戚及闾里之旧,散之皆尽,曰:"族党见我生长、幼学、壮仕,为我助喜,我何以报之哉?"予尝读此,不禁流汗面赤。自予总角入塾,辄为族中长老所爱怜。明子伯尝语塾师曰:"此吾家千里驹也,为我善教之。"年二十泮游,举族来贺,长老咸谓:"所望于子不止是也。"丁卯迄癸酉三次试乡闱,斗米只鸡之赠甚夥,吾家赴试者不少,而予独为族人所亲厚。比计偕北行,长老送予门外,慰勉丁宁,依依不忍舍。迄今一记忆,不觉泪下也。越十年归里,举族为置酒食,自后归省者三,丁艰者再,族众为醵钱助喜赙丧,不一而足。而予历官三十余年,曾无尺帛之赠,此所以汗流面赤于范公数言也。或云:"世有挟富贵以骄宗党,宗党欲得一见其面而不可得,如钱公辅所云者。公和平坦易,亲亲长长,如未仕时。见人急难,欷歔叹息,解衣分食以恤之。又立祭田学田,率族人以报本追远,培养后学,公何负于族党欤?"予曰:"不然。《礼》曰:'问疾弗能遗,不问其所欲;见人弗能馆,不问其所舍。'《注》曰:'辞口惠而实不至也。'予于族之急难者,叹息欷歔,卒无济于其人之饥寒,非所谓口惠而实不至乎!又与于挟贵骄人之甚者也。"

先人倡捐祭田,族中踊跃佐助者甚多,学田所资才百金,经营生息,皆诸伯叔昆季之力也,予何与焉?虽然,予闻赠人者或以财,或以言,予何以赠族人?于贫者则曰勤且俭,以自力于衣食,贫不足患也;于富者曰随分周恤,冥冥中有佑之者矣。或曰:"公不能恤族而劝人周恤,徒贻口实,谁其从尔?"曰:"予之不德,予知之矣。所以劝勉族人者,为贫者计,实为富者计也。几见有好善乐施而不长子孙者乎?况族人虽历数十世,其初则一人之身也。凡人父母祖父母没,则以不得侍养为恨,有及事其高曾者,则又相与羡之。至于五服之人,多坐视其困而莫之惜。甚而身享温饱,而亲兄弟有饥且寒者。吾以为此人即有父母、祖父母、高曾祖必不能养,纵令能养,而高曾祖父之子若孙饥且寒,高曾祖父食能下咽乎?由此推之,上至于百世,苟怀木本水源之思,未有不惜其族人者也。"

比闻吾乡连年歉收,族中枵腹待毙者,十之一二。而仓庾陈朽,闭而不发者,亦间有之。噫！何其忍也。昔人云："饥民一日得米数勺，可以不死。"计一岁，每一石可救一人不死。荒年珠粒，仅有此数，不在饥民腹中，则在富室廪庾中。今闭一石不发，必有一人死者；闭十百千石不发，必有十百千人死者矣。然则除日给外，其余廪庾中陈陈堆积者，皆堆积死人皮骨血肉脑髓也。夫省一酒食之费，可活几人；省一交际之费，可活几人；省一簪珥衣被之费，可活几人？省一布施僧道、礼拜神像纸钱、牲牢之费，可活几人？以种种活人之物，而糜费于无用之地，以为豪举，是合数千百死人之皮骨血肉脑髓以为豪举也。忍乎，不忍乎？吾尝推其说，以为粟者天所生以活人，偶寄吾廪庾中耳。而吾乃窃据天之所以活人者，转而杀人。杀人者死，而况杀数千百无辜之饥民。罪深孽重，必有奇祸，近于其身，远于其子若孙，是廪庾中陈陈相因者，非徒堆积饥民之皮骨血肉，实堆积其身及子若孙之不测奇祸也。由此言之，则救灾恤患，施之泛泛途人，所不容已，而况吾一本耶！予尝书此以自警，并示诸子弟，以动其恻隐之心。今以劝勉族之伯叔昆季，较金帛之赠为何如也。

（贺长龄、魏源辑，中华书局1992年影印本）

《皇朝经世文编》卷六○，《礼政七·家教》，方苞《甲辰示道希兄弟》：

吴郡范氏义田，计口授粮，俾愚者怠于作业，非义也。五材百物，民皆用之，必各有职业，交能易作，然后其享之也安。无故而坐收其利者，天所祸也，且势不能周。吾家祭田，营宅兆，供岁祀，有余量给不能丧葬者，有余以赈鳏寡孤独废疾不能自存者，有余以助贫不能受学者，有余春粜而秋籴之累，其赀以广祭田。其怠于作业而贫窭者，不得告贷。己亥四月，谕以高庄为祭田，因司谕公久葬故乡，虽以阴流入墓起攒，仍当卜兆于桐耳。今奉柩至金陵，则高曾祖考无一葬故乡者矣。高淳二百亩，乃我二十年佣笔墨，执友张彝劝为购置者。惟用为祭田，于义为安。一水可通，子孙岁收获，可近就繁昌展副使公墓。将为记勒石台拱冈，兼注县册，俾世守之，不得私摽弃。

（贺长龄、魏源辑，中华书局1992年影印本）

《皇朝经世文编》卷六七，《礼政十三·祭礼上》，张永铨《先祠记》：

祠堂者敬宗者也，义田者收族者也。祖宗之神依于主，主则依于祠堂，无祠堂则无以妥亡者。子姓之生依于食，食则给于田，无义田则无以保生者，故祠堂与义田原并重而不可偏废者也。

（贺长龄、魏源辑，中华书局1992年影印本）

《皇朝经世文续编》卷六七,《礼政七·宗法》,王塗《义田说》:

居今日而言敬宗收族之事,其惟立义田乎?义田立,则贤者不以谋衣食而荒其业,愚者不以迫饥寒而为不肖,鳏寡孤独得所养,婚嫁丧祭有所赖。昔范文正公置负郭常稔之田千亩,赡其族人,近日吴中士大夫多踵行之,而吾宗独未之有也。先赠太傅惟道公尝谓子光化公曰:"吾慕范公立义田,汝他日得禄,必以分族人。"迨孙文恪公居相位而未能成先志,盖前明俸禄甚轻,文恪居官极清介,尝曰"吾有田止二百亩",是其力固有所不足矣。日者从父松岩公慨然以千金置义塾,而义田之举,则犹有待也。夫文正所蠲千亩,族止九十余人,今吾宗自高祖而下已有百数十人,非千亩所能给,况欲遍族人而衣食之,岂易为力哉?虽然,天下事莫大于合众人之志以为志,果其众力擎之,积渐成之,又何难焉。余尝询诸范宗:文正义田今已增至八千余亩,近包山蔡氏其始捐义田,数盖甚少,经纪有方,子姓踵捐,不过三十年,今有一千五百亩矣。吾宗有仕宦者,有居积者,苟踊跃倡捐,族人量力助之,即数十年后,必可成功。然文正义田计口给食,其弊将使子孙安于偷惰,故方灵皋先生以为未善,当周其惸独者,厚其有志务本业者,而惰游者不与,寓劝惩于周恤之中,此又经画义田之要道,而存乎司事之得其人也。因修家乘,书是说以俟吾族之有同志者。

予为此文数年,而从兄李范遂创捐二千金为义田,岂非事机之先兆乎!慎勿以空言为无益也。自记

(盛康辑,光绪二十三年思补楼刻本)

《皇朝经世文续编》卷四八,《户政二十·漕运中》,道光十九年林则徐《议覆筹划漕运事宜疏》:

议补偏救弊。漕务已成积重,若一时不能骤改,亦须补救有方。金应麟原奏所陈本已详悉,兹臣所议,有于原奏中融会者,有于原奏外推详者。在县在帮,各有六事:一则核旧章以去太甚也。查苏松粮户向分大小,而收数因有短长,大户愈占便宜,则小户愈受苛刻,彼此相较,有数十等之差,于是小户效尤,亦诡寄于大户,而办漕愈难矣。今虽未能遽令画一,断不可过于偏枯,该管府州耳目切近,应令确查所属州县历年收兑旧章,援以为准,不及者曲在民,太过者曲在官,随地随时,持平核办。至近年祠堂公产,假托者多,即义产息田亦窃善举之名,以遂短漕之计,应令散归各户,照众征完,以杜影射,有挟制者罪之,总以去其已甚为主……

(盛康辑,光绪二十三年思补楼刻本)

第八篇 族产

《皇朝经世文编》卷五八,《礼政五·宗法上》,钱大昕《陆氏义庄记》:

古者卿大夫立宗,宗子必世其禄,故有收族之谊。冠昏丧祭必请于宗子而行之,大功以上无异财,亦无贫富之殊。即其稍疏者,宗子之力足以赡之。《周官》所谓宗以族得民者,其法如此。若夫"四闾为族,使之相葬;五族为党,使之相救;五党为州,使之相赒",则皆庶人之无宗者,故不能不藉乎闾井之任恤,而世家大族固未闻有此也。自宗法不行,士大夫无以收其族。昭穆既远,视为路人。角弓之反频闻,葛藟之芘安望,即有敦本好礼、能施惠于三族者,一时虽赖以济,而不能经画可久之计,论者不无遗憾焉。三吴自泰伯季札以礼让开其始,洎宋范文正公守乡郡,创立义田,以赡宗族,迄今七百余年。范氏之苗裔,犹食其德,高义之名,彰于宸翰,其规条具在,可谓善之善者矣。我国家列圣重熙,风俗茂美,好义君子、希风先哲者接踵而兴。

长洲陆君豫斋,唐贤甫里先生之裔,自明赠尚书守礼公以来,枝条繁衍。豫斋之尊人公,至性淳备,行善于乡,闻高平之遗风,心向往之。豫斋起而承厥志,割遗产五百亩,为赡族之资,设义庄于陆巷,每岁收支出纳,集族众其中,相与劝于修礼勤力,而勿蹈于匪彝,殆有得乎古人收族之意者乎?夫宗法虽善,然必藉乎贵而后行之,其究也,或以启挟贵之渐。义庄则唯族之贤者能行之,其敦睦出于性之自然,故持之久远而无弊,此范氏之意,可以为后世法。又近岁立义庄若吴县陶氏、昆山顾氏,皆经大府题奏,得邀优叙。而豫斋之为此举,唯告诸有司,出给公据,未尝辄求上闻,其务实而不竞名,尤有加人一等者矣,岂不深可叹尚也哉!

(贺长龄、魏源辑,中华书局1992年影印本)

钱泳《履园丛话》卷五,《景贤·乡贤一》:

华景辉字曙生,吾邑之南塘人。裔出南齐孝子宝后,祖楷,父礼卿,俱以资雄于乡。年十七,从吴门杨忠文公廷枢游,研穷性命之学,明鼎革时,礼卿为游骑劫掠,惊悸死。景辉椎心泣血,丧葬尽礼,事母以孝闻。常建祖祠,置墓田,修宗谱,慎终追远,务本为急。两弟早世,抚其孤,至成立。从弟允斌为邑诸生,无子,亦雄于资。允斌死,有遗腹子,而族中汹汹,利其家产者甚众。景辉为掌护之,历二十年。既授室,景辉乃为文祭弟,而尽以家产还之。凡母党亲属、邻里故旧,有贫乏失怙恃及婚嫁丧葬者,景辉必力为经纪,委曲矜全,各慰其欲以去。屡遇岁荒,米谷腾贵,必减价平粜,捐粟赈济。遇丰年则必出所余,以周贫困,而尤以孝弟为行仁之本。故自家而族而乡而亲,莫不德之者。

(中华书局1979年版,上册,第118页)

《皇朝经世文续编》卷二六,《吏政九·守令下》,徐赓陛《覆本府条陈积弊禀》:

粤东祖祠祭产,其为田必数十顷,其为粮必数十石。当其收租之日,人人皆其子孙;及其完赋之时,人人皆可推诿。即有管理公堂之人,类皆一年一更,又必多方躲避,期改岁而别责他人。若姑置之,而粮额实占其邑之半;若追征之,而逃匿又无可捉摸。于是力竭计穷,始有封祠堂、锁神主之事,盖至辱其祖先。然后读书明礼者,方觉心有不安,乃纠集合族之人,查追纳赋,此封祠之所由昉也。又老户之下,子孙散分其田,并未推收过割,开明某丁应纳若干,一经官催,其中贫富不齐,必累富者代完贫者之钱势也。迨官课已完,向其收偿,贫者又必多方延欠者亦情也。富者诉官申究,官念其急公而为之拘追,拘追押缴,仍不能完。于是有查其田亩、派差押割田禾之事,此押割之所由昉也。今欲破其积习,必先示以良图,使我意美法良,则小民亦有天良,岂肯踵行故习。愚以为祭产之田,必须示以限制,限制之法必令一祠之产止许存百亩为祭费,余则各按支派悉数均分,宗祠之田必令预报田亩所在,丘段分明,若敢欠粮而积至三年,则将田入官,永远不准另置。而民间所谓老户者,必令州县复过割推收之法,各执花户的名,买田而不过割者查出入官,卖田而不推收者查出枷杖。然亦非一文告所能改革也,尤必奏明定例,遍行晓谕,一面督率州县,罄二三年之精力,实在奉行,务使诡寄习除,推诿弊绝,稍有违抗,即量加清丈,以澄其源而惩创之,法尤必加严,然后粮额清而积弊绝矣。

(盛康辑,光绪二十三年思补楼刻本)

《皇朝经世文续编》卷八三,《兵政二十二·剿匪下》,徐赓陛《禀办匪乡事宜》:

窃查卑县陈村田赤塘尾地方,距城二十五里为赤坎埠,上达高州雷州及入县城必经之路,其地均系王姓族居,丁众万余。自道光季年以来,鸦片禁严,私贩四出。该村出而截,事主莫敢鸣官,后遂习劫夺为故常,迭犯抢重案。从前地方文武屡经督饬兵役拿办,而夺犯伤官及殴差殴兵之案不一而足,至兵役不敢入乡,历经卑各前县附禀有案。自同治十一年经宪台以黄略麻车械斗一案亲驻卑县查办,曾将该村匪徒一并严拿惩治,此风稍加敛戢。惟当时系因办别案就便查拿,未经专办,是以匪类畏罪远扬,即亦不复穷究。本年六月间卑县赤坎埠事主朱朝栋家出有盗一案,卑职于访闻详禀后分饬兵役四路蹑缉,随据线人报,系陈村田著匪王亚马、王那佑等纠率族匪肆劫,现在海头墟分赃,当即密移城守千总李大有酌带精兵数名前往密捕,登获匪犯王亚马、王那勇、王那佑、王九血等四名,押解回城。行抵中途,突被该村匪徒王无头兴、王木匠昔等数十人蜂拥出村,将人犯夺去,并致伤兵目陈廷兴左太阳右□□等处。该弁回城驰报,卑职登即亲诣该乡,众匪闻风四散,当将该族老王、老福、王汝佳等带县交差管押,勒限责令捆送匪犯。一面密

第八篇 族产

禀宪台,就近移拨管带,**添拨轮船**。冯都司督带轮拖船只到县扼驻华封港口,杜该匪外窜出洋之路。仍密禀宪台**就近移拨**雷州右营官兵一百五十名到县会办,随于十一月初一日会同进村,连日搜捕,当将首犯王无头兴一名、从犯王亚咸、王老勒养王木匠昔、王亚新等四名拿获,并据该族绅耆增生王兆、附生王际荣、监生王汝筦、乡正王郁哉等,呈以该族族大人多匪类不少,兹幸大兵临办,恳请设法澈究,务尽根株,俾良莠有分,从此得安生业,情愿设立乡局,自雇壮丁,协同捕送等情。据此,卑职窃思,该乡抗官拒捕垂三十年,推溯其由,实因丁族人多,读书人少,今既该族绅耆人等自知悛悔前非,力求安良攻匪,应令荡涤旧习,量予自新。但治乱必清其源,易俗贵探其本,不清其致匪之本源而徒从事于捕匪,则一匪伏法一匪复生,安能与之更始。

爰就管见所及酌拟章程,其目四条:一曰设公局以捕匪类,二曰搜军械以遏凶萌,三曰编保甲以资钤束,四曰设义学以兴教化。其设公局也,于通村适中之地设公局一所,即遴其族内诚实绅士十余名为局首,一面悬赏花红购线捕匪,一面分造户口册籍编立门牌,所有该局公费即于该族祠堂蒸尝项下支用,官为稽其数目,分毫不得滥支。其搜军械也,该乡自制口火军械甚多,往往出而劫掠械斗,若不严勒尽缴,则贻害匪浅,现已责成各房房长查明件数,印以火烙,勒令缴官寄库。其编保甲也,该族大小四五千家,若不设法清厘,不特良莠不分,即族老亦无从觉察,兹已饬令先将户口人数造列清册,仍按十家为一甲,立甲长一人,五甲立党副一人,十甲立党正一人,百甲立联董一人,以次递加钤束,村民一经犯法,以次责成捆送,徇庇者查出同罪,同甲十户知而不举发者,按以连坐之科。其设义学也,该乡家祠最多,各有祭产存积,其平日无非用以作械斗及购买顶凶之资,现经饬令该房族悉数开出田产数目,每年出息若干,除提给春秋祭扫外,余资悉令拨作义学膏火,建立义学四所,每年将每学出入用款报官一次,其祭产最多者为王禄士祠,乃该村各房所共之支祖,现今将该祠改为书院,其原有公费拨为膏火花红,延请邻乡经明行修之士为山长,聚其子弟俊秀者肄业其中,俾以诗书化其嚚凌之气。以上四条或已开办未竣,或现**甫议举行**,容俟办有端倪再行禀陈宪鉴。至所请雷州营兵现在搜捕弹压在在需人,未便**遽议裁撤**其所。请恬波轮船,因省河琼州差务紧要,未便久羁。且现在首犯已获而近海各港口,复经卑职分设巡船,移拨东山水师营兵丁随时协缉。自应移请冯都司督带轮拖船只,先行回省销差,以免延旷除,再会督营兵乡勇勒限严缉遗匪,务获并将现获各犯查照所犯原案分别按办外。所有卑县陈村田赤塘尾王姓匪乡夺犯伤兵,业经卑职禀奉移拨兵勇到县会办,拿获首要各犯。现仍严搜余匪,布置善后各缘由,理合通禀察核俯赐批示祗遵幸甚。

(葛士浚辑,光绪十四年刊本)

《皇朝经世文续编》卷二七,《户政四·养民》,冯桂芬《收贫民议》:

今浙江等省颇有善堂,义学、义庄之设而未遍,制亦未尽善,他省或并无之。另议推广义庄,更宜饬郡县普建善堂,与义庄相辅而行,官为定制,择绅领其事。立养老室、恤嫠室、育婴室、读书室、严教室,一如义庄法,以补无力义庄之不逮。严教室教之耕田治圃及凡技艺,严朴作教刑之法,以制其顽梗。凡民间子弟不率教、族正不能制者,赌博殴窃贼初犯未入罪者;入罪而遇赦,若期满回籍者;皆入焉。三年改行,族正愿保领者释之。别设化良局,专收妓女,择老妇诚朴者教之纺织;三年保释,亦如之。期于境无游民、无饥民、无妓女乃已。

(葛士浚辑,光绪十四年刊本)

《皇朝经世文续编》卷五五,《礼政六·宗法》,冯桂芬《复宗法议》:

三代之法井田封建一废不可复,后人颇有议复之者……惟宋范文正创为义庄,今世踵行者列于旌典。又令甲长子没必立承重孙二事,颇得宗法遗意,自可因势利导,为推广义庄之令。有一姓即立一庄,为荐飨合食治事之地。庄制分立养老室、恤嫠室、育婴室,凡族之寡孤独入焉,读书室无力从师者入焉,养疴室笃疾者入焉。又立严教室,不肖子弟入焉,立一宗子复古礼,宗子死族人为之服齐衰三月,其母妻死亦然,以重其事。又有宗妇死夫,虽母在,为之禫,宗子之长子,死为之斩衰三年,则骇俗不可行矣。名之曰族正,副之以族约。桂林陈文恭公议,公于乾隆中年抚江西有此令,未及成而去。继之以他狱连及祠户,遂一律毁祠追谱,与公意相正反。族正以贵贵为主,安阳许三礼议,先进士,次举贡生监,贵同则长长,长同则序齿,无贵者或长长或贤贤。族约以贤贤为主,皆由合族公举。如今义庄主奉法,无力建庄者假庙寺为之,嫁娶丧葬以告,入塾习业以告,应试以告,游学经商以告,分居徙居置产斥产以告,有孝弟节烈或败行以告,一切有事于官府以告,无力者随事资之,一庄以千人为限,逾千人者分一支庄,增一族约,单门若稀姓、若流寓,有力者亦许立庄,无力者择所附。如吴则同出泰伯之类,又如昌黎所谓何与韩同姓为近之类,无可附者则合数百人为一总庄,亦领以庄正庄约,期于亿万户皆有所隶而止。《周礼》宗以族得民,赅词也。有谓庶人无宗者,非是。前人已辨之,立庄之后,敦劝集资,令经费充赡。另议永停捐例,惟存民爵,正可为奖励立庄之用。

(葛士浚辑,光绪十四年刊本)

二 宗族公产的类型和来源

族产来源比较复杂,有购买的,有分家时的提留,也有个人的捐赠,还有通过特定事件的征收和提留而获得,如冠礼、嫁女、入主、入会等都要收钱,还有罚款收入。很多宗族在修谱时都记录族产,都会记载捐赠者芳名及捐赠的数量,予以扬名,同时也是让全体族人共同监督族产,以束缚不肖族人的盗卖行径。

(一)公产类型

有祭田、义田、义庄、学田、应役田诸种类型。

江苏

《皇朝经世文续编》卷六一,《礼政八·昏礼》,管同《甘节妇传》:

节妇金氏,江宁金智洪女,年十七,归同县甘元绩,五载而嫠。所生惟一女,节妇忍死养寡姑。立族子文陛为嗣,文陛娶妇刘,旋卒,亦无子。节妇守义二十八年,年四十八卒。当卒时,女已适人矣,而寡姑犹无恙。妇疾革,谓其子妇曰:"吾命将终,不能终事而祖姑,吾死不瞑目矣。"殁后五年,族人福遂为请□而述其事,乞予作传。妇人嫠居守义,其事迹比比相同,不必具述。节妇所异者,家有田仅二十亩,能以十亩养寡姑,而以十亩入宗祠为祭祀费。

(饶玉成辑,光绪八年刊本)

常熟王氏

民国常熟《太原王氏家乘》卷七,道光《义庄·张家墅王氏义庄记》:

士大夫处世,有敦本睦族,推己及人之志。即能举而行之,幸矣。若有其志当时未能即行,后之人能承其志,以行其事,不尤幸哉!张墅王氏,系出宋相国文正公之后,始祖坚仕宋为节度使,赠谥忠壮。坚长子安节,仕常州都统制,会元兵破常州,安节阖门俱殉国难,事载《宋史》。安节弟安义为宗嗣计,隐海虞之六河。安义十一世孙讳三锡,字海日者,迁居张家墅,称张墅王氏,数传至赠公芑伯,张墅之七世孙也。赠公具至性,修谱牒,立祀田,孝友著于家庭,赒救遍于里巷,具详长真孙太史所立传中。顾其笃行谊,念本支,慕先正范文正义举,思立田以赡族,度田寡而计口繁,有志焉而未逮,临殁,谆谆以命其安人席暨喆嗣辑舆、霖舆、栻焉三君奉以周旋。太安人慈且惠,时时以治命相勖勉,赠公遗田六百余亩,历数年增置曰一百余亩。长君仲君复割己田二百余亩,共计一千亩有奇。又捐资二千余两,治屋建庄,祀忠壮公以下祖先位于后中堂,祀芑伯公位于厅正楹,取每岁供赋之余以赡族人。有司循故事以闻,得邀宠章,赠公前此未竟之志至此遂矣!

　　世之拥厚赀广田园博乐善好施之名,能损有余以补不足,较之有其力而不行者,彼善于此则有之矣!赠公父子,家本儒素,阅两世艰辛,由困而亨,与族人共享其利,卓哉!仁人孝子之所为,有志竟成也!《诗》曰:"孝子不匮,永锡尔类!"又曰:"匪棘其欲,聿追来孝。"夫赠公举有志未逮之事以命三子,若预知三子者之必能相舆有成也。三君一德一心善继善述,次第举行,无废厥命,太安人无成而代有终焉。于孝于义复何愧欤!具勒规条,垂诸永久,则不独以示贤子孙,敦本睦族之谊,且以见圣朝以亲九族。九族既睦之化,俾知淑人心厚,风俗必自乡党宗族始也。表厥宅里,树之风声,不亦宜乎!兹来嘱余记,余与赠公为至戚,熟悉其生平行谊,故乐为记而不辞!

　　道光十年七月既望。

　　(民国八年常熟王氏怀义义庄校印本)

　　民国常熟《太原王氏家乘》卷七,《义庄·义庄田地坐落科则》:
　　坐落昭文县东一场三十一都南一图,一斗九升粮则。
　　　犊号田七十六亩五厘;
　　　琴号田八亩四分二厘;
　　　佳号田六亩三分。
　　坐落昭文县东一场三十一都西一图,一斗九升粮则。
　　　讥号田五亩一分。
　　坐落昭文县东一场三十一都西二图,一斗九升粮则。
　　　疏号田三亩五分。
　　坐落昭文县东一场三十一都西二图,一斗九升粮则。
　　　贼号田四十八亩八分五厘;
　　　轩号田八亩五分;
　　　特号田二十一亩三分;
　　　超号田三亩五分;
　　　跃号田五亩;
　　　骧号田十五亩二分。
　　坐落昭文县东一场三十三都二图,一斗九升粮则。
　　　蒙号田六亩;
　　　乎号田三亩八分二厘五毫;

驾号田六亩。

坐落昭文县东一场二十八都二图,一斗九升粮则。

　　纳号田九亩六分五厘;

　　阶号田四十四亩八分。

坐落昭文县东二场三十八都三图,一斗九升粮则。

　　回号田十八亩八分;

　　汉号田十四亩一分。

坐落昭文县东一场三十一都四三图,一斗九升粮则。

　　北哉号田六十三亩九分五厘;

　　笑号田十六亩五分;

　　工号田二亩五分;

　　施号田二亩;

　　淑号田六亩。

坐落昭文县东三场二十八都四图,一斗九升粮则。

　　疑号田三十五亩五厘。

坐落昭文县东一场三十三都四图,一斗九升粮则。

　　东每号田六亩四分。

坐落昭文县东四场三十都四图,一斗九升粮则。

　　抗号田九亩三分;

　　极号田五亩三分;

　　谁号田七亩;

　　幸号田五亩。

坐落昭文县东一场三十一都西二图,一斗九升粮则。

　　妙号田四十五亩七分五厘;

　　钧号田十三亩六分;

　　啸号田七亩四分;

　　恬号田七亩五分。

坐落昭文县东一场三十一都五图,一斗九升粮则。

　　纷号田二十四亩;

　　盗号田二亩;

　　捕号田三十四亩三分;

诛号田十一亩；

射号田十八亩三分；

获号田四亩三分。

坐落昭文县东一场三十一都五图，一斗九升粮则。

论号田八亩三分；

逍号田三亩五分；

详号田十二亩；

审号田二亩五分；

默号田五亩四分五厘；

真号田二亩二分；

笺号田八亩七分；

求号田九亩。

坐落昭文县东一场三十一都四六图，一斗九升粮则。

相号田三亩；

浴号田十四亩二分五厘；

骸号田二十二亩；

执号田五亩；

西日号田十七亩七分五厘。

坐落昭文县东一场三十三都西六图，一斗九升粮则。

下日号田六亩三分五厘。

坐落昭文县东三场二十八都六图，一斗九升粮则。

陛号田一亩。

坐落昭文县东一场三十一都七图，一斗九升粮则。

钓号田九亩一分；

晖号田三亩；

矢号田十五亩；

巧号田四亩；

释号田十三亩六分；

辽号田五亩五厘；

每号田十六亩；

年号田九亩。

坐落昭文县东一场三十三都八图,一斗九升粮则。

　　大洪号田四十亩。

坐落昭文县东一场四十二都九图,三斗二升粮则。

　　义号田二十六亩七分。

坐落昭文县东一场四十二都九图,二斗三升粮则。

　　离号田二亩。

坐落昭文县东一场四十二都三十九图,三斗二升粮则。

　　覆号田二亩六分。

坐落昭文县东一场四十二都四十四图,三斗二升粮则。

　　可号田五十四亩八分六厘。

坐落昭文县东一场四十二都四十四图,二斗三升粮则。

　　又号田二十一亩二分五厘。

坐落昭文县东二场四十一都西四图,二斗三升粮则。

　　菜号田二十亩五分;

　　李号田二十亩;

　　珍号田十亩五分。

以上共计粮田一千四亩二分五毫。

(民国八年常熟王氏怀义义庄校印本)

民国常熟《太原王氏家乘》卷七,《义庄·续置苾伯公祭田》:

东一场三十一都南一图,一斗九升粮田七亩一分。

　　佳字号田四亩六分;

　　并字号田一亩正;

　　琴字号田一亩五分。

东一场三十一都四三图,一斗九升粮八亩五分二厘五毫。

　　颦字号田一亩五分;

　　工字号田七亩二厘五毫。

东一场三十一都七图,一斗九升粮田一亩一分。

　　晖字号田一亩一分五。

东一场三十三都三图,一斗九升粮田九分五厘。

　　月字号田九分五厘正。

东一场三十三都四图，一斗九升粮田一亩，一斗五升粮田二亩六分五厘。

东年号田二亩六分五厘；

每字号田一亩正。

东一场三十三都五图，一斗九升粮田五亩七分，五升粮田三亩。

木字号田五亩七分；

果字号田三亩正。

东一场三十三都七图，一斗九升粮田十三亩五厘。

云字号田七亩五厘；

草字号田二亩正；

龙字号田四亩正。

东一场三十三都西六图，一斗九升粮田九亩八分，一斗六升粮田一亩六分二毫，一斗五升粮田一亩二分，五升粮田五亩八分一厘六毫。

上日字号田一亩二分五厘；

下日字号田七亩六分；

南助字号田四亩五分一厘八毫；

月字号田四亩五厘；

下语字号田一亩。

东一场三十三都八图，一斗九升粮田三亩正。

大洪字号田三亩正。

东三场二十八都十八图，一斗五升粮田二亩八分六厘七毫五丝。

志字号田二亩正；

满字号田八分六厘七毫五丝。

清光绪中叶，庄田析为两房经管，负债累累，庄产几有瓦解之势，元弼与弟元觐、舒锦愁焉忧之，恐先业之堕废也。出与经管者较论，爰担任借款，力为支持，于是庄产始合而为一，仍在庄内收租发粮，七八年来，薄有盈余。除修理祠堂、重建沿街墙门、修辑宗谱外，积置田亩开列如上。非敢自诩功能，亦为后者应尽之职务，略记数言，用资参考。

元弼识。

（民国八年常熟王氏怀义义庄校印本）

吴县

民国《吴县志》卷三一，《公署四·义庄附》：

第八篇 族产

范文正公义庄,在禅兴寺桥西。宋皇佑中,公知杭州,归吴,广先业为义宅,以聚族人,置常稔田千亩赡之,立有规矩。公没后,钱公辅为《记》。

《记》云:范文正公,苏人也。平生好施与,择其亲而贫、疏而贤者咸施之。方贵显时,于其里中置负郭常稔之田千亩,号曰"义田",以养济群族之人。日有食,岁有衣,嫁娶凶葬皆有赡。择族之长而贤者一人,主其计而时其出纳焉。日食,人米一升;岁衣,人一缣。嫁女者钱五十千,娶妇者三十千,再嫁者三十千,再娶者十五千。葬者如再嫁之数,葬幼者十千。族之聚者九十口,岁入糙稻八百斛。以其所入给其所聚,沛然有余而无穷,屏而家居俟代者预焉,仕而居官者罢莫给,此其大较也。初,公之未贵显也,常有志于是矣。而力未逮者二十年,既而为西帅,以至于参大政,于是始有禄赐之入而终其志。公既没,后世子孙,至今修其业,承其志,如公之存也。公虽位充禄重,而贫终其身,没之日,身无以为敛,子无以为丧,惟以施贫活族之义遗其子而已。昔晏平仲弊车羸马以朝陈桓,子觞之曰:"君位至上卿,禄至百万,而弊车羸马,是隐君之赐也。"晏子曰:"自臣之贵,父之族无不乘车者,母之族无不足于衣食者,妻之族无冻馁者,齐国之士待臣而举火者三百余家,如此而为隐君之赐乎?彰君之赐乎?"于是齐侯以晏子之觞而觞桓子。予尝爱晏子好仁,齐侯知贤而桓子服义也。又爱晏子之仁,有等级而言有次第也,先父族,次母族,次妻族,而后及其疏远之贤。孟子曰:"亲亲而仁民,仁民而爱物。"晏子为近之。今观文正公之义,其与晏子比肩矣。然晏子之仁,止于生前,而公之义,垂于身后。其规模远举又疑过之。

嗟乎!世之人居三公位享万钟禄,其邸第之雄,舆马之盛,声色之侈,妻孥之富,止乎一己而已,而族之人不得其门而入者岂少哉?况于施贤乎?其下为卿,为大夫,为士,廪稍之充,奉养之厚,止乎一己而已,而族之人,操壶瓢为沟中饥者,又岂少哉?况于他人乎?是皆公之罪人也。公之忠义满朝廷,事业满边陲,功名满天下,后必有良史书之者,予可无录也,独高其意,因以遗其世云。

治平元年,子纯仁请于朝,得旨札付本州岛,违犯庄规,许官司受理。同治《府志》按:纯仁奏云:臣父忠淹于苏州吴长两县置田十余顷,所得租米,自远祖而下诸房宗族,计其口数供给衣食,及婚嫁丧葬之用。见于诸房选择子弟一名管勾,逐渐立定规矩,令诸房遵守。今诸房有不遵规矩之人,州县既无敕条,本家难为申理,伏望朝庭特降指挥下苏州,应系诸房子弟,有违犯规矩之人,许令官司受理。

嘉定三年,裔孙左司谏之柔,偕其兄良器极力整理,之柔又奏请于朝,申明旧规。刘榘为之记。其略云:榘少读文正范公遗事,公平居语子弟曰:"吾吴中宗族甚众,于吾固有亲疏,然吾祖宗视之则均是子孙,固无亲疏也。吾安得不恤其饥寒哉?且自祖宗来,积德百余年始发于吾,得至大官。若富贵而不恤宗族,何颜以入家庙?"榘为之敛衽叹曰:公之行,百世之标的;公之言,薄俗之针砭也。吾曩居家,遇有不如人意事,即因公言以自愧责,不敢有一毫恚心。及官中都,与公之孙左司谏之柔游,司谏公因言:先祖所创义田,今几两百年,聚族数千百指。虽甚窭者,赖以无离散之患。义庄故址,曩因兵火为居民侵据,之柔与吾兄良器极力经理。为屋以栖义,廪余以待族人之无家者,寖还吾祖之旧。惟是义庄规式,岁月易堕,请之朝属之乡郡,勒之坚珉,俾世守而传之无穷者,吾犹不敢懈也。幸备位谏垣,当具本末奏陈,乞申严行下庶,不负文正公所以责望子孙之意。暨得旨如请,属絜记不容以不敏辞。

嘉定四年三月。良器亦规复义宅楼,鏞为之记。其略云:吴门范氏,自柱国丽水府君居灵芝坊,今在雍熙佛寺后。五世孙文正公少长此地,皇佑中守杭,再至姑苏访求宗族,买田千亩作义庄以赡之。宅有二松,名堂以"岁寒",阁曰"松风"。因广其名以为义宅,聚族其中,义庄之收亦在焉。中更兵燹,族党星散,故基榛芜,编民豪踞,为居宇,为场圃儳直。无几,粟无所储,寓于天平山坟寺,倍有往来给散之劳,寻复圮废,改置城中及寄他舍,病此久矣。自公长子监簿而下,又五世而至良器,一日谓二弟曰:"先君奉议念此有年,赍志而没,吾侪当有以振起之。"慨然图复其新,历告民居,尽除儳直,约期而遣之。不服者诉于郡、于监司,以致上达台省提刑临川何公异,知府四明郑公若容,力为主张,悉得故地。周一千四百八十丈,绕以垣墙,建堂三楹,仍扁"岁寒",以祀文正结屋十楹以处贫族,就立新仓寝,复旧制。庆元二年季夏厎役,中秋告成,观者无不叹息。亲掌本年出纳,以为后式,选族子之廉谨者二人继焉。详具要束以补前规,揭之堂上;刻田籍于贞石,以垂永久。介弟之柔续世科于百二十四载之后,尤勇于义,既立赞兄谋。嘱鏞为记。

明天启崇祯间,裔孙允临曾置田十顷。同治府志案云:据沈德潜《长洲县志》,明洪武十七年,义庄主计裔孙元厚,违误秋粮,没田入官。天启五年,十七世孙允临续置田十顷,是文正所置之田明初已没入官,今庄田皆后所置也。

清雍正七年,裔孙大同知府瑶增置田十顷,苏州府知府觉罗雅尔哈善记。其略云:昔文正范公,以忠君报国之余,置义田于吴,以赡恤族人子孙,世守垂七百余年而不替。今公之世孙大同守瑶,能远绍公志,增置义田,仍重修书院,兴复义庄,叙其始末,属记于予。曰:始宋皇佑初,公守杭时,创置赡族义田,于义宅立义庄以贮田租,义庄之东为文正书院。及宋咸淳中,郡守潜公说友奏建公祠,春秋奉祀。元至正中,更今名者也。初,公置田千亩,岁收八百余斛,以赡族人九十余口,公子忠宣公等,申明规制,复增其数。至明中叶,其田渐为豪猾侵隐,郡守况公钟力堪复之。后十七世孙参议公允临复助千亩。本朝百年来,族姓益繁,田之所入时患不足,雍正七年,瑶奉先人命增置田十顷,并前总三千余亩,此义田增广之大略也。然公所置义庄,经宋元明,久废莫复;书院自明宣德以来,虽累

第八篇 族产

次重修,历年久远,渐就倾圮,瑶不敢懈视,遂于乾隆二年与主奉世孙兴禾等共议,出义田羡粟,相度书院岁寒堂南隙地,鸠工庀材,兴复义庄,而书院中各祖祠,以及碑亭廊庑,靡不修葺。继自今对越吾祖,免陨越贻羞,敢请一言以垂不朽!乾隆癸亥孟冬月。乾隆九年,裔孙兴矣,增置田一顷。按:今共存实田五千三百余亩,隶吴、长、元三县界,咸丰十年,与书院共毁,同治五年,裔孙学炳重建。宋郡守李大异书"范家园"三大字碑,今尚存。

申文定公义庄在郡庙前,申氏宗祠后。旧在胥门外日晖桥南,明万历初,文定公创建,其子用嘉、用续成之,共置田一千一百四十余亩。用懋自为义庄规条、序。序云:先文定尝诏不肖兄弟曰:余自登朝,便思效法先贤范文正公为义田事,顾力有不逮,蹉跎有年,既忝居政府,洊荷恩赐禄入之外,稍有羡余,以渐置负郭田千余亩。因家食以来,亲党缓急所出,不得不以岁收租入通融措处,且创建言祠,助修吴学,捐学田,及贴两县役诸费,又倚办于此,以故二十年,仅存八百余亩。每岁终,先公手自标拨,分给内外亲族故旧,贫交待以举火者,奚啻数十家。有劝公循故事题请,以诏来世者,公曰:"吾自尽吾心而已,区区所助几何,而辄号于人曰义举,非吾志也。"不肖辈遂不敢复言,顾先公有是举而不为之阐扬,何以令后世之必传?今日倡兹例而不刊为画一,何以责子孙之世守?卒哭以来,相与反复订议,一则取法范文正公手定之家规,一则曲体先公累年已行之旧例。期于亲疏有别,赒给惟均,永久弗替云。清乾隆七年,大风坏屋,移城西休休庵前,今犹名申庄前,沈慰祖有记,咸丰十年毁,同治中,裔孙浚重建,今所核实,存田一千三百九十四亩九分,内吴县田一千三百八十亩七分二厘九毫。长洲县田十四亩一分七厘一毫。又文定公祖父祭田一百三十一亩七分四厘五毫,内长洲县田二十二亩八厘。元和县田一百零九亩六分六厘五毫。文定公祭田二百五十一亩三分一毫。皆属吴县,编入芦课。

临海义庄,在枫桥。清乾隆二十六年,戈黄鸿等承其父遗命创建,先是,其父在日,已置田四百亩,至是,黄鸿等又续置六百亩,合成千亩,并购屋四十楹,立为规条,沈德潜有记。记云:《书》曰"惇叙九族"。《记》曰:"旁治昆弟,合族以食。"《周礼·大宗伯》:"以饮食之礼亲宗族兄弟。"先王教民亲睦如此,诚以宗族兄弟其先皆一人之身也。一人之身,我欲食而忍听族之饥乎?我欲衣而忍听族之寒乎?我之男生而愿为有室,女生而愿为有家,而忍听族之婚嫁失时乎?我生有养而死有归,而忍听族之亡者举而委壑乎?我子孙冀其成材,而忍听族之幼稚无可执业乎?先王教民亲睦,所以防其替也。赠通议大夫,戈东原翁之创设义田,可谓得先王遗意者矣。戈氏自望山翁迁吴,居于枫江,数传至东原翁,而家遂大。翁性孝友,凡报本追远敬宗收族之事,无不罄其橐。平时训诸子曰:世人惟计温饱胜人,罔知祖宗一本,族之困穷视同膜外。吾少读钱公辅《义田记》,至奉养止乎一己,族之人操壶瓢为沟中瘠,未尝不掩卷叹息。今吾家族众繁,庶思置义田千亩,出收所入以济贫乏,汝曹其踵而行之以承我志。因先置腴田四百亩,俟数足建义庄贮之。事未竟而翁殁,诸子黄鸿、黄泳、黄榷、黄湘,遵遗训续置腴田六百亩,购屋四十楹,立为规条。饥与食,寒与衣,婚有助,嫁有资。不能棺者殓之,不能瘞者葬之。子弟之贫而秀者,收而教之,愿者与之业。酌宋范文正公义田之例,以承翁志焉。夫义田始于文正公,少参公大同守继之,久而有浔阳陶氏、晋昌唐氏,兹乃有临海戈氏,庆历至今七百二十年矣,吴门惟此四族,何其难也!岂尽无仁人孝子之心哉?贫者无其力而不能为,富者吝所有而不肯为,遂使其始一人之身,分而至于途人而不相顾。先王亲睦之教渐流于衰熄也。嗟乎!吴门非乏富厚之家,为祖父者欲子孙长擅其富厚,多积余藏以遗之,而尊祖敬宗,皆视为不急之务;为子孙者,惟裘马是好,声色是娱,挥千黄金不惜,其可尽心于祖若父者?锥刀之末是勤,安望能广其惠于一族?究之,多藏厚亡,所为富厚者终归于乌有也。独戈氏父作于先,子述于后,轻货财重水木,绵世泽以无穷。闻其风者,可以恍然悟,奋然兴矣。

翁氏义庄,在洞庭东山。乾隆二十七年翁大业建,至嘉庆初,翁新熙始捐置田五百二十亩。

萧江义庄,在胥门外小日晖桥南。乾隆五十四年,吴县监生江淞遗命创建,置祭田六百六十余亩,巡抚闵鹗元题请建坊。

吴氏义庄,在桃花坞。清嘉庆十六年,吴振镛承其父文垣遗志创建,并捐置田六百四十九亩,二十一年续置墓祭田九十二亩,咸丰十年圮,同治中,曾孙邦勋等重修,并增置田二百九十亩。嗣后历年添置,至宣统初,其裔孙清渠、勤树共核实,存田三千三百六十二亩六分三厘五毫。

资敬义庄,在护龙街砂皮巷,旧在胥门外大日晖桥南。清道光二十五年,程桢义承其父仁藻遗命创建,共置田二千四百余亩。内吴县田四十九亩一分二厘,长洲县田一千一百八十五亩六厘七毫,元和县田一千二百十二亩一分二厘五毫。咸丰十年毁,同治十年重建今所。

耕荫义庄,在申衙前。清道光二十九年汪为仁,即太仓毕尚书沅故宅创建,置田一千亩有奇,冯桂芬为记。其略云:事有创自晚近,不必为三代之法,而转足以维三代之法之穷者,士大夫家之建义庄是也。考之《仪礼传》曰:"大宗者,收族者也。"又曰:"异宫而同财,有余则归之宗,不足则资之宗",此古宗法也。宋吕氏大临曰:"宗子法久不行,今虽士大夫,亦无收族之法,欲约小宗之法,且许士大夫家行之。"苏氏轼亦有立小宗之议。其实今古异宜,井田封建一废不可复,宗法何独不然?二公所论,亦托诸空言而已。吾乡范文正公守杭郡,置义田,立义庄贮租,迄今且九百年,世被其泽,说者谓得宗法遗意焉。今义庄之施遍天下,吾吴为公故乡,闻风兴起者宜益众,乃素封有力之家,奚啻百十数?而合

第八篇 族产

郡城之广，著录仅十余族，嘻！盖其难焉。封翁、小村紫仙两先生，奉尊甫中议大夫雨村先生遗命，谋于族，倡义庄之议，从子锻庭封君等若而人，咸欣然从之，捐常稔田一千亩有奇。又縻白金千，于郡城西偏申衙前购屋一区，建宗祠，立耕荫义庄。春秋乡祀，岁月要会，咸于是乎集。庄法：鳏寡孤独废疾有养，嫁娶凶葬有助，春闱秋赋有赆。择族之贤者司存之，大略准诸范氏。详先生所自为规条中，汪氏系出鲁颖川侯汪，其后以名为氏，三十有一传，为汉龙骧将军文和，始迁江南。又十三传，为唐上柱国越国公华实汪氏别祖，今直省著姓者，多公后人。国朝为武庠生汝卿府君尚梫，自歙迁吴，是为先生五世祖，世以厚德闻于乡。百余年来族益大，叶渊先生首以名进士入翰林，则先生之世父，而锻庭封君之大父也。道光辛丑，紫仙先生子，工部郎中藻；锻庭封君子，庶吉士改吏部主事堃，同榜成进士。其余登贤书、贡成均，有声黉序者，又若而人，寖炽而昌未有艾。异时不懈，益虔增其式廓，吾知是庄之盛，必继美高平无疑也。今建祠之地，相传即宋时乐圃，后为景德寺，为学道书院，为兵巡道署，为申文定公宅。乾隆以来，蒋刑部楫毕尚书沅孙，文靖公士毅迭居之。东偏有园，奇礓寿篠，奥如旷如，为吴下名园之一。蒋氏掘地得古甓井，命之曰飞雪泉，今尚存。余尝僦于孙，家此者数年，通籍之岁，始舍之北行，闻诸故老毕尚书宅入官也。孙氏售诸官，愿隐其姓，县令信笔署以汪，今终为君家有，从前更徙，及兹而定。嘻，岂偶然哉！余与工部君道义切劘交久，而笃知其世德綦详。属记以道诸石，以尝居其地，附识于此，以稔来者。

陈氏义庄，在黄鹂坊巷。清光绪二十二年，候选主事陈宗浩承其曾祖三品封职充然遗志创建，置有长洲、元和两县则田，一千九十三亩有奇，其族叔父国光，族兄弟清绥、清熙、秉哲，暨从侄世标、恩梓、恩泽，亦捐祭田及市房两所。一座落吴县汤家巷，一座落元和县娄门外。作为庄产，黄以周、俞樾并为记。俞樾记云：光绪二十二年冬，江苏巡抚赵公上言，吴县员外郎衔候选主事陈宗浩，以其曾祖三品封职陈充然，笃于族谊议建义庄而力未逮，祖三品封职陈垣，本生祖六品封职陈垠，父三品封职陈传钺，竭力经营，未竟其事，宗浩敬承先志创建义庄，先后购得长洲、元和两县则田一千九十三亩有奇。岁收租米，除完国课及春秋祭祀外，凡族中鳏寡孤独及废疾者皆有养，凡族中婚嫁丧葬皆有助。又于吴县境内购得房屋一区，作为庄房。于元和县境内购得市房一区，永远归义庄执管。造具册结，由学牒县，由县申府，由府申司，由司转详前来，谨恭疏具题，诏下部议给"乐善好施"字，建坊旌之，天子俞焉。于是，陈氏义庄之名大著，而其规制之善，经画之周，亦有非他义庄所及者。盖陈君建创之后，其族叔父国光，族兄弟清绥、清熙、秉哲，及从子世标、恩梓、恩泽等，又襄助之，续置祭田若干亩，市屋若干区，陈君用银三万八千六百两有奇，合之国光等所助者，辜较可四万两。经费充裕，思虑精详。余读其所辑规条三十有六，存者有教养之资，殁者有祭葬之助。立主奉、主管各一人，互相董理。每岁所入，用七留三，以备不虞。族有争讼，不得越义庄而径诉官司；岁入所余，封藏铁柜，不得借贷取息，凡此之类，皆可以示子孙，垂久远。近士大夫所建义庄多矣，见于吾文者，亦非一家矣，未见有条规之美如此者也。陈氏自明嘉靖间，有讳通字北溪者，始自豫迁吴，是为始祖。国朝**乾隆**间，有讳亮字旭如者，建宗祠于虎丘山塘，而族于是始大。然数百年来，惟以忠厚**孝悌**相传勿替，而未有大显于世者。义庄立，而凡子弟贫不能从师者，每年予学费钱六千，每月朔望均令至庄察课，优者有奖。其后又于义庄之中立家塾，先开两斋曰经塾，曰蒙塾。吾见自此以往，文艺勃兴，人材辈出。陈氏之昌未有艾矣。定海黄君元同已为之记，而陈君又求记于余，余惟黄君之言，推论及太宰，九两系民，所见甚大。不徒为陈氏庆余，则就事言之，盖深为陈氏庆也。光绪二十四年夏六月。

张氏衡平义庄，在护龙街砂皮巷。清光绪三十三年，安徽候补知府张茂镛遵其父原署浙江淳安县知县世埁遗命创建，捐置吴县、元和县田五百二十八亩六分六厘六毫，巡抚陈启泰题请旌表，并颁匾额示奖，茂镛自为记。记云：吾族自明季迁吴，至国朝康雍之代，始以商业振。顾其时，诸派未蕃，而诸父昆弟又无不以多财善贾著名乡里者。咸丰庚申，粤寇陷苏城，举吾族百数十万之赀，丧失殆尽。先府君赠荣禄公为贫而仕，所任皆瘠区，因之家益落。迨至茂镛成人授室，几贫不能自存。追忆茂镛七八岁时，先府君与先王妣刘太夫人相对愁叹，尝曰："使先时有义庄田二三千亩，吾族犹有赖焉，必不至困悴如此。"因顾诏茂镛："尔他日幸而能成立者，必竟吾未竟之志，其毋忘！"呜呼！四十年来，言犹在耳，而吾父吾元音容不可复接矣。幸今日义庄粗有成立，而吾父吾母之知与不知，徒付之想象而已。呜呼哀哉！茂镛以孤露余生，又性傲不受人，怜为居积计，难于他人计，自二十有一岁以迄于今，凡此二十五年，仅仅得膏火所积如干，廉俸所积如干；节衣缩食，权子母所盈余者如干。陆续置元和县田五百十亩有奇，悉举以隶义庄。订衡平义庄规则如干条，吁中丞长沙陈公请于朝，得朱批俞允。使吾父母而果有知也，亦庶几稍稍慰矣。自是而后，吾诸父昆弟，鉴茂镛能力之浅薄，傥有以扶助而扩张之，则不惟茂镛一人所仰赖，举吾族共仰赖焉。而吾父母九原所默相者，当更不已焉。虽然，茂镛犹有进者，先府君生平励清操，廿年居官，无私财，茂镛犹大惧污先德也。自厕身胶庠，以迨筮仕郡邑，未尝受一非分不可告人之钱，此冥冥者，可以慰吾父母，而昭昭者，可以白诸父昆弟焉者，如不然，则聚不义之财，假义田以为名，直谓之盗泉可矣。是乌可自诬以诬父母，而并以污吾诸父昆弟也哉！诸父昆弟，固亦知茂镛之不为此也，而茂镛之所以经营此义庄者，其缘起、归宿，不可不使吾后人知其详，而犹顾我世世子孙缵承先训，俾与范氏岁寒堂后先媲美。是尤茂镛所厚望焉，是为记。光绪三十四年戊申八月。

第八篇 族产

顾氏春荫义庄，在护龙街尚书里。清光绪三年，浙江宁绍台道顾文彬，遵其故父大澜遗命创建义庄。置田二千四百零八亩五分，并于庄内建设祠堂，东首园林名曰怡园。由江苏巡抚吴元炳奏咨立案，并由布政使司恩赐给帖勒石。

长洲县：

浔阳义庄，在因果巷。清雍正九年，候选员外郎陶篠偕其族尚滨等举敦族会。至乾隆八年，置义田一百五十亩，十一年，篠自捐田一千亩，创立义庄，立庄正一人司其事，贮经史诸书教子姓之能读书者，旁立宗祠。已详坛祠。其建庄始末，王峻、沈德潜、陈祖范、袁枚、王鸣盛，均有记。今录王峻记一篇，其事迹，容有峻记未详者，参以沈德潜、陈祖范、袁枚、王鸣盛诸记。王峻记略云：浔阳义庄者，吴门陶氏仿范氏义庄而置者也。陶氏之先，系出浔阳，晋荆州公之后，世籍凤阳之定远。明洪武初，有蚕哥者，以校尉殁王事，赠都督佥事，世职正千户。其孙峻字靖侯，由龙骧卫千户调苏州卫千户，永乐中，从征交趾，咸子关之战，深入陷于阵，交趾平，恤死事赐葬吴县华山之阳，实为迁吴始祖。今递传一十有五，阅世将四百年矣，支派蕃昌，计其丁男，凡百余人。其以勤俭起家者曰学诗，曰篠等兄弟十二人；其子侄曰祉、曰薇、曰之镡、曰璿等二十四人，咸宅心仁厚，以族中有贫窭者，思法先贤范文正公义田事。雍正九年，始为敦族会，至乾隆八年，公捐良田百亩，又协力续置田五十亩。十一年，篠奉先人赠征仕郎讳世魁遗命，独捐田千亩，通前所置，总千二百余亩。又出银一千八百两，及群从辈合出银两千三百两，建义庄于长洲县之因果巷，购屋三十余间，于其中奉祀迁吴始祖靖侯公。凡田租所入，皆贮焉。立庄正一人掌其事，佐以司庄、司仓，每岁分赡族人，暨一切出入之数，略如范氏义庄之例。而酌中之规模既成，远近共高篠之义，闻诸大吏。十五年十二月，大吏上其事于朝。越明年，奉旨依部臣议叙，命篠以员外原衔即用，以示奖励。呜呼，可谓荣已！员外君既应懋典，将刊石纪恩，征记于予，予惟义田之事，自宋文正范公始，买田千亩以养族人，其后子孙能修其业，历今七百有余年，田益广，族益大，义庄之规模不改，书院之俎豆如新，仁贤流泽之长，未有如此者。故明季，吴中申氏、松江张氏，并闻风而起，捐置义田以赡族，然皆由贵显后，力所优为。今陶氏，位未登于朝，家业初粗饶，乃于敦本睦族之道孜孜汲汲，若饥渴之于饮食，惟恐后时，非诚心慕善，无所为而为之，能如是乎？《记》曰："尊祖故敬宗，敬宗故收族。"凡今之人，视同族如路人，甚有相怨相争若仇敌，皆有不敬祖宗，故至此耳。今陶氏创置义田，即立先祠其中，以奉烝尝，序昭穆。盖不独赒恤之谊，犹见古者敬宗合族之道焉，信可以挽颓风，砥薄俗矣！

袁氏义庄，在闻德桥西。清乾隆五年，袁廷栋妻蒋氏抚孤守节，置田七百余亩赡族，至六十年始建庄，咸丰十年毁。今田租权在六俊祠出纳。

周氏义庄，在上津桥施家浜口。清乾隆四十四年，光禄寺署正周谆临终遗言，以腴田二千亩，命侄候选主事怀仁创建，设立规条，略仿文正公遗意。同治十一年，核存田二千二百余亩，时主管庄务者不善办理，族人公同清理，将怀仁续置之田二百余亩，秉奉府县核准变卖，旋由怀仁之曾孙候选县佐国俊经理整饬，以复旧观云。按：义庄产，一经详案达部，例由藩司给予执帖，以资世守，所以杜不肖子孙患捏盗卖也。乃晚近来，纪纲废弛，盗卖庄田之案层见叠出，此为日久玩生，罚不蔽辜所致，今亟录一通于左，俾知当日之功令也。苏抚部院挂发藩字第六十八号：江南江苏等处，承宣布政使司，为请定盗卖祀产义田之例，以厚风俗案。奉苏抚部院庄宪行开，准刑部议覆条奏，祖宗祀产，倘有不肖子孙投献世要，私捏典卖，及富室强宗谋吞受买，各至十五亩以上者，悉依投献捏卖祖坟山地原例间，发充军，田产收回，卖价入官。不及前数者，即照盗卖官田律治罪。其盗卖历久宗祠者，亦计间数，一体办理。若盗卖义田，应仍照例罚，止杖一百，徒三年。谋买之人，各与同罪，仍令立有确据，分别勒石报官存案等因，奏奉谕旨钦遵。咨院行司奉此，为查江省各项祭田，先奉户部咨查，业经通饬造册详咨，载入会典，并奉部覆河南省银米系属豁除，江省各祠祭田，是否免课，抑仍征收？现在查详咨覆外，今据长元等县详据各裔呈称，祭田田亩旧例，编立图后，应办赋税，秋成，同学田十月启征，优免差徭，请赐给帖昭垂等情，前来覆查。祀产之设，往哲祠墓攸赖，或官为拨给，或后裔自置，均应世守，以昭崇德报功之典。至义田，为赡给同族贫乏，则效范文正遗规，亦宜垂久勿替，庶得烝尝永荐，惇睦成风。每有不肖之徒，恃无稽察，私行盗卖，以致祠墓颓芜，岁祀凌替。故奉抚宪折奏，申严定例。兹据前情，除经呈详督抚两宪批饬遵行在案，合准给帖，为此帖仰该裔遵照帖开，缘勒石永遵，循例编立图后。秋成输赋，优免差徭，余籽以供俎豆赒给。倘有奸徒捏冒诡寄，及不肖子孙私行盗卖，富室强宗谋吞受买，许即出帖首告，按律惩治，如非帖内田产，亦不得藉端控争。毋得故违。须至帖者。计开：国朝候选光禄寺署正周谆，字坦中，号超亭，性生恺悌，谊笃宗亲，会筹赡族之方，窃慕义田之举。先经闻于族众，愿设义庄，后因遘疾未竟，嘱拨稔田二千亩，命侄候选主事怀仁善为经理。遵仿范文正公遗意，设立规条，收租赡族，俾生有所养，死有所葬，婚嫁有所赖。采入县志，呈详各宪嘉奖，给帖遵守，汇咨立案。以上义庄田地，坐落长、元、吴三县。右帖给周义庄执事裔孙准此；都图丘圩斗则细册背造存司。乾隆四十四年四月初二日，户总科承布政司使印。

陆氏义庄，在相城镇陆巷。清乾隆四十八年，陆肇域遵其父彤贻遗志，捐田五百亩赡族。钱大昕、王昶并为记。钱大昕《记略》云：古者卿大夫立宗，宗子必世其禄，故有收族之谊，冠、婚、丧、祭必请于宗子而行之。大功以上无异财，亦无贫富之殊，即其稍疏者，宗子之力足以赡之。《周礼》所谓宗以族得民者，其法如此。若夫四闾为族，使之相恤；五族为

第八篇 族产

党,使之相助;五党为州,使之相赒。则皆世人之无宗者,故不能不藉乎闾井之任恤,而世家大族固未闻有此也。自宗法不行,士大夫无以收其族,昭穆既远,视为路人。角弓之反频闻,葛藟之芘安望?即有敦本好礼能施惠于三族者,一时虽赖以济,而不能经画可久之计,论者不无遗憾焉!三吴自泰伯、季札以礼让开其始,洎宋范文正公守乡郡,创立义田以赡宗族,迄今七百余年,范氏之苗裔犹食其德,高义之名彰于宸翰,其规条具在,可谓善之善者。我国家列圣重熙,风俗茂美,好义君子希风先哲者,接踵而兴。长洲陆君豫斋,唐贤甫里先生之裔,自明赠尚书守礼公以来,枝条繁衍,豫斋之尊人彤贻公,至情惇备,行善于乡,闻高平之遗风,心向往之,豫斋起而承厥志,割遗产五百亩为赡族之资。设义庄于陆巷,每岁收支出纳,集族众,其中相与劝于修礼勤力,而勿蹈于匪彝,殆有得于收族之意者乎?夫宗法虽善,必藉乎贵而后行之,其究也,或以启挟贵之渐。义庄则唯族之贤者能行之,其敦睦出于性之自然,故持之久远而无蔽,此范氏之意,可以为后世法。又,近岁立义庄若吴县陶氏、昆山顾氏,皆经大府题奏,得邀优叙,而豫斋之为此举,惟告之诸有司,出给公据,未尝辄求上闻,其务实而不竞名,犹有加人一等者。予夙与豫斋善,爰为记其事,异日云礽继美,勿替前规,罔俾高平专美于前,庶予文得藉以不朽。而词笔孱弱,不能与吾宗君倚并驾,窃自愧矣。

汪氏义庄,在山塘白姆桥东。清道光七年,汪士钟建。共置田一千零六十八亩八分二毫。

朱氏义庄,在半十九都亨二啚。清同治九年,朱恩煦创建,置田五百二十四亩。

翁氏义庄,在祥符寺巷。清同治十年,翁荣义创建,置田五百有二亩。

王氏怀新义庄,在西花桥巷。清同治十一年,浙江秀水王师晋与从子伟榮创建,置元和县田一千二百五十亩。其季父元相复增田二百亩,师晋自立规条五十三则,暨署巡抚恩赐片奏,刻于石。片奏云:再据署苏州藩司应宝时详,据候选光禄寺署正王师晋,同侄知府衔候补同知王伟榮秉称,祖籍浙江秀水县,自高祖迁居江苏吴江县后,复分居长洲县。故父五品封职,王元松与季父二品封职。王元相孝友,本乎天性,敦睦出于至诚,任恤情殷,解推谊切。前曾捐资周恤近支,因思宗族繁衍,欲师范氏良规建庄置产,有志未成,中道而殂,遗命职等务偿素愿。今职等遵即捐置座落元和县田一千二百五十亩零;长洲县亨一下啚庄房一所,计九十九楹;吴江县盛泽镇义宅一所,计二十五楹;季父附捐座落长洲县田二百亩零。吴县阊四啚租房一所,计二楹,共捐田一千四百五十亩零,房屋三所,统共田房契,价银一万七千七百三十六两零。岁收租息,除完赋、祭扫、岁脩等用外,其余永为赡族之资。开造田号庄规事实各册,取具里邻,亲族切结秉乞,转请援照同治七年武进县在籍道员盛康捐田赡族成案,奏咨立案,颁给司帖执守,俾子孙永遵勿替,不敢仰邀旌典等情。转详请奏前来，臣伏查已故封职王元松，敦睦为怀，弟兄济美，该职员王师晋等恪遵先志，捐田赡族，洵属孝义可风，足为闾阎矜式，核与盛康成案相符。除饬苏**藩司颁**给印帖执守，并将送到田号庄规事实册结咨送礼部查核外，理合会同署礼两江总**督何璟**，附片具陈，伏乞圣鉴，谨奏。同治十一年六月十二日。军机大臣奉谕旨：知道了。钦此。

张氏松荫义庄，在相城镇南塘。《同治府志》作陆巷镇，误。清同治十二年，张荫楷遵其祖需生遗志创建。先是，需生时已置有田五百亩，至是，遂合成庄田一千零一亩八分。季念贻记。其略云：南塘张氏，长洲望族。张君松坪，讳需生，好施乐善，犹拳拳于敬宗收族之谊。尝置田五顷，欲为义田，条理略具，而未及成，其卒，勖诸三子，而长金铭、次金鉴又相继卒。季子曰：金照力图是举。事垂成矣，会粤寇之难，志复未遂。兵燹既靖，孙荫楷等仰承先绪，因旧所置田，复益族众，所捐合田千亩，就宅畔建屋为义庄，请于大府，闻于朝，得议允行，且奉明诏旌，行义而荐档于官焉。由是而祖与父数十年未竟之志，一旦成于孙子之手若荫楷者，可不谓之贤哉？昔范氏之创建义庄，始于文正，继之者忠宣，迨至于其孙，而规制大备。今南塘张氏亦历祖孙三世而始克成其事，数百年间，若合一撰，盖非能累叶种德，修明嗣绪，而更志坚力果以为之，固未易几此矣。

沈氏义庄，在东十三都九图魏字圩。清同治十二年，沈凤威创建，置田一千零二亩。

周氏松荫义庄，在旧学前。清同治十三年，周元怀承其父鸣冈遗志创建，共置田五百三十二亩三分三厘七毫。光绪初，于其旁建宗祠，宣统元年，子宗华等增拓其基，并建元怀祠，自为记。其略云：先考居恒节衣缩食，不事奢华，尝慨慕先贤范文正公义行，于同治年间置义田五百余亩，岁入租资以赡族人。复于光绪初年，在旧学前创立宗祠及松荫义庄，经营数载，未竟厥功。宗华等仰承先志，于宣统元年孟春之月，鸠功庀材，阅两载而蒇事。中楹祀迁吴始祖，以迄高祖缀庭公、曾祖梧亭公，东西昭穆祀祖祢。父建二堂以祀钦旌孝行先叔祖侣梅公，钦旌孝女先胞伯姑，钦旌节孝先叔母吴太淑人，暨钦旌孝妇亡弟妇蒋淑人诸栗主。于祠之西别建一堂，则奉祀先考资政公焉。资政公讳元怀，字铁英。

吴崇德义庄，在十梓街。清光绪五年，员外郎衔分部主事吴大根，偕弟河南彰卫怀兵备道大澂、翰林院庶吉士大衡，承其祖经堃、父立纲遗志创建，置长洲县田七百六十二亩一厘六毫，其族世祖经云附捐吴县田五百二亩六分五厘。详订赡族条规，呈奉咨部奏准立案。潘遵祁、洪钧、陶然并为记。潘遵祁记。略云：自来丰融昌大之征，必有隐德密行之故蕴乎其先，当时暗然，久乃彰焉。余读吴京卿大澂所撰《王考慎庵公事略》而益信。公系出新安，自明成化中，任宜兴校官讳敏学者始迁吴，代有隐德。十三传而至公，少孤，奉母沈太夫人，动必以礼。太夫人督之严，公益孝事其亲，率子妇晨昏侍奉，门以内无敢违太

第八篇 族产

夫人教者。复与弟养花公友爱无间，子若妇皆化之，上下数十人，无有以箕帚相诟谇伤太夫人心者。是征特能自尽其孝友，且能导一家之人共敦于孝友，岂非常人之所甚难欤？又以其行施于有政，族党有缓急来告者，必问其所需之数而代筹之，又必虑其后或不给，始终图度之。故凡有求于公者，不第如愿以去，且常得于所望之外。盖其敦宗睦族之念，无时或忘于中，固不视其力之有余与否而为之，常恐不及矣。暇则倡修家谱，手自编校，必务详尽，远族无后者，必考其所葬之地，图而识之。公之意，若曰一时之赒救有限，累世之推解无穷。于是，训其子补棠公，将以范氏义田为法，而惜乎年未及艾，遽弃人世也。今公之孙，部郎大根京卿之兄也，编修大衡京卿之弟也。偕京卿承两世遗训，始得相与有成竟公之志。膏之沃者光融，根之深者实茂，不信然哉？公性既好施，犹重恤寒畯，远近残弱无告者，莫不抚摩而噢咻之。殁之日，踵门执瓣香，哭而送者数百人。又，其任恤之谊所推而暨者，宜乎后之人同心协力，益光公之泽于无穷。《诗》曰："孝之不匮，永赐尔类。"惟公有焉。又曰："无念尔祖，聿修厥德。"公之子若孙有焉。余不敢以寻常称誉之词塞部郎之责，爰据京卿所论撰撮，书其大略，俾世知吴氏之所以丰融昌大者，并未有艾，并为公世世子孙勉焉。光绪七年岁次辛巳春三月。

顾氏颂文义庄，在因果巷顾考功祠侧。清光绪七年，顾来章偕弟雠，奉其父元抢遗命创建，置长洲县田一千亩两分五厘二毫以赡族人，即于是年呈请大吏奏准立案。吴大澂记。其略云：义田之设，创自范文正公，养济贫族，垂范久远。吾乡之闻风继起，咸取则于范氏巨家望族，立义庄以教养子姓有不可缕指数者，余姻党中如顾君玉松，其事尤足嘉尚。玉松家非素封，承其先赠公梅艇先生之志，偕其弟玉椿，撙节薪水，积铢累寸，凡数十年，始克有田千余亩，为赡族之资，建立义庄。于光绪七年呈请奏咨立案，盖守其六世祖考功公解推周急遗训，以竟其先赠公慷慨好善之素志，勤苦艰难，始偿夙愿。赠公原配许太宜人，为陶村太史之女孙，事姑以孝，持家以俭。玉松亲承母训，克自树立，故虽家未充裕，而能汲汲乎竟先人未偿之志。洵可无忝于祖宗而克庇其子姓，以养以教，媲美前贤，余故乐为记之。

张氏崇本支庄，按张氏本有义庄曰"松荫"，详见前。此系支族所建，故称之曰"支庄"，在相城镇王行浜。按：庄房未建，备有银一千二百两。见后礼部题奏。清五品衔候选州同张毓庆，承其先世遗志置田赡族，计长洲县田一千二十一亩三分四厘。又置祭田六十亩二毫，于光绪七年，承明巡抚吴元炳奏咨立案，旋奉礼部请准建坊。礼部谨题，为题请旌表事。礼科抄出江苏巡抚吴元炳疏称，长洲县五品衔，候选州同张毓庆禀称：职故父，五品衔候选州同张树藩，仰承故曾祖、故祖遗言，置田赡族，有志未成。职仰承先志，补足良田一千二十一亩三分四厘。又另捐祭田六十亩二毫，共合契价银二万一千七百六十三两二钱,岁收租息,除完赋祭修等用,余为赡族之需。另提置买庄房价银一千二百两,以为建造之资等情。查该已故五品衔候选州同张树藩,谊笃本源,情殷施济,宜沐旌扬,以风末俗。除册结送部外,理合恭疏具题,奉旨该部议奏,钦遵到部。臣等查定理,凡士民人等捐资赡族直省,由该督抚造具事实清册送部,其捐银二千两以上者,请旨建坊,给予"乐善好施"字样等语。又,道光二十八年,臣部奏准各省乐善好施,原系有力之户,均令自行建坊,毋庸给与坊银等因在案。今江苏长洲县五品衔候选州同张毓庆,恪遵伊故父张**树藩**遗命,捐置田亩庄房,情殷赡族。核其银数,与例相符,应如该府所请,准其旌表,给予"乐善好施"字样,仍照道光二十八年奏准成案,令其自行建坊,毋庸给与坊银。恭俟命下,臣部遵奉施行,臣等未敢擅便,谨题请旨。光绪七年八月初二日题,初四日奉旨依议钦赐。

杭氏义庄,在西花桥巷拗花衖。清光绪十四年,杭安福承其父瑞林遗志创建,置长洲县、元和县田一千一十亩赡族,并于其旁建宗祠。陆润庠记。其略云:吾乡杭君禄庭慷慨好义,其先聚族蠡墅,乾隆时居于城,至君而创建宗祠于花桥里之拗花衖,复立义庄以赡族人。其条约,余得而读之,凡族中贫乏不能自存者,月有支;孤寡残疾无以为养者,月有支;病殁殡葬婚嫁生育之费,以及子弟之课读,春秋之宾兴,莫不各有所给,而且设为庄正、庄副以董其成。时有考,岁有稽。不率教者有罚,法良意美,至详且备。君有至行,咸丰庚申秋,苏垣已陷,发逆披猖,君独冒烽火间关,抵虎阜,举君先人灵舆,安瘗如礼。以重亲之故,不避患难,非纯孝而能若此乎?君晚年喜诵《大学》章句,于修齐之旨多所发明。《楚茨》之诗曰:子子孙孙勿替。引之敢以为杭氏子姓勖,并以告斯世之能为杭氏者。

程氏成训义庄,在刘家浜。清光绪初年,花翎三品衔分部行走郎中程廷桓,遵其故父荣禄大夫衡斋遗命创建义庄,置田亩。

俞氏缵安义庄,在相城镇陆巷。清光绪十八年,俞文霍承其祖天瑞、父世禄遗志创建,置田五百五亩以赡族,并于其后建小园,颇具花木之胜。其园与庄俞樾并为记。义庄记云:士大夫家之有义庄,世知始于范文正公,而不知同其时有铅山刘晖。晖买田数百亩,以养族人之不能自生,县大夫为名其里曰"义荣社"。王辟之《渑水燕谈》曾记其事,且云:"范文正、吴文肃,皆既登两府,而后能成义田。晖于初仕,家无余资,能力为之,士君子以为难,然晖于嘉佑中连贯国庠,崇政殿试又为第一,得大理评事,签书建康判官,是其官虽不甚显,而要亦仕籍中人也。"而当时士大夫已叹其难,然则若今长洲俞氏者,其视铅山刘氏尤难矣。俞君文霍,字景初,世居长洲之北乡。吴中风俗,以豪侈相尚,乡之富厚者,率皆靡衣鲜食,交结城中势要,以夸耀乡曲。俞君独不然,酒食征逐之事,皆谢不为;有以非礼干求者,拒斥尤力;而凡桥梁道涂之倾圮者,疾病死丧之颠连无告者,不闻则已,闻之必引为己任。而其一生所致力者,尤在义庄一事。先是,其祖讳天瑞,其父讳事禄,皆议立义庄,有志未逮,君踵而成之。置田五百有五亩,岁入其租以赡族人。婚丧有助焉,鳏寡孤独有养焉,是能得葛藟庇本之义者矣。余居吴下久,吴士大夫慕范文正之高义建立义庄,如潘氏、吴氏,后先相望,然其人皆累世仕宦之家,成此犹易耳。俞君隐居不仕,而规制之宏,条理之密乃与之埒,此吾所谓视铅山刘氏尤难者也。余尝考,俞氏为郑公子俞弥之后,盖出于郑匕穆而绵历数千年。姓不甚显,近时列仕籍中,亦颇寥落。闻君此举,叹美不置,窃谓有刘氏义荣之风。在俞君,固以为义,非以为荣,然以义为荣,其为荣也,滋大亦足为。俞氏之用心,以求合于古所谓睦姻任恤者,于盛世化民成俗之道,或亦有裨欤。据相城采访册谓,缵安义庄由俞文霨与已故兄文霆妻马氏合力捐建。文霆无子,以文霨长子葆仁为嗣。宣统二年,葆仁妻李氏呈县核准,将缵安义庄之田划出原有半数,令立咏芳支庄,不足则补以葆仁遗产,合成田五百一亩七厘四毫,拟建庄房于陆巷之北新泾滨。至缵安所缺田亩,文霨子亮等,于自产内提出,补足五百亩之数云云。按:新泾滨隶常熟县境咏芳支庄,是以不入本志。至建庄始末,备注于此者,期明缵安原委,并由长洲县核准故也。

张氏义庄,在迎春坊。清户部山西司郎中张履谦遵其父肇培遗志创建,置吴县、长洲县、元和县田二千三亩四分五厘,又建丙舍一所。光绪十九年,由巡抚奎俊奏咨立案,并准建坊。

吴氏承志义庄,在仁二啚葑门内织造府署东首。清直隶补用知州吴大培遵其父原任直隶广平府知府中彦遗命创建,置长洲县田一千十四亩赡族。于光绪二十二年呈请巡抚赵舒翘奏咨立案。初,置庄屋于元和县境虎丘山塘绿水桥,因离城远,按月给放赡米不便,于宣统三年移建今所,布政使司陆钟琦给示刊石。

严氏慎远义庄,在十梓街夏侯桥。清光绪二十七年,候选知府严兆淦承其父福华遗命创建,置长洲县、元和县田,共一千八十九亩有奇。巡抚聂缉规奏请建坊,并饬有司立案。俞樾、张謇并为记。**俞樾记略**云:严故吴望族,有严君丽生者,讳兆淦,生平勇于为善,矜孤颐老,不遗余力,而**其尤致意者**,则在义庄。先是,君之先德封资政大夫清如先生,始创义庄之议,而力未逮,易箦之日,实有遗言。君秉承先志,弗敢失坠,数十年来,拮据经营,积微成巨。迄于暮年,始得田一千零八十九亩有奇,乃议立义庄,命之曰"慎远",而君则病矣。粗具大略,闻于有司,及疆臣入告,温纶下逮,君已归道山不及见也。君嗣子曰显灏,未久亦物故。而君母俞太夫人犹在堂,年逾七十,双目失明,痛君之殁,而义庄规模未具也。叹曰:"此吾夫之遗命,吾子竭一生之力而成之。今庄屋未成,奚以追慰泉下而垂示将来乎?"有陆君士龙者,君之友也,太夫人乃以庄事托之。陆君遵君遗意,以夏侯桥住宅分而三之，其中屋为家祠，以修春秋之祭；其西屋为义庄；而其东屋则仍留为住宅。屋故宏敞，故虽分析而无瓯离之患。祭器毕备，仓廪有容，盖至是而严氏义庄成矣。

钱氏竹荫义庄，在大郎桥巷内丁家巷。清光绪二十八年，浙江知县钱福年承其父旌表孝子坚遗志创建，置吴县、长洲县、元和县田，共一千一十八亩有奇。俞樾记。其略云：钱中议行，君子也。平生熟于金布令甲，挟其艺为郡县上客，晚年家居，遇粤寇之乱，妻唐淑人先投井死，君亦出投河死。同治二年正月十一日，诏书皆旌如律。已而里人又以君孝行上闻，于是光绪三年十二月十八日，又以孝子旌。君以一人之身，先旌忠，后旌孝，海内荣之。乃至光绪二十八年，其子福年字耕伯者，又承君意，建立义庄。于是年三月二十四日事闻于朝，诏下礼部如所请。盖君一生俭以自奉，睦姻任恤，则勇为之节衣缩食，积幕府薄俸，将买田立庄以赡宗族，不幸死难，未竟其志。耕伯以名孝廉仕浙，为县令，亦不得志，失职而归。既不为世用，出其余智为廉贾五之之计，数年之后，物力稍裕，乃买长洲、元和、吴县田一千一十八亩有奇。岁入其租，除完公赋外，上以供祭祀粢盛，下以饫族中孤寡贫乏，而君未竟之志于是乎有成矣。爰于大郎桥巷卜地，为君建祠，奉君栗主，春秋承祀，唐淑人祔焉，礼也。义庄即设于祠内，命曰"竹荫义庄"，以君字竹卿也。

钱氏闻韶义庄，在古市巷。清宣统元年，钱立贤遵其故父经镛遗命创建，置吴县、长洲县、元和县田，共一千三十六亩有奇。由巡抚陈启泰奏请旌表建坊。王雍煦记。其略云：钱君季笙讳经镛，为封翁念萱先生之少子。封翁治家严整，恒慕范氏义田之法而愿舆力。讳季笙，负大志，游学哈埠，商车驰骤，雅善理财。维时吉省以奇荒告当事。又创建学堂，均苦无援，季笙遇义举辄首输巨金，而自奉则极约。往岁病殁，年未四十，配陆氏贤且烈，治丧竣，遂仰药殉。家人检其遗箧，绝无他储，有金券若干，尘封满纸。平时手自标题，谓为他日置田赡族计。今岁庄屋落成，登其堂，为之肃然起敬。陟其室，知其神之妥侑，为之僾然动容。想见当时孝友之风，宜有以利其嗣人焉。季笙之长兄伯藜，次兄叔轩，皆纯朴士也，俱前卒。其仲兄寄螽，与余为文字交。伯藜之长子名立声，又为余婿，余故详知其家世，爰为之记。

徐氏石麟义庄，在乔司空巷。清光绪五年，徐佩荃承其祖二品封职步鳌，父春晟遗志创建，置田五百九亩二分九厘，并附步鳌祭田一百四十八亩五厘三毫。佩荃自置祭田，一百六亩四分九厘六毫。归庄经办。

元和县：

吴氏继志义庄，明万历二十八年吴之良创建。割潇泾瘦田六百亩以赡族，自为记。其略云：义田之举，先大父讱亭公有志焉而未之行，以志大而不欲小试之耳。予承祖志而力乃弗逮。先业远甚，姑就所能为者为之，以为子孙倡。特捐田六百亩立为义田，以公诸五

第八篇　族产

服之亲，传子及孙，而各以五服为率。内以二百亩为奉公田，以资公役。以五十亩为报本田，以供粢盛，以会族食。以五十亩为敦睦田，以恤匮乏，以尊高年。以五十亩为嘉礼田，以时婚姻，以重人伦之本。以五十亩为凶礼田，**以谨丧葬**，以厚人道之终。以百亩为劝学田，以教以掖以成后昆之美。以百亩为备荒田，**以储以散**以裕歉岁之需。凡吾五世，咸得与焉。我子若孙，不得而擅废焉。吾行之吾身，自万历壬寅始，是年，即令长子正谊司其出纳，行之三年，而令仲子存古行之，又三年，而次及正始、正邦、正纲，凡三年一输。筦有余则以修葺祖庙及先墓焉。清顺治五年，子好古重整之，定收租处于小栈，立有规条三则。宣统三年，其裔孙始置庄房于衮绣坊巷云。

陈文庄公义庄，在虎丘望山桥文庄公祠后。公崇祯三年宣诏过家，置附郭田三顷，设义庄于仁二区天赐庄，自为记。记云：世有名美而实谬者，义田一事也。生则高下任意，殁而子孙输筦，因缘为利，以号于族曰义，其孰义之？故予买田之日即属族贤者而已，无涉与己之子孙，更无涉用以竟先公允毅轩公志也。崇祯三年二月，以宣诏归，计通籍八载，叨列日讲，荷沾赐镪，兼积奉银计六百余两，契买附郭田三顷，公举宪旌善人礼部儒生叔允昌董其出入，设极贫、次贫二则，核实均赡。更设向善、力学、守节三规，岁举优给。令置买义庄一所，重葺成斋公都宪牌坊，嗣后日久，递传本族贤能堪任者，遵依定例，世为公产。寻上诸各宪，蒙抚院曹公过奖，檄下郡邑，给帖优免捐赎镪十金，为葺坊助，题"忠直贻谋"以赠。一时若台使者王公，兵宪钱公，君侯史公，咸议其事，奖勉逾涯。而司李王公，尤加勖焉，曰："主计者当以公心，善推置产之意，世守勿失可也！"至哉言乎！惟公可久，名之曰义，斯称实耳。计规则十七条，愿世世子孙无负邦君大夫奖勉之意云。

娄关蒋氏义庄，一在甪直，清康熙间岁贡生蒋维城偕其弟进士德埈创建，初置时田仅一百三十亩，后陆续添增至五百余亩。徐葆光、李仙根均有记。今废。一在虎邱山塘，蒋参议公祠赠兵部侍郎蒋之逵建，置田三百亩以赡族中读书之子弟。蔡方炳、盛符升均有记。嗣后历年添置，至宣统时，实存田七百余亩。

唐氏义庄，在虎邱山塘唐孝子祠内。清乾隆二十四年，唐文栋承五世祖渊遗训创建，先后捐田六百亩。

潘氏荥阳义庄，在混堂巷。清嘉庆九年，潘文起承其祖颖昌遗志创建，共置田一千二百四十三亩八分二厘四毫。费淳、法式善均有记。费淳记略云：中宪大夫麟兆潘公，世居吴中，力行善事不可枚举，尤以赡族为首务。居恒瘁力经营，先置义田若干亩，立为规约，事未竟而公殁，令子炬执、士皋、锡三遵遗命，增置田若干亩，未及建庄又先后殁。至文孙青桥观察，偕犹子辈，始续成之，共计田一千二百四十三亩八分二厘四毫。造册呈明当事，嘉庆八年，题奏奉旨俞允。盖观察之心，以中宪公之心为心，中宪公之心又以祖宗之心为心也。犹忆乾隆乙巳岁,苏郡歉收,观察倡捐,设厂煮粥赈之。嘉庆丙辰,予率属捐俸,挑浚城河。观察首先助捐,悉心经理,复以余项增修吴江石塘七十里许,予特书"功襄利济"额以赠。观察之谊重桑梓,悉推本于中宪公之行善,况系家族一本之亲乎？法式善记略云：青桥偕犹子辈,又捐资六千余两,置买元邑平江路古长庆里房屋六十余楹,重经修葺,创立义庄,祀麟兆公位于其中。

张氏义庄,在悬桥巷。清道光五年,张壦祖承其父凤德遗志创建,共置田一千一亩四分四厘七毫。石韫玉记。其略云：元和张君凤德,生有至性,孝于其亲,勤于治生,以居积起家。自奉俭约,而好善乐施,乡里族人待之举火者数十家。乾隆乙亥,吴中大饥,君出家财千金助赈,冬舍绵衣,夏施茶药。一切善事可以裨益于人者,为之孜孜不倦。尝欲捐义田以赡族人之贫乏者,未及成而谢世。今其子壦祖绍承先志,以三千三百金于苏城东北隅悬桥巷置屋一所,建立义庄,置田一千亩有奇,可谓善继善述者矣。

徐氏梓荫义庄,在葑门内盛家带,带一作坛。清道光十年,徐长庆承其父涛遗志创建,共置吴县、长洲、元和田一千九十一亩七分五厘四毫,内吴县田九亩四分,长洲县田十三亩六分三厘,元和县田一千六十八亩七分二厘四毫。按,《同治府志》作"置元和县田九百八十亩",误。今据本志采访员徐芬说帖更正。咸丰十年毁。光绪二十九年,曾孙崇明县教谕芬重建,增置田四百九十四亩四分二毫,市房五所,呈由巡抚恩寿重行奏咨立案。钱福年有记。其略云：梓荫义庄者,乃余堂徐公遵其故父,五品封职讳涛遗志所独立创建者也。公讳长庆,乾隆六十年以弓马膺乡荐,由卫守备起家,世居元和县治滨陈湖东。自公始迁郡城葑门内十梓街,庄名"梓荫"义取诸此。捐置长、元、吴三邑田一千九十一亩有奇。又在葑门内盛家带购置基地,营造庄屋。道光十年疆吏上闻,诏下礼部,旌"乐善好施"四字,给帑建坊。咸丰朝,粤寇之乱蹂躏东南,庚申四月,苏城陷,其曾孙潄芳、广文、芬尚在襁褓中,依祖母氏蒋、母氏汪,先时出走,得免于难。同治癸亥冬,城复归里,而庄屋已荡焉泯焉,所岿然存者,独绰楔耳。潄芳每过遗址,辄唏嘘不能去。爰乃锐意缮完,鸠工庀材,垣墉之,丹雘之,巍乎而隆其堂寝焉。而深其室,下之庖湢井匽,悉还旧观,并增置田四百九十四亩零。又市廛间出赁屋五所,奉其祖母氏命也。重订庄规一册,以五房递相莞摄,周而复始,俾无专擅偏任之弊。乃具牒备陈先人之经营,此日之修举,呈由大吏入告。光绪二十九年三月初五日制曰："可如所请行。"

潘氏松鳞义庄,在悬桥巷。清道光十五年,翰林院编修潘遵祁奉其祖奕隽遗命创建。初置元和县田一千四亩七分六厘四毫。《同治府志》云,今核实田一千零三亩一分四厘二毫。其后续置元和县田九百九十八亩九分八厘六毫。《同治府志》云,今核实田九百九十三亩五分二厘三毫。又并入长洲县祭田十六亩三分八厘七毫。同治中,增置读书田三百九十六亩三分八厘九毫。内吴县田一百九十九亩六分六厘八毫,元和县田一百九十六亩七分二毫。陈奂记。其略云:道光十二年壬辰春三月,荥阳潘氏建立松鳞义庄于郡城之东偏。越二十余年,岁有增置,经定章程详载规条中,既周且备,而未有庄记以志缘起。于是,掌庄遵祁、希甫属奂为之。记曰:荥阳系出徽州大阜村。康熙间,候选主事其蔚公迁吴郡,分九派,三传至贡湖公。公生三子,榕皋公、畏堂公、云浦公。父子兄弟俱膺一品封诰,高其庄门,颜曰光禄公祠。盖庄之设也,由来旧矣。先是贡湖公授祭田供祭祀,手书遗训,朘族人之赢,以济族人之绌。榕皋公暨理斋公,为其长房之子若孙,恪奉遗训,欲仿范氏良规,厚宗赡族,累有年矣。顾有志而未及行,遵祁、希甫先后遭大父丧,才逾冠耳,奋乎此举,捐田一千四亩,又造作庄屋一所。当是时,从兄曾沂设丰豫备荒仓,以惠邻里乡党。而惠族之事,遵祁等必谘询焉,以请命于芝轩相国,故云浦公支下捐二百亩。又,畏堂公支下捐番银二千,资其费用。既复积租入之,余益置九百九十亩。贡湖公旧遗十六亩,亦归入庄,以原其所始,共田二千二百二十亩有奇,更为之遍告族党,汇修支谱。谱与田相济,然承遗志,妥先灵,具豆笾尽享祀,三房所共,而经始成终者由长房。是故,遵祁、希甫实掌庄务,后世子孙其毋替。咸丰三年癸丑秋九月。

王氏义庄,在百狮子桥。清道光十七年,王有庆奉其父仁遗志创建,共置田一千十二亩九分九厘。

丁氏济阳义庄,在悬桥巷郭家桥堍。清道光十八年,州同知丁锦心,遵其父肯堂遗志创建,共置田二千亩。按,《同治府志》作:"道光十九年,丁锦涛建。"今据后裔丁怀棨,以府志有误,将事实送局,请为订正。沈传桂有记。其略云:苏郡丁氏,系出汉丁宽之后。前明隆庆间,参议公始以进士显,越数传至赠州同知半帆公,弃儒就贾,节俭勤苦,晚年稍有余积。每念同族多贫乏,乃置负郭田三百亩,慨然思建庄以垂久远。力有未逮,赍志以终。子三人,长莲浦援例纳州同知,次朴庵长庠生,季月波国学生。**莲浦敦**朴好善,生平力食所蓄,无一浪费,铢积寸累,必欲完先人未竟之绪。越三十余年**而愿竟偿**。先是,参议公有专祠,祠屋卑隘且圮。既得张氏屋,遂移建焉,并祀始迁祖以下,而以旁舍为庄屋。大府据状咨部,请旨允行赠。公旧置田四百亩,莲浦续置田四百亩,朴庵先没,其子小庵等奉父命置田一百亩,月波置田二百亩,凡三邑田,一千亩有奇,为银一万五千一百五十余两。屋基营缮、器皿之属,为银一万两,莲浦独任之而钩稽庀度。自经始以迄蒇事,莲浦偕月波董其成。小庵等亦协力督视,无虚日,参议公旧祠归于庄产,收租息充用,厘定规制,著为条约。咸丰四年,邻水县知县丁士良等,奉其父锦涛遗命,即义庄旁舍建义塾屋十二楹,积书三万余卷,读书田三百一亩五分八厘,给族子弟脩膳考费。陈奂记。

汪氏诵芬义庄,在平江路魏家桥南。清道光二十二年,汪景纯与从子廷枬承其父翼铭遗志创建，置田一千零八亩五分五厘三毫。巡抚梁章钜题请建坊，潘世恩记。记略云：古圣人之治天下，必自人道始矣。人道亲亲，而尊祖而敬宗而收族，一以贯之，非如木水之有本原乎？吾吴自宋范文正公创立义庄，以赡宗支，其法至周，其泽至远。踵而行者，代不乏人。大抵被古人惇睦之休风，而善气熏陶，俾沦浃于人心而不能自已者，盖数百年于兹矣。奉常豫庵汪君，笃行君子人也。凡生平梗概，余既撮要以铭诸墓，而捐田赡族诸事，尚阙而未详。其子若孙，善承先志，克臻厥成，亦已呈明大府，奉旨允行矣。又以家规寄余京邸，而殷然以庄记请迹。君主持家政，雍睦无间，言恒念同族繁衍，或贫乏不能自存也，将使寒者衣之，饥者食之，婚丧者赒助之，才优而秀达者，又奖励而裁成之。详审精密，不漏不支。规模既定，遂以负郭沃壤千余亩捐为义田，得旌于朝，讵非有志者事竟成乎？庚子春，建庄于平江路魏家桥，鸠匠兴工，阅三年而蒇事。其前楹奉考授通议水部公，崇所自生，明建事之有始也。中后楹奉祖考封通议学博公、曾祖考封通议公，报本追远，敬于其所尊也。楹旁奉诸父及伯兄中翰公序，以昭穆敦友于之谊也。梁桷岿丽，廊庑穆清，妥侑先灵，忾闻左右。呜呼！跻斯堂者，孝悌之心，不觉油然而生矣！君次子景纯，以优廪贡成均，浮列部曹。长孙廷柟，捷贤书进中书省，经明行修，文名鹊起。伫见和声鸣盛，联步玉堂□旧德之清芬佐煦朝，而宣化润色太平，铺张鸿业。又于其间敦本善俗，益衍先人之□□无穷。俾后嗣子孙，敬守典型，知所以慎修惇叙，善继善述能报世以滋大者，其来有自云尔。更书而为之记。道光二十二年壬寅冬月。

韩氏义庄，在娄门外大街水荷香桥。清道光中，四品荫生韩叙堂承其祖诰赠光禄大夫是升、父予告刑部尚书封遗命创建。先是，是升时已置田五百余亩；至是，又续置田一千八百余亩，以之赡族及劝学。创立规条，林则徐为序。其略云：韩氏，自前明思聪公由凤阳迁居吴郡之云和里，故人共称为云东韩氏。世以文学起家，至大司寇桂舲先生而族益大。先生父乐余公，即有志于赡族之举，遗命捐置田五百余亩，为祭修祠墓、赒急宗族之需。时韩氏义庄虽未有成规，实于此始基云。洎先生致政归里，慨然以义庄为先人未竟之业，多方筹划，几将集事，而旋归道山。公子叙堂感先生之赏志以终，而乐余公之业终于未竟也，爰于擗踊之余，即续置田一千八百余亩，合诸乐余公捐置之产，统归义庄。

陈氏义庄，在钮家巷。清道光三十年，陈骏创建，置田一千五十三亩，又置祖遗祭田一百四十五亩，族中助捐田百亩。咸丰十年毁，未建。

蒋氏义庄，在胡厢使巷。监生蒋兆烈等奉其曾祖镐遗志创建，共置田一千二十九亩八分四厘五毫。

陆氏义庄，在衮绣坊巷。清咸丰中，陆宗澄承其父铉暨本生父应铨遗志创建，旋毁于兵燹。光绪初年，子凤桐重建。彭慰高、潘尊祁并为记。彭记略云：长洲陆氏昆季，长名铉，

第八篇　族产

次名应铨，尝欲捐田赡族，而赍志以终。铉无子，以应铨之子宗澄为后，宗澄又能善承二父志，力善弗怠，如其父在时，已而奉本生母命建庄，具册呈报，以达于大吏。大吏上之朝，得旌如例。先是，应铨在时，析田三百亩，市屋两所，为宗澄弟兄三分祭产。及是，宗澄与兄宗涛、侄凤榙议归并入义庄，并呈官立案，规模初具。会粤寇乱，省垣失，事垂成而中辍，泊乎寇灭，又阅十载。宗澄之子凤桐因先人之遗绪，择地重建云。

王氏义庄，在下二十都三十七啚甪直镇。清同治十七年，王朝庆遵祖遗命创建，捐置元和县田六百十四亩。

严氏义庄，在东十九都四十六啚甪直镇。清节母陆氏遵夫严德炎遗志创建，共置元和县、昆山县田五百三十八亩。

张氏荫余义庄，在贞一上啚曹胡徐巷。清同治十二年，二品封职张永嘉遵故父遗命创建。捐置元和县田一千亩一厘三毫，房屋二所。

沈氏义庄，在下二十都三十七啚甪直镇。清同治十二年，沈国琛承其父翼升遗命创建。置元和县、昆山县田七百五十四亩。

殷氏义庄，在下二十都三十九啚甪直镇。清同治十二年，殷柄初承其父世良遗命创建。共置元和县、昆山县、新阳县田五百五十八亩。

陆氏余庆义庄，在中营基巷后徐家衖。清同治十三年，震泽安徽道员，陆乃普承其父鎣遗志创建，共置元和县、吴江县田一千三亩四分三厘。

盛氏留园义庄，在上津桥上塘。清同治十三年，武进人湖北布政使盛康创建，田亩未详。俞樾记。其略云：盛旭人方伯于本籍建设拙园义庄，同治七年，江苏巡抚以闻，诏旌如律。越六年，方伯于苏州阊门外，买得刘氏寒碧山庄而修治之，易名曰留园。又建立义庄，而即以留园名。余问："与拙园义庄同乎？否乎？"曰："异！"问其所以异，曰："拙园义庄，吾承先志，有田若干亩，有屋若干区，以及园中庭榭池沼，咸隶义庄。辜校一岁所入而十分之，以其一归拙园义庄，凡出自吾祖者，嫁娶丧葬，皆有助；以其一归家善堂，是堂之设，即在留园之旁，亲戚故旧，有无缓急，取给于此。其余八分，则凡吾之子若孙、若曾孙玄孙，以至仍孙云孙，而推之于无穷，不论贫富，皆与焉。故自吾今日观之，似涉于私，在子子孙孙，世守之则仍大公而无私。"余闻而叹曰："美哉斯举！"因述其言而为之记。

彭氏义庄，在封门内十泉街。清光绪四年，顺天府府尹彭祖贤承其父文敬公遗志创建。先是，公曾祖兵部尚书启丰已置润族田，子绍升为之记。其略云：彭氏之有润族田也，于今二十年矣。自先尚书公捐田十亩以倡族，父兄弟继捐金百五十两，买田十余亩，遂再举千金之会，收其岁息还诸族人，而以其余置田，十余年间，积至二百亩。尚书公既即世，绍升集数年所得之息，复增置田一百余亩，请于有司，造册立案。族人之无田者，予之粟；

婚嫁丧葬,予之钱;老者病者,鳏寡孤独之无告者,钱粟兼之。视范文正公义田之制,虽广狭有殊,亦渐可仰而企焉矣。时乾隆三十余年也,至是而祖贤及兄慰高踵成之,合原有及续置,共吴县、长洲县、元和县田一千六百三十四亩九厘四毫。内吴县田二十亩一分,长洲县田五百九十六亩九分六毫,元和县田一千十七亩八厘八毫。由疆吏陈请于朝,旌表如例,并御赐"义浆仁粟"匾额。

顾氏辅宜义庄,在朱长巷。清光绪二十年,顾廷贤承其祖颐庆父克昌遗命创建。先是,克昌时已置田五百余亩,至是而踵成之,合原有及续置,共长洲县、元和县田一千九十亩一厘一毫。内附廷贤继妻范氏奁赠田五十亩捐呈请奏咨立案。

杨氏宏农义庄,在混堂巷。清光绪二十五年,分省补用道杨廷杲承其祖旌表忠义杨承宗遗志创建,置元和县田一千四亩一分。由巡抚德寿奏咨立案。自为记。其略云:光绪三十年,岁在甲辰二月初吉,宏农义庄落成于古常庆里。廷杲有感而言曰:"是役也,岂余小子之力?谨以承先大父之志云尔。先大父杨氏,讳承宗,字兰舲,生而尚侠好义。宗族乡党,有以缓急告者,必推食解衣无吝色。平居暇日,尝读钱公辅所为《范文正公义田记》,辄恺慕其为人,而建庄之志滋切矣。乃志未逮而粤寇作,时先大父居城之百花巷旧庐,团练乡勇,捍卫邑里,誓不为贼屈,而卒以骂贼遇害。大吏以事上闻,朝廷嘉其风节,旌以忠义,彰实行焉。呜呼!先大父于是为不没矣!虽然先大父之志终未遂也,顾我先考少兰公,又以中年不禄,莫竟其志,维予小子丁此巨任,设又忽将事,过此以往,恐莫之知焉。今仰赖余荫,幸告厥成,第恐后之人昧先大父蓄志创造之艰,**故谨述**其匪略如此。

潘氏天池义庄,在城东水门桥长元学东。清光绪二十五年,**潘绍骝**等承其高祖元正遗命创建。陆续捐置长洲县、元和县田二千五十五亩六分一厘三毫。

徐氏春晖义庄,在南石子街。清旌表孝女徐淑英承其父佩藻遗志创建,计六十一间,置长洲县田一千十亩七分五厘。宣统元年,由巡抚陈启泰片奏请旌,并饬司存案。

吴氏承荫义庄,清长洲县附贡生吴凤清承其祖万增、父桃麟遗志创建。置长洲县田五百十一亩五分五厘一毫,又祭田二十六亩八分九厘四毫。由江苏巡抚片奏请旌,并饬司存案。

(江苏古籍出版社 1991 年影印本)

钱泳《履园丛话》卷六,《耆旧·芝岩太史》:

吴县范芝岩太史名来宗,字翰尊,为宋文正公后。中乾隆乙未进士,入翰林,告归,时年五十余矣。范氏故有义庄,积逋累累,不能资族中,咸推先生为主奉,清厘整顿,一秉至公,不三十年增置良田一千八百余亩,市廛百余所,每岁可息万金。文正公墓故在河南洛阳县之万安山，文正祖墓在苏州之天平山，俱焕然一新。而子孙之穷困者，例给钱米，一切丧葬助恤、考试之费俱倍加。自此义庄又复振兴，皆先生力也。年八十一卒。著有《洽园诗稿》十八卷。

（中华书局1979年版，第156页）

安徽
休宁茗洲吴氏

雍正休宁《茗洲吴氏家典》卷二，《祭田议》：

治人之道莫急于礼，礼有五经，莫重于祭。祭也者，非自外至者也，自中出生于心也。心怵而奉之以礼，是故先王萃合人心，总摄众志，既立之庙，又定之祭，恐其不能久也。又置之田以供牺牲粢盛之用，凡以垂诸永久，使世世子孙引而无替也。今家庙焕然，祭礼昭彰，而祭田不充，则所谓水草之菹，陆产之醢，三牲之俎，八簋之美，昆虫之异，草木之实，凡天之所生，地之所养，苟有未备，何以尽物？外不尽物，内不尽志，非孝子追养继孝之道也。一日行之，易世而寝，一朝定之，没世而忘，又岂所以光先德、昭法守也哉！吾族祭田无几，岁甲子，裔孙任廣、任席、维佐等慨然于祭祀之弗供也，各输赀若干权子母，而行且二十余年，祭田日以充矣，然计今所费，尚未敷也。《书》曰："若稽田，既勤敷菑，惟其陈修，为厥疆畎；若作室家，既勤垣墉，惟其涂及茨；若作梓材，既勤朴斫，惟其涂丹雘。"尚其扩乃业，终乃事，使吾祖宗血食千秋，而黍稷馨香，昭兹来许，于以咏歌，三子之仁孝不亦美哉！李仍朴先生曰："表彰三子之仁孝，以鼓励一族之输将，用意忠厚。"

（吴青羽撰，雍正十三年刊本）

雍正休宁《茗洲吴氏家典》卷二，《学田议》：

族之兴也，必有贤子孙为之纲纪。子孙之贤必先纳之□塾之中，俾读圣贤之书，明义理之归，授之成法，宽之岁月，涵育薰陶，而后人才有所成就。然方其入学也，有脩脯执贽之仪，有礼传膳供之费。及其长而能文也，则有笔札之资、图籍之用、膏火之需。其出而应试也，则有行李往来之供。其从师访友也，则有旦夕薪水之给，朋友庆吊酬酢之情，故欲教之使之有所成就，尤必先有以资其养，使之有所藉赖而卒其业。是故得所养，则所谓脩脯执贽、礼传膳供、笔札膏火、行李往来、旦夕薪水、庆吊酬酢之费，皆有所出。其暴弃者不足道，有志之士则莫不诗书风雅。大之观光上国，作宾王家，次亦躬列胶庠，不失为知名之士。不得所养，则费无所出。其昏愚者亦不足论，聪明才俊之子埋没于贫窭之中者，不知凡几矣。即有一二自好者流，饥寒迫其中，衣食乱其性，谋道之心不敌谋生之念，则往往辍其好修之志。及无聊不平，则易他途以自营其衣食者，又不知凡几矣。如是，而犹望贤子孙以光行德，此不易得之数也。伊川先生曰："士农不易业。既入学则不治农，然后士农判。在学之养，若士大夫之子不虑无养，虽庶人之子，既入学则亦必有养。"明乎人有养而后定志于学也。今欲其定志于学而无以资之，亦殊非祖宗所以培植人才之至意矣。吾族自先世以来无学田，或其时有未便，或有志未逮，皆不可知。其在今日，族将大矣，岂必尽有以资之豪杰之士？虽无文王犹兴，亦岂必祖宗膏火之资而后奋发而兴起？而在善体祖宗之意，以教育一族之人才，自宜创立学田，垂之永久，使世世子孙有所凭藉而为善。李仍朴先生曰："入学有养，然后志定以趋于善，程子之论至矣。"吾友介石先生著是议以劝一族，而其兄约庐先生即实心行之。吾知茗洲好义之士，必接踵而起。横渠买田画井之志将见之吴氏矣。

（吴青羽撰，正十三年刊本）

雍正休宁《茗洲吴氏家典》卷二，《义田议》：

昔范文正公为参知政事时，戒子孙，享富贵而以恩例俸赐，体祖宗均爱之意，置义田以恤宗族。余尝考其事、味其言，未尝不叹其用心之大有仁者，万物一体之气象也。乾坤，大父母也，人生其间，同得天地之气以为形，同得天地之理以为性。虽有贫贱富贵、老幼贤愚之不等，然均之为天地之子。均为天地之子，则凡天下疲癃残疾、茕独鳏寡，皆吾兄弟之颠连无告者也。此儒者之道，所以视天下犹一家、中国为一人，而不敢以一毫私意间隔于其间也。世人不察，都从自家躯壳上头起意见，往往看得道理小了他底。夫天下大矣，天下之颠连无告者，与我渺不相属矣，而自仁者视之，且引天下之颠连无告，皆为吾之兄弟。今处一族之中，同为祖宗之子，其情亲，其谊戚，而形骸之隔，不啻秦越之疏，亦见其自私之甚矣。且夫一家之中，有父子焉，有兄弟焉，有夫妇焉，有子孙焉，有僮仆臧获焉。为家长者无日不谋其安全，计其久长，察其饥饱寒燠，以为分固宜尔也。而不知祖宗当日其所以为子孙谋安全计长久者，亦如吾今日也。特其身死之后，不能自为，必俟贤子孙代之，使为子孙者各谋其安全，计其久长。而族之颠连无告者，全不之恤，祖宗亦何贵有此子孙乎？然则今之族有亲疏也，而自祖宗视之无亲疏也。今之族贫富不同也，而自祖宗均爱之。意推之，则颠连无告者在所当恤也。此吾所以反复义田之举，深觉其言之有味也。考文正当时义庄，每人日食米一升，岁衣缣一匹，嫁娶丧葬皆有给助，今无大力者，未易办此，然鳏寡、孤独、废疾亦当量有以资之。呜呼！顾安所得，此仁心为质者，起而体祖宗之意，收恤宗族，以大其一体之仁也哉？李仍朴先生曰："是《西铭》万物一体胸次，当与约庐先生输田条议并垂不朽。"

(吴青羽撰,雍正十三年刊本)

绩溪南关许余氏

光绪《绩溪县南关许余氏惇叙堂宗谱》卷一〇,《惇叙堂祠产引》:

孟子曰:"惟士无田,则亦不祭。"自秦以后井田法废,产归于民,于是乎士庶各建祠堂,即莫不有祀产焉。我族宗祠田地、店屋及派下捐助甲于他姓,向来区分类别,有合祀之产,有分祭之产,有祀令威公之产。咸丰以前,令威公生日,祠内演戏。有祀报本楼之产,有清明祭墓之产,有岁除新正拜祖散胙给胙之产,有斯文老人之产,故纳粮之户有四。道光时十三都一带田被水冲,兼以旌扬烈妇,暂行质当。兵灾之后失业者半,荒废者亦半,仅照开垦熟田插签管业,收租纳粮,比照前十不三四。旧谱兵年遗失,赖惠采公兵前在祠教读,录有私谱,但何祀之产未及详注,故兵后得以按谱稽查而不复区分,归于统同。而欲祀产之兴复,是所望于后之慷慨捐助与尽心维持者矣。

完粮户头:

市二图三甲:余惇叙户,共条银八两七钱二分九厘。

市二图四甲:许余宗户,共条银一两七钱四分一厘。

市二图七甲:许余户,共条银八钱二分六厘五毛。

市二图十甲:许余惇户,共条银四两一钱二分四厘八毛。

兵后新置共条银四钱一分四厘。

许余胡乐户,新增田七亩九分二厘四。

……

以上税额步亩遵照旧谱刊刻,间有与现在所收租数不符者,盖旧谱原额系前明流传至今。而田地则沧桑几变,有因水冲沙涨,昔之广者今变狭矣;有因垦山拓地,昔之狭者今变广矣。二十斤、二十四斤为小秤,三十斤、三十六斤为大秤,或平斗,或□斗,或司斗。秤斗亦随时变易,谱牒之中理宜存旧,而目前收租又不可狃于旧。至于佃户姓名逐年递换,新叫土名互异相称,于租谱内随时添注,兹不繁载。

(光绪十五年刻本)

《魏源集》,《庐江章氏义庄记》:

有田若干亩,庐二区,司以族之贤能,正副二。岁时公家赋常先,廪其谷若干,以周族之贫者、老废疾者、幼不能生者、寡不嫁者。粜其余谷,为钱若干缗,以佐族之女长不能嫁者、鳏不能娶妻者、学无养者、丧不能葬者。而又凶馑浸札于斯,延师养弟子于斯,旌节、劝孝、宾兴于斯。察奸罚不肖寓焉,合食亲厚族寓焉。于古有诸?

……安徽巡抚以庐江章氏捐田三千亩赡族,其规画,并义门、义仓、义学兼之,由县府道司转详入奏,敕部察例予旌,旌如例。

(中华书局1976年版,下册,第502-503页)

山西
平定潘氏

咸丰《平定潘氏合谱》,《潘氏祭田碑记》(岁进士十一世孙潘浚撰并书):

州城东郭有我潘氏茔旧圹土也。考至始祖讳子华,初建坟即居于此,名曰"天皇岭"。延至三世祖纪,迁葬于城南棋盘垴,遗此旧壤,不耕不稼者,已数百载矣。有十二世孙讳名成者,不忘祖宗之功德,整饬子孙之祀典,谋诸族人开垦此土,永为棋盘垴祭扫之资,又恐族之人见此而谋耕者,合族议定:"止许异姓租种,凡我同姓,不得借耕养之名而任意吞并,恣情典卖焉。"因勒诸石,以垂永久。

(潘组耀等修,咸丰七年刻本)

山东
黄县丁氏

宣统黄县《丁氏族谱》,《睦族说》:

前谱首重孝弟,次及族谊。予谓此两事只一事也。木有本,水有源,当奠祭时,宛然祖孙父子聚首一堂,苏氏谓"观乎此者,孝弟之心油然而生"是也。乃即此推之高、曾,本同一气,曾不数世而形体隔,情意乖矣。族中有忿争事不亟解劝,有不类行不亟创惩,其贫苦急难或至如秦越人之视肥瘠。试思邻里乡党尚有周恤之义,矧同姓乎?虽派分大小,支别远近,然以始祖视之,皆其子孙也。使九原复作,其能即安乎?其无道以处此乎?故春秋忌日有祭,祭毕会族合食,以道款洽就中事,涉忿争行蹈不类可为排解化导。至贫苦急难,余父大人约族中有力者共出粟,量为周全。法诚良,意诚美矣,然而未能久也。尝思买义田若干亩,租种获粟,储之公所,委族中殷成者司其事,量其极贫、次贫以粟,与之婚丧易钱助之。一人不能资之众,一时不能需之后,俾族人无甚贫,亦无托言贫事,此似可久矣!惜余莅任南邦三旬,告归此事,竟属子虚有志而为之逮。聊为存是说也云耳。

十一世元鹏再书于敦义堂。

(丁在麟领修,丁世佳、丁尔淇总纂,宣统元年刊本)

第八篇 族产

黄县王氏

宣统《黄县太原王氏族谱》,嘉庆《增修族谱序》:

……第念六十年矣,生齿日**繁**,浇风益盛,爷子兄弟之间多有惭德,求其自远而之近,自疏而之亲,不可得矣。或以**分爨**而争,或以交财而疏,或以谋继置产而启爨,甚且因疏而间亲,祖外以图内。始而水火,终相鱼肉,良可慨已!抑思今之视同路人者,其初一人之身也,以一人之身渐而等于路人,或且甚于仇雠,敦宗睦族之谓,何其奚忍耶?惟愿族人咸思修谱之义,共笃一本之恩,其有言语微嫌,睚眦小忿,胥化以逊让亲爱之心。间有怨之不能遽释者,亦宜各思退步,无使仇怨相寻。庶几一再传后,犹不失同宗共族之谊。由是而恪守抚宁公无用之家训,以忠厚为积善之基。法祖宗之嘉言懿行,以乘裕后人,是则吾族之厚幸也已!

嘉庆二十一年岁次丙子夏四月念二日,十三世孙懋勉谨序。

(王次山修,宣统元年刊本)

盗卖茔田与祭田之设。

宣统《黄县太原王氏族谱》第八册,《补遗》:

九世长支:之震墓在城西关谷草市村石崖子山,午向。其墓左第一邱长子士骁,第二邱三子士骅,迤下一邱人顺配。其墓右第一邱次子士骐,第二邱四子士骥,第三邱五子士骧。茔域大,分四分。同治三年五月,内有远支族人基佃私自卖与比巷村赵姓,曾被近支人告发,讼累二年。基佃暗中央求族长人等,物归原主,因此息讼。立界东至田姓,西至赵姓,南至田姓,北至赵姓,惟南面本族自立门墙,余三面俱有夥墙为界,阖族共议立碑,将茔旁隙地三分,作为春秋祭田之资,交近支年厚经管,立有帖据,永远收执,只许耕种,不许典卖。

(王次山修,宣统元年刊本)

甘肃

武威段氏

宣统《武威段氏族谱》,《祭田记》:

吾家初无祭田,至先伯父太学斗垣公于邱家庄乾山巽向新茔附近购地一石三斗、质地七斗,是为经营祭田之始。比以茔之西南沟渠溢水,乃筑地一斗以隄防之。今岁春,质地为原主赎去三斗,所余者仅一石六斗耳。每斗岁租四斗,共得租六石四斗。太学生在日,即由天顺油铺收纳,以供春秋祭祀及忌辰荐享之费,更以所余备补助戚族庆吊婚丧之资。岁以为常,无稍更易。时太学公欲厘定规约藉传久远,以事冗未果。后之人如能率由旧章,俾祭田永久保持,祭费不至亏挪,斯无负矣。

永恩仰承先泽,滥竽仕途,而回首家园,尚无祠宇以妥宗祐,清夜扪心能无兹愧?他日或薄有积蓄,窃愿有以副此志也。

宣统三年辛亥九月,八世孙永恩谨记。

(宣统三年本)

金城颜氏

光绪《金城颜氏家谱》,《置买公田记》:

辛丑中秋,颜子松如因贺节过余乞记,余曰:"记何事?"曰:"余族有公应之烦,深以为累。递年合族帮助工食,不免诛求。自予兄尔魁公长其户,因历年公费羡余,除续买石块三百余车、预备补葺坟墙外,尚积银三十余两,置买族叔帖孔水地三段,约计三亩。各地四至载在契内,不琐赘。择人租种其地,额银一钱一分八厘五毫,秋夏粮五升二合。租种人上口。有润之年,出租银五两二钱;无润之年,止出租银四两八钱;以为我族公应之资。自此以后,庶使子子孙孙不至受诛求之害矣。至完官丁银,历年派收,多寡不等。今亦于丰啬酌宜,每年每丁制钱七十五文,私不过累,公亦可办,永为定例。"夫人因事以见德,夫事即小以知大。若尔魁君者,可谓颜氏之良家长也。设出而宰一邑,即谓一邑之良邑宰也;出而守一郡,即谓一郡之良郡守也。余喜而走笔记之,勒石壁间,以垂不朽。癸未岁进士张蕴素撰。

康熙岁次辛丑菊月吉旦,家长丹如立石。

书公田后

余读范文正公《义田记》,窃叹赡族之道,体祖宗均视子孙之心,尽善尽美,无遗憾矣。然必资富而后所济者广。余家公田固其遗意,而惜乎力薄,充公之外所剩无几。故族之贫难者,莫沾余润。呜呼!同一子孙而使饥寒交迫无以养亲育子,安乎?否乎?余家现在无贵显者,固不能一人独成其志。倘效常熟杨氏义庄,藉众力共襄厥美,缓急相通,一如范杨,则衣食足而廉耻兴,又孰不愿为祖宗之良子孙哉!余志之,以望后世极力昆从,方不失一本九族之道耳。秉惰谨识。

(光绪十二年刊本)

浙江

鄞县郧东皎碶吴氏

第八篇　族产

光绪鄞县《鄧东皎碶吴氏宗谱》卷首,《公祀田山》：

乾、坤两房正,清明祭扫乡一府君、党一府君,公祀列后：

　　民田一则,大小业量计二亩二分,坐落土名四都掌。

　　民田一则,大小业量计一亩,坐落土名下宣漕。

　　民田一则,量计一亩三分,坐落赵姓土名丁家潺。

干房三月十一日祭扫莫一府君,公祀列后：

　　民田一则,大小业量计一亩,坐落土名李家洋。

　　民山一方,坐落纪家山西岙,土名鼻头梁。

祖堂前倒厅四间季房自值。

(吴承忠编修,光绪二年一耀堂木活字本)

诸暨赵氏

道光诸暨《清门福泉赵氏宗谱》卷二,《成道公庠产序》：

窃惟朝廷养士,实隆诏糈之,颁庠序尊贤,亦有廪饩之锡。志在圣贤,固无求安饱之志。欲兴礼仪,必先为衣食之图,况遇别穷通,势分顺逆。藜藿幸充,何难吟风读月；膏油弗给,只堪映雪囊萤。由是两试岁科,旅赀萧涩；三年棘闱,资斧空虚；叹黄卷之徒劳,悼青云之莫遂。兹儒业艰辛,端赖公田之培植。道年逾六旬,自四子分析外,检户内膏腴之田共十一亩八分零,立为庠产,**纵攀龙附**凤,固难邃慰诸目前而后之雅意。自好者,或以鼓舞激劝之。有机奋鹏程,题雁**塔科第联**翩,未必不由于是产之立也,爰为序。

规例开后：

一、庠产照人均分,不得妄有厚薄。新进者,夏分全租,秋分半租。

一、庠产原为读书入泮者设,所以使寒儒笃志力学,以博科名也。若监生、武生,原属饶裕,无藉于此,不得与文士均分花息。

一、恩拔岁副及登科者,依前照股均分,俟出仕后始行归出。

一、立庠产,虽尚鼓励,亦寓矜恤寒士。已老结顶,仍令分花,俟身故后,下年归出。其无志上进,结顶太早者,许于五十岁上照旧均分。

一、例贡粟监进场,若能中式,即于庠士处照例拍收花息；亦俟上任后,始让与公堂给付。

一、庠产十一亩八分零,现在四股分租。租钱坐众生殖后,有入泮,其田理应让与进者,自行种植收花,不得阻执。

一、庠产不得私行戥押,违者作不孝论,罚伊永不许收花。

一、庠产未管之先，书钱、考费皆于庠产内领给。

一、庠产已管之后，书钱、考费皆于祀产内领给。

一、读书束脩，每年议定十千为例，子孙读书者照人分派。

庠产田亩字号列左：

周字号

二百三十三，田三亩一分八厘九毫，落山埠头。

二百四十七，田二亩九厘四毫，齐观音田。

三百二，田三亩六厘，桑园衖。

三百五十五，田二亩二厘，裹案山脚。

三百三十七，田一亩五分九毫，桑园门口。

（赵伟猷等编辑，道光九年永思堂木活字本）

《皇朝经世文续编》卷六七，《礼政七·宗法》，王宗炎《陈氏义田记》：

萧山陈君铣，承厥考宇尊公遗志，输田三百亩为义田，收其租入于宗祠。视族之贫者、穷无告者、民之能为士者，而饩之粟，储其仇以待岁歉，惰游无业者不得与焉。其法简易，令人可行。思久而渝也，手疏梗概，俾宗炎为之记。

宗炎闻之，仁以济人，义以正人，不相假也。仁宗族以田，而名以义，何也？说者曰：义田者，犹言族之公田云尔，何以不言公田？公者其体，义者其用；言义则公见，言公则义不见也。古者宗以族得民，有余则归之宗，不足则资之宗。宗法废，而族人不能不私其财，始于有无不相通。终于贫富相耀，相耀则诈虞攘敓，有甚于路人者矣。昔之为道也，有恒产者有恒心。今之为道也，有恒心者有恒产。苟无恒心，寡予之则不给于用，多予之则奢靡而不知节，甚者不逾时而尽卖之；匮乏冻馁，则放辟邪侈，无所不为；不得已而绳之以法，而仁之术穷矣。义田之制，公之于族，而族人不得据而有，有口分之实而无其名，非其业而可传之世世，所以济人之穷，而通其变者也。始时陈氏之族，属疏而居远者，或觌面不相识。义田既立，月会于祠下，疾病死丧，未尝不相问也；娶妇嫁女，未尝不相告也。其贤者亦受粟为愧，其不贤者以不与于饩为耻。咸嗣股肱，纯艺黍稷，牵车牛，远服贾，用以自勉于有恒心，皆君之好行其德致之。昌黎韩氏曰：行而宜之之谓义，君为其所当为，而能使族之人，无为其所不为，田之以义名，斯为称其情者乎？

（盛康辑，光绪二十三年思补楼刻本）

《皇朝经世文续编》卷六七，《礼政七·宗法》，徐时栋《甬东吴氏义庄碑记》：

第八篇 族产

人生而无饥寒,则天下皆游民也。天下之生是人也,穷之以口体,而赡之以心力。口不食则饥,体不衣则寒,于是乎出其心力以衣食之。天若曰:尔不用心力焉,而饥寒、而冻饿、而死亡,谁恤之?是故君子劳其心,小人劳其力。古之为义庄者,昭昭然为斯人忧不足,收其宗族,户给之,毫发不藉其心力所自出。而寒有衣,饥有食,疾病有医药,子女有婚嫁,生有养,死有葬,尽生人营治赘给之道,粲然备具而无遗憾。彼受之者,暇豫其心力而无所用,则且游惰淫佚(逸)而纵其嗜欲,以入于放僻邪侈之为。呜呼!是乃所谓贤者过之者也。高赀富人,徇生于锱铢,见义若仇敌,蒙赖宗祖,既富且贵,施施然声色加于骨肉,欢乐宴会,呼卢买歌舞,累日夜不厌,一旦投赠朋党,骈观动色惊叹,而自视欲然。起观其宗族,寒无衣,饥无食,疾病无医药,子女无婚嫁,生无养,死无葬,或大声疾呼,哀告而曲愬之。则将曰:"彼自有心力而不能谋衣食焉,而责之于我?"曾子曰:"内人之疏而外人之亲,不亦远乎。"呜呼!是乃所谓不肖者不及也。然则君子将敬其宗而收其族,如之何而可?曰:亦视其心力而已矣。其心力足以自用,而无虑乎饥寒也,吾置之,其不能,则给之。虽然,试号于宗曰:不能用心力者来,吾给之。夫舍其日夜之勤苦,而可以徒取焉,其谁不来也,势不至户给焉而不止,是必断之以义。断之以义,则莫如鳏寡孤独罢癃废疾。夫苟不幸,而至乎鳏寡孤独罢癃废疾也。寒不能衣,饥不能食,疾病不能医药,子女不能婚嫁,生不能养,死不能葬,穷其心力而不足以赡口体。则于是乎籍其口之多寡而收食之,按其事之大小而振贷之,而敬宗收族之道备焉矣。由吾前言,宗族可以无游民;由吾后言,宗族可以无穷民。盖虽数十家之小宗,靡不有鳏寡孤独罢癃废疾也,亦靡不有稍有力者也。君子之行事,为可则也,为可继也。比而食之,生齿繁而其道穷,穷则弊丛起,而争讼攘夺之祸作,且固非大有力者不能为也。由吾后言,事半而功倍矣。昔吾先大夫行之于吾宗,迩者吾乡人多起而效之,若胥天下而行之,虽万世无祸乱可也。于时吴君煊烺兄弟,本其父虹桥君遗志,为甬东义庄,而即其中建槐里书塾以教子弟。余既为条治规矩,复为记贻之,俾刻诸石。

(盛康辑,光绪二十三年思补楼刻本)

江西

宜黄棠阴罗氏

道光《宜黄棠阴罗氏尚义门锦二公房谱》卷首,《各公祭产·用宾公学田》:

一段坐本里黄家堡,土名庙下,早光粘四百五十斗。

又鱼塘二丘,俱坐黄家堡庙上庙下,每年交鱼四十斤。

(罗荆璧、罗明诚等修,道光二十七年本)

祀田、祖山、坟山、地基等。

清江云溪徐氏

嘉庆清江《云溪徐氏族谱》卷五，《祖阡基业》：

一、祖坟山一障，土名长晏口，今名老墓山，壬山丙向，东至皮永胜山，南至田，西至良伯山，北至山顶，四围界至显然，合族子孙永为确守。

一、祖坟一障，土名牛脊巷，亥山巳向，东至寺田，南至中塘，西至大路，北至本姓田，四围余山植松，每年额租钱二百文，界至分明，合族子孙永为确守。

一、祖坟山一障，坐落茂材乡土名朱溪叶艳坑，命名虎形，亥山巳向，东至山，南至唐姓山，西至山水圳，北至山。四围余山植松，每年额租钱四百文，界至分明，外守坟田三号，计官田一亩二分，坐落土名叶艳坑山水圳之外，上下相连，每年额租一石四斗，合族子孙永为确守。

一、祖坟山一障，土名洋湖冈，又名稠坑，路口东至守坟茶山，上至稠坑刘山，下至杨山，南至田，西上至稠坑杨山，下至洋湖金山，北至大路，东至茶山一障，每年额租钱八百文，界至分明，合族子孙永为确守。

一、柴山一障，土名花园巘，东北至古亭杨山，东南至冈背刘山，东南至隣佑杨山，南中至墙背山，西南至牙头杨山，西北至古亭杨山，西北至邓家庄李山，东北至古亭杨山。

一、楼岗背早晚田一所，计田二十四号，共官田十一亩七分，无论丰歉，每年额早租七石，晚租七石。

  一号严家山，一亩；

  二号严家山，五分；

  三号梭水尾，九分；

  四号梭水尾，六分；

  五号梭水尾，八分；

  六号独丘际，一亩；

  七号塘珰下，七分；

  八号塘珰下，五分；

  九号塘珰下，二分；

  十号蛇形里，六分；

  十一号蛇形里，八分；

  十二号蛇形里，二分；

  十三号王家墓，六分；

十四号升丘际,晚田三分;

十五号缠墈丘,晚田三分;

十六号窑口前,晚田二分;

十七号窑口前,晚田六分;

十八号窑口前,晚田一亩;

十九号窑口前,晚田二分;

二十号溪墈下,晚田五号共七分。

一、下沙州圳墈下早田二号相连,计一亩二分,额租一石二斗。

一、合族宗祠于乾隆甲午年重修,东前至佑墙,东后有巷,南至杰房小塘,西至族巷,北至族巷,合族子孙永为确守。

一、回龙庵二重,坐北朝南,周围篱埂之内所有余地、菜地以及大小树木,俱属庵内之业,族人不得私为侵扰。

一、回龙庵田六号,共计六亩二分,科粮四斗五升五合一勺,粮有不符,庵基在内。

一号篱埂内,八分;

二号庵前,一亩八分;

三号庵前,九分;

四号庵前,一亩六分;

五号庵前,三分;

六号雷打墓,八分。

一、水塘一口,土名横泉坊。

一、水塘一口,土名枥下塽柏叶堵。

一、水塘一口,土名枥下塽长塘际。

一、水塘一口,土名枥下塽徐家泉坊。

一、老井一口,坐落三房屋基之中,合族子弟永远取水。

一、茶亭巷原属肇基之所,日后两旁起造,毋得占出。

(徐廷攀修、徐攀桂纂,嘉庆十八年刊本)

清江龚氏

民国清江《龚氏十四修族谱》,《齐高府君赡读田册》:

吾祖即永遂府君次子也。公赋性磊落,作述完远,隐居弗仕,雅重儒林。见府君出□舒国,荷蒙褒封,公缵父志,克广德心,因设立义田,以为赡读祭扫之资。迄数十传,子孙繁衍,斯文代兴,考费有藉,胙肉有颁,皆公贻谋之德可见者也。祠孙鹏南、梦麟等谨志。

今将田业方隅列后:

一、傅家墓共计田十四亩四分,议定无论水旱,每年每亩早租一石二斗五升外,地半亩,租银二钱。

一、观音阁庵前早田三亩四分,又填出六分,额定早租八石正。塘一口,租钱一千文。鲤鱼丘下地一亩,寺边地三分,租钱一千文整。

一、王淇圳田一丘,计二亩三分,额定早租四担六斗租桶。

一、邓家湖田一丘,计五分五厘,额租一石一斗。

共齐正户下二石二斗三升三合二勺,折官银二两零七分三厘,米一石二斗五升。

(龚克刚等修,民国三年刊本)

民国清江《龚氏十四修族谱》,《祭田》:

《礼》曰:有田则祭,所以实边豆、备时享也。志祭田。

一、祠堂前一丘早田三亩,又一丘早田三分,又一丘早田一亩三分,窑背上地一片,在杨姓屋旁上首。又习家禾场早田四分,又大禾坑早田六分。

祠堂祭田。

清江晚田。

莒埭坟前新开早田八分,又新淦邑新市早田大小八丘,计四亩六分,坐落淦邑四十一都三图,外地一片,一亩三分。此系护坟田地,不能照例收租,每年议长丰折纹银三两、铜钱一百,坟前树只油租,俱在其内。永泰十一府君祭田。

一、祠堂东边地一片,前广一寻七尺,中广三寻七尺,后广三寻三尺,深十寻。

一、祠堂西边地一片,前斜尖,中广二寻,后广二寻五尺,左深四寻二尺五寸,右深五寻,东为肆二,岁入僦金助祭。数具后,西肆废。

一、鱼塘计塘租三石,管年人蓄鱼许水车荫祠堂前早田,俱永泰十一府君祠堂业。

一、续置祠堂前田塝左边地一片,前至彭家巷官路,后至彭姓坟,左至炳文地,右至大路,共长三丈,前横一丈四尺,后横一丈。此地不许开垦改田,至于祠堂左边田塝,公议永远不许铲削。

又,下市背早田一亩二分,东至出业人田,南至蒋姓田,西至胡姓田,北至出业人田。

又,下市背垅八号,早田三亩,东至裴姓田,南至陈姓田,西至杨姓田,北至张姓田。

又,早田一亩八分,东至张姓田,南至陈姓田,西至陈姓田,北至张宅田。

第八篇　族产

又，蓝家巷炳明继彩住屋右边早田八分。

又，苫埲冈坟山前早田一丘九分。

(龚克刚等修，民国三年刊本)

民国清江《龚氏十四修族谱》，《遂公祠祭田碑记》：

吾祖永遂府君乃永泰迁祖六世孙也。爰伯仲祠堂定典，只祭五代，六世则祧，兹维齐文世四房子孙创建祠宇，置布祭田，以续其祀，而四公同配享焉。所有田亩方隅并续增基业列左：

一、清邑石门桥岭坑晚田一丘，计四亩。吴家埲晚田一丘，计一亩二分。东郭埲晚田一丘，计一亩六分。牛角湾晚田一丘，计五分。宋家埲晚田一丘三分。共计晚田七亩六分。每年额租定纳糯谷十八石八斗。又宋家埲早田一丘，计一亩二分五厘。虎形前早田一丘，计五分。周姓屋后早田一丘，计九分。新坡早田一丘，计八分。庄屋前早田一丘，计五分。共计早田三亩九分五厘，每年额定纳早租八担八斗。庄屋一所，连四间屋前晒场一片，前至张屋墙；左有出路大巷一条，后至祖山左右墙脚为界，晒场右边佃丁张商芝借作厨房一间，立有借字存据。庄屋后，山一障，右边合习姓有樟树为界，左至合水，后至山顶芒坑虎形九山二十八坳，对岸南山一障，钟山一障，各葬坟茔列茔域志。

一、傅家墓永遂公坟后田三亩四分。今改为地耕，以护坟茔。又地千丘，计一亩五分，俱收租钱有额。安阳田一丘，计八分。又地一亩二，共租钱有额。嘉庆廿二年，仪廷、和声二人将买双塘塝田一亩一分更换安阳地半亩为坟，凭众定界，立有更换帖为据。

一、上市背埲亭子塘早田一丘，计四亩。王淇圳早田二丘，计二亩八分。王家塘早田二丘，计三亩二分。共计十亩，额定早租十八石租桶。

一、淦属石岐埲排上早田二丘，计二亩。枫树井早田一丘，计一亩六分。车埠三号，计早田一亩六分。共计五亩二分，额定租五石二斗。

一、市背天香台与莲湖洲二处之田共十一亩一分，于嘉靖十八年公同酌议将此处之田一并售脱，得买大观桥祖茔前右边田，连号陆丘，共计六亩，每年额租九担六斗租桶。又，邓家湖张姓门口田□号，计七亩一分，每年额定早租十四担二斗租桶。

一、国课于嘉庆廿二年同户书算明推收，实该上十七都二图十甲龚遂同户下粮四石二斗一升五合七勺，每年实折官银三两九钱二分，官米二石三斗六升一合。

一、淦邑五都十二图九甲奇孙户下粮四斗五升，每年实完官银二钱七分五厘，米一斗六升二合。

以上各业收租照遵前例。齐、文两房经理出入，保守议甲完清国课。值当大差，冬祭腊祭颁给胙肉、科岁考费、上京盘缠、整修祠宇余存，不得耗用。凡我子孙务宜矢公矢慎，竭力维持，无坠厥绪，乃为克家之肖子孙也。

嗣孙维翰等谨志。

（龚克刚等修，民国三年刊本）

浮梁南阳刘氏

光绪浮梁《南阳刘氏宗谱》，《二十六代应兆公之墓图》：

右地在星槎都土名洪园凤凰山酉向，其山东至□脊南至冯姓山□脊，西至照山□脊，北至汪姓山为界，祀产开后：

一、官庄上田三亩一丘。

一、同处上田二亩二丘。

一、同处中田三亩一丘。

一、同处中田二亩二丘。

一、同处金盆塘一口计则三亩零二厘七毛。

一、星槎都洪源堰上中田三亩二丘。

一、同处照山上下田四亩九丘。

一、同处桃树下中田一亩五分一丘。

一、三间庙本祠前土库屋一重并后余地，又姚家门首基地一块，又道光五年买得王姓淘金岭山全业，系万春公祀产。

一、狮山老鼠坞旱田二亩六分二丘一本，处凤凰碛墩上园地八分一丘。

一、刘家衕内土库屋一重。

同治八年买得程姓山一号淘金岭永昌位下。

（刘燮材纂，光绪三十四年刊本）

光绪浮梁《南阳刘氏宗谱》，《墓图》：

廿八代宗汉公夫妇墓图、廿九代兆吉公夫妇墓图。

宗汉公祀产附载：

一、祀田土名郑家山早晚田二十一亩八分，大小共二十三丘。

一、本处祀地二亩一分大小四号。

一、同处基地三号。

兆吉公祀产附载：

一、祀田石鼓大田坂上田十亩二丘。

一、湖田都金花桥上田十一亩六丘。

一、湖田都金花桥中田十一亩十丘。

一、本处小坂南边塘一口计则一亩。

一、本处小坂南边塘侧中田四亩二分,共大小二丘。

一、本里北边王家塘三股内买王姓一股计则三分三厘。

一、本里小坂口凤凰硚刘家衕口大小基地三块。

(刘燮材纂,绪三十四年刊本)

光绪浮梁《南阳刘氏宗谱》:

天相公祀田,坐落长乡二图,土名方家坞口,田三丘,计种二亩。

官庄平水桥福六公山场附载于后:

一号祖山坐于浮梁西乡官庄宋家嘴,坐北向南。

一号祖山坐于浮邑西乡官庄伸目殿,坐北向南。

一号祖山坐于浮邑南乡陈毛林,坐西朝北。

一号祖山坐落鄱阳凤凰山,坐西朝东。

(刘燮材纂,光绪三十四年刊本)

光绪浮梁《南阳刘氏宗谱》,《墓图》:

三十代世环公夫妇墓图

一、本处祀田阳虎坞中田七亩,大小八丘。

一、同处晚田一亩二丘。

一、同处石桥边早田二亩,大小三丘。

一、本里方家坞阳虎坞虎山下小坂上四处,共早晚十一亩一分,大小十五丘。

一、本处村口井一口。

一、本里三间庙粮地十五亩六分,共数二十一丘。

一、本里三间庙基地共数十二块。

(刘燮材纂,光绪三十四年刊本)

宜黄棠阴罗氏

光绪宜黄《棠阴罗氏永二公三修房谱》,《本支世次传》:

第二世，公字表。

崇逊本信公子：

名税保，行崇五，葬仙五都扶椅形志亨公茔左旁。娶余氏，生于永乐辛丑九月初八亥时，殁于成化己亥二月廿八亥时，葬仙八都茔前象形。

子三：腾章、万章、明章。

永二公田段开列于后：

一、计仙五都大河土名路下，迟光占老租一百六十五斗止。

一、计仙五都里叶土名垫下，迟光占老租一百一十斗。

一、计大坪上土名朱家陂，早租三十五斗正。米银给公花户五钱二分八厘，加闰一厘，又信公花户七分七厘。

以上三段田租每年概归崇逊公祭内，供祭醮墓收照。

一、计仙八都茔前墓堂一栋。同治丁卯重修，俟熊庆云同男仁兴位住，看守祖墓山界畛地，立有领批开后。

立领字人仙八都茔前熊庆云同男仁兴。今批领到棠阴尚义坊罗崇逊公墓堂乙所共七间，坐叶姓屋后大山内，畛地四大片，不得创造，只可栽插。所有周围门壁，大小门匡，尽行俱全，厅上八仙桌乙张，琴椅二条。今凭中说合，当日去领脚铜钱十六千文，议每年三月初八来山挂醮，备饭款待菜饭四桌，酒肉罗姓自备。早日庆云位将本山坟茔添堆扒草，其屋上漏下湿，小修整庆云自修，大修造罗姓。管理香火，大小出路照原，而并议不得关放牛柴，年旱不得另生戕败弊端。或有不法者来山肆害，及罗姓子孙私伐山木弊端，庆云位自应报知罗姓各房，不得隐瞒，查出听罗众重罚。恐口无凭，立领批为据。

同治六年十二月□日立。

外批明，所有东西二边正房俱已满领楼板。再批。

立领批人熊庆云位花。

同男仁兴位押。

在见人吴显南位代笔。

吴宝俚位，俱有花押。

原批存进六公房粲成位家。

茔前坟山自康熙六年因鉴七公、请同族长向进六公房赎回，依旧是进三、五、六公三房作三大柱均照永远，于祭日同往醮墓。每年额收山租钱一百文，滴水钱六十文。赎同原字鉴三公笔，存进六公房。

茔前畛地合议字开后：

第八篇 族产

立合约字人仙七都棠阴罗永一公、永二公系下麟书等。仙八都前吴晋槐缘罗姓祖山脚下有空畭地一片,与叶姓空地相连,吴姓于同治年间买吴发龙空地一片,亦与叶姓空地相连,两家俱未注明界限,以致争竞,互相雀角。及至鸣官,旋经中亲劝和息讼,竖立界石之上,系罗姓之业;界石之下系吴姓之业,各照各业,均无异说,永为和好。今立合议字一样二纸,各执一纸为据。

同治六年丁卯岁七月□日立。

立合约字人罗永一、永二公系下:

　　　　罗麟书　巽川　兰先　粲成
　　　　拱辉　　华贵　子青　耀彩
　　　　玉章　　宝华　梦吉　会庆　新桂

立合议字人:吴晋槐

中亲眼同：　吴剑泉　吴守垣　罗绍滋　罗宝容
　　　　　　罗守灵　吴精纯　吴道纯　吴竹筠
　　　　　　吴晋卿　吴景照

代笔符克谐位。

以上列列俱有花押。

原字存进六公房粲成。

茔前赁滴水沟坑字开后,原字存进三公房巽川位家。

立赁批人仙八都茔前吴元标、吴元章位。因与洪新春位卖屋一栋,其屋后滴水沟坑为外空场一片,上至本塝石塝为界,下至本屋滴水沟坑为界,左至本场沟坑为界,右至本场石塝为界,四至界限现照明白。今罗姓将此空场租吴姓照管,每年议交租钱六十文正,不得少欠分文。如有少欠租钱,任凭罗姓租与别人,吴姓不得将空场更改,租钱不少,罗姓不得另俵他人。今欲有凭,立赁批为据。

道光二十一年五月□日立。

赁批人:吴元标、云章位,有花押。

执罗永二公系下:

说合眼同人:吴勤平、叶贵友、吴葵喈、洪成翰、罗绍付,俱有花押。

崇逊公系下于同治壬申新兴崇逊公春祭,敛钱转买田段五处,开列于后:

一、计仙五都大河土名香炉丘,迟光占租一百八十斗正,额交九十六斗。

一、计务源土名葛家岭,计早租三百二十斗正,内有阴塘一丘。

一、计仙五都大河土名墩心,迟光占租一百廿斗,额交五十六斗。

一、计仙五都大河土名预坑,迟光占租八十斗,额交六十斗正。

一、计大坪上土名朱家陂,永额交早光占租二十斗正。

一、新兴本公春祭后,续置大坪上土名朱家陂,计老租二十斗,永额交光粘谷十斗,系进六公系下卖入。

又续置土名预坑,计老租二十斗,永额交粘谷十斗,系进五公系下卖入。

此二处田段俱与本祭原田相连。

以上米银仙七二图十又甲逊公春祭花户一两一钱八分四厘,每逢闰岁增银五厘。

以上田租概归崇逊公祭内,完课供祭醮墓收照。

第九世,秉字表。

秉泰光明公子:

讳秉泰,字孟元,一字廷辅,行鉴七。明崇祯甲戌三月初十寅时生,国朝康熙戊午岁荒,助谷二千五百石,郡县嘉其尚义,事详《抚州府志》,故我房亦称尚义门。康熙己卯七月初二丑时殁,寿六十有六,葬仙五都阳坊罗画桥狮子形克虞公茔内右。

娶周氏,葬本里橘园坳卓二公茔右。

继娶预源欧阳殿二公女,顺治乙酉二月二十六丑时生,康熙乙酉十一月廿一午时殁,寿六十有一,葬仙八都杉柏坑黄蛇背印形。嘉庆辛未正月初十改葬仙五都罗画桥狮子形克虞公茔内左。

又娶建昌南城危有为公女,康熙丁未六月十三辰时生,乾隆庚申十二月十九戌时殁,寿七十有四,葬崇五都里新陂虎形。嘉庆辛未正月初十改葬仙五都罗画桥狮子形克虞公茔左。

子四,兴弼、兴芳、兴瑛、兴珍,欧阳氏出。

兴球、兴瑗、兴瑞、兴芸,危氏出。

女一,适本里承恩坊吴盛九。

会省大祠入有特主配享,载《省垣罗氏祠志录》。

支祖三七公、仲良公、尚义守志公永设世胙。

一、泥钟山施猪母坑,计租一百斗。

一、仙六都南源观音桥施余湖坑,计租一百二十斗,又施黄泥口,计租一百二十斗。

一、本坊黎家庙施罗坪段,计租三百六十斗。

一、本里松华山施猪母石,计租一百斗。

一、计仙五都小河上庄窑前萨牛场田租一百斗,每年现只收钱四百文,恂五八公、恂六二公、恂六七公三房均照,米银系先年三房均收归户。

第八篇 族产

一、计孟元公老仓屋一所,坐行宫下手,面前晒场与本屋左右砖墙直至荣玉公祠左墙脚为界,系恂五一公、恂五八公、恂六二公、恂六七公四房均照,每年额收租钱一千六百文,四房均分。

一、计湖田巷内地基一片,今系族奇玉位创造房屋,屋内中心为界,外即益盛号,内原有滴水暗沟为界,每年额收租钱一千二百文,系恂五八公、恂六二公、恂六七公三房均照,奇玉位赁字存巽川位家。

一、计官庄墓堂一所,每年额交地租钱六百文,恂五八公、恂六二公、恂六七公三房均照,一计官庄山租每年额交钱一千二百文,亦系恂五八公、恂六二公、恂六七公三房均照。

系下新兴孟元公春祭田段开列于后:
一、计均平段土名青树庙前,早租三百八十五斗,额交二百四十斗。
一、计朱家陂土名寮下,迟光占实租□斗,额交一百四十斗。
一、计仙五都大河饶家土名沙丘,实光占租一百九十斗。
一、计仙六都上坪卓三孺人蛇笋,迟租四十斗。

每年醮墓者收为伙食之资,花户坐仙七一图十一甲又九甲,孟公新祭一户米银五钱八分整,孟元公一户米银六分整,仙六都蛇笋一户,米银七厘,九甲孟二公新兴祭一户,米银二钱四分六厘。

以上花户四单共计米银八钱九分三厘,闰加三厘。

以上四段四处原属系下敛钱兴祭,有主之家照祭簿字号值首收租,供祭完课,未入主之家不得混收,并不得与祭。日后或有补入者,照旧五千文,若补入半主者,照旧二千五百文,不得值首。惟绅士可以与祭领胙。

一、公议有主之家年登七十者来祠与饮。

一、公议有主之家文武登正榜者送贺礼钱八千文,会试赠金二千文,进士、翰林以次酌加。如有同榜者,除正供醮墓用外,照人数均分,下年不得补收。若优拔副贡,送贺礼钱四千文。

一、公议有主之家捐纳子孙,未入大祠,亦准与祭颁胙,不在家者不得代替饮酒,并不得领胙。其已入大祠者或不在家,亦不准代替饮酒,只领半胙。入泮者如之。

一、公议文武应试者,有主之家虽未与祭,亦得代替饮酒并颁全胙。

(罗兔等修,光绪二年刊本)

浮梁南阳刘氏

光绪浮梁《南阳刘氏宗谱》,《刘侯生祠报本堂图》:

右侯祠在落马桥下首,坐北朝南。其祠北至寝堂后古墙外滴水为界,其墙东至官街,西至大沟为界,其祠东至官街直下照墙外南边窖地一所,至窖墙外为界,西至随沟下为界,南至照墙外滴水为界,界内所有店屋坯房基地及本祠自造店屋,并本祠置买各处产业备载于后。

祠内东边:

一、店屋基地二间,谭必林租钱三百文。

一、同处店屋基地二间半,金大伊租钱八百四十文。

一、店屋基地一间,王凤租钱四百文。

一、店屋基地一间,江绳武租钱二百十文。

一、店屋基地二间,余均美租钱一千正。

一、店屋基地一间,陈元友租钱四百二十文。

一、店屋一间空地一所,刘德美租银八两。

一、同处店屋一间,和太租钱一千六百一十文。

照墙外各下窖地一所,熊占魁租钱七百文。

照墙角对面店屋一间后空基地一所,义茂租银六两五钱。

西边窖地一所,李茂松租钱三百廿文。

又,窖地一所,李茂松租钱三百二十文。

一、店屋基地一间,集庆堂租钱六百四十文。

一、店屋基地二间,刘官宝租钱一千文。

一、店屋三间四廒后空坦一所廒屋二间,江乔宝租银六两四钱。

一、同处坯房基地四间二廒店屋基地三间,屋外空地一所,刘明万租银四两正。

一、生祠后西边坯房基地一片,冯正恒租典钱八百文。

一、油榨衖内新置房屋五间,坐东朝西,并面前余地一片。

一、同处店屋一间,王道元租钱一千三百文。

一、同处店屋一间,涂秀占租钱一千三百文。

一、同处店屋一间,余仁茂租钱一千六百文。

一、同处店屋一间,刘拾宗租钱一千五百文。

一、同处店屋一间,刘一宗租钱一千八百文。

一、生祠西边坯房六间店屋二间粪窖二所基地,松林租。

一、生祠西边坯房基地八间一廒，江国俊租。

一、同处坯房基地七间，马森茂租。

一、生祠西边店屋基地五间，余全义租。

（刘燮材纂，光绪三十四年刊本）

光绪浮梁《南阳刘氏宗谱》，《明股支祠敦本堂图》：

右祠在镇市都一保埠桥下首，坐卯向酉，兼甲庚三分，系上房明股支祠。所有祠内祀产祀由逐一开后：

一、本祠阶檐下左右土库各一重，屋外各有店面；

一、大堂右边余屋一所并后门内空坦左边余屋二所四间；

一、寝堂右边坯房基地一所左边厨屋一间；

一、苦连树下坯房基地一所；

一、坯房基地一所；

一、银坑坞潘家桥口睡虎形山一号上葬支祖义五公，山窊鹁鸡湾祀田七丘有图；

一、赵家坞口架上金盆形山一号上葬祖端十六公，有图；

一、樵溪都眠犬形山一号上葬祖母甄孺人，有图。

（刘燮材纂，光绪三十四年刊本）

光绪浮梁《南阳刘氏宗谱》，《仲昭公生祠图》：

老房支祠祀产开后：

一、徐家井土库屋一重，乾隆八年间文贵同恭等另新改造坯房六间，每年收租银十六两二钱整；

一、同处坯房五间，乾隆十四年另行新造，又买廒屋一间，共六间，每年收租银十两六钱正；

一、本处王家衖土屋一重，每年租银三两有零；

一、扫帚坑地三块，每年租钱一千二百文；

一、本处小河边基地一块，每年租钱三百文；

一、本处唐家埠地一方，每年租钱六百文；

一、本处坂地一号，年租钱每七百文；

一、本都二图象山一号；

一、本里淘金岭山一号；

一、本都三图李冲坞山一号。

以上各产俱载租息,惟山租多寡不一,不便载数。

(刘燮材纂,光绪三十四年刊本)

光绪浮梁《南阳刘氏宗谱》,《墓图·十八代祖兴三公墓图》:

祀产逐一开后:

一、市埠桥上首下河坯房三间二厫,余逢年租;

一、同处坯房基地四间一厫,余逢年租;

一、市埠桥下河店屋基地一所,松林租;

一、市埠桥下河岭上窨屋基地一重,胡继龙租;

一、同处窨屋基地一重,郭仁义租;

一、同处窨屋基地一重,江仁锦租;

　　千佛楼下河店屋基地一间,刘万俊租;

　　绣球衕下河店屋基地一间,余忠虎租;

一、同处店房基地一间半,袁从三租;

一、同处下河横路上土库屋基地一重,师成章租;

一、同处坯房基地七间,江太裕租;

一、同处屋基地四间,王达海租;

一、同处店屋基地二间,张明先租;

一、市埠桥下河坯房基地三间,马和盛租;

一、同处房屋地七间前后廒屋基地六间,余大盛租;

一、同处坯房基地五间,侨先租;

一、同处坯房基地三间半,冯正衮租;

一、基地一间,冯正衮租;

一、千佛楼上首坐西朝东店屋一间,陈兆祥租;

一、太平碛头店屋基地二间,和凤园租。

右各业皆兴三公位下祀产,内有宣四公位下微产,思三公遗剩微产附载在内。每年清明收租祭扫三处坟墓,值下汉明国廉四股轮流供事。

(刘燮材纂,光绪三十四年刊本)

宜黄棠阴罗氏

第八篇 族产

道光《宜黄棠阴罗氏尚义门锦二公房谱》卷首,《各公祭产》:

豫章本厚公春祭,雍正五年重新开载祖山田地于后:

一段坐仙七下都渣浒土名何家礶,计租一百八十斗阴;

一段坐仙十都官坊土名社冈上,计租六十斗小,出对;

一段坐仙九都下南土名社坑,计租二十二斗阴,出对;

此三段田原系本祖入主,分归原田。

一祖山一号坐仙八都湖坪寨,土名山湾金钗形;

一祖山一号坐仙八都土名焦坑象形;

一祖山一号坐仙十都官坊西排蟹形;

一祖山一号坐仙十都麻坑土名饶坊邱公磜;

又本里江家巷檀树庙背畲地一所。

已上田米、山米、畲米计五斗五升三合。

记明:金钗祖山三大柱,开进十七公房下应分一大柱,内将一股卖与珮十六公、伯九公、锦二公三家均照。又伯九公房下三股,伯四公、伯十公卖与珮十六公照,伯九公止照本名下一股。又进十七公房下除原卖外,尚存有山二股,至雍正乙巳年尽卖与樽六公照。

记明:蟹形祖山三大柱,开进十七公房下应分一柱,尽卖与进十公照。

记明:官坊田段及下南社坑二处田租因窎远不便,大众与樽六公房下对换仙七下都沙陂角田,计租八十斗,其粮米应各照,田上多寡**对转归户输纳**。

豫章本厚公春祭田产开后,各家丁酒名数另**载祭簿:**

一段坐仙五都阳坊土名下堡,计租五十斗阴,计粮九升八合三勺三抄;

一段坐仙三都小源土名练坑,计租二百三十五斗阴,计粮四斗正;

一段坐仙三都小源土名松树口,计租六十五斗阴,计粮一斗三升七合;

一段坐仙七都上坪土名坑仔,计租一百斗阴,计粮一斗六升四合;

一段坐仙七下都芋源土名尖下,计租四十六斗阴,计粮八升;

一段坐仙八都大岗店背及仓后,共计租一百三十斗阴,计粮二斗正;

一段坐仙七上都官庄土名柞树下,计租二百斗阴,计粮三斗三升三合;

一段坐仙八都大岗土名郭楼坑,计租二百斗阴,计粮二斗八升九合;

一段坐仙八都湖坪寨土名北田,计租三十二斗三筒阴,计粮六升。

已上共记田租一千零四十三斗三筒,共计粮一石七斗六升一合三勺三抄,带前项山米、田米实共有粮二石三斗一升三合三勺三抄,公议收入仙五一图又五甲本厚公房。

各支续置祖山祭田开后:

进十公房下

一号坐仙八都湖坪寨土名感应山啸天龙形；

一号坐仙八都湖坪寨土名扶椅形；

一号坐仙八都湖坪寨土名阴山排；

一号坐仙八都湖坪寨土名石岭蛇形；

一号坐仙八都湖坪寨土名人形；

一号坐仙八都湖坪寨土名高窠；

一号坐仙八都湖坪寨土名垫上蜈蚣形。

记明：仙八都各处山下田租及洲租俱拨与看山人收管，以供常年春冬挂醮饭食。

总计：山米、田米共九升，收入仙五一图五甲罗映辉户。

一号坐仙十都官坊社冈上土名蟹形，其山与众山相联。

伯五公位下新买周姓，来户照依家数出价。

计山米一升，亦收入仙五一图五甲罗映辉户。

进十七公房下

一号坐仙八都湖坪寨里山湾屋后。

守志公祭田开列于后：

一段坐仙七都土名白竹山，军田，计早占租一百零五斗，佃人吴云初；

一段坐仙七都大坪上土名彰公岭，计早五百五十斗，佃人罗九皋，旁上山下一丘，路下大小相连四丘，过塍隔远跳号二小丘，共七丘；

一段坐仙三都小源上坪土名仇家园，计早粘二百三十五斗，佃人吴若俚；

一段坐仙三都土名里厚坊，计糯租六百零六斗，佃人罗明万、三猪仔；

一段坐仙三都土名外厚坊，计占糯一千零八斗，佃人罗冬桂；

一段坐仙五都湖山寺前，计占租七十二斗，佃人寺僧；

一段坐仙五都湖山神林前，土名下九十，计糯租五十斗，佃人寺僧；

一段坐仙五都湖山前垅里，土名狮牯坑，计迟占一百五十斗，佃人罗乞姑；

一段坐仙五都陈姓里段土名石牛，计租二十斗，佃人欧阳瑞行子；

一段坐仙五都车上庵坜，计迟租一百一十五斗，佃人邱继高子；

一段坐仙五都车上土名杨家园，计租二百八十五斗，佃人邱盈顺、垂万弟；

一段坐仙五都官庄里土名叶山下，计粘租二百四十斗，佃人胡会俚；

一段坐仙五都索浒土名上下里灶，计糯租二百廿五斗，佃人罗五山子；

一段坐仙五都车上土名铁路前，计迟粘租一百七十五斗，佃人邱继高子；

一段坐仙五都车上土名坳上,计迟占一百斗,佃人吴姨婆;

一段坐仙五都坳上土名李宅廓,计早粘五十五斗,佃人朱用行;

一段坐仙七都土名吴坊段,计占糯一百八十斗,佃人李日华;

一段坐仙七下都土名杨家园上三十,计糯占六百斗,佃人洪如玉;

一段坐仙五都滁阳岭院庄土名新基,计粘租一百五十斗,佃人,此段历未出众;

一段坐仙五都滁阳岭上院土名杏树下,计粘租三十斗,佃人,此段历未出众;

一段坐仙五都车上土名大源口,计粘糯租二百四十斗,佃人邱集和、文和;

一段坐仙五都坳上土名门首,计租五十斗,佃人朱用行。

以上共有田二十三段,共计租五千二百六十一斗。

外妙灵山议交迟谷一百六十斗,领批存韵初位。

照十五公房先年祭产开后:

一段坐仙四都土名沙坑,计实租八十斗,佃人廖贡南;

一段坐仙四都土名坑头,计实租六十斗,佃人欧阳德二十;

一段坐仙四都下庄土名吴宅门首,计实租八十斗,老佃人吴宇成,新佃吴;

一段坐仙七都黄家堡水西山房侧,计实租三十斗,佃人吴秀珍,新佃;又黄家堡地租每年额交租钱二百文;

一段坐仙五都余家岭土名桂竹坑,计实租八十五斗,老佃胡兆行,新佃;

一段坐仙四都崖岭,土名竹下山,计实租四十斗。

又一段土名同前,计实租四十斗,佃人廖仁川,义忠。

一桂三公特主每年收主钱□文;

一花灯会每年收□文;

一文昌会;

一三兴公屋租每年收钱四百文。

兴瑞公醮祭田产开后,所议醮祭规款悉载祭簿:

嘉庆□年买迟田一段,坐仙五都上庄土名笼里,计实光粘谷一百五十斗,来户约存。

嘉庆二十四年收本甲方享,实米二斗八升正。

嘉庆□年买迟田一段,坐仙五都大河土名洋源,计实额交光粘谷一百四十斗,来户约存。

原佃大河吴麟书,所立借耕批,领耕批存以藩公家,今佃。

嘉庆二十四年收本图五又甲开三五实米二斗五合八勺三抄九撮。

嘉庆□年买迟田一段,坐仙五都湖山土名瘦柏,计实光粘谷一百八十六斗。 本东巷宏夫位来户约存载祭簿。

道光六年丙戌三月又买租一十五斗,系与此田同段,来户约存载祭簿,今佃桃园吴敞俚。

嘉庆二十四年收仙七三图十六甲绍箕,实米三斗四合二升。

以上迟田三段共计实谷四百七十六斗正。

道光□年做册在仙七二图五甲新立。

兴瑞公祭花户共收实米八斗二升七合八勺三抄九撮,米心银六钱三分八厘,闰月照加,册存以藩公赓颰位家。

嘉庆十九年二月初四,查明俊社会原映魁公起会一柱,照二十公自受分及续置,实共二□六六六六零。本日经会众簿上载清,常年应照二十公祭内值首之家收谷分钱饮酒,共谷与钱一并归祭,非值首之家不得混收。

东升公祭田:

一段坐仙五都外黄土名桐原坑,迟光粘二百二十斗;

一段坐本都里带土名陶坑,迟光租一百八十斗;

一段坐仙三都小原土名符竹口,额交迟光粘四十斗。

用宾公祭田:

一段坐本里黄家堡水西山房下首,早光粘六十斗;

一段同坐水西山房屋侧,早光粘三十斗外,畲地一片;

一段坐仙五都尧方土名土地堂,迟光粘一百四十斗;

一段坐仙五都小河上庄土名桂坑,迟光粘一百四十斗;

一段坐本里土名李家坳,早光粘一百九十八斗;

一段坐仙五都阳坊土名官坪段坟脚下,迟光粘四十斗。

用宾公学田:

一段坐本里黄家堡土名庙下,早光粘四百五十斗;

又鱼塘二丘,俱坐黄家堡庙上庙下,每年交鱼四十斤。

用宾公坟山:

一号坐阳坊土名官坪段。

资先公祭田:

一段坐仙四都戴家山土名鸟石下,迟光粘一百五十斗;

一段坐仙五都坳上,迟光四十斗;

一段坐仙五都大河土名窑脚下,迟光粘二百二十斗;

一段坐仙五都外缠坑土名晒背,迟光粘二百四十斗。

(罗荆壁、罗明诚等修,道光二十七年本)

南丰济阳江氏

乾隆南丰《济阳江氏分修族谱》:

西平忠馨(编者按:原文为"兴"字。)祖支坟山醮产开后:

祖山

一嶂坐落十一都社坑山名梨树窠,东至田为界,西至嵊脊为界,南至陈姓山嵊为界,北至李姓山嵊田为界,立有界石。

一嶂坐落十一都社坑面前山名狐狸口,东至李姓山为界,西至李、陈二姓山为界,南至山脚为界,北至王姓山嵊脊为界,立有界石。

一嶂坐落本都山名芭蕉坑,小、大奉形螺蛳形基孙祖窠,叠连数嶂,东至田及上舍江姓山圳为界,西至崔姓枫兜嵊脊为界,南至大路为界,北至嵊脊为界。

一嶂坐落十一都山名石榴花磔蛇形。

祖田

一段坐落十一都社坑土名书窠,计田十九号,吴家窠计田二十一号,共计租八石,李又明佃。

一段坐落本都汤家窠门口,计田三号,又一段坐落南堡面前,计田八号,共计租十二石,岫云祖位下三房轮收,邓缔玉佃。

一段坐落西平段土名堑背,计田一号,计租八石,岫云祖位下三房轮耕。

一段坐落西平段土名瘦丘,计田三号,计租八石,内有一号在崔尊士塘内,杨丛为界,岫云祖位下三房轮耕。

一段坐落杨树湖,计田二号,计租二十石,岫云祖位下三房轮耕。

一面前塘尾鱼塘一口,塘埂上空地一片,岫云祖位下三房随杨树湖醮田轮贡。

一住居来龙樟树园一障,培植松木,不许砍伐,东至田为界,西南北俱有园堑为界,西堑外有空地一片。

一塘尾旧屋基二(编者按:原文为"一"。)所,屋基下空地一片。

一支祖祠堂建立上舍田地屋宇,忠兴、岫云祖支四分之一。

(江南金等修,乾隆四十五年刊本)

万载辛氏

民国万载《辛氏六房谱》,道光《南坡辛氏义塾记》(道光署令巢县举人杨献弼):

皇上国家崇兴文教,凡天下学塾有关义举者,例得旌并详入志。癸未冬,余摄万载篆,适辛氏南坡义塾以载志**谱请**。南坡义塾者,乾隆五十二年其族长聚等倡义所创立也。嘉庆初,廷芝、炳昭等复输**册醵金**置膏火田若干亩,名曰南坡,以宋时南坡由隆兴来万,为一族鼻祖,示不忘也。塾距南郭里许,枕山面江,形势宏敞,平畴千顷,翠浪交输,仙岭、鹅峰、天马诸山蜿蜒秀峙,可以远眺望,可以舒啸歌。会讲有堂,藏修有舍,退食有厅,庖湢有所。后有圃,杂蒔名花数十种,乔干高枝,鸟韵悠扬,前有月台方广数十步,有曲池袤延数十弓,绕以曲垣,阖以重扃,俾出入有稽而游洽者无自而入,其所以为造就计者至深远矣。余既据载志乘,其族复以记请余。惟古者家有塾,塾者熟也,以素所熟游之地萃素所熟习之人,深其陶成,教自易易也。抑又闻南坡之结庐西山也,以存诚主教为本,以格物致知为功。其主讲隆兴也,生徒至者以百数。今此塾也,萃同姓子弟互相竞劝,其将专力帖括,以为弋获梯乎?抑亦体验身心邦家之达,由此选乎?吾知创塾者好义,以为倡入塾者集义,以为本大家声,而为国储材胥于是乎在,固不辞而为之记。道光甲申闰七月。

(辛观涛等修,民国四年木活字本)

民国万载《辛氏六房谱》,《大祠义塾田记》(炳晟):

夫鼓舞人材,首资培植。我族从前起有文昌会,虽积久侵蚀,原规全没,然美意未始不可追也。乾隆六十年,族长凝之公倡率,创置义塾于南门外之吼里塅。族之有意乎光大前人之志事以裕其后昆者,诚乡远近咸闻而是之。遂乃人思训牖,士竞观摩,逮乙卯一岁中会试、乡试,文榜、武榜得隽者踵相接而起。维时族长畹堂公次第得报,其为快良甚,顾以为策盛事者,期于日上,要于可久,爰进而谋于众,图所为变通以善厥后,此义田输册之所由起也。议既克合,凡有能**捐囊襄祀**费者,或曲体先意,代赞远筹,或自广德心,共成良画。公议并迎主入祠,其配食**袝食**则一视所入为差,尤多者另颁胙,数少者能以时补,襄一例迎祀。由是输者云集,前后所入至三千有奇,陆续买田四千余把。于戏!裕后有其具矣。惜中间经理未善,不无花费,然及今整顿修业而息之,所增益盖未可量,抑吾于此愿有说焉。此义田非祀田也。祀田以待春秋祭扫之用,幸有可供每岁支销,仅足敷用;义田则专为鼓舞人材,备荒赡丁而设,以教以养,祖宗之留诒,子孙之乐利,端在乎是,待时而后取给,其闲年固可滋长也。继自今董事者幸毋以祠中岁费相支涉,合之固皆祠产,分之则祀田、义田有相济无相妨,此则族长公及诸君子踊跃为会之意也夫!

(辛观涛等修,民国四年木活字本)

第八篇 族产

民国万载《辛氏六房谱》,《大祠义学行义田小引》(文彬):

吾族义学基创于凝之公。嗣于乾隆乙卯年,畹堂先生商集同族设法立会置产。维时愚宦蜀中,承先生手札示知,愚额手称庆,但自愧弗能助也。庚申归里,闻置田已四千有余,益共喜慰。嘉庆甲子年正月,祠中集生童开课,族正士晋、延房长炳图、顺房长廷棻、觐房长树诒、达房长炳席、昌房长树桧、孚房长金骥、通房长金溇及学博淑邮先生、待御筠谷先生与愚在坐。愚问义学已有基址,几时可兴工。诸公答以必须五千金方能集事,若目今力尚不足。愚谓天下事惟创始实难,今幸有凭藉,况以诸公经理,自可计日而成。惟是义学、义田昔人相辅而行,为利较属公溥不识,可以兼行否?佥曰:此意诚然,第目下且以买田积谷为急务,至办理此事一切规制,俟日后方可筹也。既而因续谱系,修栈房,郡城建考棚,祠中所有公产不敷于用,辄于会中取给,陆续用费至千有余金,致数年来会内所增置田产仅一千有零。前丁卯、庚午两秋闱,生监赴试发盘费若干,诸房长虑丰凶之无常,有未雨绸缪之思,恐此意之未有成局,将来或不免仍为未了之愿也。适届淑邮、筠谷两先生服阕候补,尚未束装,于是相与筹度妥议,以崇文教、备凶荒二项,目下数年虽未能备举,而趁此时酌定章程,详立条款,为合族将来举行经久之计,俾规模划一,垂为永利,诚事之不可缓者。各房长公以逮斯文,族众共以为然,再三商度而乃就。愚喜众议佥同,行见相与以有成也,欣然志其缘起于简端。

(辛观涛等修,民国四年木活字本)

民国万载《辛氏六房谱》,《公定义田款条述》(炳晟):

有节缩乃有羡余,有积聚乃有开销。此权盈虚备,缓急不易之陈言,夫人而知之也,而守之实难。自常平社仓以遍及私家长子孙之计,创始者非无美意良法,划一之昭垂而不久,旋为虚文,不待穷之乎!其出而先耗之于所入,故昔之人每曰有治人而已。虽然出入之无章,奉行蔑可遵循,即目前且立病,况可久哉!我族义田条例之所为立也,族之有义田也,始乾隆乙卯。乡会文武得隽之报叠来,爰设经久裕后之图,公为义田输册,欲藉是鼓舞人材,预备凶荒,前后入银至三千四百有奇,置田凡数千数百把,意至善也。值经理者中乖而耗且几盈千矣,既而各尊长觉焉,从而力矫其弊,别义田于旧所有祀田之外,彼以专祭扫,此以待滋息。经理者又择人,法至善也。而数年来续修谱系,郡建考棚,暨盘费花红正用已自不少,而周旋里人之意,酬应捐助且至再四,盖阅今为田但五千有奇,或亦事会为之矣。于是各尊长公及老成人慨然思及时酌立章程,严滥与以裕本图,纾远筹而谨近费。凡目前力有未及而规模特先定之,他年局自愈恢而变通,且姑俟之商榷条件。总以扶人材、拯荒歉二义兼行,务节缩有余以多买田积谷为主,冀以推广其义于不匮。盖美意仍前,而良法且加详,经理者自是其可久矣乎。吾闻法莫敝于欲速,意莫病于近名。夫义田之所欲施设事诚急也,宽其程以资之,则蓄滋丰为田以万计,庶展所怀岁未荒而先戒枲出,不以时价无几而田不可广所存者,又或先告绌也。操约而境赊,则力止于此,而所入已不足敷所出矣。义田之所由挹注数有限也,谨其费以息之,则业日增而利之所在,恐愚以观其效者,或不遑计也。花红盘费之需即殷实不厌其多,平价发粜之望虽中年共乐,其有徇众誉而不度有无,喜豪施而不量缓急,则力难为继而所出,或至于反阙其所入矣。其无是二者,则义田之美意长存,而良法可广也。其有是二者,则义田之良法虽具,而美意终虚也。此则存乎继起之有人,而是册之所垂,固不足以尽之矣。既以谂于各尊长及老成人,爰谨述所闻以质后来者。

（辛观涛等修,民国四年木活字本）

民国万载《辛氏六房谱》,《大祠义学兼行义田册序》(从益):

广义学为义田,其施博而事难。然义学之建,工材为先,实惠之被于士尚有所待,而惠亦不能它及。义田积谷以赈荒,且可备培养士子之资,惠均而事切,意良善也!其储蓄宜裕,其规画宜详,其量入为出,随宜变通,俾财可久而惠不虚。总恃乎行法者虚衷斟酌,实心经理,期无失乎立法之初意而已。吾族在万载有"辛半县"之称,生齿无虑万余,惠恤之难有非范文正义田法所可例者。旧有义学、会田,司事者每难其人,近得公举廉能之士,诸君经纪一切井然。今年诸尊长以义学不如义田也,推广其意,务省浮费,多置田积谷为赈荒计,其花红盘费仍旧。既与诸绅士详订条规,族之人皆曰尽善。质孚先生既制序弁其首,吾兄淑邮又为述其例,意有欲速近名之戒,所以纪原末、图久违者,二篇之文详矣。益不敏,亦复何庸赘词哉?窃惟利之所在,有举莫废,例之所援,相谅为难。花红盘费,例所常有。固阙给不可矣,赈荒虽不数见,然行之不慎,可一举而立竭积岁之藏,尚虞其易竭也。而持重过当,有可给之赈资,俟多余于异日。舍现在应举之义,而虚冀将来待增之田,不惟嗷嗷之众将援义以相责,亦大非义田立法之初心矣。反是而勉徇正情,竭区区数千把之入,以频餍万余人之求。势且立穷,而义田且终至于败。然则谨守规条,权衡情势,使惠周而财不至于匮,用节而恩不至于靳,与一切随宜调剂者,得不于司事诸君是望乎哉?余行且入都,他日闻邑岁频登族,无赈贷之烦,有救荒之备而不必用,而谷日以积田日以增也。族之人科名叠见,领花红盘费,赴公车谒余来京者于然且以众也。既以征圣世家给人足之休,且以见吾族睦友任恤之美与衣冠之盛,而范氏义田不得专美于前,此则区区隐愿所私愜,亦吾族诸君子所同庆也夫!

（辛观涛等修,民国四年木活字本）

第八篇 族产

民国万载《辛氏六房谱》,《筹捐义田劝输引代》(师云):

义学与义田有异乎?曰:义学以鼓舞人才,义田以周恤贫困,事不同也。有轻重乎?曰:立塾以兴贤,积谷以备荒,族有士必有民,自有教必有养,二者并重,阙一不可。事异者宜分理,并重者贵兼行,则今日之继义学而筹义田也,乌容缓?吾族之有义学久矣。乾隆六十年族长凝之公创买义塾于城南之吼里塅,畹堂先生继之,倡议输助置产,为久大计。所入合三千余金,购田四千余百把。既以为科岁考卷赀、乡会试朝考各旅费,及获隽者花红、戏筵诸用,兼拟以其赢余居积起息,以备岁歉平粜,甚盛举也。既而农部质孚先生为族督,偕教授公、少宰公筹修族谱,既竣事,殷然念族中人文之盛、义学之息有余,而救荒赡族之不容偏废也。商诸合族,列具义学兼行义田事宜若干条,书于册,良法美意,深堪宗仰,迄今二十余年矣。吾族科名日盛,而义学经费有常。恭遇国家大庆数举,族之登贤书、贡成均者前后相望,一切花红旅费既不赀加,创构会城试馆,乐助邑中志乘、宾兴诸公事,司事者入不敷出,百计挪凑,实形支绌。夫始将以义学兼义田,而今一义学犹恐弗赡,其何以继成凝之、畹堂、质孚先生之事而延祖考之泽于弗替?窃心恧焉,爰集族众妥议,佥谓乐输,迎立配食、祔食,一切章程俱依畹堂公乙卯劝捐之旧而减其资,其膺封典、出仕、列绅衿者又以次递减。其从前已经祔食愿升配食者,减去祔食之数,其资少者钱一千以上咸得量力襄助,载之籍以垂永久,**俾解囊**者易为力而集腋者观厥成,顾不善欤?又以义学、义田兼而行尤必分而理,议于义学田内拨出二千把为义田基,而以现输者补义学亏欠,有余则尽划归义田项下,择族之才而贤者分董其事,以专责成。诸君子当重念祖考之留贻,子孙之乐利,宜无不踊**跃豪输,襄成善**举者矣。抑余于此有深望焉。自凝之公倡购义塾,而乙卯一岁中乡会文**武榜得隽者踵**相接,自畹堂公倡捐义田,而少宰公首以词臣典闽试、擢谏垣,浒历卿贰,淑邮、敬堂两先生先后成进士,族之领乡荐列搢绅者且数十人。盖本固枝荣,家和福集,不爽若是?是举也,成吾族之科第仕宦,其必有绍前哲而更炽昌者乎!况凶年无不足,则丰岁必有余,族子弟之朴而愿者均得以时**躬勤俭**,计衣食,自振其家行。见户崇孝弟,人习诗书,睦姻任恤之风,保世滋大。于以大**慰凝之**、畹堂、质孚诸先生之志,而为子孙光裕之大谟,是则合族所厚幸也夫!

(辛观涛等修,民国四年木活字本)

民国万载《辛氏六房谱》,《义田记》(辰云):

古之名田多矣,未有以义名者,惟《南史》有续命田,偶遇荒年倾仓以济,被以美名耳。至于置田赡族,实始范文正公,而松江张氏继之,此外罕闻焉。盖古惟卿大夫立宗,宗必世禄,大功以上无异财,其稍疏者宗子力足赡之,本无事义田也。自宗法不行,所谓以族得民者不可复见,或欲赡而无力,力足矣昭穆既远,视同路人,故为者实鲜。钱公辅记云:"奉养止乎一已,族之人操壶瓢为沟中瘠。"读之能无慨然。吾族义田之设,庶几能敦古谊者乎?田之创,本由报功劝输,合赀而成则亦均财赡族之意也。其初为义学,因义学遂兼行义田,意愈美,法愈良矣。厥后科名既盛,**试费骤**增,邑之公事与土木之工又从而耗之,于是租息所入供义学不足,遑问义田?前辈**赡族深**心,几中替焉。诸房长忧之,爰集众议,酌减筹捐,以弥其阙。而拨出田二千六百余把,专为备荒计,择贤能分领之。盖本前辈之意,略为变通,要无失乎兼行之实而已。夫精神不患不强,患其不萃;公事不难虑始,难在图终。昔之兼行也,作养之事日开而饥馑之告甚偶,谁为未雨之绸缪?其既也,义田之事未举,而义学之产已亏,几同无米之炊馔。无他,精神不萃,用志遂纷,好大喜功,转失本意,固无足怪。今惟分理焉,司义学者不以多财广鹜,司义田者得以一意预筹,谨守成规,分曹树绩,经营滋息,增拓非难也。夫义田虽云不丰,而稔年并无所用,一遇凶荒,则量入为出,偶行之,不无小补。积少成多,推广焉可使咸周,要在经理得人而已。以吾族急公好义,闻一善举,捐囊恐后,始效已见,尚冀有以终之,使丰年日见其增而凶岁不至稍歉,虽百世长存可也。夫范庄迄今千余年,张氏亦百数十载,沾溉族人始终无间。吾愿司事诸公竭心维持,毋使范、张专美于前,而辛氏子孙永免为沟中瘠,于以仰副前辈创法恤贫之意,与族贤乐输赡族之心岂不懿欤!道光丁酉仲夏。

(辛观涛等修,民国四年木活字本)

广西

《皇朝经世文编续集》卷五八,《礼政五·宗法上》,谢济世《蒋明府祭田学田记》:

士无田不祭。至于学有无田而自奋者,有因有田而反自画者。然而天生蒸民,上智下愚少,而中材多,置田是或一道也。余先世无学田而有祭田,八世以上祭田亦不存。盖祭者宗子之事,应长房主之,田亦应长房守之。后世宗支之礼既废,又虑专司者之私鬻也,于是乎各房轮之。当其传世未久,虽间有败子,田以祭而存。及其久也,人各急私而缓公,某沟某洫,无人过而问之。有争有讼,无人起而任之。承平尚恐失业,况经丧乱,其不存也,固宜。然而五世之外,亲尽服绝,田虽存,亦不敢祭。若犹在五世之内也,祭既可轮主,田亦可轮守也。乡先达宴琼蒋公,以孝廉宰河间之献县。其归也,为其祖若父各置祭田若干亩,又为其父置学田若干亩。祭田上及祖父,孝也;学田旁及同父兄弟之子孙,弟也,慈也。一举而三善备矣。而或者举范文正公之义田以少之。呜呼!世有舟沉宦海荡及先畴者矣,置田云乎哉。亦有襆被归来,馆粥不给者矣,祭田、学田云乎哉?又有捆载还乡,自置祭田、学田,而忘其祖祢者矣,义田云乎哉?

乾隆丙寅孟秋,后学某记。

(饶玉成辑,光绪八年刊本)

(二)产业来源

族产主要来自:祖遗田产、族人捐献、族人集资、绝户遗产、房租、利息。

魏裔介《兼济堂文集》卷一一,《斗山高先生传》:

高三位,保□之新安人也。其先自小兴州徙畿内者,讳鹏举。七世祖讳应金,应金生善官,善官生先生。……顾生当明季,不欲仕,独优游于田野,岁时伏腊,招延亲友饮酒赋诗以自乐。然其趋履端方不苟,又非纵情嵇、阮之比。建家庙,置祭田,凡宗族贫乏不能振者,赒给无倦,而友于兄弟尤笃。治家勤俭,教子有法,以崇祯壬申年三月十七日卒于里,享年六十六。

(《四库全书》本)

朱彝尊《曝书亭集》卷七九,《孙恭人墓志铭》:

恭人姓孙氏,世居县之西山。父处士某,有五女,不生男子。恭人最少,娴内,则处士怜之,及笄归程翁子谦。翁远服贾贸迁滁、泗、颍、亳诸州,恭人家居事舅姑,尽力洁盘餐,而能饬躬以俭。暇课臧仆种紫瓜白苋蔬果绕墙屋,夜督女婢篝火治机绞,以为常。惟教二子,厚脩脯延名师讲经义。每放假,叩以所学则色喜。谋于夫子,置祭田,春秋联其宗族。又念所生之不祀也,别为祠屋,立栗主,俾二子陈俎豆拜焉。赒戚懿之穷者,赙邻里乡党之死丧者,至率水之堤、屯溪之石梁,动费金钱累万,恭人悉劝翁成之。盖翁固乐善不倦,亦由恭人倾箱篚,不少靳,盖所见者远而所施者,弘矣!

今世禄之家,夫不以智率,妇不以义从。往往为之妇者,辄制其夫,夫亦甘受制,而不知耻。即为善之念油然根于心,而管钥恒司于内,虽铢两之需,不谋诸妇不可得。由是失其初心者,不少也。惟浮屠道士营造,动以祸福惑愚妇人,则施予者有焉。以予闻恭人临没,诫其子勿作佛事。呜呼!恭人孜孜为善,若是特不惑于二氏,此士君子所难能也已!

恭人生于明崇祯元年月日,卒以康熙四十二年月日,享年七十有六。以覃恩诰封子二人,长即员外君,次仑内阁中书舍人,出嗣世父;后女三人均嫁士族。孙男五人,女一人,曾孙男一人。铭曰:德积于身,宁责报于子孙。然不爽者,天征信者,文吾铭其藏,岂惟以贻程氏之后昆。

(《四库全书》本)

蔡世远《二希堂文集》卷九,《赠奉直大夫玉林徐君墓表》:

雍正五年岁丁未,福建总督高公、巡抚常公合辞奏曰:"维仙游太学生徐万宝敦修累善,岁饥赈米八千余石,殁于积劳,尚义可风,请建坊立祠。"上下其议。礼部特给帑金建坊,有司虔造牌位入祠致祭。钦定"善劳可嘉"匾额,荫一子入监读书。……竟以积劳成疾,逾三月而终,时雍正四年九月二十一日也,春秋五十。卒之前一月,遗嘱千余言。戒诸子弟以力学,敦行尊师取友,勿信奉佛氏作无益费,抽家资三之一为义田。曰范文正公以惠一族,吾以惠家乡,继我未了之志也。

(《四库全书》本)

毛奇龄《西河集》卷九二,《敕授儒林郎山东都运分司运判俞君墓志铭》:

……康熙十九年改补山东。……是年,以覃恩赠其父如君官,母张继母董皆进赠安人。无何,以他事归。君尝念其曾大母苦节未旌已格于例,乃于初任河东时,请之裕亲王手书"节孝"、"贞操"二匾额以旌其门。至是归,将改祖宅为家庙,而建坊以填之。且念其母董安人家无嗣,曾于其故里立一庄名"萧庄",置田如千为董氏祀产,而未竟其业。因于其归时,重至萧庄,将恢扩田亩作祀产,而溽暑驰骤,遂得疾以逝。哀哉!君讳凤章,字九仪,别字余庵。尝颜其堂曰"未能"。曰:"吾于斯道,有未能也。"生于天启乙丑十月六日,卒于康熙丙寅四月四日,年六十有二。由镶黄旗官学教习,历任河东都运、陕西分司、山东都运胶莱分司运判、加一级敕授儒林郎。配王氏封安人,子二。

(《四库全书》本)

汪琬《尧峰文钞》卷一〇,《奉直大夫前山东按察司佥事蒋公神道碑》:

尤厚于宗族,数买田以赒其贫者。

(《四库全书》本)

毛奇龄《西河集》卷四七,《三韩张氏家谱序》:

夫辑族之法,先分而后合。其先分者何也?分姓为氏分,氏又为族也。国君禅一姓,而卿大夫下则各受以氏,而判以族,而后合。何也?一姓合诸氏,一氏又合诸族也。

(《四库全书》本)

直隶

北方较大的家族一般都有族田等族产来保障祭祀等家族活动的展开,而一些贫弱无族产的家族开展合族活动时往往临时捐助或集资。族产来源有祖上留传、族人捐置、集资买置等等形式,族田一般可增但禁止典卖,并避免与族人发生租佃关系,一方面是怕族人争佃族田,另一方面也是怕族人拖欠租谷,久而久之甚至将族田当作自己的财产,永远占据。另外因族产房份所有权问题,家族内部也时有矛盾发生。

交河李氏

民国沧州交河马连坦《李氏族谱》,咸丰《献邑刘家庄李氏轮流充甲承种随差地合同》:

立合同李灿若、李廷柱、李成、李本青、李德林、李照远、李具、李天德。公议随差地四十亩八股轮流承种,膺充甲头周而复始,第五年,李志林股二支承种,膺充不许争夺搀越乱其次序,前顶李本青后接李照远,立此存照。

嘉庆五年四月十五日立。

咸丰三年本初抄。

(民国二十六年八修本)

文安王氏

民国文安《王氏宗谱》附录二,同治《张管营旧茔田记》:

张管营旧茔其始未有祭田,祭祀费用之所出,初亦未有常供。盖聚族而居,支派未远,自能及时供给,其势然也。厥后族人迁徙日众,子孙繁滋,不获时来祭扫。同治五年岁丙寅,襄阳公、安州公虑祭祀之或缺也,因及铜陵公合力捐置祭田,四亩有半,……再从堂伯齐东公亦自捐地田亩为祭田,与先茔东壤相接。东西广八号,南北长一百二十号,悉两地之岁收以供祭祀。以先茔密迩左家庄,故祭田亦在邻近,因举其事由长房齐东公子孙世世经营理董之。而地契则仍由二支长房、二房子孙各自典藏。水源木本之思,缵祖诒谋之业,吾先世之所图既深且远,逮及云仍而未有极也!述其颠末以示后人。

(民国二十五年刊本)

光绪年间合作置祭田。

沧州吴官屯边氏

民国沧州吴官屯《边氏族谱》,《十二世安平、安庆两公及十三世连升、连成两公合置祭田记》:

东北祖茔西旁祭田三亩余,经三支于前清光绪年间置于张辛庄杨姓之地,由安平公出钱二十五吊,安庆公出钱二十五吊,连升、连成两公合出钱十吊,共同置买,以充祭田,令德贤孝,后辈人切宜效法也。

(民国十八年重修本)

江苏

苏州陆氏

光绪苏州《陆氏葑门支谱》卷一三,《义庄条规选》:

《义庄条规》,咸丰五年十二月定:

一、义庄之设,所以专祭祀而恤宗族也。五世祖庐峰公尝创后世子孙力能稍裕当捐田赡族之议,先考、本生考,有志未逮,本生母志早殁,夫赡族心未遂乎建庄,今澄远承先志,将元邑田一千余亩捐做义产,以垂永久,所有一切规条开列于后。

一、吾陆氏子姓繁衍,今定赡族规条,断自曾祖绳武公始,凡绳武公支下子姓贫乏者,量加赒赠,其非绳武公支下者,不在此列。俟后有盈余,或族中续捐田房,再为以次推广。

一、族中有自愿捐田入庄者,无论多寡,日后概行照捐勒石。若以中下之田捐入义庄,实则冀免赔累者,庄中不得滥收,至所捐田亩,一体归掌庄人经管,捐田之子孙,不得藉此干预庄务。

一、向来义庄皆有一定章程,惟听掌庄人依照章程处置,一专责成。族中无论远近,虽有尊长,不得干预侵扰。

一、惟正之供,首宜慎重,须依限完纳,掌庄人不得懈忽。

一、义庄费用虽缺,不得向亲族借垫;如有盈余,亦须存储,勿稍暂为挪用,俟稍有三年之蓄,方可增置田产,呈明立案勒石。族中田产,义庄不得典卖。

一、义庄田产,理宜首先国课,再许支销。现在田只一千余亩,为数无多,设遇岁歉,不敷所用,掌庄人权事之缓急,或停或给,随时酌办;丰收后,仍照规支发。要在调剂得宜,以免支绌之累。

一、凡庄内条漕公用、春秋祭享,及给发银米并零星杂用,俱分计簿,逐年结算,核实报销,簿存庄内。

一、义田与私产不同,私产供一家之用,租缺尚可别挪。若义田缺租,钱粮赒给公用,何从挪补?俟后收租,例限各佃年清年款,不准拖欠;顽抗者,送官从严比追,勿稍任其短欠。

一、族人无论支米不支米者,照各庄定例,不得租种庄田,不得借住庄屋。本庄祭祀饮福之外,不得在庄宴会。设族中议事,与庄无涉者,亦不得在庄会叙。庄中不得停柩,以及寄存对象、借用庄内器皿什物。

一、现在所捐义田一千余亩,业将官给方单,注明"丰裕义庄"字样,并详造都图圩丘号亩分条漕清册,呈官逐纸钤印,发还执守以昭慎重。日后添置添捐田亩,即照此例,由庄随时造册呈官钤印,给还执守。不得另行私存,致有典卖之弊。

一、义庄例设庄正、庄副,综理庄务,兹谨避正副之名,综理者曰掌庄,赞助者曰稽庄。顾名思义,仰承先志,经理一切,规模粗具,深惧不克胜任,致负先人遗意,所当夙夜尽心,以期勿替前修。子孙务在恪遵遗训,周恤宗支,毋得废弛庄务。

一、掌庄由建庄本支后裔轮当,掌庄一人,稽庄两人,主奉一人。至掌庄、稽庄,永远归建庄后裔三房后,各长房,每当三年,递相轮换承当。主奉则归建庄后裔之最长者,均世守勿替。

一、凡庄中司帐,悉用外姓,一有不合,随时可以斥退。若用本家,则子姓繁多,难于去取,一病也。倘生觊觎之心,转有倾轧之弊,与"敦睦"二字大相背谬,二病也。抑或有账目不清等事,既难徇情面而误要公,复难因钱财而转伤族谊,三病也。从前张太宜人遗训早见及此,况庄关合族,尤宜恪遵,永以为法。

一、庄内设立司帐两人。一专司钱米、条漕,支放月米;一专司祭器、修葺、杂务。两人辛膳,视其事之繁简酌定,按期支送,其余帮办庄内一切事件之人,随时酌增议辛。

一、俟续增田亩,庄中经费充足。掌庄之人每年酌酬薪水、轿马费,计米二十石,稽庄减半,主奉六石,年终支送。如本人急公好义,情愿捐入庄中者,注明庄册。

一、各支下司事,每年酬米四石,年终支送,不得预支,亦不得寄存。其有情愿捐入者,亦注明庄册。

右共十七条,宗澄谨志。

《祭祀规条》,咸丰五年十二月定:

一、正祠正楹奉五世祖庐峰栗主,东楹奉先考廷声公栗主,西楹奉本生考仓桥公栗主。今升祔东楹而以西楹奉先考蕉亭府君栗主。男凤桐谨识。中祠正楹奉庐峰公以上三代栗主,东楹奉庐峰公以下直接廷声公、仓桥公以上六世至十一世六代栗主,西楹奉续捐田亩及有功于庄者栗主。后祠正楹奉朔里分支始祖讳域公栗主,东楹奉建庄后子姓栗主,西楹奉庐峰公支下九世至十三世子姓栗主。嗣后凡有功德于庄,或捐田赡族出力办庄者,准于中祠西楹配享。

一、春祭定于三月,秋祭定于九月。司庄者预选日期用传单知会各房。届期赴庄,各穿公服,敬谨展祀。其有必不得已事不能到者,单至,即便注明何事,预缴庄内,不得临期无故不到，以昭诚敬。

一、祭器谨遵会典定例置备，祭毕后，庄内敬谨收藏。

一、祭祀之期，子姓黎明齐集，庄内备设朝点。一次馂馀不过五簋，以崇俭朴。与祭子孙会食后各散。

一、庄经创始规条，势难周备。设有未备之处，与祭者即婉告掌庄人，随时商办，不得借端滋扰，致失敬先之意。

一、每月朔望，子姓例应诣庄展拜。掌庄者候至日午，即将各祠封闭。

一、倘有恃强无礼，不遵成规，自恃无求，春秋祭祀不到，生死嫁娶不报，将来伊名下无现丁册可稽。设或他日贫乏请支，概不准给。如能改悔前非，必得族中报明，庄中补行注册，俟三年后方准一体支给，为不敬祖宗者戒。

一、凡祭祀，主祭一人，东西分献。每案一人，鸣赞一人，引赞三人，读祝文一人，司香帛爵每案二人，先期派定，其余子姓随同展拜。

右共八条，宗澄谨志。

《赡族规条》，咸丰五年十二月定：

一、吾陆氏系出平原，为吴中四姓之一。曾祖绳武公支下子姓繁衍，或务本治生，克承堂构，或怀清履洁，不屑他求，或年富力强。自能谋食，间有贫乏无依及孤寡废病不能自养者，原当酌筹矜恤，惟经费不充，岁收有限，恐周给不继，难垂永久。今定创始规条，悉从简易，所以示限制而量出入也。所定规条，呈官钤印，一切遵行。他日能续捐田亩，再议扩充，是所幸焉。

一、设立义庄之后，应设现丁口册，凡绳武公支下子孙，每年增减人口，娶妇嫁女，以及生子生孙，俱应随时报明庄内，以便登写。其非绳武公支下，凡系庐峰公子孙，亦应照此例，俾日后推广办理有所稽查也。

一、自绳武公支下，由掌庄派各支房长，作为司事给发图记。凡遇支下子姓，例应支给各款，及应支月米，即由司事加戳报庄，以杜冒滥。自开庄派定后，永远归各支长房承当，该房长材不胜任，或年高不能任事者，即由此支下另择公正廉明者，妥为办理。

一、凡贫老无依，不能自养者，无论男女，五十一岁为始，每月给米一斗二升；六十以上，每月给米一斗五升；七十以上，每月给米二斗；八十以上，每月给米二斗四升；九十以上，每月给米二斗八升。百岁建坊，贺仪七十串，制钱一百两，以申敬老之意。

一、凡寡妇贫乏者，每月给米一斗二升，至六十岁以上，照年老例递加。其守节在三十岁以内者，每月给米一斗五升，至六十岁以上，仍照年老例递加。

一、凡幼孤贫乏者，十岁以内，每月给米八升；十岁以外，每月给米一斗二升。男至十七岁,女至出嫁日俱停给。

一、凡废疾无人养恤者,十六岁以内,照幼孤例;十七岁至六十岁,每月给米一斗二升,六十以上照年老例递加。

一、凡成丁男,自十七岁至五十岁,理宜勤力谋生,非鳏寡孤独、老疾可比,本不在应给之例。其有势处极贫,人尚安分者,不得不于常格之外,暂为酌给。因仿范庄规条,于每年十一月初报庄给据,十二月二十日,凭据,岁给米四斗。其家有数口者,给六斗。不准预支。五十岁以上,仍照年老例,按月支给。

一、族中力不能丧葬者,均宜酌济。无论男、妇,遇有死亡,报明庄内,无力成殓者,贴七十串,制钱八两。无力安葬者,贴七十串,制钱八两。未婚嫁者,减半。十岁以内不给。如支费不葬,查出照例罚停月米。

一、族中力不能嫁娶者,先期报明庄内,贴七十串,制钱八两;无子断弦续娶,贴七十串,制钱六两,有子者不给,买妾不给,再醮不给。

一、凡仅能糊口不支取月米者,如遇丧葬、嫁娶等事,仍准支给。

一、凡无力读书者,照大概庄例,每年贴束脩七十串,制钱三两,听便从师。至十六岁以上,有志功名,从师肄业,每年给膏火七十串,制钱六两。如应县试、府试,各给考费七十串,制钱一两。院试二两,入泮奖给四两,岁科试二两,乡试八两,中式奖给十六两,会试三十两,中式奖给三十两,殿试点用奖给三十两,恩拔岁副优贡奖给八两。脩脯膏火,按季支取,考费临时支给。如支钱而不从师、不赴考者,将应支月米议罚停给。奖给钱,不论贫富均给。

一、习业谋生,足以自立,与读书应试无异,亦应推广成就。嗣后子姓无力者始习业,由支长报明,给七十串,制钱四两,备置铺陈。进店后,至写立关书,仍由支长查明,本店人作保,再报给七十串,制钱十六两,仍将关书送验发还。或所习之业无需关书,费则于三年后由支长查明,本店人作保,再报。习业已成,给七十串,制钱四两,以示鼓励。倘一习未成,改就他业,本不应重给。如在三年内原店停歇,咎非自取,准由支长覆查,再报给七十串,制钱二两,俟其习成。有无关书,亦准如前,查明报给。

一、族中凡忠孝节义,有事实可据,例得请旌建坊。而无力者报庄,奖给七十串,制钱二十两。死后,庄中设立神位,祔祀庄祠。

一、以上请给银米者,照大概庄例,俱由本人开列事实,由本支司事核查确实,加用图记,呈送庄中。不论尊幼,例用副启声叙。俟掌庄覆查核实应给后,注明庄册,加用图记,给票支领。其曾经给发,例应加给者同,以昭画一。

一、给米用部颁斗斛,所给米色即随本年租米确存应用。或以钱折算,即照市价核给,如付银洋,亦照时价合算,以杜抬合克扣之弊。

一、以上给米者,每人预给领据一纸,定于双月初一日,赴庄支领。届期发米后,加用某月分付讫印记,仍发还执守。次期照前支给,一年一换,即于十二月初二日收还旧据,另给新据。凡发米之期,风雨不更。

一、凡应给月米,不准预支,不准过期,不准寄存,以杜出入蒙混之弊。

一、临期给米,先尊后卑;同辈则先远后近。如有喧嚷争先者,以抗违宪禁,亵越宗祠,论罚停月米。

一、支给钱米,惟妇女、幼孤、疾病,及新遭亲丧,在百日内者,俱准近房持据代领,无据者不给。余悉亲自到庄,不得央人代领。不准将据抵押与人,犯者永远停给。

一、凡绳武公支下,现居吴中者,照规请给。其非绳武公支下,以及散居他省者,势难稽查,一概不给。

一、凡符例请给者,注明现年几岁,以便按照现丁册核发。倘支米丁口中有身故者,当时即将领据缴庄,凭给丧葬例费,毋许稍有朦隐。

一、应给月米,如本人因事外出,暂行停给,俟归后查实再给,不准补前。

一、凡支领月米之家,如有死亡匿报,及过继子女冒领,本庄察出或宗族报明,不但领过者追扣虚冒之数,即本身有应给之米,亦俱罚停。

一、向年无力,后可自养者,不复给。

一、凡取异姓为后者,例所宜斥,不准入现丁册内,不准冒请给米;将子女出继外姓者同。

一、凡不孝不悌,甚至流入匪类,作奸犯科,及身为仆役,卖女作妾,玷辱祖先者,照大概庄例,摈弃出族,除籍出族。及其妻女子孙除籍、只除本身之籍,按事大小,量予惩警。

一、凡支给银米,须实与前项规条相符,方准支给。如有徇情冒滥,必致支绌顿形,而贫苦者反无实济。以后掌庄及支长司事,务须秉公核实,毋滥毋苛。

一、义庄初立,一切规模俱从简略。所有捐出义田,暂于本栈收租,另立仓廒存储,另立簿册登记,以归核实。

一、收入租米,筛搧洁净,先将二米出粜,收价入帐。净米除完漕外,碓白存廒,以备给发。其有盈余,准即粜归,收钱耕用。其糠粞等,亦一例变价入帐。

一、规模初具,未及周详,所有宜增宜减之处,务在随时变通,以期永远云云。

右共三十一条,宗澄谨志。

《续增规条》,同治十三年八月定:

以上规条由蕉亭府君采择郡城各义庄规条参酌拟定，呈案敬录付镌。今谨酌增四则附刊于后，以申未竟之绪。

一、本生祖考仓桥公祭产，元邑田三百亩，阊门外市房两所，本系伯父容舟公、叔父春圃公暨府君三房输，当于咸丰六年冬归入庄中经理，以完祖考仓桥公、祖妣张太宜人未竟之志。嗣后凡仓桥公之后，无论已未出嗣，设有贫乏，应领庄米者，因有此项田产，准其照常例加半给发。丧葬嫁娶、学业等费同。

一、祖墓在齐门总管塘桥。地名长瑶池者，为朔里分支。始祖考讳域公，二世祖考讳镛公。在葑门矮凳桥者，为三世祖考守庵公、四世祖考怀萱公，又对照小坟一座。在光福山凤鸣冈者三：一为五世祖考庐峰公，一为六世祖考元来公、七世祖考济之公，一为八世祖考尔清公、九世祖考自行公、本生曾祖考礼惇公。在银定山者二：一为高祖考绳武公、曾祖考辅九公、祖考廷声公，地名白象湾；一为本生曾祖考荣九公、曾伯祖考修尊公，地名竹园里。在凤凰池者二：一为本生祖考仓桥公、叔祖考芳声公，地名夏家场；一为先考蕉亭府君。以上各墓，一体归庄办赋祭扫，遇有损伤，随时修葺。

一、本庄拟设族墓一区。族中或无力购地，愿葬族墓者，报庄，代为经理，刊立墓石，序明世次。每年春季，邀集已葬之支裔，祭扫一次。所费庄内开销。

一、庄中房屋，现在仅足敷用。除每年修葺外，将来如有盈余，添置田亩，必须添造廒间栈房等屋，以便盖藏。惟不准建设园囿污池，致启奢靡。以归撙节，而图远大。

右共四条。男凤桐增识。

（陆锦烺修，光绪十四年丰裕义庄刊本）

上海曹氏

捐纳和宗祠的置买田亩，捐田入祠大约是当时的族规。此件撰于民国，有尾无头，捐田大户资料阙如，兹录清朝有关内容。

民国《上海曹氏族谱》卷四，康熙《祠堂祭田记略》（曹浩）：

康熙四十六年，君略公入祠，天可公助本邑十八保七八图上田五亩整。

康熙四十七年，葵园公助田三亩半，霞公助田三亩，正夫公助田一亩。

康熙五十三年，天宜公、典文公入祠，佩书公助田二亩。

康熙六十年，惠文公继配范太孺人助本邑十八保七八图称字圩上田二亩。

宗祠置买田亩：

康熙五十八年，买本邑十八保七八图称字圩上田十九亩五分三厘四毫、又本邑十六保四十七九图寒字圩上田四亩二厘。

康熙五十九年，买本邑十六保四十六图冬字圩上田十一亩二厘五毫、又同字圩上田四亩一厘九毫。

康熙五十九年，买本邑十六保四十七九图寒字圩上田七亩九分二厘，又十八保十图海字圩上田十四亩一分二厘八毫，又十八保十一图果字圩上田七亩一分七厘一毫，又十八保四十八图鳞字圩上田四亩二分。

康熙六十年，买本邑十八保七八图上田六分六厘三毫。

以上共田一百九十四亩九分九厘三毫，照康熙谱抄录。

此田早已消归无有。但先人热心祠产，或捐或助或购置，其功不可湮没，故附载于谱。

（民国十四年崇孝堂排印本）

丹徒李氏

民国《丹徒李氏家乘》卷六，乾隆《附载置买公祠正契》：

立绝卖房屋基地山塘树木文契人陈青岱同弟信符。

今将父遗受分住房一所，坐落南门外岳祠坊潘家园马字圩第□号，朝东坐西，平屋楼房大小共计四十一间，并连在上装修周围墙垣，随屋基地，一切土木相连，寸砖片瓦，俱各不动。四至开后，央中说合，立契绝卖与李名下永远执业。当日凭中牙估值时价，产平产色白银一千两整，即日归身收受，银契两交明白。自绝卖之后，听凭买主更**新起造**，推收入册过户当差。尊例绝卖，永无异说。未卖之先，并无重复交易、公私债准逼**勒**等情，亦无亲族外人有分，倘有此情，系身理质，与买主无涉。恐后无凭，立此绝卖房屋基地山塘树木文契，永远存照。

东至塘外小路，南至园地外大路，西至本宅后田外塘心，北至小土山外小路。所有上首张姓正、找契，议单共七纸，交于买主收执。此外，倘有遗失契纸，日后检出，俱作废纸。

又照。契后于五十一年祠宇告成，东屏、补廷、吟川、谷泉、奎章等公议批十二字，云"此产建造李氏宗祠，永远存照"。

乾隆四十二年十二月□日，立绝卖房屋基地山塘树木文契人陈青岱同弟信符。

见弟陈敬言

见亲友毕云苏、程明远、夏介眉、王鲁玉、何锦章

官牙朱德先俱押

契尾

户名李永基于四十三年三月二十八日完税银三十两。

抚都院挂布字四千六百四十三号。

(民国六年本立堂刻本)

民国《丹徒李氏家乘》卷六,乾隆《附载控陈姓案卷录要》:

(乾隆)四十九年十一月二十五日呈丹徒县学:

具呈监生李锦、监生李浩、举人李鸿、生员李登甲等报告。李大呈为仗劣踞房迫叩详追事,生等于四十二年凭中牙估值,用价白银一千两,明中正契,置买生员陈青岱同弟信符住房一所,随即尊例报税,印契抄电,并立让房期帖,期至四十三年四月搬让交房。岂至期邀中清业契,外勒索搬移银一百五十两,当凭中毕晴川情恳,先交银九十两,余银六十两。又凭中杨青芩议明,代伊交兑寻房之价,奈价兑房空,伊仍久占。其银退存中见处,延今八载。信符虽久搬让,并遭青岱一罟鲸吞,倚劣护符,横行虎踞,不但卖犹未卖,且契载四至内,一切房屋、园地、山塘、树木,俱载交单。今房屋遭伊毁坏,树木任伊砍伐,田园凭伊采租。中理多番,负隅不睬。切思民间买卖产业,以契为凭,契中为证,而交产以契约为准,并无既卖久占之条,亦无秀士霸产之例。若衣冠文墨,交易千金,花押重重,尚不足凭,则乡野农夫,契书十字者,又何足据?刁风启自文生蔑例,尤关学校。况粮由产定,有土而后有粮。无论正价,外又勒搬移,现生等空当七载之粮,伊竟稳占无粮之业,且将契卖之产毁坏不堪。在伊,不过仗一青衿欺生等造祠公产,未必齐心合一,纵然具控,不难延宕差房。究之,不有祖宗,何来孙子。宗祠乃报本之基,实宗祖寝灵之所,惨遭鸠占,抱恨泉台。缘伊名列宫墙,公嚎学宪,谕生等赴宪案具呈申详定,拟为此公叩太宗师,据情详请刻赐备申,扶例除豪,祖孙共戴。哀切上呈被告陈青岱干证计抄绝卖印契一纸、让房契约一纸。

十一月二十八日儒学详院文稿:

丹徒县学高,为仗劣踞房迫叩详追事。据监生李锦等呈前事词称云云等情,计抄粘内开云云等情到学。据此,该卑职伏查陈青岱即陈克明,系卑学附生,似此吞价踞房有干例,议理合抄词具文,详请宪台电核批示饬尊,为此备由具申,伏乞照详施行,须知册者。

十二月初七日学宪批文:

督学谢批:陈克明于四十二年将房产出卖与李姓为祠,何故霸占八载之久?仰丹徒县速饬差,协同原中押,令将房交让。仍严查霸占劣迹申报,毋任迟延,致干严究缴。

十二月初二日儒学详县文稿:

丹徒儒学正堂高,为李锦等在学台嚎控陈青岱占房一案呈词。原契卷贴牒文移知丹徒县正堂蔡。

十二月初二日县批：

正堂蔡批：饬契中理迁。

五十年正月二十一日县牌文稿：

丹徒县正堂何，为仗劣踞房等事。查接管卷内，奉江苏学院谢批：据儒学呈详监生李锦、李浩等控生员陈青岱即克明，霸房不让情由，批仰差协原中押，令将屋交让，严查霸占劣迹，申报等因到县。当经前升县饬差勒限押交，去后未据交让。嗣本县莅任，据举人李鸿具禀，前来合行照案押交。为此仰原差蒋荣即押陈青岱将房立刻交让，仍押同其弟陈信符，将原立交单内装修树木等项，三面点交清楚。取具收领禀送申报。敢再抗延，提同该家属禀候究比。此系宪件，立等报结。该差再敢任延，定行划拿，重究不贷！

二月十七日禀：

具禀李鸿，为干情难却，禀求主事切生员陈青岱同弟信符契卖住房一所，霸占八年，仗劣护符，只得禀明学师申详。学院批送宪案，押交恩奉饬差交让，尚敢饰词，计图延宕。复蒙发学收管，并带家属严比，法不容宽，万难狡展。原差严押，青岱弟信符照单点交，缘青岱挽出契中毕云苏等局鸿等，正价外另勒搬移银一百五十两，已经久交九十两，余银六十两，原议交房后存伊赁房之价，奈八年内，累赔条银，享园租利，盗伐树木，毁败墙垣，即此六十金不够抵赔。今又挽出义亲即鸿同年相好，举人顾绍鼎、顾麟仁、张秉锐、刘文培、韩怡等，上体宪心，再四曲全，差押信符，查点倒塌盗伐之数，另单抄电。若照初议，例应扣除，又因同年力劝，鸿实于情难却，但青岱奸险不测，诚恐情让后复又另起诈心，未免恩中招怨。为此禀叩电情作主立案详销，永杜后累，感沐上禀。

粘单一纸：

照交单，凭中毕云苏、程明远、原差蒋荣、地保廖明，查少坏物件抄，电代完条银八载，伊收园租八载，少大树二十一株，少门扇五件，房右首后檐砖墙倒塌一堵，又围墙全倒。

三月初一日县批文：

正堂何批：既据举人顾绍鼎等从中处劝，仍俟顾绍鼎等呈到核详。至陈青岱如敢事后复起诈心，禀另详究。

三月初六日息呈：

具和息呈，顾绍鼎、顾麟仁、刘文培、张秉锐等，为两情悉洽，公吁核详事。切有李锦等价买陈青岱兄弟住房，久不搬让，控奉学台批送宪案押迁，在青岱，具呈尚亏价银六十两。据锦等云称，正价一千两久已交清，中议搬移银一百五十两，又先交过九十两，其六十两并非契价，万难再给等语。鼎等与锦子李鸿谊属同年，目击情形，何必为讼案牵缠，抛荒灯火,况受业者亏劢,锦等仍给银六十两,以全终始。劝青岱,产既价卖,例应交房,更奉宪严催即当搬让。今一面清房,一面交银,为此粘具陈姓遵结、李姓领帖,偕同两造,公吁宪天电核叙详,免延讼累,两造均沾公沐。上呈。

三月二十日县批文:

县正堂何批,顾绍鼎等候据情具详,听候宪示饬遵结领附。

领结:

具领结,李锦等,今具到县主正堂太老爷案下,实领结,得生等控生员陈青岱兄弟卖房不让一案,今凭亲友调解,青岱已将房屋照单搬让交清,生等执受已经明白。叩恩叙详结案,其中并无曲捺情事,所具领结是实。乾隆五十年三月 日□具领结,李锦、李洵、李鸿、李登甲。

甘结:

具甘结。陈克明,今具到县主正堂太老爷案下,实甘结,得李锦控生房屋一案,今凭亲友调解,房已照单搬让,其银六十两系生收足。永无异言,亦无曲捺翻案情事,所具甘结是实。乾隆五十年三月 日□具甘结,陈克明。

丹徒县何详院稿:

丹徒县何为仗劣踞房,迫叩详追事,抄详原呈。又抄详五十年二月初二日院呈,貌抗不让,非宪莫制事。又抄三月初六日顾绍鼎、顾麟仁、刘文培、张秉锐以两情悉洽,公吁核**详事**。又抄李锦等三月初六日具领结。又抄陈克明甘结。卑职伏查此案,两造讦讼,系为**勒索搬移银**,两不即让,交房屋起见。今举人顾绍鼎等劝令李锦等将未交搬移银六十两照数付给陈克明收领,陈克明已将房屋照单搬移,让交清楚,各具领结,其事已寝。可否准予息销之处,卑职未敢擅便,相应据情具详。伏祈宪台鉴核批示饬遵,为此备由另册具申,伏乞照详施行。

丹徒县学高详院稿:

乾隆四十九年十二月十六日,**奉江苏学院谢批**:据卑县儒学详据监生李锦、李浩,举人李鸿、生员李登甲,人李兆安、**李懿醇**,监生李洵,人李澍、李洪,职员李溱,人李淑、李标等,呈控生员陈青岱即克明,霸房不让情词,除全详备载书册外,相应据情具详,伏祈宪鉴核,批示饬遵。为此备由另册具申,伏乞照详施行,须至申者。

江苏学院谢批,如详销案缴。

(民国六年本立堂刻本)

毗陵庄氏

江苏武进庄氏对祭田的捐献有所规定。

民国武进《毗陵庄氏增修族谱》，康熙三十七年《南华公休谱序》：

至祭田一项，原议凡吾族登甲榜者，例捐田三十亩；乙榜及明经之出仕者，半之；或有家道充足好义急公，如先伯祖小溪公者，随便捐入，不必拘数，以征孝道。我父捐拨独多，小溪公及凝宇叔所捐共六十亩。

（民国二十四年铅印本）

汪琬《尧峰文钞》卷二〇，《乡饮宾邵公墓表》：

公姓邵氏，讳文灿，字明父，别自号海鸥，武进之漳湟村人。性孝友，轻财好施。……临殁，嘱其子长蘅曰："吾尝欲置义田以赡吾族，今不逮矣！汝其割宅一区为康节先生祠，割田若干亩为祀田，吾死不恨！"其后长蘅竟如公命。

（《四库全书》本）

汪由敦《松泉集》卷一〇，《盛氏族谱序》：

自隋唐而降，官无簿状，家无谱系，世之为人子孙能如郯子之识其先者，什无五六焉。故探盛氏渊源者，佥自周穆王盛姬始，信斯言也，是犹司马迁序其祖之自晋奔魏，扬子云序其祖之食采晋阳为扬侯，而为张平子所呵也。古者别生分类，而作汩作。《夏书》云："锡土姓。"《周官》："命小史掌奠系世，辨昭穆。"《春秋传》："天子建德因生赐姓，胙土命氏。"郑渔仲广众仲之说，志氏族者凡三十有二类，未闻以天子之姬为得姓受氏之先者，故谓盛氏始自盛姬，其言荒诞不足信矣。周富辰之谏襄王也，举文昭十六族，而郕位其三，郕叔武为文第五子，后去邑为成，楚成得臣、得大心、齐景时成覸、魏著作郎成淹并其后，是郕后为成也。而《公羊传》鲁庄八年齐灭郕，何劭公注云：郕去邑加皿曰盛，盛为郕叔之苗裔，正夹漈氏族志所云以国为氏者也。厥后若汉廷尉吉、吴郡守孝章、晋孝子子翁、唐总管彦师，德善彰闻，才名卓杰，勋猷烂如。宋同平章事文肃公世居广陵，故广陵之盛尤着，其隶籍广陵之江都海门，自广陵徙皖之桐城、苏之昆山、浙之秀水。若治若于，亮若华二之裔孙；若符升若民誉，科名甲第爵秩里居，已载濒阳任太宗伯序盛氏同宗录。

中至昆陵一支，则明都督公庸自广陵徙金陵，子延三再徙武进城南之花墅，是为常始迁祖。外此若梁溪之盛，家巷宜兴之□亭，以暨靖江之聚族而居者，科名甲第与桐城秀水昆山埒。若姚亮、若大圩荡、若马公桥，其先幼清公举于万历间为州别驾，则又花墅之分支也。花墅自延三而下单传凡五世，至巽溪始举，丈夫子四，遂成四大分，巽溪之子南泉尤杰出，其子姓繁衍，文学代兴，郡人孙文介公表其墓至今，读其文，知盛氏之发祥有自。而南泉之孙铁岩光**明磊落**，劲直不阿，偕族兄绍先族侄采儒创兴祠宇，缀辑谱系，规模大定。今其子若孙某**等缵承先**志，纠合族人，鸠工庀材构门堂，造龛主，轮奂鼎新，而谱系之未就者，丝牵绳贯，派别支分，昭穆有序，嫡庶有差，祠墓有图，家训有则，艺文有志，祭田若干亩，开载谱之左，方俾子孙世守戒勿嚣。毘连花墅之塘田若圣庙，村若纪墅。周**遭四里**许，朴者力于农，秀者笃于学。而铁岩之孙曾俱以文名著，相继登甲乙科，且其族**内行醇懿**，闺闱整肃，以贞节旌于朝者，坊标森立。呜呼！是可为法于乡邦也。乙丑秋，《盛氏族谱》成，通家子纲请序于余。余惟古者奠系世，志坟墓，别昭穆，贤者表其德，不肖者没其名，俾览者忠厚悱恻之情油然自动。今观厥谱，其亦犹行古之道也夫！

（《四库全书》本）

朱彝尊《曝书亭集》卷七五，《工部主事席君墓志铭》：

君姓席氏，先世望安定远，祖武卫将军温避黄巢乱渡江，徙于吴，居洞庭之东山，曾祖洙、祖端攀皆不仕。……甫七月而君卒，享年五十有三。君家居以孝友敦睦闻乡里，及在京师遭季父丧，解官持服，归修族谱，置祭田，立义学。

（《四库全书》本）

汪琬《尧峰文钞》卷一五，《席舍人墓志铭》：

席舍人，讳启图，字文舆。……为人恬**静寡欲**，未尝孜孜钱刀。为俯拾仰取计，惟好行其德于乡里。凡宗族亲故待君举火者若**而家，待**君资其婚嫁死丧者若而家。山中细民苦贫祁寒，则施褚衣。炎暑则施苫褥。病则予之药，不幸死而无以殓者，畀之棺。无地以藏者又广少卿先所置义冢至三十余亩，以畀之坎埋。岁值大歉，则出粟周之多，或千余石，少亦不下数百石。而又赎归其子女之被鬻者，收育其婴孺之弃遗于道者，岁所费率逾数千金。山中大姓，类以商旅纤啬起家，往往拥财自卫；其尤豪者，必华衣服盛舆从以相夸炫，而君自奉独与寒素者埒。室无姬媵，箧无玩好，每积所入悉，馨之于施。予亲党患其异己，或窃议之。君闻而不少顾，惜久则合，一山大小疏昵，莫不颂服焉。……享年四十有三，卒之日，宗族亲故哭之曰："今而后缓急，将谁叩也？"山中父老子弟哭之曰："今而后冻馁患难，将谁恤也？"

（《四库全书》本）

安徽

张英《文端集》卷四三，《先考诰赠光禄大夫文华殿大学士加二级前敕封文林郎内弘文院庶吉士拙庵府君行述》：

曾王父暨王父置义田数十亩，以赡族人。兵寇以来，田在草间，先君经理之，渐就垦辟以充伏腊祠祭之用。族之人贫不能婚丧及有志不能就学者，咸赈给之。祖茔傍为邻家地，先君购之，植松柏以荫丘垄，自曾王父以下，遍建丰碑，以垂不替。每念谱牒散逸，甲辰冬发箧搜先世行状志铭及世系图，考自始祖迄今十二世，旁及坟墓、祭礼、列传、外传，分为十卷，胪列详明，大旨主于敦宗睦族。阅一岁而成，鸠族人而告之曰："吾家累叶以来，兢兢惟耕读是务，洎大参公登仕牒后，实能以忠贞孝友世其家，子孙奉先人训言以无自陨越，此吾作谱之志也。"……先君生于明万历癸巳年正月十二日辰时，殁于皇清康熙丁未年十月二十四日巳时，享寿七十有五。

（《四库全书》本）

施闰章《学余堂文集》卷一〇，《孙母王太夫人七十序》：

都谏公家居为言巡抚中丞疏免三之二，郡人德之。其所以收恤宗族者，蓄意未尽。及太夫人为二子析产，称述先公之旨，亟割腴壤四十亩为义田，以赡族人近者。龙溪庄屋坏，垣中有瘗金，见者争拾之，家人留数铤以告，或谓匿金多可穷治，太夫人悉置不问。

（《四库全书》本）

施闰章《学余堂文集》卷二六，《先考遗集书后》：

闰章学不逮先人，窃从王母知先世之艰难，将叙述为家乘义田始末，别为记，兹仅掇其轶事敬识卷尾，益不胜废书而号哭也。

（《四库全书》本）

休宁茗洲吴氏

雍正休宁《茗洲吴氏家典》卷一，《家规》：

有余置产，当顺来顺受，不可有意钩取；亦不得恣意自便，强图方员。

（吴青羽撰，雍正十三年刊本。）

雍正休宁《茗洲吴氏家典》卷二，《祭田议》：

吾族祭田无几，岁甲子，裔孙任廣、任席、维佐等慨然于祭祀之弗供也，各输赀若干权子母，而行且二十余年，祭田日以充矣，然计今所费，尚未敷也。

（吴青羽撰，雍正十三年刊本）

休宁江村洪氏

雍正休宁《江村洪氏宗谱》卷一四,《宗祠祀田记》:

百年不敝之贮者,非田不可。今族内因建祠而其中有未输银而输祠前田者,有无后乏嗣而输田入主以享祭祀者,有祠内新置者,共计田四十二砠。予将己田五十九砠助入,总共一百零一砠,永存祠内,以为常贮。夫瘠壤易求,而膏腴难得,今祠内之田皆沃土也。况此田为宗祀攸关,尤非寻常可比者。后世子孙即有公用急需,勿得妄动祀田,如弃田是绝祖宗之血食也。祖其馁而其无怨恫于冥冥,而降祸于不测乎。于是搦管而为之记。其祀田租谷在族内轮流,祠首收贮,以供祭祀之需。每岁轮值为首者,备物致敬,务必尚其丰洁,以自尽其奉先思孝之心。且今日之子孙即他年之宗祖,今日之殷勤备物致敬者即他年之优游陟降而享祀者也。则尽诚尽敬于此日,无不食报于将来。支下子孙,咸共笃其孝思,庶几百世明禋,永传不替;祖宗灵鉴,其必介繁祉于无疆矣。景文氏识。

(洪昌纂修,雍正八年刻本)

山西

平定蔡氏

道光平定《蔡氏族谱》,《蔡氏捐输修谱公项缘起》:

予蔡氏居石艾,由明迄今历年久矣。桢素念族中向无祭祖修谱之资,不但宗祠祭田未建也,意欲商诸大众,共捐公顷以为祭修之费。心藏日久,有志未逮。道光十八年二月十四日,适因事,族人皆集,予苦步履维艰,不能亲往,遂授意于子壁,使遍告族众,从容商办。孰意是言甫毕,合族长幼无不欢欣,争取纸笔,量力输写,不半日,共捐钱百三十千有奇。晚归告予,心喜甚,谓修谱建祠,此其基乎。时族孙瑞廷有祖遗合顺缎店,族众共约限期俱交铺立,立名绵庆堂,收存本号。铺长族侄培实、魁元慨然应许,约以齐年八厘行息。公议春季支利钱二千五百文,秋季亦如之,以作扫墓祭品之费。所余之项仍存铺内,照前生息。利钱如不足千,另笔收存,无息,俟积而成千,归入公项,照前生息。维祈祖宗之灵默然相庇荫,后来积而至于多多,将见修祠置田是有望焉。岂但祭祖修谱而已哉?愿后之人好共图之。今将祭品各款章程并杜弊五则、津贴十二款、劝后一则详列于编内,以为后人式。惟望后之人无私心,无疏忽,无阔大,无惮劳。矢公矢慎,永远遵行,又何患善举之或坠也耶?是则祖宗幸甚,创举者幸甚!

诰封朝议大夫、晋封中宪大夫、江南道监察御史、乡饮大宾、郡庠生桢谨撰。

(蔡子碧、蔡培实等编纂,不分卷,道光二十五年刻本)

洪洞刘氏

光绪《洪洞刘氏宗谱》,续增《修祠训言》:

周时有言:"无念尔祖,聿修厥德。"志、镇实不肖,深愧未能念昔先人,谨构成斯堂,规制草创,殊多未备,所望后之子孙有猷有为,益所未逮,所深幸已。即不然,世余此堂,时加修葺,勿俾倾坏,是亦志、镇之愿也。至修葺所需,则有祭田租粟在,除备春秋祭享外,尚有可取给,惟在有志者尽心经营,肯向前身任其事,而万一毁坏过多需大修整,祭田余赀不足以给,理宜凡我子孙公摊均出。但世远支繁,家道兴废难齐,物力难易不等,必待齐出举行,岂不担阁废事!愿我子孙方兴,有力者不诿众,不吝赀,慨然独任为己事,盖从来祖宗所以乐有。有力子孙非徒谓其有余也,谓其能仗义输财,为人之所不能为,有以光耀祖先,垂法后人也。假令以祖宗栖神之所竟视为公共不急之务,必待协力公举然后修理,殊不思彼无力者方且朝夕奉养之不赡,即我祖宗冥漠中,当有不胜触目心恻者,尚何忍必令其分力及此耶?我幸独为有力者,则乡邻之观瞻,族人之仰赖,即上而祖宗之注意必皆专在我一人之身矣。倘我或有所诱而不欲为,与有所为而不肯为,以致报享祖先之地不免废为荒草瓦砾之场,无论乡邻笑我,族人薄我,即在祖宗尚何乐有我?我生何以承祖宗之业,死何以见祖宗于地下?且我今身为子孙,顾不念我之祖宗,转盼我百年后,我之子孙又何如念及于我?语云:前事者后事之师。岂不信然?我何弗惕惕于斯而甘为乡族所不齿,祖宗所恫心,并不思留好样以昭来许乎?谅我子孙有力兼有志者,必不肯蹈此。志、镇今日不得不过虑而早言之也。为推修祠之心,更进而祇遹我先人作忠教孝,兴仁讲让,时时争砥砺,恐后则所谓黍稷非馨,明德为馨者,庶有常焉。是更志、镇之愿也夫,是更志、镇之望也夫!

(刘殿凤修,清光绪二十七年刻本)

洪洞李氏

同治《洪洞李氏宗谱》,《置买祭田记》:

吾四门自建宗祠,已公立祭祀簿,挨次轮流,四时献享,现有成规,尤为久远。计先捐钱四百缗,以备祭田,嗣后各宜量力输资,同众公买。勿得偏持己见,任意典当,于是而供牺牲,洁粢盛,有由来矣。此举也上以敬祖考,下以训子孙,俾曾元仍云永敦水源木本之思也,岂不善哉?念吾族承祖父之积累,豪于义举,凡公事当乐输者,无不欣然资助,而忍漠然处此乎?

时道光十一年仲冬吉日,八世孙兰、芳谨志。

遗命九世孙作极暨十世孙逢沿谨增。

第八篇 族产

(李逢纶等增修,同治四年刻本)

运城安邑郇城路氏

出喜钱条例。

同治运城《安邑郇城路氏族谱》:

路谱久已公集告竣,原听尊祖敬宗辈自膳珍藏。殿臣,绍兴大司马子也,德素服众,仰体司马公创祠未遂至意,先于谱独出资登梨。嗟乎!使代代所出悉如殿臣,其亦吾族之大幸耶?不然,虽登科第,官显要,不过独善己耳,又何裨于前后哉?今族众以牲醴告祖,叩谢殿臣外,爰定条例,示子若孙共勉恪遵,其勿负殿臣今日之举也夫。殿臣,其字;于朝,其名也。

一、生子者输银一钱,初生第一子者多则五钱,少时二钱,限弥月日付。

一、入泮者上则输银一两,中则五钱,下则三钱。

一、补廪者输银三钱,补增者输银一钱。

一、入国学者上则输钱二两,中则一两,下则五钱。

一、出贡者例同国学。

一、中乡榜者出银十两,增修家谱一次。

一、中甲榜者亦增修家谱一次。如谱无可增修,亦输银十两。

一、出仕者以其官之大小,上则二十两,中则十两,下则五两。

以上所输俱付公直营运,以为祭扫、建祠、设田之用,违者以不孝论。

族众……公订。

(路生财、路有年纂修,同治十年刻本)

山东

即墨万氏

山东即墨万氏有十四世孙万中荐捐地二十三亩作为祭田,族人为表其善举立碑志之。

民国即墨《万氏谱书》,嘉庆《十四世孙中荐捐公产碑记》:

吾族云南人也。自永乐二年徙即墨邑,卜居南阡,历四百余年。先世祖宗以忠厚耕读传家,而子孙繁衍,于是分为五支,立一祠堂,轮流贡献。但一族所急需者,未能具备,先人不无遗憾。有十四世孙中荐,善继先志,以慰先灵,捐地二十三亩,作为祭田,五支轮流照管,伊子孙不准究回。厥后蓄积盈余,凡养老、恤孤、拔材、济贫等事,合族酌用。庙内另起庐舍,待中荐百岁后设位特荐,以崇孝思,永垂不朽。光华书。

地段坐落碑阴:

大段地南北地十七亩,方策。

池南崖南北地三亩,中谦、廷钺。

西岭南北地一亩二分,中风、廷桂、正和,存契。

长条子南北地二亩,中锡、廷卓;

方佐。

嘉庆二十四年四月初三立。

(万辛谨纂,民国十二年石印本)

万氏家族尚且为祖茔立树捐资购地。

民国即墨《万氏谱书》,嘉庆《东茔立树碑》:

吾族原籍云南省乌纱卫罗锅屯人,自永乐二年徙即墨邑城东北南阡疃。于东岭西立茔两处,历四百余年,树株渐枯。合族共议立树,捐钱买地筑室,觅人看守。南老茔有五世祖讳淳墓,东有文生祖墓,东南接连既溥祖茔一处,再南有文强祖茔一处,西南有方进茔一处,东南有正和茔一处,西北有希孟祖绝茔一处;北老茔、西阡茔在内,东头有朝官祖茔一处,湾南崖有朝杰祖茔一处,东头有诗祖茔一处,东南角有玲祖茔一处,东北角有方金、中谦茔两处。所有之草,永年俱系看茔人收割。所有之树,永不准伐。铭碑为记,以志不朽。

嘉庆十九年七月七日合族共立。

碑阴捐地钱纪名:

长支共捐钱七十千;二支方金钱五十八千;三支中镒钱十千、地分半,中谦地五厘,中汾地分半,中荐钱一百千,光麟钱十千,光辉钱六千;四支中传钱十千,中风钱四十二千,廷认地四分,廷信钱一百千,正元钱十千,正宗钱十千;五支中敏钱十千,中香钱二十千,方进钱七十四千,方兴地三分,方哲钱二十千,方策钱六十千,方启钱二十千,光有钱五千,正瑚钱一百千,正琏钱一百千,正锡钱六十千,正东钱四千,正人钱三千,正刚地五分,正和钱二百千、地一分,新田钱十千,新凯钱二十千。

共捐青钱一千一百三十二千文。

(万辛谨纂,民国十二年石印本)

第八篇 族产

河南

遗嘱为祖建祠堂祭田。

项城张氏

民国《项城张氏族谱》戌部,《书文公传十五世》：

公讳书文,字彬如,连泰公之子,素性忠厚。晚年无子,常诏族人曰："我死无后,绝祖宗香烟,吾之不孝也。吾死之后,必将吾所居宅一区,为我祖清河公建小宗祠。吾所购薄田十二亩,作为祭田以奉春秋禋祀,以补我不孝之罪。"临终又以嘱。公殁迄今三十余年矣,所遗薄田十二亩者,在清和公墓侧,族中贫乏者耕佃。宅一区在所居官庄中间,因乱未即建祠。余恐公之志久而湮也,故传公之事载入家乘。

（张拱宸、张培璋等重修,民国二十五年天津文岚簃印书局仿宋排印本）

浙江

绍兴山阴柯桥杨氏

光绪绍兴《山阴柯桥杨氏宗谱》卷二,《续捐祭田碑记》：

祠之有田以奉祀典也。有志者尽意捐之,以备蒸尝,以供黍稷,久而弗替,则灵爽式凭,是可保夫久远矣。我族自道光十一年建立宗祠,又三年,各房已捐有祭田三十余亩。第恐所入租花不敷备祭,非所以妥先灵也。今裔孙鸿杰、鸿皓,仰赖祖庇,年届六旬,深虑祭产无多,或致蒸尝有缺,是以续置阙字等号田二十亩四分三厘四毫,捐入宗祠,永作祭产。庶各房轮值,不致赔贴。倘云礽有志,勉力捐输,则多多益善。果深所厚望于将来焉。

（杨惟椿、杨惟一等修,光绪二十年敦伦堂木活字本）

光绪绍兴《山阴柯桥杨氏宗谱》卷二,《公捐祭田记》：

《礼》曰：有田则祭,无田则荐。则祭之不可无田也,明矣。春祀,夏礿,秋尝,冬蒸,并祖先诞辰忌辰外,惟祭扫坟茔之费为尤甚,何则四时之祭与诞忌二辰？庶羞虽盛,不过一二席,即饮胙者,亦不过七八人,所费无几。至于祭扫,阖族丁男子妇,无论老幼,毕至坟前,祭毕岡不饮胙？人丁盛,故费用多。吾祖子衡公暨建侯公值年,向来率由旧章,迩年标房派下丁口繁衍,祭扫时行船散席,渐次不敷。若照房分派,标房不应特多,是以族中不无拟议。道光廿七年春祭日,族长鳞书命董事礼庭邀众董事,公议章程。窃思因丁而致费用之不足,亦可因丁而致费用之有余,爰从标房派下照丁捐资,每丁捐钱四千七百文,众皆乐从。自廿九年至今,通共捐钱二百十四千八百文,置得龙字四百零一号中田三亩零八厘九毫,捐入宗祠,以补子衡公暨建侯公值年祭扫先茔费用之不足。倘后人不以此举为非,更从而扩充之,与祭者虽实繁,有徒奚虞祭产之不敷哉?爰付剞劂,以垂永远云。

今将捐项用帐逐一计开:

麟房捐钱廿八千二百文;

汉房捐钱四十二千三百文;

绍房捐钱廿三千五百文;

楚房捐钱九千四百文;

莖房捐钱三十六千九百文;

礼庭捐钱廿二千八百文;

立纲捐钱廿三一千五百文;

心田捐钱十四千一百文;

鲁傅捐钱四千七百文;

武绳捐钱四千七百文;

济川捐钱四千七百文;

共捐九九六串制钱二百十四千八百文;

廿八年付祭扫不敷帮钱七千二百文;

廿九年付又祭扫不敷帮钱五千八百文;

廿九年九月付龙字号田价钱一百八十八千八百文,连除收费中酒在内,收入十八都二图下里绵远户承粮;

又付税契钱六千九百六十文;

三十年六月付木牌并刊字工、漆工、泥水工,共计钱六千文。

共付钱二百十四千七百六十文。

道光三十年六月□日,族长麟书,董事礼庭、维周、鲁传、厚存、培甫立。

(杨惟椿、杨惟一等修,光绪二十年敦伦堂木活字本)

光绪浙江绍兴《山阴柯桥杨氏宗谱》卷二,《补立续置田亩碑记》:

柯镇上市头向有杨氏宗祠,系我世祖族长大礼公监造,鸿兆公、鸿照公、鸿杰公、鸿皓公、思承公所建嗣成,鸿达公、鸿志公、鸿兆公、鸿嗣公、鸿照公、鸿杰公、鸿皓公七房捐入田若干亩,立有碑记。曩时,经理十年希傅去世,所有逐年租息,除付祭祀银米薪水外,为族中支借不少,仅仗洋一百余元。此款因祠宇多年不修渐就倾颓,家长思潮并房长思萃等即派立四董事明房希伯、惟辞,显房惟椿、惟一择日开修,于十六年春告竣。即将仗款开销收付帐目,另立木牌,所有前时捐入田亩字号一概查明。各庄均付县谕单注册,并请示立碑,以冀世世子孙相承勿替。并禁各房,此后不准向司事支借,除旧捐田亩已立碑外,尚有续捐田亩未勒碑者,今已一一添勒。所愿先灵永佑克瞻庙额之常新,后起多贤恒卜家声之各振。

(杨惟椿、杨惟一等修,光绪二十年敦伦堂木活字本)

绍兴汤浦吴氏

民国绍兴《汤浦吴氏宗谱》卷三三,乾隆《甫九房捐田记》:

窃闻报本首切崇祀,裕后务任贻谋。吾始祖淳庵公,虽营祠于望洋桥左,而祠无公产,珑祖父全一公并叔祖等以祖灵虽安,瞻拜有所,年湮代远,乏款修葺,转深顾虑。曾于曾祖德升公祭户内,拨乃字五百二十号田二亩九分七厘五毫,坐落淳湖阪;又裳字一千六十五号田七分,坐落大霸头沿路,捐出祠内,归于始祖淳庵公户内输管收花,聊资修费。迄今纂修宗谱,缘附载谱内,俾奕世知所由来。追远之忱,已悉创始裕公之举,窃有望夫继起者。谨录以志。乾隆四十七年五月,裔孙俊文命男应珑谨述。

(吴金璠等续修,民国五年孝思堂刊本)

民国绍兴《汤浦吴氏宗谱》卷三三,嘉庆《捐田记·小六公春秋祭祀记》:

昔夏王菲饮食而致孝乎鬼神,今哲士捐己田以丰其祭祀,此皆仁人君子所为,莫非报本追远之事也。小六公之孙,号乐静处士者,因其性而协其名,择胜于汤湖之原,竹木荫翳,山泉环绕,真所谓乐其静而得其天者矣。由是螽斯衍庆,麟趾呈祥,一派渐成一族。始祖即奉始居,禴祀蒸尝,虽追历代分支之祖,尚少专崇,特集同志八人,慨然共捐,追崇小六公春秋二祭。迄今闾巷传芳,宗祠景仰。诚恐世远年湮,祭产无稽,失其致孝之本心,爰叙厥由,以附诸牒。

八人名次:

宏远、季惠、简臣、克振、鸿儒、尊三、均悦、亦仁。

祭田号亩粮附乐静公户内。

乃字八百五十八号,田一亩六分五厘九毫,坐落郑岸阪,土名大水田。

服字七百零七号,田七分,坐落外汤湖,土名燥田。

裳字一千二百零四号,田一亩二分五厘,坐落沙墩弄。

克素公祀田合爿。

嘉庆七年岁在壬戌蕤宾吉旦,汤湖裔孙光采谨识。

(吴金璠等续修,民国五年孝思堂刊本)

民国绍兴《汤浦吴氏宗谱》卷三三,道光《育桢公捐田记》：

谨按宗谱,唐光禄大夫少邽,由山阴迁诸暨峡上。传六世孙泗,由峡上迁孝义里流子坞。复传四世,淳庵公讳元肇,迁汤浦,为吾族之始祖。然自我始祖而上,生长诸暨者,凡九世矣。淳庵公重所自生,仍归葬于暨邑孝义里秤干山尾。高胜公之子,明公之孙奇,亦归祔于墓之左右。至奇之子声一,始葬汤浦焉。昔太公封齐,比及五世,反葬于周,孔子以为仁。今我祖之反葬暨邑者三世,亦足见先人之仁孝矣。顾族中先辈父老,每岁清明,必亲往拜扫,嗣因往返维艰,此礼久废,今虽往,暨阳族派世系茫然矣。二十一世孙育桢,当易箦之时,慨然于反葬者之不忘其本,而厥于扫墓者之忘本也！特将己田三亩零,捐立祭户。令世世子孙,于岁之除夕、清明,敬具牺牲酒醴,设奠于宗祠,以示不忘之意。庶几月朔饩羊,犹足待后人之修举也。爰勒石于祠,且记其说于谱,以表捐田者惓惓之至意云尔。

时道光二年岁在壬午,族长和懋记。

（吴金璠等续修,民国五年孝思堂刊本）

民国绍兴《汤浦吴氏宗谱》卷三三,道光《捐田记·捐水埠记》：

盖闻上下交而为泰,上下不交而为否。道路贵通不贵遏,犹一人情贵泰不贵否也。窃惟沙园弄口,为水陆之关津,运竹木之要道,往来行人,络绎不绝。兹道昔年壅遏,或遇江流潺湲,涯岸淹没,况街衢狭隘,闾巷接连,运竹木者,担荷连肩而至；夹道之人,相与骈肩胁足。虽异埠之可通,实绕道之多滞。由是,吴清显公素志好善,恭行己惠及人,与堂弟士松公、德全公,合志同方,均相慕义,各出己资,向本宗小二房置得字字八百廿七号粮地一厘七毫,遂即鸠工运石,奠砌成埠,南北计阔八尺零,东西自街达江。使水陆之便利,免往来之咨嗟,庶几利涉无事乎？望洋既济,不虞乎跋涉矣！诚恐久而沧桑,愿将课额一概捐割于独乐公户内,以为公同出入之埠,是以赘志谱牒,以垂永远不更云尔。时道光二十二年岁次壬寅清河吉旦,同邑姻晚黄文治拜撰。

（吴金璠等续修,民国五年孝思堂刊本）

民国绍兴《汤浦吴氏宗谱》卷三三,道光《凤阁公捐山记》：

礼莫重于祭。故祭必将之以诚,申之以敬,庶于昭在上者,则以妥以侑以介景福焉。至于看核,维旅笾豆有序,又其仪之著于外者耳。然亦贵创置祭产,始致历久而不弛。即我乐静公肇迁汤湖,一派渐成一族,四时胙飨备具,祭田、值年、输祭,均有程规,相安勿替。惟大宗祠元旦之祭,小六公居五堂之一,向无祭产,值年序齿亦不敢以无产之祭稍腆

第八篇 族产

祀事。衡二房裔孙达勇,恒恐将来莫振,欲立一永远之规,有志未申。伊子凤阁能仰体父志,上答宗功,将服字三百八十一号山三十亩,坐落白牧墺,土名牛件栅,立懋公元旦户,在廿二都一图承粮,使每岁值祭之家,挨年收息,得佐蘋芼之荐,非美举哉?是宜志诸谱,以垂不朽,以彰其追远报本之心诚且敬云。

时道光二十二年岁次壬寅清和月,偎维房长文澜谨识,裔孙志煌撰。

(吴金璠等续修,民国五年孝思堂刊本)

民国绍兴《汤浦吴氏宗谱》卷三三,道光《捐田记·马孺人捐田碑记》:

吾闻,族有贤德,为族之长者必表诸谱,为后裔之劝。如有捐助己产增祖祭祀,尤为难得,是宜勒石,以彰其迹,况出之妇女乎!吾族马氏,吴耀妻也。耀死之后,马氏冰霜节操,为族增光,俟修谱时,当著于传。方氏病笃时,继伯第四子维燕为嗣,一切户产并吴耀应输之产尽付维燕,使夫及祖世世不绝飨祀。又以吴耀户内之田三亩五分,继夫在生之志,捐入宥三公为元旦祭猪之费,祭毕分颁宥三公派下,以充祖惠。马氏之捐田颁胙,虽不敷用,以待来捐,但是妇女总可羡也,亦可敬也。予故谓支长、董事等云,马氏之事宜勒石祠内,以彰厥迹。议定宥三公元旦、夏至、冬至三节致祭,令值年家旁设一席,以祭马氏夫妇,矜其不朽。

位字三千零四号田二亩六厘二毫,土名绕郎。
位字二千七百九十六号田八分九厘九毫。
位字二千八百零四号田五分五厘九毫,土名庙前。
共计田三亩五分,坐落珠湖阪。
道光十三年三月口日,族大焕、仁范、景阳、士松全立。
自后继捐,房长德全将地字六百七十三号山九分入宥三公户,为颁胙之需。

(吴金璠等续修,民国五年孝思堂刊本)

民国绍兴《汤浦吴氏宗谱》卷三六,道光《赤壁山下水路兑易契据》:

立兑易田地,吴超然、蔡启选等。此原契存与光锜房。

今立兑易田地契据。缘吴超然等系廿二都二图,吴翰林公新会户内有字字六百五十七号地一亩二分又一分九厘,坐落赤壁山下杨家衕上,出兑与蔡启选为业。当场捡明地界,东至江磡上街路,南至蔡启选己地,并东南至章姓墙脚,西至吴姓田塍,北至吴枝连房屋。查户内并无丝毫余地遗留,而蔡启选愿将廿二都二图,蔡启选原户内乃字六百七十号田一亩四分二厘八毫,又六百七十三号田四分八厘,又六百七十四号田八分二厘五毫,又六百七十八号田一亩二分零五毫,又六百七十九号田一亩三分二厘五毫,共计田五亩二分六厘三毫,坐落澄湖阪上,名马鞍,其四至照丈册分明出兑与吴超然等作为公产。各立推单,蔡姓之田出推与吴翰林公新会户内完粮,吴姓之地出推与蔡启选户内完粮。两相交割,均作绝契。自兑之后,地归蔡姓,恁凭起造管业;田归吴姓,恁凭收花管业。至蔡启选字字号南首己地,外并章姓墙脚下,有吴亦之户字字六百五十六号地二厘八毫,向作水沟一带。其直长东至江碙路上高埠头,超靠着蔡姓地边,竟至西首吴天生房北首,沿田塍边地上流出。其地边之沟,横阔二尺。田腰边之沟,横阔一尺五寸许。如日后蔡姓地上起造房屋,檐口滴水在外,即将界址公同清理明白。欲后有据,立此一样杜绝兑契两纸,吴、蔡两姓各执一纸,久远存照。

再批,翰林公新会户内尚有字字六百五十七号地六毫,一并补兑在内,同前照号过户管业,并照。

道光十年五月□日立。

兑田地契人,会长吴超然;

   吴仁藩、和恒、士功、静舟、景明、友梅、粹金;

   庭三、义山。

   允兑蔡启选同子蔡我爵。

   兑中范毓之、丁维屏、徐倬僻、丁荣昌。

   合同兑契。

   代书徐月樵。

   以上俱押。

(吴金璠等续修,民国五年孝思堂刊本)

民国绍兴《汤浦吴氏宗谱》卷三三,光绪《捐田碑记宥三房恂廿四派浦下支》:

窃氏夫君馈,壮被匪掳,并无子女。议继胞伯君熙子师镛为嗣,娶媳陈氏,生孙建铨,可望炽昌,不幸相继物故。又继侄师本子建坤为孙,由今思昔,氏命不淑已可概见,不得已邀集房族,愿将念三都二位字二百十七号田一亩三分九厘,土名汤罐,为年终施食之费;又位字四百九十九号田三亩二分二厘五毫,土名席家田,为氏与夫等四节除夕;另设一席之费,其田收入吴至宗户,归当年理值。氏孙一人拜祭散胙,咸蒙族允,为此泐石,以志不爽。

光绪二十九年十月□日立碑记,俞氏。

(吴金璠等续修,民国五年孝思堂刊本)

第八篇 族产

余姚黄氏

民国《姚江黄氏宗谱》卷首下,道光《助田契》:

立助田文契,孝一公十四世裔孙九龄,昔我先考治亭公念先世祀产散失无存,缘与静涵公、需尚公捐置则字号田一亩八分零。每岁清明登茔拜扫,一展孝思。迨至道光十六年间,羽丰公置斗米山一爿助入祭内,因此亦得与于祭享,但尔时家庙未建,祀产无多,仅得三家输值,未能阖族荐香。今幸嗣宇告成,额曰:永思堂。裔孙龄愿将父遗并自置雨露两字号田一百亩助入祠内,作为始祖万廿三公祭产,细号亩分开勒于**石**,**阖族**三房酌派九阄立簿十本,以雨露长年润蒸尝,奕世传,十字编号,祭品款式备载**簿端**,**每阄**各执一本。其传字号一本,作为交头簿。自助之后,任凭挨次输值,收息输粮,并无异词,照簿遵规,各宜谨凛。欲后有凭,立此助田文契,奕世存照。

道光二十九年十月日立助田契,十四世孙九龄押。

宗长羽丰　　长男金钊

族叔坤　　　次孙致明

族叔宗开　　族叔香林

族叔杏村　　堂弟思义

堂弟思钦　　禀笔傅之泉

右雨露字共二十六号,计田一百亩,业经载入旧谱、石碑,缘同治三年减助一半,重立合同议据为凭。立合同议据,永思堂宗长文治、总房长雨甜,孝一公大房下十四世孙梦仙长子挺芝、三子生同、次房孙仲簏,缘梦仙于道光乙巳年同建宗祠告竣后,乐助雨露二字号共田一百亩正,业经勒碑载谱,定于甲子年归公值祭,诚孝子也。自咸丰辛酉十月,逆匪窜入,房屋焚烧,迨壬戌七月克复后,不料梦仙天不假年,坦然物化。至同治甲子,梦仙长子挺芝,同弟生同、侄仲簏,邀请宗**房**,**恳情**酌议,宗长及各房长揆时度势,议减助田五十亩,准于乙丑年为始,听凭宗房长议**祭输流**。自此议之后,不以碑谱为凭。挺芝等并非故违先志,因家境如斯,亦出于不得不然之举。倘日后恢复前业,再行乐助,庶不负先人之志云尔。爰立合同议据三纸,三大房各执一纸,永远存照。

计开细号亩分:

雨字一百四十二号　田一亩四分七厘

　一百四十三号　田四亩二分正

　一百四十四号　田一亩九分一厘九毫一丝

　一百四十六号　田二亩七厘三毫五丝

　一百四十九号　田一亩九分七厘

二百号　　　　田六亩五厘二毫

　　一百二十三号　田九亩八厘

露字一百一十四号　田三亩八分正

　　一百一十六号　田三亩七分三厘

　　一百二十三号　田二亩九分五厘二毫

　　一百二十四号　田四亩五分一厘七毫五丝二忽

　　一百三十二号　田三亩七分二毫五丝

　　一百三十三号　田一亩七毫八丝

　　一百三十四号　田二亩三分五厘六毫

同治三年十二月日立合同议据，永思堂宗长文治押。

　　总房长：雨甜。

　　允议：挺芝、仲箎、生同。

　　见议：丹林、庚春、凤竹、海峤、孙朝。

　　执笔：掬香。

　　合同议据存行

　　右粮冶一二里黄永思祭输纳。

　　（黄汝砺等编修，民国九年永思堂刊本）

　　咸丰年间所立助田契。

　　民国《姚江黄氏宗谱》，咸丰《助田契》：

　　立助契。十五世孙媳孙氏，同男致明、致方，切氏生不逢辰，先夫闲堂公丁年逝世，幸赖列祖之荫庇，得以抚孤成人。兹缘氏翁梦仙公建祠告竣，即助上则田一百亩作为祀产，俾蒸尝弗替。氏不胜感激，爰袭翁美愿，割承分露字一百三十号田一亩三分，附入翁助祭田内，并贞诸石。非云克展孝思，聊酬祖功宗德于万一耳。又恐代远年湮，泾渭莫辨，特立此助契，并付知事诸公，任凭过户征租，无复訾议，永远存照。

　　再批四址，东胡处，南鲁处，西鲁处，北即祭田，高墈为界。

　　车盘水路照旧，出入无阻，并照。

　　咸丰四年孟夏月　日立助契，十五世孙媳孙氏。

　　见助　翁梦仙

　　叔翁思钦

　　男致明　致方

禀笔侄致聪

右粮冶一二里黄永思祭完纳。

（黄汝砺等编修，民国九年永思堂刊本）

民国《姚江黄氏宗谱》，光绪《助田契》：

立助田文契。孝一公十五世裔孙文华，同族弟开明、安元等，今因大宗祠祭田多多益善，情愿将远祖所遗民田一亩三分，另其细号亩分开载于后，将此田助入永思堂祭。自助之后，任凭祠内过户输粮，收取花息，以供祭祀之用，并无上下争执等情，亦无另行典押在外，此系情愿，永不翻悔。恐后无凭，立此助田契，永远存照。

计开细号亩分四址于左，车盘水路照旧出入，无词。

翔字六百三十二号　田一亩三分三毫五丝。

光绪六年庚辰二月□日立助田文契，裔孙文华押。

　　　　同弟　开明　安元
　　见助　宗长　文治
　　　　房长　凤竹　大龙　汝桓
　　　　禀笔　莆堂

助田文契行

右粮冶一二里黄永思祭输纳。

（黄汝砺等编修，民国九年永思堂刊本）

民国《姚江黄氏宗谱》，光绪《助田契》：

立助契。十四世孙媳孙氏，同继子长润、长潾，缘先翁惠畴公原配先姑史生夫兄延庆、善庆两人，继配姑周生夫主联庆一人，氏实命不犹，完婚未及匝岁，夫主即被西匪掳劫无踪，迄今已十有九年矣。氏念夫主嗣续为重，爰邀请亲族为夫主择立继子，以承宗祧。又念宗祠历祖为人生根本，愿将夫主遗产提揭四、木、万三三字号民田十亩，细号亩分开后，愿将此田助入宗祠，聊申报本追远之意。惟夫主遗产无多，其现年租息尚须作氏衣食之资，迨氏百年后，其田方归宗祠，纳课收租。诚恐日久不克如愿，为此邀请族房先立助田文契，交宗祠收执，永远存照。

计开细号亩分：

四字一千一百六十三号田一亩五分六厘五毫；

　　　一千二百三十四号田五分；

　　　　一千二百三十七号田三亩六分一厘。

木字一千一百二十二号田二亩三分五厘。

万字一千一百二十二号田一亩五分八厘二毫。

光绪六年二月□日立助契，十四世孙媳孙氏押。

　　　宗长文治　继子长润

　　　叔翁凤竹　继子长潾

　　　族夫兄思贵

见助：夫兄善庆、大龙、春煦、缄三。

禀笔：羑卿。

助契存照。

右粮东南二里黄永思堂义祭完纳。东南六里黄永思堂义祭完纳。

（黄汝砺等编修，民国九年永思堂刊本）

民国《姚江黄氏宗谱》，光绪《助田文契》：

立助田文契。孝一公十四世孙、三房房长心农，同知事恂庵、作轩、茀堂等，今因堂兄小泉公前月逝世，原配李氏、继配施氏皆无出，诸堂弟等公议，立堂兄灿若公之子长升承继。小泉公素以助田入祠报本追远为志，弥留之际，曾有遗命。心等嘱长升将继父小泉公遗产，挈起六亩，助入宗祠，升慨然允诺。细号亩分开列于左。自助之后，任凭宗祠知事，过户输粮收租，新立永思堂清明祭、照追远祭，挨次轮流。恐日久上下争执，为此邀请族房公立助田文契，交宗祠知事收执，永远存照。

光绪十八年十二月□日立助田文契，心农押。

　　　堂侄　长升

　　　知事　恂庵　作轩　茀堂

　　　宗长　思贵

　　　侄　　长潆　长溁

　　　禀笔　恂庵

计开细号亩分：

被字一千一百号，田一亩九分九厘五丝四忽；

被字一千九十九号，田二亩六毫六丝六忽；

臣字一千四百廿二号，田一亩八分四厘二毫。

助田文契。

右粮西南下二里黄永思堂清明户完纳。

（黄汝砺等编修，民国九年永思堂刊本）

民国《姚江黄氏宗谱》，光绪《助田文契》：

立助田文契。孝一公三房十四世孙媳史氏，同男长溁、孙男宗绍。窃氏夫旐莹府君，天不永年，氏赖列祖之福，得以抚孤成人。前月夫兄小泉公逝世，公议立胞侄长升为嗣，议分拨兄遗产臣被二字号田六亩给氏先夫作祀。氏愿将此田以三亩六分助入宗祠，非云克展孝思，聊酬祖功宗德于万一耳。细号亩分开列于左。自助之后，任凭宗祠知事过户输粮，收花，附入永思堂清明祭，照追远祭，挨次轮流。诚恐日后争执，为此邀请宗房，公立助田文契，交宗祠知事收执，永远存照行。

光绪十八年十二月□日立助田文契，史氏押。

    大房孙男宗绍

    次男长溁

    见助：宗长思贵

    本房房长心农

计开细号亩分：

臣字一千五百二十六号，田一亩九分五厘六毫；

被字一千一百十九号，田一亩六分正；

右粮西南下二里黄永思堂清明户完纳。

西北十二里黄永思堂清明户完纳。

（黄汝砺等编修，民国九年永思堂刊本）

江西

万载辛氏

民国万载《辛氏六房谱》，嘉庆《杂述》：

同治丁卯创建祠堂乐助人名录

延顺觐昌各捐钱二百千文；

达捐钱三百千文，达助钱六十千文；

孚捐钱二十千文；

延学征达榜公各助钱十千文；

昌赐禄润琪各助钱六千文，达细根助钱四千文；

达鹏联同发昌富贤各助钱二千文；

延顺祭祖会抽钱二十一千文，助祭会抽钱十二千文，奉先会抽钱三千六百文；

觐童子会抽钱十千文，怡怡堂抽钱八千文，清明祭祖会抽钱四千文；

达贻燕会抽钱三十一千五百文，同心会抽钱十二千文，长幼会抽钱十千文；

延顺觐达昌各礼钱十千文，孚礼钱六千文；

鼎公光佐公潮玺公荧公昱公鼎卿公贻燕会各礼钱四千文；

良公祭祖会助祭会仕魁策公维琏公淡斋公各礼钱二千文，崑公晓智公润轩公长幼会同心会各礼钱二千文，康琪炳龙各礼钱二千文，子完公卫瞻公各礼钱一千文；

大祠礼钱十千文；

六房会礼钱十二千文；

集庆会礼钱六千文；

顺潮玺公助钱一百千文，每年胙肉四斤；

达一峰公助钱五十千文，每年胙肉二斤；

达子羹助钱五十千文，每年胙肉二斤；

昌绍徽助钱五十千文，每年胙肉二斤；

昌江发助钱五十千文，每年胙肉二斤；

昌郑发助钱五十千文，每年胙肉二斤；

觐海成捐钱四百千文，觐海成助钱二十千文；

觐祠帮制祭器钱二十千文；

达祠帮制祭器钱二十千文；

策公祠帮祭器钱二十千文。

公米赈族襄事人名录

岁戊戌大旱，直省有报荒者聚，朝廷发帑赈济，其偏灾所及郡邑，开仓平粜。今春，邑米价仍数倍于前，族属向余曰："吾族丁口繁多，贫居其半。今荒如此，无能自支。奈何？"余因商之天赐翁及七房房长、绅耆、族正等曰："时值天灾，乡邻有任恤谊，况属同宗，何忍坐视。然如窦禹钧赈族乏，范文正制义庄，独力难也。其叩族有力者为粜公米计乎？"佥以为然。爰邀同志募助，一倡群应，量力捐金共得若干，于是择人办理，采买谷石。各房查户开名，买米者四千八百有奇，时价升米二十八九文，公议价升米十文，于祠内发粜。住居上乡泻远者，于大桥发粜。自三月二十六起，至五月终止，约费二千余金。当是时，其荒既阔，经日又久，中人之家典衣卖器，难得一饱，而吾族千家幸恃此无恐。夫人受人惠而思报天良之自动也，今诸君子出己所有，为祖宗后裔数千百辈脱一时之厄，其为惠于

第八篇 族产

族也大。且谱未续修者数十年,以其余资修辑世系,其有功于族又远。于是酌议助数百金者,祖堂配祀,助数十金者祔祀,助十余金者书于谱,功存一日,报以百年,在诸君初非为此,而酬报之意顺乎人心,即祖宗亦应许可耳。襄事募化总理监理采买分办诸人,勤劳久,皆得备书。时乾隆己亥仲夏月。名字开后:

受贞、金佑、麟和、金凤、汝璧、汝安、金紫、廷芝、文彬、树桧、树盘、树芬、标、树㤎、锦瑶、汝浩、崇礼、邦星、树谦、尚勤、世安、家栋、其善、善、家松、德、见龙、汝霞、炳兴、□□、树芸、芳岳、之蔚、汝节、学富、家椿、时绍、家□、廷升、廷旭、金淏。

承办禁首

宗名允载盛梅寿元端洪佐德凤生致周长冬高福闻美。

前后乐助修祠添置祭器田产名录。

康熙壬辰修二门外西边石墙乐助名录。

宿连上玉共辰名受桂孙家庆缔锡崑有其章宋生添佑荣登……以上各助银一钱;友生倡首饰能载臣,以上各助银一钱二分;九登雪春……以上各助银五分。

康熙己亥修二门外东边石墙乐助名录。……

雍正二年买上峰充祭田五百把乐助名录。……

乐助祭器及盘费人名开后:

旧谱云:从前乐助,理宜报答。有一人一项,一人二三项不等。除已经配祀祔祀及每年冬至祭酬以祭肉不议外,公议分别酬功,每一项乐助者,布衣备钱廿千文,生监备钱十千文,举贡乡饮请入祠祀。二项乐助者,布衣生监止备酒席钱二千四百文,请入祠祀。三项乐助者,俱不必备酒席钱,请入祠祀。前为族长有功于祠者,备酒席钱二千四百文,请入祠祀。为房长有功于祠者,布衣照生监,请入祠祀。凡未经入祠者,或力难猝办,仍详载谱,俟日后照前入祀。今将已经请入祠祀名次开次于左:

受圻,字式久,邑庠国学,买田助树建祠乐助银两,乐助三项;

金声,字正希,邑庠,买田乐助一项,今补钱十千文;

金丽,字三益,邑庠,买田乐助一项,今补钱十千文;

膺荣,字恩赐,邑庠国学,买田乐助一项,今补钱十千文;

受瑄,字上玉,修祠修祖龛乐助二项,补出酒席钱二千四百文;

邦祁,字才臣,邑庠,买田乐助一项,今补钱十千文;

受璋,字吉生,修祠修祖龛乐助二项,今出酒席钱二千四百文;

汝秀,字缔锡,修祠修祖龛乐助二项,今出钱二千四百文;

振韶,字润生,原为族长,修祠买田乐助二项;

受升,字荣登,买田修祖龛乐助二项,今出钱二千四百文;

汝勤,字以成,邑庠,买田乐助一项,今出钱十千文;

受琦,字德生,修祠修祖龛乐助二项,今出钱二千四百文;

廷瑄,字煌佐,邑庠,代银修祠助银修祖龛乐助三项;

联珍,字惟上,原为房长,修祠乐助一项,今补钱十千文;

勤问,字则裕,修祠修祖龛买田乐助三项;

金榜,字首元,买田乐助一项,今补钱二十千文。

补载从前论功较重所襄祀费改归乐助人名录

本族从前建祠修谱,前辈因事乐助,或一或再三不等。己亥修谱,公议应分别入祀酬答。各子孙复量襄祀费,其布衣乐助一次,议襄钱二十千文。生监襄钱十千文。是年,有庠士正希、三益、恩赐、才臣、以成诸公后人,襄钱十千文。布衣首元公后襄钱二十千文,随经叙明载谱。次年,公众复议,无田不祭。祀田乐助比诸乐助中为较重,不应别劳襄费,因举立人公以下从前未祔享者,无论生监布衣,一体请入祠祀。其前诸公子孙所襄祀费,自应改作乐助。今列于后。庠士金声字正希,金丽字三益,膺荣字恩赐,邦祁字才臣,汝勤字以成,各乐助钱十千文。布衣金榜字首元,乐助钱二十千文。以上俱系己亥冬至补出,其钱文经族中公米修祠修谱收用,今为分别注明,载谱以示后人云。

宗祠历来修谱人名

朝彦,字硕德,号秋涛,洪武三十年丁丑初辑。

瑞,字公仪,号耕轩,宣德十年丁未续修。

久,字恒贵,天顺二年戊寅续修。

润,字延仁,号渔隐,正德三年戊辰续修。

御良,字尔范,号柏坡;光衢,字伯泰,号桐冈;昶,字觐颜,号高节;松,字克昂,号雪坡。嘉靖三十七年戊午续修。

金衍,字六化,号天一;受中,字师圣,号英山;受道,字师贤。康熙四十五年丙戌续修。

汝襄,字翼侯,号丹崖;联恭,字则安。乾隆八年癸亥续修。

聚,字凝之,号集英;金寿,字天赐,号静□;廷芝,字秀圃,号畹堂;文彬,字程材,号质孚。乾隆四十四年续修。

文彬;炳晟,字融初,号肃堂;从益,字谦受……敬堂。嘉庆十年乙丑续修。

(辛观涛等修,民国四年木活字本)

湖南

湘乡大界曾氏

民国《武城曾氏衍湖南湘乡大界五修族谱》卷五下,《典制·义田公记》:

粤稽范文正公创置义田,周济族中孤寒,凡嫁娶丧葬有所利赖,后人咸取则焉。我曾氏自清初由衡徂湖南棋布大界,历二百余载,丁衍千百。追其中叶文正公出而治师,率族中子弟荡平粤寇,奏厥肤功,簪缨鼎盛,未暇计及,虽忠襄捐奉祀产于祠,亦非义田规模。自是而后,贫富各殊,仰给周恤颇不乏人。乙丑春,晋卿倡捐义谷百硕,楚材兼山两房公捐谷二十硕,夏出秋入辗转多艰,是以阖族共商将义谷变售洋蚨三百余圆,各房公私乐输千数百圆。随于庚午冬购置香花坪坳上产业四十三亩五分,名曰义田。其年租入量给贫学及鳏寡孤独,少者不致废业,老者得免无告。原绍范文正公成法,制定规程,俾经理者有所遵循,事成完美。至于益而积之,扩而充之,是又望于后之贤者耳。履云氏谨述。

(民国三十五年三省堂活字本)

四川

南溪县

南溪宗族祠堂、祀产。

民国《南溪县志》卷四,《礼俗篇·风俗》:

徐氏,仅有武生,然岁时省墓祭祠,至者千数百人,合族租谷达五六千石以上,亦云盛矣。顾氏,当咸同时,自城达仙临场,足不履他姓地,其族为文武生数人。曾氏兄弟六人,岁收租谷三千余石,俭朴不事华靡,子孙能久其富。

(巴蜀书社1992年版,第611页)

福建

遗命建立义田。

蔡世远《二希堂文集》卷九,《族子载园墓志铭》:

余族子赠奉直大夫,讳维坤,字星六,别号载园。生则五世同居,没则遗命建立义田。余所亟欲表之以风世者也!

(《四库全书》本)

大宗小宗各置祭田若干。

蔡世远《二希堂文集》卷九，《先妣吴太君行状》：

世远奉先君遗命，大宗小宗各置祭田若干，而家橐萧然，先慈喜曰："吾最恶夫先私而后公者，虽富奚羡焉！"

（《四库全书》本）

置大、小宗庙、祀田、义塾，以服制分产。

蓝鼎元《鹿洲初集》卷七，《黄太常传》：

黄太常名性震，字符起，号静庵，福建漳浦人也。……家居故在湖西，先世所聚族者。兵燹后，晨星散处，一望苍凉，每潸然泪下，有敦族立宗之志。顾谓所亲曰："倘得一命之荣，施及三党，是余愿也！"甲子司臬粤西遣族子太学生赐旋家，董其事，鸠工庀石，筑土堡为藩篱，俾族众咸有宁居。中立大宗庙以示报本，次立小宗庙联五服之亲。各置祀田，租千余石以供烝尝。立义塾，令阖族读书。其中置书田租四百石，为膳脩膏火之资。复置义田租八百石，以赡族中冠婚、丧祭、孤寡、贫穷无告者。仲兄都司佥书性昂，远居蜀，没已久，遣人挈其家，扶榇归葬。功兄太学生性祥，久居粤，亦为挈家旋里，授宅分产，兄没为置祀田。凡群从兄弟之子，皆视若己子。婚娶田宅次第均分，五服皆有分产，多寡以服制为定。居乡由由，弗与人争角。即有犯者亦不校。尝曰："君子与小人校，不惟不能胜，亦不可胜，虽胜亦非也。"

（《四库全书》本）

三　管理与用途

（一）管理方法与政府备案

宗族为求得官府保护族产，将祀产、义庄备案，经过各级政府的审批，甚至皇帝的批准，并将备案文书妥善保存及记录在宗族文献中。

倡立义田、义仓、义学、义冢，许具呈本州县并详报上司立案。

《大清高宗纯皇帝实录》卷五：

（雍正十三年十月下乙酉）禁陈奏乐善好施、道不拾遗等事。谕曰：比来殷富之家，有愿出己财以赈恤乡里者,即周官五党相赒、通财救荒之遗意。是以皇考恩赐议叙,以鼓励风俗。而又恐因是或滋弊端,于本年五月间,山西巡抚石麟奏称,太原府绅衿士民捐银贮公以备赒恤一折,特降谕旨,以为乐善好施者大都由地方之水旱饥馑捐资赈助,即平常无事时或置义仓、义田及养老育婴等事,必出于本人之诚心,而又能亲身料理,始可以惠乡间而收实效。石麟于地方现无应办之事,而乃奏绅衿士民捐银以备公用,直是另开捐纳之条,而胥吏土豪乘此得以侵蚀,与所降原旨不合。曾经严加申饬,并令向后不得无故捐银交官。是皇考于奖诱善良之中,而豫防其流弊,至深且悉也。朕观各直省捐助一事,或督抚欲博化民成俗之誉,授意属员;或有司欲邀劝输宣力之名,多方迎合。竟至抑勒诛求,计家资之丰约,定捐输之多寡。甚且假公苟敛,中饱侵渔,名曰利民,而适以病民,诚有如皇考谕旨中所虑及者。嗣后各州县如遇荒歉及修城筑堤公事,果有殷实良民实情乐输者,许亲赴布政司具呈,详请题奏,地方官不得自行申报。其他如倡立义田、义仓、义学、义冢,许具呈本州县,详报上司立案,仍听本人身自经管。胥吏土豪不得干涉,希图渔利。该督抚体公核实,大者题请,小者量行旌奖。倘有官吏勒派,该督抚失察,并有徇庇者,均照例分别处分。至于道不拾遗,盖以孔子至圣德盛化神,所治仅蕞尔之鲁,故偶一有之。成康之际,周召辅治,百度修明,刑措四十余年,不闻有此,则非人情所常有之事。而政治之美,不徒恃此孑孑之小义可知矣。近见诸督抚以此陈奏者渐多,若不加禁遏,恐滋奸民邀赏、有司干誉之弊。诸督抚果能实心体国,子育蒸黎,休养化导,使衣食滋殖,仁让相先,太平之象自有蕴蒸而不可掩者,亦不在道不拾遗之一节也。嗣后即果有此,该州县量行奖赏,不得申详。该督抚亦不得以此陈奏。

(中华书局1986年影印本,第1册,第239-240页)

直隶
定兴鹿氏
光绪定兴《鹿氏二续谱》卷九,《祀田》:

谨案:都转公置祀田五顷二十九亩,为祭祠扫墓之需,呈县存案,立法周备。后不知何人典出,仅存彭各庄地九十三亩。壮节公官黔时赎回侯官营地一顷九十四亩,史家庄地五十二亩。今将初谱所载段落及原定条规详载于前,而以现存亩数及支销章程附列于后,愿我族姓永奉烝尝,世守勿替,是有厚望焉。

(光绪二十三年本)

东光马氏

沧州东光《马氏家乘》，光绪《马氏南茔祭田序》：

粤惟我始祖自陵章迁瀛东，七世至大参公始置祭田之设也。几三百年认兹董此事者，悉大参公裔，然必须老成练达，处事公平。五门公议责效于其人，他支固不得预闻也。曩于乾隆癸卯冬，他支有捏词妄控，意欲图赖为合族祭田，邑侯陈查阅邑志，班班可考，即发给执照并准立碑记以垂久远。惟大参公后方许承管，他支不得浑搅，后有浑搅者即执此执照禀官究治。迩来行之又七十有七年矣，第旧章未改，而年湮世远，地多非其故，久则恐有遗失之患，思旧德者窃滋惧焉。爰于仲春择族中能事者偕房地行，逐段量清，长科、横科以及方向、坐落、地邻、姓氏一一登记，交董事者收存。嗣后地外租时文契悉照帐本开载详明，使种地人不得越畔，诚虑之深而计之远也！事时既命，余赘数言于篇首。余敬述往事昭示来兹，庶世世子孙共相引于勿替云！

时咸丰十一年岁次辛酉七月初一日，十六代春龙谨识。

南茔祭田总目逐段开列于后：……

红荆科地总目逐段开列于后：……

北茔祭田并坟场逐段开列于后：……

祭田之设，所以隆报享，非以赡贫乏也。我马氏南北两茔，共计地四百余亩，数百年来祖宗血食以及祠庙坟墓皆于是乎赖，所系岂浅鲜哉！咸丰中，族伯春龙虑年远失迷，于南茔地逐段清查登记于簿，嗣于光绪年间估价税契，于是南茔祭田复有文契可凭，至今赖之。然北茔犹阙如，乙未冬，适箓归自京师，与春溪叔议踵前事举行，春溪叔不以为非当。经荣燮兄、仙舫侄同房地形，竭数日之力丈量清楚，随即估价投税，统计地拾段共亩数，一一登之于册，以便翻阅。庶与南茔祭田世守无替矣。至嘉庆地册所载宅基门前湾，今既无考姑从阙焉。

光绪二十一年仲冬，十七世孙荣箓谨识。

（1999年十一修本）

江苏

定盗卖盗买祀产义田之例。

《大清高宗纯皇帝实录》卷五一四：

（乾隆二十一年六月上甲辰）刑部议覆：江苏巡抚庄有恭奏，子孙盗卖祀产义田，请照盗砍坟园树木计数加罪等语。查祀产与坟茔有间，请嗣后如有不肖子孙，私将祀产投献势要及富室谋占风水，知情受献受买各至五十亩以上者，均依捏卖坟山例问发充军；不及前数者，依盗卖官田律拟罪。盗卖宗祠者，应计间数一体办理。至盗卖义田，又较祀产情罪稍轻,应仍照原任内阁学士张照奏定例,依盗卖官田律,止杖一百,徒三年。再请嗣后祀产义田,令地方官示谕有力之家,自行勒石报官存案。即田数无几,亦须族党自立议单公据,为后有犯者定断之凭。倘无确据藉端生事者,照诬告律治罪,应载入例册。从之。

(中华书局1986年影印本,第7册,第497-498页)

于敏中置买义田养赡贫族报官立案,系义举不必籍没。

《大清高宗纯皇帝实录》卷一一一〇:

(乾隆四十五年七月上戊子)又谕:据吴坛奏,前往金坛查办于时和盗占于敏中原籍赀产一案。内称:据于时和家人杜喜等供称,于时和于本年四月抵家,住于伊父于文骏家。于六月二十八日进京,其自京运回货物,另贮一室,自行封锁,俱不许伊父开看,亦无银两衣服给与伊父。当将封锁之房开看,内有银四万六千两,并如意、铜瓷、画片各件及田房契券。是于时和吞占于敏中赀产已属显然,至伊父于文骏房内俱系破旧衣服,并无丝毫银两等语。是于时和串通张氏隐占于敏中赀产,带回银两衣物不许伊父开看,亦无丝毫给与伊父于文骏。其负恩昧良不孝已极,伊父于文骏之物不必查办,仍行给予。至于时和前已降旨革职,兹据吴坛奏称,派员沿途截拿。将来途次拿获确审定案时,竟将于时和发往伊犁充当苦差,以为不孝昧良者戒。至太监苏姓,据称尚未到金坛,已知会浒墅、扬州、淮安各关留心截拿,将来拿获时,讯明押带财物属实,亦应解交内务府,着总管内务府大臣严行治罪,以为太监托病告归、生事不法者戒。又据另折内开,于敏中自治新房一所,用银一万两,别有花园,现作义学,并未修葺等语。朕从前即风闻该县有为于敏中盖造花园之事,何未留心究出。并闻有道员为之料理,此大有关系吏治,吴坛不应放过此事。原籍地方官,于本地显宦,竟敢公然为之修盖房屋花园,此于吏治官方所关甚大,设使江苏绅士、现任山东道府州县者,即于吴坛原籍为之修盖房屋可乎?此事吴坛何以不行查明据实具奏,乃佯为不知,欲轻描淡写,希图完案,实属不知朕恩,旧习未改。吴坛着传旨申饬,至另折所称,于敏中前后置买义田一千一百余亩,用价八千余两,养赡贫族,报官有案,此系义举,不宜动。其余分给于德裕赀财二三万两及于时和侵占银两,留充该地方公用之处,俱着遵照节次所降谕旨,妥协办理。将此传谕知之。

(中华书局1986年影印本,第14册,第847-848页)

张祥河奏捐置义田令该地方官立册存案,载入志书,不得私相买卖。

《大清文宗显皇帝实录》卷二四一:

（咸丰七年十二月上）乙卯。谕内阁：张祥河奏捐置义田赡养宗族一折。所捐田亩，着江苏巡抚饬令该地方官立册存案，载入志书，不得私相买卖。该侍郎敦本厚族，古谊可风，应行旌奖，着该部酌议具奏。

（中华书局1986年影印本，第4册，第734页）

华亭张氏义庄。

雍正华亭《张氏捐义田折奏附义庄条例》：

内阁学士兼礼部侍郎加二级臣张照谨奏：为叩恳天恩事。昔年臣祖张淇，曾以己田一千亩作为义田，赡给族人。伏查义田赡族，始于宋臣范仲淹，后虽有仿而行之者，未有如范氏之经久。盖以未经奏明立案，既为公共之产，转成争竞之门，往往自置自废，旋有旋无。惟范仲淹所置义田一千亩，在今苏州地方，宋时奏明立案，历代相沿，虽系嫡派子孙，不得私卖，无论族人外人，不得私买，载在志书，故能自宋以至于今。伏读《圣谕广训》，有曰："置义田以赡贫乏。"臣窃私幸臣祖张淇此举仰符圣主化民成俗之至意，冒昧陈请，恳将臣家义田官为查核，立册存案，载入县志，不得擅卖擅买，违者虽系臣之子孙，亦以盗卖官田论。则臣祖张淇义田，仰荷圣主之恩，可以永存，臣族子子孙孙均被高天厚地之恩于无既矣。谨奏。

雍正十年七月初八日奏，本月十一日奉旨：张淇所置义田，着照伊孙张照所请，立册存案。张淇以己田作为公产赡养宗党，其敦本厚族之谊可嘉，应加恩旌奖，以彰义举，着交部酌议具奏。

少保保和殿大学士、仍管吏部户部尚书、翰林院掌院学士事臣张廷玉等谨题：为叩恳天恩事，内阁学士兼礼部侍郎臣张照奏前事。奉旨：钦此。钦遵到部，该臣等会议，得内阁学士张照之祖张淇以千亩之良田为合族之公产，赡仰宗党，敦笃本支，堪为闾里之仪型，洵属民人之表率。钦奉谕旨加恩旌奖，以彰义举。伏查雍正八年七月内候选知州范瑶，置立义田，收租赡族，臣部议以应升之职授为员外郎，奉旨依议钦遵在案。查张淇之子张集原任吏部左侍郎，又于兵部侍郎加四级，任内得受封典，应将张淇照伊子吏部侍郎加四级职衔，给与封典。仍行文该署抚乔世臣，遵照旨内事理，将张照所请伊祖张淇所置义田一千亩转饬该县，立册存案，载入县志。张氏子孙，不得擅卖，族人、外人，不得擅买，违者照律治罪可也。臣等未敢擅便，谨题请旨。雍正十年十月十三日题，本月十五日奉旨依议。

义庄条例

恪遵先封公面命，以范文正公家前定续定本参酌如左。宗族日冀繁庶，义田日冀增

第八篇 族产

益,而族人贫富不常,今或藉此,后或不需此,亦随世有异。其因时制宜,以垂永久之道,俟诸后贤。

一、逐房计口给米,每日一升,并支白米。如支糙米,即临时加折每斗糙米作折白米八升,若支糙加二五算,下并准此。用部颁五斗三升斛升斗应斛。

一、男女过十七岁元旦以上者始准作成丁一口,日给米一升,五岁至十岁者日给米三合,十一岁至十六岁者日给米半升,四岁以下者不给,女子出嫁之日停给。

一、冬衣。男,每人每冬给表里布一身,首年袄,次年袍,第三年套,周而复始。女,每人每春给棉花二十斤,约可一身表里布价值,令其亲自纺织。至初冬月,其勤者能助他人衣,即惰者亦无不能成己衣之理。男,五岁至十岁者,给布尺寸十分之三;十一岁至十六岁者,给布尺寸十分之五。女,五岁至十岁者,给棉花斤两十分之三;十一岁至十六岁者,给棉花斤两十分之五;女出嫁后停给。

一、嫁女给银三十两银色九五至九八不等,如卖余米所得原银。若支米亦如时值钱价准银数算,下并准此。

一、娶妇支银二十两,再娶不支。

一、丧葬。尊长有丧,先支银十两,至葬事又支十五两。次长,五日丧事,支十两毕。幼及二十岁以下与未婚娶者,不论行葬、丧葬,通支七两。十五岁以下支三两,十岁以下支二两,七岁以下不支。

一、凡力能置妾之家,当不缺衣食。所置之妾不准入册支给。如正嫡无出,而赖妾有男女者,准一体支给,婢生男女者同。如家长已故,而妾婢能守节者,听亲房同众保明,亦准一体支给。

一、凡诸位与先封公有服之亲,不论男女,于日给食米外,各有加米,以笃亲亲之谊。按服制为差等:如缌麻服,每年加米二石;小功服,每年加米三石;大功服,每年加米五石。亦按春、冬月两次分发。布匹、棉花等项,亦可随时酌量薄厚。凡年未成丁者不准加米。

一、按范庄规矩云:乡里外姻亲戚,如贫窘中非次急难,或遇年饥,不能度日,诸房公同相度诣实,即于义田米内量行济助。前贤姻亲之厚如此,然于谊难分界线,于力不能遍及。今定:异姓亲戚,凡与先封公有服之人不能自给者,不论男女,与族人一体支给食米冬衣,以终其身;无服者不与;其有服未成丁者,亦暂缓给。

一、异姓与先封公有服,既得与同姓一例支给衣食,服同则情亦同,按服加米。及婚嫁丧葬吉凶之费,亦当依例支给,但只给有服人。本身婚嫁丧葬,其婚男嫁女丧葬伊亲者,即在无服之例,不准支给。

一、各房支领时,各持经折一通,前书应给口数,后开每期所给米物数目,书满易折之日,将前折所领总数过于后折,即将前折交存义庄。如遗失经折者,不给。

一、古制:百亩之田,勿夺其时;八口之家,可以无饥。古田小,今田大,周田百亩合今田三十三亩三分有零。计一人能种今田四亩余者,尽可自给,然古时,田分公私,不输赋,自耕自食。今收田租者不自耕,佃户先取其利息之半,所得租米,输赋在其中。计所得今田八九亩之租息,始能自给衣食。凡我族人,家有田八九亩或至十亩,可供一人衣食者,即应自白,少请一人口粮;如家有十人,而所有田数仅可供八九人者,仍向义庄请支一二人缺粮。如此使义庄力有宽余,以赡贫乏。若不肯自白,希图多请,或经本庄察出,或经宗族举出,按数除扣前米。

一、凡能自给不支请口粮者,仍请冬衣、吉凶银钱。能自备冬衣不支请者,仍请婚嫁丧葬银钱。

一、凡族人,家虽不足而其人志在特立,情愿让惠于贫乏宗族,一切不向义庄支请者,听。

一、族人虽有田地,为数未敷一人衣食者,仍准支请,不必除扣。

一、族人孤寡之家,虽有田亩,仅供衣食,不能盈余以资积蓄。寡妇三十以内,孤子未成丁及未婚娶者,准其如大小口数支给,不必除扣;迨寡妇年逾四十岁,孤子年至成丁,已经婚娶,仍就其所有田亩,依众扣除。

一、族人原有田地,少请口粮,既而无端花费,卖去田产,向义庄请增米数者,勿给。

一、凡出外不住家者,其米布停给。

一、因出外住支月米,其妇在初五日以前取,宗族保明,听给当月米。

一、族人有取外姓以为己子己女冒请月米者,勿给,诸位宗族觉察报义庄,即已误给于前,仍扣追还庄。

一、明字乃异姓过继,以甥为子,于例不应入籍,念其历年既久,不忍弃置,今就明字本身,日给米粮如众八折。其现在之寡媳妇孤孙,凡五口,日给米粮如族人大小口之半。只量给男冬衣,不给女冬衣;只量给凶丧之费,不给嫁娶之费,与本族少为分别。以后增出人口,及明字之曾孙以下,俱不准入籍支给。至除籍后,仍于每年三月内,长给其家扫墓米五斗,以存旧谊。

一、族人不得以异姓子承祧,如有违例继立异姓者,不准入籍,不得援明字之例。

一、族人有将己子过房与人,破荡他人家业却欲归宗请米者,勿给。

一、凡支请米物,夫为妻,父为女,翁为妇,伯为弟妇、叔为嫂,兄弟为姊妹,子为母,孙为祖母,以上代领者,按例给发登籍。至于男口,必须亲领,如并非衰老幼弱、疾病死丧

第八篇 族产

不能出门之人，乃央人代领，不亲至庄拜祠与祭者，不准给米。

一、族人如有不肖，入于赌博打降匪类，甚至涉入确实命盗案内，及卖身与人，一切不可言之事，为乡党宗族所不齿者，义当摈弃出族、除籍、勿给出族者及其妻女子孙，除籍者止除本身之籍，勿给者暂停，俟改悔，族人保明仍给。

一、范庄族人，例于每月末各持请米折子，于掌管人处批请，不许预先隔跨月分支领。前贤美意如此，则贫人粒米入腹，无以米卖钱别用之患。人生需用莫急于米，以米易钱，所用即当，亦以失计，况未必当乎？今先封公后人，皆居郡城，收租完税，以城为便。而领米族人，居郡城近地少，居浦东三林塘多，离郡城几及百里，不能逐月支请也。是以定期先考妣诞辰两次支请，三月给半年米并女冬衣之棉花，十一月给半年米并男冬衣之表里布匹。倘有不肖族人，领米归家，以米卖钱别用者，或经本庄掌管人察出，或经宗族举报，初犯罚后次少给三个月口粮，第二犯罚六个月口粮，第三犯以后俱罚一年口粮。其以棉花不纺织而卖出者，停给下次棉花。以布匹不做衣而卖出者，停给下次布匹。

一、凡以货易银钱之人，宗族有眼见者，必正言劝阻之；劝而不从，必证明与受姓名，当场喝破，即会同举报义庄，本庄按例行罚。倘是人强辩饰非，妄称私货非义庄领出，不认罪甘罚者，此等不遵条例紊法偾事之人，本庄除籍停给，俟其愧悔日复籍。若使未领之前，贷之亲友店家，领后还人，邻甲宗族必先期有知之者；又或本家自织之布出卖，邻居必知其物，定与庄发者不同，二件皆事之所有，理之当然，但宜查核虚实，不得以领物易钱别用诬妄之。

一、凡族人，虽自己并不以米粮棉花布匹易钱，而眼见他人违例易钱者，不劝阻，不喝破，不识认与受之人，不告知本族，若为不见者，发觉之日，如系尊长，罚米三斗；平辈罚米二斗；弟侄以下，罚米一斗；棉花罚轻斤两，布匹罚短尺寸，以示戒。又有一种贪利无耻之人，见他人违例易钱，分利若干，卖不开口举报者；更有一种强悍无理之人，当时临事虽不分惠，或平日受贿，或私厚交好，乃以尊凌卑，以强欺弱，护庇违例之人、压制他人不行举报者，此两种之人，发觉之日，与以货易钱之本人一体同例行罚。

一、义庄原为虞族而设，先封公后五世而下，服属之孙已与族人相等，倘有贫乏不能谋生者，亦同族人一体支请，不得与条例外妄企特支。掌管人执特定例，不可多给合米寸布分银。

一、古礼神道尚右，当以西为尊，而时俗设位，皆考东妣西。今因义庄立祠，不同四代并设之祠堂，有翁妇接坐之嫌，所谓事亡如事存，从俗亦宜，故奉祀先考妣神位，以东为尊，先母钱淑人神位，礼宜侍侧，以下皆另立龛。先兄义当从祀考妣，宜置龛设位于东旁西向。而不及配者，礼所杀也，汇与叔季，忝为先封公子，后人犹得比先兄从祀之例。孙以下,不论有无爵位,必力能保守所有义田无缺,而于旧额外增置百亩以上,合族感惠,共称有功于义庄者,乃许设位从祀于祠。

一、祠以奉神,庄以聚会,仓以贮米,庵以助守祠、守庄之力,四者相须为用。庵以赘出,其实为永远计,宜有僧舍。所以范庄规矩有云:天平功德寺乃文正公奏请追福祖先之地,为子孙者当相与扶持,不废香火。又云:义庄及白云寺差役,蒙官司蠲免等语。前贤非奉佛者,乃借此为永远看守之计也。吾家效法之。但祠堂庄庵屋制,皆从俭约,取其易守,后人虽有力,只依式修理坚固,不可有所增扩,反致难守。惟谷阳桥仓房容米有限,若使后人益田亩加租数,仓不能容,增扩改易,听有力者为之。

一、义庄办事,宜先公后私。虽遇歉收,不得迟缓输赋,宜脚踏实地;虽缺急用,不得暂借有利债负。

一、有吉凶增减口数,族人随即报明月日,义庄据报开除注册。

一、族人生男女,限满月后,即以某人于某月日时生男女,其母或所生母某姓氏,及男女行第、小名,书一单报庄,本庄于给米日,再向宗族众人知所生男女的实,即时眼同注籍,以便他日及年支粮。若违例不报过时补报者,后虽年长,不理为口数给米。

一、凡已报注籍之男女,未至领米之年,或有夭殇于春冬,领米之日,报明除籍。如有隐瞒,希图他日冒领米物,本庄察出,宗族举出,不但令过者追扣虚冒之数;即未领者,亦议罚现支之米。

一、义仓在谷阳桥,每期用船载至义庄,当日祭毕,即分给而散,不得先期载往,存贮山庄,恐有疏虞。

一、经管义庄,当如范氏宗族,公举有德有才或殷实可托之人,汇意日久事繁,当立一正二副。其正,范庄旧称曰管勾,今避品官职名,改称曰管总,用以总理诸事。副者咨请而行其副:一曰司仓,专管收租粜米舂白及各项米粮出入;一曰司庄,专管给发米布、银钱诸物,祭祀,修理祠庄庵仓,匠工栽培树木花果,检点什物,完纳漕米,地丁钱粮。如不得其人,两副合而为一;又不得其人,则管总一人兼之。如管总为人所敬信,二副听其自用。今开创之始,急切未得其人,汇且暂管以待公举。

一、俟公举得人经管后,凡米货、银钱出入如汇旧则施行外,每逢月朔,必以前月出入现存之数报明兴泽堂宅,至新陈租米交界,总算核实,备造四柱清册,用堂名印押。先封公后各房查验毕,然后开仓收新。若前管事人谢任,交待于后管事人,须在庄祭祀给米之期,会众查册,共见共闻。

一、管总、司仓、司庄三执事,或家道殷实,或自甘为众效力,不愿领酬劳粟者,听。其不辞粟者,管总每年支米十六石,司仓每年支米八石,司庄每年支米八石,三职米亦于给

第八篇 族产

米两期分请,不得预支。又按范庄规矩云:经管子弟至年终无侵渔过失者,始准支给。本庄当查前期无过者,准支前半,后期无过者,准支后半。其才长兼职者,只支一职之米,不准兼支。其有暂任试用半年者,于其职米之半内量给。如三执事人在庄原有本分应得口粮等项,仍旧给发,不与职米交涉。

一、范庄初制,只用公举一人,每年支糙米二十石,至咸淳十年添立各分司诸人众。庄创始,即用一正二副者,盖预期日后昌炽之意。且愿就宗族人试之事以育其才。然两副名为分职,实必互理。如给米曰**事繁,犹暂**也。至收租一事,虽云租少,坐纳行催,事非一脉,三执事外尚需人力,岂可不**相为臂指**乎?三执事既为宗族,则所办者为己事也,既受职粟,则所办者为公事也。租米出入,其弊多端,正当于此礼品,于此见才。若有一毫苟且,为仓中人指摘,宗族人非笑,便不可复居三执事之职。戒之,戒之!

一、义仓,凡收贮、催载、调廒、翻运、筛飏、舂簸、完纳、核算出入、管门守仓、治具饮食,多需工力;凡铺垫席袋、斗斛船只等件,多需物料,其应资人工物价,仿各房各仓旧则,例行将动用款项具载仓册。每年各房公同查验,用堂名印押,当给米日,出册与宗族公看。

一、供养宿云庵,僧不逾六人,计口授食,人少核减。每日给斋米一石八斗,灯油、食油共十斤,盐四斤,黄豆三斗,茶叶柴火银四钱,线香十里,定香三斤五两,烛三斤。他年若能另置长生给庵耕种,则食米等物酌量渐减。田多足用,则尽除之。其山上枯枝落叶柴料,尽归庵用。

一、守祠人二家,守庄人二家,每家月给饭米三斗,银三钱。

一、他年义田内如有新典田产,未过五年期限,例当听从原主回赎者,其价银不得支费分厘,原银封贮,限当月内以原银典买田亩补数。

一、族人先期预支米物者,不给;或有应支未支,托经管人留仓积多,他日并支者,不准;强留仓者,后勿给。总之,先后日期、升合,不可假借,所以永绝出入不清之弊。

一、义庄事,惟听掌管人依规处置。其族人,虽是尊长,不得侵扰干预。即掌管人有欺弊处,宗族但公具实状,同申兴泽堂宅,会同先封公后各房理断,众宜静听,不得参议。

一、族人不得租佃义田伪立名字同,不得借居于义庄,及暂住宿云山上山下庄房僧舍,以致饮食扰害。其到庄与祭支领之日,不得采持山上山下一应树木花果,损坏家用器皿。其非在义庄听用职事之人,不得擅入义庄,侵管租务;不得借用祠庄仓庵船只器用人力,违者议罚。祠庄仓庵,不遵例禁止者,同罚。又,义庄佃户,所当优恤,使之安业,为子孙永远计,不得挟义庄宗族之势欺侮之,违者议罚。

一、族人领米须先一日到庄,虽各自具饮食,然守庄守祠诸人及山庵长老,不无洒扫晋接之劳,领米各位,礼宜酬之。定例每位每期,各给守庄守祠四家逐家茶钱二十文,各送庵内香钱四十文,计每位每期共出钱一百二十文。如是,来者居者,彼此相安。但与者宜喜宜敬,不可见吝;受者宜逊宜谢,不可贪索,所定钱数无过不及。

一、现在义田千亩,所收租息,完去粮白及祠庄仓庵杂费,计家族男女大小食口,每岁须米若干,须布匹若干,棉花若干,自雍正七年十一月为始,支给口粮冬衣,一切吉凶银钱,尚未及也。按籍而稽,唯恐所入不足以应所出,约自今以后,当效古人耕三余一、耕九余三之意,以备不虞。非权其事之轻重用之缓急,以撙节爱养之不可。每遇逢年,必春留下年之粮。若连熟三年,必余一年口粮。若遇凶荒,除给口粮外,一切不支,必待储二年粮。外有余,却先支丧葬,次及嫁娶。如更有余,乃支冬衣。或所余不多,即凶吉等事,众议分数均匀,即先尊者,后卑者。如尊卑又同,即以所凶所葬先后支给。或在先者得而在后者不得,各遵例安命勿怪。如支上件口食冬衣吉凶事外更有余羡数目,不得粜卖,春充三年以上粮储。或虑陈损,必待秋成无患,始可出陈易新。或后贤增祖义田,租数充盈,已得三年食米,并用项宽余,无患凶荒外,所余租息当易银以增置义田。

一、义庄原为济族而设,一切钱募人力自当尽用族人,然使族人不能任事而必用族人,则坏事紊法,其害不浅,只得募异姓经理。除管总一人必须本族外,其司仓、司庄之职,或一人兼之,或听管总自用所信之人。以下人力具可异姓代理,族人但当愧己不能,不得怪用外人。

一、奉先封公庭训八字曰:孝友、勤俭、忠厚、和平。凡众族人,皆先封公所愿养,则皆先封公所愿教,各宜凛遵此八字,依本分学作好人,必然自能成立,天亦必使有所成立。日后不特自养有余,无藉义庄,且必能效法先封公以其有余施惠于族。若使违背此八个字,不依本分,不学做好人,必至子子孙孙都要依藉义庄,且日流日下,甚至如前所定义庄摈弃之条,有并无义庄可依之患。诸位思之,先封公遗惠于族人,在先封公心中是自己本分内事,在诸位心中当知非自己本分内事,皆因一时无力自给,暂出于此耳,必效法先封为人立。立志如先封公为上,其次亦必思有成立,自贻于子孙。假使没志气,不向上,不顾礼仪廉耻,贪得无厌,甚至向义庄告穷,诉告喋喋不休,希图紊乱成规,妄乞预借,若遇此等人,不惟遵法不给,且扣其应给之数以示罚。初犯罚二个月口粮,再犯罚四个月,三犯罚六个月。

一、范庄规矩:冬衣用绢。本庄只用布者,俭朴家风,自宜如是。范庄又有子弟赴大比试及再贡者,支米若干;子弟出仕,每还家待阙、守选、丁忧,或本身上任留家乡里者,并依诸房例给米绢并吉凶钱数。又,选用族人之中举出贡有士行者充教授,聚生徒,月给米若干。此等皆极宜效法之事,一则草创未暇,一则财力难兼,皆未足以尽先封公之志,稍缓以待后来之有力者。

一、范庄规矩：义庄谕众必用朱草告示，族人有事上达，必用申文仰候批报。虽尊长，申文必书名字，不著名之申文，义庄勿收。先贤岂妄自尊大者？盖必如此，乃能行事有据而法可守，行事有据而法可守，即礼之所在也。今本庄草创伊始，亲睦之情为重，往来之节为轻，然日久人众事繁，当渐次如范氏循礼。

雍正七年八月望后二日汇定。

（抄本）

常熟王氏

民国常熟《太原王氏家乘》卷七，道光《义庄》：

江南江苏等处承宣布正使司，为请定盗卖盗买祀产义田之例以厚风俗事。案奉苏抚部院庄宪行开准，刑部复议条奏。祖宗祀产，倘有不肖子孙投献势要私捏抻卖，及富室强宗谋吞受买，各至五十亩以上者，悉以投献捏卖祖坟山地原例，问发充军，田产收回，卖价入官；不及前数者，即照盗卖官田律治罪。其盗卖历久宗祠者，亦计间数一体办理。若盗卖义田，应仍照例治罪，杖一百，徒三年，谋买之人各与同罪。仍令立确据，分别勒石报官存案等因，奏奉谕旨钦遵，咨院行司奉此。为查江省各项祭田，先奉户部咨查，业经通饬造册，详咨载入会典，并奉部覆河南省银米，系属豁除江省各祠祭田是否免课，抑仍征收。现在查详咨覆外，今据长元等县详据各裔呈称，祭义田亩，旧例昭垂**等情来覆**查编立图后，应办赋税，秋成，同学田拾月启征，优免差徭，请赐给帖昭垂等情，**前来覆查**。祀产之设，往哲祠墓攸赖，或官为拨给，或后裔自置，均应世守以昭宗德报功之典。至义田，为赠给同族贫，则效文正遗规，亦宜垂久勿替。庶得烝尝永荐，恤睦成风。每有不肖之徒擅将祭田盗卖盗买，以致祠墓颓芜，岁祀陵替，故奉**抚宪折奏**申严定例。**兹据前情**，除经呈详督抚二宪批饬遵行在案，各准给帖，右帖仰该**裔遵照帖**开缘由，勒石永**遵。循例**编立田图，秋成输赋，优免差徭，余籽以供俎豆赒给。倘奸徒捏冒诡计，及不肖子孙私行盗卖，富室强宗谋吞受买，许执帖首告，按律惩治。如非帖内田产，亦不得藉端控争，毋得故违，须至帖者。

计开：

昭文县监生王文澜，心存利济，志切睦姻，思倡义田以赡贫族，事届垂成，因病谢世，临终谆嘱以续善举。伊妻席氏谨守夫言，勤俭赞襄。勖子王用楫等恪遵遗训，善承先志，建置庄田，归美前人，将父遗陆续捐置义田一千四亩二分五毫，庄房一所，计三厦二十余楹，随屋基地六亩三分。岁收租息，办赋之余，查照规条赡给族人。又捐设远祖墓祭扫田二十二亩,族墓义冢祭扫田二十一亩七分,均座落昭文县东乡,开造规条、田数细册呈官洽部立案。前据该府县学查明,取给具详,业经照例详题,奉准礼部复核具题,给银建坊旌表等因,奉旨依议,钦此钦遵在案。今据造具简明细册,详请合给应帖,以杜盗废等情,前来查与给帖。汇报部院,例相符合,准核明给帖,饬令子孙勒石,世守勿替。以上义田坐落昭文县都图址圩斗则,细册备造存司。

右帖给王义庄执事裔孙,准此。

道光十一年二月初七日,布政。

（民国刻本）

民国常熟《太原王氏家乘》卷七,康熙《祭田》:

常熟县乡贤裔孙贡监生员王树德、王世焯、王世颖、王世琰、王复旦、王元勋、王世瑛、王元照、王若墉、王在郊、王朱和、王宸垣等具为祭产久经司管环叩金批永固事。从来祖先功业,自应嫡支承任,累世相传,不容更替。树德等系宋室忠臣节度公都统公后裔,始祖崇祀乡贤,专祠致享,但丘墓不在本邑,其九世孙启绍公暨北滨公、龙泉公,祖父孙坟茔三所,在于本县白茆,坐落鼓矢两号。顺治年间先祖乡饮宾,海宇公孝义存心,倡捐巧号市基五亩五分益入祭田,以供祀典。时因赁居与祖茔远隔,□托侄□景甫暂管。迨后,海宇公命孙实先即树德先兄归正掌理,绍承祖志,费资百有余金。原主贴绝,修葺祖墓,收户完粮,通族皆知,延及两世。五十年来,春秋祭祀,有举无废,且丙舍倾圮,现在鸠工兴造。今三月廿七日,有王廷森等将世德昭垂等事连名呈案,将始祖节度公之墓混称在虞,吁请勒石禁锢,侵蚀情弊,复有更易司事祭产等情。第念启绍公等祖墓祭田,诚为海宇公之遗业,实先公继述其后,现伊后人世焯等昆仲承管,窃恐更替,似属偕争,用敢屡陈典末,有此环叩仁宪大宗师电鉴。祖孙遗业,子孙专司经久,恳赐金批,永行固守,血食绵长。全宗顶祝,上呈。本年四月初十日特简江南苏州府,以正六品知常熟县事陈批。据呈并非节度坟茔,系尔近祖之墓,其祭田既为尔祖所捐,着令后人照旧管业,司事祭享,仍勒石以禁侵卖欺占等弊。可也！

正六品管县事陈,为祭产久经司管等事,据乡贤裔孙贡监生员王树德、王世焯、王世颖、王世琰、王复旦、王元勋、王世瑛、王元照、王若墉、王在郊、王朱和、王宸垣等具呈前事,据此查照,并非节度坟茔,系尔近祖之墓,其祭田既为祖海宇公所捐,向系实先经管,着令后人照旧管业。合行饬知,为此牌,仰该裔孙世焯等照旧管业司事,仍令勒石昭远,不得私自侵废祖业。其非系专司,亦不得觊觎僭紊,并将碑墓,送县核夺附卷毋违。须牌。

康熙六十年四月　日立。

第八篇 族产

(民国八年常熟王氏怀义义庄校印)

浙江

绍兴山阴柯桥杨氏

光绪绍兴《山阴柯桥杨氏宗谱》卷二,《县案》:

光绪十七年请示稿底:

具呈族长杨潮,房长杨萃,司事杨希伯、杨惟椿、杨惟一、杨惟辞,年甲不等,住十八都四图柯镇,离城三十里,为课祭攸关,公叩给示勒碑永禁,并赐照单,分谕各庄注册,杜盗垂久事。窃职等忝居族长、房长、司事,向有杨氏宗祠,单开各都图杨慎宗祠等户田亩,给田布种收租,上供课赋,下延祭祀,历今已数十余年。前因族中不肖之辈,将田产觊觎图盗,当经开明户号,呈蒙前主付庄,注册禁止。嗣遭匪扰,案毁无稽,肃靖后,族房各长及掌祠司宰,相继去世,次第更换,幸奉颁发印,户管执业完粮,藉资遵守。惟是人心日下,子孙良莠不齐,近年以来,间有无聊族人朋串不法党类,仍欲背盗祠田,业由职等闻知并佃户通报,即赴各庄注扣,始绝盗念。无如此心已起,深恐后患难测,家法莫制,又况族长有故系,应分尊者为之,非尽年高有德,是以祠规另举,司事协理。如族长言行未出于正,司事皆可指攻,不作违犯论。至宗祠田产,尤不得倡言废卖,庶祭堪永保,幼辈亦不敢妄萌觊盗矣。今职等责有攸归,因思派下支繁,目前谋盗事虽未成,其形已见,不能不杜渐防微,沥情呈请示谕,以免临时掣肘。为此开具各都图户号亩分清单,联名公叩,伏乞公祖鉴核,恩准给示勒碑,宗祠永禁,并赐谕饬各庄照单分别注册,以杜觊盗而保课祭殁存,衔感不朽。再查,截至光绪十四年止,族中各人向宗祠借欠钱洋已成巨数,故租息递年亏短,公议陆续拨还,以后不准再行徇借。并乞示明,顶德上呈。

计粘呈田亩清单一纸,借欠钱洋清单一纸。

光绪十七年二月十八日呈。

批:祭田攸关血食,原应世世守之,子孙背盗,例有明条。据呈各情,却为保全起见,候出示谕禁。惟单开字号亩分是否与庄册相符,并即分谕该管庄书查册覆夺。至宗祠借款究应如何禁止,该职等自行公议也。田亩单、附借欠清单发还。

请示给各庄注册谕单存稿:

钦加同知衔署理山阴县正堂唐,谕十八都二图庄书知悉。查接管卷内,据杨思潮、杨思萃,司事职员杨希伯、杨惟椿、杨惟一、杨惟辞等禀称,伊等向有杨氏宗祠,单开各都图杨慎宗祠等户田亩,给田布种,收租供课延祭。前因族中不肖之辈将田产觊觎图盗,当经呈蒙前主注册禁止,嗣遭匪扰,案毁无稽,幸奉颁发印,户管执业完粮,藉资遵守。惟近年以来，间有无聊族人朋串不法党类，仍欲背盗祠田，业由闻知并佃户通报，即赴各庄注扣，始绝盗念。无如此心既起，深恐后患难测，家法莫制，因思派下支繁，目前谋盗事虽未成，其形已见，不能不杜渐防微。粘开田亩清单，公叩给示谕禁，并谕各庄注册等情，据经前县批示在案，兹准移交，除出示谕禁外，合行谕饬，为此谕仰该庄书遵照，立即查照单开杨慎宗祠户下号亩，是否与庄册相符。限三日内签明庄册，据实覆县，以凭核夺该书，毋得违延，切切持谕。

计粘单。

光绪十七年五月廿三日谕。

（杨惟椿、杨惟一等修，光绪二十年敦伦堂木活字本）

光绪绍兴《山阴柯桥杨氏宗谱》卷二，《告示碑记》：

钦加同知衔大计卓异调补台州府黄岩县署理绍兴府山阴县正堂加三级纪录十二次唐，为出示谕禁事。查接管卷内，据族长杨思潮、杨思萃，司事职员杨希伯、杨惟椿、杨惟一、杨惟辞等禀称，伊等向有杨氏宗祠，单开各都图杨慎宗祠等户田亩，给田布种，收租供课延祭。前因族中不肖之辈将田产觊觎图盗，当经呈蒙前主注册禁止，嗣遭匪扰，案毁无稽。幸奉颁发印，户管执业完粮，藉资遵守。惟近年以来，间有无聊族人朋串不法党类，仍欲背盗祠田，业由伊等闻知，并佃户通报，即赴各庄注扣，始绝盗念。无如此心既起，深恐后患难测，家法莫制，因思派下支繁，目前谋盗事虽未成，其形已见，不能不杜渐防微。粘开田亩清单，公叩给示谕禁，并谕各庄注册等情，据经前县批示在案，兹准移交，除分别饬庄查册复夺外，合行出示泐石谕禁。为此示仰杨姓族内人等知悉：尔等须知，祭田攸关祖宗血食，子孙盗卖，例有明条。自示之后，务各仰承先志，世世永守。倘敢仍蹈前辙，串同盗卖，一经告发，定即立提到县，照例从严究办，决不宽贷。至宗祠借款，均应自行禁止，各宜凛遵毋违。特示。

光绪十七年五月□日给。

告示。

（杨惟椿、杨惟一等修，光绪二十年敦伦堂木活字本）

绍兴汤浦吴氏

民国绍兴《汤浦吴氏宗谱》卷三六，光绪《谕禁友竹公坟山碑寅大房》：

钦加同知衔赏戴花翎署理绍兴府会稽县正堂加三级纪录十二次李，为出示严禁事。案：据族长吴秀墀、族董监生吴夔墙，宗族吴秀均、吴干赞、吴干道、吴干华、吴廷扬、吴干兆、吴廷邦、吴廷位禀称，伊等呈控吴□□朋串黄小华等盗砍祖坟荫木强**搬树枝**一案，已蒙集讯，将吴□□、黄小华分别责押。惟被砍荫木四十七株，并黄小华强**搬树枝**，伊等已议定归入宗祠，凭族长运售，得价开办吴氏学堂，成后禀请立案。但是山有坟荫百数十株，依旧应行留养，恐后再有觊觎盗砍，叩请给示永禁等情到县，据此除批示外，合行给示严禁。为此示仰吴氏合族以及附近诸民人等知悉：尔等须知，子孙砍卖祖坟树木及盗他人坟树，例有专条，岂容轻试！自示之后，无论派下子孙以及外姓之人，倘有在该山盗砍坟木者，一经该族长等指名呈控，定即差提到县，从严惩办，决不姑宽，其各凛违，毋违特示。光绪三十二年十二月□日给。

（吴金璠等续修，民国五年孝思堂刊本）

绍兴中南王氏

民国绍兴《中南王氏宗谱》卷首，乾隆《禁碑》：

绍兴府山阴县正堂加一级沙，为公吁示禁，以固祭产事。据王氏家族房长王其昌、王武英、王履吉、王又韩、王彦升、王明侯、王君宠、王予法、王大千、王友文、王祺全、王继周、王任远、王函五等连名呈称。切昌祖，唐贞元中为江西观察使。王讳仲舒，字宏中，系晋右军都督讳羲之十七世孙。宋真宗相王讳旦，谥文正，六世祖也。始祖王子晋，周末时初居太原之祁县，越之山阴，其右军所迁，故宅焉。因宏中随父宦游，寓于汴。迨宋南渡，建炎中太常博士王讳熙，字仲明，立家于杭。王讳然，字仲光，至绍兴，初为浙东提举，还居会邑之五云乡，遂由梅墅而派分于柯镇之中泽，于鸟字三百三十六号田内建有宗祠，历久失修。本朝顺治初，祠宇倾倒，基被势豪金姓所夺，自康熙庚戌至壬子三载，经族儒王唐侯等奔恳抚宪张，批本府查究，蒙署府宪祖成转送前父台顾讳献勘审断，复重新宗庙。至雍正三年，王讳溥，今授内定教习，前举孝廉会试归，始共议，捐银三百两，内置本族田十八亩，山八亩零，屋一间。余银缘族祖王南皋，于柯镇融光桥西边鸟字一百八十号地内，盖有楼房，文武二帝财神供于其上，收租享祀。至康熙二十三年，陡遭回禄，昌等乏赀重建，谋诸里中有力者共之，旋收租息以报。不谓雍正五年复被延烧，又成荒地。昌族不忍弃先人之制，即将宗祠内公银捌拾两零购料重建，肇三槐归越之本源，名曰"五云楼"，仍供文武财神三位。将前所创置之产业今奉顺庄，现立王宗祠，户名统归一，户总收租花完正赋之外，尽为春秋祭祀之需。第恐年深月久，间有不肖子孙，非抗租踞占，或盗卖盗买，以绝祭祀者；有之，除嗣，有续捐公业另词布告外，所有已置祭产，合先呈明。为此刻号书数，连名公吁。伏乞恩赐存案永禁，以便镌石立碑，使蒸尝百世不移，而不肖觊觎之心从兹永杜矣等情。前来为查，置田供祭，出于该族端本之孝思，自当固守，以保百世蒸尝。除批示存案外,合行出示严禁,为此示,仰该族地总人等知悉:嗣后如有前项不肖子孙,敢将后列字号祭田,胆肆抗租,或暗串盗卖,有违禁令者,许该族长立即指名,禀报本县,以凭按法重处,决不轻贷,均无抗违!特示。

雍正七年十二月二十一日给建碑。

今将田地山荡字号数目列后,计开:

祠基

  鸟字三百三十六号田七分二厘。

土毂庙基

  鸟字四百八十四号田五分。

五云楼基

  鸟字一百八十号地一分五厘。

兰盆会

  鸟字六百四十四号田一亩三分八厘一毫。

老二分

  文之,岁捐屋租银一两,又捐帝字七号田四分九厘。

  悦初,岁捐屋租银六钱。

大分

  达先,捐帝字八号田四分九厘五毫。

  明侯,捐帝字八号田二分五厘。

参军第

  圣喻、纶零,捐人字号田五分四厘。

  清臣,捐丽字二千六百二十七号田三分坐落强头,拟查。

  函五,捐鸟字二百三号田五分九厘兑帝字二十二号。

  济三,捐人字一百五十六号田一亩。公卖置祠堂,间壁邓姓屋基田。

后北岸

  启源,捐帝字三十二号田八分四厘五毫。

二分

  武英,捐鸟字一百九十一号田六亩内三亩叙公。

  瑞生,捐鸟字二百十四号田二分。

  楚玉,捐鸟字五百五十七号田四分七厘。又捐鸟字二十二号荡二亩六分。

  君宠,捐鸟字二百七十五号田一亩三分。又捐帝字三十八号田,一亩三分。内德彰房捐田一亩。老二分暂卖。

祺全,捐鸟字二百七十七号田一亩。

鼎玉、鸣玉,捐人字八十二号田六分,三分暂卖。

三分

又韩,岁捐屋租银四两。

大千,岁捐租屋银七钱。

友文,岁捐屋租银一两。

士德,捐率字八百二十二号山一分八厘,公卖。

零捐,尚未勒碑。

大分

捐止字四百八十五号山八亩。今户管仅存一亩六分,俟查。

旗竿下

捐屋两小间,出租五钱。

续捐:乾隆五年十一月,陈颖松、胡也绍等,为外祖顺,三分楚臣、鲁庵二公,捐鸟字三百四十四号基田一亩,平屋两间,披屋一间,园地一段,计地五塝。乾隆五十三年,公卖置田。

胡世绍等又捐银四两。

其余捐银详载堂簿。

新置:乾隆五十三年,置二分十二房则,范兄弟鸟字百五十五号、百五十六号田,共三亩二分,价钱六十千文,契注回赎,于乾隆五十七年间,找去价钱十千文。又于嘉庆八年十月,找价钱十九千六百文。季眉全侄东,书立杜绝找契存照。

族长圣玉同阖族公具。

(王大泉修,民国三十一年三槐堂木活字本)

福建

捐设义田立案入志之例。

《大清高宗纯皇帝实录》卷四三七:

(乾隆十八年四月下丁未)福建巡抚陈宏谋奏:建宁县在籍知州徐时作,捐祀田五顷七十二亩、学田十亩,请循例立案,并载入县志。下部议。寻议:徐时作捐置义田,与雍正十年内阁学士张照、雍正十一年直督李卫捐田立案入志之例相符,应如所请。从之。

(中华书局1986年影印本,第6册,第698页)

附录：陈宏谋奏请准予徐时作义田立案原折

《宫中档乾隆朝奏折》：

福建巡抚陈宏谋谨奏：为奏闻事。据布政使德舒详称，建宁县原任直隶天津府沧州告养知州徐时作，捐买田租一四三零石，计田五顷七十二亩，为祀祖赡族之产。又捐置学租二百石，计田八十亩，为诸生科举之资，惟恐日久被人侵卖，援照雍正十年内阁学士张照并雍正十一年直隶总督李卫捐田赡族经部议准载入志册之例，请将徐时作所捐田亩载入县志，官为立册存案，虽徐氏嫡派子孙不许擅买，以垂永久，以彰义举，不敢仰邀议叙等情，详请具奏前来。臣查雍正十年原任内阁学士张照以祖张淇将己田千亩作为义田，雍正十一年直隶总督李卫将己田千亩作为义田，援照宋臣范仲淹义田事例奏请立案，以免族人子孙私买私卖，荷蒙圣恩，准载入志，得如范氏义田，永垂不朽，仰见我皇上化民成俗之至意。今原任直隶天津府沧州知州徐时作捐买田租一四三零石，为祀祖赡族之产。又捐置学租二百石，为诸生科举之费，不敢仰邀议叙，据呈恳请奏明立案，俾族人不得私相侵卖，实为敦崇一本惠济邑士之义举，相应循例陈请，立册存案，载入志乘，以垂久远，感沐皇恩，无有已极矣。臣谨会同闽浙总督革职留任又从宽留任喀尔吉善会折具奏，伏乞皇上睿鉴，敕部议覆施行谨奏。

该部议奏。

乾隆十八年三月二十八日。

（台北故宫博物院影印本）

闽侯西清王氏

民国闽侯《西清王氏族谱》第一册，道光《西清王氏宗祠祭产》：

吾家蛇山竹柄埕田、祖坟，六房轮流祭扫，而未有经费。余尝与六房筹议置产，咸以为然，侄孙宾闻之特踊跃曰："此宾夙愿也！"时适有以通贤里店业两所求赁者，宾欣然措一所，其一所集六房随力公鸠，如数偿值，购定之后，于本年三月十三日金呈闽邑尊陈给示，投税存案，贻之永远。按年所得租钱，六房以次轮流，值年收管，以为祭扫，周而复始，子孙罔替。时倡始者余及侄孙宾也，众擎者六房中诸人也，司出纳会计者，侄家齐也。事成喜而纪之，并条列于左方：

公置一所，共鸠出钱，一百七十七千八百文，九世孙圣谋一十千文，十世孙家凤二千文，家骥五千文，家亨三十千文，家声一千文，家彪一千八百文，家良两千文，家光两千文，家斐两千文，家颖两十千文，家杰两十千文，家猷两千文，家梁四千文，中正两千文，家扬四千文，十一世孙觐巡一十五千文，廷溥一千文，傅孟一十五千文，傅涝二十千文，

第八篇 族产

傅骁一千文,十一世孙宾认捐一所,出钱二百零五千两百五十一文。

道光庚寅年季秋月□日,九世孙族长圣谋命男庆云敬书。十三世孙孝绮校刊。

(王叔延增修,民国二十四年排印本)

广东

清理广东族产义田。

《大清高宗纯皇帝实录》卷七五九:

(乾隆三十一年四月下)壬戌。广东巡抚王检奏:粤民多聚族而居,每族祠置祭田,名为尝租。大户多至数千亩,小户亦有数百亩,租谷按支轮收,除祭祀完粮外,积至盈千累万,赀财丰厚。往往倚强凌弱,恃众暴寡,其势均力敌者不能取胜。则祠内纠众出斗,议定族中斗伤人,厚给尝租以供药饵。因伤身故者,令木主入祠,给尝租以养妻孥。如伤毙他姓,有肯顶凶认抵者,亦照伤故例。正犯漏网,奸徒愈无顾忌。前经按察使潘思榘请将尝租仿宋臣范仲淹义田例,设族正、族副经管,仍令地方官稽核,奉行日久,而械斗之风未俊。窃思聚此赀财适以济其凶恶,不如散彼田产可以息其斗争。请饬查尝租田自百亩以上者,计每年祭祀所需,酌留数十亩,择安分族人承充族正经理。嗣后严禁添积,其余田新置者仍归本人收管,年远及递年租利所置,按支派均散,俾贫民有田以资生,凶徒无财以滋事。得旨:另有旨谕。

谕:据王检奏,粤东**随祠尝租,每滋**械斗顶凶之弊,请散其田产,以禁刁风等语。其意特为惩凶息讼起见,**但欲豫防积弊,遽将**通省乡祠田产纷纷查办,恐有司奉行不善,吏胥等或致**借端滋事**。而族户人等贤否不齐,亦难免侵渔争攘之弊,徒多扰累。况建祠置产,以供祭祀**赡族之资**,果能安分敦睦,如宋臣范仲淹义田之制,阅今已历数百年,其遗规何尝不善,若倚恃族蓄赀厚,欺压乡民,甚至聚众械斗,牟利顶凶,染成恶俗,其渐自不可长。此等刁风闽广两省为尤甚,迩年来遇有械斗伤人之案,皆究明凶手,尽数抵偿入于情实,不与寻常斗杀同科。至买凶顶凶之犯,亦令部臣严定条例,尽法惩治,虽较前稍知敛戢,而浇悍之俗尚未能尽除。嗣后令该督抚严饬地方官实力查察,如有此等自恃祠产丰厚,以致纠合族众械斗毙命及给产顶凶之事,除将本犯按律严惩外,照该抚所请,将祠内所有之田产查明,分给一族之人。俾凶徒知所警惧,而守分之善良仍得保有世业,以赡族人,于风俗人心较有裨益,不动声色,为之以徐。着将此通谕各省督抚,饬属一体留心妥办。

(中华书局1986年影印本,第10册,第358-359页)

博罗林氏

宣统博罗《林氏族谱》卷五,《邑侯李公讳海楼号润甫禁示》:

补用同知直隶州博罗总正堂加十级纪录十次李为严禁事。现据职员林启茂等秉称,伊始祖遗有上下坝税地二块,上坝土名莫村坝,计税地五百余亩,分于五大房作为私业;下坝土名泒尾坝,计税地七百余亩,作为五大房轮管尝业,共载铁一圆九甲,林五常户内民米二十余石,历年串票可据。因下坝地在水泒之尾,故名曰"泒尾"。从前被水冲陷,兹今逐渐复回,诚恐乡民不明来历,故意放牛损坏禾物以图侵占,叩乞勘明示禁等情。当经亲临查勘,并饬据绅士利常春等呈复无异,合行出示严禁。为此示,仰该处附近居民人等知悉:尔等须知,物各有主,业凭粮管,所有林姓上下坝税地,俱**不得故意**放牛损坏禾物,希图侵占。倘敢不遵,一经告发,定即拘案究办,决不姑宽!各宜**凛遵无违**,特示。

右谕通知。

同治十一年十月□日,实立泒尾墟晓谕。

(林衍芳等编修,宣统三年排印本)

(二)义庄立案载入县志

江西

政府对族产业权的保障,族谱为佐证之案例。

清江龚氏

民国清江《龚氏十四修族谱》,乾隆《审语》:

谳。康熙丁酉,奉清江县主老爷廖审得,大观桥地方有地一片,形势低宽,乃龚氏数百年谱载之明堂也。东至溪,南至萧宅墓,西至大路,北至大观桥,东南西北界址井然,历数百年经管无异。倘有互混,其相争不待至今也。讵本年三月内,聂宗素以颁批开垦增课事具禀。内称:大观桥溪旁迩来新长公洲,吁准开垦等语。本县当堂讯问,称系无主之业,姑暂许之。龚氏闻而奔控,聂姓旋亦具诉,当送戎厅查勘,随准关覆。庭训之下,乃知聂氏所称新长之公洲,即龚氏数百年谱载之明堂也。龚氏所控者参六,聂姓报垦者宗素。参六畏法而不前,宗素乃两户串同之鬼名,而挺身出诉者则有包讼之聂既济,奸诡伎俩,遁词已穷,然其端始于周贡四上年曾将所余晚秧数束栽入水堀,以致聂姓起而垂涎。今贡四虽已悔厥初心,不敢复行种植,然作俑之始,实难免责。既济藉以报垦为名,意图混占相因,分别杖惩。其地原系龚姓之业,众姓永远不得开垦,以杜讼端。聂宗素鬼名报垦之禀,已当堂销毁。今而后龚氏以谱载之界址照旧管业,其界址之外,方任附近居民以为牧牛之便,不得如前践蹋龚氏之坟墓明堂可也。立案。

第八篇 族产

特授江西临江府新淦县正堂奚审得,清邑生员龚信与淦民祝滚六争占坟山一案。缘龚信先世曾居淦地,前朝葬有祖坟在磨盘山,一穴有碑,一穴无碑,相距二十余丈,子孙移居清邑,历年挂醮。祝滚六世**居磨盘**山脚下,屋背葬有祖父,与龚坟山相连。乾隆元年三月内,二家争界,经中邹上腾、**曾肄射**、萧朝瑞等公同踏明,龚坟居左,祝坟居右,中间相隔四丈,照依丈尺平分,嗣后二家各管各业,立有合约,各执存照。今因祝姓于山墈下旧屋之左新建房屋,侵犯龚坟山墈,遂至互讼。庭训之下,呈念合约已明,而祝滚六指约内所载龚坟居左系有碑之穴,其无碑之穴系祝姓祖坟。质迅原中邹上腾等佥称,约内龚坊与祝坟皆系无碑,若指龚姓有碑之坟,则相去祝坟甚远,等语。即令差役协同两造、中证细加丈量,绘图呈验。从龚姓无碑之坟丈起,横量至祝坟实有十六弓,从前四丈系约略之数,应照原约平分八弓,龚左祝右,中间钉界,各守各业。但查龚坟山界内另有远年荒冢一堆,无可稽考,龚姓固不敢冒认,祝滚六等冒指为祖冢,希图藉坟占山,侵越龚坊余地,为伊屋背后垄,究诘毫无凭据。应准照旧,古冢存留,不许祝姓挂醮,□树罩占。至山墈下平地应听祝姓造屋,其侵犯龚界山墈之处,已经杖惩,嗣后无得锄侵,各取遵依。立案。乾隆五年五月初一日谳。

乾隆二十八年八月廿三日,署清江县正堂、庐陵县左堂、加一级卓异一次江勘审得龚、杨两姓争控山地一案。缘举人龚持文原有坟山坐落土名石陂,先葬祖母皮氏,又合葬龚度、萧氏,继葬其祖龚亨。自明至今,由来已久,其坟上下三层,面竖墓表,其下有一横湾小路,横路以下之南则有敕命石碑。讵该生杨勋于本年春间,突于敕命碑之北首离止丈余建造柴间,以致该生龚照临控,经前县批:饬山邻查覆。嗣后该生黄苇等具覆前来。前县批:候开期唤讯。及至本署到任后,该生杨勋及举人龚持文各具呈禀到县,随集庭讯,虽审无毁碑挖坟情事,但该生杨勋坚执周姓卖契为词,供称所买基地后至黄杨公山及龚山横路直下为界,南至龚宅墓表直上为界。哓哓争辩,非堪不明,随经亲诣踏堪,得悉前由,并集覆审。查龚宅坟墓坐西向东,西以山顶为界,东以山墈为界,南至黄宅土墙,北至樟树为界,则该生所呈之契,明属架捏。如云后至龚山横路直下为界,查横路之下即系敕碑,若照此路湾行东南而下,则并此碑亭亦在杨界,况属新行小路,并非古道。岂龚姓之祖官任显秩,竖有敕碑,不但右边之地竟为他人有,即此碑亭亦竖他人之界耶?至若契载南至龚宅墓表直上为界,尤属荒唐。如以墓表直上为界,则龚姓之坟茔墓表以上,皆为杨姓之业,岂特可以占造柴间,并可执为占坟张本,以此兴争,将何底止?且樟、栗二树,悉在龚姓坟前之右,杨姓契亦载在其内,伪造显然。况讯伊所关列契中,杨永铭之子杨运、徐荣茂之子徐文亦皆茫然不知。再诘该生杨勋,惟称契系是祖得买,伊不知,因杨勋造伪混争,占造柴间殊属不合。本应移学戒饬,姑从宽,饬令将柴间拆去,另于己地界内竖造。龚姓所有坟地，断令东以山墈为界，北以樟树为界，余悉照旧管业。杨姓所有龚家墓前基地，后以山墈下为界，前以大路为界，北齐樟树界，南至墙脚为界。嗣后毋许混越再滋事端。伪契涂销附卷。该生杨勋如敢故违，定行详究不宽！差押两造及山为邻人等眼同照断钉界，仍取具遵依存案。此谳。

九月初三日署主江加批。

谳内所断杨宅基地后以山墈为界者，系指占造柴间之口，原有山墈龚杨界限各于以此为定，其余悉照谳断遵行。原差即协同两造执此谳语明白指定钉立界石，毋许蒙混妄争。如违，带究。

特调清江县正堂、加三级记录五次德审勘得，龚尚敬具控李必爱挖田开圳一案。缘龚姓世居永市，李姓住居石埈，相距十有余里。龚姓有祭田三号坐落李陈黄等姓田业之间，历受溪水流荫。李宅田亩较多，连阡带陌，俱坐西北于各田口之旁开有溪流圳道，绵衍数里，由东边山溪灌注，盖东边地势颇高，田墈亦因之而递下也。龚宅祭田实当东向，其势比别田高有四五尺许，东南田墈即紧贴溪河，该溪河之水散溉无着，大约向西南趋入，是以西北李姓之田欲藉圳以通之。先是旧有老圳在溪水之旁，分引入圳，绕龚田而西，实隔龚姓田墈尚有几尺余，使不致有伤田墈。历来受荫相安无异。至去岁山水涨发，将老圳之埂墈全行冲破，并会溪身西北之田难以通浚，乃李姓等暨众姓以开流旧圳为难，遂于今年三月间在龚姓祭田内挖成长圳以引溪流，致龚姓有毁田成圳之控也。正在拘究间，旋据李必爱培修具诉，而龚姓又以复靠田墈新挖圳道为词，及唤齐庭讯两造哓哓，李必爱总以后开圳道实系老圳迹址，本无害于龚田，而龚姓又以先后所挖俱伤田亩等语。势必得勘而后明也。兹本县亲身履勘，查得龚田先被挖圳之处俱已培补修好，惟两头田边临下处尚似渗漏松薄。再查，复通水圳系帮贴龚田墈下新开成沟，实于龚田有碍，当即寻出老圳旧基，钉明椿界。其靠龚田之新圳，饬令填塞，以护龚田，着李宅等照，依所钉木椿及时修复，老圳所有冲破低洼各处，务须培筑坚固，俾溪流灌田，得以畅遂，不独无碍龚田，且于李必爱等宅田业，皆永远资其利益矣。至祭田内先挖圳道，虽已培补成田，完好如旧，但土气松浮，两边高墈恐仍有渗漏，并饬李必爱等再加帮筑，务使一律坚凝，以便令李龙万照旧领耕。两造暨六役等各俱称便，俯首遵断，当取各遵依结状附卷，至李必爱身列黉宫，理宜自爱，纵族间有多事之人，尚须理处，何至损人利己，作此无理之谋。本应责究，姑念及时赔修几次，并据供是日实无在场，从宽，免其戒饬。嗣后遵断，不得再行悖忤滋事可耳。此谳。

乾隆三十一年十月廿七日立。

（龚克刚等修，民国三年刊本）

族人捐赠。

清江杨氏

嘉庆《清江杨氏四修族谱》,《设位报功说》:

辑谱以贻后世,建祠以妥祖灵,助田以供粢盛,三者皆尊祖敬宗之大端也。我族纂谱,志文公始之,玉玑公继之,镳公成之。祠堂未知起自何代,毁于兵,小宗祠亦倾圮,祭典久缺。雍正间,天儒公捐田,如泗公助金,相与权子母,盈千累百,遂于乾隆丁卯就小宗祠基址及如演公等捐入相连之空地,扩大而建今祠,复祭典。初置有田数亩,办席而外,将积赢为给胙计,缘与祭者寥寥,权用米糍以代。迄癸未甲申年,祖业新兴寺构讼,祠田因废,祀事维艰,乃取资于丁钱独力承办,仍散米糍,或给回饼。岁丁亥始变老祠地得银四十两,承领生息,改拜亭为两廊,帮费竖杆及别用几二百金,至今散胙不辍,是又先公朴斋府君之微劳焉。今嘉庆己未冬,上昶公乐助田亩,议举冬至祭,均为承先启后尊祖敬宗之至意也。允宜设立神位,奉祀寝室东庑腊祭另席荐歆,嗣后有功能比此三大端者,亦准列入,其循分微劳,不得滥与,盖子孙之职应尔也。后人其知之。嘉庆壬戌仲冬月殿榑书。

外说附:

陇茂公住居大观桥,一子庚孙在外冈卜存亡,夫妇身后屋宇将倾,族议并其空地一片出售,得八折钱七十串。除赎典还账俵散其五女,及谢中酬出力之劳外,剩钱二十千六百文入祠,虽所存无几,究属绝业,未忍得其财而虚其祀,族议亦设牌位附于东庑西偏。其子或存而归此钱,每年照原本加息一分扣还,牌位撤出。不归,并将所遗淦邑南原本乡盐平畲黄草□三处坟山归众,有往葬者免其补价,顺便挂醮,是亦一本九族之谊、报称之常。至奇勋公仅遗坟山三处,一淦邑连坑地方名南岗山狮子形,一城上张畔塘,一炽田里,例亦应归族众,往葬狮子形者出银八两入祠,其二处仍照前议挂醮。若售与他姓,得有重价,亦照前议衬位可也。殿榑并书。

(杨殿榑等修,嘉庆七年刊本)

南丰西麓双井黄氏

同治南丰《西麓双井黄氏族谱》,《癸酉十一修计开各房乐助丁钱数目》:

三三公祭,捐钱三十三千文;

创基祭,捐钱二十千文;

特主祭,捐钱二十九千文;

新井公祭,捐钱八千文;

文昌祭,捐钱一十千文;

玩八公祭,捐钱一十千文;

渊九公祭,捐钱一十千文。

上陈福一公房丁钱谱价共钱三十六千文;

景星公,捐钱五十千文;

安贵位,捐钱三十千文;

占魁位,捐钱三十千文;

佳兴位,捐钱六千文;

际堂公,捐钱三千文;

福寿公,捐钱二千文;

步贤公,捐钱二千文;

集贤公,捐钱二千文,寿龄交;

红妹位,捐钱二千文;

玉贤位,捐钱一千二百文;

德元位,捐钱一千文;

文仁位,捐钱一千文;

应贤位,捐钱一千文;

洪泰公,捐钱一千文;

辑廷公,捐钱一千文;

如妹位,捐钱六百文;

黄柏源克宁公丁钱谱价共钱五千九百文;

福二公房共来丁钱谱价钱八十二千四百文;

森玉位捐钱四千文;

十都县坪丁钱谱价乐助六千二百文。

重修祠堂乐助丁钱数目:

新祠劝首祭捐银十两老新丁捐银十两;

吉回公捐银十两,胜凯公捐银十两;

重十公捐银一两,明十四公捐银十两;

玩八公捐银五两,孜九公捐银十二两;

绍泉公捐银十三两,忠三十公捐银十二两;

忠三五公捐银十二两,肃十八公捐银廿五两;

肃三六公捐银廿五两,肃三九公捐银廿五两;

肃四七公捐银十二两,忠廿六公捐银十六两;

肃五十公捐银十二两,肃五一公捐银十二两;

敬五七公捐银十两,贞六公捐银十两;

敬二十公捐银十两,忠三一公捐银八两;

肃十四公捐银八两,肃廿七公捐银八两;

敬廿九公捐银五两,钦五公捐银五两;

生二公捐银四两,肃十一公捐银三两;

极廿二公捐银二两,浩淮公捐银二两;

肃五九公捐银一两,极八公捐银一两;

极十四公捐银一两,贞七公捐银五钱;

恭七公捐银一两,忠四二公捐银五钱;

旧祠基售价五十两。

中吉公助照梁门栋柱三株,宣五公围墙砖价五两。

炘三二公捐砖价银五钱,守远公捐丁钱五钱;

先二公捐银八钱,仁六公捐银八钱;

登十九公捐钱一两,彦甫公捐银一钱。

以上共捐祭乐助外福寿宁三房每见丁助银三钱,夫二名。

康房守诚公系下住居沥远助丁夫银三十两;

黄溪汝恭汝敬公助丁夫银十三两。

乾隆戊寅重修祖祠公项不数纲首四人复助银两开后:

炘三二公捐银四两,炘四一公捐银四两;

贞六三公捐银八两,宣十二公捐银八两。

附载乐助,三三公祭田于后:

炘三三公助迟田二段:一段坐仙二都上枧段土名沙丘,计额租二百斗;一段坐仙二都土名栎树龙,计额租六十斗。

炘四一公助迟田二段:一段坐仙一都土名张仙门首及港下,又一段土名屠义口,二段相连,共计租二百八十斗。

宣十二公助早田一段:一段坐崇二都土名坟山,计额租二百五十斗。

贞六三公助早迟田段:一段坐岱二都陈坊土名魏坑案坑,共计租一百九十斗;一段坐岱二都陈坊土名梧桐井,计早租三十斗;二段共计早迟租二百二十斗。

以上所列之田悉诸公自置产业助入庆嵩公祭内式廊祀典,故修载每岁值祭,各给胙三斤,并设牌位配祀祖妣。其公众所置产,旧已载簿,兹不复赘。

(黄家章等修,同治十二年刊本)

玉山怀玉张氏

光绪玉山《怀玉张氏宗谱》,王嘉树《葛溪子敏公祀纪事》:

凡事必以义处之,而后能不失所宜。然义无一定,各行其是而已。葛溪子敏公姓张氏,敬先公之子也。娶郭氏,不孕,先公亡。公辞世,亦遗丧葬资,乏嗣无所归。其时族有十七人丧葬之,以其羡生息,乃历数十年耗与利迭经及获,置田亩以备祭扫,而公之墓莫忆其冢矣,公先世墓亦失考。传闻蜈蚣形墓两冢,苗竹坞口墓两冢,牛栏坞口墓一冢,樟木芭蕉坞墓一冢,皆公一支也。然碑版俱无,但见荒烟蔓草耳。咸丰丁巳春修家乘,诸墓无从分载,而坐向则有可详。蜈蚣形一丙壬一巳亥,苗竹坞口一卯酉一巳亥,牛栏坞口则辰戌,樟木芭蕉坞亦巳亥,欲伐石以识而又不知某冢为某也,焉得而识之。独是士君子惧生无益于时,修名之不立耳。若死后藉碑版以传,彼富贵崇高者,其为北垄也,大若山树若林,碑版高百尺,宜与上下同流矣。未几茔垅峻而蓁芜,松柏摧为薪,丰碑易为柱石者,古今来岂少也耶?天下无不迁变之陵谷,传世独藉乎碑版,则不待碑版已毁,吾知早失所恃,已乃不知者岁岁具祭腊,携纸钱,莫不以碑版俱无为此数冢恨。岂知碑版亦不能长存,究何藉乎碑版也!子孙之于先人,生不极养,死乃树碑版焉,果有益于先人否耶?子敏公不为先人树碑版,后人莫忆子敏公之冢,碑版莫树,适子敏公之见相符,又何恨之有?今惟愿十七人之后守此田亩,勿使他族得而夺之,以负昔时生息之功,则此十七人皆瞑目于九泉下。何也?子敏公固不以他人之子孙为子孙,而十七人当待子敏公以恩谊也。遵将十七人芳名列后:

明辉公下达盛派:公林、公兰、公应。

明辉公下达文派:公凤、公允、公攀、公华。

明禄公下吉行派:琼林、仲玉、飞鹏、介庭。

明兴公下巽茂派:巽茂、宝树。

明兴公下达奇派:聚五、恭五、舜五。

明兴公下安侯派:圣五。

(张维潢等修,光绪十四年刊本)

浮梁郑氏

第八篇 族产

商人捐钱立文会，以振人文、宏村落。

光绪浮梁《郑氏宗谱》：

立捐约人郑有仁，为捐财培才以振人文、以宏村落事。窃维村基之盛，由于人文，而人文之兴，必资培养，但培养人文非振兴文会不可。我族向来人文虽叠有出，而成终者少，揆其故，由于无资斧以作养也。我虽不才，向曾读书，嗣因时艰改业生理，然素心常有兴立文会为村落培养人文之志。幸托天及祖父之庇，近来生意颇顺，略有蓄积，欲立文会，正在此时。爰是捐钱一千串文整，邀集合族，将此金玉成文会。嗣是族中或置产，或活利，倘能扩而大之，则培养人文有资，而村落之盛庶几可望，即予惓惓之志亦庶几不负矣。爰是特立捐约一纸，付合族收领，永为存照。

同治十二年十一月廿日，立捐约人郑有仁押亲笔书。

（郑有缘修，光绪二十八年刊本）

光绪浮梁《郑氏宗谱》，《鹏抟文会答有仁公约》：

立合同文约。柏川郑起珍等因美成美端规，善后永作，人以全雅谊事。窃闻作大厦者，必资大木而后成，制美衣者，必获美锦而后善，况作人一举，必须兴立文会。兴立文会，尤须大有资斧乎？我族自迁居以来，需兴此会久矣，奈人心难齐，未免中止。今幸族中有仁佳父子愿捐钱一千串文，邀集合族收执，比时将此钱托兴文会，以备合族作人之资，我等不胜欣幸。爰是即立文约，立其规则，择立贤士经手，善为调停，务期扩而大之。不致辜负仁等捐输之意，则族内作人永有所资，而后嗣子孙永不患读书者少矣。读书者倘能争相濯磨，争光盛世，则村落之盛于今不无厚望焉。再者，有仁既有此捐输，会内不可无有所答。嗣后会内置有租数至三百以上，会内屡年于祭文昌日覆干谷三十秤与有仁子孙收领，以为好善乐捐者劝。爰是合立文约三纸，敦仁堂、文会、有仁各收一纸，永远为照。

立合同文约人郑起珍、起位、起瑜、尚钰、尚淡、有徐、有桢、有论、有梓、有淮，时师、时玷、时钦、时接、时照。

同治十二年一月廿一日穀旦。

（郑有缘修，光绪二十八年刊本）

光绪浮梁《郑氏宗谱》：

立输约人郑阿江氏曰好。爰氏命生不辰，年仅十七，夫君弃世，未育子嗣，先翁所遗田地租四百余秤，氏收管二百五十余秤，其余俱系叔翁收管。叔翁弃世，氏念叔翁子有淮管理补助膏火，氏一生衣食从俭，勤于纺织，将积集余资，先年捐出本洋三百元，立合村济贫会。赖村中经理得人，会内置有田租三百余秤，屡年给氏子孙干胙谷三十秤，务要氏子孙亲手收领，倘日后有出不肖，胙谷不能变卖。氏年已六旬，欲为先夫一脉绵延后嗣，无非积德，自愿将氏位下实交田租扒出一百秤，土名租数详明于后，输与敦仁堂祠内为业，屡岁清明祭扫高四公之日，至氏夫妇坟墓前致祭，给散合村人丁胙肉。氏夫妇冥感不置矣！特立输约二纸，敦仁堂收存一纸，氏收存一纸，永远为据。外批：每岁致祭之日，外给氏子孙胙肉三斤。

澧源大仓坞口栗树丘早租五秤零五斤；

澧源金竹坞口国丘实交大租二秤十一斤；

港东长丘里又名另田里实交大租七秤零七斤；

港东董家衕实交大租八秤零四斤；

坳上实交大租三秤十七斤；

澧源周家坞口实交大租二秤十七斤半；

塘里门前柏树下实交大租六秤十六斤全业典租六秤；

塘里侧边栗树下实交大租一秤十二斤全业典租二秤；

左村坞实交大租三秤零八斤六两；

左村坞又名三十里大租一秤零八斤；

禾沙坑外板桥头大租二秤零二斤；

禾沙坑内板桥头大租二秤零八斤；

禾沙坑苎源坞大租七秤零六斤十两；

禾沙坑发洪坞大租二秤零五斤折实交一秤；

禾沙坑喉里大租六秤零六斤；

禾沙坑葫芦丘大租四秤十二斤；

禾沙坑查树坞口大租五秤十五斤，又料谷五斤；

禾沙坑麻田坞折实交大租四秤十四斤半；

郑婆湾大刀丘大租八秤零五斤平秤；

石库里榛树山转湾里大租六秤十斤。

戚江敷荣押，江谨仪押，江印璋押；

江达财子代押；族蟾光押，书亨押，绍北押；朝翰押，裕宝押，维梁笔。炎泰押，济川押，伍锦荣押；绳祖押，维宗押。

光绪二十八年七月十九日，立输约人郑阿江氏日好指摹。

（郑有缘修，光绪二十八年刊本）

第八篇 族产

光绪浮梁《郑氏宗谱》：

立输约人郑阿江氏日好为捐金置产以济贫困事。缘氏命蹇,不幸夫早世,未有子嗣。氏青年守志,俭用持家,领有二百余秤租产,衣食外积有余赀。修整住屋,费百余金,仍有存者,并旧岁同叔所便与祀内屋价氏名下一百二十圆。氏思积金以遗后嗣,不若积德以遗后嗣,目击村中贫困者难以度日,实为苦境,爰是特托族戚,自愿捐本洋蚨三百圆,现付二百圆,余候数年付齐,生息置产,以济村中贫困,名曰"济贫会"。族内公举首事一同管理,屡年清算,日后会内置产至二百秤,给二十秤,三百秤给三十秤与氏子孙,再多不必给。每年每人暂给干谷一季一秤,以为小补,候会积蓄广大,议加。倘村中有好善仁人加捐增大,则济贫不仅小补云尔。特立合同输约二纸存照。

依口代表叔有淮押。

族　　　尚淡押,有仁押；
　　　　起位押,尚钿押；
　　　　起瑜押,时菊押；
　　　　尚钰押,时师押。

宗　　　赞臣押。

大清光绪七年新正月廿九日,立输约人郑阿江氏日好押。

戚　　　江骠扬押；
　　　　林焕杰押；
　　　　江鸿押。

伯父　　江尚修押。

敦仁堂收一纸。

日好收一纸。

（郑有缘修,光绪二十八年刊本）

光绪浮梁《郑氏宗谱》：

立批契人时良。原我显伯祖高一公生子有三,传至泽派,嗣续寂然。前届修谱,以无可承继之人从略以待后来。今届重修谱牒,显伯祖忽示梦显灵,若不再为继人,大宗永堕矣。予用是踟蹰,爰为择尚珍之子承继,昭穆相当,宗绪方幸能延,惟是有继人而无继产,承继之人何以安居？予思已有买受有丰之屋右边正房一间,厢房一间,余屋一间,前后堂派股均共,愿将此屋批贴与继子有棉名下为业,永远居住。并为邀集族人共来会一堂,计英洋蚨五十元为助聘亲之资,庶几生者安而死者亦得有嗣。自批贴以后,此屋在承继之子孙,永远不得变卖,族人亦不得妄生觊觎,即予之子孙亦不得日后藉口区区之心,尚其共谅之也。

光绪二十八年岁次壬寅孟冬月。

(郑有缘修,光绪二十八年刊本)

光绪浮梁《郑氏宗谱》:

今将为高一公传至泽派林字无续,幸时良等邀集族人共来会一堂为助聘亲之资。

来会人名列后:

尚钿,助英洋七元五钱;

传祀,五元;

济贫会,五元;

尚宏,五元;

文润,五元;

日好氏,五元;

时师,五元;

有政,五元;

时海,五元;

有梁,五元;

时麟,五元;

人恩,五元。

(郑有缘修,光绪二十八年刊本)

购买。

豫章黄氏

光绪《豫章黄祠四修主谱》,乾隆《丙子年建祠买地基文契》:

立卖房屋文契人杨觐颜,系江南上元县人。今有自置房屋一所,坐落杏花村地方,坐北朝南,进大门房屋三进,向南墙外东边小屋二进,西边大屋一进,厅子口屋左右前后界址上至椽瓦,下至地基门壁,隔扇前后空园并井周围土墙一并在内。为因管业不便,自情愿凭中说合,出卖与江西省黄氏建祠管业,当日三面言议,得受时值价钱平纹色银四百二十两整,此日银契两相交讫,系是一色现银,并非债务准折逼勒等情,房屋好歹买主自见。恐有来历不明及重叠典卖等情,俱是卖主一力承当,成交之后,任凭买主起屋管业无阻，系二比情愿，各无反悔。如悔者，甘罚契内价银一半与不悔人用。今欲有凭，立此卖房屋文契，永远存照。

计开四址

东至自墙为界，南至自墙为界；

北至湖姓墙脚为界，西至自墙为界；

西北转弯俱系自墙为界。

杨旭初；

潘宏远，居智仁。

凭中人：杨兆云。

见立地保：罗秉乾；

詹正伯，刘荣；

贾政懿；

章作舟。

见立街邻：吴士瑚，郑良品，胡登瀛。

乾隆廿一年七月□日立，卖房屋文契人杨觐颜。

代笔人周又新。

（黄祖络等修、黄振声等纂，光绪二十五年刊本）

光绪《豫章黄祠四修主谱》，乾隆《丙子续买祠基文契》：

立杜卖文契南昌府南昌县陈廷芳。今因无银使用，情愿同母商议，酌将父手所置房屋大小两所并地基在内，今将四至开载，东至湖宅屋，西至本宅墙，南至本宅墙，北至本宅墙为界，一并出卖与黄氏大宗祠为业。凭中三面言定，得受时价纹银一百六十两整，俱是一色现银，并非公私债负相逼，亦无重朦转卖，如有来历不明，卖主一力承当，不涉买主之事。未卖之先，遵问亲房人等，不愿成交，方凭中卖与黄祠管业，创造无阻，所买所卖，二比情愿，各无反悔，悔者甘罚价银一半与不悔人用。今欲有凭，立此文契存照。

凭中人：唐惟一、周凌云、刘文锦、黄宏远、潘宏远、陈廷贵。

地保：高贵。

乾隆廿一年二月□日，立卖文契人陈廷芳。

知会母邢氏、知会叔陈起朝。

以上红契二纸俱存首事书城收执。

（黄祖络等修、黄振声等纂，光绪二十五年刊本）

光绪《豫章黄祠四修主谱》,嘉庆《戊寅年添买大祠东边房屋基地文契》:

立卖文契人蒋茂林,南昌县人。今有父手所置省城内房屋十七间,所有地名至界开后,凭中出卖与黄子祠名下管业,当日三面言议,得受时价纹银二百一十两正。公议钱平,当时交楚,并无重叠典卖,抑勒准折等情,如有来历不明,出卖人承当,不干买者之事。自卖之后,永无回赎增找,今恐无凭,立此杜卖文契,永远存照。

坐落杏花村屋四进,大小十七间,空地一块,上连椽桁瓦盖,下连石磉地基以及前后出路,东至黄姓屋为界,西至黄子祠为界,南至谌家祠为界,北至井边大路为界,所有各房门扇、窗槛、柱壁、楼柣、楼板一并在内。

批明所有本家承买,徐添爵老契一纸,父手遗失,日后寻出,作为废纸,此批。

甲长:黄洪、刘秉简、徐兴华;

保长:龚发、王文义、李郁光;

熊元吉、雷运光、王友公;

鲍志龙、张德贵、张宗云;

郭文烈、张文圃、陈福来。

说合中人:郭茂贤、郑云鸿、欧阳彦;

皮仰云、时中立、章正文;

王显庸、谭五子。

左邻:谌太德。

右邻:朱启元。

男蒋成福。

嘉庆廿三年十月十三日,立卖屋文契人蒋茂林。

此契存高安叙勋处。

(黄祖络等修、黄振声等纂,光绪二十五年刊本)

光绪《豫章黄祠四修主谱》,光绪《丙申添买祠基文契》:

立杜卖地基文契人谌克池,系南昌府奉新县人氏。今有祖置遗下地基一片,宽长丈尺开载于后。坐落省垣杏花村地方,为因需应紧急,情愿凭中说合,出卖与江西省黄氏宗祠名下为业。当日三面言议,得受时价好钱二百二十五千文整,比日钱契两相交讫,俱是一色现钱,并无债负准折逼勒谋买等情。如有来历不明及重叠典当情事,出卖人一力承担。自卖之后,任凭买主创造管业无阻,永无增找回赎。此系二比情愿,各无反悔,如有悔者,甘罚契内价钱一半与不悔人用。今欲有凭,立此杜卖地基文契,永远存据。

计开四址

东址谌氏宗祠柱脚为界,南址公巷为界,西址黄氏宗祠厂地为界,北址黄氏试馆墙脚为界,东边自南至北计长七丈三尺,南首自东至西计宽五丈六尺。

四址界内寸土块石概归买主承管。

凭中人:谌洪泰、赵鹏泰、黄善元、刘明源、黄西垣、刘连、黄焕文、黄玉山、刘顺德堂。

邻佑:邓广源、熊定福、黄子元、黄生柳、樊步兴、王发贵、龚老三、张元礼。

地保:李洪源。

见立人:谌朱氏,命男谌日煊笔。

光绪二十二年十二月口日,立卖契人谌克池。

(黄祖络等修、黄振声等纂,光绪二十五年刊本)

清江湖庄聂氏

光绪清江《湖庄聂氏四修族谱》,同治《立卖樟树文契约》:

字人管典祥兄弟叔侄等商议,情因粮差紧逼债负等情,兼之日食不敷,只将得始祖遗下樟树一只,坐落土名牛车头管家山内,只得请中登门说合,出卖与洋湖庄下聂肇修堂,永为护龙树。比即当中言定,时直价十足钱三千文,未卖之先,尽问过亲支本乡人等,无人承买,所买所卖俱系二比情愿,并非谋买盗卖、勒逼等情,日后两无反悔。如先悔者,甘罚契价一半入官公用,罚后任照原契管业。恐口无凭,特立卖纸,永远存据。

聂照林,陈畴载。

凭中:袁宝然,张恒芳,聂辰辉。

皇清同治四年岁次乙丑仲冬月吉旦,立卖樟树文契字人管典祥亲笔。

(聂典训等修,光绪二十四年刊本)

光绪清江《湖庄聂氏四修族谱》,同治《立卖樟树一只文契》:

字人聂和琦,今因家下粮差紧逼,无处计办,只得将祖父手遗下樟树一只,自心甘愿出卖与合族等。三面议定十足钱三千七百五十文正,其钱一手得足,不少分文。自卖之后,任凭众姓管业,毋许伤倒,恐碍来龙风水,以作禁树归众,倘有私绝,查出公罚处治不贷。恐口无凭,立此卖树契存据。

一批此纸归入案箱,每年交案念明;

一批永宾众出十足钱一千五百文;

一批所余之钱众出补足;

一批此树土名落在圳背巷,四至俱是。

出卖树字人空地为界,此批是实。

茂英,政典。

凭证:聂晨晖、普照;应德,达群。

皇清同治十三年甲戌鸿岁腊月吉日,立卖樟树字人聂和琦亲立。

(聂典训等修,光绪二十四年刊本)

浮梁郑氏

光绪浮梁《郑氏宗谱》,《新居祖庙归粮裕祭碑记》:

《礼》曰:无田不祭。是田以裕祭也。《诗》曰:彻田为粮。是粮原从乎田也。田裕祭则田可久,粮从田则粮宜归。倘田附祭内粮散祭外,弊在粮即弊在田,弊在田必弊在祭。我始祖传公唐官司徒,御寇安民,敕立庙祀。庙寝中祀始祖暨叔祖郎中公鲁、仆射公攻,左崇本祀各支祖,右惇义祀未出之祖。庙祭每岁元旦、冬至两期,主祭、陪祭、通赞诸司事推斯文老成祭,毕饮福颁胙,另有胙酒为斯文劝。凡此皆祭典也,而统需田,田除旧制外,原系各子姓送支祖入庙,随分量输。但前输时租归庙,收粮存各户,每岁计亩偿津,事从简便。迄今岁久丁繁,心不古若,代冒典鬻,挟阻起灭,诸各项聚讼纷起,总由粮不归田,弊遂多,故未必非祭典之一缺。众等因是目击心伤,呈请摄县方主,沐批各支子姓送主附享输租入祠,与其频年贴粮纷纭代纳,何如拨归祠内,永绵祖泽,所呈允洽,即聚族公拨。续蒙饬拨,遵即聚议,悉照前输田亩拨入庙内,归一立户,纳课供祭,除嗣后永照此例外,并将租数、土名及各公颁胙规则逐一勒石,永垂勿替。庶粮以从田,田以裕祭,黍稷馨香,蒸尝绵远,无负庙祀致意。后有作者,顾名思义,守而创之,我祖在天之灵,于以慰矣。否则空生桑谷,妄起觊觎,鬼馁神恫,不孝焉逭!是为记。

(郑有缘修,光绪二十八年刊本)

直隶

定兴鹿氏

光绪定兴《鹿氏二续谱》,《条规》:

一、此田既为祀田,即系公产。因将地粮过于公产名下,并造册二本,呈明县署过朱用印,一存官,一发交本族董事轮流收执。倘有擅卖擅买,虽系子孙,亦以盗卖官田论。

一、经理祀田。择族中诚谨能事者为董事,更择一人为之副,凡收发支销商同妥办。一年事毕,董事结算交代,即以副者为董事,另举一人为副,每岁更换轮值,皆于孟春上旬公议。如本族不得其人，可延亲友一人佐理，其于一切簿册、公件二人皆署名。

一、田共计五顷二十九亩七分零。现在每岁租钱约计京钱三百余钱，从九、十月间收起，冬底收竣。预择城内富实铺户，随收随寄，董事不得存入私宅，滋人议论。除祠祀祭扫向铺户支用外，其余钱文自二月起至十二月止作一分行息，次年孟春结算清楚。另择一家生放，一年一更，庶无日久拖欠之弊。

一、鹿氏公产图记一方。凡应存贮之册籍及文契字笔等项用之公产，出纳图记一方。凡应出入银钱帐簿及收**支底簿**等项用之，每岁上下交代之日眼同结算。务将管收除在分列明晰，加以图记。倘有**侵渔，除**如数赔偿，仍分别议罚。

一、现在每岁租籽所入，除祠祀祭扫封纳钱粮支销外，应余京钱二百数十千文，照数生息，积久即可陆续增置田亩。并祠堂有当修葺之处，亦可取资于此。

一、董事一岁薪水银□两，副董事一岁薪水银□两；按季分支，将来田多租裕事日益加繁，再议酌增。

一、有擅种不交租籽者，无论同姓异姓，即行送官追究。

（光绪二十三年本）

光绪定兴《鹿氏二续谱》：

祀田现存亩数并收租数目：彭各庄地九十三亩三分。内除三分不索租外，每亩租钱一千，后又共减一百，每年实收租钱九十二千九百文。

侯官营地一顷九十四亩四分七厘。内除四分七厘及总佃种十二亩不索租外，下余一顷八十二亩，每亩租钱一千，每年实共收租钱一百八十二千。

（光绪二十三年本）

沧州戴氏

光绪沧州《戴氏族谱》，《城东茔祭田家规十二条》：

一、李村，祖茔每岁派两人扫墓。

一、八里屯，祖茔岁时祭扫须虔诚恭敬。

一、祭器祭物须要新洁。

一、族人虽赤贫，不许当卖祭田。

一、添茔只许在茔南风水河内取土，不许混挑。

一、族人不许在茔侧居住，如居丧庐墓者听之。

一、宗祠房屋、树木、砖瓦石等物不许毁坏。

一、祭礼及修理坟墓等事,须从族中择数老人执年掌管。

一、掌管人须秉公办理,不得侵渔锱铢。

一、公众什物以及钱财不得私出私借。

一、指摘办公人之私者,非有确据,不得妄议。

一、看坟人不许串坟耕种,不许混行挑掘。

(光绪三十四年本)

江苏

任兆麟《有竹居集》卷一三,《任氏义田规条十二则》:

一、立户所以专事也。同族所捐田号数目坐落地方、存有底册、其田亩总计若干,共立一户册名,任祠义田续捐者以次收入。

一、司事所以专责也。同族之中公议一人,凡一切收租、办赋、经理、给用诸款,立簿,开明收存数,以凭核算。

一、收藏所以谨守也。义田所入存某处,司事者谨管钥,慎出入。如有疏虞,皆司事之咎,照数赔补。

一、完课所以急公也。每年岁入,先完国课,无得稽迟。如有抗欠遗咎者,司事议罚。

一、量用所以积财也。每年冬收日,计所入若干后开规条,量入为出。若修辑宗谱,期三十年一举,计每年当豫为储蓄,以备抵办。

一、赡寡所以励节也。青年守志,茕茕无依,其节甚苦,其志足嘉。每年议给米若干。

一、养老所以尊齿也。同族有八十、九十、百岁者,大庆之年,给送寿仪。九十倍八十,百岁倍九十,其八十以上赡养不周者,每年给银米若干。

一、奖赏所以劝学也。同族中有入学者,各给花红银若干,举人倍之,进士加倍,武科半倍。

一、恤病所以全生也。同族有病废残疾无依者,每年给银米若干。

一、助丧所以悯死也。同族有死不能殓久不能葬者,量给银若干。

一、救急所以周贫也。单丁、女户,或长者远行,或男人外出,一时无措,访实量给银米,或遭水火盗贼无欣者,亦准佽助。

一、工食所以给役也。义田收租及助理米栈诸务,并祠堂家塾中管门诸役,每年每人给工食若干。

(嘉庆己卯两广节署板)

第八篇　族产

上海曹氏

上海曹氏族产初期经营管理尚佳,至乾隆末,几乎荡然无存。曹福民号称"精明强干",可公产在他手上不数年间竟至"田不可问"、"即祠宇亦变迁,仅余颓垣芜壤八分三厘七毫"。曹氏后裔曹浩虽慨叹"此田早已消归无有。但先人热心祠产或捐或助或购置,其功不可湮没,故附载于谱",而致败之由,族人讳之。大概不会是正当原因。族人碍于情面特别是缺乏有效监督,当属经理人员舞弊侵吞公产或即"公产难问"之主因。曹氏公产于咸、同时期略有恢复,但稍后又为身为族长的曹又香盗卖,族人忍无可忍,终于奋起与之斗争直至对簿县衙,详见《艺心公保存祠产记》。

民国《上海曹氏族谱》卷四,曹棨《艺心公保存祠产记》:

吾族自孟春公于明成化间迁沪,五世沪吃公始拟择地建祠。清康熙四十五年六世梧冈公缵成先志,规划备载张氏永铨唐氏铭记,又与弟巢南公、春浦公、侄大椿公捐田供祭。族人协力共得一百二十二亩三分九厘,合宗祠购置七十二亩六分八厘,计田一百九十四亩三毫,归巢南公经理。乾隆五十年,巢南公孙八世南枝公,不胜族人求全之责,改归从兄福民经理。以其精明强干,冀济前美。讵至五十八年身殁,非特田不可问,即祠宇亦变迁,仅余颓垣芜壤八分三厘七毫。唐记所谓"有地数亩、有亭、有池、有室、有圃"者,均不知何往矣!

（曹浩、曹棨续修,民国十四年崇孝堂排印本）

民国《上海曹氏续修族谱》卷一,同治《谱例重修增订录同治谱》:

建立宗祠,捐助义田,为尊祖睦族之盛事。故旧谱于编末另列一卷,创其始,综其成。吾祖宗深愿垂诸悠久者,碑记彰彰可考。自曾祖考巢南公经理后,我家历司祠事,田租所入,除完粮祭祀外,余以赠家族。如遇俭岁,不惜垫以己赀,几十年如一日。传至六叔父南枝公,爵人过于长厚,晚年家计中落,虽勉力承办,每为族人求全责备,因憖殊甚。乾隆五十年归于从叔福民公经理,公精明强干,满拟克济前美,讵意不数年间,公事废弛,公产难问。兹无可续载,而又不忍删去,故仍以宗祠碑记条约录诸策,仅志弗忘,先德可慨也夫。

（曹浩、曹棨续修,民国十四年崇孝堂排印本）

安徽

桐城吴氏修祠堂、经理祭田及家族纠纷。此信写于1886年以前,时吴汝纶为冀州知州,收信人为吴汝纶族叔。.

《吴汝纶全集·尺牍》卷一,《与宗老松云》:

惟祠宇工程,本先兄唱首,不料兴修未竟,遽已亡殂。是后亲支不和,是非蜂起,越在异土,鞭腹未能。……侣山兄素鲜乡曲之誉,其经理祭田,适遇讼端迭起,百用浩繁,实未尝干没公款,且与先兄同共患难,某于此断不敢稍有厚薄,致论议失平,家庭争讼,久则交绥,独惜无人居间,未遽融洽。先父兄每遇保庆公事,无不锐意经营,设有纠纷,力为排解。吾叔同此襟抱,特以两造各在盛怒,则其势不可遽干。今幸彼苍悔祸,均愿息争,敢请鼎力劝和,俾大局坏而复全,宗亲散而复合,则祠宇未蒇之功,亦可协力和衷,观成有日。

(施培毅等校点,黄山书社 2002 年版,第 3 册,第 10-11 页)

绩溪城西周氏

光绪《绩溪城西周氏宗谱》卷一〇,《宗祠规约》:

认真收租。兵后宗祠租息较之于前十不三四,管祠收租尤要认真,不可藉祠势而苛索加重分熟,不可认情面而怀私减让斗升,必须一一公平,照大概局面称量。租息虽不及从前,而犹不得谓为寒族。兵后收租办祭日渐微薄,其势日下,几不可挽回,皆收租者之咎。近年整顿办祭,用度数倍于前,加之递年邀议族谱章程、春分冬至派丁来祠供给,均租内开支。今反新置正条数钱,无非收租之认真与不剥蚀而已。嗣后有徇私认情面者,致租数不敷,查出议罚。

(周赟等修,光绪三十一年敬爱堂木活字本)

绩溪南关许余氏

光绪《绩溪县南关许余氏惇叙堂宗谱》卷八,《惇叙堂旧家规十条》:

经理祭田。且祭之有田,业可久也。《传》曰:"无田不祭。"盖谓此尔。吾宗祭社祭墓祭于春秋,俱有田矣。而不知所以经理之,则佃户缘以为奸,将丰而作歉也,以瘠而易腴也。昔之广者而今狭隘也,轮首茫茫然听其输纳之,多寡而不较也。苟完祭事,虽赔贩而不惜也,其何以救末流之弊乎!今后轮首或四人、八人,不徒至佃户之家而收其租,必率同佃人而履其田,并其坐落四至查访而谛视之,则年之丰歉不可欺,田之腴瘠不可易,而亩步广狭较若画一,岂得而侵损之乎!祠董、族长于祭毕之时,集轮首收租者而加考察,以验其果至之与不至,毋听其虚应故事而妄对也。有妄对者而罚行焉。庶几人知所警,而次年轮首亦惟率是而行之。其田或倾倒淹涨,轮首者议取众物而料理之。

(光绪十五年刻本)

第八篇 族产

歙县蔚川胡氏

民国歙县《蔚川胡氏家谱》卷二,道光二年所录《规条》:

洁祠宇。祠宇祖灵所栖,子孙报本追远地也。凡廊庑垣墙一有损坏,族长、祠首倡率支众即时修理,毋使秽污颓朽,亵渎先灵。祠内毋许匠作喧闹,恐惊先灵。每遇岁节祭日,值年子孙必先期洒扫,罗列香案及各事以俟阖族拜谒祭祀,务宜丰洁诚敬。倘族居涣散、远迩不一者,须于己堂前设神位以祭。

守祀产。祀产祖宗血食所需,先人歆报之典也。近世多有挟众与讦讼因难苛敛,将祖宗所遗祀产典卖,以求胜。甚至诈而弱者私自典当,强而力者明将祀产变置,人不敢言,遂致缺祭贻恫先灵。今后各族支子孙务宜世守祀产,以永孝思。其田地、土名、字号、税亩须载于谱,世世不致迷失。若未立祀产者,遇清明祭扫及岁时祭日,亦宜敛赀备祭,毋失追远之意。

修坟墓。坟墓乃祖宗所凭依之域。若平塌浅露,须于祭奠之日率众择土培之,不致暴露平没,启人窥伺。凡冢上木植坟茔疆界,不时经理巡视,以防不肖之侵犯。若支下私伐邱木者,重罚之;侵葬者,倍罚改正。倘恃强不遵,族长呈公理论。其各处祖坟四至、税亩、字号、土名、山向,画图载谱,则考核有据矣。

(民国四年线装活字本)

休宁江村洪氏

雍正休宁《江村洪氏宗谱》卷一四,《祠规》:

祠簿序

夫幽明相接,一诚而已。为子孙者能笃其孝思,而于春露秋霜之际,奉以酒醴,陈以粢盛,俨乎如见,忾乎如闻,自尔神其来格而来歆矣!若于灌献骏本之时,而心未免乎若存若亡之见,则虽已祭犹未祭也。岂足为孝子慈孙奉祀之诚乎哉?盖祖宗而享其祀,则必降以繁祉,而子孙皆享其福。祖宗而不歆其祀,则子孙之精神与祖宗之精神呼吸不通,而欲企其灵贶休嘉子孙其逢吉也,不亦难乎?是以吾家宗祠既成,即集众公议,酌立祠规,以为世世法守。庶几家安本分,人尽醇礼,而春秋禋祀,致其丰洁,共以一诚相接于祖宗,而祖宗惠福无疆,我洪氏子孙其永有赖也已!

康熙五十八年岁次己亥季秋之吉,观察公三十一孙昌撰。

祠规

宗祠当时常洒扫洁净,几席无尘,祖灵始安。平常皆封锁门户,无事不得擅开。各家亦不许于祠内私用匠作,堆积物件,并居住优人,以取亵慢之罪。违者公议重罚。

管办祠事，每岁以二人督理，自长而下依序顺行挨执，不得推诿。祭祀诸物务必丰洁，以尽诚敬。祭日，支裔毕集，每人给胙肉一斤。如不到者，罚银三钱。

狂风暴雨，管祠人便须入祠看漏。如有损罅，即议修葺。其费悉于祠匣内出支，任事者须以敬祖为心，务重其事毋忽。

祀田每岁管祠人收租，以供蒸尝之用。每年所该官粮亦系本年收租人完纳。其田乃百世祀产，须世守勿失，不许不肖者轻弃，违者惩处。

元旦入祠谒祖毕，众序尊卑团拜。每人给大巧饼一双，族长、斯文加倍。

新岁拜坟，年定期初十日，如不到山者，罚银一钱。

每月朔望，祀首清晨开门，洒扫陈设，以便支裔入祠拜谒。

冠礼分上、中、下三等，上等五钱，中等三钱，下等一钱，其银交本年管祠人收。

新娶妇者，古有庙见之礼。当择吉日，新郎同新妇入祠拜谒。其拜坟俗例勿行可也。

嫁女例接九五色银一两，其银以存黄石标祀之需，不得生放。今众公议，归入祠匣，交管年人收贮，交下之日查盘交清；如有所失，坐及经手赔偿。

生子者分上、中、下三等，上等一钱，中等五分，下等三分，其银交管年人收。

入主分上、中、下三等，上等一两，中等六钱，下等三钱，其银入匣预存为修葺之资。该祠首查明交下，毋得侵渔，违例者逐出。

各祖墓山地，不许不肖者盗卖丝毫；其上蓄养荫木，不许擅伐。虽有枯树，亦听其自倒，其既倒之树收取入众公用。违者逐出宗祠，仍行惩处。

支裔有不忠不孝烝淫败类及婚姻庆吊与奴隶辈相为俦伍者，一概逐出。

异姓螟蛉养子不许混入祠堂祀先，如有强挨进者，族长同房长押令扶出。

凡支裔取名不得与前辈同行列讳，则世数不致混淆，亦即所以尊祖也。

（洪昌纂修，雍正八年刻本）

宗族对文会的管理。

绩溪梁安高氏

光绪绩溪《梁安高氏宗谱》卷一一，《文会贴例》：

孤子读书已作文者，每年贴笔墨钱一两。

文会每年会课或由本族前辈出题阅卷，或请他姓饱学，由首事预备师生茶饭酒席。取超等者给膏火钱八百文，特等六百文，一等四百文。

文童县试贴钱四百文，覆试一场贴钱二百文。

府试贴钱六百文，覆试一场贴钱二百文。

院试贴钱六百文。

生员考优拔贡贴银四两。

生员下科贴银四两。

举人会试贴银十两。

进士殿试贴银十两。

（高富浩纂修，光绪三年活字本）

光绪绩溪《梁安高氏宗谱》卷一一，《文会捐例》：

生员补廪捐银二两。

出五贡者捐银四两。

中式进士捐银四十八两。

文会专植人文，凡捐职及应武试不贴。

经费或不足，须核计历年出息，照额减折摊发。

（高富浩纂修，光绪三年活字本）

池州仙源杜氏

光绪池州《仙源杜氏宗谱》卷首，《家政十四条》：

文会宜兴。吾族村里向有玉霏堂、联元堂、同升堂，村外向有启元堂，今又新增振文堂。此数公堂原为作养人材之用，今与族约，村里村外务将公堂择人经理，每岁按月会课勿懈，大小考试约给川费入泮掇科，酌给花红，自人人鼓励人材蔚起矣。族中之出仕者及商贾有力者，当随时量力捐输，以充其用。

（光绪二十一年刊本）

山西

平定蔡氏

道光平定《蔡氏族谱》，《杜弊五则》：

一、公议公项钱。凡我族人，无论贫富，不许出息揭使。

一、公议经理公项者，无论多寡，或有疏忽失闪，不得借口出力有年，便不包佃。

一、州中蔡氏凡数姓，吾宗为大。日后公项钱除祭祀费用外，积有余资莫急于修谱，务须细心稽考，切实明白，庶不至舛错。

一、日后公项钱果积至过多，经理者需商诸族中，先置祭田，即礼所云"宗庙未建，先置祭器"之意。总以不临河,不近崖,不靠坟为妥,否则不许置买。

一、日后有力议建宗祠者,择地宜临大街或后街,总宜坐北向南,不必过于阔大。纵阔大,正屋三间或五间,左右配厦各三间,厨房二间,大门一座,旁门或后门一座。其余周以垣墙,务使一气告成。如公项不足,族中再为捐输。否则勿轻兴工,万不可过费,使后难为继,慎之慎之。

(蔡子碧、蔡培实等编纂,不分卷,道光二十五年刻本)

道光平定《蔡氏族谱》,《津贴十二款》:

一、族中有得子者,上分喜钱一千,中分五百,下分一百,永远为率。

一、族中有举乡耆者,出喜钱二千。有捐监捐从九等职者,出喜钱五千,再大,按品级加之。

一、族中有入学者,上分出喜钱十千,中分五千,下分二千,武学仿此。

一、族中有补廪者,出喜钱二千,富者加倍。

一、族中有出贡者,喜钱三千,有捐贡者,喜钱五千,富者加倍。

一、族中有中举者,出喜钱十千,中进士者喜钱二十千,富者加倍。武举,武进士仿此。

一、族中有捐教职佐杂等官职衔者,出喜钱二十千,出仕者加倍。捐知县者喜钱五十千,捐府道衔者喜钱一百千,出仕者加倍。捐武职者,六品,喜钱三十千,五品喜钱四十千,出仕者加倍。

一、族中有捐六品京职衔者,出喜钱二十千,捐出仕者加倍,再大者按品级加之。

一、族中有举人大挑,以知县用者,出喜钱十千。以教官用者,喜钱五千,出仕时加倍。

一、族中有进士即用知县者,出喜钱二十千。知县出仕者,喜钱五十千,缺美加倍。升府道者,喜钱一百千,缺美加倍。其由司道而荐升者,以次加增。

一、族中有举人选拔仕京职者,七品喜钱二十千;荐升六品,喜钱三十千;荐升五品,喜钱四十千;改用京堂,喜钱六十千;再大,以次加增。

一、族中有进士用中书者,喜钱二十千;用部曹者,喜钱三十千;用翰林者,喜钱五十千;其由京职而得差者,乡房喜钱五千,会房喜钱十千,试差喜钱五十千,学差喜钱五百千;京外各官有戴花翎者,京官喜钱五十千,外官喜钱五百千;有加宫保衔者,京外各官均出喜钱一千千。

(蔡子碧、蔡培实等编纂,不分卷,道光二十五年刻本)

第八篇 族产

道光平定《蔡氏族谱》,《劝后一则》:

予族自来寒素,向少世家大户捐资创为建祠、置田、修谱之举,况立家塾助应试以培族中贫乏者之人材乎?今春,族众幸不鄙予言,既无不欢腾踊跃,各输己资,已捐钱若干千,从此积小高大,将见二十年中,祠能建,谱已修,即祭田多寡亦置也。寒素之族,抑又何求哉?虽然,托祖宗数百年庇荫,在城在乡,吾族不下数百户,安见不有后来居上者?予因之不能不重有所望焉。但愿后来者或居显位,或称巨贾,肯捐廉输赢,有千金数百金。即小康之家,有百金、数十金不等。积有年岁,得数千金,又安见家塾之不能立,应试之不能助,族中贫乏者之人材不能培乎?惟恐有其分者,见义不为,吝心生焉。试思见有修寺建塔、修桥补路之举,顿曰"此功德事也",不惜资财,欣然乐而为之。较之立家塾、助应试,培族中贫乏者之人材以为祖宗合族增光,其功德孰大而孰小乎?夫亦可以恍然矣。此宗公项另帐收存,经理不得与前公项合而为一。俟经理成而尽数置为义田,勒石书明捐输人之名讳,金数之多寡,生息之数目,地名之何处,粮石之若干,立于宗祠之侧,以传永久。年年所得之租按秋收之丰歉,经理者务登记分明,至于延师之束脩,生童之赴省乡试、院试,举人之入都会试,按人数之多寡,量给资斧,通盘打算,不丰不啬。所有一切章程,此在临时权度,又非予之所能豫定也。而有力者不得滥与焉,是所重望于后来者。

道光十八年岁次戊戌秋七月七日,桢又撰。

(蔡子碧、蔡培实等编纂,不分卷,道光二十五年刻本)

浙江

绍兴山阴柯桥杨氏

光绪绍兴《山阴柯桥杨氏宗谱》卷二,《祭产祭法》:

一、祭产。《景华记》曰:裒众土田之息,聚之为奉先之计。东储藏器皿,西储积粟帛,择子孙贤者一人主之,佐以新管、旧管,正副各一人,元旦、清明、中元、冬至、二分忌日,给有差分,一岁而一轮之。岁有藉,腊有稽,后人指其储曰:藏以供粢盛也。指其库曰:藏以备牲羞也。指其器曰:藏以专祭用也。黍稷菽麦之余,慎而封闭之;财货布帛之余,慎而收敛之。又从而滋息之,贤子孙之所为也。指其廪曰:足以充吾之饥也。指其库曰:足以赡吾之乏也。指其器曰:足以资吾之用也。黍稷菽麦之余,鼠耗而不之知;财货布帛之余,朽腐而不之视。又从而废弛之,不肖子孙之所为也。又按,礼有凶年祭以下牲之说,祭先余享,当视产入。郑州公曰:饮馂,旧设若干席。后曰子孙众多,尊长外卑幼量分胙肉,或面果不得有增,亦不得有减,其祠基、葬域、祭产,宜刻户名,某祠几世,某祖,祭产第几支,某房分下,某府君,附注某县坊都,某字,某乡,某则田地、池山、荡屋、店亩间,某年置,某年补置、续置;捐出,或贮产若干两,附某县,赋则于籍。

一、祭法。《景华记》曰:一念之间,福善祸淫。言子孙之公与私也。凡宗祠不修,祭祀不举,朔望不谒,出入不告族长、诸尊辈,皆得而责之。宗祠,不许为家人宾客居宿之所;祭器什物,勿借人私用;祖遗影像、器物、衣冠、书籍之类,不许弃毁;凡远近坟墓、庐舍、树木、砖石、碑碣之类,族人不论亲疏,闻见损坏,皆为看护劝勉。本支子孙补辑,毋得袖手旁观,为刍童牧竖毁伐。凡轮收墓田租税,而不祭扫及盗卖者,族长率众共责而罚之,令补其祀典,复其土田,仍勿使其与祭。敦伦堂示训申戒,先置二簿:一旌善簿,于所示训者能之,籍记其善,长者命之酒,使少者咸拜之,善多为众所许,特令有文者识其事于谱;一惩恶簿,于所申戒者犯之,籍记其恶,会众责之不悛,犯多者谱削其名。郑州公曰:有敢犯五伦,行迹显著者,众共斥之,死不入主于祠。饮馂申示之时,有喧哗无意于听受及迭膝欠申,使北面跪饮以行罚。蔓引以抗拒者,扶出祠。流言不逊者,罚银供祠用。按,水澄桥刘先生罚条云:子孙供祀不中规不敬,一两;祠中男妇混杂,五钱;祭失仪,一钱;司仪不举,三钱;私收祭租,五钱;给胙斤两短少,五钱;不当给胙而私给,三钱;无故不与祭,一钱;不衣冠,三钱;饮胙致醉后争嚷,五钱;盗祭器,估其值陪罚,仍杖于祠;盗典盗卖祭田,通族攻之,经官追治外,复杖于祠,逐之,生不与祭,死不入主,不列于谱。子孙宜仿行之。

(杨惟椿、杨惟一等修,光绪二十年敦伦堂木活字本)

绍兴汤浦吴氏

民国绍兴《汤浦吴氏宗谱》卷三六,嘉庆《独乐祖派与孙姓合同议据》:

立议据亲范毓芝等:

今立议据文字。缘吴族独乐祖有衣字号公山一爿,山下有孙尚彪字字号基地一块,今孙姓起造楼房,其南首吴姓山脚有平地一带,系孙姓出入便道,其碑牌前不在其内,某等忝居亲属,出为圆处,议向吴姓山脚出入,着孙尚彪出钱十千交付吴姓存公,以作历年出入之资。其钱当日交清,嗣后,吴姓子孙不得争执,而尚彪子孙不得另生议论等情。为此,公同立议据两纸,二姓各执一纸,永远存照。

嘉庆十三年九月□日,立议据亲范毓芝、仁藩。

(吴金璠等续修,民国五年孝思堂刊本)

江西

第八篇　族产

新淦黄氏
道光《临淦窖前黄氏重修族谱》,《条例》:

谨□录以护坟庐。吾族各现□,山洲埠塇,竹木柴薪,森然公私之业,皆前人爱惜培植所贻。《诗》谓:维桑与梓,必恭敬止。《礼》谓:为宫室,不斩于邱木。义至深也。均各恪遵旧例,永行禁□。其合众近居近坟及各山各地,诸大树非公行妥议,不许轻伐,柴薪非届期不许私砍,其各家各支所□私业,彼此无得相犯。如有不遵者,罚之。

(道光十五年本)

宜黄谢氏
同治宜黄《宜邑谢氏六修族谱》,《家规》:

昭穆之所当明。凡属寝茔,皆祖先藏玉之区,子孙托庇之所,岂宜干犯。即使无主,亦不得层葬侵占。纵人事稍或可逃,在幽灵必不能无憾也。嗣后稍有故犯,经族起迁醮奠外,仍行重罚。

(谢赋文等修、谢性卓等纂,同治九年刊本)

兴国刘氏
同治兴国《刘氏重修族谱》:

立祭产。祭产之设,祀典所从出,实存孝子报本之心也。故有祭产则春秋二祀,牺牲粢盛,始有所供,不致失醮。凡祖宗遗下祭田及祖坟窨堂,不许出售异姓,如有违者,鸣族责革。世有老祖古坟,办祭无资,坟墓因而丘墟,以致他人冒占构讼公庭者,由失醮使然也。盖设立祭产不得侵渔分析,庶祖宗有血食葬地,自永存为子孙者,岂可忽乎哉!

(刘天成等修,同治元年刊本)

新昌城南漆氏
光绪新昌《城南漆氏族谱》卷一,《族规》:

一、祠宇有图有看守人,藏主列昭穆地也。建某处,书某祖植下。每月之朔望荐祭,冠婚庆谒,读约劝戒,方启祠钥。初祖之祭,程子缘人情也,朱子欲废为近禘也。则合祀与各祀不妨随各系旧祠行礼,或祭于寝,不必强合簠簋,饬诚孝衰末矣。重心不忘也。

一、兆域祖灵魄在也。书都分地名,古形名,某祖公下所置;书某房管某远祖冢茔。各随房分约,于清明时祭扫,填修倾圮,应禁者议禁,防其侵坏。非重风水说也,心之所自致耳。

（漆耀书等修，光绪三十年刊本）

光绪新昌《城南漆氏族谱》卷一，《合族禁止买葬莲花形公约》：

吾族祖坟之有莲花形也，实为世代发祥之基。自明以来，其历代之考妣藏魄于其中者，指不胜屈矣。迨康熙四十四年间因后之葬者日益众，恐其有伤地气，且未免有碍祖冢也，于是族众公议禁止，不许擅葬。凡有葬此地者，先凭本家踹定一穴，通明族众，备送价银二十两，酒席银四两，当祠交足，然后公同登山开地，其所买之地又要各傍各房祖冢之侧开，视周围果无侵碍，方许安葬。如稍有侵碍，即不许开，亦不许另别处再行拣择善地，其已交之银入祠充公，不准其给还。若本家必欲再行拣择，着令仍照原数再出银二十四两，然后许其再行择一穴。所以必如此者，非为利也，无非惩贪惩诈，期全风水而保祖墓焉耳。前人之立意既深且远如此，奈后人不体前人之心，竟将地价减许一半，止用地价银十二两，酒席银四两，共银十六两，便许买葬一穴。价廉则买者甚多，至令今岁一年之内或买之以安葬者，或买之以作寿域者，共开地一十余穴。呜呼！即此山川钟灵，风水聚气，其堪此遍地之掘挖乎？况乎一山之中，前后坟冢已经星罗棋布，几无空地，闻买地之家往往用实竹竿长六七尺者锥入地中，以探罅隙，是买地一穴，必须遍山探视。虽其中之有碑记有砖石者可以免人之锥探，若遇无碑记砖石者，必至锥其环砖而后已。又且遇无环砖者，甚至锥至其棺亦未可知。又况竹竿锥过之处，其孔每历久不没，一遇雨泽阳水必流注其中，其为害何可胜道。况买地之家谁非为人后者，以地为利而族众又以利为利，是以祖冢为利薮也，反之于心，其何忍哉！为此集众公议，自今岁冬至日为始，永远禁止，不许买葬此地。但原有买生墓者，于葬期前三日通知族房长及禁首，登山看明原处开穴，倘有干碍，亦不得恃强越葬，其原价照前充公。幸询谋佥同，亦以见孝子仁人之心犹未尽泯，庶风水可全而祖墓可保矣。嗣后倘有违禁不遵，仍敢私自登山，擅行采取坟地者，即不孝论，当祠重惩其罪。谨约。

再有桥坑凤形中□，原采柞手将中□禁穴开葬大人外，其余立有文契数纸，契内开载价银付与雅贤二公植下收受，彼时并未得价，日后不作行用。并照。

乾隆十八年仲冬月，族长掬柞，房长按柞，启黑、迪仲、美绅、士人等公约。

光绪三十年甲辰孟冬月□日，族长葵盛，房长自求、林征、皋鸣，合族绅士等立。

（漆耀书等修，光绪三十年刊本）

福建

《大清高宗纯皇帝实录》卷四三七：

（乾隆十八年四月下丁未）福建巡抚陈宏谋奏：建宁县在籍知州徐时作，捐祀田五顷七十二亩、学田十亩，请循例立案，并载入县志。下部议。

（中华书局1986年影印本，第6册，第698页）

广东

朱氏捐产的管理与用途，条例虽述之甚详，而捐资情况未见说明。

朱次琦《朱九江先生集》，《朱氏捐产赡族斟酌范氏义庄章程损益变通规条》：

一、完国课。各家义捐产业，每年应纳地丁正耗银两，管事人务要扫数清完，毋得分毫拖欠。

一、增祠祀。祖祠向例，每岁孟春举行春祭。祭毕，族内子孙同堂合食，以馂祖宗之余，颇有合于《国语》士庶人岁惟一祀之义。其墓祭，则祭毕阖族子孙各领胙肉一分。惟程子谓冬至祭始祖，一阳之始。依其类而祭之，人人皆宜自勉。今拟添冬至合祭。族内子孙皆令到祠，随班行礼。祭毕，照墓祭例各领胙肉一分。其支拨银两，依牲牢时价低昂，不为拘限。

一、优耆老。每年冬月颁给冬衣度岁银两，七十以上每人给银一两四钱，八十以上二两一钱，九十以上二两八钱，及百岁每年给银七两。其丰饶，不愿收领者，听。又颁丧事银两，七十以上每人给银一两四钱，八十以上二两一钱，九十以上二两八钱，及百岁给银七两。其丰饶，不愿收领者，听。

一、端蒙养。每年四仲月举行倍经之会于祠堂，许族内学童年十五以下端重朴醇者执经求试。仿《唐书·选举志》，以《礼记》、《左传》为大经，《诗》、《周礼》、《仪礼》、《尔雅》为中经，《易》、《书》、《公羊传》、《穀梁传》为小经。各长老认真面试，以背诵如流默写不误者为合式。大经赏银七钱，中经三钱五分，小经一钱八分。以此经领赏者，本年之内不许复执此经求试。能通倍五经，每经给赏外，另加奖银一两四钱，通倍七经二两一钱，通倍十三经三两五钱。其佻达顽劣者，虽经熟，记过不赏。

一、教成材。族设家塾，每年敦迎甲乙科中学行兼备者为师。其有素孚士论畜道德而能文章，则不以科第论。修金银二百两，膳金银四十两，贽仪、节仪、迎送夫马银二十两。令子弟受业其中，月课奖励，随时散给。或有茂才异等，覃精经史，博通掌故，讲求吏治，修述辞章，仍仿照阮文达公诂经精舍、学海堂事例，厚给膏火，以示优异。其不修士行、贻玷门风者，摈出塾。塾中购置书籍，用资见闻。应给银数，临时酌量，不为拘限。

一、广登进。祖祠奖励子孙赴考应官，卷资路费皆有成例。捐项下拟加子弟应试银，县考七钱，府考七钱，院考七钱；生员岁科考，加银一两四钱；贡监生员报考遗才，加银一两四钱;生员考拔考优,加银二两一钱;贡监生员大比入场,加银二两八钱;拔贡优贡廷试,加银一十五两;举人会试,加银二十两;举人大挑一等赴官,加银三十两;进士即用赴官,加银四十两;部曹中书回京候补,加银五十两;庶吉士回京散馆,加银六十两;榜、探回京供职,加银七十两;翰撰回京供职,加银八十两。其银皆届期支给,不得探支。若银经支领赴试者,无故而不入场应官者,无故而不进京到省者,领去之银,照数追还。

一、恤茕嫠。族内孀妇,有无子无孙厄穷堪悯,每年冬月给冬衣度岁银一两四钱。系老疾颠连不能自给,给银二两一钱。若遇饥年,族中义仓按名赈济。该孀妇领赈外,应得之银,照常支给。

一、收孤露。族内孩稚男女,父母双亡,期功亲属无力收养者,管事人查明,告知族长绅耆,酌量体恤,无令失所。

一、施棺槥。族中男女亡故,委系无力买棺,有待邻里摊合者,管事人查明,给棺银七钱,十五以下给银五钱,十岁以下给银三钱,四岁以下不给。已殓埋者不给。

一、施坟地。捐产项下置义地一邱,编列字号,号容一棺,不许宽占。族中男女亡故,委系无力买地,有待邻里摊合者,管事人查明,给地一号安葬。尸柩久停,亲属零落,将至暴露者,给地一号安葬。棺已归土,图迁义地不给。小口不给。

一、筹意外。捐产项下,所有田亩基塘及城乡铺舍,倘遇水火之厄,租息减成,其年应行支拨各数目,即照见年收得成数,折算支发。如收租三四成、五六成、七八九成,管事人将有成数、无成数各租息,通盘打算,看得若干成,即以若干成支放,毋庸勉强补苴。其收受者,毋得以常年定额取盈,致贻举债亏产之累。各安所遇,毋替远猷。

一、留推广。族属日繁,男妇约计五六千口。若仿范氏义庄事例,口日给米一升,岁给绢一匹,夫岂易言!特各家捐出置产实银尚多,将来产业陆续增置,租息亦陆续增加,赡**族事例**原可踵义庄往躅,日推日广。彼江州陈氏、浦江郑氏,通财世世,号为义门,族鲜单**寒,芬流**史册,亦事在人为耳。

一、防亏空。族分三房,祠尝分房轮管,每年值理到班。预于上年十月,责成该房绅耆将人名举出。接办后或有侵吞亏空情弊,责在该房赔补。今捐产出入数目,亦交本祠见年值班代管,不另选择贤能。议定租银一两,抽出三分,为管事人酬劳。酬劳之外,不许分文挪借。倘有侵吞亏空,责在该房赔补,与祠尝同。

一、建义仓。族繁人众,现存义仓,资本无多,尚需子母相权,厚集其力。将来遭荒放赈,赈银赈米赈粥,临事将情形察看,择善而从。若夫差别极贫次贫,省视大口小口,防其拥挤,掖其颠踣,闲其男女,药其厉疫。熟思审处,事有万端,总期痛痒相关,使血属周亲,不沦浩劫而已。

第八篇 族产

一、劝族居。《周礼·大司徒》："以本族安万民，一曰媺宫室，二曰族坟墓。"郑君注："同宗者生相近，死相逼也。"孟子井田之议，亦云："死徙无出乡，出入相有，守望相助。"古人劝亲亲固如是也。（范氏）义庄规条："身不在平江府者，米丝钱皆不给。"今恪遵前典，凡不在九江堡居住者，一切颁给，均不许引族谊分霑。惟擢科第者膺仕宦者，谒祖旋乡，则不应遐弃。盖策名清时，为宗族交游光宠，仰体祖宗之心，尚顾而乐之耳。

一、修条例。天下无不敝之法，亦无不变之法。考《范文正公集·义庄规矩》，文正创举以后，奏请御批者再：英宗治平元年范纯仁，宁宗嘉定三年范之柔，指挥修订者十有二。自文正至之柔凡五世，自英宗甲辰至宁宗庚午凡百四十七年。嘉定以来至于今，指挥修订者又不知凡几。而义庄犹岿然屹然，赫赫若前日事。遥遥华胄，食德如新；薄海训行，人无异望；固由明德之远，其世守有人维持不坠，有足多焉。《易》曰："物穷则变，变则通，通则久。"今之条例，后日有任维持修订之责，如范氏后人之继美希文者，予日望之。

（《近代中国史料丛刊》第13辑，台北文海出版社1996年版）

乳源余氏

嘉庆《乳源余氏族谱》卷一，《家规并引》：

遵立祭田

伊川先生曰："豺獭皆知报本，士大夫家多忽此，厚于奉生，而薄于先祖，甚不可也。"父母自生育教婚创置期望以来，其为子孙计周且详矣。为子孙者可不体念哉！盖人于父母死后，当存祭田，永为追远报本之资。倘先无田可存，公议每生丁出银若干，每添新丁银若干，记簿订名，付贤能子孙严立收约生放，以为置产之赀。若生放丰盈，多置田业，或请名师教诲子弟，有能上进，并婚葬不及，或重修祠谱坟碑等事，无不于中给助奖励。是祭田因父母而永立，父母因祭田而流芳。倘有兄弟分居时不肯存田宇，不肯照丁所派者，有将祭田私行典卖霸耕不还者，俱以不孝论。经族鸣官，重究严追，毋得轻纵，如有持蛮，不许入祠，无容**祭醮**，并则责其亲房。凡我一族，尚其凛遵。

（余有璋等**纂修**，嘉庆二十五年木活字本）

博罗林氏

宣统博罗《林氏族谱》卷五，《董理尝产完粮事例》：

一、赎回下坝尝地种二十五石，系批现祖，每年准于十一月十五日，公众交租，收齐公款，举办公务。如过期不交，董理首事必要声明于众，吩示佃人，展宽十日，仍准耕回。如再不清租，董理须贴招票字样，布告众知，于某日开投票。现断不可徇情任约，以坏公事。

一、第一份下坝地，向议以此地出息奖赏进庠以上之士，目下科名官品改变，赏无定议，提归众管，后须核明议定，酌裁给赏。

一、木棉排粮地五份，缘前分房分收完纳，彼完此欠，势难画一，殊多率累众。释情奖议，提归众管，粮归众纳，可早清完，以免滋扰。

以上三款，每年公举族内殷实人董理，除每年纳七的深善厚宏远济隆济泰外，总结剩有银，原例五十两以上，声明于众，公议作事；如不上五十两，存贮。理满一年，例应告退，如众复行举，理自当公办，如查有兜吞，永革不叙用。

又，清明重阳原轮房办理一款租项。

一、李先生店租，每年租银。

一、大沥埔田，每年租银四两正。

一、番薯行，每年银。

一、直块地租银。

一、猪条行银。

一、大小江边地租银。

一、荣婆粪寮租银七毫。

一、油行银三大圆。

一、显村婆广昌店租银一十七圆五毫，除掌祠堂银十大圆，又除交族长粟帛银六圆，又除交祠堂新年奉神斋酌烛宝对联等银五毫外，剩有多少，结归清明用。

一、粮行一款，久停无收。

一、新墟街入闸门，右第一间做公所用，则无庸计；如租与人，其银则归入收理。

以上十二项租银，值事人预先收楚，以应办清明、重阳等费用。如公众办理，即当举族内殷实人理；如照轮房办理，该房必要举公正可靠之人办理。清明前一日，预早备办房族功名早晚便饭，以至祭毕交盆后止。使用轿价各项，应办使用，值事人续登记明白，理满一年，则将收支数目列单贴壁，俾众查核，毋得任意妄行，致干众责。应支之项，后列照办，如有不在应支之内，小则任首事妥理，大必公众议处。如查有兜吞并不结数贴查，便是不法，俟后永不准干理尝款。

一、每年正月初八日，应交应灯银三两正。

一、应支正月初八日票薯行、猪条行，纸笔墨茶烟纸炮共用银。

一、应交票薯行、猪条行，每份银一大圆，与房族长董事一人作晚饭食用。

一、应支办清明房族长功名早晚食用轿价。

一、应交祀小水、凤崖公墓银七大圆，交房族长功名墓裔理事人酌办。

一、应支重阳日祀竹庄祖墓银二大圆,交房族长首事帮办晚饭用。

一、应支罗福田过水银二毫。

一、米亭修整,或众补银多寡,或众办理,必须酌定,然后举行,如不经众订定,众不认数。

一、应支远居房族长功名,上祀祖墓,照下祠祭,上下渡费,每人帮钱五百文,不亲到不给。近居不给,以其不用花费也。原例。

一、应支每年董理,酌劳银三两六钱正。

此项收支理楚,一年清结,数目箓单贴壁,以俾查核。如有溢出,则将溢出之银交于粮务首事出数。如用长多少结,向完粮首事支补,无得悬存不交。如有不交,便是有心乱族,永不得干涉尝事。

(林衍芳等编修,宣统三年排印本)

(三)用项

祭祀费,修谱费,济贫费。

直隶

定兴鹿氏

光绪定兴《鹿氏二续谱》,《祀田租支销章程》:

彭各庄租钱九十二千九百,交总值年,办理太公、忠烈两祠春秋祭祀。内提十五千归江村值年,作清明祭扫祖茔之用。

史各庄租钱五十二千,交壮节祠值年,办理壮节祠春秋祭祀。

侯官营租钱一百八十二千,内除冬至祭家庙提钱十五千、清明祭扫江村祖茔添钱六千,余款备各祠修理之用。经手者实用实销,不得稍存弊混。

(光绪二十三年刊本)

南皮侯氏

民国南皮《侯氏族谱》,《家规十条·旧八条》:

一、勿怠废先人祀。祭田所以奉先,亦以睦族,宦达及有力者宜留意焉。每年办祭完粮外,悉以济祖。先孤寡及女之无依者,他如孝悌力学敦朴力农而贫者,厚恤之;游惰者减之,明示以隆杀之,故使知所劝惩。若亏孝悌,犯家规者禁勿予。又义仓、义学、义冢教养同族,使生死无所失,皆所当为者。又族人共有一庙,此百世不迁之大宗也。五世以后宜各立先祠,为小宗,以伸其情而联其支,然后同归大宗,则可不劳而理。

一、宜守家法。金溪陆氏其教家之法,以孝悌力田为本,至于其家之用,皆出于桑麻畜牧之资。除租税播种修葺庐舍之外，以十分分之，六分为十二月之杂用，一分为祭祀之用，三分以为水旱不测之用，闰月则以十三分分之。三年之外必有赢余。可为婚娶丧葬诸事，朔望率子弟谒先祠，既毕，击鼓而诵家法，使列听之。此有家者所宜取法也。

（民国七年重修石印本）

滦州边氏

民国滦州《边氏家谱》，《边氏家谱约叙》（叙文作于康熙四十六年前）：

语有之曰：和气致祥，乖气致异。何谓和气？孝弟是也；何谓乖气，不孝不弟是也。凡我五官百骸、聪明才干皆本之父母，受人财产尚知饮水思源，生身报本又何忘乎？且加以怀胎之苦，哺乳之艰，便是天地履载不若是笃挚谆切！一饭之德犹然思报，乃昊天罔极之恩可悍然不顾乎？至于兄弟，是与我同分亲身者。看作兄弟犹分彼我，若看作同是亲身，则不敬兄是慢吾亲也，不爱弟是薄吾亲也，非孝也。至于祖宗，又吾亲之根本，敬其所尊自不待言，不祀祖宗是欺吾亲也。族人虽远近不同，自吾祖宗视之皆一脉，则皆吾亲之一脉也，不睦族是疏吾亲也，皆不孝也。孝为人生根本，此地若亏，便使得莫大事业亦无颜面以对天地。况比悖本忘恩之人业著一身乖戾之气，神明决然不佑。或促其寿命，或削其功名，或凋其家业；世世生不孝不弟之子孙，乖戾之极酿成惨祸，覆宗绝祀所必至也。若明得"孝"之一字，不必日用三牲，只于父子兄弟之间真心相爱相敬，就是一蔬一水承得父母欢心，和气所钟，上迓天，和寿命也，长功名也，遂家道也，兴自己所生之子孙亦然。自古王侯卿相多生在孝弟人家，此理真实不虚，历验不差分毫。明王若能以孝弟治天下，使人人孝弟，满世间都是太和盘聚，自然时和年丰，英贤辈出，永不召兵刑之气，皇图昌炽，社稷灵长，岂至结成劫运哉？余退自馆舍，御野边兄来访，袖出一帙示余，盖子著边氏族谱也。其间谱世系而议宗法，立祠堂而定时祭，缵祖绪而追先训，斟酌古今，允和时宜。且立家塾以训子孙，置分仓以备凶荒，营义田以救乏阙，明孝弟以充根本，恤孤寡同患难而期族会之久也，此固宗儒以来数百年未有举行者。御野能创行之，所犹难者商洽合族同心。余嘉御野事父以及继母人无间言，兄弟间埙篪之风可挹，而边氏一族从来无恶德，耕读纯厚，依然太古。是以书香相继，人文蔚起，是知此帙非徒托诸空言也。愿御野与贵族振起精神，切要者毅然速行，力所不能骤行者次第举行，融融蔼蔼感召天心，一切吉祥如前所云者自然骈集，而合族之门闾指日高且大也。余庆御野之将兴，更庆合族之将兴，故特表彰之以为吾族师。

乙酉夏，疑懒人吉氏书于四君斋。

（民国二十七年唐山华美印书局本）

第八篇 族产

民国滦州《边氏家谱》，康熙《追述先训》：

昔大人训余小子曰：吾生而单弱，及己入小学，时而气息尚羸羸也，尔大夫虽甚爱惜，然不以一子之故而少宽其教。尔曾祖尝虑其形羸，不令趋学，未二三日尔大夫即默遣之。在学即有严师，在家又有父，故吾之学业进于成童。而所遇多屯，二十七岁始游庠序，嗣后笃志，不怍希心上达，虽曰为人佣书以充奉养，比念未顷刻移也。无何年遇四十，功名之念未少酬，而凶蹇之遭相继立。壬戌春三月二十日尔母病逝，斯时尔弟九岁，尚为顽童，尔年十五始邵解事务耳。吾上悼奉甘失偶，下哀二儿无依，壮志缘是少隳焉。……呜呼！父子之情数至，虽不可恋，悲哀之极，思至尚可如生还，念口铎宛若耳受。故于叙谱之余述而志之，以示无忘先大人之教，且如见先大夫之行也。终身诵之，惧于先大人有厚愧焉而已！

康熙四十六年岁次丁亥，七世后裔进公谨记。

（民国二十七年唐山华美印书局本）

宁晋张氏

同治宁晋《百忍堂张氏增修族谱》，乾隆《睦族十事》：

一曰立族长。……

二曰同祭扫。……

三曰会族党。一族之人，有经年不识面者，有子孙成立不知其为谁者。有逸人乘不见之隙，间以私言，此言蓄于胸中，假些小不平，大发而构讼者，凡此皆由久不相会故耳。异姓会饮，同宗共祖者竟疏而不会，吾不知其为心矣，故刘满堂每月旦必会族人曰：今日之集非以酒食为礼也。寻常宗族不睦，多起于情意不相通，间言入焉。今日必会饮，有善相告，有过相规。有故相抵牾者，彼此一见，亦相忘于杯酒从容间，岂小补哉？有不至者，必再三招之。今后族人除时祭并乡社享馂读祝免讲外，其余月旦，按丁分上中下捐赀付公正才能者，办酒席于公所。如食不能出分资者，请至勿扳援，每桌小菜四碟，不用果，每人腥味一碟，素味一碟，蒸包五个，粉汤一大碗，米饭一大碗，酒取洽情不致失仪。倘遇官府祈祷，禁止屠沽，或遇年不顺成，或遇本族斋戒，曰去腥用素食茶汤而已。是日也，设先祖神位于正面，陈祭品并香樟书案。长于卑幼中择熟礼者二人为族赞，择公道者二人为族纠，择惯讲者四人为族讲。族长盥手焚香，族赞唱排班。班齐，唱四拜礼，唱平身，唱行相见礼。如族长有行辈者在同少班对揖，卑幼向上一揖，族长答礼。次族长者出班对立族长后下，亦对揖，卑幼向上一揖，次族长答礼；又次族长者出班对立次族长后下，亦对揖，卑幼向上一揖,又次族长答礼;卑幼亦分班对立又次族长后下,相向一揖。俱用族赞唱礼。尊卑各照行次坐定,若辈数次执事者宜各立于行次中,族赞首唱鸣讲鼓,次唱讲书,族讲四人同出班,向上一揖,众起答礼。四人左边族站下首一人就案讲曰:

  凡我族众,咸听余言:我们蒙天地之覆,载荷朝廷之纪纲,赖父母之育成、祖宗之福庆。或为农末,或为士夫,人人昔日有放义为非,自今朝悉四心向道,恪守族长之约束,倾听宗讲之讨论。如闻而弗懂,不妨详问,依芳规干些好事,景贤哲做个好人。凡我族人注意听讲。

  次二人或讲乡约内训、解《圣谕六条》,或讲孝顺事实,或讲为善阴骘,或讲戒恶书,或讲朱文公家礼,或讲古今名人所制修身正家等书。后一人讲族约内一款,如讲位善事迹。讲毕,仍曰:"凡我族人都当以此相劝。"如讲为恶事迹,讲毕,仍曰:"凡我族人都当以此相戒。"讲毕,四人向上一揖,众起答礼,四人复班。族人或申明所讲书籍,或讲家政。或族人有善可赏者,令出班向上立,众皆起,扬其美懿,赏酒三杯。或族人有恶可惩者,亦令出班向上,或站或跪,数其罪过量加责罚。如得罪本族,即令当面扶礼;如得罪乡党亲友,即令次日同族辅踵门召荆。事毕,族长率众向先祖一揖,复照行次相对一揖,族赞拜先祖,次向上一揖,众皆答礼,二人亦对揖,同众各就位坐,然后行酒上品肴汤饭。如有应行事体,或系阖族,或系自己,鞠躬请教于族长,候其裁处。大抵所言皆正,一切俚语谑浪等语,甚不可腾之口吻,倘有混乱规矩,与两次不到者,族纠白于族长责之罚之,或不到者或有不得已事,预先禀知者,免。

  四曰敦爱敬。……

  五曰尚容忍。……

  六曰务勤俭。……

  七曰崇义举。水无常盈,盈极则溢,浚其渠而通之流者,善治水者也。财无常聚,聚久则散,推其余而公之人者,善用财者也。第今之有财者,不惟不利物且损物以生财,不惟不济人且损人以益己,此辈固不足齿矣,又有一等有余家,养野禽而洁水谷,畜骏马而华鞍辔,备饮馔而广济僧道,施财物而创边庵观,诸若此类难枚举,至于同族之人衣敝而羞会,实腹馁而艰步履,乃漠然不动念弗为之。罔恤者可谓之善用财,或此原宪辞粟九百,而孔子曰"毋以与尔邻里乡党乎?"夫邻谓邻舍,里谓里闬,乡党谓父兄亲族所在。孔子所以教他推其余而急之也。孟子亦曰"亲亲而仁民,仁民而爱物"。由是观之,可见有财者当思所以善用焉。且先人积德百有余年,至我等之身,或为士,或为官,或为富家翁,独享先人之余庆而不养育先人所遗之贫寒,假令先人而在,见我等富贵,心固喜悦,见其余贫寒乎不戚戚于怀耶?又以张公九世同居论之,我今族党尚为同室之人,既为同室,则俸禄与

第八篇 族产

田产并经营所获者将独供祖先乎？抑将公之祖先子孙乎？将独养二亲乎？抑将公之同堂伯叔父乎？将独奉妻妾育子嗣乎？抑将公之同堂伯叔弟侄冀乎？将独饫肥鲜，醉醇醪，衣绮縠，多养仆婢，所识穷乏得我乎？抑将公于同室之若大若小者若尊若卑乎？吾知少有良心者必在所公矣！故李昉家子孙数世至二百余口犹同居共爨，田园邸舍所收及有官者，俸禄皆聚之一库，计口、日给饷；婚姻、丧葬所费皆有常数，分命子弟掌其事，其规模大抵出于昉子翰林学士宗谔所制也。范文正公告诸子曰："吾吴中宗族甚众，于吾固有亲疏，然自吾祖宗视之，则均是子孙，故无亲疏也。苟祖宗之意无亲疏，则饥寒者吾安得不恤也？自祖宗来积德百余年，而始发于吾得至大官，若独享富贵而不恤宗祖异口，何以见祖宗地下，今何颜入家庙乎？"于是思例俸赐常均于族人，并置召郭之田千顷，号曰"义田"，以养济群族之人。日有食，岁有衣，嫁娶凶葬皆有赡，择族之长而贤者主其计而时其出。族内之娶者九十口，岁入计稻八百斛，以其所入给其所娶。公号位高禄厚，而贫终其身，殁之日身无以为敛，子无以为丧，惟以施贫活族之义，遗其子孙而已。乃其子若孙历化显贵，至今义田犹在，一切征徭皆蒙优免。今后族人自做秀才，至食廪，至岁贡，至乡荐，或至先贤，或捐钱谷，或捐银两，或捐布帛，共入共伙，置会入会出二簿。奉族中尊长光明正大者一人，总其事，以纪其出入。又择年力精壮、公正才能者三四人为族辅，分理其事，各掌出入簿一册，任其耀耀置田等项。但务开写明白，每四季送总事者稽查，至年终总理与分理，仝会族长族人，共同稽查出若干。积而至于富，厚置义田，置宅、义冢并义仓，如族内有贫不能嫁娶，疾不能医药，丧不能敛葬，与子弟善读书而不能**置书籍**办束脩者，族辅白于族长，族长同众商议，量行周给。至子弟能文，无论已游庠未**游庠，族**之先达者，每月季照岁考试式、二八月乡会试式严加考试，定优劣等赏罚之，以示激劝。能耕者与之田，令给租。能作活计者，族长同众密访此人，果不系诓骗无籍之徒，量与本钱，令出利息。如是，今日子弟既蒙族人作养，异日富贵必思作养乎族人；今日富贵既赡养族人，异日贫乏族人必不忍冻馁其子弟矣。噫！是举也，所以崇义也，愿入者听，不愿入者不可强。

八曰纪善恶。有善无恶者本来之性真也，劝善而戒恶者激励之大权也。故蓝田吕氏乡约者"德业相劝，过失相规"，有善则书于籍，有过若违约者亦书之，三行而行罚，不悛者绝之。即我朝彰善瘅恶亦严详矣。第族居穷檐茅屋之间，虽有小善孰扬？以为无益，而弗为者不无也。虽有小恶孰惩？以为无伤，而弗改者不无也。凡族中有能忠、能孝、能慈、能信、能敬兄、能爱弟、能尊长上、能教子孙、能睦弟侄、能睦乡邻、能刻苦读书、能勤力农工商贾、能俭约持家、能道义律身、能改过、能容忍、能安贫贱、能忘富贵、能助婚丧、能周贫乏、能劝人为善、能戒人为恶、能不欺官府、能公平正直表率族党，与妇女能孝父母、能事姑舅、能敬哥嫂、能和妯娌、能劝纺绩、能尚俭省、能相夫立业、能教子成名、能抚育前子并能守节保孤，或经奏闻，或蒙抚府州县表扬，或至垂白，呆不愧清名。尚未举于官者，凡善之所在，上可以光祖宗，下可以范后昆，近可以膺观风之嘉奖，远可以修野史之采择。族长于会族党日同众商榷，果服乡评，无论男妇，即直书册内某年某月某日某干谋事，俟祭祠堂读祭文毕，读其事于祖宗之神位前。如读男子事迹，读毕，族长仍示众曰："凡我族人都当学他。"众皆俯首同声应曰"是"。如读妇女事迹，族长亦示众曰："凡我族人到家中都当讲说于妇女知之。"众亦俯首同声应曰"是"。至片善寸长悉称揄于会族党日，若是，善者亦善，不善者将感激而劝于善矣。如是有执迷不遵约束，或私蓄财物不顾父母之养者，或强言悍语不顺亲之心者，或用壮矜不尊礼诸父者，或争产竞财不逊让诸兄者，或任妻子毁侮哥嫂而不教诲者，或听妻子之谗间兄弟不和隔墙壁永不见面者，或偏爱少子而遗祸端者，或信后妻之言残伤前子并遗弃者，或因父母在日偏向异乳弟同乳弱弟、思以泄其忿恨令父母九泉之下不瞑目者，或不立犹子与族人之俊秀为嗣、别立异姓子紊乱世系者，或纵放子孙为非不训惩者，或依从祖父行凶而不谏诤者，或祖父亡故遗下祖妣不行定省温情而安忍于邑独室者，或兄弟亡故遗下妻子不行管理存牧而坐视狼狈漂流者，或懒惰而不作生理者，或奢侈而荡产业者，或田连阡陌宁用他人看管、使伯叔父之子甘心奴颜异姓而不顾者，或替族人管家事而不尽心竭力反私穷者，或挟势凌辕轹族人柔弱而不惧礼法者，或恃力干犯族身之长上而不畏律令者，或为爪牙助族人打街骂巷者，或作帮闲诱族人嫖风赌博者，或酗酒而毁骂族之先人者，或恃老而图赖族之后昆者，或纵奴仆欺压族人并始不知情、既知而不究治奴仆者，或放牛马**踩躏族人**苗稼并拔掉与成熟而穷取者，或拖欠钱谷躲避差徭而连累族人者，或诡寄地作**洒钱粮**而贻害族人者，或族人贫穷不思周给而反讪笑者，或族人偶遭不幸事体，不思矜恤而反称快者，或因族中富贵不遂所求而生心谋害者，或因族间公直不阿所私而造言讪谤者，或逞傲气雄心而侮慢族人者，或肆柱口才舌而健讼族人者，或激族人訾殴而袖手旁观者，或唆族人争讼而扛帮硬证者，或侵占族人田产而不公者，或局骗族人财债而无耻者，或指勒族人之田产价值而不义者，或欺瞒族人之寡妇孤儿而不仁者，或不以女红教女子者，或不以家法谕妇人者，凡若此类，已往者不必咎矣，今后如有犯之者，是上玷祖宗，下辱族党者也。族长亦写一纸，待会族党时读其罪过，令即改图，仍将此纸付之丙丁。苟或不悛，命族众攻之，或量加罚活，务使改行从善而后已。

九曰相规谏。……

十曰速改过。……

大清康熙三十二年夏六月之吉，十二世孙邑庠生国楹抄录。乾隆二十二年春三月之吉，十四世孙邑庠生真达编辑。

第八篇 族产

(同治十二年刊本)

江苏

常熟王氏

民国常熟《太原王氏家乘》卷七,道光《义庄·王氏怀义堂义庄规条》:

一、**捐置赡族**义田一千四亩二分五毫。岁收租麦共二百四石六升四合五勺,租豆共五百四十六石八斗九升三合,租米共一百九十七石六斗三升六合二勺,**照规赡族**。

一、捐设义庄祠堂一所,庄塾即设于旁屋,俱自己建造,共三厦二十**余楹**,计基地六亩三分。后堂供始祖忠庄公、迁虞二世祖安义公以下本支神位。凡子侄赴庄者,各宜叩谒,志所始也。

一、置远祖祭扫墓田共二十二亩。岁收租麦六石六斗,租豆共二石一斗,租花共四百七十斛,听支祭用。

一、捐设族墓义冢地一处,田一十亩,以三亩五分为族墓,听无力族人就葬。别捐田一十一亩七分,岁收租麦共三石三斗一升,租豆共七石九斗九升,以备族墓义冢地完粮祭扫等用。前已呈明立案。

一、以上共捐田一千五十四亩二分五毫,坐落昭文县东乡。凡田屋区图字号斗则佃额,别造细册呈明备案,兹不冗载。

计开:

一、赡族之义,应推同宗子孙均属一本,理无区别。惟族姓繁衍,岁收有制,恐周给不继,难垂永久,自当限以定制。今定七世祖海日公一支,均遵照规条,岁资赡给,非海日公支者,即不得赴庄支取,俟有后之尚义者广捐充足,再议酌给。

一、义田为族姓之膳资。我子孙有贫乏者,一体支给,不得浮滥多取。

一、义田租息,宜先完国课,后计开销。设遇歉岁,须核一年经费,若干除荒收租,若干司正,通盘筹划。或减月米,搭发杂粮,族众目击情形,不得妄生攻讦,应听减搭支领,俟成熟,复规,不准借垫贴。累三年丰收,积有余蓄,司正副即商议增置庄田。凡田俱买绝产,不准擅售典产。及低洼高区跨远田亩,有名无实,被累非浅。如有此等,本堂查出,司正副照价垫出,远庄其田退出。凡置田百亩,呈明立案勒石。

一、收入租米,筛掇纯洁,先将二米粞出去,收钱入账。其净米除完漕外,确白,定以九折为准,但田租系麦豆居多,白米原属不敷给发,须统计一年给米若干,随籴净米确白,贮廒以备给发,糠粞亦变价入帐,毋得任意短浮。

一、收入租麦虽属干洁,仍须晒热贮廒,准于岁底以及正二月间粜出耕用,如麦不晒热,草率贮廒,以致出风蛀空。或滥收潮麦,晒后总斛,亏缺不符收数,司正失察,定议赔偿。

一、东乡土风,租豆随时定价,折收制钱入账外,有以花豆银钱票鸡布等作租者,其花存用外,余即变入帐,毋许滥收滥存,以免霉烂折耗。挪移苫盖等弊,司正不阻,定议赔偿。

一、庄祠定期于正月十五日恭祭,开庄重报本且谨始也。凡在庄食米者,除妇女疾病外,均当躬亲拜奠。如无故不到,扣除一月之米,以为不敬祖先者戒。

一、庄内所需租银,不得立票借出取息,并单契抵押铺典生息。至置买对象俱用现钱交易,不得立折支取,不得开帐后算,以杜挪移借贷之弊。数满六千以上即眼同本堂面注册封贮,以待增置绝产。每月朔望,照册检点一番,以严察收。如有私行移用,本堂查出,正副议罚。

一、应给米石斗升照依墅斛花称,以十六两为率。应给银钱照依墅用七折,不许短扣以及滥用私铸。修金以八折支给,以照区别。

一、应领米人,司正查明注册,将怀义堂义庄图书戳记经折发给,届期亲自持折,经折书满,缴毁易换,不得遗失。无故遗失,停给一月之米。或将经折典抵与人代领,及领米不运回家,查出停给二月之米。如老弱病躯及亲丧七内,准托信人或亲房持折到庄注明代领。近庄者按月,远居者按季,除正月以十五日为期,余定以初一日支给,风雨无阻,不准预支,不得寄存,以杜非期出入之弊。

一、族中力不能自养者,无论男女,十七岁以上每口日给米七合;十一岁至十六岁,每口日给米五合;五岁至十岁,每口日给米三合;四岁以下不给。女子出嫁者停给,应行支给者,如本人不愿,听其自便。

一、族姓中有田产者,不给;有本经营者,不给;出外者,本人不给;或可以训蒙为生力,能耕作及曾习生意手艺,因恃月米可资糊口反致游惰自安者,不给;有不守本分辱及祖先自取贫困者,全家不给。朔望日,司正会同本堂检举屏黜。实贴庄祠后,或改悔自新,或子孙干蛊,族人公同具保,司正查明酌给。其或稍有微业,及训蒙耕作生理,每岁所入不能养赡全家,恳请酌给者,司正会同本堂查实酌给几人月米,其余各项费银,概不给与。至前无力而后稍裕者,应将月米酌除,司正失察,照数赔出。

一、族姓收养异姓子女、及亲生子女出继外姓者,不给;已嫁之女,非因守寡无依归母家者,不给。

一、族姓中生死归出,应行增减人口,均随时到庄告知,已故世数、名字,司正增除注册。如有迟告冒领者,查出即向经领人名下扣出还庄。

第八篇 族产

一、该给不该给，司正副会同本堂照规秉公查实定夺，不得饰辩强争，致伤族谊。故违者不给，议罚。

一、族中孀妇，除给米外，每年加给棉花二十斤，以资纺织，俟伊子孙年交十七岁后停给；无子孙之孀妇常给；守寡不终者不给。

一、族中有男女孝行克敦，嫠女贞节合例，堪举请旌者，每名助给银二十两，为津贴建坊之费。

一、**塾师修金**六节，按节送银五两。族中无力读书者，近庄子弟自赡**至塾就读**，不宿。务各用**心勤读**，如有名无实，司正查出，即行黜退示罚；若能悔悟，再行送**进肄业**。塾中另立功课格一本，以稽勤惰。远居子弟，不便来塾，每名定以六季，按节给修脯银五钱，听便从师。自七岁至十六岁止，如仍有志功名，每年给修脯银六两至二十二岁止，领银而不从师即停给。所送所给俱定节前三日，不准先期支取。

一、族中有志进取无力赴考者，县试给银一两，府试给银二两，院试给银三两，入泮给银十两，岁科试各给银三两，补廪给银十六两，省试给银十两，中式给银二十两，会试给银三十两，中式给银四十两。如领银不赴考者，查实注册，下次赴考须扣除。给发其银均临行支取。

一、族中力不能丧葬者，无论男女，二十以上丧费给银二两，葬费给银四两；二十以下，丧费二两，葬费给银二两；十岁以下，丧葬共给银二两；四岁以下，不给。如附葬族墓者，到庄报明注册，司正立名冢前，刊明第几世某或某之妻，子女名目挨次埋葬，不得搀越。如支葬费不葬，查出，将应支月米作价扣除，其月米停给，俟伊葬后再给。权厝者即以不葬论。

一、族中不论支米与不支米者，概不得租种义田，不得借居义庄，不得借用庄中器皿对象，不得暂时堆贮物料。经管人不禁，罚照所租所借物价十分之一充公，原物即行归正。因借而致不归者，即俱于酬金内扣除赔补。庄中房屋什物，须随时修葺，工价均不得浮短。

一、虞东祖茔，在鹿阿镇东北东一场三十三都七图云字号田，墓主穴为十七世祖安义公，昭穴为十六世祖胜五公。东一场三十三都五图玫字号田，墓主穴为十四世祖华五公；穆穴为十一世祖拙斋公。在白茆新闸东首，东一场三十三都西六图上日字号田，墓为十三世祖如心公。在南港东三场二十八都一图设字号田，墓为十二世祖廷贵公。又鼓字号田，墓为十世祖启韶公。在张墅本图矢字号田，墓主穴为八世祖龙泉公。在白茆西花园浜东一场三十一都四三图施字号田，墓主穴为七世祖海日公。在张墅本图钓字号田，墓主穴为六世祖景甫公，昭穴为维周公，是为用楫等五世祖，凡九处。每岁春日，司正买车知会本堂，同赴各营，设筵焚楮扫视，春以三月初四、初五两日，秋以十月初四、初五两日，非因风雨，不得更期。

一、义庄设立，用楫等居宅之后，附近邻里似宜体恤，今定同图男妇贫老五十以上，无棉衣御寒者，每名给棉衣一件。定须地邻到庄，注明在图住居姓氏，司正查实给发。冬至起岁底止，每岁约以一百件。其死而无力置棺者，尸属地邻到庄，注明在图姓名，司正查实，给领每年春间预备廿余具。秋间棉衣亦预置备用。

一、族墓义冢，每岁春秋两期，司事亲往焚楮踏看。族墓上如有碑石冢土倾圮，即便培监妥置，就葬族墓之子孙，听自扫视。如欲择地迁葬者，听其自便，但须到庄注除。义冢上如有**棺木暴露**，即便取土掩盖。其就葬义冢者，须到庄报明司事，将伊名字登簿，挨次葬埋，**不得搀越**。

一、经管义庄，择诚实有才者，一正二副，或本族或异姓，听怀义堂庄裔请定。司正总理诸务，司副分任协理。职有攸归，权难独擅。

一、敬惜字纸。每岁约收二十余担，每字纸一斤给钱六文，司事亲自称准，不得短少。俟文帝诞日，庄中延道讽经一日，焚化纸灰，包贮庄内净室，积至三年，载送大海。

一、义庄收租完粮。该船只纸张油烛饭食等费，即在租息内开销；义庄增置物件，修葺房屋亦在租息内开销，统归出入。总簿外，别立便览细册，随时随事登入，使额费易于稽查。如银钱麦米出入检点稍懈，以致亏缺，正副分别赔补至满贯以上，庄裔秉公呈县追究，事关阖族，不得徇私。义庄一切纳课置产粜麦籴米，会同本堂出议酌办，不得擅自举行。至庄房，有司夜看守，司正副仍需值宿，便于稽查。每于月朔，将前月出入细数送怀义堂查核。陈租毕新租出，汇造总册二套，定于九月十五日将一套存司事，协同庄裔查核；一套送怀义堂备查。司正酌定三年交卸，先期将经手一切租赋出入帐目、支给人数、原交**各册图戳**、现贮银钱、米麦器皿装修等项，无论巨细，汇造总册二套，本日以一套交，接办**者照数**点收，一套送怀义堂存查。司正所收账册，虽年远不得遗失。如三年期满，有功无过，诚实可靠，仍留经管，其人亦当不避嫌怨，不得推卸于司副接年。酌定司正岁酬银四十两，司副岁酬银二十两，接月支取。若在庄驱使人役，随时酌用，量给辛力。如有为公出力不支酬银者，计数作捐项，勒石以表，敦宗裕族之义。

以上规条，司正遵循经理，庄裔随时稽察，族众不得干预。即司事有不善处，亦惟诉知司正，会同本堂从公办理，不得紊乱成规。在庄裔，本有监察之责，若因此从中侵亏，诸庄裔辈亦得鸣攻，不能量从末减。至现捐田亩租息，量入为出，现在尚可取给，异日丁口多，或不敷，惟冀后之尚义者随时捐助，尤所厚望焉！

道光四年岁次甲申孟春，十八世孙文澜酌定。

(民国八年常熟王氏怀义义庄校印)

民国常熟《太原王氏家乘》,咸丰九年《续立义庄规条》:
一、议义庄创自祖宗,原为赡族美意。子孙经理,自应一一照规,不得藉为利薮。
一、议进出实数,知数者每日登明细账。一载后,司年会齐总数即刻征信录以昭无弊。
一、议庄中办理,私见须销,规条外不得妄行增减。
一、议各房输当,即有窒碍难行之势,然未便坐视,其间知数帐目必得互相查察。如有未合者,各房输为司月,即可指示。倘有帐中舞弊顶盖钱货者,即行告知司年,以便调换。果有亏欠无偿,即向作主用进者赔补。
一、议庄中出入必有盈亏,垫款不得加利,存款亦无生息。该办公事,司年同司月议明后,即将余款济用。积久多余,再议置田。
一、议义庄实系正大公事。凡游荡赌博,吸食鸦烟,以及妇女之辈均不得经营。
一、议收进花米豆麦不能常存者,即行变价收帐外,鸡布等物亦必作价,登明收账。
一、议知数之用司年者,自行择定,不听众人举荐,以防帐中项用,乃可甘心代垫。否则彼此各荐,究难定夺,用彼不用此,转觉欠圆,故未能通融也。
咸丰九年四月初一日,司年谨书于城东挹翠山房。
(民国八年常熟王氏怀义义庄校印)

安徽
族产的用途比较广泛,有用于祭祀祖先的、赡养老人的,也有用于救济族人的,还有一些用于宗族内的公共活动如修谱、打官司、经商营生等,族内管理者的薪酬也在族产中支出。一般来说,不同类型的族产承担着不同的功能。祀产主要承担着祭祀和修葺祠堂的费用。学田则主要用于救济族人子弟的学习和科举考试等,不一而足。但是这些都不是绝对的,族产运用起来有着相当的灵活性。

绩溪城西周氏
光绪《绩溪城西周氏宗谱》卷二〇,《上京户规条列后》:
一、每年租息不经祠首收,不入老配享收,公议三科新生同收,添新除旧,承办为例。
一、三年所积酌存数金,备送中举诸费,仍照入闱者多寡分送。中举每名送银十六两,中进士及翰林、鼎甲、拔贡、上京朝考者,俱照中举例分送。逢恩科若公匣无余积,动支三年所余,两科分给。

一、赴闱盘费临期赏赠,毋许预支。不赴闱者,不给。倘已领盘费捏故不往者,将盘费追出,仍罚诣祖前跪香一炷。

一、收支账三年一结,各项清汇一单,实贴祠内,俾阖族皆知。所收谷麦,照祠例交帐。租谷每百斤交干谷八十斤,麦分每斗交瓮麦十升半,租谷酒古塘发力开支公账,其余挑麦晒工俱不开支。每年收支毋得收多报少,虚开款项,如有此情,查出见一罚十,入众公用。

一、众办公匣一个,所有契税墨据以及银两,俱贮公匣内。其公匣交殷实廉能者收管,毋得遗失。

一、重停老配享租息五年,收积置产以立此户。议起于长明公、绍濂公、廷辉公等,而瑞镒公亦踊跃乐从者也。公等勤劳七八载,而后之文人被惠无穷矣。司事者每年秋收后宜具香帛祀之,以志善举之不忘云。

(周赟等修,光绪三十一年敬爱堂木活字本)

浙江

绍兴汤浦吴氏

民国绍兴《汤浦吴氏宗谱》卷一,《吴氏家规》:

祭田之设,祀胙拜扫所赖,宜增而不宜减。有贤子孙力能捐助,则祭祀之余更可以给族中之困穷孤寡。倘有藉端盗革,族呈官究治。

(吴金璠等续修,民国五年孝思堂刊本)

江西

颁胙。

清江杨氏

嘉庆江西《清江杨氏四修族谱》,《腊祭条规十八条》:

一、分胙。每丁半斤。主祭者加一斤半、助祭者加一斤之外,出仕四品以上及入翰苑者加六斤,七品以上加四斤半,八品加三斤半,九品加二斤半,在籍进士加三斤半,举人及乡饮宾加二斤半,捐职五品以上加三斤半,七品以上加二斤半,八品加二斤,九品加一斤半,恩拔副优岁及例贡加一斤半,若已就职,即照职加给生监加一斤,现在与考童生加半斤,值年首事加半斤。

一、分胙照现在祠内与祭者,分各房长幼依次俵给。不及与祭并年逾十五不拜祖者,毋许给胙;贸易在外五年不归者,亦毋许给胙,以罚其忘祖忘家。

第八篇 族产

一、新丁出钱一百文,给胙半斤,即于祭日请绅士命名注谱。新娶者亦出钱一百文,添注某氏,仍各照谱格所载年庚,誊入。占籍他省自愿添喜添丁者,只准给新丁胙一年。余俱照式添注,以俟补刊。

一、年届古稀,出喜钱一百文,加胙半斤;年逾八旬,虽不与祭,当给胙肉一斤,以尊高年。

一、年逾六十,有痼疾不能入祠拜祖者,亦许给本分胙肉,以示矜全。

一、寡居妇人,自三十岁内守节,逾五十岁者,特给胙肉一斤,以励贞风。

一、族内后于他姓者,虽入祠拜祖,不准给胙,人无二本故也;日后归宗,仍照定规给与。

一、喜助花红。入翰苑者银十六两,发甲者银十二两,发科者银八两,出仕者当照品给捐助,捐职四品者银三十两,五品者银二十四两,六品者银十六两,七品者银十二两,八品者银八两,九品者银六两。恩拔副优岁及例贡银六两,入监者银四两,入泮者银二两;慷慨乐输者,听其随力,以申高谊。

一、捐官职贡监者,腊祭日赍诏诣祠,公仝验看,以便加胙。祭毕绅士会书喜助,次年腊祭日交出。若届期推诿,虽与祭,不准加胙,逾期三年者,重修谱牒不得列入簪缨录。

一、管理祭田,公举河街一人,环洲二人,田陇一人,后街一人,每年收租完粮,出入生息,公仝慎始慎终,清算登簿。议于丁卯年举行冬至祭典,照腊祭条规散胙,并量给与考童生谷一担,贡监生员乡试谷二担,举人会试谷六担,不赴考者不给。俟费用充足,另行议加。

(杨殿榑等修,嘉庆七年刊本)

胙酒。
浮梁祁门郑氏
咸丰浮梁祁门《郑氏宗谱》:
进士胙五斤,举人胙三斤,贡士胙三斤,监生胙三斤,生员胙一斤;
主祭胙三斤,助祭暨诸司事各胙一斤。
文学酒每八人一席,主祭、助祭暨诸司事酒每八人一席;
四瞳老成酒八席,庙内首事酒二席。
(郑培先修,咸丰十一年刊本)

奖励助学。

南丰西麓双井黄氏

同治南丰《西麓双井黄氏族谱》,《凡例》:

一、族众有游泮登科及第岁贡国学与出仕者,通众举贺不拘,各祭皆送花红,但入泮国学俱照旧例送贺。至若岁贡三两科者五两,第者十两,出仕者五两,送科举者盘费亦照旧例,此乃体祖宗培植人文之意,岂得谓滥费哉!

(黄家章等修,同治十二年刊本)

宗族谱局资金的使用。

玉山怀玉张氏

光绪玉山《怀玉张氏宗谱》,《费用目录》:

族丁一千五百三十六丁,每丁均派大钱三百文。

谱刷印共六十二部,每部作价大钱三千四百五十文。

存一部葛溪元贵公祠。

丁钱谱价两项,共纳大钱六百五十七千四百五十文。

主修,大钱六十三千文。

副修,共大钱二十三千文。

协修帮催集族谱纸笔墨胭脂绸线,共大钱一百三十三千二百四十三文。

伙食,共大钱一百四十九千九百九十五文。

杂用,大钱五十千九百七十五文。

谱司,工资大钱一百五十二千一百九十四文。

膳夫,工资大钱廿一千五百四十四文。

建醮,费用大钱……

光绪十四年戊子腊月□日立。

(张维潢等修,光绪十四年刊本)

关于族产使用的规定。

清江泮陵熊氏

光绪清江《泮陵熊氏重修族谱》,《熊氏家规》:

子孙营宫室,先立祠堂,置祭田,具祭器,以时祭祀,所以妥先灵,萃后裔,厚风俗而使人皆知重本也。但吾族之中,亦有有祠无祠者,仍照订立定规,以俟修复举行。其凡入祠华利及各奉例所入赀财,并宜付掌管祠堂人登簿,居积除备祭祀及本宗正务支费外,有颖异子弟贫难力学者,量情以资给之,有婚姻丧葬贫不能举者,随数以补助之。此外,如有不才子孙生事起讼等项,并不许动支此内丝毫。子孙永永遵守无违。

(熊文炽等修,光绪三十一年刊本)

四　族产的败坏及清人的相关议论

直隶

官判发给执照并准立碑记以垂久远。

东光马氏

沧州东光《马氏家乘》,乾隆《马氏宗祠碑序断案附》:

我马氏五支之有祭田也,始于七世祖瀛浒公。公讳允登,前明隆庆辛未进士,由侍御擢湖广忝藩,念先世无祭田祀事无资,置祭田二百亩;上祭至始祖以隆美报。举子五:长钟宇公,次闻宇公,三瑞宇公,四泰宇公,五隆宇公,即为我五支。闻宇公复置祭田二百亩于南茔,俱详载邑乘,厥后五支又公增祭田六十亩于北茔。至我乾隆初年,族众以希肱堂北室藏主幽暗,甲申岁始建宗祠,督工泽济。三百余年来置祭田者我五支之祖,承祀事者我五支之孙,而他支特随祭享,不得司祭田之出入以董事也。不料自四世分支之子正因我五支祭始祖,藉端狡赖,五支祭田成合族祭田,以便己私,胆敢捏控,呜呼谬矣!不知若葵公七世祖胞兄也,立祠置祭田于土山,上祭至始祖而他支不得以祭至始祖,指目为合族祭田。又若周录公从支也,亦置祭田立祠于街左,上祭至始祖而他支不得以祭至始祖,指目为合族祭田。盖报本追远,人有同情,凡有祭田未有不祭始祖者,而子正何得以我五支祭,遂指目五支祭田为合族祭田也?我五支俱详载邑乘者,闻官邑侯陈公至公至明,洞悉彼奸将以法惩。彼惧罪,央亲友王公璋、杜公毓青、族人执永能兆熊讨息入祠服罪,我五支亦念族情不究,案据存房。但恐族众人繁复有如子正者贻累宗祠,公请县印勒之碑石,以垂不朽。是为序。

十三代孙乔南撰文。

(1999年十一修本)

南宫白氏

南宫《白氏族谱》,《族内诉讼状文》:

具呈人白姓族长白永泰,住南白塔村。

旧案禀明情由再恳驱逐事。切身族孙白继尧以叩乞究逐等情,具控伊侄白二、丙寅等一案蒙批:"白二、丙寅既系尔侄,尔既应从严管教,不能置身事外。应否驱逐,当自邀该族长处置,毋容于讼。"金批玉明,不当多渎,但身系三支尚书白圭后人,本城西街尚书宅第亦系三支置盖,每逢祭乡贤时,族长来城伺候领胙,在城宅安身。讵有四支身族孙白希孟,在日恃伊姓白,不与族众公商,得搬于城宅安身,均念族情,未忍赶逐。白希孟故,乃伊子白二、丙寅擅盖房屋四间,赁钱渔利,掘坑卖粪,任意作败,致将"魁元及第"坊石梁崩坏。当身即要将白二、丙寅兄弟驱逐,伊兄弟跪求哀恳,伊母卧床垂危,怜情未逐。兹伊兄弟欲私将城宅按股售,伊胞叔白继尧向身说知,身着将伊兄弟饬逐。白二、丙寅使出伊妻将伊叔辱骂,白继尧无奈具控。兹蒙批饬,胞叔尚不能将其管教,伊焉肯容身处置。为此,写明情由,再恳驱之,族人均感。上叩大老爷施行。

(白光华主编,1995年5月版)

故城祕氏

宣统故城《祕氏族谱》:

宪洙子谐章,字在中,庠生。配孙氏、王氏、李氏,生冲、万青、万选,俱李出。二女,李出,长适监生师钟昭男永福,次适廪生蒋象节。先大父性真率,不修边幅,与人交一言不合,辄义形于色;或里党起争衅,片言为直是非,各徐徐而退。嘉庆初,宗祠失修,大厦有颠济之虞。大父虑无以妥先灵也,于是倡义集款,有改筑后山之举焉。又四世祖义官公墓旁地俗名九家坟租税所入用备墓祭历有年矣,嗣缘族某司其事,因以自肥而祭典弛。大父以义责之,公产是以得珠还,迄今义官公墓前之香火弗衰。子姓祭毕而合族会食者,盖沿大父之旧云。孙男学汉谨识。

(宣统二年重修本)

江苏

汪琬《尧峰文钞》卷一五,《乡饮宾徐府君墓志铭》:

徐之先皆祖偃王,又皆祖汉征士穉。而吾吴诸徐故多仕宦家,皆往往各自为族,其谱牒绝不相通,莫知其何别也。……君自少丧父,族人轻其孱弱,辄构讼倾之,君家于是中落。及君为诸生,颇强忍自力,既而有子曰堂,又能佐君干理其家,故稍稍复起。然君每安澹泊,好善乐施,亲故有不能婚葬者必赡给之。群从有盗鬻先世义田者,复率众捐橐中金赎以供岁祀，由是徐之长幼俱服焉。醇厚谦谨，盖其天性。

（《四库全书》本）

上海曹氏

祠堂建筑除因不肖子孙侵占盗卖不断损毁外，战乱破坏亦颇大。曹氏十世传人曹树珊于《重整宗祠记》对此述之甚详。由文意度之，此文当成于同治朝。其父曹雉山，曾于嘉庆五年续辑族谱。

民国《上海曹氏族谱》卷四，同治曹树珊《重整宗祠记》：

府君增订谱例第十三则。宗祠兴废，慨乎言之，其时祠祭已止。越四十年，树杏重修，有记勒石祠壁，迄今又将卅载。所谓经费无常，当日权议，各输青蚨，以供二至祭。近廿年中，连遭迁避，未免有缺祭之时。祸最烈者，癸丑、甲寅困城中，虽有二三子姓，不之顾；乙卯寇退，三月珊自浙旋里，谒祠。骇见西墙毁、廊倾倒，门窗椽宇家器尽失，固不待言，神位大半无存，谨将三四世祖及曾祖考妣位重制供奉。贼扰于前无论已。

一夕，耀权急趋来告，祠屋中群马腾跃，贸为官厩。珊奔投祠北观察行辕，恳知斥退。即日鸠工庀材，量加整治，所费不下百余缗，无旁贷，有独任矣。未几，西偏起建文庙，工师借集祠中，工竣稍加补葺。不四年又遭贼逼，西兵麇萃于学宫左右，公所尽占，莫之敢却一助我兵也。差幸苏来织机者先寓祠旁，中正三楹封锁，朔望启闭，无使窥伺。纳其赁赀，以作祭费，随时缮完置器用。并将北山旧木植盖两厢，于东西隅取资，有自其小者，免致西兵骚扰。厥功岂浅鲜哉！倘非早为之所，不独树杏重修之功泯焉渐灭，为子孙者何以肃庙貌而冀振兴欤？懔懔焉！惴惴焉！其诸先人之灵爽实凭焉。或谓珊十年中切心重整之力居多，固不敢任，**亦乌庸辞**，诚不忘高祖辈创祠之心尔。以是为远绍也可，以是为佑启也亦无不可，后人勉旃。且夫古人有多藏厚亡之诫，不独私蓄家产无取多，所谓积金贻子孙，子孙未必能守也。即公产但求足敷，亦何必多。谨读旧谱，高祖记祠堂祭田数几二百亩，不为少矣。讵至府君辑谱时不及百年，而公事废弛。公产难问，篇首所谓"慨乎言之"，揆诸先意，并未直斥其经理之如何，盖忠厚为怀，有不忍言，言亦徒然尔。近卅年来无所入，而重兴二祭，岂非事在人为乎？即如现在南山祭田不及五亩，北山祭田十余亩，就所入租资，足敷清明用。定卜久远，惟其不多。无有觊觎者，而亦无厚亡虑。抚今追昔，因类及之。

（曹浩、曹棽续修，民国十四年崇孝堂排印本）

公赎私茔：子孙出售祖茔，本族户私事。而宗祠出面以公款回赎，原因却是被卖茔地中葬有于族卓有**功德**(修谱、整修祠宇之类)之人,以示崇德报功。

民国《上海**曹氏族谱**》卷四,《赎购味经堂和瑞堂茔地记十四世孙楳》：

族之有祠,以奉祖宗祀也;祠之有产,毋以权子,用供时祭,备修葺也。若夫保茔,则子孙之职,而宗祠不与焉。

乃清宣统二年,宗祠费银二千一百余元,向联义善会赎味经堂十三世敏之售出之二十七保一图祖茔地十二亩七分七厘三毫;中华民国十二年,又费银四千三百余元,购和瑞堂又香嗣孙湘泉出售之同保图祖茔地十二亩七厘七毫。以职言则侵越,以权子言则六千五百元之母,而岁入不及七十元,又极亏耗,不且一误再误乎?曰："是,不然。"崇德报功,古有明训。秉笔以修谱,出资以新祠,其功德为如何?稚山公**续辑族谱**者也,海林公重修族谱者也,其茔皆在敏之出售之地。静涵公配朱太孺人命子**谋新祠宇**者也,二香公践母命出遗产重新祠宇者也,其茔皆在湘泉出售之地。胤嗣不肖,鬻及先茔。不思所以保之,坐视其幽宅不宁播迁荡析,崇报之谓何?是以询谋佥同,分别赎购,罄祠所有,不足又称贷以益之。赀用不暇,计无功德者,初不得而援附也。是为记。

(曹浩、曹楳续修,民国十四年崇孝堂排印本)

安徽
池州仙源杜氏

光绪池州《仙源杜氏宗谱》卷首,《家法》：

一、窃坟山及阳基坐山水口树木者,照该地禁约处罚;恃顽不遵者照暂逐例,务俟遵禁方许归宗;赤贫无出者,暂逐后三年无过,笞四十归宗。

一、窃卖祭器祭物者,责令赔偿后罚其跪香。窃卖公堂田地者,责令赎回后笞二十。如恃顽不遵,均**照暂逐例**,必待偿赎方准归宗。

一、侵削公**堂致祭赀**无出公事难行者,罚令加倍抵偿,换人管理。恃顽不遵者,公同送官究治。

一、窃无坟公私山场树木者,查照该地禁约处罚,赤贫无出者笞二十,所窃树木均归管业之家领回,如屡犯不休,照暂逐例,三年无过,准其归宗。

一、窃人禾稼攘取什物及攫鸡蓠绨者,初犯笞二十,令父兄亲房领回管束;屡犯者照暂逐例,三年无过,准亲房具保归宗。

(光绪二十一年刊本)

绩溪梁安高氏

光绪绩溪《梁安高氏宗谱》卷一一,《家法》:

窃取族内物件,……由分长或族长引入支祠或宗祠祖前杖以竹板。杖之轻重多寡,视其罪之大小、身之强弱。既责,仍诚心化导,务期悔悟。……盗卖宗谱及祖坟地基,砍卖祖坟切近荫木,致伤祖坟者,逐革。

(高富浩纂修,光绪三年活字本)

浙江

绍兴汤浦吴氏

民国绍兴《汤浦吴氏宗谱》卷三六,光绪《独乐公名下并山契约》:

立绝卖找契。吴礼贵,缘吾祖锐庵公遗有坟山一处,坐落白牧甑底山,与二十二世祖独乐公龙首坟山毗连,土名小靴脚。是山原系独乐公分授之产,号亩粮户,向未分拨。历来培养荫木,保卫合族风水。因乾隆年间,先人不知损丁攸关,欲砍坟荫,后经合族议,由宗祠出资留养,永禁砍砟添葬,立有议据,百余年来相安无异。嗣于光绪十九年,贵因轮值独乐公头祭,家中缺用,将祭产预租,前去后空,致祭祀无力承当。曾将是山归并与独乐公名下业,为得契价钱六十千文,藉应值年分胙之需,当立有归并议约四纸,交寅、宣、宥、实四大房存执。彼时承诸房长董事美意,准贵加批回赎字样,原期将来家境宽裕,备价取赎。不料时运坎坷,命途多舛,遂致历年亏缺。又将来年应值独乐公祭产,预先络续租用,转瞬年终已届,家中毫无积蓄,一切值祭应用之物,尚未置备。际此时势艰难,亲戚故旧无从告贷,万一祭祀失当,吾族定例綦严,贵实咎有应得。抚心自问,寝食难安,左右筹思,殊无善策。兹特邀请四大房家长、董事至宗祠商恳,情愿将是山找绝与独乐公为业,冀得找价洋,可充值年颁胙完粮之用,嗣后永远不得取赎重找。幸蒙诸房长、董事俯念一本之谊,不忍膜视,因救燃眉,准贵绝找公议,找价洋一百八十元正。其洋当日如数收什,以资备办祭礼等项,实属格外施恩。自此次绝找之后,其山恁独乐公管业收花,所有山上大小松树杂木及柴薪,一应绝卖在内,与贵等毫无干涉。事出情愿,永无翻悔,并无回赎再找等情。欲后有据,立此绝卖找契存照。

计开四至分明:

东至　西至　南至　北至

遵例杜绝,今收到契内找价洋一并完足。

光绪廿五年十一月□日,立绝卖找契人吴礼贵。

仝侄：智慧、智水、智方。

见找房长：吴武扬、瑞丰、贵林。

绝找文契，以上俱押，成炳。

董事：馥巘、秀坟、鲁卿。

代书：恒轩。

（吴金璠等续修，民国五年孝思堂刊本）

江西

浮梁祁门郑氏

浮梁祁门郑氏宗谱中记载了道光、咸丰年间该族庙产经历的一场风波。

咸丰浮梁祁门《郑氏宗谱》，《纪述管理庙祀事绪》：

裔孙培先等谨叙。

我祖当逆巢之乱，有保障八州功。邑人德之，殁立祀于庙，以彰功德。历宋元明以及国朝，几经修葺，记载昭然。道光十八年，功德二坊将倾，西疃培先倡首，四疃各派钱九千五百文整理。旋见庙宇漏烂，前董事者不善经营，动多拮据，新正客宗之胙亦莫能给。道光二十年，议立西疃培先、东疃铭泰、南疃克笃、北疃日长经管。奈我郑姓近来为西峰山庵基并修县志，两次构讼，囊倾财尽，甚难措手，公议将各公之胙暂停，俟经理蓄积，再行一体颁发。而三公神像须眉脱落，腹仓被开，触目心怆，刻不容缓。培璇二人因木榻宗人谒庙，各自先行薄为捐输，复诣四疃及木榻、白泥、大田、郑冲、兴里龙溪、锦江演川、中洲、郑村、祁峰、清溪、营前、峡城等处，劝输重饰三公金身，五夫人神像，新科郎中公夫人二尊，仆射公夫人四尊，创印神六尊。一全绘彩，寝堂左右式换一新，乐输宗人齐至安妥神灵，甚盛举也。维时一本堂宗人念及祁西大醮向来未与，特与建丰等商议合祭，乐出钱四十千文付元勋堂代办祭仪，以展孝思。每逢子午卯酉大醮，订给胙十斤归一本堂分享，其斯文饭食夫马各自办备，祁峰合祭由此始。

道光二十五年，东疃继立士璇、南疃笃以现应试，志图上达，因立济文与先、长四人管理，已将停胙之资除置祭器等项外，仍置买田租四百余秤，胙始可颁。二十七年，接请四疃知事来庙清算帐目，更调管理。众以现在庙内大堂蠹朽，仍欲四人倡首重修，佥议每疃出钱一百千，每丁派钱四百，每两粮派钱一千，每丁派工一夫，如期交局竖造。而兴里龙溪木榻郑冲等宗虽未如派，亦已佽费赞襄厥事。大堂既已鼎建，堂西侧复造乾衙六间，以便僧人往来奉祖香灯，所有木料匠工、缸瓦石灰、台桌椅凳等项，约计一千数百余千，其丁粮股派仍有钱二百余千收而未与者，意谓斯时肩可稍释。讵料讼后尚留余衅，突有浮城朱克俊兄弟来庙索取道光六年日强公为志讼事立字俊父处,借有纹银二百两;又九年,四疃出名将庙田租押纹银三百两,培先等自思借银之人俱已凋谢,帐目又无可稽,爰是接请四疃知事至庙筹画,亦难着落。俊等住庙半月,怒言而回,复托吴行可、李信侯二位来庙,代为索取,公议将近年新置田租四百秤分作四疃领买,认津各出钱二百零五千文,俟庙续取;又庙内尚有积蓄钱二百余千,共计钱一千串有奇,装载至城,央请前中清理。殊俊因兄弟分争未肯清妥。奈岁暮各退,骇俊弟士元等因往城代诉,封咸吴玉衡、余日章力挽,复央前中清息,前后字据共该银五百余两,共换钱一千四百五十千文,一并取回字据销案。今俊兄弟皆遭匪乱之害,回忆尔日之勒逼索取我庙如愿清偿,其曲折狡诈岂胜述哉!咸丰三年,南疃更立朝桂,北疃继立序爵,六年竖造西峰堂前面仓屋一重,较前宽大完固。又值梓树下庄人陈奴失检,住屋忽遭回禄,九年又竖造如故,共用钱四百余千文,节次经营。敢云勤劳,罔极神益良多,媲美前人乎!亦以家乘重修,责未获息,又特倡首。聊述以记其事绪云。

(郑培先修,咸丰十一年刊本)

宜黄谢氏

同治宜黄《宜邑谢氏六修族谱》,《家规》:

祖山之所当蓄。各处竹木柴薪,国赋攸资,近遭盗伐,致使濯濯,目击心伤。嗣后再行盗砍,一经捕获,经族严规重罚,异姓又当别论。

(谢赋文等修、谢性卓等纂,同治九年刊本)

广西

平乐邓氏

民国平乐《邓氏宗谱》卷二,光绪《律例歌》:

盗卖祀产,数目攸分,至五十亩,边远充军。

(光绪十七年十贤堂刊本,民国十三年续刊)

民国平乐《邓氏宗谱》卷二,光绪《凡例》:

祭产,古者自天子诸侯以至于卿士大夫,皆各有祭田,以供黍稷修祀,事舞佾歌诗。庶民之家弗克备此,而牲杀之奉,未有不陈设于祠墓之前,故祭祀之需,必立祭产。第恐穷滥无羁之子,或欲分产以便卖,或竟盗卖以济急,强凌弱,众暴寡,种种弊不得不防。故将公众以及各房各家之祭产,俱载明谱中,庶使贫乏者不得起觊觎之心,奸雄者不得兴谋夺之念,斯祖宗之血食永远无虑矣。

(光绪十七年十贤堂刊本,民国十三年续刊)

关于部分族人的共有财产及其管理。

民国平乐《邓氏宗谱》卷二,同治《瑞祥合约》:

立合约人显机、显学二公裔孙等。今有塔塘鱼形,原葬祖婆在彼,又各房亦葬祖在彼,其坟背山地一块,实系显学得买萧姓之业,禁长树株,培护祖坟,永不准砍伐进葬。倘遇风折雪压,枝桠并枯朽树株落地者,归于学公裔孙管收,机公后裔不得混捡。又,塔塘一口原系三房均分,因显惠公家贫,将己名下一份卖于胞弟显学管业,以故,学公后裔管二,机公后裔管一。逐年放鱼者,出放鲤鱼钱三百文;若不放鱼,亦出钱三百。两房公捞鲤鱼,不得混捞草、鲢二鱼。所有显学得买二契,因道光癸卯年八月初十日失火焚烧祖宗老屋,将买契二纸俱已焚化。恐后争端生非,所以二房后裔并户族叔侄,协同载明谱据,永断是非。嗣后贰房后裔,永不得进葬。恐后无凭,立此约,刊刻谱据。永远后裔为照。

立合约人,二房后裔:廷辉、廷易、昱、廷达、廷秉、廷瑚、盛松、盛檠、盛林、盛枫、盛大、贞、溪、木、盛梅、樟、泽、天屺、天员、天营、天岱、天品等。

协同修谱首事:国学玉光、国学集星、国学羽仪、盛化、盛桂、盛森、盛城等。

户老:朝鉴、廷量、盛钺、天杰。

同治四年乙丑端月二十八日立。

(光绪十七年十贤堂刊本,民国十三年续刊)

吴氏各房轮值典当。

《清稗类钞·门阀类》,《吴氏各房轮值典当》:

江西丰城白马岩吴家,其所开典当之帐簿,以千字文编号,每月用一字。凡用千字文一周,则必大设酒食,请族人及诸司事会饮,已二百数十年矣。盖吴氏祖制:凡当,皆不得分析,每房以次轮值一月,周而复始。值月者以时促,不能亏空作弊,故久存也。

(徐珂辑,中华书局1984年版,第5册,第2127页)

第九篇　族学

一　宗族对兴办义学培养子弟寄予厚望

宗族长老普遍认为四民之业以士为贵，发家、传承的根本在于学业，颖秀子弟为其寄托所在。

乡里义学。

《大清仁宗睿皇帝实录》卷三二九：

(嘉庆二十二年四月)壬辰。谕内阁：常明奏，捐建义仓义学办有成局一折。义仓积谷与常平社仓相辅而行，使民间缓急有备；义学即家塾党庠遗意。常明饬属劝谕，捐输谷石，酌定义仓章程，通省已办有成局，洵于民生有裨。惟义仓出自民捐，应听民间自司出纳，不可令官吏主持，致启侵挪之弊，转滋讼端。至义学导民为善，不在广堂教授，十室之邑必有忠信，宜于一乡一里分设延师，使童子粗识之无，即能诵习《圣谕广训》，并通晓经书大义，庶几变化气质，薰德善良。教养为治世之大端，惟在行之以实、要之以久，阜民训俗，效自可驯致也。

(中华书局1986年影印本，第5册，第335页)

书院家塾教授生徒以《御纂性理精义》、《圣谕广训》为课读讲习之要。

《大清文宗显皇帝实录》卷二三：

(道光三十年十二月上己巳)又谕：陆建瀛奏，请崇正学以黜邪教等语。近来邪教流传蔓延各省，始不过烧香敛钱煽惑愚民，渐至聚众滋事，总因地方官平日化导无方，民间父兄师长又不能随时训迪，俾颛蒙服教畏刑，不致为邪说所惑。我皇考曾命儒臣恭阐《圣谕广训》"黜异端以崇正学"一条,编撰四言韵文,颁行各省,启发愚氓。朕思性理诸书,均为导民正轨,着各直省督抚会同各该学政,转饬地方官及各学教官,于书院家塾教授生徒,均令以《御纂性理精义》、《圣谕广训》为课读讲习之要,使之家喻户晓,礼义廉耻油然自生,斯邪教不禁而自化,经正民兴,庶收实效。各该督等务当实力奉行,毋得视为迂阔具文,日久生懈。则风俗人心蒸蒸日上,朕实有厚望焉。将此通谕知之。

(中华书局1986年影印本,第1册,第335页)

家教。

梁绍壬《两般秋雨盦随笔》卷五,《家教》:

寄鱼封鲊,千古艳称。刘球之弟玼,令莆田,寄球一夏布。球即日封还,贻书戒之曰:"守清白以光前人,他非所望于弟者。"又,新城耿华平庭柏之母徐氏,寄子诗云:"家内平安报汝知,田园岁入有余资。丝毫不用南中物,好做清官答圣时。"家教之正,古人不得专美于前矣。

(上海古籍出版社1982版,第267页)

直隶

容城孙氏

孙奇逢《孝友堂家规》:

……子孙不肖,祖父之教不先。古人易子而教,自童蒙即为择师。爱而不劳,禽犊之爱也。与贤豪相对,最不可有媚悦之色;与妄人相值,亦当存自反之心。衅隙之开,风波之招,非多事则横议,守分谨言,庶乎免矣。声闻过情,君子耻之。趋避不审,不学无术耳。暗修好古,君子日用所从事者,端在于斯。居家之道,八口饥寒,治生亦学者所不废,故以勤俭终焉。凡此皆吾人分内事,人人可行,人人不肯行。余为此规,不敢望之天下,不敢望之一国,窃欲望之一家。因取先圣先贤所以教戒子弟者,偶录六则于左,以为家规榜样,其亦可参观而悟矣:

孔子之教伯鱼也,曰不学诗无以言,不学礼无以立。淑性情固筋骸,立身之大端尽此矣。

周公谓鲁公:故旧无大故则不弃,何其仁也!无求备于一人,何其恕也!仁且恕,世岂有外焉者乎!

马援戒其子也,曰闻人过失,如闻父母之名,心可知口不可言,此涉世之道焉。

汉昭烈云:勿以善小而不为,勿以恶小而为之。此真圣贤集义迁善要诀,不为英雄人能见及此。

柳玭之戒其子弟也,曰:不识儒术,不悦古道,身既寡知。恶人有学,胜己者嫉之,佞己者扬之。以衔杯为高致,以勤事为俗流,此最中人膏肓之病。

王阳明曰:我子弟苟远良士而近凶人,是谓逆子。亲师取友之谊,夫岂有外焉者哉!

右六则,因与子若孙所常言者,随笔录之。此六则之义,千万人言之不尽,千万世用之不尽,凡我子孙,其绎斯言。

(《丛书集成初编》中华书局1985年影印本)

孙奇逢《孝友堂家训》:

示诸孺子曰:孩提知爱,稍长知敬,此性生之良也。知识开,而习操其权,性失初矣。古人重蒙养,正以慎所习,使不漓其性耳。今日孺子转盼便皆长成,此日蒙养不端,待习惯成性,始思补救,晚矣。家运盛衰,亦何常之有?父父子子,兄兄弟弟,元气固结,而家道隆昌,此不必卜之气数也。父不父子不子,兄不兄弟不弟,人人凌竞,各怀所私,其家之败也可立而待,亦不必卜之气数也。端蒙养是家庭第一关系事,为诸孺子父者,各勉之。

士大夫教诫子弟是第一紧要事。子弟不成人,富贵适以益其恶;子弟能自立,贫贱益以固其节。从古贤人君子,多非生而富贵之人,但能安贫守分,便是贤人君子一流人。不安贫守分,毕世经营,舍易而图难,究竟富贵不可以求得,徒自丧其生平耳。余谓童蒙时,便宜淡其浓华之念。子弟中得一贤人,胜得数贵人也。非贤父兄,乌能享佳子弟之乐乎?

……

示奏雅等曰:汉有孝弟力田科,尔等只读书明农,便是真学真士。孔子曰:幼而不能强学,老而无以教,吾耻之。今日教尔等以孝弟力田,正老夫不负烛光之一念也。

晨起率子若孙,祠堂焚香。群从续至,谓之曰:我等聚族而处,佳辰令节,生忌朔望,得来祠堂瞻礼,是祖父之魂气常在,儿孙之诚敬常存也。只此是人生第一吃紧事,明此而为农,是良善之民;明此而为士,是道义之士。祖父恬熙于上,儿孙敦睦于下,岂非一室之太和、而一家之元气哉!愿我子孙世世勿替。

知勇辩力,尔等不足;谨厚朴拙,尔等有余。夫知勇辩力四者,皆民之秀杰,然不能恶衣食耕凿以自养,反不如谨厚朴拙之安分而寡过也。吾家先祖百年颂佛而不衰者,正谓其谨厚朴拙耳。多一分智巧,损一分元气。尔等培此朴拙之心,便是真能守祖之孝子顺孙。

甲辰在容城,博儿泩孙,先归苏门,谓之曰:学问,须验之人伦事物之间,出入食息之际。试思尔等此番何为而来,能无愧于所来之意,便是学问实际。诗文经史皆于此中著落,身心性命皆由此中发皇。省得此理,随时随处皆有天则,便无虚过之日。

为浩、溥、沐、浴、溶、汉六孙延师,谕之曰:尔等未离孩提,稍长之时,正在知爱知敬之日。吾家自高祖以来,忠厚开基,今孝友堂尚依依如新也。尔为兄者宜爱其弟,为弟者宜爱其兄,大家和睦,敬听师言。行走语笑,各循规矩。程明道谓:洒扫应对,皆精义入神之事。莫谓此等为细事也,圣功全在蒙养,从来大儒,都于童稚时定终身之品,尔等勉之。

尔等读书须求识字,或曰:焉有读书不识字者!余曰:读一孝字,便要尽事亲之道;读一弟字,便要尽从兄之道。自入塾时,莫不识此字,谁能自家身上一一体贴,求实致于行乎?童而习之,白首不悟。读书破万卷,只谓之不识字。王汝止讲良知,谓不行不算知。有樵夫者,窃听已久,忽然有悟,歌曰:离山十里,柴在家里;离山一里,柴在山里。如樵夫者,乃所称识字者也。

元日祠堂语群子弟曰:清明在躬,志气如神。尔等乘今日元旦,洗涤旧染,嘉与维新。一人砥砺,便是一好男子;大家砥砺,便成一好人家。叔季中三代,乐莫乐于此,贵莫贵于此。

语立雅等曰:与人相与,须有以我容人之意,不求为人所容。颜子犯而不校,孟子三自反。此心翕聚处,不肯少动,方是真能有容。一言不如意,一事少拂心,即以声色相加,此匹夫而未尝读书者也。韩信受辱胯下,张良纳履桥端,此是英雄人以忍辱济事。静修之言曰:误人最是娄师德,何不春生未唾前,学人当进此一步。

古人读书,取科第犹第二事,全为明道理,做好人。道理不明,好人终做不成者,惰与傲之习气未除也。洒扫应对,先儒谓所以折其傲与惰之念。盖傲惰除,则心自虚、理自明。容色词气间,自无乖戾舛错。事父、从兄、交友,各有攸当,岂不成个好人。日用循习,始终靡间,心志自是开豁,文采自是焕发,沃根深而枝叶自茂。尔等今日辨一虚心,实实务除其傲与惰之念,下学在是,上达在是,先后本末一以贯之。不知者只见为洒扫应对而已。

(《丛书集成初编》中华书局1985年影印本)

江苏

常州毗陵胡氏

读书以振家声。

光绪常州《毗陵修善里胡氏宗谱》卷一,《祖训》:

一、丕振家声,首先读书。诸葛武侯戒子曰:学须静也,才须学也。非学无以广才,故《霍光传》不可不读,为其不学无术也。非静无以成学,故吕成公终日危坐,为其静克有成也。吾宗虽属乡居,而列名黉序代不乏人,庶乎不坠家声,愿吾子孙勉而行之。

一、凡子孙年至六岁,宜送入小馆发蒙习礼。至十二三岁,观其资质志趣,稍可有成,当勉力延师教诲,倘能进步,光耀祖宗为读书者劝。如不足望,即教以务农生理,毋得纵其旷荡,习为不善,致玷祖宗。

(胡伯良修,光绪五年敦本堂刊本)

山西

离石于氏

希望发奋读书以取得功名。

康熙离石《于氏宗谱》卷五,《家训》:

一、族人不知读书之乐,侥幸博一青衫,自以为万事皆足,至于科第一节,皆诿之于阖郡风水。不知发过先达尽系读书之人,岂风水之说,独不应于我辈乎?愿我家子弟破除积习,做童生下一番苦功望进学,做秀才下一番苦功望中举。即使数命不偶、艰于遇合,道理明透,亦不被人目为不通。

一、四民之首曰士,原期读书明道,较愚人迥出一头,故称之曰秀才。岂知一做秀才,惹祸招灾,总从一念之放肆起。我愿子弟小心敬畏,虽进学,与平人无异,埋头读书。设有非礼之来,当以礼遣;如果有干身家,始许理论。切勿呼朋引伴,做出非为的事来,那时悔之晚矣。

一、士子幸而上达,身虽贵显,居家切要勤俭,不可奢靡;待人务宜谦光,不可骄傲。

一、人家子女到五六岁时,男则从师,颖悟者望其上进,愚鲁者束其身心,不致将来有佻挞之虞。从小姑息,长大废弃,皆为父者贻之也。孔子云:爱之能勿劳乎?女孩儿即教其纺绩,再长则教以针黹,仍约束其骄傲之性。妇主中馈,为母者亦须教导,务要早起晚睡,不可令其懒惰。头足修饰,不可令其邋遢;语言谨慎,不可令其纵肆;行止端庄,不可令其轻浮。若纵而不教,一到夫家,不成材料,不执妇道,牵惹辱詈,皆为母者贻之也。子女所关匪细,为父母者慎之。

(于准纂修,康熙年间刻本)

江西

万载辛氏

民国万载《辛氏六房谱》,《顺支重建绿筠书屋记》(继攀):

距城北里许,志载绿筠书屋者,先远祖退庵公于明嘉靖己丑间建,以训课子柏坡、少坡二公者也。其地闲旷清幽,鹅峰屏列,龙江旋绕。植竹千竿,绿荫交加。凿池一区,锦鳞出没。远瞻近瞩,宛若画图。山川之奇秀,亦云胜矣。室既成,延明师,访益友,购**求经籍**,牙签簇架,芸香满案,二公诵读其中,优游翰墨,尚论古人无虚日。退庵公暇则披**鹤氅,扶鸠杖**,缓步至止,俯仰舒啸,清琴三弄,小酌半醺,初何殊以童颜鹤发之**姿,辉映**于淇泉绿竹间也。外翰孝廉蓝公漤为之记。历年既久,栋宇废颓,迄今二百余载,**缅想囊徽**如昨,欲从而更新之,未果。雍正辛亥,房叔祖国翰丽天、士敏叔,遂生辈佥议重建,鸠工庀材,规模仍旧。不数月告竣,俾子姓有志读书者,得藏修游息其间,甚盛举也。岁壬戌次,见廷皋讲学于兹。余告之曰:汝亦知吾儒所学者果何事?将以为己乎?将以为人乎?为人不足道也。若自格致以及修齐治平,视大地万物皆吾分内事,此为己者也。吾宗若稼轩南坡,躬逢理学接踵之运,得自附古学者之林,盖缘敦己实践,故能上不负君、下不负学,为世仪型,其流风余韵不犹在乎?至我柏坡公与其弟少坡公,敬承先人意,道足学富,皆可以觉世范俗。一时贤俊如吴公倬、宋公良佐,皆师事之。虽怀才未获用于世,而孝友情深,古道照人,非敦本务实,乌能若是。登斯堂也,乐邱园之恬静,际盛世之休隆。愿汝曹朝夕切劂,毋惑歧途,毋囿俗学,毋半途而废;躐等而趋,居敬以穷理,集义以养气,庶骎骎乎日远乎今而进于古。由是处为正士,出为名臣,讵非吾道之幸与?不然舍为己之实学,徒猎经史以夸声华,扫藻翰以邀利达,非特为吾宗之羞,抑且为名教之忧,可勿戒哉!可勿勖哉!时乾隆壬戌敬志。

(辛观涛等修,民国四年木活字本)

民国万载《辛氏六房谱》,《大祠省垣试馆记》:

事有意之所专、及且不必及、而姑旁及之者,非缓其所急而急其所缓也。量其力之可举而遂举之,一以绝侵渔之弊,一以杜觊觎之端,而因以收无形之利,前之人经营惨淡,大不得已而出此,而非徒不得已而出此者也。吾族义学之立,自乾隆间凝之公等倡议捐输,乃有学舍;秀甫公与先祖陆续倡输,又有学田。于是引其意而伸之,为岁科乡会试费旌费。又引其意而伸之,为备荒歉赡丁口赈费。顾学租与总祠用度相交涉,而县中一切乐助胥取给于是,教且不能,何暇及养。嘉庆初,另举首士,谨其出入,越岁己卯,稍有储蓄。众曰:"义学、义田事难猝举,不若先为诸生置试馆。"于是出赢余银一千五百两,于省垣桂芳厂购屋二进,顾朽甚,不数年修葺二次,费金四百。越道光丁亥,益挠不可支;又虑匠作或不精,材料或不坚致也,陶冶之物继于河,木石之工踵于道,撤旧更新,为厅三,为亭一,为大门三,为房三十二,庖湢六,馆人室三。役肇是岁仲秋,迄戊子冬告竣,钱之以缗计者,四千五百有奇。或者曰:"建试馆非前人本意也。"余亦曰:"建试馆非前人本意也。"然且为之者,岂不以公财盛而糜费亦多,纵不必有侵漏之端,抑岂无觊觎之渐;乃者义学亦有赢余矣,而夺攘构讼,费至千金,使不置试馆,亦必有以耗之;试馆不可得,而卒无以仰副前人之意。今自建馆后,本科获隽三人,正副榜钦赐榜皆与焉。辛卯获隽三人,芝生公兄弟且同魁,盖既免僦寓之苦,又得养息于其中,文战之利未必非斯馆之利也。然则虽不得已而出此,而正非徒不得已出此已。抑是役之兴,义学钱不给于用,称贷多金,讫葳事乃设法劝输为义田会,以所入者弥义学亏欠,而拨义学田二千六百余把,永为义田,赈费有基矣。试费旌费则久已行也,夫意所旁及者皆及之,岂意所专注者而反遗之。自今以往,循义学之名而责其实,宜如何恢宏房舍、廪饩师徒,俾族之**寒畯而秀**者皆得有所造就,使无弃材,以无负前人创构之深心,其事更有切于试院者,司**事诸君勉**乎哉!

(辛观涛等修,民国四年木活字本)

民国万载《辛氏六房谱》,《大祠公册引》(际午):

吾族祠规向载谱牒,于花红程仪颁胙各项,途分正异,职辨虚实,各有等差,历行无悖。咸丰十年,族众以谱牒繁多,临事难于翻阅,议将各项条规另刊一册,稽查较易。尔时董事诸公见颁胙条内封典未有专条,向系由虚衔捐封者,照虚衔给发,由实任恭遇覃恩请封者,照实任给发。恐日久遗忘,致起事端,因增入一条,正异虚实对举显然。光绪元年,族有由虚衔捐纳封典者,因条内语意省约,怀疑忿争,至于兴讼,今年四月始蒙县宪徐据册明晰批示,并谕以后册内应切实注明,且将批载册,以便永远遵行。族众仰体宪意,将旧册调废,**重修新册**。略者详之,缺者补之,又将宪批谨载册尾,禀请立案,昭示来兹。凡我族姓务**期恪遵**新册,所有咸丰十年暨以前旧册,概不作用。册成,爰赘数语于篇首,以志其缘起云。

光绪四年夏月。

(辛观涛等修,民国四年木活字本)

民国万载《辛氏六房谱》,《大祠公册跋》(天培):

我族之立花红程仪,颁胙诸条,各有等差,所以作养人材,鼓励后进也。前册具在,似可不必重修。第词意简略,后之人有因颁胙条内一二字义而纷争不已者;且迩来功名一途,月异日新,若不切实注明,难以杜争竞之端,此公册所以不得不重修也。去年秋,承族房长命,培与子范诸公,将各条有不便者更正之,文义大略者详晰之,花红止给科名,本甲子谱条例;出仕另增程仪,遵辛未册章程。旧章是率,总期无弊。稿已就付梓有日矣,因清厘宾兴积弊,无暇晷而未果。今年夏,培将有远行,又虑此册之中止,亟取前稿商之合族。诸公佥曰:"斯举也,不可以缓。"于是汇集成帙。首族约祠规,次花红程仪,次颁胙条规,次祠产契约,而以祠联神主附焉,可谓备矣。虽然食旧德者当饮水而思源,为人后者宜敬宗而睦族,庶几祖宗作养人材,鼓励后进之至意,不至或亡焉,则吾族幸甚。

光绪四年岁次戊寅仲夏月下浣。

(辛观涛等修,民国四年木活字本)

福建

蔡世远《二希堂文集》卷一一,《庚子秋帖示族中子弟》:

数年来,集族中众子弟在家庙课业,勤励有加。今秋闱在即,累累佳篇,吾何能不快然!然文章特一端耳,立心制行更为要著。愿诸子弟笃伦理之际,严义利之辨,现在居家处世何若,将来居官理民何若。醇此孝恭之念,守其廉洁之操。今日强毅立志,终身守此不移。盟之幽独,质之鬼神,则更获天人之佑助,非徒科名可必也。抑余又闻家祚之昌,由于父兄所培积。更愿诸为父兄者,各宏裕其量,洗濯其心,去其斤斤沾沾卑卑之念,常存此蔼然、恻然、惇然之心,日克臻斯,日加勉焉;尚或不遑,速自淬焉,则子弟藉为获福之资,父兄亦享安荣之乐矣。不佞阅世阅人颇多,凡所谆谆,非迂阔之言,皆肝膈之要也!

(《四库全书》本)

蔡世远《二希堂文集》卷一一,《帖家塾》:

凡子弟生徒午饭后,各粘楮片于壁间。嘉言善行皆可书,或小学,或日记故事,或纲鉴性理,末书"某月某日某人书"。既有以触发其性情,闲邪心而起善念,又有以长益其记诵。日人一条,每年则有三百条。十人同学,则有三千条。不写及重抄者,有罚。事不劳而月计岁计,甚有益。

(《四库全书》本)

广东

潮州洪氏

感叹子弟不好读书。

民国潮州《洪氏宗谱》第一册,《责子孙懒学书》(玉塔):

国家将兴,必有祯祥;国家将亡,必有妖孽。人家子孙,乃好读书;吾家子孙,不好读书。好读书者,为礼义称贤哲;不读书者,不知不识,正比河海于行潦,比泰山于丘垤,行至半途,未入于室。昔陶令责子不受书而受粟,父不责子任其放逸。呜呼!余今年老,无能陈责,日月逝矣,哀哉痛切!何其遗斯接踵遗失,天运无私,兴亡难必自述云,吾祖官族之流,兴世代于春秋。知我者谓我心忧,不知我者谓我何求。传诵斯言慎无休,传诵斯言慎无休!

族长判翁书。

(洪宗海、洪己任编辑,民国十一年汕头名利轩印务局铅字排印本)

二 宗族办学及聘请塾师

直隶
正定王氏

光绪正定《王氏家传》,《后记》:

唐宋以上谱与传皆别行,有明后乃合为一,今以谱录尚无定稿,辄先刊家传以质宗族,更有胜义则件系于后,盖一以备采访灵丁,一以示家塾子弟也。

光绪十九年太岁在癸巳春三月,清源公第十九世裔孙耕心谨撰。

(光绪十九年刊本)

武强贺氏

民国武强《贺氏家谱稿》,《王考苏生府君行述》:

及官故城,训导家人犹食粗粝,而提倡善举,如乡居时尤以兴学育才为第一要务。悼痛故城文学衰敝,必思有以兴起之,乃议建设书院,整饬义塾,创酿金法。而首出资以为之,倡义塾既顿改旧观;学院之议则阻挠者日出,志不可退。久之,县令沈君政初、教谕范君翰文感其诚,联合士绅食禄者捐廉,富有者出资,运使季公邦桢闻而善之,酬助千金,二十年而历亭书院卒以落成。时故城地值廉甚,乃举余钱大购田土,已而连岁丰稔,书院经费遂以充足。庚子之后,变法议起,诏州县立学,各县多以经费无出观望不举,故城独得故书院为学校而规模立具。

(北京燕山出版社 2006 年版)

江苏
宜兴篠里任氏

民国《宜兴篠里任氏家谱》卷二之五,《义塾议》:

古者设乡塾以训民之子弟,后世此法不行。而贫不能延师者多矣,儿童失学,无怪乎习恶而性成也。今于本祠内设义塾,岁给脩金一十六两,延先生之有德者一人,训族之贫子弟,歌诗习礼,一如王文成法。宗课、宗直时稽其勤惰。先生供膳,量给银米,宗课主之。至于经学,为费浩大,力未能举,当徐议。而清明、冬至后一日,本族生童,俱于祠堂会课,送高明评次,以第给赏,鼓舞后进,不可缓也。。

（民国十六年一本堂刊本）

苏州陆氏

族学、会课、惜字等条规。

光绪苏州《陆氏荺门支谱》卷一三,《义庄条规选》：

会课规条

弟子之教,行有余力,则以学文,诗书六艺之文尚已。生今之世,时文亦岂可忽哉！士既身列胶庠,尤当志存上达。今义庄内于每月朔望,订集宗支长幼,举行文社,酌定规条,开列于后：

一、逢朔望与考者,辰刻赴庄,酉刻交卷,不准继烛。每人只可携带笔砚,不可携带诗文。若讲章、诗韵等书,备存庄内,以便检阅。

一、现在生童合课,系人数不多之故也。每届文题诗题,是辰请家塾业师命出,封固,到庄开看。如首期某宅业师命题,其卷送呈彼宅业师批阅。以下各期如例轮派,周而复始,以示公允绵长。他日子姓繁衍,仍宜分课,以臻尽善。

一、庄内备有午膳,早晚两点按序分坐,不得搀越。交卷后每人先给制钱三百文,以备轿马之用。其花红两人一名,按照评定名次给发,如五人,则给三名,七人则给四名,九人则给五名,至十人外,核准两人一名。

一、每逢课期,给卷后各宜静坐构思,不准私自出门,不得肆行谈谑。交卷后,陆续散归。

一、每课一文一诗,务各出自心裁,只须观摩讨论,不许抄袭代倩。若初学子弟,亦准作半篇附阅。

凤桐谨志

一、庄课原定章程,每届课期,轮请各家塾业师,此命题彼评阅。法至善也。嗣因塾师互相谦逊,爰请洪柳波先生主讲命题,监课与考者文艺,完毕交卷呈阅。

掌庄谨志　光绪九年

自举敦行文社后,至今百有余期矣。而时文之外,经文古学尚未兼课,兹于光绪十三年囗月始,每月添约课两期,条列规约如左：

第九篇 族学

一、每月朔望文社后，各取卷子，并录写题目一纸带归，下期文社交卷。

一、每月约课两期，一期作赋一首、试帖一首，其余杂体亦备数题，不能者听。一期作经文一篇、经解一篇，其余策问题目亦备，不作者听。如不作经解者，加作经文一篇。

一、花红三人一名，第一制钱八百文，第二六百，第三五百，以下三百，倘仅两卷，亦发花红一名，五卷发花红二名，八卷发花红三名，依次递加，以昭奖励。

一、现在子姓不多，故仿文课例，仍生童合课，限日既宽，尽可从容修饰，不可潦草自弃。倘余勇可贾，作二三卷者亦可。

锦烺谨志

庄塾规条

读《少仪》《弟子职》诸篇，凡出入、语言、饮食、坐立，无处非教。至十年，而出就外传，耳濡目染，不外孝悌、忠信、礼义、廉耻之道，是以古之成材也易。今则小学不讲，长而优游放废，不务正业，致入迷途，良可慨矣！夫子弟一生成败，悉系于训蒙之师。蒙者，物之稚也，物稚不可不养，养正之功，所系甚大。今特设立庄塾，礼延名师，教族中子弟之无力读书者。果行育德，胥基于此。所拟规条，开列于左：

一、塾中几上设至圣先师孔子神位，位式如今家堂中所供者。两旁设先儒六子——讳贽、讳九渊、讳秀夫、讳世仪、讳陇、其乡贤讳绩六位，此虽非葑门枝之上祖，而追溯本原，遗型足式。每晨须焚香致敬，弟子中年最长者司其事，朔望备香烛，师率诸弟子拜跪，行礼毕，就坐读书。

一、读书务令精熟，贯通义理。每晨将大义讲明，令其还讲，隔三日，再令还讲，以观能记与否。习字须笔画端正，并自记某日某人书。朔望由掌庄察课，令各人默书一节，章句、注释，二者兼之。分上、中、下三等，酌给纸笔，以示鼓励。其余课程，请师裁定。

一、如有不率教之徒，一经查出，饬令在香案前罚跪一炷香，严申训诫。倘屡戒不悛、顽不可教者，由本支父兄领回管束。

一、吾宗子姓繁衍，而本庄限于地步，势难遍收。今循庄规，凡绳武公支以下，其原入塾者，自备铺盖衣服，住在庄内，无事不准出塾。

一、现在只请一师，弟子不能太多，定以十人为率，有缺则补之。六节解馆，各家领回。

一、朝夜每食四簋，二荤二素，候先生就席后，循序入坐。不准凌乱，亦不得拣择肥甘、杯盘狼藉。

一、书本笔墨、脩脯饮食，俱由庄内开销。凡入塾者，概不派出分文。

一、先儒格言，如刘念台先生《人谱》、陈榕门先生《五种遗规》之类，择要买一二部，存于塾中，请先生择其明白晓畅、切于人伦日用者，每日宣讲一条，令诸弟子各录一纸，取其字之最工者，黏于壁间，俾可时时警省。

一、自九岁至十五岁均可入塾。若十六岁以后，有可造之材，务为竭力成全。如难造就，则听令习他业，其费照庄规给发。

一、师道立则善人多。延师之事，尤宜慎重。必求人品端方、学问通彻者，以礼延之，为诸弟子表率。庶几气质变化，学业日新。

一、入塾生徒，倘有违逆父母、兄弟相争及出口骂詈、与人殴斗者，必从重扑责罚跪，以儆将来。又或坐立不正、嬉笑无常、僭越规矩者，谴责毋赦。至于见字必拾、见粒必惜，尤为本分事。有关一生禄寿，自宜时时谆告。

锦烺谨志

惜字规条

一、宜分给纸篓也。若无惜字之具，必致抛弃难收。本庄择铺户若干家，各给一篓，篓破再给。如有铺户向由他处善堂经收、本庄并未派篓者，担夫亦难向收，该铺户付收与否，听其自便。

一、论斛给价也。若月给工食，则担夫但求率责，谁肯尽心尽力。本庄每斛给价三文，使收字益广，得价愈多。俾可踊跃。

一、宜查核斛两也。担夫收字，每有以少报多之弊，逐日收积，统俟焚化之期，先行称见，然后入库，或随时称见，给价。入库时，仍须覆称，总数合符与否，避免弊混。碗片、笔梗、字迹，每百斛，给价千文。

一、焚化宜谨慎也。风狂则易于飘零，火炎则虑有他患。监化者必须善为照料，未可委任担夫，以致疏忽败事。焚化之期，必于每月朔望，余日概不焚化，以昭慎重。

一、出灰宜勤慎也。字灰堆积，焚化为难。每逾两月，须督同担夫将字灰出净。每日每名给工钱百文，留饭一顿。然必择风静之天，将蒲包两面糊好，再用草纸、参皮纸、油纸衬好，然后装灰，每包以二十五斛为度。置买蒲包，本有大小，或即以此斛两为准。装好后，包外用绳捆扎，暂存潮泾之地一二日，以防死灰复燃。越日置干燥之地积存。既多，或雇船，或托妥便之人，送入江海。

掌庄谨志　光绪九年六月

（陆锦烺修，光绪十四年丰裕义庄刊本）

安徽

徽州族学类型包括族塾、书院和文会。

休宁茗洲吴氏

雍正《茗洲吴氏家典》卷一,《家规》:

子孙自六岁入小学,十岁出就外傅,十五岁加冠入大学。当聘致明师训饬,必以孝弟忠信为主,期底于道。若资性愚蒙,业无所就,令习治生理财。

……

族中子弟有器宇不凡、资禀聪慧而无力从师者,当收而教之。或附之家塾,或助以膏火,培植得一个两个好人作将来模楷,此是族党之望,实祖宗之光,其关系匪小。

……

举业发圣贤之理奥,为进身之阶梯,须多读经书,师友讲究,储为有用,不得冒名鲜实,不得纷心诗词及务杂技,令本业荒芜。

(吴青羽撰,雍正十三年刊本)

婺源三田李氏

光绪婺源《三田李氏宗谱》卷末,《家法》:

训子姓。子弟年上五岁,当教以爱敬,及语默、方数之道;六岁则教以长幼进退之礼,朔望令随长者同谒祀堂,使之观察祭祀礼节;七岁入小学;十二岁就外傅;十五岁入大学,聘延名师,训以经书子史之文、孝弟忠信之行,务期本末兼该,底于有成。

(李廷益、李向荣修,光绪十一年木活字本)

河南

项城张氏

民国《项城张氏族谱》子部,《烱公公香雪公仲邃公桐轩公廷硕公合传十二世》:

桐轩公者,讳展书,字雪坪,又自号曰桐轩。天性和厚,生而聪颖。……公晚年设帐授徒,寓严于宽,桃李满门。族中若尧松以进士官刑部功辅,锡瑞、燮理、淑慎、淑川、淑允均入邑庠;他姓则马书成,马龙骧,刘仲连、仲选昆仲,李敏衡,皆有所成就。孙庆之亦早游泮水,则皆由善诱得来者也。

(张拱宸、张培璋等重修,民国二十五年天津文岚簃印书局仿宋排印本)

湖南

族学教育按期培养目标的不同,有传统的蒙学、礼仪学、举业学等。

涟源李氏

民国涟源《李报本堂族谱》卷首，李氏《宗规》：

蒙养当豫闺门之内，古人有胎教，又有能言之教，父兄又有小学之教、大学之教，是以子弟易于成材。今俗教子弟者，何如？上者教之作文，取科第功名，止矣；功名之上，道德未教也。次者教之杂字束笺，以便商贾书计。下者教之状词活套，以为他日刁滑之地，是虽教之实害之矣。族中各父兄须知子弟之当教，又须知教法之当正，又须知养正之当豫。七岁便入乡**塾学字学书**，随其资质渐长，有知识便择端悫师友将正经书史严加训迪，务使变化气质、**陶镕德性**，他日若做秀才做官，固能为良士、为廉吏，就是为农为工为商，亦不失**为醇谨君子**。

（李光笏等修，民国五年报本堂活字本）

四川

横县简州傅氏

办学与学田。

光绪横县《简州傅氏谱》卷六，《傅氏学田记》（同治庚午科解元威远人傅光弼）：

吾宗自楚入蜀，散处各州县，支派日蕃。而科名之盛则简州为最，非风气使然，亦教之豫也。曩同治九年，我润生大兄举于乡，弼与开县搏九弟亦附骥焉。今年同集都下，弼与搏九以拣选外用；而润生捷南宫，其人精明浑厚，见义勇为，而尤以敦本为急。常言族中子弟往往以贫废学，向曾约族酾赀积谷，子母相权今已累数百石，化之可得钱千余缗，置田数十亩。就中建学舍，延师课读，岁以租入之数助其束脩膏火，庶使专心致志，成就者多。弼惟井田废而后有义田，学校衰而后有义学，以养以教，固士君子持世之苦心。况芝兰玉树，欲其生于阶庭，尤情之所固然，而事之所必至。顾吾窃有说焉，三代下词章学兴，父兄以为教导，子弟以为行习，而愈趋愈下，道谊之衰、风俗之敝恒必由之。且夫学亦学为人而已矣，贤父兄明夫养正之道，必使入为孝子，为悌弟；出则忠可移于君，敬可移于长。故其为学也，明理以植其本，敦行以达其干，通达经权以畅其支，然后义理既充，文采益著。昔贤谓：人才出，国将昌；子孙贤，家将大，未有不由此途出者也。润生之贤，早见及此，吾宗其犹有望乎！润生又曰："善作者不必善成，善始者不必善终。"吾窃惧焉，将泐石以垂戒，盖为我记之。弼谓此亦视后人为何如耳，既兴学而立之教，行见贤哲继起，不特能守其旧，而更张大之，夫何足患？而益愿后之人考其事、知其心，历千百世而相保于无替。岂惟润生之望，吾宗皆厚幸矣！爰记其事，属搏九书之，并胪其条例于左。时光绪庚辰仲夏之吉,书于京邸之西河沿。

（傅为霖纂辑,光绪二十六年凤山书院刊本）

光绪横县《简州傅氏谱》卷六之下,傅为霖《族学序》：

古之时,自天子以至庶人,自成童至耄耋,无一人一日不在学中,而其学之目则又至庸至近,布帛米粟、家人父子,无非学也。《诗》曰:"民之质矣,日用饮食。"孟子曰:"人人亲其亲、长其长,而天下平。"岂不盛哉？自世之衰,以文字章句学相倾相诡,各骛其私；而矫枉过正者,则又鄙夷日用而高语性情,支离繁碎,寂灭虚无,二者交乘而学不可闻矣。洪维我圣朝重熙累洽,一道同风。凡所以昌明正学,跻一世于隆平者,固已上咸五而下登三矣。至于穷乡僻壤,宣讲《圣谕》,孝悌农桑,本末兼举,休哉,何其德扬恩普与！吾族自己巳置祀田,庚午兴义学,均以本细利微未遑就绪,又大惧积习之移人日甚,而先人之积累渐就消忘,生齿之阅世愈繁,而后起之秀良或成枯落,于是思以童蒙之学,转以移于老成。盖父兄之教,既先子弟之率自谨,以言教不如以身教也。爰约诸昆群,从月朔咸集,相与摩仁渐义,且及谋生。凡夫冠昏丧祭、水利农桑、室庐井灶、男女内外、宾客酬酢、庆吊往来,下及米盐、凌杂、佣仆、师巫,参合舆情,卑之无甚高论,令今可行也。若夫刮垢磨光、铢积寸累,以自□于圣贤之林者,则近无其人,尤冀诸宗人左提右絜,积厚流光,笃生贤哲,上以对扬天子之休,而下以笃门庭之光,庶不负典学之意也夫。同治甲戌。

（傅为霖纂辑,光绪二十六年凤山书院刊本）

广东

以族产办学。

朱次琦《朱九江先生集》,《朱氏捐产赡族暨酌范氏义庄章程损益变通规条》：

族设家塾,每年敦迎甲乙科中学行**兼备者为**师,其有素孚士论、畜道德而能文章,则不以科第论。脩金银二百两,膳金银四十两,贽仪、节仪、迎送夫马银二十两。令子弟受业其中,月课奖励,随时散给。或有茂才异等、覃精经史、博通掌故、讲求吏治、修述辞章,仍仿照阮文达公诂经精舍、学海堂事例,厚给膏火,以示优异。其不修士行、贻玷门风者,摈出塾。塾中购置书籍,用资见闻。应给银数,临时酌量,不为拘限。

（光绪二十三年刊本）

广西

平乐邓氏

民国平乐《邓氏宗谱》卷二,《儒纬公义学记》:

余窃悲夫素封之子,恒多愚顽以终身;贤肖之裔,长为农夫以没。世非无学也,无义学以倡之耳。义学者,统贫富贤愚而归于一致也。壬戌秋,余与诸父兄弟倡议斯举,众皆欣然,谓足以端士习者在此、足以振文风者在此。由是施田亩、捐银谷,积少成多,为延师课子计。行见斯举一成,俾七岁以上入小学者得所籍,可登小子有造之班;十五以上入大学者多所赖,可跻成人有德之列。异日振乡溪水,奏绩云台。入两秀之里,群夸俊秀重生;登十贤之堂,咸仰英贤崛起,其食报正未有艾也。余不敏,因不揣固陋,缀数言而为之记。

儒宗氏孔盛撰。

(光绪十七年十贤堂刊本,民国十三年续刊)

安徽

婺源三田李氏

光绪婺源《三田李氏宗谱》卷末,《家法·建家塾》:

一、每岁塾师务请德行醇厚、学问赅博之士以为之,庶使子弟有所观感而兴起。

一、子弟谒见塾师,其仪度悉依《文公家礼》。

(李廷益、李向荣修,光绪十一年木活字本)

休宁茗洲吴氏

雍正《茗洲吴氏家典》卷一,《家规》:

延迎礼法之士,庶几有所观感,有所兴起,其于学问资益非小;若咙词幻学之流,当稍款之,复逊辞以谢绝之。

……

子弟当冠,须延有德之宾,庶可责以成人之道,其仪式尽遵《文公家礼》。

(吴青羽撰,雍正十三年刊本)

休宁古林黄氏

乾隆《休宁古林黄氏重修族谱》卷首下,《祠规十六条》:

隆师傅:天生蒸民,作之君以镇抚之,即作之师以训迪之,所以觉世牖民而使之就范也。故建官分职,首重太师,兼立保傅,自有深意。自后世师道不尊,而人始无所忌惮,欲使之端品行而励廉隅,岂可得哉!人无论贵贱,质无论智愚,皆当择师傅以为之训迪,俾知入事父兄、出事长上，庶有造有德、相与有成，不得姑息养骄，贻悔日后。

（乾隆十八年刻本）

山西

灵石何氏

道光灵石《何氏族谱》卷七，《家训八则》：

三、绍祖德。吾家世传忠厚，祖父以来，颇称积善。如修理桥梁，捐施棺木，给贷籽种，建立茶亭，增脩脯以立义学，设糜粥以济荒年，振贫起瘠载人口碑。

昔我先世，中州旧族，亦越明季，北徙灵邑。知祖岁贡君以儒术起家，补博士弟子员，食廪饩，续明经，垂为家学。嗣是耕读并重，砚田墨庄，人人知务。故游胶庠，入成均，举孝廉，曳紫纡朱，相间不绝，亦诗书世业之验也。前族中设立皋比，竞延名儒硕士训课子弟，至闾左人不能授书者，贷出脩脯，收入义学，总期敦诗说礼，不坠先人遗训。但恐子弟衣鲜食肥，视学舍为偷闲之地，否则浏览于俗鄙怪诞之书，而不以经籍为本；从事于词华浮薄之作，而不以理道为宗；分章析句，矜言问奇而无裨于身心；谈空说无，徒尚元妙而不济。于是用以此为学，徒增理障，亦足见心术不端。常见文人，名誉赫赫，及筮仕后殊不满人意。若循循谨饬之儒，遇大事反能抗直不阿，此可为学术纯杂之辨。吾家先人以笃学为务，愿后生小子各守正业，无涉歧途。

（乾隆间何思忠创修，后裔续修，道光十四年续刻本）

陕西

邠阳马氏

邠阳马氏于道光年间设立绛帐书舍。

民国《邠阳马氏宗谱》，《绛帐书舍记》：

绛帐书舍，地址在吾家宗祠衍绪堂后，原有房屋三十余间，可容生徒六七十人。创自伯祖和衢公，祖考暨诸伯均先后讲学于此。迄先考设帐时，余犹及门受庭训。经时约四五十年，关系吾乡文化至巨。盖吾国学术汉唐而后，以清代康乾之间为最盛。惟当时朝廷以科举取士，各县学额有定。博学能文之士，往往厄于科第，无由上进。远不必考，吾邑县学定额仅二十名，应童试者为数逾四千以上，咸以入泮掇芹为荣。余族自迁南渠西以来，世守耕读，惟族高祖父周公以名儒官云南武定直隶州，旋署广南府知府事。其他穷经研史，代有闻人，均为科第所厄。至曾祖宝菴公，以累世读书未售，课子特严，故伯祖和衢公早岁即入庠食饩，祖考亦相继入学为博士弟子员。学问文章士林推重，乃于新建宗祠后创立绛帐书舍。执贽来学者趾踵相接,教泽遍韩、邰、朝、澄数县。其教人也,先器识而后文艺。不厌不倦,善诱循循。每试冠军多出其门,而入黉宫登贤书者为数尤众,一时有"桃李公门"之颂。余村俨然为河西数县文化之重心,流风余泽亘世犹存。兹值七次修谱,特略述其颠末,俾后人读之知所观感云。时民国二十四年乙亥三月凌甫谨述。

(民国二十五年增订本)

甘肃

金城颜氏

办学与宗族的兴旺。

光绪《金城颜氏家谱》,乾隆《颜氏设立家塾记》:

我国家景运维新,文教聿修。雍正壬子,诏直省设立书院,造就人才,甚盛典也,而党庠里塾莫不闻风景仰。次岁癸丑,郡人审源颜公适以军门重任奉命出塞,其族弟松如君接见于五凉,公捐冰俸二百金,命立家塾课训子弟以及乡邻。颜族正华如君置本沟房一区,修理学舍,共费百四十金,其余仅供二三年脩束,难以持久。与众公计,择族内有力者暂代垫以成厥事。每岁以族内公项垫还,共总银九十金。遂当束龙口水磨取租制钱十二千为先生束脩。后磨租不前,不免礼数未周,恐失审源公设塾之意也。凤泰君商之本族,将塾移置东关虚皇楼,遂将旧塾过割族人凤宝,得价银一百五十五两。磨亦抽赎,止收银七十两。乾隆二十四年冬,置买虚皇楼东旁袁姓房一处,价银百有十两,画字银六两。东至胡姓墙,西至官路,北至官街,南至袁姓墙。次年春,复买袁姓房一处,东西共八间,价银四十八两,画字银一两四钱四分。东至宋姓墙,西至官街,南至袁姓大门北墙,北至前买房墙。除房价外,余银五十九两五钱。是年即修面向大街铺面二间,东厦房四间,大门一座,尚未足用,支铺顶首十八两有奇。每年取租制钱八千,以供先生脩金。其变通而尽善者,虽赖颜氏理户事诸君子,而尤望后之象贤者,培植而式廓焉,庶不失审源公创立家塾之至意,而与国家乐育人才之典殊有关焉。爰直述其颠末,而不得辞其言之俚俗云。

庚辰科举人华阴县儒学训导江得符撰。

乾隆四十二年黄钟穀旦,家长秉历,季首凤辉、秉竹、秉玉、秉恭、秉通立石。

(光绪十二年本)

光绪《金城颜氏家谱》,嘉庆《重修家塾记》:

吾兰颜氏之有家塾也,自其提督审源公特捐廉俸创成义举,亦既勒诸□珉矣。兹何志乎尔志?其复旧且重修也。先是学塾建于本街,厥后置买东关房屋一所,遂迁焉。乾甲辰,凤宁公应户事,因子弟课读未便,集族公议,出其接收旧族长凤泗公存积制钱一百串,遂移建于祠堂路北,建立上庭三间、铺面两间。将东关学塾改为店铺,每年取租以供馆师脩金之需。其规划措置,洵美且善已。岁在乙巳,秉琮公续建廊房六间,规模宏敞。春读夏弦,业已宽绰有余矣。彼门墙仍旧,尚未获睹观厥成也。嘉庆丁巳,凤泗公复倡议督工,高其**垣墉**,峻其门宇,然后庭廊内外焕然具新。自是入学鼓箧,涵育熏陶,将见**蛟腾凤起**,人文**蒸蒸日上**,谓非诸君培植之力欤?盖尝论天下事,有其始尤必善其终。**继继承承**相沿于勿替,惟是经理得人,而后穷变通久,无负乎前人创制之深心,自可历千百年而不敝。是举也,非凤宁、秉琮公区划周详,无以有今日;非凤泗公铢积寸累,用意经营,亦乌能鸠工于始落成于终耶?秉元颜君属记于予,予嘉诸公能仰体审源公作人育才之雅意,而无忝于族长之职也,于是书。至其捐赀者名,另镌标列,兹故不赘。

嘉庆二年邑举人玉山李珽撰文。家长凤泗,季首秉策、秉统、文熙、文绂、文章、文重立石。

(光绪十二年本)

光绪《金城颜氏家谱》,《献助廉俸营息供奉祭祀家塾恤贫诸需记》:

粤稽历来名家巨族,其人才辈出簪缨不绝者,固由前代之佑启,亦赖后世之培植。而其道不外尊祖敬宗收族而已。岁丙戌邑侯颜公莅紫阳之四年也,爌于侍谈风月之余,索**阅新修**家谱,观其遗文,始悉复圣之云仍所以蕃衍炽昌不止一处者,良由崇祀事,重家**塾,裕后**与光前,相得而亦彰,善作与善述,相济以有成,非特一人一时之力也。顾支派既繁,贫富亦异。一有失所,于收族之义有未周,即于尊祖敬宗之道有未尽。此殆前之人所有志而未逮,特有待于后之人者。公慨然剖冰俸二百金,如商官数借放营息。于祠祀塾课需用外,专设恤贫一款。以上承先人之志,金虽不多,自有此举,谁其视疏逖如路人,视肥瘠如秦越乎?且既有此举为之前导,后之赓华膴者将接踵而为之。安知不有范文正之置义田以赡宗族,更有如晏平仲之待举火者三百家乎!是举也,诚足为颜氏阖族幸,尤足为公幸焉。夫人之居官,其足令人羡慕者,岂在出乘车、食列鼎、妻子衣服美丽哉!亦谓其能耀先祖、绵世泽,俾寒族均叨余润而已。爌故于此乐为之叙,亦藉以抒区区之响慕云尔。

光绪十二年岁在柔兆阉茂宿月上浣,恩进士候铨教谕治广城穆爌顿首拜撰。

(光绪十二年本)

湖南

行之有效的学校管理方法是维持族学正常运转的重要保证。为此,有的宗族制订了系统的族学组织大纲，就族学的宗旨、教育种类、学额、教师聘请、经费、奖学金发放、生员和举人的优免等问题作了明确规定。

湖南有宗族向有功名者送贺仪，而晋省有宗族向获功名者征钱，习俗、经济状况不同之故。

湘乡匡氏

道光湘乡《匡氏续修族谱》卷首，《公例》：

奖赏，所以作育人材、鼓舞上达，我族有勤学入泮者，议定：公上具贺礼四十千，岁入廪膳者贺礼六千，拔贡者贺礼二十千，中举者贺礼一百千，中后诣京会试者助费二十千，至于会殿登科，其重贺又不待言。凡我族后人，务宜潜心力学，无负我等期望之至原，则甚幸矣县府试列前十名者各赏钱二千文，终场者赏钱一千文。

（匡逢向等修，道光八年解颐堂刊本）

桂阳邓氏

光绪桂阳《邓氏族谱》卷首上，《赏格》：

生员优免丁粮。生员补廪，逐年给赏膳银外，仍免丁粮。廪生出贡，当即给赏脚价、旗匾银共一十六两八钱外，仍免丁粮，近奉新例许穿八品补服。贡监生员中举人，当即给赏长夫银一十二两二钱零，仍免丁粮。举人中进士，当即给赏旗匾银两外，仍免丁粮。以上八条皇恩何等深重，愿吾族人共劝勉之。

（邓廷泂、邓盛昌等修，光绪三十三年登秀堂木活字本）

三 族学规则及对生徒的要求

直隶

沧县孟村张氏

民国沧县孟村《张氏家谱》，《庭训》：

大经公曰：为学必须勤苦，求光阴分寸惜不留。又曰：子弟读书当择严师益友，不可自满，满则招损。《书》云："满招损，谦受益。"旨哉斯言。

（民国十七年本）

明代天启甲子二月二日十世所著家训,在清代仍在沿用。

任邱边氏

乾隆任邱《边氏族谱》,天启边氏《经堂家训》:

一、读书作文,一日务必一日之功,日积月累,久久自然浃洽。鲁莽厌烦者决无有成之理,固学本于重威,不信然哉。

一、教子读书,天下事利害尝相半,有全利无少害者惟书,能令子孙饱读古人书,便是人间三岛。

(乾隆三十五年刻本)

宁晋张氏

同治宁晋《百忍堂张氏增修族谱》,《睦族十事》:

如族内有子弟善读书,而不能置书籍办束脩者,族辅白于族长,族长同众商议,量行周给至子弟能文。无论已游庠、未游庠,族之先达者,每月季照岁考试式、二八月乡会试式,严加考试,定优劣等赏罚之,以示激劝。……

大清康熙三十二年夏六月之吉,十二世孙邑庠生国楹抄录。乾隆二十二年春三月之吉,十四世孙邑庠生真达编辑。

(同治十二年本)

江苏

族学规范。

任兆麟《有竹居集》卷一三,《任氏家塾规条十则》:

一、重师范。师所以模范人伦者也,延请有学有品之儒以主讲席,一切学规悉禀师训。

一、选才俊。家塾所以造就人才也,族繁人众,恐浮泛慕名,滥收多取,殊非经久切实之道,必才质颖异,及沉静好学者,同族周知,愿入家塾,于每岁开课日报名入塾。

一、别贫富。家塾不徒为贫学设也,有余之家子弟才俊,亦准入塾同学,但经费有限,相规为善,亦当相助为理。脯脩听伊自办,其无力者,量给膏火。

一、慎司事。塾中所给出自义田,即应管理义田之人,塾中一切诸事、稽查课程、检验出入,亦其专责。如有营私徇隐诸弊,宜罚。

一、严考课。每逢文期,评定甲乙。三次居首者,议赏纸笔以示优奖;三次居末者,议罚。

一、藏书籍。经史子集，所以资博雅也。族有通才，原当练达，古今通贯。典籍逐年以经费所余随时收置，即着司事收藏。愿究心者，听其取阅。

一、习威仪。容貌辞气，所以征德性也。读书不可不知礼义，朔望衣冠先揖师长，然后入祠拈香行礼。诸弟子即在祠中以次会揖，平时出入及会食，各以次序，毋得僭越。

一、戒庞杂。家塾专为读书，塾中子弟亲友往来，各有私室。倘私自容留，或饮酒游谈，恐以庞杂扰乱课程，违者议罚。

一、禁外务。为学之道，心思精力凝聚一处，始得有成。如有非塾中事，群聚谈论，或分力经营，皆为外务，违者议罚。

一、惩败类。去稂莠，所以养嘉禾也。塾中如有携带赌具，引诱同学三五成群、夜深相聚，或借端出外、交结匪人，作为不端，不许复入。

（嘉庆己卯两广节署板）

安徽
休宁茗洲吴氏
雍正《茗洲吴氏家典》卷一，《家规》：

子弟已冠而习学者，须沉潜好学，务令所习精进，有日异而月不同之趣。若因循怠惰，幼志不除，则去其帽如未冠时，通则复之。

（吴青羽撰，雍正十三年刊本）

绩溪东关冯氏
光绪绩溪《东关冯氏家谱》卷首上，《冯氏祖训十条》：

稍识字义，即宜以《小学》、《呻吟语》、《五总遗规》及先哲格言等书常常予之观看；弹词、小说最坏心术，切勿令其入目，见即立刻焚毁，勿留祸根。

（冯景坊等编辑，光绪二十九年活字本）

湖南
"无规矩不成方圆"，作为生员、学生，要态度端正、立志成材，要尊敬先生、诚心受教，要崇尚正学、严黜异端；不得无故退学，不得结交权势，不得干预词讼，不得上书陈言，不得立盟结社，等等。

湘乡匡氏
道光湘乡《匡氏续修族谱》卷首，《家训》：

严黜异端自天地生民以来，有同具之心，即有共有之伦理。在人不过君臣父子，在事不过礼乐政刑，在理不过性情道德，是之谓正学。人果崇正学，便能继往开来，为古今所重赖之人。无如有异端者，流创为佛老之说，偏在身心伦常之外，高明者以虚无窅渺为穷理，愚蠢者以轮流果报为便利。究之所言，皆邪僻之言，所行尽诡异之行，一人倡而众人和，此正学之所以不明也。观于佛、老二门，固足以坏正学，而今之异端，又不止于佛、老，即如白莲、无为等教愈足以煽惑人心、损坏风俗，是圣世所不容、王法所必诛者也。我族父兄，当训诫其子弟，使言皆正言、行皆正行，于一切隐怪之事摒斥必严，由是异端黜而正学可崇矣。

（匡逢向等修，道光八年解颐堂刊本）

桂阳邓氏

卧碑入谱。

光绪桂阳《邓氏族谱》卷首上，《盛朝卧碑》：

顺治九年颁刊立明伦堂。生员之家，父母贤知者，子当受教；父母愚鲁或有非为者，子既读书明理，当再三恳告，使父母不陷于危亡。生员立志当学为忠臣清官，书记所载忠清事迹，务须互相讲究，凡利国爱民之事更宜留心。生员居心忠厚正直，读书必方有实用，出仕必作良吏。若心术邪刻，读书必无成就，为官必取祸患、作害人之事，往往自杀其身，常当思省。生员不可干求官长，交结势要，希图进身。若果心善德全，上天知之，必加以福。生员宜爱身忍性，凡有司衙门不可轻入，即有切己之事，止许家人代告，不许干与他人词讼，他人亦不许牵连生员作证。为学当尊敬先生，若讲说，须诚心听受；如有未明，从容再问，毋妄行辨难。为师者，亦当尽心教训，勿致怠惰。军民一切利害，不许生员上书陈言。如有一言建白，以违制，斥革治罪。生员不许纠党多人，立盟结社，把持官府，武断乡曲。所作文字不许妄行刊刻，违者听提调官治罪。以上八条，不徒生员之家固宜恪守，即四民之族亦宜凛遵。

（邓廷洞、邓盛昌等修，光绪三十三年登秀堂木活字本）

四 宗族赞助、奖励族人修业与进学

安徽

族学的校舍多在祠堂,也有特别建造的。

黟县南屏叶氏

嘉庆《黟县南屏叶氏族谱》卷一,《书馆·碧阳书院》:

嘉庆十六年合邑乐输公建,族内输银一千二百两,奉伯禧公位于崇教祠前堂中座,永享祭祀。

(叶有广、叶邦光修,嘉庆十七年木刻本)

嘉庆《黟县南屏叶氏族谱》卷一,《书馆·南屏书院》:

前有曲水园,上有魁星楼,乾隆二十九年魁星会重建。自昔生童肄业其中,争自濯磨。前载县志。四十六年复兴文会,每月会文,历久不懈。

(叶有广、叶邦光修,嘉庆十七年木刻本)

嘉庆《黟县南屏叶氏族谱》卷一,《书馆·梅园家塾》:

枝彩公别业也,孙逢年读书于此。

(叶有广、叶邦光修,嘉庆十七年木刻本)

嘉庆《黟县南屏叶氏族谱》卷一,《书馆·西园》:

乾隆五十六年,华年公于宅西构造书屋二十余间,为子弟读书之所。

(叶有广、叶邦光修,嘉庆十七年木刻本)

江苏

以义田归祠塾,全部供给生徒衣食、考试用度。

王昶《春融堂集》卷三七,《祠塾规条自序》:

给米之制,赡其身已尔。若尽族人子弟设塾而加以教焉,设有一二异才者出,继续而昌大之,将族人复得所庇荫。即或仅为博士弟子,或并博士弟子不能,而八岁入塾,二十三岁出塾,十五年中日闻先生之教,日诵诗书礼乐之训,其于仁义道德、孝弟中心之旨,必稍有所解;且习以规言矩步,即有嚣凌亢暴、放恣佻达之徒,磨砻渐革,变气质,移性情,上之可几君子,下亦不至小人之归,则有益于人才者甚大。于氏悉以田若干亩置之于塾,以供祭祀及子弟衣食之用,且老幼嫠妇之贫者、贫且病者,月有给。婚丧有助,考试有支,以示赒恤。又畀以书四万卷,金石文字一千余卷。教养之资,犁然粗具。

(嘉庆十二年刊本)

直隶
对士的观感及追求。

李光庭《乡言解颐》卷三,《人部·士》:

孔子曰:"士志于道。"曾子曰:"任重而道远。"孟子曰:"无恒产而有恒心者,惟士为能。"又曰:"尚志。"居仁由义,大人之事备。然则士为四民之首,其所以博闻敦行,以希贤希圣为归者,顾不重哉!古者选士、俊士、造士,皆自命乡论秀始。今人谓生员为秀才,又曰秀士,乡人有斯文一脉扭扭捏捏之称。在昔公山、正礼、崔儦、孙权,俱举秀才,大抵皆瑰奇卓荦之士。若杨素谓周孔复生,犹不得为秀才,其言虽侮圣,而当时之名重可知。其后学使巡试,乡会开科,自秀才、贡生、举人、进士,递而上之,总之不离乎士者近是。吾邑自前明城内多砥节励品之士,以后人才蔚起,科甲不断。若林亭则东陈西李,科举间有其人,惟少甲科。传闻尹家瞿曾有朱姓者,考《县志》:朱霖亿系乾隆丙辰进士,或即其人欤?蒋砺堂相国,幼随封翁临皋先生寓居林亭,乾隆癸卯膺乡荐。其族侄德舆,酒狂也。为贺联云:"秀才既去酸还在,进士将成大已来。"次年联捷,是甲科之始。然终是侨寓,非土住也。嘉庆己巳,先勉庵兄捷南宫,西街韩柏中武甲科。乡人有言曰:文进士,武进士,起头进士;南虚呼,北虚呼,拉手虚呼。虚呼者,当时人之绰号也。于此可见进士之难。然而村庄中有刘举人庄、张举人庄,其来已久,似乎表宅里、树风声,亦难能而可贵者。以余幼时所见,林亭之地,家弦户诵,大约有专馆延师教读者十数家。即附近村庄,多习儒业,故入胶庠、食廪饩、贡成均者,概不乏人。七十年来,渐式微矣。吕新吾《小儿语》云:"非读书,不明理。要知事,须读史。"蒋霁园师述明人语云:"既成童,经义通。秀才半,纲鉴乱。"皆言古人绩学工夫,有志于根柢之学,非徒向高头讲章、新科闱墨中求生活也。

(中华书局1982年版,第36—37页)

江西
万载辛氏

捐助族学。

民国万载《辛氏六房谱》,《杂述》:

义学乐助人名开后:

达侯、秀圃,俱顺房;古才、民安、能济、简之,俱达房;天职、天与、德辉、继汤、胜音、东周,俱通房;以上配享报功。

明纲、运猷、定猷、伟猷、允升、宗亮……以上祔享报功。

二共收钱二千九百二十七千一百文,连先年各项乐助,俱经报功开除。其未合开除者,除各项乐助下已经载明外,今将义学项下应载开后。

……

乙丑旧按:吾宗至前明已有辛半县之谣,科名仕宦虽迭出而未盛。入国朝,文武列庠序者,宾宾益多;明经乡荐,垒垒相望。盖视昔有加焉。前明自秋涛、延仁、柏坡诸公纂辑家牒,拳拳然敬宗收族。柏坡作序以与是谱者,恤族当如窦禹钧助葬振贫,韩魏公衣食均颁,范文正义田活族,程珦以禄均分,引喻周挚,所期于后贤者,意远且厚。吾族仰承先意,鼓舞人才,绸缪丁口,以及买田制器,醵金解橐,代不乏贤。己亥之荒,城乡怀仁慕义之士,乐输至数千金,藉以平粜。建祠修谱后数年,复竞输数千金为义学费,所买田数千余把,千年之谋,有加无已,可云盛矣。计自岁庚戌至今侍御公起家词林,十六载中,一门得三进士,其他文武乡荐,郡邑拔萃,举贤良方正,备官莘谷,策名州府,蝉联鹊起,已征鼓舞之效,将来义学试馆渐次举行,仕宦科名蒸蒸日上,亦可必也。继自今择贤者为董理,以时生息,买田积谷,遇荒年减价济族,倘有不敷,又必有怀仁慕义之士出而应之。于以仿古人敬宗收族遗意,绵祖宗德泽于勿替,又所望于后起者。

续增乐助

嘉庆十八年以后义学陆续共收乐助……皆系各人名下量力捐出……遂无可考。今查簿内载有房分及人口者,计钱三百二十五千四百文,开具于后。其余三十四千零,簿未详登,无凭分载。

顺房朝玺公下十千文,粹英一千文,珊公支下天闻一千文。

觐房五千六百文。

达房三十三千文,筠谷二百三十三千文,学楷十六千文,质孚二千文,金正公下二千四百文。

(民国四年版)